FOLLOW THE LOGIC OF
DEVELOPMENT

循着
发展的
逻辑

一个经济学人的时事观察
2016—2020

胡敏 著

经济管理出版社
ECONOMY & MANAGEMENT PUBLISHING HOUSE

图书在版编目（CIP）数据

循着发展的逻辑：一个经济学人的时事观察：2016—2020/胡敏著 .—北京：经济管理出版社，2023.2

ISBN 978-7-5096-8950-9

Ⅰ.①循…　Ⅱ.①胡…　Ⅲ.①社会科学—文集　Ⅳ.①C53

中国国家版本馆 CIP 数据核字（2023）第 032402 号

组稿编辑：杨　雪
责任编辑：杨　雪
助理编辑：王　慧　王　蕾　付姝怡
责任印制：黄章平
责任校对：王淑卿　蔡晓臻

出版发行：经济管理出版社
　　　　　（北京市海淀区北蜂窝 8 号中雅大厦 A 座 11 层　100038）
网　　　址：www.E-mp.com.cn
电　　　话：(010) 51915602
印　　　刷：唐山昊达印刷有限公司
经　　　销：新华书店
开　　　本：720mm×1000mm/16
印　　　张：82.25
字　　　数：1557 千字
版　　　次：2023 年 2 月第 1 版　　2023 年 2 月第 1 次印刷
书　　　号：ISBN 978-7-5096-8950-9
定　　　价：168.00 元（全 3 册）

循着发展的逻辑

周文彰 题

序　言

　　发展始终是我们党执政兴国的第一要务。中华人民共和国成立以来，特别是改革开放以来我们党团结带领全国各族人民聚精会神搞建设、一心一意谋发展，我国取得了世所罕见的经济快速发展奇迹和社会长期稳定奇迹。可以说，我国取得的一切重大历史成就和重大历史变革，都是在中国共产党坚强领导下依靠全国人民不懈奋斗、通过持续向前发展所取得的。

　　正是依靠持之以恒、一步一个台阶不断推动经济社会发展，我们党在中国特色社会主义新时代实现了全面建成小康社会这个中华民族的千年梦想，打赢了人类历史上规模最大的脱贫攻坚战，历史性地解决了绝对贫困问题，为全球减贫事业作出了重大贡献。也正是依靠全党全国人民解放思想推动科学创新发展，我国经济实力、综合国力、人民生活水平才与日俱增，走到世界前列。发展也成为解决中国一切矛盾和问题的关键，成为满足人民日益增长的对美好生活需要的基石。今天，我国的发展站在了更高的历史起点上，高质量发展成为时代的主旋律，实现中华民族伟大复兴进入了不可逆转的历史进程，全面建设社会主义现代化强国迎来更加光明的前景。

　　一个有着十几亿人口规模的大国能够在70多年时间里取得如此巨大的发展成就，还要面向未来持续向前发展，这本身就是值得研究的大学问，发展问题自然也是广大哲学社会科学工作者需要不断研究的重大时代课题。

　　党的二十大报告指出，"从现在起，中国共产党的中心任务就是团结带领全国各族人民全面建成社会主义现代化强国、实现第二个百年奋斗目标，以中国式现代化全面推进中华民族伟大复兴。"正如全面建成小康社会、实现第一个百年奋斗目标这一伟大进程一样，全面建设社会主义现代化国家，也必将是一项伟大而艰巨的事业。面对当今世界百年未有之大变局和实现中华民族伟大复兴的战略全局，我们需要更加深刻认识新时代新征程的前进道路上我国发展阶段、发展环境、发展条件、发展机遇、发展格局等正在发生的深刻变化，需要在经济社会发展的历史行进中深刻总结过去我国发展为什么能够成功、未来我国在更高发展阶段怎样继续成功的宝贵经验和重要启示，需要在应变局、开新局中深刻理解适应新发展阶段、完整准确全面贯彻新发展理念、加快构建新发展格局、着力推动高质量发展的重大而深远的现实意义和基本路径，需要在顺应时代大变局中深入研究发展规律、深刻把握发展逻辑、努力揭示发展趋势。

对已经走过的每一个发展阶段的轨迹甚至每一年发展的进程，我们都要能够把握脉络、清醒认知、心中有数，真正掌握我国快速发展背后的基本规律和基本逻辑，正所谓以史为鉴、知时明势，才能开创未来。这对保持党和国家事业持续健康发展是十分重要的。

要做到这一点，既需要决策者们高瞻远瞩、尊重规律、知史明理、审时度势、统筹谋划，也需要有一批既具有学术功底又善于洞察时势，同时胸有家国情怀、心有报国之志、有理想有担当有作为的中青年知识分子去贴近现实、贴近生活、贴近群众，深入观察和研究国情世情民情，通过剖析纷繁复杂的现实生活，由表及里、去伪存真，由现象到本质，细微地体察时代变迁，真实地记录国家进程，认真地研究发展规律，专业而勤恳地科学论证，在感知时代脉动中探究发展趋势，在顺应时代变革中演绎发展逻辑，努力将论文写在祖国大地上，这样才能为党和国家事业发展多提供一些有价值的决策参考、多提供一些源于实际的真知灼见。曾任国家行政学院研究室副巡视员的胡敏同志近日出版的一本新书《循着发展的逻辑——一个经济学人的时事观察（2016—2020）》就是以这样的视角，用这样的情怀来关注我国发展、来记述我国发展进程、来研究我国发展逻辑，体现了一个经济研究工作者应该有的价值追求和责任担当。

翻阅这部书，可以看到该书收录了胡敏同志2016~2020年在公开报刊和国家级重点网站刊发的约400篇理论分析、时事述评、经济观察、媒体访谈等多种题材的著述文章，共有100多万字，读下来我有三点感触：首先，该书拿起来的确是沉甸甸的。这不仅是指该作品的厚度，更是指该书整理汇集的文章涵盖了近些年我国经济政治发展和社会生活变迁的方方面面，不仅有许多文章对我国经济运行态势和走向进行了横切面式的追踪分析，对不少重大经济政策、重要理论和实践问题进行的研究阐释，也有不少文章对党的创新理论、执政方略、体制改革、社会治理等重要问题作出评述。一个国家的发展本来就是一个大系统，社会经济运行也是一个万花筒，只有从经济、政治、文化、社会等多个层面动态地、多维度地去观察、去研究、去分析，才可能还原一个立体世界的本真，才可能发现现实生活的多姿多彩，才可能梳理出国家发展的自在逻辑。

其次，该书在体例上是按照年序从 2016 年至 2020 年这五年进行编排的。全书分列五个时间板块或单元，通过一系列文章演绎了我国"十三五"时期经济社会发展的运行轨迹，用专业视角循序渐进地予以跟踪、观察、剖析，客观上形成了对这一阶段我国发展重大事件的历史叙事。而这样的一种历史叙事方式，通过文章前后贯通起来、通过立意上下综合起来，就真实反映出了时代变局下我国发展的现实风貌，呈现出滚滚洪流中我国发展的生动图景，而其中蕴含的我国发展的基本逻辑、由量变到质变的历史发展规律就跃然纸上了，这也成为该作品一个突出亮点。

最后，该作品中每一篇文章的文风都是清新的。胡敏同志多年来在中央党报从事理论评论工作，后来又在国家研究部门从事决策咨询工作，现在又从事传媒出版领域工作，可以说一直在与文字和研究打交道。其文章不论是短篇还是稍长的篇幅，都能逻辑清晰、政策有据、数据翔实、分析入理、相互承接，既立足政治高度，又注重选材的时效，始终体现了一个党的经济研究工作者正确的政治立场、求真务实的治学作风和良好的文字素养。

记得 2015 年末胡敏同志让我给他的文集作品《循着改革的逻辑——一个经济学人的时事观察（2009—2015）》题序，这部书分上下卷，有 70 多万字。当时他就告诉我一个想法，就是每过几年就能出版一个文集，将平时撰写的一些在公开媒体发表的时事评述文章和研究成果辑集出版，目的不在于出书，而是要以此督促自己能够坚持不懈地加强学习、勤勤恳恳地坚持写作、不断跟上时代发展的步伐，从而保持住一个研究工作者的思想敏锐度和形势观察力、时事判断力。对此，我予以充分的鼓励与肯定，并开导他，无论位于什么样的工作岗位，无论面对怎样的人生际遇，多思多想善写善干，既是一个经济学人的应有品质，也是一个治学人最好的工作生活方式。世事纷繁，唯有坚持才能坚韧，唯有行稳才能致远。几年之后的今天，胡敏同志拿出的这部文集作品《循着发展的逻辑——一个经济学人的时事观察（2016—2020）》于近期付梓，接下来还有一本《循着现代化的逻辑——一个经济学人的时事观察》也已经整理完成，他希望我都能为其作序。"改革""发展""现代化"都是我们这个时代的关键词，反映了我们的时代主题。这三部作品以"逻辑"贯通，成为一个丛书系列，这个创意非常好，我乐见其成，表示祝贺。

胡敏同志按照夙愿能够坚持这十几年，的确难能可贵。我继续鼓励他不断学习、不断研究、不断有收获。只要持之以恒、坚韧不拔、善作善成，人生自然精彩，人生就有价值，人生自带光芒。

当然，改革也好、发展也好、现代化也好，这几个方面侧重点不同，但也是相互贯通、相互支撑的，要揭示出其中的科学逻辑，还需要下更大的研究功夫。时代是出卷人，我们都是答卷人，在全面建设社会主义现代化强国的时代洪流中，在以中国式现代化全面推进中华民族伟大复兴的历史征程中，需要我们每一个人都能踔厉奋发、笃行不怠、不负时代。

谨此共勉，也以此为序。

魏礼群

2023年元月22日春节

前　言

发展究竟遵循怎样的逻辑？

胡敏

　　按照目前人类学研究资料，人类作为智人存在繁衍生息至今已有三百多万年以上的历史，人类文明的发展也有六七千年的时间。尽管考古学家们的发现总是将这个时间向前延伸，但这已经足够漫长了。更有意义的研究还是在人类出现了文明形态之后：人类如何从野蛮状态走向社会文明，开始有意识地去认识和适应客观世界，通过工具的发明去改造客观世界，去学会与大自然、社会以及人类自身相处；在不断追求物质生活丰裕和精神世界丰富的历史进程中，人类如何发现自身的价值，理解人类生存与生活的真实意义。其实，正是在这样的漫长苦旅中，人类和这个世界相互作用，才有了长久的文明进步，才有必要去思考人类社会的发展究竟为了什么。

　　这里需要回答三个问题：人类社会为什么会发展？古往今来又经历了怎样的发展路径？发展最终是要干什么？看起来，这似乎是哲学问题，但又是我们必须面对的实实在在的现实问题。几千年来有众多哲人智者著书立说予以回答，但要给出一个清晰、透彻的结论却并不容易。这几个问题，始终困扰着人类，始终成为哲学社会科学的研究对象。笔者自然没有这样的智识来作答，但作为一名社会科学工作者，思考和探究其背后的基本逻辑——发展究竟遵循怎样的逻辑，既是一种兴趣，也是一件分内之事。

人类社会为什么会发展，动力来自于生存的需要和思想的驱动

　　发展是一个哲学术语，事物由小到大，由简到繁，由低级到高级，

由旧物质到新物质的运动变化过程就体现了发展。

事物的发展源于事物的普遍联系，事物发展的根源在于事物存在的内部矛盾。唯物辩证法认为，物质是运动的物质，运动是物质的根本属性，而向前的、上升的、进步的运动即是发展。人类社会的发展就是在社会矛盾体的不断运动中向前演进的，但限于自然资源的有限性、地理环境的复杂性、文化和制度生成的长期性，以及大自然千变万化随时随地对人类发展产生种种的生存威胁，人类社会发展必然表现为一个跌宕起伏、螺旋上升式的过程。

人类作为自然选择的一个智慧物种，其自身生存和发展既遵循了物种进化的一般原则，但又不同于其他生命体的自适应性。人类秉承大自然的天赐和厚爱，经过成千上万年的进化和锤炼，形成了独有的主体意识和能动智慧。人类发明了语言和工具，可以抗争各种自然环境的侵扰，可以进行大规模的自然迁徙，从而超越其他物种，摆脱了蛮荒生活，缔造了人类文明。从氏族社会开始，人类建立了分工体系，完善了社会组织，开展了劳动交换，确立了文明意义上的家庭关系，进而形成了可容纳各种民族、各种文化的城邦社会，又进一步形成了具有生存安全边界的国家概念。不同地域的人们，通过努力开拓，畅通了人与人之间、组织和组织之间、地域与地域之间、国家和国家之间的贸易往来，突破了自然和地理的束缚，组成了人类命运共同体。

人类社会为什么会发展，为什么要发展，首先就是生存的需要。人类要生存，就必须不断发展。不发展了，停留原地不动了，那离灭亡也就不远了。所以，人类只有不断发展，才能获得新的生命力、新的生命源泉。西方著名社会心理学家马斯洛将人类的需求分为五个层级，由低到高分别为：生理（即生存）需求、安全需求、情感需求、尊重需求、自我实现需求。这种递进式需求一直是驱动人的一切行为的基本动力，人类需要始终成为推进人类社会进步的根本力量。

人类社会为什么会发展，为什么要发展，还在于人类是思想的物种，这是人类区别于动物的最大特征。思想是人类最重要的财富和价值所在，是人类文明进步的源泉。人类正是因为有了思想，才能不断激发智慧、潜能和创造力，思想的驱动才让人类主动去探寻社会未知和寻找实现自身解放的正确方向。人类个体生命是有限的，对世界的认知和体验也是有限的，但思想交流、文明互鉴、文化传承、知识延续，则大大丰富了人类的生存与生产经验，大大推进了科学技术革命和社会生产力进步，大大拓展了人类的视野，突破了人类生产与生活的时空边界，人类利用和改造自然的力量大幅提高，这不仅拓展了人生的长度和丰度，更让人类社会文明史继往开来、绵延不断。

当然，人类发展历史是极为曲折的，也是极其伟大的。恩格斯在《家庭、私有制和国家的起源》一文中，将人类历史划分为蒙昧时代、野蛮时代和文明时代，并运用历史唯物主义基本原理，深刻揭示了人类基于需要产生社会分工、基于社会分工产生各种组织分化而出现家庭、私有制、阶级和国家等一系列重大社会现象的本质，也由此深刻揭示了人类社会历史发展的客观规律。在马克思和恩格斯共同起草的《共产党宣言》中，就指出了人类社会发展的终极目标，这个目标就是形成一个自由人联合体。自由是人类的天性，但自由不在于幻想中摆脱自然规律而独立，而在于认识这些规律，从而能够有计划地使自然规律为一定的目的服务，最后把人从受压迫、被奴役、被蔑视、被侮辱的关系中解放出来。这不仅需要打破旧的生产关系和旧的意识形态，而且还要不断发展生产力，使人能够有充裕的自由时间来发展各方面能力。只有当人的体力、智力等各方面能力发展起来，每一个人都成为自由个性的人，才能为一切人的自由创造条件。造就这样一个自由人联合体的美好社会，就是人类社会发展的归旨，从一定意义上说，它解释了人类社会为什么总会向前发展的内在动因。

从人类社会发展的过往历史和经验得失中汲取智慧，理解增长不等于发展

从人类社会发展至今的社会形态而言，马克思主义按照阶级类别把社会划分为原始社会、奴隶社会、封建社会、资本主义社会、共产主义社会五种社会形态。西方学者则主要根据生产力发展水平，将社会分为工具社会、农业社会、工业社会、信息社会、智慧社会五个阶段。无论怎样划分，人类社会历史是以生产力变革标定社会阶段最鲜明特征的。

自18世纪英国开始第一次工业革命后，人类文明进步进入了跨越

式发展阶段。发轫于 18 世纪 60 年代的第一次工业革命所开创的工业文明，迄今不到 300 年，而就在这 300 年间，工业革命大体经历了三个阶段（蒸汽机时代、电气化时代、计算机时代），工业文明取得了一系列突破性重大成就，科学技术发挥出第一生产力的强大牵引作用，以新兴资产阶级为代表的革命力量竭尽全力发明、制造和使用更先进和更强有力的工具，在利用和改造自然的斗争中，把自然条件和自然资源转化为巨大的物质财富，实现了工业化国家经济的快速增长，进一步推进了世界的工业化和现代化。

马克思和恩格斯为此发出惊叹："资产阶级在它的不到一百年的阶级统治中所创造的生产力，比过去一切世代创造的全部生产力还要多，还要大。"这几百年来，资本主义又经过多次调整，它创造的生产力比那时又不知还要多、还要大多少倍，现代的人工智能、大数据、Chat-GPT 等，将给今天的人类发展产生怎样的颠覆式影响，现在我们还无法预想。

当然，人类发展首先归功于财富创造和经济增长。由此，许多经济学家以技术进步为切入点，深入研究了不同国别的经济增长史，从中探索经济增长的内在规律。

从第一次工业革命以来，就形成了各种流派的经济增长理论和发展经济学理论。简单梳理一下，比较有代表性的：一是模型派。这些学者强调社会经济的增长是各种生产要素组合、配置、叠加的结果。他们将各种增长要素（如劳动、资本、技术等）作为自变量，把经济增长（通常用国民生产总值、国民收入、人均收入等）作为因变量，确定函数关系，建立各种经济增长模型，来解释经济现象，著名的有道格拉斯函数、哈罗德-多马经济增长模型，索洛-斯旺新古典经济增长模型，卡尔多、罗宾逊、帕森奈蒂等倡导的新剑桥经济增长模型。这些模型着重说明长期经济增长与短期、中期经济增长之间的关系，力求使得产出决定的总需求的增长要与生产产品的总生产能力匹配，突出技术进步在经济增长中的作用。二是结构派。这些学者强调经济增长既是一国经济量（总量与均量）和能力的增长与扩张过程，也是一国经济结构的转换过程，主要有刘易斯等的"二元经济结构论"，纳克斯的"贫困恶性循环论"，钱纳里的"发展型式理论"等。三是阶段派。主要是罗斯托的"经济起飞论"，他把经济发展划分为传统社会阶段、起飞准备阶段、起飞阶段、成熟阶段、高额群众消费阶段和追求生活质量阶段。四是因素派。以丹尼森为代表，将经济增长因素划分为两大类，即生产要素投入量和生产要素生产率，通过因素分析法对经济增长的贡献率进行计算；库兹涅茨则强调需求结构的高改变率对现代经济增长中生产结构的高转换率影响巨大，这会引起创造新产品的技术不断进步，促进新产业的形成与发展，最终促进经济增长速度。五是新增长理论派。主要代表有罗默的"收益递增经济增长模式"、卢卡斯的"专业化人力资本积累增长模式"、熊彼特的"创造性破坏理论"等。

这一系列理论基于对资本主义社会形态下经济增长成因的研究，但过于追求工具化和市场自动均衡论，较大程度上忽视了制度和文化的差异，特别是很难清晰地解释进入 21 世纪以来为何许多国家还存在国富与国穷的巨大落差，为何许多经济增长快的市场经济体却不断面对社会不平等问题和社会撕裂现象的困扰。因此，许多学者开始关注制度并进行了深入研究。比如：阿温·杨的"发明与有限度的边干边学模式"将知识和人力资本因素引入经济增长模式，研究了制度与政策对经济增长的重要影响，提出了支持文化教育，保护知识产权，实行有利于新思想形成并在世界范围内传递的国际贸易政策，减少政府干预市场等主张。诺斯则把制度作为经济增长的内生变量，运用现代产权理论说明正式制度、非正式制度变迁与经济增长的关系，指出解决经济发展问题不能只关注资本积累、技术引进、资金筹集、产业结构优化、就业改善等纯经济因素，更应把注意力放在制度因素对于经济增长的促进或阻碍作用上。他分析得出，不同国家的差异化制度最终形成了不同类型的社会秩序，好的制度可以促进社会对人力资本和物质资本的投资，达到经济增长的目的。当代著名经济学家阿西莫格鲁认为，在理解国家经济增长轨迹时，支撑一国做出某种经济选择的社会和政治基础极为关键，他强调一个国家所推行的政治制度和经济体制决定了该国的经济绩效，并提出了采取包容性政治制度配以包容性经济制度是一国实现长期经济增长的关键。

尽管西方经济学者们在理论上对一国经济增长作出了以上诸多研

究，对经济理论大厦的构建作出了重大贡献，但这些理论并没有为当代资本主义制度如何解决好资本剥削劳动，如何化解资本主义生产资料私有制和社会化大生产之间的深刻矛盾找到出路，也没有超越当年马克思在《资本论》中所揭示的资本主义周期性经济危机产生的根源分析。所以，即使在今天，我们依然能看到，西方发达国家不断出现金融危机、债务危机、银行破产、通货膨胀、社会不平等、民粹主义盛行等乱象。根源在哪里呢？就是资本具有无节制的贪婪性、掠夺性和扩张性。正如法国经济学家托马斯·皮凯蒂在《21世纪资本论》一书中对自18世纪工业革命至今的财富分配数据进行分析、用大量历史数据对当代资本主义制度的合理性提出极大疑问那样，不加制约的资本主义导致了财富不平等的加剧，自由市场经济并不能完全解决财富分配不平等的问题。也如美国学者德内拉·梅多斯、乔根·兰德斯、丹尼斯·梅多斯等早年合著的《增长的极限》一书中所警示的，经济增长是有极限的。如果任由资本对大自然进行无限制的索取和侵蚀，人类最终会受到大自然的报复。

所以，人类发展之路向来不平坦，经济增长绝不等于社会发展。现在已经有越来越多的学者和更多的政府开始关注社会发展，关注这种"有增长而无发展"的现象，不仅给出理论解释，更从政策层面破解经济增长背后存在的社会系统功能失调、社会问题层出不穷、社会阶层割裂等问题。越来越多的学者提出，人类需要树立新的发展观，建立起以人、自然、社会协调发展为中心的增长观念，强调以人为中心，认为在增长、发展、进步三者中，文化价值将起决定性作用，回归人的价值，确保发展安全才是人类社会发展的目标。

中国经济快速发展和社会长期稳定两大奇迹展示了民富国强的新发展图景

党的十九届六中全会通过的《中共中央关于党的百年奋斗重大成就和历史经验的决议》生动揭示了一百年来中国共产党在四个历史时期带领人民艰苦奋斗、顽强斗争，书写了中华民族几千年来历史上最恢宏的史诗，书写了只有社会主义才能救中国、只有社会主义才能发展中国的壮美篇章。

中华人民共和国成立后，探索出一条符合本国国情的民族复兴、民富国强之路一直是中国共产党人的不懈追求。一个一穷二白、人口众多的大国要依靠自己的力量快速走上工业化、现代化之路，是前无古人的开创性事业，我们没有教科书、没有现成答案，其中经历的各种曲折是可想而知的。但中国共产党始终秉承初心使命，能够坚持科学真理、勇于修正谬误，集中力量发展社会生产力，在较短时间内就建立起独立的、比较完整的工业体系和国民经济体系，初步实现了国家工业化。进入改革开放和社会主义现代化建设新时期，党和国家的工作重心转到"以经济建设为中心"，实行改革开放的历史性决策，成功开创并不断发展了中国特色社会主义，确立了社会主义市场经济的改革方向。社会主义市场经济是中国共产党的伟大创举，它既没有简单复制国外市场社会主义理论，也没有照搬西方新自由主义"药方"，成功走出了一条中国特色社会主义发展之路，实现了从生产力相对落后的状况到经济总量跃居世界第二的历史性突破。中国特色社会主义进入新时代，面对极为复杂的国内外形势，以习近平同志为核心的党中央带领人民砥砺前行，全面建成小康社会，实现第一个百年奋斗目标，开启了全面建设社会主义现代化国家、实现第二个百年奋斗目标的新征程。中国经济全面走上了以新发展理念为引领的高质量发展之路。

纵观近现代中国的发展历程，我们能用几十年时间走完发达国家几百年才能走完的工业化进程，创造了经济快速发展和社会长期稳定两大奇迹，最根本的原因就在于中国共产党始终坚持一切从实际出发，坚持一切为了人民、一切依靠人民、发展成果由人民共享，既坚定走自己的路，把中国发展进步的命运始终牢牢掌握在人民手中，又胸怀天下，以海纳百川的胸襟借鉴和吸收人类一切优秀文明成果，从而让中国发展模式展现出不同于西方发展模式的新图景，创造出人类文明新形态。

中国发展道路的成功，事实上回答了"发展究竟为了什么"的问题。发展就是为了人民，就是不断满足人民对美好生活的向往。如果借用马克思主义经典语言，社会发展就是实现人的全面解放、就是实现每个人全面自由发展。

　　由此来看，不同国家和地区，虽然位于不同地理位置、根植不同文化背景、选择不同政治制度、依赖不同环境条件、处于不同发展阶段，道路有千万条，但是坚持以人民为中心的发展是最重要的一条，这或许就是其中的基本逻辑。

　　本书以《循着发展的逻辑》为名，收录了笔者近年来发表的一系列文章，从个人视角和国家发展的一些侧面来反映我国正在发生的历史性变迁和取得的一些历史性成就。笔者期望通过大量的现实观察，来验证这一发展的基本逻辑，让我们更加深刻理解过去我们为什么能够成功，在未来现代化国家建设新征程上我们怎样才能继续成功。

目　录

（上册）

循着发展的逻辑
——一个经济学人的时事观察（2016—2020）

2016　推进结构性改革的攻坚之年

2016 推进结构性改革的攻坚之年

2017 一个需要理论而且能够产生理论的时代

循着发展的逻辑——一个经济学人的时事观察（2016—2020）

2017　一个需要理论而且能够产生理论的时代

循着发展的逻辑——一个经济学人的时事观察（2016—2020）

2017 一个需要理论而且能够产生理论的时代

（中册）

2018 逢山开路　遇水架桥

2018 逢山开路　遇水架桥

循着发展的逻辑——一个经济学人的时事观察（2016—2020）

2018　逢山开路　遇水架桥

（下册）

循着发展的逻辑
——一个经济学人的时事观察（2016—2020）

2019　不管风吹浪打　努力奔跑追梦

2019 不管风吹浪打　努力奔跑追梦

循着发展的逻辑——一个经济学人的时事观察（2016—2020）

2020　艰难方显勇毅　磨砺始得玉成

循着发展的逻辑
——一个经济学人的时事观察（2016—2020）

2020　艰难方显勇毅　磨砺始得玉成

2020 艰难方显勇毅　磨砺始得玉成

FOLLOW THE LOGIC OF
DEVELOPMENT

推进结构性
改革的
攻坚之年

循着发展的逻辑

2016

推进结构性改革的
攻坚之年

  2016 年是我国经济社会发展迈上新台阶的一年，这里的新台阶意味着"十二五"规划的圆满收官和"十三五"规划的开局起步。"十二五"时期中国经济保持了年均7.8%的增长速度，人均国内生产总值达到了约 8000 美元，城乡居民人均可支配收入也跑赢经济增长一个百分点，城镇化率超过 55%……可以说，国家工业化进入后半段，老百姓的收获是实实在在的。这一切为我们进入"全面建成小康社会"的决胜阶段奠定了更加坚实的基础。

  但也要看到，中国经济还在从粗放向集约、从简单分工向复杂分工的高级形态演进，供求结构性不匹配的矛盾更加突出地表现出来，不少国内消费者去国外抢购的一些商品仅仅是因为它们的质量好一些，而国内却存在大量过剩。因此，解决结构性矛盾是中国经济无法回避的困难。2015 年末，中央经济工作会议明确部署推进供给侧结构性改革，将之作为完成我经济转型升级的突破口和着力点，强调这是"适应和引领经济发展新常态的重大创新，是适应国际金融危机发生后综合国力竞争新形势的主动选择，是适应我国经济发展新常态的必然要求"。

  只有着力推进供给侧结构性改革，在适度扩大总需求的同时，去产能、去库存、去杠杆、降成本、补短板（即"三去一降一补"），提高供给体系质量和效率，加快培育新的发展动能，才能充分发挥我国经济巨大潜能和强大优势，引领我国经济在"十三五"时期迈上新的台阶。据此，2016 年成为推进供给侧结构性改革的攻坚之年。

  这一年国内外大事依然不断。在国内，我们成功举办 G20 杭州峰会、人民币正式"入篮"、自贸区不断扩围、"营改增"全面推开、神舟十一号载人飞行圆满成功。国际上，特朗普赢得美国大选、英国全民公投"脱欧"、《巴黎协定》生效开启全球气候治理新阶段等。世界也在悄悄地发生结构性变革。

  2016 年，结构性变化最明显的特点是我国区域经济出现明显分化，从经济领域向社会领域蔓延，网络新词从侧面成为折射社会心态对社会快速变革的一个镜像。中国仰泳女选手傅园慧在里约奥运会上的一句"我已经用了洪荒之力"红遍网络，也有地产大佬先挣一个亿的"小目标"令创业者咋舌，更多普通人却要为生活奔波，面对不断上涨的房价发出"蓝瘦香菇"的无奈。但生活不能放任"葛优躺"或只做"吃瓜群众"，幸福不会从天降，必须树立必胜信念、继续埋头苦干，依靠奋斗和创造。正如年轻的创业者胡玮炜推出一款橙红色摩拜单车遍布大街小巷，旋风般开启了我国共享经济新模式那样。这是一股新风，预示着身处结构调整的变革年代，只要敢于创业、敢于创新、敢于改变自我，是能够踏上时代的风火轮的。

金融监管框架重在
形成监管合力*

　　有媒体报道，按照中央机构编制委员会办公室的安排，国务院办公厅设立了金融事务局，主要负责涉及"一行三会"（央行、银监会、保监会、证监会）的行政事务协调。这让人们对业内流传已久的"一行三会"将合并的传闻进一步产生联想。结合2015年以来国内资本市场、债券市场、汇率市场出现大幅波动，以及各种金融市场风险事件不断出现的现状，许多业内人士和市场投资者为此发出加强统一金融监管的呼声，以问题倒逼中国金融监管体制的改革似乎也渐行渐近。

　　构筑什么样的金融监管体制，首先要了解为什么当下要进行这项改革。我国现行的金融监管体制主要是以2003年兴起的"一行三会"作为监管体制的主导目标，其他部门的中央机关作为辅助部门，地方金融监督与管理单位作为补充功能型与目标型分业制监管体制。本来，"三会"是一体，均脱胎于"一行"，我国金融分业监管模式始于1992年证监会的成立，之所以开展分业监管，主要源于当时金融机构混乱的经营现象——银行不仅从事银行业务，同时兼营保险、基金、证券业务，金融业务交叉很容易导致风险急剧上升，出于控制风险以及理顺整个金融行业的需要，国务院确定了金融业分业经营模式。到2003年，随着中国银监会成立并承接人民银行对证券业和保险业以外各类金融机构的监管职责，我国银行业、证券业、保险业分业监管格局便正式确立。

　　分业监管模式施行十多年来，由于监管机构所处位置导致监管理念和对具体问题的认识一直有差别，"行会之争"也屡有发生。特别是近年来，金融市场不断发展和创新，新的金融产品和交易方式层出不穷，各金融机构纷纷开辟新的金融业务。尤其是互联网金融异军突起，在传统金融领域不断开疆辟土，出现许多金融领域的监管盲区，暴露出分业监管的不少软肋。

　　其实，在确立分业监管体制后，我国就一直探索如何加强监管协调。历史上

＊　本文原载《东莞日报·远见周刊》2016年1月18日，原题为《金融监管新体制将瞄准三大目标》。

曾探讨过监管联席会议制度、金融旬会制度以及金融监管协调机制，都是对监管协调配合制度的有益探索，实践中也取得许多显著成效。只是近年来金融创新和市场发展太快，特别是 2015 年以来我国经济下行压力加大，由此导致各种信用风险聚集，资金错配、交叉金融产品、民间非法集资等加大了流动性风险，各种金融产品创新带来的复杂性、隐蔽性、传染性和突发性进一步上升，对整个金融业管控风险能力提出了挑战。近来频繁显露的局部风险说明，现行监管框架存在不适应我国金融业发展的体制性矛盾，2015 年以来资本市场剧烈震荡，也表明目前的金融业分业监管已无法适应混业经营的需要。许多投资者因为投资损失也将矛头直指金融机构决策突兀、协调不畅、信息不明、监管不力。

那么下一步，如何构筑适应经济新常态下的我国金融监管新体制。目前来看，各方面还是各抒己见、莫衷一是。就以美国监管经验看，分业监管与混业监管也是利弊共存。按照《中共中央关于制定国民经济和社会发展第十三个五年规划的建议》提出的顶层设计思路，是要"加强金融宏观审慎管理制度建设，加强统筹协调，改革并完善适应现代金融市场发展的金融监管框架"，其要义是要适应现代金融发展呈现出的机构种类多、综合经营规模大、产品结构复杂、交易频率高、跨境流动快、风险传递快、影响范围广等最新的金融业态发展特点，健全符合我国国情和国际标准的监管规则，实现金融风险监管全覆盖，关键是要加大金融监管体系改革力度，着力于统筹协调，切实提高监管标准、形成互为补充的监管合力和风险处置能力。按照这个思路，就是要将宏观货币政策与微观金融机构监管结合在一起，以防范系统性风险倒逼现行监管体制改革，从而完善适应现代金融市场的金融监管框架。

所以，下一步金融监管框架的设定无论采取什么形式，有效的监管协调机制都应努力实现三个目标：一是通过有效的信息共享，实现对金融风险监测的全覆盖；二是充分的政策协调，压缩监管套利的空间；三是构建合理的治理架构，按照银行、证券、保险、信托不同功能来实行分业监管，充分体现统一性和专业性的有机结合。

就此看，是不是要搞"大一统"监管尚需时日，关键是要理顺机制、清晰职责，健全完善金融监管的法制体系，建设消费者保障制度，建立信息披露制度，充分调动各参与方的积极性，形成强有力的监管合力，切实提升金融监管的有效性和金融监管工作效率，从而确保我国金融业能够适应新形势健康稳健发展。

开辟中国特色的
发展经济学新境界*

——党的十八大以来
经济改革思想简评

习近平总书记强调，要坚持以人民为中心的发展思想，把增进人民福祉、促进人的全面发展作为发展的出发点和落脚点，体现中国特色社会主义共同富裕的本质特征，这是发展经济学人本主义的理论内核。

党的十八大以来的三年，以习近平同志为核心的党中央审时度势，统筹国内国际两个大局，开拓创新、奋发有为，形成了一系列治国理政新理念、新思想、新战略，尤其在经济改革领域以解决矛盾的问题倒逼全面深化改革，以发展方式转变促进经济结构转型升级，推动了中国特色社会主义道路的生动实践，丰富了中国特色社会主义政治经济学的理论体系。仅从学术的价值来看，党的十八大以来经济改革的新思考、新探索之于当代中国当代世界，其实是作为世界最大发展中国家正在写就的一部新的发展经济学，其学术范式日渐成型，理论框架日渐丰满，理论体系日渐完善，值得认真梳理和深入总结。

新常态思想设定了新发展经济学的理论范式

开展经济学研究，形成经济学思想体系，首先要明确其研究坐标、参照系和基本方式，这也是构建新理论体系的前提。

改革开放以来，中国经济快速发展，顺利完成了由高度集中的计划经济体制向社会主义市场经济体制的转型、由单一的自给自足的封闭经济向开放的融入全球市场体系的开放经济的转型，也由一个立足后发优势实行赶超型战略的国家迈向一个可以在更多领域发挥先发优势引领发展的经济大国。这段辉煌历史使中国

---

* 本文原载《中国青年报》2016 年 1 月 25 日，原题为《开辟发展经济学的新境界》。

为世界提供了发展经济学新的范本。

当前，我国经济进入一个新的发展阶段。但也必须看到，我国仍处于并将长期处于社会主义初级阶段的基本国情没有变，人民日益增长的物质文化需要同落后的社会生产之间的矛盾这一社会主要矛盾没有变，我国是世界最大发展中国家的国际地位没有变。与此同时，我国开始面临"中等收入陷阱"的考验。这个时期，增长速度开始换挡，结构调整出现阵痛，传统增长方式亟待转型，传统生产要素边际效应递减，社会矛盾不断加剧，发展的不平衡、不协调、不可持续问题更加突出。

习近平总书记审时度势，将这一阶段的我国经济社会状况概括为"新常态"。这样一个状态，不仅意味着经济增长动力、经济发展方式、经济结构方向必须转换，要寻求"新"的发展路径，而且作为体量已是世界经济大国但质量仍归于发展中国家行列的国家，依旧要解决由贫困到富裕、失衡到平衡、农业国到工业国、封闭到开放、快速成长到可持续发展的发展经济学的"常态"问题。也正因为我国"大国经济"的特殊性，注定了传统发展中国家经验和传统发展经济学理论不能解决我国的问题。因此，我国必须通过改革实践和理论创新，形成具有中国特色的发展经济学，设定中国发展经济学的理论范式，探寻新的发展经济学理论路径。以此观之，新常态思想就是中国发展经济学的理论坐标，书写新常态经济学就是撰写新的发展经济学。

新发展经济学是以"发展"为价值中枢的经济学。习近平总书记强调，要坚持以人民为中心的发展思想，把增进人民福祉、促进人的全面发展、朝着共同富裕方向移步前进作为经济发展的出发点和落脚点，这是发展经济学人本主义的理论内核。新发展经济学，是以"市场"为运行中枢的经济学。要充分发挥市场在资源配置中的决定性作用，要完善社会主义市场经济的宏观微观运行机制，要体现价值规律对生产要素配置、社会利益调整和公众群体性偏好的优化和矫正作用，这是发展经济学的新的路径选择，着眼点就是以问题倒逼改革、以改革调整利益关系、以改革激发发展动力。新发展经济学还是以"可持续"为目标指向的经济学，经济发展方式转变和经济结构调整要体现创新、协调、绿色、开放、共享发展理念，寻求更高质量、更有效率、更加平衡、更加公正、更可持续的发展。以新常态思想为理论范式的发展经济学，是中国特色社会主义理论与实践发展的必然结果，是中国特色社会主义政治经济学的重要组成部分。

供给侧结构性改革确定了新发展经济学的实践维度

有了理论范式，更需要实践维度。

近两年的中央经济工作会议都明确提出，认识新常态、适应新常态、引领新常态，是当前和今后一个时期我国经济发展的大逻辑。这是以习近平同志为核心的党中央综合分析世界经济周期和我国发展阶段性特征及其相互作用作出的重大判断。

从2015年以来，中央领导同志多次强调，要加大结构性改革力度，推进供给侧结构性改革，并认为这是适应和引领经济发展新常态的重大创新，是适应国际金融危机发生后综合国力竞争新形势的主动选择。这也被媒体广泛认为是对习近平新时代中国特色社会主义经济思想完整体系的进一步丰富。笔者就此可以认为，供给侧结构性改革不仅将引领新常态，也事实上确定了中国新发展经济学的实践维度。

改革开放以来，我们充分发挥后发优势，利用生产要素禀赋的比较优势，充分利用开放红利、人口红利和转型红利，充分释放了社会投资和消费需求，极大地调动了人民群众的积极性和创造性，形成了雄厚的物质基础、齐全的产业制造能力和配套能力、丰富的人力资本、坚实的经济韧性和广阔的市场空间，中国经济的强劲发展也深刻改变了国际政治经济利益格局。与此同时，结构性、体制性、周期性矛盾也不断累积。在国际发展竞争日趋激烈和我国发展动力转换的形势下，我们必须把新常态下的发展基点建立在科技创新、制度创新、政策创新等各方面创新之上，塑造更多依靠创新驱动、更多发挥先发优势的引领性发展、更主要依靠提高全要素生产率来提升经济发展的质量和效益。

为此，经济工作重点必须转向，经济政策取向必须调整，经济工具使用必须更加灵活。供给侧结构性改革就是从提高供给质量出发，用改革的办法推进结构调整，矫正要素配置扭曲，扩大有效供给，提高供给结构对需求变化的适应性和灵活性，提高全要素生产率，来更好满足广大人民群众的需要，促进经济社会持续健康发展。这是大势所趋，也是形势使然，既是正确认识经济形势后选择的经济治理药方，也是问题倒逼以解决中国中长期经济问题的根本之道。

供给侧结构性改革短期看是要解决现实经济生活中产能过剩、库存积压、不良资产较重、企业成本高企、债务率过高等企业转型、产业升级和结构转换的困境与阵痛问题，长期看是要根本解决我国创新总供给不足、潜在需求释放不力、新发展动力跟进不够、宏观经济政策协调不紧，特别是制度供给还严重短缺的问题。

习近平总书记就此提出了引领经济发展新常态的"十个更加"的经济改革思想，即要更加注重提高发展质量和效益推动经济发展、更加注重供给侧结构性改革稳定经济增长、更加注重引导市场行为和社会心理预期实施宏观调控、更加注重加减乘除并举调整产业结构、更加注重以人为核心推进城镇化、更加注重人口经济和资源环境空间均衡促进区域发展、更加注重促进形成绿色生产方式和消费方式保护生态环境、更加注重对特定人群特殊困难的精准帮扶保障改善民生、更加注重使市场在资源配置中起决定性作用进行资源配置、更加注重推进高水平双向开放扩大对外开放。这"十个更加"既清晰指明了正确把握宏观经济政策的总体思路，也确定了供给侧结构性改革的实践维度。

思想是行动的引导，实践是理论的注脚。在中国经济新常态下，只要继续坚持解放和发展社会生产力，坚持社会主义市场经济改革方向，坚持调动各方面积极性，一定会书写出具有中国特色的新发展经济学新境界。

行程万里
不忘初心[*]

在 2016 年中国传统佳节春节来临之际，习近平总书记来到江西看望慰问广大干部群众，首站就是井冈山。他深入这个革命老区，对群众嘘寒问暖，给老区群众送去年货，询问革命老区发展情况，深深祝愿这个为新中国诞生作出重要贡献的革命老区发展得更好。在考察慰问中，习近平总书记强调，井冈山是中国革命的摇篮。井冈山时期留给我们最为宝贵的财富，就是跨越时空的井冈山精神。今天，我们要结合新的时代条件，坚持坚定执着追理想、实事求是闯新路、艰苦奋斗攻难关、依靠群众求胜利，让井冈山精神放射出新的时代光芒。习近平总书记的这一教诲掷地有声，意味深长。

20 世纪 20 年代，中国革命处于低潮，以毛泽东同志为主要代表的中国共产党人在井冈山创建了中国第一个农村革命根据地，开辟了农村包围城市，武装夺取政权的正确道路。在这条道路的指引下，井冈山斗争的星星之火燎原全国，最后夺取了全国的胜利。正是这段艰苦卓绝的斗争，使我们党培育和形成了闪耀着共产主义光芒的革命精神——井冈山精神。这一精神后来被概括为"坚定信念、艰苦奋斗、实事求是、敢闯新路、依靠群众、勇于胜利"这 24 个字，其集中体现了我党、我军的性质和宗旨，体现了对共产主义远大理想的追求。这种精神不仅成为当年井冈山军民克敌制胜的强大精神支柱，而且激励着一代又一代中国共产党人前仆后继，浴血奋战，直至革命成功，并成为长征精神、延安精神等一系列革命精神的重要源头。在适应和引领经济新常态下的今天，要实现"两个一百年"奋斗目标依然是振聋发聩，具有重要的时代引领价值。

坚定执着追理想

理想信念是照亮前路的灯、把准航向的舵。中国共产党打天下坐天下，就是要始终践行为了人民能过上幸福安康的好日子的理想。

---

* 本文原载中青在线 2016 年 2 月 5 日。

在革命战争年代，正是坚定的理想信念，凝聚了一大批革命志士能够抛头颅洒热血，在极其艰苦的环境中砥砺前行。据史料记载，井冈山的斗争是在敌我力量对比非常悬殊，白色势力四面包围之中进行的。面对大革命失败，国民党新军阀对共产党人和革命群众进行血腥镇压，在极为严酷的形势和险恶的生存环境下，是什么力量支撑着根据地军民同敌人作斗争？正是共产主义的理想和革命必胜的信念。当时的中共莲花县委书记刘仁堪在 1929 年 1 月不幸被捕，敌人许以高官厚禄，要他交代党组织情况，他不为所动；敌人恼羞成怒，对他严刑拷打，他坚贞不屈，不为酷刑所惧。敌人残忍地割下他的舌头，他便用脚趾蘸着自己的鲜血，在地上写下了"革命成功万岁"六个大字，直至壮烈牺牲。这是井冈山军民对革命事业一片赤胆忠心和坚定信念的真实写照。也正是革命的远大理想使根据地军民坚定了为工农阶级利益而战的决心，点燃井冈山的星星之火，让革命的理想火种燎原了全国。

井冈山斗争的历史证明，没有坚定的共产主义理想和始终不渝的革命信念，就没有井冈山革命道路的开辟，这正是井冈山精神内涵的根本所在。在和平建设年代，形势变化了，但理想信念却不能丢，共产主义理想不是空中之物，在今天就是人民群众能过上幸福安康的好日子。在各种思潮泛滥、各种诱惑纷扰面前，党员干部很容易受到思想干扰，丧失笃定精神，就更应当执着坚定理想信念，始终将理想信念作为照亮前路的灯、把准航向的舵，并转化为对奋斗目标的执着追求、对本职工作的不懈进取、对高尚情操的笃定坚持、对艰难险阻的勇于担当。无论"行程万里"，始终能"不忘初心"。

实事求是闯新路

实事求是，敢闯新路，是井冈山斗争最重要的一条经验，也是井冈山精神的重要内涵。在改革发展的今天，更要一切从实际出发，解放思想、开拓进取，善于用改革的思路和办法解决前进中的各种问题。

中国革命走什么样的道路，在马克思、列宁的著作里找不到现成的答案。我们党在八七会议以前，一直是照搬俄国十月革命的模式，把工作重点放在城市，企图通过中心城市的总暴动，达到夺取全国政权的战略目的，但最终失败了。在曲折和逆境面前，毛泽东等同志不灰心、不气馁，以革命事业为重，坚持从中国的国情出发，实事求是地分析国内外形势，下决心在井冈山建立了第一个农村革命根据地，开展了"工农武装割据"，制定了军队建设、党的建设、政权建设、土地革命等一系列方针政策，在实践中开始摸索一条以农村包围城市、武装夺取政权的有中国特色的革命道路。这条道路代表了 1927 年大革命失败后中国革命的发展方向，成功地实现了党的工作重点由城市到农村的转移。这是毛泽东等老一辈革命家坚持实事求是，一切从实际出发，勇于开拓进取的成功范例，在国际共产主义运动中也是一个伟大的创举。

因此，井冈山精神的重要内涵之一，就是以毛泽东同志为主要代表的中国共产党人把马克思列宁主义基本原理与中国革命的具体实践相结合而培育的一种伟大革命精神。这种精神闪耀着马克思主义的世界观、方法论和共产主义理想、信念的光辉，是毛泽东等老一辈无产阶级革命家亲手培育，在艰苦卓绝的井冈山斗争中升华而成的。

今天，我们坚持和发展中国特色社会主义道路，谱写中国特色社会主义政治经济学，都是前无古人的事业，必须始终根据世情、国情、党情，一切从中国国情出发，照搬照套别人的经验是没有出路的，这已经为中国革命、建设、改革的历史经验所证明。当前国际舆论对我国经济发展方式和结构调整选择颇有微词，甚至还唱空中国，这就要求我们在认准了道路后，一定要稳住阵脚，咬定青山不放松，不畏浮云遮望眼，大胆走自己的路，并进一步解放思想，开辟属于中国自己的光辉前景。

艰苦奋斗攻难关

艰苦奋斗精神是当年井冈山军民不为任何艰难困苦所吓倒的生动写照。在今天的改革创业时期，更需要保持艰苦奋斗本色，不丢勤俭节约的传统美德，不丢廉洁奉公的高尚操守。

井冈山革命时期，在红军中流传着一首歌谣："红米饭、南瓜汤，秋茄子，味好香，餐餐吃得精打光。干稻草，软又黄，金丝被儿盖身上，不怕北风和大雪，暖暖和和入梦乡。"这既是当时红军生活的真实写照，又反映了他们的革命乐观精神。当时的国民党军队不仅对井冈山根据地在军事上"围剿"，而且在经济上严密封锁。为了解决红军的给养，安定群众的生活，巩固红色政权，边界党组织领导根据地军民自力更生、艰苦奋斗，进行了有效的经济斗争和经济建设。党员干部能吃苦在前，劳动在前。比如，在井冈山时期，艰苦卓绝，物资何其匮乏，毛主席却将新领的棉衣赠予贫农御寒，自己只穿两层单衣；朱总司令与战士们一同挑柴担米，"朱德的扁担"至今被人铭记。正是领袖与普通军民能够同甘共苦，才确保了"红色政权能够存在"，也才稳定了军心民心，也稳住了革命根据地的火种。一定意义上说，撑起革命火种的就是这一种同甘共苦、坚忍不拔、艰苦奋斗的精神。

在今天改革创业、创新发展的新时期，我们依然需要保持艰苦奋斗本色，尤其党员干部，必须能逢事想在前面、干在实处，关键时刻坚决顶起自己该顶的那片天。尽管环境和形势变了，但勤俭节约的美德不能忘，廉洁奉公的情操不能丢，对照开展"三严三实"专题教育，许多党员干部露出"皮袍下的'小'来"，的确要有更多的反省和慎独精神，更不用说在啃改革"硬骨头"、蹚改革"深水区"面前，那些"不作为、不担当"的干部，离党和人民群众要求差距何等之大了。

依靠群众求胜利

中国共产党人及其领导下的红军在井冈山之所以能站稳脚跟，重要的一点就是因为他们始终和人民群众打成一片，和人民群众结下了鱼水之情。今天，我们更要强调密切联系群众，认真践行党的宗旨，切实提高宣传群众、组织群众、服务群众的能力和水平。

毛泽东同志上井冈山之初，身背斗笠，脚穿草鞋，走遍了整个罗霄山脉，对井冈山地区的政治、经济、军事等情况进行了详细而周密的社会调查，先后写出了《永新调查》《宁冈调查》。1927 年底，毛泽东针对工农兵革命只重视打仗，忽视开展群众工作的倾向，提出了工农兵革命军三大任务，即打仗消灭敌人；打土豪筹款子；宣传群众，组织群众，武装群众，帮助群众建立革命政权。后来，工农兵革命军每到一地，深入群众，通过访贫问苦，召开群众大会等形式，及时了解群众的意见和要求，帮助群众解决一些实际问题，得到边界广大农民的衷心拥护和全力支持。为了维护群众的利益，扫除旧军队的不良影响和习气，上山伊始，毛泽东就为部队制定了"三项纪律"，后来又颁布了"六项注意"，这些纪律体现了人民军队的本质和建军宗旨，进一步密切了军队与人民群众之间的血肉联系。

自此以来，深深扎根于人民群众之中，一刻也不脱离群众，这不仅成为井冈山精神的重要内涵，也成为我们党的基本路线。在今天，我们继续强调立党为公、执政为民，治国理政的基础仍然在于民心，实现"两个一百年"奋斗目标依然在于执政党能够与广大人民群众紧紧联系在一起。具体到我们的每一项改革措施的制定、每一项政策的贯彻落实，必须立足于人民的需要，能够真正接地气、顺民意、得民心，否则，再好的顶层设计、再周全的改革路线图，在实践中都可能失之于偏。

忆往昔，峥嵘岁月；不忘本来，方有未来。在新春佳节之际，在如期全面建成小康社会的第十三个五年规划"开工落地"之际，习近平总书记再临井冈山，瞻仰开国元勋和革命先烈，要求传承红色基因，弘扬井冈山精神，其重要意义也正在此了。

主动作为
激发发展动力[*]

2016 年春节假期刚过，在国务院常务会议上，李克强总理针对开年以来极为动荡的国际经济形势和比较困难的国内经济形势，仍然十分有底气地指出："中国经济从来都是在挑战中成长的。每逢困难会更加坚韧，越遇挑战会越战越勇！"这为政策执行部门和工商企业界打了气、鼓了劲儿，也为我们落实好即将实施的"十三五"规划能够开好局增添了信心。

认清形势，坚守住战略定力

进入 2016 年以来的第一个月，国际经济形势动荡不安。国际股市、油价、大宗商品价格持续低迷，日本启动负利率政策波及深远，美联储主席耶伦表示不排除使用负利率的政策考量，中东产油国家纠结于限产纷争不断，拉美一些国家经济跌入低谷。有分析人士认为，世界经济有可能陷入 2008 年国际金融危机以来的"第三波全球性经济危机"。

国内经济开年以来也有波折。2016 年 1 月股市下行 20% 多，贸易进出口增幅继续负增长，消费者物价指数（Consumer Price Index，CPI）、生产价格指数（Producer Price Index，PPI）、采购经理指数（Purchasing Manager's Index，PMI）数字仍旧不乐观，汇率波动似有企稳，但未来不确定因素影响依然存在。

这一切都表明，新的一年我国经济应对转型调整的压力丝毫没有减轻。面对当前国内经济下行态势尚难缓解，我们能不能因此茫然失措，消极观望呢？当然不能。必须看到，目前的经济状况是国内外经济近些年来疏于结构调整而过于依赖高信贷高杠杆政策驱动经济酿下的"苦果"，各国以抑制国际金融危机采取的量化宽松政策换来一时的经济增长，并不能掩盖长期积累的结构性、体制性矛盾，一旦叠加到经济周期的衰减期，各种矛盾就自然凸显。2008 年以来，世界经济的缓慢复苏主要依靠的还是政策刺激，经济增长的内生动力一直没有形成。

---

* 本文原载《中国青年报》2016 年 2 月 29 日。

国内经济一方面已深度融入全球化进程，不可能独善其身；另一方面我们也正处在结构调整的艰难转折期，加上多年来以政府主导投资性经济增长的体制性症结一直没有缓解，在国际经济增长放缓的大形势下，我们的结构性、体制性矛盾就显得更加突出，具体表现为国内的产能过剩、企业负债率高企、库存积压严重，导致实体经济盈利下降，工业品价格下降、实体企业盈利下降、财政收入增幅下降、经济风险发生概率上升等，最终反映到经济增速下降上。

中央层面对此已经有清醒的认识，就是看到了在当前全球经济和国内经济形势下，我国国民经济不可能通过短期政策刺激实现 V 型反弹，可能会经历一个 L 型增长阶段。要致力于解决中长期经济问题，必须破除长期积累的一些结构性、体制性、素质性突出矛盾和问题。因此，在 2015 年末召开的中央经济工作会议上明确提出，"推动经济发展，要更加注重提高发展质量和效益；稳定经济增长，要更加注重供给侧结构性改革"。与此同时，还十分明确地提出，"我国经济发展长期向好的基本面没有变，经济韧性好、潜力足、回旋余地大的基本特征没有变，经济持续增长的良好支撑基础和条件没有变，经济结构调整优化的前进态势没有变"。这"四个没有变"是我们区别于国际经济的独特优势，也是我们进一步推进经济结构调整的"本钱"。

所以，中央领导同志一再强调我们要有战略定力，看准的事情不要轻易动摇，要扎扎实实按照已经形成的发展方略，一手抓结构调整，一手抓改革创新。心无旁骛，久久为功。

动足脑筋，推进结构性改革

推进结构性改革，重点在供给侧。2015 年末，《人民日报》记者访谈权威人士并发表《七问供给侧结构性改革》一文，对这一关乎我国经济持续稳定发展的重大政策举措进行了全面论述，清晰指明了 2016 年经济工作的重要着力点。

供给侧结构性改革的内涵就是"三去一降一补"，围绕"去产能、去库存、去杠杆、降成本、补短板"五大重点任务，从提高供给质量出发，用改革的办法推进结构调整，矫正要素配置扭曲，扩大有效供给，提高供给结构对需求变化的适应性和灵活性，提高全要素生产率，以更好满足广大人民群众的需要，促进经济社会持续健康发展。

推进供给侧结构性改革，既要遵循"创新、协调、绿色、开放、共享"五大发展理念，主动适应经济发展新常态，又要按照宏观政策要稳、产业政策要准、微观政策要活、改革政策要实、社会政策要托底的总体思路，布好政策棋局。既要化解前期政策累积性矛盾，又要大胆创新，扎实推动。

进入 2016 年以来，落实五大任务已着手展开。比如，针对去产能，进入 2

月第一周,国务院先后发布钢铁、煤炭行业的去产能指导意见,其中钢铁行业的去产能目标是从2016年开始用5年时间再压减粗钢产能1亿~1.5亿吨;煤炭行业的去产能目标是从2016年开始用3~5年的时间再退出5亿吨左右、减量重组5亿吨左右。针对房地产去库存,目前政策亦开始明晰。继2月初下调房贷首付比例后,2月19日三部委发文调整房地产交易环节契税、营业税优惠,加码房地产刺激政策。去房地产库存的政策框架对应刺激需求端、压缩供给端及明确执行力度,实现行政追责。针对企业降成本,政策方案可能集中在结构性减税政策,加大地方"营改增"试点范围,着力降低企业财务成本和降低劳动力要素实际成本,比如近期媒体热议的调整劳动法、改革养老金制度和社会保障调整,降低电价、物流、仓储成本,等等。在化解高杠杆方面,央行开始着力引导长期利率下行,推进实施资产重组、债务转移等;在补短板方面,通过释放财政政策施力空间,加大城市基建、公共服务、社会分配等领域有针对性改革的力度等。

这一系列政策措施事实上相互交织,着眼点都是意在调整结构,但又可能制约经济增长,并连带着高信贷与去杠杆、通胀预期与汇率稳定、去库存化与平抑房价风险的平衡,这对宏观政策实施区间增添了很大的难度,需要更加清晰的政策调控思路。为此,李克强总理在国务院常务会议上指出,"我们的工具箱里还有很多工具,但不能无备而动。面对十分复杂的局面,各部门要扎实做好应对困难的预案,务必做到有备无患"。这是一种实事求是的判断,更需要各级政策部门心里有数,更多开动脑筋,更注重顶层设计,防患于未然。

主动作为,激发发展新动能

结构调整就是一场改革攻坚战,也是当前中国经济绕不过去的坎儿。中央强调,结构性改革阵痛不可避免,但也是值得的。

相比20世纪90年代,现在我国的实力相当雄厚,经济发展基本面好,新动力正在强化,新业态不断出现,前景是光明的,经济不会出现断崖式下跌。社会就业形势、财力规模、保障制度有了很大进步,抗风险能力强,只要处理得当,虽有阵痛,但不会很大,不会出现大规模的下岗失业问题。特别是人民群众对我们优化产业结构、提升发展效益是理解的、支持的,对我们改善发展质量、产品质量、空气质量是充满期待的,这是我们最大的底气。因此,适当的后退是为了更好地前进。只有退够,才能向前;只要处理得当,阵痛不会很大,可以承受。

因此,李克强总理在国务院常务会议上强调各级政府部门"要更加主动作为,'抡起金箍棒'应对挑战"。各地方、各部门必须进一步确立底线意识、增强忧患意识。面对矛盾和问题都要负起责任,既要让自己"紧张起来",也要督促下面的地方部门"动起来"。

循着发展的逻辑——一个经济学人的时事观察（2016—2020）

推进供给侧结构性改革就是与抓住机遇的"窗口期"赛跑。当前正是新旧动能的转换期，必须摆脱"速度情结""换挡焦虑"的思维定式，充分调动各方面的积极性。李克强总理强调，中国经济最大的动力来源，是激发 13 亿人的活力和创造性，推动大众创业、万众创新，就是要集众智。

事实上新动能最大的潜力在于人的创造性。当前尤其是要注重调动企业家、创新人才、各级干部的积极性、主动性、创造性。要为企业家营造宽松环境，用透明的法治环境稳定预期；要旗帜鲜明地给那些呕心沥血做事、不谋私利的干部撑腰鼓劲儿。这样面对当前的经济困难，我们就会越战越勇，只有把各方面的力量凝聚起来，形成推进供给侧结构性改革的整体合力，我们才能够为中国经济结构调整闯出一条康庄大道。

关键是健全"混改"的市场环境*

　　国务院国有资产监督管理委员会（以下简称"国资委"）根据 2015 年 9 月 13 日中共中央、国务院印发的《关于深化国有企业改革的指导意见》精神，向媒体发布国有企业"十项改革试点"的具体安排和部署。其中特别强调，2016 年将在电力、石油、天然气、铁路、民航、电信、军工等重要领域推进混合所有制试点，上半年将确定首批试点企业，并着手制订试点实施方案，下半年正式启动试点。就此可以认为，在过去一向被认为是自然垄断性行业的国企混改试点有望在 2016 年下半年正式全面铺开。

　　在国有资本相对集中的领域推进混合所有制改革（以下简称"混改"），在 2012 年党的十八大报告中就明确了方向和目标。所谓"混改"就是要探索形成这样一种企业所有制结构：在企业的产权结构中既有国有产权又有非国有产权，在企业治理结构中既有国有股东又有非国有股东的控制权，国有产权主体和非国有产权主体能够按照市场法则自由缔约，其目的是一方面能够促进国有企业转换机制，放大国有资本功能，提高国有资本配置和运行效率；另一方面也能实现各种所有制资本取长补短，相互促进、共同发展。但在实践的几年来，混改的"高潮"并没有如期而至。尽管前两年，石化、电信、电力部门也有所动作，在一些竞争性产业环节降低准入门槛企图吸纳民间资本进入，但也没有达到预期目的，"混改"基本进入一段时期的改革停滞期，可以说，"混改"效果并不好。

　　基本的原因是推进"混改"的产权主体围绕各自的利益很难形成市场化缔约和确定好在未来企业治理结构中确保公平行权。因为在目前市场环境下，国有产权主体和非国有产权主体在既有的资源禀赋诸如在战略定位、产业分布、融资能力、企业规模和治理结构等方面存在极大差异。

　　首先，按照目前的"混改"思路，国有企业在推进混合所有制时必须要保住国有资本在社会资本结构中的总量和比例，而非国有产权进入只考虑自身利益

---

　　* 本文原载《东莞日报》2016 年 2 月 29 日，原题为《新一轮国企"混改"重在健全市场环境》。

驱动，要保住国有经济在一些涉及国计民生的关键产业领域的影响力和控制力，避免国有资产在产权交易过程中流失，成为国企"混改"的决策者首要的政策性硬约束，他们不愿意背负国有资产流失的压力，而事实上在"混改"过程中如果存在体制漏洞就避免不了利益输送和国有资产流失。其次，目前这些国有企业主要集中在基础性垄断行业，其巨大资产规模和利益屏障，事实上成为非国有企业难以撼动的产业进入壁垒，非国有产权难以预见未来在董事会决策中能有多少话语权，能不能平等讨价还价，在股权结构中避免国有资本的"一股独大"就是很大的权益担忧，这也大大地减缓了非国有经济进入的步伐。最后，这些国有企业具有在融资渠道和较低使用资金成本的天然比较优势，在未来企业治理结构中具有对非国有产权的资本"挤出效应"，客观上也减弱了非国有资本参与国有企业"混改"的主动性和积极性。

因此，这次国资委下发一系列国有企业改革试点方案后，混合所有制改革要能迈出实质性步伐，并形成可示范可推广的"混改"模式，而不再继续搞以一个文件推动一个文件的"文件式改革"，就必须从根本上为"混改"营造良好的市场环境，就是要让这些自然垄断性行业必须明确究竟哪些领域真的可以向民间资本开放，并可以全面改造成市场化的董事会和形成真正的法人治理结构，就是要给民间资本进入这些行业吃下市场化的"定心丸"，让它们敢于参与、乐于参与并能分享到"混改"的市场红利。

如何达到这一目的，保证"混改"顺利推进，从这一两年的实践效果来看，眼下在试点方案中需要细致设计和解决好三个方面问题：一是要切实明确这些自然垄断性行业的国有经济战略定位，深化这些领域公益性、商业性分类改革，做好产权分割和资产剥离。在竞争性环节和领域，从母公司层面就要改变产权结构，实施多元化混合所有制，不搞碎片化改革。二是要从政策层面支持金融部门、资本市场对国有与非国有企业的信贷和上市方面一视同仁。三是要真正形成董事会领导下的法人治理结构，强化市场在要素和权利配置中的作用，特别是在经理层选人用人和权利配置上更加市场化、更加公开透明，确保非国有产权主体愿意也能够与国有企业进行深度融合。

读出《政府工作报告》
数字背后的政策走向*

如果未来几年我们能够一直保持 6.5% 以上的增长，到 2020 年，中国国内生产总值将达到 90 万亿元人民币，人均国内生产总值达到 1.2 万美元的高收入国家行列。这是一个很了不起的成就而且还要付出艰苦的努力。

2016 年以来，国内外经济形势错综复杂，国际油价、大宗商品价格连续下行，开年的中国股市、汇市、房市波澜起伏，更有国际社会将新年的经济颓势归咎于中国经济的不断下行。在这一形势下，如何判断中国经济走势，每年中国两会期间李克强总理在《政府工作报告》中如何确定全年经济增长目标以及相关重要经济指标，直接成为判断中国经济未来走向和政策走向的"风向标"。

2016 年 3 月 5 日上午，李克强总理在第十二届全国人民代表大会第四次会议开幕式上代表国务院作《政府工作报告》，报告持续两小时，近两万字长文，报告主题就紧扣"中国经济发展"，讲增长，谈结构，说动能。无论是阐述"十三五"时期主要目标任务和重大举措，还是部署 2016 年这个全面建成小康社会决胜阶段的开局之年和推进结构性改革的攻坚之年的政府工作任务，"稳增长、调结构、促动力"成为经济新常态下促进中国经济持续发展的核心词汇。

最引人瞩目也是媒体最关切的 2016 年中国经济增长目标设定为 6.5%~7%。这是一个区间增长目标，多年来在《政府工作报告》中还是第一次，既出乎意料又在情理之中。

"区间增长目标"——"看点"中的"亮点"

2016 年是中国"十三五"规划的开局之年，两会要审议通过国务院编制的《国民经济和社会发展第十三个五年规划纲要（草案）》。因此，在李克强总理

---

* 本文原载中国网·观点中国 2016 年 3 月 5 日。

的《政府工作报告》中要拿出相当的篇幅阐述未来五年实施这份指导性规划的目标、任务和举措。但各界更加关注的是在当前中国经济面临持续下行压力下中国政府究竟如何确定这一年的经济增长目标，这直接关系到全年经济走势，也反映中国政府对自身经济运行和未来发展的评估。

在李克强总理的报告开篇对 2015 年经济形势判断中，他指出："去年世界经济增速为 6 年来最低，国际贸易增速更低，大宗商品价格深度下跌，国际金融市场震荡加剧，对我国经济造成直接冲击和影响。"而对当前和今后一个时期国内外经济形势，他又指出："从国际看，世界经济深度调整、复苏乏力，国际贸易增长低迷，金融和大宗商品市场波动不定，地缘政治风险上升，外部环境的不稳定不确定因素增加，对我国发展的影响不可低估。从国内看，长期积累的矛盾和风险进一步显现，经济增速换挡、结构调整阵痛、新旧动能转换相互交织，经济下行压力加大。"

正是因为当前和未来一个时期经济运行的诸多不确定因素，中国政府将 2016 年国内生产总值增长定位于 6.5% ~ 7% 这个区间，按照李克强总理所说，这是"考虑了与全面建成小康社会目标相衔接，考虑了推进结构性改革的需要，也有利于稳定和引导市场预期"。

2015 年中国经济增长为 6.9%，也是 2012 年以来中国经济出现下行态势后逐年降低增长水平，这基本与世界经济增速放缓同步。在当今中国经济已经深度融入全球化进程的大形势下，中国经济发展不可能"独善其身"。与此同时，中国经济自身也到了必须加快经济发展方式转变和经济结构转型的关键时刻，面对"三期叠加"的局面，经济工作遇到诸多两难甚至多难问题，再不调整发展模式、再不转换经济结构，这么大的一个经济体便没有出路。因此，这一届政府拿出了"壮士断腕"的勇气，主动调整，不破不立，宁肯牺牲一点短期经济增长也要换来未来可持续发展空间。

仅就当前来看，中国实现 6.5% 以上的经济增长，在全球来看依然是一个不低的增长。用李克强总理的数字比较，2015 年中国经济增长达到 6.9%，是在我国经济总量超过 60 万亿元的高基数上取得的。现在国内生产总值增加的 1 个百分点的增量，相当于 5 年前 1.5 个百分点、10 年前 2.5 个百分点的增量。而且从今后一段时期看，经济规模越大，增长难度越大。虽然困难不小，但也可以有信心支持。

在"十三五"规划开局之年，我们将经济增长下限定位在 6.5%，既能为到 2020 年如期实现全面建成小康社会"两个翻一番"目标构成基础支撑，同时也为经济结构转型升级和实施更加灵活的宏观调控政策腾出空间。如果未来几年我们能够一直保持 6.5% 以上的增长，到 2020 年中国国内生产总值将达到 90 万亿元人民币，人均国内生产总值将达到 1.2 万美元，我国将进入高收入国家行列。这将是一个很了不起的成就而且还要付出艰苦的努力。

再从过去的"十二五"时期看，尽管增长的速度下降了，但增长比例背后的"含金量"事实上一直在提高。比如，我们的物价水平一直保持在较低水平，三次产业结构调整迈出了新的步伐，第三产业尤其是服务业比重及其对经济增长的贡献率一直在提高，就业水平即使在经济下行压力下仍然保持着稳步增长，高新技术产业、现代服务业、大量新产业、新业态、新商业模式和新的消费动力在有序形成，传统产业尤其是传统制造业在调整转型和升级，单位 GDP 能耗水平一直在降低，我国进出口基本保持平衡，等等。因此，用"稳中有进、稳中有好，进中有优"刻画中国经济中高速增长的质量是最恰当的表述。

从实施"十三五"规划的方向来看，我们将未来经济增长适度定位在这么一个增长区间目标，对贯彻落实党的十八届五中全会提出的五大发展理念和中央经济工作会议提出的着力推进供给侧结构性改革的任务具有重要意义，也给予宏观调控政策配套实施以更加弹性的空间。这几年中央政府一直实施区间调控、精准调控、相机调控，不搞政策上的"大水漫灌"，强调稳增长与调结构的平衡，通过制度供给和改革创新，都为顺利实现发展的新旧动能转换、进一步利用好中国经济发展的韧劲和回旋余地，尤其是推进工业化、信息化、城镇化、农业现代化"四化并举"，激发出巨大的市场潜能和企业家创新精神赢得时间。

因此，李克强总理在《政府工作报告》中部署的八项政府工作如果能扎扎实实落实到位，中国经济增长在保持不低于 6.5% 增长的下限水平情况下，还完全有可能高攀至 7% 的增长水平。中国政府有这个信心，中国经济发展素质和潜能也完全可以支撑。

政策如何综合发力——既重现实又着眼长远

实现 2016 年中国经济增长的区间目标，各方面政策需要到位。李克强总理在《政府工作报告》中对 2016 年经济工作作出了部署。正如媒体广泛关注的，2016 年是全面建成小康社会决胜阶段的开局之年，也是推进供给侧结构性改革的攻坚之年。政府经济工作的着力点，就是着力推进供给侧结构性改革，加快培育新的发展动能，改造提升传统比较优势，抓好去产能、去库存、去杠杆、降成本、补短板五大任务，并加强民生保障，切实防控风险，为实现"十三五"时期经济社会发展开好局。

按照 2015 年中央经济工作会议提出的"坚持稳中求进工作总基调，适应经济发展新常态，实行宏观政策要稳、产业政策要准、微观政策要活、改革政策要实、社会政策要托底的总体思路"，把握好稳增长与调结构的平衡，保持经济运行在合理区间，供给侧结构性改革将全面铺开并有序推进。

在政策供给方面，《政府工作报告》提出了宏观调控政策既要有"政策储备"又要"留有后手"的思路。当前政策的有效性在于能够"加快新旧发展动能接续转换，需要新动能异军突起和传统动能转型，形成新的'双引擎'"。

首先，在财政政策方面，提出"积极的财政政策要加大力度"。《政府工作报告》指出，2016年拟安排财政赤字2.18万亿元，比2015年增加5600亿元，赤字率提高到3%。这与前一段时间有专家分析，我国财政赤字率可以放宽到4%以上，显然是留出了"后手"，既要保持财政赤字率和政府负债率的安全边界，又能为未来留出"空间"。目前的关键问题还是要加快财税体制改革，合理确定中央和地方财权和事权的比例，充分调动中央和地方两个积极性，在不断化解地方政府债务风险和企业税费负担的基础上，充分发挥财政支出和政府投资的有效性，加大对民生等薄弱环节的支持。创新财政支出方式，优化财政支出结构，该保的一定要保住，该减的一定要减下来。

其次，在货币政策方面，更加稳健更加灵活适当。前一个时期，央行负责人不断表态，提出我国货币政策稳健偏宽松。在《政府工作报告》中，李克强总理指出，2016年广义货币M2预期增长13%左右，社会融资规模余额增长13%左右。按照目前国际水平，未来一个时期的流动性是充裕的。从近几年我国货币政策创新力度来看，公开市场操作、利率、准备金率、再贷款等各类货币政策工具使用更加灵活，最主要的问题在于如何进一步疏通传导机制，降低融资成本，特别是加强对实体经济，如小微企业、"三农"等的支持，真正让"金融活水"能够"浇灌实体经济之树"，切实提高金融服务实体经济效率。

还有老百姓特别关注的资本市场发展问题，李克强总理在《政府工作报告》中明确指出，要推进股票、债券市场改革和法治化建设，促进多层次资本市场健康发展，提高直接融资比重。同时，要加快改革完善现代金融监管体制，整顿规范金融秩序，严厉打击金融诈骗、非法集资和证券期货领域的违法犯罪活动，坚决守住不发生系统性区域性风险的底线。对老百姓关注的注册制实施，并没有明确提出，但一定意义上也隐含在"提高直接融资比重"的话语背后。

围绕落实供给侧结构性改革的具体政策支持，《政府工作报告》中的政策导向也十分明确。比如，为重点抓好钢铁、煤炭等困难行业去产能，2016年中央财政安排1000亿元专项奖补资金，重点用于职工分流安置，并采取综合措施，推动兼并重组、债务重组或破产清算，稳妥处置"僵尸企业"以及大力降低企业交易、物流、财务、用能等成本，坚决遏制涉企乱收费行为。在努力改善产品和服务供给方面，突出抓好提升消费品品质、促进制造业升级、加快现代服务业发展三个方面。在构建好市场主体竞争力方面，坚决打好国有企业提质增效攻坚战，推动国有企业特别是中央企业结构调整，创新发展一批，重组整合一批，清理退出一批，推进股权多元化改革和混合所有制、员工持股等试点；大幅放宽电力、电信、交通、石油、天然气、市政公用等领域市场准入，消除各种隐形壁垒，鼓励民营企业扩大投资、参与国有企业改革。充分释放全社会创业创新潜能，进一步发挥大众创业、万众创新和"互联网+"集众智汇众力的乘数效应。

政府自身改革是供给侧结构性改革中制度供给的关键所在。李克强总理在《政府工作报告》中继续强调，要推动简政放权、放管结合、优化服务改革向纵深发展。要继续大力削减行政审批事项，注重解决放权不同步、不协调、不到位问题，全面公布地方政府权力和责任清单，在部分地区试行市场准入负面清单制度。他强调，要"简除烦苛，禁察非法"，真正使人民群众有更平等的机会和更大的创造空间。

当然，"十三五"规划开局之年的政府工作十分繁重，李克强总理的《政府工作报告》基本覆盖了创新、协调、绿色、开放、共享五大发展的方方面面，政策导向和工作部署也十分细致，但2016年经济增长目标能不能很好实现，各项政策能不能取得实效，关键是让好的思路、好的规划、好的政策能够落地、落实、落细。因此，李克强总理再次强调，政府工作人员要恪尽职守、夙夜在公，主动作为、善谋勇为，提高施政能力和服务水平。

重任千钧惟担当，万家忧乐放心头。

鼓励·支持·引导：
非公经济发展的
一股和煦春风 *

2016 年 3 月 4 日，习近平总书记看望出席全国政协十二届四次会议的民建、工商联委员，同政协委员们亲切交流并就非公经济发展问题发表重要讲话。这是 2016 年两会期间习近平总书记与代表委员的首场座谈。

座谈讲话中，习近平总书记重申"两个毫不动摇"，强调"三个没有变"，阐明党和政府鼓励、支持、引导非公经济发展的一贯立场，正面回应民营企业家对当前形势下非公经济发展问题的重大关切，激发提升非公经济人士继续支持中国经济调整转型的集体信心。习近平总书记的重要讲话，从非公经济发展定位、政策支持和保障、营造良好发展环境三个层次作了全新阐述，这犹如一股和煦春风，在非公经济人士中激荡起新的波澜和层层涟漪，也对我国非公经济主动适应经济新常态积极引领新常态具有重要的指引意义。

鼓励："两个毫不动摇"和"三个没有变"

改革开放以来，党和国家高度重视非公经济发展并结合我国不同经济发展阶段先后出台一系列重要政策措施。在正确的方针政策指引下，改革开放 30 多年来，我国非公经济从无到有、从小到大、从弱到强发展起来。根据国家统计局的数据，截至 2016 年 3 月，我国非公经济已经创造了超过 60% 的国内生产总值，容纳了超过 80% 的社会就业，推动了超过 65% 的固定资产投资和超过 67% 的对外直接投资。非公经济发展为中国特色社会主义建设和发展作出了巨大贡献。

中国共产党站在历史、国情、规律的高度，充分认识到：公有制经济和非公有制经济都是社会主义市场经济的重要组成部分，都是我国经济社会发展的重要基础。党的十六大报告第一次提出，必须毫不动摇地巩固和发展公有制经济，必

---

* 本文原载中青在线·中青网评 2016 年 3 月 6 日。

须毫不动摇地鼓励、支持和引导非公有制经济发展"两个毫不动摇",并进一步明确"坚持和完善公有制为主体、多种所有制经济共同发展"是我国的"基本经济制度"。

党的十八大继续坚持这一基本经济制度。党的十八届三中、四中、五中全会推出了一大批扩大非公有制企业市场准入、平等发展的改革举措,接续出台了一大批相关政策措施,形成了更加完善的鼓励、支持、引导非公有制经济发展的政策体系,为非公有制经济发展营造了前所未有的良好政策环境和社会氛围,并将鼓励、支持、引导非公有制经济发展放在全面深化改革和全面依法治国的战略布局之中。

但也必须看到,在我国经济社会发展步入新常态,面对极其纷繁复杂的国际经济形势、中国经济社会深度转型和快速融入全球经济体系的新形势新挑战,非公经济发展也面临着深刻转型,在战略定位、体制改革、制度保障、政策支持、规范发展等方面面临着一系列新矛盾新问题新挑战,特别是在当前经济下行压力不断增大的形势下,如何保持非公经济稳定健康持续发展,民营经济如何与公有经济一道攻坚克难,许多非公经济人士和民营企业家的确产生了一些思想困惑,并为发展前景担忧。

正是在这样的情形下,习近平总书记在看望出席全国政协十二届四次会议的民建、工商联委员之际,重申"两个毫不动摇",并鲜明地提出"非公有制经济在我国经济社会发展中的地位和作用没有变,我们鼓励、支持、引导非公有制经济发展的方针政策没有变,我们致力于为非公有制经济发展营造良好环境和提供更多机会的方针政策没有变"。习近平总书记强调的这"三个没有变",揭示出"我们党在坚持基本经济制度上的观点是明确的、一贯的,而且是不断深化的,从来没有动摇",这就回应了关切、澄清了迷雾,向非公经济人士乃至全社会释放了清晰无误的信号。正如许多媒体所言,习近平总书记的这个重要讲话再次给广大非公经济人士吃下了一颗"定心丸",也给广大民营企业家打消了后顾之忧,进一步稳定了发展预期。

支持:让民营企业从政策中增强获得感

坚持"两个毫不动摇",稳定"三个没有变",当然要落实到具体的政策和行动中。

习近平总书记在这次与民建、工商联委员座谈讲话中就非公经济发展当前最关注的几个热点问题作出回应,指出了要重点解决好的五个方面的问题,其核心就是要让民营企业从政策中增强获得感,要让民营企业内生发展动力充分发挥,要让民营企业家创新活力得到进一步激发。

习近平总书记首先提到的是要着力解决中小企业融资难问题，为中小企业融资提供可靠、高效、便捷的服务。长期以来，民营经济尤其是中小企业融资难、融资贵的问题一直没有得到很好解决。尽管这几年，国家实施稳健偏宽松的货币政策和积极财政政策，但由于体制机制障碍还没有完全破解，政策实施阻梗严重，充足的流动性并不能充分进入实体经济，资金体外循环严重。就此问题，总书记着重强调，各地区各部门要从实际出发，细化、量化政策措施，制定相关配套举措，推动各项政策落地、落细、落实，让民营企业真正从政策中增强获得感。

习近平总书记另外关注的几个问题，诸如着力放开市场准入，着力加快公共服务体系尤其是为民营企业自主创新提供技术支持和专业化服务平台建设，着力引导民营企业利用产权市场组合民间资本，培育民营大企业集团和为民营企业切实"减负"等，则从"坚持权利平等、机会平等、规则平等，激发非公有制经济活力和创造力"的原则出发，对我国非公经济发展要继续一视同仁，要按照市场经济规律，真正放开对非公经济的市场准入。他强调，凡是法律法规未明确禁入的行业和领域都应该鼓励民间资本进入，凡是我国政府已向外资开放或承诺开放的领域都应该向国内民间资本开放。希望民营经济发展也要像国有经济发展一样，能培养一批特色突出、市场竞争力强的大企业集团。2015～2016年，中共中央、国务院《关于深化国有企业改革的指导意见》和一系列配套文件，鼓励混合所有制经济发展，在七大自然垄断型行业对民营经济等放开。另外，加大自贸区试点推进，都给非公经济享受国民待遇施展发展"拳脚"提供了很大的政策空间。

值得关注的是，习近平总书记这次还强调，国家保护各种所有制经济产权和合法利益，要健全以公平为核心原则的产权保护制度，加强对各种所有制经济组织和自然人财产权的保护。这让非公经济人士吃下一颗"定心丸"，为民营企业家减少后顾之忧、激发企业家创新精神提供坚实的制度保证和良好的法治环境。

引导：以"亲""清"构建新型政商关系

党的十八大以来，我们党严抓党风廉政建设，铁腕反腐，大力惩治党内腐败分子，树立了社会正气，赢得了民心支持。但反腐败斗争揭示的一系列问题也反映了一个时期以来不健康的政商关系。

习近平总书记在2013年3月8日参加十二届全国人大一次会议江苏代表团审议时就指出："现在的社会，诱惑太多，围绕权力的陷阱太多。面对纷繁的物质利益，要做到君子之交淡如水，'官''商'交往要有道，相敬如宾，而不要勾肩搭背、不分彼此，要划出公私分明的界限。"因为"官""商"关系不清、公权私权边界不清，不仅让一些党政干部被资本绑架，陷入腐败的泥潭，也给广大民营经济带来了误导。如果说，改革开放初期，我们市场经济体制还不完善，民营经济取得"第一桶金"还要借助一些制度漏洞，但今天我们社会主义市场经济制度基本建成，全面依法治国的社会环境基本形成的条件下，市场经济必须进一步规范化、法治化、制度化，民营经济也只有依靠守法诚信、创业创新、回报社会来得到国家支持、来赢得企业发展、来获得社会尊重。

良好的经济发展生态和有序的市场环境，离不开文明健康的政商关系。因此，习近平总书记在这次座谈会上，用"亲""清"两个字定义了新型政商关系。他指出，对领导干部而言，所谓"亲"，就是要坦荡真诚同民营企业接触交往，特别是在民营企业遇到困难和问题情况下更要积极作为、靠前服务，对非公有制经济人士多关注、多谈心、多引导，帮助解决实际困难，真心实意支持民营经济发展。所谓"清"，就是同民营企业家的关系要清白、纯洁，不能有贪心私心，不能以权谋私，不能搞权钱交易。对民营企业家而言，所谓"亲"，就是积极主动同各级党委和政府及部门多沟通多交流，讲真话、说实情、建诤言，满腔热情地支持地方发展。所谓"清"，就是要洁身自好、走正道，做到遵纪守法办企业、光明正大搞经营。

这段深刻的阐述事实上也对未来新型政商关系提出了明确的构建思路。对广大党政干部来说，只要恪尽职守、严格守法，身正德明，就可以大大方方、干干净净地与民营企业交往、沟通，为他们积极参与国家经济进一步发展、分享改革发展的制度红利搭建渠道、提供服务，矫正当前一些地方干部"不敢为""不作为""怠政懒政"的非正常心态和行为。对广大非公经济人士来说，更可以堂堂正正、心无旁骛地与政府交往、提出服务要求，从而可以大大减少交易成本，腾出更多的智慧和精力致力于自身企业合规经营、健康发展，积极参与到全面建成小康社会乃至推动实现中华民族伟大复兴中国梦的实践中，不断铸造非公经济助推中国特色社会主义发展的历史丰碑。

当然，我国非公经济规模大、覆盖广、发展参差不齐，面对经济新常态，关键还是要不断提升自身素质。习近平总书记为此强调，广大非公有制经济人士要加强自我学习、自我教育、自我提升，十分珍视和维护好自身社会形象。对于已经富裕起来的一些民营企业和民营企业家，要知道"致富思源，义利兼顾，自觉履行社会责任"。这是总书记对非公经济的厚望，也是党和政府促进非公经济健康发展的历史担当。

当前，我国经济尽管下行压力较大，但发展空间依然广阔，广大非公经济组织要领悟好习近平总书记这次重要讲话传递出的重要信息，坚定发展信心，抓住有利机遇，进一步激发创业创新精神，为如期全面建成小康社会、实现"十三五"规划目标作出更大贡献。

使命与担当
建设人民满意的政府[*]

【编者按】每年两会的《政府工作报告》都会总结上一年的政府工作成果，对下一年的经济、社会发展设定目标。正值"十三五"规划起始之年，2016年两会《政府工作报告》更是受到国内外广泛关注。过去一年，国内外经济形势错综复杂，作为第二大经济体的中国，在砥砺奋进中站上了新高度，交出了一份令人满意的成绩单，为世界经济的灰暗色调增添了一抹"中国红"。中国正走在正确的道路上，历史的启示、改革的力度、增长的潜力，将共同铸就世界对中国的坚定信心。中国网·观点中国推出"政府工作报告里的世界期待"专家述评，领略中国为世界带来的新的活力。

李克强总理在2016年《政府工作报告》中部署了2016年政府的八项工作，其中的第八项就是"加强政府自身建设，提高施政能力和服务水平"。政府工作好不好，不仅关系其他重点工作的完成，也直接关系到人民对政府工作的满意程度和支持力度。

2016年是本届政府执政的第四年。记得李克强总理在担任总理后的第一年两会闭幕后的记者招待会上谈到本届政府的执政思路和政府定位时，就提出本届政府要致力于建设一个创新政府、廉洁政府和法治政府。施政三年多来，应该说本届政府围绕这一目标，工作是卓有成效的，效果也是比较明显的，政府的施政能力和水平也在不断提高。从过去三年李克强总理的《政府工作报告》看，本届政府对加强政府自身建设，切实推进建设人民满意的法治政府、创新政府、廉洁政府和服务型政府，认识和举措也在随着国家形势的变化不断深化。建设人民满意的政府的内涵紧扣新形势新任务更加丰富、更加务实。

2016年《政府工作报告》在谈到政府自身建设方面，虽然着笔不多，当紧扣"履职"要义，强调要"坚持依法履职、坚持廉洁履职、坚持勤勉履

---

[*] 本文原载中国网2016年3月6日。

职"。因为党的十八大、十八届三中和四中全会已经对新形势下政府职能定位、改革创新目标、建设法治政府作出十分明确的阐述，对政府应该干什么、为谁干、怎么干，大家都心知肚明，现在的着眼点就是要按照已经确立的总体目标，切实解决好政府怎么落实改革、怎么履好职责、怎么实现让人民满意的问题。

党的十八大以来，随着全面深化改革、全面依法治国、全面从严治党的深入推进，政府工作如何适应新的改革形势，进一步推进职能转变、创新行政方式、自觉运用法治思维和法治方式、始终筑牢廉洁从政的信念等，这是新的课题，也是对各级政府及其工作人员新的考验和新的挑战。这几年的政府改革创新实践中，我们也看到，各级政府在推进改革进程中也或多或少出现了这样那样的新矛盾和新问题，需要认真解决。

而解决好这些新矛盾和新问题，落脚点还是在于各级政府及其工作人员能够正确履职。归结起来，就是这次李克强总理在《政府工作报告》中关于"加强政府自身建设"所指出的三个方面，即：一要坚持依法履职。各级政府及其工作人员要严格遵守宪法和法律，自觉运用法治思维和法治方式推动工作，法定职责必须为，法无授权不可为，要切实把政府活动全面纳入法治轨道。同时，还要自觉接受广泛的民主监督，让政府的权力在阳光下运行。二要坚持廉洁履职。随着党和政府开展反腐倡廉进程的深入，党政领导的主体责任更加明确，党风廉政建设也不断向基层延伸，政府廉洁将直接体现党风政风，直接关系到党和政府在群众中的公信力。近年来，一些政府公职人员还存在顶风违纪乃至权力腐败问题，侵害了群众利益，破坏了政府形象，影响了工作执行力和落实力。因此，必须把廉洁履职始终放在重要位置，坚决铲除滋生权力腐败的土壤。三要坚持勤勉履职。一个时期以来，在各级政府中的确存在一些政府公职人员"不作为、懒作为"等庸政懒政怠政现象，其中既有当前我国经济社会进入新常态，一些政府公职人员学习和能力跟不上形势；也有在中央严抓作风建设、对腐败形成高压态势的情况下，一些政府公职人员出现了"怕担事、怕出错、不敢为"的不正常心态和行为。

当然也因为一些地方在推进干部人事制度改革中出现了利益调整但体制创新还不够，直接给一些政府干部带来了患得患失、进退两难以至于宁肯得过且过的消极心态。就此，李克强总理在报告中再次强调，"政府工作人员要恪尽职守、夙夜在公、主动作为、善谋勇为"，并特别提出，要在政府管理中"健全激励机制和容错纠错机制"。容错纠错机制过去一直在企业改革中使用，意在激发企业家创新精神，这次将其引入政府管理机制创新中，就是要表明，党和政府一方面要解决干部队伍中存在的"不作为、不会为、不敢为"问题，通过健全督查问责机制，坚决整肃庸政懒政怠政行为，决不允许占着位子不干事；另一方面，还是要积极支持广大政府干部干事创业，给改革创新者撑腰鼓劲，让广大干部愿干事、敢干事、能干成事，鼓励各级政府及其工作人员从实际出发干事创业，形成竞相发展的生动局面。

所以，无论是从实现"十三五"规划的良好开局，加大力度推进供给侧结构性改革的现实出发，还是深入贯彻落实新发展理念、担当好如期实现全面建成小康社会的历史使命来说，政府工作的落脚点就是坚持依法履职、坚持廉洁履职、坚持勤勉履职。

只有各级政府及其工作人员严格履职、忠诚履职了，就是回应了李克强总理在报告中用"重任千钧惟担当"的诗意语言表述的他对各级政府的深深寄望。

充分释放体制创新活力
助力 L 型经济复苏*

进入 2016 年来，各项经济指标继续透露"十三五"规划实施的这个开局之年中国经济运行的疲弱状态，特别是国际政治经济局势扑朔迷离，给我国经济又增加诸多不确定因素。所以，要准确预言 2016 年的中国经济走势并不容易。

在 2016 年春节过后国务院举行的第一次常务会议上，李克强总理就指出，因为"当前中国经济与全球经济深度融合"，不仅股市、汇市、大宗商品价格波动同步性越来越强，各主要经济体实施的经济政策关联度也是越来越高。按照中央高层对今后几年中国经济步入"L 型"走势的判断，并设定 6.5% 经济增长的下限，2016 年中国经济仍应当处于缓步下行态势，经济增长的合理区间定位在 6.5%~7%，但稳住这个区间，仍要付出艰苦的努力。

2015 年中央经济工作会议确定 2016 年五大经济任务是"三去一降一补"，强调要在适度扩大总需求的同时，着力加强供给侧结构性改革，着力提高供给体系质量和效率，增强经济持续增长动力，推动我国社会生产力水平实现整体跃升。笔者对供给侧结构性改革的理解，认为关键就是要切实给企业减负、给结构调整腾出空间、让社会创新活力充分释放、让体制内人力资本充分增值。

给企业减负

目前更多地寄望于适度放松财政政策。目前高层已经释放增加 2016 年度财政赤字率的信号。有报道说财政赤字率可以放宽到 3%，减税或超 7000 亿元，提高财政赤字率是政府稳增长的一项举措，如果财政赤字率提高至 3%，将是很大的一个增幅。赤字率的提高，意味着财政风险相应增加，不过目前中国地方政府负有偿还责任的债务风险可控，需警惕或有债务风险。按照目前要解决的"去产能、去库存、去杠杆"的目标，其经济主体多是大型央企和地方政府扶持性企业，一方面，要加大这些企业兼并重组力度，平稳解决劳动力转移和安置问题，

---

* 本文原载《中国经济时报·两会特别专题〈新局之光〉》2016 年 3 月 13 日。

需要保障民生问题；另一方面，要将有限的财政资金垫付企业降成本的支出，还要防止"挤出效应"，真正给有发展前途的新兴产业"输血"，特别是让更多的民营企业、中小企业能够从高税负中摆脱出来。因此，财政政策必须精准，而不是"撒胡椒面"。

给结构调整腾出空间

着眼点是尽快培育出新的经济增长动力，能够在"十三五"规划实施的前几年较快实现经济动力转换。一方面，要加快支撑中国经济增长的传统制造业转型升级，提升中国制造业的信息化、智能化、服务化水平，加快生产型服务业的发展；另一方面，要更大力度地推进"互联网+"行动计划，着力于推进实体经济的发展，避免炒概念，实实在在地引导和发挥创新政策在产业结构调整中的有效作用。

让社会创新活力充分释放、让体制内人力资本充分增值

提高全要素生产率、推动我国社会生产力水平实现整体跃升，根本地激发制度更新、思想活力和人力资本的活力。"十三五"期间，既要加大对技能型人才的培养力度，又要突破体制机制障碍。尽管国家已营造出比较浓厚的"双创"氛围，但似乎仅仅停留在"体制外"。必须看到目前的央企、机关事业单位改革还相当滞后，"体制内"明显缺乏创新活力，体制内人才流动陷入板结化，"体制内"与"体制外"形成鲜明的两大阵营，更多的有效人力资本挤压在"体制内"碌碌无为。深化行政体制改革乃至组织人事制度改革，应当是推进简政放权取得初步成效后下一步亟待发力的改革领域。

迈出决胜全面小康的
坚实步伐*

　　"十三五"规划开局之年的两会经过十多天的会议议程，顺利完成了各项任务，即将圆满落幕。围绕会议主题，代表委员充分参政议政，各部部长坦诚回答问题，社会各界关注热议，场内场外可谓思维激荡，亮点频呈。

　　2016年两会的一个重点是代表委员审议讨论《国民经济和社会发展第十三个五年规划纲要（草案）》。《"十三五"规划纲要》作为未来五年我国国民经济和社会发展的行动指南，将引领全面建成小康社会的整个进程。随着两会的落幕，我们也正式开启"十三五"规划实施时期，将迈出如期实现全面建成小康社会决胜阶段的坚实步伐。

牢固树立新发展理念　凝神聚力开好局

　　党的十八届五中全会提出了"创新、协调、绿色、开放、共享"五大发展新理念，它作为一条鲜明的主线贯穿于"十三五"规划纲要。

　　五大发展新理念是在深刻总结国内外发展经验教训和深刻分析国内外发展大势的基础上形成的，集中反映了以习近平同志为核心的党中央对经济社会发展规律认识的深化，凝结了全党全国人民的智慧，成为我国破解"三期叠加"矛盾、成功跨越"中等收入陷阱"、确保全面建成小康社会、开启社会主义现代化建设新征程的思想准绳。

　　十多天来，两会代表委员担负职责、聚焦问题、坦诚建言、务实献策、共商国是。其最大的成果就是形成了这样的广泛共识：创新、协调、绿色、开放、共享的新发展理念，这是当代中国共产党人对我国经济发展进入新常态所面对的新课题的科学回答，是对当今时代人类所面临的发展难题作出的中国思考，是化解当前我国发展中的突出矛盾和问题、成功实现经济社会转型发展的中国方案，也是全党全国人民必须面对的一场关系发展全局的深刻变革。

---

　　*　本文原载中青在线2016年3月16日。

面对当前国内经济下行压力持续加大的态势，必须解决好新旧动能转换接续问题。而创新是引领转型发展的第一动力，是牵动经济社会发展全局的"牛鼻子"，中国经济必须在创新中谋转型、在创新中求突破，才能推动经济社会发展继续迈上新台阶。

要解决好中国经济不平衡、不协调矛盾和城乡二元结构问题，协调发展是制胜要诀，这事关可持续发展的局部与全局、发展节奏的快与慢、发展布局的重与轻等。只有不断增强发展的整体性和协调性，才能走出顾此失彼的"失衡之路"。

要解决越来越严重的资源枯竭、环境恶化的"透支之路"，必须依靠绿色发展。这既是永续发展的必要条件和人民对美好生活追求的重要体现，也是对子孙后代的负责任之举。中国必须走促进人与自然和谐共生、生态优先的绿色发展道路，这也是为全球生态安全作出中国贡献。

开放是国家繁荣发展的必由之路，统筹国际国内两个市场、两种资源，在更高起点上建设开放型经济，推进开放发展，才能撑得起今天中国的大国地位，才能赢得更多的参与国际治理的制度性话语权，体现中国的大国担当。

让老百姓有更多的获得感，是我们改革开放的内在要求，也是中国特色社会主义的本质所在。这就需要共享发展，更加注重社会公平正义。只有发展过程人人参与、发展成果人人分享，实现以人民为中心的发展，我们才能避免贫富分化、顺利跨越"中等收入陷阱"，才能极大调动起人民群众实现"两个百年目标"的不竭动力。

正是五大发展理念引领了"十三五"规划，才汇聚起了广泛共识，绘出了民心的最大同心圆，全体人民就有了共同思想基础，也就能迈出"十三五"起步的坚实步伐。

着力推进供给侧结构性改革　厚植优势破难题

以新理念引领发展新境界，以新战略拓展治国理政新高度，首先还是要抓准切入点，精确施策，精准发力。

2016年两会的最热话题就是"供给侧结构性改革"。"牢固树立和贯彻落实创新、协调、绿色、开放、共享的发展理念，以提高发展质量和效益为中心，以供给侧结构性改革为主线，扩大有效供给，满足有效需求"不仅写进了《"十三五"规划纲要》，是李克强总理所作《政府工作报告》中2016年政府的最重要工作，也正是解难题、开新局的切入点。

当前国内经济面临着"四降一升"即经济增速下降、工业品价格下降、实体经济盈利下降、财政收入下降、经济风险发生概率上升的困境。李克强总理在《政府工作报告》中没有丝毫回避。而出现这些问题的主要矛盾不是周期性的而是结构性的，在于近年来国内供给结构错配问题严重。过去政府宏观调控中经常使用的需求管理边际效益已在不断递减，单纯依靠刺激内需难以解决产能过剩等结构矛盾。只有把改革供给结构作为主攻，才能实现国内低水平供需平衡向高水平平衡供需跃升。

2015年末的中央经济工作会议中明确指出，推进供给侧结构性改革，是适应和引领经济发展新常态的重大创新，是适应国际金融危机发生后综合国力竞争新形势的主动选择，是适应我国经济发展新常态的必然要求。只有着力加强结构性改革，在适度扩大总需求的同时，去产能、去库存、去杠杆、降成本、补短板，提高供给体系质量和效率，提高投资有效性，加快培育新的发展动能，改造提升传统比较优势，增强持续增长动力，才能破解发展难题、厚植我国发展优势，才能推动我国社会生产力水平整体改善，实现"十三五"时期经济社会发展的良好开局。

围绕推进供给侧结构性改革，代表委员在两会上从不同层次、不同角度提出了大量建议，比如，实施创新驱动战略，开辟供给空间；深化简政放权改革，提升供给质量；调整完善人口政策，夯实供给基础；推进土地制度改革，释放供给活力；加快财税金融体制改革，激发市场活力；从五大政策综合施策，着力激发各类生产要素潜能，创造中国的"新供给"、锻造中国的"新质量"，形成中国的"新名牌"。

按照李克强总理在《政府工作报告》中指出的，2016年是全面建成小康社会决胜阶段的开局之年，也是推进结构性改革的攻坚之年。实现新旧动能转换，推动发展要转向更多依靠人力、人才资源和科技创新，这既是一个伴随阵痛的调整过程，也是一个充满希望的升级过程。战略上要坚持持久战，战术上要打好歼灭战。

只要闯过这个关口，中国经济就一定能够浴火重生、再创辉煌。

导向·依据·愿景：
展开全面建成小康社会的美丽画卷*
——"十三五"规划
《纲要》点评

　　第十三个五年（2016~2020年）规划纲要（以下简称《纲要》）经过2016年两会代表委员认真审议讨论获得通过。这份《纲要》充分体现党的十八届五中全会精神，立足"五位一体"总体布局和"四个全面"战略布局，准确把握国内外发展环境和条件的深刻变化，积极适应把握引领经济发展新常态，全面彰显了创新、协调、绿色、开放、共享五大发展理念，描绘了未来五年我们如期实现全面建成小康社会的宏伟蓝图，也展示了全面建成小康社会的美丽画卷。

　　笔者认真研读这份《纲要》，从谋篇布局角度看，认为这份《纲要》有这样几个突出特点：

　　一是五大发展理念贯穿始终。党的十八届五中全会提出了"十三五"规划的建议，并鲜明地阐述了编制"十三五"规划必须遵循的五大发展理念。我们现在可以看到，《纲要》从指导思想、主要目标、发展理念和发展主线，充分体现了发展新理念，其作为一条红线贯穿整个《纲要》的篇章布局。整个《纲要》分为20篇、80章、约6.5万字。整个篇幅高于"十二五"规划。除了第一篇相当于《纲要》的总论和最后一篇《纲要》实施的落实保障要求，从第二篇到第七篇着重强调创新发展和可以激发增长新动力的发展领域，包含了技术创新体系、体制创新要求、产业创新目标等；第八篇、第九篇强调了协调发展，包括推进新型城镇化战略和区域协调发展；第十篇着眼于绿色发展，着力于生态环境建设；第十一篇、第十二篇强调开放发展；第十三篇至第十五篇着眼于共享发展。可以说，这么多篇章不惜笔墨，强调的都是经济领域的发展，体现了以经济建设为中心的发展思想。而从第十六篇至第十九篇，又接着指出了文化领域、社会领

---

　　* 本文原载人民网"十三五"规划纲要的述论2016年3月18日。

域、政治领域（包括党的建设领域）以及国防与经济融合发展领域，这体现了"五位一体"的总体布局，这些规划领域也一样体现了发展新理念。

二是思路明确目标任务清晰。为了使这份规划更加具体明确，与往常的五年规划一样，《纲要》首先明确了"十三五"时期经济社会发展主要指标，共25项，其中11项预期性指标和14项约束性指标，弹性目标和硬性指标一目了然。其次，除了篇章设计的大体例，每一章还分设了若干节，在相应章节还附录了25个体现重大任务、重大项目、重大工程和相关具体目标要求的知识性指引性专栏。可以看到，章节的具体逻辑完全是针对需要落实的发展规划，形成"以发展理念引导规划思路、以发展思路明确规划要求、以目标要求落实具体举措"的规划脉络。这就让读者十分明确：无论是涉及未来五年发展的经济、生态、文化、社会、政治（党建）和国防军队建设的哪一个具体板块，都有具体的规划指向、鲜明的发展目标和详细的工作举措，让人感觉规划其实就是一份"责任清单"，任务明明白白，工作清晰具体，要如期实现全面建成小康社会，我们完全可以按图索骥，有的放矢。

三是新思想新战略耳目一新。通读全篇《纲要》，让人感觉这不仅是一份强调"发展"的规划，也是一份能够激发潜能、鼓舞人心的"创新"规划。全文充盈了大量新思想、新概念、新战略、新范式、新工程等。比如，第六篇专门规划"拓展网络经济空间"；第七章阐述"双创"，提出要"全面推进众创众报众扶众筹"；第十六章提出要"改革金融监管框架"；在第九篇第四十一章阐述"拓展蓝色经济空间"；第五十二章强调要"积极参与全球经济治理"；等等。这些当前媒体追捧、耳熟能详的热门词汇在不久的将来就要成为我们生活工作的具体组成部分，也必将成为助推中国经济社会可持续发展的新动能。

当然，一份好的规划凝聚了各方面的智慧，更体现了国家的战略意图。正如这份规划在一开始所指出的，《纲要》是"市场主体的行为导向，是政府履行职责的重要依据，是全国各族人民的共同愿景"。只要全体人民凝神聚力，团结奋斗，这幅全面建成小康社会的美丽蓝图一定会成为美好现实。

站在"十字路口"的亚洲
需要新动能*

　　春光旖旎的海南博鳌迎来了在此间举办的第 15 次亚洲论坛。博鳌亚洲论坛自创办之日起就始终汇聚亚洲各国精英探索发展之道的智慧，一路走来，它见证了这些年来亚洲经济的一路成长。2015 年亚洲仅发展中国家经济增速就达到 6.5%，高于全球，贸易规模占世界贸易已达 1/3，对世界经济增长贡献率为 44%。亚洲成为全球最具经济发展活力的地区。

　　然而，在波谲云诡的当今世界经济社会格局深度调整期，亚洲经济似乎又走到了新的"十字路口"：不少国家出口下滑、债务规模扩大、货币贬值、资本外流、经济持续下行。面对发展劲头不足、不平衡问题依然存在等现实困难，亚洲亟待找寻新的发展坐标，发掘新的发展动能，激发新的发展活力。

　　中国国务院总理李克强在 3 月 24 日开幕的 2016 年博鳌亚洲论坛主旨演讲中再次给亚洲经济发展"打气"，他以"春和景明、波澜不惊"的天气暗喻对当前亚洲经济乃至世界经济的看法，表达对亚洲新愿景的期盼，更传递出攻坚克难、努力赢得亚洲新未来的"中国信心"。

　　从李克强总理的演讲中，首先可以看出中国政府对亚洲经济的未来完全能够走好充满信心。这种信心来自于对亚洲仍然具有潜在的三大力量的判断，就是"和平的力量""增长的力量""创新的力量"。

　　用李克强总理的话说，"饱经沧桑的亚洲人民深知和平之贵"。正是由于亚洲人民对和平、和睦、和谐生活的追求，才有了"二战"之后亚洲新兴经济体的快速成长和一大批发展中国家努力致力于民族振兴和经济发展，也成为助推世界稳定发展的"和平的力量"；面对着南北部和东西方的客观差距，还有最多的贫困人口和落后的基础设施现状，亚洲仍然是"增长的洼地"，亚洲各国有强烈愿望改善民生、追求发展、寻求合作，具有强大的"增长的力量"；亚洲文化开放包容，亚洲人民勤劳智慧，人力资源禀赋充裕，融合发展空间广阔，过去这里

---

　　* 本文原载中青在线 2016 年 3 月 26 日，原题为《李克强总理演讲传递对中国经济光明发展前景的信心》。

曾创造了"亚洲奇迹"，未来这里可以再显"创新的力量"。

中国作为亚洲正在崛起的发展中大国，始终高举和平发展的旗帜，展示"亲诚惠容"的胸怀，秉承与亚洲邻国休戚与共、共同发展的理念，不仅致力于本国经济社会的发展，也努力担负起一个大国的国际责任和国际道义，主动参与全球经济治理，积极打造区域乃至世界命运共同体，引领着亚洲成为世界和平发展的实践者、世界经济增长的促进者和世界文明进步的推动者。中国当前努力推动"一带一路"倡议构想，建立亚洲基础设施投资银行，加快互联互通、产能合作等项目实施，就是为了让亚太地区人民共享融合发展的红利，更快地推进亚洲地区各国走上创新发展、升级发展的增长之路。一定意义上，中国正是处于"十字路口"的亚洲地区摆脱困境、迈向新未来的航标。

但是，经过近40年快速的发展，中国经济体量已居世界第二位，中国人均GDP水平正处于过往许多经济体没有跨过去的"中等收入陷阱"。对于这样一个崛起的发展中大国，西方发达经济体还时时担忧中国会不会同时陷入"修昔底德陷阱"。所以，国际社会不时发出"中国崩溃论"和"中国威胁论"等十分矛盾的言论。在国际金融危机爆发以来，时隔8年后世界经济依然难以走上复苏通道的情形下，国际社会一方面寄望于中国能够成为复兴的力量和增长的引擎，助推世界经济走出底部；另一方面也害怕正处于深度经济结构调整期的中国经济会"硬着陆"而掣肘世界经济的复苏。

因此，中国领导人在过去的一年，总是在各个国际场合表达"中国的信心"。在2015年举办的土耳其G20峰会和APEC峰会上，习近平主席指出中国经济的"四个没有变"、信心的"三个来自于"。在2016年春季的博鳌亚洲论坛上，李克强总理再次强调，国际社会对中国经济要学会"整体地看""趋势地看""长远地看"，尽管中国面对跨越"中等收入陷阱"，应对"三期叠加"的种种累积性困难和矛盾，的确挑战不可低估，但信心依然不可动摇。

因为中国政府对自己的信心来自于中国经济仍然具有"三大动力"。用李克强总理在此间演讲中的概括，就是"改革开放的动力""结构调整的动力""改善民生的动力"。中国政府也知道，怎么继续释放动力，推进国家创新。

前不久，中国政府发布了《中华人民共和国国民经济和社会发展第十三个五年规划纲要》，中国两会也审议通过了2016年《政府工作报告》，中国将按照已经确定的未来五年如期实现全面建成小康社会目标的路线图，确立了创新、协调、绿色、开放、共享五大发展理念，抓住着力于推进供给侧结构性改革的发展主线，从去产能、去库存、去杠杆、降成本、补短板五大任务着手，以宏观政策要稳、产业政策要准、微观政策要活、改革政策要实、社会政策要托底的五大政策相互配套形成合力，破解发展难题，厚植发展优势，充分挖掘生产要素潜能，全面提升全要素生产率，充分发挥市场在资源配置中的决定性作用和更好发挥政府作用，充分调动一切积极因素，激发社会生产力和全体人民的创新活力。这样，就完全可以动力充足地实现中国经济中高速增长、产业迈向中高端水平、人民生活获得中高收入。

　　李克强总理在 2016 年 3 月的演讲中说："中国经济升级发展，是自身提高的过程，也可以说是亚洲的机遇、世界的机遇。"自然，亚洲的新未来，激发出的新活力，也必将成就世界的新未来，实现世界的新愿景。

社保降费：
短期在减负　长期在改革*

　　李克强总理在 2016 年两会记者招待会上就社保降费问题回答记者提问时，明确表示要适当降低社保"五险一金"、"让企业多减轻一点负担，让职工多拿到一点现金"。2016 年 3 月 21 日，上海市政府发布消息，决定下调养老、医疗和失业保险三个险种共计 2.5% 的单位缴费率。而此前，自 2016 年 2 月以来，广东、天津、云南、甘肃、贵州、江苏等多个省市已出台社保降费措施。

　　在党的十八届三中全会通过的《中共中央关于全面深化改革若干重大问题的决定》中已经明确"适当降低社会保险费率"。在"十三五"规划中也进一步强调。两会后，社保降费措施在一些地方出台，各方面都十分关心：这一政策措施能给眼下企业减轻多少负担？社保降费后，职工拿到手的工资是不是会有所提高？退休人员的待遇又会如何？从政策层面看，更关注随着我国城镇化、老龄化加速发展，如何解决社会保障筹资难度越来越大、基金支付压力越来越大的现实矛盾下，政府未来能不能建立起更加公平、更可持续的社会保障制度，社保改革究竟能不能给老百姓"托底"？

　　无疑，适当降低社保缴费，是在当前经济增速放缓、企业运行困难的情况下，推进供给侧结构性改革、切实为减轻企业负担作出的一项正确选择。从目前各地对社保费率结构项减低的费率来看，对企业来说，可能是杯水车薪，但毕竟是一个减负的起步；对职工来说，每月到手的工资现金因为社保缴费的下调会拿得多些。其实，要认真算账，这对企业更加有利。中国社会科学院社会政策研究中心的相关研究表明，目前我国企业承担社保缴费压力主要来自养老缴费，而美国企业承担养老保险企业缴费率只有 6.2%，日本、德国分别为 8.25%、9.3%，高福利国家瑞典也只有 9.25%，都比中国企业低了 10 个多百分点，因此，下调基本养老保险企业缴费率会使我国企业减负不少。对企业员工来说，其实这只是一个短期收入增长和长期保障支出的转换，是当下消费能力和未来投资预期的一

---

　　*　本文原载《东莞日报·远见周刊》2016 年 3 月 28 日。

个权衡。而对政府来说，必须要设计好构建完善的、更加社会化的社会保障体系方案，不仅要应对当前经济困境，更要未雨绸缪，将当下的民生问题与未来提升人民群众生活质量和安全感加以平衡，做到全社会保障水平与经济发展水平保持同步。

"五险一金"是20世纪90年代我国劳动制度改革后由国家规定的一项社会保障制度，20多年来，这一制度日趋完善，但企业和职工为此付出了很大代价，根据相关研究成果，如今全国社保缴费率的平均水平接近40%，与国际警戒线（20%）相比，我国缴费率明显偏高。这的确给企业特别是多数小微企业增加了负担，也制约了职工现实的薪酬水平，进而影响社会消费力和企业竞争能力。要推进供给侧结构性改革，降低企业运行成本，适当降低企业支付社保费率就是一个现实选项。但无疑，这是把应对老龄化浪潮下如何蓄积和厚植越来越多的社保资金、越来越需要织密社会保障网的重任留给了政府。因此，政府必须在降低社保缴费与加大财政对社保支持力度上做好统筹平衡，以防寅吃卯粮，防患于未然。

所以，加快改革完善社会保障制度，夯实应对社会老龄化的社会保障储备，给广大人民真正织起可以安度晚年、可以放心、可以稳定预期的社会保障网是政府施策的根本。

目前的思路其实是清晰的，政府将可持续作为实现社会保障制度长期稳定运行的基础和保障。首先，要健全社会保障财政投入制度，完善社会保障预算制度，明确政府所承担的社会保障责任，更好发挥公共财政在民生保障中的作用。其次，必须制订划转国有资本充实社会保障基金的办法，拓展社保基金来源渠道。有专家提出建立"国民基础社会保障包"，将政府应尽的公共社会保障服务从社保体系中独立出来，用国有企业股权减持或转持以填补社保的历史欠账，国有企业收益分红用于"国民基础社会保障包"的支出服务，就是一个重要方向。最后，要加快推行全民参保计划，推进养老保险的全国统筹，推出渐进式延迟退休年龄的政策等。特别是在确保当期养老金发放和保证基金安全的前提下，要积极稳妥推进社保基金市场化多元化投资运营，实现基金保值增值，这些都是未来社保制度改革的基本方向和路径。

不过需要强调的是，完善社保体系，建设可以放心的社会安全网，是政府、企业、个人的共同责任，大家都能担负起一份责任，社会会更加安全，未来会更加美好。

让群众路线
"触手可及"*

习近平总书记在 2016 年 4 月召开的网络安全和信息化工作座谈会上指出，各级党政机关和领导干部要学会通过网络走群众路线，让互联网成为了解群众、贴近群众、为群众排忧解难的新途径，成为发扬人民民主、接受人民监督的新渠道。这不仅强调了用好互联网是当今各级领导干部必备的一项重要能力，也为新时期进一步稳固和拓展党群、干群关系打开了新思路和新空间。

近几年来，移动互联技术和平台建设在我国得到飞速发展，已经深入到社会经济生活的方方面面。我国目前有 7 亿多网民，"触网"成为每个人日常生活和工作的重要组成部分。广大网民通过互联网不仅方便快捷地知晓天下事，也日益将互联网作为反映心声、体现诉求、表达喜怒哀乐的即时平台。按照目前我国网民的基本构成来看，80% 以上都是"70 后""80 后""90 后"，他们当中包含了中国社会最生机勃勃的知识群体，也是中国社会发展的主力军和新生代。就此，他们的心态和意识代表了当今中国社会的思想主流，他们通过互联网表达出来的各种诉求和多元见解就成为社会舆论形成的支撑力量，直接影响着我国经济的发展进程和社会的和谐稳定。

在这样的新形势下，广大党政干部必须主动积极适应和应对。"经常上网看看"，不仅让广大党政干部可以及时知民情、察民意，回应网民关切，亦可以把互联网作为当下密切党群干群关系的重要纽带和重要工具，让国家的大政方针通过互联网广泛快速传播，让党的群众路线通过互联网为广大群众"触手可及"。认真研究和把握这样的新形势，这要求广大党政干部必须清醒认识网信事业发展在国家经济社会发展中日益增强的地位和作用，更迫切要求广大党政干部与时俱进，及时转变工作思维和工作方式，把学好用好互联网作为造福国家和人民、提升工作能力、密切联系群众的新技能和新手段。

为此，广大党政干部：

---

* 本文原载《中国青年报》2016 年 4 月 25 日。

首先，要学会用网。学会用网，不只是简单地使用手机、电脑网络和上网浏览信息，还意味着要培养一种"互联网思维"和学会"信息数据采集和分析方法"。移动互联是当今发展最快的信息技术，伴随而来的还有大数据、云计算、物联网、智慧集成等各种新知识。广大党政干部必须始终保持对新知识新技术的一种强烈兴趣和感知能力，能够知晓互联网发展趋势，能够从浩如烟海的信息流中把握主流，能够从纷繁芜杂的网络信息中判断社会舆论的生成态势和演化走向，然后能够为己所用，以此提高思维能力、决策能力和创新能力。

其次，要敢于用网。互联网时代的一个最大特点就是"人人都是自媒体""人人都是麦克风"。网民来自社会的方方面面和各个阶层，当今社会多元多样多变的特点在互联网上表现得十分充分，网民的意见表达也是包罗万象，既有对社会经济发展的建设性意见，也有对党和政府工作和社会现实状况的批评，甚至有不少过激的言论。网民上了网，民意也就上了网，无论意见褒贬，一定程度上代表了群众的所思所愿，这对广大党政干部来说，一定要抱有客观公正的态度，对广大网民要多一些包容和耐心。既不能墨守成规和动辄棒喝，也不能掩耳盗铃和视而不见。对网上建设性意见要及时吸纳，对困难要及时帮助，对不了解情况的要及时宣介，对模糊认识要及时廓清，对怨气怨言要及时化解，对错误看法要及时引导和纠正。广大党政干部要勇于面对互联网，自觉接受群众监督，并通过建立开放的互联网政务平台，积极发声，主动回应群众关切，给群众解疑释惑，为群众排忧解难，这正是习近平总书记所说的"群众在哪儿，我们的领导干部就要到哪儿去"的深刻内涵，也是互联网时代我们做好群众工作的一种新方法、新路径。

最后，要善于用网。网络空间是亿万民众共同的精神家园，也是一个尊法守法的思想空间。各级党政干部要坚持以人民为中心的发展思想，本着对社会负责、对人民负责的态度，自觉担当起营造风清气正的网络空间的责任。一要牢牢把握正确舆论导向，健全社会舆情引导机制，加强网上思想文化阵地建设，培育积极健康、向上向善的网络文化。二要协力依法加强网络空间治理，让网络不成为法外之地。三要依托党政力量扎实推进实施网络强国战略和网络安全和信息化工作，助推我国网信事业健康发展，特别是进一步加快信息化服务普及，为老百姓提供用得上、用得起、用得好的信息服务，让亿万人民在共享互联网发展成果上有更多获得感。四要加快"互联网+政务（党务）"平台建设，打造多样化的、喜闻乐见的群众工作客户端，让新时期的群众工作插上互联网技术的翅膀，让党政干部经常性地通过互联网与群众和网民"面对面"，这样我们既掌握了群众工作的主动，也密切了互联网时代的党群干群关系。

"退一步"是为了
"进两步"*

《人民日报》近日刊登了题为《开局首季问大势——权威人士谈当前中国经济》的文章，这是继 2015 年 5 月 20 日、2016 年 1 月 4 日后，权威人士就经济发展问题第三次发声。就此，记者采访中国人民大学经济学院教授李义平和国家行政学院教授胡敏。两位学者认为，权威人士采访中释放了开局首季经济信号，面对目前的经济形势要主动应对，最重要的是按照供给侧结构性改革要求，积极稳妥推进去杠杆。

"退一步"为了"进两步"：经济运行不可能是 U 型和 V 型，而是 L 型

"我国经济运行不可能是 U 型，更不可能是 V 型，而是 L 型的走势。这个 L 型是一个阶段，不是一两年能过去的。对此，一定要内化于心、外化于行。对一些经济指标回升，不要喜形于色；对一些经济指标下行，也别惊慌失措。"权威人士表示，分化是经济发展的必然。在新常态下，我们最需要优化资源配置，培育新动力、形成新结构，这意味着分化越快越好。

2016 年是"十三五"的开局之年，也是推进供给侧结构性改革的关键一年，更是我国发展面临的各方面风险不断积累甚至集中显露的时期。胡敏表示，尽管当前国内经济下行压力仍在加大，经济运行中暴露不少风险隐患，但必须看到，我国经济发展长期向好的基本面没有变，经济韧性好、潜力足、回旋余地大的基本特征没有变，经济持续增长的良好支撑基础和条件没有变，经济结构调整优化的前进态势没有变，还是要集中精力抓住重要战略机遇期，踏踏实实促进经济转型升级，尤其是要着力推进供给体系的质量和效益。胡敏认为，尽管 1~4 月部分经济指标回升，体现了前期政策效果，但信贷过快增长也会产生新的矛盾，宏观政策必须保持定力、相机选择，做到平衡施策、防止冒进。正如权威人士所言

---

* 本文原载人民网 2016 年 5 月 10 日，记者：沈王一。

"对一些经济指标回升，不要喜形于色；对一些经济指标下行，也别惊慌失措"。

李义平认为，现阶段我国经济进入新常态，只有调整好结构才能更好地发展。而结构调整不是一两年就能完成的。当前经济下行压力加大的原因主要不是周期性的，而是结构性的。所以，推进供给侧结构性改革，既是适应和引领经济发展新常态的重大创新，也是适应国际金融危机发生后综合国力竞争新形势的主动选择，还是适应我国经济发展新常态的必然要求。

政策"避免一惊一乍"：稳预期的关键是稳政策，不能摇来摆去

近年来，对于经济发展前景的预期不是很稳定，乐观情绪与悲观论调并存。《人民日报》记者向权威人士提问："应当如何引导好社会心理预期的情况？"权威人士表示，稳预期的关键是稳政策，不能摇来摆去。要善于进行政策沟通，加强前瞻性引导，提高透明度，说清政策目的和含义，减少误读空间，及时纠偏，避免一惊一乍，不搞"半夜鸡叫"。

李义平谈到，权威人士指出的"明确的政策信号是稳预期的关键"，是如何让大家将发展信心转化为发展动力。地方政府和企业要认清经济发展的形势，主动调研并调整发展思路。我们的目光不能停留在具体工作层面，还应该透过现象看到本质，深入原理层面进行思考和总结。胡敏认为，政策波动大就会影响下一步的预期，还是要加大宏观调控政策力度稳增长，夯实实体经济基础、努力培育新的增长动能。

三次强调"去杠杆"：金融是经济的核心，高杠杆必然带来高风险

在文章中，权威人士三次提到了去杠杆的问题。"树不能长到天上，高杠杆必然带来高风险，控制不好就会引发系统性金融危机，导致经济负增长，甚至让老百姓储蓄泡汤。不能也没必要用加杠杆的办法硬推经济增长。"权威人士强调，当前最重要的是按照供给侧结构性改革要求，积极稳妥推进去杠杆。

胡敏认为，当前中国整体负债率增速过快的苗头性问题必须引起高度重视。特别是非金融企业负债率过高，这不仅会降低企业抗风险能力，还会推高全社会经济负担和社会成本，加大社会通胀预期，负利率过高会迫使消费者增加消费，减少储蓄，使实体经济得不到增长。高的负利率水平势必会迫使人们从银行取出现金，加大仓储成本，严重时甚至引起经济的不稳定。绝不能因为负债率不高而对增速过快掉以轻心。他建议，财政、货币、产业政策要打好"组合拳"，通过加快推进供给侧结构性改革，着力引导社会投资去激活实体经济发展，促进实体经济的生产力提升，切实扭转实体经济与虚拟经济发展的失衡问题。同时，要着力化解高杠杆风险，防范局部性、交叉性金融风险而酿成系统性金融风险。

从 PMI 指数看未来一个时期
国内经济走势[*]

  2016 年 5 月 1 日公布的 4 月中国制造业采购经理指数（PMI）为 50.1%，比上月下降 0.1 个百分点；同日公布的中国非制造业商务活动指数也环比下降 0.3 个百分点。从制造业 12 个分项指数来看，同 3 月相比，原材料购进价格指数有所上升，其余 11 个指数均有所下降。在下降的指数中，采购量、供应商配送时间、生产活动预期 3 个指数降幅超过 1 个百分点，其余指数降幅均在 1 个百分点内。

  这几个指标，究竟反映了怎样的经济信息？能否揭示中国经济复苏基础还没有牢固？未来一段时间国内经济增长能不能企稳呢？

  我们认为，从 2016 年 4 月官方 PMI 指数 50.1% 和官方非制造业 PMI 指数 53.5% 看，两个数字虽有小幅回落，但仍然处于荣枯线之上。从运行轨迹看，这两个指标连续两个月处于轻度扩张阶段，这主要与第一季度信贷、投资和订单集中投放有关，应当说是政府强力推进稳增长的一系列政策效应的短期反应，属于经济小周期回升，但之所以小幅波动，就预示着经济还没有企稳。

  如果从分企业 PMI 指数的结构性分析：4 月大型企业 PMI 为 51.0%，比 3 月回落 0.5 个百分点，持续处于扩张区间；中型企业 PMI 为 50.0%，比 3 月上升 0.9 个百分点；小型企业 PMI 为 46.9%，比 3 月下降 1.2 个百分点。小型企业 PMI 下滑幅度则很大，这也恰恰反映了实体经济发展状况，我们结合第一季度信贷增长和社会融资规模扩张情况看，还是大中型企业中长期贷款逐步增加，流动性充裕对国有大中型企业来说感觉更加良好；而与此相对应的是，小型企业在经济下行压力态势下遇到的资金困境却更加明显，包括金融和财税制度在内的宏观政策本来对小微企业边际效用应当更大，但正如上一周国务院常务会上李克强总理指出的，目前小微企业的经营环境并没有得到改善，许多小微企业依然遇到各种"弹簧门""玻璃门""旋转门"，甚至是无"门"可入，对此，必须改变各

---

 * 本文原载人民网 2016 年 5 月 11 日。

级政府管理理念，要充分认识到小微企业在稳增长、保就业、促转型中的重要作用，切实消除体制机制障碍，将中央助推小微企业的一系列政策落实到位，切实打通政策执行中的"中梗阻"，打通政策落实的"最后一公里"，给小微企业真切的政策获得感。

当然，我们也注意到，在非制造业商务活动指数中，4月建筑业商务活动指数为59.4%，比3月上升1.4个百分点，连续两个月回升。4月建筑业业务活动预期指数为66.7%，比3月上升3.0个百分点，一定程度上表明房地产企业对未来市场信心增强。建筑业的这两个指数向好，我们认为，主要还是2016年第一季度以来大中城市房屋价格的"突发性"上涨改变了建筑业的预期，部分改善了人们对房地产市场信心，但我们认为这依然是一个短期现象。按照中央"去库存"精神，目前全国房地产库存达到7.2亿平方米，特别是三四线城市房地产库存压力依旧比较大，未来房地产走势分化可能比较明显。一二线城市各类调控政策出台，将遏制住房地产价格上行势头。

从根本上看，房地产市场的地区性分化本质上是一个货币现象。不少学者认为，目前中国房地产逐步演变为金融产品，在人们潜在的通胀预期和2015年以来所谓"资产配置荒"的引导下，追逐一二线房地产投资成为投资保值增值的一个重要渠道，再加上部分投机力量和投机手段的干扰，房地产市场运行极容易带来局部性金融风险。对此，宏观层面必须平衡好房市、汇市、股市、债市等之间的价格平衡，同时要加大改革力度，将（房地产）"去库存"与改善居民收入分配制度紧密结合在一起，并进一步加大房地产租赁市场的培育和推进户籍制度改革，否则，一旦房地产市场的"泡沫"被挤破会严重掣肘经济的恢复性增长。

与此相关联的是，国家统计局发布的4月物价指数上涨为2.3%，物价保持了温和上涨态势。联系到4月国际大宗和国内生资价格均持续飙涨，企业购进价格出现明显上升的态势。我们认为，进入4月以来国际大宗商品和国内生资价格过快上涨，主要是国际因素的传导，一段时期以来，国际石油价格、黄金价格不断抬升，也间接传导到国内，世界主要经济体货币的"一再放水"，必然引起人们对通胀的担忧，我们必须密切关注这种物价演变态势。不过，尽管第一季度以来，国内消费市场特别是猪肉、蔬菜等食品价格上涨过快，也推升了CPI，而这种物价上涨还是属于温和型的，国内主要商品的供过于求状况并没有改变，目前还处于一种通缩状态，2016年发生由通缩迅速转向成本推动型通胀的条件还不具备。

中央政治局会议提出要"关注物价变化，保障有效供给，积极稳妥推进价格改革"。因此，我们必须抓住这个时间段，改变企业PPI连续50个月的下行态势，引导企业改善经营预期，加快供给侧结构性改革，尽快推进转型升级步伐。

从宏观层面上，要按照中央提出的"稳妥推进价格改革"的要求，把握好资源品价格改革的节奏，一方面要切实降低企业制度性交易成本和环节性交易成本，另一方面要防止不考虑市场的承受能力过快推动要素性成本上升，防止"降成本"政策与"价格改革"政策双向抵消。从更长远一点看，一旦经济能够企稳，就要时刻防止通胀再次抬头，保持这种警觉还是十分必要的。

总体上看，国内经济下行压力在第二季度仍然比较大，经济复苏的基础还不牢固。经济要切实企稳，我们认为还有待经济基本面的根本改观，特别是供给侧结构性改革能迈出实质性步伐，尤其后一个季度要观察像钢铁、煤炭、水泥等周期性行业在去产能、降成本、增效益等方面能有所突破。目前比较一致的认识是经济小周期会呈现 W 型，但中期仍处于 L 型走势。确保经济要走稳，宏观调控政策尚需要继续加大力度。

美元加息山雨欲来
人民币不会大跌*

　　人民币兑美元中间价周四（2016 年 5 月 19 日）较上日大跌 315 个点至 3 个半月新低。此前美联储（FED）会议纪要暗示可能在 6 月加息，导致隔夜美元指数大涨。据中国外汇交易中心数据，人民币兑美元中间价下调 0.48% 或 315 个点，报 6.5531 元，为 2 月 1 日以来最弱；百分比调幅为 5 月 4 日以来最大。

　　记者：此前市场普遍认为美联储不会在 6 月加息，但是在美联储发布了会议纪要之后，您认为这一预期会改变吗？

　　胡敏：虽然 4 月议息会议纪要让美联储 6 月加息的预期快速升温，但会议纪要同样显示，仍有一些美联储官员对美国经济是否能改善到再次启动加息的地步表示担忧，尤其是对全球经济和金融风险，以及人民币汇率是否会有超预期的发展态势表示担忧，这也对 6 月加息增添了不确定性，但我认为预期不会改变。至于未来人民币的走势，尽管在短期内美元指数预计会因上述利好有一轮冲高，人民币也会顺势贬值，但大跌的可能性也并不大。从目前人民币兑美元汇率的走势以及国内经济发展态势看，未来人民币兑美元的预期值可能会到 6.60~6.80。

　　记者：美联储这一决定似乎表明他们对经济形势的乐观？您认为美联储加息，美国经济准备好了吗？美元加息预期强烈，总体上如何评价美元加息对中国经济的影响？

　　胡敏：美联储从 2015 年末宣布进入加息周期，这一态势应当是不可更改的，从美国国内经济来看，虽有所恢复，但美国国内就业等经济指标还不十分乐观，还面临整个世界经济还没有回稳，说美国经济向好，还需要观察，再加上 2016 年下半年美国大选最终完成换届，新政府会适度调整经济政策，因此，加息步伐应当不会太快。不过总体上看，美元加息"该来的总会来"，中美两国经济已经有深度融合，相互依托，市场潜力依旧巨大，两国经济都能健康发展，对谁都有利。

---

　　* 本文原载《东莞日报》2016 年 5 月 23 日，记者：范德全。

记者：按理说，人民币持续贬值对于中国外贸来说是重大利好，但是从近日海关总署公布的外贸数据来看，按美元计价，4月我国进出口总值同比下跌5.8%，出口同比下跌1.8%，进口同比下跌10.9%。为何会出现这种情况？中国外贸下滑的症结在哪里？

胡敏：中国外贸2016年以来持续下滑，本质上不是因为人民币币值的变化，根本上是由我国进出口结构如何应对面临的转型升级压力和国际经济环境什么时候出现恢复性上涨态势所决定的。恢复出口增长，需要加快外贸方式转型升级、开拓多元化多层次出口市场、提升出口产品质量和效益，营造更加良好的外贸环境，降低制度性交易成本。同时，还要加快双边和多边贸易谈判，坚决抵制新一轮保护主义对我国进出口的遏制，增强我国在国际经济治理新秩序中的制度性话语权。

记者：美元加息预期增强的情况下，从中长期来看美元加息对中国股市会有什么影响？

胡敏：从中长期看美元已经进入加息通道，会影响投资资本外流，但中国股市根本上不是由国际流动资本主导，美元加息更多的是心理层面。目前股市仍处于下跌通道，在一定意义上已经是对此的反映，即使美联储宣布新的加息，股市震荡也是短期的，不见底，也就不可能有新一轮上升。

记者：4月末M2增速放缓到12.8%，增速比3月末低0.6个百分点；4月新增人民币贷款为5556亿元，低于第一季度月均新增1.5万亿元左右的水平。近日，央行有关负责人表示，下阶段，人民银行将继续实施好稳健的货币政策。这是否意味着货币政策的转向？另外在美元加息预期强烈的背景下，对中国资本外流的影响大吗？稳健货币政策和资本外流压力加大的情况下会不会出现通货紧缩？

胡敏：前期《人民日报》发表权威人士的访谈文章，事实上表明了对2016年第一季度以来宏观经济政策和效应的高层态度，在促进经济稳增长的同时，宏观经济政策一定要稳健有效。宏观政策的着力点还是要从目前中国经济面临的棘手矛盾和问题着眼，就是要坚定不移地推进供给侧结构性改革，不能通过高信贷、加杠杆体现增长数字的"好看"，而致使结构性矛盾一再加强。2015年中央经济工作会议确定了要实施稳健的货币政策，"稳健"不是"积极"，所以，第一季度的一些调控政策显得"过宽"，当然这也有年初的政策实施特点，第二、第三季度信贷回归到正常水平是应当的，不是货币政策取向的改变。

在美元加息预期下，资本外流也是正常的。人民币汇率目前在在岸和离岸市场上体现为双向震荡，我们政策部门期望保持汇市的稳定区间，并通过增强汇率弹性，保持人民币币值的总体稳定。

记者：据《中国证券报》报道，券商人士指出，监管层或在根据市场情况调节上会节奏。2016年前3个月，IPO审核进程提速，问询更加细化。"2016年

1~3月，每周有6家及6家以上的企业上会，但4月以来，每周的上会企业数已经缩减至4家。"监管层为何放缓上会节奏？

胡敏：中国资本市场目前处于发展的"两难"困境。从经济发展的角度看，需要进一步推进中国的多层次资本市场发展，能够发挥资本市场在优化资源配置的功能作用，需要助推战略性新兴产业的发展，需要扩大直接融资的比重。但从目前中国资本市场发展的状况来看，还是需要加强资本市场的基础制度建设特别是监管制度的完善。近一年来，中国股市的大起大落严重伤害了投资者预期，也阻碍了企业正常的首次公开募股（Initial Public Offering，IPO）进程。政策面需要推进积极稳定的股市政策，让股市早日"活"起来，激发投资者信心，但同时，在经济持续下行态势下，股市已经变得"十分衰竭"，IPO进程太快，势必会导致股指进一步下跌，股市持续下跌让投资者损失不断，最终会选择"以脚投票"，中国资本市场将会长期一蹶不振，那么就会堵死直接融资通道。所以，管理层需要对IPO进程保持审慎，我个人认为，在目前经济状况下，稳健是第一位的，能缓则缓，不能有"书生意气"。

这是一个能够产生思想、产生理论的变革时代[*]

习近平总书记于 2016 年 5 月 17 日在哲学社会科学工作座谈会上的重要讲话全面阐述了新形势下我国哲学社会科学的重要地位和作用，指明了加快构建中国特色哲学社会科学的指导思想和紧迫任务，既为广大哲学社会科学工作者繁荣和发展中国哲学社会科学提供了基本遵循，也为哲学社会科学研究者"撑了腰""打了气"。

尤其是习近平总书记在讲话中指出，当代中国正经历着我国历史上最为广泛而深刻的社会变革，"这是一个需要理论而且一定能够产生理论的时代，这是一个需要思想而且一定能够产生思想的时代"。他殷切期望"一切有理想、有抱负的哲学社会科学工作者都应该立时代之潮头、通古今之变化、发思想之先声，积极为党和人民述学立论、建言献策"。这更是赋予了广大哲学社会科学工作者无上的光荣，也是对从事哲学社会科学的研究者们莫大的精神鼓励和鞭策。

时代发展需要哲学社会科学工作者走在思想前列

社会的发展要求思想的引领。整个社会历史的发展，既是一部人类生存发展史，也是一部社会思想发展史。纵观整个人类社会发展，随着物质文明的巨大进步，自然科学和社会科学总是并驾齐驱，相互促进，引领着社会文明不断开辟新的发展境界，给人类文明向前推进积累了丰厚的思想财富和巨大的思想动力。从古至今，环顾东西方文明发展历程可以看到，总是一个个思想者能立时代之潮头、通古今之变化、发思想之先声，推动着时代的发展，催生着人类进步。社会越向前发展，越需要思想的引领，思想者是社会最大的财富。

变革的时代催生伟大的思想。正如习近平总书记所言，"人类社会每一次重大跃进，人类文明每一次重大发展，都离不开哲学社会科学的知识变革和思想先导"。这深刻揭示了哲学社会科学在人类文明发展中具有不可替代的重要作用。

---

* 本文原载《中国青年报》2016 年 5 月 23 日。

马克思主义学术和其他科学思想一样，都是在人类社会出现重大跃进、重大变革的历史时期产生、发展和繁荣的。马克思主义思想家们融合了过往自然科学和社会科学的进步成果，始终立足于时代现实，致力于探索人类社会发展和进步的规律，创立了先进的哲学社会科学理论，从而大大缩短了人类在"黑暗中摸索前行"的历史进程，为社会发展提供了思想上的"指路明灯"。

当代中国厚植了思想的土壤。习近平总书记指出："当代中国正经历着我国历史上最为广泛而深刻的社会变革，也正在进行着人类历史上最为宏大而独特的实践创新。"中国已经成为世界第二大经济体，在推动世界文明进步中具有重要的历史使命，波澜壮阔的中国改革也孕育了丰厚的思想创新土壤。当今中国不缺诞生优秀思想理论的土壤，但是还缺少一批能够引领未来的思想大家。坚持和发展中国特色社会主义是前无古人的伟大事业和伟大实践，这事实上已经给广大哲学社会科学工作者理论创造、学术繁荣提供了强大动力和广阔空间。我们这个变革时代亟待广大哲学社会科学工作者结合中国特色社会主义的伟大实践，加快构建中国特色哲学社会科学，为中国的改革和社会的发展提供不竭的思想动力。

树立为人民做学问的理想才能扎根实际引领未来

事实证明：一切为历史实践所证明的正确的哲学社会科学理论既不是"天上掉下来的"，也不是几个天才智慧禀赋的灵光闪现，更不是能在"故纸堆中刨出来"构筑的"空中楼阁"。以唯物史观看，哲学社会科学的思想源头都是来自人民生产生活的实践需求，最终能够成为经得起实践、人民、历史检验的伟大思想成果必然要凝聚人民群众的智慧结晶。所谓"学问"，就是要"问计人民""向人民学习""问计实践""向实践学习"。

习近平总书记指出："我国哲学社会科学要有所作为，就必须坚持以人民为中心的研究导向。脱离了人民，哲学社会科学就不会有吸引力、感染力、影响力、生命力。"这为当代中国的哲学社会科学工作者确立了研究治学的出发点、立足点和历史坐标。

当代中国哲学社会科学工作者的历史使命，是要构建中国特色的哲学社会科学，为坚持和发展中国特色社会主义做出思想贡献。要能够担当起这一责任使命，首先，哲学社会科学工作者要旗帜鲜明地坚持以马克思主义为指导。习近平总书记指出，这是"当代中国哲学社会科学区别于其他哲学社会科学的根本标志"。其实，马克思主义之所以能够永葆生机活力就在于其人民性、实践性和开放性。我国广大哲学社会科学工作者要有这样的理论自觉，以人民为中心、以实践为基础，坚持马克思主义和发展马克思主义统一起来，结合新的实践不断作出新的理论创造，继续推进新时代马克思主义的中国化、时代化、大众化。

　　其次，我国广大哲学社会科学工作者要有宽广的世界眼光和历史视角。总书记提出了"六性"即继承性、民族性，原创性、时代性，系统性、专业性。把握好这"六性"，就要按照立足中国、借鉴国外，挖掘历史、把握当代，关怀人类、面向未来的思路，坚持不忘本来、吸收外来、面向未来，着力构建中国特色哲学社会科学，在指导思想、学科体系、学术体系、话语体系等方面充分体现中国特色、中国风格、中国气派，从而开辟真理的新境界。

　　最后，我国广大哲学社会科学工作者要解决好为什么的问题，最终要落实到怎么用上来。要认真系统回应广大人民群众的现实关切、善于澄清纷繁复杂的社会思想迷雾，在多元多变多样的社会思想格局中站牢服务人民的立场，发出思想的先声、彰显真理的力量。要以正在做的事情为起点，深入研究和回答我国发展和我们党长期执政面临的重大理论和实践问题，加强对改革开放和社会主义现代化建设实践经验的系统总结，提炼出有学理性的新理论，概括出有规律性的新实践。对已经为实践证明了的科学理论不仅要真懂真信，还要用科学理论武装群众、指导实践，让真理的光辉照耀中国发展的未来。

坚持立志做大学问做真学问以成就自我实现价值

　　中国知识分子最崇尚于世立身立言立德，代表着社会的良知。做大学问做真学问，是知识分子的诉求和归宿，是成就自我、实现价值的内在要求。哲学社会科学领域是知识分子密集的地方，是当代中国社会科学思想精英的渊薮，其学识学风学品，在一定意义上正体现着这个时代这个国度的人文品格和时代精神。

　　为此，习近平总书记殷切期望当代中国的广大哲学社会科学工作者能够成为"先进思想的倡导者、学术研究的开拓者、社会风尚的引领者、党执政的坚定支持者"。自觉做到这"四者"，哲学社会科学工作者就不会"躲在小楼成一统"，而是胸襟广阔，视野开阔，做出立足现实、顺乎我们党执政要求和时代发展要求的大学问。

　　广大哲学社会科学工作者还要追求崇尚精品、严谨治学、注重诚信、讲求责任，致力于做出经得起实践、人民、历史检验的真学问。就如总书记提出的，广大哲学社会科学工作者要"严肃对待学术研究的社会效果……以深厚的学识修养赢得尊重，以高尚的人格魅力引领风气"，这样才能在为祖国、为人民立德立言中成就自我、实现价值。

　　与此同时，全社会还要营造哲学社会科学发展的这样一种良好学术生态：它提倡理论创新和知识创新；它鼓励大胆探索，开展平等、健康、活泼和充分说理的学术争鸣；它风清气正、互学互鉴、积极向上；它着力发现、培养、集聚一批思想理论大家和一大批锐意进取的哲学社会科学优秀人才。

结构优化的
三个"硬招"*

习近平总书记于 2016 年 5 月在黑龙江考察调研，一路给东北老工业基地的广大干部职工"打气鼓劲"，一路为老工业基地振兴"支招献策"。东北地区与全国其他地区一样，正处于我国经济发展转方式调结构的紧要关口，由于老工业基地聚集了大量传统产业、资源型产业，历史包袱重，企业属性和产业类型更加单一，在转方式调结构上任务更加艰巨。为此，围绕东北老工业基地优化产业结构，习近平总书记提出三个"硬招"，即改造升级"老字号"、深度开发"原字号"、培育壮大"新字号"。

"老字号"是老工业基地背负的光荣和自豪，体现着老工业基地的精神和品质，既有产品也有产业，但如果不能适应新形势新市场新发展要求改造升级，反而会成为包袱、拖累乃至于被淘汰，"老字号"必须融入"新内涵""新价值""新要素"，这就必须加快产业转型、结构调整、升级换代，赋予"老字号"以"新的生命"。

"原字号"是体现东北老工业基地的原创精神。新中国成立以来，许多自主创新技术、产品、产业都源自东北老工业基地，东北老工业基地的广大干部职工也一向具有首创精神。在新的形势下，要更加重视原创技术，加大深度开发力度，加强创新能力建设，强化创新链和产业链、创新链和服务链、创新链和资金链对接，以此不断推陈出新。

"新字号"就是要抓住新的技术革命和新经济形态的发展机遇，与全国同步甚至是领衔和领先，培育壮大一批新产品、新产业、新组织、新业态、新制度。这里就是要充分发挥市场主体在推进老工业基地产业优化和转型升级中的主导作用，公有制经济和非公有制经济并驾齐驱一同发展。

如果这三招，招招落实、招招见效，老工业基地的产业调整、转型和振兴就可以蹚出一条新路。老工业基地的产业结构层次就会出现一个大的跃升。

---

* 本文原载人民网·中国共产党新闻网 2016 年 5 月 31 日。

三大战略助推科技强国
"三步走"*

全国科技创新大会、两院院士大会、中国科协第九次全国代表大会（以下简称"科技三会"）于 2016 年 5 月 30 日在京召开。这既是中国科技发展史上的一次盛会，也是当代中国科技精英的群英会。习近平总书记在会上发表重要讲话，确立了要把我国建成世界科技强国的"三步走"路线图，即到 2020 年时使我国进入创新型国家行列，到 2030 年时使我国进入创新型国家前列，到新中国成立 100 年时使我国成为世界科技强国，这是我国科技事业发展的总目标；同时也鲜明指出了我国科技创新必须"面向世界科技前沿、面向经济主战场、面向国家重大需求"这一建设世界科技强国的出发点。

党的十八大以来，以习近平同志为核心的党中央始终把创新引领作为发展新起点上的第一动力，统筹谋划，优化我国科技事业发展总体布局，致力于建成创新型国家，在建成世界科技强国道路上迈出了坚实步伐，也在全社会营造出浓厚的创新氛围。应当说，我们比以往任何时期都更加理解创新对一个国家、一个民族实现可持续发展，创新对应对发展环境变化、把握发展自主权、提高国家核心竞争力，创新对加快转变经济发展方式、破解发展难题、厚植发展优势的极端重要性。"科技三会"提出了我国科技事业发展"三步走"目标，吹响了建设世界科技强国的总号角。

实现"三步走"的科技强国目标，关键要有正确的发展战略和发展思路。习近平总书记指出，要深入贯彻新发展理念，深入实施科教兴国战略、人才强国战略、创新驱动发展战略"三大战略"，这是助推建设世界科技强国"三步走"目标的有力支撑。

科教兴国战略，是构建科技强国的社会氛围。我们要牢固树立科技创新是社会发展第一动力的理念，重塑科技立国、教育立国思想，把科学普及放在与科技创新同等重要的位置，通过建设一批世界一流科研机构、研究型大学、创新型企

---

* 本文原载中青在线 2016 年 6 月 2 日。

业，普及科学知识、弘扬科学精神、传播科学思想、倡导科学方法，在全社会推动形成讲科学、爱科学、学科学、用科学的良好氛围，大力弘扬创新精神，使蕴藏在亿万人民中间的创新智慧充分释放、创新力量充分涌流。

人才强国战略，是实现科技强国的智力保障。我们要充分调动各方面创新要素、激发各类人才的积极性，在全社会大兴识才爱才敬才用才之风，在创新实践中发现人才、在创新活动中培育人才、在创新事业中凝聚人才，聚天下英才而用之，努力造就一大批能够把握世界科技大势、研判科技发展方向的战略科技人才，培养一大批善于凝聚力量、统筹协调的科技领军人才，培养一大批勇于创新、善于创新的企业家和高技能人才，为实现科技强国目标输送源源不断的创新人才。

创新驱动战略，是打造科技强国的制度基础。我们要按照习近平总书记提出的夯实科技基础、强化战略导向、加强科技供给的要求，站在全球视野，准确判断科技突破方向，围绕国家重大战略需求，实施一批重大科技项目和工程，着力攻破关键核心技术，抢占事关长远和全局的科技战略制高点，努力成为世界主要科学中心和创新高地。为此，在科技投入、产业递进、资源配置、政策体系、体制机制改革创新上要迈出切实的步伐。

"破门移山"
充分激发非公经济活力*

习近平总书记2016年两会期间看望全国政协民建、工商联界委员时就发展非公有制经济提出"三个没有变",进一步明确党中央鼓励、支持、引导非公有制经济健康发展的政策导向。讲话给非公经济发展提供了"定盘星",给非公经济人士吃下了"定心丸",也对新常态下激发非公经济活力和创造力提出了新要求。

深刻理解"三个没有变"坚定发展信心

深刻把握非公有制经济在我国经济社会发展中的地位和作用,毫不动摇地继续鼓励、支持、引导非公有制经济发展,努力为非公有制经济发展营造良好环境和提供更多机会,这在当前经济形势下具有特别重要的意义。

改革开放以来,我国非公有制经济在党的正确方针政策指引下从小到大,由弱变强,迅速发展,在促进我国经济快速增长、活跃市场经济氛围、创造创新就业、增加国家税收、提升民生福祉等方面发挥了重要作用,与公有制经济一道,为改革开放和社会主义现代化建设作出了巨大贡献。我国非公经济体量目前已占60%以上的国内生产总值,容纳了超过80%的社会就业,推动了超过65%的固定资产投资和超过67%的对外直接投资。取得这些成绩,既离不开党中央的远见卓识和政策的有力支持,更得益于多年来广大非公经济组织的发奋努力和勇于开拓,就此也确立了其在我国经济社会发展中的地位和作用。中央把"公有制为主体、多种所有制经济共同发展"作为我国基本经济制度,并将"公有制经济和非公有制经济都是社会主义市场经济的重要组成部分,都是我国经济社会发展的重要基础"写入党的文件,就是对非公有制经济的充分肯定。

但也必须看到,由于积累的思想认识惯性和体制机制弊端,非公有制企业长期以来仍受到一些歧视、约束和限制,政策执行中还大量遇到"玻璃门""弹簧

---

* 本文原载《人民日报·理论版》2016年6月8日,原题为《"三个没有变"坚定发展信心》。

门""旋转门"现象，在市场准入、融资渠道、转型发展上还堵着"三座大山"。再加上我国社会主义市场经济正向纵深发展，社会继续深刻转型，利益格局日渐分化，经济改革蹚入"深水"，一段时期以来涉及非公有制经济的一些政商关系的确出现某些畸变，产生一些不好影响。一些政府部门在为民营企业提供服务和发展环境上缩手缩脚，也造成一些非公经济人士徘徊观望。习近平总书记的重要讲话是"及时雨"，既打消了各方面的顾虑，也为促进非公有制经济更好更快发展扫清了思想障碍。可以说，随着我国经济不断做强做大，促进非公有制经济稳定健康发展的认识和政策不仅会日益巩固和深化，而且必然持续下去，不会回头、不会动摇。

推进供给侧结构性改革非公经济当有更大作为

当前我国经济社会发展进入新常态，经济增速换挡、结构调整转换、新旧动力接续，面临着比改革开放初期和工业化中期发展阶段更加复杂的经济社会环境。各类经济主体特别是广大非公有制经济都要主动把握和积极适应经济新常态的发展逻辑。在发展方式转变和市场竞争更趋激烈的新环境下，我们需要非公有制经济有更大作为更多担当，非公有制经济发展自身也迎来了更高起点上的发展机遇。

非公有制经济体制机制灵活、创新动力充沛、更接市场"地气"，在推进供给侧结构性改革的大潮中是有着很大市场机会的。供给侧结构性改革的实质是要充分发挥市场在资源配置中的决定性作用，充分释放各种生产要素的潜在生产率，这契合了非公有制经济的内在市场禀赋。我们已经看到，在"互联网+"时代，一大批非公有制经济以其自在动力在不断涌现的新产品、新产业、新业态、新组织方式中活力迸发、游刃有余，成为支撑新经济发展最有活力和创造力的重要力量。在推进"去产能、去库存、去杠杆、降成本、补短板"五大经济任务中，非公经济也完全可以捕捉更多的市场机遇，获得更大的作为空间。比如，可以乘势积极参与国企重组，消化吸收富余优势产能，接纳一批优质资产和有素人才；在打通市场环节、降低交易性成本、发现资金、土地、技术等生产要素价格上，发挥更多的市场话语权，就此促进非公经济提质增效和转型升级；在教育培训、医疗、社会基本公共服务设施建设等领域创造新的供给，尽早尽快地进入极具发展潜力的公共品市场等。

各级政府部门应当毫不动摇地鼓励、支持、引导非公有制经济健康发展，放下不必要的思想包袱，进一步转变政府职能，主动构建新型政商关系，积极培育良好市场生态。随着深入推进简政放权、放管结合、优化服务改革和商事制度改革，根据国家工商部门的统计数据，仅2015年新登记注册企业就增长21.6%，平均每天新增 1.2 万户。可见，只要创新政府服务方式，提升行政服务质量，就可以极大激发非公有制经济创业创新活力，集聚起巨大的发展新动能。

当下，我们要借习近平总书记讲话这个东风，坚持"三个没有变"和"两个毫不动摇"，按照权利平等、机会平等、规则平等原则，坚决废除对非公有制经济各种形式的不合理规定，消除各种隐性壁垒，把挡着非公有制经济发展的一道道"玻璃门""弹簧门""旋转门"坚决打破，把阻碍非公有制经济发展的"市场的冰山、融资的高山、转型的火山"坚决挪走，在项目核准、融资服务、财税政策、土地使用等方面一视同仁，对各种所有制经济产权依法平等保护，为非公有制经济发展营造公平、公正、透明、稳定的法治环境。与此同时，还要进一步增强促进非公有制经济发展的政策含金量和可操作性，推动各项政策真正落准、落地、落细、落实。

非公有制经济在思想上"吃了定心丸"，从政策中增强了获得感，就一定能焕发出新的活力和创造力，在我国新一轮经济升级中成为新的引擎。

循着发展的逻辑——一个经济学人的时事观察（2016—2020）

应对经济"多难"
如何保持战略定力？*

2016 年农历端午节后第一个市场交易日，北方迎来漫天大雨。如黑暗的天气不期而遇，全球股市开盘全线下跌，再次遭遇"黑色星期一"。从当日国内资本市场看，国内沪指下跌近百点，跌幅达 3.21%，创业板指数更是跌去 6%，让人想起整整一年前发生的股灾。此外，人民币兑美元汇率再次下行近 300 个基点，向 6.60 的心理防线趋近。

"总体平稳"与多重压力

2016 年 6 月 13 日当天，中国国家统计局通报 2016 年 1~5 月国民经济运行情况，主要经济指标显示：当前国内经济运行并不乐观。国家统计局新闻发言人在概要性地描述经济运行态势的语辞中用了"总体平稳、稳中有进"八个字，而没有延续此前几个月经常连贯使用的"稳中有进、稳中向好"。

的确，当前国内经济运行面临多种压力。2016 年 5 月国内固定资产投资增幅达到 16 年来新低、民间固定资产投资增速继续大幅下滑，社会消费品零售总额低位徘徊，前 5 月进出口总额比 2015 年同期继续下降。传统的"三驾马车"已很是疲惫，而这是在第一季度央行试图以宽松信贷再次发力助推增长的情势下呈现的"现实图景"。

正如坊间所说的，我们似乎陷入了"做什么都难以赚钱"的尴尬境地。实体经济的投资回报率越来越低，大量信贷又一直不愿进入实体经济，就此又助推了一二线城市房地产等硬资产的通胀态势。与此同时，最能够感知市场冷暖的民间资本投资和居民消费行为也就必然作出理性的选择：民间资本就是不愿投资、居民就是不敢消费。

---

* 本文原载中新经纬 APP2016 年 6 月 14 日。

解开转型之"扣"需要定力

当下的中国经济面临着增速换挡、结构转型、动力转换三者交织的难以解开的"扣"。如何解开？还是要坚决落实 2015 年中央经济工作会议确定的要大力推进供给侧结构性改革，坚决打赢"三去一降一补"这个攻坚战。面对国内经济运行今后一个时期艰苦的探底过程，面对国际纷繁复杂的外部环境干扰，政策层面必须保持战略定力。

从国内层面看，最核心的内容就是释放生产要素的最大潜能。未来一个时期，必须在去产能、去杠杆过程中释放有活力的生产要素，市场该出清的坚决出清；必须遏制资产泡沫防止其绑架信贷、绑架经济；努力激发资本市场活力，打通市场融资渠道；必须坚决降低制度性交易成本，稳定民间资本投资预期；必须防止简政放权陷入程序环节，实质推动改革政策落地。

从国际层面看，目前人民币走势给中国国内经济增加了外在压力和宏观调控的难度。可以看到，人民币在 2015 年年中的主动贬值并没有改变国内出口乏力的状况，进出口贸易增幅依然不佳。与此同时，国内消费者又面对"资产配置荒"和人民币贬值的前景，每次人民币小幅走低都会推动他们竞相把资金转移到海外。从 2015 年年中以来，资本外流一直在加快步伐。现在看，中国经济能不能回稳，客观上受到了美联储加息持续预期的影响。

中国经济正处在经济结构转型升级的关键窗口期，政府想方设法来激发新的增长动力，实现新旧增长动能尽快接续，但这是一个艰苦的过程。中国经济能不能尽快走出盘跌通道，也直接关系到世界经济能不能早日走出徘徊不前的"泥潭"。从中国政府层面来说，维护人民币币值稳定，体现我们把握经济局面、把控宏观政策的能力和信心。稳定币值是稳定市场信心的"指示器"。

经济大国之间需要政策协调

在当今世界各国经济深刻融合的今天，事实上，中国经济也好，世界经济也好，不是哪一国经济体能够"独木支林"的。从现实来看，21 世纪第二个 10 年的全球经济正面临着一轮"新增长陷阱"，其主要表现是大国经济体日益显现的人口老龄化、全球财富分配"新鸿沟"难题、全球技术创新"中梗阻"、地缘政治经济风险等，全球经济变得异常复杂。2008 年国际金融危机爆发以来，全球经济增长持续低迷，严重冲击了各国发展。自 2014 年 10 月美联储宣布彻底退出量化宽松货币政策后，加息预期逐渐形成，这始终成为悬挂在全球经济再平衡之上的"达摩克利斯之剑"。

一方面，美元指数呈现上涨走势，全球外汇市场呈现出美元一枝独秀的局面。另一方面，受美联储加息预期影响，新兴市场货币指数大幅下挫，引发全球金融市场动荡，大量套利资本从新兴市场国家流出，多国出现汇率过度波动和无序调整，严重影响地区乃至全球的经济金融稳定。与此同时，在全球经济不景气的情况下，金融动荡也引发部分经济体竞争性货币贬值，致使全球贸易大幅下滑，为全球经济复苏蒙上阴影。主要国家经济走势和政策取向的差异也变得越来越大，全球经济失衡局面一直难以改观，乃至彻底陷入增长困境。

前不久，美国前财长劳伦斯·萨默斯在英国《金融时报》撰文《如何应对下一场衰退？》，萨默斯寄希望于各国政府开发新的方法来思考经济波动和通胀，要"推行扩张性的财政政策"，这样既可以降低衰退的可能性，又可以应对下一场衰退的来临。其言下之意，光靠货币政策和汇率调整并不能解决全球经济乏力的问题，还是要推进增长，给实体经济减负，增加各类基础设施投资。这与我国当前大力推进供给侧结构性改革有一定程度的吻合。

解决世界性"新增长陷阱"问题，关键还是要促进全球经济实现再平衡下的新增长，货币政策一定要与财政政策协同推进。为此，各国要共担发展责任，特别是经济大国要消弭隔阂和政策歧见，加强宏观经济政策的密切沟通和协调，形成政策和行动的合力。这样，我们面对的就可能不是衰退，而是新一轮增长。

供给侧结构性改革：
如何保持定力与耐力*

——透视"三去一降一补"
半年成绩单

国务院发展研究中心主任李伟：和许多经济体一样，我国在经历了 30 多年快速发展之后，也落入了传统产能过剩、城乡区域发展失衡、供求结构不匹配、旧增长动力衰减而新增长动力不足等结构性矛盾之中。化解结构性矛盾，形成新的增长动力，驶入持续发展的新航道，就必须加大供给侧结构性改革的力度。就我国当前而言，供给侧结构与社会需求的不匹配、不平衡是结构性矛盾的主要方面，供给侧结构性改革是解决供需矛盾和结构性失衡的重要抓手和切入点。

中共中央党校教授辛鸣：目前我们面临的"三去一降一补"不是局部问题，而是在全国范围内的客观存在，这是比较大的包袱。如果我们真正要去库存、去杠杆，可能很多地方会面临经济风险，甚至面临一些既有利益的丧失。为此，有的地方采取躲避措施，怕风险，怕困难。面对这样的情况，我们要勇于打破利益障碍、思想障碍。供给侧结构性改革是事关中国经济社会长远发展的一项重大改革，不能等、不能拖，更不能因为有风险、有障碍就将它放缓。

国家行政学院研究员胡敏："三去一降一补"五大任务实质上是相互关联的。宏观政策与产业政策要积极引导，化"过剩产能"为"富余产能"，通过中西部产业接续和国际产能合作积极疏解，也要把去企业库存与减低企业成本紧密结合，在财税政策上切实减少企业负担。在转化二三线房地产库存上，与推进新型城镇化和扩大公共服务社会化供给紧密结合。因此，实现"三去一降一补"，本质上是要变"结构性减负"为促进"结构性改革"和"结构性补短"。

---

* 本文原载《光明日报》2016 年 6 月 23 日，记者：冯蕾。

"放管服"依然存在四方面问题[*]

2016年6月22日，国务院常务会议专门讨论了民间投资下降的问题。民间投资下降是由多方面原因造成的，其中，行政审批是绕不过去的一道坎。

行政审批是现代国家管理政治、经济、文化等各方面事务的一种重要事前控制手段。在我国，受以往计划经济体制的影响，行政审批被广泛运用于行政管理领域，它对于促进经济和社会发展发挥了重要作用，成为国家管理行政事务不可缺少的重要制度。但是，随着社会主义市场经济的建立和完善，行政审批制度缺乏有效的法律规范，部分问题越来越突出，有些已成为生产力发展的体制性障碍，因此迫切需要对行政审批制度进行改革。

行政审批改革成果喜人，但依然存在问题

据媒体报道，某民营企业新建一个项目需要90项行政审批事项，日常经营中需要56项审批事项。

国家行政学院研究员胡敏认为，国家从行政审批制度改革入手，大力推进简政放权放管结合优化服务，大力实施商事制度改革。研究资料表明，经过不懈努力，国务院各部门共取消和下放行政审批事项618项，占原有审批事项的36%，本届政府承诺的目标提前超额完成。非行政许可审批彻底终结，基本砍掉了大部分行政审批中介服务事项，取消、停征、减免一大批行政事业性收费和政府性基金。这一系列改革，在很大程度上为企业"松了绑"、为群众"解了绊"、为市场"腾了位"、为廉政"强了身"，极大地激发了市场活力和社会创造力。

在肯定成绩的同时，胡敏认为，目前政府仍然管了不少不该管的事，一些该管的却没有管或没有管住、管好，转职能、提效能还有很大空间，突出表现在以下四个方面：

第一，该放的权有些还没有放，一些已出台的放权措施还没有完全落地。比

---

* 本文原载《中国经济时报》2016年7月6日，记者：吕红星。

如，投资领域审批虽经压缩，但各种审批"要件"、程序、环节等还是繁多，审批时间还是比较长，有的审批只是由"万里长征"变成了"千里长征"。第二，各种证照包括职业资格认定和行业准入证、上岗证仍有很多，可以说是五花八门。还有，在办理一些证照时，有关部门的标准和要求互为前置，"蛋生鸡、鸡生蛋"，搞得群众团团转。第三，有些权放得不对路，本该直接放给市场和社会的却由上级部门下放到下级部门，仍在政府内部打转。第四，有些权放得不配套，涉及多个部门、多个环节的事项，有的是这个部门放了、那个部门没放，有的是大部分环节放了，但某个关键环节没放等。

"'放管服'改革实施以来，一些政府部门在工作方式方法、管理制度等方面没有作出相应转变，一定程度上影响了改革的成效。"胡敏表示。

"放管服"任务依然艰巨

2013年以来，我国紧紧抓住转变政府职能这个"牛鼻子"，简政放权、放管结合、优化服务三管齐下，中央和地方上下联动，取得明显成效。尤其是党的十八届三中全会以来，一直把简政放权、转变政府职能作为开门第一件大事，以壮士断腕的勇气持续推进此项改革。

工商部门相关数据显示，三年多来，国务院各部门取消和下放行政审批事项1/3以上，提前超额完成承诺的目标任务；非行政许可审批彻底终结；中央层面核准项目累计减少76%；95%以上的外商投资项目、98%以上的境外投资项目改为网上备案管理；工商登记由"先证后照"改为"先照后证"；前置审批精简了85%。这些改革举措极大地激发了市场活力和创造力。世界银行发布的报告显示，近两年来，中国内地营商便利度在全球的排名每年提升6个位次。

行政审批改革为什么难？胡敏认为，"放管服"改革实质是政府的自我革命，要削手中的权、去部门的利，放权于市场和社会，让利于群众和企业。现在，改革已进入攻坚期，将更多涉及长期形成的利益格局的调整、权责关系的重塑、管理模式的再造、工作方式的转型。这对各级政府及其工作人员来说，需要作出很大改变，其过程很多时候是艰难的、痛苦的。这就充分说明，"放管服"是一场牵一发而动全身的深刻社会变革，意义重大，任务艰巨。

"各地区、各部门必须按照国家的统一部署，切实增强责任感、使命感和紧迫感，坚决把改革深入向前推进。"胡敏表示。

"赶考"
还在路上*

"七一"讲话是站在新的历史起点上把马克思主义基本原理与当代中国实践紧密结合的一篇光辉文献。深刻领会习近平总书记"七一"重要讲话精神实质，有助于全党同志勇立潮头不忘初心，凝神聚力担当使命，在实现中华民族伟大复兴的历史性"赶考"中再创新的佳绩。

习近平总书记在庆祝中国共产党成立 95 周年纪念大会上发表重要讲话，全面回顾了 95 年来中国共产党团结带领中国人民不懈奋斗的光辉历程，深刻总结了中国共产党在革命、建设和改革各个历史时期取得的宝贵经验和基本规律，全面阐释了建设中国特色社会主义"四个自信"的科学内涵，为党和人民事业继续前行指明了光明前景和正确方向。

在洞察历史中揭示规律

在"七一"讲话的开篇，习近平总书记以深邃的历史眼光阐释了中国共产党 95 年来从诞生、发展到壮大的光辉历程。他鲜明地指出："中国产生了共产党，这是开天辟地的大事变。这一开天辟地的大事变，深刻改变了近代以后中华民族发展的方向和进程，深刻改变了中国人民和中华民族的前途和命运，深刻改变了世界发展的趋势和格局。"

之所以说是"开天辟地"的"大事变"，是因为中国共产党在成立之时，面对的是西方列强入侵、封建统治腐败，中国已沦为山河破碎、生灵涂炭、陷入半殖民地半封建社会奴役的局面，中华民族遭受前所未有的苦难。在中华民族内忧外患、社会危机空前深重的背景下，历史和人民选择了中国共产党。

中国共产党没有辜负历史和人民的选择。经过约 28 年的浴血奋战，许多仁人志士抛头颅洒热血，艰苦卓绝、玉汝于成，彻底结束了旧中国一盘散沙的局面，实

---

* 本文原载《中国青年报》2016 年 7 月 11 日。

现了中国从几千年封建专制政治向人民民主的伟大飞跃。经过近 30 年的艰难困苦、艰苦创业,完成社会主义革命,确立社会主义基本制度,推进了社会主义建设,实现了中华民族由不断衰落到根本扭转命运、持续走向繁荣富强的伟大飞跃。又经过 30 年的改革开放、锐意进取,极大地激发了广大人民群众的创造性,极大解放和发展了社会生产力,极大增强了社会发展活力,走上了一条符合中国国情、顺应时代的中国特色社会主义道路,实现了中国人民从站起来到富起来、强起来的伟大飞跃。中国共产党带领中国人民取得的这三个"三十年"的三次伟大飞跃,创造了人类社会发展史上惊天动地的发展奇迹,使中华民族焕发出新的蓬勃生机。这是中国共产党为人类文明创造的无可辩驳的伟大历史贡献。历史也一再证明,历史和人民选择中国共产党领导中华民族伟大复兴的事业是正确的。

95 年来,中国走过的历程,中国人民和中华民族走过的历程,是中国共产党带领中国人民谱写的壮丽历史篇章,同时也揭示了这样的历史规律:中国共产党能够始终将马克思主义的科学原理与中国的基本国情紧密结合,创造性地推动马克思主义的中国化、时代化、大众化;中国共产党始终秉承来自人民、为了人民、依靠人民的基本宗旨,坚定人民是历史的创造者,是真正英雄的基本信念,把人民利益放在心中最高位置,坚守住了人民立场这个根本政治立场;中国共产党始终坚持真理、坚守理想信念,能够摆脱以往一切政治力量追求自身特殊利益的局限,以唯物辩证的科学精神、无私无畏的博大胸怀吸纳人类文明优秀成果、勇于面向未来,不断为人类和平与发展的崇高事业作出贡献。

有了正确理论的指引,人民群众的拥护,国际社会的支持,中国共产党和中国人民的事业才由胜利走向了胜利。

在把握时代中不忘初心

习近平总书记在"七一"讲话中向全党同志郑重提出"不忘初心、继续前进"的"八方面要求",涉及指导思想、理想信念、方向道路、群众观点、治国治党、内政外交等诸多领域,内涵丰富,寓意深远,贯穿了建党时中国共产党人葆有的奋斗精神,饱含了中国共产党人对人民始终怀有的赤子之心。

总书记指出的永葆奋斗精神,永怀赤子之心,正是中国共产党的事业无往不胜、正是中国共产党的地位永立不败之地的根源,也是中国共产党能够继续把握时代、走向未来的思想保证。

认真领会"不忘初心、继续前进"的"八方面要求",就要求全党把马克思主义指导思想始终写在执政党的精神旗帜上,并把这一思想理论与当代发展的现实基础和实践需要紧密结合,不断开辟 21 世纪马克思主义发展新境界;就要求全党坚持"革命理想高于天",坚定不移地把共产主义远大理想和中国特色社主义共同理想信念教育作为思想建设的战略任务，在胜利和顺境时不骄傲不急躁，在困难和逆境时不消沉不动摇，牢牢占据美好理想的道义制高点；就要求全党坚持中国特色社会主义道路自信、理论自信、制度自信、文化自信，坚持把党的基本路线作为国家的生命线、人民的幸福线，不断把中国特色社会主义伟大事业推向前进；就要求全党统筹推进"五位一体"总体布局，协调推进"四个全面"战略布局，实现我们党向人民、向历史作出的庄严承诺，全力推进全面建成小康社会进程，实现"两个一百年"奋斗目标；就要求全党坚定不移推进改革开放，勇于全面深化改革，既不走封闭僵化的老路、也不走改旗易帜的邪路，坚决冲破思想观念束缚，坚决破除利益固化藩篱，坚决清除妨碍社会生产力发展的体制机制障碍；就要求全党始终把人民放在心中最高位置，坚持全心全意为人民服务的根本宗旨，实现好、维护好、发展好最广大人民根本利益，聚天下英才而用之，使我们党始终拥有不竭的力量源泉；就要求全党始终不渝走和平发展道路和奉行互利共赢的开放战略，努力打造人类命运共同体和利益共同体，不断把人类和平与发展的崇高事业推向前进；就要求全党始终保持队伍的先进性和纯洁性，不断增强党自我净化、自我完善、自我革新、自我提高能力，经受"四大考验"、克服"四种危险"，着力增强抵御风险和拒腐防变能力，确保党始终成为中国特色社会主义事业的坚强领导核心。

"不忘初心"，才能有矢志不渝的坚守，知道我们是从哪里来，要到哪里去，才能永葆奋斗精神。"继续前进"，才能为着未竟的伟大理想和事业，砥砺前行，敢于担当，坚韧不拔。

在面向未来中永不懈怠

习近平总书记在"七一"讲话中再次讲述了 60 多年前党和国家缔造者毛泽东同志带领党中央从西柏坡动身前往北京"进京赶考"的故事。

60 多年来的实践证明，中国共产党在过去的社会主义革命和建设年代的历史性考试中取得了优异成绩。到了今天，在我们比历史上任何时期都更接近中华民族伟大复兴目标的时候，我们也遇到了比以往更加复杂、更有挑战的社会经济发展现实。

面对中国经济发展进入新常态、世界经济发展进入转型期、世界科技发展酝酿新突破的发展大格局，面对以新发展理念引领经济发展新常态，加快转变经济发展方式、调整经济发展结构、提高发展质量和效益，着力推进供给侧结构性改革，推动经济更有效率、更有质量、更加公平、更可持续地发展，加快形成崇尚创新、注重协调、倡导绿色、厚植开放、推进共享的机制和环境，不断壮大我国经济实力和综合国力的新要求，我们依然走在民族复兴的"赶考"路上。

　　在新的纷繁复杂的国际国内形势面前，我们队伍中的确还存在这样那样的犹豫者、观望者、懈怠者、软弱者。我们依然要应对各种形式的重大挑战，抵御来自各领域的重大风险，克服各方面利益群体的重大阻力，解决改革创新进程中的重大矛盾。因此，总书记向全党告诫："路漫漫其修远兮，吾将上下而求索。"全党同志要永远保持谦虚、谨慎、不骄、不躁的作风，永远保持艰苦奋斗的作风，勇于变革、勇于创新、永不僵化、永不停滞，继续在这场历史性考试中经受考验。

　　95年忆往昔峥嵘岁月稠，而今迈步从头越再立新功。

把握劳动力成本上涨的
背后逻辑*

2016 年 7 月人力资源和社会保障部副部长信长星在新闻发布会上回答媒体提问时，提到近年来我国劳动力成本上涨的问题，并表示要适度降低放缓城市工资调整的频率和上涨幅度。这也从一个侧面揭示了工资上涨给当前国内产业经济发展带来的压力。

近年来，沿海地区用工成本不断上升，对这些地区企业市场竞争力造成了冲击，媒体就经常披露很多的外企因为中国沿海地区劳动力成本不断上升而整建制地将生产基地转移到东南亚劳动力成本更低的国家和地区或者转移到中国中西部地区的新闻。

劳动力成本上升是市场经济发展和工业化进程加快的必然过程。据人力资源和社会保障部的相关数据，进入 21 世纪以来，我国以农民工为主体的普通劳动力工资呈持续上涨态势，大部分行业劳动力成本在 2005 年以后开始上涨。2001～2010 年全国城镇单位就业人员名义工资年均增速为 14.6%，城市制造业和服务业的人员工资水平也都相应快速上涨。仅第三产业人均工资就从 2001 年的 11894.4 元提高到 2010 年的 40738 元，年均实际增速为 12.8%，高于全国平均水平。近五年，这一上升速度还在加快，从 2010 年之后，城镇劳动力工资上涨幅度已经大大高于同期 GDP 上升水平。近五年，我国最低工资标准年均增长在 13%，绝大多数地区最低工资标准达到当地城镇从业人员平均工资的 40%。如果考虑物价水平上涨因素，这几年 CPI 年均涨幅为 3%，我国农民工名义工资年均增长基本保持在 14% 左右。

这一现象产生的主要原因在于我国农村有效剩余劳动力数量正在持续下降，农村剩余劳动力已从无限供给向有限剩余转变，目前这一规模仅在 3000 万人左右。结合我国人口结构中 15～64 岁有效劳动力人口比重在 2015 年开始出现拐点性下行，城镇普通劳动力供求关系将发生转折性变化。

劳动力供求关系的深刻变化，必然要反映到劳动力价格上。就此，未来整个

---

* 本文原载《东莞日报》2016 年 7 月 11 日。

用工成本上升已呈不可逆转的趋势。劳动力成本上升自然会增加行业企业成本，对行业竞争力、产品价格、贸易环境产生直接的影响。

但也必须看到，劳动力成本上升也不都是坏事。对当下结构深刻转型的中国经济来说，其积极意义要大于负面意义。

其一，劳动力成本持续上升必然会促进产业经济改变生产要素投入比例，增大资金、技术等生产要素的相对重要性。在经济结构调整中，我们一直期望劳动生产率的提高幅度高于工资提高幅度，再高于国内生产总值（Gross Domestic Product，GDP）增幅这样一个良性经济模式。实际上，近年来沿海发达地区因为新技术的广泛使用，企业技术进步水平大为提升，劳动力成本提升也倒逼产业经济提质增效。许多企业开始推进智能制造、机器人使用、与"互联网+"深度融合，新的经济动能加快了产业结构优化升级和产品附加值的提升，产业的创新链、价值链不断延伸，从而大大提升了传统产业素质和竞争力，就此也衍生了许多新的业态和促进了新型服务业发展。我们大可不必担心用设备替代劳动、新技术挤占劳动，从传统业态中释放的劳动力可以通过新的职业再造，获得更多的就业机会，也从自身素质提升中完成就业角色的转换，分享新经济带来的更高回报。实践也证明，社会劳动生产率的提高必然会覆盖劳动力成本的上升。

其二，劳动力成本提高客观上对提高劳动者收入水平和劳动者报酬在国民收入分配中的比重有积极作用。随着中国经济的长足进步，再靠低劳动力成本竞争的比较优势已经不可能存在，让更多的劳动者充分分享中国经济发展的成果，获得在经济进步和社会发展进程中的劳动者尊严，不仅有利于促进消费增长、拉动内需，更有利于促进激发社会内生动力，提升全社会的创新创造活力。

其三，面对劳动力成本持续上升的趋势，客观要求社会构建起适应经济发展、体现公平正义价值的劳动者社会保障和福利制度，提高劳动者技能培训和教育水平，切实维护劳动者生存发展的正当权益。从国际经验来看，经济体在进入劳动力成本快速上升阶段以后，如何应对工人涨工资的诉求，成为保持社会安定、改善收入分配、创造庞大消费群体的一个关键因素。因此，我国必须加快健全包括劳动合同制度、最低工资制度、工资协商制度等的劳动力市场制度体系，使其与劳动力供求机制共同发挥作用，减轻劳动力成本上升对社会稳定的影响。

当然，从现实层面看，面对城镇劳动力成本上升的客观现实和降低产业经济转型压力，政府要更有力度地推进结构性减税政策，降低企业税收成本；实施差别化金融政策，促进更多创新创业；加快城镇户籍制度改革，降低城镇居住成本，推进二代农民工尽快融入城市，形成接续产业转型的劳动力供给保障；还要加快区域经济协调发展，促使沿海地区高成本产业更多地向内地转移，以均衡发展平滑整个劳动力成本上涨压力。

中国经济不是
一唱就空的*

近几年来，国际社会一些人士"唱空中国"似乎成了一个"新常态"。

2016 年初，中国股市延续 2015 年下半年走势出现大幅波动，国外就传来"中国股市崩盘论"。2016 年第一季度，中国国内不少一线城市房价大幅上升，外媒就评议说，"房地产绑架了中国经济"，"房地产一旦崩盘，中国经济就会硬着陆"。还有自 2015 年"8·11"人民币主动贬值以来，人民币兑美元汇率一直小幅震荡下行，国外又有议论说，"人民币将一直贬值下去"。更有甚者，关于中国负债问题的评议，一直是上半年的热点话题。国际"金融大鳄"索罗斯在 2016 年 4 月 21 日纽约的一次私人活动上说，中国以大量债务驱动的经济和美国 2008 年国际金融危机爆发前的形势很像，中国国家的"高杠杆"将会引发新一轮经济危机。

当然，在 2016 年 3 月，国际两大评级机构标准穆迪和标准普尔都将中国主权评级展望从"稳定"转为"负面"。

不过，也有看好中国经济的国际机构。在 4 月中旬，国际货币基金组织 IMF 在华盛顿发布的《全球经济展望》报告中，在"预警全球经济增速已经长期放缓"时却对中国 2016 年经济增速的预期上调至 6.5%，中国被作为唯一一个经济增速被上调的主要经济体。与此同时，世界银行对今年中国经济增长也作出了 6.7% 的预测，并表示：2016 年中国仍将是亚洲发展的主要推动力。

横看成岭侧成峰

当下的中国经济基本面究竟怎么样？对国际社会和研究人士来说，身在其外，横看成岭侧成峰，远近高低各不同，是自然的。

随着 2016 年已过半，上半年中国经济的一切运行指标将很快出炉，可以给出一个更清晰的答案。2016 年 6 月，中国最权威的经济监测部门国家统计局向媒

---

* 本文原载中新经纬 APP2016 年 7 月 12 日，原题为《中国可能又要让唱空者失望了》。

体举行的公开新闻发布会上，发言人用"稳"和"进"对 1~5 月的宏观经济运行态势作了一个全面描述。他从前五个月中国国内工业生产、服务业发展、市场销售、物价运行和就业形势的数据看，表明中国经济运行是平稳的，各项经济指标仍然运行在合理区间。同时，他还指出，在中国经济总体平稳的发展态势中，经济运行还体现了一系列新的特征，就是中国的产业结构调整取得了新进展，我们的服务业、高技术产业和先进装备制造业增长速度都在明显加快，中国的投资结构也在逐渐优化，中国的消费升级亮点纷呈，尤其是代表新经济发展特点的网络经济、电子商务以及新产业、新业态发展迅速，新的创业主体在急速转型的中国社会中正在蓄积一股新的增长力量。

2016 年 6 月，在天津举行的第十届夏季达沃斯论坛上，李克强总理表示："这几年一路走来，充满风险和挑战，我们付出了很大艰辛。令人欣慰的是，新动能呈快速成长态势，在支撑发展、保障就业、促进转型升级等方面发挥着越来越大的作用。"他所指出的新动能，就是在日益浓厚的大众创业、万众创新氛围中每天诞生的几万家市场主体，就是在不断追求消费升级中脱颖而出的信息通信、智能手机、新能源汽车等新兴消费和旅游、文化、体育、健康、养老"五大幸福产业"，还有正在崛起的高技术产业、高端制造业和电子商务等新产业新业态。

当然，在新动能初见端倪、蓄势待发之际，还尚未能挑起中国经济增长的大梁。而与此同时，由于国际环境复杂严峻、国内长期积累的深层次矛盾凸显，中国经济下行压力还很大，目前稳定运行的基础还不牢固。2016 年上半年，在推进供给侧结构性改革中又出现了一些新的矛盾和问题，比如，外需对增长的拉动力持续减弱，国内民间投资骤然下降，制造业投资依然乏力，信贷投放过快过猛，金融资金"脱实向虚"，引致房地产等储值资产价格大幅上行，金融领域存在较大的风险隐患，还有一些产能严重过剩行业和经济结构单一地区依然困难重重，职工就业和增收存在隐患等。

所以，要客观描述上半年中国经济可以这样说：经济运行保持了"稳"，增长质量实现了"进"，转型升级新添了"难"。

就此看，对当前的中国经济表象必须全方位看，如果只看一面，就难以得出正确结论；如果只是静态地看，也发现不了中国经济继续前行的动力所在。

新常态经济的新逻辑

那么，我们对当前中国经济运行究竟怎么看？

2016 年 5 月 9 日，《人民日报》刊发了"权威人士"接受报社记者的专访文章谈当前中国经济，文章标题为《开局首季问大势》。该文章后来被认为代表最高层人士的看法，总体上说，比较实事求是和客观全面。文章谈到，中国当前的经济运行总体态势符合预期，中国经济运行"L"形走势就是一个较长阶段，我们既不要为一时经济指标回升"喜形于色"，也不要对一些经济指标下行"惊慌失措"。

从 2013 年开始，以习近平同志为核心的党中央在综合分析世界经济长周期和我国发展阶段性特征后，作出了我国经济发展进入新常态的重大判断。这个新常态就是已经位居世界第二大经济体的国家在经济增长速度、经济增长方式、经济增长动力都到了必须调整的阶段，增长速度要"换一挡"，经济转型要"升一级"，动能转换要"进一步"，就是说，中国经济进入了速度变化、结构优化、动力转换的新常态，要向着形态更高级、分工更优化、结构更合理的阶段演进。这是中共中央对中国经济未来走势作出的重大战略判断，并提出，适应、把握、引领经济发展新常态，是谋划和推动"十三五"时期中国经济社会发展的大逻辑。

特别需要看到的是，在中国经济新常态的内在逻辑演绎中，一个开始为人关注但还不十分清朗的现象就是中国经济正在出现悄悄的分化走势。

有的地区发展生机勃勃，比如深圳、重庆，但有些地区，如东北老工业基地经济下行过快；有些行业和业态前景一片光明，如机器人、智能制造、电子商务发展得虎虎生风，但像钢铁、煤炭等行业苦苦度日，当然，企业分化更是十分明显。

事实上，国际金融危机以来，世界经济分化也明显加快，我国经济进入新常态，国内经济分化日益加速。面对这一分化趋势，可以看到，凡是能主动适应新常态，重视创新和质量效益的地区、行业和企业，就会脱颖而出，就充满了生机活力，就赢得了发展的好势头；反之，那些墨守成规、抱残守缺的地区、行业和企业，就陷入了被动、彷徨、等待和苦熬，表现为"东边日出西边雨""几家欢乐几家愁"。

经济分化是经济结构调整、资源优化配置、新旧动能转换的必然结果，是市场经济规律作用下资源向价值洼地流动、向高收益领域集中的主动选择，也是新事物代替旧事物的必然过程。

毋庸置疑的是，当前国内产业正呈现新结构，区域经济正出现新起色，企业增长正孕育新动力，已昭示着这一分化进程中积极的、创新的变革力量日益生成，必将在未来市场竞争和结构调整中越来越占据主动。

经济新常态，是新旧发展方式、新旧经济结构、新旧增长动能此长彼消、不断替代的历史过程，这种替代正是新常态下经济发展的基本逻辑。在可预见的将来，经济分化趋势还将延续，还会加剧，直到达成新的均衡状态。坐等观望不如迎头赶上。

只有顺应这一不可阻挡的分化大势，在未来中国经济成长中，紧紧抓住分化进程中的一切有利因素，不为一时的转型阵痛所困扰，不为一时的经济波动所担忧，不为一时的发展困局所盲动，充分把握发展大逻辑，充分尊重市场经济规律，牢牢掌握经济分化的主动权，因势利导，主动作为，锐意创新，勇于变革，在经济分化中捕捉新的力量，在经济分化中推陈出新和兴利除弊，在经济分化中实现新旧动能接续转换，才会最终为实现"双中高"目标赢得时间和空间。

适应这种转型是痛苦的，困难也是不可低估的。但能够正视困难、坦承困难，恰恰表明我们有决心克服困难、有能力战胜困难，中国经济也是在攻坚克难中迎来曙光的。

当然，我们需要感谢国外媒体、研究机构、经济预测人士对中国经济的关注、评议，哪怕是各种模糊的甚至是没有依据的揣测，也恰如一剂剂防疫针，可以促使我们更加清醒、更加理性。

只是需要说明的是，中国经济不是"一唱就空"的，中国经济也不会被唱空。

因为如今的中国经济潜力巨大、韧性巨大、回旋余地巨大，并且我们已经看到了经济成长逻辑中日渐崛起的新生力量。正如李克强总理在夏季达沃斯天津论坛上信心满满指出的，"假以时日，异军突起的新动能必将撑起未来中国经济一片新天地"。

企业减负等或改善
民间投资预期*

　　国家统计局 2016 年 7 月 15 日公布的数据显示，2016 年上半年国内 GDP 同比增长 6.7%。上半年国民经济运行总体平稳、稳中有进，经济结构持续优化。但不可否认，经济下行压力仍然较大。与之相佐证，上半年民间投资同比增长 2.8%，较前 5 个月继续回落 1.1 个百分点；与 2015 年同期 11.4% 的增速相比，下滑 8.6 个百分点。从 6 月投资增速看，制造业投资和民间投资首现单月负增长。

　　下半年民间投资是否会有好转？如何撬动制造业投资和民间投资？《东莞日报》特邀清华大学中国与世界经济研究中心教授袁钢明、著名经济学家宋清辉、国家行政学院研究员胡敏对此发表看法。

　　记者：6 月制造业投资和民间投资负增长的原因分别是什么？

　　胡敏：这一点在 7 月 15 日国家统计局新闻发言人的表述中阐述得比较清楚，6 月民间投资首月出现单月负增长。从上半年情况来看，民间投资增速也是逐月回落，1~6 月增长 2.8%，比 1~5 月又回落了 1.1 个百分点。制造业投资和民间投资增速之所以回落，从大的背景来讲，主要还是跟整个经济结构的调整有关。我国制造业投资中传统产业占比很大，在上半年经济结构调整加速，尤其是化解产能过剩的供给侧结构性改革的推进，过剩产能必须市场出清，加之工业品的价格持续走低，所以企业普遍投资意愿不强。民间投资中 50% 左右也是制造业投资，自然增速调整方向一致。当然，2016 年民间投资增速出现异乎寻常的"悬崖式下跌"，除了我们经常指出的各种"隐形门"的存在和融资难的问题，主要还是与市场环境特别紧，资金回报率越来越低，以及民间资本对未来经济走势捉摸不定、市场预期普遍悲观有关。

　　记者：国家统计局发言人盛来运表示，民间固定资产投资放缓会影响下半年

---

　　* 本文原载《东莞日报》2016 年 7 月 18 日，记者：范德全。

GDP 增长。如何正确看待这一问题？

胡敏：民间固定资产投资放缓自然会影响 GDP 增长，但从固定资产投资结构看，主体还是靠基础设施投资、制造业投资和房地产投资，目前中央和地方投资在这三大领域还是发挥主导作用。当然，也有不少经济界人士分析，上半年民间投资下降过快，恰恰是国有固定资产投资的"挤出效应"所致。有这方面因素，但并不是根本因素。

支撑下半年 GDP 增长的有消费、投资、进出口"三驾马车"的力量不断恢复，还有在推进供给侧结构性改革中劳动生产率的不断提升和新经济新动能对经济增长率贡献不断增强的综合因素决定的结果。特别是随着中央和地方一大批重大基础设施项目的推进，第三、第四季度 GDP 增幅应当会有所增强。

记者：下半年制造业投资和民间投资预期如何？会有好转吗？

胡敏：当然从眼下来看，固定资产投资对 GDP 增长发挥着主引擎作用，虽然民间固定资产投资、制造业投资在放缓，但上半年基础设施投资增长很快，达到 20.9%，比全部投资增速高 10.4 个百分点，对全部投资增长的贡献率为 35.5%。还有上半年新开工项目计划总投资同比增长 25.1%，仍保持了年初以来的快速增长态势，对下一阶段投资增长有积极支撑作用。

这也为民间固定资产投资恢复上行创造了较好的市场环境。民间资本毕竟是"趋利"的，一旦市场环境改善，民间投资预期就会出现转变。随着近期市场环境的改善，尤其是 PPI 的降幅在持续收窄，这一点对企业的利润有好处，同时也有利于刺激或者吸引民间投资。针对民间投资中存在的一些问题和影响因素，国务院已经提出了有针对性的改进措施和具体政策。下半年伴随一些政策的落实，民间投资未来应当会有所改善。

记者：如何才能撬动制造业投资和民间投资？

胡敏：首先是制度撬动。比如切实降低民间投资的各种制度性门槛，打破各种"玻璃门""弹簧门"，扫除不利于民间投资增长的各种障碍，增强市场主体的信心。其次是项目撬动。目前主要是通过 PPP 方式吸引社会资本参与重大基础设施建设项目，但一定要在产权制度保护、招投标公平性和透明度上有实质改进。最后是减税撬动。下半年在制造业增值税减免上要有所推进，对民间投资还是要大力度降低税费负担，创造一个比较宽松的财税环境。

循着发展的逻辑——一个经济学人的时事观察（2016~2020）

"一个都不能少"的"全面小康"*

——习近平总书记宁夏考察调研思考

习近平总书记于 2016 年 7 月就落实"十三五"规划、推动经济社会发展、推进脱贫攻坚工作在宁夏回族自治区进行调研考察，指出"到 2020 年全面建成小康社会，任何一个地区、任何一个民族都不能落下"。从习近平总书记这次在宁夏调研考察发表一系列重要讲话的新闻报道中，笔者认为其中一个重要看点是，党中央对西部地区、民族地区、经济欠发达地区要确保在 2020 年与全国同步建成小康社会提出了更高要求。

习近平总书记高度重视西部民族地区的脱贫攻坚工作，一再强调全面建成小康社会"一个都不能少"。在 2015 年末召开的中央扶贫工作会议上，习近平总书记强调，全面建成小康社会，是我们对全国人民的庄严承诺。

目前，全国脱贫攻坚战的冲锋号已经吹响，西部地区正在扎实推进脱贫攻坚战役。总书记要求这些地区要"立下愚公移山志，咬定目标、苦干实干，坚决打赢脱贫攻坚战，确保到 2020 年所有贫困地区和贫困人口一道迈入全面小康社会"。

从这次总书记在宁夏调研考察的一系列重要讲话中，我们再次感到党中央要坚决打赢脱贫攻坚战的决心和信心。

首先，在指导思想上必须明确，脱贫攻坚已经到了啃"硬骨头"、攻坚拔寨的冲刺阶段，必须以更大的决心、更明确的思路、更精准的举措、超常规的力度，众志成城实现脱贫攻坚目标，决不能落下一个贫困地区、一个贫困群众。总书记这次调研时指出，民族地区"要认真落实党中央决策部署，贯彻新发展理念，主动融入国家发展战略，进一步解放思想、真抓实干、奋力前进，努力实现经济繁荣、民族团结、环境优美、人民富裕，确保与全国同步建成全面小康社会"。

其次，在方法路径上要坚持精准扶贫、精准脱贫，关键是要找准路子，在精

---

* 本文原载中青在线·专家谈 2016 年 7 月 21 日。

准施策上出实招、在精准推进上下实功、在精准落地上见实效。比如，总书记在固原市冒雨考察了两个村的脱贫攻坚工作时指出，发展产业是实现脱贫的根本之策。要因地制宜，把培育产业作为推动脱贫攻坚的根本出路；在银川市永宁县闽宁镇原隆移民村考察福建和宁夏共同建设的生态移民点时指出，移民搬迁是脱贫攻坚的一种有效方式。要总结推广典型经验，把移民搬迁脱贫工作做好。要多关心移民搬迁到异地生活的群众，帮助他们解决生产生活困难，帮助他们更好融入当地社会。在银川考察调研宁浙电商创业园和宁东能源化工基地时指出，东西部扶贫协作是加快西部地区贫困地区脱贫进程、缩小东西部发展差距的重大举措，必须长期坚持并加大力度。要鼓励支持更多企业参与西部地区脱贫攻坚工程。

最后，在精神风貌上要树立信心、振作精神、坚持不懈。总书记在西吉县将台堡瞻仰红军长征会师纪念碑，参观红军长征会师纪念园、纪念馆时指出，推进中国特色社会主义事业的新长征要持续接力、长期进行，每代人都要走好自己的长征路。无疑，脱贫攻坚也要发扬长征精神，不屈不挠。在看望农户时，总书记指出，好日子是通过辛勤劳动得到的。在与种植大户和务工群众交流时，总书记充分肯定依靠村党组织带头人和致富带头人实施"双带"工程、帮助群众脱贫致富的做法，希望村党支部增强联系群众、服务群众、凝聚群众、造福群众功能，激励和帮助群众更有信心、有决心、有恒心地克服困难，实现致富梦想。

另外，总书记在与当地党和政府座谈工作时还特别强调，西部地区一定要主动融入国家发展战略，在西部大开发中不断闯出新路：就是要切实把新发展理念贯穿于经济社会发展全过程、落实到全面建成小康社会各方面；在推进供给侧结构性改革，欠发达地区也要有新作为；越是欠发达地区，越需要实施创新驱动发展战略，通过东西部联动和对口支援等机制来增加科技创新力量，以创新的思维和坚定的信心探索创新驱动发展新路；还要大力加强绿色屏障建设，做好民族工作和宗教工作，牢固扎实党执政的思想基础、组织基础、群众基础，推动经济社会发展，促进社会和谐。

循着发展的逻辑——一个经济学人的时事观察（2016-2020）

"松绑+激励"：
更大程度地尊重创造性劳动*

由于以往科研经费使用环节被管得"过细过死"，不少科研人员都有这样的体会：立项前"千方百计编预算"，结题前"托亲找友寻发票"，做科研之余还要花费大量时间和精力做"会计"，往往被弄得焦头烂额、疲惫不堪，稍不注意，还可能因"违规"使用科研经费而被通报批评。

2016年7月，中共中央办公厅、国务院办公厅印发了《关于进一步完善中央财政科研项目资金管理等政策的若干意见》（以下简称《意见》），为科研人员使用经费"松绑"。对于这份文件，不少科研人员如获至宝，感到终于可以踏踏实实做科研，不用为财务问题发愁了。

近年来，中国对科技创新越来越重视，对高校、科研院所的科研投入逐年加大。但因为长期以来科研管理泛行政化，科研人员普遍反映科研项目资金管理和使用程序过于僵化，资金使用额度不能"项目交叉"，报销项目和单据制订得"过严过细"。比如，以前规定单张发票报销面额不能超过200元，如果是超过200元的发票就不好报了。因此，找发票成为科研人员、科研助理的"老大难"。总体来看，以前科研经费使用是"重物轻人"，难以充分调动科研人员的积极性、创造性，也浪费了他们大量的精力，一些科研人员为了减少麻烦甚至不愿意做课题。

而此次关于完善中央财政科研项目资金管理政策的调整，可以说是新形势下解决科研体制改革问题的一个突破，化解了科研人员在资金使用问题上的难题。

《意见》显示，最重要的两个关键词就是"松绑"和"激励"。

"松绑"方面有一大亮点，就是简化预算编制科目，下放调剂权限，将直接费用中的会议费、差旅费、国际合作与交流费合并为一个科目。以前，在国际合作项目中手续烦琐难弄，有时候光是给外国专家订机票就不知道要走多少遍流

---

* 本文原载中新经纬APP2016年8月2日，原题为《中央是怎样为科研人员"松绑"的》。

程，一些人为了减少麻烦甚至停掉所有国际项目。

同时，年度科研项目结余经费收回制度也有了重大改革。以前科研经费年度内使用不完，就得上交。为了防止上交，一些科研人员甚至在使用年度末期"突击花钱"，造成了巨大的浪费。而现在，当年的钱花不完不用收回，在项目完成并通过验收后，结余资金可以留归项目承担单位使用，可以在两年内统筹安排用于科研活动的直接支出。

此外，《意见》还加大了对科研人员的激励力度。科研项目资金中的"间接费用"提高了比例，这个"间接费用"可以在比例范围内统筹安排绩效支出；明确了劳务费开支范围和标准，对劳务费不设比例限制，对参与项目研究的研究生、博士后、访问学者以及项目聘用的研究人员、科研辅助人员等都可以开支劳务费。而以前，为了给研究生和助理支付劳务费，基本都要使用一些"作假"的手段才能完成。

除了"松绑"和"激励"，《意见》并未放松对于科研经费的"管"，即：强调在科研项目资金管理等简政放权后，也要防止资金"跑冒滴漏"。以往为了报销，一些人把私人消费也违规当作科研经费来报销，在社会上造成了非常坏的影响。因此，《意见》强调"放权"之后，这个"管"更要加强，要促进项目承担单位"接得住、管得好"，要规范资金管理，要完善内部风险防控机制，实行内部公开制度，确保资金、人员"两安全"。

可以说，这次改革是给科研人员松绑减负的硬举措，也是有助于减少制度性交易成本的实招。不过，要激发科研人员创造性，我国科技体制改革还有许多问题待解，比如课题的申报门槛还有待进一步降低，考评机制有待进一步严格，课题负责人对于项目的自主权也有待提高。

滴滴优步中国合并：
"垄断"与"竞争"的赛跑[*]

滴滴并购优步中国，正在上演"垄断"和"竞争"的一场赛跑。

滴滴快车并购优步中国，成为移动出行市场上的一件大事，进而网约车市场上的两家大佬是否涉嫌市场垄断？又将带来中国移动出行行业未来什么样的市场格局？成为近一个时期人们高度关注的热点和市场热议的焦点。

有关机构发布的《2016 年 Q_1 中国专车市场研究报告》显示，滴滴、优步中国分别以 85.3% 和 7.8% 的订单市场份额居专车行业前两位，两者合并后占据国内市场份额将达到 93.1%。以两家联盟后在中国网约车领域占据如此大的市场份额，似乎形成事实上的网约车市场垄断并没有多少争议。从目前的消费者感受来看，近期，滴滴和优步中国已经完成一次规模提价。其中，滴滴快车每千米费用由 1.5 元涨至 1.8 元，每分钟费用由 0.2 元涨至 0.3 元。优步中国每千米费用则由 1.5 元涨至 1.79 元，每分钟费用由 0.25 元涨至 0.3 元，两家公司的市场行为已经挤占了一部分消费者剩余，市场利益开始向市场行为主体倾斜，便成为一种垄断行为的佐证。从两家公司背后的"资本推手"的意图来看，上半年悄然完成的几轮融资，尽显资本对市场"管控"的意志，而宣布两家"联姻"的好戏又恰在国家出台《网络预约出租汽车经营服务管理暂行办法》对网约车的"正式放行"之际，可以看出资本者的"处心积虑"。那么接下来，网约车市场是否就形成真的"垄断"，答案要看"既成事实"，要看消费者选择，要看监管者调控，更要看市场新竞争者的"闯入"。

中国的网约车近年来的爆发式增长，既顺乎了移动互联技术发展的大势，成就了分享经济发展的"一个标杆"，也顺应了服务市场充分竞争时代的消费者选择自由。滴滴、优步中国出现后快速被消费者接受，打破了过往出租车行业高度垄断的局面。尽管一些地方政府曾经"明里暗里"期望保持政府管控的出租车行业的既定格局，但在蓬勃发展的网约车市场竞争面前，不得不"弯腰折贵"，

---

[*] 本文原载《东莞日报》2016 年 8 月 8 日。

接受网约车这条市场的"鲇鱼",而只有自觉遵循市场经济规律,中国出行市场才有了今天的竞争性繁荣。但需要看到的是,政府靠行政权设置市场门槛,获得超额利润只能博一时而不能得一世,也背离市场经济下政府的自身职能定位。

网约车来了,以其现代技术、资本手段和市场活力的复合体,在不到三四年的时间,就生成了一个完全竞争市场,打破了政府行政垄断,但自由市场进入者生成和培育这个市场也是付出代价的,这就需要大量的消费者补贴,大量的资本"烧钱",要完成一次次背后的融资,以时间换取市场空间,最后赢得了市场。但资本终究是要逐利的,我们无须掩盖资本者期望"垄断"市场的动机,也不用担心市场进程中"寡头"的形成,要较量的是市场竞争秩序的规范和源源不断的新竞争者的"进入"。最终"选票"还在于消费者的利益考量。

仅从中国出租车市场的演变史和网约车近年来发展得如火如荼的态势来看,政府在市场竞争中更懂得了"市场竞争规律",消费者收获了更多的竞争者剩余,移动出行市场也越来越繁荣。不要说有关机构研判的到 2020 年中国网约车市场规模将达到 5000 亿元,其潜在市场需求达到 1.1 万亿元如此大的市场空间,正在吸引一波波市场投资者的竞相进入,还有政府管制放开后的一大批地方性网约车平台的陆续崛起,即使在滴滴与优步中国合并后,中国出行市场有可能形成短暂的"寡头垄断"格局,巨大的市场机会也必将催生更多的移动出行新模式新业态去继续"洗礼"这个市场,在消费者对市场价格偏好、服务品质依赖、风险成本考量、消费方式替代等自在选择下,只要保持对一个市场配置资源的信心,企图靠"一家独大"来独占市场份额应当说几乎没有多少成功的先例。

所以,在滴滴并购优步中国是否带来市场垄断的拷问和担忧之余,我们更乐于见到一场"垄断"与"竞争"的真正赛跑。可以比较有信心地说,市场是会大浪淘沙的,经过一段时间的利益博弈后,最后跑赢市场的必然是市场秩序的更加规范、市场监管者的更加成熟、市场竞争者的优胜劣汰,以及消费者的选择自由。

循着发展的逻辑——一个经济学人的时事观察（2016—2020）

以信息化推进
国家治理现代化*

2016 年 7 月《国家信息化发展战略纲要》（以下简称《纲要》）由中共中央办公厅、国务院办公厅印发。《纲要》是规范和指导未来 10 年国家信息化发展的纲领性文件。作为国家战略体系的重要组成部分，《纲要》顺应当今全球信息化发展大势，紧紧抓住互联网日益成为创新驱动发展的这一先导力量，立足我国信息化建设的有利条件，以信息化驱动现代化为主线，以建设网络强国为目标，旨在未来十年通过着力增强国家信息化发展能力，着力提高信息化应用水平，着力优化信息化发展环境，从而全面推进国家治理体系和治理能力的现代化。

经过农业革命、工业革命的"洗礼"之后，人类社会正在经历一场信息革命。当前，以信息技术为代表的新一轮科技革命正在深刻改变着人们的生产生活方式，带来生产力质的飞跃，引发生产关系重大变革，成为重塑国际经济、政治、文化、社会、生态、军事发展新格局的主导力量。在全球信息化进入全面渗透、跨界融合、加速创新、引领发展的新阶段，加快信息化发展，建设数字国家已经成为全球共识，谁在信息化上占据制高点，谁就能够掌握先机、赢得优势、赢得安全、赢得未来。

在这场史无前例的技术革命面前，关键资源获取、国际规则制定的博弈和"看不见的网络战争"日趋尖锐复杂。一方面，世界各国都在加快网络空间战略布局，以占据信息化世界的战略主导权；另一方面，各种形式的网络安全也面临空前的严峻挑战，客观要求加强网络生态治理，形成网络空间智慧，推进网络空间法治建设。各国政府必须转变行政方式，提高治理水平，以适应不断加快的经济社会数字化转型。

习近平总书记指出，"没有网络安全就没有国家安全，没有信息化就没有现代化""网信事业代表着新的生产力、新的发展方向""网信事业要发展，必须贯彻以人民为中心的发展思想""国家利益在哪里，信息化就要覆盖到哪里"。

------

* 本文原载中青在线 2016 年 8 月 9 日，原题为《建设数字国家成全球共识　以信息化推进国家治理现代化》。

这一系列精辟论述，可以说是我国信息化发展、以信息化推进国家治理体系和治理能力现代化的"纲"和"魂"。当前我国网民数量、网络零售交易额、电子信息产品制造规模已居全球第一，一批信息技术企业和互联网企业进入世界前列，在网络信息化发展上具有一定的领先优势。我们要借《纲要》出台为契机，按照信息化建设"三步走"战略目标，进一步抢抓产业链重组和调整机遇，以信息化促转型发展，积极谋求信息化发展主动权。

首先，必须转变政府工作理念。要持续深化电子政务应用，着力解决信息碎片化、应用条块化、服务割裂化等问题。电子政务发展要突出以人民需求为导向，通过搭建政民互动平台，让互联网成为了解群众、贴近群众、为群众排忧解难的新途径，成为倾听民意、汇聚民智的新渠道。

其次，必须创新政府服务模式。要努力创新政府公共服务提供方式和建设模式，全方位增加在线公共服务的供给，面向企业和公众提供一体化在线公共服务，提高基于互联网的政务服务共建能力和共享水平，推动电子政务服务向基层延伸，以消除各个层面的"数字鸿沟"，切实降低人民的信息获取成本。

再次，必须开放政府数据资源。大数据应用有助于提高政府决策水平，有助于政府提供精准化的、切实满足人民需求的政务服务。要把握大数据发展的有利时机，推进基于大数据和一体化平台的电子政务整合力度，理顺区域、行业、部门间的数据关系，促进统一信息数据的规范化，逐步实现业务协同和实时数据信息交换。与此同时，还要加强建设安全可靠的政务服务保障体系，加强对公共数据服务和产品的监管，明晰公私合作提供公共服务的数据利用边界，探索并制定数据资源产权归属、保护以及数据采集、存储、加工、传递、检索、授权应用等方面的法律法规。

最后，营造洁净的网络文化环境。互联网既是传播人类优秀文化、弘扬正能量的新型载体，也是提升国家软实力的重要基础。要发展积极向上的网络文化，提升规模化、专业化网络文化内容供给能力，规范网络文化传播秩序，提高网络文化传播能力。我们完全有能力依托我们的大国优势和制度优势，在网络文化主阵地上彰显中国的文化自信。

新丝路·新青年·
新梦想*

推进"丝绸之路经济带"和"21世纪海上丝绸之路"建设是中国国家主席习近平统筹国内国际两个大局，顺应地区和全球合作潮流，契合沿线国家和地区发展需要，立足当前、面向未来提出的重大倡议和构想。从战略构想的提出，到战略愿景与行动纲领的出台，再到一系列项目合作和具体措施的推进，两年多来，不仅引起世界沿线国家的广泛共鸣和不断参与，也吸引了越来越多的沿线国家青年人的高度关注和积极融入。

"一带一路"是21世纪的"新丝路"。它既秉承了古老的丝绸之路精神，又增添了"亲诚惠容"的时代理念和时代内涵。"新丝路"建设强调设施联通、贸易畅通、资金融通、政策沟通、民心相通，强调互利共赢、开放包容原则，强调共同打造各国利益共同体和人类命运共同体。这必将为实现21世纪世界可持续发展带来新动力、创造新机遇。无疑，在实现这一美好愿景的历史进程中，受惠最大、机会最多、收益最丰的必然是包括中国青年在内的沿线各国的广大青年人。

当代青年是21世纪的"新青年"，是国家和民族的未来。这一代新青年，精力充沛、思维活跃、个性鲜明、可塑性强，能够顺应不断变化的大千世界；这一代新青年，心系国家、开放包容、勇于创新、乐于作为，善于接纳不同民族的文化变迁；这一代新青年，蓬勃向上、追求美好、充满梦想、敢于担当，可以承接新旧转换的历史重任。"一带一路"倡议不仅需要广大青年人积极认知，广泛参与，更需要广大青年人利用特有的时代特性和知识优势，带动更多的社会资源的参与，带动更多的社会力量的支持，特别是通过与各国青年人在思想、技术、知识、文化上的充分交流在实现"新丝路"战略中发挥独特的作用，扮演更重要的角色。

"一带一路"倡议构想是新时代的"新梦想"。这既是实现"中国梦"的重

---

* 本文原载《中国青年报》2016年8月22日。

要组成部分，也是实现"青年梦""世界梦"的重要途径。习近平主席2016年6月在乌兹别克斯坦最高会议立法院演讲时强调，要携手打造"绿色丝绸之路""健康丝绸之路""智力丝绸之路""和平丝绸之路"。这对当代青年人来说，方向十分明确，但道路并不平坦，广大青年只有在推进"一带一路"倡议的进程中不断增强民族自豪感、历史使命感和国家责任心，努力将个人梦和国家梦紧密相连，才能在实现国家梦中创造这个时代青年人的精彩。

G20 时刻：中国扮演全球经济
十字路口的"动力源"*

2016 年 8 月 22 日，中国央行副行长张涛接替朱明正式就任国际货币基金组织（IMF）副总裁一职，成为 IMF 四位执行副总裁之一。各方评论认为，中国官员近年来在多个国际组织中担任要职，既体现了中国在国际舞台上的大国影响力，也体现了中国积极参与全球经济治理和承担国际责任，提高中国在全球经济治理中的制度性话语权。9 月初在中国杭州举行的二十国集团领导人第十一次峰会，更是将中国的这种国际影响力和参与全球经济治理的话语权提高到了一个新水平。国际社会评论说，这是中国的"G20 时刻"。

在 2016 年世界经济复苏继续乏力、贸易投资增长动力不足，国际金融市场波动加剧，经济下行压力挥之不去的关键时刻，G20 峰会在中国举办，既承载着国际社会促进世界经济增长、推动国际广泛合作、完善全球经济治理的共同期盼，也凝聚着国际社会愿意倾听快速发展的中国给"增长困境中的世界"带来中国经验和中国方案，并积极发挥中国作为全球经济"稳定器"的共同期待。

国际金融危机爆发以来的八年，世界经济经历了"二战"之后又一次国际政治经济格局的深度调整，其复杂程度、艰难程度、不确定因素从现在看来比各方面预期要大得多、多得多。尽管这些年，二十国集团成员相互磨合、同舟共济、共克时艰，在推动世界经济恢复增长、加强国际经济治理秩序建设、应对能源结构调整、气候变化、反腐等领域进行了广泛合作，并取得了一系列重要成果，但在如何促进世界经济走向复苏通道、重构国际贸易规则与金融秩序、找到新技术革命蓄势待发之际新的现实性增长引擎，以及解决好全球财富分配和资源利用愈加失衡的形势下引发的贸易保护主义、民粹主义、单边主义、恐怖主义乃至网络霸权主义等方面，还面临着一系列新的挑战和风险。从一定意义上说，世界经济目前正站在选择的十字路口，是深度全球化还是去全球化，是合作共赢还是相互倾轧，是维护旧有秩序还是重建规则，需要各国尤其是目前占据世界经济

---

* 本文原载中青在线 2016 年 8 月 30 日。

主导力量的各大经济体，尽快拿出合作解决的方案，这也是 G20 国家必须负起的国际责任。在和平发展和合作共赢已成为经济全球化最大公共产品的现实条件下，任何国家或经济体只考虑单方利益，人为设置任何形式、任何形态的壁垒和"疆域"，不仅难以获利，到头来只会一损俱损。

中国作为世界上最大的发展中国家，经过几十年的改革开放，以改革创新为动力、以提升人民福祉为宗旨、以推动世界和平公正安全发展为责任，深刻融入全球化进程，如今已成为世界第二大经济体、第一大货物贸易国和主要对外投资大国，在国际社会的重要性与日俱增。在有条件有能力为世界和平进步发展做出更大贡献的时候，中国不仅将本国的前途命运与世界前途命运前所未有地紧密联系在一起，在力所能及的范围内，本着责任、权力和能力一致的原则，开始在国际事务中承担起更多的国际责任，并自觉履行大国义务。这符合中国实现持续稳定发展的长远利益，也体现一个大国在国际事务中发挥更大作用、做出更大贡献的历史担当。在当前全球多边贸易体制举步维艰，区域和双边自由贸易体制方兴未艾，国际经济治理体系不适应全球经济格局变化，各种全球性问题日益突出，全球发展环境依然十分严峻的形势下，世界各国也要求中国以建设者和领导者的姿态积极参与全球经济治理和承担国际责任，实现互利共赢和共同发展。

当前全球经济走弱，中国经济也面临下行压力，但总体态势企稳向好。据有关部门测算，现在中国国内生产总值（GDP）每 1 个百分点的增量，相当于五年前 1.5 个百分点、十年前 2.5 个百分点的增量。世界银行此前分析今后三年（2016~2018 年）主要经济体对世界经济的贡献率，其中美国经济 2018 年对世界经济增长的贡献率预计为 15.7%，而中国经济的贡献率将达到 26.4%。中国经济增速虽然放缓，但保持了难得的稳定性，而且目前中国经济增速依然远高于世界平均水平。由于中国经济总量超过以往，当前中国对世界经济贡献率也远远超过两位数增速时期。

"十三五"规划提出创新、协调、绿色、开放、共享五大发展理念，以推进供给侧结构性改革为主线，深刻转变经济发展方式，加快经济结构调整，以发展新经济打造经济新引擎，以问题导向的改革破解发展难题，厚植发展优势。按照规划，中国已经形成一整套应对经济周期调整、结构性改革和解决自身发展问题的成熟思路和解决方案。

中国国家主席习近平倡导的"一带一路"倡议构想已赢得了越来越多沿线国家的积极参与和拥护。在"一带一路"倡议框架下，中国与 20 多个国家签署了产能合作协议，中国企业累计投资超过 140 亿美元，为当地创造 6 万个就业岗位。这不仅将带动亚洲和欧洲的经济联动性增长，还有望将拉美和非洲联系起来，形成一个新的国际合作良性循环，中国正成为拉动全球经济发展的主要力量。

在打造开放型经济新高地、维护多边贸易体制、深化区域和双边自由贸易体制建设、提高新兴市场国家在国际经济治理中的发言权和代表性、主动加强国际宏观政策协调、推动人民币国际化等方面，中国也都获得了国际组织的广泛支持。

毫无疑问，中国理念、中国实践、中国方案正在让世界继续分享中国红利，中国的创新发展正有助于形成世界经济的"稳定器""动力源""拓荒者""贡献者"。

G20 杭州峰会以"构建创新、活力、联动、包容的世界经济"为主题，这一主题既与中国五大发展理念相契合，也正是聚焦世界经济中最突出的矛盾和难题。可以预想，在这个时候，世界各主要经济体领导人必将在经济政策研讨中凝聚共识、提振信心、改善预期。在这个 G20 时刻，中国实践、中国理念、中国方案、中国表达也会变得更加有价值，为世界所共享。

中国勇立全球经济
治理的"涛头"*

中国国家主席习近平在 B20 工商界峰会上的主旨演讲紧紧围绕世界工商业精英高度关注的期待参与和助推世界经济复苏与实现可持续增长议题，突出在"新"字上谋篇布局，发表了高屋建瓴、热情洋溢的演讲，针对促进世界经济复苏发展新动力、打造国际经贸合作新引擎、构建更加公平包容共赢的世界经济治理新秩序和新机制提出了凝结中国智慧、展示中国信心、彰显中国力量的新理念、新经验、新路径、新目标，给与会全球工商界代表人士以极大信心和鼓舞。

首先，习近平主席以"五个坚定不移"深刻阐述了中国应对世界政治经济与技术变革所取得的中国经验和凝聚的中国智慧，就是坚定不移全面深化改革，坚定不移推进创新驱动战略，坚定不移推进绿色发展，坚定不移推进共建共享，坚定不移扩大对外开放。这"五个坚定不移"不仅有效应对了中国的经济结构转换和顺应了经济新常态，也将在实现中国"十三五"规划确立的目标上继续坚持。

其次，习近平主席针对当前复杂多变的世界经济格局和 G20 对杭州峰会的期盼，提出了"建设四型世界经济"的发展目标，即建设创新型、开放型、联动型、包容型世界经济，这有利于开辟世界经济增长源泉，拓展世界经济发展空间，凝聚全球经济互动合力，夯实各国共赢基础，这就是中国给转型的世界经济以中国的方案和中国的路径。

再次，针对构建新型全球治理秩序和机制设计，习近平主席提出"一个行动胜过一打纲领"，关键是"行胜于言"，为此提出要共同维护和平稳定的国际环境，共同构建合作共赢的全球伙伴关系，共同完善全球经济治理，这也是构建未来全球治理秩序的行动方案，就是促进 G20 机制从短期政策向中长期政策转向、从危机应对向建立长效机制转变。习近平主席表示，中国已经在国际舞台上发挥了积极作用，在完善全球经济治理和推进合作中始终是建设者和维护者，今后还

---

* 本文原载人民网 2016 年 9 月 6 日，记者：万鹏。

会承担中国的责任，展示中国的力量。

最后，习近平主席充分肯定了广大工商界人士和企业家作为创新主体在全球经济复苏中的重要作用，他引用诗句"弄潮儿向涛头立，手把红旗旗不湿"对工商界企业家寄予厚望和鼓励，同时也充分展示了中国在全球经济治理秩序构建和推动世界经济尽快实现发展动力转换中发挥更大作用、做出更大贡献的中国胸怀。

8月CPI涨幅创年内新低
PPI涨幅继续收窄符合预期*

国家统计局公布2016年8月物价数据。8月CPI同比上涨1.3%，前值为1.8%，较前值回落0.5个百分点，低于市场预期，环比上涨仅0.1%，弱低于上月，创近十个月增长最低值（见图1）。8月PPI同比下降0.8%，前值为−1.7%，环比上涨0.2%，与上月持平，呈继续收窄态势。

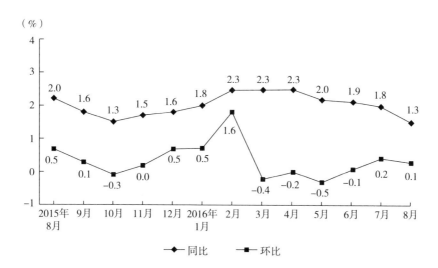

图1 2015年8月至2016年8月全国居民消费价格CPI涨跌幅

资料来源：国家统计局网站。

那么，如何看待8月的这两个关键数字？
我们首先看CPI方面。
从国家统计局提供的居民消费价格结构影响数据中可以看出，8月比7月环

---

* 本文原载中新经纬APP2016年9月9日。

比下降的食品类价格因素是：鲜果价格下降 2.6%，影响 CPI 下降约 0.04 个百分点；畜肉类价格下降 0.8%，影响 CPI 下降约 0.04 个百分点（猪肉价格下降 1.2%，影响 CPI 下降约 0.04 个百分点）；水产品价格下降 0.6%，影响 CPI 下降约 0.01 个百分点。环比上涨的食品类价格因素主要是：鲜菜价格上涨 7.9%，影响 CPI 上涨约 0.17 个百分点；蛋价上涨 3.5%，影响 CPI 上涨约 0.02 个百分点。若干项相抵，食品类环比上涨了 0.4%。就此看，8 月猪肉和蔬菜价格均延续 7 月走势，但猪肉价格跌幅收窄，蔬菜价格涨幅扩大，带动食品项环比转正。

非食品项的七大类价格环比呈现"三涨三降一平"，即医疗保健、居住、其他用品和服务价格分别上涨 0.3%、0.2%、0.1%；交通和通信、衣着、教育文化和娱乐价格分别下降 0.6%、0.1%、0.1%；生活用品及服务价格持平。非食品类价格若干项相抵环比是持平的，即涨幅为 0。但其中值得关注的是，8 月房租环比上涨 0.4%，与 7 月持平；8 月成品油价格先降后升，月度均值仍低于 7 月，带动交通工具燃料项环比下跌 2.9%；7 月跳升的旅游项 8 月回落至 -1.0%；医疗服务项 8 月涨幅回落，仍高于历史均值。

这样看，我们研判未来一段时间的 CPI 走势，主要关注点就是食品类项中的蔬菜、畜肉类价格的下一步变化和非食品项中的居住（房租项）、交通运输项和服务类价格的下一步演变走势。

从 8 月的物价走势看，剔除季节性影响因素，目前猪肉价格已震荡企稳，不致引起大的食品价格波动，蔬菜类价格虽有涨幅（受夏菜提前退市影响，近期蔬菜供应偏紧，一些大路菜也出现断茬现象，价格出现快速上涨），但随着秋季天气平稳，也不会出现持续的上涨空间。

目前国际油价虽有上升态势（目前国际油价一直在 40~50 美元弱势震荡），但前期油价基础较高，未来引起交通工具用燃料大幅上涨的空间也有限。2016 年以来，家庭服务、医疗保健、其他用品和服务的价格同比涨幅一直在 4.3%~4.5%，这基本上是进入了服务价格稳步上行的常态。而由于 2016 年以来一线城市房价上涨会不断传导到房租价格项，8 月的租赁房房租价格同比上涨 2.7%，但考虑到全国大部分城市还是处于"去库存"状态，总的房租项价格上行也会被全国摊平。

所以，从国家统计局给出的 1~8 月 CPI 涨幅仍为 2% 的数据，表明 2016 年物价指数将基本保持在 3% 内，即使进入第四季度，随着各种节庆的到来，即使部分供求关系偏紧的食品价格会出现一时的快速上涨，表现为局部的价格上调，但全年物价水平基本不会出现大的波澜。可以说，2016 年全年物价指数的涨幅低点已经出现，全年将始终处于温和的通缩水平。稳定的物价水平也为下一阶段的宏观调控特别是货币政策的稳健实施留出了空间。

我们再来看 PPI 方面。

8 月的全国工业生产者出厂价格 PPI（见图 2）同比下降 0.8%，降幅比上月收窄 0.9 个百分点，环比则上涨 0.2%，涨幅与上月持平，基本符合政策预期。

我们从走势图上可以明显看出，PPI 同比降幅从 2015 年 12 月以来一直呈逐月收窄态势，2016 年 7 月、8 月受 2015 年基数较低影响收窄幅度更有加快趋势。

分析其原因：一是受益于 2016 年上半年以来煤炭和钢铁价格的持续反弹，钢铁、煤炭和水泥价格上涨带动了 PPI 环比继续上涨，也使煤炭采选业、黑色金属采矿业和冶炼业价格环比涨幅继续扩大。8 月，黑色金属冶炼和压延加工、煤炭开采和洗选业价格环比分别上涨 3.1% 和 1.5%，涨幅比 7 月分别扩大 2.9 个和 0.9 个百分点，分别影响工业生产者出厂价格总水平上涨 0.21 个和 0.03 个百分点。二是部分工业行业价格由降转升，其中非金属矿物制品、化学原料和化学制品制造业价格环比分别上涨 0.3% 和 0.1%。三是随着供给侧结构性改革成效不断明显，一些地区去产能降成本因素显现，不少制造业企业逐步转暖，企业利润有所增收，企业生产信心增强，也助推了 PPI 良性上行。

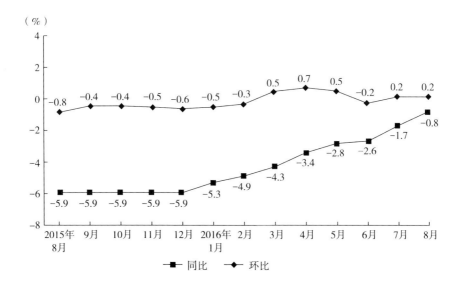

图 2　2015 年 8 月至 2016 年 8 月工业生产者出厂价格 PPI 涨跌幅

资料来源：国家统计局网站。

可以预计，随着 2016 年第四季度供给侧结构性改革更加落实到位、工业生产基本面回暖，第四季度的 PPI 数据会变得更加好看。

复苏世界经济的
中国方案*

【编者按】2016 年的金色秋天，中国国家主席习近平在杭州出席 B20 工商界峰会和 G20 首脑峰会并分别作了主旨演讲和开幕致辞。

习近平主席的一系列重要讲话，围绕构建创新、活力、联动、包容的世界经济这个主题，突出在"新"字上谋篇布局，针对激发世界经济发展新动力、打造国际经贸合作新引擎、构建平等包容开放的全球经济治理新机制，提出了一系列高屋建瓴、极富建设性的新理念、新主张、新路径和新目标，给出了复苏当前世界经济的中国方案，充分凝聚了中国智慧、传递了中国信心，展现了中国担当和中国力量。

站在新的起点

当前，世界经济又走到一个关键当口。用习近平主席的话说，就是当前的世界经济处于深度调整的"关键时期"，全球治理体制处于变革的"历史关口"。

大的世界宏观背景为：一是主要经济体先后进入老龄化社会，人口增长率下降，导致需求严重不振，这给各国经济社会带来压力。二是世界经济上一轮科技进步带来的增长动能逐渐衰减，新一轮科技和产业革命尚未形成势头，世界经济增长正处于新旧动能转换阶段，目前的增长动力严重不足。三是经济全球化出现波折，"逆全球化"势力不断抬头，不少主要经济体采取单向自保政策，保护主义、内顾倾向明显，由此带来多边贸易体制受到冲击，国际贸易和投资持续低迷，高杠杆、高泡沫等风险积聚，金融市场反复动荡。四是伴生经济问题，地缘政治因素错综复杂，政治安全冲突和动荡、难民危机、气候变化、恐怖主义等地区热点和全球性挑战对世界经济稳定产生了不容忽视的影响。五是最受全球关注的第二大经济体的中国经济进入了动力转换、方式转变、结构调整的新常态，世

---

* 本文原载《中国青年报》2016 年 9 月 12 日。

界各国一方面期望中国经济能够继续作为世界经济的"稳定器"和"动力源"，另一方面也出现了对中国经济能否实现持续稳定增长、能否把改革开放推进下去、中国能否避免陷入"中等收入陷阱"的多重疑虑和各种杂音。

习近平主席在题为《中国发展新起点、全球增长新蓝图》的 B20 工商界峰会开幕式上的主旨演讲中指出，之所以中国能够短短 30 多年取得今天的发展进步，就是不断深化改革开放，不断探索前进，开创和发展了中国特色社会主义；就是真抓实干，靠着拼劲、闯劲、干劲，靠着"钉钉子"精神，紧紧抓住经济建设这个中心不放松，与时俱进，开拓创新；就是发展为了人民、发展依靠人民、发展成果由人民共享，走共同富裕的道路；就是奉行独立自主的和平外交政策，坚持对外开放的基本国策，敞开大门搞建设，让中国走向世界，也让世界走向中国。

今天的中国，已经站在中国同世界深度互动、向世界深度开放的新起点上，面向未来，中国将继续坚定不移全面深化改革，坚定不移实施创新驱动发展战略，坚定不移推动绿色发展，坚定不移推进公平共享，坚定不移扩大对外开放。

站在新的起点，面对新的挑战，中国以自己的成功实践，有信心、有能力继续保持经济中高速增长，在实现自身发展的同时为世界带来更多发展机遇。

打造新的引擎

创新不仅第一次进入 G20 峰会的重要议题，也是此次峰会习近平主席演讲中的重要关键词。

面对当前世界经济的复杂形势和风险挑战，要开出一剂标本兼治、综合施策的药方，推动世界经济走上强劲、可持续、平衡、包容增长之路，关键是要依靠创新的力量。

习近平主席提出的建设"四型"世界经济的增长蓝图建议中，把创新放在第一位，提出要建设创新型世界经济。他指出，"创新是从根本上打开增长之锁的钥匙"。当前以互联网为核心的新一轮科技和产业革命蓄势待发，人工智能、虚拟现实等新技术日新月异，虚拟经济与实体经济的结合，已经并必将给人们的生产方式和生活方式带来革命性变化。只有创新增长方式，才能开辟世界增长之源。

在中国的倡导下，此次杭州峰会推动制定了《二十国集团创新增长蓝图》，这是二十国集团首次围绕创新采取行动，目的是要把各国实施创新政策的力量汇集一处，做到理念上有共识、行动上有计划、机制上有保障。

首先，世界各主要经济体要把握创新、新科技革命和产业变革、数字经济的历史性机遇，向技术创新要动力，向体制改革要活力，提升世界经济中长期增长潜力。中国正在实施的"十三五"规划把创新发展作为第一动力，紧紧抓住科技创新这个发展的"牛鼻子"，努力实现从量的增长向质的提升转变，全方位推广发展理念、体制机制、商业模式等的大创新，在推动发展的内生动力和活力上来一个根本性转变，努力建设创新型国家和世界科技强国。中国正以自己的创新实际行动打造世界经济的"稳定器"和"助力器"。

其次，世界各主要经济体要在宏观经济政策上进行创新。习近平主席建议，二十国集团应该调整政策思路，采取更加全面的宏观经济政策，统筹兼顾财政、货币、结构性改革政策，努力扩大全球总需求，全面改善供给质量，巩固经济增长基础，做到短期政策和中长期政策并重，需求侧管理和供给侧结构性改革并重。既要通过创新发展方式，挖掘增长动能，为世界经济开辟新道路，拓展新边界，又要加强宏观经济政策协调，在充分放大和加速整个正面效应的同时，把可能出现的负面影响降到最低。

最后，世界主要经济体和国际组织要在合作机制上进行创新。中国始终积极推动二十国集团加强贸易和投资机制建设，通过制定全球贸易增长战略和全球投资指导原则，推动贸易和投资自由化便利化，巩固多边贸易体制，反对保护主义，以期为各国发展营造更大市场和空间，重振贸易和投资这两大引擎。同时寄望 G20 作为复苏世界经济的重要平台，以更多的创新、改革和包容，完善世界经济治理机制，回应世界各国期待，为世界经济繁荣稳定把握好大方向。通过解决制度、政策、标准不对称问题，以加速全球基础设施互联互通进程，特别是帮助发展中国家和中小企业深入参与全球价值链，打造全球增长共赢链，推动全球经济进一步开放、交流、融合，让增长和发展惠及所有国家和人民，让各国人民特别是发展中国家人民的日子都一天天好起来。

构建新的秩序

我们注意到，习近平主席在此次峰会的几次演讲和致辞开场时，对各国政要和国际组织领导人都使用了"各位同事"的谦语，这充分彰显了中国的友好、中国的胸怀。

的确，今天的世界是一个大家庭，既是命运共同体，也是利益共同体，在面对世界经济复苏乏力、增长动力不足的困难时刻，更需要各国兄弟同舟共济，共克时艰。习近平主席在 B20 工商界峰会演讲中倡导"建设开放型世界经济，拓展发展空间"时指出，以邻为壑的老路，不仅无法摆脱自身危机和衰退，而且会收窄世界经济共同空间，导致"双输"局面；在倡导"建设联动型世界经济，凝聚互动合力"时指出，在经济全球化时代，各国发展环环相扣，一荣俱荣，一损俱损。没有哪一个国家可以独善其身，协调合作是必然选择。

习近平主席也充分强调了"和衷共济、和合共生"，要"求同存异、聚同化异"，要"小智治事、大智治制"，这些都凝结着中华民族的历史基因，是东方文明的精髓，也是中国智慧。就此，习近平主席概括，"伙伴精神是二十国集团最宝贵的财富，也是各国共同应对全球性挑战的选择"。

以此引导到构建和完善世界经济治理新秩序新机制上，就是要充分发扬伙伴精神。在世界经济的大舞台上，尽管各国国情不同、发展阶段不同、面临的现实挑战不同，但推动经济增长的愿望相同，应对危机挑战的利益相同，实现共同发展的憧憬相同。共同完善全球经济治理。只要坚持同舟共济的伙伴精神，就能够克服世界经济的惊涛骇浪，开辟未来增长的崭新航程。

外汇储备的安全线
究竟在哪里？*

中国人民银行 2016 年 9 月 7 日发布的数据显示，8 月末我国外汇储备为 31851.67 亿美元，较 7 月末的 32010.57 亿美元环比减少 158.9 亿美元，降幅为 0.5%，7 月降幅为 0.1%，已经连降两月。同时，以美元特别提款权（SDR）计价的外汇储备同样负增长，8 月末为 22843.5 亿 SDR，7 月为 22973.3 亿 SDR。在当前国内外经济走势仍然扑朔迷离的情势下，坊间开始担心中国外储会不会继续跌破 3 万亿美元的心理关口，与此同时，人们也开始担心人民币会不会继续贬值？

外汇储备一直是观察一国汇率压力和汇率走向的重要指标。影响外汇储备规模变动的因素主要包括央行在外汇市场的操作、外储投资资产的价格波动、跨境资本的流动和主要货币的汇率波动等。据相关部门的统计测算，从我国近年外储波动图看，自 2015 年 "8·11" 我国央行主动实施汇改以来，外汇储备余额从约 3.6 万亿美元总共下降了将近 3300 亿美元，从 2014 年年中的约 4 万亿美元下降了约 9000 亿美元，呈自由落体状态。

2016 年以来，我国外汇储备基本呈现出小幅的有增有减，1 月跌破 3.3 万亿至 3.23 万亿美元，2 月继续小幅下滑，3 月和 4 月小幅反弹，5 月跌至 3.19 万亿美元，6 月却意外掉头重新站上 3.2 万亿美元关口，但 7 月和 8 月再次连续下滑。总体看是保持了相对的稳定，这与当前人民币汇率基本呈现在兑美元 6.6 左右的区间均衡波动相一致。

对于此间的影响，政策层面仍然比较乐观地认为：一是 2016 年前三个季度我国经济仍保持中高速增长，以货物贸易为主导的经常账户仍会保持顺差，进出口形势基本平稳，也大体实现了国际收支平衡，外汇储备小幅有增有减不影响外贸的基本面。二是人民币汇率趋势上对美元升值预期虽存在一定的贬值压力，但汇率的双向小幅波动基本常态化，人民币汇率形成机制开始显效。三是我国外汇

---

* 本文原载《东莞日报》2016 年 9 月 12 日。

储备仍处于适度规模和可控范围内，防范跨境资本流动风险的能力较强，当前中国的资本流动基本趋于比较平稳的水平。按照官方的表述，2016年资本流出的大部分变成了民间企业、金融机构和家庭的资产，体现了藏汇于民，外储结构更加合理。四是中国经济具有充足韧劲，对长期资本的吸引力依然较强，完全可以自我调整，可以引导跨境资本流动向着更加平稳的方向发展。

我国应当有多大的外汇储备比较合适呢？改革开放以来，我国的巨额外汇储备实际上是通过强制结汇建立的。这么多年来，我国企业是用衬衫、手机、矿产出口换来的，美元按照固定汇率强制换成人民币，为国家积累了大量外汇。我国外汇储备从1978年的1.67亿美元一路增长到2008年的1.95万亿美元。从2008年到现在，外汇储备还是从1.95万亿美元上升到3.94万亿美元，又增加了一倍。在2008年，政府已经意识到，官方外汇储备太多了。就此，我们的货币发行完全被外汇所主导，美元实际上成了央行投放人民币的唯一渠道。这种高能货币又迅速增加导致M2增速很快，迅速拉升房价、物价，抬升通货膨胀压力。因此，在2014年5月，李克强总理在非洲访问期间就提到："比较多的外汇储备已经是我们很大的负担，因为它要变成本国的基础货币，会影响通货膨胀。"按照外汇专家的测算，中国目前的外汇储备余额远远超过满足基本需求的适度规模，可以有较大的主动下降空间，目前看中国的外汇储备的安全线在1.5万亿~2万亿美元。

当然，2016年以来，外汇储备在3.1万亿~3.3万亿美元呈现小幅增减。接下来，面对3万亿美元外储是否跌破主要有着一个心理预期的关口，如果快速跌破3万亿美元，就会强烈支撑人民币贬值预期，加速市场预期的自我实现，从而弱化外汇储备对汇率的支持作用并快速影响跨境资本流动。按照蒙代尔三角理论，由于独立的货币政策，资本项目自由流动，稳定汇率三者不可能同时皆得。汇率的不稳定将影响人民币国际化和汇率政策的调控空间，对当前国内的结构性改革就会带来负面影响。

所以，从国内政策维稳的角度考量，比较理想的状态就是维持人民币汇率双向波动的常态化和通过必要的市场干预保持外汇储备的有增有减。

目前最大的不确定性仍然是美联储较大概率的加息预期，美联储下一步的加息行动是机构人士判断未来外汇储备变动和加强风险防范的风向标，这会给人民币汇率和我国跨境资本流动带来较大压力，并伴生相关风险。当然也有好的一面，按照目前国内经济态势，下半年我国贸易顺差会季节性增加，10月人民币将正式加入SDR货币篮子，以及随着外汇和债券市场开放政策的推进，这都将带来国外长期投资者增加人民币资产配置需求。所以，我国外汇的供求关系依然在可控范围内，跨境资本外流幅度从中长期来看将会维持稳定。

把握经济分化走势
促进发展动力转换 *

2016 年以来，在党中央、国务院的坚强领导下，各地区、各部门不断深化对经济发展新常态的认识，坚持用新发展理念引领发展实践，在适度扩大总需求的同时着力推进供给侧结构性改革，继续保持了国民经济的稳定增长。当前，我国经济分化特征不断加强，新动力在分化中加快成长，老动力在分化中继续盘整。我们要顺势而为，以新理念引领新常态，坚定不移推进供给侧结构性改革，加快推动经济增长新旧动能的有序转换。

经济运行态势符合新常态的大逻辑

党的十八大以来，党中央、国务院针对我国经济增长减速的新情况新问题，深刻分析世界经济长周期和我国发展阶段性特征，作出了我国经济发展进入新常态的重大判断。顺应我国经济发展新常态这个大逻辑，我们坚持稳中求进工作总基调，不断创新宏观调控方式，使经济持续在合理区间运行。当前，我国经济运行平稳，稳中有进，稳中有好，符合预期。

一方面，该稳的实现了稳，而且比预期要好。一是增速稳。2016 年上半年GDP 增长 6.7%，保持在合理区间。经济增速是经济运行的首要指标，增速稳总体上就稳住了经济全局。二是就业稳。上半年城镇新增就业人数达 717 万人，完成全年计划目标的 71.7%。就业是民生之本，就业稳是国民经济运行在合理区间的基本标志。三是收入稳。城乡居民人均可支配收入持续增长，农村居民收入增幅继续超过 GDP 增长。居民收入稳定增长是经济发展的主要目的，收入稳就稳住了人心，稳住了预期。四是金融稳。货币政策总体稳健并体现了必要的灵活性。金融是经济的核心，金融稳就使经济稳有了保障。五是物价稳。上半年，居民消费价格同比上涨 2.1%，基本保持稳定。工业生产者出厂价格同比下降

---

　　* 本文原载《求是》杂志 2016 年第 9 期，人民网 9 月 15 日转发，执笔人：国家行政学院宏观经济研究课题组，马建堂、丁茂战、胡敏。

2.6%，降幅收窄，通缩压力明显减缓。物价综合反映国民经济运行态势，物价稳表明总供给和总需求大致平衡、货币发行适度、运行态势平稳。

另一方面，能进的实现了进，新动能在持续累积。一是增长的基础更为牢固。消费成为增长的第一驱动力，经济结构正向服务业主导加快转变。二是产业不断升级。高技术产业、装备制造业增长速度明显加快。高耗能产业投资增速明显回落，万元 GDP 能耗继续降低。三是新经济快速发展。"互联网+"行动深入人心，新一代信息技术正快速渗透到传统领域。新经济在保障就业、增加收入、促进转型、推动发展等方面，正在发挥引导作用。四是市场活力持续增强。行政体制改革成效显著，市场进入门槛大幅降低，市场活力显著增强，市场主体井喷式扩容，2016 年上半年每天新设市场主体超过 4 万户，其中企业 1.4 万户。这对推动创新和就业都产生了积极作用。

但要清醒地看到，我国经济发展中固有矛盾仍然突出，同时出现了一些新问题。新常态面临的挑战是 30 多年积累下来的，克服体制机制性障碍尚需爬坡过坎，化解周期性和结构性矛盾还要攻坚克难，推动发展转型必将是一个艰难的过程。当前，我国经济增长动力还不够足，下行压力仍然很大；新旧动能转换力度还不够大，新经济比重较小；货币供应效率还不够高，流动性存在"避实就虚"问题。另外，一些地方和部门，对中央决策部署落实滞后，"最后一公里"问题没有完全解决，需要引起高度重视。

运行分化展现出我国经济持续向好的发展前景

当前经济运行，实现了稳，但稳的基础各异；取得了进，但进得有快有慢；碰到了一些老问题，也出现了一些新情况。透过现象看本质，无论是实现了稳、取得了进，还是碰到什么样的新老问题，都是经济运行分化的表现。

区域分化明显。我国区域辽阔，各地资源禀赋差异大，发展转型的约束条件各不相同，区域分化加快。一是部分地区经济下滑过快。资源性、传统重化工业集中的地区，经济增长动力不足。2015 年，辽宁、山西、黑龙江、吉林经济增速排在全国后四位，2016 年上半年辽宁、山西、黑龙江仍然垫底，东北地区的投资、财政收入出现较大幅度下降。二是一些省市发展异军突起。2016 年第二季度与第一季度相同，重庆、西藏经济增速并列全国第一，贵州紧随其后。重庆连续 10 个季度位居全国第一，贵州连续 22 个季度稳居全国前 3 位。重庆和贵州的共同特点是对高新技术发展高度重视，重庆上半年战略性新兴产业增加值增长 25%，贵州上半年与大数据、旅游、生态环保产业相关领域的投资分别增长 38.2%、40.9%、79%。三是发达省市转型升级亮点纷呈。北京、上海、广东等省市，主动适应和引领新常态，加快发展方式转变，加大创新驱动力度，突出发展战略性新兴技术，推进传统产业改造升级，增长质量持续向好。上半年，北京、广东的计算机、通信和其他电子设备制造业分别实现利润同比增长 110%、18.5%，上海第三产业增加值占全市生产总值的比重首次超过 70%，财政收入同比增长了 30.6%。

行业分化明显。随着产业结构调整向纵深推进，上半年产业分化更加明显。一是新经济发展势头良好。产业升级提速，高技术产业和装备制造业成长加快，低端产业持续减少，新业态、新消费发展迅猛。上半年规模以上工业企业利润增长中，计算机、通信和其他电子设备制造业增长 15%，服务类消费、移动购物、农产品消费等正在成为新的增长点。二是传统行业增长乏力。煤炭、钢铁、电力、石化、船舶等传统行业整体低迷。上半年煤炭开采和洗选业规模以上工业企业利润下降 38.5%。传统百货业销售增速继续下滑。三是部分产能过剩行业仍存在扩容迹象。对于低端的产能过剩行业，本该寻找重生机会，但有些行业还在扩容。我国电力产能已经明显过剩，上半年新投资的发电机组仍大幅增长。还有部分地区钢铁企业，受房地产市场转暖、部分大宗商品价格上行影响，本已关闭的高炉重新开张。

企业分化明显。能够跟着市场走的企业展现蓬勃生机，而有些企业则在困境中越陷越深。一是民营企业活力不减。2016 年上半年民间投资虽然下滑明显，但民营企业发展势头并未受阻，显示出了很强的适应和转型能力。上半年新登记市场主体 783.8 万户，其中企业 261.9 万户，民营企业占 94.7%。上半年，规模以上工业企业中私营企业利润增长 8.8%，1~7 月民营企业进出口增长 4.8%，均明显高出全国平均水平。二是国有企业苦乐不均。特别是那些按照市场规律加快转型的国有企业，充满生机和活力。例如，徐工集团自加压力，推进制造转型，大力发展新产品，上半年环卫装备收入同比增长 2.5 倍，铁路与地下施工装备收入同比增长 6 倍多。但国有企业整体效益仍不乐观。上半年，国有企业利润总额同比下降 8.5%，6 月末负债规模同比增长 17.8%，负债率达 66.3%。

分化是经济发展的表现形式和一定阶段的必然规律。紧跟市场、善于创新、新产品新业态新商业模式不断涌现是"进"；过剩产能淘汰、"僵尸企业"出清表面看起来是"退"，但事实上也是"进"，是落后事物的消亡，是客观事物新陈代谢的过程。我国经济分化孕育着变革，体现了发展，代表着希望。尽管经济分化带来了增长的波动，但也推动了结构优化和发展转型。经济发展新常态下，粗放式建设、排浪式需求、低成本出口等支撑的经济增长遭遇瓶颈，只有加快供给侧结构性改革的"进"，在更高水平上实现供需新均衡，才有可持续增长的"稳"。在这个过程中，经济分化还将持续和加剧，有些地区、行业和企业将更具活力和竞争力，而有些地区、行业和企业会更难熬，亟须深化改革，在浴火中重生。

努力推进我国经济持续稳定增长

我国经济运行出现分化既是经济结构调整、资源优化配置、新旧动能转换的必然结果，也是市场经济规律作用下资源向高效益领域集中的主动选择，还是新事物代替旧事物的必然过程。当前和今后一个时期，我们要密切关注经济分化趋势，牢牢把握经济发展主动权，采取更加有为、更加有力、更加有效的政策措施，紧紧围绕新理念推动改革创新，着力促进经济增长动力有序转换，确保中国经济这艘巨轮行稳致远。

坚持稳中求进工作总基调，积极营造有利于增长的宏观环境。只有"稳"才能确保"进"，只有"进"才能实现"稳"。一是经济增长要保持在合理区间。这既是宏观调控的首要目标，也是推进供给侧结构性改革的前提和基础。二是财政政策要注重加力增效。要进一步扩大对传统产业技术改造和先进高端制造业、战略性新兴产业、创新型中小企业发展的财政资金支持。三是货币政策要更加稳健灵活。要加快落实对高新技术产业、新型生产性服务业等领域的差别化信贷政策，扩大对新兴产业发展的支持力度，促进金融资本与产业资本融合。对于所谓的"僵尸企业"，以及环保、安全生产不达标且整改无望的企业和落后产能，坚决压缩并退出相关贷款。

大力实施创新驱动战略，通过"双创"培育和发展新动能。坚持把发展的立足点放在创新上，落实"大众创业、万众创新"战略，大力培育经济发展新动能。一是培育发展新产业。要顺应产业变革大趋势，切实抓住新工业革命带来的机遇，孕育一批促进产业升级和消费升级的新产品新技术，形成一批有国际竞争力的创新性领军企业，促进战略性新兴产业发展壮大。二是打造区域创新高地。要引导创新要素聚集流动，充分发挥中心城市、国家自主创新示范区、新兴产业集聚区的带动示范效应，以新经济格局的形成带动各具特色的创新区域协同发展。三是加大"双创"支持力度。要把"大众创业、万众创新"战略融入发展各领域各环节，积极构建面向大众的众创、众包、众筹、众扶支撑平台。要大力发展分享经济，加强创新资源共享，为新产品、新技术、新产业、新模式、新业态竞相涌现打下坚实基础。

深化供给侧结构性改革，加快改造提升传统产业。加大对传统产业淘汰、改造、融合的力度，重塑传统产业新优势。一是淘汰退出一批。对低端落后过剩产能，要按照市场倒逼、企业主体、地方组织、中央支持原则，综合运用多种政策措施，坚决做好"减法"。二是改造提升一批。要发挥传统龙头企业带动作用、技术创新核心作用和品牌建设提升作用，发挥区域经济、块状经济、产业集群的区块作用，推动集聚创新资源，助推传统产业转型升级。三是融合发展一批。要着力加快新经济与传统经济深度融合，将落实《中国制造 2025》、"互联网+"行动计划与传统产业转型升级紧密结合，大力促进现代农业、传统制造业、现代服务业与智能制造、网络经济、创意产业融合，让实体经济更多插上"互联网+"的翅膀。

把理论创新引向深入 *

——写在《胡锦涛文选》正式出版之际

中共中央 2016 年 9 月发出通知，要求全党同志充分认识学习《胡锦涛文选》的重要性和必要性，潜心研读原著，把握精神实质，真正学通弄懂。习近平总书记在学习《胡锦涛文选》报告会上指出，当前，要把学习《胡锦涛文选》摆在党的思想政治建设和党员、干部理论学习培训的重要位置。通过学习，加深对党的十八大以来党中央治国理政新理念新思想新战略的理解，继续开拓创新，继续奋发进取。

《胡锦涛文选》既是我们党理论创新的重要成果，也是我们党进行理论创新的生动实践，通读《胡锦涛文选》，可以深刻感觉到这是我们沿着中国特色社会主义实践道路不断推进理论创新难得的一部系统性重要教材。

开创关于发展的实践新境界

从党的十六大到党的十八大的 10 年，是极不寻常、极不平凡的 10 年。这个 10 年，处于新世纪的头 10 年，我国经济社会进入了发展的关键期、改革的攻坚期，经济社会发展呈现一系列新的阶段性特征。

这 10 年，以胡锦涛同志为核心的党中央，始终高举中国特色社会主义伟大旗帜，面对新世纪新阶段国内外错综复杂的矛盾和问题，审时度势、运筹帷幄，不断战胜各种困难和挑战，在一系列重大的考验中闯关过滩、奋勇前进。党中央团结带领全党全国各族人民，成功应对突如其来的"非典"疫情，奋力夺取抗击四川汶川特大地震、青海玉树严重地震、南方雨雪冰冻灾害、甘肃舟曲特大泥石流等严重自然灾害和灾后恢复重建重大胜利，妥善处置西藏、新疆等地发生的重大突发事件。面对我国经济因为 2008 年百年不遇的国际金融危机冲击而陷入

---

* 本文原载中青在线 2016 年 9 月 19 日。

比较严重经济困难的局面，党中央沉着应对、果断决策，综合施策，加强和改善宏观调控，迅速扭转经济增速过快下滑趋势，推动了中国经济在世界上率先实现回升向好。

这 10 年，以胡锦涛同志为核心的党中央，牢牢坚持发展是第一要务，将发展作为解决中国一切问题的"总钥匙"，扭住经济建设这个中心，聚精会神搞建设、一心一意谋发展，求真务实、锐意进取，促进国民经济又好又快发展。据国家统计局公布的数据，这 10 年，我国经济年均增长 10.7%，一跃成为世界第二大经济体，经济总量占世界份额的比重由 4.4% 提高到 10.4%；人均国内生产总值从 1135 美元增加到 5432 美元，进入中等偏上收入国家行列；载人航天、探月工程、高速铁路建设等实现重大技术突破，综合国力、科技实力、国际竞争力明显增强。

这 10 年，我国城镇居民人均可支配收入增长 2.19 倍，农村居民人均纯收入增长 2.20 倍，2600 多年历史的农业税正式取消，世界上最大的医疗保障网初步建立，社会养老保险制度全覆盖基本实现，九年制义务教育全面实现，城镇新增就业年均增加 1000 万人。我们还成功举办北京奥运会、残奥会和上海世博会，隆重庆祝新中国成立 60 周年；大力倡导、推动建设持久和平、共同繁荣的和谐世界，积极推动全球治理机制和国际金融体系改革，积极参与联合国维和行动，展开亚丁湾大护航、利比亚中国公民大撤离，彰显了对本国公民负责、对全人类负责的大国形象，我国的国际影响力也迈上一个大台阶。

《胡锦涛文选》生动记录了胡锦涛同志担任中共中央总书记的 10 年团结带领全党全国各族人民在新的起点上坚持和发展中国特色社会主义的历史进程，全面展示了以胡锦涛同志为核心的党中央继续推动改革开放和社会主义现代化建设取得新的重大成就的一系列宝贵经验。这 10 年的实践价值和理论价值又充分凝聚到胡锦涛同志创立的科学发展观思想上。

《胡锦涛文选》通篇贯穿着科学发展观，强调以人为本、统筹兼顾、全面协调可持续的科学发展观，也集中反映了胡锦涛同志关于中国特色社会主义的不懈探索和深刻思索，开辟了中国特色社会主义理论和实践的新境界，标志着新一代中国共产党人对共产党执政规律、社会主义建设规律、人类社会发展规律认识的不断深化，理论把握更加自觉，使中国特色社会主义的蓬勃生机和强大活力在新的发展实践中充分显现出来，把马克思主义关于发展的思想推向新的理论境界。

促进马克思主义理论之树长青

总结以胡锦涛同志为核心的党中央这 10 年的奋斗历程，最重要的就是在马克思列宁主义、毛泽东思想、邓小平理论、"三个代表"重要思想指导下，形成和贯彻了科学发展观。学习《胡锦涛文选》就必须牢牢把握、准确理解科学发展观的第一要义、核心立场、基本要求、根本方法和精神实质。

科学发展观最鲜明的特点和最突出的贡献，在于进一步回答了什么是社会主义、怎样建设社会主义和建设什么样的党、怎样建设党的问题，创造性回答了新形势下实现什么样的发展、怎样发展等重大问题，围绕科学发展，胡锦涛同志以马克思主义者的政治勇气和博大智慧，在经济领域、政治领域、文化领域、社会领域、内政外交、国防建设以及党的建设等方面作出了一系列开创性理论建树，把对中国特色社会主义规律的认识和中国特色社会主义制度建设提高到新的水平。

在经济建设领域，胡锦涛同志提出国民经济要"又好又快发展"，要把加快转变经济发展方式作为我国经济社会领域的一场深刻变革，贯穿经济社会发展全过程和各领域，坚持在发展中促转变、在转变中谋发展。在政治建设领域，胡锦涛同志提出，人民民主是社会主义的生命，发展社会主义民主政治是我们党始终不渝的奋斗目标；深化政治体制改革是保证人民当家作主的必然要求。在文化建设领域，胡锦涛同志提出，社会主义核心价值体系是兴国之魂，是社会主义先进文化的精髓，决定着中国特色社会主义发展方向；建设社会主义文化强国，必须坚持中国特色社会主义文化发展道路。在社会建设领域，胡锦涛同志提出，社会和谐是中国特色社会主义的本质属性；民主法治、公平正义、诚信友爱、充满活力、安定有序、人与自然和谐相处是构建社会主义和谐社会的总要求；加强社会建设，必须以保障和改善民生为重点。在生态文明建设领域，胡锦涛同志提出，建设生态文明的重大战略部署，并把它纳入中国特色社会主义事业总体布局，提出建设生态文明，实质上就是要建设以资源环境承载力为基础、以自然规律为准则、以可持续发展为目标的资源节约型、环境友好型社会。在党的建设领域，胡锦涛同志一直强调，办好中国的事情，关键在党；要大力加强党的执政能力建设，保持和发展党的先进性、纯洁性，是马克思主义政党自身建设的根本任务和永恒课题；反对腐败、建设廉洁政治，关系党的生死存亡；优良作风是党始终立于不败之地的重要保证；要全面提高党的建设科学化水平，全面推进党的建设新的伟大工程；等等。

科学发展观是在新的历史起点上坚持和发展中国特色社会主义伟大实践中产生的，是在实践、认识、再实践、再认识的过程中不断丰富和发展起来的。闪耀着科学发展理论智慧的《胡锦涛文选》集中反映了我们党领导人民坚持和发展中国特色社会主义的实践成果、制度成果、理论成果，是新世纪新阶段马克思主义中国化新的重大成果，为不断发展着的马克思主义理论宝库增添了新的内容，充分体现了我们党的指导思想的与时俱进，它将与《毛泽东选集》《邓小平文选》《江泽民文选》一样，实现了我们党在指导思想上的又一次与时俱进，开辟了当代中国马克思主义发展新境界，对于指引全党全国各族人民为实现党的目标任务而奋斗发挥了重要作用。

党的十八大把科学发展观列入我们党必须长期贯彻的指导思想，体现了党对科学理论的继承性；党的十八届五中全会从新的国际国内形势出发，提出创新、协调、绿色、开放、共享的发展理念，这与科学发展观是一脉相承的，体现了我们党对发展规律的新认识和对科学理论的创新性。

习近平总书记指出，深入学习贯彻科学发展观，最好的方式就是研读胡锦涛同志的原著。各级党组织要组织广大党员、干部认认真真学、原原本本学、融会贯通学，发扬理论联系实际的马克思主义学风，通过学习加深对党的十八大以来提出的治国理政新理念新思想新战略的理解。

世界在变化，时代在前进，实践发展永无止境。现在全党上下认真学习《胡锦涛文选》，需要我们着眼于完成党的历史使命，从面临的内外部环境不断发生深刻变化的实际出发，根据新的实践不断进行新的探索，使我们党的理论不断向前发展，不断为实践提供新的理论指导，保证我们党始终走在时代前列。

股市真正的
春天在哪里？*

2016 年 9 月 18 日，央行照例发布了《2016 年第三季度城镇储户问卷调查报告》，显示当前我国居民偏爱的前三位投资方式依次为基金及理财产品、债券和实业投资，选择这三种投资方式的居民占比分别为 31%、16.9% 和 12.1%。第二季度占比分别为 31.1%、16.7% 和 12.9%，并没有太大的变化。其中值得关注的就是 2016 年以来居民选择股票投资都没有进入前三名。

从 2015 年 6 月末 7 月初股市出现断崖式下跌，到 2016 年初"熔断"后连续出现"千股跌停"的"奇观"，无论是 20 世纪八九十年代的老股民，还是 21 世纪以来资本市场的新投资者，留下来的不只是"谈股色变"和"心有余悸"。网上曾疯传一个段子，叫"2016 中国十大败家和十大兴家行为排行榜"，其中，排在"十大败家行为"前两位的就是"卖房炒股"和"炒股"。

仅仅时隔一年，2015 年上半年股市的火爆，如同当下楼市投资的火爆，当时的"卖房炒股"，可能并不被认为就是"非理性行为"。眼下的"储蓄大搬家"，不少居民不惜加杠杆房抵贷、商业银行纷纷将当月信贷均指向房贷，也不能说就是市场行为主体的"非理性冲动"。

看看 2016 年以来沪指走势：大盘大部分时间在 3000 点上下 100 多点的区间盘桓，尽管也有这样那样的短时热点，但基本是几日行情，两市成交量一直难以放出，行情显得十分胶着，其机理也就是场内资金博弈，一般投资者很难有回报。2016 年金融部门释放的流动性并不紧张，但资金对房市趋之若鹜，炒房导致名义上的"财富效应"显著，股市哪有多少新增资金进入？

资本市场作为现代市场经济的最大创新，就是充分彰显了现代金融和资本融资对实体经济发展的强有力的"输血"效应。从一定意义上说，没有一个健康稳定发展的资本市场，现代市场经济的基本制度几乎建立不起来。而 2016 年后的五年，我们的发展主线是推进供给侧结构性改革，针对"三去一降一补"五

---

* 本文原载中新经纬 APP2016 年 9 月 20 日。

大历史性任务和制约经济转型升级的瓶颈，我们必须解决非金融企业不断高企的杠杆率，化解产能过剩行业的高负债率，化解商业银行不良贷款，积极盘活和用好巨量的存量资金，所有这一切都离不开资本市场的再度活跃和健康发展。我国居民的巨大储蓄额要转化为有效投资、转为具有固定收益率的长期发展基金、转向实体经济发展，资本市场也是最佳的转换平台。再深一步说，唯有建立起能够让投资者信赖和有投资回报的资本市场，"金融的活水才能浇灌实体经济之树"，中国经济才能实现产业的转型升级、新旧动能的转换和大众创业、万众创新激情的源源不断释放。

当前需要有效恢复广大投资者对股市的信心，在恰当的时点推出积极的股市政策，是政策制定者当下亟待认真思考的问题。一是要认真考量中国资本市场的定位，稳定投资者的市场预期，资本市场的政策不能左右摇摆；二是要充分总结经验教训，坚决把好资本市场的入门关口和建立健全转板机制和退出机制，真正建立起上市公司的信息披露制度和诚信惩罚机制；三是要坚决用市场的办法和机制解决多年以来内生于中国资本市场的制度缺陷。

在当前中国经济形势下，指望资本市场马上迎来大的行情并不现实，但中国经济未来无论从哪个角度讲都可以也能够向好，稳定投资者信心、稳定投资者预期，中国股市终究会盘出底部，走出行情。当然，我们期待的是"慢牛"和"健康牛"。中国股市一定会迎来自己的春天。

加入 SDR 迫使中国
金融业直面竞争[*]

2016 年 10 月 1 日起，人民币正式加入特别提款权货币篮子，也就是 SDR。这意味着，无论是国际货币基金组织自身，还是 189 个成员国，理论上都认可人民币作为储备货币。

记者：国际货币基金组织负责人表示，人民币能够加入 SDR 货币篮子，中国对此开展了持续性的改革措施。我国做了哪些持续性改革措施使人民币顺利"入篮"？

胡敏：从 1994 年初我国开始对人民币汇率形成机制进行改革到今天的整个历史性轨迹，完全可以见证我们对人民币汇率改革所付出的艰苦的、持续性努力。

从 1994 年 1 月 1 日，我国将双重汇率制度改为单一汇率制度，人民币官方汇率与外汇调剂价格正式并轨，开始实行以市场供求为基础的、单一的、有管理的浮动汇率制；到 2005 年 7 月，我国将历时 10 年的与美元挂钩的汇率制度改为以市场供求为基础、参考一篮子货币进行调节，有管理的浮动汇率制度；再到 2015 年 8 月 11 日，中国人民银行完善人民币兑美元汇率中间价报价机制，人民币汇率形成机制开始转向参考一篮子货币、保持一篮子汇率基本稳定这三大阶段，期间经历了从最初的允许用于贸易的人民币与外币完全可兑换，加入世界贸易组织后开始逐渐放松资本管制，按照国际惯例，中国央行先后开展远期结售汇业务、本币与外币掉期业务、在银行间外汇市场引入做市商制度、开展跨境贸易人民币结算试点、允许公司以人民币结算进出口贸易试点，指定香港为内地以外人民币结算的试点城市和 2010 年 7 月 1 日在香港离岸人民币交易正式启动，伴随着人民币国际化进程一步一个台阶，人民币汇率形成机制改革保持了持续、开放和稳定。

---

* 本文原载《东莞日报》2016 年 9 月 26 日。

特别是从 2010 年后的 5 年，根据有关资料分析，通过开放人民币境外交易，我国央行先后与 20 多个国家和地区的中央银行签署本币互换协议，进行了近 3 万亿元货币互换业务，人民币在新兴市场和发达国家得到广泛认可，发挥着结算、投融资、储蓄货币等作用，进一步推进了人民币的利率市场化和人民币汇率形成机制改革，大大疏通了货币政策传导渠道。近两年，随着人民币在全球交易地位的提高和贸易往来结算业务的增多，在中国香港、新加坡和伦敦又形成了全球三大人民币离岸中心。

短短 10 余年时间，此前在国际货币结算交易市场默默无闻的人民币，已连续攀上国际贸易结算货币、国际投资货币、国际支付货币、国际储备货币和世界货币（进入国际货币组织 SDR 货币篮子）共五个台阶。自 2016 年上半年英国"脱欧"进一步削弱英镑的世界货币地位后，人民币位列美元和欧元之后，已跃升为全球第三大货币。

就此，我们可以说，人民币顺利"入篮"是人民币国际化的重要一步，具有里程碑意义。这也是中国建立和完善市场经济体制、走上世界性经济大国"水到渠成"的必然结果。

记者： 加入 SDR 对人民币国际化有哪些促进作用？

胡敏： 人民币国际化的本质就是人民币成为各国储备货币，成为国际上普遍认可的计价、结算及储备货币。随着中国经济实力不断提升，人民币在国际上的地位也不断提升，从 2015 年 12 月 1 日 IMF 正式宣布将人民币纳入 SDR 那一刻，人民币就朝着国际化迈出了重要一步，在 SDR 货币篮子中，人民币比重仅次于美元，欧元排名第三，占比达 10.92%，一举超越日元。

加入 SDR 货币篮子对我国人民币国际化具有重要促进作用。首先，加入 SDR 意味着人民币成为真正意义上的世界货币和 IMF 成员国的官方使用货币，可大大提升人民币在国际货币舞台的地位。其次，加入 SDR 可增加人民币在国际上的需求，助力人民币完善和提高国际支付结算、金融交易、官方储备等国际货币职能。中国可以成为很多国际商品定价国，中国可以在国际资本市场以更低的成本借贷，人民币可以被更多的国家需求等。最后，考虑到我国目前持有约 3.2 万亿美元外汇储备，人民币成为储备货币有利于减少我国所需的储备，可节省资金用于发展和增长。

记者： 有观点认为，人民币"入篮"会增强市场对于人民币的信心，有利于稳定人民币汇率，减轻贬值压力。您怎么看？人民币贬值的压力会减轻吗？人民币"入篮"对普通民众会有哪些影响？

胡敏： SDR 目前在世界经济体的官方部门被使用，其功能主要有三种：价值储藏、记账单位和支付手段。人民币加入 SDR，有了 IMF 的资格证明，人民币在国际主要货币体系中，各国央行储备中势必会增加对人民币资产的配置，可以迅速提升身价、扩大影响，人民币的信用自然会大大增强，各国央行就会更愿意提高其储备中投资于人民币的比例，人民币在世界流通范围就会大大拓展；与此同时，国际贸易中将更多人民币计价贸易，将减少外贸企业的汇率波动损失，进一步稳定外贸企业的预期。这对走出国门的普通百姓和中国企业都会带来货币交易成本的降低，享受币值信心的"溢价"。

但中国加入 SDR 后，人民币成为国际储备货币，人民币要在全球流动，自然要推动中国的资产价格逐步跟国际接轨，就有可能挤掉国内资产的泡沫，人民币也有可能出现一定的贬值。当然，人民币不会出现持续性大幅贬值，但会有调控地逐步贬值。

与此同时，加入 SDR 后，会被要求逐渐放开资本管制和货币自由兑换，需要承担国际资本流动的责任，承担责任就意味着承担风险。人民币国际化与资本项目开放两者密切相关，国际资本是逐利的，短期国际资本的投机属性要远高于投资属性，大量短期国际资本投机行为的风险是巨大的。如果中国资本账户完全开放，那么上述风险发生的概率将大大增加。

记者： 人民币要实现真正意义上的国际化，今后还有哪些路要走？中国金融体系还要进行哪些改革？

胡敏： 人民币加入 SDR 并不代表人民币真正国际化，人民币加入 SDR，只能说加速了人民币国际化的进程，在我国很多内在的保障人民币国际化的条件还不成熟的时候，可以让国际社会先承认人民币正在国际化的事实。

为了推动人民币国际化，我国还需要配套相关的金融市场改革措施。例如，最明显的一项改革就是人民币汇率市场化改革。如果人民币在国际市场上的定价不是市场完成的，那么人民币不会成为全球其他国家普遍接受的储备货币。而要让人民币汇率市场化，前提就是人民币利率市场化。否则如果人民币自己的价格都不是由市场决定的，其相对于其他货币的价格无法做到由市场决定。而人民币利率市场化还必须要配合全方位更深入的金融市场改革，并非央行取消人民币存款利率上限就等于利率市场化。此外，我们要区分名义汇率市场化和实际汇率市场化的区别，因为后者才是真正的市场化，对人民币自主政策的制定才有帮助。由此可见，我国推动国际资本账户开放和人民币国际化是一个系统性工程。

随着 10 月 1 日人民币加入 SDR，将根本推动中国金融体系的改革与开放，从而对中国经济产生深远的影响。加入 SDR 的努力将转化为不可逆的金融自由化过程，迫使中国金融业直面竞争和提高效率。如果处理得当，加入 SDR 对中国金融业的推动性影响堪比当年加入 WTO 对实体经济尤其出口部门的促进作用。

记者： 人民币"入篮"对国际金融体系和货币体系的影响如何？会有助于

国际金融体系的稳定吗？

胡敏：IMF 创造 SDR，希望部分取代美元成为全球主要的储备货币。然而，SDR 自身设计的缺陷以及 IMF 成员国利益诉求的不一致，严重阻碍了 SDR 的发展。到目前为止，SDR 在全球储备中所占份额不足 4%。SDR 给成员国带来的经济利益有限，尤其是受到分配不合理的影响，许多成员国并没有从 SDR 中获得什么好处。

自从 SDR 与黄金脱钩、于 1981 年以一个固定的货币篮子重新定义以来，还没有新成员加入它的货币篮子。欧元在 1999 年仅是替代了原有的德国马克和法国法郎而成为篮子货币。人民币 2016 年成功加入 SDR，是后布雷顿森林体系时代第一个真正新增的篮子货币，也是第一个来自发展中国家的 SDR 货币。这成为国际货币体系发展史上一个重要的里程碑。

在不久前闭幕的二十国集团（G20）杭州领导人峰会上，习近平主席指出，G20 应不断完善国际货币金融体系，充分发挥 SDR 的作用。G20 各国一致响应习近平主席倡议，在杭州峰会上形成增强 SDR 作用共识的重要成果。

可以预见，人民币加入 IMF 会员国货币篮子，必将促进国际金融货币体系的不断健全和完善。

静观 M1、M2 "剪刀差" 开口缩窄*

　　央行公布的数据显示：2016 年 8 月新增人民币贷款广义货币（M2）9487 亿元，较 7 月多增 4851 亿元，增长 11.4%，新增信贷出现回升并高于预期。狭义货币（M1）增长 25.3%，前值 25.4%，增速略微下降但居于高位。不过，M1 与 M2 的增长"剪刀差"却较 7 月的 15.2% 收窄至 13.9%。

　　新闻的看点在于 M1、M2 的"剪刀差"收窄并结束了连续 6 个月的扩张之势。这体现了哪些积极信号？是否意味着部分资金开始回流实体经济？M1 和 M2 增速背离的趋势是否就此改观？下一步货币政策是否要发生变化？

　　对这一系列媒体关注的问题，笔者认为还需要静观，一个月的信贷数据变化尚难以判断后期的走势。

　　对比 2016 年 7 月、8 月信贷结构变化可以看出，8 月的居民短期贷款和中长期贷款、票据融资和非银机构贷款均比 7 月显著增加，具体数据上是分别增加了 6755 亿元、2235 亿元和 1463 亿元，均较 7 月多增。从同比看，受 2015 年救市资金扰动的基数效应在本月减小（2015 年 8 月非银行业金融机构存款大幅减少 7956 亿元），加上财政存款季节性减少（−1854 亿元），以及信贷当月多增三者影响，使 M2 的同比增速回升至 11.4%。

　　其中，居民短期新增 1469 亿元和中长期贷款增加 5286 亿元，较 7 月多增，前者可能与本月商业银行发力消费金融有关；后者依然是当前房地产火爆态势，一二线城市并蔓延至热点三线城市的居民购房热，继续增加房贷所致，结合 M1 依然增长 25.3%，新增信贷中绝大部分依然是个人住房按揭贷款，占新增信贷的 55.7%，为 2016 年月度第二高值。

　　值得观察的些许新变化是其中的票据融资和非银机构贷款均比 7 月显著增加了。8 月的企业票据融资增长 2235 亿元，占全部贷款比重为 24%；非银行业金融机构贷款增加 1463 亿元，占全部贷款比重为 15%，创近一年来的最大涨幅。

---

* 本文原载《东莞日报》2016 年 9 月 26 日。

可能的原因是 8 月以来，随着各地一部分大的基建项目的启动，以及部分行业经营效益有所转好，加上中央正在加码督查各地经济政策的落实，企业受加速资金周转、提高资金使用效率的驱动，使票据融资和非金融企业及机关团体贷款超出预期，这一定意义上可以反映部分新增信贷回流到实体经济的迹象。8 月当月新增社会融资规模的较大回升（达到 14700 亿元），也说明了实体部门信贷多增、未贴现承兑汇票跌幅收窄和企业债券融资改善的状况。不过，仅从 8 月的非金融公司的短期贷款与中长期贷款规模依然下降的状况看，目前的企业有效贷款需求依然是十分疲弱的，体现了企业对未来经济面转好的谨慎态度。

再看 2016 年前八个月人民币新增贷款，1 月、3 月、5 月、6 月的新增贷款额分别为 2.51 万亿元、1.37 万亿元、9855 亿元、1.38 万亿元，同比分别增长 14%、13.4%、11.8%、11.8%，均高于 8 月，仅有 2 月、4 月、7 月低于 8 月，从态势上看，M2 增幅出现了不断放缓的态势。据央行发布的统计数据，2016 年 8 月末，我国 M2 余额 151.1 万亿元，同比增长 11.4%，从 M2/GDP 比值来看目前已经达到 2.2，一方面显示国内的流动性十分宽裕，另一方面显示资产的泡沫化程度压力较大。目前中国经济下行压力尚未减缓，供给侧结构性改革依然任重道远，中国经济要触底，关键是要恢复实体经济的活力，但目前的月度新增贷款主要流向房贷，对商业银行来说，这是追求信贷的安全性和稳定回报率需要，但 M1 增速大幅上涨的背后还主要反映出居民和企业存款的活期化。2016 年 1~7 月出现 M1 和 M2 增速的背离，两者"剪刀差"一直加大，伴之于央行月度新增信贷的忽增忽减，体现了货币调控政策的选择"尴尬"：不释放流动性，实体经济会一直"缺血"，释放流动性又难以"避虚就实"，这就是金融专家不断提及的企业"流动性陷阱"。

因此，8 月出现 M1、M2 增速收窄迹象，是政策面愿意看到的结果，但第四季度这一背离趋势能否根本改观，还要看接下来房地产市场走势和供给侧结构性措施能否尽快到位。

10 月，人民币即将加入 SDR，从逻辑来说，央行必须保持人民币币值稳定，货币政策不会马上收紧，这对下一阶段的国内信贷来说，央行依然要保持新增贷款在 11%~13% 的回旋区间，也期望通过稳定市场预期和房地产信贷的"因城施策"，使 M1 不再大幅上升，所以货币政策的基调可能还是保持宽松。

现在看来，面对复杂多变的经济格局，我们只能静观信贷情况的变化，政策层面也只能以静制动，保持政策的稳定性和有效性，不宜盲目出击。

中国与加拿大深入合作
助亚投行宽领域发展[*]

2016 年 9 月 22~24 日，李克强总理对加拿大进行了为期三天的正式访问。这是 13 年来中国总理首次访问加拿大，同时也是加拿大在提出申请加入亚洲基础设施投资银行（下文简称"亚投行"）之后，双方的又一次备受世界关注的交流。李克强总理此访对未来两国基于亚投行的合作意味着什么，加拿大加入亚投行之后又会对中加两国经济、亚洲经济、亚投行发展有着什么影响，中国经济时报记者就上述问题采访了国家行政学院研究员胡敏。

推动亚投行成为真正意义上的国际金融机构

李克强总理此访对未来两国基于亚投行的合作意味着什么？在回答这个问题之前，有必要回顾一下加拿大申请加入亚投行的过程。据报道，加拿大总理特鲁多借出席 G20 杭州峰会之机对中国进行为期一周的访问，而此前"加拿大加入亚投行"并未被纳入特鲁多的日程表。外界更多地把这一成果归结为临时起意，其实不然。

2015 年 11 月 14 日，加拿大联邦国际贸易部部长方慧兰在接受彭博社电话采访时表示，加拿大政府对加入亚投行"有兴趣、正密切关注"。

胡敏表示，一些国家的犹豫和观望属于正常行为，毕竟需要时间了解亚投行。此番在 G20 杭州峰会召开之际，特鲁多宣布决定加入亚投行，这是对中国政府的信任，也是对亚投行的信任。"此外，中加两国总理在一个月内实现了互访，并取得丰硕合作成果。用李克强总理的话说，这反映出中加战略伙伴关系的热度，预示着两国全方位友好合作的光明前景。"胡敏说。

随着中国经济的发展，加拿大加入亚投行只是时间问题，虽时机突然却并不意外。

据新华社报道，李克强总理这次访问加拿大，确立了双方发展长期健康稳定

---

[*] 本文原载《中国经济时报》2016 年 9 月 27 日，记者：张丽敏。

的战略伙伴关系，扩大各领域交流与对话，妥善处理分歧和敏感问题，为两国务实合作提供了政治保障。胡敏认为，双方更为加强深度经济合作，也为打造双方在全球经贸格局中的地位相称的深度经贸合作奠定了基础。

李克强总理此次访问加拿大取得了丰硕成果。据报道，未来加拿大将在金融、能源、民用航空、通信、环保、冬季体育等领域扩大与中方的合作，中国企业也会进一步赴加拿大参与基础设施、能矿、农业、服务业等领域的投资合作。双方就此可发挥互补优势，在航空、铁路、核电等领域开展产能合作，将中国高性价比的产能同加拿大先进技术结合起来，增强国际竞争力，拓展第三方合作，实现多赢。

在胡敏看来，就加拿大加入亚投行而言，意味着北美有一个国家成为亚投行的成员，这样亚投行就囊括了五大洲的一些重要国家，从而成为一个真正意义上的国际金融机构，其开放性、代表性、包容性大大增强。此后，将扩大双方基于基础设施领域以及在更广泛的经贸投资领域的合作。另外，将使加拿大的经济更好地与亚洲国家融合在一起，也会形成一个重要示范，而这都表明，亚投行投资范围是广泛的、全球性的，不仅投资基础设施，也会涉及其他生产性领域，只要能够推动各国社会经济的发展，亚投行都可以发挥其金融引领作用。

"加拿大作为北美发达的经济体，是亚投行成立后第一批申请加入的新成员，也是规模最大的经济体，它有着良好的国际治理经验，随着其加入，能够帮助亚投行、推动亚投行在更高的水平上进行运作。"胡敏说。

亚投行将为加拿大带来更多发展机遇

加拿大加入亚投行之后又会对中加两国经济、亚洲经济、亚投行发展有什么影响？对此，胡敏表示，加拿大的加入说明亚投行适应全球经济发展的需求，也适应国际社会推动基础设施投资发展的需求。中加经济高度互补，合作空间十分广阔，在高科技、农业等领域的合作也颇具潜力。胡敏分析，中国是加拿大的第二大贸易伙伴，从加拿大进口大量的木材、金属和其他资源。同时，中国还在加拿大进行大量投资，购买石油和天然气。再看加拿大，加拿大总理特鲁多近日表示，加拿大已经积极并大规模参与了中国的基础设施建设，无论是住房建设、核设施建设还是火车制造。以此来看，此前双方已经展开相关合作。加拿大加入亚投行之后，合作领域将更为广泛。此外，加拿大此举不仅是加拿大可以利用大量高精的专业知识和技能为中国人民、亚洲，乃至全球人民提供高质量的基础设施建设，还将为整个亚洲获得优质的基础设施创造机会。同时投资基础设施建设，在短期内可以创造出大量的工作机会，从长远来看还能提高生产率、加速各方经济增长。

"加拿大加入亚投行不仅可以获得自身利益，也将为亚投行的发展贡献力量与经验。加拿大的加入标志着未来亚投行的发展规模可能会在原来基础上延伸，可以规划更宏伟的蓝图。"胡敏说。

据悉，加拿大作为 G7 的主要成员，是西方发达经济体，教育经济等都比较健全。在经济方面，加拿大可以发挥其自身作用，利用加拿大在西方国家中与美国等国的良好外交关系，为亚投行成员国与非亚投行成员国如美国、日本等的沟通合作、贸易往来构架桥梁与纽带，发挥许多其他亚投行国家难以发挥的作用。

胡敏进一步分析，加拿大金融市场运营良好，在金融领域积累了一定经验，拥有较为成熟的机制。加拿大多伦多是北美洲的重要金融中心之一，其金融地位仅次于纽约的金融发展地区。加拿大加入亚投行后，今后可以贡献一些参与多边开发机构的经验，为亚投行发展提供更多帮助，助力亚投行更好发展。反过来看，加拿大加入亚投行之后可以通过亚投行的机制，为加拿大的对外资金找到投资方向。同时，亚投行是多国家的多边开发机构，加拿大加入，可以为其与亚投行其他成员形成合作时提供一条协商渠道或一套制度。

而对亚投行的未来发展，胡敏认为，亚投行未来可能会随着成员国的增加，根据具体需求，对现有的治理结构与机制进行创新和进一步完善，并增强包容性，其业务范围可能会突破亚洲、突破洲际范围，甚至达到全球范围。未来成员国可能增加到 100 个，会打破区域屏障，加大其辐射面。亚投行的发展还可以为现有的世界银行、其他全球多边开发机构以及区域性多边开发机构的创新发展提供借鉴范本，在推动全球多边开发机构模式创新、制度实践创新方面扮演重要角色。

循着发展的逻辑
——一个经济学人的时事观察（2016~2020）

8月工业利润增长
再现经济回暖迹象*

对工业企业盈利回暖的原因，国家统计局有关人士作了比较全面的分析，概括起来就是五点：一是工业生产销售增长加快；二是价格继续回升；三是单位成本继续下降；四是 2015 年同期利润低；五是汽车、钢铁和石油加工行业的拉动。

笔者认为，基数效应是 2016 年 8 月规模以上工业企业利润大幅增长的最直接原因。按照国家统计局的数据资料，2015 年 1~8 月，规模以上工业企业利润总额同比下降 1.9%。其中，2015 年 8 月当月利润较 7 月降幅扩大 5.9 个百分点至-8.8%。当时出现了"宏观稳、微观差"的经济格局，企业经营业绩处于窘迫状态。

2016 年第二季度以来，随着各地一部分大的基建项目陆续启动，供给侧结构性改革在去产能、去库存、降成本等方面政策效果的显现，加上中央连续三次督查各地经济政策落实的影响，工业企业投资驱动力逐步恢复，企业投资收益小幅上升，工业企业效益呈现积极变化。因此，一定意义上来讲，正是 2015 年同月的低基数支撑了 2016 年 8 月工业企业整体上的增长。

工业企业基本面显现新特征

我们也需要看到，工业企业基本面在经济大环境有所变化的情况下，出现了一些新的特征：

一是企业利润回升逐步加快。1~6 月、1~7 月、1~8 月规模以上工业企业利润增幅分别是 6.2%、6.9%、8.4%，增速在不断升高。与此对应地，累计主营业务收入 1~8 月在小幅攀升，这主要是受工业品出厂价格逐步回升影响，与 8 月 PPI 增幅继续收窄相对应；工业企业每百元主营业务收入中的成本基本稳定在 85.8 元左右，比上年同期小幅下降，月度成本环比呈小幅下降态势。

二是行业盈利面明显扩大。在可统计的 41 个工业大类行业中，1~8 月，33

---

* 本文原载中新经纬 APP2016 年 9 月 28 日。

个行业利润总额同比增加,只有 8 个减少。如果按照产业链条上下游观察,汽车、钢铁和石油加工行业成为利润回升的主要拉动力。汽车制造、黑色金属冶炼和压延加工、石油加工和核燃料加工拉动利润同比增加 110.3 亿元,比 7 月增加 35.3 亿元,增速比 7 月增加 3.6 个百分点。其中,上游行业受第二季度以来的大宗商品市场价格反弹影响,煤炭开采、有色行业、化学原料利润明显向好。中游行业的石油加工受油价波动影响增幅明显,近期国际原油价格每桶接近 50 美元,相比年初的每桶 30 美元附近的水平,也有所上升。制造业利润同比增速由 12.8% 增长到 14.1%,特别是七八月份,汽车产销两旺,汽车制造业利润同比增长 43.9%,增速比 7 月增加 24.9 个百分点,成为一大亮点。

三是分类型企业增减不一。从国家统计局提供的分经济类型主营收入和利润增长情况看,与 2015 年同期比,外商及港澳台商投资企业利润总额由 6.8% 继续增至 10%;股份制企业由 7.9% 增至 8.8%,国有企业利润改善幅度最大,利润同比增速由 -6.1% 上升到 -2.1%,提升 4 个百分点。而私营企业利润总额由 8.7% 下降到 8.4%;集体企业同比增速由 -0.5% 下降到 -1.5%。

支撑工业企业盈利改善的基础仍需夯实

对 8 月工业企业利润增幅较大的情况,我们既要看到积极一面,同时也必须关注其中存在隐忧的一些问题。

应该看到,是房地产市场的火爆带动一些地方房地产投资回暖延及钢铁、建材工业等投资增长,有可能致使不少行业企业加注房地产投资并产生业绩回报,政府力促 PPP 项目实施加快,各地基础建设领域投资增长加快,以及依然比较宽松的货币政策,进一步促进资金对高回报行业的集聚,这会综合反映到当下工业企业的营收数字上,是不是可以表明当下的企业盈利改善还需要持续观察,一个月的数据很难表明工业的真正回暖。

比如,从当前经济态势看,国内外需求不足仍然是当前市场的主要特征。从本月工业企业利润增加的行业看,可能更加地依赖于房地产投资的拉动。金属冶炼、石油加工等行业的增长在于房地产急速增长,并带动了钢铁和煤炭等领域的全面复苏。诚然,随着房地产和基础设施建设的加码投资和项目的陆续开工,2016 年前半年经济回暖,但是一二线城市房价飙升已经引起民间恐慌和管理层高度关注,这将直接影响第四季度和今后一个时期宏观调控政策的选择。

央行最近公布的金融信贷数据也显示,从非金融公司的短期贷款与中长期贷款规模下降的状况看,目前的企业有效贷款需求依然十分疲弱,体现了企业对未来经济面转好的谨慎态度。就此来看,下一步货币政策取向极有可能调整,这将有可能影响工业企业的投资回报。

　　整体而言，当下工业投资回报率还在持续下降。一方面，企业应收账款回收期依然偏长。8 月末，规模以上工业企业应收账款 11.9 万亿元，同比增长 8.5%；产成品存货周转天数为 14.4 天，应收账款平均回收期为 38 天。另一方面，规模以上工业企业投资回报率 2014 年、2015 年已分别降到了 6.99%、6.36%，2016 年 1~7 月该资产回报率降到了 3.52%，已经低于 1 年期贷款基准利率。即使是汽车制造业 2016 年前 8 月主营业务收入同比增长 12.3%，在所有行业中增速第一，但其前 7 月投资回报率也只有 5.95%，比 2015 年全年的 10% 以上几乎跌去一半。可以看出，目前支撑企业效益继续较快增长的基础还不牢固，传统行业生产经营依然困难，实体经济提质增效还是需要下苦功夫（见图 1）。

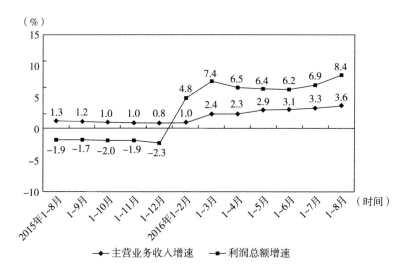

图 1　2015 年、2016 年各月累计主营业务收入与利润总额同比增速

资料来源：国家统计局网站。

打造新引擎　持续中高速增长 *

——2016年宏观经济运行
中期分析报告

2016年上半年，我国经济按照经济新常态下的发展逻辑，在各部门各地区的努力下，扎实推进供给侧结构性改革，国民经济保持了稳中有进的总体态势，发展方式、结构调整、动力转换均取得了一定成效，各项主要经济指标符合政策预期。现在已进入本年第三季度的末端，近来随着8月一系列统计指标的发布，可以看出经济运行仍延续既有态势，国民经济在盘整中前行。

应该说，当前我国经济增长下行压力依旧比较大，新旧动能转换还需要一个艰苦的过程。在国际经济大环境依然存在诸多不确定因素的背景下，国内经济在发生诸多积极变化的同时，也出现了一些新矛盾和新问题。做好2016年第四季度经济工作，实现全年经济增长目标，需要我们继续按照党中央、国务院的总体部署，稳定经济政策，稳定市场预期，继续在推进国内供给侧结构性改革方面作出不懈的努力，为2017年经济工作打下扎实的基础，确保"十三五"规划实施的开局之年起好步、开好局。

当前我国经济运行中的新特征和新矛盾

2016年以来，按照党中央对经济形势的总判断和年初确定的稳中有进的经济工作总基调，各方面主动适应和引领新常态，努力推进供给侧结构性改革，发展方式加快转型，结构调整深入转变，新旧动能接续转换，经济运行出现了新的特征，主要表现为：

一是经济指标符合预期。2016年经济增长预期目标为6.5%~7%，上半年两个季度经济保持了6.7%的增长，符合预期，企业信心有所增强。物价基本平稳，1~8月CPI保持在2%的低位徘徊，总体物价没有受到猪肉价格上涨和南方洪灾

* 本文原载《经济参考报》2019年9月29日，报告执笔人：国家行政学院宏观经济研究课题组、丁茂战、胡敏、周跃辉、易秋霖。

造成蔬菜价格波动的明显影响；PPI在经历了55个月负增长后回升明显，跌幅持续收窄。就业形势较好，上半年城镇新增就业人数达717万人，完成全年计划目标过大半，城乡居民人均可支配收入持续增长，城乡居民收入倍差进一步下降。外贸谨慎乐观，2016年外贸形势一改2015年下半年恶化状况，3月以来外贸逐步趋稳并逐步回升。

二是结构调整继续加快。2016年上半年，生产结构中的三产增加值占国内生产总值的比重为54.1%，高于第二产业14.7个百分点。高技术产业、工业技术改造投资、现代服务业投资占比继续提高，高耗能产业投资增长势头回落明显；虽然固定资产投资增速有所回落，但投资结构更趋优化。需求结构中的最终消费支出对经济增长的贡献率是73.4%，比2015年同期提高了13.2个百分点；8月服务业继续保持良好发展态势，商务活动指数为52.7%，且连续三个月保持升势，为2016年以来的次高点。内需已成为支撑中国经济稳定增长的决定因素。

三是动能转换十分明显。2016年以来，新产业所代表的新动力，保持着两位数以上的高增长，新动能积聚加快成长。上半年，战略性新兴产业同比增长11%，高于全部规模以上工业5个百分点。战略性新兴服务业营业收入同比增长15.8%。创意设计、远程诊断、系统流程服务、设备生命周期管理等服务模式快速发展，为制造业转型升级提供了有力支撑。网购、快递、移动支付等改变了社会消费方式。新业态和新模式层出不穷。"互联网+"行动深入人心，新一代信息技术正快速渗透到传统领域。随着居民收入提高和消费升级，旅游、文化、养老、健康、体育"五大幸福产业"快速发展，新消费潜能加快释放。上半年，全国新设市场主体日均超过4万户，其中日均新登记企业1.4万户，保持了2015年以来大幅增长的趋势，对推动创新和推动就业都会产生积极作用。

四是经济分化十分突出。2016年以来，我国经济出现加速分化，既涌现出了一批有活力的地区、有竞争力的行业企业、叫得响的知名品牌，也有一些地区、行业和企业日子越来越难熬，体现为"几家欢乐几家愁"。比如，新产业、新业态、新商业模式保持良好势头，高技术产业、装备制造业增长明显加快，服务类消费、移动购物、农产品消费成为新的增长点。而传统行业整体低迷，部分行业还在下行。1~5月，规模以上工业企业中的私营企业实现利润增长9.4%，民营企业进出口增长6.9%，远远高出全国的平均水平。而部分国有企业表现则差强人意，负债水平接连攀升。

尽管目前经济运行有着上述新的气象、新的特征，但也要看到，我国经济还处于新旧发展方式胶着互缠的困难阶段，经济运行尚在探底盘整，结构性改革也遇到了新的矛盾。

从总量上看，当前经济增长惯性下行的趋势还未见缓解，上行动力还弱于下行压力，"三驾马车"后劲均显不足。固定资产投资下行压力更大，制造业投资依旧乏力，民间投资出现断崖式下跌。消费动能仍在走弱，居民收入增长有放缓征兆，增速低于 GDP 增速，城镇居民收入增长降幅更大，消费者预期指数也在下跌。下半年以来国际经济环境更趋复杂，全球经济弱复苏、低增长态势难以完全改观，贸易保护主义正在抬头。受英国脱欧影响，美元、日元大幅升值，避险资产价格上涨，资本流向美国市场趋势加强，我国人民币贬值、资本流出增加、外汇储备减少的压力逐步上升，这给我国多目标的货币政策的制定和执行增加难度，也给我国防范金融市场系统性风险增加难度，未来进出口形势将受到国际市场多方遏制。

继续以发展新理念为引领扎实推进政策创新和各项改革

从外部来说，2016 年第四季度和今后一个时期，世界经济仍将继续维持低增长、弱复苏、低通胀、低就业的态势，全球经济增长将下降至 2.5%，同时随着美联储加息逐渐显现，国际市场金融风险或将上升。世界经济演变的这一态势对未来的中国经济增长压力仍在加大。从内部来看，要解决好中国经济新常态下的转型升级问题，加快供给侧结构性改革的深层制约因素，绝不可能一蹴而就，而必然是一个艰难的过程，甚至会出现"进两步、退一步"的反复。

就此判断，我国经济运行今后一个时期还将持续 L 型走势，总需求低迷和产能过剩并存的格局也难以在短期内根本改变。因此，我们要有充足的思想和政策准备，充分利用好我国经济潜力足、韧性强、回旋余地大的优势，紧紧抓住新旧动能和经济分化进程中的一切有利因素，坚持不懈推进供给侧结构性改革，牢牢掌握经济分化的主动权，因势利导，主动作为，在经济分化中捕捉新的力量，最终为实现"双中高"目标赢得时间和空间。

有效发力需求端确保经济增长稳定在合理区间

努力实现 2016 年确定的 6.5%~7% 的经济增长目标，是实现"十三五"良好开局的客观需要。今后一个时期要把稳增长目标放在首位，在扩大总需求上确立新思路新机制。

要继续加大有效投资力度实现对稳增长的关键作用。投资一头连着需求，一头连着供给，保持必要的投资增速，在当前经济下行压力下，是稳增长的关键举措，必须明确：只有稳投资才能稳增长，但投资的核心是要切实抓好有效投资。这既要规模又要结构，既要速度更要效益，在思路上就是要继续解决好"投什么""谁来投""怎么投"的问题。"十三五"规划纲要已经明确提出今后五年166 项重大工程或关键领域的重点投资项目，涉及基础设施、产业转型、城镇化和生态环保、民生和社会事业等方面。与此同时，要加大对传统产业更新改造的投资。进一步创新投融资机制，激发、鼓励和引导社会资本通过特许经营、政府购买服务、股权合作等方式参与重大项目建设，进一步深化投资管理体制改革，继续完善政府核准的投资项目目录，切实减少政府核准事项，减少前置条件，推动项目审批、手续办理提速，最大限度地为企业提供便利化投资环境。

要努力激发新消费潜能实现对稳增长的引领作用。当前，我国消费结构正在发生深刻变化，以消费新热点、消费新模式为主要内容的消费升级，正引领相关产业、基础设施和公共服务投资迅速成长，服务业成为第一大产业的优势在不断显现，并不断拓展着未来增长的新空间。2015年末，国务院印发《关于积极发挥新消费引领作用加快培育形成新供给新动力的指导意见》就提出，大力发展以传统消费提质升级、新兴消费蓬勃兴起为主要内容的新消费，更好发挥新消费引领作用。

要充分开掘进出口空间实现对稳增长的支撑作用。上半年，我国进出口形势有所转机但增速仍不乐观。下半年，各地区各部门要进一步增强做好外贸工作的主动性、针对性和有效性，多措并举，在培育国际竞争新优势上下功夫，充分挖掘进出口空间，支撑稳增长。

深入改革供给端重点推进去产能降成本补短板

推进供给侧结构性改革是解决当前和今后一个时期我国经济运行矛盾的重要举措，也是整个"十三五"时期发展的主线条。今后政策的着力点是调节好供给侧结构性改革与稳增长的平衡阀，做好"减法"和"加法"并重的文章。为此要处理好三个方面关系。

要处理好供给侧结构性改革与宏观调控的关系。当前要确保供给侧结构性改革与稳增长双重目标之间的平衡，必须认清供给侧结构性改革是探索宏观调控的新理念、新路径的科学有效办法。宏观管理着眼于逆周期调控，是确保实现稳增长的短期目标；供给侧结构性改革着眼于提高社会生产力，是解决供需结构错配和要素配置扭曲的长期性、深层次结构性矛盾。同时，要处理好去产能与稳增长的关系。

要处理好降成本与政府转职能的关系。当前政府最应推动降低的成本是制度性交易成本。制度性交易成本种类繁多、弹性较大且暗藏"灰色地带"，由此产生的种种经济、时间和机会成本，成为当前企业最大的困扰。因此，在政府大力推进简政放权，放管服结合取得初步成效的基础上，进一步聚焦"痛点"、瞄准"堵点"，实施精准协同放权，坚决管住伸向企业乱收费的"黑手"。做好降成本工作，2016年下半年还要持续跟踪降低企业"五险一金"、营改增、资源税改革的实施效果，继续清理各种不合理的企业收费，适时降低制造业增值税税率。进一步完善电价市场化改革，减低企业用能成本。深入推动"互联网+流通"计划，切实降低企业物流成本。

要处理好补短板与促改革的关系。补短板是推进供给侧结构性改革要做的"加法"，也是稳增长、扩消费、实现经济转型的内在动力。当前，与人民群众生活紧密相关的教育、医疗、社会保障等有效供给还存在明显短板，拓展公共服务需求和供给还有很大空间。要借助供给侧结构性改革契机，推进重点领域改革步伐。一是要进一步推进社会领域改革，建立和完善公共服务运行保障机制，让有限的财政投入产生最大的社会效益，实现公共服务效率最大化。二是要不失时机地推进收入分配制度改革，通过初次分配提高劳动报酬，通过二次分配调节社会公平，重点在努力扩大中等收入群体。三是加快完善社会保障制度，稳定群众对未来的发展预期。

坚持打造新引擎以发展新理念持续增添新动力

要以创新、协调、绿色、开放、共享五大发展理念为引领，继续乘势而上，坚持不懈打造经济新引擎，培育增长新动能，为经济保持中高速增长，迈向中高端水平注入持续动力。

以创新发展为统领，以产业转型升级为动力，推动新经济与传统经济深度融合。要继续推进大众创业、万众创新，加快构建众创、众包、众筹、众扶的"四创"支撑平台，汇聚各方面力量加速创新进程，催生更多新技术、新产业、新业态、新模式，促进创业创新向纵深发展。

以协调发展为依托，以新型城镇化为带动，拓展区域经济增长新空间。继续推动以人为核心的新型城镇化进程，加快户籍制度改革，按照"十三五"规划纲要目标，逐年稳步推进到 2020 年常住人口和户籍人口的城镇化率分别要提高到 60% 和 45% 的目标。进一步落实好中央城市工作会议和城镇化会议精神，积极培育中小城市成长、特色小城镇成长，大力发展智慧城市、绿色城市，建设和谐宜居城市，加快各区域板块城市群建设发展。

以绿色发展为导向，以生态文明制度改革为抓手，激发资源环境配置潜能，实现在发展中保护、在保护中发展。从制度层面，各地区各部门要尽快实行最严格的环境保护制度，形成政府、企业、公众共治的环境治理体系，建立健全用能权、用水权、排污权、碳排放权初始分配制度，坚持最严格的节约用地制度，建立横向和流域生态补偿机制。

以开放发展为助推，以高水平双向开放为倒逼，形成深度融合的互利合作格局。进一步健全对外开放新体制，提高自贸试验区建设的质量，对外资全面实行准入前国民待遇加负面清单的管理制度，加强知识产权保护和反垄断执法，营造法治化、国际化、便利化的营商环境。

以共享发展为基础，激发全体人民发展热情，推进社会和谐可持续发展。以促进教育、医疗、社保、养老等领域制度建设为机遇，以打赢脱贫攻坚战实现先进后进地区接续发展，要更加注重机会公平，保障基本民生，让广大人民群众增强获得感，从而激发推动社会发展的活力和创造力，为实现共建共享发展创造良好的社会基础与政策环境。

加快国有经济改革千方百计稳住民间投资活力

国有经济和民营经济是支撑中国经济增长的两大市场主体，也是保持中国经济可持续发展的"两个轮子"，要按照习近平总书记在 2016 年两会上强调指出的"两个毫不动摇""三个没有变"的指示精神，落实好已经出台的一系列政策措施，确保"两个轮子"在公平竞争的市场经济道路上并驾齐驱。

持续深化国有企业改革，促进国有经济发展质量和运行效率不断提高。充分调动民间投资积极性，千方百计为民营企业"拆门搬山"。要进一步放宽民间投资市场准入，增强政府和国有企业投资的引导协同效应，形成政府与民间投资合力，推动产权保护的法治化，强化完善政府信用体系建设，尊重和维护企业市场主体地位，激发民间投资潜力；还要构建新型"亲""清"政商关系，稳定投资预期，提振投资信心，形成民企"长期投资"行为。

密切监测潜在三大风险坚守住经济安全的底线

当前面对国际金融市场波动较大、不确定不稳定因素增多的复杂形势，国内经济面对"三期叠加"和推进供给侧结构性改革，客观上面临债务风险、汇率波动风险和可能出现的失业潮风险这"三大潜在风险"，宏观管理层要加强对跨市场、跨行业、跨机构交叉感染风险的密切监测、识别和预警，做好前瞻性调控和应急性管理，早作预案，防患于未然。

要坚决守住不发生系统性区域性金融风险的底线，防止局部性区域性金融风险交叉酿成系统性金融风险。在目前我国国家债务总体可控的前提下，逐步建立国家资产负债表，切实把握债务总量，平衡好债务结构，形成中央、地方、企业、居民合理分担债务的有效机制。要接续好政府债平移转换机制，进一步优化存量资产。

要继续坚持以市场供求为基础，参考一篮子货币进行调节，实行有管理的浮动汇率制度。中国经济的基本面决定了人民币不存在长期贬值的基础，我们有能力保持人民币在合理均衡水平上的基本稳定。与此同时，要密切跟踪国内外经济金融形势变化，尤其高度关注跨境资本异常流动，综合运用多种政策工具组合，坚持稳健的货币政策取向，加强与积极财政政策等的协调配合，增强灵活性和针对性，注重预调微调，保持货币信贷总量合理增长，实施好差别化金融政策，还要积极参与国际货币机制改革，与主要国家进行双边和多边谈判，切实掌握汇率定价的主动权。

要密切关注就业形势变化，继续实施积极的就业政策，在推进去产能、去库存的供给侧结构性改革中，切实解决好"人往哪里去"的问题。要鼓励产能过剩企业多兼并重组、少清算破产，采取多种措施使职工转岗不下岗，中央和地方政府要切实用好专项资金，对职工分流安置给予必要的财政支持，鼓励全社会主动形成吸纳转岗职工的"培训池"和"就业池"。

城镇化率将弥补差距、
最终统一*

2016 年 9 月国务院办公厅印发了《推动 1 亿非户籍人口在城市落户方案》（以下简称《方案》）。《方案》提出了推进 1 亿非户籍人口在城市落户的主要目标："十三五"期间，年均转户 1300 万人以上。到 2020 年，全国户籍人口城镇化率达到 45%。

记者： 4 年多时间内 1 亿人落户城市，即使在人类城市化历史上，这么短的时间内、如此巨量的人口落户城市，体量和速度也是非常惊人的。你认为这个目标能否按预期实现？可能存在的主要困难会有哪些？

胡敏： 实现这一目标是纳入"十三五"规划纲要的，这也是对此前已经颁布的《国家新型城镇化规划（2014—2020 年）》《国务院关于进一步推进户籍制度改革的意见》《国务院关于深入推进新型城镇化建设的若干意见》三个文件的具体落实。这次国务院办公厅又印发了《推动 1 亿非户籍人口在城市落户方案》，这个方案就是要确保这一艰巨任务能够如期完成而制定的详细对策。其中焦点就是要解决好 1 亿人落户城市遇到的"人、钱、地"三者之间的矛盾，就是进程人如何吸纳，资金如何来源、资源如何满足供给，城市土地如何容纳安置。《方案》要解决三个问题：一是明确具体的落户规模、进度和不同类型城市的接纳指标；二是解决落户通道、财政资金来源、用地规模、城镇基本公共服务提供的配套政策；三是强化监测督查和落实。

如果按照"十二五"时期我国城镇化率基本能够实现 1 个百分点的增长，未来也是按照这个增长比例递增，每年转户 1300 万人以上，最终在 2020 年全国户籍人口城镇化率达到 45%，是符合实际也是可能完成的，当然任务还是艰巨的。

记者： 户籍改革已推进多年，新型城镇化也仍在路上，虽然目前我国常住人口的城镇化率已经达到 56.1%，城镇常住人口为 7.7 亿，但户籍城镇化率仅 40%

---

* 本文原载《东莞日报》2016 年 10 月 17 日。

上下。两个城镇化率背离的情况何时有望根本扭转？整个国家的城市进程预期还要多少年才能完成？除了政策规划推动，现阶段在经济社会层面，我国城市化的自发、内在动力是否强劲？

胡敏：国家统计局城镇化率的现行指标有两个：一个是常住人口的城镇化率，另一个是户籍人口的城镇化率。由国家发展和改革委员会组织编写并发布的《国家新型城镇化报告2015》显示，2015年我国城镇化率（也就是按照常住人口统计）达到56.1%，户籍人口城镇化率仅为39.9%，两者之间还存在着16.2个百分点的差距。尽管近年来这个差距在逐渐缩小，但要消弭这一差距，根本上还是要加快农转非的步伐，将已经脱离土地的农民的户籍转变为非农业户口，同时要加快户籍制度改革力度，尽可能降低非农业人口进城落户的门槛。

但事实上，沿袭多年的我国户籍制度其背后附着的是城市公共服务资源的提供能力和一系列附加的利益，我国城镇化水平虽然在不断提高，但东中西部各类城市发展还相当不均衡。近年来，城市资源的集中度还有加大的趋势，对大型、特大型城市的公共服务供给能源和资源配置能力还满足不了巨大的非农人口进程的需要，政府现在提出的"补短板"主要表现为城市的基础设施和公共服务水平的严重不足，这短时期不可能很好解决，户籍制度还需要维系一定的时间。

根本扭转这个局面，要依靠国民经济保持稳定可持续发展，经济增长要有强劲动力，城乡二元化差距能够不断消弭，以城市或城市群为核心的区域经济要协同发展。尽管我们确立了到21世纪中叶，中国的城镇化水平达到中等发达国家水平，即城镇化率在70%左右，但关键还是城市要有产业支撑和一系列公共服务配套能力。否则，城市化就缺乏内在动力。

记者：在整体城市化大趋势之下，如何看待"逃离北上广""逆城市化"等现象？此次《方案》也保留了缓冲措施，即明确"不得强行要求进城落户农民转让其在农村的土地承包权、宅基地使用权、集体收益分配权，或将其作为进城落户条件"。

胡敏：虽然一个时期以来，因为大型、特大型城市生活成本越来越高，出现了诸如"逃离北上广"和所谓"逆城市化"现象，但这并不成为一个趋势。因为对非农人口进城特别是对"农二代"的农村青年进城，希望获得的是现代城市文明、人生发展机会和城市人可享有的教育、医疗、社会保障等公共福利，在比较落后的农村地区目前还得不到。与此同时，这一代农民事实上还存在农村的土地承包权、宅基地使用权、集体收益分配权等种种现实利益，这些利益不能等价或者溢价换来他们在城市生活的同等利益的话，他们是宁愿做"迁徙族"的，所以让1亿农民进城落户，必须本着自主自愿的原则，不能通过行政手段强制，这既要体现市场的选择原则，更要体现公平公正的社会道义。

记者：超大和特大城市就业吸纳能力较强，人们愿意在这些城市落户，但是公共服务能力有限，所以仍维持如何入户限制；相比之下，中小城市落户通道已经打开，但吸纳就业能力有限。这种结构性错配的情况是否继续维持？如何解决？

胡敏：我国现有大型、特大型城市和中等以下城镇历史发展的积淀，也是经济发展的必然结果，资源的集中度差异也相随而生，解决这种差异性也不会一蹴而就，但从人类历史上城市化发展进程规律看，经济在发展，人口结构在调整、资源配置的公平性在加强，发展的结构性差异和资源错配的问题都会不断改善。

我们现在通过政策措施积极引导1亿非户籍人口进城落户，既是我国经济发展的需要，也是经济发展的新动力，这次国务院出台的《方案》强调了"统筹设计、协同推进""存量优先、带动增量""因地制宜、分类施策""中央统筹、省负总责"四个原则，就是先鼓励和促进那些进城时间长、就业能力强、能够适应城市产业转型升级和市场竞争环境的非户籍农业转移人口举家进城落户，先形成一定的示范效应，创造一些典型经验，逐步带动新增非户籍人口在城市落户。与此同时，要统筹推进本地和外地非户籍人口在城市落户，统筹户籍制度改革与相关配套制度改革创新，优化一系列政策组合，形成工作合力，这都是可行的解决之道。

记者：有研究称，一个非户籍人口比如农民，在城市完成落户，各项公共资源配套成本要十几万元。按照这样计算，1亿人在城市落户，配套成本就要超10亿元。这样的巨额资金，即使有中央分摊，地方政府是否能承受？会不会进一步增加地方负债？

胡敏：表面上账是这么算，扣除物价上升因素，每个非户籍人口进城落户要十几万元，其实在不同生活水准的城市，农民要真的进程落户，还远不只是这点钱。这次出台的《方案》充分考虑到这一点，强调要突出政策引导，全面实施财政资金、建设资金、用地指标与农业转移人口落户数量挂钩的"三挂钩"政策。《方案》的第7~16条都清晰地作出了政策设计和制度安排。

比如，在财政建设资金上，加大对农业转移人口市民化的财政支持力度并建立动态调整机制，要根据不同时期农业转移人口数量规模、不同地区和城乡之间农业人口流动变化、大中小城市农业转移人口市民化成本差异等，对中央和省级财政转移支付规模、结构进行动态调整。还要建立财政性建设资金对吸纳农业转移人口较多城市基础设施投资的补助机制。中央财政在安排城市基础设施建设和运行维护、保障性住房等相关专项资金时，对吸纳农业转移人口较多的地区给予适当支持，鼓励省级政府实施相应配套政策。

比如，深化土地管理制度改革，盘活农村土地，增强城市开发后续资金来源。由于关键的体制障碍没有根本消除，目前农村资产的资本化通道尚未打通，财产性价值无法实现，制约了城乡要素的自由流动和平等交换，削弱了农民带资进城的能力，也影响农民转户的积极性。所以，"十三五"时期要全面推进农村土地征收、集体经营性建设用地入市、宅基地制度改革试点，逐步打破城乡间土地流动壁垒，加快推进农村集体产权制度改革，建立健全农村产权流转市场体系，探索形成农户对"三权"的自愿有偿退出机制，等等。

再比如，完善城市基础设施项目融资制度和创新新型城镇化建设资金保障机制。近年来，相关部门积极创新城市基础设施投融资机制，扩大地方政府债券发行规模，创新债券品种，各地积极采取有效措施推进城市公共服务领域和基础设施领域采用政府和社会资本合作（PPP）模式融资，取得了一些成效。银行等金融机构也出台了支持城镇化发展的具体意见，积极运用贷款、债券、租赁等综合金融服务，为城镇化提供金融支持。

记者：作为上亿非户籍人口落户城市的最明显影响，会否对三四线城市的楼市带来利好？甚至成为一些城市房地产去库存的助推？这种利好是否也存在抵消因素，比如，此次《方案》要求"大中城市均不得采取购买房屋、投资纳税等方式设置落户限制"。

胡敏：政策的初衷当然有利于化解目前三四线城市的房地产去库存，但现实往往不能达到政策的预期效果，主要原因还是目前不同类型城市资源集中度差异太大，大部分三四线城市在产业发展支撑与后劲、城市公共服务供给能力和水平、市镇基础设施建设配套等许多方面都还很不足，所以大部分非户籍人口进城目标是一二线城市或者具有发展潜能的三线城市。

解决这个问题的核心，是需要进一步加快交通通信基础设施建设，延长产业链和区域链，加大城市群发展，进一步纾解中心城市非核心功能向周边区域延伸，形成点线面的区域发展新格局，进一步加快统筹城乡发展，促进公共服务均等化。

商事制度改革：稳中有进
尚需深化*

在"五证合一、一照一码"改革全面实施两周后，国务院常务会议部署持续深化商事制度改革，更大降低创业创新制度性成本。李克强总理表示："进一步深化商事制度改革，扫除妨碍创业创新的制度羁绊，可以更大激发社会创造活力，促进扩大就业。"

商事制度改革不断深化，换来的是市场活力的全面迸发。一大批生机勃勃的新企业，不仅促进了就业增长，缓解和对冲了经济增长下行压力，对经济增长发挥着结构性作用，而且还带动了新产业、新业态、新模式的蓬勃发展，充分释放出改革创新的积极成效和巨大潜力。

商事制度改革进展迅速成效显著

"大力推进商事制度改革，改善了市场环境，创新了市场监管体制，激发了市场活力。"国家行政学院研究员胡敏在接受《中国经济时报》记者专访时表示。

在胡敏看来，本届政府以转变政府职能、大力推进行政审批制度改革为抓手，在营商领域开启商事制度改革，这几年不仅进展迅速，而且成效显著。具体表现在以下三个方面：

第一，通过深化商事制度改革，市场准入环境、市场竞争环境、市场消费环境三大环境大为改善。工商部门以改革工商登记为切入点，减少行政审批，降低准入门槛。近年来，全面实施了"三证合一、一照一码"改革，推进名称登记制度改革，放宽企业住所条件改革，开展简易注销试点，深化"先照后证"改革，积极支持小微企业发展，相关改革也顺利推进。在全面实施"三证合一"改革的基础上，2016年10月1日起，又进一步在全国全面实施"五证合一、一照一码"登记制度改革，从而将更多涉企证照与营业执照整合，切实压减准入环

---

* 本文原载《中国经济时报》2016年10月19日，记者：吕红星。

节，提高审批效率，减少百姓办事环节和减少创办企业的制度性成本；同时，还大力推进运用"互联网+"，在全国推进企业网上办理登记，鼓励有条件的地方对企业登记全程电子化先行先试，着力形成具有国际竞争力的营商环境。

第二，通过深化商事制度改革，变事前审批为事中、事后监管，创新了监管理念和监管方式，优化了政府服务。工商部门坚持宽进与严管相结合，完善以企业信用为核心的新型监管制度，探索建立新型监管模式。建立了企业信用信息公示制度、企业经营异常名录制度、失信企业联合惩戒机制。让信用创造财富，使违规企业一处违法、处处受限，从而提高了企业信用信息透明度，降低市场交易成本，提高经济运行效率。同时，还加强竞争执法和重点领域市场监管执法工作，严厉打击各类不正当竞争行为，加强网络市场监管，创新消费维权机制，以维护全国统一大市场，维护公平竞争的市场秩序。

第三，通过深化商事制度改革，充分激发了微观市场主体的创业创新活力，为经济持续发展提供新的动力。商事制度改革推动我国新设立的市场主体"井喷式"增长，成为我国经济发展中的一大亮点。根据国家工商部门的统计数据，2015 年，全国新登记市场主体 1479.8 万户，其中，企业 443.9 万户，比 2014 年增长 21.6%，平均每天新登记企业 1.2 万户，比 2014 年平均每天 1 万户有明显提高，而改革前平均每天是 6900 户。2016 年上半年，全国新设市场主体 783.8 万户，比 2015 年同期增长 13.2%，平均每天新登记超过 4 万户。全国新登记企业 261.9 万户，增长 28.6%。特别是第二季度连续 3 个月较快增长，新登记企业 155.6 万户，形成商事制度改革以来的一个高潮。

中国科协组织的第三方评估显示，2015 年商事制度改革推动 GDP 增长 0.4%。

营商便利程度有待进一步优化

据记者了解，世界银行每年都发布"年度营商环境报告"。该报告设计了一个营商便利度指数，其中还分项设立了开办企业、办理施工许可证、获得电力、登记财产、获得信贷、保护少数投资者、纳税、跨境贸易、执行合同、破产保护 10 项小指标，对 189 个国家或经济体进行总指数排名，分项也予以排名，营商便利度指数是一个综合评价结果。

按照公布的年度报告结果，2013 年内地排名是第 96 位，2014 年排名是第 90 位，2015 年排名是第 84 位，目前排名已经超过了中位数。

但胡敏提醒，如果再细看国别类型和分项指标计值，我国也仅排在亚洲、非洲、中东、南美等一些市场经济不是很发达的国家之前，发达市场经济国家和经济体的营商环境都远远高于中国内地；进一步看分项指标排名，我国也仅有注册资产、获得信贷、合同执行和破产保护几个指标排在中位数之上，其他指标计值仍然比较靠后。

以《2014 年全球营商环境报告》的数据为例，我国内地综合排名居于第 96 位，10 个分项排名分别为：设立企业居第 158 位、获得建设许可居第 185 位、电力建设居第 119 位、注册资产居第 48 位、获得银行信贷居第 73 位、投资者保护居第 98 位、税收居第 120 位、跨境贸易居第 74 位、合同执行居第 19 位、破产保护居第 78 位。

"这说明除了注册资产、获得信贷、跨境贸易、合同执行和破产保护几个指标超过平均水平，内地在设立企业、建设许可、电力建设、纳税和保护少数投资者等方面，与发达经济体的市场化程度和营商便利方面尚有不小的改革改善空间。"胡敏表示。

在胡敏看来，"稳中有进，向好还需努力"是对中国内地当前营商便利程度的中肯评价。

事中和事后监管方式创新极为重要

2016 年的《政府工作报告》明确提出，要创新事中、事后监管方式，全面推行"双随机、一公开"监管，随机抽取检查对象，随机选派执法检查人员，及时公布查处结果。

"实行'先照后证'改革后，虽然大幅度提高了效率，但社会普遍反映领照容易、领证难，大量后置审批明显过多，政府对微观经济干预过多，依然限制着百姓投资创业，成为下一步改革的重点。"胡敏表示。

在胡敏看来，目前仍然存在着行政审批过多的问题，对于一些涉及人民生命财产安全、国家安全的行业，在有些方面监管条件不具备或者企业的信用程度不够的时候，还需要严格审批。因此，要做到真正像一些市场经济比较发达的国家那样，大幅度地减少行政审批，还必须和事中、事后监管配合起来，增强企业的社会信用程度。这就必须进一步完善全国企业信息系统，能够实现跨部门联合检查，通过信息化手段将检查结果共享，既能节约一定的行政成本，也有利于为企业营造一个良性发展的生态环境。

记者了解到，虽然目前商事制度改革取得突破性进展，但改革任务远没有结束。目前存在着较为突出的问题是，重准入轻监管、重管制轻服务、重权力轻责任、许可事项多、审批周期长、企业注册难、行政职责不清、监管越位错位、社会自律机制欠缺等。

对此，国务院常务会议提出，要创新事中事后监管，推动企业信息共享交换和互认互用。在各部门单独实施"双随机、一公开"检查的基础上，加快推动跨部门联合检查方式，减少对企业的不合理干扰，从而提升监管的公平性、规范性和有效性，减轻企业负担和减少权力寻租事件。

"解决这个问题的深层次矛盾还是要切实转变政府职能，把'放管服'结合好，进一步深化行政管理体制，促进经济发展、释放市场活力、实现社会公平公正。"胡敏强调。

循着发展的逻辑——一个经济学人的时事观察（2016—2020）

量合预期　质更关键[*]

——前三季度国民经济运行述评

国家统计局于 2016 年 10 月 19 日公布了 2016 年前三季度国民经济运行状况：我国国内生产总值完成 529971 亿元，同比增长 6.7%，第一季度同比增长 6.7%，第二季度增长 6.7%，第三季度增长 6.7%。2016 年前三季度国内经济增长率很鲜明地呈一条直线，数字均指向 6.7%，用"平稳"刻画这一态势再恰当不过。国家统计局新闻发言人更是用了 4 个关键词来描述这种"平稳"，即"总体平稳、稳中有进、稳中提质、好于预期"。

2016 年是"十三五"规划纲要实施的开局之年，也是大力推进供给侧结构性改革的关键之年，2016 年《政府工作报告》第一次确定将年经济增长定位在一个区间，即 6.5%~7%。经过各方面的艰苦努力，即使第四季度经济运行可能还会出现一些不确定因素，最终实现全年区间增长目标应该是胸有成竹。

6.7% 的经济增长速度不仅符合预期，更蕴含着一系列经济结构优化方面质的提升，也体现出前三季度经济运行的一些亮点。

工业向中高端迈进第三产业成拉动主力

前三季度的高技术产业增加值、装备制造业增加值分别比规模以上工业快 4.6 个和 3.1 个百分点。上半年规模以上工业增加值同比增长 6.0%，前三季度工业增长 6.1%，进入第三季度以后，工业用电量、发电量、货运量等指标和工业生产企业效益明显好转。1~8 月规模以上工业企业利润同比增长 8.4%，经济运行质量不断提升，前三季度单位 GDP 能耗也连续下降。

前三季度第一、第二、第三产业同比分别增长 3.5%、6.1%、7.6%。第三

---

[*]　本文原载《中国青年报》2016 年 10 月 24 日。

季度第一产业和第三产业同比分别增长 4.0% 和 7.6%，增速分别比第二季度增加 0.9 个和 0.1 个百分点。前三季度，服务业增加值占国内生产总值的比重为 52.8%，高于第二产业 13.3 个百分点，比 2015 年同期提高 1.6 个百分点。前三季度居民消费价格 CPI 同比上涨 2.0%，物价涨势一直保持总体温和。特别是工业品出厂价格 PPI 降幅不断收窄，9 月首次由负转正，结束了连续 54 个月同比持续下降的局面，体现工业领域的供求关系发生实质性变化。

内需成为拉动增长的关键

前三季度的最终消费支出对经济增长的贡献率达到 71%，同比大幅提高 13.3 个百分点。人均收入与人均 GDP 增长基本同步，体现于居民在消费领域的支出持续增长，也意味着需求结构朝好的方向发展。前三季度城镇新增就业 1067 万人，也提前一个季度完成全年预期目标。9 月，31 个大城市的城镇调查失业率低于 5%，这是自 2013 年 6 月以来首次低于 5%。

2016 年以来，民间投资一度出现断崖式下跌，但在政府连续出台促进民间投资健康发展若干政策措施，坚决破除制约民间投资增长制度的限制后，到 9 月，民间投资同比增长 4.5%，增速较上月加快 2.2 个百分点，已连续两月出现回升，体现了政策积极效应和民间资本对经济预期开始转好。

特别是，以新产业、新技术、新商业业态、新模式、新产品、新服务等为代表的新经济新动能保持较快增长。比如，网上零售额前三季度增长 26.1%；新能源汽车前三季度增长 83.7%；在 "大众创业、万众创新" 推动下，2016 年日均新登记企业 1.46 万家，比 2015 年同期每天增加 2000 家左右；战略性新兴产业、高技术产业保持 10% 以上增速。

供给侧结构性改革取得积极进展

"三去一降一补" 取得实效：前三季度原煤产量同比下降 10.5%；8 月末规模以上的工业企业产成品存货连续 5 个月同比下降，9 月末商品房待售面积连续 7 个月减少；企业成本和资产负债率都是下降的；环境保护、农林水和基础设施等方面的投资增速都比较快。总体上看，前三季度国内经济增长不仅符合预期，经济增长的质量也在不断改善；经济运行绩效也打消了某些方面对 2016 年经济下滑会不会过快的担忧。

长期的 L 型增长

由于趋势性、结构性、周期性矛盾相互叠加，国内经济发展不平衡、不协调、不可持续的问题依然突出，尤其表现在经济增长下行压力仍大、增长动能不足、经济运行面临产能过剩与有效供给不足、物价指数相对平稳但资产价格上升过快、消费市场基本稳定但通胀预期有所抬头、固定资产投资增减不一、类别有轻有重、资产投机加杠杆与化解企业债务去杠杆并存、进出口贸易降速趋缓币值稳定压力大、国企经营效率不高财政税收增速趋缓、去产能去库存与稳增长稳就业、融资难融资贵与财政金融风险上升等两难多难问题。早在 5 月《人民日报》记者采访"权威人士"时，"权威人士"对今后一个相当长时期经济增长态势作出了一个预判，即长期的 L 型增长，而不是近来有些媒体人士所言的 L 型拐点已经到来。

2016 年经济增长保稳的格局是最理想的运行态势。下一步仍然要认真贯彻落实新发展理念，积极适应引领发展新常态，坚持稳中求进工作总基调，适度扩大总需求，坚定不移推进供给侧结构性改革，稳定政策、稳定信心、稳定良好发展预期，加快实现新旧动能转换，在稳增长格局下，为推进供给侧结构性改革、实现经济增长的新旧动能转换赢得时间和空间。

人民币不具有
大幅贬值空间*

2016 年 10 月第三周，人民币兑美元呈加速贬值态势。

从 2016 年 10 月 10 日，人民币中间价跌破 6.70 这一此前的心理关口后，一直逐步下行，到 10 月 21 日，人民币中间价更是跌至 6.7558。这样，从国庆节后至 10 月 21 日，人民币兑美元中间价累计下跌幅度达 780 点，为近几个月来最大下调幅度。与此同时，21 日，人民币在岸汇率、人民币离岸汇率也双双大跌，在岸人民币兑美元失守 6.75 关口，离岸人民币兑美元跌破 6.76 关口，刷新近 6 年新低。如果从 2016 年初至今，人民币年化汇率已贬值逾 10 这也是 2015 年"8·11"央行主动实施人民币贬值以来的第四次快速下跌。

这次人民币加速贬值，表面上看，是 2016 年 10 月上旬受美联储加息预期升温推动美元汇率走强的市场影响，包括人民币在内的多国币值都出现了对美元的贬值态势。按照国家外汇管理局新闻发言人的说法，在全球货币普跌的态势下，人民币相对其他国家的货币，跌幅尚不算大。10 月以来（截至 10 月 20 日），美元指数累计上涨 3%，受此影响全球主要发达和新兴市场货币普遍下跌，欧元、英镑和日元兑美元汇率累计分别贬值 2.8%、5.6% 和 2.5%，JP 摩根 EMCI 新兴市场货币指数下跌 0.3%，超过 100 种货币对美元有不同程度的贬值。同期，人民币兑美元汇率中间价和境内外市场汇率累计分别下跌 0.8%、1% 和 1.1%，跌幅在全球范围内并不大。同时，虽然人民币兑美元双边汇率有所贬值，但对一篮子多边汇率却是升值的。

这位国家外汇管理局新闻发言人还从前三季度我国外汇收支情况和跨境资本流动情况，以及 2016 年 10 月 1 日人民币加入 SDR 正式生效，体现国际社会对中国经济和金融改革发展成就的认可角度分析指出，人民币汇率继续实行以市场供求为基础、参考一篮子货币、有管理的浮动汇率制度，在可预见的未来，加大参

---

* 本文原载《东莞日报》2016 年 10 月 24 日。

考一篮子货币的力度，保持一篮子货币汇率的基本稳定，是人民币汇率形成机制的主基调，人民币币值稳定是有基础的。

而就在 2016 年 10 月 19 日，国家统计局公布了前三季度国内生产总值保持6.7% 的稳定增长，一系列经济指标也显示，前三季度我国经济运行总体平稳，而且稳中有进、稳中提质、好于预期，这也为人民币汇率在合理、均衡水平上保持基本稳定提供了支撑。

不过，经济数据同时透露，第三季度由于国内房地产投资受不断上涨的一二线城市房价爆发性上涨的影响，呈加快增长态势，并直接对 GDP 增长贡献近 1个百分点。也就是说，以房地产为代表的资产价格上涨支撑了稳增长，其他的实体经济增长被进一步挤出，体现市场内在经济动力的民间投资增速并没有出现显著增长。为此，市场普遍担心，国内政策面一方面要防止刺破资产泡沫加速经济下行，另一方面又要保币值稳定，防止国内资本大幅流出，政策面就此陷入了"保房价"还是"稳币值"的两难境地。事实上，从 2015 年以来，我国外汇储备减少速度比较惊人，不到一年时间，外储已从 3.9 万亿美元跌至目前 3.1 万亿美元，减少了 8000 亿美元。9 月国内结售汇逆差又高达 1897 亿元，是 8 月的 3倍，已出现了大规模的资金外流潮。

但只要我们再结合 10 月 6 日在华盛顿举行的 G20 财长和央行行长会议上，中国央行行长周小川作出"中国将进一步推进利率自由化与人民币汇率制度改革，将坚定不移地继续推进汇率市场化改革，并努力在提高汇率灵活性和保持汇率稳定之间寻求平衡"的表态，我们似乎又可以体会到，我们在推进人民币汇率市场化改革方向上是既有底气，也有心理防线的。

其实，在国内资产泡沫客观存在的情况下，我们需要人民币在可控情况下进行小幅贬值。如果说，2015 年"8·11"，中国央行是不惜牺牲一些外汇储备主动干预市场，那么这一次，我们更多的是顺应大势，完全使用市场化的方式，在市场不确定因素的扰动下，我们不做主动干预，"试水"下人民币可能的贬值幅度，央行就是要切实看一看，人民币按照市场的内生力量其究竟会贬值到哪里，结果，在岸人民币兑美元汇率和离岸人民币兑美元汇率几乎保持同幅度的下行，跌破 6.76。这事实上也是另一层面的政策主动作为。

现在，虽已有一些舆论开始"放风"，言称人民币下一个贬值台阶可能是7.3，甚至破 8。不过笔者并不如此悲观。理由有四：一是国内经济在 L 型轨迹上保持区间增长，未来三四年，6.5% 增长底线不会跌破；二是经常项目会随着贸易形势改观保持顺差压力不大，资本项目不会很快开放，这封杀了贬值下限；三是我国外储还有约 1 万亿美元的腾挪空间，币值至多还有 10% 贬值空间；四是人民币已经"入篮",未来海外资产配置会越来越多增强对人民币资产需求,这终将构成人民币的长期利好。

筑牢党的政治根基*

——开启全面从严治党的历史新征程

党的十八届六中全会于 2016 年 10 月 27 日在京闭幕。全会高度评价全面从严治党取得的成就，认为党的十八大以来，以习近平同志为核心的党中央身体力行、率先垂范，坚定推进全面从严治党，坚持思想建党和制度治党紧密结合，集中整饬党风，严厉惩治腐败，净化党内政治生态，党内政治生活展现新气象，赢得了党心民心，为开创党和国家事业新局面提供了重要保证。

刚刚闭幕的中国共产党第十八届六中全会是在我国全面深化改革、决胜全面小康的关键时刻召开的一次十分重要的会议。全会全面分析党的建设面临的形势和任务，系统总结的十八大以来全面从严治党的理论和实践，就新形势下加强党的建设作出新的重大部署，审议通过了《关于新形势下党内政治生活的若干准则》和《中国共产党党内监督条例》，充分体现了党中央坚定不移推进全面从严治党的坚强决心和历史担当，对确保党始终成为中国特色社会主义事业的坚强领导力量，意义重大，影响深远。

从严治党必须从党内政治生活严起

党的十八届六中全会（以下简称"六中全会"）全面总结了我们党开展党内政治生活的历史经验，分析了全面从严治党面临的形势和任务，认为办好中国的事情，关键在党，关键在党要管党、从严治党。党要管党必须从党内政治生活管起，从严治党必须从党内政治生活严起。

在 1980 年，我们党通过了一部《关于党内政治生活的若干准则》，2003 年也

---

* 本文原载《中国青年报》2016 年 10 月 31 日，同时接受人民网记者万鹏采访，以《十八届六中全会公报对中国共产党执政能力提升有哪些方面的影响？》和《六中全会公报在思想政治建设方面或者增强理想信念方面有何安排？》为题刊发于人民网。

通过了一部《中国共产党党内监督条例》。随着党情、世情、国情的深刻变化，为更好进行具有许多新的历史特点的伟大斗争、推进党的建设新的伟大工程、推进中国特色社会主义伟大事业，经受"四大考验"、克服"四种危险"，必须制定适应新形势下能够提升这个世界第一大执政党执政能力的党内政治生活准则和党内监督条例，这充分体现了党的创新与时俱进和加强党的建设的历史担当。

六中全会站在新的起点上，提出新形势下加强和规范党内政治生活，是要着力增强党内政治生活的政治性、时代性、原则性、战斗性，着力增强党自我净化、自我完善、自我革新、自我提高能力，着力提高党的领导水平和执政水平、增强拒腐防变和抵御风险能力，着力维护党中央权威、保证党的团结统一、保持党的先进性和纯洁性。这"四个着力"既是对《中国共产党章程》的根本遵循，也是新形势下坚持中国共产党的政治路线、思想路线、组织路线、群众路线的内在要求，将有利于在新的历史时期在全党形成又有集中又有民主、又有纪律又有自由、又有统一意志又有个人心情舒畅生动活泼的政治局面。

六中全会全面阐释了新形势下加强和规范党内政治生活的首要任务、根本保证、重要目的、根本要求、组织制度保障、重要对象、重要内容和载体、手段、任务和举措等，概括起来就是"强基""固本""立规""设防"。

一是"强基"。就是指强化思想信念基础、基本路线基础、政治面貌基础。中国共产党是马克思主义政党，共产主义远大理想和中国特色社会主义共同理想，是中国共产党人的精神支柱和政治灵魂，也是保持党的团结统一的思想基础。六中全会提出，全党必须把坚定理想信念作为开展党内政治生活的首要任务。全党同志必须把对马克思主义的信仰、对社会主义和共产主义的信念作为毕生追求，坚定对中国特色社会主义的道路自信、理论自信、制度自信、文化自信。

如何彰显理想信念的强大力量呢？六中全会强调，首先是抓学习。要求党的各级组织必须坚持不懈抓好理论武装，广大党员干部特别是高级干部必须自觉抓好学习、增强党性修养。其次是见行动。就是全党同志必须全面贯彻执行党的基本路线，把以经济建设为中心同坚持四项基本原则、坚持改革开放这两个基本点统一于中国特色社会主义伟大实践，任何时候都不能有丝毫偏离和动摇；必须把坚持党的思想路线贯穿于执行党的基本路线全过程，在实践中检验真理和发展真理，不断推进马克思主义中国化。最后是践制度。要按照党章要求，全体党员干部特别是高级干部必须增强党的意识，时刻牢记自己的第一身份是党员。要坚持"三会一课"制度，坚持民主生活会和组织生活会制度，坚持谈心谈话制度，坚持对党员进行民主评议。领导干部必须强化组织观念，工作中的重大问题和个人有关事项必须按规定按程序向组织请示报告。

二是"固本"。就是指党性和人民性的高度统一。六中全会强调，我们党来自人民，失去人民拥护和支持，党就会失去根基。必须把坚持全心全意为人民服务的根本宗旨、保持党同人民群众的血肉联系作为加强和规范党内政治生活的根本要求。如何做到？六中全会指出，全党必须贯彻党的群众路线，为群众办实事、解难事，当好人民公仆；要坚持问政于民、问需于民、问计于民；必须坚决反对形式主义、官僚主义、享乐主义和奢靡之风。

三是"立规"。就是制定一部适应新形势下党内政治生活的准则并严格执行。六中全会指出，党要管党必须从党内政治生活管起，从严治党必须从党内政治生活严起。全党同志讲政治规矩，就是要坚决维护党中央权威、保证全党令行禁止。全党必须自觉在思想上、政治上、行动上同党中央保持高度一致，做到党中央提倡的坚决响应、党中央决定的坚决执行、党中央禁止的坚决不做。全党必须严明党的纪律，把纪律挺在前面，用铁的纪律从严治党。党的各级组织必须担负起执行和维护政治纪律和政治规矩的责任，坚决防止和纠正执行纪律宽松软的问题。全党要坚持民主集中制、开展党内民主、坚持正确选人用人导向、严明党的组织生活、自觉开展批评和自我批评。

四是"设防"。就是指必须加强党内监督和对领导干部的监督，党内不允许有不受制约的权力，也不允许有不受监督的特殊党员。要完善权力运行制约和监督机制，形成有权必有责、用权必担责、滥权必追责的制度安排。要把建设廉洁政治，坚决反对腐败作为加强和规范党内政治生活的重要任务，筑牢拒腐防变的思想防线和制度防线，着力构建不敢腐、不能腐、不想腐的体制机制。要坚持党内监督和人民群众监督相结合，把信任激励同严格监督结合起来。强化自上而下的组织监督，改进自下而上的民主监督，发挥同级相互监督作用。要建立健全党中央统一领导，党委（党组）全面监督，纪律检查机关专责监督，党的工作部门职能监督，党的基层组织日常监督，党员民主监督的党内监督体系。

规范党内政治生活突出关键的少数

可以注意到，六中全会强调全面从严治党，突出的一个重要对象就是各级领导机关和领导干部，特别是高级领导干部。这是"关键的少数"。

全会强调，新形势下加强和规范党内政治生活，重点是各级领导机关和领导干部，关键是高级干部特别是中央委员会、中央政治局、中央政治局常务委员会的组成人员。高级干部特别是中央领导层组成人员必须以身作则，模范遵守党章党规，严守党的政治纪律和政治规矩，坚持不忘初心、继续前进，坚持率先垂范、以上率下，为全党全社会作出示范。

为此，在思想路线上，强调领导干部特别是高级干部要以实际行动让党员和群众感受到理想信念的强大力量。

在政治路线上，强调党员、干部特别是高级干部在大是大非面前不能态度暧昧，不能动摇基本政治立场，不能被错误言论所左右。党的各级组织、全体党员特别是高级干部都要向党中央看齐，向党的理论和路线方针政策看齐，向党中央决策部署看齐。

在组织路线上，要坚持纪律面前一律平等，遵守纪律没有特权，执行纪律没有例外，党内决不允许存在不受纪律约束的特殊组织和特殊党员。

在群众路线上，各级领导干部必须深入实际、深入基层、深入群众，多到条件艰苦、情况复杂、矛盾突出的地方解决问题，千方百计为群众排忧解难。决不允许在群众面前自以为是、盛气凌人，决不允许当官做老爷、漠视群众疾苦，更不允许欺压群众、损害和侵占群众利益。对一切搞劳民伤财的"形象工程"和"政绩工程"的行为，要严肃问责追责，依纪依法处理。

六中全会还强调，党内监督的重点对象是党的领导机关和领导干部特别是主要领导干部。中央委员会、中央政治局、中央政治局常务委员会和党的各级委员会作出重大决策部署，必须深入开展调查研究，广泛听取各方面意见和建议。任何人都不准把党的干部当作私有财产，党内不准搞人身依附关系。规范和纯洁党内同志交往，领导干部对党员不能颐指气使，党员对领导干部不能阿谀奉承。领导干部特别是高级干部必须带头从谏如流、敢于直言。党的各级组织和领导干部必须在宪法法律范围内活动，决不能以言代法、以权压法、徇私枉法。各级领导干部是人民公仆，没有搞特殊化的权利，要带头执行廉洁自律准则，自觉同特权思想和特权现象作斗争，注重家庭、家教、家风，教育管理好亲属和身边工作人员。党内监督没有禁区、没有例外等。

六中全会强调，加强和规范党内政治生活、加强党内监督是全党的共同任务，更要求各级党委（党组）要全面履行领导责任，着力解决突出问题，这样才能把加强和规范党内政治生活、加强党内监督各项任务落到实处。

坚决维护中央权威核心至关重要

六中全会一个突出的亮点就是明确了习近平同志的领导核心地位。全会强调指出，一个国家、一个政党，领导核心至关重要。

我们这样的大国、大党，要凝聚全党、团结人民、战胜挑战、破浪前进，保证我们党始终成为坚强有力的马克思主义执政党、始终成为中国特色社会主义的坚强领导力量，党中央、全党必须有一个核心。

党的十八大以来，习近平总书记带领全党全军全国各族人民开创了中国特色社会主义伟大事业和党的建设新的伟大工程新局面，在改革发展稳定、内政外交国防、治党治国治军等方面取得了一系列具有重大现实意义和深远历史意义的成就，实现了党和国家事业的继往开来。在党的建设上，以习近平同志为核心的党中央身体力行、率先垂范，坚定推进全面从严治党，坚持思想建党和制度治党紧密结合，集中整饬党风，严厉惩治腐败，净化党内政治生态，党内政治生活展现新气象，赢得了党心民心，为开创党和国家事业新局面提供了重要保证。事实上，习近平总书记在新的伟大斗争实践中已经成为党中央的核心、全党的核心。

这次全会，正式提出"以习近平同志为核心的党中央"，反映了全党全军全国各族人民的共同心愿，是党和国家根本利益所在，是坚持和加强党的领导的根本保证，是进行具有许多新的历史特点的伟大斗争、坚持和发展中国特色社会主义伟大事业的迫切需要。这对维护党中央权威、维护党的团结和集中统一领导，对全党全军全国各族人民更好凝聚力量抓住机遇、战胜挑战，对全党团结一心、不忘初心、继续前进，对保证党和国家兴旺发达、长治久安，具有十分重大而深远的意义。

全党同志必须紧密团结在以习近平同志为核心的党中央周围，全面深入贯彻本次全会精神，牢固树立政治意识、大局意识、核心意识、看齐意识，坚决维护党中央权威和集中统一领导，继续推进全面从严治党，共同营造风清气正的政治生态，确保党团结带领人民不断开创中国特色社会主义事业新局面。

6.7%，平稳增长究竟意味着什么？*

国家统计局公布了 2016 年前三季度国民经济运行情况，究竟怎么看这个 6.7%，数据背后究竟意味着什么呢？

平稳之中显亮点

2016 年《政府工作报告》第一次确定将年度经济增长定位在一个区间，即 6.5%~7%。应该说，在年初说要实现这个区间目标，多少内心有些"打鼓"，但经过各方面艰苦努力，前三季度国内经济增长实现了 6.7% 的平稳增长，这就基本打消了某些方面对 2016 年经济下滑会不会过快的担忧。

其实，在 6.7% 的经济增长速度符合预期、好于预期之中，更可贵的是，这个数字背后还蕴含着一系列经济结构优化的质的提升，根据国家统计局公布的数据，前三季度经济运行中也显现出这样一些亮点。

一是从生产端看，第三产业平稳较快发展对稳增长发挥了重要作用。前三季度，第三产业增加值分别同比增长 7.6%、7.5% 和 7.6%，对经济增长的贡献分别为 62.6%、59.7% 和 58.5%。服务业增加值占国内生产总值的比重目前达到 52.8%，高于第二产业 13.3 个百分点。服务业发展比工业更加稳定，在服务业对经济增长的贡献率较高且保持平稳较快发展态势下，整个经济运行的稳定性就得到了相应提高。

二是从需求端看，消费需求成为促进经济稳定增长的主动力，最终消费支出成为经济增长的最主要贡献力量。第一季度、上半年和前三季度最终消费支出对经济增长贡献率分别达到 83.7%、73.4% 和 71%，第三季度同比又大幅提高 13.3 个百分点。尽管前三季度固定资产投资同比增长 8.2%，增速比上半年和第一季度有所回落，但缓中趋稳；前三季度全国进出口总额（人民币计价）虽同比下降 1.9%，但降幅比上半年和第一季度均收窄，其中，出口降幅收窄并在第三季度实现正增长。

---

* 本文原载《中国经济时报》2016 年 11 月 4 日。

消费具有较强的稳定性和黏性，消费增速稳中略升，就能增强经济增长的稳定性。前三季度城镇新增就业 1067 万人，也提前一个季度完成全年预期目标。9 月 31 个大城市的城镇调查失业率低于 5%，这是自 2013 年 6 月以来首次低于 5%。就业稳则收入稳，居民消费能力和消费预期也会稳，这都为增强消费拉动经济增长的基础性作用作出了重要贡献，也确保了前三个季度 GDP 同比增速保持持平。

三是从市场层面看，反映供求关系的物价水平基本平稳。前三季度居民消费价格 CPI 同比上涨 2.0%，物价涨势 2016 年以来一直保持总体温和。受供给侧结构性改革特别是去产能去库存外溢正效应显现、国际大宗商品市场回暖影响，市场供求矛盾有所缓解，工业领域供求关系发生积极变化。2016 年以来，工业生产者出厂价格同比降幅连续收窄，特别是 9 月 PPI 降幅首次由负转正，结束了连续 54 个月同比持续下降的局面，体现企业等市场主体对市场预期有所改善、经营压力有所减轻；表现到 GDP 增速核算上，扣除价格因素影响后，三个季度的实际增速保持了平稳。

四是从增长动能看，新经济新动能不断发育成长，传统动能加快调整改造，都对经济稳定增长发挥了至关重要的作用。随着 2016 年以来商事制度改革不断提速，大众创业、万众创新稳步推进，以新产业、新技术、新业态、新模式、新产品、新服务为代表的新经济新动能保持较快增长。新业态方面，网上零售额前三季度增长 26.1%。新产品方面，例如新能源汽车前三季度增长 83.7%。在"大众创业、万众创新"推动下，2016 年日均新登记企业 1.46 万家，比 2015 年同期每天提升 2000 家左右。战略性新兴产业、高技术产业保持 10% 以上的增长速度。经济发展中的新动能异军突起，不仅减缓了传统产业调整的影响，也为落后产能有序退出，助推产业结构转型升级释放了空间。新旧动能实现平顺转换，避免了经济运行的大起大落。

五是从改革层面看，供给侧结构性改革取得积极进展，"三去一降一补"初步取得成效。从去产能看，前三季度原煤产量同比下降 10.5%；从去库存看，8 月末规模以上的工业企业产成品存货连续 5 个月同比下降，9 月末商品房待售面积连续 7 个月减少。从降成本看，企业成本和资产负债率都在下降。从补短板看，环境保护、农林水和基础设施等方面投资增长速度都比较快。"三去一降一补"工作成效改善了市场供求，增强了发展信心，也有力地促进了经济稳定增长和转型升级。

总体上看，中国经济在上述多种因素作用下，增长保持平稳，结构发生了深刻的积极变化，在新旧动能加快接续转换中正在孕育着化茧成蝶的蜕变。特别是要看到，中国经济已经连续几年对世界经济增长贡献超过 30%，对世界贸易增长发挥着重要作用。2016 年 G20 领导人峰会聚焦"中国方案"，世界银行、国际货币基金组织一直保持对中国经济增长的向好评价，这是善意的信心，更是世界经济复苏的内在需要。因此，中国经济增长6.7%就具有了世界意义。

平稳下面有波澜

当然，也必须清醒地看到，在6.7%平稳增长的"水平面"下，是矛盾交织、波澜起伏。

比如，最引人注目的是2016年国内房市。由年初启动房地产去库存政策引致深沪京一线城市房价快速上涨，再蔓延到第三季度一二线城市"全面开花"，直至国庆后20多个城市重启"限购限贷政策"。2016年的汇市在年初有一轮兑美元快速贬值，到了10月国庆后又进入快速贬值通道，市场预期颇显担忧。资本市场上，股市一直在3000点艰难盘整，一度稳健的债券市场随着违约风险加剧和投资回报率走低也进入下行通道……

几大市场跌宕起伏的背后，显示着政策层面所面对的多个"两难"或"多难"。突出地表现在以下几方面：

一是稳增长与调结构的矛盾。在推动经济增长的"三驾马车"中，稳投资依然是稳增长的关键。1~9月固定资产投资增长8.2%，缓中趋稳。其中，前三季度，制造业投资仅增长3.1%，基础设施投资增长19.4%，占全部投资的比重为19.5%，拉动全部投资增长3.4个百分点；前三季度房地产开发投资同比增长5.8%，第三季度其对经济增长的贡献率更是在8%左右。一定意义上，2016年以来房地产对经济增长发挥了重要支撑作用，但长期看，经济增长显然不能只依赖房地产经济。与此同时，2016年民间投资一直表现为断崖式下跌，虽在政府连续出台促进民间投资健康发展若干政策措施后，9月民间投资增速出现了回升，但势头仍需观察。

二是降通缩与抑通胀的矛盾。在全球经济依然通缩的大背景下，2016年国内经济也面临总体通缩状态。长期通缩必然抑制经济增长，挫伤企业信心，遏制企业利润。为抑通缩，全球货币放水，资产价格陷入"泡沫式增长"，并带动大宗商品期货价格出现暴涨，尤其是原油价格，带动基础原材料价格的上涨，传导到国内就助推了第三季度以来有色金属、煤炭价格的上行，这给去过剩产能又增加了负担。更重要的是，这给未来通胀埋下了隐患。尽管国内居民物价指数CPI不反映资产价格增长，但2016年以来，银行信贷投放也居高不下，前三个季度新增信贷已经超过10万亿元，预计2016年超过14万亿元。大量的流动性陷入对资产价格的追逐，致使信贷资金大量"脱实向虚"，实体经济融资困难，虚拟经济泡沫增厚，居民部门生活成本不断增加，更是增加了通胀预期和消费焦虑。

三是去债务与加杠杆的矛盾。2016年以来国内非金融企业部门杠杆率还在加快上行，已经达到125万亿元人民币，差不多是GDP的两倍，许多制造业企业负债率超过70%，国内主要商业银行不良贷款率不断增加，去债务、去杠杆成为消除未来金融风险的重要手段。政府也出台了一系列鼓励实体部门去杠杆的政策措施，又重启了债转股试点，但如何真正履行市场化、法治化方式避免行政性手段还有待观察。与此同时，在房地产火爆和资产荒背景下，居民部门加杠杆速度不断抬升。2016年前三季度，狭义货币供应量M1和广义货币供应量M2就一直存在"剪刀差"，主要就是企业部门手持现金高企，居民房贷占新增银行贷款比过高。资产投机加杠杆与化解企业债务去杠杆并存、融资难融资贵与财政金融风险上升给财政政策与货币政策相机调控带来掣肘。

四是稳汇率与抑房价的矛盾。2016年以来汇市和房市急剧波动并相互交织。在人民币国际化进程中，2016年10月1日人民币成功进入IMF特别提款权篮子，客观上需要保持人民币汇率的稳定，并继续实行以市场供求为基础的、参照一篮子货币进行调节、有管理的浮动汇率制度，但在美元不断走强、未来加息预期增强的态势下，人民币兑美元保持贬值态势。与此同时，国内过量信贷潜在地推升了通胀预期和以房地产为代表的资产泡沫急速放大，引致跨境资本流动加快，外汇储备下降过多。稳汇率还是稳房价成为政策层面的棘手难题。

五是真放权与保干劲的矛盾。2016年以来，政府"放管服"改革继续推进，进一步对企业、社会、地方放权，释放了市场主体的积极性，但也要看到，由于权力下放和简政放权带来的权力利益调整，不少地方干部出现了工作懈怠、推诿现象。国务院2016年先后进行三次大规模专题工作督查，推动重大政策举措、重点投资项目、重要民生工程加快落地，但效果还需要观察。

根据上述分析，在政策层面"两难"或"多难"面前，能够在前三季度保持经济平稳增长也实属不易。

持续保稳须改革

当前国内外环境仍然错综复杂，不确定、不稳定因素较多，国内需求不振和产能过剩矛盾依然突出，转型升级和动能转换的任务繁重，经济下行的压力依然较大，经济稳定运行的基础尚不牢固，不能掉以轻心。今天中国经济运行中的矛盾和困惑是趋势性、结构性、周期性矛盾相互叠加，国内经济发展不平衡、不协调、不可持续问题交织的综合结果。

第三季度的这些数据的稳定性和持续性虽然有待进一步观察，但我们判断，未来经济走势进一步紧缩为Z型的可能性减小，走势稳定增长为L型的可能性大增，当然还难言走出反转复苏的U型。

下一步，政策上要坚定信心，保持定力，又要着眼长远，坚持底线思维，仍然要认真贯彻落实新发展理念，积极适应引领发展新常态，坚持稳中求进工作总基调，适度扩大总需求，坚定不移推进供给侧结构性改革，稳定政策、稳定信心、稳定良好发展预期，加快实现新旧动能转换，狠抓政策落实改革落地，更好地处理政府与市场的关系，充分发挥市场对资源配置的决定性作用，着力推进经济转型升级，着力加快创新驱动发展，巩固壮大积极变化，在稳增长格局下，为推进供给侧结构性改革、实现经济增长的新旧动能转换赢得时间和空间。

"蒜你狠"时隔六年卷土重来
蒜价"凶猛"为哪般?*

　　农产品大蒜连上新闻头条，大蒜价格 2016 年 10 月涨势"凶猛"。当前大蒜的市场价格已超过 2010 年末的一轮价格上涨水平。根据公开市场数据，截至 2016 年 10 月底，蒜头批发价已经突破 13.5 元/千克，蒜头和大蒜 2016 年涨幅分别高达 60% 和 69%。最近更呈急速上涨态势，创下历史新高。

　　蒜价何以"涨势凶猛"? 作为小小调味品的蒜头何以能搅动农产品市场，并再次成为公众和媒体关注的焦点?

价格波动和减产有关

　　任何商品的价格波动主要是供求关系变化的结果，大蒜也不例外。

　　根据近年大蒜价格走势图，2013 年中到 2015 年末，大蒜价格总体平稳，没有出现 2010 年和 2012 年的市场"蒜你狠"情况。2016 年春季之后，大蒜尤其是新蒜价格重回上涨通道，但其涨速之快，涨幅之大，超出人们预料。

　　最直接的原因是大蒜 2015 年以来的减产。据农业部对全国 580 个蔬菜重点县监测到的数据信息，由于 2013~2014 年大蒜价格相对低迷，全国大蒜 2015 年在田面积同比下降了 2.2%。其中，作为大蒜主产区的山东省金乡县，大蒜收获面积同比下降 14%，产量同比下降 4.7%。2016 年初，又受冬季寒潮和春季"倒春寒"等恶劣天气影响，大蒜自然减产较多。仅山东金乡地区大蒜产量 2016 年减产幅度就在 20% 左右，山东巨野县减幅达 22.71%，周边地区大蒜种植面积也都出现相应程度的下降。而山东地区的大蒜种植面积占全国种植面积的 30%，其减产对全国有直接影响。

　　还有一个重要原因就是生产成本的上升。根据有关资料，2016 年大蒜亩均生产总成本为 4272 多元，同比增幅 21%。各种种子费、化肥费、农药费、农膜费、排灌费、机械作业费、人工费用、土地成本费用均比 2015 年明显上涨，其

---

　　* 本文原载中新经纬 APP2016 年 11 月 9 日。

中的亩均种子费、机械作业费、人工费用、土地成本费用增幅分别为 43.39%、14.31%、11.34%、5.88%。尽管如此，由于蒜价上涨较快，2016 年比 2015 年蒜农的大蒜亩均净利润能多近 1700 元，增幅超过 100%。

在产量少、价格上行快的情况下，就形成了一个"棘轮效应"：蒜农明显惜售，希望价格再涨，利润更高；一些大蒜经纪人和大蒜储存商抬价收购、待价而沽，人为造成了大蒜价格连续上涨。于是，在 9 月和 10 月初蒜价稍稍在高位调整后，目前大宗价格就迅速涨至 13.7 元/千克。

游资炒作应警惕

值得关注的是，在目前资产荒、流动性相对充裕和投资渠道相对匮乏的背景下，一些从楼市、股市退出，不断巡游在市场上的投机资金始终在伺机寻找获利机会。目前可能有一些投机资金进入大蒜现货市场囤积居奇，这些游资会使用娴熟的金融炒作手法在大蒜市场上"翻手为云覆手为雨"。由于整个大蒜市场标的小、囤积资金有限，很容易为经纪商连同游资控盘操作。目前，我国农产品期货交易品中有大豆、玉米、小麦等国家储备品种，在遭到资金爆炒时，国家会将储备投放市场以平抑价格，因此套利空间较小。但像大蒜、绿豆这些非期货品种尚没有这方面储备。所以，一旦投机条件到来，它们很容易成为游资炒作的目标。

如果这些小宗农产品被游资把控，不仅会带来大量的市场投机，引起市场价格大起大落，更主要的是会扰乱蒜农们的生产和市场预期，最终给农户带来损失。

笔者以为，当下一方面要密切关注进出农产品市场的大额资金，对恶意收购者进行必要打击，防止哄抬价格、囤积居奇。另一方面要科学把握大蒜产业的基本生产特点和市场规律，加大对大蒜等小宗农产品生产的扶持力度，增强政策的前瞻性，稳定蒜农的市场预期，确保农户种植面积和产量的稳定，避免市场大起大落。

当然，大蒜价格的市场波动是否合理，判断的主要依据不应是涨跌的幅度，而是价格偏离价值的幅度。大蒜价格的涨跌有其内在市场规律，只要剔除了不合理的炒作成分，只要其价格的上行符合价值规律，并有利于激发蒜农的生产积极性、有利于蒜农劳动致富，我们理当抱着冷静平和的心态看待大蒜市场的涨跌。

纪律严明是前进的
重要保障*

　　党的十八届六中全会重申：纪律面前一律平等，遵守纪律没有特权，执行纪律没有例外。

　　党的十八大以来，我们党高举反腐败利剑，无论"打老虎"还是"拍苍蝇"，都揭开了一些腐败的党员干部"两面人"的面目。《永远在路上》揭示的贪腐案中，一些人当面一套、背后一套，对上一套、对下一套，党内一套、党外一套，表现出对党和人民的极不忠诚。

　　如何看待纪律严明在新形势下的重要意义？怎样促使纪律严明成为一种自上而下的政治生态？记者专访了国家行政学院胡敏研究员。

严明党的纪律是一种"必须"

　　在提到"纪律严明"时，党的十八届六中全会明确提出"必须严明党的纪律，把纪律挺在前面，用铁的纪律从严治党"，为什么强调"必须"？

　　胡敏分析，因为中国共产党是用革命理想和铁的纪律组织起来的马克思主义政党，组织严密、纪律严明是党的优良传统和政治优势，也是我们的力量所在。党的十八届六中全会强调"必须严明党的纪律"，理解这个"必须"，就是要牢牢扎紧党规党纪的笼子，把党的纪律刻印在全体党员特别是党员领导干部的心上，使每个党员都自觉守住不可触碰的纪律"底线"。

　　胡敏认为，落实"必须"，一是要切实捍卫纪律的严肃性和权威性，确保维护党中央权威，保证全党令行禁止，实现全党团结统一；二是要将严明纪律作为全面从严治党的一把尺子，使纪律成为带电的高压线，筑牢党风廉政建设和反腐败斗争的胜利成果；三是要促进全面从严治党不断走向制度化、规范化、法治化，增强党的凝聚力与战斗力，使党的各级组织成为坚不可摧的战斗堡垒。

---

　　* 本文原载《湖北日报》2016 年 11 月 10 日，记者：李思辉。

严明纪律表明党自我净化能力提高

胡敏谈到，党的十八届六中全会重申"纪律面前一律平等，遵守纪律没有特权，执行纪律没有例外，党内决不允许存在不受纪律约束的特殊组织和特殊党员"，这进一步明确了纪律的严肃性。"纪律面前一律平等，遵守纪律没有特权，执行纪律没有例外"的基本遵循，并不是特殊的或者过分的要求。近些年来，由于党内政治生活出现了失之于宽、失之于松、失之于软的问题，一些党员干部特别是高级领导干部反而视"特权"为"常态"、视纪律为"摆设"，将个人利益凌驾于党的利益和最广大人民群众的利益之上，沽名钓誉、贪图享乐、大肆索取、颐指气使乃至无法无纪，背离了入党誓言，忘记了党员这个第一身份。在推进党风廉政建设和反腐败斗争的强大威慑面前，就出现了所谓"官不好当了""做官风险大了"等不正常的心态，这本身是与党的宗旨和理想信念背道而驰的。

党的十八届六中全会强调全面从严治党，就是要进一步严明纲纪，全体党员和各级党组织必须回归到党的宗旨和理想信念上来，必须回归到党内正常、健康、有序的政治生活状态中来。严明纪律、反对特权，也传递出这样的信号：党的自我净化、自我完善、自我革新、自我提高能力进入了一个新的阶段，每个党员干部特别是领导干部必须自觉同特权思想和特权现象作坚决斗争。

忠诚老实应是每个党员的基本操守

党的十八届六中全会要求各级党组织和党员"对党忠诚老实、光明磊落，说老实话、办老实事、做老实人"，为什么把"老实"和"忠诚"放在一起讲？胡敏分析说，"老实"是"忠诚"的基础。作为党员干部要对党和人民的事业保持诚实，没有脱离"实"的"诚"，也没有"忠诚"下的"虚伪"。忠诚老实就是对政治纪律和政治规矩的严守，是每个党员的基本道德操守。

党的十八大以来，我们党高举反腐利剑，无论是"打老虎"还是"拍苍蝇"，都揭开了一些腐败党员干部甚至一些高级领导干部"两面人"的面目。《永远在路上》揭示高官贪腐案中，一些人当面一套、背后一套，对上一套、对下一套，党内一套、党外一套，表现出对党和人民的极不忠诚，既玷污了党的先进性和纯洁性，也突破了做人起码的底线。这深刻提醒我们"对党忠诚老实、光明磊落，说老实话、办老实事、做老实人"的极端重要性。

党的十八届六中全会公报特别强调："领导机关和领导干部不准以任何理由和名义纵容、唆使、暗示或强迫下级说假话。"胡敏认为，这有很强的针对性。从查处的一些曾经的高级领导干部违法违纪案中，都可以看出这类恶劣表现。其最大的危害就是严重损害党的形象和党的公信力，破坏党内政治生活规范，扰乱民心，对这样的现象我们绝不能姑息。

禁止阿谀吹捧是一种政治清醒

党的十八届六中全会公报明确提出："党内不准搞拉拉扯扯、吹吹拍拍、阿谀奉承。对领导人的宣传要实事求是，禁止吹捧"，对此该怎么理解？胡敏指出，历史上，阿谀吹捧的话常常令人迷失，是祸国的表现。而这样的事在我们党的历史上有深刻教训，严重损害了党的肌体，损害了党的凝聚力和战斗力，阻碍了党和人民的事业进程。

实事求是，是马克思主义活的灵魂，也是中国共产党的优良传统。回顾我们党的发展历程，不同的历史时期，党的方针政策虽会有所变动，但作为马克思主义政党，党始终把实事求是作为全党思想路线的核心内容。实践反复证明，坚持实事求是，就能兴党兴国；违背实事求是，就会误党误国。

胡敏分析认为，现代政党政治应有的政治生态就是干部清正、政府清廉、政治清明。党的十八大以来，习近平总书记就一直倡导净化党内政治生态，倡导清清爽爽的同志关系，规规矩矩的上下级关系。他指出，要激浊扬清，让党内正能量充沛，让歪风邪气无所遁形；要真正让那些忠诚、干净、担当的干部得到褒奖和重用，让那些阳奉阴违、阿谀逢迎、弄虚作假、不干实事、会跑会要的干部没市场、受惩戒。党的十八届六中全会进一步强调严肃党内政治生活，营造健康有序的党内政治生态将迈开新的步伐。

为推进全球互联网治理
贡献中国智慧[*]

第三届世界互联网大会于 2016 年 11 月 16~18 日在浙江乌镇举办。中国国家主席习近平通过视频发表了重要讲话。在短短的三百多字讲话中，习近平主席强调了互联网快速发展给人类的生产生活带来的深刻变化，再次重申了全球互联网发展治理的"四项原则"和"五点主张"，表达了中国政府愿同国际社会一道深化网络空间国际合作、携手构建网络空间命运共同体的良好愿望。

习近平主席的重要讲话，充分展现了对互联网时代发展大势的深刻洞察，反映了国际社会特别是广大发展中国家的共同心声，也为推进全球互联网治理贡献了中国智慧。

中国互联网发展成果充分彰显着中国智慧

顺乎时势、把握趋势、以变应变，既是中国智慧所在，也是这种智慧让互联网在中国得以深刻认识、创新发展、深度运用、合作共享。

互联网从 1994 年开始进入中国到如今在中国落地生根、快速发展，并一跃成为世界互联网大国，只不过 22 年时间。互联网助力中国经济、社会、政治、文化等领域实现了跨越式发展，以互联网为代表的数字经济，已经成为当今中国技术创新、服务创新、业态创新最为活跃的领域，对经济转型升级、社会文明进步、社会治理创新、民生福祉改善都产生了深远影响。互联网正在成为引领经济新常态下中国经济持续发展的新动力新引擎。

人们难以想象：一个东部省份的千年古镇因为互联网的广泛运用而名扬海内外，一个历经沧桑的东方小镇因为三届世界互联网大会的召开，被世界媒体誉为"世界互联网发展的中国范本""世界互联网进入'中国时间'"。

其背后彰显的是中国新一代领导人的远见卓识。党的十八大以来，以习近平同志为核心的党中央准确把握时代大势，积极回应实践要求，站在治国理政高度

---

* 本文原载中青在线 2016 年 11 月 17 日。

提出网络强国战略。习近平总书记深刻指出，"互联网是 20 世纪最伟大的发明之一""以互联网为代表的信息技术日新月异，引领了社会生产新变革，创造了人类生活新空间，拓展了国家治理新领域，极大提高了人类认识世界、改造世界的能力""当今世界，网络信息技术日新月异，全面融入社会生产生活，深刻改变着全球经济格局、利益格局、安全格局"。这些重要论述为中国网信事业发展提供了思想遵循。

其背后展现的是中国新一代创业者的创新活力。以马云、马化腾、李彦宏等为代表的新一代互联网企业家明星璀璨，在各自的互联网领域不断书写辉煌，展示变革世界的活力。相关研究报告显示，截至 2016 年 6 月，中国网民规模达 7.1亿，互联网普及率达到 51.7%，超过全球平均水平 3.1 个百分点。截至 2015 年，中国网络经济营收突破 1.1 万亿元，网络经济在国内生产总值中占比日益提升，并释放出互联网在中国的巨大红利。2016 年天猫"双 11"全球狂欢节，全天交易额逾 1207 亿元，比 2015 年增长 32.37%，掀起新一轮消费巨浪。互联网也为"大众创业、万众创新"的中国式创新提供了广阔的实践平台，催生出一大批具有发展前景的新业态、新产业、新商业模式。

其背后蕴含的是中国新经济新体制的无穷潜能。随着"互联网+"和"中国制造 2025"的出台，互联网加速与科技、产业、社会治理深度融合，改变着居民生活方式、消费方式乃至思维方式。发展互联网的有力政策推动着传统产业转型升级和新经济动能的尽情迸发。如今，互联网已日益成为人们学习、工作、生活的新空间，日益成为人们获取公共服务的新平台。"互联网+政务"也改变着政府管理社会的方式。

中国智慧尽显包容博大的胸襟和革故鼎新的禀赋，引领着 5000 多年文明史的古老中国，主动把握新一轮技术和产业革命的历史契机，以互联网为经济发展、技术创新、社会变革的新引擎，创造着新时代的竞争新优势。

新的发展理念破解发展难题厚植发展优势

互联网作为新生事物，当然在中国实践中也一样会遇到各种矛盾和挑战，需要正确的发展理念和发展路径。

党的十八届五中全会针对当代中国经济社会发展面临的新矛盾新挑战，提出创新、协调、绿色、开放、共享五大发展理念，并写入"十三五"规划纲要。习近平总书记在 2016 年 4 月 19 日召开的网络安全和信息化工作座谈会上明确指出，按照创新、协调、绿色、开放、共享的发展理念推动我国经济社会发展，是当前和今后一个时期我国发展的总要求和大趋势，我国网信事业发展也要适应这个大趋势，在践行新发展理念上先行一步。

创新发展之于互联网，就是要紧紧牵住核心技术自主创新这个"牛鼻子"。网络信息技术是全球研发投入最集中、创新最活跃、应用最广泛、辐射带动作用最大的技术创新领域，是全球技术创新的竞争高地。同世界先进水平相比，同建设网络强国战略目标相比，中国在很多方面还有不小差距。抓紧突破网络发展的前沿技术和具有国际竞争力的关键核心技术，加强关键信息基础设施安全保障，完善网络治理体系，构建安全可控的信息技术体系，才能掌握互联网发展主动权，保障互联网安全和国家安全，必须突破核心技术这个难题，才能根本摆脱核心技术受制于人的局面，实现"弯道超车"。

协调发展之于互联网，就是要做到网络安全和发展同步推进。习近平总书记指出，"古往今来，很多技术都是'双刃剑'，一方面可以造福社会、造福人民，另一方面也可以被一些人用来损害社会公共利益和民众利益"。树立正确的网络安全观，统筹把握国家安全与网络安全、网络安全与信息化发展、国内网络治理与国际合作等关系，加快构建关键信息基础设施安全保障体系，维护网络安全的全社会共同责任，才能让互联网造福国家和人民，才能有力推动互联网和实体经济深度融合发展，拓展经济发展的新空间。

绿色发展之于互联网，就是要还网络空间的天朗气清、生态良好，符合人民利益。习近平总书记指出，"网络空间是亿万民众共同的精神家园。网络空间天朗气清、生态良好，符合人民利益。网络空间乌烟瘴气、生态恶化，不符合人民利益。谁都不愿生活在一个充斥着虚假、诈骗、攻击、谩骂、恐怖、色情、暴力的空间"。互联网不是法外之地，因此要依法开展网络空间治理，加强网络伦理、网络文明建设，发挥道德教化引导作用，用人类文明优秀成果滋养网络空间、修复网络生态，让正能量更强劲、主旋律更高昂。

开放发展之于互联网，就是要深化互联网国际交流合作，积极参与全球互联网治理，习近平总书记指出，中国互联网发展，"一定要坚持开放创新，只有跟高手过招才知道差距，不能夜郎自大"。同时，要加快提升中国对网络空间的国际话语权和规则制定权，要理直气壮维护中国网络空间主权，并鲜明地提出了全球互联网发展治理的"四项原则"和"五点主张"，倡导尊重网络主权、构建网络空间命运共同体，被海内外称为国际互联网治理的中国方案。

共享发展之于互联网，就是要共治共享，网上网下形成同心圆。习近平总书记还特别要求，各级领导干部要学网、懂网、用网，积极谋划、推动、引导互联网发展。要通过网络走群众路线，善于运用网络了解民意、开展工作，让互联网成为了解群众、贴近群众、为群众排忧解难的新途径，成为发扬人民民主、接受人民监督的新渠道。

以五大发展理念为指引，正是新形势下我国互联网发展破解发展难题、厚植发展优势的正确方向和实践路径，更是中国互联网事业健康发展的必由之路。

互联互通共享共治成就网络空间治理方案

互联网的本质和价值在于互联互通。也正是这种无所不在的联通，全面融入了人类生产生活，深刻改变着全球经济格局、利益格局、安全格局，让世界真正成为你中有我、我中有你的地球村，成为休戚与共、命运攸关的共同体。

在网络空间成就了美丽新世界的同时，也充满未知的新变数。世界人民已清醒地看到，在互联网技术创新、社会应用及产业发展高歌猛进的同时，国际互联网发展还不平衡、规则不健全、秩序不合理；个人信息泄露、侵害个人隐私、侵犯知识产权、网络犯罪猖獗、网络攻击、网络恐怖主义等全球公害泛滥，不同国家和地区信息鸿沟不断拉大，现有网络空间治理规则难以反映大多数国家意愿和利益。

网络空间命运共同体，既是发展共同体、利益共同体，也是安全共同体、责任共同体，没有谁能够独善其身，也没有谁能置身事外。同一个网络，不同的命运，给人类社会带来的一系列新机遇和新挑战，也正是网络空间命运共同体要解决的紧迫问题。

面对互联网发展中的时代命题，迫切需要国际社会勠力同心、携手应对。只有牢固树立同舟共济、荣辱与共的命运共同体意识，精诚协作、群策群力，才能把互联网建设好、发展好。

在2015年第二届世界互联网大会上的讲话中，习近平主席提出了推进互联网国际治理体系变革的"四项原则"，构建网络空间命运共同体的"五点主张"，为互联网全球治理提供了中国方案。在2016年的世界互联网大会上，习近平主席发表视频讲话，进一步强调要"利用好、发展好、治理好互联网必须深化网络空间国际合作，携手构建网络空间命运共同体"。他提出的"平等尊重、创新发展、开放共享、安全有序"四大目标，不仅让互联网更好造福世界人民，也成为构建网络空间命运共同体的基本支柱。

2016年的互联网大会上，中国政府提出，要在完善治理规则、推动互联网治理体系变革方面深化合作；在促进互联网创新创造、实现共同发展方面深化合作；在加快网络普及、更好造福各国人民方面深化合作；在扩大网络交流、促进文明互鉴方面深化合作；在应对网络安全挑战、维护良好秩序方面深化合作。

在互联网开创了人类生活交互新纪元的今天，中国为全球互联网治理贡献了智慧，也承起了构建全球互联网新秩序的大国担当和责任。

政务公开重点在
落地、落细、落规范[*]

2016年11月10日，国务院办公厅印发了《〈关于全面推进政务公开工作的意见〉实施细则》（以下简称《实施细则》），要求对涉及特别重大、重大突发事件的政务舆情，最迟在5小时内发布权威信息，在24小时内举行新闻发布会，有关地方和部门主要负责人要带头主动发声。

在当今这样一个信息化社会，政务活动以及政务活动过程中产生的各种信息，不可避免要成为社会公众关切的重点对象，包括政府信息公开在内的政务公开工作，已成为一种只能不断推进，不能走回头路的硬任务。正如李克强总理在2016年10月31日召开的国务院常务会议上所说的那样："政务公开是政府必须依法履行的职责。只要不涉及国家安全等事宜，政务公开就是常态，不公开是例外。"

《实施细则》与《关于全面推进政务公开工作的意见》相比，有哪些不同？有哪些亮点？政务公开提速的深刻背景有哪些？针对这些问题，中国经济时报记者采访了国家行政学院研究员胡敏。

《实施细则》是以往政策的进一步延伸和扩展

中国经济时报：《实施细则》已经发布了，而早在2016年2月17日，中共中央办公厅、国务院办公厅就印发公布了《关于全面推进政务公开工作的意见》（以下简称《意见》）。你认为，《实施细则》与《意见》，甚至与2011年6月8日印发的《关于深化政务公开加强政务服务的意见》相比，有哪些不同？

胡敏：2016年初国务院出台的《意见》和《实施细则》是2011年6月8日出台的《关于深化政务公开加强政务服务的意见》的进一步延伸和扩展，是适应新形势下推进政府职能转变，加快建设服务型、法治型政府建设的必然要求。

我们简单回顾一下2016年不同时期出台的关于政务公开的这两份文件，可

---

* 本文原载《中国经济时报》2016年11月23日，记者：吕红星。

以很鲜明地发现，2016年2月17日的《意见》共5部分21条，突出了推进政务公开工作的"全面"性、操作方式的"规范"性和运行结果的"实效"性。

其"全面"性体现在，这次的《意见》强调政务公开的内容覆盖权力运行的全流程和政务服务的全过程，包括行政决策公开、执行公开、管理公开、服务公开和结果公开，进一步突出了"坚持以公开为常态、不公开为例外"这个原则。

其"规范"性体现在政府公开要依法依规，要把推进政务公开作为打造法治政府的立足点，突出政务公开各个环节的制度化、标准化、信息化，相应工作水平能有一个质的提升。

其"实效"性体现在政务公开是能够紧紧围绕经济社会发展和人民群众关注关切，体现以问题为导向，对政府自身工作来说，是以公开促落实、以公开促规范、以公开促服务，用政府更加公开透明来赢得人民群众对政府工作的更多理解、信任和支持；对广大群众来说，通过扩大公众参与度，群众对政府工作能看得到、听得懂、可监督。

《实施细则》则是根据《意见》的精神要求，早前我们的政务公开工作取得积极成效和发现的一些新的问题，诸如在公开理念不到位、制度规范不完善、工作力度不够强、公开实效不理想等问题基础上，着眼于政务工作的具体实施办法，任务措施细化和明确责任分工，以及工作绩效考评上更好地保障落实，这样就可以让政务公开工作能够落实、落地、落细、落规范。

《实施细则》是"行动指南"和"执行手册"

中国经济时报：在你看来，《实施细则》有哪些亮点？

胡敏：首先，《实施细则》按照《意见》要求，从增强政务公开的针对性和可操作性出发，从政务公开工作的决策、执行、管理、服务、结果五个环节的全链条出发，对推进"五公开"进行细化。要求将"五公开"要求落实到公文办理程序、落实到会议办理程序，还要建立健全主动公开目录，对公开内容进行动态扩展和定期审查，以及推进基层政务公开标准化、规范化。

其次，《实施细则》强调了要加强政策解读、回应社会关切、公开平台建设等工作，提出在重大政府政策出台后，部门主要负责人是"第一解读人和责任人"，要敢于担当，通过发表讲话、撰写文章、接受访谈、参加发布会等多种方式，带头解读政策，传递权威信息，从而减少社会对政策的误解猜疑，稳定预期。对重要经济数据发布和经济形势、重大改革举措、重大督查活动、重大突发事件等，政府部门还要通过政府网站等公共平台，建立快速反应机制，在第一时间主动回应社会关切，并做好舆情收集、研判和回应工作，提升回应效果。

最后,《实施细则》在扩大公众参与、完善公众参与渠道、建立健全政务公开领导机制、建立效果评估机制、加强政务公开教育培训和强化考核问责机制等方面都有了明确规定。

可以说,《意见》是推进政务公开的方向引领,《实施细则》是落实政务公开具有可操作性的"行动指南"和"执行手册"。

政务公开提速三大背景值得关注

中国经济时报:政务公开是政府很早就要求的,由于信息不对称,政务公开一直是雷声大雨点小,但是党的十八大以来尤其是 2016 年以来,政务公开被放在了重中之重的位置。这一点从年初的《意见》以及《实施细则》中可见一斑。你认为政务公开提速的深刻背景有哪些?

胡敏:我认为,政务公开提速是有着这样的深刻背景的。概括起来有以下三条:

首先,这是全面贯彻五大发展理念、协调推进"四个全面"战略布局的客观需要。"四个全面"中强调全面依法治国,对政府来说,就是全面依法行政,打造法治政府。而政府政务公开透明是法治政府的基本特征。政府工作与老百姓的日常生活息息相关,政府政务工作做到了决策公开、执行公开、管理公开、服务公开和结果公开,不仅能够有效施政,而且可以用政府更加公开透明来赢得人民群众更多理解、信任和支持,从而提高党和政府在人民群众中的公信力,保障党和政府能够带领人民实现"两个一百年"奋斗目标。

其次,这也是推进国家治理现代化、发展社会主义民主政治的必然要求。一个现代化的、与国际接轨的现代政府,必须做到政务工作的透明公开,做到公众的广泛参与。本届政府施政以来,在推动简政放权、放管结合、优化服务改革,打造法治政府、创新政府、廉洁政府和服务型政府方面已经做出了不少成绩,但与人民群众的期待相比,与建设法治政府的要求相比还有一些短板,尤其在保障人民群众的合法知情权、参与权、表达权、监督权方面还有许多工作要做。推进政务工作的"五公开"并形成一个体系化、制度化的长效机制,将政务工作细化、实化、规范化,就是提升现代政府治理能力的基本途径。

最后,这还是落实全面从严治党、严防权力寻租的重要保障。政务公开的本质是让权力在阳光下运行,权力运行要在制度的笼子中扎紧扎牢。党要全面从严治党,政府也要全面从严治政,这是有机统一的,而且我们具有制度优势。

拓展全民教育与社会
融合的新探索*

　　笔者随人民论坛调研组跟踪北京市房山区教育改革创新实践已有几年，亲身感受到房山教育的快速发展，可以说一年一个脚印，一年一个新台阶。2016年来房山区调研，聚焦"教育社会化与社会教育化的房山教育实践"，更是感到经过近十年的改革探索，房山教育不仅形成了别具特色的教育社会化工作体系，也形成了值得借鉴的社会教育化思想成果，教育面向全民全社会，社会资源与教育领域深度融合，教育与社会相互促进，取得了教育改革创新的丰硕成果。概括起来有以下三个方面的认识评价：

　　一是房山教育实践与创新成果是推进教育供给侧结构性改革的重要实践。供给侧结构性改革是当前我国改革的重要任务，其关键是要解决供需不匹配、资源配置不合理的问题，核心是提高资源配置的质量和效益，以提高全社会劳动生产率。以这个视角看教育，就是要将教育供给侧结构性改革的落脚点放在提高人的素质和人的教育质量水平上。房山的教育改革实践，正是教育供给侧结构性改革的题中之义，恰恰吻合了教育增长方式转型升级的内在要求，抓住了生产要素提升的最核心环节人的素质。评价房山区"幼小中职成"教育链条，可以说，它立足教育基本规律，着眼于人的成长各个环节，推进的是全方位教育体系的质量提升。在区教委的努力下，通过整合区内各种教育资源，创新教育载体，培育适合社会发展需要的教学培训体系，以丰富多样的教育供给引导着社会教育需求，从而建构了全区大教育格局，有力地提升了全区教育综合实力，教育改革取得了丰硕成果。

　　二是房山教育实践与创新成果是五大发展理念在教育领域里的具体体现。2016年是我国"十三五"规划纲要实施的开局之年，创新、协调、绿色、开放、共享五大发展理念要贯穿于今后一个时期经济社会发展各领域。房山教育改革实践，一定意义上正是践行五大发展理念的生动写照。从幼儿教育到职成教育，我

---

* 本文原载《人民论坛》2016 年第 33 期，2016 年 12 月 5 日出刊。

们可以充分感知房山区在教育理念、教育平台、教育组织体系、教育考评体系诸方面一系列勇于打破陈规、打破边界的教育创新方式方法；房山区基于地缘广、山区贫困地区比较多的地域特点，创造性地实施山区教育工程，打造乡村教育品牌联盟，破解了教育资源不均衡的难题；房山区教育社会化营造的其实就是社会教育大生态，社会教育资源的充分挖掘和唾手可得，让人可以处处感知教育精神的存在，惠及每个教育工作者和每个受教育者；教育社会化本质上要求开放，房山区教育改革主动打破行业部门边界，实现各种资源融通贯通，改变了过去各自为战的教育格局，也解决了师资和教育资源短缺问题；教育改革的落脚点是人人享有受教育的权利，学习型房山建设将教育的共享共建纳入社会治理体制改革之中，让区内群众从教育社会化中获得了尊严感和成就感。

三是从教育社会化到社会教育化是教育工具理性到价值理性的哲学提升。房山教育改革实践成果目前抽象为"教育社会化"和"社会教育化"，如果从哲学层面理解，我认为这是从工具理性向价值理性的升华。教育社会化，更多地体现工具理性，是通过优化整合各种可教育资源，借助各种社会组织，把教育手段从过去的只是教育部门承担扩展、放大到社会的方方面面，让全社会都可以承载教育教化功能。社会教育化，则是将社会本身作为教育的大课堂，如果实现了社会教育化，那么教育就从课堂走向了全社会，就从单个学校教育领域走向了社会各行业，教育也从某个人生成长阶段进入了终身学习过程，那么教育就变得无处不在，教育就从被动走向了自觉。从房山的教育改革创新轨迹看，以区教委主任顾成强领衔的一班教育改革创新的勇敢探路者正是秉承教育理想致力于心中"教育梦"的美好蓝图实现，实质上就是让社会教育回归到其教育的价值属性上。他们的丰富实践和持之以恒，也始终在回答教育的本源问题——教育之于人的价值实现、教育之于社会存在的意义。就此可以说，房山区的教育社会化、社会教育化的探索已具有了更广博的时代内涵。

循著发展的逻辑——一个经济学人的时事观察（2016-2020）

时刻绷紧
政治纪律这根弦 *

党的十八届六中全会通过的《关于新形势下党内政治生活的若干准则》（以下简称《准则》），把严明党的政治纪律作为新形势下加强和规范党内政治生活的重要内容，强调纪律严明是全党统一意志、统一行动、步调一致前进的重要保障。这是抓住了新形势下严肃党内政治生活、净化党内政治生态的关键，也充分体现了党中央应对新形势把纪律挺在前面、用铁的纪律从严管党治党的决心。

新形势下党的政治纪律重申新要求

"严明党的政治纪律"写在《准则》的第四部分，全文不到 1000 字，但却言简意赅、掷地有声地阐明了新形势下严明党的政治纪律的重要意义、基本原则、主要内容和重点要求，既是对我们党历史上一直秉承严明党规党纪光荣传统的很好的继承，也是面向具有许多新的历史特点的伟大斗争新形势从严管党治党的适时创新。

中国共产党是靠坚定的理想和铁的纪律组织起来的马克思主义政党，理想坚定和纪律严明，无论是过去、现在还是将来都是我们党真正的优势。所以在这一段开头，就开宗明义地强调严明纪律的重大意义，即"纪律严明是全党统一意志、统一行动、步调一致前进的重要保障，是党内政治生活的重要内容"，还指出了新的历史条件下，规范党内政治生活、实现从严管党治党，就"必须严明党的纪律，把纪律挺在前面"，要"用铁的纪律从严治党"。

紧接着，《准则》指出，"坚持纪律面前一律平等，遵守纪律没有特权，执行纪律没有例外，党内决不允许存在不受纪律约束的特殊组织和特殊党员。每一个党员对党的纪律都要心存敬畏、严格遵守。在任何时候、任何情况下，都不能违反党的纪律。党的各级组织和全体党员要坚决同一切违反党的纪律的行为作斗争"。这三句话，事实上是提出了严明党的纪律必须遵守三个原则，第一句是重

申所有党员遵守和执行纪律上"两个没有"和"一个不允许",这是以党章为基本遵循。第二句是强调每一个党员对党纪必须具备的鲜明态度、内心崇尚和践于行动,就是对党纪要心存敬畏、严格遵守。第三句是强调对违反党纪行为要"敢于斗争"。三句话三个原则,确保严明党纪、遵循党纪。

再下来的四小段,阐述了新形势下严明党纪特别是党的政治纪律必须遵循的主要内容和基本要求。《准则》指出,"政治纪律是党最根本、最重要的纪律,遵守党的政治纪律是遵守党的全部纪律的基础。全党特别是高级干部必须严格遵守党的政治纪律和政治规矩"。应该说,我们党在长期实践中形成的纪律是多方面的、成体系的,包括政治纪律、组织纪律、廉洁纪律、群众纪律、工作纪律、生活纪律,但政治纪律是牵头的、管总的,只有抓住政治纪律这个纲,纲举目张,其他党的纪律就都能严起来。

那么,新的形势下严明党的政治纪律具有哪些新的具体要求呢?

首先,对所有党员来说,《准则》提出了党员政治言行上必须坚持"九个不准",即"党员不准散布违背党的理论和路线方针政策的言论,不准公开发表违背党中央决定的言论,不准泄露党和国家秘密,不准参与非法组织和非法活动,不准制造、传播政治谣言及丑化党和国家形象的言论。党员不准搞封建迷信,不准信仰宗教,不准参与邪教,不准纵容和支持宗教极端势力、民族分裂势力、暴力恐怖势力及其活动"。这事实上是向全党开出了新形势下党内政治生活的负面清单,党员只有坚持"九个不准",才能在政治言论、政治行为和组织行为上与党的理论路线方针政策保持高度一致,只有执行"九个不准",才能实现全党意志统一、行动统一,才能消除杂音、步调一致。

其次,对全体党员干部尤其是党的高级干部,《准则》强调严明党的政治纪律必须形成一个严明、规范、有序的党内政治生态。

在这样一个政治生态中,党员、干部特别是高级干部,"不准在党内搞小山头、小圈子、小团伙,严禁在党内拉私人关系、培植个人势力、结成利益集团。对那些投机取巧、拉帮结派、搞团团伙伙的人,要严格防范,依纪依规处理。坚决防止野心家、阴谋家窃取党和国家权力","领导机关和领导干部不准以任何理由和名义纵容、唆使、暗示或强迫下级说假话。凡因弄虚作假、隐瞒实情给党和人民事业造成重大损失的,凡因弄虚作假、隐瞒实情骗取荣誉、地位、奖励或其他利益的,凡因纵容、唆使、暗示或强迫下级弄虚作假、隐瞒实情的,都要依纪依规严肃问责追责",这些明确的纪律规定,就是揭示了党员干部特别是高级干部一旦滥用权力、私欲膨胀、为所欲为,不仅会严重污染党内政治生态,还可能直接毁灭党和人民事业。其所强调的若干"不准""严禁""严防""三个凡因",其实都有鲜明的针对性,严明这些纪律或规矩,就是要利剑高悬、警钟长鸣。

在这样一个政治生态中，党的各级组织和全体党员"必须对党忠诚老实、光明磊落，说老实话、办老实事、做老实人，如实向党反映和报告情况，反对搞两面派、做'两面人'，反对弄虚作假、虚报浮夸，反对隐瞒实情、报喜不报忧。对坚持原则、敢于说真话的同志，要给予支持、保护、鼓励"。"老实"与"忠诚"是党员和各级组织的基本品质，也是严明党的纪律特别是政治纪律的根本立足点所在。

在一个平等、正常、同志般的党内生活状态中，党内相互之间、上下级之间也必须有所规范，所以《准则》还指出，"党内不准搞拉拉扯扯、吹吹拍拍、阿谀奉承。对领导人的宣传要实事求是，禁止吹捧，禁止给领导人祝寿、送礼、发致敬函电，禁止在领导干部国内考察工作时组织迎送、张贴标语、敲锣打鼓、铺红地毯、举行宴会等"。这些看起来好像是小事，属于工作作风问题，但也必须形式上规范，可以防微杜渐，由小及大。

《准则》第四部分的最后一条，则是强调严明党的政治纪律必须严明执行纪律的严肃性。为此，党的各级组织必须担责严律，坚决防止和纠正执行纪律的宽松软。

深刻理解党的政治纪律的极端重要性

综上分析，《准则》第四部分尽管文字不多，但却是从规范党内政治生活、净化党内政治生态的新高度，从永葆党的先进性纯洁性、提升党的凝聚力战斗力的新要求，从解决具有许多新的历史特点的伟大斗争新形势下党内生活出现的新矛盾新问题出发，强调严明党的政治纪律的极端重要性，并结合时代特点，将严明党的政治纪律具体化、具象化、落细化。对此，必须深刻认识和切实贯彻。

只有严明党的政治纪律，才能根本上解决好党内的突出矛盾和问题。《准则》强调的种种"不准""严禁""严防"的党内违纪现象和行为，在我们党长期革命斗争中过去都有过，对党内团结和革命事业产生过严重危害，我们有过深刻教训。在建设、改革和新的历史时期，有些是故技重演、明知故犯，有些还有了新的突出表现。这些表现违反党的政治纪律和政治规矩，如果视而不见、宽软松懈、投鼠忌器，就会严重侵蚀党的思想道德基础，严重破坏党的团结和集中统一，严重损害党内政治生态和党的形象，严重影响党和人民事业发展。党的十八大以来我们抓出的一系列严重违纪违法案件就是活生生的证明。还政治生态清明，塑党内政治风尚，就必须从讲政治的高度严明党纪党规，把政治纪律摆在首位，从而消弭隐患、杜绝后患。

只有严明党的政治纪律，才能巩固党的团结统一，确保全党令行禁止。我们党作为马克思主义政党，讲政治是突出的特点和优势。习近平总书记指出，"政治问题，任何时候都是根本性的大问题""没有强有力的政治保障，党的团结统一就是一句空话""共产党不讲政治还叫共产党吗？""干部在政治上出问题，对党的危害不亚于腐败问题，有的甚至比腐败问题更严重""全面从严治党，必须注重政治上的要求，必须严明政治纪律，特别是各级领导干部要时刻绷紧政治纪律这根弦，始终做政治上的明白人"。国内外共产党执政史的正反两面教训足够证明习近平总书记的这一明察和这一系列重要论断的正确性、前瞻性。政治纪律就是各级党组织和全体党员在政治方向、政治立场、政治言论、政治行为方面必须遵守的基本规矩。全体党员和党员干部必须按照《准则》要求，将党的政治纪律作为刚性约束，思想上一丝不动摇，行为上一丝不差错，不断增强政治敏锐性和政治鉴别力，才能维护起党的团结统一，保证全党令行禁止。

只有严明党的政治纪律，才能筑牢执政根基承载起新时代历史使命。我们党正在带领全体人民推进中国特色社会主义伟大事业，努力实现"两个一百年"的中国梦宏伟目标，同时也正在推进党的建设新的伟大工程。在错综复杂的国内外形势下，我们需要进行具有许多新的历史特点的伟大斗争，需要经受"四大考验"、克服"四种危险"，这是新形势下我们党面对的最大的政治，也是面临的最大的挑战。全党必须严明党的政治纪律，全面从严管党治党，自觉维护党中央核心权威，在思想上、政治上、行动上始终保持与党中央步调一致，才能筑牢党的执政根基，才能把人民群众最广泛最紧密地团结在党的周围，才能始终取得最广大人民群众的支持和拥护，我们党也才能不忘初心、继续前进，为着理想信念和远大抱负，承载起新时代的历史使命。

没有规矩，不成方圆。加强纪律性，革命无不胜。在新的形势下，党面临的形势越复杂、肩负的任务越艰巨，就越要加强纪律建设。进行具有许多新的历史特点的伟大斗争，实现党的十八大确定的各项目标任务，关键在党，关键在从严党的政治纪律，全党同志要按照《准则》要求，有高度的政治纪律自觉，在思想上政治上行动上全方位向党中央看齐，坚决维护党的团结统一，确保全党统一意志、统一行动、步调一致前进，任何时候任何情况下都做到政治立场不移、政治方向不偏。

什么因素决定 2017 年
大宗商品价格走势？*

　　受石油输出国组织（OPEC）2016 年 12 月达成超预期限产协议影响，按照国内现行成品油价格形成机制，从 2016 年 12 月 15 日 0 时始，国家发改委宣布，国内汽柴油价格再次上调。这是国内油价年内的第 9 次上调，也创下 4 年以来成品油价的最大涨幅，全国各地油价将进一步稳步在 6 元区间内运行。

　　进入 2016 年第四季度以来，包括石油在内的国际大宗商品价格形成了快速上涨态势。受美国新政政策预期、美联储宣布进入加息周期和国内推进供给侧结构性改革特别是去产能、去库存等政策效果的驱动，国内全年物价指数下半年也呈现了温和上涨态势。比如，根据国家统计局发布的信息，自 9 月开始，国内工业生产者出厂价格 PPI 结束了 54 个月连续下降态势，到 11 月 PPI 同比上涨了3.3%，一定程度上超出了市场预期，并间接传导到居民消费价格 CPI 涨势，11 月居民消费价格 CPI 同比上涨 2.3%，达到本年度高点。

　　纵观整个 2016 年，国际大宗商品走势的基本格调是上涨为主，主要原因是受到流动性及生产成本支撑的双重利好，典型的如代表全球大宗商品一揽子组合表现的 CRB 指数节节走高，CRB 指数从前期最低的 160 点上涨到目前的 190 点，整体价格上涨近 20% 幅度。这也是 2008 年国际金融危机后西方主要经济体普遍采用量化宽松政策后在 2011 年 CRB 创出 577.66 高点后下行至 2015 年末的 200 点后至 2016 年的又一次缓步上行。

　　从过去十多年的历史轨迹看，国际大宗商品价格主要受到美元指数、货币政策、全球流动性、气候变化和地缘政治的直接影响。由于大宗商品包括黄金、石油等能源型商品资源，铁矿石、铜矿石等基础性原材料和大豆、玉米、棉花等农副产品，其商品贸易关系到各国物资储备和国计民生，其价格形成与定价机制在全球化背景下已逐渐成为全球经济发展的"晴雨表"和影响各国经济走势的重要外部因素，这些初级产品价格的波动及其波动的趋同性和联动性，很容易由生

---

　*　本文原载《东莞日报》2016 年 12 月 19 日，原题为《未来大宗商品涨价概率大于降价概率》。

产者价格端间接传导到一国消费品价格端，并成为研究一国输入性通胀或通缩的重要经济参数。近年来，由于市场宽泛的流动性，国际大宗商品的金融化趋势日益明显，大量衍生金融工具通过套期保值的内在功能吸引了国际资金炒家，促使投资投机资金助推大宗商品的价格波动，也直接引致国际大宗商品的价格震荡。

仅以 2016 年为例：黑色大宗商品如铁矿石、煤炭、螺纹钢价格就经历了大起大落的暴涨暴跌行情，跌宕起伏的走势令人瞠目。国际农产品在流动性过剩和自然灾害频发的背景下，世界性范围的农产品库存急剧减少，像大豆整体价格呈现节节走高的态势。黄金作为一个重要的投资品种，在流动性泛滥的全球金融环境背景下，各国央行纷纷进入黄金投资市场，购买现货黄金和黄金 ETF，以对冲纸币滥发所导致的存量货币贬值，也造成了较大的起落。还有作为工业经济"黑色血脉"的原油，围绕新能源创新和现实的石化资源使用观的相互碰撞，加上地缘政治军事冲突以及石油寡头对价格的操纵和控制，导致原油价格跌宕起伏，原油从 2014 年最高的 100 美元/桶连续下跌到最低的 30 美元/桶，随后又在 2016 年的前 10 个月反弹到 55 美元/桶附近。由此看，准确预测国际大宗商品价格走势并不容易。

但从实际统计数据分析，大宗商品价格走势总的来说受制于经济周期的变化影响，因为美国经济的"霸主地位"也被认为美元的升值贬值周期决定了大宗商品的价格走势，还有货币流动性的扩张与收缩决定着大类资产的名义价格。而真正决定大宗商品内在价值的主要因素则是基于全球主要经济体产业增长的供求关系。以黑色板块为例，由于中国政府积极推进去产能、去库存等供给侧结构性改革，加上目前中国已成为许多大宗商品的重要消费国和最大进口国，在大宗商品的整个国际贸易领域成为最大的购买者，中国经济增长因素会直接影响大宗商品价格的走势。

2017 年，在全球经济尚未全面复苏的背景下，随着美国特朗普新政府的就位并可能实施"基建+降税+贸易保护"政策，美联储已正式宣布进入加息周期，一方面，会压制国际大宗商品价格的快速上行；另一方面，目前各西方政体民粹主义泛滥有可能带来国际游资寻求持有大类资产如黄金、原油等避险资产。与此同时，中国经济将进入供给侧结构性改革的深化阶段，限产能、提效率、抑制资产泡沫和保持物价稳定成为 2017 年经济工作的主基调。中美两国的经济博弈将因为各自政策取向直接影响国际大宗商品价格上行的高度。

不过，从更长远计，在过去 4 年中，全球经济环境、美元升值周期、中国去投资化三个因素，综合起来压制了大宗商品的价格，尤其是周期性与经济密切相关的大宗商品已经历了漫漫熊市，随着国际经济周期的复苏，未来大宗商品价格上涨的概率一定超过下跌的概率，全球也将由通缩周期走向通胀周期，恐怕并不需要疑问。因此综合而言，大宗商品价格的未来是审慎乐观的。

稳中求进　决战改革
守住底线 *

深化国企国资改革、加强产权保护制度建设、稳妥推进财税和金融体制改革、推动养老保险制度改革、有重点地推动对外开放，是这次中央经济工作会议提出的五大关键性改革任务，解决得好，就可以更好地发挥改革的突破性和先导性作用。

认真研读 2016 年中央经济工作会议的新闻公报，2017 年经济工作的总体要求和布局的特征，总体上可以概括为"稳中求进、决战改革、守住底线"。

稳中求进，在把握好度的前提下奋发有为

这次中央经济工作会议的一个最大亮点，就是将"稳中求进工作总基调"上升为"治国理政的重要原则"和"做好经济工作的方法论"，还试图努力使之成为适应经济发展新常态的经济政策框架的内在支撑。

即将过去的 2016 年，全年经济形势总的特点是缓中趋稳、稳中向好。根据国家统计局公布的数据，2016 年前三季度国内生产总值每季度保持在 6.7% 的增长率，全年有望实现 6.5%~7% 的合理区间增长目标；消费、投资、进出口增长十分平稳，物价指数全年保持在 2% 左右。稳，更体现在稳中有进，经济发展的质量和效益不断提高，经济结构持续优化，创新对发展的支撑作用日益增强，服务业占比上升，消费对增长的贡献提高。稳，也体现在人民生活持续改善，贫困人口预计减少 1000 万以上，生态环境有所好转，绿色发展初见成效。

稳定是发展的基石，行稳是致远的前提。在当前经济运行仍存在不少突出矛盾和问题、世界经济仍处于缓慢复苏的形势下，越是面对复杂的国内国际经济形势，就越要认识到贯彻好"稳中求进工作总基调"的重要性。2017 年要以优异成绩迎接党的十九大胜利召开，继续贯彻好稳中求进这个总基调更具有特别重要

---

* 本文原载《中国青年报》2016 年 12 月 26 日。

的意义，"稳是主基调，稳是大局，在稳的前提下要在关键领域有所进取，在把握好度的前提下奋发有为"。

这次中央经济工作会议对国际形势着墨不多。整个 2016 年，国际政治经济"黑天鹅"事件频发，恰恰说明海外风险或许是影响 2017 年中国经济运行的最大不确定性因素。近期，美元大涨、海内外国债大跌、人民币贬值，都体现了特朗普当选美国总统的影响和冲击难免会加剧金融市场的波动。包括中国经济在内的国际经济，2017 年面临"特朗普不确定性冲击"，其对外保守但对内激进的经济政策可能会造成全球经济与市场的动荡。因此，中国经济首先需要稳住阵脚，应对冲击。

"稳"是指经济政策要稳、经济运行环境要稳、经济社会预期要稳，要继续实施积极的财政政策和稳健的货币政策，要稳定老百姓的市场预期，特别要增强企业家信心，提高政府公信力和政策透明度。"稳"是指知难而进、奋发有为、以进促稳，以经济工作新的增长成果的"进"来补足"稳"。"稳"也意味着更加积极主动地防范风险，以确保不发生系统性经济金融风险的"防"来支撑"稳"。"稳"还要求各级政府深入细致地做好社会托底工作，充分调动各方面干事创业的积极性，通过切实扩大人民群众的获得感来呵护"稳"。

决战改革，继续深入推进供给侧结构性改革

2017 年是供给侧结构性改革的"深化"之年，这次中央经济工作会议提出：供给侧结构性改革的最终目的是满足需求，主攻方向是提高供给质量，根本途径是深化改革。

当前，我国经济运行面临的突出矛盾和问题，根源还是实体经济结构性供需失衡、金融和实体经济失衡、房地产和实体经济失衡，必须着力提升整个供给体系质量，提高供给结构对需求结构的适应性；必须着力增强微观主体内生动力，着力实施创新驱动战略，实现营利能力、劳动生产率、全要素生产率和潜在增长率"四个提高"。

2017 年四大经济工作任务的核心均围绕供给侧结构性改革，要继续深入推进"三去一降一补"，推动五大任务的实质性进展；要深入推进农业供给侧结构性改革，让老百姓"吃得安全、吃得放心"，积极稳妥改革粮食等重要农产品价格形成机制和收储制度，深化农村产权制度改革，广辟农民增收致富门路，让改革红利惠及亿万农民。

要着力振兴实体经济。供给侧结构性改革要始终坚持以提高质量和核心竞争力为中心，坚持创新驱动发展，发展壮大新动能，扩大高质量产品和服务供给。还要促进房地产市场平稳健康发展，同时扎实推进以人为核心的新型城镇化，继

续实施好区域发展三大战略等。

这次会议还强调要加快改革步伐，更好地发挥改革牵引作用。中央深改组迄今已举行30次会议，对重大改革作了顶层设计，主要领域"四梁八柱"性改革基本出台，改革要统筹推进、重点突破，新一年不仅要更加深入地推进供给侧结构性改革，还要继续覆盖宏观与微观、中央与地方、城市与农村、经济与社会等各个方面。深化国企国资改革、加强产权保护制度建设、稳妥推进财税和金融体制改革、推动养老保险制度改革、有重点地推动对外开放，是这次中央经济工作会议提出的五大关键性改革任务，解决得好，就可以更好地发挥改革的突破性和先导性作用。

守住底线，确保不发生系统性经济金融风险

2015年的股市和2016年的房市、汇市、债市等市场大幅波动令人心有余悸。这次会议特别提出，要把防控金融风险放到更加重要的位置，还第一次用大白话指出"房子是用来住的、不是用来炒的"，并将"促进房地产市场平稳健康发展"作为2017年经济工作的一项重中之重。针对房地产的定位，会议要求，要综合运用多种手段，加快研究和建立符合国情、适应市场规律的基础性制度和长效机制，特别是要在宏观上管住货币，微观信贷政策要支持合理自住购房，严格限制信贷流向投资投机性购房。

目前，我国货币发行量已超过GDP的两倍多。从整个2016年月度新增贷款节奏和规模来看，也是松松紧紧，市场面也总是在"资产荒"和"钱荒"之间摇摆，企业中长期贷款与短期贷款之间很不均衡，特别是中小企业一直为融资难、融资贵而困惑。因此，这次会议在强调保持货币政策"稳健"的同时，增加了"中性"的提法，这意味着，货币政策不能贸然收紧，也不能太过宽松。要调节好货币闸门，努力畅通货币政策传导渠道和机制，维护流动性基本稳定。

此外，还要防止金融风险。2016年，实体经济有效需求不足，金融市场特别是银行大量资金有"脱实向虚"的趋势；2017年金融市场还可能会出现阶段性波动加剧。所以，会议指出，新的一年要下决心处置一批风险点，着力防控资产泡沫，提高和改进监管能力，确保不发生系统性金融风险。

群众所盼正是
改革所向[*]

推进北方地区冬季清洁取暖、普遍推行垃圾分类制度、解决畜禽养殖废弃物处理和资源化、提高养老院服务质量、规范住房租赁市场和抑制房地产泡沫、加强食品安全监管六个问题，都是当下人民群众普遍关心的具体生产生活细节问题，也是人民群众呼声比较高、矛盾比较突出，亟待解决的现实问题。

2016年12月21日，习近平总书记主持召开中央财经领导小组第十四次会议，专题研究了这六个人民群众普遍关心的突出问题，并讨论研究了具体解决方案。笔者认为，在中央财经领导小组这样的高层会议上，党中央领导人聚焦如此现实而具体的民生问题，过去还不多见。

改革决策反映人民群众期盼 充分彰显新发展理念

习近平总书记在会上强调指出，"保持经济增长速度、推动经济发展，根本还是要不断解决好人民群众普遍关心的突出问题"。这充分体现了以习近平同志为核心的党中央"以人民为中心"的发展新思想新理念，积极回应了广大人民群众的生产生活关切和诉求。

"以人民为中心的发展思想"是由我们党的性质宗旨所决定的，体现了我们党以人为本、执政为民、造福人民的执政理念和价值追求。党的十八大以来，以习近平同志为核心的党中央始终强调"以人民为中心的发展思想"，高度重视民生问题。他曾指出，"人民对美好生活的向往，就是我们的奋斗目标"，这深刻体现了我们党90多年来一贯坚持的唯物史观，表明了党永远站在人民群众的立场上，为人民群众谋利益这一根本原则，以及始终不渝的"不忘初心"的人民情怀。同时，我们的战略方针、路线政策、改革决策必须要反映时代发展的新要求，人民群众的新期盼，从而实现党的执政理念与发展规律新认识的高度统一。

推进北方地区冬季清洁取暖等六个问题，看似小事，其实是人民群众的困难

---

* 本文原载人民网 2016 年 12 月 26 日，原题为《学习路上·总书记关注六项具体民生问题》。

和"痛点"所在，更是社会经济发展的矛盾焦点所在，是重大的民生工程、民心工程。解决得好，方能赢得党心民心，彰显我们新的发展理念，就能夯实我们的执政基础。

新的增长点蕴含在解决好人民群众普遍关心的突出问题中

习近平总书记指出，全面建成小康社会，在保持经济增长的同时，更重要的是落实以人民为中心的发展思想。笔者认为，要从解决好人民群众普遍关心的突出问题出发推进全面建成小康社会，新的增长点就蕴含在解决好人民群众普遍关心的突出问题当中。这也充分说明群众生活所盼正是经济发展所向，"以人民为中心的发展"就有了落脚点。推进供给侧结构性改革激发消费需求，创造有效供给，推进经济成长，创造新的增长点、提高长期增长潜力就有了不竭的动力和源泉。

当前，我国经济发展进入新常态，国际国内环境、条件、任务、要求正在发生新的变化，稳增长、促改革、调结构、惠民生、防风险的任务艰巨繁重，教育、就业、社会保障、医疗住房、生态环境、食品药品安全、安全生产、社会治安、执法司法等关系群众切身利益的问题和矛盾，正是发展的难题和瓶颈，关系到人民群众的切身利益、根本利益和长远利益，受到老百姓和全社会的极大关注，集聚着人民群众的所思所盼、所急所需。

笔者认为，整个"十三五"时期，我们的经济发展必须坚持"以人民为中心的发展思想"这一指导原则，贯彻落实好新发展理念，坚持以问题为导向，突出解决好人民群众关心的国计民生等热点、难点问题，着力在优化结构、增强动力、化解矛盾、补齐短板上取得突破性进展，一步一个脚印，久久为功，为实现全面建成小康社会目标，通过扎扎实实的努力，奠定坚实可靠的基础，提供坚强有力的保障。

特别关注：人民网理论频道 2016 年度 "十大好声音" *

【编者按】"人生的道路虽然漫长，但紧要处常常只有几步。"一个人是如此，一个国家也是如此。2016 年是 "十三五" 的开局之年，是全面建成小康社会决胜阶段的开局之年，在 "两个一百年" 的征程上是一个承前启后的重要节点。2015 年，理论界诸多专家学者对于中央全面深化改革和社会热点不断 "发声"，改革 "好声音" 响彻中华。纵观 2016 年，围绕学习习近平总书记系列重要讲话这一主题，理论专家针对庆祝建党九十五周年纪念大会、十八届六中全会、G20 杭州峰会、乌镇峰会等主题深入解读，也就全面从严治党、供给侧结构性改革、全球治理的中国方案、携手共建网络空间命运共同体等热点话题进行深入讨论，他们的观点在广大网友中产生了热烈反响。就此，理论频道盘点推出2016 年度 "十大好声音"，以飨读者。

声音：习近平总书记建党 95 周年讲话为何 10 次强调 "不忘初心，继续前进"
人物：颜晓峰　国防大学马克思主义研究所研究员
观点："我们党已经走过了 95 年的历程，但我们要永远保持建党时中国共产党人的奋斗精神，永远保持对人民的赤子之心。"纵观今天的讲话，习近平总书记始终强调 "赤子之心"，不断提醒我们要 "不忘初心，继续前进"。"'不忘初心，继续前进'，是讲话的主题，是一条贯穿讲话的红线。"国防大学教授颜晓峰在接受中国共产党新闻网记者采访时指出，总书记的讲话表明，党从历史走向未来的传承与创造，历经沧桑理想如初，信念弥坚的赤子之心，面对挑战不惧困难、坚定前进的勇气智慧，一心为人民、一切为民族的奉献精神。

声音：习近平总书记管党治党新理念坚持思想建党这一根本，凸显制度治党这一主题

---

* 本文原载人民网 2017 年 1 月 3 日。

人物：包心鉴　中国政治学会副会长

观点：习近平总书记管党治党的新理念是党中央治国理政新理念新思想新战略的重要组成部分，是对我们党的建设历史经验的深刻总结，是对社会主义执政党建设基本规律的深入探索，也是对马克思主义建党学说的创造性坚持和发展。习近平总书记管党治党新理念的鲜明特点是坚持思想建党这一根本，凸显制度治党这一主题，突出"把权力关进制度笼子"这一重点，着力解决在新的历史条件下如何应对"四大考验"、克服"四大危险"，严肃党内政治生活、净化优化党内政治生态，确保党始终不脱离人民群众、始终走在时代前列、始终成为中国特色社会主义的坚强领导核心。

声音：深刻领会六中全会对全面从严治党的九个新提法

人物：周文彰　国家行政学院教授、博士生导师，中国辩证唯物主义研究会副会长

观点：为什么这么突出党章的地位呢？习近平总书记曾经指出："党章是党的总章程，集中体现了党的性质和宗旨、党的理论和路线方针政策、党的重要主张，规定了党的重要制度和体制机制，是全党必须共同遵守的根本行为规范。没有规矩，不成方圆。党章就是党的根本大法，是全党必须遵循的总规矩。"正因为党章地位如此之高，党章如此之重要，"两学一做"把学习党的十八大通过的新党章列入其中。每一个党员都要按照全会的要求，认真学习党章，严格遵守党章，并通过加强和规范党内政治生活、强化党内监督，做符合党章要求的合格党员。

声音：G20杭州峰会将使"中国方案"推动全球治理变革

人物：贾文山　中国人民大学国家发展与战略研究院研究员、新闻学院特聘教授

观点："中国方案"主要来自党的十八大以来，习近平总书记阐述的既立足中国和世界历史、现实和未来，又充分吸收了中外治国理政的较为完整系统的理论阐述。在理论上，习近平总书记的人类命运共同体理论，批判地吸收了中国传统哲学，马克思主义解放全人类的思想和西方主流全球化理论话语体系，发展壮大了科学社会主义理论和全球化理论。作为构建人类命运共同体的主要经济发展举措，中国政府提议以基础设施建设为先导的"一带一路"跨国经济贸易平台，并成功推动了"亚投行"建设。当下，"中国方案"正在激发世界大多数国家的兴趣并吸引多国支持、参与。G20杭州峰会，不仅是发达国家和新型经济体的对话合作平台，也应该是二十国集团成员国深刻了解、认同和深度参与，共同推动并完善中国倡议的新型全球化战略的新契机和新起点。

声音：习近平总书记提四个"没有变"客观判断经济趋势对供给侧结构性改革提出新要求

人物：胡敏　国家行政学院研究员、国家行政学院出版社副社长

观点："当前中国经济正在出现越来越明显的分化走势。"国家行政学院研究员胡敏在接受中国共产党新闻网记者采访时谈道：我国有的地区发展充满活力，比如东南沿海和重庆等地，但有些地区，如东北老工业基地经济下行压力较大；有些行业和业态前景一片光明，如机器人、智能制造、电子商务发展得虎虎生风，但像钢铁、煤炭等行业遇到困难。受产业分化的影响，企业分化更是十分明显。他认为，面对这一分化趋势，可以看到，凡是能主动适应新常态，重视创新和质量效益的地区、行业和企业，就会脱颖而出，就充满了生机活力，就赢得了发展的好势头；反之，如果墨守成规、抱残守缺，就会陷入被动、彷徨、等待和苦熬。

声音：构建中国特色哲学社会科学，用中国理论解决中国问题

人物：钟君　中国社会科学院马克思主义研究院研究员

观点：构建中国特色哲学社会科学，用中国理论解决中国问题，必须以我们正在做的事情为中心。离开了中国特色社会主义伟大实践，中国理论必将是"无源之水、无本之木"。扎根中国实践，必须聚焦我们正在做的事情。习近平总书记对此要求，加强对改革开放和社会主义现代化建设实践经验的系统总结，加强对发展社会主义市场经济、民主政治、先进文化、和谐社会、生态文明以及党的执政能力建设等领域的分析研究，加强对党中央治国理政新理念、新思想、新战略的研究阐释，提炼出有学理性的新理论，概括出有规律性的新实践。这就为构建中国特色哲学社会科学明确当前的研究和攻关方向。

声音：习近平总书记谈"网信工作"为互联网可持续发展绘制明晰路线图

人物：史安斌　清华大学新闻与传播学院副院长、教育部青年长江学者特聘教授

观点："总书记的讲话进一步明确了互联网在反映民意上的重要作用。"清华大学新闻与传播学院副院长、教育部青年长江学者特聘教授史安斌在接受中国共产党新闻网记者采访时指出，这一讲话强调了互联网事业要"贯彻以人民为中心的发展思想""主动适应人民的期待和需求"。从全球传播的角度来看，舆论场上的"新意见阶层"的积极参与将改变互联网舆情的走向，这在世界范围已经形成共识，中国也不例外。他指出，从这个意义来看，习近平总书记的讲话充分肯定了"互联网民意"的重要作用，这既符合中国的国情，也是对全球传播变局的积极回应。

声音： 习近平总书记绘就供给侧结构性改革"路线图"　抓住中国发展"牛鼻子"

人物： 张占斌　国家行政学院经济学部主任

观点： 如果供给侧结构性改革搞得好，对于保持我们中国经济的中高速增长、平稳健康发展，对于产业结构的转型升级意义十分重大，特别是对解决七千万脱贫问题有很实际的意义。可以说，供给侧结构性改革做得好，对于我们全面建成小康社会具有很强烈的现实针对性。未来五年，这是很关键的事情，也是供给侧结构性改革重点发力的五年。"中央提出供给侧结构性改革，是适应和引领经济新常态的一个重大的举措，也是一个创举。"就习近平总书记提出的制定好方案的五个"搞清楚"，张占斌谈道，这五个"搞清楚"各有侧重，体现了我们在经济工作方面实事求是的态度和以人民为中心的发展思想。他指出，从中国经济的变化看，有很多重大的趋势性特征已经出现了。

声音： 习近平主席集中阐释亚太发展"中国方案"丰富全球经济治理内涵

人物： 王文　中国人民大学重阳金融研究院执行院长

观点： "习近平主席的这两次讲话，内容丰富而深刻，核心内容主要是阐释中国如何看待全球经济治理以及未来 APEC 的发展。习近平主席在题为《深化伙伴关系　增强发展动力》的演讲中指出，当前亚太处在发展关键当口。'当口'一词非常值得特别关注。"中国人民大学重阳金融研究院执行院长王文指出，"亚太发展处于非常关键的节点，从发展现状来讲，亚太现在已经成为全球最大最具发展活力的地区；从未来趋势来讲，亚太目前正在发挥着引领的作用；从自我要求来讲，亚太目前各国必须要团结一致，通过有力的协调，为未来的全球经济发挥引领作用"。

声音： 习近平总书记阐明"三大历史贡献"表达党的强烈执政自信

人物： 谢春涛　中央党校党史教研部主任

观点： 在庆祝中国共产党成立 95 周年大会上，习近平总书记发表重要讲话，全面总结我们党团结带领中国人民不懈奋斗的光辉历程、伟大贡献和历史启示，深刻阐述不忘初心、继续前进必须牢牢把握的八方面要求，对全党在新的历史起点做好党和国家各项工作，指明了前进方向，明确了行动指南。中央党校党史教研部主任谢春涛在接受记者采访时表示，讲话对党的历史贡献和历史意义做了很好的概括，尤其是三方面的历史意义很有新意。习近平总书记的重要讲话通篇表达了自信，既有对选择马克思主义信仰的自信、对共产主义远大理想的自信，也有对中国特色社会主义道路的自信，对基本路线方针政策的自信，特别是非常权威讲出了文化自信。

循着发展的逻辑

一个需要理论而且能够产生理论的时代

2017

一个需要理论而且
能够产生理论的时代

2017 年是祥瑞的一年。在这一年新年前夕，习近平主席在新年贺词中用一句"大家撸起袖子加油干"开启了中国经济社会发展新一年的篇章。

全国人民信心满满，奋发前行，并寄望下半年中国共产党第十九次全国代表大会的胜利召开，为未来国家发展擘画更加光明的前景。这一年中国经济四个季度都保持在 6.8%~6.9%的增长，全年经济总量超过 80 万亿元，基本保持每年一个新的十万元的增长，经济增速是同期世界经济增长的两倍多。特别是我国科技进步迈出新的步伐，中国制造不断释放惊喜，比如，4 月 26 日中国首艘国产航母下水；5 月 3 日，中国量子计算机诞生；5 月 5 日，C919 大型客机在上海浦东国际机场成功首飞。还有，"慧眼"卫星遨游太空、"海翼"号深海滑翔机完成深海观测、首次海域可燃冰试采成功、洋山四期自动化码头正式开港、港珠澳大桥主体工程全线贯通等，中国的智能制造、工业强基、绿色制造、高端装备创新等"五大工程"扎实推进。在民间创业空间，各种形式的共享创业仍然如火如荼，但在经济风口上也暴露出新的问题。

作为国家区域发展战略的新布局——雄安新区亮相，它将承载着"非首都功能疏解""区域增长新引擎"功能，成为京津冀协同发展的重要棋局，对中国未来区域发展将产生怎样的影响值得拭目以待。

10 月 18 日召开的党的十九大是令世人瞩目的。大会报告深刻阐释了"中国特色社会主义新时代"这一我国发展新的历史方位的重大意义，立足新时代为党和国家事业指明了前进方向，为中国这艘承载着 13 亿多人的巨轮前行立起了新的航标，为实现中华民族伟大复兴的中国梦吹响了新的集结号。大会最重要的理论创新成果是确立了习近平新时代中国特色社会主义思想，这是党和人民实践经验和集体智慧的结晶。当代中国正经历着我国历史上最为广泛而深刻的社会变革，也正在进行着人类历史上最为宏大而独特的实践创新。这种前无古人的伟大实践，也给理论创新提供了强大动力和广阔空间。这是一个需要理论而且一定能够产生理论的时代，这是一个需要思想而且一定能够产生思想的时代。

党的十九大还明确提出了我国经济已由高速增长阶段转向高质量发展阶段，建设现代化经济体系是跨越关口的迫切要求和我国发展的战略目标，必须推动经济发展质量变革、效率变革、动力变革，提高全要素生产率。

这一年最令民生关切的是大中城市房价进一步上涨。于是，从 9 月开始，楼市政策连环发布，定位于"因城施政"的调控，范围由一线城市逐步下沉到价格快速上涨的二三线城市。45 个城市发布有关房地产内容政策达 52 次，随后，一系列楼市调控成效逐步显现。

新年贺词尽显
民生观、奋斗观、大同观*

在 2017 年新年到来前夕的 5 个小时，中国国家主席习近平通过中国国际广播电台、中央人民广播电台、中央电视台、中国国际电视台（中国环球电视网）和互联网，发表了 2017 年新年贺词。

在新年贺词中，习近平主席深情回溯 2016 年这一非凡难忘的一年，满怀信心寄语更有希望的 2017 年。

过去的一年，在党中央坚强领导和全国各族人民共同努力下，全国上下勠力同心，积极践行新发展理念，"十三五"实现了开门红：经济发展、深化改革、依法治国、从严治党取得积极成效，"四个全面"战略布局顶层设计顺利完成，科技、民生、外交、国防、国家影响力均取得重大进展，尤其是党心民心更加凝聚更加振奋。在这辞旧迎新的美好时刻，习近平主席向全国各族人民，向各界各国朋友真诚表达感谢、致以新年祝福！

新年贺词虽仅仅 1300 多字，但字里行间尽显习近平主席的民生观、奋斗观和大同观。

一句"新年之际，我最牵挂的还是困难群众"充分展现了习近平主席浓浓的民生情怀，透出的是习近平主席的民生观。过去的一年，习近平主席的足迹留在了祖国的东南西北和千山万水。他时刻牵挂着人民群众吃得怎么样、住得怎么样，人民群众在就业、子女教育、就医、住房等方面还存在的困难；他特别挂记扶贫脱困和奋战在脱贫攻坚一线的同志们，时时告诫各级政府在加快全面建成小康社会进程中，"小康路上一个都不能掉队！"他还为自然灾害、安全事故和维护世界和平失去的宝贵生命表达痛惜之情。党的十八大以来，以习近平同志为核心的党中央为人民带来了看得见、摸得着的各种实惠，让人民有了更多的获得感。"人民对美好生活的向往，就是我们的奋斗目标""我们党和政府做一切工作出发点、落脚点都是让人民过上好日子"的治国理政新理念已经化为实实在在

---

* 本文原载中青在线 2017 年 1 月 1 日。

的具体行动，这些就是让习近平主席感到欣慰的——农村转移人口市民化更便利了，许多贫困地区孩子们上学条件改善了，老百姓异地办理身份证不用来回奔波了，一些长期无户口的人可以登记户口了，很多群众有了自己的家庭医生，每条河流要有"河长"了……"以人民为中心"的发展思想已经贯穿于中国特色社会主义建设的整个进程。

一句"大家撸起袖子加油干"这样的直白语言展示了习近平主席的坚强意志和革命情怀，透出的是习近平主席的奋斗观。从上任伊始，习近平主席描画出实现中华民族伟大复兴的"中国梦"和实现"两个一百年"奋斗目标的美好蓝图，中国特色社会主义道路、制度、理论和文化越来越具体，也让全体人民越来越自信。而实现任何一个伟大目标都是依靠扎扎实实的实干得来的。在 2016 年习近平主席到宁夏调研工作就掷地有声地提出"社会主义是干出来的"；在 2016 年庆祝了中国共产党成立 95 周年纪念大会上，习近平主席指出要"不忘初心、继续前进"；在纪念中国工农红军长征胜利 80 周年纪念大会上，习近平主席指出要"走好我们这一代人的长征路"，实质就是坚定不移，为着共同理想而努力奋斗。在 2017 年的新年贺词中，习近平主席再次强调，"天上不会掉馅饼，努力奋斗才能梦想成真"，更加激发全国人民在新的一年统筹推进"五位一体"总体布局和协调推进"四个全面"战略布局上继续发力、改革创新。"上下同欲者胜"，梦想就能成真。

一句"世界大同，天下一家"的中国人历来主张，习近平主席在新年贺词中用"中国人民不仅希望自己过得好，也希望各国人民过得好"进一步阐释，也透出了习近平主席的大同观。在经济全球化深入发展的今天，中国与世界各国已深入交融，共振发展。过去的一年，自亚投行正式开张，习近平主席倡导的"一带一路"倡议构想进入了全面实施阶段。G20 领导人杭州峰会的精彩举办，更彰显了中国的国家影响力，为全球经济治理贡献了中国智慧。习近平主席真诚希望国际社会携起手来，秉持人类命运共同体的理念，把我们这个星球建设得更加和平、更加繁荣。中国作为负责任的大国在当今世界政治经济舞台上为构建人类命运共同体正作出不懈努力。

"新故相推，日生不滞。"出自明末清初大儒王夫之的著作《尚书引义》，预指旧的终将过去，新的将来已经到来，万事万物新陈代谢，天道如常。习近平主席在新年贺词中引用过来，就是告诉我们，要自觉遵循不断前行的人类社会发展规律，大道自然，浩浩乾坤，只要顺势作为，就能不断开辟中国特色社会主义伟大而广阔的新的事业，不断创造我们发展的新辉煌。

让房子回归"住"的
属性与路径[*]

岁末年初,我们回溯一年来中国经济生活大事时,2016 年中国楼市的波澜起伏无疑是公众记忆中的一大聚焦。从 2017 年初源起于深圳、上海、北京等一线大城市房价的爆发式上涨,到年中蔓延至 20 多个二线省会城市房价的快速跟进,再到 10 月份国家有关部委和 16 个房价过热城市"史上最严厉"密集调控措施的出台,过往的这一年,中国楼市演绎出多少"几家欢乐几家愁"的故事,牵动着中国千家万户的神经。

面对风云变幻的当下中国楼市,我们该如何理性认识房子"住"的属性,切实让房子回归到"住"的定位?这个看似简单实则复杂的问题,迫切需要认真回答和采取政策应对。

房子应该具有怎样的属性?

俗话说,安居才能乐业。房屋或者说住宅是一个人或家庭栖身、休息、养育之所,与其他生活品一样是维系生活的必需品,本质上是依靠建筑材料构筑起来的人居独有生活空间,是住宅对自然人的应有属性。一个社会的稳定和谐,需要政府保证人们住有定所,居者有其屋,这也是政府应尽的民生责任。唐代诗圣杜甫"安得广厦千万间,大庇天下寒士俱欢颜"的民生追问,贯穿了上千年的社会变迁。

然而,住宅一旦与产权属性、地理位置、区域环境、生活品质乃至社会身份连接在一起,作为生活消费品的房屋就会异化为超越其居住自然价值之上的种种社会属性和外溢价值。

从自然属性来说,住宅就是为人们居住而存在的。随着社会发展和技术进步以及人们对生活品质的追求,住宅会不断增益其技术含量和生活品质,逐渐成为家庭的大宗消费品乃至奢侈品。

---

* 本文原载中新经纬 APP2017 年 1 月 10 日,原题为《抑制房地产泡沫不等于大幅降价》。

从商品属性来说，住宅体现拥有者的重要产权，商品的消费属性又延展到排他性的房产权益属性。房产的特殊性，还在于与其相连的不可分割的土地的特殊性。与其他生产要素相比，土地资源天然具有金融属性，因为土地的地段价值连带建筑其上的基础配套设施的稀缺性，房地产就成为一种重要价值储备手段，进而土地的金融属性又成为房产金融属性的根源。随着20世纪80年代以来金融自由化浪潮极大地推动了各国房地产市场发展，金融工具设计的制度便利放大了房地产市场的金融属性，作为金融产品的流动性、收益性和价格波动性这些特性，不仅使房地产成为重要投资品，还引发金融市场的波动。从社会属性来说，住宅或房地产还带来一定的社会问题。

从商品经济社会发展以来，住宅问题一向不只是一个经济问题。从今天的视角看，从中国发展社会主义市场经济的历史阶段来看，我们对住宅或者说房地产的本质属性认识，可能还是要认清其作为消费品还是投资品的边界，"让房子回归住"的属性，根本上就是要体现民生的落脚点，彰显"以人民为中心"的发展思想。

让房子回归住就是回到消费品主导方向上

从20世纪90年代末我国推进住宅货币化改革，是适应了我国市场经济发展、城市化发展进程和人民生活水平提高的大方向的。应当说，这么多年来还是比较好地解决了群众住房问题，我国城市家庭人均住房面积远超于不少发达国家。因住房改革也很好地支撑了家庭财产性收入的增长，总体上是与国民经济增长相适应的。

但也要看到，对住房商品化的方向、房地产市场发展定位和相关政策设计还存在一定的模糊认识，特别是近年来我国城市化发展进入快速发展阶段，人口流动速度大大加快，体制机制改革跟不上社会开放和经济增长的节奏，区域发展、城乡发展、社会收入分配存在比较大的割裂，房地产作为支柱产业在为国民经济创造财富贡献的同时，也成为社会财富分配的矛盾集中点。

中国经济进入发展新常态，受到结构性、周期性、体制性矛盾叠加，经济增长速度进入下行通道，结构性问题就愈发凸显。表现在房地产市场上，区域分化的特征十分明显，社会资源越来越集中到长三角、珠三角、京津冀一带的大城市或中心城市，资源的稀缺伴随地价的上行，使这些区域的房价不断上升。

2016年这一轮一线城市的急剧上涨，又有当下中国经济转型升级中各种因素的叠加所致。笔者在2016年9月7日给中新经纬的特约稿件《留一份清醒观"房市"——兼述房价上涨几种缘由及其他》一文中，比较全面地梳理了此轮房价快速上涨的若干缘由，即"货币超发说""土地稀缺论""资产配置荒""币值贬值论""银行保利说""政企合谋论"等。

这一系列因素的叠加,尤其是 2016 年的资金加杠杆,急剧放大了房地产市场的金融属性,造成了老百姓对一线城市或中心城市房产的疯狂追逐,造成了银行新增信贷大规模地流向房产信贷,造成了央企、民企城市圈地的"地王"现象,造成了大量社会资金的"脱实向虚",也增加了推进供给侧结构性改革去库存、去产能、去杠杆、降成本、补短板的困难和压力。

如果任由房地产金融属性放大,会使资产泡沫不断积聚,更势必动摇中国经济稳定的基石。因此,2016 年中央经济工作会议强调"房子是用来住的,不是用来炒的"的定位,就是明确了以消费品为主导的我国房地产市场方向,降低房地产在资产市场上的金融属性。接下来的一系列政策也将会围绕这一定位和方向予以调整。

平抑房价,关键在既抑制房地产泡沫,又防止出现大起大落

促进房地产市场平稳健康发展,事关中国经济的发展稳定,事关供给侧结构性改革的顺利推进,事关守住不发生系统性金融风险的底线。

2016 年中央经济工作会议指出,要综合运用金融、土地、财税、投资、立法等手段,加快研究建立符合国情、适应市场规律的基础性制度和长效机制,既抑制房地产泡沫,又防止出现大起大落。对此我们应当如何认识? 笔者认为:

首先,抑制房地产泡沫。要从防风险的角度挤掉由于资金堆积形成的泡沫成分,但必须十分明确,这并不意味着房价就要大幅下降。住宅或房产就是因为其客观存在的区位性、品质性、资产性而具有排他性特点,每套房产有着合乎市场价值的价格定位,我们不希望"白菜卖出猪肉价格",当然也不能指望"人参卖出萝卜价格"。抑制房地产泡沫是防止市场炒作和资金投机,让房产价格回归到其价值上来。

其次,防止出现大起大落。稳中求进是新一年要继续坚持的经济工作总基调。"稳"也体现在房地产市场的平稳。2016 年 1~11 月,我国商品房销售面积同比增长 24.3%,商品房销售额超过 10 万亿元,增长 37.5%,对 GDP 增长贡献额超过 8%。房地产对于实现前三季度 6.7% 的平稳经济增长发挥了重要支撑作用,作为产业链带动力极强的产业,现阶段决不能低估其在推进供给侧结构性改革中的作用。促进房地产市场平稳健康发展,不能利用行政性手段侵扰市场内在经济运行规律,因为市场价格的大起大落,影响经济基本面的稳定,影响老百姓的市场预期。

最后,更重要更基本的就是加快研究建立符合国情、适应市场规律的基础性制度和长效机制。"亡羊补牢未为晚矣。"有专家指出,十几年来,中国的房地

产市场发展到目前的僵局是因为长期以来我们对于房地产市场政策是碎片化的，没有明确的主导方向，是顺着经济周期和宏观调控节奏一路走过来的。在当前中国经济转型升级的关键阶段，的确需要依靠顶层设计来认真研究房地产市场的基础性制度和长效机制了。

现在关于平抑一些城市过快上涨的房价，从中央到地方，出台了限购限贷、明码标价、一城一策等一系列有效政策。这次中央经济工作会议抓住货币信贷这个关键环节，提出要"在宏观上管住货币，微观信贷政策要支持合理自住购房，严格限制信贷流向投资投机性购房"。经济界也从税制设计和立法角度，提出要加快对房地产保有税立法和实施的推进，也有学者提出可以对高档住宅实施特别消费税。对房地产实施差别化税制，过往以来都有实践，对平抑房价可以起到一定作用，但在普遍意义上还有不少政策短板和立法难题，涉及方方面面。现实层面上要兼顾稳定与增长，长远层面上要符合国情、适应市场规律，关键还是要从房地产供求平衡上找到均衡点。要切实解决好人地挂钩的城市土地供应问题、中央与地方事权与财权匹配问题、人口流动与户籍制度改革问题、家庭财产性收入增长保障和社会财富分配等这一系列极其复杂的制度设计问题。具体政策措施的出台，一定要适时、择机，审时度势，以逐步纠偏的方式来扭转长期以来形成的以资产市场为主的房地产市场波动局面，不能搞政策"一刀切"。

"房子是用来住的，不是用来炒的"，对房地产属性认识的这一回归，迈出了理性解决问题的第一步。

如何让养老金入市实现
"一箭双雕"？*

2017 年以来不断涌现的关于养老金入市的消息，搅动着市场的"神经"。

全国社保基金理事会于 2017 年 1 月初正式启动组合招标程序，按照权益、债券、现金、量化四大方向对相关入围机构进行现场评议以审核其产品管理资格。目前部分方向的组合招标已接近完成。

同在 1 月，广西壮族自治区与全国社会保障基金理事会正式签订《基本养老保险基金委托投资合同》，这是国务院 2015 年 8 月出台实施《基本养老保险基金投资管理办法》后，全国基本养老保险基金委托投资拟定的第一个签约省份。

2015 年 6 月底，人社部、财政部颁布了《基本养老保险基金投资管理办法（征求意见稿）》，养老基金入市开始进入倒计时。2016 年第四季度，人社部、全国社保理事会完成一批基本养老保险基金托管机构评审和基本养老保险基金证券投资管理机构评审，并着手组织第一批委托省份与社保基金理事会签订合同。由于多部门的积极推进，养老金入市时机逐步成熟，首批签约托管基金也有望划拨到位，只待寻找恰当的入市时机。就此，关于养老金如何入市的话题再次成为新一年促进中国资本市场发展的一个重要看点。

当下中国资本市场徘徊不前、扑朔迷离，投资者期待养老金入市给股市带来利好。然而这时候养老金入市是否正恰逢其时，又能以多大的规模和怎样的节奏和方式入市，该如何确保亿万老百姓的这份"养命钱"在长期投资布局中既保值增值又能成为中国股市的"理性压舱石"，这是我们关注养老金入市应该突出关注的几个问题。

养老金入市有充足的依据

养老金入市，在政策层面和学界其实近年来一直热议，从必要性来说毋庸置疑，在政策设计和制度安排上借鉴国外经验已有不少探索，近些年包含养老金在

---

* 本文原载中新经纬 APP2017 年 1 月 19 日。

内的社保基金投资资本市场运营成效更是可圈可点。首先还是要认清中国养老金入市的必要性，理性认识这是大势所趋。支持养老金投资行为的基础，至少有非常明显的三个理由：

第一，中国人口老龄化正面临严峻挑战。按照国际标准，我国自 1999 年后 60 岁老年人口占人口总数的 10%，开始进入老龄化社会。"十二五"时期我国人口老龄化进入快速发展阶段，表现为老年人口数量持续上升、老龄化速度不断加快、老龄化程度日益严重三个基本特征。2015 年末，我国 60 岁以上老龄人口已突破 2.22 亿，占比达 16.1%，不仅老年人口数量位居世界第一，年均增长速度比世界平均水平也快一倍。据预测，2030 年达 25.3%，老龄人口数量突破 4 亿；2050 年左右达峰值约 4.8 亿，占比 38.6%。人口老龄化直接带来的是家庭养老负担日趋严重，持续升高的老年抚养比将导致经济运行成本不断提高，还将影响经济发展活力和经济潜在增长率。有效应对人口老龄化事关国家发展全局和亿万百姓福祉。加强养老保险顶层设计、建立基本养老金合理调整机制特别是完善筹资机制，已成为政府应对人口老龄化整体政策中的重要一环。

第二，当前我国亟待弥补养老金的巨大缺口。面对日增的人口老龄化压力，按照官方说法，我国养老保险基金未来收支平衡面临巨大压力。中国养老金融 50 人论坛 2016 年 2 月 27 日发布的一份研究报告称，2000 年以后我国基本养老保险替代率持续下降，从 1997 年的 70.79% 下降到了 2014 年的 45%，已处于国际劳工组织公约划定的养老金替代率警戒线之内。2011 年以来，在基本养老金覆盖的城镇国有企业和集体企业职工中，参保人平均增速为 4.04%，而离退休人员的平均增速已达 6.64%，这表明养老金收入小于支出会持续下去，未来退休人员的基本生活保障面临着较大风险。养老金缺口正成为中国养老保险体系长期风险的核心问题。目前国内一些研究机构测算的养老金缺口数值尚较保守（未来 20 年缺口在 6 万亿~10 万亿元人民币），按路透社的报道，未来 20 年中国养老金现金缺口可能高达 11 万亿元人民币。且不论养老金缺口有多大、原因有多少，重要的是要找到弥补养老金缺口的有效路径。目前，政府已开始考虑通过划拨国有资产、延迟退休年龄、扩大社会统筹、加大商业养老保险市场规模、采取个人税收递延型养老保险等方式给养老金"补血""造血"，学术界则呼吁通过大力发展养老金融提供多元化、多层次的养老金融产品，将开发养老金融业作为重要的金融战略来预防老年时期的各种风险。加强对现有养老金结存投资管理，争取"让钱生钱"是必须付诸实践的一个重要举措。

第三，抗通胀必须确保养老金保值增值。全国社保理事会提供的数据显示，2015 年末我国基本养老保险基金累计结存 39937 亿元，同比增长 12.0%。我国企业年金才刚刚起步，规模尚小，我国养老金的总规模仅约为美国的 1/25。表面上看，现有养老金规模增速高于经济增长率和物价指数，但要对应资产价格上涨的速度，还是远远落后。但目前，基本养老金只能投资于国债和银行定期存款。据中国社科院世界社会保障中心主任郑秉文测算，全国基本养老保险基金从2000年开始有统计数据以来，基本养老金每年收益率低于一年期存款利息收益，也低于多年来的通胀水平，就此匡算的基本养老金贬值将近1000亿元。面对2008年国际金融危机后各国采取量化宽松政策和国内货币近年来的超发态势，未来我们很有可能进入一个通胀上行的态势。在长期通货膨胀的局面下，为了应对养老金巨大的贬值压力，养老金应该交由资本市场实现保值增值。未来要实现存量养老金保值增值也必须让其跑赢通胀。

如何让养老金入市实现"一石双鸟"

养老金入市是实现其保值增值的一个必然选择。作为可源源不断流入的一项长期性资金，通过托管和证券投资，基本养老保险基金便打通了资本市场之路，通过投资资本市场进行保值增值，同时，这也会给中国资本市场稳定健康发展带来积极预期。

我国资本市场投资者结构中散户占比一直较高，投机因素大，市场波动反复性大。随着养老金入市，其成为资本市场主力资金的一部分，必然壮大机构投资者力量。从国际经验来看，养老基金作为长期价值投资者，其稳健理性的投资风格可以有效中和广大中小投资者的短期投机行为、净化资本市场投资氛围、改善资本市场投资环境、平滑资本市场波动性，从而为市场起到"理性压舱石"的稳定器作用，这可谓"一石双鸟"。

但养老钱毕竟是"保命钱"，养老保险基金市场化投资运营的根本目的还是保值增值，必须充分考量其收益性、流动性、安全性的基础目标，对人民的长远利益负责。

第一，以收益性观察。参照美国的经验，美国资本市场上的三大主要机构投资者是养老金、共同基金和保险基金。截至2017年初，大量美国养老金计划的资金投资于股票、债券、房地产等领域，其中，美国的公共养老金投资相对保守，主要投向国债等品种，2000年以来始终保持4%以上投资回报率。而类似中国企业年金的401k计划的投资策略则兼顾安全性和成长性，其大批资金都流向了股票型基金乃至股票。由于美国股市近乎长期性上涨，401k计划的大量资金投入股市后，这些年在推动道琼斯指数从1000多点一直升到现近20000点过程中，401k既发挥了重要的作用，长期也获得了6%以上的年平均回报率。美国、英国、加拿大、澳大利亚等发达国家和中国香港地区将部分养老金入市既实现了保值增值，又推动了股市的强劲增长，实现了资本增值和股市的双赢。

国内有关数据也显示，2008～2015 年，我国养老金平均收益率约为 2.9%，仅与同期通货膨胀相持平；而社保基金和企业年金的平均投资收益率则分别达到 8.7% 和 5.3%。2003 年 6 月，社保基金开始投资股票市场以来，除 2008 年受金融危机的影响，其投资收益率为负外，都取得了正收益。社保基金只有 2004 年、2008 年、2011 年没有跑赢通货膨胀率，但其投资收益率要好于当年上证指数的投资收益率。

总的来看，目前国内养老金收益率尚处于较低水平。这也说明，未来养老金入市只要选择好恰当的投资时间、投资风格和投资品种，保持一定程度的稳健性，应当可以取得高于存款利率水平和通胀水平的投资收益。

第二，从流动性考量。养老金入市需要一定的规模，还要通过资金的不断递进补充和投资获取较高收益。截至 2017 年 1 月，国内养老金规模上，以 2015 年底基本养老保险基金累计结存值约 4 万亿元净值，扣除预留支付资金外，预计全国可纳入投资运营范围的资金总计约 2 万亿元，按照《基本养老保险基金投资管理办法》确定的 30% 入市资金上限计算，理论上可有最高 6000 亿元的养老金规模可投资权益资产。当然初始投资依据可供运营管理养老资金 2 万亿元与初始投资 A 股比例 15% 计算，预计初始养老金入市规模约为 3000 亿元，约占当前 A 股流通市值的 0.77%，加上养老金投资的安全稳妥要求和入市的渐进性，对股市尚不足以产生重大影响。

目前，我国基本养老保险制度处于转轨时期，采取社会统筹和个人账户相结合模式。社会统筹部分是最基本的养老保障制度，属于现收现付型，个人账户则更倾向于完全积累型的补充养老计划。机关事业单位和企业养老也处于双轨制阶段。当前必须加快实现养老金全国统筹，加快养老金并轨改革，加快建设职业年金、企业年金等补充保险制度，一方面能解决资金缺口，另一方面能不断扩大递延型投资规模的需要。从投资布局和投资周期看，基本养老保险基金必须满足"现收现付"的日常需要，其资产配置必须保持充分流动性；同时，从养老金本金安全性要求高、收益稳健型需要，又要明确界定投资种类，严格规定投资比例，建立苛刻的投资条件。所以，入市初期宜以固定收益证券投资为主，再稳妥、逐步、分批地进入股市，不断提高入市资金的比例，并给予市场明确的投放预期。

关键还在于建立一个成熟的资本市场

中国资本市场建立后，其间风风雨雨，不是"牛皮市"就是让人惊心动魄的大起大落"动荡市"。养老金入市，本质上还是投资，自然就伴随着投资资本市场的所有风险。从大的制度安排上，期待养老金入市与资本市场建设结合起来，促进养老金稳健运营和资本市场健康发展良性互动。

养老金入市需要资本市场的健全完善和制度建设。同时，养老金入市也可以推动资本市场的体制改革。一方面，养老金入市要求加强对资本市场的监管力度，同时加强对收益稳定的国有企业、大型商业银行等低风险股票公司的分红制度建设，进而引导投资者向稳健投资者、长线投资者转变。另一方面，逐步成熟的资本市场也会为养老金提供更多的稳健投资品种、更完善的服务平台，确保养老金入市的保值增值达到预定目的。

经过 2015 年中国股市的大起大落，2016 年的小幅盘桓震荡后，2017 年既被认为是中国经济的 L 型大底，也被认为是中国股市的长期大底，许多优质蓝筹股的投资价值已经凸显，还有一批新经济成长股也显现未来的龙头价值。从价值投资的角度，养老金入市可谓适逢其时。

新常态视阈下的改革方法论考*

全面深化改革是经济新常态视阈下党中央对当前改革形势作出的科学判断、理性思考和实践举措。但一个时期以来坊间仍不断有改革步伐有所减缓、改革动力似有减弱、改革方向或有调整等种种疑虑。本文以问题着眼，从经济新常态背景下中国改革的范式与内涵、改革的定位和目标、改革的逻辑和方法、改革的现实取向等方面进行分析阐述，提出新一轮全面深化改革需要有对改革范式的认知，从理论角度认识改革的方法论，认清新常态下需要把握中国改革的约束条件、动力基础和风险因素，以促进对改革问题的统一认识，继续推进递进式系统性改革试验。

自党的十八届三中全会开启新一轮全面深化改革以来，党中央统揽全局、顶层设计、纵深推进，落地有声，各项改革迈出新的步伐。2016 年是"十三五"规划的开局之年，全面深化改革一系列重要举措、重点突破又取得了良好态势，全面深化改革是经济新常态视阈下党中央对当前改革形势作出的科学判断、理性思考和实践举措。但我们也可以看到，一个时期以来坊间仍不断有改革步伐有所减缓、改革动力似有减弱、改革方向或有调整等种种疑虑。本文以问题着眼，进一步从经济新常态背景下中国改革的范式与内涵、改革的定位和目标、改革的逻辑和方法、改革的现实取向等方面进行分析阐述，以期对新时期新阶段我们究竟应当怎样看待中国改革，现阶段如何探究和理解中国的改革方法和路径问题形成一定的共识，以稳定改革预期，凝神聚力推进全面深化改革。

对改革属性与研究范式应有共识

改革，是中国社会当下最热门的流行词汇之一，也是改革开放以来中国社会最鲜明的特征。党的十八届三中全会明确指出，改革开放是决定当代中国命运的

---

* 本文原载中文核心期刊《改革》杂志 2017 年第 1 期。

关键抉择，是党和人民事业大踏步赶上时代的重要法宝，是实现中华民族伟大复兴的中国梦的必由之路。

从党和政府来说，改革已经取得丰硕的实践成果，推进全面深化改革应该说一直没有动摇。但在现实层面上，的确时时存在针对改革的种种议论和贬责，也常常因为一些改革政策的针对性有效性及其利益得失而陷入对改革必要性和改革方向与目标的重复猜疑。因此，我们有必要从改革的本义、从认识论和方法论的角度，进行梳理和思考，以正本清源，寻求共识。

1. 改革的内涵与研究范式

研究改革问题，从其范式入手十分必要；统一对改革的认知，也必须有共同的语境和参照系，有利于在共同的价值观和时代背景下理解改革的属性，从而避免自说自话和各说各话。

范式（Paradigm）的概念和理论源于美国著名科学哲学家托马斯·库恩（Thomas Kuhn），库恩在《科学革命的结构》（*The Structure of Scientific Revolutions*，1962）一书中作了系统阐述，他指出，范式是一个共同体成员所共享的信仰、价值、技术等的集合。在库恩看来，范式不仅是一种对本体论、认识论和方法论的基本承诺，还指的是科学研究者群体共同接受的一组假说、理论、准则和方法的总和。范式要体现为一整套研究体系、思想坐标、参照系、基本结构、理论模式和实践规范，研究者要在思想上形成共同遵从的世界观和行为方式。由此看来，确定共同认知的范式，形成关于研究对象的基本意向，就可以用来界定什么应该被研究、什么问题应该被提出、如何对问题进行质疑以及在解释我们获得的答案时该遵循什么样的规则。

对改革问题的认识也是这样。由于改革本身是重要的社会实践，至今并没有形成一门系统成熟的学科，改革更多地表现为政治学、经济学、社会学、公共政策学科的交叉复合。因此，人们对改革的范式就有着不同的知识认知和价值评判，在不同的制度背景、体制模式、发展阶段、群体构成上也会存在多层次、多元化的改革事实范式、改革行为范式、改革批判范式和改革释义范式。

因此，对当下中国改革问题的讨论其前提是要对改革有一定的范式，首先是对改革一词的本义内涵要进行较为清晰的界定。如果缺乏改革属性的恰当理解，人们就难以判断一项政策行为或政策的变动是否算得上是改革，或者明确应当基于怎样的立场支持或反对的究竟是什么样的改革。这是研究改革问题的逻辑起点。

翻看有关注释，"改革"的内涵一般指为各种包括政治、社会、文化、经济等组织作出的改良革新，相较于革命以极端的方式推翻原有政权以达成改变现状的目的，改革是要在现有的制度框架内实行变革，实质是统治者对既定制度所进行的调整。显然，改革的属性是被纳入到制度的范畴，是对一个国家在一定发展阶段的生产关系、上层建筑作出局部的或根本性的调整。

从古今中外的各种贯之于"改革"名义的历史事件看，通常一个改革是否能成功会影响一个国家的命运。若成功可以让国家走向稳定和繁荣，改革成为社会发展的强大动力；但若失败也可能带来民不聊生、社会内乱或冲突，改革完全可能被利益集团绑架行分食社会财富之实，从而进一步固化社会利益关系，阻碍社会向前发展。因此，改革的确事莫大焉。

这里还需要明晰改革的边界。一个是改革不等于革命。尽管改革的表象具有一些革命的特征，但它与社会革命不同，不以制度性颠覆为基础，并不否定现存制度，这是改革的底线；另一个是改革也不等同于改良。改良可能只是局部体制机制的修修补补，但改革必然是系统性的，涉及政治、经济、文化和社会的方方面面，是把国家发展中旧的不合理的部分改成新的，使之尽量适应不断变化的时代，具有"牵一发而动全身"的特点，例如：技术改革、经济体制改革、社会改革、政治改革等。就此看，改革是在既定制度框架内的社会利益格局调整。用马克思主义的观点，就是要解决束缚社会生产力发展的生产关系或者上层建筑的制度匹配问题。用西方的政治学或制度经济学的观点来解释，改革就是要通过新的制度设计重新配置社会资源，让分散的公众偏好形成集体行为的一致性，再通过参与式民主程序形成公共政策。所以，改革就既有工具属性，也有价值属性。从改革的逻辑着眼，就是要分析研究既定制度框架下调整利益格局的机制设计规律，通过一种新的规则设定、新的机制设计或新的制度安排达到推进生产力进步，能够让社会整体利益或者说是让大多数群体获益，能够体现社会的公平和正义的目的，最终还要尽可能让改革的工具属性服从服务于价值属性，即体现道德的正当性。

2. 改革研究需要把握三个维度

改革最显著的特征是对现有利益格局的调整，研究改革问题，必须建立其基本架构，其基本参照系可以将其设定为三个维度，即决策的正当性、程序的预定性、目标的可取性。

第一，决策的正当性，主要体现在，改革是对现状，往往是对现行政策的改变，进行改变的决定是通过正当和合理的公共选择而产生的。第二，程序的预定性，是指进行改变的决定不但包含变化的内容，也包含改变的进行必须遵循的程序。第三，目标的可取性，是指改变的进行能够或者至少在现有的知识基础上被认为能够推进社会的整体利益，尽管有少部分人可能会暂时地丧失一定的利益。

如果不同时具备决策的正当性、程序的预定性以及目标的可取性这三个维度，一项改革行为所表现的对既定政策的任何改变都不能被称为良性改革，这也是从认知范式出发需要保证改革政策的制定者、执行者和改革对象形成统一的共识，这便成为判断改革合理性的基础。之于三者的关系，又体现在改革方法论的范畴。

基于经济学理论的改革方法论分析

有了以上对改革内涵和属性的界定，以及三个维度的范式共识，我们可以进一步考量改革的方法论。

迄今以来，经济学已成为十分成熟的科学体系，因为改革总是在既定制度框架下进行资源的优化配置和利益调整，目前经济学的基本理论最能够对改革的方法论予以解释。一般考量改革的方法论，学术界大抵使用的次优理论、社会偏好理论、效率公平理论。这三个理论也比较好地与改革问题基本架构的三个维度予以对应。

1. 改革问题的三个理论解释

次优理论是福利经济学的基础理论。最优条件是最优型经济的决策法则，即在最优世界中采取最优决策，在经济学的资源配置中就是让所有的生产和分配过程符合帕累托最优条件。事实上这在无摩擦的世界（低交易成本）才能实现。中国20世纪80年代初的农村改革和后来的企业改革，一定意义上比较接近帕累托最优，根本原因是国家经济体制从高度集中的计划经济转向商品经济，极度扭曲的物品价格回归到商品世界中的供求关系和竞争关系，制度的红利得以充分释放，走向市场经济的改革决策可以覆盖所有人所有领域，改革政策合乎道德的正当性和群众极度压抑的诉求释放，最初的农村改革、企业改革和城市改革让大多数群众都能获益。20世纪90年代末的中国加入WTO，开放经济对中国的贸易企业释放的巨大利益也可归于此类。但必须看到，事实上客观经济环境总是存在大量的信息不对称，市场经济发展进程中形成了各层次利益集团，又不断地增加制度性交易成本，改革决策只能在次优、次次优条件下进行选择，决策者最多的是要寻求"卡尔多改进"，以获得改革利益分配的"最大公约数"。

社会偏好理论基于1972年诺贝尔经济学奖获得者阿罗提出的不可能定理，其基本内涵是，不存在一个理想的规则，使社会或任何一个集体，从个人的序数偏好，得出社会的总的偏好与选择；个人效用的叠加也不尽然构成社会整体的效用。阿罗的不可能定理推进社会选择理论步入新的发展阶段。改革其实就是一种即时性的社会选择，既要顾及大多数利益相关者的选择偏好，又要形成集体行为的共同认知，使对旧有利益格局的调整获得最大的支持，这就给改革决策者增添了很大的难度，改革的阻力也由此产生。解决的办法，一个是局部试错。如过去我们改革是"摸着石头过河"，或者重视地方实验，这样改革的风险相对可控。

还有一个是改革程序的可预见性，我们现阶段谓之于顶层设计，就是通过确保利益相关者在一定程度上共同参与决策，保证改革信息的透明和改革政策的可预期，以在社会政策的公共选择中使个人偏好与社会偏好尽可能一致，这也在一定程度上可以防止因为改革信息的不对等而产生道德风险和逆向选择，通过利益的博弈，避免改革的决策者或执行者因为信息占优只考虑单方面利益而陷于"选择性改革"。

效率与公平既是社会原则也是经济法则。虽然经济法则在强调效率方面多于社会法则强调公平，但市场契约是源于公平交易，最终目标是实现社会平等和公正。改革的目的也在于实现社会公正，这与改革目标的可取性相一致。公平公正将始终成为改革正当性合法性的道义基础。因此，检验和判断改革的合理性最后的落脚点就是社会公平。但由于任何改革政策的目标实现和过程的渐进性和易受干扰性，人们又一时难以作出最终判断。所以，在改革进程中应当允许改革对象从知识层面，或从道德层面甚至法律层面对其进行质疑和批评，即使其最终结果是"好"的也不例外。

2. 改革方法与改革政策需要协同

改革政策一般离不开这三种方法论的指导，但在实践过程中却经常与理论设计有很大的落差。方法论基于诸多假设性前提和逻辑演绎，而实行任何一项改革政策的实践性环境则是不可假设的，实际情况是否符合预设也是不可确定的。就改革理论与改革政策的关系，完全可以说，理论的合理性并不能保证政策的科学性，而政策的失败也不一定能推翻理论的合理性。从现实来看，改革政策是为了化解矛盾，打破原有利益格局但往往又引发新的利益调整和产生新的矛盾，改革的公共政策又受制于多重客观条件的变化，时机又会转瞬即逝，把握改革的力度、节奏和时机就变得十分重要，常常既要考验改革决策者的勇气和魄力，又要充分考虑改革对象的承受力和预期。所以，中国的改革始终强调改革、发展、稳定之间的平衡。

党的十八届三中全会确定了新时期中国改革的总体框架，面对新时期中国社会发展的新特点，以习近平同志为核心的党中央从认识论和方法论的高度，深刻把握全面深化改革的阶段性特征和各领域改革特点，引领着中国改革的正确方向，始终强调统揽全局、系统谋划、突出重点，落地落实，着力于制度完善和体制机制建设，努力确保改革决策的正当性、改革程序的预定性和改革目标的可取性三个维度的统一，以蹄疾步稳纵深推进全面深化改革。总的来看，目标是清晰的，态势是良好的，改革的方法论也日臻成熟。

新常态视阈下中国改革的约束条件、动力基础和风险分担

判断当今中国改革的方位既需要国际视野，又要立足中国改革的历史沿革和现实状况。

1. 改革的历史进程表明改革没有统一的模式

从改革历程来看，无论是西方自由市场经济社会，还是东方高度计划经济社会，从 20 世纪 70 年代开始，其实都开始了一轮大规模改革。基本形成欧美社会从"二战"后凯恩斯政府干预到回归自由化经济、20 世纪 90 年代东欧社会制度解体进程中的"休克疗法"式的社会转型，中国由高度计划经济转向适度的市场经济三种改革模式，逐步沿革出所谓"华盛顿共识"和"中国模式"，当时的核心是要解决市场失灵或者政府失灵问题，基于其上的是关于经济体制改革先行还是政治体制改革先行的争议问题。

但自从 2008 年世界性金融危机爆发以来，人们发现世界进入了深度结构性调整，没有任何既定的改革模式可以带来"历史的终结"，经济全球化浪潮和以互联网为代表的技术革命深刻改变着这个世界的格局，经济增长的约束条件和动力基础都在发生全面的变革。改革又成为世界各国寻找发展动力的基本政策选项。

在经济层面，世界各国都面临着结构性调整，无论是需求侧的短期调整还是供给侧的长期性调整；在政治层面，世界各国面临着全球治理秩序和治理规则的变革，一国的公共政策变化具有很强的效用外溢性。内在的原因是新技术革命的即将到来，世界性生产和分工方式、世界各国政策的互动和相互影响随即发生了革命性变化。

2. 新常态视阈下的改革约束条件、动力基础和风险因素

如今中国经济社会进入了新常态，这一新常态从国内来说，就是中国经济进入了速度换挡、结构调整、动力转换的新阶段；从国际来说，中国发展进程又必须耦合到世界经济的结构性调整之中。因此在改革的方法和路径上，改革的决策者必须审慎思考新形势新阶段改革的约束条件、动力基础和风险因素的变化。

就约束条件分析，体制约束仍然是改革政策执行有效性的关键。我们今天所说的改革的深水区和硬骨头，仍然来自于体制机制的阻力。为此，在既定制度框架内需要重新思考政府、市场和社会的边界，需要在资源配置上重新考量中央和地方的关系，在政策规制与放松上释放国有经济和民营经济乃至于社会组织的共同活力，在开放条件下平衡区域发展、收入差距和市场保护之间的关系。同时还要平衡好经济政策、结构转型升级和改革推进之间的关系，不能用经济社会政策替代改革政策，而改革政策又要有利于经济社会政策的实施。

就动力基础分析，夯实改革的动力基础至为关键。在改革对当今中国社会利益格局大调整的重新布局中，尽可能调动各方面的积极因素，让全社会都能参与改革、支持改革，共同营造改革创新、锐意创新的良好社会氛围。第一，深化改革的决策者、设计者、执行者和担当者的各级党政部门是推进改革的首要动力。尽管在进一步简政放权、规范权力运行、加强反腐倡廉制度建设中，党政部门会减少过去体制建构不健全中或享有的部分"权力利益"，进一步减少"权力寻租"的可能，但通过深化政府体制改革和党的建设制度改革，可以增强改革者的自觉性和主动性，不折不扣地把各项改革任务落到实处。第二，市场主体是推进改革、获得改革红利的主体动力。这一轮以经济体制改革为牵引的全面深化改革，核心是正确处理政府与市场的关系。政府在更大程度上要减少对资源的直接配置的直接干预，要让市场在资源配置中起决定性作用。这有助于让市场主体在完全依据市场规则、市场价格、市场竞争中实现效益的最大化和效率的最优化。第三，人民群众是推进改革的根本动力。新一轮改革以促进社会公平正义、增进人民福祉为出发点和落脚点，强调坚持人民主体地位，发挥群众首创精神，紧紧依靠人民推动改革，从而促进人的全面发展。广大人民群众和各类社会组织在全面参与改革进程中也必将更多更公平地获得改革发展的成果。第四，外部世界的变革压力也是推进国内改革的可转化动力。在经济全球化的今天，国际社会随着中国日益走到世界舞台的中央，期待看到中国在国际社会上彰显领导力和影响力，这本身有助于加快中国的改革进程。

就风险分担分析，实际上这考量的是改革的成本承担问题。改革是通过一系列体制机制的重新设计，为达到一定目标所采取的政策集合或者制度安排。为落实改革政策和推行新的制度，需要投入必要的资源、资本，产生一定的利益转换，这就是改革成本。在研究改革成本中，过去一些学者曾把改革成本分解为实施成本、摩擦成本和适应成本。实施成本指的是实施改革而投入的资源；摩擦成本指的是利益集团反对和抵触改革造成的损失；适应成本指的是新体制确立后为适应新体制而付出的努力。不管哪种成本，都表明改革是有机会成本的。新一轮改革，指向的是促进经济转型升级，促进城乡一体化进程，促进公共服务均等化发展，促进社会更加公平正义。未来中国改革的实施成本投入将更大，摩擦成本支付将更尖锐，适应成本支撑将更迫切。但可以肯定的是，过去多年改革的总体收益大于成本的普惠性改革在今后不会再出现，对一部分人来说，很可能还是绝对负收益。经济学法则追求以最小的投入获取最大的收益。改革经济学也是如此，有效的改革政策设计必然要实现以最小的改革成本获取最大的经济社会发展收益，以分摊改革成本将改革风险压至最小。

改革与创新：一场递进式系统性改革实验

从党的十一届三中全会开启中国改革开放至今，中国社会已经发生巨大变化，经济成就和改革成就均举世瞩目。基于几千年封建文化和高度集权体制积淀下的中国国情，能够在短短的几十年里由高度集权走向市场分权、由国门封闭走向对外开放、由农耕文明走向工业文明、由官权本位走向民本社会，突破了许多思想观念的束缚，打破了许多利益固化的藩篱，也付出巨大的改革成本，今天我们对"中国道路"的自信也来自于"中国改革路径"的自信。

但必须清醒地认识到，今天我们仍然走在这条改革的艰巨道路上，改革的大业还没有完成。改革的目标虽日渐清晰但经常还是为各种传统思维定式所干扰，改革的路径虽已选择而仍会受制于各种利益博弈而走走停停，改革的动力虽已激发但还是受制于各种难破的体制机制障碍。今天的中国改革还是一场递进式系统性改革。在新的历史起点上，推进全面深化改革还需要把握三个方面：

1. 进一步凝聚改革共识

一是改革要讲求市场法则，充分发挥市场在资源配置中的决定性作用才能妥善处理好政府、企业和社会的关系。二是改革要讲求人本法则，最大限度地集中人民群众智慧才能激发全社会的创造创新活力。三是改革要讲求制度法则，将一切权力纳入法制化轨道才能促进社会公平公正。四是改革要讲求开放法则，要将改革进程融入国际社会治理和秩序构建中并最终融入世界文明发展进程，不断彰显中华优秀文明的圆融智慧。

2. 进一步厘清改革的思路

从新一轮全面深化改革的实践来看，进入新常态下的中国改革已形成突出重点抓关键、明确责任抓主体、试点创新求突破、强化督察促落实这样的改革方法论。今天的全面深化改革强调着眼长远、夯基垒台；勇于冲破思想观念的障碍和突破利益固化的藩篱，讲求改革有破有立，责任有依有据，权力有收有放；坚持系统思想，推动各项改革协同配套、整体推进、形成合力；立足促进社会公平正义、增进人民福祉，坚持以人民为中心，使人民群众有更多获得感，始终是改革前行的目标和方向。这符合中国改革的基本方式和基本架构，实践证明也是成功的。据此，推进下一步各领域全方位的改革基本思路还需要继续把握：一是选对改革的方式和节奏，确定恰当的改革目标。改革不是口号，不能为改革而改革。改革既要大胆探索、勇于开拓，又要稳妥审慎、循序渐进。二是要继续正确把握改革、发展、稳定的关系，要考虑在经济周期的恰当位置和时机选择改革的突破点。特别是要充分考量广大群众对改革的承受能力而不是政府的承受能力，不能让改革的代价更多地由弱势群体来承担。强势利益集团需要给社会必要的利益让渡，需要给弱势群体更多的利益补偿。三是改革切莫瞻前顾后、畏葸不前。改革的确如逆水行舟，只能进不能退。改革要发扬"钉钉子"精神，咬定青山不放松。

3. 集中各方智慧推进"改革学"研究

从经济学角度，改革是要有需求动力和成本代价的，随着改革进程的深入，人们对改革的偏好会随着利益格局的调整发生变化，经济学上就有"帕累托最优"和"卡尔多改进"，改革政策的边际效益会逐步递减。从社会学的角度，利益调整一定要合乎公平正义原则，改革必须赢得大多数社会公众的参与，获得"最大公约数"。从政治学的角度，改革要有广泛的协商和民意基础，政府、社会主体、公众通过程序化的民主方式尽可能形成利益一致、意见一致。从法理学的角度，改革的各个环节必须纳入法治化轨道，要于法有据。从方法论的角度，改革又具有战略和战术的性质，如何把握时点、节奏、力度的平衡，处理好政策和策略的关系，建立好传导机制、反馈机制、纠错纠偏机制等十分关键。据此看，改革是一项复杂的系统工程，又是许多学科的综合，有必要上升为独立的"改革学"研究，这就亟待更多的理论工作者群策群力奉献智慧。

变动的世界需要
中国声音[*]

为低迷的世界经济开出"药方",提供解决方案,发出中国声音,是中国的大国担当,也为严寒的世界经济带来一股暖流。

新年伊始,习近平主席赴瑞士达沃斯,出席世界经济论坛 2017 年年会并发表主旨演讲,为当下复苏乏力、充满变数的世界经济注入强大正能量,提供了中国方案,彰显了中国与日俱增的世界影响力。

在扑朔迷离的世界政治经济新格局中掌握主动

进入 2017 年以来,世界经济面对的是低增长、低投资、低贸易、低利率、低通胀,主要经济体还在寻求经济下行压力下的弱势再平衡。由此引发的贸易战、货币战、利率战,使主要经济体为各自利益角逐而阻碍了世界整体经济实现新的动态平衡。

这一不确定性来自美国新政的无序走向。美国新政府的"逆全球化"政策,是人类经济思维的一个大倒退。

这一不确定性来自欧盟脆弱的盟友结合。随着欧洲许多主要国家大选年的到来,欧洲政治经济板块面临新的调整,直接影响并不牢靠的现有欧盟经济框架。欧元经济屡遭冲击,欧洲老龄化困境日渐缠身。

世界图景可谓浮云缭乱、暗流涌动,对于扑朔迷离、错综复杂的世界经济乱象,究竟该怎么看?一些西方大国将战乱、冲突、地区动荡导致的难民危机,金融资本过度逐利、金融监管严重缺失导致的国际金融危机,都视为经济全球化"惹的祸";将内在的矛盾和问题也都归咎于经济全球化。

如何全面看待经济全球化?习近平主席在世界经济论坛 2017 年年会开幕式上指出,经济全球化是社会生产力发展的客观要求和科技进步的必然结果,不是

---

* 本文原载《中国青年报》2017 年 2 月 19 日。

哪些人、哪些国家人为造出来的。但经济全球化也是一把"双刃剑"。如何客观把握经济全球化的"问题一面"，无疑是今天最重要的世界性课题之一。对待经济全球化，不能把它一棍子打死，而是要适应和引导好，消解其负面影响，让它更好地惠及每个国家、每个民族。

面对经济全球化带来的机遇和挑战，应该充分利用一切机遇，合作应对一切挑战，引导好其走向。中国改革开放以来融入经济全球化的进程，勇敢迈向世界市场，曾呛过水，遇到过漩涡和风浪，但在世界市场的汪洋大海中学会了游泳，并获益于经济全球化。这就是最好的实践注脚。

以构筑包容合作共赢治理新秩序塑造新领导力

面对世界经济增长动力不足、经济治理滞后、区域发展失衡、贸易长期低迷等问题，既要有分析问题的智慧，也要有变革创新的勇气和行动，更要有一种应势而为、敢于担当的新型领导力，从而能够尽快引领世界经济走出增长的困境、突破发展的瓶颈。

以创新发展应对各种矛盾。当前经济运行尚处于"康德拉季耶夫大周期"的下行阶段，走出复苏通道尚有一个过程。这一阶段最明显的特征，就是出现越来越多的颠覆性革命性技术，预示着时代变革更替的到来。我们正处在新一轮科技和产业革命蓄势待发的前夜，人类第四次工业革命的曙光正在召唤着我们。科技革命不仅是产业发展的动力，也是经济全球化和贸易自由化的动力，必将给组织结构、资源配置和人文需求带来巨大影响。人类只有在创新中才能寻找到发展出路。

以合作共赢消弭各种差距。现行的全球治理机制是"二战"后由发达国家主导建立起来的，已经越来越难以适应全球性问题的新形势，特别是许多全球规则或机制的"非中性"色彩逐渐成为少数既得利益国家或国家利益集团的工具。同时，全球治理的公共产品属性也带来了公共产品供给不足，"搭便车者"日众。因此，无论是经济大国，还是新兴经济体和发展中国家，都亟待秉承平等、合作、责任、规则的精神，通过广泛协商和平等参与，寻求利益切合点和合作最大公约数，推进形成公平合理有效的全球治理新规则，应对气候、环境、网络安全、金融外部性等诸多挑战，消弭区域发展差距。

以包容互惠促进共同发展。世界各国要尊重文明的多样性、发展的阶段性和制度的选择性，各国有各国的道路选择，正如习近平主席所说："谁都不应该把自己的发展道路定为一尊，更不应该把自己的发展道路强加于人。"各国应当坚守的共同价值观，就是发展的目的是造福全人类，要让发展更加平衡，让发展机会更加均等，发展成果人人共享。

领导力代表着引领和导向。中国现如今是世界第二经济大国,不管谁愿意还是不愿意,我们已经走到世界舞台的中央,日益发挥着世界大国的影响力和领导力。在推进全球治理体系变革的进程中,中国是倡导者、促进者,更是实践者。为低迷的世界经济开出药方,提供解决方案,发出中国声音,是中国的大国担当,也为严寒的世界经济带来一股暖流。

改革创新的中国经济提供新样板凸显大国担当

在2017年的新年贺词中,习近平主席有两句通俗的话,甚为亲切,传播很广,那就是"天上不会掉馅饼,努力奋斗才会梦想成真""撸起袖子加油干,上下同欲者胜"。中国今天的繁荣富强、中国人民的美好生活就是"干"出来的。

中国的大国地位是苦干出来的。经过改革开放,中国已经成为世界第二大经济体,中国的发展成就正是中国人民几十年含辛茹苦、流血流汗干出来的。而这种"干",一是要立足国情、选对发展道路;二是要始终把人民利益放在首位;三是要不断改革创新;四是要秉承互利共赢、对外开放。中国发展的成功之路,给世界各国提供了新的样板。

中国对全球的贡献是实实在在的。长期以来,国际上针对中国经济快速发展,总有这样那样的指责或误读,比如什么"中国威胁论""中国责任论""中国崩溃论"等。习近平主席在这次达沃斯论坛上明确指出应当"两个角度看中国"的新论,即"观察中国发展,要看中国人民得到了什么收获,更要看中国人民付出了什么辛劳;要看中国取得了什么成就,更要看中国为世界作出了什么贡献。这才是全面的看法"。自2008年世界金融危机以来,中国对全球经济增长的贡献一直超过30%,成为全球经济的"定盘星"和"压舱石"。中国不只是经济全球化的受益者,更是贡献者,中国的发展就是世界的机遇,为开放型世界经济发展提供了重要动力。

中国的勇于担当是普惠世界的。习近平主席向世界表明:中国人民张开双臂欢迎各国人民搭乘中国发展的"快车""便车"。当前的中国经济运行也面临着不少矛盾和困难,但中国政府在国内,主动把握、适应、引领经济新常态的大逻辑,树立五大发展新理念,深入推进供给侧结构性改革,不断激发增长动力和市场活力;在国际上,强调"人类命运共同体"理念,大力建设共同发展的对外开放格局,"一带一路"倡议构想已付诸实施且必将带动各国经济发展,创造大量就业机会,造福更多国家和人民。

今天的中国已经扛起了促进经济全球化、贸易自由化、重塑全球治理新秩序的旗帜,展现了中国在全球不确定时刻和新的世界秩序构建上负责任的领导力,也必将唤起世界更多国家和人民肩负起共同的责任。

正如习近平主席所说："让世界经济的大海退回到一个一个孤立的小湖泊、小河流，是不可能的，也是不符合历史潮流的。"充分利用一切机遇，合作应对一切挑战，引导好经济全球化走向，这是我们这个时代的领导者应有的担当，更是各国人民对领导者的期待。

2017 年：扩大有效投资
为稳增长精准发力*

嘉　宾

刘立峰　国家发改委投资研究所研究员
胡　敏　国家行政学院研究员
朱　敏　国家信息中心经济预测部高级经济师

2017 年初，各地区公布两会政府工作报告，部分中西部地区的 2017 年 GDP 增长目标或固定资产投资目标较 2016 年有所提高，尤其是跟"一带一路"相关的地区目标上调较为显著。综合江苏、山东、浙江等 23 个已公布目标增速的省份计算的 2017 年固定资产投资目标规模已超过 45 万亿元。这向市场传递了怎样的信号？如何增加 2017 年的有效投资？重点应投向哪些领域？如此高的投资规模，资金来自哪里？如何激活社会资本参与 45 万亿元投资？

以稳促进，稳增长是前提

中国经济时报：2017 年的全国两会即将召开。经济增长问题无疑是重点关注的问题。从诸多信息来看，2017 年经济增长可能仍会定出"区间"目标。对此，您怎么看？

胡敏：2016 年末召开的中央经济工作会议确定 2017 年要继续坚持稳中求进的工作总基调，为迎接党的十九大召开，稳是主基调，稳是大局，要全面做好稳增长、促改革、调结构、惠民生、防风险各项工作。可以看到，稳增长依然是前提，要以稳促进，必须继续保持与各方面需求升级相适应的一定的经济增长速度和水平。

经济增长速度是一项综合性、基础性指标，具有很强的导向作用，各方面十分关注，尤其是这几年来中国经济下行压力加大，经济预测机构总在分析预测中

---

*　本文原载《中国经济时报》2017 年 3 月 1 日，记者：赵姗。

国经济增长何时筑底。因此，每年中央确定的年度经济增长预期目标就是一个风向标。综合分析各方面因素，我认为很有可能在 2017 年《政府工作报告》中将 2017 年经济增长目标确立在 6.5% 左右更加合适、更加贴近实际、更加稳定预期。一是技术已经较高、经济增速逐步放缓的态势；二是符合全面建成小康社会的目标要求；三是稳增长主要是为了稳就业，这一增长速度满足新增就业的需要；四是可以引导各方面更加集中精力提高经济发展质量和效率，加快推进结构优化升级和供给侧结构性改革。

朱敏：经济发展规模和速度与国家竞争力、居民收入、就业等国家核心利益密切相关，也关系到社会稳定的大局。经济发展速度指标作为一个国家经济发展规模、速度、结构、效益的综合性指标，是国民经济核算体系中最综合、最核心的指标。经过这几年经济结构的调整，尤其是随着新经济和服务业的快速发展，我国 GDP 增速每增长 1 个百分点，就会拉动大约 130 万人就业。因此，国家定出经济增长"区间"目标，就是为了引导地方政府和经济主体根据国家目标，确定各自的发展目标和行动方案，实现就业、投资、居民收入增长、产业结构调整等预期目标和国家整体经济平衡，同时也为其他相关规划和经济政策的制定提供了指导和依据。

要实现稳增长目标，必须发挥好投资的关键作用

中国经济时报：投资已成为中央政府和地方政府依靠的重要手段。从各地公布的两会政府工作报告来看，部分中西部地区的 2017 年固定资产投资目标较 2016 年有所提高。在 23 个已公布目标增速的省份，2017 年固定资产投资目标的规模已超过 45 万亿元。这向市场传递了怎样的信号？

刘立峰：当前，经济下行压力依然较大，一些企业经营困难，经济增长新动力不足，稳增长已经逐步上升为宏观调控的主要目标。各地政府调高投资目标就是要向市场传递这样的信号：扩张投资仍然是现阶段恢复经济增长活力的重要抓手，要实现稳增长目标，就必须发挥好投资的关键作用。改革开放以来，投资一直是我国经济增长的主要推动力。当前，中国经济进入新常态，但是，要保持中高速增长，增加投资仍然是必然的选择。根据经济学理论，提高全要素生产率是唯一可持续的增长动力。但是，无论是生产要素从生产率低的产业向生产率高的产业转移，还是采用新设备改进旧工艺，对新产品进行研究开发，提高工人的劳动技能以及产业集聚和集群发展，都与投资密切相关。提高全要素生产率离不开投资增加，只是投资方向和方式改变了。

近年来，中西部投资增长强劲，投资增速大多年份领先于东部地区。中西部多数地区的投资率确实已经较高，但是，中西部的人均投资水平远远落后于东部

地区。中西部地区加快追赶的步伐，促进投资的更快增长是合情合理的。如果中西部"刻意"减缓投资增速，进而降低投资率，无疑将减缓中西部投资增长步伐，从而"牺牲"未来的发展能力。只有保持投资的持续快速增长，不断增强本地基础设施和产业竞争力，扩大本地供给能力，更多地满足外部需求，或者更多地实现需求本地化，才能在更高水平上实现经济的平衡。同样，要促进东部地区的产业转移、实现产业向中西部的集聚，没有先期大量投入也是不可能的，这既包括长期的基础设施投入，也包括为产业进入创造条件的投入。中西部地区提高了投资增长目标，我认为，只要在政府可支配财力范围内，又有必要的市场机制加以约束，投资多一些也不是坏事。况且，45万亿元也只是一个在建项目投资目标，不是2017年当年要完成的，不需要过度解读。

胡敏：2017年要实现6.5%左右的经济增长也并不是一件容易的事。在适度扩大总需求的情况下，我们依然要充分发挥投资需求在推动经济增长中的关键作用。扩大有效投资是增加当前消费需求、长远改善供给能力的有效办法，有效投资具有很强的乘数效应和结构效应。

当前国际经济还处于缓慢复苏阶段，许多国家和经济体希望经济尽快复苏，正在想方设法增加投资、吸引投资。对我国来说，我们扩大投资依然有需求、有潜力；同时我国储蓄率依然高，扩大投资有条件、有能力。当前国际投资品价格比较低，也是扩大投资的有利时机。所以需要适度扩大投资。

从地方投资安排传来的信息来看，比如，在23个已公布目标增速的省份，2017年固定资产投资目标的规模已超过45万亿元。全国最后加总起来可能还要更多。目前坊间有一种担心，是不是2017年投资总量过大？甚至将其与2008年"4万亿"增量投资相比，由此分析将会造成新一轮投资膨胀。这里面有一些概念性的模糊。

一是当年为应对国际金融危机造成经济加速下行，中央新增4万亿元资金撬动投资需求，是一个增量。据有关部门统计，2009年的全社会固定资产投资规模大概也就是22.5万亿元。实际上，自2010年以来，我国固定资产投资增速已经连续7年下滑，从高峰期的30%，下滑至这几年投资增速的不足10%。2016年全国固定资产投资完成额达到59.65万亿元，同比增速也只有8.1%。考虑到2017年6.5%的经济增速以及这几年投资、消费、进出口增长对经济增长贡献率的基本结构，2017年的固定资产投资增速预计也就在8%左右，这是与当前推动供给结构和需求结构改革有效匹配的，全年固定资产投资完成额估计在65万亿元左右。这还是基本适度的。

二是目前一些省份提出的全年固定资产投资目标规模也还是一个预期，考虑到资金到位情况，包含可能出现的一定"水分"，不一定就能如期实现。从中央层面来看，2016 年中央预算内投资只是安排了 5000 亿元，较 2015 年预期目标下调了 4.5 个百分点，按照 2017 年全国固定资产投资增速只可能在 8% 左右。中央预算内投资也不可能比 2016 年增加太多，应当不会形成"投资膨胀"。

三是中央经济工作会议已经明确，财政政策要更加积极有效，强化财政资金统筹和优化支出结构，加大盘活财政存量资金力度；货币政策强调稳健中性，严格控制货币闸门，将防风险和去杠杆放在更加突出的位置。只要货币"不防水"，财政资金投入更加合理有效，2017 年的投资规模应当可以保证在一个合理水平。

朱敏： 这表明，地方政府尤其是中西部地方政府依靠投资稳定经济增长的传统思路依旧在延续，从某种程度上说，这具有一定的合理性。一方面，2017 年房地产投资受房地产调控影响较大，而制造业投资主要是企业主体的行为，需要根据经济前景和盈利状况来调整，相对而言，政府更易于通过基建投资稳定经济增长；另一方面，中西部地区投资的空间还比较大，很多地方高铁不通、道路不畅、消费环境不完善，都还需要巨大的投资。

扩大有效投资关键在选准方向、把有限的资金用到刀刃上

中国经济时报： 维持这么高的投资增速，如何增加 2017 年的有效投资？重点应投向哪些领域？

刘立峰： 要发挥投资的作用，前提必须是高质量的有效投资，而不是单纯追求规模和速度的传统投资。面对新矛盾、新问题、新挑战，2017 年投资发展方式要从规模速度型转向质量效率型；投资结构调整要从以增量扩能为主转向调整存量、做优增量并举；发展动力要从主要依靠资源和低成本劳动力等要素投入转向改革推动和创新驱动。

第一，不断改善供给结构。深入推进供给侧结构性改革是当前我国经济发展必须抓紧、抓好的一件大事。发挥投资的关键作用也必须把改善供给侧结构作为主攻方向，从生产端入手，提高供给体系质量和效率，扩大有效供给和中高端领域投资，加快发展新技术、新产业、新产品，为经济增长培育新动力。

第二，促进投资提质增效。经济发展进入新常态后，我国发展的基本条件也发生了深刻变化，主要依靠大规模资源要素投入推动发展会加剧经济失衡局面。全面提升经济增长质量和效益已成为经济新常态下的核心任务。投资同样要提质增效，要提高供给体系质量，实现供求结构的动态平衡。

第三，坚持发展为了人民。发挥投资的关键作用，必须坚持以人民为中心的发展思想，坚持把增进人民福祉、促进全面发展、朝着共同富裕方向稳步前进作为投资的出发点和落脚点，促进劳动力的素质和健康水平的提高，推进教育、文化、体育等公共服务领域的进步，让人民群众有更多获得感、幸福感。

第四，努力实现创新驱动。创新是引领发展的第一动力。抓住了创新，就抓住了牵动经济社会发展全局的"牛鼻子"。我国科技发展水平总体不高，科技对经济社会发展的支撑能力不足，必须把发展基点放在创新上，发挥投资稳增长的关键作用首先就是要发挥投资在创新发展中的作用。

第五，继续加大改革力度。供给侧结构性改革本质是用改革的办法推进结构调整，把原来政府掌握的权力放给市场、放给企业，让市场活起来，让企业有意愿扩大投资，为提高供给体系质量和效率营造良好的体制环境。只有加大投融资体制改革力度，才能更好地激发市场活力，发挥好各类投资主体的作用。

胡敏：中央一再强调，扩大有效投资关键在选准方向，聚焦经济社会发展重大项目，特别是有利于调结构、补短板、惠民生的项目。按照"十三五"规划纲要和一系列已经出台的专项规划看，各方面投资不断进入重大水利工程、生态保护等薄弱环节，投入现代农业、农村电网、农村耕地整治、创新能力、交通运输、国家安全等重点领域建设，以及加强易地扶贫搬迁、棚户区改造和大小配套设施等方面。

关键是把有限的资金用到刀刃上，用到补短板、增后劲、扩需求上面，促进"十三五"规划纲要确定的重点项目加快落地、落实。

朱敏：为增加 2017 年的有效投资，重点应投向战略意义突出、产业链长、对民间投资带动作用强的项目，可以考虑从以下三个方面入手：

一是配合国家"一带一路"倡议建设规划的基础设施投资。习近平主席在出席达沃斯世界经济论坛时声明，"一带一路"倡议框架国际合作高层论坛将于 2017 年 5 月在北京举行，将探讨"一带一路"倡议框架内的合作计划，建立未来合作的平台。这为沿线省市提供了广阔的投资空间。

二是完善消费环境的相关投资。例如道路、交通、通信、市政工程、旅游休闲设施等的投资，投资的最终目的是消费，如果投资扩大不能带来相关消费的增长，那就是无效投资。

三是对创新驱动战略和新经济的投资。例如研究开发、基础研究、人才培养、新兴产业等，这是增强经济发展后劲的根本性举措。

发挥好政府投资的引导作用，激发民间投资活力

中国经济时报：在地方财政和地方债务制约的情况下，如此高的投资规模，资金来自哪里？如何激活社会资本参与 45 万亿元投资？

刘立峰：增加有效投资要解决钱从哪里来的问题，储蓄向投资转化渠道越通畅、方式越多样、约束力越强，保障有效投资的资金来源就越充裕，资金使用效益也就越高。要促进储蓄向投资的转化，促进资金向实体经济流动，使不同投

主体都能获得高效便捷的资金来源。

第一，要发挥好政府投资的引导作用。一是扩大中央预算内投资。如果经济形势没有根本好转，可将未来两年预算安排的中央基建投资增加到 1 万亿元，提高中央政府专项投资能力。二是完善政府投资引导基金。强化政府引导基金的市场化运作，建立引导基金绩效评价体系，加强政府对基金的风险监管。三是有效利用公共资源。借鉴高铁站场建设"以地养路"模式，将其扩展到城市道路、水利、教育、医疗、文化、体育等政府项目。四是健全融资担保服务体系。大力发展政府主导或支持的担保机构，在中央和省级层面设立再担保机构或再担保基金。

第二，激发民间投资的活力。一是恢复企业和个人投资者的信心。进一步加大改革力度，放松政策限制，健全法律法规，形成好的市场预期，积极引导民间投资进入市政设施、健康养老、文化旅游、生态保护等领域。二是从根本上解决融资不公平问题。全面清理金融机构内部规定，坚决废止贷款发放的评价机制、风险控制和行政追责中对民企的歧视性条款。选择一批信用好的民企，实施商业银行授信制度。三是进一步拓展民企的发展空间。限制中央企业或国有企业对优质民营竞争性企业的兼并、收购，防止体制性倒退。设定具体的时间表，加快国有企业退出竞争性领域的步伐。

胡敏：一个时期以来，地方财政和地方债务约束较大，促进有效投资的确受到资金制约，我们不可能通过继续增加货币供给的方式转化为投资增速，否则会付出更大代价。解决资金瓶颈问题，无非以下四条：

一是要继续发挥好财政资金的撬动作用，以"四两拨千斤"，用好资本金投入和适当贴息方式，规划好重大项目的投资包。

二是要加快创新投融资方式，继续推动政府和社会资本（PPP）取得更大实效。2016 年以来，国家和地方推出了一批 PPP 项目，目前看效果还不是太好，主要还是项目的吸引力和相配套的价格、收费、税收等优惠政策没有完全跟上。一些地方政府在履约守信上还存在一些问题，办事环节还存在效率问题。2017 年应当积极探索适度的市场化融资投放力度，积极开发政策性金融工具，发起设立一批投资基金、产业投资基金项目，注重用参股方式带动社会投资。

三是要着力激发民间投资活力。要认真落实有关鼓励支持政策，进一步采取措施，更好发挥民间投资在全社会投资中的主力军作用。比如，有序放宽油气勘探开采和管网、配电网、民用机场、电信、市政、社会服务等领域的市场准入和在财税优惠、土地供应等方面的国民待遇，切实保护民营资本的产权和利益。

四是进一步在高起点上吸引外资。要认识到外资对我国发展仍具有不可替代的重要作用。要努力打造更有国际竞争力的投资环境，大力营造公平、透明、可预期的营商环境，巩固我国在发展中国家吸收外资第一大国的地位，抓紧修订外商投资产业指导目录，进一步取消一般制造业、采矿业外资准入限制，有序推进金融、电信、互联网、文化教育、交通运输等服务业对外开放，鼓励外资以特许经营方式参与基础设施建设，支持外资企业在国内上市、发债等。

中国经济时报：稳定 2017 年的经济增长显然不能仅靠投资。如果一味强调基建投资，很可能回到过去大上"铁公基"的时代。对此，您有什么建议？

朱敏：的确，未来经济增长不可能一直依靠"铁公基"投资，解决之道可以从短期和长期两个方面看。

从短期而言，在目前世界经济增速放缓、贸易保护主义抬头的大背景下，未来应加强内需问题研究，如研究新兴消费热点、改善消费环境等。另外，加强金融对国内优势产业和装备走出去的支持相关研究，完善金融支持方式，既支持优势产业"走出去"，也为国内大量闲置资金找到一条保值增值渠道。

从长期而言，只有当新的主导技术革命出现时，经济才会逐步走出危机，开始步入上升通道。历史上三次经济危机之后都出现新技术和新产业的崛起，拉动经济步入新一轮增长周期。随着我国汽车普及率的提高和人均住房面积的增加，对住房和汽车的需求逐步下降，加上重化工业带来的环境污染和资源瓶颈约束进一步凸显，国民经济已经难以延续过去的高速增长，迫切需要转变过去那种高投入、高消耗、高污染的粗放型增长模式，这样，发展以"互联网+"及战略性新兴产业为代表的新经济就提上了议事日程，未来中国经济能否步入新一轮增长周期关键看新经济能否脱颖而出、担纲大梁。

着力打造财经界
聚智新平台[*]

很高兴也很荣幸作为中新经纬专家库的一员，也代表专家库的所有专家做一个表态性发言。

今天是一个好日子。阳春三月，万木争荣，中新经纬在今天成功举办首届主题沙龙式论坛暨专家库正式启动仪式，预示着一个充满生机活力、欣欣向荣的开始。

今天的论坛拥有一个好的主题。"智造新机遇、凝心聚智、智创未来"，预示着中新论坛将是一个聚智的平台、展智的舞台。

今天中新经纬专家库的启动也选择了一个好的时机。恰逢全国"两会"召开之际，院内代表委员共商国是，院外专家也群策群力。

中新经纬成立以来，就富有朝气，生机勃勃，秉承新闻理想、树立开放精神、致力于打造财经高端智库平台，一亮相就广受关注。中新网立足于其强大传播网络，彰显了受众影响力；中新经纬依托其上，也显示了其广阔的发展前景。我们已经看到，中新网的关注度在中央级网络排行榜上始终名列前茅，中新经纬文章的影响力也是与日俱增。

这里，请允许我代表中新经纬专家库成员感谢中新社领导层的高瞻远瞩和卓越领导，感谢中新经纬年青团队一直以来付出的辛劳。

符永康、要雪梅、宋亚芬、李颖……这些我们有的见过面，有的只是在微信群里时常联系的编辑们，因为他们的潜心策划、精心组织、精彩编辑，使一篇篇充满激情、充满温度、充满智慧的文章得以与财经读者见面。

也因为中新经纬这样一个财经媒体平台，我们在电视报刊上经常见到的徐洪才、谭雅玲、白明、邓海清、许维鸿、曹和平等许多财经界大咖、经济学界翘楚、智库类精英汇聚到一起，谈笑皆鸿儒，铁肩担道义，妙手著文章。

中新经纬，名副其实，现如今已经彰显了她的存在价值，彰显了她的文脉内

---

* 本文原载中新经纬 APP2017 年 3 月 2 日，笔者在中新社中新经纬专家库成立大会上的致辞。

涵，彰显了她的时代精神。正是其经天纬地之愿，呈现其包容和博大；正是其经国纬邦之志，呈现其使命和担当；正是其经智纬识之向，呈现其平等和智慧。

随着中新经纬专家库的启动，我们便成为中新经纬专家库的正式一员，我们的知趣、我们的责任、我们的理想也就与中新经纬紧密连在了一起。在此，请允许我代表专家们表示：

——将秉承科学求真的精神。用理性思维和辩证思考，认真分析经济走势，关注财经热点，见微知著，让每篇文章经得起实践检验。

——将坚守实事求是的态度。不跟风、不炒作、不猎奇，循国家之大势，尽家国之情怀，弘扬主旋律，努力贴地气，让每篇文章尽知识分子良知，发民生之关切。

——将体现开放包容的气派。专业有分工，求学有先后，智慧可共享，让我们在探讨中相学相长，在交流中互品互鉴，共同努力使中新经纬成为一个集纳各方智慧、彰显学人品格、展示责任担当的开放式高端智库平台。

等闲识得东风面，万紫千红总是春。在美好的春天，一颗种子今日播下，丰硕的果实翘盼未来。让我们携起手来，一起远行，共创中新经纬的美好明天。

循着发展的逻辑——一个经济学人的时事观察（2016-2020）

去产能防反弹
继续处置"僵尸企业"*

　　在 2017 年 2 月 28 日召开的中央财经领导小组第十五次会议上，习近平总书记在谈到 2017 年深入推进去产能工作时强调，要抓住处置"僵尸企业"这个"牛鼻子"。这就十分明确地指出，2017 年去产能工作的重要抓手是要处置一批"僵尸企业"，也是 2017 年深化供给侧结构性改革的一个重要着力点。

　　2016 年，去产能工作进展良好。2016 年的着力点在化解钢铁、煤炭两大行业去产能。按照 2016 年国务院政府工作报告的部署，确定的钢铁去产能目标是 4500 万吨、煤炭去产能目标是 2.5 亿吨的年度任务提前超额完成，全年钢铁煤炭去产能分别超过了 6500 万吨和 2.9 亿吨。两大行业重新安置职工接近 70 万。与此同时，处置了一批"僵尸企业"，其中央企下属企业就达 170 多家。但两大行业去产能也导致了市场供求关系的变化，加上 2016 年房地产市场火爆，特别是下半年国际大宗商品价格一路上行，钢铁、煤炭成为市场供求的"香饽饽"，两大行业由亏转盈，仅钢铁工业协会会员企业 2015 年 1~11 月亏损 529 亿元，2016 年 1~11 月盈利 331 亿元，煤炭企业利润也增长了 1.1 倍。在利润刺激下，一批过剩产能又死灰复燃，一些已停工停产的钢铁企业又重新开工生产，像低水平的螺纹钢生产就甚是火爆。为解决市场吃紧，2016 年 1~11 月煤炭累计进口就达 2.29 亿吨，同比增长 22.7%，把好不容易辛苦去产能腾出的市场空间却让给了国外企业。

　　这在一定程度上打乱了去产能进程，给深陷产能过剩的产业企业带来错误预期，一些"僵尸企业"又抱守重生幻想。短期的市场波动和价格追逐，不利于我们有效化解过剩产能、企业提质增效和经济结构调整，更不利于让土地、资金、人才等资源向优势企业集中、为新经济新兴企业发展留下更大的发展空间。

　　国家"十三五"规划提出，要力争五年时间压减粗钢产能 1 亿~1.5 亿吨，3~5 年内退出煤炭产能 5 亿吨左右、减量重组 5 亿吨左右。像有色金属、建材、

---

　　* 本文原载《东莞日报》2017 年 3 月 6 日。

水泥、船舶、炼化等产能过剩行业去产能也要有序跟进。短期盈利代替不了可持续发展，长痛也不如短痛，对待落后产能和"僵尸企业"该退出就要退出，要切实推进市场出清。所以，中央很明确，2017 年要坚定不移地推进去产能政策，切实防范过剩产能、低水平产能死灰复燃。只有抓住处置"僵尸企业"这个"牛鼻子"，加快淘汰落后产能，压缩过剩产能，优化存量、引导增量、主动减量，打好去过剩产能这场主动仗。

基本的思路就是以问题为导向，从实际出发，对同业恶性竞争、行业重复建设、技术水平偏低的"僵尸企业"兼并重组一批。对管理粗放、冗员较多、劳动生产率明显偏低的"僵尸企业"强化管理提升一批。对少数长期亏损、扭亏无望、严重资不抵债的"僵尸企业"下决心依法破产清算，清理淘汰退出。

当然，处置"僵尸企业"涉及资源重新配置、债务处置清算、职工安置就业等复杂问题，搞不好，会阻碍深化改革，会影响社会稳定。这里必须解决好三个问题：

其一，方法要得当。要根据我国产业结构调整方向和国有资本布局调整要求，多鼓励兼并重组、少破产清算；多运用市场机制和经济手段。比如，加大中央企业联合重组力度，利用上市公司平台进行市场化、专业化重组，积极发挥国有资本运用公司和资产管理公司作用，有效盘活存量资产，实现资产处置收益的最大化。目的是要将处置"僵尸企业"与化解过剩产能、推进产业整合和转型升级紧密结合，与企业提质增效、扭亏增盈、瘦身健体紧密结合起来。

其二，步骤要稳妥。做好"僵尸企业"的债务重组，要采取市场化法治化手段，可以引进战略投资者推动产权转让和重组工作。要充分考虑行业特点、地区特点和企业实际，一企一策进行处置，防止"一刀切"。与此同时，还要依法维护出资人、债权人合法权益，防止国有资产流失和恶意逃废债务行为，防范道德风险。

其三，安置要托底。妥善安置职工、维护社会稳定是处置"僵尸企业"工作的首要任务。2016 年中央拿出 1000 亿元解决两大行业去产能中的职工安置和转岗再培训的奖补资金，发挥了社会保障和生活救助的托底作用，确保没有能力再就业人员基本生活。处置"僵尸企业"的职工安置更需要各方面资金支持，可以申请国家工业企业结构调整专项补助资金，但更要补"工"补"技"，要通过社会培训转岗、组织劳务输出、加大政府购买服务、扩大转岗职工自主创业等多途径安置富余职工。

牵"牛鼻子"要准但更要用劲，才能牵一发而动全身。

总书记为何连续五年"下团组"谈创新：
不断鞭策，不可懈怠*

每年两会期间，习近平总书记"下团组"的讲话总是备受瞩目。"解放思想，勇于担当，敢为人先，坚定践行新发展理念""适应和引领经济发展新常态，推进供给侧结构性改革，根本要靠创新"。在 2017 年 3 月参加上海代表团审议时，习近平总书记连续第五年"下团组"强调"创新"。

国家行政学院研究员胡敏等学者在接受中国共产党新闻网记者采访时认为，习近平总书记在每年的全国两会上反复强调创新的重要性，就是在不断鞭策，在创新的问题上还要快马加鞭不可懈怠。

勇于担当，敢为人先：展现了对国家发展长远大局的信心

党的十八届五中全会明确了创新、协调、绿色、开放、共享五大发展理念，而在其中，"创新"一词排在第一位。据媒体统计，党的十八大以来，在习近平总书记的公开讲话和报道中，"创新"一词出现超过千次，可见其受重视程度。

"实施创新驱动发展战略，是立足全局、面向未来的重大战略，是加快转变经济发展方式、破解经济发展深层次矛盾和问题、增强经济发展内生动力和活力的根本措施。"早在 2013 年 3 月 4 日，习近平总书记在党的十八大后首次"下团组"参加科协、科技界委员联组会时，曾如此强调创新，视其为"立足全局、面向未来的重大战略"。

"当好全国改革开放排头兵、创新发展先行者。"习近平总书记对上海市提出殷切期望，要"深化改革开放，引领创新驱动，不断增强吸引力、创造力、竞争力"。

近些年来，习近平总书记在多种场合都谈到了"创新"，他指出，"创新是引领发展的第一动力""唯改革者进，唯创新者强，唯改革创新者胜""必须坚定不移贯彻科教兴国战略和创新驱动发展战略，坚定不移走科技强国之路"。

---

* 本文原载中国共产党新闻网 2017 年 3 月 9 日，记者：万鹏。

为何创新对发展如此重要？"这几年来，我国之所以能够应对错综复杂的国际经济形势，成为复苏乏力的全球经济中的增长引擎，保持我国经济增长缓中趋稳、稳中向好的良好态势，正是依靠了大力实施创新驱动发展战略，营造了大众创业、万众创新的浓厚氛围，经济结构加快调整，新旧动能接续转换，发展方式努力转变。"胡敏在接受记者采访时谈到，要适应和引领中国经济发展新常态、切实贯彻落实发展新理念、深入推进供给侧结构性改革，就必须把创新作为中国经济发展的第一动力。

有媒体评论指出，习近平总书记的这些讲话，不仅是对各地大胆创新的激励，也展现了对国家发展长远大局的信心。透过这些表述不难发现，党中央对创新发展规律的认识正在不断深化。与之相伴的是创新渐次提高到前所未有的位置。

2016年在中国科技创新史上是具有里程碑意义的一年。习近平总书记在"科技三会"（全国科技创新大会、两院院士大会、中国科协第九次全国代表大会）上的重要讲话，让全国人民备受鼓舞，从中央到地方，从高校院所到大小企业，制度创新与科技创新双轮并转，重大成果不断涌现：中共中央、国务院印发《国家创新驱动发展战略纲要》，确立了创新驱动"三步走"的战略部署；《"十三五"国家科技创新规划》出台，描绘出未来五年国家科技创新的宏伟蓝图。中国工程院院士顾国彪曾表示，实施创新驱动发展战略最根本的是增强自主创新能力。但要推动自主创新并不容易，其中一个原因就是一些人引进技术的观念根深蒂固。

为何五年"下团组"谈创新：在创新的问题上不断鞭策，不可懈怠

党的十八大以来的前4年两会，习近平总书记围绕"创新"主题发表了一系列重要论述，这些论述涵盖了创新的方方面面，包括科技、人才、文艺、军事等方面的创新，以及在理论、实践、制度、文化上如何创新。正如习近平总书记所说："坚持创新发展，就是要把创新摆在国家发展全局的核心位置，让创新贯穿国家一切工作，让创新在全社会蔚然成风。"

"以习近平同志为核心的党中央把创新摆在国家发展全局的核心位置，推进理论、制度、科技、文化的全面创新，充分体现了习近平总书记治国理政新理念新思想新战略的突出要义。"胡敏谈道。

2013年，习近平总书记在参加科协、科技界委员联组会时提出"实施创新驱动发展战略是重大战略"；在参加他所在的上海代表团审议时，提出"要勇于冲破思想观念的障碍和利益固化的藩篱，敢于啃硬骨头，敢于涉险滩"。

2014年，在参加所在的上海代表团审议时，习近平总书记指出"建设自贸

区是党中央提出的一项重大举措"；参加广东代表团审议时，习近平总书记提出"广东发挥了窗口作用、试验作用、排头兵作用"。

2015 年，还是在参加上海代表团审议时，习近平总书记提出"创新是引领发展的第一动力"，并强调"抓创新就是抓发展，谋创新就是谋未来""适应和引领我国经济发展新常态，关键是要依靠科技创新转换发展动力"；在参加吉林代表团审议时，习近平总书记指出"深入推进东北老工业基地振兴，抓住创新驱动发展和产业优化升级"。

2016 年，习近平总书记在参加民建、工商联委员联组会时提出"新型政商关系"；在出席解放军代表团全体会议时，习近平总书记指出"创新是引领发展的第一动力，实施创新驱动发展战略是我国发展的迫切要求，必须摆在突出位置""创新能力是一支军队的核心竞争力，也是生成和提高战斗力的加速器"。

"近年来，习近平总书记在每年的全国两会上反复强调创新的重要性，就是在不断鞭策，在创新的问题上我们还要快马加鞭不可懈怠，还要撸起袖子加油干。"胡敏告诉记者，这几年中国经济成绩虽得益于创新，但目前转型发展中遇到的矛盾和问题更主要的还是源自创新力度仍不够、束缚创新的制度环境仍存在、激发创新人才涌流的体制机制仍有待突破。胡敏谈到，目前我国与世界一流国家的创新水平还有不小差距，我们要大胆突破体制机制和思想观念障碍，让更多的创新人才涌现出来，让创新激情和创新智慧真正迸发。

稳定政策预期
激发实体经济活力*

从进入 2017 年的所有国内外经济因素变化看，不确定性被指是影响这一年经济运行的最大变数。辩证地看，这一定意义上对我们保持宏观政策的敏感性、灵活性和应变性，增强政策相机选择的弹性，稳定政策预期，加快推进结构性改革应当更为有利。

一是有利于进一步丰富政策的工具箱，通过多元组合的政策工具创新，保持金融市场的稳定，比如，年初已经在货币政策上灵活使用政策利率工作，既保持市场流动性充裕，又防止货币进一步超发，加快非金融企业的去杠杆化进程；再比如，可以通过适度增强地方政府发行债券的限额管理，既推进地方债有序置换，又能更长远地平抑地方债风险，加大地方公共基础设施建设，促进地方经济长远发展。二是有利于推进各项改革有的放矢和尽快落地，让改革政策的针对性和有效性进一步增强，在保持改革发展稳定平衡的基础上，增强企业主体和群众对改革的公信力和获得感。三是有利于适度引导社会预期。通过各方面的政策引导和舆论引导，让各方面对当前和今后一个时期中国经济下行态势有充分的心理准备，既要保持底线思维未雨绸缪，又要坚定信心，保持定力、把握主动。

2017 年中国经济政策最有施展的空间，就是 2016 年中央经济工作会议提出的四大任务之一的着力振兴实体经济。实体经济发展是中国经济的活力源泉，推进"三去一降一补"的供给侧结构性改革的落脚点也在于中国实体经济的勃兴。2016 年 PPI 的由负转正，规模以上工业企业利润回升以及"双创"背景下市场主体活力的迸发，为 2017 年实体经济发展创造了良好的政策环境。以此为契机，促进实体经济发展，2017 年应当着力抓好四个方面工作：

一是切实推进税费改革，为各类企业真正松绑降负。在货币政策转向稳健中性的情况下，2017 年财政政策应当更加积极有效有力。关键要落实好营改增的政策红利，进一步理顺生产要素价格，降低制度性交易性成本。二是深入推进以

---

* 本文原载《中国经济时报》2017 年 3 月 11 日。

央企为代表的国有企业兼并重组。随着 2016 年末 2017 年初国有企业改革步伐加快，2017 年在减少国有企业数量，增强国有企业竞争力、带动力和影响力上能有实质性进展。加快实施一批品牌工程、质量工程、标准工程，形成实体经济有回报、有前景的社会示范。三是加快推进一批重大建设工程和项目落地，有序推进 PPP 模式，以此降低产业进入门槛，吸引更多的外资、民资进入竞争性、公共性、开放性新领域，发挥国有资本和财政资金的杠杆作用和放大效应。四是拓宽广度和深度推进"互联网+"与传统产业的融合，特别是要在传统制造业转型升级、生产型和生活型服务业发展和文化产业领域开展更深层次的"互联网+"行动。

读出《政府工作报告》中的"真金白银"*

针对近几年群众最为关切的改善生态环境特别是空气质量问题，李克强总理在 2017 年《政府工作报告》中指出，要"铁腕治理"，"坚决打好蓝天保卫战"。《政府工作报告》明确了 2017 年二氧化硫、氮氧化物排放量、化学需氧量、氨氮排放量的下降指标，要推进重点地区细颗粒物（PM2.5）浓度明显下降。为此安排了专项措施定标定点定责任，并严格环境执法和督查问责。

2017 年 3 月 5 日，第十二届全国人民代表大会第五次会议在北京人民大会堂开幕。国务院总理李克强代表国务院向大会作《政府工作报告》。场内近 3000 名全国人大履行神圣职责，场外亿万群众感受求真务实。总理近 1.8 万字的报告回顾 2016 年成绩、部署 2017 年重点工作任务，务实求真，内涵丰富。怎样读懂读透 2017 年政府工作报告，各行各业有自己关注的热点和评判。笔者认为只要全面把握报告涉及的增长目标、发展动力、民生实惠、干事创业这几个干部群众普遍关心的问题，就可以真切感受到 2017 年《政府工作报告》蕴藏的"真金白银"和沉甸甸的分量。

增长目标低不低？坚持稳中求进的工作总基调

李克强总理在《政府工作报告》中将 2017 年中国经济增速设定为 6.5% 左右，这样一个速度低不低？各方面十分关注。

经济增长速度是一项综合性、基础性指标，具有很强的导向作用，各方面十分关注，尤其是这几年来世界经济复苏乏力、中国经济下行压力加大，国内外经济预测机构总在分析预测中国经济增长何时筑底。因此，每年《政府工作报告》确定的年度经济增长预期目标就是一个风向标。在各方面艰苦努力下，2016 年我国国内生产总值达到 74.4 万亿元，增长 6.7%，名列世界前茅，对全球经济增

---

* 本文原载《中国青年报》2017 年 3 月 20 日。

长的贡献率超过 30%。在当前错综复杂的国内外形势下，中国经济运行能够缓中趋稳、稳中向好。这是一个很了不起的成绩。

《政府工作报告》指出，2017 年国内生产总值预期目标是增长 6.5% 左右，在实际工作中争取更好结果。这个增长速度符合各方面预测，与当前我国经济增长潜力及市场预期比较吻合，也是符合经济规律和客观实际的一次主动下调。

自 2013 年本届政府履职 4 年以来，中国经济增速分别为 7.7%、7.5%、6.9%、6.7%，在世界主要经济体中位居前列。中国经济增速是在经济总量超过 60 万亿元的高基数上取得的。现在国内生产总值每增长 1 个百分点的增量，相当于 5 年前1.5 个百分点、10 年前 2.5 个百分点的增量。2016 年尽管中国经济增长为 6.7%，但已栖身世界仅有的两个经济总量超过 "10 万亿美元的大国俱乐部"。

2017 年设定 6.5% 左右的经济增长目标，有着这样的考量。一是总量基数已经较高，经济规模越大，增长难度必然越大，经济增速逐步放缓符合客观规律，2017 年的 6.5% 与 2016 年 6.7% 的经济增量相当；二是未来几年保持这样的增长速度符合全面建成小康社会目标，实现到 2020 年国内生产总值和城乡居民人均收入比 2010 年翻一番；三是稳中求进是我们做好经济工作的总基调和方法论，保持这样一个增速，经济增长既不会失速，又能稳住大局，促进经济运行保持在合理区间；四是稳增长主要是为了稳就业，这一增长速度可以满足新增就业的需要；五是保持这样一个速度还有利于引导市场预期，有利于引导各方面更加集中精力提高经济发展的质量和效率，有利于与各方面需求升级相适应、加快推进结构优化升级、防范经济金融风险和推进供给侧结构性改革。

6.5% 的增长速度不仅继续领跑世界经济，我们更要看到在增速的背后，中国经济结构正在不断优化和提质增效。2016 年，我们的物价平稳，工业企业利润由负转正，单位国内生产总值能耗大幅下降，就业增长超出预期，民生继续改善。特别是经济结构加快调整，消费在经济增长中发挥主要拉动作用，服务业增加值占国内生产总值比重上升到 51.6%，高技术产业、装备制造业较快增长，农业稳中调优，粮食再获丰收；发展新动能不断增强，新兴产业蓬勃兴起，传统产业加快转型升级，大众创业、万众创新广泛开展，新动能正在撑起发展的新天地。

可以说，只要稳住了增长速度，我们就稳住了宏观政策、稳住了经济环境、稳住了市场预期。新的一年，在保持这样的增速下，2017 年我国经济结构必将进一步优化，中国经济可以继续乘风破浪，当好世界经济的发展引擎。

发展动力足不足？ 以改革创新引领转型升级

其实，实现高基数上的 6.5% 左右的增长并不容易。李克强总理在《政府工作报告》中还增加了一句意味深长的旁注"在实际工作中争取更好结果"。这预示着党中央对实现中国经济稳中向好的信心和决心。那么，实现这一增长目标，动力何在？

动力来自于改革。李克强总理指出2017年政府工作的首要任务是继续用改革的办法深入推进"三去一降一补"。2016年我们在钢铁、煤炭两大行业去产能工作上超额完成了目标任务，2017年还要在巩固成果基础上，再压减钢铁产能5000万吨左右，退出煤炭产能1.5亿吨以上。同时，要淘汰、停建、缓建煤电产能5000万千瓦以上。其他如有色金属、建材、船舶、炼化等产能过剩行业也要有序推进去产能。去产能的根本目的是要推进优势资源向有竞争的领域集中，推进企业提质增效和结构调整，为新兴产业留出更大发展空间。针对新情况新问题，完善政策措施，努力取得更大成效。还要努力补短板，以加大补短板力度，加快提升公共服务、基础设施、创新发展、资源环境等支撑能力，开拓经济增长的更大空间。深入推进农业供给侧结构性改革是2017年经济工作的新命题，我国农村具有巨大的发展潜能，深化"三农"领域的供给侧结构性改革，可以加快培育农业农村发展新动能。

要深化重要领域和关键环节改革。通过持续推进政府职能转变，继续推进财税体制改革，抓好金融体制改革，加快推进国企国资改革，更好激发非公有制经济活力，大力推进社会体制改革，增强内生发展动力，把经济社会领域的巨大发展潜力充分释放出来。开放也是改革，2017年要面对国际环境新变化和国内发展新要求，更加积极主动扩大对外开放，推动更深层次更高水平的对外开放。

动力来自于创新。有人统计了一下，李克强总理在《政府工作报告》中30多次提到了"创新"。在部署2017年经济工作时，报告专门辟出一节谈"以创新引领实体经济转型升级"。报告指出，"实体经济从来都是我国发展的根基，当务之急是加快转型升级"。我国实体经济要优化结构，提高质量、效益和竞争力，就必须深入实施创新驱动发展战略，不断提升科技创新能力，加快培育壮大新兴产业。大力改造提升传统产业。加快培育，继续营造浓厚的"双创"氛围。

在第四次产业革命蓄势待发之际，中国不仅要迎头赶上，还要在诸多领域起到引领作用。在2017年的《政府工作报告》中，强调要加快新材料、人工智能、集成电路、生物制药、第五代移动通信等技术研发和转化，做大做强新兴产业集群。要加快大数据、云计算、物联网应用，以新技术新业态新模式，推动传统产业生产、管理和营销模式变革，促进传统产业焕发新的蓬勃生机。要把发展智能制造作为主攻方向，大力发展先进制造业，推动中国制造向中高端迈进。还要推动"互联网+"深入发展、促进数字经济加快成长，支持和引导分享经济发展，提高社会资源利用效率，便利人民群众生活。新建一批"双创"示范基地，鼓励大企业和科研院所、高校设立专业化众创空间。在我国新旧动能转换的关键时期，要让小企业铺天盖地、大企业顶天立地，使市场活力和社会创造力竞相迸发。

人才在国家创新体系建设中至为关键，是我们事业无往而不胜的基础。习近平总书记在 2017 年两会参加的首次分组联组会上强调，我国广大知识分子要主动担当积极作为，为国家富强民族振兴人民幸福多作贡献。要加快形成有利于知识分子干事创业的体制机制，遵循知识分子工作特点和规律，让知识分子把更多精力集中于本职工作，把自己的才华和能量充分释放出来。《政府工作报告》也指出，要深化人才发展体制改革，实施更加有效的人才引进政策，广聚天下英才，成就创新大业。

动力来自于适度扩大需求。进入经济新常态下的中国居民消费潜力巨大，为增强内需对经济增长的持久拉动作用，《政府工作报告》也作出政策安排，通过完善政策措施，推动供给结构和需求结构相适应、消费升级和有效投资相促进、区域城乡发展相协调，进一步释放国内需求潜力。

难点痛点破不破？ 提高政策预见性精准性有效性

通向人民大会堂主会场有一条百米长的"部长通道"，从 2016 年开始，中国的各位部长要回答中外记者关注的各种热点问题。这些问题汇集民生诉求，也是当前经济生活中的难点痛点问题，像学区房、交通拥堵、大城市房价、雾霾天气、食品安全、汇率波动、企业税负等。

李克强总理在 2017 年《政府工作报告》中没有回避当前我国经济社会发展中存在的困难和问题。他指出，部分行业产能过剩严重，一些企业生产经营困难较多，地区经济走势分化，经济金融风险隐患不容忽视；在环境保护、住房、教育、医疗、养老、食品药品安全、收入分配等方面，人民群众还有不满意；少数干部懒政怠政、推诿扯皮，一些领域腐败问题时有发生，有些改革举措和政策落实不到位等。这些痛点难点问题如何破解，2017 年经济工作作出了针对性部署和政策安排。

《政府工作报告》指出，2017 年将继续实施积极的财政政策和稳健的货币政策，在区间调控基础上加强定向调控、相机调控，切实提高政策的预见性、精准性和有效性。

2017 年的财政赤字率保持 3% 的安排不变，财政赤字比 2016 年增加 2000 亿元。财政政策将更加积极有效，预算安排突出重点、有保有压，加大力度补短板、惠民生。比如，针对企业对税费负担仍然高的呼吁，2016 年已降企业税负5700 多亿元，全年要全面推开营改增试点，再减少企业税负 3500 亿元左右、涉企收费约 2000 亿元，要让市场主体有切身感受。与此同时，各级政府要过紧日子，一律按不低于 5% 的幅度压减一般性支出，决不允许增加"三公"经费，挤出更多资金节用裕民。

2017 年广义货币 M2 和社会融资规模余额预期增长为 12% 左右，低于 2016 年目标 1 个百分点，体现货币政策的稳健中性。对这个增速，业界对货币松紧度尚有认识分歧，但总体看，12% 可以维护流动性基本稳定、合理引导市场利率水平。关键是政策重点要结合市场变化综合运用货币政策工具，有效解决新增贷款"脱实向虚"问题，通过疏通传导机制，促进金融资源更多流向实体经济，特别是支持"三农"和小微企业。2017 年金融政策另一着眼点是防风险。所以，2017 年政府更高度关注不良资产、债券违约、影子银行、互联网金融等累积风险，要求控制好货币"闸门"，强化金融监管，有序化解处置突出风险点，筑牢金融风险"防火墙"，坚决防止发生系统性金融风险。

在推进"三去一降一补"工作中，报告着眼于改革深化。比如，在去产能上，是抓住清理"僵尸企业"这个"牛鼻子"，不为一时市场价格波动让过剩落后产能死灰复燃，更多运用市场化法治化手段，有效处置"僵尸企业"，推动企业兼并重组、破产清算，还要及时拨付奖补资金，妥善安置分流职工，确保就业有出路、生活有保障。去房地产库存，要因城施策，坚持住房的居住属性，加快建立和完善促进房地产市场平稳健康发展的长效机制。降成本则着力于降低企业制度性交易成本，降低用能、物流等成本，大幅降低企业非税负担等。

在破解难点痛点问题上，李克强总理指出，要守住金融安全、民生保障、环境保护等方面的底线，确保经济社会大局稳定。在稳的前提下深入推进改革，加快结构调整，敢于啃"硬骨头"，努力在关键领域取得新进展。

惠及民生实不实？践行以人民为中心的发展思想

2017 年李克强总理报告中鼓掌最热烈的一次是他提出"今年网络提速降费要迈出更大步伐，年内全部取消手机国内长途和漫游费，大幅降低中小企业互联网专线接入资费，降低国际长途电话费"。这是实实在在惠及民生的一件实事。2016 年的国务院常务会议对电信资费问题就不止一次讨论过。

其实，通读李克强总理的《政府工作报告》，2017 年许多工作安排都着眼于解决人民群众普遍关心的突出问题，体现了人民政府践行以人民为中心的发展思想。

在就业问题上，2017 年高校毕业生 795 万人，再创历史新高，就业压力超过以往。李克强总理在报告中安排总量经济指标时，指出 2017 年城镇新增就业 1100 万人以上，比 2016 年增加 100 万人，城镇登记失业率保持在 4.5% 以内。为此，2017 年要坚持就业优先战略，实施更加积极的就业政策，突出更加重视就业的导向，通过实施好就业促进、创业引领、基层成长等计划，促进多渠道就业创业。还要做好退役军人安置工作，加大就业援助力度，扶持城镇困难人员、残疾人就业，确保零就业家庭至少有一人稳定就业。

在教育改革上，2017 年要进一步扩大优质教育资源覆盖面，不断缩小城乡、区域、校际办学差距；继续扩大重点高校面向贫困地区农村招生规模；提高博士研究生国家助学金补助标准；深化高考综合改革试点；加快发展现代职业教育。在医疗改革上，2017 年城乡居民医保财政补助由每人每年 420 元提高到 450 元，同步提高个人缴费标准，扩大用药保障范围；还要在全国推进医保信息联网，实现异地就医住院费用直接结算；分级诊疗试点和家庭签约服务要扩大到 85% 以上地市。在社保改革上，要织密扎牢民生保障网，稳步推动养老保险制度改革，划转部分国有资本充实社保基金，继续提高退休人员基本养老金；深化医疗、医保、医药联动改革；全面推开公立医院综合改革，全部取消药品加成；等等。

针对群众最为关切的改善生态环境特别是空气质量问题，李克强总理在《政府工作报告》中指出，坚决打好蓝天保卫战。报告明确了 2017 年二氧化硫、氮氧化物排放量、化学需氧量、氨氮排放量的下降指标，要推进重点地区细颗粒物（PM2.5）浓度明显下降。为此安排了专项措施定标定点定责任，并严格环境执法和督查问责。

"民生是为政之要，必须时刻放在心头、扛在肩上"，李克强总理如是说，他要求，"把发展硬道理更多体现在增进人民福祉上"。

当然，一个好的报告关键还在于有力落实。李克强总理告诫，不能纸上谈兵、光说不练。各级政府及其工作人员要干字当头，真抓实干、埋头苦干。中国改革发展的巨大成就是广大干部群众实干出来的，再创新业绩还得靠实干。

使命重在担当，实干才能铸就辉煌。

从四方面把握 2017 年财政政策内涵*

2017 年《政府工作报告》指出，财政政策要更加积极有效。2016 年确定了 3% 的赤字率，2017 年的赤字率保持 3% 的政策安排没有变。2016 年 3% 的赤字率是 2.18 万亿元，2017 年增加了 2000 亿元，达到 2.38 万亿元。那么，这 2000 亿元要怎么安排？2017 年财政政策保持 3% 的赤字率有着怎样的内涵？国家行政学院研究员胡敏在《经济增长目标与宏观政策选择——学习 2017 年〈政府工作报告〉》中对这些问题进行了深入的解读。

2016 年《政府工作报告》提出的是"积极的财政政策要加大力度"，2017 年《政府工作报告》的表述是"财政政策要更加积极有效"。从"加大力度"到"积极有效"，其中的内涵可以从四个方面来理解：

第一，从总量上理解。应该说，3% 的赤字率在力度上没有进一步增强，也没有进一步上调。学界有很多人提出，2017 年的赤字率要调到 3.5% 或更高水平会更合适。但是最终，2017 年的赤字率仍然维持在 3%。之所以这样做，是为了调结构、防风险，也为了债务不进一步扩大，所以 3% 还是适度的。

第二，从理念上理解。2017 年财政政策更符合供给侧结构性改革的思路。在经济已经出现好转的条件下，我们不能再一味地通过财政政策刺激总需求，而应更多地考虑通过推进供给侧方面的改革释放需求，通过增强内生发展动力来推动经济增长。

第三，从财政效果上理解。2016 年 3% 的赤字率运行成效很好，惠民生、补短板都有所进展。2017 年赤字率没有增加，尽管在实际运行过程中可能会有一定的超支，但是 3% 还是合适的，有利于推进供给侧结构性改革。

第四，从具体结构性上理解。财政政策的关键是要盘活存量，从而使财政资金运行有效。在 2016 年，一方面，基本建设投资有所回落；另一方面，减税降

---

* 本文原载北京市委宣传部主管宣讲家网 2017 年 3 月 21 日。

费、补短板、惠民生都加大了力度。从 2016 年下半年来看，在基数下降的情况下，基建投资增速出现了更快的下降，这表明政府吸取了 2008 年 4 万亿元投资的经验教训，不再通过财政刺激、过度投资来推动投资扩大，这也是财政政策的一个积极变化。

有些人会问，3% 的赤字率以及增加的 2000 亿元主要用在哪里？《政府工作报告》里提出，2017 年有些要增、有些要减、有些要取消。

"增"的方面包括中央财政专项扶贫资金要在 2016 年的基础上增长 30%；城乡居民医保财政补助由每人每年 420 元提高到 450 元；提高"双创"奖励，加强对创新型中小微企业支持。李克强总理在 2017 年《政府工作报告》中特别提出，扩大小微企业享受减半征收所得税优惠的范围，年应纳税所得额上限由 30 万元提高到 50 万元；科技型中小企业研发费用加计扣除比例由 50% 提高到 75%，千方百计使结构性减税力度和效应进一步显现。还要继续提高退休人员基本养老金，确保按时足额发放；扶贫资金、医保、医保补助、退休人员工资、小微企业的"双创"奖励等费用要上涨。

除了"增"，还有一些方面要"减"。一要给企业减负担，比如"五险一金"。现在，企业的税负比较高。按照国务院 2016 年颁布的《降低实体经济企业成本工作方案》，2017 年还要进一步降低企业社保缴费比例。二要减少企业税负。2017 年要再减少企业税负 3500 亿元左右、涉企收费约 2000 亿元。李克强总理说："一定要让市场主体有切身感受。"虽然 2017 年初企业效益看上去比 2016 年有根本好转，但总体来说，现在企业经营的效益还不是太好。如果企业经营效益不是很好，那么上缴中央财政、地方财政的税收就会减少，加上进一步降低税负，政府的钱从哪里来？所以，按照李克强总理说的，各级政府要坚持过紧日子，中央部门要带头。2017 年《政府工作报告》提出，中央部门"一律按不低于 5% 的幅度压减一般性支出，决不允许增加'三公'经费，挤出更多资金用于减税降费"。李克强总理还特别用了一个词叫"节用裕民"，就是说好钢要用在刀刃上，我们要把手里的钱用于盘活存量资金，用于服务民生。

当然，还有一些费用要取消。比如，2017 年，随着医疗、医保、医药联动改革的深化，全部取消药品加成；全面清理规范政府性基金，取消城市公用事业附加等基金，授权地方政府自主减免部分基金；取消或停征中央涉企行政事业性收费 35 项，收费项目再减少一半以上。这样有增有减有取消，才能解决财政的资金问题。

振兴实体经济的
着力点在哪里？*

振兴实体经济，成为 2017 年两会代表委员的热门话题。

习近平总书记两会期间在辽宁代表团参加审议时指出，不论经济发展到什么时候，实体经济都是我国经济发展、在国际经济竞争中赢得主动的根基。他告诫，辽宁老工业基地是靠实体经济起家的，新一轮振兴发展也要靠实体经济。李克强总理更是在 2017 年的《政府工作报告》中指出，实体经济从来都是我国发展的根基，要以创新引领实体经济转型升级作为 2017 年经济工作的重点任务。

我国实体经济发展境遇尴尬

发展实体经济之所以得到如此关注，的确是近年来我国实体经济生存压力加大，作为实体经济主体的传统制造业生产经营不太景气，实业投资回报率低迷。据有关方面测算，我国工业平均利润率仅为 6%，而证券、银行业的利润率达到30%。从中国企业 500 强近几年的经营数据看，260 家制造企业净利润总和不足17 家银行利润的 40%。许多大型传统商业店面受电商冲击，门可罗雀经营困难，利润稀薄、亏损倒闭也不在少数。

由于虚拟经济投资回报率高、回收快，大量资本流入虚拟领域，虚拟经济不断膨胀，社会资本"脱实向虚"和企业"弃实投虚"加剧，造成实体经济存在相当程度的"失血""抽血"问题。据统计，2016 年全年沪深两市上市公司合计发布近 2.8 万条理财公告，这些上市公司在定增融资实施完毕之后，就立即动用募集资金大手笔购买理财产品。一些上市公司购买理财产品金额甚至超过百亿元。

2016 年前三季度，我国金融业增加值占 GDP 比重从 2015 年的 8.5%攀升至9%左右，而美国、英国这一指标仅 7%~8%，日本和欧盟甚至低于 5%。虚拟经济发展快，金融利润率虚高，必然吞噬实体资本。加上一个时期以来国内房地产

---

* 本文原载《中国经济时报》2017 年 3 月 24 日，原题为《做"实"实体经济　着力点何在？》。

市场的投机与泡沫也对实体经济产生了"虹吸效应"，诱导资本大量涌向房地产市场，抬高了实体经济生产成本，挤压了实体经济发展空间，导致实体经济"空心化"。

影响近年国内实体经济发展的原因很多，既有虚拟经济对实体经济的挤压加大，以互联网为代表的新经济、新业态、新模式对传统产业形成巨大冲击，也有随着我国经济结构转型升级，支撑我国实体经济 30 多年快速发展的传统要素优势正逐步减弱，要素价格持续上升，实体经济运营成本刚性上涨，进一步挤压了利润空间。当然还有长期积累形成的供给质量不高等结构性问题、市场环境不完善等机制性障碍，全球产业格局深度调整，国际产业同质化竞争日趋激烈的外部压力等所致。

现在大家都感觉到，中国经济如果过度金融化，大量信贷资金"脱实向虚"体外循环，企业热衷于资管理财产品而不踏实做实业，没有实体经济做支撑，虚拟经济终究是"空中楼阁"，金融业吃掉的不仅是实体经济的"保命钱"，更是自己的"续命钱"，"虚火"过旺，"虚胖"的经济体制是难以支撑经济持续向好的。只有将金融之水重新引流入"实"，我国经济运行才能继续平稳向好。因此，李克强总理在《政府工作报告》中重申，"实体经济从来都是我国发展的根基，当务之急是加快转型升级"。这为实体经济从业者带来了利好、带来了更多新期待。

对实体经济的认识必须理性回归

在当前实体经济与虚拟经济交互发展中，我们需要做一点正本清源的工作，这也是"不忘初心、继续前进"。

实体经济从概念上讲，是指涉及物质产品、精神产品和服务的生产和流通的经济活动，既包括农业、工业、交通运输业、商贸物流业、建筑业等提供实实在在物质产品生产（主要是制造业）和服务的部门，也包括教育、文化、信息、艺术等精神产品生产和服务的部门。

马克思在《资本论》第 3 卷讨论信用和虚拟资本问题时指出，虚拟资本是在借贷资本和银行信用制度基础上产生的，包括股票、债券、不动产抵押单等形式，其本身并不具有价值，这与实际资本有根本区别。虚拟资本可以被当作特殊商品在市场上买卖，其价格的变动仅表示市场对有价证券未来收益预期的高低，与它所代表的现实资本的价值变动完全无关。虽然虚拟资本是虚拟经济发展的基础，虚拟资本的循环就构成了虚拟经济。但虚拟资本的运动体现着资本追逐利润的本质，虚拟资本的产生以现实资本为基础，所获得的利润也来自于现实资本的生产。从剩余价值理论看，虚拟资本的利润是实体经济产生利润的一部分，也就是说，虚拟经济不能脱离实体经济而独立存在。马克思还明确指出，虚拟资本规模一旦超过现实资本过度地发展就会引起资产泡沫。

尽管商品经济和技术变革飞速发展，但今天的现实状况还是验证了马克思主义经典作家所做的虚拟经济不能脱离实体经济这一正确判断。2008 年金融危机爆发的深层原因和以美国为代表的西方发达经济体重新回归发展制造业、寻求"再工业化"的政策选择，为经济新常态下的中国选择"振兴实体经济乃是重中之重"提供了注脚。

实体经济作为国民经济的根基，既是创造就业岗位、改善人民生活、实现经济持续发展和社会稳定的基础，也是一个国家保持国际竞争力的关键。同时，实体经济也是虚拟经济发展的根基。只有坚持"以实为本、虚实并举"的原则，促进实体经济和虚拟经济协调发展，既大力振兴实体经济、为虚拟经济发展提供坚实基础，又按照实体经济的发展需要稳步推进虚拟经济有序发展、充分发挥虚拟经济对实体经济的"助推器"作用，我们才能形成"虚""实"良性互动的国民经济运行机制。

振兴实体经济的着力点何在

在 2017 年中新经纬中国"智"造新未来论坛上，北京大学曹和平教授研究提出，中国经济正处于抓住新一轮技术变革的关键时间窗口期。机遇稍纵即逝，在第四次产业革命蓄势待发之际，中国必须迎头赶上，如果抓住了机遇完全可以在诸多领域起到引领作用。

李克强总理在 2017 年《政府工作报告》中强调"以创新引领实体经济转型升级"时，落脚点是"创新"。不仅要加快新材料、人工智能、集成电路、生物制药、第五代移动通信等技术研发和转化，做大做强产业集群，来加快培育壮大新兴产业，还要加快大数据、云计算、物联网应用，以新技术新业态新模式，推动传统产业生产、管理和营销模式变革，来大力改造提升传统产业。这是推动我国实体经济优化结构，不断提高实体经济质量、效益和竞争力的两大抓手。

必须看到，当前振兴我国的实体经济是中国经济虚实力量的一次促进性调整，是新旧动能接续的一次融合性转换，更是从数量扩张向质量提高的战略性转变。这个过程不是一蹴而就的，必须能够沉下心来，发扬一锤一锤"钉钉子"精神。

李克强总理在报告中就指出了，要大力弘扬工匠精神，厚植工匠文化，恪尽职业操守，崇尚精益求精，培育众多"中国工匠"。今天的中国，振兴实体经济，必须要打造更多享誉世界的"中国品牌"，形成叫得响的"中国技术""中国质量"。

向外看，我们都知道德国制造的 4.0，瑞士的钟表和日本制造的精益求精。中国人注重的是其品牌和质量。有报道，日本三菱电机推出的"本炭釜"内胆电饭煲为了站稳高端电饭煲市场，将各项工序做到极致，其炭胆的生产周期要花 5 个月时间，最初全炭胆月产量只有 50 个，看似落后于工业化时代的步伐，但其执着再现"土灶"米饭口感的匠人精神，赢得了消费者的尊敬和忠诚。向内看，我们的华为秉承"痴、傻、憨"专注精神，28 年坚持只做一件事，别人炒房炒股，华为不为所动，坚持不上市。在 2015 年，华为向苹果公司许可专利 769 件，苹果公司向华为许可专利 98 件。这意味华为正在向苹果公司收取数量可观的专利许可使用费，这也让华为牢牢占据本土市场份额最大的品牌。还有像海尔，坚持不给外国产品做代工，真正做好品牌，走自主品牌之路。目前借助新经济，已由一家传统制造家电产品的企业转型为互联网企业，面向全社会做孵化创客的平台。

当然，我们也要看到，中国虽然是制造大国但大而不强，很多关键核心技术受制于人。中国每年进口芯片的金额多的时候达到 2300 亿美元，进口芯片花费已经超过了石油。中国在机器人减速器、高档数控机床、高性能传感器等方面还没有核心技术，即便是在国产化率很高的高铁行业，轮轴技术和一部分控制器技术也没有完全掌握在自己手中。

核心技术是买不来的，"板凳要坐十年冷"，必须依靠自主创新和"工匠精神"赢得中国的创新未来。

我们要进一步解放思想，要有制度创新，要勇于破除束缚科技人才创新活力的体制机制。李克强总理在 2017 年的《政府工作报告》中承诺：要深化人才发展体制改革，要完善对基础研究和原创性研究的长期稳定支持机制，开展知识产权综合管理改革试点，落实股权期权和分红等激励政策，让科研人员不再为杂事琐事分心劳神，广聚天下英才，充分激发科研人员积极性，让市场活力和社会创造力竞相迸发。

结构调整大浪淘沙，技术变革风起云涌。要振兴中国实体经济，必须抵得住各方面纷扰和诱惑，在变革的喧嚣中安放一份工匠的灵魂，中国实体经济才能破茧重生。

揭秘高利贷乱象
民间借贷的水有多深？[*]

近期媒体关于民间借贷问题的曝光在持续发酵。笔者认为，需以此为契机，高度重视当前我国民间借贷的种种金融困境，坚决整顿金融秩序，严格防范非法金融活动可能引致的系统性金融风险。

面对高利贷乱象丛生，尽快整治融资性灰色市场

高利贷的背后，部分人将原因归结为中小企业的融资难融资贵问题尚未很好解决。据国家统计局公开数据佐证：我国目前拥有近 7000 万中小企业。2015 年我国大型企业融资 74.6 万亿元，资金成本 6.8%；而中小企业融资 23.5 亿元，资金成本在 15%。尽管中央近年来三令五申也出台多个文件破解中小企业融资困境问题，但中小企业融资难还是尚未迈过的坎。

尽管 2016 年末我国 M2 余额已经高达 155 万亿元，但在经济下行态势下实体经济资金回报率不高，大量信贷追逐的是赚快钱、稳赚钱，造成资金严重"脱实向虚"。

再有资本本来就有趋利性。在银行对商业回报重视程度越来越高、信贷绩效考核越来越严的情况下，银行只愿做锦上添花的事情。这就客观上给民间高利贷提供了生存土壤。但高利贷市场因为存在严重的信息不对称，对借贷者和放贷者而言，借贷者明知"复利陷阱"但可能为满足一时经营之需而抱侥幸心理"自投罗网"。

多少年来存在的以高利回报为诱饵的非法集资案件而事实上形成高利贷市场，已经有许多的教训，它破坏了金融市场秩序，也破坏了社会稳定。所以，在不断建设完善社会主义市场经济的征程中，政府对高利贷市场需尽早画上休止符。

---

[*] 本文原载中新经纬 APP2017 年 3 月 29 日。

面对民间借贷野蛮扩张，切实加强监管填补真空地带

金融活动本应秉持"卖者有责、买者自负"原则，但我国市场经济还不成熟，社会信用机制建设还有相当一个过程，特殊的国情决定了当今我国金融活动往往涉众者多，一个搏击眼球的"利益噱头"很容易吸收大量闲散公众资金，加上互联网金融平台的出现，各种套路也以金融创新的面目出现，使民间借贷市场风险点迭出。如泛亚、e租宝案涉案资金分别达到400亿元和500亿元，涉及投资者分别达到22万人和90万人，还有不少打着为中小企业融资服务幌子出现的小额信贷公司、民间担保公司、P2P等类金融公司，以及结构化资管产品乔装打扮欺骗投资者事件屡有发生，酿成局部性金融风险。

仅就民间高利贷猖獗而言，目前其尚游离于法律灰色地带，也没有专门的监管机构和监管力量，加之金融分业监管模式，使高利贷几乎成了"真空"地带，更由于缺乏前瞻性监管手段，不能防微杜渐将问题消灭在萌芽状态，也助长了非法高利贷的野蛮滋长。

由此，我们一方面要加快相关立法，构建金融法治化的顶层制度设计，尽快将民间借贷纳入法制轨道，进一步规范民间借贷行为，坚决取缔高利借贷行为，尤其对民间高利贷采取野蛮暴力催债、逼债的手段坚决打击。另一方面要适应金融新生态，确定专门的金融监管部门，加强金融领域的综合监管、功能监管、跨域监管，消除监管的真空地带。对原先未纳入金融监管范围、涉及存贷款业务的民间金融机构，建议由原中国银监会牵头、地方政府配合，进行清理、整顿。同时，还要加强央行、原中国银监会与公安部的合作，有效打击非法集资、涉及非法用途的高利贷行为以及为银行信贷资金进入高利贷领域提供服务的支付型地下钱庄，以此铲除各种形式的高利贷滋生的社会土壤，也不给其留下任何社会空间或侥幸机会。

因势利导，认真探究合规的民间投融资路径

有堵更要有疏。防范民间借贷风险，更重要的目的还是要因势利导，着力化解民间尤其是中小企业融资难的困境。

发展普惠金融是一个可以大有作为的领域，也是金融服务实体经济的短板，有利于纾解中小企业融资难融资贵的困境。近年来，我国普惠金融取得积极进展，金融服务可得性、便利度、公平性不断改善。国务院已经出台《推进普惠金融发展规划（2016—2020）》，在2017年两会的《政府工作报告》中，李克强总理强调，鼓励大中型商业银行设立普惠金融事业部，国有大型银行要率先做到。

最根本的还是要进一步加大金融改革和金融服务实体经济的力度，为实体经济创造便利的融资通道，进一步为中小企业降低融资门槛，给有生存发展潜力的企业提供发行企业债券、上市融资等直接融资途径，提高中小企业的融资易得性和降低其融资成本，真正实现以金融活水浇灌培育起实体经济之树。

马克思曾经说过：资本如果有百分之五十的利润，它就会铤而走险；如果有百分之百的利润，它就敢践踏人间一切法律；如果有百分之三百的利润，它就敢犯下任何罪行，甚至冒着被绞死的危险。解决高利贷乱象，唯有始终悬起法律和制度的达摩克利斯之剑，针对的不仅是资本的贪婪，还有亘古不变的人性弱点和无尽的欲望。

立足当前着眼长远
三个视野看雄安 *

【编者按】 在春意盎然的时节，党中央、国务院于 2017 年 4 月发出通知，决定设立河北雄安新区，这是以习近平同志为核心的党中央作出的一项重大的历史性战略选择，也是关乎中国现代化历史进程的具有里程碑意义的大事件。

雄安新区的设立在新形势下既立足解决当前问题，又着眼长远发展大计，是千年大计、国家大事。为此，《思想者》特邀三位学者进行解读。

按照党中央对其地位的表述，设立河北雄安新区是千年大计、国家大事。对此，可以从三个层面认识这一历史性事件：

以战略的视野看雄安。党的十八大以来，以习近平同志为核心的党中央提出京津冀协同发展战略，经过几年扎实谋划、积极推进，这一协同发展进展顺利，但离构建一个可持续发展、资源有序有效配置的大都市和城市群目标还有差距，特别是切实破解"大城市病"还有许多棘手问题。

谋划一整套京津冀全方位发展战略，必须从顶层设计的战略角度考虑方案，从资源分布的优化角度寻找载体。这既要尊重既存，综合利用好京津冀特殊的政治、文化、产业和人口等资源，调整优化京津冀城市布局和空间结构、建构新的有效载体来承接非首都功能，拓展京津冀区域发展新空间，实现这一区域各城市功能相助、协同推进、错位发展。拟规划建设的雄安新区，正是这样一个具有得天独厚资源环境条件，也具有较大未来发展想象空间，而且能够吸纳与疏解北京非首都功能的较好的承载地。

雄安新区的首要定位，需要与正在规划建设的北京城市副中心一起，作为推进京津冀协同发展的两项战略举措，形成北京新的两翼，在打造以首都为核心的世界级城市群的布局和调整优化京津冀空间结构中起到支撑作用。其未来的发展定位，还要能充分发挥京津冀各自比较优势，在更加宽广的华北区域形成生产、

---

* 本文原载《中国青年报》2017 年 4 月 10 日。

生活、生态三大布局交相辉映，最终形成京津冀目标同向、措施一体、优势互补、互利共赢的协同发展新格局。中央还期望雄安新区在探索人口经济密集地区优先开发新模式上具有战略上的引领作用。

以创新的视野看雄安。按照党中央的期许，雄安新区要成为继改革开放之初以深圳特区为代表的珠三角开放和 20 世纪 90 年代初以浦东新区为代表的长三角发展之后，在新的历史时点上成为具有重要经济增长极示范意义、成为我国北方地区乃至全国意义上培育创新驱动发展新引擎的全新城市标本。其未来的发展，不仅具有全国意义，亦有望在世界城市化发展上留下可圈可点的借鉴意义。按照习近平总书记的要求，就是要坚持世界眼光、国际标准、中国特色、高点定位，将其建设成绿色生态宜居新城区、创新驱动发展引领区、协调发展示范区、开放发展先行区，集中起来说，就是要打造成为贯彻落实新发展理念的创新发展示范区。

从习近平总书记提出的要突出的七个方面重点任务看，均是以创新为核心。新城是智慧城市、绿色城市、创新资源集中城市、城市管理和公共服务创新城市，以及体制机制开放和人本包容性城市，等等。创新是雄安新区建设的出发点，也是落脚点，创新也是这样一个新城市发展的目标和动力。所以，雄安新区不仅是对现有所有开发性新区各种经验和得失的超越，还须超越深圳特区和上海浦东。只有以创新的视野推演雄安未来发展，才有可能跳出过往城市或新区的发展经验、发展思维和眼光的局限。

以未来的视野看雄安。改革开放以来，中国道路已开花结果，我们不仅积累了丰厚的物质财富，更积蓄了中国经验、中国优势和中国自信，今天的中国已经比以往任何时候更接近世界经济舞台的中央，比以往任何时候都更加接近实现中华民族伟大复兴的梦想，我们完全可以集中制度优势适逢其时地作出大事业。以未来的视野看今朝，建设雄安新区不仅是一项历史性工程，也是我们这代人留给子孙后代的历史遗产。只要我们自觉尊重经济规律、尊重以人民为中心的发展思想，坚持"功成不必在我"的精神境界，一张蓝图干到底，未来的雄安新区建设终将经得起历史检验。

创新应是雄安新区的
唯一落脚点*

　　党中央、国务院于 2017 年 4 月发出通知决定设立河北雄安新区的消息在全国引起轩然大波。一石激起千层浪，未来新区的周边人趋之若鹜，急睹河北这三个不见经传的小县城芳容，擅投资投机者更是急不可耐携巨款欲"炒房圈地"，所有相关概念股在假期后也是急遽式上涨。

　　爆发式消息自然产生急热性轰动，缘由还是官方对雄安新区作出的高规格定位，给人们留下极为丰富的想象空间，用"这是党中央作出的一项重大的历史性战略选择，是继深圳经济特区和上海浦东新区之后又一具有全国意义的新区，是千年大计、国家大事"的表述，分量之重前所未有，足见设立雄安新区实乃关乎中国现代化历史进程具有里程碑意义的一个大事件。

　　但面对尚是一张白纸的雄安新区，未来究竟能画出怎样的图画；这一"千年大计"究竟具有怎样重大的现实意义和深远的历史意义；在尚未有具体的路线图和时间表下，未来的新区究竟在战略上如何定位、在循序中如何推进，应当是在媒体裹挟的热情消减之后我们必须冷静和理性思考的问题。在 2017 年 4 月 6 日召开的京津冀协同发展工作推进会议上，高层领导人已很明确地指出，规划建设雄安新区，是以习近平同志为核心的党中央为深入推进实施京津冀协同发展战略，积极稳妥有序疏解北京非首都功能，经过认真、谨慎、科学、民主的系统决策作出的一项重大战略部署。显然，从现实着眼，规划建设北京城市副中心和河北雄安新区是推进京津冀协同发展的两项战略举措，将形成北京新的两翼，先期定位是有序疏解和吸纳非首都功能，切实破解"大城市病"还有许多棘手问题。更长远一点考量，新区规划在于拓展京津冀核心区域的发展新空间、培育北方地区乃至全国意义上的创新驱动发展的新引擎。

　　如果仅此理解，似乎还不足以体现新区建设"千年大计"的历史分量和价值意义。按照习近平总书记的要求，未来的雄安新区建设要坚持世界眼光、国际

---

　　* 本文原载《东莞日报》2017 年 4 月 10 日。

标准、中国特色、高点定位，建设成为绿色生态宜居新城区、创新驱动引领区、协调发展示范区、开放发展先行区。以这样一个顶层设计思路，雄安新区不仅是一个国际一流、绿色现代、智慧高端的全新城市，也是继改革开放之初以深圳特区为代表的珠三角开放和 20 世纪 90 年代初以浦东新区为代表的长三角发展之后，又一个具有重要经济增长极作用的示范性标本，更重要的是，雄安新区在更深远的意义上，其未来的发展，必须能在发挥中心城市聚集和辐射作用上起到引领和带动作用，并在促进世界城市群发展、破解既有城市建设困境上探出一条新路、留下可借鉴经验。雄安新区必须是适应时代发展、技术变迁、制度创新的先行者和引领者，既依循城市发展规律、依托市场内生力量，又能充分激发技术创新和制度创新的力量，能够利用特定的政治优势集束性汇聚要素资源，一定意义上，未来的雄安新区建设规划将创造新时代愚公移山的大无畏精神，以敢教日月换新天的胆识和气魄，创造一个新城市的未来。

那么，所有的智慧和力量源自哪里呢？这就是创新。从习近平总书记提出的未来雄安新区规划建设要突出的七个方面重点任务看，均是以创新为核心。新城是智慧城市、绿色城市、创新资源集中城市、城市管理和公共服务创新城市，以及成为体制机制开放和人本包容性城市等。可以说，创新是雄安新区建设的出发点，也是其落脚点。创新将是这个全新城市发展的原始动力，也是最终目标。因此，无论是从城市规划、建设和管理，还是探索人口经济密集地区优先开发新模式，雄安新区都将是对现有所有开发性新城新区的各种经验和得失的超越。只有以创新的视野推演雄安新区未来的发展，我们才有可能跳出过往城市或新区的发展经验、发展思维和眼光的局限与狭隘。面对未来雄安新区，在一定意义上来说，没有做不到，就怕想不到；没有不可能，就怕无作为。

当然，九层之台，起于累土。千年大计更需要有历史耐心。创新要体现在规划创新、政策创新和体制创新上。一份高标准高质量的组织规划编制要充分体现城市发展规律，科学规划好空间布局和功能定位，争取不留历史遗憾；政策创新和体制创新必须以改革开道，要坚决突破体制机制障碍和守旧固化的思维藩篱，发扬改革创新精神，全面提高资源配置效率，建立体制机制新高地。

伟大的时代必将铸就历史性工程。只要我们自觉尊重经济规律、尊重以人民为中心的发展思想，坚持"功成不必在我"的精神境界，一张蓝图干到底，未来的雄安新区建设终会经得起历史检验。

断言"经济拐点出现"
为时尚早[*]

国家统计局公布的数据显示，2017 年 3 月官方制造业 PMI 51.8%，为 2012 年 4 月以来最高，比上月上升 0.2 个百分点，也高于预期的 51.7%。从更长的周期看，2017 年开年 3 个月的 PMI 分别为 51.3%、51.6%、51.8%，指数保持扩张区间并稳步走高，反映当前经济运行缓中趋稳、稳中向好的势头得到了延续。

而 2017 年 3 月举行的 2017 年博鳌亚洲论坛上，中国人民银行行长周小川在发表演讲时指出，目前财政政策和结构性改革都还有空间，而全球货币政策宽松已到周期尾部。理性来看，应该把关注点调整到财政政策和结构性改革。

中国经济"开门红"，经济回暖的趋势在接下来的时间里是否会得以持续？2017 年货币政策在总体保持审慎和稳健的情况下，如何更好地利用财政政策和结构性改革为经济发展提供助力？《东莞日报》特邀北京大学经济学院金融系副主任吕随启、国家行政学院研究员胡敏、著名经济学家宋清辉发表看法。

"稳"的基础加强　"进"的力度加大

记者：PMI 是监测经济运行的及时可靠的先行指标，而官方制造业 2017 年开年 3 个月的 PMI 均稳居荣枯线以上。请您分析一下 2017 年中国经济运行向好的原因有哪些？有哪些有利因素？

胡敏：PMI 指数涵盖了企业采购、生产、流通等各个环节，是国际上通用的监测宏观经济走势的先行性指数之一，具有较强的预测、预警作用。2017 年第一季度，我国投资、消费、出口三大需求之所以能呈现"暖意"，主要是 2016 年一年实施的供给侧结构性改革深入推进，宏观经济政策创新产生效果，供给侧结构性改革提高了长期潜在产出。中国经济"稳"的基础在加强，"进"的力度也在加大。第一季度 GDP 增长有望继续保持 2016 年第四季度态势，达 6.8% 左右。

宋清辉：2017 年中国经济运行向好的原因，有一部分可以归结为 2016 年以

---

[*]　本文原载《东莞日报》2017 年 4 月 12 日，记者：张华桥。

及之前做好的铺垫。从我国近年来的发展情况来看，我国政府对经济的发展已经不再追求速度，而是在大环境中以稳定为主，这也为中国经济 2017 年在合理区间内运行打下了基础。

在我国经济增速承压的过程中，我国的经济质量在向好发展，例如，政府对房地产出台的严厉政策，进一步压制了资产泡沫的快速滋生，不少资金开始流出到各个实体产业当中，让一部分资金从投机转移到有效推动实体产业发展。搞投机的人少了，做实业的人多了，这是经济稳健发展的基础。

吕随启：通过中性审慎的政策稳住市场，稳住汇率，然后通过积极的财政政策，增加投资，谋求经济企稳。外部的原因是，美国经济回暖，部分地带动包括中国经济在内的全球经济的发展。

记者：按您的观察预测，这次经济回暖的趋势，会延续 2017 年一整年吗？有哪些不利因素？

吕随启：第一，2017 年下半年会不会走低，最主要看人民币汇率。如果人民币汇率不出现大的波折，能够稳住，那么，经济回暖下半年应该是可以持续的。反之，人民币汇率会连累经济复苏增长的势头。第二，要看外部环境，主要是战争因素。近期美国轰炸叙利亚引起全球关注，给全球经济发展蒙上阴影。如果大国之间关系保持平稳，对经济增长是有帮助的。反之，经济会受到连累。第三，要看贸易战。这次中美领导人会晤之后，希望中美之间在贸易上找到妥协点，外贸形势保持平稳，这对于刺激经济增长是有裨益的。

宋清辉：从整个经济发展的长周期来看，中国经济整体向好。从以年为单位的短周期来看，2017 年的中国经济难以预测。一方面，当前经济波动周期相对以往大幅缩短，简单而言，就是从曾经的"三十年河东"缩短成为"三年河东"；另一方面，现阶段经济发展有太多不确定性因素，并且随时都有可能出现突发情况。

从全球经济形势来看，欧盟不稳定、中东乱局、原油价格以及大宗商品可能随时出现的变化等因素，对全球经济的发展都是牵一发而动全身。就国内形势而言，钢铁、煤炭等产能依然严重过剩，三四线城市房地产依然不景气，这些都是影响经济的负面因素。

但在我国以稳为基础的发展背景下，我国政府对各种有可能影响到经济的风险都做了充足的预案。因此，即便是经济发展受到压力冲击，这种冲击的影响也会非常有限，中国经济依然会按照原有的、计划的步骤稳步向前。

胡敏：2017 年第一季度经济虽然回暖，但总体来看，还不能揭示出中国经济增长拐点就出现了。这主要是因为，目前经济增长动力还没有完全激发出来，经济运行还存在不少突出矛盾和问题，国有企业经营效益改善主要得益于 2016

年原材料价格上涨的影响，但产能过剩问题、成本和债务高企问题还没有根本解决。与此同时，目前经济走势分化还十分突出，经济金融风险隐患也不可忽视。再加上世界经济增长低迷态势仍在延续，"逆全球化"思潮和保护主义倾向抬头，会带来诸多不稳定不确定因素。这些不利因素的存在，使2017年我们经济工作重心还是要放在稳增长、调结构和防风险之间的平衡上。

货币政策效应递减财政政策更需发力

记者： 货币政策放松，可对经济产生明显效果，但货币政策不是万能的。周小川也认为，要把关注点调整到财政政策和结构性改革。当前情况下，以采取何种财政手段为重？

胡敏： 根据2017年全国两会上《政府工作报告》所作的安排，2017年财政政策要更加积极有效，货币政策要保持稳健中性。这其实就指明了两大宏观政策的着力点。前期我们在货币政策上使用工具较频繁较充分，其边际效应在递减。而推进供给侧结构性改革，目前看更需要发挥财政政策作用，目前最重要的就是能够减税降费，减轻企业成本负担，要坚持"节用裕民"的正道。所有税收、预算安排、财政转移支付等均要体现这一精神。

宋清辉： 从2017年全国两会上的《政府工作报告》看到，2017年将采取的货币政策正在从两方面进行：一是2017年赤字率拟按3%安排，财政赤字2.38万亿元，比2016年增加2000亿元。2017年赤字率保持不变，主要是为了进一步减税降费，全年再减少企业税负3500亿元左右、涉企收费约2000亿元，一定要让市场主体有切身感受。二是财政预算安排要突出重点、有保有压，加大力度补短板、惠民生。对地方一般性转移支付规模增长9.5%，重点增加均衡性转移支付和困难地区财力补助。压缩非重点支出，减少对绩效不高项目的预算安排。中央部门要带头，一律按不低于5%的幅度压减一般性支出，挤出更多资金用于减税降费，坚守节用裕民的正道。

总的来看，我国现阶段采用的是积极的财政政策，通过财政投融资进行国家基本建设与基础设施建设，调整经济结构，引导、推动、扶持产业升级，形成新的经济增长点，促进投资，增加就业，扩大内需，以实现我国经济稳定发展。

供给侧结构性改革将释放更多红利

记者： 政策重心从稳增长转向调结构、促改革、抑泡沫和防风险，政策工具从货币宽松转向财政扩张和供给侧结构性改革。有哪些重要政策将带来改革红利？

胡敏： 应该说，这么多年来，我国宏观经济政策主要是围绕经济周期波动来把握的，经济上行时期，我们适度收紧；经济下行时期，我们适当放松，节奏和力度总体得当，运用起来也比较娴熟。现在政策的着力点应当更多地放在激发经济内生增长动力上，政策的聚焦就是要激发全社会创新精神，要坚决打破束缚人力资本潜能迸发的制度障碍，科技政策、人才政策、区域发展政策等关乎资源有效配置的一切政策因素一定要能提高全要素生产率，政策的至善之本就在于充分调动最重要的人的积极性和创造性，这也是最大的政策红利。

宋清辉：在供给侧结构性改革方面，主要从六个方面带来改革红利：一是调整完善人口政策，适应我国人口总量和结构变动趋势；二是推进土地制度改革，维护老百姓的土地权益；三是加快金融体制改革，提高金融服务实体经济效率，降低金融风险，积极培育健康发展的资本市场；四是实施创新驱动战略，提高发展质量和效益，加快培育形成新的增长动力；五是深化简政放权改革，把该放的权力真正放掉；六是构建社会服务体系，为全社会的发展构建相关的配套服务。

循着发展的逻辑
——一个经济学人的时事观察（2016-2020）

重温 4·19 讲话：
让互联网更好造福人民 *

2016 年 4 月 19 日，习近平总书记在网络安全和信息化工作座谈会上发表重要讲话，充分肯定了党的十八大以来我国互联网事业快速发展取得的显著进步和成绩，分析了发展进程中还存在的短板和问题，对推动我国网信事业更好更健康发展提出了六点建议。事实上这六点建议就是引导和促进我国网信事业发展的四项原则和指导纲领，解决了"为什么要抓好网信事业发展"和"怎样抓好网信事业发展"的问题。一年后，我们再次重温习近平总书记的这篇讲话，对照一年来我们在落实习近平总书记讲话精神上还有哪些差距，应当更有启发性和针对性。

习近平总书记阐述"为什么要抓好网信事业发展"时，非常明确地指出，就是要"让互联网更好造福人民"。可以说，这就是我们加快我国网信事业发展的出发点和落脚点。按照习近平总书记的分析阐释，我们应知，以互联网为主要代表的信息技术革命是人类历史上能够带来生产力进步的又一次质的飞跃，信息革命在增强人类脑力上将产生巨大影响，并且已经对国际政治、经济、文化、社会、生态、军事等领域发展产生了深刻影响。今天我们离实现中华民族伟大复兴的目标如此之近，必须抓住这次技术革命蓄势待发的机遇，趁势而上。

当然，促进我国网信事业发展，要自觉贯彻五大发展理念，能够在践行新发展理念上先行一步，并以此作为我国经济发展新常态下的新动力，促进资源配置优化，促进全要素生产率提升，为推动创新发展、转变经济发展方式、调整经济结构发挥积极作用，从而推进国家治理体系和治理能力现代化。习近平总书记指出，网信事业发展最根本的是必须贯彻以人民为中心的发展思想。要适应人民期待和需求，加快信息化服务普及，降低应用成本，为老百姓提供用得上、用得起、用得好的信息服务，让亿万人民在共享互联网发展成果上有更多获得感。

为了这样的目的和宗旨，习近平总书记在"怎样抓好网信事业发展"上，

---

* 本文原载中青在线 2017 年 4 月 17 日。

鲜明指出了五个方面的具体要求。一是要建设一个良好生态的网络，这是我国网信事业发展的基本目标。习近平总书记指出，网络空间是亿万民众共同的精神家园。网络空间天朗气清、生态良好，符合人民利益。二是我国互联网在核心技术上一定要取得突破，这是我国网信事业发展的关键点，习近平总书记要求，在技术突破上要处理好开放与自主、研发和转化、专攻与联合、科研和经济的关系。三是要树立正确的网络安全观，正确处理安全和发展的关系。四是强调要增强互联网企业使命感、责任感，共同促进互联网持续健康发展。五是强调要聚天下英才而用之，为网信事业发展提供有力人才支撑。三、四、五点要求实际上是我国网信事业健康快速发展的基本保障。

2016~2017 年这两年，我们可以深刻感知我国网信事业发展又有新的进步。在国际上，习近平主席倡导的共建网络空间命运共同体思想受到普遍赞誉和响应。在国内，基于移动互联技术发展产生的新产业、新业态、新企业层出不穷。像 2017 年以来以摩拜、OFO 共享自行车为代表的共享经济发展如火如荼，以天猫、支付宝等为代表的电商、互联网金融平台正深刻改变着传统商业和金融模式等。大数据、云计算、物联网等也正在与传统制造业加快嫁接，促进产业升级换代。

但与此同时，这些新经济、新业态、新模式发展中出现的一些问题，也对政府在加强监管和引导规范发展上提出了挑战。更需要看到的是，在运用互联网技术加快提升政府效能、改变政府管理方式、降低社会制度性交易成本、促进社会公共服务均等化等方面还存在较大差距。事实上，网信技术越来越快发展，对我国网信事业发展提出了越来越高的要求，反衬的是，我们政府的管理理念、管理思维、技术观念、人才观念、社会责任和历史责任，如果不能跟上技术和市场自在动力的发展，就会成为网信事业发展的最大掣肘。

因此，习近平总书记关于网信事业发展的重要讲话发表一周年后，今天我们再次重温，应当有更多更深刻的领会和思考，对互联网事业发展和人才成长，我们要有更宽的视野、更包容大度的精神。

循着发展的逻辑——一个经济学人的时事观察（2016—2020）

C919 首飞能带来多大的
蓝天市场价值？*

继 2017 年 4 月中国自主研发的航母出坞下水之后，2017 年 5 月初展示中国制造高端水平的又一件"喜事"临门了——5 月 5 日，中国自主生产的国产大型客机 C919 首次起航。这两个能够代表中国制造腾飞的里程碑事件，足以让国人扬眉吐气，足以焕发中国人的民族自豪感，充分体现当下中国的"大国经济"必有"大国重器"。当然更具长远意义的还是，这必将给中国制造带来巨大的潜在市场价值。

航空市场迎来新格局

2017 年以来，国产大飞机 C919 的首飞消息在市场上早有发酵，资本市场上相关大飞机板块的上市公司股价就有多次集体轮动。市场预期看好的，是大飞机未来良好的发展愿景和巨大的经济价值。

先从"C919"简称的寓意来说，这架国产大型客机全称为"COMAC919"，简称中的"C"既是中国商用飞机有限责任公司英文名称"COMAC"的第一个字母，也是中国"CHINA"的第一个字母。第一个 9 寓意"天长地久"，19 则指示该大型客机最大载客量 190 人。更巧合的喻示在于，C919 客机的对标市场是目前的波音（Boeing）737 和空客（Airbus）A320，在"A""B"后位列"C"，便有角逐国际大型民用客机市场三分天下之意。

航空制造是集制造业大成的国家战略，发展大飞机就是我国国家装备制造业发展和高端制造业技术水平的实力展现。早在 2006 年 2 月，国务院就发布了《国家中长期科学和技术发展规划纲要（2006—2020 年）》，大飞机被确定为此后 15 年力争取得突破的 16 个重大科技专项之一。上一届政府启动了国产大飞机研制项目。在 2016 年的"十三五"规划中再次将"大力发展新型飞行器及航行器"列为打造我国战略性新兴产业发展新优势的着力点。截至 2017

---

* 本文原载中新经纬 APP2017 年 5 月 5 日，原题为《厉害了，C919！万亿蓝天市场待启航》。

年，全球只有美国、俄罗斯和欧盟有能力研制起飞总重超过 100 吨、一次航程超过 3000 千米、乘坐达到 150 座以上的大型民用客机（也就是所谓"大飞机"）。而在全球民用飞机市场，波音和空客在干线飞机上处于绝对优势和垄断地位。

随着中国商用飞机有限责任公司 2008 年 5 月在上海挂牌成立，时隔整整 9 年，C919 这一首个单通道常规布局 150 座级的大型客机终于"梦想起航"并展翅凌空，这有望打破波音和空客对这一市场的垄断，中国商飞 C919 终将与波音 737 和空客 A320 一道，三足鼎立，共同构成未来全球民用航空干线市场的新格局。

这应当可以预期。因为目前中国已经是全球第二大航空运输市场。根据我国航空旅客周转量今后有望以每年 6.8% 的速度增长前景预测，我国机队规模预计也将保持 5.5% 的平均年增长率。那么，到 2024 年，中国就将超过美国成为全球最大航空市场，而按照国家规划，到 2020 年，国产干线飞机国内新增市场占有率达到 5% 以上，民用飞机产业年营业收入超过 1000 亿元。

如果一切按计划进行，首架量产的 C919 在 2019 年顺利下线，在其成功批量进入市场后，该飞机仅在国内就拥有庞大客户基础，可以适应不断增长的航空需求，未来 20 年总销量有望达到 2000 架次左右。

从国际航空市场潜力分析，按照空客公司在 2016 珠海航展上发布最新全球市场预测，未来 20 年，中国将需要约 6000 架新客机与货机，价值 9450 亿美元，占全球同期新飞机需求总量的 18%。根据中国商飞公司 2016 年发布的未来 20 年民用飞机市场预测分析，到 2034 年，全球喷气客机机队规模有望达到 41949 架，是现有机队的 2.1 倍。替代正常退役飞机，这一二十年将有 37049 架新机交付，价值总量接近 5 万亿美元，其中仅单通道喷气客机交付量约为 24144 架，价值达到 2.25 万亿美元。亚太地区（含中国）将会拥有全球最大的单通道喷气客机机队和对双通道喷气客机的巨大需求，仅在中国数千亿美元的大飞机市场，C919 飞机有望占据 1/3 的份额，市场空间估算也在万亿元规模，预测基本一致。

产业链也就是价值链

除了以上可看得见、算得出的市场规模，以发展大飞机为代表的航空制造业的腾飞，还将撬动更巨大的产业链、金融链、贸易链、消费链。

按照我国民用航空工业发展路线图，中国大飞机研制将历经支线客机——干线客机——宽体客机的发展路径。大飞机的量产，将打开中国航空产业的发展空间。航空制造一向是系统集成度高、产业带动力强、关联产业密集的高端装备行业。从产业关联度的角度，汽车制造的产业价值拉动比（产业自身市场价值：产业链价值）一般是 1∶4 至 1∶5，而航空制造的产业价值拉动比一般高达 1∶8 至 1∶9。如果这样估算，未来 20 年国产大飞机可延展的产业链将会带动高达数十万亿美元的价值生成链。

从直接的研发生产制造的产业链条看，发展大飞机对相关产业尤其是战略性新兴产业的拉动无疑十分巨大。航材、航电、机电、发动机等产业将随国产大飞机的航空产业链发展而不断壮大，尤其是建立起航空发动机的自主发展工业体系；伴随的还有航空机载、空管和地面设备及系统，国产航空材料体系和基础元器件等国产化率的持续跟进。

C919 这架大飞机仅零部件就有 4 万多种、集中 100 多项技术专利，串起了国内完整的飞机制造产业链，不仅涵盖了整个中航工业体系，还覆盖了 16 家材料制造商和 54 家标准件制造商，集中了整机集成商、系统级综合供应商、特殊材料供应商，涉及相关上市公司就超过 20 多家（比如，中航飞机：国产 C919 大型客机主要机体结构供应商和起落架系统供应商；航发控制：国内主要航空发动机控制系统研制生产企业；洪都航空：C919 前机身、中后机身的唯一供应商；成发科技：主营航空发动机和燃气轮机的主要零部件生产商；宝钛股份：国内航空钛材、军工钛材领域市场提供商等）。更有看点的是，除了中航体系外，大飞机研制还延展到宝钢等国字头的中央企业，提供特殊装备制造或器材的民营企业，以及国外的 GE、霍尼韦尔、CFM 等飞机制造领域的跨国巨头。C919 采用的"主制造商—供应商"模式，不仅探索出了"中国研发、全球招标"的技术创新新路径，更是以这样的模式将中国航空制造融入了国际航空产业链，为下一步参与全球航空工业分工，进而拓展国家高端航空市场竞争打下了基础。

还有，大飞机批量投入运用后，将充分激活金融租赁等现代生产型服务业。由于飞机单架价值巨大，而飞机作为一种资产又具有多种投资和持有价值，这就使传统的飞机采购方式发生了嬗变。以客运和货运为主业的民航公司，通过融资租赁或者经营租赁的方式，逐渐"外包"这一"资本密集型"业务，以更轻的资产专注于提供运输服务。1970~2015 年，从全球市场来看，飞机租赁公司为购买飞机提供的融资占比逐步上升，同时飞机数量的需求也在稳步增加。就此，飞机租赁市场的发展空间将更巨大。

再者，目前中国已经形成的第二大航空运输能力、第一大货物贸易水平和日益增长的跨境旅游消费潜能，随着国产大飞机市场的几何级数的数量拓展，将在未来形成叠加效应和放大效应，其蕴含的贸易和消费潜能会充分释放。

所以以价值链的眼光看待国产大飞机的产业链延展，这才是中国航空制造更具魅力、更具潜能的市场新蓝海。当然，我们在看到国产大飞机腾飞的欣慰之余，也还要十分清醒。C919 从试飞到量产仍然还有一个过程，我们在核心技术部件制造、投入成本回报、燃油效率等方面还有不少短板，特别是在未来市场开拓上，要能获得飞往多数国际市场所需的欧美认证，最终在国际航空市场上与波音和空客角逐，依然面临挑战。

但中国大飞机已经起飞，翱翔蓝天，就必须远航！

大飞机开启中国
高端制造新模式*

2017 年 5 月 5 日，中国具有自主知识产权的国产大型客机 C919 首飞顺利成功。这与 4 月中国自主研发的航母成功出坞下水一样，成为中国制造腾飞的里程碑事件，进一步夯实了我国作为世界制造业第一大国的地位，也标志着中国制造站到了"由大变强"新的历史节点上。

有业内专家指出，C919 的首飞成功到批量投入生产，将带动起中国民用飞机产业链向"微笑曲线"两端迈进。

此话不错。从这条产业链的"微笑曲线"的研发端看，大飞机的总装集成技术充分体现了中国航空工业高端技术装备和研制水平，而且因为研制大飞机具有极强的产业集群效应和产业带动能力。仅从产业链的上游看，大飞机研制能带动新材料、现代制造、先进动力、电子信息、自动控制、计算机等领域关键技术的群体突破，可拉动众多高技术产业发展，其技术扩散率高达 60%。不仅如此，航空产业集群效应还将托起其所在研发和总装基地的集成效应。类比美国华盛顿州因为发展波音飞机从而形成以西雅图为中心的航空产业集群效应，研制 C919 大飞机的中国商飞因为立足上海，在这个具有全球影响力的科技创新中心的城市，在大型客机总装基地的带动下，上海将形成完整的航空产业链。未来的上海在基础零部件、轴承、基础工艺、基础材料、控制技术和机械等方面都会产生突破性发展。目前实际上，上海已经形成了航空设计研发、总装制造、市场营销、客户服务、适航取证和供应商管理六大能力。今天，随着中国商飞公司 C919 大型客机在中国上海研发到首飞，上海的大飞机产业集群已初露端倪，C919 必将为上海高端制造业集束发展开启更加宽广的大门。

大型客机研制的成功，又不像航母、航天等主要体现国家安全和战略价值的象征意义，未来的发展潜能必须体现其市场意义。

此次 C919 的成功也可归咎于采用了"主制造商—供应商"模式，它不仅探

---

* 本文原载《东莞日报》2017 年 5 月 8 日。

索出了"中国研发、全球招标"的技术创新新路径，更是以这样的模式将中国航空制造融入了国际航空产业链，为下一步参与全球航空工业分工，进而拓展国家高端航空市场竞争打下了基础。也就是说，大型民用飞机的商业运营，将高端制造与市场效应紧密结合，未来 C919 不仅将给中国民航业带来万亿美元的市场价值，它还将撬动起更巨大的产业链、金融链、贸易链、消费链，对民航运输、航空金融、旅游、物流等产业发展都将孕育着极大的市场价值。这就使大飞机产业链的"微笑曲线"的市场端必须不断地向上延伸。

这样看，C919 的成功，既吸取了过去研制运十飞机的失败教训，也吸取了中国高铁制造、中国汽车制造模式的有益经验，蹚出了既能掌握总装集成核心技术、独占高端制造业品牌优势，又能集纳全球制造供应链、直接面向全球市场的中国高端制造的新模式。

今天的中国无疑是第一制造业大国，但必须清醒地看到，我们还不是强国。大飞机研制的成功，客观上也为下一步中国制造成就"制造强国梦想"指出了方向。

当前中国制造面临着全球化与逆全球化两股力量博弈加剧、去工业化与再工业化两种倾向并存交锋、"互联网+"与"+互联网"两种路径殊途同归的新形势，今后一个时期的中国制造业发展将面临欧美发达制造业国家更强有力的市场竞争、技术保护竞争和贸易领域竞争。面对发达国家凭借长期积累的人才、技术和市场优势，已在中高端制造领域的前瞻布局和技术领先优势，我国制造业目前面临着低端锁定的风险。与此同时，发达国家还在加快推动信息技术与制造技术的融合发展，以大幅提高生产效率并降低生产成本，重塑制造业竞争优势。如果中国制造不能全速加快产业结构调整和发展方式转变，不能尽快解决忽视制造业发展、一味"脱实向虚"的短期利益羁绊，全球制造业发展重心会再次转向发达国家，中国制造业有可能被拖入"产业升级陷阱"。

对中国制造来说，目前短板依然很多。一两个大项目的成功并不能覆盖整个制造业困境。当下我们必须乘着高端制造连续成功形成的士气，切实抓住新一轮信息技术革命的机遇，加快建设国家制造业创新中心，构建起网络化协同设计和制造业基础研制能力，推进制造业向数字化、智能化、模块化方向转型，尽快突破重点领域发展的"卡脖子"瓶颈，推动制造业从数量扩张向质量提高的战略性转变，引导生产要素向先进制造业集聚，进而培育工匠精神和企业家精神，建立现代产业工人和企业家队伍，从而抢占全球制造业发展的制高点，在重构全球生产网络和分工体系中奠定扎实的基础。

循着发展的逻辑——一个经济学人的时事观察（2016－2020）

"一带一路"给世界
带来满满的正能量*

　　"一带一路"国际合作高峰论坛于 2017 年 5 月在北京拉开帷幕。此次高峰论坛是中国国家主席习近平三年前提出"一带一路"宏伟设想和合作倡议以来，在中国主场召开的规格最高的国际性盛会，汇聚全球目光和各方智慧，为沿线各国共商"一带一路"建设大计、共绘互利合作美好蓝图带来重要机遇。

　　"一带一路"从概念到行动，从倡议到落实，已经取得重要阶段性成果，实现了从理论设想到创新实践的重大跨越，进入到全面推进务实合作的新阶段。

　　当前，世界经济复苏脆弱乏力，贸易投资不强劲，增长动力不稳固。联合国贸发会议和世界银行报告显示，2016 年全球外国直接投资下降了 13%，贸易增长仅略高于 1%，是 2008 年国际金融危机以来，表现最差的一年。出现这样的局面，并不是因为当今世界缺乏解决问题的资源和能力，而是因为那些碎片化、排他性的国际合作，难以把资源有效整合起来。尤其是近一个阶段，"逆全球化"思潮抬头，开放与保守、变革与守旧、经济一体化和"碎片化"的矛盾逐渐凸显，"黑天鹅"事件的不断发生，给世界发展带来很大不确定性，也给国际经贸深度合作带来了变数。应对这一新的国际政治经济发展新动向，需要中国能够担当起大国责任，继续擎起经济全球化和自由贸易的大旗，积极为解决当前世界和区域经济面临的问题寻找方案，以中国经济的稳健可持续增长激发世界经济增长新动能，推进全球经济治理新秩序的建构与完善，并与国际社会更紧密地携手合作，为实现联动式发展注入新能量。

　　习近平主席倡导的"一带一路"宏伟构想，正是顺应了世界多极化、经济全球化、文化多样化、社会信息化的大潮流，秉承了开放包容的新理念，赋予古丝绸之路以全新的时代内涵，通过打造一个开放、包容、共享的合作平台，把各方力量汇聚起来，开辟增长新动力，探索发展新路径，彰显了以合作共赢打造人类命运共同体的伟大思想，旨在同沿线各国分享中国发展机遇，促进沿线各国经

---

　　* 本文原载中青在线 2017 年 5 月 11 日。

济繁荣与区域经济合作，加强不同文明交流互鉴，促进世界和平发展，实现世界共同繁荣，是一项造福全人类的伟大事业。因而也成为目前世界上最受欢迎的国际合作倡议，越来越多的国家、国际组织加入了"共商 共建 共享"的"一带一路"实践进程。

"一带一路"从无到有，由点及面，总体框架顺利搭建，初步完成规划布局，政策沟通、设施联通、贸易畅通、资金融通、民心相通取得了实实在在的建设成果，目前正在向落地生根、精耕细作、持久发展阶段迈进。比如，"一带一路"朋友圈不断扩大，国际共识不断凝聚，沿线国家互联互通推进迅速、合作协议陆续签署、产能合作全面推进、贸易往来日益紧密、金融支撑基本到位，等等。

当然，"一带一路"是一种新型经济全球化的尝试，各参与国经济社会发展还极不平衡，诉求也不一样，在全球化和多极化仍在不断深入发展、世界经济发展尚存在多重不确定性不稳定性的当今，实现"一带一路"的美好愿景，不只是一个倡导国的事情，更需要各参与伙伴同舟共济、相濡以沫，唯有各方共同付出努力，才能在人类命运共同体的新平台上共迎挑战、共谋发展，创造持续繁荣的新世界。

"一带一路"：书写
共商共建共享新篇章[*]

【编者按】"一带一路"国际合作高峰论坛于 2017 年 5 月 14~15 日在北京隆重举行，中国主席习近平出席论坛开幕式并发表主旨演讲《携手推进"一带一路"建设》。

习近平主席总结了以和平合作、开放包容、互学互鉴、互利共赢为核心的丝路精神，回顾了"一带一路"建设 3 年多来在"五通"领域取得的成就，提出了要将"一带一路"建设成为和平之路、繁荣之路、开放之路、创新之路、文明之路的新要求，并宣布加大对"一带一路"建设的资金支持、建设"一带一路"自由贸易网络、启动"一带一路"科技创新行动计划、向参与"一带一路"建设的发展中国家和国际组织提供人民币援助、设立"一带一路"国际合作高峰论坛后续联络机制等重大举措。

当前正处在"一带一路"建设全面推进的关键节点，在新起点上我们要继续夯实互信互利之基，齐心协力为共同繁荣添砖加瓦。为了帮助读者更好地学习和领会习近平主席"一带一路"建设思想，《思想者》特邀 4 位中青年学者进行解读。

"一带一路"国际合作高峰论坛于 2017 年 5 月 14~15 日在北京隆重举行，习近平主席出席论坛开幕式并发表题为《携手推进"一带一路"建设》的主旨演讲。习近平主席的 5000 多字演讲，气势宏大、思想丰富、意韵深远，习近平主席深邃的历史眼光、广博的开放胸怀、真诚的合作态度、务实的行动方案，博得与会各国政要和各界广泛好评。

在演讲中，习近平主席深刻阐释了丝路精神的准确内涵，全面总结了"一带一路"建设倡议三年多来取得的丰硕成果，并站在当今世界发展新的时间节点上，顺乎时代潮流，以解决世界现实问题的智慧与担当，为下一步行稳致远推进

---

[*] 本文原载《中国青年报》2017 年 5 月 22 日。

"一带一路"建设指明了方向，也为当今这个大发展大变革大调整的变迁时代，注入了新的动力。

从历史到现实——过往的历史留下了人类文明遗产

当代人应为人类走向远方创造新的辉煌

在演讲中，习近平主席以丰厚的历史积淀和穿透的历史眼光，高度凝练地概括了丝绸之路的精髓和精神，这种精神就是"和平合作、开放包容、互学互鉴、互利共赢"。

2000多年前，生产力尚不发达，交通运输极为困难，但物质条件的贫乏并没有阻挡先辈们探索世界、促进各国商贸往来的步伐。生存的需要和发展的愿望，促成先辈们穿越草原沙漠，穿越惊涛骇浪，开辟出了绵亘万里的横跨亚欧非、连接东西方的陆上丝绸之路和海上丝绸之路。自此，古丝绸之路打开了各国友好交往的历史。

回望历史，这条古丝绸之路，之所以能够延续千年，促进沿路各国不同文明、宗教、种族的相互交流，加快人员、商品、资源、知识的广泛融通，书写出人类发展进步的历史篇章，正在于和平合作能够架起不同民族友谊的桥梁，开放包容能够增进各国相互了解的通道，互学互鉴能够促进相异文化的交融，互利共赢能够搭建各国共同发展的舞台。古丝绸之路从而创造了沿路地区的大发展大繁荣，催生了古丝绸之路的璀璨文明，更为人类留下了丝路精神这一人类文明的宝贵遗产。

习近平主席四年前倡导的构筑新时代"一带一路"伟大构想源于丝绸之路的历史辉煌和思想价值源泉。在这次演讲中，他再次以史为鉴，对海上丝绸之路和陆上丝绸之路的文明发展娓娓道来，深邃地指出，"历史是最好的老师"。

我们穿过历史的隧道，今天人类社会正处在一个大发展大变革大调整时代。世界多极化、经济全球化、社会信息化、文化多样化深入发展，和平发展的大势日益强劲，变革创新的步伐持续向前。但与此同时，这又是一个挑战频发的世界。习近平主席指出，"和平赤字、发展赤字、治理赤字，是摆在全人类面前的严峻挑战"。当今一些国家还要逆全球化大势，重祭保护主义、民粹主义、自我主义之弊，显然与世界人民对美好生活的向往相背而行。

现实是未来的历史。在世界各国之间的联系从来没有像今天这样紧密，从来没有像今天这样强烈，人类战胜困难的手段从来没有像今天这样丰富的重要历史时点，亟须从以和平合作、开放包容、互学互鉴、互利共赢为核心的丝路精神中汲取智慧，努力携起手来消除这"三大赤字"，应对当今世界经济增长乏力、发展极度不平衡、贫富差距鸿沟继续拉大、全球治理体系滞后发展的严峻挑战。

也正因如此，习近平主席倡导的携手共商、共建、共享"一带一路"宏伟设想3年多来，沿路各国应者云集，从理念到实践已经取得的丰硕成果也表明，"一带一路"倡议顺应时代潮流，适应发展规律，符合各国人民利益，具有广阔前景。此次峰会更是盛况空前，足以说明，当代人有责任有信心重归丝路精神，正如习近平主席所说："无论相隔多远，只要我们勇敢迈出第一步，坚持相向而行，就能走出一条相遇相知、共同发展之路，走向幸福安宁和谐美好的远方。"

从理念到实践——大道之行行在相通

以文明交流互鉴共存才能建成"一带一路"文明之路

今天，盛会开启，硕果渐丰。人们已经普遍认同，"一带一路"秉承古丝绸之路精神。丝绸之路，大道之行，而行贵在相通。

两千多年前的中国古丝绸之路的辉煌史在于能弃大国之荣威，与沿路各国不论大小贫富均能坦诚相见重在互学互鉴互通。因为能通达天下，于是，文明在开放中发展，民族在融合中共存。

而从中国近现代史的教训得失看，一旦我们闭关锁国，关上了与世界文明交流物质交换的大门，就会远离世界闻名的舞台，甚至落入落后挨打的局面。20世纪80年代中国主动改革开放特别是20世纪90年代中国加入世界贸易组织，开始深度融入全球化进程，我们作为受益国，经济社会取得巨大发展，与此同时，中国的长足发展又为世界经济发展作出了巨大贡献。道在通，通则顺，顺则达，道济天下。这不仅内生于中国的哲学禀赋中，在今天也一样深深嵌入了"一带一路"宏伟构想的理念和实践中。

在习近平主席的这次演讲中，重申了推进"一带一路"建设重在坚持政策沟通、设施联通、贸易畅通、资金融通、民心相通的"五通"思想原则，并全面展示了3年多来"五通"取得的超预期成果。因为政策沟通不断深化，中国与相关国家战略对接、协调政策、优势互补，实现了"1+1>2"的效果；因为设施联通不断加强，中国与沿路国家的复合型基础设施网络正在形成，"道路通，百业兴"；因为贸易畅通不断提升，沿路各国不断改善营商环境，贸易总额加快发展，为有关国家创造大量税收和就业岗位，带来实实在在的利益；因为资金融通不断扩大，突破了建设项目的融资瓶颈，金融合作网络渐次形成、初具规模；更因为民心相通不断促进，沿路各国人民往来频繁，在交流中拉近了心与心的距离，为"一带一路"建设夯实了民意基础，筑牢了社会根基。在实实在在的利益获得中，沿路各国增进了对中国的了解，消除了各种猜测疑虑，也增强了积极参与和投身到"一带一路"建设的伟大实践中。以建设"一带一路"打造人类命运共同体、造福世界人民的思想已经开花结果。

为推动"一带一路"建设行稳致远，迈向更加美好的未来，习近平主席立足"五通"更高屋建瓴地提出了宏远的建设"五路"的战略思想，就是要将"一带一路"建成和平之路、繁荣之路、开放之路、创新之路、文明之路。打造"一带一路"和平之路，将构建起以合作共赢为核心的新型国际关系，各国应该尊重彼此主权、尊严、领土完整，尊重彼此发展道路和社会制度，尊重彼此核心利益和重大关切。打造"一带一路"繁荣之路，将聚焦发展这个根本性问题，释放各国发展潜力，实现经济大融合、发展大联动、成果大共享。打造"一带一路"开放之路，将着力解决发展失衡、治理困境、数字鸿沟、分配差距等不平衡问题，推动构建公正、合理、透明的国际经贸投资规则体系，促进生产要素有序流动、资源高效配置、市场深度融合，建设开放、包容、普惠、平衡、共赢的经济全球化。打造"一带一路"创新之路，将以创新为先导，激发起沿路各国源源不断的发展动力和社会活力。打造"一带一路"文明之路，实现以文明交流超越文明隔阂、文明互鉴超越文明冲突、文明共存超越文明优越才能建成，推动各国相互理解、相互尊重、相互信任。

就此，习近平主席关于"一带一路"建设思想体系接近完整，其将中国哲学与时代发展规律、将中国梦同沿线各国人民的梦想结合起来，目标是惠及全球、造福人类，以此思想为引领，必将谱写出"一带一路"世界交响乐的未来新篇章。

从机制到落实——伟大的事业需要伟大的实践

中国方案为彷徨的世界带来新的智慧和动力

从理念倡导到推进落实，中国为建设"一带一路"付出了巨大努力，为复苏乏力的世界经济增添了新动力，开辟了新路径，增加了实实在在的世界公共产品，并以一系列看得见的建设成果，消除了许多国家的猜忌和疑虑。

在这次高峰论坛主旨演讲中，习近平主席再次重申，中国推进"一带一路"建设不是另起炉灶、推倒重来，而是实现与相关国家战略对接、优势互补；中国推进"一带一路"建设不会重复地缘博弈的老套路，而将开创合作共赢的新模式；不会形成破坏稳定的小集团，而将建设和谐共存的大家庭。

为此，习近平主席在演讲中就下一步推进"一带一路"建设拿出了富含"真金白银"的合作建设大单，确立了促进持续发展的机制建设方案，包括与更多的国家和国际组织签署务实合作协议、加大对"一带一路"建设资金支持，同有关国家协商自由贸易协定、启动科技创新行动计划，提供民生项目援助和建立稳定的后续联络机制等。

中国今天取得的巨大建设成就，基于本国人民的发愤图强，也得益于一个和平发展合作共赢的世界环境。中国目前领跑于世界，同时也为增长乏力、发展失衡、贫富分化的世界经济真诚地拿出中国的解决方案、贡献中国的智慧和力量。

中国"一带一路"建设正是中国方案的一部分，是造福人类的伟大愿景。习近平主席指出，"一带一路"建设是伟大的事业，需要伟大的实践。"伟业非一日之功"，需要各国人民共同商量，共同建设，最终建设成果共同分享。只要秉承共商共建共享原则，"一带一路"建设就能奏出人类协同的世纪交响曲，就能建设出人类幸福和谐的百花园。

推进我国公租房建设
必须破除三个障碍*

　　2017 年 5 月，全国人大财经委副主任委员黄奇帆就我国房地产基础性制度和长效机制建设问题发表演讲，引起广泛关注。黄奇帆结合自己的实践和理性思考，全面分析了当前我国房地产存在的十大失衡并提出了五方面的解决方案。其中，黄奇帆指出，近年来，我国房屋销售租赁比例在 9∶1，这是一大失衡，而欧美国家一般在 5∶5。如果我国城市能按照 50% 配置公租房，并配之以相应的管控制度，那么，一个良性有序的房屋租赁市场培育起来，就有可能成为我国房地产市场发展的长效机制之一。

　　黄奇帆的账算得很清晰，问题看得也明白，思路符合中央关于发展房屋租赁市场的政策，不失为一条有益的建议。其实，加快我国公租房建设的动议由来已久，近年来在不少地方也有过探索、实践，在一些城市还取得了成效，比如黄奇帆曾经工作过的重庆市。类似地，像新加坡的组屋模式长期以来也颇受国内舆论关注，被认为是最有借鉴价值的样板。在过去 40 多年的时间里，新加坡政府共修建了 96.8 万余套"组屋"，目前约 84% 的新加坡人居住在"组屋"中，这些"组屋"类似中国的经济适用房，由政府投资修建，大多位于黄金地段，以低价出售或出租给中低收入阶层，产权为 99 年。一对小夫妻 3 个月的薪水就够付首付，银行的贷款利率是 2.5%，用公积金足够还贷，而且住进"组屋"还能得到政府的额外补贴。

　　但总体来看，我国城市公租房建设和运营进展不力，地方政府普遍积极性不高，供求存在错配，公租房准入与退出机制也不够完善，还缺少完备的法制规范，远远达不到欧美国家房产租赁市场的活跃程度。

　　在今天我们要履行习近平总书记指出的"房子是用来住的，不是用来炒的"这一住房定位，有序发展房屋租赁市场，特别是发挥政府公共服务职能、强化政府调控杠杆，切实发挥公共租赁房作为政府解决城镇中低收入住房困难家庭实现

＊　本文原载《东莞日报》2017 年 6 月 5 日，原题为《借鉴成熟经验破除公租房建设障碍》。

循着发展的逻辑——一个经济学人的时事观察（2016-2020）

"居者有其屋"的基础性作用，目前必须破除三大障碍。

破除公租房建设资金来源障碍

这些年来，地方政府主要是依靠土地财政，开发商品化住宅用地可以有可观的财政收入，而公租房用地要求是无偿划拨，地方政府要支付各种税费以及其他各种开支，使很多地方政府面临严重的收支平衡难题，再加上公租房又不能在市场上自由买卖、租金相对较低等现象导致资金回收速度慢，投资回收期长，更加大了地方财政的压力。所以，必须积极拓宽公租房多元化的融资渠道，可以采用房地产证券化的融资方式，通过发行债券来筹集一定的资金，也可以通过与开发商合作的方式，在保证开发商经济收益的前提下，由政府出地，开发商出资共同完成公租房的建设，确保公租房工程有源源不断的资金投入。另外，还要改变现有开发商的融资结构，让开发商既能卖房又能租房，可以享受城市发展带来的增值红利。黄奇帆演讲中谈到的香港的李嘉诚的滚动开发、租售并举即是最好的例证。

破除公租房分配管理和准入退出机制障碍

目前许多城市开发公租房为减少开发成本，公租房建设地点一般过于偏僻，交通不便，房屋公摊面积较大，建设质量不高、商品配套设施又不足等，这对中低收入阶层缺乏足够的吸引力，导致宁愿高价在城市中心租房，也不愿意"舍近求远"。还有公租房准入与退出机制不够完善，缺乏法律制度的有效监管，公租房申请过程缺乏公开性、透明性，相关信息缺乏准确性、真实性，在配租过程中就存在既有"豪车出入"公租房，又有超过保障线长期滞留公租房不退的怪现象，没能很好解决城市"夹心层"居民的住房安置问题。所以，政府必须严格制定公租房申请条件，完善准入退出机制，全面实施"动态监控"。同时，还要积极汲取美国、英国、瑞典、新加坡等国家在公租房建设运营方面的政策和经验，让公租房住户得到更为人性化、专业化的管理和高质量的服务。

破除城镇居民"住即是拥有"的思想观念障碍

我国自改革住房制度以来改变了国家以分配为主要方式的住房制度，"买商品房好于租房子"的观念已深入人心。实际上在城市拥有产权的住房成为居民重要的财产性收入，这虽然是与我国城市化进程相适应的，但许多的城市户籍、教育、医疗等公共福利与房屋自有直接关联的现有机制分不开，这就造成了一面是商品房供求失衡、一面是公租房空置率过高的背离现象。因此，政府在加快公租房建设步伐时，必须打破观念壁垒，积极转变人们的住房观念，从"买房"转变为"租房",切实解决好户籍以及附在户籍上的社会保障问题,用完善的政策给居住者吃下"定心丸",让租房者也能获得城市生活的幸福感。

发展公租房是政府工程、民心工程,黄奇帆的演讲只是抛了个靶子,要健全我国房地产基础性制度、建立房地产市场健康发展的长效机制,要多动脑筋,广泛借鉴成熟经验,一步一个脚印,久久自然成功。

循着发展的逻辑——一个经济学人的时事观察（2016-2020）

构筑起生态文明建设的
完整理论体系*

党的十八大以来，习近平总书记站在谋求中华民族长远发展、实现人民福祉的战略高度，按照尊重自然、顺应自然、保护自然的理念，把生态文明建设融入经济建设、政治建设、文化建设、社会建设各方面和全过程。他深刻地指出"绿水青山就是金山银山""保护生态环境就是保护生产力"等一系列重要思想，这全面反映了总书记生态文明建设的民生福祉观、生产力建设观、大系统治理观，构筑了中国特色社会主义生态文明建设完整的理论体系。

民生福祉观

党的十八大以来，习近平总书记始终强调以人民为中心的发展思想，其落脚到生态文明建设上，就是总书记指出的"良好生态环境是最公平的公共产品，最普惠的民生福祉"。生态文明既是人类社会进步的重大成果，也是工业文明发展到一定阶段的产物，建设生态文明，不是要放弃工业文明，回到原始的生产生活方式，而是要以资源环境承载能力为基础，以自然规律为准则，以可持续发展、人与自然和谐为目标，建设生产发展、生活富裕、生态良好的文明社会，从而实现人与自然的和谐发展。保护生态环境，关系最广大人民的根本利益，关系中华民族发展的长远利益，是功在当代、利在千秋的事业，在这个问题上，我们没有别的选择。他要求全党，真正下决心把环境污染治理好、把生态环境建设好，努力走向社会主义生态文明新时代，为当代和我们的子孙后代留下天蓝、地绿、水清的生产生活环境。

生产力建设观

习近平总书记指出，要"牢固树立保护生态环境就是保护生产力、改善生态环境就是发展生产力的理念"。这一重要论述，深刻阐明了生态环境与生产力之

＊ 本文原载中青在线 2017 年 6 月 5 日。

间的关系，揭示了正确处理好经济发展同生态环境保护关系的极端重要性，是对马克思主义生产力理论的重大发展。改革开放以来，我国经济快速发展，但与此同时，许多地方、不少领域没有处理好经济发展同生态环境保护的关系，导致能源资源、生态环境问题突出。习近平总书记指出，中国要实现工业化、信息化、城镇化、农业现代化，必须走出一条新的发展道路。下大决心、花大气力改变不合理的产业结构、资源利用方式、能源结构、空间布局、生活方式，从而实现经济社会发展与生态环境保护的共赢。

大系统治理观

建设生态文明是一场涉及生产方式、生活方式、思维方式和价值观念的革命性变革。习近平总书记指出，"只有实行最严格的制度、最严密的法治，才能为生态文明建设提供可靠保障"。为此，就要把环境治理作为一个系统工程，按照系统工程的思路，抓好生态文明建设重点任务的落实。要牢固树立生态红线的观念，对于生态红线全党全国要一体遵行，决不能逾越；要优化国土空间开发格局，按照人口资源环境相均衡、经济社会生态效益相统一的原则，统筹人口分布、经济布局、国土利用、生态环境保护，科学布局生产空间、生活空间、生态空间；要全面促进资源节约，必须从资源使用这个源头抓起，把节约资源作为根本之策；要加大生态环境保护力度，以解决损害群众健康突出环境问题为重点，坚持预防为主、综合治理；要实行最严格的生态环境保护制度，建立系统完整的制度体系，用制度保护生态环境、推进生态文明建设。

我们必须深入学习习近平生态文明思想，并以此武装头脑、自觉转化为行动，进一步增强推进生态文明建设的紧迫感、责任感和使命感，共同开辟建设美丽中国的新时代。

经济向好态势下依然要
关注五个突出问题*

国家统计局新闻发言人于 2017 年 6 月 14 日就我国国民经济运行举行新闻发布会，从发言人列举的 1~5 月主要经济指标看，2017 年上半年我国经济继续保持总体平稳、稳中向好的态势，经济增长积极因素正在集聚，经济运行协调性、稳定性进一步增强。发言人指出，从产业支撑、发展动力、发展信心、发展环境几个方面看，我们完全有能力、有信心、有条件把稳中向好的态势巩固、持续下去。

但在看到上半年取得的成绩的同时，对当时经济运行中存在的突出矛盾和问题，也要保持足够的清醒。笔者认为，主要要关注五个方面的突出问题。

经济下行压力隐忧犹存，增长动力尚显不足

尽管 2017 年第一季度我国经济实现了"开门红"，经济增长速度达到 6.9%，各项指标均超出预期，但进入第二季度以来，一系列主要经济指标出现高位回落迹象。从需求端看，拉动经济增长的"三驾马车"动力不足。投资需求取决于基建、房地产、制造业这三大固定资产投资的增长。第一季度，各地经济增长主要依靠基础设施等大项目投资拉动，1~5 月基础设施投资同比增长 20.9%，占全部投资的 20% 以上。在大宗商品价格回落、PPP 项目一时热起但逐渐退潮以及各地财政收入过度透支的影响下，今后的基建投资难以维持较高增速。因土地购置速度的上升，第一季度房地产投资维持了较高景气度，但随着 4 月以来房地产调控政策加码、信贷条件收紧，全国商品房销售开始降温，房地产投资增速可能会在第三、第四季度较快下滑。制造业投资依旧低迷，说明经济增长缺乏后劲。1~5 月，社会消费品零售总额增长延续 10.7% 左右的平缓走低态势。一份波士顿咨询报告指出，我国一二线城市主体消费群不少因为 2016 年以来购入新房产而背负较大的按揭压力，家庭负债不断增高，形成"有资产但不宽裕"的特点，

---

* 本文原载《中国经济时报》2017 年 6 月 16 日。

这将直接影响一般生活品消费支出。在国际经贸格局存在较大变数的情况下，进出口形势也难以根本改观。从供给端看，经济内生增长动力仍不强劲。4月，工业增加值增速回落幅度超出预期；5月，六大发电集团日均耗煤量同比增长11.0%，低于4月同比14.0%，这预示工业企业企稳向好的基础仍不牢固。随着PPI同比涨幅持续收窄，工业企业利润增速在逐步放缓。目前工业企业从主动补库存进入被动补库存阶段，后续随着企业从被动补库存转向主动去库存，工业投资增速将进一步回落。

实体经济振兴依旧乏力，脱实向虚还未扭转

制造业发展状况可以作为观察实体经济振兴发展的"风向标"。2017年以来，在三大结构性矛盾还没有根本缓解的情况下，制造业转型升级依旧步履艰难。一是反映景气度的制造业和非制造业PMI指数等多项指标出现下行态势。国家统计局数据显示，2017年5月，制造业PMI为51.2，与4月持平。民间著名的财新中国制造业采购经理人指数5月录得49.6，为连续3个月下降，更是11个月以来首次跌入50以下的收缩区间。从财新中国制造业PMI细分项看，除了成品库存指数有所回升外，生产指数、新订单指数、新出口订单指数、就业指数、采购量指数、原材料购进价格指数和出厂价格指数均出现下降，这反映出制造业运行再度放缓。二是我国制造业产品和组织结构还处在艰苦的转型调整之中。截至2017年6月，我国制造业中，高品质、个性化、高复杂性、高附加值的产品供给能力还不能很好适应消费结构的升级变化，传统制造业中的关键装备、核心零部件和基础软件仍严重依赖进口和外资企业，制造业中新兴技术和产业领域对全球竞争的制高点掌控不足。从我们调研中发现，一些地方制造业企业虽然不少冠之以高新技术名称，但自主创新和研发力量不足，产品还是处于国际产业链分工地位的低端，主要是依托国外品牌拓展市场，由此只能分食微薄的加工组装利润，企业亟待从低附加值环节向高附加值环节转型升级。三是制造业投资回报率低、"脱实向虚"未有根本扭转，也制约着制造业部门整体加快向中高端迈进步伐。尽管一系列扶持制造业发展的政策构成"利好"，但投资传统制造业的资本边际效率递减的态势不会改变，技术革新促进制造业企业全要素生产率提升还要一个相当过程。一方面，2017年上半年国家大力推行金融去杠杆和金融监管收紧对实体经济的影响逐渐显现，制造业企业融资能力和成本均在上升；另一方面，与现在金融业、房地产业的投资高回报相比，制造企业很难专注于主营业务，争取来的新增信贷资金还是愿意以各种方式"脱实入虚"，追求在虚拟经济自我循环中获得"快钱"回报，结果就离实体经济发展越来越远。

新旧动能转换步伐不快，政策引导有待跟进

我国新经济发展势头良好，新产业新业态方兴未艾、新产品新动能持续壮大、新消费新市场蓬勃发展，有力地推动了经济增长新旧动能的转换。新经济发展虽然潜力巨大、空间广阔，也代表着未来产业经济发展的方向，但作为新生事物，未知还远远大于已知，这给经济主体和政府管理都带来新的挑战。一是对新经济发展的认识还不够充分，各地培育壮大新兴产业和改造提升传统产业的措施不够有力。从总量上看，新经济对经济增长的贡献还没有成为主导力量；从结构上看，各地虽都将发展新技术新产业新业态写入了发展规划，但一些地方还不能立足自身产业发展优势和本地实情找准发展方向，妥善处理好"增量崛起"和"存量变革"的关系的办法欠缺，同质化规划严重，差异化发展不足；对企业主体而言，虽知道发展方向，但限于政策、技术、资金、人才和思维的路径依赖，找不准发展新经济的发力点，新旧动能转换呈现胶着状态。二是政府扶持、促进和监管新经济发展的方式有待改进和跟进。一个时期以来，跨境电商、网络购物、互联网支付、共享交通工具等新业态发展得如火如荼，但在实践过程中存在一些管理问题。有关部门、有些地区按照老办法、旧思维出台了一些监管政策和条例，有的过于机械，有的削足适履，影响了新经济发展的积极性。如何探索包容审慎的监管制度，既促进、扶持、服务好新经济发展，又能及时遏制住借创新之名行非法经营之实的活动，亟待政府部门开阔思路、集思广益、善借善用。三是服务新旧动能接续转换的政策措施有待进一步落实和到位。目前国家已经出台一系列促进新经济发展的政策措施，但在简政、降税、减负方面还有较大的努力空间，亟待为新动能集聚发展创造更良好的政策环境。

"三去一降一补"任务仍重，市场环境有待改善

2016 年以来，"三去一降一补"五大任务进展良好，但随着供求关系的改善和市场环境的变化，也遇到一些新的问题。去产能工作时有反复。2016 年钢材、煤炭两大行业去产能的任务提前完成，2017 年到目前完成进度也快于预期。受主动去库存和上游大宗商品价格上涨的影响，钢材、煤炭两大行业利润翻番，促使一些地方淘汰的落后产能又死灰复燃，甚至一些地方去产能弄虚作假、违规新建项目，市场出清任务还比较重。去库存工作差异明显。一二线城市房地产去库存在以行政性手段为主导的密集政策措施出台的遏制下，出现了量价齐跌局面，但在房地产基础性制度和长效机制还未出台的情况下，未来不排除市场反弹的可能。三四线城市总体还供过于求、去化周期仍比较长，去库存压力依旧较大。去杠杆工作有待观察。目前整个非金融企业杠杆率仍然较高，"脱实向虚"格局未

根本改观，不少"僵尸企业"有待处置、债转股试点还未有实质推进。降成本工作没有显著改观。从基层企业调研看，企业普遍反映最多的问题还是资金贵、电价贵、物流贵、人工成本贵，不少企业靠贷款维持生产运营。"营改增"后总体上看企业相关税负有所降低，但直接效应并不明显。不少高耗能企业虽扩大了直用电交易规模，但电力成本依旧较高。用工成本高以及企业内部降本增效管理不到位，也制约了企业的技术改造和转型升级。补短板工作也有一个持续的投入产出观察期，效益有待日后评判。

整顿金融有待平衡施策，债务风险不容忽视

2017 年以来，中央和地方各级政府防患于未然，有序处置了一批突出金融风险点，及时遏制了一些累积性、苗头性金融风险发生，但当前金融市场仍然存在的一些问题值得重视。一是金融违法违规和腐败行为还时有发生。在金融监管和金融领域反腐败高压态势下，部分银行违规授信、证券市场内幕交易和利益输送、保险公司套取费用等违法违规行为受到严厉打击，个别监管人员和公司高管监守自盗、与金融大鳄内外勾结等非法行为受到了严厉惩处，金融秩序整顿取得了初步效果，但实事求是地看，金融秩序整顿还需要一个过程。目前，在资金荒和资产荒并存、民间融资难融资贵的情况下，一些地方又出现了各种变相的违法违规融资担保、高利贷和花样繁多的非法集资现象，值得密切关注。二是部分省市地方债务增加过快风险不容忽视。前不久，穆迪下调中国主权信用评级，并预计中国财政状况未来几年会有所恶化。这是基于"顺周期"评级的不恰当方法。目前，我国政府债务负债率和地方债务风险总体可控，但值得关注的是，随着 2016 年地方债发行出现爆发式增长和 PPP 迎来爆发期，一些地方政府为了满足庞大资本性支出，借道地方融资平台公司等非正规渠道为地方基础设施建设融资，或打着 PPP 旗号搞明股实债，致使地方政府负债资金成本的利息高企，地方财政会不断吃紧，债务风险的确值得担忧。三是金融监管体制改革还有待积极稳妥推进。从 2017 年第一季度末，中央大力推行金融去杠杆和强监管，金融监管收紧对实体经济发展、资本市场、房地产投资和基建投资均带来短期阵痛，政策层面需要妥善处理好金融监管与实体经济发展、结构性改革之间的关系，协同货币政策与宏观审慎管理，在促进金融稳定、稳步去杠杆和稳定经济增长之间寻求平衡，均衡好政策施力方向，值得认真研究。

当前我国发展依然处在爬坡过坎的关键阶段，经济新常态的三大特征继续向广度深度演化，重大结构性失衡仍是当前我国经济运行最突出的矛盾，经济生活存在不少突出的难点痛点，深化供给侧结构性改革任重道远。

"中国制造"对标"德国制造"的是专注与实业精神*

制造业是国民经济的主体，是立国之本、兴国之器、强国之基。没有强大的制造业，就没有国家和民族的强盛。在当前"中国制造"由"制造大国"迈向世界"制造强国"的行程中，我们需要更多地借鉴和学习发达制造业大国的历史经验和成功路径。"德国制造"以其高品质、高耐用、高难度、高水平在世界上都有广泛口碑，无疑是"中国制造"前行的一个榜样。

但其实，"德国制造"之好也不是一以贯之。据有关资料记载：德意志民族是很晚才开始搞工业化的，经过18世纪的工业革命，英国工业已经高度发展，成为世界科技的标杆。相比之下，德国还是一个发展中的农业国，其科技水平落后英国半个世纪。在1871年，德国实现统一后，正是百废待兴，其落后的产品制造很难进入世界市场。为了发展本国经济和振兴工商业，当时的德国企业界普遍模仿、复制和窃取英国、法国和美国产品的设计和制作工艺，并以其产品的廉价销售冲击海外市场。结果，"价廉货次"成为当时国际社会对德国不少产品的评价。

在度过一个时期的阵痛后，可以说，还是德国人的钻研作风、思辨精神、哲学素养乃至强国梦想挽救了"德国制造"。100多年后的今天，"德国制造"早已从劣质产品变成了质量、信誉、具有世界领先水平的代名词。在这个只有8000万人口的国家，诞生了2300多个世界名牌。德国的机械、化工、电器、光学，直到服装、旅行箱、手表、厨房用具、体育用品都成为世界上质量最过硬的产品。30%以上的德国出口商品，在国际市场上成为没有竞争对手的独家产品，还成长起来了诸如奔驰、西门子、奥迪等一批具有世界声誉的最有名的公司。

简单分析"德国制造"成功的背后缘由，笔者认为主要有以下几个因素：

一是德国人的专注精神。德意志民族不喜新厌旧，德国人也不相信物美价廉。他们认为"德国制造"的优势不在价格上，而是要有技术含量和品质的。

---

* 本文原载《东莞日报》2017年6月19日，原题为《德国制造也曾充斥仿冒伪劣》。

因为德国缺乏资源，几乎所有重要的工业原材料都要靠国外进口，所以必须物尽其用；其产品质量的好坏，也要体现在经久耐用上。比如，德国锅具具有天然抗菌和耐高温性质，既节能环保，导热效果又极佳。他们的俗话讲，"任何一样厨具一辈子只需要买一次"。再比如，德国人生产的滤水壶，既能过滤无机有害物，也能过滤有机有害物，并富含镁元素。还有，德国企业家大都奉行"一个人身上只做一次生意"的理念。

二是德国人的实业态度。德国人根深蒂固的实业观念造就了德国企业超强的制造能力。做制造，就是做实业；做实业，就要讲精益，这可能是"德国制造"的基本属性。西门子公司总裁彼得·西门子一次在记者关于德国为什么有几千个世界名牌的提问时回答说，遵守企业道德、精益求精制造产品，是德国企业与生俱来的天职和义务，企业生产的灵魂不是追求短期利润的最大化，企业家不为"眼前利"，而是有"身后名"。这一精神也反映到许多著名的德国建筑上，在建造它们时就当作一个艺术精品精雕细刻，要让它流芳百世。在 2008 年全球金融危机爆发后，欧洲经济一蹶不振甚至深陷债务危机，只有德国率先走出泥潭，一枝独秀，也正是德国有坚实的实业在支撑。

三是德国人的合作观念。德国人不像美国人那样追求个人奋斗和自我价值。我们很少听到德国著名企业家，但却知道德国有大量受人尊重的工程师、工匠和技术工人，德国由来已久的企业"师带徒""传帮带"风气也为工业界瞩目。其公司制度讲求合作和团队精神，忠诚成为德国企业主对员工最期待的品质，企业员工也愿意与其服务的企业一辈子相守共进退。

当然，"德国制造"过去能够摒弃前嫌，创造今天的辉煌，还有许多文化因素。作为同样具有深厚文化积淀的古老中国，要成就享誉全球的"中国制造"，我们在镜鉴中应有更多心得。

让党的优秀分子
脱颖而出[*]

近一个时期以来，各地区各部门正在紧锣密鼓地选举出席党的十九大代表。一些省市已经严格按照组织程序，完成了党的十九大代表选举推荐工作。

2017 年下半年召开的党的十九大是 2017 年党和国家政治生活中的头等大事。党的十九大代表选举工作是一项重大而严肃的政治任务。按照党中央有关规定要求，各选举单位党组织要认真贯彻落实中央的总体部署，坚持以党章为根本遵循，充分发扬党内民主，严格规范选举程序，周密部署选举工作，切实从 8800 多万名党员的优秀分子中选出 2300 名党代表。

作为党的十九大代表选举的"第一道关口"，代表候选人要突出政治标准和先进性，体现广泛代表性，尤为重要。按照中央要求，党的十九大代表要体现素质优良、结构合理、分布广泛、党员拥护的基本特点，最终要确保选出的 2300 名党的十九大代表经得起组织考验、人民考验和历史考验。

共产党员中的优秀分子应当是党的十九大代表的重要人选。何谓优秀？按照中央规定，这些党代表必须理想信念坚定，政治立场鲜明，作风品行过硬，清正廉洁突出。从目前已经选出的党代表来看，基本体现了这几个特点：

第一，党代表的政治标准要始终放在首位。何谓政治标准？党的十九大代表应是能够带头尊崇党章、模范遵守党章，严格按照党员标准要求自己，具有共产党员的先进性和纯洁性。具体来说，就是能坚定共产主义远大理想和中国特色社会主义共同理想，坚持中国特色社会主义道路自信、理论自信、制度自信、文化自信；就是能够坚决执行党的路线方针政策，认真贯彻党中央治国理政新理念新思想新战略，带头落实"五位一体"总体布局和"四个全面"战略布局的要求，政治意识、大局意识、核心意识、看齐意识强，对党忠诚，自觉维护党的团结和集中统一，在思想上政治上行动上坚决同以习近平同志为核心的党中央保持高度一致，始终保持立场坚定，明辨是非，坚持原则，在关键时刻经得起党的考验。

---

* 本文原载中国网 2017 年 6 月 25 日。

第二，党代表必须体现出先进性。先进性表现在哪里？党的十九大代表要能够自觉践行党的根本宗旨和社会主义核心价值观，认真落实"三严三实"要求，密切联系群众，热忱服务群众，受到群众拥护，遵守党规党纪和国家法律法规，公道正派，清正廉洁，有良好的道德品质、作风和形象。同时，能够充分发挥共产党员先锋模范作用，带头创先争优，敢于担当、勤奋敬业，求真务实、积极作为，锐意改革、开拓创新，在生产和工作中作出显著成绩。

第三，党代表要有切实的履职能力。党的十九大代表要能够正确行使民主权利，忠实履行代表职责，具有较强的议事能力和群众工作本领，积极并如实反映党员和群众的意见和要求，自觉接受监督。

第四，党代表一定具有广泛的代表性。中央要求，此次选举党代表，要求进一步优化代表结构，既要有各级党员领导干部，又注重从工人、农民和专业技术人员党员中的先进模范人物作为代表人选，把先进事迹突出、受到组织表彰、在党员群众中拥有较高威望的党员作为重点推荐对象，特别是选举推荐那些在改革发展第一线、科技创新最前沿、脱贫攻坚主战场做出突出贡献的优秀党员，进一步扩大推荐视野，做到好中选优。同时还要有经济、科技、国防、政法、教育、宣传、文化、卫生、体育和社会管理等各方面的代表。通过这一代表构成的变化，党的十九大代表中就会有更多来自生产和工作第一线的党员，既有利于更好地反映广大党员的意见，也有利于巩固党的阶级基础、扩大党的群众基础。

从此，我们也可以看到，党的十九大代表选举标准既沿袭了我们党历届选举代表的优良传统和严格标准，又充分体现了时代特点，结合新形势新任务，对党代表提出了更高标准，这是一次党性和群众性的紧密结合，是民主和集中的紧密结合，是权利和义务的紧密结合，是纪律与程序的紧密结合，也是历史性和时代性的紧密结合的党代表选举。

总体来看，党的十九大代表的选举体现了政治导向、推优导向、绩效导向、能力导向和纪律导向，确保把党员中政治过硬的优秀分子选出来。

万丈高楼平地起，打牢桩基盖高楼。选好党的十九大代表，是开好党的十九大、圆满完成大会各项任务的重要基础，关系党的领导核心作用的发挥，关系党的事业兴旺发达，关系党和国家的长治久安，是凝聚全党力量，不忘初心、继续前进，走好新的长征路的重要契机。顺利完成党的十九大代表选举各项任务，必将进一步凝聚全党力量、形成思想共识，汇集不忘初心、继续前进、走好新的长征路的强大正能量。

搭上"一带一路"顺风车
开拓香港发展新空间*

　　2017 年 7 月，习近平主席出席庆祝香港回归祖国 20 周年大会暨香港特别行政区第五届政府就职典礼并发表重要讲话，回顾过去 20 年取得的辉煌，展望未来会更加美好。其中，对香港更好发挥在推进"一带一路"建设、粤港澳大湾区建设、人民币国际化等重大发展战略中发挥优势和作用提出了殷切期望。

　　香港作为中国的一个特别行政区，也是"一带一路"建设的一个重要节点，具备诸多独特优势，可以充分发挥作为"超级联系人"的角色，在国家推进"一带一路"建设中搭上顺风车、拓展新空间。

　　从目前的普遍共识来说，香港具有明显的四大优势。其一，香港的区位优势。香港位于全球最繁忙的国际航路上，港口经济发达，是国家开放格局中的重要门户；又背靠广东，通过现代化的互联互通，可以便捷、高效、低成本地连通内地，是连接海陆、沟通中外的重要节点；香港还具有全球最繁忙的国际机场，客货运量都位居全球前列。其二，香港的开放优势。自开埠以来香港就是自由港，连续多年被评为全球最自由的经济体，与世界上大多数国家和地区保持着紧密的经贸往来。近年来的国际营商环境评价，香港在国际上始终是名列前茅。其三，香港的专业化优势。香港现代服务业发展水平高，在会计、法律、咨询、旅游、基建工程与设计等领域富有成熟的操作经验和非常专业化的人才队伍，就此也成就了其国际金融、航运和贸易中心的重要地位。其四，香港的人文优势。香港一直是东西方文化交流的重要窗口，多种文明在此交融，孕育了中西合璧、特色鲜明的人文积淀，也形成了香港开放包容的文化氛围和文化特色。

　　从 1997 年香港回归祖国 20 年来，在中央政府坚持"一国两制"大政方针和内地大力支持下，在香港特别行政区政府和香港人民的努力下，香港与内地经济社会联系日益紧密，经济融合日益增强。但当前香港经济发展也面临不少挑战，传统优势相对减弱，新的经济增长点尚未形成，民生问题比较突出。解决这些问

---

　　* 本文原载《中国经济时报》2017 年 7 月 3 日。

题，香港必须继续把发展作为第一要务，将香港未来的发展与祖国的现代化进程更加紧密结合在一起，坚决搭上祖国快速发展的列车和历史机遇，努力打开香港未来繁荣发展的新空间。

"一带一路"建设是在新的历史条件下国家实行全方位对外开放的重大举措，也正是香港繁荣发展的巨大机遇。未来的香港会按照贯彻"一带一路"合作的政策沟通、设施联通、贸易畅通、资金融通和民心相通的"五通"原则，将既有的四大优势进一步丰富和增值。

首先，政策优势更加明显。中央政府高度重视香港的繁荣稳定和在国家战略大局中的作用，在制定"十三五"规划纲要和设计"一带一路"愿景与行动时，已把支持香港参与和助力"一带一路"建设作为重要的政策取向。香港回归祖国以来，内地与香港已形成全方位、宽领域、高层次交流合作格局，内地的很多开放政策都率先在香港"先行先试"，这不仅为内地扩大开放积累了经验，也为香港提供了难得的先机。随着习近平主席这次到港表示中央政府对香港繁荣发展进一步支持的各项政策目标的落实，"一国两制"将继续溢出制度红利，香港作为"一带一路"建设的重要海上陆上节点的作用会进一步彰显，政策优势会得到进一步开发。

香港回归20年来，随着内地与香港人员交流愈加频繁，越来越多连接两地的工程落成，从每年都在增加的直通车班次到粤港基建工程；从往返两地的巴士到海上航线……这些工程，极大地加强了粤港两地之间的联系，为两地人员往来提供便利。

其次，实施建设更加快捷。随着广深港高铁、港珠澳大桥等基建工程的建设，香港、澳门、珠海已经纳入一小时经济圈，"粤港澳大湾区"的概念进一步写实。2017年3月，《政府工作报告》提出，要"研究制定粤港澳大湾区城市群发展规划"。这项涵盖粤港澳三地的发展规划，目前正在编制过程中。这意味着香港、澳门在国家经济发展和对外开放中的地位和作用将进一步提升。可以预计，未来的粤港澳大湾区将有可能超越东京湾、旧金山和纽约湾区，成为世界最有发展潜力的湾区，凸显香港现代服务业与大学教育和文化影视、深圳的创新创业和广东辖区的制造业的产业集聚优势，也将让这一湾区与广东自贸区、前海深港合作区、福建21世纪海上丝绸之路核心区等形成"共振"效应。现代产业体系将十分发达，空间十分广阔，成为"一带一路"建设的重要示范基地。

再次，贸易平台更加广阔。自回归以来，香港依然是中国实际引进外资最大来源地，2017年香港对内地实际投资额累计超过9100亿美元，占全部外资的52.1%。香港在贸易、会计、设计、咨询、法律、航运等领域的专业配套服务和企业研发、管理、创意、营销、物流等优势，在未来主动对接"一带一路"进程中，其综合服务平台作用和多中心合一的功能优势将充分发挥，不断提高其在国际分工中的竞争力，还将在深化与沿海省区和内陆省区市的合作中，与内地企业拼船"出海"，互补"出海"，构建出高中低搭配的多层次经贸合作新格局。

又次，金融地位更加显著。香港的国际金融中心地位依然举足轻重。截至2017年7月，香港证券市场总值约3万亿美元，排名亚洲第四、全球第七；首次公开募股额再次荣登全球首位，超过纽约、伦敦；人民币存款和存款证结余超过6250亿元，成为全球最大离岸人民币中心，也是全球最受欢迎的仲裁地之一。未来的香港将可以进一步强化全球离岸人民币业务枢纽地位，在"一带一路"沿线拓展人民币业务，为"一带一路"基建项目提供上市集资、发债等金融和专业服务，为"一带一路"建设拓展更宽领域的资金渠道。香港可充分发挥国际金融中心的功能，在国际金融监管制度、监管框架、法律框架等方面加强对互联网金融、移动支付、金融科技和绿色金融等新领域完善和制定新游戏规则，使之满足促进全球金融发展、完善治理的新需要。

最后，人文交流更加深入。未来的香港将进一步聚焦人文交流，可以以多种形式加强与沿线国家的文化教育合作，打造人才交流平台，各种商会、社团、智库等民间组织可以开展与"一带一路"相关的研究宣介、培训考察等活动。通过文化交流合作，融会东西方，大大助力"一带一路"建设的民心相通。尤其是在未来"一带一路"建设、"粤港澳大湾区"建设中，香港可以站在更长远的利益考虑，为"一带一路"沿线国家培养政治人才和商界领袖，那么，香港未来在"一带一路"沿线国家高层中的人脉资源将更加丰富，更有利于香港的企业"走出去"，乃至中国内地企业的"走出去"。

香港是中国连通世界的"超级联系人"，在践行"一带一路"伟大实践中，未来在新的湾区发展平台上必将导入更多的国家发展功能。随着"一带一路"的"朋友圈"逐渐扩大，香港还应该主动将自己打造成为"一带一路"建设巨型门户枢纽，主动去把握"一带一路"的经济机遇，探索发展新路向、寻找发展新动力、开拓发展新空间，香港人能相信自己、相信香港、相信国家，在国家经济发展和对外开放中继续发挥独特而重要的作用。

严格在《香港特别行政区基本法》下处理香港行政与立法的关系[*]

在庆祝香港回归祖国 20 年纪念活动之后，新任香港特区行政长官林郑月娥近日赴香港立法会并就进一步改善香港的行政立法关系提出四项措施，包括要求向官员游说工作要亲力亲为、不能假手于人、亦会提前至 2017 年 10 月发表任内首份施政报告等，体现了这位新任特区行政长官的务实作风，也彰显了林郑月娥在就职典礼上对港民的庄重承诺。

解决好香港行政和立法关系，一个最重要的原则就是坚持"一国两制"大政方针和基于《中华人民共和国宪法》的《香港特别行政区基本法》（以下简称《基本法》）。《基本法》明确指出：香港特别行政区的政治制度，要符合"一国两制"的原则，要从香港的法律地位和实际情况出发，以保障香港的稳定繁荣为目的。《基本法》也十分清晰地确定了香港行政长官的宪制地位及责任，有关特别行政区的立法、行政及司法机关的权力及规限。

按照"一国两制"方针，《基本法》创造性地构建了香港地方政权组织形式，即行政主导、司法独立、行政与立法相互制衡和配合。行政主导的原则主要体现在：第一，中央政府对香港特区的行政长官具有实质性的而非程序性的任命权，行政长官具有双重身份，既是特区首长，又是特区政府首长，依照《基本法》规定对中央人民政府和香港特别行政区负责。第二，在行政与立法的关系中，行政处于主导地位。根据《基本法》，行政长官有权解散立法会，涉及政府政策的法律草案须经行政长官书面同意才能提出，行政长官签署立法会通过的法案和财政预算案并公布法律，行政长官依照法定程序任免各级法院法官。第三，行政会议协助行政长官形成实质上的行政主导体制并履行相应权力。

同时，行政机关与立法机关的相互配合也主要体现于《基本法》第 54、第 55、第 56 条关于行政会议的规定。行政会议是协助行政长官决策的机构。其成员由行政长官从行政机关的主要官员、立法会议员和社会人士中委任，其任免由

---

* 本文原载中国网 2017 年 7 月 7 日。

行政长官决定。行政长官在作出重要决策、向立法会提交法案、制定附属法规和解散立法会前，必须征询行政会议的意见，但人事任免、纪律制裁和紧急情况下采取的措施除外。这种交叉式人事安排和运行机制有利于行政机关与立法会之间的沟通交流。

当然，《基本法》为兼顾"一国两制"的方针，也赋予立法对行政一定程度的制衡权力，回应了资本主义的香港在政治民主化方面的诉求。比如，立法会因行政长官因严重疾病或其他原因无力履行义务有权迫使行政长官辞职，或因行政长官有严重违法或渎职行为有权弹劾行政长官，行政机关要执行立法会通过并已生效的法律，定期向立法会作施政报告，答复立法会议员的质询，征税和公共开支须经立法会批准等。

从香港回归祖国 20 年来的实践看，确立行政对立法的主导地位的政治体制，既确保了"一国两制"方针在香港的真正落实，实现了特区行政长官对中央负责，又有较高法律地位和较大行政决策权，从而能充分发挥香港作为国际金融贸易城市要求行政办事有较高效能的作用；同时，这一制度兼顾了在港各阶层的利益，让香港享有了高度的自治权，有利于保持原政治体制中行之有效的部分，确保香港资本主义经济的发展，并循序渐进地逐步发展适合香港情况的民主制度。香港回归祖国 20 年来能够继续保持社会稳定和经济繁荣，足以说明这一政治体制是符合香港经济社会发展实际的，受到了大多数香港人的支持和拥护。

习近平主席在庆祝香港回归祖国 20 周年大会暨香港特别行政区第五届政府就职典礼上发表讲话指出，作为一项前无古人的开创性事业，"一国两制"需要在实践中不断探索。当前，"一国两制"在香港的实践遇到一些新情况新问题。香港维护国家主权、安全、发展利益的制度还需完善，对国家历史、民族文化的教育宣传有待加强，社会在一些重大政治法律问题上还缺乏共识，经济发展和民生方面也面临不少挑战。

要解决这些问题，满足香港居民对美好生活的期待，继续推动香港各项事业向前发展，归根到底是要坚守方向、踏实步伐，全面准确理解和贯彻"一国两制"方针。

为此，习近平主席殷切期望香港，要始终准确把握"一国"和"两制"的关系，要把坚持"一国"原则和尊重"两制"差异、维护中央权力和保障香港特别行政区高度自治权、发挥祖国内地坚强后盾作用和提高香港自身竞争力有机结合起来，任何时候都不能偏废，要始终依照宪法和基本法办事，在落实宪法和基本法确定的宪制秩序时，把中央依法行使权力和特别行政区履行主体责任有机结合起来，完善与基本法实施相关的制度和机制。香港要始终聚焦发展这个第一要务，珍惜机遇、抓住机遇，把主要精力集中到搞建设、谋发展上来，始终维护和谐稳定的社会环境。

习近平主席在会见林郑月娥和香港特别行政区新任行政、立法、司法机构负责人时进一步强调，不论是行政机构主要官员，还是立法、司法机构负责人，都要有国家观念，在开展政务活动和处理有关问题的过程中，要善于站在国家的高度来观察和思考问题，自觉维护国家主权、安全、发展利益，履行自己对国家的责任。他要求特别行政区政府管治团队全面落实和进一步完善以行政长官为核心的行政主导体制，处理好行政和立法关系，坚决维护行政长官的权威，切实做到议而有决、决而有行，确保政府依法施政的顺畅、高效，共同维护政府整体的威信和声誉。

可以说，在正确处理香港行政和立法关系上，中央的方针和习近平主席的要求非常明确，为进一步处理好香港行政和立法两者的关系提供了基本遵循。

我们有理由相信，香港在以林郑月娥女士为香港特区行政长官的特区政府带领下，全面准确理解和贯彻落实"一国两制"方针，维护宪法和香港特别行政区《基本法》权威，着力发展经济、改善民生，尽心尽力服务香港市民大众，并抓住香港在推进"一带一路"建设、粤港澳大湾区建设、人民币国际化等重大发展战略的历史机遇，开创香港繁荣发展的新未来，为国家、为香港交上一份满意答卷。

预见 2017 年下半年
货币政策维持稳健*

记者： 2017 年 7 月，美欧英等央行集体转向鹰派，尤其是未来两年内美联储还会加息 4 次。请问一下，现在全球正处于流动性的拐点上，预计未来各国偏紧的货币政策对世界经济产生哪些影响？

胡敏： 2017 年上半年以来，欧美经济出现复苏迹象。受消费支出和贸易增长提振，美国第一季度 GDP 数据好于预期。欧元区复苏步伐正在加快，且范围不断扩大，通缩因素已被再度通货膨胀因素所取代。英国央行行长最近也表示，如果商业投资保持增长，英国央行将有可能提高基准利率。日本经济 2017 年以来增长势头也比较强劲。正是因为西方主要经济体在国际金融危机爆发持续 8 年后，基本完成或接近完成金融加杠杆到去杠杆的过程，经济周期逐渐走出了底部。尤其是美国经济通过四轮量化宽松、私人部门资产负债表修复、再制造化、页岩油气革命、减税等措施复兴了国内经济，这又相应带动了西方经济。因此，从 2016 年以来，美联储进行了 3 次加息，按照预期，未来两年内还要 4 次加息，其货币政策回归到正常的轨道上，这就是我们现在看到的西方国家正处于流动性拐点上。

必须看到，美欧经济虽先后出现复苏征兆，但目前世界经济尚未完全企稳，尤其是美国特朗普政府许多经济政策还未落定，英国脱欧、法国新政府经济走向、德国即将进行大选等事件性驱动，都会对未来一段时间的世界经济走势产生影响。不过，西方经济体的货币政策回到正常的轨道上来最终有利于世界经济的全面复苏，其影响是正面的、积极的。

记者： 2016 年底中央工作会议提出"稳健中性的货币政策"，现在一年过半，请问一下，政策效果如何？有评论认为，如果中国货币政策太紧将误伤实体经济。下半年，中国如何通过"稳健中性"货币政策，把握好稳增长、调结构、去杠杆、抑泡沫和防风险等多目标的平衡？

---

* 本文原载《东莞日报》2017 年 7 月 10 日。

胡敏：按照中央经济工作会议精神，央行实施稳健中性的货币政策，综合运用多种货币政策工具，维护了流动性的基本稳定，也引导货币信贷及社会融资规模合理增长。我们可以看到，2016 年第一季度，经济指标超预期增长，央行就适当收紧流动性，加强以防范金融风险为主基调的金融监管；而进入第二季度，一些经济指标开始见顶回落，央行又有意放松流动性，实施货币政策边际放缓。这是央行灵活使用逆回购和结构性工具对流动性进行综合管理，以维持流动性基本稳定。

因为经济工作的主基调是强调稳，货币政策要把握好稳增长、调结构、去杠杆、抑泡沫和防风险等多目标之间的平衡。那么下半年在经济运行大体呈现"前高后低"的格局下，未来流动性调控机制可能就是在充分利用公开市场微调、加强流动性询量和预调、优化结构性工具配置等多个方面进一步完善。目前央行负责人已经表示，当前的货币政策"不紧不松"，将继续实施稳健中性的货币政策，保持松紧适度，适时适度预调微调，综合运用数量、价格等多种货币政策工具，优化政策组合，疏通货币政策传导渠道，为经济发展营造适宜的货币金融环境。

记者：2016 年以来，在"金融去杠杆"的基调下，中国的货币政策和监管轮番发力，对金融市场产生了明显冲击，市场利率快速上行的同时，波动也明显加大。请问一下，我国金融去杠杆的目标何在？杠杆要去到什么样的程度？以及去杠杆的政策要持续多长的时间？

胡敏：金融去杠杆并不是指金融业规模收缩或对实体经济信贷支持力度的下降，也不是指对所有金融业务和所有领域不作区分地进行限制。金融去杠杆的基本目标，一是要使金融业的规模扩张速度与实体经济发展相适应，货币信贷增长应维持在一个合理水平以内。二是压缩与实体经济无关的不当创新，尤其是对以监管套利为目的的各类业务，应加大治理力度，逐步消化存量、严控增量。

2017 年上半年金融去杠杆已经取得了初步的成效，广义货币增速明显下降，影子银行的信用扩张效应已得到有效遏制；随着市场利率中枢的上行以及监管强化，金融领域的不当创新也得到了有效抑制，业务增速明显下降。可以说，从目前市场效应和监管表态来看，金融领域的去杠杆已行程过半。

对金融去杠杆的正确理解是把杠杆控制在合适的范围内，避免出现系统性金融风险。去杠杆并不是完全去掉杠杆，任何一个经济活动没有杠杆是不可能的。往往经济越繁荣，就越存在加杠杆的内生动力。我们目前所面临的问题是，杠杆被加在了低效的领域或部门，比如，很多信贷资源不断流向"僵尸企业"和高能耗、低产出的国有企业，这是不健康的杠杆。此外，金融领域里的资金链条不断被拉长，拉长以后，资金就在金融系统里面空转，输送到实体经济的速度就变得越来越缓慢。

所以，金融去杠杆的落脚点是实体经济领域的去杠杆，这方面我们还有很长的路要走。美国、欧洲的实体经济去杠杆都至少历时 6 年。从国际经验来看，目前我们的实体经济去杠杆之路可能才刚刚开始。

防范好非法集资
这只"灰犀牛"*

2017 年全国金融工作会议提出，要把主动防范化解金融风险放在更重要的位置，并将防范化解金融风险作为金融工作的根本性任务。前不久，一个被冠以科技专利的高架巴士项目——"巴铁试验线"在喧噪一时后因非法集资的指控在 2017 年 7 月初宣告夭折，其投资方的 32 名犯罪嫌疑人涉嫌从事非法集资活动遭警方拘捕。当前，我国一些地方、一些企业又出现了各种变相的违法违规融资担保、拆分投资、高利贷和花样繁多的非法集资现象。

针对当前我国金融领域风险点多面广，隐蔽性、突发性、传染性、危害性强的一系列事件，我们必须格外小心、审慎管理，既要防"黑天鹅"，也要防"灰犀牛"，对于像非法集资这样的显性金融风险，绝不能掉以轻心、置若罔闻，应尽快完善金融安全防线和风险应急处置机制，早识别、早预警、早发现、早处置。

对各种面目集资乱象已密织防控网

2017 年以来，在金融强监管和金融领域反腐败高压态势下，金融秩序整顿取得了初步效果，但实事求是地看，金融秩序整顿还需要一个艰难过程。当前，金融领域依然存在不良资产、债券违约、影子银行、互联网金融等累积风险，金融市场中还存在各种面目翻新的传销式非法集资乱象，非法集资问题已成为社会治安的"新困境"。

对于民间非法集资，一向是"上有政策、下有对策"。近年来，非法集资的手法花样翻新升级，"泛理财化"特征明显。有的以假冒民营银行的名义发售原始股或吸收存款，有的是非融资性担保企业以开展担保业务为名非法集资，有的套用互联网金融创新概念和新兴金融业态，设立 P2P 网络借贷平台，以高利为诱饵，采取虚构借款人及资金用途、发布虚假招标信息等手段吸收公众资金，还

---

* 本文原载《中国经济时报》2017 年 7 月 20 日。

有的以"养老"为旗号，利用消费返利、免费体检、免费旅游、发放小礼品等方式，引诱老年人群体投入资金，等等。据不完全统计，投资理财类非法集资案件占目前全部新发案件总数的 30%以上。

2017 年初，原中国银监会在全国银行业监督管理工作会议上就明确要坚持把防控金融风险放到更加重要的位置，会议列出了要重点"严控"的六大重点风险，即严控不良贷款风险、严盯流动性风险、严管交叉性金融风险、严防地方政府融资平台贷款风险、严治互联网金融风险和严处非法集资风险。

其中，针对民间非法集资刑事案件作案持续时间长、涉及面广、参与集资人数多、涉案金额大的新情况，以及随着委托理财、互联网金融等新兴投资形式的出现，非法集资日趋网络化、高科技化，互联网金融领域已成为非法集资的高风险地带，伴随而来的非法集资犯罪发案重点更加向资本领域集中、犯罪主体更加复杂和多元、时空概念更加模糊这些新特点，监管部门提出，要落实地方政府非法集资处置主体责任，强化对网贷平台、小贷公司、融资担保公司的监管；要严处非法集资风险，推动地方和各成员单位履行职责，推动出台处置非法集资条例，防范境内民间金融活动的风险传染；还要尽快组建非法集资专业化队伍，介入高科技以及大数据的手段和方式等。2017 年 4 月出台的《中国银监会关于银行业风险防控工作的指导意见》进一步把严处非法集资风险作为重要一条，要求各级监管机构加大对未经批准设立银行业金融机构的查处力度，对非法使用"银行"名称、违法吸收公众存款、违法发放贷款的行为要求严肃查处；同时要求银行业金融机构严禁为非法集资提供任何金融服务，严禁内部员工违规参与各类集资活动，积极协助相关部门加强账户、信息监测，及时发现和报告异常交易，劝阻客户受骗参与非法集资。

相应地，作为监管部门的原中国银监会、原中国保监会、中国证监会、国家外管局和司法执法部门的最高检、公安部也都作出了明确分工。可以说，一张防控非法集资的大网开始织得越来越密集。

关键在于各行为主体必须自律自警

全国金融工作会议指出，要坚决整治严重干扰金融市场秩序的行为，特别要加强互联网金融监管。民间非法集资就是严重干扰金融市场秩序的行为。

要按照全国金融工作会议精神，彻底解决各种形式的非法集资乱象，既要打防并举，又要改革创新，更关键在于各经济主体、各经济主管部门，还有广大人民群众一定要各司其职、各尽其责，协同配合、群防群治。

地方政府要按照中央统一规则，强化属地风险处置责任，地方"一把手"要负起主体责任，健全金融风险责任担当机制，切实提高领导金融工作的能力和水平。要将防范和处置非法集资工作纳入领导班子和领导干部综合考核评价内容。

各级金融监管部门也要强化金融机构防范风险主体责任，落实好各项防控风险的政策措施。金融管理部门要努力培育恪尽职守、敢于监管、精于监管、严格问责的监管精神，形成"有风险没有及时发现就是失职、发现风险没有及时提示和处置就是渎职"的严肃监管氛围，健全风险监测预警和早期干预机制，还要多研究拓宽金融投资的渠道，"开正门""堵邪门"，细化责任分工、层层压实责任，把责任落实到具体的机构、部门和人员，及时开展工作督查，对自查整改不到位、存在违法违规问题的机构，要严肃问责。

银行金融机构要加大宣传教育工作力度。要通过多层面、全方位的工作，多渠道、立体化地宣传各种理财产品的特点，增强社会公众"理性投资、风险自担"的理念，提高社会公众识别能力，引导社会公众自觉远离非法集资。同时，不得误导客户购买与其风险承受能力不相匹配的理财产品，严格落实"双录"要求，做到"卖者尽责"基础上的"买者自负"，切实保护投资者合法权益。

广大公众也要不断增强风险防范意识。公众要端正心态、自警自律，自觉抵御各种贪婪和获取一夜暴利的奢望，共同促进金融经济环境的净化，始终保持头脑清醒，未雨绸缪、防患于未然，从源头上遏制非法集资。

新理念：我国发展
新境界的思想引领*

树立发展新理念是实现"两个一百年"奋斗目标、实现中华民族伟大复兴中国梦的内在要求，是继续开创中国特色社会主义道路新局面的必然选择，是统筹"五位一体"总体布局和协调推进"四个全面"战略布局的迫切需要。

党的十八大以来，以习近平同志为核心的党中央坚持和发展中国特色社会主义道路，深刻把握世界发展大势和中国经济社会发展历史方位，深入总结新中国成立以来特别是改革开放以来我国发展的经验和教训，紧紧围绕"为什么发展、怎样发展、为谁发展"这一发展的基本问题，在继承前人发展思想和发展理念的基础上，形成了新时期治国理政新理念，集中表现为创新、协调、绿色、开放、共享五大发展理念和坚持以人民为中心的发展思想。

新发展理念全面反映了党对我国经济社会发展规律认识的深化，是针对实现"十三五"时期全面建成小康社会的目标，破解发展难题，厚植发展优势，形成并确立的新的发展思路、发展方向和发展着力点，是对我国发展理论的又一次重大创新，关系到我国发展全局的一场深刻变革，将引领中国特色社会主义道路继续阔步向前、开辟新的发展境界。

新发展理念是历史继承和实践创新的有机结合

发展是人类社会的永恒主题，是人类推进社会生产和社会生活的历史活动及其成果，对于人类社会历史具有基础地位和本质意义。发展理念是人们在发展实践的具体认识成果的基础上，概括出的具有普遍性、规律性、价值性的关于发展的认识，解决的是实现什么样的发展、怎样发展的思想观念和思想理论问题。

马克思主义高度关注人类社会的发展问题。马克思主义经典作家在其卷帙浩繁的著作中，从不同侧面论述或揭示了发展的内涵、意义、特点和规律等。马克

---

* 本文原载《中国青年报》2017 年 7 月 24 日。

思主义把人类社会的发展看作是自然史的过程，明确指出，矛盾的辩证统一推动了事物的发展，科学技术是推动历史发展的重要力量，社会公正是人类发展的价值追求，人与自然的关系是人类存在和发展的最基本关系，每个人的全面自由发展是人类社会发展的理想境界等科学的发展思想和理念。从而创立了真正科学的发展观。每个人的全面自由发展是人类社会发展的理想境界。马克思主义全部的发展观建立在辩证唯物主义和历史唯物主义之上，其发展理念充分体现了人与自然、人与社会、人与人之间辩证运动的和谐统一与哲学统一。

尽管不同时代、不同国家有不同的发展理念，但发展理念始终依赖于发展实践，同时又有力地引导着发展实践。尽管时代在不断进步，马克思主义的发展思想作为科学理论，一直为人类社会发展指明着前进的道路和正确方向，推动着人类发展和社会进步。

适应中国发展需要诞生的中国共产党肩负着领导中国人民通过社会主义道路实现中华民族伟大复兴的历史使命，我们党在领导革命、建设和改革过程中经过近百年的不懈探索，开辟了符合中国国情的社会主义道路。中国共产党历代领导核心始终把马克思主义的基本原理和中国实际相结合，创造性地运用马克思主义的立场、观点和方法，科学判断国际国内形势，深刻认识我国发展环境的基本特征，准确把握全国人民的新要求新期待，确立适合中国国情的发展理念和发展道路，逐步形成了一系列关于中国发展的思想，毛泽东思想、邓小平理论、"三个代表"重要思想和科学发展观，均闪耀着马克思主义关于发展的思想光辉，并在历史继承和实践创新中形成了一系列推动中国发展进步的先进发展理念，不断丰富和完善着马克思主义发展观。

党的十八大以来，我国经济社会发展站在新的历史起点上，生产力与生产关系、经济基础与上层建筑、国内经济与国际经济等关系在新的历史时期都在发生着深刻调整和变革。从国际来看，2008 年源自美国的一场百年不遇的国际金融危机深刻影响和改变了世界政治经济格局，世界多极化、经济全球化、文化多样化、社会信息化深入发展，世界经济在深度调整中曲折复苏，新一轮科技革命和产业变革蓄势待发，科技创新孕育新的突破。从国内来看，中国经济社会发展不平衡、不协调、不可持续的问题仍然突出，中国经济进入了跨越"中等收入陷阱"、克服"塔西佗陷阱"和"修昔底德陷阱"的艰难爬坡过坎期，经济结构调整和经济发展方式亟待转变。

以习近平同志为核心的党中央审时度势，从世界大势和国内问题出发，深入思考和把握中国经济社会发展的历史方位。习近平总书记的足迹遍布大江南北，纵横捭阖于国际政治经济舞台，深刻体察了民情、国情、世情，准确捕捉现阶段我国社会发展的基本特征，有针对性地提出一系列关于发展的新思路、新判断、新论断，明确指出，尽管世界风云变幻但政治经济形势总体上于我有利，我国发展仍处于可以大有作为的重要战略机遇期；我国经济社会发展进入新常态，速度变化、结构优化、动力转换，发展环境、条件、任务都具有新的特点新的要求。我们只有认清新的历史起点上国内外发展的大局与大势，始终坚持发展是第一要务，不断增强机遇意识和忧患意识，我们才能在近70年中国社会主义建设、近40年改革开放以来打下的坚实物质基础上，坚定信心、保持定力，锐意进取、奋发有为。

"理者，物之固然，事之所以然也。"新形势催生新理念，新问题提出新任务，新任务彰显新要求。正确的发展理念是发展行动的先导，是管全局、管根本、管方向、管长远的东西。适应新形势新挑战，及时转变发展理念，将有利于引领发展思路、发展方向、发展方式的转变。

习近平总书记在党的十八届五中全会上的讲话中指出："实践告诉我们，发展是一个不断变化的过程，发展环境不会一成不变，发展条件不会一成不变，发展理念自然也不会一成不变。"在党的十八大以来扎实的实践和深入的思考基础上，习近平总书记在党的十八届五中全会上集大成地鲜明提出创新发展、协调发展、绿色发展、开放发展、共享发展的新理念，鲜明地指出我们的发展要始终坚持以人民为中心的发展思想。这一发展新理念也写进了"十三五"规划纲要中，成为"十三五"时期乃至今后一个时期我国经济社会发展的基本理念。

可以说，创新、协调、绿色、开放、共享五大发展理念，是在全面建成小康社会决胜阶段，为解决我国发展中的突出矛盾和问题应运而生的，与引领我国经济发展新常态的要求相适应，与实现"十三五"时期全面建成小康社会的目标相契合，与人民群众热切期盼在发展中有更多获得感的期待相呼应，是对我国发展理论的又一次重大创新。

新发展理念具有丰富的科学内涵和内在逻辑

《中共中央关于制定国民经济和社会发展第十三个五年规划的建议》和《中华人民共和国国民经济和社会发展第十三个五年规划纲要》全面阐述了创新、协调、绿色、开放、共享的新发展理念的科学内涵、着力点和主要任务，成为实现发展目标，破解发展难题，厚植发展优势，推进全面发展的思想引领。

创新是引领发展的第一动力。必须把创新摆在国家发展全局的核心位置，不断推进理论创新、制度创新、科技创新、文化创新等各方面创新，让创新贯穿党和国家一切工作，让创新在全社会蔚然成风。当前我国已经成为全球经济大国和贸易大国，但经济规模大而不强、经济增长快而不优，关键领域核心技术受制于人的格局没有根本改变。在国际发展竞争日趋激烈和我国发展动力转换的形势下，没有创新发展，我们就难以摆脱过多依靠要素投入推动经济增长的路径依赖，难以实现经济持续健康发展，难以成为经济强国和创新大国。在"十三五"时期，我们要切实把发展基点放在创新上，重点解决发展动力问题，深入实施创新驱动发展战略，塑造更多依靠创新驱动、更多发挥先发优势的引领型发展。要紧紧抓住科技创新这个"牛鼻子"，发挥科技创新在全面创新中的引领作用。要重点破除体制机制障碍，最大限度解放和激发科技作为第一生产力所蕴藏的巨大潜能。要把人才作为支撑创新发展的第一资源，在创新实践中发现人才，在创新活动中培养人才，在创新事业中凝聚人才。

协调是持续健康发展的内在要求。当前我国区域发展不平衡、城乡发展不协调、产业结构不合理、经济和社会发展"一条腿长、一条腿短"等矛盾仍很突出。这制约了中国经济长期可持续发展，也是当前经济下行压力加大的重要原因，只有按照中国特色社会主义事业的总体布局，按照经济社会持续健康发展的内在要求，正确处理好经济发展中的这些重大关系，切实把调整比例、补齐短板、优化结构作为"十三五"时期乃至更长一个时期的重大而紧迫的任务，重点促进城乡区域协调发展，促进经济社会协调发展，促进新型工业化、信息化、城镇化、农业现代化同步发展，在增强国家硬实力的同时注重提升国家软实力，不断增强发展整体性。在协调发展中拓宽发展空间，在加强薄弱领域中增强发展后劲，不断增强发展的整体性和协调性，我国经济发展才能行稳致远。

绿色是永续发展的必要条件和人民对美好生活追求的重要体现。我国资源约束趋紧，环境污染严重，生态系统退化，发展与人口资源环境之间的矛盾日益突出，已成为经济社会可持续发展的重大瓶颈制约，"生态兴则文明兴，生态衰则文明衰"。必须坚持节约资源和保护环境的基本国策，坚持可持续发展，坚定走生产发展、生活富裕、生态良好的文明发展道路，树立尊重自然、顺应自然、保护自然的绿色发展理念，推动形成绿色发展方式和生活方式，协同推进人民富裕、国家富强、中国美丽，形成人与自然和谐发展现代化建设新格局，才能开创社会主义生态文明新时代。

开放是国家繁荣发展的必由之路。面对经济全球化深入发展，世界经济深度调整，我国经济与世界经济的相互联系相互影响明显加深的新形势，我们必须顺应我国经济深度融入世界经济的趋势，坚定不移奉行互利共赢的开放战略，统筹国内国际两个大局，更好利用两个市场两种资源，坚持内外需协调、进出口平衡、"引进来"和"走出去"并重、引资和引技引智并举，发展更高层次的开放型经济，积极参与全球经济治理和公共产品供给，提高我国在全球经济治理中的制度性话语权，构建广泛的利益共同体和世界命运共同体，我们才能为世界经济发展做出更大的贡献、担负应尽的大国责任。

共享是中国特色社会主义的本质要求。坚定不移走共同富裕道路，是社会主义的本质要求，是社会主义制度优越性的集中体现。改革开放以来，我国人民生活水平、居民收入水平、社会保障水平持续提高，但仍存在收入差距较大、社会矛盾较多、部分群众生活比较困难等问题，全面建成小康社会还有不少"短板"要补。中国梦归根到底是人民的梦，必须紧紧依靠人民来实现，必须不断为人民造福，人民是推动发展的根本力量，必须坚持以人民为中心的发展思想，把增进人民福祉、促进人的全面发展作为发展的出发点和落脚点，发展人民民主，维护社会公平正义，保障人民平等参与、平等发展权利，充分调动人民积极性、主动性、创造性。坚持共享发展就是落实以人民为中心的发展思想，坚持发展为了人民、发展依靠人民、发展成果由人民共享，使全体人民在共建共享中有更多获得感。

五大发展理念是一个相互影响、相互贯通、相互促进的有机整体，有着深刻的内在联系。创新发展，体现了发展的本质，是五大发展理念的灵魂，居于发展的核心位置，是发展的内在动力。协调发展，体现了发展的方式，五大发展理念的骨干，是推动发展变革的根本手段，也是提升发展的根本标志。绿色发展，体现了发展的性质，是五大发展理念的血脉，也是其他发展的哲学基础。开放发展，体现了发展的姿态，是五大发展理念的翅翼，是拓展发展空间，繁荣发展的必由之路。共享发展，体现了发展的目的，是五大发展理念的生命，也是其他发展的根本出发点和最终落脚点。五个方面既各有侧重又相互支撑，共同构成了一个开辟未来发展前景的顶层设计，形成了一个系统化的逻辑体系。深刻把握五大发展理念的内在逻辑和辩证关系，树立全面系统的思维，掌握科学统筹的方法，才能统一思想、统一贯彻，切实以发展新理念推动发展全局的变革，推进我国经济社会迈向一个新的发展阶段。

新发展理念在治国理政新思想中具有重要的思想地位

新发展理念是党的十八大以来以习近平同志为核心的党中央将马克思主义发展理论与当代中国发展具体实践与时代特征紧密结合的产物，是我们党关于科学发展的最新创新理论，开拓了马克思主义发展理论的新境界，构筑起了新一届党中央治国理政思想大厦的逻辑支撑，形成了"十三五"时期乃至今后一个时期事关发展全局的行动纲领。

新理念开辟了马克思主义发展观的最新境界。创新、协调、绿色、开放、共享五大发展理念和以人民为中心的发展思想富有精深博大的哲学内涵，既涵盖了马克思主义哲学的基本原理和辩证唯物主义的基本内核，又贯穿着运用马克思主义唯物辩证法和历史方法论破解当前中国发展难题的灵活运用，是马克思主义发展理论在当代中国的具体体现和高度凝练，体现了世界观与方法论的辩证统一，体现了唯物论与辩证法的辩证统一，体现了历史观与价值观的辩证统一。

新理念支撑了治国理政思想大厦的逻辑体系。党的十八大以来，党和国家事业发展一个具有里程碑意义的开拓创新，就是形成了以习近平同志为核心的党中央治国理政新理念新思想新战略，体现了开时代先河的创新、创造、创举，基本形成了完整的治国理政思想体系。而树立五大发展新理念贯穿于整个治国理政思想大厦的逻辑体系，发挥着支撑思想大厦的"钢梁"作用。树立发展新理念是实现"两个一百年"奋斗目标、实现中华民族伟大复兴的中国梦的内在要求，是继续开创中国特色社会主义道路新局面的必然选择，是统筹"五位一体"总体布局和协调推进"四个全面"战略布局的迫切需要。

新理念形成了事关改革发展全局的行动纲领。新发展理念贯穿于"十三五"时期经济社会发展的全过程和各领域，统领"十三五"时期我国改革发展全局，是夺取全面建成小康社会决胜阶段的伟大胜利的行动纲领。牢固树立和贯彻落实五大发展理念，必须扎扎实实付诸经济社会发展的具体工作中，就是要切实转变经济发展方式，深入推进供给侧结构性改革，加大力度推动创新创业，努力化解经济社会风险，加快推进更高层次的开放，继续改善社会民生保障，确保到2020年全面建成小康社会，完成党和政府对亿万人民的郑重承诺。

总之，新的发展理念深刻反映了中国特色社会主义事业进入新阶段的时代要求，集中体现了社会主义现代化建设事业的内在发展规律，是对我国社会主义现代化建设实践经验的高度理论概括，是马克思主义发展理论在当代中国的最新发展，构成习近平治国理政新理念新思想新战略的重要思想基石，必将成为中国发展史上的思想丰碑。

学会讲话、讲好话
不妨读读《周文彰讲稿》*

讲话谁不会?! 一个人从学习到工作的几十年，都有无数次的讲话经历。无论您是在机关还是企事业单位，总要参加各种大会小会，如果您是个领导，少不得作个讲话、发言、总结；如果您从事教学科研工作，更是要经常作学术专题讲授，还要经常参加社会上各种论坛、报告会作个演讲。即使是非正式场合，出席一个朋友聚会、参加一个节庆活动，往往出于礼仪，您也要讲上几句话。可以说，讲话是无处不在、无时不在的。

但要会说话、讲好话，其实又着实不易。我们都常常十分羡慕那些口齿伶俐、能说会道、出口成章的人。一个好的讲话，或娓娓道来、鞭辟入里，或舌灿莲花、谈笑风生，或引经据典、妙语连珠，都能短时间吸引受众，打动心扉，带来很多的粉丝。反之，讲不好话，或会冷场，或遭厌烦，像毛主席说的，讲话或文章若是"懒婆娘的裹脚布又臭又长"更要不得。

一句话，好的讲话及其蕴藏的讲话能力，其实是学习修炼出来的。撇开那些天生具有口才禀赋的人不说，大抵好的讲话，都是讲话者用心用脑用情的产物，是讲话者长期知识积累内心修炼的语言表露，是讲话者政治素质和人文修养的性情表达。不下一番学习的苦功夫不得有之。

全国政协委员、国家行政学院原副院长、博士生导师周文彰教授最近在中国建筑工业出版社出版的《周文彰讲稿》正是一本教我们如何讲话、如何讲好话的不可多得的经典教本。该书收集了周文彰近几年特别是他退出领导岗位后在不同的场合约 60 篇的讲课稿、发言稿、演讲稿、讲话稿、访谈稿等。每篇讲话稿尽管不长，但都简洁明了、畅快淋漓，充分体现了周文彰教授的家国情怀和对事业的执着。更重要的是，每篇讲稿都彰显了周文彰的讲话风格、论说技巧、行文作风和其背后的潜心用心。每读一篇讲稿，反复置身于相应的情境，如耳提面命般，自觉他的讲话风采从字面跳出来，围绕讲题，破题引据，循循入理，情趣

---

* 本文原载人民网 2017 年 7 月 24 日。

自来。

周文彰讲话的精彩，不只是因为他深厚的哲学理论功底、多年的领导岗位历练，笔者认为最主要的还是其为人做事行文的用心。在《周文彰讲稿》的自序中，周文彰写道："对于讲，我向来十分用心。"他在回顾自己在小学、中学、大学几次成功的讲话经历的背后，都是花了大量时间的用心准备，"讲"就要"尽量讲好，为的是让自己表现好，让别人有听头"，这是当时最朴素的想法。后来走上工作岗位乃至领导岗位，讲话次数无数多，但无论是领导岗位还是教学研究岗位，他"更加重视每一次讲"。他不仅保证自己每次要讲话，以身垂范，还教育部下、学生或同事要"学会讲话"。

在这本书的自序中，周文彰列举了他担任国家行政学院副院长期间与青干班学员座谈时送学员们的一句话就是"要重视讲话发言"，这个"讲话"集中体现了他对"学会讲话""讲好话"的深刻认识，也是他的"讲话发言观"。他指出，讲话发言是重要的领导工作方式。领导干部不仅要会干也要会说，对领导工作来讲，说就是干，干大量表现为说。讲话发言水平是领导工作水平的一个重要方面，讲话发言水平如何，是领导能力高低的表现，是执政能力强弱的表现。

那么如何衡量一次讲话讲得好？那就是讲话发言要讲究效果。这个效果，周文彰归纳出"三大体现"：一是指听得进去。讲话效果好，就是所讲的内容听众能够听进去，不是拒之于耳外，不是听得讨厌，而是听得津津有味，听得入心入脑。二是指说得清楚。就是把问题说得清清楚楚，把原因说得清清楚楚，把来龙去脉说得清清楚楚，把理论、思想、观点交代得清清楚楚。三是指引发同感或叫引发共振。讲话发言总得有个目的，总得有个目标，想达到什么效果，最后效果就是叫听众相信你、信服你、谅解你，从而引发同感或共振。讲话没有这三个效果就没有必要讲话发言。

如何达到这三个效果，博得听众入心入脑入行，周文彰告诉学员"三字真经"：一是讲"短"话。句子少之又少，概念词汇少之又少，十分钟能讲清楚的，绝不用半小时；三五言能讲到位的，决不用十分钟，尽量用最少的语言、最少的时间达到效果。二是讲"精"话。讲什么都要经过推敲，不能信口开河，不能依赖现场发挥，有所准备的讲话出彩的概率更大。三是"脱"稿讲。讲话发言尽量脱稿；离不开讲稿，讲话发言往往难以精彩。

具体到每一次讲话，他告诫讲者，首先要有的放矢，讲话一定要有针对性，针对主题、针对对象、针对问题。他参加每一次论坛或研讨会，都要根据有的放矢的原则，都要细细琢磨论题，围绕论题准备演讲发言稿，讲话之前都要搞清楚讲给谁听。其次要认真准备。在讲的内容上突出什么主题思想、讲什么不讲什么、哪些详讲哪些略讲，都要认真想透。还要认真考虑讲的方式和讲的结构，分几个部分、讲几层意思、先讲什么后讲什么，严肃还是轻松，说教还是谈心，用理论说服还是用案例启发、讲授式还是互动式，等等。为此就要认真收集材料，要言之有物，用事实说话。最后要有现场感。无论讲什么、在哪里讲，都要与现场衔接和互动，力求情景交融，与现场气氛对接，与听众对接，与听众交流。

当然，要真正做到一次好的讲话、有效果的讲话，还不只是这些方法问题，根本的还是"功夫在诗外"。周文彰说，"讲话发言水平不在于讲话发言本身"。他说，语言不是内容，语言本身是外壳、是内容的外壳、是承载内容的，比如承载思想、承载观点、承载事实、承载各种信息。而在这背后，他提出"五个靠"：一靠感情，二靠责任，三靠思想，四靠素质，五靠功夫。

在《周文彰讲稿》一书收录的所有讲话稿中，仔细阅读每篇讲话稿，都可以看出作者本人是带着饱满的思想感情、过硬的政治素质、党员干部的责任担当的。也是针对当今我国经济社会发展的一系列重大问题来回应人民群众的关切的。他针对领导干部学习问题，讲"如何对待学习"，谈"阅读是一种国家底蕴"，要"让学习在干部中蔚然成风"。在如何为官上，他讲"为民务实清廉"、讲"做官做事做学问"的关系、讲"为官是一种责任"。在干部教育培训上，他讲"把公务员培训研究作为一门学科来建设""加强公务员培训理论研究""上好每一课"。在干部业余文化修养方面，他讲"书法审美主体性探源"、讲"优化自己的精神器官"、讲"给诗词插上现代科技翅膀"……当然，作为党的高级领导干部，周文彰在更多的讲话中关注着国家政治、经济、文化、科技、社会、法治的诸多方面，其深邃的思考和睿智也都由这一篇篇讲稿尽情绽放出来。也正是因为这些讲稿承载着鲜明的时代主题，这些讲话就又跳出了行文结构、层次、方法的语辞逻辑，体现了更高的思想性和价值性，会引起读者更深层次的共鸣。

正如周文彰在自序结语中写到的，"讲是方法，更是思想；讲是艺术，更是科学。讲，要靠方法、艺术引人，更要靠思想和真理奠基；没有思想和科学的东西，讲得再引人，也是花拳绣腿，也是哗众取宠"。

就这一点来说，笔者热诚推荐：学会讲话、讲好话，不妨读读《周文彰讲稿》。

2017 年下半年中国经济总基调：
稳中求进不是无所作为*

以新发展理念为引领、以供给侧结构性改革为主线的政策体系，为中国经济"干什么"勾勒了前行路径。2017 年上半年，中国经济交出 GDP 增长 6.9% 的满意答卷。下半年，中国如何延续稳中向好态势？

"保持战略定力，在正确的时间做正确的事""稳中求进不是无所作为，不是强力维稳、机械求稳"……2017 年 7 月 21 日、24 日，由习近平总书记主持的党外人士座谈会与中共中央政治局会议相继在北京召开，习近平总书记深刻阐述了经济发展"稳"与"进"的内在联系。

国家行政学院研究员胡敏接受中国共产党新闻网采访时指出，两次重要会议聚焦同一主题，擘画下半年经济蓝图，明确了中国经济发展总基调。

明确"四个把握"：阐释经济发展"稳"与"进"辩证关系

"要更好把握稳和进的关系，稳是主基调，要在保持大局稳定的前提下谋进。"7 月 21 日的党外人士座谈会上，习近平总书记在认真听取了各民主党派中央、全国工商联负责人和无党派人士代表的意见和建议之后，为做好下半年经济工作提出了很多有针对性和建设性的意见。其中关于"稳"与"进"的关系，习近平总书记进行了深刻的阐述，并贯穿到之后召开的中央政治局会议关于下半年经济安排的部署之中。

党外人士座谈会上，在分析当前经济发展态势时，习近平总书记给出了明确的定位，即"我国经济仍处在结构调整的过关期"。如何把握经济发展阶段性特征，保持战略定力，在正确的时间做正确的事？习近平总书记深刻阐述了如何把握"稳"与"进"的关系："稳中求进不是无所作为，不是强力维稳、机械求稳，而是要在把握好度的前提下有所作为，恰到好处，把握好平衡，把握好时机，把握好度。"

---

* 本文原载人民网 2017 年 7 月 26 日。

胡敏在接受记者采访时谈到，2017 年第一、第二季度我国国民经济均实现了 6.9% 的好成绩，几乎超出了所有市场机构的预料。经济运行不仅非常平稳，而且实现了经济结构的进一步优化，实现了稳中向好、稳中有进、进中有优的良好态势。其中的重要经验就在于把握好"经济增长"的"稳"和"结构优化"的"进"之间的关系。当然做到这一点，就需要保持政策之间的平衡，比如，总供给与总需求之间的平衡、投资和消费之间的平衡、货币政策和财政政策之间的平衡等，改革的时机、节奏和力度也需要把握好，必须蹄疾步稳，从而实现在稳的基础上推进发展，在把握度的基础上推进改革。

"做好下半年经济工作，要坚持稳中求进工作总基调，更好把握稳和进的关系，把握好平衡，把握好时机，把握好度。"24 日召开的中共中央政治局强调"稳"与"进"的"四个把握"，同时提出了"三个确保"，即：确保经济平稳健康发展，提高经济运行质量和效益；确保供给侧结构性改革得到深化，推动经济结构调整取得实质性进展；确保守住不发生系统性金融风险的底线。

胡敏指出，"四个把握"是 2016 年末中央经济工作会议和 2017 年两会《政府工作报告》一再强调的"坚持稳中求进工作总基调，稳是主基调，稳是大局"要求的具体体现。"四个把握"的目的就是要"三个确保"，只有做到"三个确保"，才能保持当前经济社会大局的稳定，为党的十九大召开创造良好环境。

紧抓"六个要点"：坚定不移抓好抓实，不能丝毫放松

"各地区各部门要增强政治意识、大局意识、核心意识、看齐意识。"24 日召开的中央政治局会议明确要求，把思想认识统一到党中央对经济形势的判断上来，不折不扣贯彻执行党中央制定的大政方针。同时，会议提出了下半年经济工作的"六个要点"：

——要坚定不移深化供给侧结构性改革，深入推进"三去一降一补"，紧紧抓住处置"僵尸企业"这个"牛鼻子"，更多运用市场机制实现优胜劣汰。加大补短板力度，改善供给质量。

——要积极稳妥化解累积的地方政府债务风险，有效规范地方政府举债融资，坚决遏制隐性债务增量。

——要深入扎实整治金融乱象，加强金融监管协调，提高金融服务实体经济的效率和水平。

——要稳定房地产市场，坚持政策连续性稳定性，加快建立长效机制。

——要稳定外资和民间投资，稳定信心，加强产权保护，扩大外资市场准入，增强营商环境对投资者的吸引力。

——要高度重视民生工作，积极促进就业，切实帮助困难群众解决生产生活

中遇到的困难和问题。

　　"会议强调的下半年经济工作要抓好的'六个要点',都是当前我国经济运行中较主要较突出的矛盾、短板和风险所在,也是人民群众较关注的现实问题。"胡敏告诉记者,虽然这几方面工作上半年已经取得不少进展,但问题还没有从根本上解决,一旦放松,有些问题和矛盾或会反弹,所以中央强调,要始终保持头脑清醒和战略定力,坚定不移抓好抓实,各方面尽职尽责不能丝毫放松。

迎接党的十九大：
统一思想　凝聚共识　明确方向[*]

习近平总书记的重要讲话是党的十九大召开之前对全党高级干部的一次总动员，目的在于统一思想、凝聚共识、明确目标和方向。讲话给党的十九大报告定了基调，确立了主题，搭建了理论框架。

中共中央总书记习近平在省部级主要领导干部"学习习近平总书记重要讲话精神，迎接党的十九大"专题研讨班开班式上发表重要讲话，这是党的十九大召开之前对全党高级干部的一次总动员，目的在于统一思想、凝聚共识、明确目标和方向。讲话一定意义上给党的十九大报告定了基调，确立了主题，搭建了理论框架。

梳理习近平总书记重要讲话，可以看出这样四个突出要点：

明确了道路、指引了方向

党的十九大是在全面建成小康社会决胜阶段、中国特色社会主义发展关键时期召开的一次十分重要的大会。在这个事关党和国家事业继往开来、事关中国特色社会主义前途命运、事关最广大人民根本利益关键时间节点，我们党必须向全体人民明确宣示举什么旗、走什么路、以什么样的精神状态、担负什么样的历史使命、实现什么样的奋斗目标，并为此提出全局性、战略性、前瞻性的行动纲领，这就是继续高举中国特色社会主义伟大旗帜为决胜全面建成小康社会实现中国梦而奋斗。

中国特色社会主义是改革开放以来党的全部理论和实践的主题，全党必须继续高举这面伟大旗帜，全党同志必须坚定"四个自信"，确保党和国家事业始终沿着这个正确方向胜利前进。

---

[*]　本文原载光明网 2017 年 7 月 29 日，习近平总书记在省部级主要领导干部专题研讨班开班式上讲话精神解读专题。

总结了成绩、指明了阶段

党的十八大以来的五年，以习近平同志为核心的党中央审时度势，深入分析和准确判断世情国情党情，顺应实践要求和人民愿望，坚定不移贯彻新发展理念、全面深化改革、全面推进依法治国、推进生态文明建设、推进国防和军队现代化、推进中国特色大国外交和推进全面从严治党，推出一系列重大战略举措和重大方针政策，解决了许多长期想解决而没有解决的难题，办成了许多过去想办而没有办成的大事，取得了不平凡的成绩，党和国家事业发生了历史性变革，我国发展站到了新的历史起点上，中国特色社会主义进入了新的发展阶段。

但习近平总书记也强调，全党仍要牢牢把握社会主义初级阶段这个最大国情，牢牢立足社会主义初级阶段这个最大实际，更准确地把握我国社会主义初级阶段不断变化的特点，认识和把握我国社会发展的阶段性特征，始终坚持辩证唯物主义和历史唯物主义的方法论，在看到成绩和机遇的同时，更要看到短板和不足、困难和挑战，看到形势发展变化给我们带来的风险，需要全党同志特别是各级领导干部进一步增强忧患意识，做到居安思危、知危图安，既要从最坏处着眼，做最充分的准备，更要朝好的方向努力，争取最好的结果。

提出了任务、指出了重点

在近代以来久经磨难的中华民族实现从站起来、富起来到强起来的历史性飞跃和中华民族正走向现代化的这个历史时刻，习近平总书记要求，全党同志仍要勠力同心，针对我国当前发展实际，以问题为导向，突出抓重点、补短板、强弱项，特别是要坚决打好防范化解重大风险、精准脱贫、污染防治的攻坚战，坚定不移深化供给侧结构性改革，推动经济社会持续健康发展，更好解决我国社会出现的各种问题，到2020年全面建成小康社会。

同时，要推进理论创新。习近平总书记指出，"时代是思想之母，实践是理论之源"。我们党始终具有马克思主义政党与时俱进的理论品格和勇于推进实践基础上的理论创新的思想锐气。总书记强调，要在坚持马克思主义基本原理的基础上，以更宽广的视野、更长远的眼光来思考和把握国家未来发展面临的一系列重大战略问题，在理论上不断拓展新视野、作出新概括。这样，我们党就能增强理论自信和战略定力，在迅速变化的时代中赢得主动，在新的伟大斗争中赢得胜利。就此看，党的十九大必然又是一次开辟马克思主义理论新境界的历史盛会。

作出了承诺、指向了未来

从现在起到不久的将来我们完全可以预见，到2020年我们能够全面建成小康社会，实现第一个百年奋斗目标，兑现我们党向人民、向历史作出的庄严承诺。而这之后，总书记指出，我们要激励全党全国各族人民为实现第二个百年奋斗目标而努力，踏上建设社会主义现代化国家新征程，让中华民族以更加昂扬的姿态屹立于世界民族之林。这是一个更加美好和广阔的发展前景。

办好中国的事情，实现人民对未来美好生活的向往，关键在中国共产党。为此，总书记强调，必须毫不动摇坚持和完善党的领导，毫不动摇推进党的建设新的伟大工程。全面从严治党永远在路上，必须把我们党建设得更加坚强有力，确保我们党永葆旺盛生命力和强大战斗力，确保党始终同人民想在一起、干在一起，从而能够团结带领人民进行伟大斗争、推进伟大事业、实现伟大梦想，引领承载着中国人民伟大梦想的航船破浪前进，胜利驶向光辉的彼岸。

金融改革助供给侧
结构性改革步入深水区*

全国金融工作会议于 2017 年 7 月 14～15 日在北京召开。中共中央总书记、国家主席、中央军委主席习近平出席会议并发表重要讲话。他强调，金融是国家重要的核心竞争力，金融安全是国家安全的重要组成部分，金融制度是经济社会发展中重要的基础性制度。必须加强党对金融工作的领导，坚持稳中求进工作总基调，遵循金融发展规律，紧紧围绕"服务实体经济、防控金融风险、深化金融改革"三项任务，创新和完善金融调控，健全现代金融企业制度，完善金融市场体系，推进构建现代金融监管框架，加快转变金融发展方式，健全金融法治，保障国家金融安全，促进经济和金融良性循环、健康发展。

记者：会上中央提出的三项任务，分别是服务实体经济、防控金融风险、深化金融改革。如何看待三者间的关系？为何把任务放在这三点？

胡敏：全国金融工作会议提出的当前金融工作的三项任务既体现了坚持稳中求进工作总基调，又遵循了金融发展规律，也是当前我国金融发展必须解决的三个突出问题。三者关系在这次会议上表述得十分清晰，就是服务实体经济是根本目的、防范化解系统性金融风险是核心目标、深化金融改革是根本动力。实体经济是金融发展的根基，推动实体经济发展是金融的立业之本，服务实体经济是对金融的本质要求。金融如果脱离实体经济需要，搞自我循环，以钱炒钱，就会成为无源之水、无本之木，也必然加剧经济结构失衡，埋下经济金融风险隐患的种子，带来大量的金融风险。实践也表明，近年来我国在金融服务实体经济方面存在"脱实向虚"等一些突出问题，部分地区发展过度依赖房地产，部分互联网金融业务披着金融创新的外衣从事非法经营活动，一些金融乱象出现，已经扰乱了金融秩序，威胁着国家的经济金融安全。要打通经济金融的血脉，促进经济金融良性循环、共生共荣，又必须深化金融改革，完善市场约束机制，提高金融资源配置效率，并通过加强金融监管协调、补齐监管短板，增强金融监管协调的权威性、有效性，强化金融监管的专业性、统一性、穿透性。所以这三个任务其实也是三位一体、相辅相成的，是做好当前金融工作的重中之重。

记者： 众所周知，全国金融工作会议是每5年举办一次，2012年全国金融工作会议的重点是"服务实体经济"，但是2017年却强调在服务实体经济的基础上要"稳调控、防风险"。相较之下，新重点是出于怎样的决策考量？

胡敏： 这次会议着力点是要解决金融脱实向虚问题，这也是近来我国金融体系客观存在的风险点所在。不解决这个金融本源问题，就不能保障国家金融安全和经济的稳健运行，就不能为实体经济健康发展提供良好的金融环境。所以，这次会议强调要处理好稳增长、调结构、控总量的关系。要把主动防范化解系统性金融风险放在更加重要的位置，坚决守住不发生系统性金融风险底线，着力完善金融安全防线和风险应急处置机制，并通过改革和完善金融监管框架，加强宏观审慎管理，加强功能监管，更加重视行为监管。这也是主动汲取从2008年缘起于西方发达经济体爆发的国际金融危机的教训。我们一方面要抵御国际金融危机外溢性凸显的风险；另一方面也要密切监测、准确预判国内金融运行已经暴露的部分风险，未雨绸缪，早识别、早预警、早发现、早处置，着力防范化解重点领域风险，采取果断措施处置风险点，着力控制增量，积极处置存量，打击逃废债行为，控制好杠杆率，加大对市场违法违规行为的打击力度，从而事出主动，防患于未然，确保国民经济稳健运行、行稳致远。

记者： 当前，中国的金融业态和金融形势发生了巨大的改变，对金融安全提出了更高的要求。如何看待中国当下的金融现状？本次会议对未来推行的金融领域改革有哪些深远影响？

胡敏： 应该说，改革开放以来，我国金融业发展取得巨大成就，金融成为资源配置和宏观调控的重要工具，金融服务实体经济的能力稳步提升。近年来，随着金融改革不断深化，金融体系、金融市场、金融监管和调控体系日益完善，金融机构的实力和抗风险能力大大增强，我国已成为当今世界重要的金融大国。中央的这一判断，是恰如其分的，也是实事求是的。但必须清醒地看到，在国际国内因素综合影响下，我国金融发展仍面临不少风险和挑战。国际金融危机发生以来，全球经济一直处于深度调整阶段，国际金融市场不稳定、不确定因素仍然较多。进入新常态阶段的中国经济，仍处于结构调整、转型升级的关键阶段，经济增长内生动力不足，金融风险有所积聚。

这次会议就再次明确了我国金融的发展定位，提出了金融工作发展的四大原则和三个任务。尤其是决定设立国务院金融稳定发展委员会，进一步确立了要强化人民银行宏观审慎管理和系统性风险防范职责、地方政府在坚持金融管理主要是中央事权的前提下按照中央统一规则强化属地风险处置责任的中央和地方"两个责任"，就此能够更好地加强金融监管协调，从而各司其职、各尽其责。同时强调，要坚持党中央对金融工作集中统一领导，确保金融改革发展正确方向，确保国家金融安全。这都将给未来国家金融管理框架、金融结构、金融市场体系创新发展带来深远影响。

循着发展的逻辑——一个经济学人的时事观察（2016—2020）

网约车新政何以
沦为"打车难"？*

2016年7月28日，《网络预约出租汽车经营服务管理暂行办法》（以下简称《暂行办法》）正式出台，明确了网约车的合法地位，这让我国成为世界上首个在全国范围内承认网约车合法地位的国家。《暂行办法》释放出政府鼓励创新、兼容并包的监管态度，赢得了各方面喝彩。可是新政实施一年来，其落地情况却不尽理想，不少地方"打车难""打车贵"的现象还在加剧，平台公司、网约车司机和消费者各有各的不满。为何一项好的公共政策却实施得不尽如人意，没能达到鼓励市场竞争、增加消费者剩余的好的效果呢？

板子应该打向谁？

为促进出租车行业健康规范发展，解决一个时期以来出租车行业市场混乱局面，2016年年中，有关部门出台了《关于深化改革推进出租汽车行业健康发展的指导意见》《暂行办法》两份文件，并鼓励地方结合实际，因地制宜、"一城一策"，出台实施细则。文件出台一年来，交通运输部数据显示，已有133个城市按照国家文件精神陆续出台了地方网约车实施细则，还有一些城市正在起草推进过程中，涵盖的新业态市场份额已超过95%。

两个文件的落脚点就是要促进网约车行业规范发展、落实网约车参与者获得"三证"，即网约车企业要获得平台运营资质，取得《网络预约出租汽车经营许可证》牌照；运营车辆要获得运输许可证，取得《网络预约出租汽车运输证》；网约车驾驶员要获得运营资格许可证，考取《网络预约出租汽车驾驶员证》。就是说，网约车想要合法上路，网约车运营的平台公司及司机，须具备经营许可证、运输证和从业资格证。2016年下半年以来，各地陆续出台当地的网约车细则，并设置3~6个月的过渡期。数据显示，截至2017年8月，神州专车、首汽约车、滴滴出行等19家大型网约车平台公司已在相关城市获得了平台运营资质，

---

* 本文原载中新经纬APP2017年8月2日，原题为《网约车新政一周年，"打车难"回潮谁之过？》。

其中滴滴、神州、首汽、易到分别在 22 个、33 个、29 个、8 个城市获得经营许可，网约出租汽车驾驶员证下发达 10 万张，车辆运输许可证下发突破 5 万张。

应该说，全国城市出租车行业正在从无序走向有序、从发展走向规范。但问题也来了。

据网约车平台公司反映，本来在线上服务能力认定时，省级部门一次认定、全国有效，可以大大节省时间、便利企业，但按照不少地方出台的细则，在认定平台的线下服务能力时，又要求其必须提供诸多证照原件。更有许多城市在县下一级也要获得许可，其发放许可的进度和节奏完全跟不上现实所需，申请许可牌照程序和与当地磨合时间大为增加。不少地方还要求平台公司必须在当地设置分公司，这给平台公司增加了大量人力和管理运营成本。

对于接入平台公司的运营车辆设定更是五花八门。在"一城一策"的细则中，许多地方不仅只允许本地车辆本地运营，还严格规定了网约车的轴距、车价、排量、功率、车身尺寸、车龄等。比如，青岛要求车长超过 4800 毫米，发动机功率 100 千瓦以上，车辆购置价格不低于礼宾型出租车同期购置价格（约 15 万元以上），1 年内新车；山西朔州要求轴距达到 2710 毫米，为全国最高，另有 17 个城市要求车辆轴距高于 2700 毫米等，不一而足。

对于司机资质的要求更遭到不少"吐槽"。有许多地方对司机考试考题过难，远远超出司机必备驾驶安全知识，还有许多城市限制网约车司机必须为本地户籍。就此，目前全国已经获得合法身份的网约车司机据了解还不及滴滴一家平台高峰期司机总量的 0.6%。

严格的"门槛"将不少平台公司、接入车辆和更多的网约车司机从业者挡在了该行业之外。其直接的影响就是，出租车市场的供给能力严重不足。伴随而来的就是"打车难"卷土重来：在一线城市和不少二线城市，客户叫不到车、打车等待时间延长，打车应答率低，习以为常。滴滴发布的大数据显示，北上广深四个一线城市在早晚高峰、夜间时段、恶劣天气时段的"打车难"均有不同程度上升。网约车司机出于竞争和接单利益选择更是任意抛单、加价，目前看，除了专车，网约车同里程价格高于传统巡游出租车价格已成为常态。

这就是网约车新政实施一年后网约车市场的基本生态，"车子少了""价格贵了""打车难了"。那么，板子到底打向谁？——是平台公司、网约车司机，是城市监管者，还是这项新政本身？

确立出行公共产品的市场定位

一项好的公共政策实施没有产生预想效果，原因是多方面的。网约车新政实施才一年，我们马上就无端抨击，不是一个科学态度。必须看到，《暂行办法》

的出台之所以"暂行"就是给网约车行业发展留出了一个实践空间和创新余地。网约车经过博弈最终获得合法地位的过程，网约车新政形成过程都是行业监管者、传统出租车行业、新兴网约车行业运营主体多方权衡的成果。

中国网约车发展只是近几年出现的新生事物。为解决传统出租车"一家独大"的局面，借助互联网技术的飞速发展，由市场诞生的快的打车和滴滴打车等民间出行车快速进入传统出租车市场，经过短暂观察就得到了监管者的包容支持，这标志着中国网约车时代的到来。首先是通过加入打车软件成为电召出租车，再到以滴滴打车、滴滴专车、神州专车等行业的领军者充分竞争，包括国外Uber专车的加盟、竞争洗牌和重组合并，紧接着是顺风车的出现，可以说，网约车行业发展以迅雷不及掩耳之势，改变着传统出租车行业，改变着城市交通运行格局，改变着消费者的体验；网约车行业自身也经历着市场竞争、技术竞争的洗礼。这样一个新生业态的出现，当然也对城市交通管理、路网布局转型升级、新经济新业态的合规监管提出了挑战。

应该说，作为政府管理者，对引导、扶持、促进和规范网约车发展，政策思路是开放创新的，也是需要点赞的。就在这短短几年，政府不仅包容和乐见其成，在对行业规制方面，政府更是采取了审慎监管态度和措施。两个文件的出台特别是网约车新政的颁布，就体现了政府妥善处理市场与政府关系的基本立场。可以看到，出租车改革和网约车管理从开始征集意见到最终出台，用了不到一年的时间，在尊重市场选择、顺应市场方向、顺应公众诉求上态度明确、内容缜密，已经和改革早期的情况不能同日而语。

同时也需要看到，面对中国城市人口多、既有交通路网提升改造压力大、群众出行需求质量不断提高的现状，传统出租车也好，新兴的网约车也好，都还是对城市公共交通出行的一个重要补充。城市交通是一个重要的公共产品，公交优先是目前的公共政策选择。考量到城市群众出行的快捷、便利、安全需求，新生态的网约车一定意义上必须纳入政府的规制范围。《暂行办法》提出的"三证"要求具有合理的内核，所有的出行车必须附着公共产品的定位属性，对网约车平台必须有资质要求，对接入车辆必须有安全保障、对出行车司机也必须具有技术资质和道德约束，经营者利益服从大众利益，经营业态适应城市交通发展，这是政府规制者对待公共产品提供必须作出的政策考量。

当然，由于存在信息的不对称、不完全竞争、互联网技术快速发展带来的新的负外部性，以及因为互联网平台技术极容易产生"独角兽"企业在行业中的技术垄断并导致的市场垄断，使这个行业规制范围、产品服务价格形成、服务质量的透明性和业态集中度监管更趋复杂化，我们不能简单地套用产业经济学的基本原理加以解读。政府对网约车行业质量、价格、标准进行规制，严格防范技术和行业垄断是必须的，但我们也不排除一些地方政府囿于局部利益让传统管制模式以合法监管的名义来损害市场创新能力的可能。事实上，网约车行业的规范、繁荣、发展已经成为一个重要的社会治理课题，这必将产生颠覆既有规则再重塑规则的进程，网约车规制正是这一进程在互联网时代的美好体现，需要经营方、监管方、消费者共建共商共享来协同推进这一公共治理领域的继续实践。

所以，出现一些问题和矛盾，就是发展中的问题，必须依靠行业的进一步深化改革来推进。

下一步还是期待深化改革

下一步如何深化网约车行业的改革？

对政府监管者来说，还是要继续深化包容审慎的监管体制。从整体上来看，中国目前的网约车规制政策在承认网约车积极意义的基础上趋于完善，政府规制部门对市场新现象、新问题反应迅速及时，政策制定过程公开透明，广泛听取社会各界意见，体现了出租车行业规制体系的开放与创新。同时也存在管理部门参与过多和规制政策僵化等问题，比如，有的地方仍以直接的方式对网约车进行干预，缺乏新的间接规制方法，还有的地方将网约车简单地等同于"出租车+互联网"，没有在规章制度设计中充分考虑网约车所提供的多样化的出行方式和优化社会资源配置的能力，这需要完善顶层设计，统筹改革，加快立法，不留市场空白，主动推进监管模式创新。

对网约车平台公司，应当建立严格的契约机制、科学的内控机制和完善的信用机制，并勇于担当社会责任。网约车平台公司不能挟资本与技术垄断，破坏市场竞争秩序，不能为追求利润最大化放松运营企业内部控制，比如在车辆的质量、乘客的信息安全以及相应的人身安全保障、价格形成机制和管理方面加强内控管理，形成激励和约束。

城市交通管理部门要加快公共信息平台建设，主动与网约车平台的信息进行交融，在公众信息、监管信息等不影响平台公司内部运营的范围内实现数据共享，既充分发挥网约车平台的大数据监管优势，又能克服市场主体存在的市场失灵弊端。

有关部门还要认真研究这个行业竞争的演变规律，可以探索现有传统出租车行业和新兴网约车行业的有机融合，在尊重市场竞争规律的基础上，促进传统出租车行业的市场化转型，扶持更多的市场主体参与竞争，既改变传统出租车行业的"一家独大"的体制弊端，主动融入市场，又防止新兴网约车行业的自然垄断，依靠市场机制实现最优的社会福利水平，从而营造一个净化的出行车市场。

循着发展的逻辑
——一个经济学人的时事观察（2016-2020）

优化"双创"生态
释放"双创"潜能*

　　2017年7月，国务院出台了《关于强化实施创新驱动发展战略进一步推进大众创业万众创新深入发展的意见》（以下简称《意见》）。《意见》提出，要进一步系统性优化创新创业生态环境，强化政策供给，突破发展瓶颈，充分释放全社会创新创业潜能，在更大范围、更高层次、更深程度上推进大众创业、万众创新。

　　《意见》提出了五个领域的政策措施，包括加快科技成果转化、拓展企业融资渠道、促进实体经济转型升级、完善人才流动激励机制、创新政府管理方式等。

　　近年来，大众创业、万众创新蓬勃兴起，有效提高了创新效率、缩短了创新路径，已成为稳定和扩大就业的重要支撑、推动新旧动能转换和结构转型升级的重要力量。如今，《意见》的出台有何新的内涵和意义？如何打破"双创"发展瓶颈？《东莞日报》就此采访了国家行政学院研究员胡敏、清华大学中国与世界经济研究中心教授袁钢明以及著名经济学家宋清辉。

突破创新模式严重趋同等瓶颈

　　记者：《意见》提出强化政策供给，突破发展瓶颈。在现阶段，我国大众创业、万众创新主要面临哪些发展瓶颈？

　　胡敏：近年来，在政府提倡、政策支持、舆论给力的氛围下，"双创"的发展如火如荼，特别是在民间资本促动下的新经济、新业态层出不穷。但必须看到，由于新经济、新业态发展尚处于起步阶段，真正成长起来的还不多，这就需要政府在资金、财税、要素供给方面给予实际支持。

　　比如，如今创业公司要获得贷款仍然不易，根本原因是市场信用机制还没有建立起来，风险要远远大于企业成长可能产生的社会回报。所以"双创"的发

---

　　* 本文原载《东莞日报》2017年8月15日，记者：刘耕。

展瓶颈之一就是社会信用机制的不完善，这需要由政府联合社会机构搭建创业平台，通过创业园孵化机制等手段来完成从"输血"到"造血"的过程。

宋清辉：当前，在我国"双创"群体不断壮大和快速发展的同时，呈现"双创"支撑体系建设滞后、创新模式严重趋同等一系列问题。只有突破这些"双创"瓶颈，才能够推动"双创"朝着更大范围、更高层次的方向发展。整体而言，企业税费负担依然较重、知识产权保护不力、金融支持不到位、社会信用体系建设相对滞后等体制性问题，仍旧是制约"双创"发展的瓶颈。

要想尽快打通"双创"的各种"梗阻"，需要进行相关体制机制的改革，以及推动政府职能的转变。唯有如此，才能够激发出全社会创业创新活力，促进新经济向前发展，推动生产力水平的不断提升，催生更多新技术和新业态。

袁钢明：《意见》的出台，的确是针对当前存在的问题有的放矢，是为了解决目前"双创"最为迫切的需求。实际上，自从2015年提出"双创"以来，我国在创新方面的确有一些新的发展，取得了新的成就。比如大学毕业生活跃在各式各样的创业活动中，大学生创业融资也得到了相关的政策支持。

从实际的情况来看，目前最大的问题还是民营企业的科研创新，这一点还需要进一步加强。

优化"双创"生态　打造完整创新链

记者：《意见》提出，要进一步系统性优化创新创业生态环境。那么，如何才能系统性优化创新创业生态环境？理想的创新创业生态环境是怎样的？

胡敏：产业园区或者创业园区，就是一个系统化创新创业的生态环境。目前虽然国内孵化器比较多，但形似而神不似；虽然有较好的舆论氛围，但收到成效的并不多。要实现系统性优化创新生态环境，必须打造产学研结合的有利环境，打造涵盖技术支撑、风险资本、人才供给、技术转化、产品市场化的完整的创新链，当然还包括蕴含在背后的创新创业文化，逐步达到像硅谷那样的创新创业生态环境。

宋清辉：不论何时，良好的创新创业生态环境，都是助力产业发展以及科技创新的不竭动力。系统性优化创新创业生态环境，其着力点一定是在完善市场体制机制和转变政府职能、简政放权两个方面。

完善市场机制方面，就是要充分发挥市场在配置资源中的决定性作用。同时，厘清政府和市场之间的边界，减少政府无形之手对市场的干预。转变政府职能、简政放权方面，就是要规范行政审批行为，简化企业登记注销流程，减少缩短审批流程和时间等，为创业者提供市场准入便利。

一个理想的创新创业生态环境，势必会围绕简政放权、营造公平竞争环境等

循着发展的逻辑——一个经济学人的时事观察（2016—2020）

展开，以激发全民创业的热情与活力。为大众创业、万众创新提供持久动力，优化创新创业环境是关键。

袁钢明：在我国，创新创业生态环境较好的应该是深圳，但这样的城市毕竟很少，绝大多数城市很难实现。我们不能单纯从数量、规模上去衡量"双创"的成就，我认为"双创"当中一个很重要的观念，就是一个公平、自由、开放的环境。因此，要实现创新创业生态环境的优化，就需要加强自由化、市场化与开放化。

推动政策供给　完善激励机制

记者：在本次出台的《意见》中，强调在更大范围、更高层次、更深程度上推进大众创业、万众创新。三个"更"有何现实意义？

胡敏："更大范围"，我的理解是一二三产业和不同区域均可以支持"双创"，新业态、新模式不只是在新经济领域，在传统产业比如农业领域、传统制造业转型升级领域、现代服务业包括生活性服务业的升级，均有创新创业的广阔天地，必须做到一二三产业全面融合。

"更高层次"应当理解为运用高技术创新创业，比如文化创意、智能制造、机器人、新能源、新一代移动互联等领域。事实上，创新创业不只是年轻人的事，传统产业、传统科研机构、大学更需要鼓励创新创业。

而"更深程度"，我理解为必须打破阻碍创新的体制机制，这是必须解决的问题。目前，科研人员还面临很多束缚机制，束缚他们对接市场、发现自我价值、成就价值实现，这些障碍一定要打破。另外，社会包容失败、激发创新的机制仍然没有很好解决，这是创新创业发展到"更深程度"必须解决的问题。

宋清辉：在中国经济进入新常态背景下，只有进一步加快实施创新驱动发展战略，在更大范围更高层次更深程度上推进"双创"，其具有的意义才会更大。政府此举，不但能够促进经济持续健康发展，而且还有助于使各种要素更加公平、自由、快捷地进行有效配置，实现经济增长的目标。

目前，"双创"之所以能够取得一系列成就，和政策的支持有着极大的关系，简政放权就是一大动力，不仅降低了创业门槛，还为创业者开辟了各种通道，相关政策也在行政、资金、行业准入门槛、税收等方面给予大量优惠，能够让越来越多的创业者参与创新、创造、创业。换句话说，政策支持是经济发展的催化剂。

袁钢明：首先，从总体上来看，"更高层次"表现出国家实施创新驱动发展战略的方向不会变。其次，《意见》中提出了很多解决实际问题的措施，如豁免国有创业投资机构和国有创业投资引导基金国有股转持义务等，通过放宽限制，来实现"更大范围、更深程度"的创新创业。

另外，对于创新激励机制的确立，还要进一步探索研究。要有推动"双创"的政策供给，其中关键是财税政策，要给予广大科研人员、创业者更多的收益激励。没有真正到位的、具体实施的、真正有利的刺激性优惠政策，对创新创业的支持就落不到实处。

循着发展的逻辑

——一个经济学人的时事观察（2016—2020）

吸引外资步入
提质增效新阶段 *

2017 年以来，我国外资领域迎来最密集的政策出台。从 2017 年 1 月国务院发布的《关于扩大对外开放积极利用外资若干措施的通知》，到时隔 7 个月后发布的《关于促进外资增长若干措施的通知》，近期更是从中央财经领导小组会议，到中央政治局会议，再到国务院常务会议，多次高层会议部署进一步放宽外资准入和优化营商环境。

执行层面，从自贸试验区扩围到第三批，形成 11 个自贸试验区发展新格局，到自贸试验区新版负面清单出炉，以及全国版负面清单的发布，还有商务部修改的《外商投资企业设立及变更备案管理暂行办法》等，一系列部门规章、政策文件也在陆续出台。

2017 年 8 月 16 日，我国外资开放新政重磅出台。国务院印发《关于促进外资增长若干措施的通知》，提出"真金白银"22 条举措力促吸引外资，涉及的中央部门多达 32 个。根据该文件，下一步，包括新能源汽车制造、船舶设计、银行业、证券业、保险业等 12 个领域开放路线图和时间表将陆续出台，而自贸试验区试行过的负面清单也将尽快在全国推广。

记者： 在新的全球经济形势下，我国的外资吸引出现了哪些新常态？有哪些变化？

胡敏： 近年在国内国际新形势下，我国利用或吸引外资规模总体上出现了增速趋缓、缓中趋稳、结构优化的基本特点，或者说这将成为一个新常态。主要变化的特点可以概括为：第一，利用外资规模总体比较稳定，但实际使用外资规模金额有所下降。比如，2017 年 1~7 月，全国新设立外商投资企业 17703 家，同比增长 12%；实际使用外资金额 4854.2 亿元人民币，同比下降 1.2%。这种波动是平稳的，与国内经济结构调整紧密相关。第二，利用外资结构进一步优化。表现在两个方面：一是过去主要扶持制造业吸引外资的政策红利效力逐渐下降。传

---

* 本文原载《东莞日报》2017 年 8 月 22 日。

统制造业吸引外资规模出现下降，但高技术制造业和高技术服务业吸收外资继续增长。比如，1~7月我国高技术制造业实际使用外资同比增长8.3%。其中，计算机及办公设备制造业、医药制造业、电子及通信设备制造业实际使用外资同比分别增长85.4%、9.8%和6.3%。高技术服务业实际使用外资同比增长16.8%。二是中西部地区吸收外资保持增长加快。1~7月，仅中部地区实际使用外资就同比增长36.2%。第三，从投资来源地看主要国家/地区对华投资总体保持稳定。尤其是日本、欧盟等国家和地区实际投资较集中。第四，随着国内对外开放整体水平提升，吸引外资的政策和环境进一步健全。比如2017年初，国务院发布了《关于扩大对外开放积极利用外资若干措施的通知》，最近又印发了《关于促进外资增长若干措施的通知》，这些政策在进一步减少外资准入限制，全面实施准入前国民待遇加负面清单管理制度，鼓励境外投资财税支持政策、完善国内营商环境等各方面的政策比较齐备，也相互配套。

记者： 面对新常态和新趋势，我国要吸引外资和促进外资增长，也需要有相应的新政策和新措施，需要有新的营商环境作为配套，对此，您有哪些建议？

胡敏： 应该说，这次国务院印发的促进外资增长的若干措施和前期政策紧密相连也更加到位，特别是提出要在高端制造领域和现代服务业领域对外开放，减少外资准入限制，同时提出充分赋予国家级开发区投资管理权限，支持国家级开发区项目落地和拓展引资空间，提升国家级开发区产业配套服务能力，鼓励跨国公司在华投资设立地区总部，鼓励外资参与国内企业优化重组，保障境外投资者利润自由汇出，便利人才出入境等方面都有明确指导意见，过去我们在思想上、制度上还有障碍，目前看随着政策的落实，我们吸引和利用外资将进入一个新阶段新水平，主要建议就是各地区各部门一定要落实到位，能见真的成效。

记者： 随着密集利好政策的出台，未来一段时间，您认为这些政策会发生怎样的效应？面对此前外资"撤离潮"的言论，您认为未来几年我国外资吸引会呈现怎样的趋势？

胡敏： 未来几年随着这些政策见效，可以预见我国高新技术领域、高新技术开发区、高端制造业、国有企业改制重组和银行证券保险业、文化创意产业等领域的外资利用水平会有一个大的提升，不在于外资总体规模能有多高，但利用外资的结构性会进一步提升，利用外资规模的质量和效益会更加显现。与此同时，随着政府"放管服"改革进一步到位，我国外商投资环境法治化、国际化、便利化水平将大大提高，我国营商环境会大为改善。

至于坊间所谓外资"撤离潮"的言论不必担忧。因为中国发展到今天，已经是世界第二大经济体和货物贸易出口第一大国，吸引外资和对外投资进入了一个双向动态平衡阶段，投资进出是一个自然状态。从中长期看，我国吸引外资仍然具有很突出的优势和条件，中国仍将是全球增长最快的市场之一。随着深化改革不断推进，对外开放领域持续扩大，现代市场体系日臻完善，营商环境明显优化，新的发展动能和竞争优势日渐形成并逐渐巩固，我国吸收外资仍将继续保持竞争力。

从价格分化看
经济工作主线[*]

随着国家统计局近期对 1~7 月各项经济运行指标的发布，物价指数成为大家关注的焦点之一。从总的物价指数看，2017 年以来国内物价保持总体平稳态势，但无论是从消费领域来看，还是从生产领域看，各类商品的价格走势却表现出明显的分化走势，在价格变化的背后体现的是我国经济结构演化的新特点，更应当从中把握当前经济工作的主线条。

市场价格表现出明显的分化特点

2017 年以来，物价总的走势非常平稳。比如，全国居民消费价格指数（CPI）保持增幅在 1 个多点低位徘徊，平均涨幅在 1.3%左右；工业生产者出厂价格指数（PPI）增幅在 7.8%~5.5%的回落走势，平均同比上涨 6.4%，体现了整个市场供求关系趋于平衡。但在这背后，各类商品价格却出现了明显分化。

一是居民的"菜篮子"价格越拎越轻。2017 年以来，农业农村经济呈现出生产稳定、市场供求宽松、产业效益持续向好、新产业新业态投资强劲的良好态势。受前两年禽肉禽蛋生产规模扩大较多、玉米等饲料原料价格回落影响，2017 年以来鸡蛋和禽肉价格跌至多年来新低；蔬菜也是因为 2016 年面积扩大和开春后集中上市，价格下跌较多。生猪集中出栏和供给增加，2017 年的猪肉价格出现周期性回落。再加上粮食种植和丰产稳定，进口农产品因国内外价差影响持续增加，总的农副产品价格是回落的，这对农业种植户有一些影响，但普通居民"菜篮子"价格是拎轻了。

二是社会服务价格越来越贵。从国家统计局公布的月度服务价格来看，教育文化娱乐、医疗保健、居住价格分类同比上涨加快，涨幅都在 2.5%~5.5%。季节性的航空服务、旅游价格也一直处于涨势，在价格指数同比上涨中占比越来越高。

---

* 本文原载《中国经济时报》2017 年 8 月 25 日。

三是煤炭、钢铁等生产资料价格一路高歌。延续 2016 年第四季度行情，2017 年以来，煤炭价格和钢铁价格上升较快。受煤炭去产能和关闭各类小煤矿影响和规模以上工业企业生产回暖，动力煤需求不断增加，拉动煤价上涨较多。受国际原材料价格上涨及黑色系期货全面反攻的带动，国内钢材现货市场价格近来又掀起了上涨浪潮。螺纹钢、线材、无缝钢管价格都涨幅较大。上游原材料价格上涨使 2017 年煤炭、钢铁、有色金属企业效益大幅上涨，但与此同时，像火电企业利润压力却陡增。

四是大类消费产品价格是"几家欢乐几家愁"。比如，像彩电产品价格一直卖不出价，家电商城可谓门可罗雀，康佳、创维、TCL 等家电企业利润下滑较快，但高档酒企业 2017 年却都是利润翻番，比如，贵州茅台不仅股价达到 500 元每股"惊天价"，市场单瓶酒价又回到新高，而且购买不易。其他高档酒也如此。

另外，人民币汇率在国家严格资本出入境管制、推进计价改革和美元上半年走软影响下，目前处于比较健康的双向波动态势，没有像年初一些机构预测的那样出现大幅贬值。

价格分化体现的是结构调整逻辑

纵观各类商品和服务价格分化和波动走势，实际上体现了其背后的经济结构调整的逻辑，仍然是多重周期性因素、结构性因素和国内外供求关系自发调整因素的叠加结果。其中，结构调整因素仍然占主导位置。

比如，在农业结构调整领域，随着深入推进农业供给侧结构性改革，发展多种形式的适度规模经营，像适度调减玉米种植面积和粮饲料试点面积的扩大，农户根据市场需求发展生产的主观意识越来越强，2017 年的"猪周期"体现得就不明显，当然，还有一些农产品像洋葱种植，还没有适应需求变化，形成了丰产歉收局面。再比如，煤炭、钢铁、小有色金属等价格的疯涨，有推进"三去一降一补"的政策推动，去产能过剩和行业重组以及严格环保政策的推进，使市场供求关系发生新的变化，结构调整一方面要压缩淘汰落后产能，另一方面又要促进优势企业集中资源。在去库存和比库存之间需要一个调整周期，目前这个周期还在演进之中，属于"阵痛性"结构调整。还比如，高档酒的上涨，服务价格的不断上升，与新消费周期的形成和消费者偏好影响直接相关，彩电等一般电子产品价格的回落具有明显的技术升级因素，技术变革周期已经远远快于企业生产改造周期。再加上目前国际经济周期还处于反复阶段，国际资本炒家会利用过剩的流动性出于博取暴利不断兴风作浪，也直接辐射到已经融入全球市场的国内大宗商品领域。

就此看，无论是国内消费品价格还是国内生产资料价格，其价格的分化与走势，将会紧紧围绕这三个轴心波动：一是国内产能过剩行业的出清时间。可以验证的指标是看PPI的涨幅会不会传导到CPI，从目前看表现并不明显，说明我们的过剩产能还没有出清。二是技术升级传导周期。在新经济领域技术转化速度越来越快，但传统制造业技术转型升级还没有完全跟上，而现有体量要远远大于新经济领域，所以无论是利润增幅，还是增加值规模，对经济贡献率还是"拉后腿"状态。三是美元对人民币传导周期。美国作为世界经济老大，在特朗普政府政策仍处于不确定状态，国际跨境资本会附着于大宗商品不断翻炒，尽管我们的资本项目尚没有放开，但在人民币越来越国际化进程中，国内生产资料市场会出现经常性的波动。对此，作为生产企业一定不能误判市场供求形势，应保持投资和生产经营的定力。

把握经济工作主线推进结构升级

当前，按照党中央对经济形势的准确判断，坚持稳中求进的工作总基调，经济运行不仅保持了稳中向好、结构优化的总态势，物价水平也实现了基本稳定。而从价格走势来看，也是稳中向好、结构优化、供求关系趋于平衡。在看到我国经济发展出现积极变化、经济供求关系出现实质性变化、企业预期和市场信心逐步好转的同时，广大生产企业和经营单位必须深刻认识到，当前我国产业结构、企业结构、技术变迁结构还处于艰难的爬坡过坎期，供给侧结构性改革处在深化的关键阶段，既不要为短暂的利润冲动不看市场最终供求盲目增加生产，也不能过度拉长产业链条，增加负债和加杠杆搞追风式的投资，必须静下心来，着眼研判大势，着力加快产业结构、产品结构、技术结构、企业结构转型升级，特别要把精力放在经济结构调整、转换经济发展方式和内生增长素质的提升上。

供给侧结构性改革不是一时一刻的事情，而是今后几年我国经济工作的主线条，只要着力于研究市场需求变化，从供给侧、从结构上找出路，向市场增加有质量的供给，努力实现供求关系的动态平衡，我们就增强了发展后劲，无论市场价格如何波动，任凭风浪起，方可稳坐钓鱼台。

一场空前的伟大实践和
深刻变革*

【编者按】"牢牢把握我国发展的阶段性特征，牢牢把握人民群众对美好生活的向往。"习近平总书记在省部级主要领导干部专题研讨班开班式上重要讲话中强调的这"两个牢牢把握"，是我们谋划和推进党和国家事业发展的重要前提。

我们要以习近平总书记"7·26"重要讲话精神为指导，以新发展理念引领发展，一步步实现好以人民为中心的发展，确保如期建成得到人民认可、经得起历史检验的全面小康社会，不断朝着全体人民共同富裕、社会全面进步的目标前进。

站在新的历史起点上，我们要更加紧密地团结在以习近平同志为核心的党中央周围，进一步增强政治意识、大局意识、核心意识、看齐意识，不忘初心、继往开来，以新的精神状态和奋斗姿态把中国特色社会主义推向前进。

在 2017 年 7 月 26 日举行的省部级主要领导干部专题研讨班开班式上，习近平总书记发表重要讲话时指出，党的十八大以来的五年，是党和国家发展进程中很不平凡的五年。我们坚定不移全面深化改革，推动改革呈现全面发力、多点突破、纵深推进的崭新局面。

改革开放是决定当代中国命运的关键一招。党的十八大以来，以习近平同志为核心的党中央站在我国发展新的历史起点上，从完善和发展中国特色社会主义制度、推进国家治理体系和治理能力现代化的总体目标出发，高擎改革旗帜，推进全面深化改革，谱写出了豪迈空前的改革乐章。

全面深化改革　新的历史特点的伟大实践

1978 年，我国开启了改革开放的帷幕。随着从农村改革到城市改革、从发展乡镇企业到国有企业改革、从吸引外资"三来一补"加入全球经济循环到加

---

* 本文原载《中国青年报》2017 年 8 月 28 日。

入世贸组织融入经济全球化、从发展特区到沿海沿江全面开放，直至从经济体制改革迈向经济、政治、文化、社会全方位改革，改革开放使中国迅速跃升为世界第二大经济体，社会生产力水平明显提高，综合国力显著提高，人民生活极大改善，中国特色社会主义制度充满生机、社会主义市场经济体制充满活力。改革成为中国这个时代最鲜明的特征。

党的十八大以来，以习近平同志为核心的党中央从历史和现实、理论和实践、国内和国际等的结合上思考改革，从社会发展的历史方位上谋划改革，从中国特色社会主义进入新的发展阶段统筹改革，继续高举起改革的旗帜。在十八届中央政治局第二次集体学习时，习近平总书记就指出，改革开放是一项长期的、艰巨的、繁重的事业，必须一代又一代人接力干下去；总书记强调，没有改革开放就没有中国的今天，也就没有中国的明天。

党的十八届三中全会作出《中共中央关于全面深化改革若干重大问题的决定》，共启动了60条、300多项改革举措，第一次提出改革总目标是"完善和发展中国特色社会主义制度、推进国家治理体系和治理能力现代化"。这次会议成为中国改革"再出发"的一次总宣示、总部署、总动员。习近平总书记亲任中央全面深化改革领导小组组长，至今已召开38次会议，对新时期全面深化改革进行了总体设计、统筹协调、整体推进和监督落实。

这一轮全面深化改革，重要特征是"全面"，强调的是围绕改革总目标统筹推进各领域改革，方法是顶层设计和整体谋划，致力于构建一整套更完备、更稳定、更管用的制度体系。着重点是"深化"，必须在以往改革成果的基础上向纵深推进，以攻坚克难的坚定意志敢于触碰深层利益，敢于改手中的权、去部门的利、割自己的肉、动一些人的奶酪；改革者也要敢闯敢试、尽责担当。落脚点就是"改革"，要通过全面深化改革实现改革的总体目标。

仅从方法论上讲，这一轮推进全面深化改革，在汲取历史经验的基础上，又展现了新的特点：一是着力顶层设计和统筹谋划改革，改革强调领导中枢作用，善谋而后动，根据实际情况、遵循改革内在规律制定时间表、路线图，蹄疾步稳，一步一个脚印。二是坚持问题导向倒逼改革，改革强调聚焦、聚神、聚力，增强改革的深度、锐度和整体力度。三是以法治思维和法治方式引领改革，重大改革要于法有据，立法也要主动适应改革发展需要。四是注重以制度创新推动改革，改革强调制度设计、制度安排、制度完善、制度保障、制度衔接的统一性。五是继续发挥人民群众的首创精神，强调"人民是改革的主体"。

因此，这一轮全面深化改革，注定是一场空前的、具有许多新的历史特点的伟大实践和深刻变革。

五年改革成果　让亿万人民增添更多获得感

启动新一轮改革的这几年以来，各方面共出台改革方案和文件1265项，覆盖经济、政治、法治、文化、社会、生态文明、国防和军队、党的建设各个领域，解决了许多长期想解决而没有解决的难题，办成了许多过去想办而没有办成的大事。

经济体制改革紧紧围绕使市场在资源配置中起决定性作用和更好发挥政府作用，"放管服"改革向纵深推进，重点领域和关键环节改革取得突破，公平竞争市场环境加快形成，金融财税体制改革有序推进，"一带一路"建设扬帆起航。政治体制改革紧紧围绕坚持党的领导、人民当家作主、依法治国有机统一逐步深化，人民民主更加广泛、更加充分、更加健全。文化体制改革推进社会主义文化强国，弘扬社会主义核心价值观，将延续中华优秀文化文脉和世界先进文明紧密结合。社会体制改革促进社会公平正义更加彰显，人民生活质量更加提升，人民群众最关心的教育、医疗、社保、就业、扶贫脱困得到明显改善。生态文明体制改革促进人与自然的和谐共处，形成了全面铺开、点上突破、上下互动、统筹推进的建设美丽中国的良好局面。国防和军队改革使中国共产党缔造和领导的人民军队走上了一条具有中国特色的强军之路。党的建设制度和纪律检查体制改革促使中国共产党作为执政党的先进性、纯洁性、战斗性更加强化。

所有这些改革取得重大成效，体现在亿万人民群众的获得感大为增加、对实现全面建成小康社会和中华民族伟大复兴的中国梦的信心更加坚定；体现在中国的改革发展成就为尚未复苏的世界经济和变革的全球治理提供了中国智慧和中国方案；体现在我们党统领全局、协调各方的领导改革的核心作用和治理能力进一步增强。

发展永无止境　新时代呼唤将改革进行到底

今天中国的全面深化改革仍然是万里长征中的一小步，习近平总书记在"7·26"重要讲话中指出，全党要牢牢把握社会主义初级阶段这个最大国情，牢牢立足社会主义初级阶段这个最大实际，更准确地把握我国社会主义初级阶段不断变化的特点，我们还面临着深化供给侧结构性改革，抓重点、补短板、强弱项，特别是要坚决打好防范化解重大风险、精准脱贫、污染防治的攻坚战的艰巨任务。到2020年全面建成小康社会，实现第一个百年奋斗目标，是我们党向人民、向历史作出的庄严承诺。在2020年全面建成小康社会后，我们还要激励全党全国各族人民为实现第二个百年奋斗目标而努力，踏上建设社会主义现代化国家新征程，让中华民族以更加昂扬的姿态屹立于世界民族之林。因此，习近平总书记强调，"改革开放只有进行时，没有完成时""没有改革开放就没有中国的今天，也就没有中国的明天"。

发展永无止境，创新永无止境，改革也永无止境。人民有所呼，改革就要有所应。前不久，中央电视台十集大型政论片《将改革进行到底》的热映在广大观众中引起强烈反响。70多年前，在中国革命和解放战争的最后关头，毛泽东主席发出"将革命进行到底"的号令，中国人民解放军和中国人民勇往直前，建立了人民当家作主的新中国。

今天，我们再次发出"将改革进行到底"的时代号角，全国人民在中国共产党领导下，将继续无坚不摧，在拓展中国特色社会主义走向现代化文明国家的历史征程中再创辉煌。

撞钟何以撞响：品读周文彰新作《撞钟就要撞响》*

周文彰教授的新作《撞钟就要撞响——周文彰思想教育和管理工作实录（2013）》一书，2015年由中国建筑工业出版社出版。这是他的"思想教育和管理工作实录"系列的第四本，也是他在国家行政学院任职副院长期间的最后一本。此前的2010年、2011年、2012年的三本工作实录，分别取名为《总想有新意》《效果是硬道理》《凡事都要下功夫》，出版之后深受欢迎，有的一印再印。

2009年4月，周文彰从海南省委常委、宣传部部长上调到国家行政学院担任副院长，开始从事干部教育培训管理工作，这既是他的一次人生转型，也是他人生的一次回归。因为周文彰在20世纪80年代就成为我国哲学社会科学领域的博士，此后在高校从事教学研究工作。1989年他带着将理论付诸实践的人生梦想奔赴海南，为海南的改革发展贡献了才智。56岁的他又回归到高等学府，分管干部教学培训管理工作。

这4年多，周文彰为干部教育培训工作付出了大量心血，大力度地推进了一系列别具特色的改革创新工作，收到显著效果。他分管的学院进修部、培训部的同志们至今都感触颇深也深受教益。周文彰关于新时期干部教育培训的思考和实践便陆续体现在他的这4卷本近200万字的工作实录中。

为何取名《撞钟就要撞响》？在这本书的序言中，周文彰将做工作比喻为"撞钟"。古语有云：做一天和尚撞一天钟。他说：既做和尚就要撞钟；做一天和尚，就要撞一天钟，直到不做为止，这是职责使然。既要撞钟，就要撞响，这是职责要求。

他进一步写道："我所谓的'撞钟'，就是'照常'的意思：在岗一天，照常工作一天；即使明天到点，今天也要照常工作。我所谓的'撞响'，就是'到位'的意思；今天在岗，今天则把工作做到位，哪怕明天卸任。"可见，"撞钟就要撞响"这个书名表达了周文彰一种忠于职守的工作态度和勤恳工作的愿望。

---

* 本文原载人民网2017年9月1日。

他是这么说的，更是身体力行这么做的。因为工作关系，笔者有幸近距离地感知他的工作态度、工作品格和精神风范。他虽然把做工作比喻为"撞钟"，但事实上，他对待工作是满腔热忱地投入。在4年多的教学培训管理工作中，他做了大量开创性工作。比如，他提出并积极推进了班次体系、课程体系、教材体系、学科体系"四大体系"建设，有力推进了行政学院系统教学培训质量的提升；他带领教研人员努力探索公务员培训规律研究并取得了一系列成果；他在各个主体班次结业式上的"一句话党性教育"，深受学员欢迎并受到中央领导同志肯定；他还努力将国家级优质教学培训资源向基层延伸，"送教下基层"活动一直开展得有声有色……如果说他分管的各项工作是一面面钟，那么，周文彰对它们不仅是"紧锣密鼓"，而且是"鼓鼓给力""钟钟鸣响"。尽管工作如此繁忙，他还挤出业余时间，笔耕不辍，将所思所想所做见诸文字，4年多时间就写下了200多万字，于是才有了这4卷本他做思想教育和管理工作的实录文集。他对待工作的这种拼劲和持之以恒，这种工作思维、工作节奏和工作成效，像我们这样年轻他十来岁的后生和下属，也要远逊于他。这是对我们的一种鞭策和激励，有师长在前，我们没有理由可以落后，不仅要撞钟，而且必须要撞响。

与前几本工作实录体例一致，《撞钟就要撞响》依然按照主题，分为"党性教育""教育培训管理""行政文化和政府改革""中国梦和核心价值观""文化管理""社会管理""附录"七个部分，其中既有周文彰2013年教学管理工作的切身体会，也有他对相关工作和学术兴趣做出的理论思考，全书收录的70多篇文章没有长篇大论，每篇文章又提炼出要点要义作为旁注，读起来让人感觉到轻松快意，直奔要领。读文章，如同聆听他讲课，语言清新、逻辑缜密、情真意切。虽然作者身为高级干部，但读者丝毫感觉不到他有什么架子，他的所思所想就是我们在干部教育培训工作中面对的现实问题。读这些文章，我们就如同与一位师长面对面交流，而后我们会油然而生一种责任感和使命感，理解一种思考方式和行为方式，明白为人为官做事的道理。如果再深入回味，我们便能体会到这样一位高级领导干部对党的事业的忠诚、对工作的认真勤勉和对社会发展的情怀。

周文彰如今已从领导岗位上卸任，《撞钟就要撞响》成为他在国家行政学院管理工作"四部曲"的最后一部，这"四部曲"丰富了我国公务员教育培训的思想宝库，也为他从领导岗位上退下来画上了一个圆满的句号。他的生活依然精彩，按他的话说，他依然要继续"撞钟"，要撞社会工作之钟，要撞教师之钟，要撞人生兴趣之钟。

"撞钟就要撞响"写就了周文彰以往几十年的人生精彩，也开启了他离开领导岗位后人生的新华章。他继续思考、写作、讲课，牵头开展干部教育培训工作，特别是专注党的十八大以来的理论和实践创新，专注习近平总书记治国理政的新理念新思想新战略，并及时进干部培训课堂，而且讲课堂堂精彩，引人入胜。前不久，他又出版了《周文彰讲稿》，汇集了他 2015 年下半年以来的讲课稿、讲话稿、发言稿、演讲稿、访谈稿，初印的一批书很快售罄。他主编的《公务员培训研究》和《公务员培训教学研究》（国家行政学院出版社出版）两本书，也是一印再印。

笔者深受感染，"撞钟就要撞响"，也应当成为我们这些人的工作风范。

国电神华重组有利于
缓解煤电供求紧张矛盾*

2017 年 8 月，经报国务院批准，中国国电集团公司与神华集团有限责任公司合并重组为国家能源投资集团有限责任公司，久传的中国国电与神华集团联合重组在七夕佳节终于落地。被很多媒体视为这是两家行业巨头的一次"超级联姻"，成为煤电行业的巨无霸。业界也描述为这是继宝武大合并组成"中国神钢"、五矿中冶合并打造"中国神矿"后，在煤电行业重组打造出的"中国神电"。国电与神华的"联姻"，对推进央企进一步重组，探索国企改革的新路径，促进资源资本的进一步集中，提升产业竞争力都有着重要的示范意义。

强强联合有三大好处

当前中央企业重组具有代表性的有五种组合模式，即强强联合模式、以强并弱模式、纵向整合模式、网状整合模式、"军改"模式（即将科研院所注入央企集团进行整合重组）。此次国电与神华的重组属于关联产业的整合并购，具有明显的强强联合和上下游产业链整合特点。

相关资料表明：中国国电集团公司（以下简称"国电"）是以发电为主的国有综合性电力集团，2017 年列世界 500 强第 397 位。神华集团有限责任公司（以下简称"神华"）是以煤为基础，集电力、铁路、港口、航运、煤制油与煤化工为一体，产运销一条龙经营的国有特大型能源企业，是目前我国规模最大、现代化程度最高的煤炭企业和世界上最大的煤炭供应商，2017 年列世界 500 强第 276 位。截至 2017 年 4 月底，神华集团总资产达 1.01 万亿元；截至 2017 年 6 月底，国电集团资产总额超过 8000 亿元。两家企业合并后的国家能源投资集团总资产将超过 1.8 万亿元。

两大行业巨头合并，最突出的好处有三个：

一是缓解煤电行业供求关系紧张矛盾，有利于推进煤电一体化改革。煤电顶

---

* 本文原载中新经纬 APP2017 年 9 月 7 日。

牛矛盾长期存在，煤电行业恶性竞争不断。近两年煤价波动此起彼伏，风水轮流转，行业利润呈现"跷跷板"，煤价涨的时候，电企日子不好过；煤价跌的时候，电企日子好过。2017年上半年国电电力财报显示，报告期内，2017年实现营业收入同比仅增长1.83%，归属于上市公司股东的净利润同比减少53.83%，主要是本期燃煤价格大幅上涨，导致公司营业利润同比大幅下降。而中国神华中报净利达308亿元，同比增长108.23%。

在目前的电价机制下，煤炭企业与电力企业分居天平的两端。长期以来，上下游的煤企和电企因为煤价一直相爱相杀，不利于企业盈利稳定。两家企业合并后将打通上下游，在同一个集团内部进行协调，有利于节省中间成本，直面发电端，在上网电价的竞争中获得优势，从而稳定煤炭市场价格、缓解煤电矛盾，为下一步实现煤电联营，构建煤电一体化新模式、促进煤电行业可持续发展打开了空间。

二是资源进一步集中，有利于形成全产业链竞争优势。按照国家发改委等16部门印发的《关于推进供给侧结构性改革　防范化解煤电产能过剩风险的意见》要求，鼓励和推动大型发电集团实施重组整合，鼓励煤炭、电力等产业链上下游企业发挥产业链协同效应，有效减少重复建设和无效投资，减少同业化竞争，促进行业内资源资本进一步集中。

神华和国电各具优势。神华企业实力雄厚，资金充沛，有煤电一体化运营经验，并且实施了清洁能源发展战略；国电则拥有火电和水电、风电、光伏发电等清洁能源业务。公告显示，神华与国电将整合火电业务并组建合资公司，对双方资产区域重合度较高的常规能源发电业务也会进行整合，资源优势进一步集中，有助于深化业务合作，实现全产业链运营，发电业务的规模化经营、专业化管理，增强发电业务的区域竞争力，发挥出"1+1>2"的协同效应。重组后的国能投资集团已成为中国第一大煤企、第一大电企和第一大风力发电企业。

三是为全国煤电领域的并购重组作出示范，有利于推进煤电行业供给侧结构性改革。年初国家能源局已下达11省有关控制"十三五"煤电投产规模的要求，共涉及停建或缓建煤电项目83个，合计1.5亿千瓦规模。2016年数据显示仅火电产能过剩逾20%，严控新增并淘汰过剩产能、有效提升煤电行业整体利用效率，是行业发展的一个必然；而且目前国内煤炭行业、电力行业均为低集中竞争型，说明从中央到地方的煤电企业集中度提升和整合的想象空间还很大。

这次神华与国电整合，不仅使国资委监管央企已降至98家，更进一步预示着全国性的煤炭电力领域的并购重组还将继续。煤电力行业剩者为王的并购重组时代已经来临。据业界人士分析，未来有可能呈现3家中央发电企业和1~2家煤炭集团的格局。神华、国电合并模式还将进一步地传导到船舶、钢铁、航空运输、石油化工、服务业五大行业。

推进国有企业改革要更加关注内涵和实效

国资委最近针对国有企业重组改革提出"五个聚焦"，即聚焦深化供给侧结构性改革、聚焦突出精干主业、聚焦做强做优做大、聚焦行业健康发展、聚焦创新能力。依笔者看，这还只是从稳住实体经济发展、平抑市场价格波动、保持国资保值增值、加快国有企业结构调整的阶段性问题着眼，而在推进整个行业的煤电资源整合方面，支持包括民营企业在内的优势企业和主业企业如何通过资产重组、股权合作、资产置换、无偿划转等方式，鼓励不同所有制企业相互参股，发展混合所有制，来促进资源资本集中、提高产业竞争力、开放市场竞争等方面仍要探路。

两家煤电巨头重组后，煤电上下游整合的力度和深度，关键取决于集团企业内部管理流程、组织结构、业务板块同构的再造，直接影响其能否真正发挥出协同效应。虽然国能投资集团在煤炭、电力和风力发电三个领域位居全国第一，但无论在煤炭还是电力领域在全国所占的市场份额和行业集中度看其力量依然不足。例如2016年神华的煤炭产量为4.2亿吨，国电的煤炭产量为5740万吨，两者加总的4.77亿吨仅占当年全国的14%，还不足以对煤炭的市场价格产生很大的影响力和话语权。电力价格的话语权亦是如此。

2017年上半年，国有企业改革重组步伐进入了快车道。按照国资委的目标要求，中央企业重组不是为了减户数，而是更加关注重组的内涵和实效。一位负责人提出，企业重组不能仅仅停留在物理变化上，而是追求发生化学反应。笔者认为，这一化学变化短期来看，是要深化国有企业供给侧结构性改革，解决产能过剩和企业负债问题，从长远看，则是要提高国有企业的竞争力、影响力、带动力和抗风险能力，切实提升产业竞争力和推进现代企业制度的形成。

9月1日，神华和国电双双复牌，均以涨停报收，这是一个好的预期，也是好的开始。期待国有企业改革开始从物理变化走向化学反应。

人民币短期具升值潜力
保持稳定最重要[*]

据中国外汇交易中心公布的数据，2017 年 8 月 30 日，人民币兑美元中间价继续上调 191 基点，报价为 6.6102 元，人民币中间价续创一年来新高，3 个月以来累计升值逾 4%，再次刷新 2016 年 8 月下旬以来高位纪录。随后几日，人民币兑美元依然持续走强。

有分析称，现在包括国际货币基金组织都把中国增长预期向上调，中国经济总体上回稳向好，对世界贡献巨大，这种情况下没有理由对中国、对人民币看空。人民币汇率止跌回升，人民币中间价形成机制中引入了"逆周期"调整因子，这使汇率波动主要来自美元对于其他篮子货币汇率的变化。

形成此轮汇率波动的原因何在？会给下半年中国经济带来哪些影响？《东莞日报》邀请国家行政学院研究员胡敏、商务部研究院国际市场研究所副所长白明、著名经济学家宋清辉予以分析解读。

经济向好与美元走弱促成升值

记者：2017 年 8 月 30 日以来，人民币兑美元的汇率持续走强，其连续上涨的原因是什么？

胡敏：人民币能连续走强，从国际方面看，2017 年上半年美元走势偏弱，美元指数从年初 103 的高位下滑至目前 93 附近，跌幅近 10%。美元持续走弱，为人民币创造了较好的外部环境，也为人民币打开了升值空间。从国内方面看，一是上半年国内经济增速高于预期，上半年中国 GDP 增速 6.9%，好于 6.5% 的预期目标，经济增长趋稳向好、国际收支持续改善，央行引导人民币双向浮动预期管理效果较好，这为人民币走强提供了支撑。二是国家通过一系列政策的组合拳严控资金外流发挥了作用，比如，实行较为严格的资本管制、限制企业海外直接投资、鼓励外商对华投资，等等。三是从人民币汇率形成机制来看，汇率止跌

---

[*] 本文原载《东莞日报》2017 年 9 月 10 日。

回升最主要因素是，人民币中间价形成机制中引入了"逆周期"调整因子，这使汇率波动主要来自美元对于其他篮子货币汇率的变化。

白明：2016年人民币的贬值，实际上有点过度，经济学会上讲就是超调，对一些经济现象过度反应。为什么说过度，因为当时做空人民币有境外离岸市场投机的因素，实际上这种做空没有基本面的支持，那么它早晚要服从于市场规律，这是第一点。第二点是整个美元也贬值了，美联储加息进一步往后拖，而且美元前一段的升值比较厉害，现在就开始贬值。全世界主要的货币中，欧元、日元都有升，人民币基本上还是算保持稳定的。第三点是上半年中国经济增长略超出预期，现在包括国际货币基金组织都把中国增长预期向上调，中国经济总体上回稳向好，对世界贡献巨大，这种情况下没有理由对中国、对人民币看空，再加上人民币国际步伐也逐渐加快，国际收支与外汇储备的稳定，都对人民币汇率有升值影响。

宋清辉：人民币兑美元汇率持续升值有三个方面的原因。一是监管部门对外汇和资本流动的监管持续加强，包括近期限制对境外房地产、酒店、影视等的投资。这一方面堵上了那些打着海外并购的幌子实则是进行着资产大转移的行为，但另一方面也让市场主体的购汇意愿出现了明显下降。二是随着人民币汇率持续突破关键点位，市场主体止损平盘的行为及结汇的情绪急剧上升。三是外部因素影响。在美国相关政治因素及欧元区经济强势复苏的大环境下，美元指数连续下跌，已经达到了阶段性低点。此外，汇率定价机制引入"逆周期因子"，也多少对市场预期产生了冲击。

升值空间并不大，不会冲击外贸

记者：随着人民币汇率的持续攀升，对中国经济有何利弊？特别是持续升值，是否会给上半年较乐观的外贸形势带来冲击？

胡敏：受惠人民币升值的行业有很多，譬如在航空、航运、供应链领域。由于航空公司有大规模美元负债，所以人民币升值会在汇兑方面产生盈利。航运板块公司及下属子公司运输涉及以美元进行采购和提供运输服务，也会有美元负债，因此产生汇兑收益。币值波动当然影响出口市场，但目前看人民币并不会持续升值，目前权威专家预测升值顶部在1美元兑人民币6.5元，升值空间并不大，不会冲击回暖的外贸形势。随着我国出口市场的多元化和外贸发展方式和结构的转换，我国外贸形势总体看还比较乐观。

白明：人民币升值当然可以节约进口成本，但最直接的影响是在出口型企业上。但要看到，出口企业的困难不完全是汇率造成的，产品档次、成本控制以及营销渠道等因素综合起来影响外销。企业感受到升值的压力，不敢接单或者是盲目接单，风险都很大。在这种情况下，我觉得要让企业增强可预测性，官方有必要给企业一颗定心丸，不然越升值企业越害怕，怕不知道升到哪一步。企业自身也可以通过各种金融手段锁定汇率、规避风险，同时也要转型升级，不要老是钉在价格敏感型产品上，更多的是要打造国际贸易新优势，从质量、服务、技术、品牌方面入手，这样的话对抗人民币升值的能力就比较强。

宋清辉：人民币升值对中国经济的弊端不容忽视，这在一定程度上能够削弱中国商品在国际市场上的竞争能力。从出口方面来讲，人民币升值必然会影响中国商品的出口以及在国际市场上的竞争力，让中国商品以"价廉物美"打进世界市场增加了一些难度。2017年上半年，中国外贸形势较好，这次持续升值肯定会给上半年较乐观的外贸形势带来冲击。从稳定方面来讲，毕竟当前中国的金融体系尚不完善，一旦汇率出现大幅度的调整，就有可能引起失控局面。因此，维持货币汇率稳定，对一个国家的经济持续发展至关重要，特别是要规避短时期内的大起大落。

人民币短期还有小幅上涨的可能

记者：在持续上涨的前提下，您认为接下来人民币会继续呈上涨趋势，还是会有所减缓甚至回落？

胡敏：从目前来看，人民币汇率应该还有进一步上涨的空间，主要基于欧元区经济复苏强劲，欧元有望继续上涨，即使美联储实现缩表，也较难大幅提振美元走势，因此，人民币还有小幅上涨的可能。但从中长期来看，人民币升值也恐难持续，更有可能在目前均衡水平上保持双向波动，目前国内经济尚处于筑底阶段，当前企业和个人被压抑的对海外资产的需求和美元未来再度升值的潜力，都对人民币构成压力，长期看人民币兑美元仍可能走软。

白明：人民币因为二次汇改以后，人民币不光盯着美元，而且还盯住了其他货币，所有说这里头美元肯定是最重要的，但不是唯一的。在这个过程中我们并不是刻意追求升值或者贬值，我们要使人民币符合市场规律增强可预测性，最好是人民币的汇率基本稳定，在此基础上我们逐渐扩大人民币的波动区间，也给市场稳定的信心。如果说市场不稳，你哪敢放开区间。

宋清辉：从2017年1~8月来看，人民币成为表现最佳的半年度亚洲货币。鉴于监管层在资本管制和市场干预上取得的空前成功，预计这些措施将会导致人民币资产转换成外币资产的动机进一步减弱，从而减缓了人民币的外流压力。接下来，人民币大概率会继续呈上涨趋势。人民币和美元关系比较复杂。此次人民币走强与近期中国国内实体经济企稳，基本面逐渐向好有关。与美元指数自身持续疲弱也有一定的关系，但这种关系正在逐渐变小。总之，在中国宏观经济企稳的背景下，人民币汇率单边贬值的悲观预期已得到修正。

金砖国家合作
将迎更多机遇*

2017 年 9 月，金砖国家领导人第九次会晤在福建厦门举行。2017 年 9 月 3 日，习近平主席出席金砖国家工商论坛开幕式，并发表题为《共同开创金砖合作第二个"金色十年"》的主旨演讲，强调金砖国家合作正式开启第二个 10 年。2017 年 9 月 4 日，金砖国家领导人第九次会晤大范围会议在厦门国际会议中心举行，此次金砖国家领导人会晤主题为"深化金砖伙伴关系，开辟更加光明未来"。东莞作为全国外贸大市，2017 年 1~7 月，东莞市对金砖国家（俄罗斯、印度、巴西、南非）合计进出口 244.7 亿元人民币，比 2016 年同期（下同）增长 1.3 倍，比同期东莞市外贸整体增速高 108.9 个百分点。随着新一轮会晤的成功举行，东莞将如何进一步加强与金砖国家的经贸联系，激励更多企业开辟金砖国家市场，推动贸易规模再上台阶？

记者：金砖国家开启第二个"黄金十年"，进一步深化合作与发展。您认为进出口企业将面临怎样的机遇和挑战？

胡敏：此次厦门峰会后，金砖国家开启了第二个"黄金十年"，对于成员国进出口企业当然也将进入一个贸易发展的黄金期。你看，这次峰会的第一场活动就是金砖国家工商论坛，来自金砖国家和其他新兴经济体的商会、知名企业和有代表性中小企业近千名工商界人士聚集一堂，这本身就说明各国工商界将其作为重要的发展机遇。金砖五国具有如此大体量、人口、市场，可以预见今后在信息、技术、资金、贸易等方面的合作优势更加凸显。当然也因为这五国地域、国情、制度、体制、人文、法律、经济发展阶段都不同，经贸要向多层次、多领域深入发展，还需要加强沟通、磋商、交流，其中有障碍，也有挑战。

记者：习近平主席指出，务实合作是金砖合作的根基，您认为金砖各国未来将会在哪些方面、哪些领域开展更深层次的合作，这又会给中国带来怎样的影响？

---

* 本文原载《东莞日报》2017 年 9 月 11 日。

胡敏： 习近平主席在金砖国家工商论坛开幕式上的讲话已经十分明确，金砖国家不是碌碌无为的清谈馆，而是知行合一的行动队。过去十年，五国已经在经贸、财金、科教、文卫等数十个领域开展合作，未来十年更是要以贸易投资大市场、货币金融大流通、基础设施大联通、人文大交流为目标，进一步推进各领域务实合作，重点要在探索经济创新增长之道，加强宏观政策协调和发展战略对接，发挥产业结构和资源禀赋互补优势，培育利益共享的价值链和大市场，形成联动发展格局，推动各领域合作机制化、务实化等方面做出新的努力。中国作为主创国，当然在提升全方位开放水平上将再上一个台阶，同时也会为各国发展作出新的贡献。

记者： 随着"一带一路"的深入进行，您认为此次金砖国家论坛给我国"一带一路"建设带来怎样的影响？

胡敏： 金砖国家论坛和"一带一路"建设是新的历史起点上中国对外开放的两大平台，两者是相辅相成、相互促进的。两大平台将更多的新兴市场国家和发展中国家的发展连接在一起，构建起更加广泛的互利共赢伙伴关系，并发挥各自优势和辐射力、影响力，汇聚起金砖国家和沿线沿路国家的集体力量，还会联手应对风险挑战。这次论坛提出了要推动"金砖+"合作模式，打造开放多元的发展伙伴网络，让更多新兴市场国家和发展中国家参与到团结合作、互利共赢的事业中来。所以，未来的发展前景是十分广阔的。

城市扩容：
如何突破土地极限？*

随着城市化进程、人口集聚和城市经济的快速发展，城市建设空前活跃，城市在空间上不断向外拓展扩容；许多的二三线城市也不断将"县"改"区"，纳入统一市政管理。大城市一面要解决"大城市病"，一面又要统筹城市发展规划，最直接的就产生了城市用地越来越尖锐的供需矛盾，这也成为当今中国特大城市发展最棘手的问题。其实，从 20 世纪 80 年代中期开始，城市经济学和城市规划学都对大城市发展与扩张着重开展研究，取得了一些成果，在国外一些大城市扩展中也积累了一些经验。

从研究成果和实践来看，形成了多种城市形态类型，分别是匀质分布、蛛网、带状型、棋盘型、海星型、群体型等空间形态，根据城市功能定位和城市伸展轴组合关系，综合配置城市交通基础设施建设和用地聚散。总体来看，改变目前的单中心集聚模式，向周边地区疏解产业、人口等要素，从而使大城市由单中心空间结构向多中心空间结构转变是世界各国大城市的共同特征和基本实践取向，由此形成的都市圈、大都市区、城市群、城市带成为各国城市化的主体形态。这不仅可以有效缓解和治理"大城市病"如交通拥堵、地价高昂、住房紧张、环境污染加剧等一系列问题，也能集约节约土地利用，缩小大城市与周边地区的差距，提高区域整体经济社会发展水平和竞争力。

针对城市空间扩展，首先需要考量的当然就是缓解土地紧张矛盾和合理使用问题。在首度城市化进程中，这有过一些教训。以美国为例，在 19 世纪晚期，随着工厂和人口的快速大量集聚，美国大城市中心区的居住环境日益恶化，出现离心倾向。美国大城市里的一些富人开始向郊区迁移，在郊区的乡村地带建设了大量带有"卧城"性质的富人别墅区。"二战"后，美国的汽车工业快速发展，小汽车开始进入千家万户，与之相适应的是连通城乡、全国各州高速公路网的形成，推动了全国性的"大众郊区化"浪潮。在这一过程中，由于政府没有对土

---

* 本文原载《东莞日报》2017 年 9 月 11 日。

地的使用进行有效管控，导致企业、居民住宅在郊区的乡间地带随意零散分布。这种无节制且无序的空间蔓延，不仅因结构松散的工厂、住宅建设和发达的公路交通网络建设造成土地的大量浪费，加剧了能源消耗、空气污染以及对生态环境的破坏，而且也进一步加剧了大城市中心城区的"空心化"。

为解决这一问题，一些国家开始通过土地管理立法和加强规划，推进大城市周边的新城建设。英法在 20 世纪 40 年代和六七十年代就先后颁布了《新城法》，为新城建设提供法律依据。日本的《城市改建法》将构建"多心的开敞式城市空间结构"作为东京的改建原则明确写入法律。韩国为抑制首都首尔城市规模的过度膨胀，在 1976 年对原来的《地方税法》进行了修改，通过收取高额的登记税、所得税和财产税抑制在首都圈内新建或扩建工厂。1978 年又颁布了《工业布局法》，以法律手段推动产业在首都圈的合理分布。各国还在土地使用、住宅建设、税收、融资等方面制定了配套支持政策，保证了新城建设规划的顺利实施。

为节约集约利用土地，德国汉堡市通过对居住面积密度的控制实现对住宅建设用地的集约利用。政府规定：在快铁客运线附近地区，居住密度较高；依据与火车站的通勤距离，由近及远渐次降低居住密度。在密度小于 0.6 的地区，不同类型的住宅可混建；在密度为 0.9 的地区，只允许建设多层或高层住宅；在密度为 1.3 的地区，住宅建设要高度集中，停车场建在地下，留出足够的绿地空间。日本政府为缓解城市发展中尖锐的土地供需矛盾，鼓励高层住宅建设和地下空间开发，以提高城市容量。为防止城市扩张对农田的过度占用，日本实行土地分区管制政策。城市区域被划分为"市街化区域"和"市街化调整区域"，将"市街化调整区域"以外的农地划分为三类。一类农地原则上不允许转为建设用地，三类农地可以转为建设用地，只有当三类农地转用困难时才允许将二类农地转为建设用地。此外，日本还通过严格的土地交易审批制度对土地价格和使用目的进行直接控制。

从国外大城市空间扩展的经验教训中，中国在快速城市化进程中必须汲取相关经验并早作谋划，就是必须按照多中心城市功能定位，加强政府对城市空间扩展的规划与调控作用，把握好城市增长边界，尤其需要注意的是要解决城市群带的错位发展，将纾解资源困境、快捷交通建设、城乡公共资源配置和土地管控紧密联系在一起，体现在集中中有分散、在分散中有集中的双向推进过程，引领我国大城市未来的科学发展。

8月经济增速
适度回落但仍健康[*]

2017年9月14日，国家统计局公布了8月国民经济的主要数据，我国经济总体上保持稳中有进、稳中向好的局面。但是，国家统计局的分析指出，要看到"国际环境不稳定、不确定因素仍然较多，国内经济正处在结构调整的过关期，仍面临不少隐忧和挑战"。从数据来看，工业增加值、民间固定资产投资、房屋新开工面积、社会消费品零售总额等数据，均出现了同比增速放缓的情况。

究竟什么原因造成2017年8月相关数据增长放缓？第四季度经济走势呈现什么形态？全年经济能否达到预期目标？《东莞日报》特邀国家行政学院研究员胡敏、中央财经大学中国互联网经济研究院副院长欧阳日辉、著名经济学家宋清辉发表看法。综合受访学者观点，在当前供给侧结构性改革的深化期，当前经济增速有放缓但还是符合预期，对第四季度经济增长预期保持乐观。

多项指标低于预期但并非低迷

记者：当前一些经济指标比前期有所回落的内外因是什么，如何分析看待这种走势？会不会给第四季度经济增长带来压力？

欧阳日辉：从8月的经济数据来看，当前宏观经济多项指标出现回落，比市场预期略差一点，但谈不上低迷。宏观经济放缓的主要原因是固定资产投资和基建投资下滑；各级政府深入推进"三去一降一补"，特别是"去产能"和严格执行环保督察等政策，坚持以提高发展质量和效益为中心，经济提质增效存在一个阵痛期；按照全国金融工作会议的要求，"把防控金融风险放到更加重要的位置"，推进企业去杠杆、防范化解地方政府债务风险、整治金融乱象和促进房地产市场平稳健康发展，解决脱实向虚问题也有阵痛。随着固定投资持续走弱、消费增长不容乐观、出口增速后劲不足、持续去产能、财政支出放缓，以及环保限产等，第四季度经济下行压力可能会有所增大。

---

[*] 本文原载《东莞日报》2017年9月19日。

胡敏： 虽然国家统计局公布的 8 月一些重要经济指标有所回落，但总的经济运行态势还是基本稳定的，符合大的经济判断和基本预期，体现了国民经济稳中有进的总体态势。第一、第二季度经济增长达到 6.9%，超出了 2017 年初确定的 6.5% 的增长目标，也超出预期。进入第三季度以来，一些重要指标增长率有所回落，有工业生产季节性原因，也有结构调整特别是供给侧结构性改革深化的原因。目前国际国内大的环境总体还是有利我们的。2017 年第三、第四季度经济增长速度适度回落，但只要不失速，就仍然是健康的。

宋清辉： 当前经济表现受到两方面原因影响，一是国内宏观政策影响，二是外部环境发生很大变化，例如欧美国家的贸易保护主义政策等，给我国经济发展带来很多不确定因素。这种低迷虽然只是经济发展过程中的暂时现象，但若没有及时积极处置、有效化解，则可能给第四季度经济增长带来压力。凡事预则立，不预则废。当前，国家各有关部门亟须加强调查研究，制定应对预案。

第四季度存在打开降准窗口可能性

记者： "三驾马车"的投资、消费同时下滑，且没有达到市场预期，一定程度带来对货币政策松动的观望。7~8 月的经济表现是否到了动货币政策工具的时候，原因是什么？

胡敏： 当前一些经济指标的确出现了相互背离现象。投资、消费、进出口"三驾马车"对经济增长的拉动力有所减弱，说明经过上半年上游产业原材料价格上涨助推了部分行业投资增长、效益改善，但总体看，经济增长内生动力还没有根本改观，实体经济动能还依然不足，金融体系的资金流入也没有形成有效的投资和消费需求，经济结构对高负债还有较强的依赖性，有"价格虚假繁荣"的特点。业界认为，当前在经济增长高点出现之后，有必要修正社会融资结构，适度开启央行降准窗口，或许是一个好的货币政策选择。

欧阳日辉： 中央会坚持实施积极的财政政策和稳健的货币政策，考虑到 CPI 保持在 2% 左右的高位、新增社会融资规模好于预期，货币政策维持中性的概率比较大。根据形势变化，政策也会适时预调微调，如果 9~10 月经济增速持续放缓，有可能适当降准。货币政策的调整，一定要坚持金融服务实体经济的本源，引导资金向实体经济回归，巩固现有的"脱虚向实"态势的成果。

宋清辉： 7~8 月的经济表现并未到动货币政策工具的时候。一是预计 2017 年下半年固定资产投资将总体平稳，制造业投资累计增速将反弹 1.5% 左右，完全能够对冲房地产投资下滑带来的不良影响。二是预计下半年中国出口开始回暖，且本轮外需回暖有很强的可持续性。此外，未来中国经济回落的可能性在降低，目前增速可能基本达到了底部区域附近。

房地产供求处在深度调整阶段

记者：综合来看，房地产投资平稳，能否起到维持下一阶段经济稳定的作用？

欧阳日辉：2017年3月以来各地出台了系列调控房地产的政策，而且有加码的趋势。房地产政策并不是促使房产价格下行，而是防止价格过快增长。上半年，全国房地产市场处于盘整期，价格下降幅度并不大，中西部地区商品房销售维持两位数增速，去库存效果持续显现。随着金融监管趋严、资金来源继续趋紧、地产调控政策持续加码、租房政策与土地供应政策的密集出台，后续房地产投资难现趋势性回升，对经济增长的贡献有可能回落。

胡敏：2017年总的房地产调控政策基点是保持平稳健康运行，政策层面不希望房地产市场大起大落。上半年各地房地产投资和新开工项目并没有减缓，一二线城市房价在一系列限控政策下价格上涨得到抑制，但三线城市价格上涨较快，城市之间结构差异明显。这说明我国房地产供求关系尚处于深刻调整之中。未来中国房地产市场如何演变，需要看10月以后政策的定位，特别租售并举的政策能不能更好落实，最重要的是如何改变人们对房地产投资增值的观念。

记者：即将进入第四季度，综合上半年相对稳定的经济表现，预计下一阶段的趋势将怎么走？

宋清辉：目前，从中央到地方，一切均是"稳"字当头，实现经济稳定应该是作为重点工作来抓的。从总体上来看，随着楼市调控持续进行、金融风险控制的深入以及海外投资限制等因素的影响，下半年整个中国经济增长速度预计或会出现短暂的放缓。因此，总体来说经济趋于平稳，但对下半年的中国经济增长还是持谨慎乐观的态度。

胡敏：经济结构调整和新旧动能转换需要有一个平滑时期，企图马上就来一轮新的经济上行期还是不现实的，必须把过去若干年我们累积的过剩产能、企业高负债、运行高成本、资源供求紧平衡的矛盾彻底解决好，不能为一时的经济增长有好看的"数字"，让"三期叠加"的矛盾迟迟得不到解决。未来中国经济保持持续健康增长，一定是要在市场出清的基础上"轻装上阵"，不能有夹生饭。

欧阳日辉：由于增长惯性，9月和第四季度，中国经济增速与上半年差不多，有望保持平稳，可以完成全年6.5%左右的增长目标。

铝库存高企
为啥铝价还一路飙升？*

　　2017年9月中旬，金属铝价格一度逼近17000元/吨，但值得注意的是当前全国铝库存高达160万吨。按照市场的供需逻辑，高库存应当对应低价格，低库存应当对应高价格。铝的高库存与高价格"双高同台"似乎违背了基本市场规律，那么这铝价上行走势到底唱的是哪出"戏"呢？

助推铝库存和铝价格并行上扬的因素

　　理解价格，最基础的是既要看供求基本面，又要看供求关系的动态演变。

　　打开近几年国内原铝供需表可以看到，2013~2015年，国内原铝产量分别为2510万吨、2820万吨和3080万吨，加上少量净进口，实际供应分别为2532万吨、2823万吨和3083万吨，消费量则分别为2497万吨、2791万吨和3031万吨，供给明显大于需求在30万~50万吨。

　　究其原因主要是受前期国际金融危机的深度影响，全球经济一直复苏乏力，国际市场持续低迷。国内需求伴随着经济下行压力加大而增速趋缓，我国部分产业供过于求矛盾日益凸显。不仅传统制造业产能普遍过剩，钢铁、水泥、电解铝等这些高消耗、高排放行业更是"雪上加霜"。像我国电解铝行业，2012年底的产能利用率仅为71.9%，明显低于国际通常水平。

　　电解铝工业是我国重要的基础产业，但由于生产过程中耗电高，历来被称为"高耗能产业"。2013年10月，国务院颁布了《关于化解产能严重过剩矛盾的指导意见》，其中电解铝行业是国家重点调控、重点化解过剩产能的重点行业。到了2015年第三季度，电解铝企业已面临大面积亏损，企业普遍经营困难。当时成本低于11000元/吨的产能约占全国产能的3%，成本分布在11000~11500元/吨的产能占比为28%。由于老企业生产行为惯性的影响，尽管整个行业大力推进去产能，但产能运行并未明显降低，当时全国减产累计200多万吨，但同期新产

---

　　* 本文原载中新经纬APP2017年9月30日。

能投放却超 300 万吨，全国减产的产能仍不及新增产能。其中，占全国 90% 以上铝产量的生产地上海、无锡、杭州、南海和巩义五个城市的现货铝锭库存总计超过 100 万吨。库存的重压导致铝价在 2015 年底暴跌至 20 世纪的水平。

时间到了 2016 年，作为供给侧结构性改革的第一年，情况却发生了逆转。

一是国内不少冶炼厂为节约大量成本，纷纷与下游铝加工企业开展铝水直供的销售模式。据说采用此法生产，每吨铝能节约成本 800 元，对于亏损严重的电解铝行业来说，这样的"高"利润刺激了生产者，同时不少贸易商产生了铝锭供应将步入紧张的预期，开始有意识地囤积铝锭资源。

二是进入 2016 年房地产市场开始火爆，铝的消费也出乎意料地走强，而过剩产能却因为资金、环保等问题迟迟不能复产。结果，随着旺季的到来，铝锭库存从 2016 年春节后近 100 万吨一路狂跌到 2016 年 10 月的 20 万吨左右，创出有记录以来的历史低点。在这样的形势下，铝价终于出现了一波持续数月之久的上涨。

三是进入 2017 年以来，国际有色金属价格更在"特朗普基建计划"诱致下出现飙升并带动国内黑色品种翻倍式暴涨，铜、铝、锌、镍等有色金属品种在乐观情绪感染下也互相攀涨，部分现货期货市场炒家便开始大肆炒作，在现货期货近远期间跨期套利、相互助推、彼此放大。与此同时，美联储的持续加息动作在市场面又形成未来的通胀预期。

在这些市场亢奋因素共同叠加和作用下，当铝价从 2015 年不足万元拉升到 2016 年底 13000 元附近后，市场预期彻底回暖，许多铝的过剩产能认为有利可图又开始复产。到了 2017 年 9 月中旬，包括上海、无锡、杭州和佛山等 13 个城市的铝锭社会库存很快升至 160 万吨，较 2016 年同期翻了近五倍，创出 2010 年以来库存新高。而此时铝价也"不经意"地就逼近了 17000 元/吨。

生产成本上涨是铝价上扬的根本原因

如果说是因为市场预期上扬的诱因启动了 2017 年来铝企业产量增加带来库存高企，那么铝价短时间内快速上涨，内在的动因又是什么呢？

懂得一些化学知识、了解电解铝生产工艺的人应当知道，电解铝就是通过电解得到的铝。现代电解铝工业生产采用冰晶石—氧化铝熔盐电解法，其生产材料大致包括氧化铝、冰晶石、氟化铝、添加剂和碳素阳极，生产过程中要耗费大量电力和燃料油。据测算，氧化铝、预焙阳极等原料成本占比 50% 左右；电解铝生产中会消耗大量电力，目前生产 1 吨电解铝需耗电约 13500 度，电力成本占比 30%~40%。当然还有人工费用和管理费用、运输费用。近年国家提高环保标准，对生产过程中除去有害气体、固体粉尘和进行净化处理的要求越来越高。

自 2017 年以来，很多上游原材料在 2011~2016 年市场自我出清，电解铝大部分生产原材料的产能和供应都出现较大幅度收缩。据业内人士告知，截至 2017 年 8 月底，98.5% 的氧化铝全国均价较 2016 年同期上涨了 50.4%，大约抬升电解铝成本 1840 元/吨；61% 氟化铝全国均价较 2016 年同期上涨 47.4%，抬升电解铝成本 68.75 元/吨；96% 预焙阳极全国均价较 2016 年同期上涨 50.5%，抬升电解铝成本 637 吨。碳素价格也是一路上涨，2017 年上市公司方大碳素股价从每股 9 元多一路上涨到 40 多元就是一个侧面写照。

因此，生产铝的整个原材料成本较 2016 年同期就增加了超过 2500 元/吨。如果再加上并不低的电力价格、上涨的人工成本和额外增加的严格环保达标费用。据此计算，铝价在 13000 元/吨才是盈亏平衡点。

这样来看，由于生产铝的原材料价格大幅度上涨，带动铝价快速上扬就不奇怪了。

未来铝价的走势如何？

那么未来铝价将如何走？铝库存还会高企吗？问题的关键是要看铝行业的供给侧结构性改革力度。

随着 2017 年深化去产能以及环保限产政策的严厉执行，预计全年会有超过 500 万吨减产规模。目前虽关停了部分产能，但产能复产、新增产能投产和产能置换也在同步进行，这意味着电解铝总产量足以对冲限产规模。

另据业内亚洲金属网数据，2017 年我国电解铝新投产产能约 445 万吨。截至 2017 年 8 月，全国新投产和复产电解铝产能已达到 300 万吨，基本实现了稳定的产量供应。而且从现在看，供给侧结构性改革的效果基本达到，上游利润得到修复，低端高污染产能基本被淘汰。业内人士普遍认为，随着违规关停、产能指标置换以及闲置产能复产，目前产能利用率已达到 91% 以上的较高水平。因此，铝的库存足以保证铝的供应，市场上更多的反应会表现铝库存的改变上。

再研判第四季度乃至 2018 年铝市场价格走势：预计取暖季节过后，国内铝库存或出现下降，但未来随着现有产能置换指标用尽，新增产能审批又受到政策压制，铝需求将会一直保持旺盛态势，其供需会体现为月度或者季度性紧平衡。同时，原材料、电力、人工成本等也基本封住了铝生产成本的底，铝价大幅下跌的可能性很小，吨铝利润则有望继续维持目前较高位置。那些具有合规产能又能不断创新技术主动降低生产成本的优质龙头铝业企业，会受益于政策面与行业基本面收获"量价齐升"。

中国共产党是
历史和人民的选择[*]

中国共产党在 20 世纪初成立，被称为"开天辟地的大事变"。近一个世纪以来，中国共产党领导全中国人民为实现民族独立、人民解放和国家富强、人民幸福不懈奋斗，创造了波澜壮阔的辉煌历史，成就了开天辟地的大事业。历史和实践一再证明，历史和人民选择中国共产党领导中华民族伟大复兴的事业是完全正确的，从社会发展史、政党发展史的演进上其也有着坚实的理论逻辑、历史逻辑、现实逻辑和发展逻辑。

从理论逻辑来看，中国共产党充分彰显了马克思主义政党本质

中国共产党从成立之初就确立为马克思主义政党。党的先进性和纯洁性是马克思主义政党的本质属性，为人民群众谋利益是马克思主义政党的根本宗旨。马克思、恩格斯当年创立的共产主义者同盟是世界上第一个工人阶级政党。在同盟创立初期，同盟章程就对党的纯洁性作出严格规定，要求每一个支部对它所接受的会员的品质纯洁负责。马克思主义政党的纯洁性，就体现在其党员和党组织在思想、组织、作风、行为等方面与党的人民性和党的宗旨的一致性。而马克思主义政党的先进性体现在工人阶级作为先进生产力的代表，要始终与先进生产力结合在一起。最早的《中国共产党章程》就此确立了我们党的最低纲领和最高纲领，将为全人类的解放和实现人的全面发展，最终实现共产主义美好社会作为伟大目标，这根本上代表了社会发展的正确方向，代表和维护了最广大人民的根本利益。所以，无论是革命斗争时期，还是和平发展时期，中国共产党坚守着这一纯洁性、先进性和人民性，感召着无数仁人志士不断加入进来，汇集起全社会进步力量，为人类的解放事业进行不懈的奋斗和探索。

_* 本文原载中国网 2017 年 10 月 12 日。

从历史逻辑来看，中国共产党有力引领了中国历史的发展方向

中国共产党诞生在半殖民地半封建社会，在此之前，中华民族饱受列强欺侮。20世纪初尽管不少阶级和政党也都做出了反抗的努力，但都没能找到一条契合中国社会国情的道路、形成一个有力的政党带领人民实现国家独立和民族解放。而中国共产党一成立，就始终站在历史的潮头，肩负起领导中华民族实现伟大复兴的重任。经过28年的艰苦斗争，成立了新中国，选择了社会主义制度，坚定地捍卫了国家民族利益，使中国人民从此站立起来；又经过68年的奋斗建设，不仅为中国的进步和发展奠定了坚实的制度基础，还建立起了独立、完整的工业体系和国民经济体系，而且顺应历史潮流、锐意改革开放，开辟了中国特色社会主义道路，极大解放和发展了社会生产力，使中国人民富起来了。中国共产党从而成为全中国各族人民最可依靠、最能信赖的领导力量。

从现实逻辑来看，中国共产党始终代表着中国人民的根本利益

21世纪的今天，中国共产党领导中国人民已经取得举世公认的伟大成就，走过了有些国家用一百多年甚至更长时间走过的现代化历程，创造了人类发展史上的奇迹，使具有5000多年文明历史的中华民族全面迈向现代化，中国这个世界上最大的发展中国家在短短30多年里摆脱贫困并跃升为世界第二大经济体，国家综合实力、科技实力和人民生活水平大幅提高，中华文明在现代化进程中焕发出新的蓬勃生机。如今，中华民族已经走到世界舞台的中央，我们比历史上任何时期都更接近中华民族伟大复兴的目标，比历史上任何时期都更有信心、有能力实现这个目标。以习近平同志为核心的党中央坚持以人民为中心的发展思想，代表最广大人民群众的根本利益，提出"人民对美好生活的向往，就是我们的奋斗目标"；科学把握当今世界和当代中国的发展大势，顺应实践要求和人民愿望，锐意改革，不断创新，推出一系列重大战略举措，出台一系列重大方针政策，推进一系列重大工作，解决了许多长期想解决而没有解决的难题，办成了许多过去想办而没有办成的大事；以大无畏的气概和勇气全面加强党的领导和自身建设，不断提高党自我净化、自我完善、自我革新、自我提高的能力，党的执政基础和群众基础更加巩固，党的凝聚力、战斗力和领导力、号召力显著增强，为党和国家各项事业发展提供了坚强政治保证。

从发展逻辑来看，中国共产党继续开创着民族复兴的光辉前景

到2020年，我国要全面建成小康社会，实现第一个百年奋斗目标，完成党向人民、向历史作出的庄严承诺。全面建成小康社会后，中国共产党还要带领全

国各族人民为实现第二个百年奋斗目标而努力，踏上建设社会主义现代化国家新征程。在新的时代条件下，中国共产党要进行伟大斗争、建设伟大工程、推进伟大事业、实现伟大梦想，必将继续保持和发扬马克思主义政党与时俱进的实践品格，永葆旺盛生命力和强大战斗力，应对新的各种形势的重大挑战和风险、克服各种重大阻力和矛盾，不断从胜利走向新的胜利，让中华民族以更加昂扬的姿态屹立于世界民族之林。

"作始也简，将毕也钜。"中国共产党成立以来的历史充分证明，中国共产党的领导地位得到了人民认可、经得起历史检验。没有中国共产党，就没有新中国，就没有中国的现代化，就没有中华民族伟大复兴的光明前景。

循着发展的逻辑——一个经济学人的时事观察（2016—2020）

作风建设开启
党风政风新局面*

党的十八大以来，以习近平同志为核心的党中央以强烈的历史责任感、以解决党风政风存在的现实问题为切入点，以踏石留印、抓铁有痕的精神狠抓党的作风建设，五年来取得了明显成效，党风政风焕然一新，党心民心更加凝聚。

作风建设环环相扣，党内政治生态明显好转

针对过去一个时期以来党风政风出现持续滑坡，官僚主义、形式主义、享乐主义、奢侈作风屡禁不止而引起人民群众强烈不满的现象，以习近平同志为核心的党中央上任伊始，中央政治局就通过"八项规定"，开宗明义，从自身做起，以身作则，以上率下。紧接着，党中央对腐败和作风上的问题坚持"零容忍"的态度，聚焦形式主义、官僚主义、享乐主义和奢靡之风进行有力整治，通过一手抓"四风"狠刹其蔓延势头，一手抓反腐倡廉，出重拳、用重典，一大批"老虎""苍蝇"被绳之以党纪国法，不敢腐的氛围总体形成。此后的几年，党中央在全党连续开展党的群众路线教育实践活动、"三严三实"专题教育、"两学一做"学习教育，环环相扣的党内学习教育活动，让党的优良传统和作风得到恢复和发扬，进一步密切了党群干群关系，管党治党失之于宽、失之于松、失之于软的问题得到扭转，不敢腐、不能腐、不想腐的效应充分彰显，反腐败斗争压倒性态势逐步形成，党内政治生态开始清朗起来。

思想意识不断强化，正风肃纪氛围基本形成

通过五年的扎实努力，全党从中央到地方，对党风廉政建设重要性和紧迫性的认识更加深刻，抓作风、转作风的思想意识和行动自觉性普遍增强。广大党员干部以《中国共产党章程》为基本遵循，深入学习习近平总书记重要讲话精神，倡导读原著、学原文、悟原理，以学习先行带思想发动，在立根固本上下足功

---

* 本文原载中青在线 2017 年 10 月 12 日。

夫，在精神上自觉补"钙"，进一步坚定了马克思主义信仰、社会主义和共产主义信念，更加自觉祛除歪风邪气、树立清风正气，一大批党员领导干部挺起了共产党人的精神脊梁和责任担当。各级党委和党组织在党中央的坚强领导下，不仅提高了对加强作风建设的思想认识，增强了落实管党治党的主体责任，也明确了新形势下作风建设重点抓什么、怎么抓的思路和方法，丰富了管党治党经验。与此同时，全党上下把纪律建设摆在更加突出位置，坚持纪严于法、纪在法前，用政治纪律、组织纪律、廉洁纪律、群众纪律、工作纪律、生活纪律管住全体党员，正风肃纪的氛围基本形成，党风政风和作风建设的长效机制也开始形成。

党内法规逐步完善，制度"笼子"扎得更紧

五年来，我们党在推进作风建设中及时把成功经验转化为制度成果，为全面从严治党提供制度利器。坚持解决问题与建章立制相结合，坚持健全制度与执行制度相结合，以转作风改作风为重点的制度体系更加完善。中央相继出台党政机关厉行节约反对浪费、国内公务接待管理、公务用车改革等一系列制度，颁布实施新修订的《中国共产党廉洁自律准则》《中国共产党纪律处分条例》；党的十八届六中全会通过了《关于新形势下党内政治生活的若干准则》《中国共产党党内监督条例》。自此，党风廉政建设制度法规更加完善更加全面，作风建设的制度"笼子"扎得更紧，制度执行力和纪律约束力明显增强，党内生活更加规范。狠抓党风廉政建设有力推动了全面从严治党，进而推动了党风民风社风明显好转，在全党全社会弘扬了正气，使党在人民群众中威信和形象进一步树立，党心民心进一步凝聚，厚植了党执政的政治基础，形成了推动改革发展的强大正能量。

面对新形势下我们党正在进行的具有新的历史特点的伟大斗争，作风建设任重而道远，作风建设也永远在路上，我们还要不断增强政治意识、大局意识、核心意识、看齐意识，更加紧密地团结在以习近平同志为核心的党中央周围，把作风建设贯穿始终，标本兼治，持之以恒，久久为功，使我们的党始终成为中国特色社会主义事业的坚强领导核心。

循着发展的逻辑——一个经济学人的时事观察（2016-2020）

任凭世界风浪起
中国何以稳健行大船？*

时间推到 2008 年，一场百年不遇的世界金融危机从华尔街爆发开来并蔓延世界，这是西方社会进入资本主义时代以来的第三次世界性经济危机，对美国金融业冲击之惨烈依旧历历在目，遭遇重创的世界经济至今仍复苏乏力。由此引发了一场世界政治经济格局的大动荡、大调整、大变革，世界分工格局开始出现持续的演变。

就在这一期间，中国经济却犹如一艘稳健的航船，虽也几经颠簸，但却从容自若——劈风斩浪、破浪前行，中国不仅一跃成为世界第二大经济体，而且成为世界经济走向复苏的"发动机"和"新引擎"，为迷茫失措的世界提供了中国方案、开出了"中国药方"，彰显出独特的中国智慧和中国力量。

各国友好人士不断为中国点赞，为中国能在全球经济的暴风骤雨中走到世界舞台中央，为孱弱的世界经济撑起遮风避雨的"和平发展之伞"而鼓舞。

那么，中国为什么能？

准确把握中国经济新方位　认清现实才行稳致远

方向明则前景广。

无论是革命、建设年代，还是改革年代，中国共产党多年积累起来的一个光荣的历史传统和成熟的实践经验，就是能在关键的转折时期，充分认识和把握国内国际大势，利用集体智慧找准党和国家的发展方位。

党的十八大以来，我国经济社会发展站在了新的历史起点上，国际经济政治格局和治理秩序进入了大变革、大调整时期。

从国际来看，经过 2008 年全球金融危机冲击之后，世界经济陷入了低增长、低就业、低通胀、低贸易的经济格局，民粹主义、贸易保护主义重新抬头，地缘

---

*　本文原载新华社主办《财经国家周刊》2017 年第 21 期，2017 年 10 月 16 日出刊，原题为《中国方案：风浪中行稳致远》。

政治格局更加扑朔迷离。以欧美国家为代表的主要产成品消费国，以拉美、中东、非洲国家为代表的资源原材料输出国，以中国和东南亚国家为代表的生产基地国曾经稳定的国际分工"大三角"悄然变化。新的国际分工格局重构必然带来资源、资本、产业布局的竞争性博弈，由此也形成了和平赤字、发展赤字和治理赤字。

国际货币基金组织（IMF）总裁拉加德女士最早提出，要解决全球经济增长速度长期低迷问题，各国必须进行结构性改革。而全球低增长困境的症结也正在于结构性改革迟缓。与此同时，以互联网技术为代表的新一轮信息技术革命拉开了人类第四次工业革命的序幕。世界各国不仅要通过结构性调整提升分工位势，争取更有利的分工地位，而且谁占得新技术革命的先机，不断提升传统产业转型升级步伐，谁就能赢得新的经济增长动力并由此推进结构性改革。这里首先表现出竞争，然后通过世界经济秩序的重构再形成竞合。对于已经深度融入经济全球化并成为世界第二大经济体的中国来说，自然是"树欲静而风不止"，中国需要应时、顺势、谋事。

从国内来看，改革开放以来，综合国力明显增强，人民生活大幅提升。在全体人民分享世界第二大经济体量、制造业第一大国、货物贸易第一大国、外汇储备第一大国的成果的同时，我们面临着资源环境更加紧张、人口红利逐步消失、体制机制累积性矛盾日益凸显的新挑战。特别是金融危机之后，中国进入"三期叠加"的特殊阶段，增长速度换挡、结构调整加速、新旧动能转换、经济下行压力加剧、产业投资边际效率递减、居民消费由排浪式全面进入个性化升级、传统贸易市场日渐萎缩。由此带来供求结构、技术结构、产业结构和城乡区域结构进入深刻调整期。更重要的是，人均 GDP 数值恰恰进入"中等收入陷阱"阶段的中位值，所有"中等收入陷阱"特征集中爆发。

2013 年以来，习近平总书记脚步遍及大江南北，纵览世情、体察民情、审时度势，高瞻远瞩地提出，中国经济社会进入了"新常态"。这一"新常态"鲜明的特征是中国经济增长速度已由高增长进入中高速增长，经济结构已由增量扩能转向存量调整做优增量、规模速度型转向质量效益型，经济增长动力已由要素驱动、投资驱动转向创新驱动。中国经济向形态更高级、分工更复杂、结构更合理的阶段演化是新常态的基本趋势。主动适应、把握、引领经济新常态是当前中国经济社会发展的大逻辑。

与此同时，在世界经济正在寻找新的增长动力、中国正处于转型升级的历史关口这种内外联动的"历史性交汇"之际，我国仍然处于大有可为的重要战略机遇期，但必须深刻把握战略机遇期的内涵变化，牢牢抓住由加快速度的机遇变为加快转型的机遇，由扩张规模的机遇变为提高质量的机遇。机遇抓不住就是挑战，让稍纵即逝的机遇为我所用、倒逼经济社会变革，才能推动经济社会发展全面转型升级，让我国的发展占据国际竞争的制高点。

正是由于党的十八大以来以习近平同志为核心的党中央对时势作出准确判断，标定了中国经济的新方位，谋定而后动，以发展和完善中国特色社会主义制度不动摇，不为时势纷繁变动所困扰，始终坚持战略定力一心一意谋发展，中国发展的新航船再次起航，乃至行稳致远。

牢固树立五大发展新理念　思想先行方有的放矢

"理者，物之固然，事之所以然也。"

经济社会环境发生变化，发展理念必然要发生变化。新形势催生新理念，新问题提出新任务，新任务彰显新要求。中国共产党的历史经验表明，一定的发展实践都是由一定的发展理念来引领，发展理念是管全局、管根本、管方向、管长远的东西。发展理念是否对头，从根本上决定着发展的成效乃至成败，及时转变发展理念，将有利于引领发展思路、发展方向、发展方式的转变。

习近平总书记在党的十八届五中全会上的讲话中指出："实践告诉我们，发展是一个不断变化的过程，发展环境不会一成不变，发展条件不会一成不变，发展理念自然也不会一成不变。"党的十八大以来，以习近平同志为核心的党中央，牢牢把握中国特色社会主义事业总体布局，以问题为导向，从破解发展难题、转变发展方式、激发发展动力、厚植发展优势、重塑发展引领出发，鲜明地提出创新、协调、绿色、开放、共享五大发展新理念新思维。五大发展理念，是在全面建成小康社会决胜阶段，为解决我国发展中的突出矛盾和问题应运而生的，与引领我国经济发展新常态的要求相适应，与实现"十三五"时期全面建成小康社会的目标相契合，与人民群众热切期盼在发展中有更多获得感的期待相呼应。

新发展理念是党的十八大以来我们党关于发展理念的重大升华，是关系我国发展全局的一场深刻变革，是解决中国现实发展问题的根本指针，也是对我国发展理论的又一次重大创新。

创新，是引领发展的第一动力，着重解决经济增长动力不足的问题。这五年，党中央坚持把创新摆在国家发展全局的核心位置，不断推进理论创新、制度创新、科技创新、文化创新等各方面创新，让创新贯穿党和国家一切工作，让创新在全社会蔚然成风。通过深入实施创新驱动发展战略，我国开始由科技大国向科技强国跨越，目前我国已成为全球第二大研发投入大国和第二大知识产出大国，一大批重大原创成果和一大批世界引领性重大科技成就令世人瞩目，中国也由技术跟跑走向先发优势领跑，产业发展不断由中低端向中高端迈进。

协调，是持续健康发展的内在要求，着重解决发展不平衡问题。这五年，党中央正确处理发展中的重大关系，重点促进城乡区域协调发展，促进经济社会协调发展，促进新型工业化、信息化、城镇化、农业现代化同步发展，在增强国家硬实力的同时注重提升国家软实力，不断增强发展整体性。沿海经济带继续领跑全国，长江经济带发展纵深辐射，京津冀协同发展和雄安新区设立成为新的亮点，东北老工业基地和中西部地区发展有序跟进。城乡差距、东中西部差距逐步缩小，尤其是致力于全面建成小康社会"一个都不能少"的目标扎实推进，打好脱贫攻坚战坚决不动摇，近五年平均每年减少 1391 万贫困人口，为全球减少贫困提供了中国范例。

绿色，是永续发展的必要条件和人民对美好生活追求的重要体现，着重注重解决人与自然不和谐问题。这五年，"绿水青山就是金山银山"的发展理念、建成天蓝地绿水清的美丽中国的发展目标已经深入人心，尊重自然、保护自然、顺应自然开始蔚然成风。从中央到地方环保督察力度大大加强，筑牢生态安全的制度防线、夯实环境保护体制机制更加完善，生态环境治理走上了标本兼治的快车道。让老百姓望得见山、看得见水、记得住乡愁，使这些美丽图景更多地成为现实。

开放，是国家繁荣发展的必由之路，着重解决发展内外联动问题。这五年，我国秉持包容互鉴、合作共赢的理念，大力发展更高层次的开放型经济，推进公平开放、全面开放、双向开放、共赢开放，积极参与全球经济治理和公共产品供给，努力提高我国在全球经济治理中的制度性话语权。我国对世界贸易的贡献始终达到 30% 以上，为复苏乏力的世界经济注入了一针"强心剂"，为世界经济增长形成了"压舱石"，而且我们在主场成功举办 G20 峰会，倡导的"一带一路"宏伟构想得到越来越多国家和国际组织参与支持，金砖五国论坛也是亮点纷呈，在逆全球化浪潮肆虐的情况下中国提出的"打造人类命运共同体、责任共同体"思想写入了联合国重要议程，充分展示出中华文明开放包容、胸怀天下、立己达人的中国价值。

共享，是中国特色社会主义的本质要求，着重解决社会公平正义问题。这五年，党中央坚持发展为了人民、发展依靠人民、发展成果由人民共享，使全体人民在共建共享发展中有了实实在在的获得感，践行了"让老百姓过上好日子是我们一切工作的出发点和落脚点"的价值追求，彰显了中国特色社会主义道路的无比优越性。这五年，人民福祉不断增进、生活水平不断提高，曾经困扰人民群众的就业、教育、医疗、社会保障、收入分配等民生关切问题大幅度改善，"以人民为中心"的发展思想引领着全体人民向共同迈入全面建成小康社会的目标稳步前进。

正是因为我们牢固树立五大发展理念并坚定不移贯彻落实，正是因为习近平总书记作出的"人民对美好生活的向往就是我们的奋斗目标"这一庄严承诺在充满活力的中华大地上不断谱写新的乐章，我国经济社会发展一直在向更高质量、更有效率、更加公平、更可持续的发展方向阔步前行。

坚定推进改革创新新抓手　动力充足致破茧化蝶

改革和创新是发展的两个轮子，也是我国经济社会发展的两大动力。

改革是当代中国最鲜明的时代特征。党的十八大以来，以习近平同志为核心的党中央站在我国发展新的历史起点上，从完善和发展中国特色社会主义制度、推进国家治理体系和治理能力现代化的总目标出发，高擎改革旗帜，以巨大的政治勇气和政治智慧锐意推动改革，全面发力、多点突破、纵深推进，开创了中国改革发展的崭新局面，谱写出了豪迈空前的改革乐章。

新一轮改革由问题倒逼而产生，又在不断解决问题中而深化。人民有所呼，改革有所应。这也是新一轮改革的鲜明特色。党的十八届三中全会作出《中共中央关于全面深化改革若干重大问题的决定》，首次提出全面深化改革的总目标。习近平总书记亲任中央全面深化改革领导小组组长。截至2017年8月，中央全面深化领导小组已召开38次会议，共出台各项改革方案、政策和文件1200多项，对新时期全面深化改革进行了总体设计、系统布局、统筹谋划和整体推进，在汲取多年改革经验的基础上，从改革理论到改革实践又进行了全面创新，"全面""深化""改革"字眼已深入人心。

这五年的全面深化改革着力顶层设计和统筹谋划，以问题为导向倒逼改革，以法治思维和法治方式引领改革，以制度创新推动改革，着力发挥人民群众的首创精神和基层经验。全面深化改革让群众获得感大为增强。五年来，一项项重大改革举措"破茧化蝶"，全面发力，多点突破，纵深推进，日见其效。"创新驱动发展""供给侧结构性改革""放管服改革""大众创业、万众创新""全面从严治党"……成为全面深化改革的鲜活注脚，也推进着各项改革涉深水、过险滩，蹄疾步稳，快马加鞭。

创新成为当代中国发展活力最生动的写照。互联网、移动支付、高铁、共享单车成为当代中国值得骄傲的新"四大发明"。这是创新中国的时代写照。我们不仅可以看到，像张瑞敏、柳传志等改革开放后第一代企业家仍活跃在当今企业创新的时代舞台上宝刀不老，也能看到马云、马化腾、李彦宏等互联网创业企业家以巨大的创新驱动力正在改变着当今中国的社会经济结构，更可以看到程维、胡玮炜等80后、90后共享经济创业家后起勃发的创新力量……党中央倡导的大众创业、万众创新的时代氛围，已经激发起以分享经济、数字经济、生物经济、绿色经济、创意经济、智能制造为代表的经济发展新动能，正在撑起中国经济发展的新天地，由此也必将开创中国经济更大更广阔的发展空间。

一位国外有识之士描述说：近 40 年的改革开放，不仅带来了经济繁荣，更带来了人民富裕；不仅丰富了物质生活，更丰富了精神生活；不仅让中国人扬眉吐气，更让中国人挺直脊梁。

改革和创新，已经成为当代中国人的思维方式和内在品格，也必将成就中华民族伟大复兴中国梦的华美梦想。这应当是我们书写"中国为什么能"的最好答案。

9 月 CPI 和 PPI 符合预期
料全年 CPI 将保持在 2%以内 *

2017 年 10 月 16 日上午，国家统计局公布了 9 月物价运行状况：全国居民消费价格 CPI 同比上涨 1.6%，相比 8 月略微回落 0.2 个百分点，环比上涨 0.5%；工业生产者出厂价格 PPI 同比上涨 6.9%，涨幅比 8 月扩大 0.6 个百分点，环比上涨 1.0%。CPI、PPI 两大物价指标基本没有超出经济学界的普遍预期，也符合当前企业生产和消费市场的基本运行态势，总体也符合 2017 年以来国民经济稳中有进的总基调。

CPI 仍属低位运行　结构性涨价因素需关注

2017 年两会《政府工作报告》对全年物价指数的设定目标是 3%。从前三个季度月份 CPI 走势看，除了 1 月因为跨年的翘尾因素和基数的影响，CPI 月度同比上涨 2.5%，2017 年 2~9 月，CPI 同比涨幅渐进式从 0.8%上行至 1.8%左右，物价指数稳定地落在"1 时代"。

结构性地看，影响 CPI 指数权重的衣、食价格一直处于低位运行，尤其是关乎老百姓"菜篮子价格"的猪肉、蔬菜、果品、鸡蛋等，粮食价格则基本平稳。往年波动较大的"猪周期"在 2017 年则波澜不惊。9 月，猪肉价格下降 12.4%，影响 CPI 下降约 0.36 个百分点。上半年，鸡蛋价格曾一度大幅回落，第三季度后虽有所上涨，但仍属恢复性质。总体上看，老百姓"菜篮子"能拎得轻，这与 2017 年我国农业生产形势总体向好、农业部门调控稳价和促进农业供给侧结构性改革取得成效密切相关。

但也需要看到，计入 CPI 的其他七大类价格同比均有不同程度的上涨。比如，2017 年 9 月，医疗保健、居住、教育文化和娱乐价格分别上涨 7.6%、2.8%、2.3%，成为物价小幅上行的主要贡献因素。而且这一态势在前三个季度月份价格波动中一直十分明显。这一方面反映了我国城镇居民消费正由基本物质

---

* 本文原载中新经纬 APP2017 年 10 月 16 日。

消费向生活服务和享受型消费转变，对居住、医疗保健、文娱需求不断增大，拉动相关服务价格不断上涨；另一方面也说明为城镇公共服务型供给尚有较大空间。如果结合 2017 年以来全社会商品零售总额增幅一直保持在 10% 的状况来看，也提示我们要更加关注我国居民消费结构的变化，要在进一步缩小城乡居民收入差距、不断提高城乡居民收入水平和现实购买力，增强居民社会保障和公共服务能力上下更大力度，避免服务性价格上行过快给百姓带来新的生活压力。

PPI 还在小步上行　须防上游价格向下游传导

2017 年以来，为生产企业关注的 PPI 一直处于上行态势。2017 年 9 月，全国工业生产者出厂价格同比上涨 6.9%，环比上涨 1.0%。扣除基数波动影响，2017 年 1~9 月，平均工业生产者出厂价格同比上涨了 6.5%，工业生产者购进价格同比上涨了 8.4%。第二、第三季度月度值还处于明显上扬状况。

主要原因是，2017 年以来，生产资料价格上行没有止步。仅从 9 月来看，工业生产者出厂价格中，生产资料价格同比上涨 9.1%，影响工业生产者出厂价格总水平上涨约 6.7 个百分点。

1~9 月煤炭开采和洗选业、石油和天然气开采业、黑色金属矿采选业、有色金属矿采选业工业生产者出厂价格分别增长了 35.6%、33.0%、18.5%、14.1%，燃料动力类、黑色金属材料类、有色金属材料及电线类、化工原料类、木材及纸浆类工业生产者购进价格分别增长了 14.7%、17.0%、15.5%、8.3%、5.3%。这些工业原材料价格 2017 年以来出现较快上涨，一是 2017 年以来国际经济开始转暖。美国、欧盟经济回暖迹象明显，欧盟制造业 PMI 一直高企。二是 2017 年国内基础设施投资也在不断增加，表现在挖掘机开工率一直攀升，带动了上游产业的跟进。三是 2017 年以来，国家环保限产力度加大，一定程度上给上游产业发展带来稳定预期。国内制造业 PMI，也连续数月一直处于荣枯线之上。

不过也需要看到，上游产业 PPI 连续上行最终会传导到下游制造业乃至后端服务业。2017 年以来，上游工业月度营业收入和利润增长甚是乐观，相关上市公司股价一涨再涨，但下游端成本压力不断增加。进一步地，PPI 上行不止，最终会反映到工业制成品和服务性价格上涨上，尽管从市场面看，国内产能过程、产品过剩的局面不会很快改变，但结构性涨价因素传导下去，消费者将会为最后的价格上扬买单。

2017 年第四季度 CPI、PPI 运行不会超出预期

从 2017 年全年物价分析，无论是 CPI 还是 PPI 运行，我们基本可以作出这样的判断：按照 2017 年全年 GDP 前高后低的基本态势，以及宏观调控部门将继

续保持稳中有进的总体政策基调，第四季度物价指数不会有更大起伏，全年的CPI 将保持在 2%以内，PPI 月度涨幅也不会超出 10%。

但如果从 2018 年乃至今后更长一个时期来看，2017 年平稳较低的物价走势可能是一个低点。随着供给侧结构性改革的完成和货币政策的相机调整，特别是人工成本、生产运营成本不断上行的趋势，我们需要未雨绸缪，利用当前低物价、稳增长的有利时机，加快产业结构调整和发展方式转变，为未来留出更多的政策空间。

环保税将推动
企业绿色转型*

2018 年 1 月 1 日，环保税将正式开征。在倒计时越来越接近的时间窗口，财政部、国家税务总局和环境环保部正加紧进行税源摸底，加大企业排查力度，为环保税顺利开征做好各项准备工作。与此同时，自 2017 年 9 月底以来，多个省份也已进入环保税正式开征的最后准备阶段。广东省日前就发布了《广东省大气污染物和水污染物环境保护税适用税额的决定（草案）征求意见稿》。

在当前的经济形势下，环保税的开征，将会产生一系列的连锁效应。环保税的开征，对企业和产业结构将产生怎样的影响？改革需要规避哪些风险？如何掌握改革的节奏、平衡各方因素？对此，《东莞日报》特邀著名经济学家宋清辉、国家行政学院研究员胡敏、首都经济贸易大学产业经济研究所所长陈及发表看法。

倒逼企业进行技术升级创新

记者： 在中国当前的经济环境下，环保税的开征，对企业将产生哪些影响？对产业结构调整和供给侧结构性改革，将产生怎样的现实意义？

宋清辉： 在中国当前的经济环境下，环保税的开征意义重大，对减少污染，对产业结构调整和供给侧结构性改革都具有重要的现实意义。整体来看，环保税的开征，对企业将产生三个方面的影响：一是增加企业综合成本，环保税的开征，势必会导致环境成本的产生，而环境成本属于企业生产成本，最终会导致企业总成本增加。二是倒逼企业进行技术升级和创新，企业不管是出于自愿还是被迫，淘汰落后的生产设备，购买先进的节能设备，都是当务之急。因为企业节能减排做得好就可以少缴税或者不缴税，反之，要多缴税甚者加倍缴税。三是根据环保税的税收优惠，把企业业务范围等向税收优惠靠拢，从而为企业合理避税。

胡敏： 环保税的开征，既是贯彻新发展理念、促进生态文明建设的切实举

---

* 本文原载《东莞日报》2017 年 10 月 17 日，记者：于长洹。

措，也是加快政府职能转变、进一步促进"费改税"、规范征税体制、明确企业缴税责任的必然要求，这也将给高耗能高排放企业一个明确信号，就是这些企业向环境排污必须承担外部性成本，也将有利于加快工业企业结构调整，深化供给侧结构性改革。环保税就是一个硬的杠杆，谁排放就要征谁的税，多排就要多缴税，这样就会使企业主体增强提升环保水平的行动自觉，加大技术改造力度，切实减少污染物排放量。

陈及：环保税的制定，依据的就是"谁污染、谁治理"原则。通过开征环保税，相应地会加大企业的生产成本，也一定程度上会推高商品的价格，这有助于抑制过度需求和过度消费。同时，环保税的开征，将促使企业进行生产设备的更新和技术的创新，迫使企业在生产过程中，不得不将社会成本考虑进去，这也将推动企业绿色转型。

细化税收标准　形成正向激励

记者：各地已经陆续进入环保税开征倒计时状态，那么，对于环保税的开征，需要注意哪些问题？需要规避哪些风险？

胡敏：这么多年来，我们事实上都是通过征收排污费来驱动企业承担环保责任，客观起到一定效果，但是通过缴费方式发现，征收主体在环保部门不是在税收部门，各地标准也不完全统一。将排污费改成环保税，不仅明确了征收标的，扩大了环保税的征收内涵，也明确了环保部门和税务部门各自的责任，将征税与监督分开，有利于各司其职，提高执法刚性，企业也能有的放矢。

按照现在的"费改税"趋势，许多地方还只是"平移"负担标准，对不同地区、不同产业、不同企业在排污量的征税标准、增减档次的税率上还缺乏一个比较科学的依据，是不是能够解决企业主体的逆向选择和形成严格的激励约束机制恐怕还要有一个实践期，征收环保税的根本在于将排污成本内化为企业的成本，不能让企业主体规避环保责任。这既需要细化税收标准，也要形成正向激励。否则，会导致各地区在承担环保负担上苦乐不均，或者驱动地方政府和地方高耗能高排放企业形成利益合谋。

陈及：如果环保税的税负过大，那么势必会进一步挤压企业的生存空间。当然，环保税的开征势在必行，对整个社会有很大意义。建议政府在开征环保税的同时，也要通过减轻企业的其他税负，或者是用财政补贴的方式，激励那些积极进行技术创新和转型升级的企业，这样就既不会加重企业的负担，还能调动企业的积极性。

宋清辉：需要充分注意到企业的承受能力，否则有可能增加开征环保税的风险与阻力。需要提高税额的，可以采取分阶段逐步提高的方式，并对企业节能减排改造投入予以财税政策及相应的资金扶持，不能竭泽而渔；环保及税务部门应进一步优化、透明环保税征管措施，并加强监管，营造公平税收环境，最大限度减轻企业负担；相关部门不要把本属于自己的费用转嫁到企业身上，作为征收依据的污染物指标计量和测算等，应由政府财政承担。

注意掌握节奏　平衡各方面利益

记者：在当前经济形势下，既要发挥环保税治理污染、促进企业更多采用节能环保的技术和设备的作用，还要考虑到企业承受能力。那么，改革要如何平衡各方面因素？

宋清辉：改革要注意掌握节奏，平衡各方面因素。第一，多进行环保税的知识普及，打消企业担忧。因为按照政策设计，开征环保税后，企业的负担是基本保持稳定的。这是因为环保税立法原则是税负平移，实现收费与征税制度的平稳转换，根据现行排污费项目设置税目，将现行排污费征收标准作为环保税的税额下限。第二，大型的化工类能源等企业费改税之后，成本会有大概率大幅度的提高。这类企业想生存下去就尽快想办法应对，通过科技手段等减少污染排放，税务部门应督促这类企业尽早应对，如增加设备投入、改造流程等，提前加大环保投入。

陈及：环保税的开征，企业的生产成本上升，可能会造成企业的困境，如果出现关停现象，那么就业等问题也会凸显出来。这就需要政府部门在改革过程中进行综合考量和平衡各方利益。另外，对于一些以高污染产业为主导的地区，环保税开征过程中，为了维持地方经济发展，政府部门很有可能推动的积极性不高，会出现拖延的情况，这也需要进行通盘考量。

胡敏：从目前报道的信息来看，征收环保税还处于起步阶段，还没有一个顶层设计，主要还是照顾到各地情况，出于平衡考虑。从全国范围来看，高污染高排放企业由于历史的原因，在区域布局上本身就有差异，如果一些企业对当地税收贡献和经济产出高，地方政府会有激励，而一旦这些企业对当地贡献不大，也会驱使它们向一些不发达地区转移，这就与环保税征收的目的相违背。所以，在掌握节奏、平衡利益的同时，必须有全国一盘棋的思考，目的在于将征收环保税的压力转化为企业主体加大技术改造、自觉承担生态环境保护责任的内在动力。

日本制造何以
"走麦城"？*

　　2017 年 10 月，跻身世界 500 强之一的日本第三大钢铁联合企业日本神户制钢所被曝长年篡改铝、铜等制品强度和尺寸等数据。大名鼎鼎的日本钢企"造假丑闻"给近年来连续走"背"字的日本企业又是重拳一击。

　　的确，东芝断臂、夏普卖身、三菱造假、高田破产，松下、夏普、索尼等企业陷入亏损、变卖身家的泥潭时有耳闻。日本名企纷纷走下神坛，甚至有言"日本制造大溃败"的惊悚说法也见之报端。从 20 世纪 80 年代日本电子产品、日本汽车开始在世界风靡，到今天许多日本制造企业却"鲜花凋零"，在唏嘘之余，人们需要问说的是这究竟为什么？特别是对当今"中国制造"开始风靡全球之际，乐观的中国企业该有怎样的未雨绸缪而防患于未然。

　　俗话说，"三十年河东，三十年河西"。从大的经济环境来看，日本企业和"日本制造"辉煌不再，是与日本经济近几十年来一直低迷的状况相伴相生的。除了"走马灯"式的日本政府常态性更替对可持续的国家经济发展战略稳定执行造成不利影响的政治原因之外，近些年日本屡遭地震、核泄漏、洪水等自然灾害，对其制造产业和企业生产链条也造成了很大冲击。还有，20 世纪末日元升值和欧美国家对日的贸易壁垒使以出口导向型的日本经济形成出口市场重压，一直是一个挥之不去的不利因素。当然，以中国、韩国和东南亚地区制造企业的不断崛起，使日本制造的比较优势大为衰减，也根本阻断了日本制造的出口市场。

　　若作更深层次的分析，战后日本创造的经济奇迹得益于有效的产业政策扶持和市场化的企业精耕细作的内生发展动力和涌现出的一批创业型企业家。但今天的日本经济的确背负着不小的挑战：一是人口的老龄化态势，不仅使国内消费需求严重不足，还大大增加了企业员工成本，曾经为日本企业津津乐道的员工年功序列制给大型企业带来很大的经营压力。二是为"日本制造"骄傲的精细、严谨的"工匠精神"在一定程度上却也成为企业转型升级的"技术性路径依赖"。

---

*　本文原载《东莞日报》2017 年 10 月 17 日。

比如，为日本制造创造美誉的家电和电机企业在技术变革的重要转型期，没有更快地跟上网络技术变革的步伐，像日本的电视机由于过于强调技术领先，并过于追求完美，因此制造成本居高不下，价格在国际市场失去了竞争优势，加上开拓新兴市场步伐缓慢，因此在短短几年的时间里，被中韩企业频频追赶，呈现连战连输的困局。三是战后以奋斗精神和市场开拓精神著称的日本企业家群雄崛起的局面在当今日本年轻一代企业中似乎难以见到。不少日本企业研究人士遗憾，当今的日本企业家已经不是创业一族，大部分公司职员为生计和晋升按部就班地递进，更多地成为"调和型"经营者，"求稳"和"故步自封"成为他们的最大特点，也成了企业发展的最大掣肘。四是经济全球化飞速发展，无论发达经济体还是后起的追赶型国家，大家都在世界市场平台上竞争，想以一国的产业或产品主导世界消费市场的格局也已不复存在了。

当然，我们对日本企业和"日本制造"今天出现的一些问题，理当辩证分析、全面透视，既要汲取其演变过程中的一些教训，更要包容性审视。

应该说，"日本制造"在当今还是具有足够强的核心竞争能力的。据联合国工业发展组织（UNIDO）发布的各国工业竞争力报告来看，21世纪以来，日本在全球制造业领域仍然稳坐头把交椅。该报告从制造业人均生产值、出口产品质量、影响力等各个方面对135个国家和地区的制造业竞争力进行了评估，最终认定日本为最具有制造业竞争力的国家。紧随其后的是德国、美国、韩国，中国位列第七。在技术导向产业、高档耐用品领域以及在相关领域内对关键技术的掌控，"日本制造"的地位和世界影响力仍是难以撼动的，而且许多日本大企业已经实现了全球化布局，其在全球市场的渗透力还坚不可摧。

如今，"中国制造"逐步走到了世界舞台的中央，在欣慰"大"了的同时，更要时时提醒自己还不够"强"。中国作为一个市场广阔的制造业大国，发展空间和发展路径与日本不可雷同也有自己的轨迹，我们理当从"日本制造"出现的小小"弯路"中明晰应该走什么路。

加大先进技术研发
助力诚信社会建设*

一枚小小的印章在我们的日常生活中处处可见，尤其是在商务往来、合同签订、项目审批、政府机关公文签发、税务申报、法院系统等领域发挥着重要作用。可以说，凡是在任何需要生成法律效力的文书上面都需要以印章来证明其权威性、合规性、契约性。印章一般又称为公章，所谓"公"，也就体现着签印者的公信力和诚信度。随着信息技术的发展尤其是互联网技术的发展，一种新的签章方式——电子签章，开始走到生活工作的前台，越来越彰显出其便捷、安全、可靠的魅力。笔者随《人民论坛》调研组到公安部三所和杭州税鸽飞腾信息技术有限公司、杭州江干区政府调研，政企研从不同侧面大力推进电子签章的技术开发和应用，让我们切身感受到电子印章的魅力，也深感刻制业改革创新的必要和其广阔的发展前景。

技术创新，让电子印章走到生活工作前台

据了解，20 世纪 90 年代中后期，随着传统办公模式逐渐向信息化办公模式转变，纸质文书的流转形式也向电子文书的流转形式转变。为能够在确保电子文书有效性的同时，也使电子文书能与传统纸质文书具有相同的公信视觉效果，电子印章的概念就此被提出，并在 20 世纪末开始付诸实践，但并没有得到广泛的承认和应用。

2005 年 4 月 1 日，国家正式颁布实施《电子签名法》，成为电子印章发展的重大机遇。作为电子签名技术的一项应用，电子印章开始有了较快发展，相关技术研究和从事电子印章技术开发和运营的公司也应运而生。公安部三所根据其职责和强大的科研开放实力，在电子签章技术研发、平台建设、推广使用上就一直走在前列，近年来又迈出了可喜的步伐。

这次调研中，据公安部三所有关负责人介绍，为适应市场经济快速发展、打

---

* 本文原载《人民论坛》杂志 2017 年第 30 期，2017 年 10 月 17 日出刊。

击制假贩假、规范市场秩序的新形势和互联网时代电子政务电子商务对无纸化办公、提升政府效能的新要求，公章刻制业也必须与时俱进改革创新，着力点就是要加大技术研发力度，推进刻制业技术创新。为此，在公安部领导下，三所管理技术人员付出了艰辛努力，不仅在关键技术上有了新突破，更是形成了清晰的发展思路。他们利用大数据技术建立了全国电子公章信息管理平台，开发了成熟、有效、实用的植入实体公章的芯片技术，着手制定公章刻制的标准体系，努力完善相关法律法规，并开始大力推进电子公章的推广运用，几方面工作齐头并进，成效显著。截至 2017 年 10 月，三所已在全国发了 50 万枚电子印章，在全国 10 多个省市开始得到运用。

可以说，一枚小小公章，通过现代技术的运用和电子签章系统的革命性变化，不仅节约了大量社会成本、可创造可观的经济效益，还有力防范了实体公章的假冒欺诈违法行为、提升了整个社会治安管理水平和政府治理能力，更是为推进诚信社会建设奠定了坚实的技术基石。

深度开发，为商事改革提供有效解决方案

任何新技术从研发到成果转化，企业始终是主导力量。电子印章开发运用也是如此。杭州税鸽飞腾信息技术有限公司就是这样一家创新性民营企业。

在这次调研走访中，我们了解到，税鸽飞腾作为浙江清华长三角研究院重点培育的国家级高新技术企业，多年来站在数据信息安全应用的创新前沿，致力于我国税务信息化建设。该公司经过十年的努力，充分利用互联网+物联网+智能终端的大数据私有云平台玺块链技术，自主开发了"云玺智能印章""多玺通智能终端""玺信政企网"等，提供了包括基于玺云平台的网络发票系统、发票查验平台、电子发票系统等一系列具有自主知识产权的产品，可以帮助企业和政府机构提供从电子发票的开具到报销的一整套闭合环节的解决方案，从而打通了"票、财、税"，实现了财税管理的一体化服务。

其税务软件产品线已为阿里巴巴集团、国美在线、银泰集团、电信等提供服务。尤其是国家发改委和国家工商总局对其电子印章系统予以充分肯定，认为，税鸽飞腾首创将互联网+物联网+私有云相结合的"云玺智能印章"，颠覆了传统印章的管理模式，其软件体系体现出的以票控税，向以数据控税转变的创新模式，可以在全国推广网络发票，并可以实时、全程甄伪监控，真正解决了假发票、偷税漏税等问题，大大降低了企业财务成本。其"玺信政企网"也使企业与政府各部门交互电子文件更加安全可控，对推进商事制度改革，促进"五证合一"、提高政府审批效率，实现让百姓少跑腿、办好事提供了高效便捷的税鸽服务平台。

以胡金钱为代表的税鸽飞腾的高管层体现了执着的民营企业家精神和高度的社会责任，他们的不懈努力正在为信用中国建设谱写着生动的电子印章推广运用的技术创新篇章。

多方协同，以政企互动推进社会诚信建设

当然，公章从实物使用到电子化运用，虽然在技术上和服务平台上有了突破，但是在技术规范、标准统一、法律法规上还需要逐步完善，尤其是在跨部门、跨地区、跨行业之间在信用信息共享、信息资源融合上，还需要对接、磨合、匹配，这期间也自然遇到了不少体制机制障碍。

在技术协同创新上需要衔接、在体制机制上平滑利益缝隙，既是笔者调研中感觉最多的问题，也是技术开发方面、产品推广方面感到最困扰的问题。笔者认为，必须要形成政策推动、多方协同的良性机制，尤其是政企之间要相互信任、相互推动。在推进信用中国建设上，政、企、研各方利益是共同的，也是从各个层面为社会诚信建设添砖加瓦。

笔者在杭州江干区调研时，江干区委区政府就对新技术的使用和对民营高新技术企业的支持显示了开放和包容的胸襟，体现了这样的担当。江干区近年来大力实施"互联网+"行动和工业化、信息化"两化"深度融合，积极扶持像税鸽飞腾这样的高新技术企业，带头使用其"云玺智能印章"系统，从而成为"互联网企业集聚新高地"，不仅激发了该区大众创业、万众创新的无限活力，也借助技术创新大大提高了政府效能，使放管服改革走在了全市前列。

坚决维护党中央权威
推进党的建设新的伟大工程*

　　党的十八届七中全会全面总结了党的十八大以来五年的辉煌成就，充分肯定党的十八届六中全会以来中央政治局的工作，明确指出要在新形势下进行具有许多新的历史特点的伟大斗争、建设党的建设新的伟大工程、推进中国特色社会主义伟大事业、实现民族复兴伟大梦想，党的各级领导干部特别是高级干部必须自觉维护党中央权威和党的团结统一，这在我国发展站到新的历史起点上具有重大而深远的意义。

　　过去五年的历史性变革充分说明全面加强党的领导是党和国家各项事业发展的坚强政治保证。

　　办好中国的事情，关键在党。党的十八大以来，以习近平同志为核心的党中央坚持以改革创新精神全面加强党的领导，深入推进党的建设新的伟大工程，全党全国各族人民更加深刻地认识到中国特色社会主义的本质特征是党的领导，是中国特色社会主义制度的最大优势。全面加强党的领导，也成为党的十八大以来的五年，党中央带领全国作出的"不平凡的九件大事"中的头等大事。这五年，以习近平同志为核心的党中央准确地提出实现中华民族伟大复兴的中国梦的伟大梦想，以伟大梦想凝聚起全国人民的思想力量，党的凝聚力充分彰显。这五年，8900万党员和450个基层党组织活跃在各行各业改革发展的主战场，充分发挥着广大党员在改革发展稳定中的干事创业、领导示范和先锋模范作用，党的旗帜在基层阵地高高飘扬，党的战斗力不断增强。这五年，党中央充分发挥总揽全局、协调各方，以上率下、层层推进党的领导核心作用，夯实了全党全军全国各族人民统一思想、统一意志的行动基础，党的领导力与日俱增。这五年，党要在广大人民群众赢得号召力，必须身正自威。党的十八大以来，党中央以自我革命的决心勇气全面从严治党，净化党内政治生态，整饬作风激浊扬清，"打虎""拍蝇""猎狐"惩治腐败，有效解决了党内存在的突出问题，反腐败斗争压倒性态势已

---

　　*　本文原载中国网 2017 年 10 月 17 日。

经形成，赢得了党心民心，党的号召力更加深入。全党的创造力、凝聚力、战斗力和领导力、号召力显著提升，使党始终成为中国特色社会主义事业的坚强领导核心，为实现中华民族伟大复兴的中国梦提供了最坚强的政治保证。

党要担负起领导人民开拓中国特色社会主义伟大事业必须牢固树立"四个意识"确保党对一切工作的领导。

改革开放任务越繁重，越要加强和改善党的领导，越要确保党始终成为中国特色社会主义事业的坚强领导核心。党的十八大以来，以习近平同志为核心的党中央，把对民族的责任、对人民的责任、对党的责任，落实到使党始终成为坚强领导核心上。党政军民学、东西南北中，党是领导一切的；在国家治理体系的大棋局中，党中央是坐镇中军帐的"帅"，一盘棋大局分明，治国理政才有方向、有章法、有力量。过去的五年，以习近平同志为核心的党中央迎难而上、开拓进取，革故鼎新、励精图治，以巨大的政治勇气和强烈的责任担当，进行具有许多新的历史特点的伟大斗争，提出一系列新理念新思想新战略，出台一系列重大方针政策，推出一系列重大举措，推进一系列重大工作，解决了许多长期想解决而没有解决的难题，办成了许多过去想办而没有办成的大事，推动了党和国家事业发生历史性变革。党的十八届六中全会明确了习近平总书记党中央的核心、全党的核心地位，对维护党中央权威和集中统一领导，对保证党和国家事业兴旺发达、长治久安具有重大深远的意义，这也是全党全国各族人民的心愿所在。党的十八届七中全会指出，在新的历史阶段，全党必须牢固树立政治意识、大局意识、核心意识、看齐意识，坚决维护党中央权威，坚决服从党中央集中统一领导，在思想上政治上行动上同以习近平同志为核心的党中央保持高度一致。

全体党员干部要自觉做到"四有"增强"四力"，为全党作出表率，引领承载着中国人民伟大梦想的航船破浪前进。

党的十八届七中全会总结过去一个时期党内存在的突出问题诸如不少地方、部门和单位的党组织不同程度出现作用弱化、地位虚化、功能空化等问题和不少党员干部特别是党的高级干部腐化堕落的沉痛教训，鲜明指出，我们党是一个有着8900多万名党员的大党，是一个领导着13亿多人民进行改革开放和社会主义现代化建设的执政党，如果没有党中央权威和集中统一领导、没有严格的政治纪律和政治规矩、没有风清气正的良好政治生态，就会丧失创造力、凝聚力、战斗力，就会丧失执政基础和执政能力，就会严重脱离人民，就不可能担负起领导人民进行改革开放和社会主义现代化建设的历史重任。党的各级领导干部特别是高级干部必须对党忠诚，做到心中有党、心中有民、心中有责、心中有戒，增强政治定力、纪律定力、道德定力、抵腐定力，自觉维护党中央权威和党的团结统一，为全党作出表率。

　　站在我国发展新的历史起点上，党要团结带领人民进行伟大斗争、建设伟大工程、推进伟大事业、实现伟大梦想，必须毫不动摇坚持和完善党的领导，建设新的伟大工程，坚定不移推动全面从严治党向纵深发展，把全面从严治党的思路举措搞得更加科学、更加严密、更加有效，永葆党的政治本色和生机活力，确保党始终同人民想在一起、干在一起，引领承载着中国人民伟大梦想的航船破浪前进，胜利驶向光辉的彼岸。

党的十九大首场
新闻发布会的三个看点*

2017 年 10 月 17 日下午 4：30，党的十九大即将召开之前，大会新闻中心在人民大会堂三楼金色大厅举行了首场新闻发布会，大会新闻发言人、中宣部副部长庹震受大会委托向中外记者朋友介绍党的十九大会议主要议程、会议时间等相关情况，并回答了中外记者关心的热点问题。在场外收看了一个半小时的新闻发布会，笔者有几个感受，归纳为三个看点：

第一个看点是，这次党代会使命重大，准备充分、程序民主。

从新闻发言人开场介绍中可以看到，举世瞩目的中国共产党第十九次全国代表大会，是在全面建成小康社会决胜阶段、中国特色社会主义发展关键时期召开的一次十分重要的大会。这次大会将认真总结过去五年来以习近平同志为核心的党中央团结带领全党全国各族人民坚持和发展中国特色社会主义的历史进程和宝贵经验，深入分析当前国际国内形势，全面把握党和国家事业发展新要求和人民群众新期待，制定适应时代要求的行动纲领和大政方针，从战略全局上对党和国家事业作出规划和部署。

这次党代会主要议程是听取和审查十八届中央委员会的报告、审查十八届中央纪律检查委员会的工作报告，审议通过《中国共产党章程（修正案）》，选举十九届中央委员会，选举十九届中央纪律检查委员会，此后的十九届一中全会将选举新一届中央委员会和中央纪律检查委员会以及选举产生新一届中央领导机构和中央纪律检查委员会领导机构。

通过大会发言人介绍，提交这次党代会的三个主要文件从党的十八届六中全会以来，就经过了全党几上几下的充分讨论，凝聚了各方面智慧，展示了中国共产党最广泛的民主，代表了全党的共同心声。出席此次党代会的 2280 名代表是代表了 450 多万个基层党组织和 8900 多万名党员，是按照党章经过严格而广泛的民主选举和反复酝酿，具有广泛性、典型性、优秀性，充分体现了中国共产党

---

* 本文原载中国网 2017 年 10 月 18 日。

的民主、纪律和开放。

第二个看点是，中外记者提出所有问题是我们党着力解决的重大问题。

在首场党代会新闻发布会上，中外记者一共向大会发言人提出了 12 个问题，涉及中国经济体制改革、政治体制改革、对外开放、中国经济前景、脱贫攻坚、"一带一路"倡议、从严治党和反腐败斗争等方方面面重大问题。这些问题为国际社会关注，也是党的十八大以来以习近平同志为核心的党中央着力推进并取得历史性成就的重大经济社会发展问题。所有问题的解决都离不开中国共产党的坚强领导，正如大会新闻发言人强调的，过去的五年，在党中央的坚强领导下，解决了许多长期想解决而没有解决的难题，办成了许多过去想办而没有办成的大事。当然，在中国前进的道路上，我们还面临着很多难啃的硬骨头。比如思想观念束缚，比如利益固化藩篱，再比如体制机制障碍，等等，进一步解决好这些问题，还是体现在"办好中国的事情，关键在党"。这次大会虽然是党代会，但最鲜明的主题还是要在新一届党中央领导下，从战略全局上对党和国家事业作出规划和部署。

第三个看点是，新闻发言人充满自信实际上反映了中国道路的自信。

一个半小时的新闻发布会，大会发言人充满自信地回答了中外记者提出的问题，尽管其中一些问题还比较尖锐，大会发言人都能逻辑严密、开放坦诚地作出圆满回答。这种自信，笔者认为其实是反映了对中国特色社会主义道路和制度的自信，也来自于改革开放以来中国特色社会主义道路取得巨大成就的底气。

开启中国特色社会主义
新时代的政治宣言*

习近平总书记作的党的十九大报告，是面向决胜全面建成小康社会、中国特色社会主义进入新时代的政治宣言，整个报告思想博大、内涵丰富，鼓舞人心、催人奋进，为全党全国各族人民站在新的历史起点上，踏上中国特色社会主义现代化国家的新征程吹响了时代号角。深入学习这一光辉文献，一个最大的感受是一个"新"字贯穿报告的全篇。

标定新时代　秉承新使命

在全面总结党的十八大以来中国经济社会取得的全方位的、开创性的巨大成就和发生了深层次的、根本性的历史性变革基础上，习近平总书记鲜明地指出，"中国特色社会主义进入新时代"。

标定中国特色社会主义进入新时代，不是作为执政党的自为划分，而是我们已经具有坚实的物质基础、理论支撑和实践逻辑。确立"中国特色社会主义新时代"，在中华人民共和国发展史上、中华民族发展史上具有重大意义，在世界社会主义发展史上、人类社会发展史上也具有重大意义。

习近平总书记用"三个意味着"和"五个是"清晰地指出了"新时代"的科学内涵和时代昭示。

从现实物质基础和发展成就来看，在中国共产党的坚强领导下，经过全国各族人民的长期不懈奋斗，中国的经济实力、科技实力、国防实力、综合国力已经进入世界前列，中国的国际地位实现前所未有的提升，党的面貌、国家的面貌、人民的面貌、军队的面貌、中华民族的面貌发生了前所未有的变化，中华民族实现了从站起来、富起来到强起来的伟大飞跃。

从社会矛盾运动规律来看，我国社会生产力水平总体上显著提高，社会生产能力在很多方面进入世界前列，更加突出的问题是发展不平衡不充分，这已经成

＊　本文原载中国网 2017 年 10 月 19 日。

为满足人民日益增长的美好生活需要的主要制约因素。因此，我国社会主要矛盾已经转化为人民日益增长的美好生活需要和不平衡不充分的发展之间的矛盾。

从社会主义发展前景来看，科学社会主义在 21 世纪的中国焕发出了强大生机活力，中国特色社会主义道路、理论、制度、文化不断发展，拓展了发展中国家走向现代化的途径，给世界上那些既希望加快发展又希望保持自身独立性的国家和民族提供了全新选择，为解决人类问题贡献了中国智慧和中国方案。

"新时代"标注了我国发展新的历史方位，这一关系全局的历史性变化，对党和国家工作就提出了新要求新使命。

中国共产党成立近百年来的光辉历程，义无反顾肩负起实现中华民族伟大复兴的历史使命，团结带领人民进行了艰苦卓绝的斗争，谱写了气吞山河的壮丽史诗。在中国特色社会主义新时代，我们还要带领人民进行具有许多新的历史特点的伟大斗争，深入推进党的建设新的伟大工程，继续开创中国特色社会主义伟大事业，实现中华民族伟大复兴的中国梦的伟大梦想，这是中国共产党站在新的历史起点上面向未来的"新使命"。只有这样，中国共产党才能不负人民重托、无愧历史选择，在习近平新时代中国特色社会主义的伟大实践中，以党的坚强领导和顽强奋斗，激励全体中华儿女不断奋进，凝聚起同心共筑中国梦的磅礴力量。

创立新思想　引领新航向

中国共产党自建党以来就是一个高度重视理论建设和理论指导的党，勇于推进实践基础上的理论创新，是中国共产党作为马克思主义政党一向具有的理论品格和创新锐气。

时代是思想之母，实践是理论之源。改革开放以来特别是党的十八大以来中国特色社会主义的伟大实践要求我们党在坚持马克思主义基本原理的基础上，以更宽广的视野、更长远的眼光来思考和把握国家未来发展面临的一系列重大战略问题，在理论上不断拓展新视野、作出新概括。

以习近平同志为核心的党中央坚持解放思想、实事求是、与时俱进、求真务实，坚持辩证唯物主义和历史唯物主义，紧密结合新的时代条件和实践要求，以全新的视野深化对共产党执政规律、社会主义建设规律、人类社会发展规律的认识，进行了艰辛理论探索，取得了重大理论创新成果。在党的十九大报告中，习近平总书记代表党中央向全党庄重宣布，我们形成了新时代中国特色社会主义思想。

新时代中国特色社会主义思想，是从理论和实践结合上系统和科学地回答了新时代坚持和发展什么样的中国特色社会主义、怎样坚持和发展中国特色社会主义这一重大时代课题。这一思想是对马克思列宁主义、毛泽东思想、邓小平理论、"三个代表"重要思想、科学发展观的继承和发展，是马克思主义中国化最新成果，是党和人民实践经验和集体智慧的结晶，是中国特色社会主义理论体系的重要组成部分，是全党全国人民为实现中华民族伟大复兴而奋斗的行动指南。

习近平总书记在党的十九大报告中，还从 14 个方面的基本方略全面深刻阐释了新时代坚持和发展中国特色社会主义的总目标、总任务、总体布局、战略布局和发展方向、发展方式、发展动力、战略步骤、外部条件、政治保证等基本问题和对党和国家事业各方面作出的理论分析和政策指导，开辟了马克思主义的新境界，充分展示了 21 世纪中国的马克思主义的真理力量和实践光辉。

新时代中国特色社会主义思想，必将引领中国改革开放和中国特色社会主义建设的新航向，不断推进中国特色社会主义的理论创新、实践创新、制度创新、文化创新以及其他各方面创新，确保党在正确思想指导下承载着中国人民伟大梦想的航船破浪前进，胜利驶向光辉的彼岸。

描绘新愿景　开启新征程

目标指向未来，目标激发信心。习近平总书记在党的十九大报告中向全党全国人民描画了决胜全面建成小康社会，开启全面建设社会主义现代化国家新征程的一幅美好愿景，就是到 2020 年我们全面建成小康社会"两个重要时期"和在全面建成小康社会之后的 30 年实现中国特色社会主义现代化国家新的"两步走"的宏伟蓝图。

习近平总书记指出，从党的十九大到党的二十大，是"两个一百年"奋斗目标的历史交汇期。我们既要全面建成小康社会，按照既定部署，紧扣我国社会主要矛盾变化，统筹推进经济建设、政治建设、文化建设、社会建设、生态文明建设，实现第一个百年奋斗目标。又要乘势而上开启全面建设社会主义现代化国家新征程，分两个阶段向第二个百年奋斗目标进军：从 2020 年到 2035 年，在全面建成小康社会的基础上，再奋斗 15 年，基本实现社会主义现代化；从 2035 年到 21 世纪中叶，在基本实现现代化的基础上，再奋斗 15 年，把我国建成富强民主文明和谐美丽的社会主义现代化强国。这是我们党综合分析国际国内形势和我国发展条件，是我们有能力有信心实现的伟大目标，是新时代中国特色社会主义发展的战略安排。"两个时期"和新时代"两步走"目标符合实际、顺应民心、鼓舞士气，是党的十九大报告的华美乐章，足以鼓舞人心，激发士气。

为此，习近平总书记在报告中紧扣"五位一体"总体布局和"四个全面"战略布局，按照新时代中国特色社会主义的思想脉络，对开启建设中国特色社会主义现代化新征程作出了全面部署，在经济建设、政治建设、文化建设、社会建设、生态文明建设、国防军队建设、和平外交建设和党的建设上提出了一系列新思想新论断新任务新要求。

习近平总书记要求全党继续发挥坚忍不拔、锲而不舍的精神。习近平总书记指出，中华民族伟大复兴，绝不是轻轻松松、敲锣打鼓就能实现的。全党必须准备付出更为艰巨、更为艰苦的努力。他指出："历史车轮滚滚向前，时代潮流浩浩荡荡。历史只会眷顾坚定者、奋进者、搏击者，而不会等待犹豫者、懈怠者、畏难者。全党一定要保持艰苦奋斗、戒骄戒躁的作风，以时不我待、只争朝夕的精神，奋力走好新时代的长征路。"

最鼓舞人心、感人至深的是习近平总书记在报告的最后对青年寄予了莫大的希望。他谆谆教导：青年兴则国家兴，青年强则国家强。青年一代有理想、有本领、有担当，国家就有前途，民族就有希望。中国梦是历史的、现实的，也是未来的；是我们这一代的，更是青年一代的。

只有青年一代的崛起和兴旺，中华民族伟大复兴的中国梦才能在一代代青年的接力奋斗中变为现实，中华民族就能以崭新姿态屹立于世界的东方。

全面理解全面建设社会主义现代化国家的时间表和路线图[*]

从党的十九大到党的二十大，是"两个一百年"奋斗目标的历史交汇期。我们既要全面建成小康社会、实现第一个百年奋斗目标，又要乘势而上开启全面建设社会主义现代化国家新征程，向第二个百年奋斗目标进军。

从全面建成小康社会到基本实现现代化，再到全面建成社会主义现代化强国，是新时代中国特色社会主义发展的战略安排。

新征程"两个阶段"的战略安排契合中国的发展实际

记者：党的十九大报告在擘画社会主义现代化国家新征程的宏伟蓝图时，做出更明确的新的战略安排："综合分析国际国内形势和我国发展条件，从二〇二〇年到21世纪中叶可以分两个阶段来安排。"分阶段明确进行安排制定，有何重大意义？

胡敏：新蓝图分阶段明确进行安排制定，至少具有三层意义。

第一层意义，可以指引方向、激发动力、夯实信心。改革开放至今，我们党总是注重因时而变、随事而制，努力制定契合实际的时代目标。1982年，党的十二大提出分两个十年"两步走"；1987年，党的十三大提出"三步走"，引领从温饱到小康的转变；1997年，党的十五大谋划"新三步走"，确定了到2010年、建党一百年和新中国成立一百年的发展目标，锚定21世纪中叶基本实现现代化。正是这样一个个阶段性目标，相互承接、不断递进，激励亿万人民锐意进取、不懈奋斗，抵达一个个曾经的目标，又向着下一个目标进发，让"中国奇迹"震撼世界。今天，中国特色社会主义进入新时代，我们需要制定更加契合的阶段性目标，开辟实现中华民族伟大复兴的光明前景。

第二层意义，阶段性目标既基于现实、承上启下，又能登高望远、乘势而

---

[*] 本文原载《湖北日报》2017年10月24日，记者：李思辉。

上。按照党的十九大报告提出的在 2020 年全面建成小康之后的 30 年，我们分为两个 15 年来完成由基本实现现代化到全面建成现代化，标定了我国现代化的近期和中期目标。值得注意的是，我们将过去提出的第二个百年奋斗目标、到 21 世纪中叶要达到的基本实现现代化，提前到 2035 年完成，时间表提前了 15 年。其主要依据是源于多年来我国年均 9% 的速度增长，源于中国经济稳居世界第二的体量，源于人民生活水平的长足提升，源于各方面事业的根本进步，也源于我们日益走近世界舞台的中央，我们完全有能力、有信心早日实现基本现代化的目标。在 2035 年基本实现现代化的基础上，再奋斗 15 年，把我国建成富强民主文明和谐美丽的社会主义现代化强国，这个目标更加高远、内涵更加丰富，是第二个百年奋斗目标的升级版。制定这样的新目标、新征程，既循序渐进，又继往开来，充分体现了当代共产党人实事求是的精神、不忘初心的情怀、牢记使命的责任。

第三层意义，实现阶段性目标将充分彰显中国特色社会主义道路、理论、制度和文化自信，体现中国作为世界大国为解决人类共同问题作出巨大贡献的能力。中国改革发展的成功实践已充分说明，中国的发展、中国的道路是顺应历史潮流、符合人类社会发展规律的，中国特色社会主义道路拓展了发展中国家走向现代化的途径，给世界上那些既希望加快发展又希望保持自身独立性的国家和民族提供了全新选择，更为解决人类共同面对的问题贡献了中国智慧和中国方案。

由"全面小康"走向"社会主义现代化强国"是中华民族积蓄的能量爆发的过程

记者：两个不同阶段对应的奋斗目标和发展愿景在表述上有所不同，如何理解这种不同？

胡敏：党的十九大报告对两个阶段现代化目标在表述上的确有所不同。实现第一个 15 年的阶段性目标定位在"基本实现现代化"，可以认为是现代化的近期目标。报告从经济、政治、文化、人民生活、社会、生态六个方面进行了表述，表述上多使用的是"充分""更加""明显"等形容词，但落脚点还是"基本"，虽然没有具体的数字指标，但体现了我们"五位一体"的总体布局和"四个全面"的战略布局，显示了"基本实现现代化"是一个基于全面建成小康社会基础上的全方位的、更深层次的现代化，也是现代化的近期目标。

需要强调的是，这里将"人民生活"基本现代化标准单独提出一条，强调"人民生活更为宽裕，中等收入群体比例明显提高，城乡区域发展差距和居民生活水平差距显著缩小，基本公共服务均等化基本实现，全体人民共同富裕迈出坚实步伐"，充分体现了社会主义现代化国家的本质要求。我们的现代化是社会主义性质的，全体人民就是要从"全面小康"走向"全体人民共同富裕"。

实现第二个 15 年的阶段性目标就是从 2035 年到 21 世纪中叶，在基本实现现代化的基础上，把我国建成社会主义现代化强国。这是现代化的中期目标。报告给出了一个五个词连贯的定语"富强民主文明和谐美丽"，这一一对应了物质文明、政治文明、精神文明、社会文明、生态文明"五大文明"建设，体现了现代化国家的"全面性"。

因此，报告对两个阶段现代化目标内涵的界定和前后相接、承上启下，实际上体现了现代化目标战略安排的务实性、周密性和科学性。

习近平同志曾指出："中华民族积蓄的能量太久了，要爆发出来去实现伟大的中国梦。这是我们这一代人的历史使命。"在 2020 年我们全面建成小康社会之后，由"全面小康"走向"社会主义现代化强国"就是中华民族积蓄的能量爆发的过程，就是为实现中华民族伟大复兴的中国梦不懈奋斗的过程。

以 15 年为一个阶段，遵从了历史逻辑、经济逻辑、现实逻辑

记者： 从"基本实现社会主义现代化"到"全面建成社会主义现代化强国"，"两个阶段"的战略安排，遵循的是怎样的发展逻辑？为什么以 15 年为一个单元？

胡敏： 党的十九大报告作出的中国走向现代化的新的"两个阶段"划分，每个阶段都是 15 年，遵从了历史逻辑、经济逻辑、现实逻辑。

从历史逻辑来看，新中国成立以来，特别是改革开放以来，按照阶段性发展目标，我们每五年制定一个国民经济和社会发展规划（开始是"计划"），五年规划又与现代化发展目标紧密衔接，阶段目标明确，有的放矢，与中长期目标契合，通过一步一个台阶的努力，稳打稳扎，基本如期实现了阶段性现代化发展目标，人民生活和社会发展水平不断提高。但发展是没有止境的，现代化标准和内涵也在不断提升和丰富，我们需要确定与当今社会生产力发展和时代特点相适应的现代化发展目标，而且需要具有战略性、前瞻性和引领性。党的十九大确立的新目标就具有这样的特点。

从经济逻辑来看，经济发展、产业更替、技术变革等都具有一定的周期性，根据整个西方工业化国家发展历程和演变规律，10~15 年一般构成一个中短期经济周期，这样一个时间段，产业企业可以完成技术升级和组织革新，进而推动生产力水平上一个新台阶并带来相应的社会变革。工业化水平和社会现代化水平也在这种生产技术转换和变革中实现新的腾飞，并辐射到社会进步的方方面面。从我国前两个阶段性现代化目标的完成时间看，也基本在 10~15 年。目前我们确定 15 年为一个发展阶段，是合适的并还留有一定余地，具有科学性。

从现实逻辑来看，新的"两阶段"目标定位于基本实现现代化和全面建成现代化国家。按照我们到 2020 年全面建成小康社会的经济指标测算，参照目前西方发达国家的经济水平和现代化标准，到 2035 年左右，我国的经济总量及人均收入将基本达到目前中等发达国家生活水准。如果再按照这一趋势，经过第二个 15 年到 21 世纪中叶，我国人民将享有更加富足安康的生活，综合国力和社会发展将位居世界现代化强国之列，并发挥领先性作用。

一切目标都不是轻轻松松、敲锣打鼓就能实现的，需要实干和奋斗

记者： 报告强调："从全面建成小康社会到基本实现现代化，再到全面建成社会主义现代化强国，是新时代中国特色社会主义发展的战略安排。我们要坚忍不拔、锲而不舍，奋力谱写社会主义现代化新征程的壮丽篇章。" 为什么强调"坚忍不拔、锲而不舍"？

胡敏： 习近平同志曾经说，社会主义是干出来的。他多次强调，"空谈误国、实干兴邦"，干部要"坚持实事求是、求真务实、真抓实干"。中国共产党的发展历史也充分证明，"干"是党和国家各项事业蓬勃发展、人民群众福祉不断提高的重要法宝。

建设中国特色社会主义现代化国家的美好愿景，要靠全党全国各族人民真抓实干、不懈奋斗，要靠我们坚忍不拔、锲而不舍。历史只会眷顾坚定者、奋进者、搏击者，而不会等待犹豫者、懈怠者、畏难者。我们必须准备付出更为艰巨、更为艰苦的努力，始终保持艰苦奋斗、戒骄戒躁的作风，始终保持永不懈怠的精神状态和一往无前的奋斗姿态，以时不我待、只争朝夕的精神，奋力走好新时代中国特色社会主义现代化国家建设的长征路，奋力写好中华民族伟大复兴中国梦的壮丽篇章。

新一届党中央开启
新征程的时间坐标[*]

2017 年 10 月 25 日，党的十九届一中全会闭幕后，新当选的中央政治局常委就与中外媒体见面。习近平总书记发表了热情洋溢、意味深长的讲话。习近平总书记的讲话只有 20 多分钟，却昭示着以习近平同志为核心的新一届党中央在开启中国特色社会主义新时代未来五年的历史担当和人民情怀。

让人感触最深的，是习近平总书记所描绘的从党的十九大到党的二十大这个正处在实现"两个一百年"奋斗目标的历史交汇期的五年。这五年中，每一年都将是中国改革开放和社会主义现代化新征程上不平凡的年份，都是重要的时间节点，实际上也是新一届党中央带领全中国人民开创社会主义现代化强国伟大事业的时间坐标。

2017 年，新一届党中央接过了历史的接力棒；2018 年，中国迎来改革开放 40 周年；2019 年，迎来中华人民共和国成立 70 周年；2020 年，我们全面建成小康社会；2021 年，迎来中国共产党成立 100 周年。表面上看，重要时间节点是历史时序的偶然，但习近平总书记重要讲话中的思想内涵，是新一届中共中央向世人昭示的政治宣言。

2018 年，我们浓墨重彩地庆祝改革开放 40 周年。改革开放是决定当代中国命运的关键一招，40 年的改革开放使中国人民生活实现了小康，逐步富裕了起来。就在有国外机构猜测这个已经强大起来的中国还会不会推进改革、扩大开放的时候，习近平总书记在党的十九大报告中明示，只有改革开放才能发展中国、发展社会主义、发展马克思主义。我们要坚定不移深化各方面改革，坚定不移扩大开放，使改革和开放相互促进、相得益彰。中华民族伟大复兴必将在改革开放的进程中得以实现。这充分显示新一届中共中央不断深化改革的意志和决心。

2019 年是中华人民共和国成立 70 周年。60 多年来，新中国完成了从站起来到富起来再到强起来的历史性飞跃，但中国社会的主要矛盾已转化为人民日益增

---

* 本文原载中青在线 2017 年 10 月 25 日。

长的美好生活需要和不平衡不充分的发展之间的矛盾，而解决好一系列不平衡不充分的矛盾和问题，还必须依靠发展。我们需要牢固树立和贯彻新发展理念，推动中国经济持续健康发展，不断壮大我国经济实力和综合国力，既惠及中国人民，也惠及世界各国人民。

2020 年是党中央兑现对人民的承诺，坚决完成脱贫攻坚任务，全面建成小康社会的一年。在实现"第一个百年"奋斗目标的重要一年，党要团结带领全国各族人民从"全面小康"走向共同富裕。2017 年 10 月 25 日，习近平总书记在讲话中特别强调，"全面建成小康社会，一个不能少；共同富裕路上，一个不能掉队"，进一步将"人民对美好生活的向往"转化为人民对美好生活更多、更实在的获得感、幸福感和安全感，以此充分展示中国特色社会主义的本质要求和强大生命力所在。

时间递进到 2021 年，这是中国共产党成立 100 周年的伟大纪念。这样一个大党经过苦难辉煌，创造了近现代史上的千秋伟业，习近平总书记满怀深情地说，"百年恰是风华正茂"。这是一个拥有 8900 万党员的大党应有的豪迈。实践充分证明，中国共产党能够团结带领全国各族人民进行伟大的社会革命，能够进行伟大的自我革新，也必然能够永葆蓬勃朝气，永做人民公仆、时代先锋和民族脊梁。这就是一个大党"大"的气魄、"大"的伟岸，这个党能够始终以全党的强大正能量在全社会凝聚起推动中国发展进步的磅礴力量。

20 亿张银行卡"沉睡"中，该妥善处理了*

凭银行卡存取工资款、刷银行卡消费、用银行卡转汇账乃至信用消费，这在中国不过十几年的事，我们一度为进入"卡时代"而欣喜。然而，在人们享受"卡时代"金融服务便利的同时，也出现一个严重的问题——"沉睡卡"的日益积累。

所谓"沉睡卡"，指的是在 6 个月内未发生主动金融交易，包括消费、存取现金和转账交易。根据中国银行业协会发布的数据，截至 2016 年底，银行卡累计发卡量达到了 63.7 亿张，按照 2016 年末内地总人口 13.8 亿人计算，每人持有的银行卡数量将近 5 张，而累计活卡量只有 41.8 亿张，"沉睡卡"21.9 亿张，已经占到了 1/3。也就是说，每人持有的"沉睡卡"基本达到 2 张。

"沉睡卡"存在什么风险？

事实上也是如此，我们普通人从过去办的银行纸质折子到如今的银行卡，为了生活工作方便，基本上都要办好几张。随着银行业务发展和竞争的需要，不同的商业银行又推出各项绑定性服务，特别是理财功能的增加和信用消费的拓展，一家一户办理若干张银行卡，是再普通不过的事。而问题就在于，卡多了，我们经常使用的也就几张，时间长了，不少卡就进入了"休眠"状态。"沉睡卡"对银行和客户来说，实质上都是冗余账户或无效账户。

"沉睡卡"的大量积累，带来了许多问题，一是管理"沉睡卡"费时费力，长期占用银行部分人力资源，加剧了银行的业务负担，提高了银行的服务成本。二是长期闲置银行卡也增加了不少金融隐患。我们常有耳闻，一些不法分子利用一张身份证办理大量银行卡或者利用他人的"沉睡卡"作案。随着第三方支付业务的快速发展，第三方支付机构、外包服务商等成了不法分子的攻击对象，部分第三方机构违规留存银行卡磁条数据等问题突出。而通过"沉睡卡"获取这

---

* 本文原载中新经纬 APP2017 年 10 月 26 日。

些记录着持卡人身份证等重要信息的磁条，就成为不法分子犯罪的重要手段。三是"沉睡卡"的存在也让用户付出了更多的管理精力，增加了用户的信息泄露及其他权益受损的风险。

因此，为减轻银行的服务负担，堵住管理服务漏洞，降低侵权以及犯罪风险，维护用户合法权益，清理"沉睡卡"乃当务之急。2016年9月，中国人民银行发布了《关于加强支付结算管理防范电信网络新型违法犯罪有关事项的通知》，要求各大银行应当对同一存款人开户数量较多的情况进行摸排清理，要求存款人作出说明，核实其开户的合理性。对于无法核实开户合理性的，要求银行引导存款人撤销或者归并账户，或者采取降低账户类别等措施。

自2017年7月15日开始，为了账户安全保障，不少商业银行已经开始对长期未使用且账户余额为零的银行卡进行销户处理，并设立一些标准对存款人运用账户分类机制，可以让客户合理存放资金，保护资金安全。但是，在清理"沉睡"银行卡的销卡合并等业务过程中，必须遵守契约原则，也必须尊重用户合法权益。银行在清理"沉睡卡"时，要与用户协商一致，征得用户的同意，让用户自愿选择，而不能为了图省事、赶进度，发个清理公告了事。

金融科技创新催促银行业服务变革

其实，清理"沉睡卡"，随着金融科技特别是互联网金融技术的快速发展，解决起来已经不是难事。而清理"沉睡卡"背后的催生银行服务的大提升、金融技术的大变革、金融监管的大覆盖，才是问题的本质。

最近，十分火热的"刷脸支付"，就是利用人工智能和人脸识别技术完成支付交易，这让金融服务实现了一个大跨越。在金融技术革新和金融信息共享时代，作为一项传统金融业务的银行卡业务一旦与现代信息基础高度融合，必然带来银行卡支付业务的变革。

同时，用户也可以通过快捷支付方式进行线上支付。移动支付更是将线上线下相结合，集行业应用于一体。客户出门不再需要带多张银行卡，不需要再带大量零钱，不带银行卡，公交卡，一部手机就可以完成。所以说，商业银行在扮演传统账户管理角色的同时，更应该扩展服务模式，在发卡上适应新的要求，突出产品新的特性，从产品、渠道等方面积极创新银行卡。

当然，金融技术再发展，银行作为现代服务业，还是服务为本，这就要求银行更要以便捷性满足客户良好体验需求、以综合性满足客户多样化需求、以安全性满足客户放心用卡的需求，既解决好银行资源优化配置问题，更为广大用户提供安心、放心、可持续的用卡环境，从而共同促进银行卡支付业务的快速健康发展。

深刻把握新时代社会主要矛盾变化的重大意义*

党的十九大报告作出新时代我国社会主要矛盾的重大判断，是我们党坚持辩证唯物主义和历史唯物主义的方法论，从历史和现实、理论和实践、国内和国际等方面的结合上进行思考，从我国社会发展的历史方位上进行思考，从党和国家事业发展大局出发进行思考得出的正确结论，具有重要的理论价值、深远的历史意义、客观的现实基础和重大的实践意义，必须深刻领会。

从理论价值上说，提出新时代社会主要矛盾是马克思主义基本原理的实践运用

唯物史观指出，物质资料的生产是人类生存和发展的基础，物质需求是人的第一需求，人们只有在物质需求基本满足之后，才能向精神文化、社会尊重等高层次需求发展。正如恩格斯所指出："马克思发现了人类历史的发展规律，即历来为繁芜丛杂的意识形态所掩盖着的一个简单事实：人们首先必须吃、喝、住、穿，然后才能从事政治、科学、艺术、宗教等等。"毛泽东同志完整提出主要矛盾、社会主要矛盾概念，全面系统地论述中国近代以来的社会主要矛盾问题。邓小平同志拨乱反正，准确认识了改革开放以来中国社会主要矛盾是人民日益增长的物质文化需要同落后的社会生产之间的矛盾，都是把马克思主义基本原理与中国实际紧密结合。当今中国，党和国家事业发生了历史性变革，中国特色社会主义进入新时代，习近平同志坚持以马克思主义基本原理为指导，运用具体问题具体分析的方法，深刻分析我国社会主要矛盾运动发展的状态和趋势，准确把握人民日益增长的对美好生活的需要不断丰富的发展趋势，作出了我国社会主要矛盾转化的科学结论。这是我们党实事求是、与时俱进，善于聆听时代声音，创新21世纪马克思主义真理力量的重要体现。

---

* 本文原载中国网 2017 年 10 月 27 日。

从历史意义上说，提出新时代社会主要矛盾是深刻总结历史经验教训、顺应中国社会发展大势的重大决策

实践表明，能否正确地认识和把握社会主义社会的主要矛盾，并以此来确定工作重心和根本任务，事关社会主义的前途和命运。重大理论判断往往是开启发展新阶段的思想基础，是关乎全局的重大问题。"文革"期间，党对中国社会主要矛盾的认识出现误判，党和国家工作的重心就出现了偏差，给党和人民事业带来重大损失，教训十分深刻。改革开放以后，党正确认识了发展阶段我国社会主要矛盾，作出以经济建设为中心、坚持改革开放的重大决策，中国面貌发生了巨大变化。进入中国特色社会主义新时代，我国生产力发展水平和人民生活水平大幅提高，中国特色社会主义事业取得巨大发展，对社会主要矛盾的准确把握成为执政党必须面对的重大时代课题。党的十九大正确分析当今我国基本国情，作出新时代我国社会主要矛盾的科学判断，反映了以习近平同志为核心的党中央，始终坚持以人民为中心的发展思想，总结历史经验，顺应社会发展潮流，立足新时代新矛盾，开启新历史新征程的深厚的为民情怀和强烈的使命担当。紧扣社会主要矛盾变化，推进国家现代化进程，必将得到人民认可，经得起历史检验。

从现实基础上说，提出新时代社会主要矛盾是我国社会发展阶段性特征的客观呈现

改革开放以来，党始终坚持以经济建设为中心，把大力发展社会生产力作为解决我国社会主要矛盾的根本途径，我国社会生产力水平总体上显著提高，生产能力极大增强，在很多方面进入世界前列，基本摆脱了原来落后的社会生产的状况，中华民族迎来了从站起来、富起来到强起来的伟大飞跃。我们稳定解决了十几亿人的温饱问题，总体上实现小康，正在走向全面建成小康社会。在物质文化需要得到基本满足之后，人民的美好生活需要日益广泛，不仅对物质文化生活提出了更高要求，而且在民主、法治、公平、正义、安全、环境等方面的要求日益增长。在落后的社会生产基本解决之后，我国发展起来以后更突出的是发展不平衡不充分问题，发展质量和效益还不高，创新能力不够强，城乡区域发展和收入分配差距依然较大，民生领域还有不少短板，群众在就业、教育、医疗、居住、养老等方面面临不少难题，这已经成为满足人民日益增长的美好生活需要的主要制约因素。这些客观存在的新问题，决定了我国社会主要矛盾已经从人民日益增长的物质文化需要同落后的社会生产之间的矛盾，转化为人民日益增长的美好生活需要和不平衡不充分的发展之间的矛盾。

　　从实践意义上说，提出新时代社会主要矛盾为制定新时代中国特色社会主义的新思路、新战略、新举措提供了基本依据

　　社会主要矛盾的变化，对社会发展起着根本性、全局性的影响。对社会主要矛盾的认识是党和国家制定正确路线方针政策的基础，是我们党确立发展理念、制定发展战略的关键。对"人民日益增长的美好生活需要"的判断，有助于党和国家更加全面分析和把握多方面、多样化、个性化、多变性、多层次的人民需要，更好地坚持以人民为中心的发展思想，不断满足人民群众追求美好生活的各项需求，与时俱进地研究分析人民群众需要的时代特点和演变发展规律，制定具体的路线、方针、政策和战略；对"不平衡不充分的发展"的判断，实事求是地反映了习近平新时代中国特色社会主义的主要问题，要求我们党和国家的大政方针据此作出重大创新发展。我国社会主要矛盾的变化是关系全局的历史性变化，对党和国家的工作提出了许多新要求。在继续推动发展的基础上，我们要更加注重发展与人民美好生活需要相适应，更加注重提供更高水平更高质量的供给，更加注重发展的均衡性，更好推动人的全面发展和社会全面进步。

以习近平新时代中国特色
社会主义思想为旗帜 *

【编者按】 刚刚闭幕的举世瞩目的中国共产党第十九次全国代表大会，开启了中国特色社会主义的新时代。习近平总书记近三个半小时荡气回肠的政治报告，成为市井坊间街谈巷议的热门话题，更激发起广大青年新一轮干事创业的精气神。

党的十九大报告是马克思主义中国化的集大成、新飞跃，开辟了马克思主义的新境界，是具有里程碑意义的纲领性文献，无疑也是中国共产党在中国跨入新时代的政治宣言。习近平新时代中国特色社会主义思想必将作为党的指导思想，领航建设中国特色社会主义现代化国家的新征程。

时代是思想之母，思想是时代先声。习近平总书记在党的十九大报告中指出，我们党围绕重大时代课题，进行艰辛理论探索，取得了重大理论创新成果，形成了新时代中国特色社会主义思想。新思想一经提出，在全党全国引发广泛反响。习近平新时代中国特色社会主义思想必将作为党的指导思想领航建设中国特色社会主义现代化国家的新征程。

新思想是马克思主义同中国实际相结合的历史性飞跃

改革开放以来中国发展迅猛，我们党团结带领全国各族人民大踏步赶上时代进步潮流，推动我国综合国力进入世界前列，国际地位实现前所未有的提升，中华民族的面貌发生了前所未有的变化，迎来了中华民族复兴的光明前景。在快速发展、急剧变革的同时，面临着世界经济复苏乏力、局部冲突和动荡频发、全球性问题加剧的外部环境；在国内，经济发展进入新常态，经济增长由高速增长期转向中低速增长期，转变经济发展方式、优化经济结构、转换增长动力进入攻坚期，人民群众日益增长的美好生活需要和不平衡不充分的发展之间的矛盾更加

---

* 本文原载《中国青年报》2017 年 10 月 30 日。

突出。

党的十八大以来，以习近平同志为核心的党中央进一步回答了坚持和发展什么样的中国特色社会主义、怎样坚持和发展中国特色社会主义的重大理论和现实问题，在我国发展目的、发展战略、发展布局、发展阶段、发展动力、发展要求等重大问题上提出了一系列新思想、新观点、新论断，形成了涵盖社会主义经济建设、政治建设、文化建设、社会建设、生态文明建设、国防军队建设、和平外交和党的建设等各个领域、各个方面的完整的思想理论和方针政策，为中国特色社会主义理论体系贡献了最新成果，把我们对中国特色社会主义规律的认识提高到新的水平。

习近平同志作为党中央的核心，充分体现了理论创新锐气和历史责任担当，在形成新时代中国特色社会主义思想中发挥了关键作用，实现了马克思主义同中国实际相结合的历史性飞跃，开辟了当代马克思主义发展新境界。

正如党的十九大报告所指出的，新时代中国特色社会主义思想，是对马克思列宁主义、毛泽东思想、邓小平理论、"三个代表"重要思想、科学发展观的继承和发展，是马克思主义中国化最新成果，是党和人民实践经验和集体智慧的结晶，是中国特色社会主义理论体系的重要组成部分，是全党全国人民为实现中华民族伟大复兴而奋斗的行动指南，必须长期坚持并不断发展。

新思想是党和人民实践检验与集体智慧的结晶

习近平新时代中国特色社会主义思想具有丰富的思想内涵，其精神实质就是坚持解放思想、实事求是、与时俱进、求真务实。新思想是进行艰辛理论探索取得的重大理论创新成果，在党的十八大以来五年的实践中接受了人民和实践的检验。这五年来，以习近平同志为核心的党中央针对当代国情党情世情，提出一系列治国理政新理念新思想新战略，出台一系列重大方针政策，推出一系列重大举措，推进一系列重大工作，解决了许多长期想解决而没有解决的难题，办成了许多过去想办而没有办成的大事，推动党和国家事业发生了历史性变革。

新思想丰富的内涵，具体体现在党的十九大报告提出的"八个明确"上，也就是明确坚持和发展中国特色社会主义的总任务是实现社会主义现代化和中华民族伟大复兴，在全面建成小康社会的基础上，分两步走在 21 世纪中叶建成富强民主文明和谐美丽的社会主义现代化强国；明确新时代我国社会主要矛盾是人民日益增长的美好生活需要和不平衡不充分的发展之间的矛盾，必须坚持以人民为中心的发展思想，不断促进人的全面发展、全体人民共同富裕；明确中国特色社会主义事业总体布局是"五位一体"、战略布局是"四个全面"，强调坚定道路自信、理论自信、制度自信、文化自信；明确全面深化改革总目标是完善和发展中国特色社会主义制度、推进国家治理体系和治理能力现代化；明确全面推进依法治国总目标是建设中国特色社会主义法治体系、建设社会主义法治国家；明确党在新时代的强军目标是建设一支听党指挥、能打胜仗、作风优良的人民军队，把人民军队建设成为世界一流军队；明确中国特色大国外交要推动构建新型国际关系，推动构建人类命运共同体；明确中国特色社会主义最本质的特征是中国共产党领导，中国特色社会主义制度的最大优势是中国共产党领导，党是最高政治领导力量，提出新时代党的建设总要求，突出政治建设在党的建设中的重要地位。

"八个明确"指明了新时代坚持和发展中国特色社会主义的总目标、总任务、总体布局、战略布局和发展方向、发展方式、发展动力、战略步骤、外部条件、政治保证，为全党全国各族人民团结在习近平新时代中国特色社会主义思想的伟大旗帜下，开启中国特色社会主义现代化建设的新征程指明了方向。

将新思想贯穿于中国特色社会主义现代化建设的全过程

习近平新时代中国特色社会主义思想形成，以及其将作为中国特色社会主义新时代党的指导思想，是党的十九大的历史性贡献，它是一个完整的科学理论体系。全党要深刻领会习近平新时代中国特色社会主义思想的精神实质、丰富内涵和引领作用，在各项工作中自觉全面准确贯彻落实，并长期坚持、不断发展。

党的十九大报告对全面准确贯彻落实新思想明确提出了"十四个基本方略"，也即"十四个坚持"：坚持党对一切工作的领导、坚持以人民为中心、坚持全面深化改革、坚持新发展理念、坚持人民当家作主、坚持全面依法治国、坚持社会主义核心价值体系、坚持在发展中保障和改善民生、坚持人与自然和谐共生、坚持总体国家安全观、坚持党对人民军队的绝对领导、坚持"一国两制"和推进祖国统一、坚持推动构建人类命运共同体、坚持全面从严治党。

这"十四个坚持"构成新时代坚持和发展中国特色社会主义的基本方略，不仅是我们党在改革开放以来推进中国特色社会主义道路、理论、制度、文化发展的实践结晶和成功经验，也是引领我们面向新目标、开启新征程的正确指针。

只有将习近平新时代中国特色社会主义思想和基本方略深入全党同志内心，贯穿到中国特色社会主义现代化建设的全过程，我们的道路才会越走越宽阔，21世纪中国的马克思主义也一定能够展现出更强大、更有说服力的真理力量。

2017 年第四季度
外贸预计平稳增长 *

2017 年 10 月，中国经济"三季报"出炉，多项经济指标好于市场预期，经济稳中向好的态势进一步明朗。其中，值得一提的是，外贸进出口方面更是暖意融融、持续向好。

数据显示，2017 年前三季度中国货物贸易进出口总额约 20 万亿元，同比增长 16.6%，其中出口额增长 12.4%，进口额增长 22.3%。第三季度，中国外贸总值超过 7 万亿元，刷新了季度进出口规模最高纪录。9 月，中国外贸增速创 3 个月以来新高。

那么，我国对外贸易向好因素有哪些？对于第四季度外贸形势，机构和专家有什么看法？还有，与部分"一带一路"沿线国家进出口快速增长的势头该如何保持？《东莞日报》邀请国家行政学院研究员胡敏、商务部研究院国际市场研究所副所长白明、著名经济学家宋清辉进行探讨。

前三季外贸超出预期稳中向好

记者：近期的一些国际数据显示，全球的经济和贸易呈现出一个比较向好的态势。这显然对我国的对外贸易前三季度的表现是有利的因素之一。除此之外，我国对外贸易向好因素还有哪些？如何评价我国外贸前三季度的整体表现？

胡敏：2017 年以来，全球经济贸易回暖特别是欧盟经济、日本经济在前几年结构性改革推进下，投资明显增速，这改变了对 2017 年全球经济的预期，客观上拉动了中国的进出口市场，这是一个重要的国际因素。另外一个重要因素就是国内因素：首先，2017 年以来内需保持强劲增长势头，大宗商品价格的上涨带动国内原材料价格上涨，这对进口增速都具有带动作用；其次，2017 年以来我国加大力度调整外贸发展方式，年中的一项对各国营商环境的测评，我国排名进一步靠前。

---

* 本文原载《东莞日报》2017 年 10 月 31 日。

对前三季度对外贸易形势的总体评价是超出预期、稳中向好。其中，对外贸易在质量效益优进优出上进展也是显著的。比如，从前三季度看，我国能源资源型和机电产品等进口增长较快，国内高新技术产业、装备制造业出口有所增加，特别是服务贸易出口快速增长。

白明：前三季度我国对外贸易出现了比较大的回升，这里除了国际市场在一定程度上回暖，还得益于我国近年来推进外贸转型升级、推进"一带一路"等一系列做法。当然，我们也应该看到现在的回升，在一定程度上与2016年上半年下降有一定关系。还有，2017年上半年人民币有所贬值，也容易刺激出口。至于在质量效益上，这些年我们积极推进转变外贸发展方式，在质量、服务、品牌、技术等方面打造外贸新优势，比如，我们投入了很多的力量培育新的市场，高铁、核电等成套设备走出去；同时，我们的加工贸易也在转型升级，取得了很多成果，这在一定程度上扭转了过去外贸效益比较低的情况。

宋清辉：总体而言，我国对外贸易向好得益于三个方面的因素：一是中国经济稳中向好，质量效益呈现出双提升态势，进而带动进口量持续增加；二是国际环境、外部环境整体稳定；三是大宗商品价格上涨，推动了进口、出口增长。此外，"一带一路"倡议稳中有进，也对外贸进出口整体向好起到了重要而积极的推动作用。

前三季度的对外贸易，在质量效益优进优出方面呈现出新的进展：一是贸易结构仍在进一步优化改善，进出口市场趋向多元化；二是中国企业自主创新能力逐渐增强，国际竞争新优势逐渐显现，对外贸易持续健康发展。

2017年全年外贸两位数增长是大概率事件

记者：虽然2017年我国外贸进出口保持了较高的增速，但从前三季度数据来看增速在逐季下滑。对此，请问有何看法？如何看待2017年第四季度以及全年的外贸形势？

胡敏：一是国际经济形势尚处于波动之中，现在是回暖但并不是进入上升拐点，全球贸易保护主义势头并没有减缓，未来世界贸易变化还有诸多不确定不稳定因素；二是国内外贸结构还处于调整阶段，尚没有形成强劲的新增长动力。所以，2017年第四季度只要能保持这一平稳发展态势就不错。全年来看，外贸增长态势是好于2016年的。

白明：第三季度，我国外贸增长势头还是不错的，虽然比一二季度，看起来幅度要下降一些。总体上来说，我国外贸的形势还是相对乐观的。至于第四季度，我觉得我国的外贸出口基本上以稳为主，上半年可能是恢复性的增长，第四季度将处于平稳增长。

宋清辉：前三季度数据增速在逐季下滑，但增速仍属较高水平，只是暂时现象。毕竟基数抬高的客观因素是造成 2017 年前三季度同比增速回落的最主要原因。总体而言，2017 年以来中国外贸向好的发展态势得到了延续。在不发生大的风险事件的背景下，预计 2017 年第四季度进出口总值将继续增加，全年外贸进出口有望实现两位数的增长。这是大概率事件，是由中国外贸发展稳中向好的基本面所决定的。

拓展"一带一路"市场要适当防风险

记者：海关总署提供的数据显示，2017 年前三季度，对传统市场进出口全面回升，对部分"一带一路"沿线国家进出口快速增长。请问，最近几年来，我国外贸进出口方面有什么样的变化？对部分"一带一路"沿线国家进出口快速增长这个势头以后如何保持？

胡敏：从前三季度外贸进出口数字看，我国近年来对"一带一路"沿线国家保持进出口快速增长势头，的确是我国外贸进出口持续向好的重要因素。2017 年我国成功举办了"一带一路"国际合作高峰论坛，形成了 270 多项成果清单；在厦门又成功举办了金砖国家领导人峰会。一大批发展中国家和新兴经济体都愿意搭上中国经济发展的"快速列车"，中国政府也努力与这些国家实现政策沟通、设施联通、贸易畅通、资金融通、民心相通，打造国际合作新平台，促进贸易自由化进程。这也将极大地改善我国的外贸环境，为我国进出口贸易发展开拓更加稳定、广阔的市场。另外，随着国内区域经济发展更加平衡和协调，中西部地区和东北地区在经济结构调整之后，也有望成为推动进出口贸易的新的重要力量。

白明："一带一路"沿线国家的市场空间很大。但是，由于这些国家整体发展水平比较低，这些市场更多是潜在市场，并不是一个现成市场。我们不应该只停留在现有的国际市场，而应该更加注重培育国际市场。也就是说，我们不仅仅要"耕作田地"，还要"开荒种地"，因为，开荒才能种地。而"一带一路"沿线国家，恰恰有很多开荒的空间。不过，我们与这些国家的经贸关系发展更要立足于长远，要坚持共商、共建、共享，并不是说今天投入了，明天就一定要见到什么效果。当然了，我们也要适当注意风险，不能盲目地去凑热闹，只有注意风险才能有可持续性。

宋清辉："一带一路"倡议是一项造福沿线各国人民的大事业，它对中国，对世界的意义都无比重大，更与部分"一带一路"沿线国家的经济形势密切相关。在此情况下，应继续促进"一带一路"沿线国家民心相通，并进一步密切该地区沿线国家与国际组织及商界的联系与合作，共同研究海关监管制度改革与创新，大力支持跨境电子商务等新型贸易业态发展等，以继续保持进出口快速增长势头。

追寻根脉是为了
更好前行 *

党的十九大刚闭幕一周，习近平总书记带领新一届中共中央政治局常委，专程来到上海和浙江嘉兴，追寻我们党的根脉，回顾建党历史，重温入党誓词，宣示新一届党中央领导集体的坚定政治信念，充分展示了新一届中央领导集体时刻不忘初心、矢志永远奋斗的坚定决心，彰显了新一届中央领导集体为实现党的十九大提出的目标任务而奋斗的责任感和使命感，在全党全国人民中引起强烈反响，极大地鼓舞了全国各族人民在党的领导下，实现中华民族伟大复兴中国梦的决心和信心。

党的十八大以来，习近平总书记就不止一次告诫全党："一个民族、一个国家，必须知道自己是谁，是从哪里来的，要到哪里去，想明白了、想对了，就要坚定不移朝着目标前进。"在党的十九大报告的开篇，习近平总书记再一次指出，不忘初心、方得始终。中国共产党人的初心和使命，就是为中国人民谋幸福，为中华民族谋复兴。这个初心和使命是激励中国共产党人不断前进的根本动力。

中国共产党是马克思主义政党，共产主义的创始人之一恩格斯早就说过："一个知道自己的目的，也知道怎样达到这个目的的政党，一个真正想达到这个目的并且具有达到这个目的所必不可缺的顽强精神的政党——这样的政党将是不可战胜的。"我们党一经成立就把实现共产主义作为最高理想和最终目标，义无反顾肩负起实现中华民族伟大复兴的历史使命。在我国革命、建设和改革各个时期，我们党始终坚持全心全意为人民服务的根本宗旨，为中国人民谋幸福，为中华民族谋复兴。正是有这样的初心和使命，中国共产党一路走来，艰苦卓绝，英勇奋战，建立新中国，开辟中国特色社会主义道路，引领中国特色社会主义进入新时代，使近代以来久经磨难的中华民族迎来了从站起来、富起来到强起来的伟大飞跃。

今天，中国特色社会主义进入新时代，离实现中华民族伟大复兴的中国梦越

---

* 本文原载中青在线 2017 年 11 月 3 日。

来越近。但是离理想越近，就越要牢记使命和担当。习近平总书记引用中国哲学家庄子的话："其作始也简，其将毕也必巨。"我们在取得经济社会发展巨大成就可以骄傲和自豪的同时，更要清醒地认识到我们党面临着更加复杂的执政环境；更要深刻把握"四大考验"的长期性、复杂性和"四种危险"的尖锐性、严峻性；更要牢牢把握新时代社会主要矛盾变化即人民日益增长的美好生活需要和不平衡不充分的发展之间的矛盾，始终把人民利益摆在第一位，积极回应人民对美好生活的新期待，通过不断努力、继续奋斗，让人民的获得感、幸福感、安全感更加充实、更有保障、更可持续。

这就要求我们党永远与人民同呼吸、共命运、心连心，永远把人民对美好生活的向往作为奋斗目标，筑牢党与人民之间的血肉联系。

习近平总书记在党的十九大报告中明示全党要"不忘初心、牢记使命"，带领新一届中央常委再次寻踪到党的创始地，就是用语言和行动告诫全党：作为一个马克思主义政党，一路走来，我们党初心不改、矢志不渝，赢得了人民群众的衷心拥护；在开创中国特色社会主义光辉前景的今天，我们党仍然将一如既往，永远不能忘记走过的过去，永远不能忘记中国共产党人的责任和使命。

事业发展永无止境，共产党人的初心永远不能改变。唯有不忘初心，方可告慰历史、告慰先辈，方可赢得民心、赢得时代，方可善作善成、一往无前。以习近平同志为核心的党中央必将以永不懈怠的精神状态和一往无前的奋斗姿态，推动中国特色社会主义伟大事业不断从胜利走向新的胜利。

多渠道增厚养老金
织密社会安全网 *

人力资源和社会保障部新闻发言人表示，准备 2018 年实行基本养老保险基金中央调剂制度。此举是加快推进我国养老保险全国统筹工作的重要一步，也是按照党的十九大提出的"完善城镇职工基本养老保险和城乡居民基本养老保险制度，尽快实现养老保险全国统筹"的要求的有力落实。

应该说，推进养老保险全国统筹工作近年来取得了一些进展，全国各地已经基本实现省级统筹，但主要的问题是，由于各地人口结构不同，职工基本养老保险基金分布比较分散，面对我国人口老龄化态势加剧尤其是人口流动导致人口抚养比差异较大，各省份之间的养老保险基金收支差距不断拉大，收不抵支省份的当期缺口还在扩大的现实，提高统筹层次，实现基金在全国范围的统一筹集和调剂余缺，从而增加社会保险的规模效益，充分发挥养老保险互助共济作用，促进养老保险制度可持续发展就十分必要。实行基本养老保险基金中央调剂制度只是第一步。在这方面，我们需要借鉴西方发达国家的一些成熟经验。

目前，最为成熟，也最体现社会化养老保障体系原则的当属欧美国家"三支柱"养老保障模式。美国自 20 世纪 30 年代经济大危机后，经过半个多世纪的发展完善，逐步形成了政府强制养老金计划、雇主养老金计划和个人储蓄养老金计划并存的"三支柱"格局，各自在功能定位、组织方式等方面的设计也较为科学，这么多年来制度运行上也总体平稳。

其中，政府强制养老金计划是第一大支柱，其资金来源于社会保障税。该税在全国强制性统筹，由雇主和雇员共同缴纳，覆盖所有公司、机构雇员和各种形式的自雇人员，也是雇主和雇员必须承担的法定义务。它最早采用现收现付模式，即当期的社会保障税收用于当期的养老金支付，不足部分由财政保障。随着人口老龄化加剧，现收现付制的弊端逐渐显现，1983 年美国国会通过决议，提高了养老金的缴税率和缴税上限，并改现收现付制为部分积累制。雇主养老金计

---

* 本文原载《东莞日报》2017 年 11 月 6 日。

划是美国养老金计划的第二支柱，政府不直接为雇主养老金计划提供资金，但通过法律以税收优惠等形式来鼓励雇主与雇员共同建立养老金计划。在美国，几乎每个公司都有自己的雇主养老金计划。个人储蓄养老金计划是第三支柱，又称个人退休账户养老金，由联邦政府提供税收优惠、个人自愿参加，作为美国社会保障体系的有力补充。美国法律规定：所有 70 岁以下且有收入者均可开设个人退休金账户，联邦政府通过免征所得税予以扶持和鼓励。

这样的养老保障制度优势十分鲜明。强制养老金计划由联邦政府集中统一管理，保障基金实行全国统筹调剂使用，约束力强。政府实行社会保障号制度，利用保障号码即可在全国范围内对雇主、雇员和退休者实施社会化管理，并实现跨州跨地区社会保险关系的无障碍转移和续接。同时，还采用法律和经济手段并重，既引导雇员不提前退休，又保护了晚退休、推迟领取养老金者的利益，对减轻基金支付压力也非常有利。更重要的是，政府积极促进政策性保险和补充商业保险共同发展。由于强制性养老金总替代率不高，约为 51%，这既明确了国家保障制度保基本的政策导向，又为第二支柱（雇主养老金计划）和第三支柱（个人储蓄养老金计划）的发展提供了空间，也为商业保险公司的运作留出了广阔的发展余地。目前，英法日等西方市场经济国家基本采用这样的"三支柱"养老模式，这也成为后发展国家推进养老保险制度化、市场化的大趋势。

由于美国在一开始就将养老基金与老龄金融产业紧密结合在一起，美国老龄金融以"三支柱"为中心的养老金制度得到了充分的发展，各大"支柱"均以信托基金或其他投资基金形式进入金融市场，伴随着美国资本市场的长期成长，为整个社会及老龄产业提供了充足的资金；同时资本市场的丰裕回报也给养老金制度提供了强有力的保障。不过随着 2008 年全球金融危机爆发扰乱了资本市场，特别是战后出生的"婴儿潮"一代已开始进入退休期，纳税人与受益人的比例开始出现明显变化，入不敷出的问题成为养老金支付补给的一大掣肘。这在同样是市场经济国家的日本，面临老龄化和少子化的困境，养老支付负担越来越沉重，这几乎成为当今社会养老问题共同面临的重大挑战。

给转型发展的中国最大的借鉴或启示：一是扩大多层次养老制度覆盖范围，尽快构筑起"三个支柱"；二是切实提高养老基金的保值增值能力，加快养老基金资本化投资；三是切实做大养老基金规模，建立健全可持续发展的社会养老保障制度。

截至 2017 年 11 月，已有 1800 亿元养老基金开始进入资本市场，但投资不是目的，必须健全体制，确保稳定、可持续的回报，给所有人织密老有所依的社会安全网。

"红船精神"：新长征路上的精神底蕴*

党的十九大闭幕一周，习近平总书记就带领新一届中央常委到上海拜谒党的一大会址、到浙江嘉兴南湖瞻仰红船。总书记指出，上海党的一大会址、嘉兴南湖红船是我们党梦想起航的地方。我们党从这里诞生，从这里出征，从这里走向全国执政。这里是我们党的根脉。在嘉兴南湖，他特别重申了"红船精神"，指出，这是开天辟地、敢为人先的首创精神，坚定理想、百折不挠的奋斗精神，立党为公、忠诚为民的奉献精神，全党要结合时代特点大力弘扬"红船精神"。

习近平总书记在不长的讲话里实际上讲了三个层次，一是以"红船精神"为引发，"红船精神"的内核是"首创""奋斗""奉献"，这是中国共产党的精神源泉；二是讲到了我们党 96 年来走过的光辉历程，我们党一路艰苦卓绝，创造了今天的历史辉煌，正是这一精神的实践成果；三是讲到了面向未来，我们党要继续带领全国人民按照党的十九大擘画的党和国家事业发展的新目标新任务，继续发扬光大"红船精神"，为中国人民和中华民族创造更加幸福美好的未来。三段讲话、三个层次，环环相扣、不断递进，但集中了一个主题，就是全党要牢记宗旨、不忘初心，自觉为实现新时代党的历史使命而不懈奋斗。

——在新时代发扬"红船精神"，依然要勇于创新，敢为人先。中国共产党的成立就是开天辟地的大事业，中国共产党人艰苦卓绝、敢为人先，成就了马克思主义在中国革命道路上的成功实践，建设了社会主义中国，开辟了符合中国国情的中国特色社会主义道路、理论、制度和文化，是中国共产党和中国人民的首创，前无古人。今天，我们面对新的历史时期，面对更加复杂的国内外环境，仍然要保持这一首创精神，继续拿出逢山开路、遇水架桥的闯劲儿，拿出只争朝夕、敢于担当的拼劲儿，夺取新征程上的更大胜利。

——在新时代发扬"红船精神"，依然要坚定理想、百折不挠。习近平总书记指出，革命理想高于天。中国共产党创始人为革命理想走到一起，今天有8900

* 本文原载《中国青年报》2017 年 11 月 6 日。

万党员这个世界第一大党，大党就要有大的样子、大的气魄、大的伟岸。我们的事业是成就人民幸福的伟业，成就民族富强的伟业。在新时代推进中国特色社会主义伟大事业的召唤下，中国共产党人更需要艰苦奋斗、脚步不歇、前行不止，以永不懈怠的精神状态和一往无前的奋斗姿态，向着社会主义现代化强国的目标奋勇前进。

——在新时代发扬"红船精神"，依然要立党为公、忠诚为民。"奉献"一直写在中国共产党的旗帜上，我们的事业是靠千千万万党员的忠诚奉献而不断铸就的。96 年来，一代代中国共产党人呕心沥血，玉汝于成，为人民的解放事业抛头颅、洒热血，中国人民站起来了、富起来了。面对新时代中国特色社会主义新要求，全党要牢记宗旨、不忘初心，永远把人民对美好生活的向往作为奋斗目标，让人民的获得感、幸福感、安全感更加充实、更有保障、更可持续。

百年前，小小红船承载千钧，播下了中国革命的火种，开启了中国共产党的跨世纪航程。党的十九大开启了向着梦想进军的新征程，我们即将迎来建党 100 周年，千秋伟业，百年恰是风华正茂。"红船精神"将激励永远年轻的中国共产党团结带领亿万人民，推动中国号巨轮劈波斩浪，胜利驶向光辉的彼岸。

10 月 CPI 仍低于 2%
"1 时代"物价水平续写
经济"稳"基调*

2017 年 11 月 9 日上午，国家统计局公布了 10 月物价运行状况，全国居民消费价格指数（CPI）和工业生产者出厂价格指数（PPI）数据显示，CPI 环比上涨 0.1%，同比上涨 1.9%；PPI 环比上涨 0.7%，同比上涨 6.9%。其最突出的特点是物价水平仍处于"1 时代"，工业生产者出厂价格上升势头得到遏制。10 月的两个重要物价指标基本给 2017 年全年物价水平定下了"稳"的基调。

CPI、PPI 运行基本没有超出预期　结构性涨落体现趋势性特征

首先需要说明的是，根据国家统计局的测算，在 10 月 CPI 1.9% 的同比涨幅中，2016 年价格变动的翘尾因素约为 0.4 个百分点，比 9 月增加 0.2 个百分点，新涨价因素约为 1.5 个百分点；在 10 月 PPI 6.9% 的同比涨幅中，2016 年价格变动的翘尾因素约为 3.2 个百分点，新涨价因素约为 3.7 个百分点。那么，值得我们关注的就是新涨价因素。

就 CPI 来看，10 月的食品烟酒价格同比上涨 0.3%，环比持平。10 月是秋季节假日的黄金期，鲜果价格、鲜菜价格和畜肉类价格环比保持了微幅上涨，但猪肉价格当月同比仍然下降 10.1%，蛋类价格同比上涨 3.1% 而环比价格下降 4.6%。这与百姓到超市购买食品的感觉基本一致，就是蔬菜鲜果价格明显高于肉蛋价格。主要原因是 2017 年的"猪周期"还处于盘底阶段，鸡蛋价格经过上半年大幅回落，到年中养鸡户适当补栏，第三季度处于价格修复阶段，更多的养殖户是根据市场变化调整市场供给，总计到一个"菜篮子"中价格显得很平稳。

非食品价格则是影响 CPI 小幅上行的最主要因素。10 月，统计局监测的其他七大类价格同比均保持了上涨，环比也是五涨二降。其中，医疗保健、居住、

---

*　本文原载中新经纬 APP2017 年 11 月 9 日。

教育文化和娱乐价格分别上涨 7.2%、2.8%、2.3%，其他用品和服务、生活用品及服务价格分别上涨 1.8%、1.5%，衣着、交通和通信价格分别上涨 1.2%、0.8%。扣除衣着价格、交通和通信价格季节性因素环比上涨影响，医疗保健、居住、教育文化和娱乐价格均保持稳定上涨势头，也是支撑 CPI 稳中上行最值得关注的结构性变化。这个趋势是新常态下中国经济的一个典型特征，在之后的月份应当不会改变。

就 PPI 来看，PPI 涨幅与 9 月相同，环比 9 月回落 0.3 个百分点。同比涨幅扩大的有造纸和纸制品业、化学原料和化学制品制造业、非金属矿物制品业，分别上涨 16.6%、10.7%、10.3%，这也引起了下游生产资料价格环比的上涨。比如，纸浆类、包装品价格上涨，给物流企业带来了不小的压力；许多家电企业因成本加大利润大幅萎缩带来市场供给预期的变化，想上调市场售价，但供给缺口仍然压制了快速上涨空间。

尤其需要关注的是，主要行业中的石油和天然气开采业、石油加工业分别上涨 5.1%、3.2%，涨幅环比有所扩大，这与 9 月以来国际油价开始较快上行直接相关。不过，黑色金属冶炼和压延加工业、有色金属冶炼和压延加工业、煤炭开采和洗选业等同比涨幅出现回落，环比也由升转降。2017 年上游端工业原材料价格一直保持上行态势，10 月 PPI 仍保持了 9.0% 的涨幅，从前三季度看 10 月 PPI 位居全年涨幅较高位置。

需关注第四季度国际因素对国内大宗商品价格波动的影响

影响第四季度后两个月价格走势的因素需要时刻关注。

CPI 已经连续 9 个月低于 2%，由于第四季度翘尾因素仍然维持在较低水平，加上 2017 年农业生产和蛋肉价格总体稳定，即使第四季度进入冬季，一些农产品价格仍可能会有所上涨，但第四季度食品价格也不会出现明显抬升，全年 CPI 同比涨幅将保持在 1.5% 左右的水平，通胀压力温和完全是可以预期的。

而不确定性的因素可能表现在 PPI 上。

中东阿拉伯国家的政治因素，直接影响了石油价格。截至 2017 年 11 月初，国际石油价格已经攀升至 56 美元/桶左右，这可能是 2017 年飞出的"最后一只黑天鹅"，其对国际原油市场乃至带动其他大宗商品价格的波动还在观察中。总体上看，原油基本面明显改善，第四季度至 2018 年油价或超预期上涨，一旦突破重要心理关口，就可能打开更大上涨空间。事实上，进入 11 月后，国际商品市场多数飘红，黑色系商品价格亦出现了一波快速上涨，如 11 月第一周焦炭价格就拉升铁矿石暴涨了逾 5%，这有可能是一种预演。

而从国内来看，尽管第四季度进入钢材消费淡季，同时受采暖季环保限产措施影响，铁矿石市场预期下降，后期铁矿石市场虽呈供大于求态势，价格应当不会有大幅上行空间，但国际因素的传导是否会产生"共振效应"，拉动一系列原材料价格上行都要作出预判。

从大的周期来看，2017 年全球已经进入慢复苏周期，大宗商品开始出现牛市的影子。经过近五年的下跌，商品市场供大于求格局已发生转变，特别是随着 OPEC 减产，原油供需已重回平衡，因此商品价格整体趋势向上。再加上国内近两年通过环保巡查方式，强制淘汰落后产能，原材料商品已形成见底行情，国内宏观经济向好态势将可能支撑一系列商品市场由熊转牛。

总之，就市场物价而言，我们可以维持对全年物价走势基本平稳的总的判断，但面对扑朔迷离的市场格局变化，也应当未雨绸缪，做好政策储备。

循着发展的逻辑——一个经济学人的时事观察（2016—2020）

工业互联网引领
未来制造业竞争力*

2017 年 11 月，国务院常务会议通过《深化"互联网+先进制造业"发展工业互联网的指导意见》（以下简称《指导意见》）。《指导意见》提出到 2020 年，要支持建设一批跨行业、跨领域的国家级平台，构建一批企业级平台，培育 30 万个以上的工业 APP（工业应用程序）；到 2025 年，形成 3~5 家具有国际竞争力的工业互联网平台。

工业互联网作为新一代网络信息技术与现代工业融合发展催生的新事物，是实现生产制造领域全要素、全产业链、全价值链连接的关键支撑，是工业经济数字化、网络化、智能化的重要基础设施，是互联网从消费领域向生产领域、从虚拟经济向实体经济拓展的核心载体。

发展工业互联网，对实现"中国制造 2025"有着重要意义，将带来哪些深远影响？中国制造业又该如何对接这波"工业互联网+"大潮？《东莞日报》特邀国家行政学院研究员胡敏、著名经济学家宋清辉和广东省经信委电子商务专家委员会副主任、御途网 CEO 齐宪威发表专业看法。

制造业需要与互联网深度融合

记者：为什么国家会提出工业互联网的概念？为什么如此强调互联网和制造业的深度融合？对整个中国制造业的积极意义在哪里？

胡敏：建设现代化经济体系，要把发展经济的着力点放在实体经济上。目前我国已经是制造业大国，但还不是制造业强国，要加快建设制造强国，就必须加快发展先进制造业。这需要推动互联网、大数据、人工智能与实体经济尤其是制造业的深度融合。《指导意见》为推进中国制造业由大到强指明了方向和路径，目前的着重点就是将互联网代表的先进数字技术，加快融合到生产制造领域的全要素、全产业链、全价值链的各个环节。

---

* 本文原载《东莞日报》2017 年 11 月 13 日，记者：沈勇青。

齐宪威：我国的工业互联网概念，是对全球化互联网战略格局和移动互联网发展趋势的准确把握而提出的。与上一个 10 年 PC 互联网带来的生产、制造、流通的信息化不同，移动互联网技术架构下，全球正在进入以内容化、社交化、数字化云应用为特征的新商业时代，真正意义上促进了 C2B2B2S（用户驱动新零售，进而驱动生产、驱动服务业发展）商业模式的实际应用。对于中国制造业，与互联网的融合是全球化竞争力提升的必然条件。当务之急是把握制造业融入互联网应用的机遇，以国际领先的信息技术应用武装自己，以此在全球化竞争中保持下一个五年中国制造业的领跑优势。

宋清辉：在全球制造业处于数字转型新阶段背景下，我国虽然是制造业大国，但仍存在粗放发展、核心竞争力薄弱等问题，亟须与移动互联网、云计算、大数据、物联网等有效地结合在一起，进而提升中国制造业的品质。推进互联网和制造业深度融合发展，是建设制造强国的关键之举。提速制造业与互联网融合不但有利于我国制造业实现跨越式发展，而且对整个中国制造业具有极其重要的积极意义，这也是前一项重要任务。

推进 5G 部署　加速网络改造升级

记者：大力推进工业互联网建设并非一人之力可为，需要政府、企业多方同力。那么，从政府层面，要怎样来推动？企业又该如何来参与？

胡敏：政府要做的重点工作，一是完善创新融合体系建设，二是打造好平台。这里国家引导和激励作用十分重要，要在政策激励、创新资金、人才支持等方面发挥政府的有为作用，在工业互联网关键共性技术、引领领先技术、颠覆性技术方面开展攻关，加快先进成果向现实生产力转化。这里的平台既有国家级平台，也有企业平台，在一开始国家级平台的作用更大，要作为网络强国的重要基础设施来建设。

与此同时，制造业作为实体经济，更多地面向市场，所以企业一直是创新和运用的主体，要按照市场规律，发挥市场的导向作用，特别是高级科技人才要体现市场价值，促进产学研深度融合，《指导意见》提出的构建一批企业级平台，培育 30 万个以上的工业 APP（工业应用程序）也就是题中之义。

齐宪威：一是财政补贴从 PC 互联网电商平台应用，倾斜到补贴移动互联网特征的平台应用，提升制造业生产、营销和交易效率；二是政府积极与中国优秀的移动互联网平台合作，如已在市场上具备一定竞争力的微信、今日头条、微博等，引导区域内制造业快速分享当前的粉丝经济红利；三是吸引更多来自 BAT 等互联网企业的人才创业，将目光聚焦在区域内工业互联网平台化建设上，通过移动互联网技术应用开展创新创业；四是发挥行业协会能动性，在制造业普及对移动互联网内容化、社交化、数字云应用的认知，引导企业培养和引入专门的互联网运营人才，快速应用。

宋清辉： 在政府层面，首先，应推动制定工业互联网发展战略以及总体布局，加快重大问题研究；其次，大力推进5G等新型网络部署，推动现有网络改造升级进度；最后，推动产业链上下游相关企业开展工业互联网试点，引导工业企业积极建设工业互联网，探索形成一大批可复制可推广的经验。此外，政府还应推动完善相关法律法规，提升工业互联网的安全保障机制。就企业层面而言，应在工业互联网顶层设计引领之下，攻关解决难题和进行技术研发，以及积极主动参与标准的制定，推进中国工业互联网国际化进程。

互联网平台让中小型企业搭上"快车"

记者： 当前，不少中小型制造业企业还未真正对接上互联网平台。此次国家提出建设一批跨行业、跨领域的国家级平台，形成有国际竞争力的工业互联网平台，为什么要把平台放在如此重要的地位？

宋清辉： 第一，建设一批跨行业、跨领域的国家级平台，是实现工业互联网形成完整体系的重要载体，把这些国家级平台上升到一定的高度，我国的工业互联网平台才能够实现质的飞跃；第二，只有把成千上万家企业工业互联网平台凝聚在一起，形成合力联合攻关解决相应难题，我国工业互联网平台的发展基础才能够被夯实；第三，有利于尽快构建工业互联网体系，积极培育适用于工业互联网的产业链。

齐宪威： 在PC互联网时代，中国制造业成就了阿里巴巴等参与到全球互联网竞争格局的国际化平台，平台进而成为中国工业全球化的互联网基础设施，对中国制造业的发展起到了积极的带动作用。

未来几年，移动互联网带来了平台发展的新机遇期，直播、视频、攻略导购、LBS、AI等内容化应用，以及陌生人社交到熟人社交、大数据运算到云服务应用，必将提升工业制造和贸易流通的效率，也将促进工业制造业服务新平台的快速崛起。从全球范围来看，谁拥有工业应用领先的互联网技术架构平台，谁就拥有了工业化快速发展的基础设施保障。特别是平台聚集的国家级工业大数据的管理、运营和数据挖掘应用，决定了新时代制造业的全球竞争力。

胡敏： 无论是国际平台还是大企业平台，都可促进数字经济与传统制造业深度融合，其作用是构成技术束和产业链。我国制造业目前是以大型企业为龙头，但制造业的主体力量还是中小型企业，它们有愿望但没有资金、人才和技术实力，要搭上互联网经济发展的"快车"，就必须融入平台体系中，成为产业链条中的环节。所以，平台必须是开放和包容的。当前，我们提出建设世界级先进制造业集群，这个集群实际上就是网络大中小各类制造业的产业企业集群，最终形成统一、开放、有序、充满活力的工业互联网产业集群。

构建现代化经济体系的着力点*

【编者按】党的十九大报告内涵非常丰富，涵盖了经济、政治、社会、文化、生态等方方面面，对未来30多年，我们国家走向现代化经济强国，做出了一个非常宏大的部署，确定了很多任务。其中一个重要的亮点，就是首次提出了"现代化经济体系"的概念。为全面深入从经济层面理解党的十九大报告，人民论坛网特邀国家行政学院研究员胡敏为大家系统解读现代化经济体系的内涵，以及如何构建现代化经济体系。

现代化经济体系蕴含丰富内涵

建设现代化经济体系，在我们党的报告中属首次出现。现代化强国的经济支撑就在于现代化经济体系。到底什么是现代化经济体系呢？一个现代化的经济体系，它必然是一个发展、协调、开放、包容的经济体系，是一个高质量的经济体系，是一个区域平衡发展的经济体系，包括产业的现代化、经济结构的现代化、区域布局的现代化，其内涵是非常丰富的。

党的十九大报告在第五部分提出了建设现代化经济体系，就其内涵、目标、原则、支撑基础等方面的描述，是一个高屋建瓴的概括。那么它的内涵是什么呢？我们学习党的十九大报告，学习现代化经济体系的内涵，可以从三个方面来理解：第一，原则方面，建设现代化经济体系要坚持"质量第一、效益优先"的原则，以深化供给侧结构性改革为主线，强调把经济发展的着力点放在质量方面。深化供给侧结构性改革，就是要通过进一步深化改革，使经济发展质量不断跃上更高的台阶。这是它的第一层内涵，也是一个目标。实现这个目标，关键在于实现经济发展的三大变革，包括质量变革、效率变革和动力变革。第二，产业方面，我们要构筑一个支撑现代化经济体系的产业基础，就是"四位一体"协同发展的产业体系。哪"四位一体"呢？一是实体经济，二是科技创新，三是

---

* 本文原载人民论坛网2017年11月14日。

现代金融，四是人力资源。着力形成这"四位一体"协同发展的产业体系，是现代化经济体系的第二个支撑。第三，体制方面，一个现代化经济体系必然要有很好的经济体制基础。党的十九大报告提出，要加快完善社会主义市场经济体制。这个体制基础体现在现代化经济体系中，也是一个"三位一体"的概念。具体来讲就是：市场机制要有效，微观主体要有活力，宏观调控要有度。从而形成一个市场机制有效、微观主体有活力、宏观调控有度的经济体制。

由此可见，建设现代化经济体系就是要有动力的支撑、产业的支撑和体制的支撑。这三大支撑，构筑起了我们面向现代化经济强国的现代化经济体系。

构建现代化经济体系需多方发力

党的十九大报告非常明晰地阐述了现代化经济体系的内涵、目标、原则和三大支撑，第五部分紧接着就明确了如何构建现代化经济体系，提出了六个方面的着力点。

第一，进入"十三五"时期我们一直推进的重要工作——深化供给侧结构性改革。这是一条主线，也是整个"十三五"时期的主线，甚至在我们全面建成小康社会之后，可能还是工作的重点。如何着力深化供给侧结构性改革，党的十九大报告强调，首先要把当前经济工作的着眼点放在实体经济上。实体经济最主要的一个内容，就是制造业。所以报告提出加快建设制造强国。经过改革开放，特别是党的十八大以来，中国经济越来越强。我们已经从一个深层供给短缺的阶段，进入到一个生产制造非常丰富、品种非常多的阶段。中国现在是一个制造业大国，有220种工业产品产量居世界第一。也就是说在制造业方面，整个社会生产力已经越来越强。但是我们现在仅仅是一个制造业大国，还不是一个制造业强国。而供给侧结构性改革的重要内容，就是要打造一个制造业强国。其着力点不仅是创新，还要大力发展先进的制造业，使传统的制造业走向一个全产业链的中高端水平。制造业从中低端走向中高端，需要从快速的数量性扩张走向高质量发展阶段。

第二，党的十九大报告提出，把发展经济的着力点放在实体经济上，要以创新为引领。创新是引领发展的第一动力，党的十九大报告中提到，要利用技术创新，"为建设科技强国、质量强国、航天强国、网络强国、交通强国、数字中国、智慧社会提供有力支撑"，比如，互联网、大数据、人工智能和传统的制造业，和实体经济深度融合，这是一个重要的方向。同时我们的产业从中低端迈向中高端全产业链水平，需要按照国际标准来发展先进的服务业，这是实体经济发展的另一个方向。就是要为整个实体经济、制造业的发展不断地转型升级，提供一个良好的基础设施。比如说我们的高铁、高速公路、航空发展非常快。但我们不仅要让看得见的基础设施越来越强，看不见的基础设施，如信息、网络也要越来越强。在"十三五"规划里面就已提出我们要成为一个网络强国，让看不见的基础设施和看得见的基础设施共同发展，为实体经济的发展特别是为以制造业为代表的实体经济发展降低成本，提高发展质量，提高人民生活的便利程度，以此推动实体经济发展。

另外，实体经济的发展离不开人。首先针对企业家，我们要创造更好的制度，来激发企业家创新创业的活力。同时还要弘扬劳模精神和工匠精神，我们要在全社会造就一种工匠精神，精益求精，这样我们既有优秀的企业家又有技术，还有专业的劳动大军，有了精益求精的社会风尚，整个中国才能从数量大国走向质量大国，转型升级才能为制造业强国服务。

第三，党的十九大报告中另外一个重要的亮点，就是提出了乡村振兴战略。在当前中国，除了要打造一个制造业强国，更重要的一个方面就是农村的现代化。在过去一段时间，我们只侧重讲农业现代化，这次党的十九大报告中提出要实施乡村振兴战略，就是要把农业农村现代化放在优先位置。不仅农业现代化，农村也要现代化。整个乡村振兴战略，目的就是要推进农业、农村的现代化，这也是现代化经济体系的一个重要组成部分。尽管中国现在已经是世界第二大经济体了，但是我们还有六七亿农民在农村，所以"三农"问题始终是我们党和国家工作的重中之重。在社会生产力已经显著发展、人民生活显著提高的大前提下，党的十九大报告提出，中国特色社会主义进入新时代，我国社会主要矛盾已经转化为人民日益增长的美好生活需要和不平衡不充分的发展之间的矛盾。所以提出乡村振兴战略，推进农业农村现代化，是推进现代化经济体系的重要着力点。

第四，要进一步实施区域协调发展战略。我国幅员辽阔，东中西、南中北之间生产力发展也不平衡，各个地方各有特点。所以需要共同发展，包括西部地区、东北老工业基地、中部地区，还有沿海开放地区，要形成一个区域协调发展的总格局。那么从城市层面来看，我们要构筑一个以大城市和中小城市，特别是和小城镇协同发展的城市发展格局。另外，我们要建设海洋强国，还要实现更开放、互动的区域发展。以上也呼应了新发展理念中的协调发展。

除此之外，党的十九大报告还提出我们要进一步完善社会主义市场经济体制，包括八个方面的改革。这些改革就是围绕"市场机制有效，微观主体有活力，宏观调控有度"，来形成一个协调发展的经济体制。比如，要深化国有企业改革，进一步深化商事制度改革，为民营企业发展创造更好的环境。再如，要深化财税体制改革，深化金融体制改革，形成一个有效、有度的宏观调控体系。当然，仅有改革不行，还要开放。要站在新时代，站在中国已经融入全球化的大背景下，进一步形成一个更加开放的新格局。

新的战略安排：分两个阶段建成社会主义现代化强国*

新时代绘就新蓝图，新征程开创新局面。

在"两个一百年"奋斗目标交汇之际，党的十九大就决胜全面建成小康社会作出部署，明确了从 2020 年到 21 世纪中叶分两个阶段全面建设社会主义现代化国家的新的奋斗目标。

一个个时间节点，勾勒出奋进的坐标，设定了前行的节奏。这是新时代中国特色社会主义发展的战略安排，这样的战略安排既实事求是，又面向未来，鼓舞人心，催人奋进。

回溯历史——我国的现代化进程是循序渐进的

现代化，是人类社会从传统农业社会向现代工业社会的转变，是人类历史上最剧烈、最深远也是不可避免的社会变革，始终推进着人类文明的不断跃迁。近代以来，中华民族无数仁人志士将国家现代化作为孜孜以求的理想和目标，并进行了艰苦探索。然而，一个积弱积贫、山河破碎、未取得独立和解放的国度，是不可能实现现代化的。

新中国成立以来，我们党执政兴国有一条重要经验，那就是：在不同历史阶段，根据国际国内形势和我国发展条件，提出相应战略目标引领事业发展——20世纪 50~60 年代，党提出争取到 20 世纪末实现"四个现代化"；1982 年，党的十二大提出建设有中国特色的社会主义，并确定"两步走"的战略目标；1987年，党的十三大提出"三步走"的发展战略；1997 年，党的十五大提出"两个一百年"奋斗目标……

回望历史，我们党始终以坚定不移的意志信念和高瞻远瞩的战略眼光，锲而不舍地对国家未来数十年的发展作出切实可行的清晰规划。正是这样一个个因时而变、随事而制的阶段性发展目标，相互承接、不断递进，激励亿万人民锐意进

---

* 本文原载《解放军报》2017 年 11 月 23 日。

取、不懈奋斗，让"中国奇迹"震撼了世界，中华民族迎来了从站起来、富起来到强起来的伟大飞跃。

把握历史新方位，顺应时代新特点，党的十九大报告清晰擘画全面建成社会主义现代化强国的时间表、路线图——按照两个 15 年的时间分割、分两个阶段，把我国建成富强民主文明和谐美丽的社会主义现代化强国。其中，前一个阶段是后一个阶段的基础，后一个阶段是前一个阶段的跃升，两者既紧密衔接又环环相扣，既明确任务又指明路径，体现了科学缜密的战略谋划。

这是对"三步走"战略目标既一脉相承又与时俱进的深化和推进，展现出党和国家事业蓬勃发展的光明前景。

立足现实——新的战略安排是有客观依据的

现代化之路是艰辛而伟大的。

党的十八大以来党和国家事业取得全方位的、开创性的历史性成就，如今我国已成为世界第二大经济体、货物贸易第一大国和外汇储备第一大国，社会生产能力在很多方面进入世界前列，国家综合实力和国际影响力实现前所未有的提升。雄厚的物质条件，为我们党对现代化发展作出新的战略安排奠定了坚实基础。

随着中国特色社会主义进入新时代，我国社会主要矛盾已转化为人民日益增长的美好生活需要和不平衡不充分的发展之间的矛盾，经济社会发展要适应由高速增长阶段转向高质量发展阶段的转换，要在物质文化生活不断提高的基础上更好满足人民日益增长的新诉求。基于这一现实，我们党统筹推进"五位一体"总体布局和协调推进"四个全面"战略布局，确立分两个阶段实现现代化的发展目标，必将为实现全体人民共同富裕、享有更加幸福安康的生活打下更为扎实的基础。

按照两个 15 年、分两个阶段实现现代化发展的愿景，既把握当下、承前启后，又乘势而上、登高望远，也是基于现代化发展的历史逻辑、经济逻辑和发展逻辑。

从历史逻辑看，我们已验证了每 15 年可以比较好地实现阶段性目标。

从经济逻辑看，根据欧美工业化国家发展历程和演变规律，10～15 年一般构成一个中短期经济周期，这样一个时间段足够产业企业完成技术升级和组织革新，进而推动生产力水平上一个新台阶并带来相应的社会变革。

从发展逻辑看，在 2020 年全面建成小康社会后，再经过 15 年，即使经济增速按 5% 测算，到 2035 年我们也可基本达到目前中上等发达国家水平。按照这一趋势，再经过第二个 15 年到 21 世纪中叶，我国综合国力和社会发展将位居世界现代化强国之列。

面向未来——走好新长征路还要靠苦干实干

"社会主义是干出来的。"习近平总书记告诫我们，中华民族伟大复兴，绝不是轻轻松松、敲锣打鼓就能实现的，全党必须准备付出更为艰巨、更为艰苦的努力。

其实，我们党团结带领人民创造辉煌成就的历史实践早已证明，"干"是党和国家各项事业蓬勃发展、人民群众福祉不断提高的重要法宝。

今天，我们处在从"总体小康"到2020年"全面小康"的决胜期，也是重要的历史交汇期，更要坚定信念、真抓实干，继续按照经济新常态的大逻辑，坚定不移贯彻新发展理念，统筹推进"五大建设"，坚定实施"七大战略"，坚决打好防范化解重大风险、精准脱贫、污染防治的攻坚战，兑现党对人民的郑重承诺。

尤其是面向2020年后的30年，我们要从全面建成小康社会到基本实现现代化，再到全面建成社会主义现代化强国，只有深刻把握"两步走"的发展脉络和实践逻辑，咬定青山不放松，保持各项战略、工作、政策、措施的连续性和前瞻性，才能一步接一步，连续不断朝着确定的目标前进，最终把宏伟蓝图转化为人民满意的现实。

我们的现代化事业是前无古人的伟大事业，是成就中华民族伟大复兴中国梦的辉煌历程，是谱写科学社会主义在21世纪中国焕发强大生机活力的历史篇章。能为这项事业而奋斗，我们是幸运的。

征程万里风正劲，重任千钧再扬鞭。

让我们以永不懈怠的精神状态和一往无前的奋斗姿态投入实现新目标的伟大奋斗中，坚忍不拔、锲而不舍，奋力谱写社会主义现代化新征程的壮丽篇章，让中华民族以更加昂扬的姿态屹立于世界民族之林。

书写"强国一代"的青春华章[*]

　　党的十九大宣示中国特色社会主义进入新时代，赋予了这个新时代极为丰富的思想内涵。立足新时代，就要有新气象新作为。与这个新时代共同成长的一代青年最值得期待，以永不懈怠的精神状态拥抱这个新时代，以一往无前的奋斗姿态书写这个新时代，在实现中国梦、强国梦的生动实践中激扬青春、放飞梦想，是新时代对青年人的新要求。

　　这一代青年是幸福的。大部分"80后""90后"，伴随中国的改革开放，生存环境总体上安宁稳定，接受了比较好的教育，许多走出国门求学深造，更多的已学有所成归来报效国家。他们有知识、有远见，正见证着中华民族从富起来到强起来的历史进程，是名副其实的"强国一代"。

　　这一代青年是有追求的。伴随新一轮新技术革命的浪潮，新观念、新业态、新模式、新变革层出不穷，生活在一个最有发展潜力的国度，创业创新，天地空前广阔。他们有本领、有抱负，不仅成就了中国"新的四大发明"，更开辟了互联网时代无比璀璨的发展空间，是充满理想的"创新一代"。

　　当然，这一代青年又是有压力的。伴随中国社会急剧变化的转型期，人口红利开始消逝，产业接续出现换挡，结构调整加快变革，社会分层不断加剧，制度红利有待释放。他们有困惑、有迷茫，既期待更加公平、更加宽容、更加自由流动的社会环境，又期待在激烈的就业竞争中留出一片可自我塑造的空间来追寻理想中的爱情和可净化灵魂的诗与远方，是必须脚踏实地、敢于奋斗的"担当一代"。

　　习近平总书记高度重视青年一代的健康成长，他在党的十九大报告中再一次强调：青年兴则国家兴，青年强则国家强。青年一代有理想、有本领、有担当，国家就有前途，民族就有希望。要求全党要关心和爱护青年，为这一代青年人实现人生出彩搭建舞台。

　　中国特色社会主义新时代秉承历史使命，描画了未来30年建设中国特色社

＊　本文原载《中国青年报》2017年11月24日。

会主义现代化强国的美好愿景。这一代青年人恰是书写这一段美好历程的实践者、奋进者和搏击者。一代人有一代人的使命和责任，一代人需要有一代人的作为和担当。今天，实现中华民族伟大复兴的中国梦和强国梦的历史接力棒交到我们这一代青年人手中了。

在新时代新征程中，我们这一代青年人必须将"小我"之利益融汇到国家和民族利益之"大我"中。要树立宽广的胸襟和远大的视野，不为眼前的一点点得失计较、不畏生存发展中的艰苦和曲折。努力做到：不断丰富知识和文化素养，努力磨砺自己的品性和人格。

我们这一代青年人必须具有合作共赢精神。互联网时代带来的是扁平化组织和社会，每个人只是网络时代的一个节点、一个符号，其价值必须在互联互通中倍增。要求做到：自觉摒弃英雄时代的单打独斗，需要摆脱温室中的孤芳自赏，需要远离温情中的卿卿我我；要善于聆听时代的声音，勇于踏上时代的节奏。

我们这一代青年人更必须具有开拓创新精神。历史车轮滚滚向前，时代潮流浩浩荡荡，既要坚定理想信念，志存高远，又要脚踏实地，埋头苦干，敢做历史的坚强者，勇做时代的弄潮者，善做未来的引领者。只有努力才有新天地，只有奋斗才能人生出彩，趁着芳华未逝、热情未退、梦想未老，在奋斗中获得面包、爱情、诗和远方。

习近平总书记说："中国梦是历史的、现实的，也是未来的；是我们这一代的，更是青年一代的。"在领袖精神的激励下，作为"强国一代""创新一代""担当一代"的时代青年大有作为、大有可为，必将书写精彩的时代华章。

制造业城市应抢占
人工智能制高点*

继国务院印发《新一代人工智能发展规划》后，经济发达且高校密集的江苏、广东、浙江、陕西、北京、上海等省市在人工智能方面都动作频频。2017年11月15日，科技部召开新一代人工智能发展规划暨重大科技项目启动会，宣布成立新一代人工智能发展规划推进办公室，并公布首批国家新一代人工智能开放创新平台名单，百度、阿里、腾讯和科大讯飞榜上有名。

种种迹象表明，人工智能再次站上了产业风口，那么，应该如何看待这轮产业热潮？人工智能的发展还需要突破哪些瓶颈？作为全球制造业基地的东莞，应该如何把握住这轮产业发展机遇？《东莞日报》邀请著名经济学家宋清辉、国家行政学院研究员胡敏、东莞市乐琪光电科技有限公司总经理吕成威对此发表看法。

人工智能为经济发展注入新动能

记者： 2017年，国内再次掀起人工智能风，请问怎样看待这轮产业发展热潮？人工智能对产业发展有何推动作用？

宋清辉： 国家大力发展"颠覆性技术"，其中就包括人工智能技术。2017年以来，国内掀起一阵人工智能风。人工智能正在深刻改变人类社会生活、改变世界。作为面向未来最具变革性的力量，人工智能对产业发展具有巨大的推动作用，具体表现在三个方面：一是推进产业朝着智能化方向升级，进一步提升质量和效益。这在集成电路、高端装备领域表现得非常明显，通过技术实施智能化升级改造后，行业面貌焕然一新；二是能够培育出一大批具有国际竞争力的人工智能新兴产业集群；三是促进产业迈向价值链最高端，提高能级水平，改善供给体系质量。

胡敏： 从中央到地方，陆续推出各种举措推进人工智能发展。从这几年的实

---

* 本文原载《东莞日报》2017年11月29日，记者：于长洹。

际情况来看，我国人工智能发展的确是方兴未艾，像汽车、电子通信、医药、装备制造业等领域已经广泛使用了人工智能技术，极大地提高了生产率。根据国际先进制造业的发展趋势，人工智能技术已经根本改变了产业结构和产业布局，大大提升和延伸了传统产业链价值，得人工智能发展之先机，就能在产业转型升级中立于不败之地。

吕成威：从目前的情况来看，不仅是国内各主要城市加大了对人工智能行业的政策扶持力度，国内的互联网巨头，都纷纷开始布局人工智能领域。人工智能通过大数据、物联网、云计算等前沿技术，可以推动传统产业的转型升级和新兴产业的发展。人工智能作为新一轮产业变革的核心驱动力，将进一步释放历次科技革命和产业变革积蓄的巨大能量，并创造新的强大引擎为我国经济发展注入新动能。

除了核心技术，方法论也要有突破

记者：在落地应用过程中，人工智能也面临着许多瓶颈，如果想要实现人工智能的应用和融合，应该从哪些方面去突破？

宋清辉：在落地应用过程中，人工智能的确面临着诸如硬件续航、人才短缺和缺乏自主知识产权等诸多瓶颈。如果想要实现人工智能的应用和融合，应该从三个方面去突破。一是突破核心技术瓶颈。人工智能的核心仍是技术，只有在技术层面取得突破性进展，我国才有望实现人工智能的强国梦。二是突破硬件瓶颈。未来，人工智能需要在硬件领域进一步突破，包括处理器、云计算、存储能力等各个方面，人工智能才能发展起来，而目前人工智能尚处于初期阶段。三是突破科学观和方法论。目前，在人工智能领域，尚没有形成统一的理论，在科学观和方法论上亦没有取得什么大的突破。

胡敏：无论是新兴产业还是传统产业，都在着手推进人工智能技术的运用。方向和趋势大家都看得很清楚，但也不能只是刮一阵风，搞纸面上的规划，必须从战略布局、产业切入、技术研发上作出整体规划，在推进研发上下大力气，在推广应用上花真功夫。现代人工智能是系统性技术，既要有强大信息基础研究支撑，又要有关键应用性技术的转化运用，还要有广泛协作性创新平台，不能靠单打独斗，集群式、网络式、协作式是它的基本特点。必须集中力量攻克关键核心技术，培育智能制造生态体系，构建新一代信息基础设施，拓展在线服务、分享制造等"互联网+制造业"新模式，形成合理化专业化分工体系和协作性现代产业生态体系。

吕成威：人工智能虽然掀起了发展热潮，但依然面临着不少的发展瓶颈，其中人才、计算能力、数据这几个方面的瓶颈尤为突出，这是需要进一步实现突破的地方。另外，如何实现人工智能与其他行业的融合发展，也是亟待解决的问题。乐琪光电是一家研发生产机器视觉设备的企业，我们在推动人工智能的落地应用方面已经探索了多年。在智能制造领域，人工智能其实就是通过机器设备对产品进行选材—加工—检测—收集—上传，而如何实现技术应用，这就是要研究和突破的。

推动人工智能在东莞的落地应用

记者：东莞作为全球制造业基地，发展人工智能产业有何优势？人工智能能给东莞产业带来什么？东莞应该从哪些环节去发展人工智能？

胡敏：东莞是我国重要的制造业基地，这么多年来在集群式制造业发展方面积累了许多成熟经验和产业基础，在人工智能产业发展上走在全国前列，具有产业集群优势、先进制造业应有优势，在新一轮产业转型升级上具有广阔的空间。

东莞要充分立足自身优势，抓住人工智能发展的契机，力争将制造业之都转型为先进制造业研发、转化、应用之都。当前，东莞需要加大力度，构筑人工智能研发基地，建设现代科技国家级试验区，集中打造科技创新中心，广泛吸收一批顶尖级人才，形成现代科技创新的人才高地和知识储备基地，始终保持包括人工智能、大数据、物联网等技术和运用的领先地位。

宋清辉：东莞是全球制造业重镇，产业链配套完善，在发展人工智能产业方面具有得天独厚的先发优势。近年来，东莞在人工智能领域已加速布局，逐渐走出了一条人工智能发展的东莞新路径。同时，人工智能亦给东莞产业带来积极的变化，如在智能制造、软件、集成电路设计等高端环节，取得了明显的成效，产生了巨大经济价值和社会效益。

当前，作为全球创新热土的东莞，应张开臂膀全面网罗人工智能技术和人才，并通过培育人工智能产业集群的形式，实现资本力量强势助力、领军企业引领发展的良好局面，积极抢占人工智能产业制高点。

吕成威：东莞智能手机产业发展迅猛，以 OPPO、vivo、华为等品牌手机厂商为龙头，积极发展 3C 行业。在这些手机终端厂商的带领下，3C 行业上下游产业链都在急速扩张。这些为手机厂商做配套加工的企业，在机器视觉、大数据分析、云计算等方面的投入非常大，为手机厂商快速成长提供了有力保证。

因此，面对人工智能的发展热潮，东莞也应该加紧布局，从产业培育、人才培养、政策优惠等方面进行协调，积极引导传统产业有步骤地与人工智能相融合，推动人工智能在东莞的落地应用，让人工智能进入东莞更多的企业。

新时代始开篇*

精彩开篇拉开了华美乐章。2017 年 10 月 18 日至 11 月 29 日，一个多月以来，内政外交取得丰硕成果，习近平总书记赢得了中国人民的爱戴和世界各国的尊重，中国也以更加昂扬的姿态日益走近世界舞台的中央。

习近平总书记在党的十八大的中外记者见面会上指出："人民对美好生活的向往就是我们的奋斗目标。"短短的五年，在以习近平同志为核心的党中央坚强领导下，党和国家事业取得了全方位、开创性的历史性成就，带来了深层次、根本性的历史性变革。

党的十九大，再次当选中共中央总书记的习近平在中外记者见面会上表示，"一定恪尽职守、勤勉工作、不辱使命、不负重托"，展示出新一届党中央决心以全党的强大正能量在全社会凝聚起推动中国发展进步的磅礴力量。

仅仅一个多月来，习近平总书记身体力行，凤夜为公，赴任以来，已 2 次视察调研，举行 5 次国内重要会议，开展 10 余场外事会见会谈，分别给有关部门回信、致信 6 封，首访期间 5 天出席 40 多场双多边活动等，开启了走向新时代的精彩篇章。

新时代要有新思想武装

一个多月来，全国上下把学习贯彻宣传党的十九大精神作为首要政治任务。十九届中共中央政治局第一次集体学习就定位在学习贯彻党的十九大精神，习近平总书记要求全党切实学懂弄通做实党的十九大精神，肩负起新时代党和人民赋予的历史使命和重要职责。全党同志更是自觉以习近平新时代中国特色社会主义思想武装头脑，全面认识中国特色社会主义进入新时代、我国社会主要矛盾发生历史性变化两个重大政治判断，勠力同心，决胜全面建成小康社会，开辟建设社会主义现代化强国的宏伟征程。

---

* 本文原载中国网 2017 年 11 月 29 日。

在中共中央颁布《关于认真学习宣传贯彻党的十九大精神的决定》后，从中央宣讲团到地方自发形成的宣传小分队，以丰富多彩的形式将党的最新理论创新成果，将新时代宏伟建设目标传达到工矿企业、田野乡村、基层群众，凝神聚力，鼓足干劲。全国上下学习贯彻宣传党的十九大蔚然成风。党的十九大报告和各种辅导读物成为新华书店最畅销的图书。2017 年 11 月 8 日，《习近平谈治国理政》第二卷又隆重问世，该书集中反映了习近平新时代中国特色社会主义思想的发展脉络、丰富内涵和精神实质，成为一本沉甸甸的新思想手册。

新时代要有新精神风貌

党的十九大胜利闭幕刚刚一周，习近平总书记带领中共中央政治局常委奔赴上海瞻仰中共一大会址和浙江嘉兴瞻仰南湖红船，瞻仰革命先辈，重温入党誓词，带领全党铭刻"不忘初心、牢记使命"。全国上下各级党组织也再度举起右手，捏紧拳头，表达对党的忠诚、对誓言的敬重、对人民的承诺。

十九届中共中央第一次政治局会议再次强调要加强和维护党中央集中统一领导，中共中央政治局同志要进一步扎实贯彻落实中央八项规定精神，要牢固树立"四个意识"，要按照新时代党的建设总要求，坚持和加强党的全面领导，坚持党要管党、全面从严治党，以过硬的政治和高强的本领，确保党始终同人民想在一起、干在一起，以时不我待、只争朝夕的精神，奋力走好新时代的长征路。

2017 年 11 月 8 日，习近平总书记致信祝贺中华全国新闻工作者协会成立 80 周年，要求广大新闻工作者坚定"四个自信"，保持人民情怀，记录伟大时代，讲好中国故事，传播中国声音，唱响奋进凯歌，凝聚民族力量，希望广大新闻工作者为实现"两个一百年"奋斗目标、实现中华民族伟大复兴的中国梦不断作出新的更大的贡献。

2017 年 11 月 17 日，全国精神文明建设表彰大会在北京隆重举行。习近平总书记亲切会见全国思想道德建设工作先进代表和全国道德模范代表，并勉励他们再接再厉，在社会主义精神文明建设中再立新功、作出表率。深切的关怀、殷切的期待，充分体现了以习近平同志为核心的党中央对社会主义精神文明建设的高度重视，要让民族精神大厦巍然耸立，要在神州大地再次吹响精神文明建设的前进号角。

新时代要继续改革开放

过去的五年，我们党以问题为导向，集中人民最关切的现实利益问题，顶层设计，统筹布局，协调各方，推出了 1500 多项改革，改革的四梁八柱框架业已形成。

十九届中央全面深化改革领导小组第一次会议依旧集中在深化改革。习近平总书记突出强调，新时代的改革要坚持"三个不能变"，指出"无论改什么、改到哪一步，坚持党对改革的集中统一领导不能变，完善和发展中国特色社会主义制度、推进国家治理体系和治理能力现代化的总目标不能变，坚持以人民为中心的改革价值取向不能变"。这不仅是全面深化改革的基本方向，更是人民能最大程度地增加获得感、幸福感、安全感的最终落脚点。

改革惠民生，夯实健全制度基础

一个多月来，一系列贯彻党的十九大精神、进一步落实重大改革方针的举措急速推出。

例如，中共中央办公厅印发《关于在全国各地推开国家监察体制改革试点方案》，着力推进省、市、县三级监察委员会组建工作，实现对所有行使公权力的公职人员监察全覆盖；中央军委印发《关于全面深入贯彻军委主席负责制的意见》，全面贯彻党对军队绝对领导的根本原则和制度，从政治上、思想上、组织上、制度上、作风上为贯彻军委主席负责制提供坚强保证；国务院 2017 年 11 月印发《划转部分国有资本充实社保基金实施方案》，这有利于使全体人民共享国有企业发展成果，增进民生福祉，促进改革和完善基本养老保险制度。中共中央办公厅、国务院办公厅印发《关于支持深度贫困地区脱贫攻坚的实施意见》，对深度贫困地区脱贫攻坚工作作出全面部署。

习近平总书记还就旅游系统推进"厕所革命"工作取得的成效作出重要指示，充分体现了他对百姓民生、城乡文明的高度关切，彰显了从小处着眼、从实处入手的务实作风，努力补齐这块影响群众生活品质的短板，是新时代推动旅游业大发展、实施乡村振兴战略的具体而重要的工作。

开放也是改革，中国发展惠及世界

仅仅一个多月，习近平总书记与俄罗斯、美国等国领导人会谈，进行党的十九大后首次出访，大国、周边、多边外交全面拓展，实现了党的十九大后中国新时代外交的亮丽开局。

习近平总书记在越南岘港出席亚太经合组织（APEC）第二十五次领导人非正式会议和工商领导人峰会，在向世界宣讲"中国故事"的同时，指出中国将建成富强民主文明和谐美丽的社会主义现代化强国，这是在中国共产党领导下，中国人民开启的全面深化改革的新征程、创新发展方式的新征程、更高层次开放型经济的新征程、迈向美好生活的新征程、构建人类命运共同体的新征程。

乌镇：
新时代再出发[*]

第四届世界互联网大会于 2017 年 12 月 3 日在浙江乌镇开幕。本届大会主题为"发展数字经济促进开放共享——携手共建网络空间命运共同体"。本次大会是党的十九大胜利闭幕后在中国举行的一场重要国际会议，也是集中展示当今世界互联网最新发展趋势和前沿技术的一次盛会。

美丽水乡乌镇因为互联网大会而负盛名，在中国特色社会主义进入新时代，踏上社会主义现代化新征程，这个引领世界互联网发展潮流的峰会必将奏响新时代世界互联网主题进行曲，让这个千年小镇绽放更加夺目的光彩。

当前全球正步入一个前景无限的数字经济时代。从人们的消费购物到交通、饮食，再到物流、旅游、社交、金融、办公，如今都可以互联网化或者说数字化了。2017 年天猫"双 11"全球狂欢节仅仅一天，天猫平台成交额就达到 1682 亿元，这一天全网销售额更是达到 2539.7 亿元，再次刷新世界消费领域的新纪录，凸显了数字经济融入传统商业后迸发出的巨大经济潜力。

数字经济正在改变着我们的日常生产生活方式，带来了人类生存方式的巨大嬗变；数字经济的迅猛发展也给世界经济带来了新的发展机遇，成为世界经济增长的倍增器和新引擎。只有充分认识和把握数字经济的本质、规律和发展趋势，紧紧抓住数字经济发展的大机遇，我们才能在瞬息万变的信息时代浪潮中站立潮头，迎接更加美好的数字未来。

20 世纪下半叶信息技术的发展和互联网的发明与应用，成为当代创新最活跃、交叉最密集、渗透性最广的领域。2008 年世界金融危机爆发之后，世界经济在深度调整中曲折复苏，处于新旧增长动能转换的关键时期，世界各国都在寻求新的发展动力。大数据、人工智能、虚拟现实、区块链等数字技术的兴起为人们带来了希望。数字经济作为发展最迅速、创新最活跃、辐射最广泛的经济活动，正在成为全球经济增长的新动能和新引擎，成为世界各国面向未来的战略选

---

*　本文原载中青在线 2017 年 12 月 3 日。

择，成为世界各国寻求可持续发展的重要机遇。在 2016 年 9 月，二十国集团（G20）领导人杭州峰会首次提出全球性的《二十国集团数字经济发展与合作倡议》，标志着发展数字经济已成为全球共识。数字经济正在并还将日益改变资源要素的配置方式和经济发展的观念，成就着后工业时代社会文明发展的全新经济形态。

党的十八大以来，以习近平同志为核心的党中央站在新技术革命的潮头，顺应信息技术革命的新浪潮，紧跟数字经济发展的大趋势，大力促进数字经济在中国的加快发展。发展数字经济也从理念不断落实到国家发展的行动议程和发展战略中。2015 年至今，中国先后出台了《中国制造 2025》、《促进大数据发展行动纲要》、《国家信息化发展战略纲要》、"互联网+"行动方案等，为数字经济的发展提供了完整的政策、技术等各方面的保障，我国"十三五"规划又将"拓展网络经济空间"作为国家的战略发展目标。党的十九大报告进一步明确要建设网络强国、数字中国和智慧社会，推动互联网、大数据、人工智能和实体经济深度融合，加强信息、物流等基础设施网络建设的目标。

数字经济也正在成为我国创新经济发展方式、推进供给侧结构性改革、实现经济发展方式的根本性转变的新经济动能，在引领经济增长从低起点高速追赶走向高水平稳健超越、供给结构从中低端增量扩能走向中高端供给优化、动力引擎从密集的要素投入走向持续的创新驱动、技术产业从模仿式跟跑并跑走向自主型并跑领跑全面转型、构建信息时代国家竞争新优势中发挥重要先导力量。

据中国信息通信研究院测算，2015 年中国数字经济规模总计 18.6 万亿元人民币，仅次于美国，居全球第二位。2016 年我国数字经济规模又达到 22.6 万亿元人民币，占 GDP 比重达到 30.3%，增速高达 16.6%。中国经济发展迅速，通过数字化已经缩短了和发达国家之间的距离。

更加可喜的是，中国乌镇已成为世界互联网和数字经济发展的风向标。每一届论坛有明确的定位和时代发展主题。本届峰会关注数字经济、前沿技术、互联网与社会、网络空间治理、交流合作等前沿热点问题，经过各方面的智慧碰撞，可以预期进一步推动互联网全面、健康、持续、安全、文明发展，进一步惠及世界各国人民。

乌镇已经做好充分准备，新时代再出发！

从国外遗产税实践
看国内开征时机*

　　因有政协委员向有关方面提交开征遗产税的提案，引起了各方面对国内在当下开征遗产税是否合适的热议。开征遗产税并不是一个新鲜话题，西方发达国家开征遗产税至今约有一百年的历史，已经有了不少成熟的经验和做法。认真研究国外经验得失，仅照国内来讨论目前我国对遗产税是否可以开征、怎么开征、开征效应究竟有多大，可以先从学术比较方面加以讨论。

　　遗产税，顾名思义是对人去世后留给后代的财产按比例或累进征税。遗产税的开征，起始于工业革命多年后拥有雄厚经济基础的美国、英国、法国等国家。目前世界上有近2/3的国家和地区开征遗产税，发达国家几乎都开征了遗产税与赠与税，不少发展中国家也征收了遗产税。遗产税问题已成为税收经济学中的一个重要研究领域。开征遗产税在调整社会分配不均、鼓励创业创富、反对不劳而富方面具有积极的作用，客观上也促进了社会慈善业的发展。

　　各国实施的遗产税制度大体可以分为三种类型：一是总遗产税制，就是对财产所有人死亡后遗留的财产总额综合进行课征的税制，其纳税人是遗嘱的执行人或遗产管理人，规定有起征点，一般采用超额累进税率，形式上是"先税后分"，像美国、英国、新西兰、新加坡、中国台湾等国家和地区。二是分遗产税制，又称继承税制，是对各个继承人分得的遗产份额分别进行课征的税制，其纳税人为遗产继承人，形式上为"先分后税"，多采用超额累进税率，像日本、法国、德国、韩国、波兰等。三是总分遗产税，是将前面两种税制相结合的一种遗产税制，是对被继承人的遗产先征收总遗产税，再对继承人所得的继承份额征收分遗产税，互补长短，有区别地对各继承人征税，使税收公平得到落实。

　　据有关资料，美国遗产税自1916年固定开征以来，促进了慈善业的发展，但对遗产税也一直争议不断，征税时征时停，税率起起落落，各派政治力量围绕遗产税的角力至今余波未平，特别是近年来更是呈现胶着状态。早在1999年和

---

　　*　本文原载《东莞日报》2017年12月4日。

循着发展的逻辑——一个经济学人的时事观察（2016-2020）

2000 年，美国国会曾两次通过废止遗产税的法案。反对者认为，征收遗产税难以实现既定的社会公平目标，因为纳税人可以轻易地利用多种渠道逃避纳税义务。同时，开征遗产税打击纳税人投资和储蓄的积极性，促使人们减少投资和储蓄、增加消费和赠与等以逃避遗产税。另外，遗产税还导致潜在的双重甚至三重征税。当然也有像比尔·盖茨、沃伦·巴菲特、索罗斯等亿万富翁公开反对取消遗产税，担心这样做会打击富人从事慈善捐赠的积极性，损害公益事业，助长富豪下一代不劳而获。

不过按照目前美国税法，个人赠与和继承的财产总额不超过 525 万美元就不用缴纳遗产税，超过这个数额后，税率为 35%。那么双方都拥有美国国籍的夫妻总共可将 1050 万美元的财产免税赠与或遗赠给他人。据美联储统计，2010 年美国家庭平均拥有的净资产为 49.88 万美元。另据世界银行统计，美国 1.2 亿家庭中有 600 万户家庭户均财产为 600 万美元，占美国家庭的 5%，财产 1000 万美元的家庭则不到 1%。因此，美国每年实际缴纳遗产税的人并不多，2012 年遗产税仅收上来 140 亿美元，大概相当于总继承额的 1%。另据统计，美国在整个 20 世纪的遗产税收入总额仅相当于 1998 财政年度的个人所得税。就此看，遗产税在整个税收体系中作用不大，还带来了多重避税问题。所以，特朗普任总统以来，作为减税措施，就明确要永久取消遗产税。

在英国，遗产税原本被称为"富人税"，因其设计初衷在于"劫富济贫"，或者说缩小贫富差距，实现社会公平。但近年来不断上扬的房价使政府的征税之手伸进了中产阶级或普通家庭的腰包，遭到中产阶级极力反对。在社会日益老龄化，纳税人口不断减少的日本，各种福利制度财源很是吃紧。特别是 2017 年日本推行的税制改革，让 1/4 的普通市民成为遗产税的纳税对象。在东京一些企业职员的居住地区，需要缴纳遗产税的人超过 20%。遗产税已经开始严重影响日本普通市民的生活，成为中等收入人群生活中的一大负担。近年来不少国家和地区发现，征收遗产税的确导致富人、企业家、资金大批出走海外，对国内经济产生了负面影响、严重不利，目前像澳大利亚、新西兰、意大利、瑞典、印度、新加坡、中国香港等国家和地区就取消了遗产税。

简单地说，遗产税实施效果并不太好，也没有完全实现其设立的初衷。

我国正处于社会转型时期，当前社会贫富差距有所加大，社会阶层分化明显，的确形成了部分家庭净资产畸高的情况，从理论上可以开征遗产税，作为完善我国税制体系的内容，但从激发社会活力、鼓励创富创造方面看，目前还不是最佳时机，可以利用更多的手段调节收入分配差距，促进社会分配更合理、更有序。从发达国家遗产税走过的路来看，我们需要更加慎重考量，作出更周全的顶层设计。

秉持"天下一家"理念
携手建设美好世界 *

中国共产党第十九次代表大会闭幕不久，中国共产党与世界政党高层对话会在北京成功举行。习近平总书记代表中国共产党在对话会上发表了极富战略远见的主旨讲话，引起世界各主要政党的强烈反响。作为此次对话会的重要成果，来自世界上 120 多个国家近 300 个政党和政治组织的领导人共同通过了《北京倡议》。

习近平总书记在主旨讲话中，全面阐述了中国共产党关于构建人类命运共同体的主张，表达了中国共产党愿同各国政党一道，共促世界发展、共享世界繁荣、共掌世界命运的坚定决心。

在 2013 年，习近平总书记首次提出构建人类命运共同体的倡议后就为世界各国纷纷响应，人类命运共同体理念得到越来越多人的支持和赞同。习近平总书记进而提出的"一带一路"倡议更是将这一理念转化为行动。世界各国越来越清晰地认识到中国的主张、中国共产党的主张是致力于构建人类命运共同体、携手建设美好世界的关乎全人类发展前景的一项伟大事业。

在此次对话会上，习近平总书记再次全面分析了当今世界新的发展格局，全面审视了时代发展潮流，深刻地指出：当今世界，人类生活的关联前所未有，同时人类面临的全球性问题数量之多、规模之大、程度之深也前所未有。世界各国人民前途命运越来越紧密地联系在一起。只有开展全球性协作，作出正确选择，齐心协力应对挑战，才能抓住历史机遇，携手建设美好世界，共同开创人类更加光明的未来。那么这个美好世界是怎样的？习近平总书记明确指出四个方面：这是一个远离恐惧、普遍安全的世界；是一个远离贫困、共同繁荣的世界；是一个远离封闭、开放包容的世界；是一个山清水秀、清洁美丽的世界。

怎样成就美好世界和开创光明的未来？习近平总书记指出：这就需要发挥各国政党的作用。政党在国家政治生活中发挥着重要作用，也是推动人类文明进步的重要力量。各个政党都要顺应时代发展潮流、把握人类进步大势、顺应人民共

---

* 本文原载中青在线 2017 年 12 月 9 日。

同期待，把自身发展同国家、民族、人类的发展紧密结合在一起。我们应该志存高远、敢于担当，着眼本国和世界，着眼全局和长远，自觉担负起时代使命。我们应该深入体察民情，把民众需求转化为政党的理念、宗旨、目标，制定符合实际的实施方案。总之，各国政党和政治家理当自觉扛起历史责任，始终做世界和平的建设者、全球发展的贡献者、国际秩序的维护者。同时，不同国家的政党更应该增进互信、加强沟通、密切协作，探索在新型国际关系的基础上建立求同存异、相互尊重、互学互鉴的新型政党关系，搭建多种形式、多种层次的国际政党交流合作网络，从而凝聚不同民族、不同信仰、不同文化、不同地域人民的共识，汇聚构建人类命运共同体的强大力量。

习近平总书记在对话会上也展示了中国共产党的品格和风貌。中国共产党是为中国人民谋幸福的党，也是为人类进步事业而奋斗的党。中国共产党既努力把自己的事情做好，又通过推动中国发展给世界创造更多机遇，通过深化自身实践探索人类社会发展规律并同世界各国分享。中国共产党不"输入"外国模式，也不"输出"中国模式，不会要求别国"复制"中国的做法。但中国共产党无论是过去还是将来，都将一如既往为世界和平安宁作贡献，一如既往为世界共同发展作贡献，一如既往为世界文明交流互鉴作贡献。

中国共产党是承载着5000多年中华文明血脉的先锋队，始终秉持"天下一家"理念，深深凝固着民胞物与、协和万邦、天下大同的文化基因，更憧憬"大道之行，天下为公"的美好理想，在世界处在同一片蓝天、同一个家园的今天，实现各国人民对美好生活的向往不再只是一个政党的历史归宿，更是一个伟大政党在新时代的责任担当。

数字经济引发
新一轮制造业变革*

　　2017 年 12 月 5 日，以"发展数字经济，促进开放共享"为主题的第四届世界互联网大会落幕。会上发布的《世界互联网发展报告 2017》和《中国互联网发展报告 2017》蓝皮书指出，2016 年，中国数字经济规模总量达 22.58 万亿元，跃居全球第二，占 GDP 比重达 30.3%，以数字经济为代表的新经济蓬勃发展，成为推动我国经济增长的强劲力量。中国既是数字经济的实践者，也是数字经济的受益者。数字经济不断壮大，将生产、生活、消费紧密联系起来，还成为多领域实现传统模式转型升级的新契机。

　　那么，数字经济发展主要表现在哪些方面？它对制造业有哪些影响？中国如何从"数字大国"变成"数字强国"？《东莞日报》特邀国家行政学院研究员胡敏、南京邮电大学信息产业发展战略研究院院长王春晖、著名经济学家宋清辉对此发表看法。

数字经济成为经济发展新动能

　　记者：近年来，数字经济成为我国经济发展新动能。我国的数字经济发展主要表现在哪些方面？数字经济是从哪些方面改变传统经济模式的？

　　胡敏：我国数字经济发展这几年异常迅猛，我认为至少有四个方面表现：一是我国已经建成了全球最大规模的宽带通信网络，网络能力持续提升，网络提速效果显著，中国网民规模已达 7.1 亿，网民优势带来中国数字经济的巨大市场。二是数字经济正在带动中国整体经济转型升级，数字化成为我国传统产业升级和转型的"催化剂"。三是数字经济正在推动新消费、新业态、新模式不断涌现，数字经济的发展孕育了一大批极具发展潜力的互联网企业、众创空间和开放式创新平台。四是数字经济优化了就业结构、创造了大量灵活就业人员。数字经济深度融合到三次产业各个领域，逐渐改变了传统经济模式。数字经济正在成为我国

---

　　*　本文原载《东莞日报》2017 年 12 月 14 日，记者：肖剑雄。

创新经济发展方式、推进供给侧结构性改革、实现经济发展方式的根本性转变的新经济动能。

宋清辉：我国数字经济的发展是全面化的，主要表现在为人们的工作、学习、娱乐、生活等提供了诸多便利，为企业提升了生产、运营、制造、销售效率，渗入到这个社会当前的生活习惯当中。数字经济之所以能够改变传统经济模式，主要是提升了用户的体验，即用户通过更少的操作步骤就可以达到传统经济的效果，甚至能够获得更为优质的服务。虽然中国并不是最早接触数字经济的国家，但中国在数字经济方面取得的成就全世界有目共睹，中国大型企业对数字经济的依赖程度也在不断增加，诸如腾讯、阿里巴巴集团等大型企业也在数字经济上尝试着开发、创新，以期为更多的受众提供相应的数字经济服务。

王春晖：中国经过这几年的跨越式发展，"数字经济"已经不仅是一个经济概念，而是渗透在社会生活与发展的每一个环节中。数字化、网络化、智能化的信息通信技术使现代经济活动更加灵活、敏捷、智慧。当前，数字经济作为一种新的经济形态，正成为推动全球经济发展质量变革、效率变革、动力变革的重要驱动力，也是全球新一轮产业竞争的制高点和促进实体经济振兴、加快转型升级的新动能。

数字经济助推制造业转型升级

记者：基于互联网、大数据、云计算、人工智能等技术的数字经济，正日益与农业、工业、服务业等产业结合起来，释放出巨大力量。数字经济对制造业、对实体经济主要有哪些影响？

胡敏：数字技术使生产者和消费者直接联通，消费者可以直接参与、定制和主导生产，生产和服务企业也根据个性化生产、设计，改变着流程、产品推广和交付方式，创造出新的企业组织机制——数字平台，从而改变了企业竞争和创新方式：生产就是需求。近年来，工业机器人、3D 打印机等在中国制造业核心区域的应用明显加快，大数据、云计算、物联网等新的配套技术和生产方式得到大规模应用，引发了新一轮制造业变革。

宋清辉：虽然数字经济对整体产业的发展有推动作用，当前也需要数字经济作为支撑，但我们也不能过于迷信数字经济。数字经济发挥的作用，一是加快了数据信息的传输，令地球上不同地理位置的人们可以进行接近于"面对面"的交流；二是增强了对海量信息的分析，例如商业中的大数据可以令投放更为精准，但不是绝对精准；三是协助决策，通过一系列算法计算出各种接近要求或符合要求的条件，便于决策者更快决策。事实上，数字经济的快速成长，为实体产业、制造业的方向、战略提供了科学性的决策，减少了中间环节，增加了透明度，并在一定程度上减少了信息不对称的情况。因此，数字经济在各产业发展中扮演的角色为服务者，在市场有需求的时候能够成为各产业发展的"催化剂"。

王春晖： 在未来几年内，随着数字经济在生产生活各个领域的应用和渗透，对数字经济的技术、产品、业态、模式的认知将随之深化，数字经济的内涵和外延也将进一步拓展。数字经济是现代化经济系统中的发动机，在这个系统中，数字技术被广泛使用并由此快速驱动整个实体经济环境的转型升级。当前，迅速发展的信息通信技术、网络技术、大数据、人工智能等对先进制造业、现代供应链、现代金融服务、中高端消费市场等具有极高的渗透性和驱动功能。

推动"数字大国"变"数字强国"

记者： 数字经济的大爆发有哪些大前提？中国如何从"数字大国"变成"数字强国"？

胡敏： 政府高度重视，并推出一系列扶持政策，是我国数字经济发展的大前提。中国数字经济发展起步快、势头好，在全球信息化进入全面渗透、跨界融合、加速创新、引领发展的新阶段更是得到蓬勃发展，在多数领域开始形成与先行国家同台竞争、同步领跑的局面。"十三五"规划又将"拓展网络经济空间"作为国家的战略发展目标。我们还提出，要建设网络强国、数字中国和智慧社会，推动互联网、大数据、人工智能和实体经济深度融合，加强信息、物流等基础设施网络建设的目标。在此背景下，我国的数字经济将进入发展的"快车道"。

宋清辉： 数字经济需要具有相应的硬件条件，相互配套才能令数字经济发挥出效用。数字经济大爆发的大前提就如经济发展大爆发的大前提一样，要做好基础设施建设，从曾经的"要想富，先修路"转变为当前的"要发展，建终端"，只有令信息如同物流畅通无阻，遍布到有人存在的每一个角落，数字经济大爆发的铺垫才能基本成型。想要推动中国从"数字大国"变成"数字强国"，重要的支撑点有两个：一个是上述硬件条件、信息化的全面普及，做好硬件铺垫；另一个是各种新型和新兴产业所需要的人才储备。

王春晖： 中国要着眼于为发展数字经济和缩小数字鸿沟创造更有利的条件，同时确保尊重隐私和个人数据保护、促进信息通信技术领域投资、支持创业和数字化转型、加强电子商务合作、提高数字包容性和支持中小微企业数字化发展。

"外资十条"助力
广东开放新格局*

2017 年 12 月，广东省政府发布了《广东省进一步扩大对外开放积极利用外资若干政策措施》（即"外资十条"），提出从市场准入、财政奖励、用地保障、研发创新、金融支持等十个方面进一步推动广东形成对外开放新格局。这项政策释放了什么信号？

2017 年以来，我国外资开放政策密集出台。在顶层设计层面，1 月国务院出台了《关于扩大对外开放积极利用外资若干措施的通知》，6 月商务部和国家发改委发布了 2017 年版的《外商投资产业指导目录》；在地方层面，不仅广东，浙江、湖北、江苏、福建等十余地也纷纷出台了地方版的外资新政。如何看待当中的竞争？

针对这些话题，《东莞日报》专访了国家行政学院研究员胡敏、著名经济学家宋清辉、商务部研究院国际市场研究部副主任白明三位专家。他们向记者表示，广东是中国的外贸大省，同时也是开放最早的省份，广东提高对外开放水平，对全国具有指向意义。随着制造业的转型升级，在招商引资、吸引外资方面也要转型升级，让外企有更多的发展空间。

对全国具有"风向标"意义

记者：业界认为，"外资十条"是广东近年最大力度的吸引外资新政，甫一推出即受到广泛关注，以至被认为是"广东发展更高层次开放型经济的信号"。如何解读这项政策对广东的意义？

胡敏："外资十条"将对推动形成广东对外开放新格局，营造广东营商环境新优势，广东新一轮吸收利用外资、吸引高端人才发挥重要作用。可以说，这十条每一条措施都有很高的含金量，如果得到切实落实，能够进一步集聚全球的创新资源，大力推进广东的创新发展。比如，"外资十条"提出要加快建设中国

---

* 本文原载《东莞日报》2017 年 12 月 19 日，记者：曹丽娟。

（广东）知识产权保护中心，建立健全专利快速审查、确权和维权机制，这将为所有包括外资企业在内的创新主体，提供更有利于推动创新发展、营造公平竞争的良好环境。

宋清辉：广东是中国开放最早的省份，同时也是中国的外贸大省，广东进一步提高对外开放水平，对全国具有"风向标"意义。在《财富》全球论坛开幕之前，广东发布"外资十条"可谓天时、地利，不但向更多的 500 强等优质外资项目抛出了橄榄枝，而且还让外商体验到实实在在的获得感，为积极利用外资、吸引高端人才营造出良好氛围。整体来看，"外资十条"这项政策对广东具有三大重要意义：一是通过合理有序的竞争，进一步倒逼广东营商环境的改善和政府效率的提高；二是"外资十条"提出从市场准入、财政奖励、用地保障、研发创新、金融支持等十个方面，加速推动广东形成对外开放新格局；三是作为改革开放的前沿阵地，广东开创性的改革措施，对全国其他省市具有参考借鉴意义。

白明：广东的开放型经济可分为三个阶段。第一阶段以加工贸易带动整个外向型经济的发展，第二阶段是在签署 CEPA 的基础上的粤港澳合作。现在是 3.0 的阶段，即基于粤港澳大湾区的建设而推进的第三阶段。这一阶段要进一步开放，那必须提高开放的层次。总体来说，这里面有很多的抓手，包括构建开放型经济新体制先行区、自由贸易试验区，等等。以东莞为例，它是全国构建开放型经济的试点试验城市，目前已经总结出了很多经验并向全国推广。要把这些抓手抓好，形成合力，提升整体对外经济开放水平。

广东应发挥协同优势

记者：2017 年以来，我国外资开放政策密集出台。可以说，无论是国家层面还是地方层面，都在争抢优质的外资资源。您如何看这当中的竞争？广东的优势在哪里？

胡敏：我理解的，这不应当看作争抢优质外资资源，而是各地实行更加积极主动的开放战略，推动形成全面开放新格局的一个内在要求。新时代的中国开放新格局，应当是全面的、协调的，是要立足各地优势和开放趋势形成竞合型的开放新格局。在广度上，要以"一带一路"建设为重点，形成陆海内外联动、东西双向互济的开放格局；在深度上，要拓展对外贸易，培育贸易新业态新模式，实行高水平的贸易和投资自由化便利化政策；在布局上，要优化区域开放布局；在方式上，要创新对外投资方式，形成面向全球的贸易、投融资、生产、服务网络等。广东在这四个方面均有着领先优势，现在需要的是形成高质量、高水平的对外开放。

宋清辉：从各地吸引外资的一系列举措来看，"经济优等生"广东凭借"外资十条"等若干政策措施，暂时走在了全国的前列。相较而言，广东的优势主要体现在三个方面：一是对外资投资实体经济项目的奖励高，进一步降低企业成本；二是对外资投资产业的限制条件较少，如制造业领域放开专用车、新能源汽车制造的外资股比限制等；三是对重点高新技术产业大项目施行"一项目一议"方式，给予重点支持。

白明：的确，在这一轮对外资的吸引上，国家和各省份都比较重视，2017年先后出台文件，不同省份也根据自己的实际出台了本地版本。应该鼓励正常的竞争，但不主张无序竞争，如为了争取外资，过度承诺。招商引资只是利用外资的一部分，改善营商环境、让外资有成长的空间更重要。广东是外贸大省，吸引外资更要根据当地的特色，体现出自身的特点。第一，要结合广东的加工贸易转型升级步伐，这样在国际产业分工中才会整体体现出话语权。第二，要结合把外资做大做强的方针，主动与一些国外的大企业特别是 500 强企业积极对接。第三，要结合粤港澳大湾区建设。在产业发展中，城市适当错位发展，形成合力。而在未来的利用外资上，也要结合这个方向发展。

政策聚焦高质量外资项目

记者：广东"外资十条"提供的"干货"颇多，但没有面面俱到，更多的是聚焦在世界 500 强企业、行业龙头企业、总部经济或者地区总部、外资研发创新等方面。您如何看这个政策释放的信号？

胡敏：这恰恰体现广东新一轮开放要走向高质量、高水平和领先型、引导性的特点。广东有这个基础，有这个实力，也应当有这个信心，目标高端、聚焦高层、打造高峰。

宋清辉："外资十条"在拿出满满诚意的同时，也释放出更加积极的信号，那就是只有进行更为全面的改革开放，外来资本"活水"才会长流。从广东出台的这一系列吸引外资的政策措施中不难发现，加快构建完善的开放型经济新体制，才是重中之重。同时，两者又相得益彰，外资作为广东竞争力的一个核心载体，包含资本、管理、技术、知识、营销等一系列重要因素，这些都是广东全方位提升竞争力不可或缺的资源。如果外资不稳，广东经济势必会承受一定的压力。

白明：这是要做过去不敢想的事。例如引进行业龙头，以前不敢想，现在有条件了，再加上随着各种要素的提升，原来粗放式的路径越走越坎坷。但要提升开放水平，就要有具体的棋子，而世界 500 强企业就是棋子。但我们也要看到，这一轮的开放热潮中，世界 500 强等优质外资项目也成为各大城市争夺的焦点。如果广东的各个地级市能够合作，一起打造便利的交通、良好的营商环境和高水平的政府服务，对这些龙头企业有比较大的吸引力。

微商经济发展：
抓住共享经济发展的春天 *

各位领导、各位专家、各位朋友，

大家好！

首先感谢研讨会承办方的邀请，按照研讨会给我的题目，谈谈从共享经济角度看微商的健康规范发展。因为在座的领导和专家会从宏观管理、行业管理、专项管理角度来谈微商的健康规范发展，都很全面、很透彻，也很有针对性，所以我只从发展共享经济的角度简单谈谈微商如何抓住共享经济发展的大好机遇。

我们知道，从 2016 年下半年以来，各色各样的共享单车突然间遍布北上广深的街头巷尾，小小的自行车借助互联网技术和平台模式发展得如火如荼，成为炙手可热的商业"风口"，资本和玩家争相涌入，就此也将共享经济推到了我国经济转型升级和动能转换的"风口"上，此后，共享单车、共享汽车、共享充电宝、共享房屋、共享图书等，各种形式的共享经济新业态、新组织、新模式层出不穷、方兴未艾，成为中国新经济发展的亮点。微商经济也借助共享经济的理念、思想和模式，得到进一步繁荣和发展。

如何看待共享经济？首先简单地追溯一下其发展历史，从中理解共享经济的本质。

共享经济这一蓬勃兴起的新经济形态，学者们有的又称"分享经济"（Sharing Economy），如果追溯其理论源头，其思想最早启蒙于 18 世纪末，当时有学者从资本主义财富分配的角度，提出在企业中实行雇员股份制，也就是今天所说的员工持股，企业员工可以取得公司股份，分享公司的资产收益，从而通过产权的重新分配达到企业收入的重新分配。这样就把工人和雇主双方的利益结合起来，以此缓和资本和劳动的矛盾。

到了 1984 年，美国麻省理工学院经济学教授马丁·L·威茨曼出版了《分享经济：用分享制代替工资制》一书，全面提出"分享经济"理论，以寻求解决

---

* 本文系在商务部研究院微商研讨会上的发言，2017 年 12 月 20 日。

循着发展的逻辑——一个经济学人的时事观察（2016-2020）

资本主义社会"滞胀"的途径，进而也推进了发达资本主义国家雇员股份制的发展。"共享经济"的理论实质是取得资本的所有权、使用权和分配权的协同共享。因此，分享经济学就成为一门从收入分配角度去研究资本主义经济制度的经济学科，试图通过改变劳动报酬的性质来改善资本主义经济在微观结构方面的缺陷，激发员工的活力和创造性，保证企业和经济的稳定、持续发展。

随着技术革命特别是互联网技术的快速发展，当今社会生产方式和生产关系已经发生巨大变革，今天所言的"分享经济"已经远远超出其原本内涵，分享经济从最初的从企业所有权的让渡、企业或个人物品使用权的分享拓展到所有社会资源重新优化高效的配置方式，形成一系列充分利用资源的商业模式。当今通信互联网、可再生能源具有的分布式、点对点、扁平化、接近零成本的特点，为社会即时协同共享资源创造了史无前例的条件。特别是云计算、大数据、物联网、移动互联网等互联网技术的发展使共享经济成为可能。

在分享经济模式下，通过互联网第三方平台或媒介，产品和服务的生产者和消费者可以打破时间、空间、信息的分隔，实现个体之间直接的闲置资源使用权的交易。人们可以通过使用权的暂时性转移，租或者借一种商品和技能，而不是通过购买所有权来享受其提供的服务，这种直接的商品和服务，一方面，其交易成本大幅度下降，使资源的需求方和供给方能够快速进行匹配，填补了市场对于某些产品或服务巨大需求的不足；另一方面，也极大提高了社会闲置资源的使用率，实现了社会资源的重新配置。因而，分享经济也被称为是一种互联网时代的租赁经济模式。

美国著名社会学家杰里米·里夫金于 2014 年在中国出版了他的新著《零边际成本社会》。他指出，互联网带来的近乎零边际成本的社会在未来 30~50 年内将终结资本主义的经济形态，协同共享时代即将到来。

这位社会学家事实上描述的就是未来"共享经济"的前景。他在书中指出，由互联网引发的人类第三次技术革命使通信媒介、能源、运输机制这一经济运行必备的三大要素结合成为一个整体，数十亿人和数百万组织连接到物联网，不仅提高了工作效率和生产力，减少了能源和其他资源的使用，还可以将许多实物的生产和销售的边际成本降低到接近于零，使之接近免费，不再受到市场力量的约束，更是使人类能以一种从前无法想象的方式在全球协同共享中分享其经济生活。里夫金说，零边际成本现象有可能对传统产业社会铺就了一条"毁灭之路"，还可能是对资本主义主导方式的终结。因为协同共享彻底改变了社会组织方式，最大程度地降低社会收入差距，将实现全球经济的民主化。这似乎是人类在技术大变革下对社会本义的回归，就是人的价值实现、人的互助合作，人类资源共享的回归。

在实践中，美国的 Uber（一家汽车分享企业）和 Airbnb（一家房屋分享企业）被认为是美国分享经济模式成功的典型代表，两家企业诞生后的迅猛发展，给传统出租车业和酒店业带来了革命性改变，资本市场上予以它们高估值也显示了分享经济模式的广阔前景。此后，租车分享企业 Zipcar、图书分享企业 BookCrossing、网贷分享企业 LendingClub 等迅速跟进，让这些产品或服务的供给者与消费者以最廉价的方式实现了社会闲散资源的有效配置。

随着国际分享经济发展的脚步，我国分享经济发展近年来也快如潮涌，开始起步于移动出行、P2P 租车、互联网金融、房屋短租等热门消费领域，像运输行业兴起的滴滴快车、神州租车等，房屋行业的小猪短租、途家等，货币领域的人人贷、聚爱财、拍拍贷等网贷企业，在年轻一代新消费观念的促进下快速成长，正在进一步向家居服务、物流、旅行等更广阔的领域延伸。特别是 2016 年以摩拜、ofo 等共享单车为代表的企业更是将共享经济发展推到了风口浪尖之上。

总体上看，分享经济一起步就成了传统经济世界的"搅局者"，它不仅颠覆了传统商业模式，也因为市场交易成本的大幅降低而大大收缩了传统企业边界，正改变着我们习以为常的经济结构乃至社会结构。

中国政府高度重视共享经济发展。李克强总理于 2015 年 9 月 10 日在大连夏季达沃斯论坛致辞中指出，目前全球分享经济呈快速发展态势，是拉动经济增长的新路子。这是中国领导人对分享经济这一新兴经济形态首次予以的正面首肯，也是对近年悄然兴起的国内分享经济模式的探索者、创业者和实践者莫大的鼓励。在此后的几年《政府工作报告》中，李克强总理都指出要积极引导、扶持和规范共享经济发展。共享经济就此成为这几年大众创业、万众创新最活跃的经济形态。

那么，微商或者说微商经济是不是共享经济呢？我个人理解，微商经济与共享经济有几点相同和几点不同。

从相同的角度看：一是两者都是平台经济，借助互联网技术，完成线上客户联系、供求匹配、网上支付和线下资源的优化配置和物流配送的迅捷保障。二是都要建立起严格的契约机制和信用系统。三是都要受到现有商业规则约束和政府监管。四是两者目前最大的困惑都在于盈利模式和市场的占有。

从不同的角度看：一是共享经济着眼于闲置资源的社会化有效配置、实现物品和服务的使用权转让，体现为一种商品租赁。目前微商还处于商品的互联网买卖阶段。二是共享经济需要提高标准化产品和服务，需要提供差异化的产品竞争占领市场，实现品牌经济、规模经济或者范围经济的最大化。而微商经济比较单一化、分散化，更多地体现为传统经济运营模式。三是共享经济得益于大规模的风险资金注入，有着成熟的资金进入和退出渠道。微商经济往往还是小本经济。

循着发展的逻辑——一个经济学人的时事观察（2016-2020）

　　四是共享经济需要现代信息技术特别是大数据的系统支撑，未来的盈利模式或许从其衍生产品、衍生服务中产生。而微商受制于小众消费者的需求束缚，尚难以大规模地占领未来市场。五是共享经济具有公众化的信用体系识别，更加重视消费者主权，容易形成市场公信力。微商则完全依赖于商家自身的信用度。

　　基于这样的判断，如何把握与共享经济的差异，又能融合到共享经济形态之中，乘上共享经济发展的翅膀，是微商界必须静心思考、认真研究、创新发展的重大课题。现在我们没有答案，这也恰恰是微商界企业家们未来发展的巨大空间。

　　不论是共享经济，还是微商经济，抑或是两者的融合发展，我们也的确看到，作为一个新事物的成长，也伴随着这样那样的问题，需要规范，更需要有识之士和政府的有效引导。

　　我以为，我们要深刻理解伴随当今社会互联网化和移动互联网化时代兴起的这样一种经济形态将对未来社会生产方式、消费方式产生怎样的影响，我们不仅看到的是新的增长点，也迎来的是一场新的经济革命。

　　共享经济要能够成为新的经济增长点，要能大规模地商业化并改造传统经济结构，一是要极大丰富社会商品，人们除了自己使用，还有闲置的资源可用于共享；二是互联网信息平台尽可能减少人为束缚和管控，在更大范围实现人与物、人与人相互连接，实现供求双方更自由选择、更自由供给、更个性定制的可能性；三是要有更加公平的竞争环境、更成熟的社会信用体系和社会契约精神。这三个要素对我们现有社会都是很大的挑战。因此，发展好分享经济，迫切需要新思路、新办法、新规则，亟须构建新的政策体系和法律体系，等等。

　　李克强总理在2017年4月18日的"贯彻新发展理念　培育发展新动能"座谈会上强调指出，要弘扬企业家精神和工匠精神，以新旧动能转换的澎湃力量推动中国经济在转型升级中持续保持中高速增长、迈向中高端水平。李克强总理特别强调，要以技术创新为引领，以新技术、新产业、新业态、新模式为核心，以知识、技术、信息、数据等新生产要素为支撑，推进新生产力的发展；要更好适应新动能成长特点，完善新业态、新产业等标准，探索既有必要的"安全阀"和"红线"，又能包容创新发展的审慎监管体制机制，使新动能健康成长，做强大众创业、万众创新载体，依托"互联网+"，发挥互联、开放、共享的优势，在创新成果分配、股权激励、社会保险、户籍办理、金融支持、政府基金引导等方面加大政策创新，汇聚各方面智慧和资源，支持企业特别是大企业开展"双创"，发挥社会创造力，拓宽纵向流动渠道，提高新生市场主体活跃度，形成新旧动能转换"加速度"。

　　我想，从政策层面，这都是包括微商经济在内的各种共享经济新业态、新组织、新模式开拓发展的重要机遇。

　　就像社会发展不可阻挡的内在规律一样，来的终将要来，如马云说，未来已来。共享经济已经成为当前全球经济和中国经济发展中的一种趋势，中国"大众创业、万众创新"热潮也极大地促进了分享经济的发展。正像里夫金所言，在新兴的协同共享中，创新和创造力的民主化正在孵化一种新的激励机制，我们正在进入一个部分超越市场的世界，我们需要学习如何在一个相互依存性越来越强的全球协同共享中共同生活。据此，我们也应当以更加乐观的态度从共享经济发展中汲取中国经济持续稳定增长的新动力。

循着发展的逻辑

——一个经济学人的时事观察（2016—2020）

引领经济发展新时代的
行动指南 *

　　2017 年中央经济工作会议的一个突出亮点是首次提出了习近平新时代中国特色社会主义经济思想，引起各方广泛关注。习近平新时代中国特色社会主义经济思想是党的十九大确立的习近平新时代中国特色社会主义思想的重要组成部分，是引领我国经济发展进入新时代的行动指南。

　　中央经济工作会议指出，习近平新时代中国特色社会主义经济思想，是五年来推动我国经济发展实践的理论结晶，是中国特色社会主义政治经济学的最新成果，是党和国家十分宝贵的精神财富，必须长期坚持、不断丰富发展。

　　过去的五年，面对国内国际错综复杂的经济形势，以习近平同志为核心的党中央紧密结合新的时代条件和实践要求，坚持观大势、谋全局、干实事，从发展战略的高度指出了中国经济社会进入速度变化、结构优化、动力转换的新常态，提出全面认识、主动适应、积极引领经济新常态是我国经济发展的大逻辑；为破解发展难题、厚植发展优势，提出了创新、协调、绿色、开放、共享五大发展理念；以问题为导向，提出了供给侧结构性改革的具体行动方案。经过几年的奋发努力和锐意改革，党中央成功驾驭了我国经济发展大局，五年来经济总量年均增长 7.1%，供给侧结构性改革得到深入推进，促进了供求平衡，经济结构出现重大变革；经济体制改革驰而不息，经济更具活力和韧性；基本公共服务均等化程度不断提高，脱贫攻坚战取得决定性进展，形成世界上人口最多的中等收入群体，人民获得感、幸福感明显增强。同时，中国经济健康稳定发展也成为世界经济增长的主要动力源和稳定器。

　　思想是时代之母，实践是理论之源。新思想的产生总是经历一个从实践、认识到再实践、再认识的艰辛探索过程。

　　从党的十九大全面阐述了习近平新时代中国特色社会主义思想的丰富内涵和行动方略，即"八个明确"和"十四个方略"，到紧随其后的 2017 年中央经济

---

* 本文原载中青在线 2017 年 12 月 22 日。

工作会议又提出"七个坚持"的习近平新时代中国特色社会主义经济思想，充分展示了这一新思想的理论魅力、真理的力量和实践的价值。以新发展理念为主要内容的习近平新时代中国特色社会主义经济思想是习近平新时代中国特色社会主义思想在经济领域的具体阐释，"七个坚持"是指导我国经济发展进入新时代的重要遵循，是中国特色社会主义政治经济学的最新成果。这一经济思想的实践成果不仅已为过去五年来我国经济发展取得的历史性成就、发生的历史性变化所检验，也为我们进入中国特色社会主义新时代、我国经济发展进入新时代，继续夺取新时代中国特色社会主义伟大胜利提供了思想指引和行动指南。

2018年是贯彻党的十九大精神的开局之年，是改革开放40周年，是决胜全面建成小康社会、实施"十三五"规划承上启下的关键一年。我们必须坚持以习近平新时代中国特色社会主义经济思想为引领，加强党对经济工作的集中统一领导，始终坚持以人民为中心，坚持稳中求进的工作总基调，牢牢抓住推动高质量发展这一根本要求，确定发展思路、制定经济政策、实施宏观调控，落实好中央经济工作会议部署的八大任务，确保打赢防范化解重大风险、精准脱贫、污染防治三大攻坚战，力促经济发展实现质量变革、效率变革、动力变革，为决胜全面建成小康社会、开启建设现代化强国新征程奠定扎实的物质基础。

牢牢把握高质量发展
这个根本要求*

2017 年的中央经济工作会议一个核心关键词就是"高质量发展"。党的十九大报告明确指出，我国经济已由高速增长阶段转向高质量发展阶段。这是进入中国特色社会主义新时代，党中央在经济发展领域作出的一个重大判断。此次中央经济工作会议也强调，中国特色社会主义进入新时代，我国经济发展也进入了新时代，基本特征就是我国经济已由高速增长阶段转向高质量发展阶段。我们必须牢牢把握高质量发展这个根本要求，创建和完善制度环境，推动经济高质量发展。

准确认识经济发展新时代的基本特征

2017 年中央经济工作会议认真总结党的十八大以来我国经济发展历程，全面分析当前经济形势，指出五年来，以习近平同志为核心的党中央坚持观大势、谋全局、干实事，成功驾驭我国经济发展大局，我国经济发展取得历史性成就、发生历史性变革。

这一历史性成就和历史性变革，不仅为我国各领域改革发展提供了重要物质条件，也根本改变了我国经济发展的特征。比如，当前我国生产力水平显著提高，综合国力跃居世界前列，经济更具活力和韧性；经济发展进入新常态，经济结构出现重大变革，经济发展格局正在由主要依靠投资、出口拉动向依靠消费、投资、出口协调拉动转变，由主要依靠第二产业带动向依靠第一、第二、第三产业协调带动转变，由主要依靠外延扩张向依靠提质增效转变；人民生活显著改善，人民获得感、幸福感明显增强，在实现从贫困到温饱再到总体小康历史性跨越基础上，正在向更加美好生活迈进；我国国际地位和影响力大为增强，成为世界经济增长的主要动力源和稳定器，正在积极引导经济全球化朝着正确方向发展。这些基本特征也体现为我国社会主要矛盾的转化，对党和国家工作提出了新

---

* 本文原载光明网专论 2017 年 12 月 25 日，原题为《创建和完善制度环境推动经济高质量发展》。

的要求，促使我们必须从新的历史起点和时代条件出发，推动我国发展向更高质量、更有效率、更加公平、更可持续的方向前进，不断满足人民日益增长的美好生活需要。

因此，中央经济工作会议指出，推动高质量发展，是保持经济持续健康发展的必然要求，是适应我国社会主要矛盾变化和全面建成小康社会、全面建设社会主义现代化国家的必然要求，是遵循经济规律发展的必然要求。

按照高质量发展的根本要求谋划全局

中央经济工作会议对 2018 年经济工作作出了部署，指出推动高质量发展是当前和今后一个时期确定发展思路、制定经济政策、实施宏观调控的根本要求。这事实上也为未来一个时期我们谋划经济发展全局、确定科学发展理念、制定正确经济政策、着眼于重点经济领域的改革发展工作提供了导向，是紧扣社会主要矛盾变化，统筹推进"五位一体"总体布局和协调推进"四个全面"战略布局的基本遵循。

在思想层面上，推动高质量发展，就必须以在实践中形成的以新发展理念为主要内容的习近平新时代中国特色社会主义经济思想为指引，深入领会这一经济思想"七个坚持"的丰富内涵和精神实质，切实加强党对经济工作的集中统一领导，始终坚持以人民为中心的发展思想。从这次会议部署的 2018 年经济工作要切实打赢的三大攻坚战、要重点完成的八项经济工作重点看，视野宽阔，落脚点又细致入微，充分体现了我们党立党为公、执政为民的人民情怀。

在政策层面上，中央经济工作会议继续强调坚持稳中求进的工作总基调，该稳的要稳住，该进的要进取；要把握战略定力，把握好工作节奏和力度；统筹各项政策，加强政策协同。可以看出，无论是这次会议提出的积极的财政政策、稳健中性的货币政策和结构性政策，还是社会政策与改革开放政策，都充分体现了新发展理念，既适应把握引领经济发展新常态，使市场在资源配置中起决定性作用和更好地发挥政府作用，又紧扣我国经济发展主要矛盾的变化，以问题为导向部署经济发展新战略，以政策的整体性协同性有效性来加强和完善宏观调控，所有工作策略和安排都是紧紧指向经济的高质量发展，着力实现质量变革、效率变革、动力变革。

从 GDP 挂帅转为高质量发展挂帅

正是因为经济发展进入新时代，我国经济转向高质量发展阶段，过去追求GDP 的发展导向将发生根本性改变，追求高质量发展将成为充分调动各方面干事创业的积极性、有力有序做好经济工作的新的指挥棒。

中央经济工作会议指出，必须加快形成推动高质量发展的指标体系、政策体系、标准体系、统计体系、绩效评价、政绩考核，创建和完善制度环境，推动我国经济在实现高质量发展上不断取得新进展。确定经济工作新的目标导向，不仅是改革，也是创新。

曾经，我们一些地方经济发展以 GDP 进行政绩考评和确定发展排行榜，在今天我国经济规模足够大，经济发展速度进入提质增效的换挡期，围绕高质量发展这个根本要求，就必须强调质量第一、效益为先。为此，我们需要设计新的指标体系、统计体系和绩效评价体系等。近年来，我国的五年规划在经济社会发展指标体系评价上已经有了不少探索和经验，国际上在测评国家现代化发展和人类社会发展指数方面也都有比较好的参照系，可以充分借鉴、科学安排。

但只有考评还是不够的，关键是以此为据要形成促进高质量发展的制度环境和体制机制，让各级干部自觉把思想和行动统一到党的十九大精神上来，统一到党中央对 2018 年经济工作的部署上来，牢固树立新发展理念、树立正确的政绩观，以人民满意不满意、生活富裕不富裕，作为考核经济工作质量的试金石。

展望 2018 年：经济改革会在哪些领域深化*

党的十九大报告指出，我国经济已由高速增长阶段转向高质量发展阶段。在新的一年里，中国经济改革重点会在哪些领域继续深化？又有哪些领域会迎来突破性改革？中新经纬就此采访了几位专家。

中国社会科学院学部委员汪同三：

从 2017 年的一些情况来看，2018 年要更多地强调高质量的发展，如何在供给侧结构性改革的大框架下实现高质量发展，这是 2018 年的主要任务。

国有企业改革预计 2018 年将继续深化。国有企业改革已经不仅仅是国有企业本身的问题了，现在社会投资比较疲软，民间投资增速明显低于全社会投资增速，是和国有企业改革滞后相联系着的。如何做到不同所有制的经济体，都能以一种平等的公平的地位参与市场竞争活动是很重要的。

青岛大学经济学院教授易宪容：

当前及未来几年，中国金融政策的核心是金融体系的稳定，保证守住不发生系统性风险的底线。而要做到这点，就得去杠杆，就得逐渐收紧货币政策。这从最近政府出台的一系列监管政策能够看出端倪。

对于人民币汇率改革问题，在短期内会维持现状，政府要在人民币汇率国际化及人民币汇率弹性之间取得相应的平衡。否则人民币汇率又有可能走向贬值之路，特别是美元如果强势，这种风险会更高。

中国青年政治学院金融研究所所长李永森：

2018 年国有企业改革可能还会进一步向前推进。与国有企业改革相对应的包括混合所有制、PPP，在实施的过程当中确实有了比较明显的推进，但实际上实施的过程中，也遇到了比较多的现实问题。比如，混合所有制，除了国有资本参与，其他资本进入的考量可能还需要进一步加强。能够进入哪些区域还是要有一定区分，也需要有一定的投资者适当性规则。比如多大的项目，需要多大资金

---

* 本文原载中新经纬 APP2017 年 12 月 27 日。

量的企业进入。另外，如何提高社会资本进入 PPP 项目的积极性，可能需要进一步完善制度规则，更好地处理好各方参与主体的利益关系。

中国人民大学财政金融学院副院长赵锡军：

关于 2018 年的改革，第一，金融监管领域大资管新规 2018 年可能会实施，因为已经公开征求意见了，2018 年可能会有进一步的落实和实施，资产管理业务的监管将会进一步规范。第二，2018 年因为外部的政策和环境变化会比较大一些，特别是美国又减税、又加息、又缩表，对外汇市场方面会产生一定的影响，对我国税制改革也有可能产生影响。

我国汇率机制改革差不多从 2015 年开始，到现在已经基本告一段落，建立中间价的形成机制，收盘价参考一篮子货币，并加入逆周期因子。但是由于 2018 年外部环境会有一些比较大的变化，货币政策也会做一些调整，所以进一步改革可能性较小。

中欧陆家嘴国际金融研究院副院长刘胜军：

2018 年最重要的是经济体制改革，要取得一些重要的突破。具体来说，第一，IPO 注册制改革应该是非常重要的，对于去杠杆来讲是一个非常重要的突破口。在全国金融工作会议上也明确，资本市场已经成为瓶颈，所以这是一项当务之急的工作。第二，国有企业改革也需要进一步推动。国有企业改革是整个改革当中具有标志性意义的"风向标"。如果国有企业改革推动了，其他改革都没有问题。第三，就是减税。特别是最近特朗普推动减税，对我国还是有比较大的影响，我们要有一定的危机感，抓紧推动减税，而且力度要大。

北京大学光华管理学院教授颜色：

2018 年，我国政府在继续去金融和宏观杠杆上应该会有进一步的作为和实质性措施，重点是防范系统性风险。资管新规在取得共识的情况下应该会在 2018 年逐步推行。随着人事调整的逐步到位，国务院金融稳定发展委员会的框架下会落实货币政策和宏观审慎双方监管。"一行三会"能够更加协调进行监管防范系统性金融风险，在促进表外和同业理财方面应该会有更多明显的动作。

另外，在落实房地产长效机制方面也可能会有进一步的作为，比如，长期租赁市场上拿地的模式。

国家行政学院国咨宏观组研究员胡敏：

2018 年是贯彻落实党的十九大精神、决胜全面建成小康社会的关键一年，也是改革开放 40 周年，全面深化改革也将进入攻坚期。按照党的十九大精神，要继续坚持社会主义市场经济改革方向，着力构建市场机制有效、微观主体有活力、宏观调控有度的经济体制，可以说，这已经为 2018 年深化经济体制改革提供了基本遵循。

我认为，按照党的十九大建设现代化经济体系的基本部署，2018 年深化经济体制改革着眼在两个点：一是加大力度激发微观主体活力。一方面要深化国有企业改革，在更宽领域更高层次发展混合所有制经济，进一步鼓励国有资本和社会资本相互融合；另一方面要营造良好的营商环境，激发民营资本的投资活力，切实稳定民营经济发展信心、形成良好的产权激励和市场预期。二是加快转变政府职能、深化放管服改革，进一步推进商事制度改革，加快要素价格市场化改革步伐，放宽服务业准入。

FOLLOW THE LOGIC OF
DEVELOPMENT

循着发展的逻辑

一个经济学人的时事观察
2016—2020

胡敏 著

经济管理出版社
ECONOMY & MANAGEMENT PUBLISHING HOUSE

图书在版编目（CIP）数据

循着发展的逻辑：一个经济学人的时事观察：2016—2020/胡敏著 .—北京：经济管理出版社，2023.2

ISBN 978-7-5096-8950-9

Ⅰ.①循…　Ⅱ.①胡…　Ⅲ.①社会科学—文集　Ⅳ.①C53

中国国家版本馆 CIP 数据核字（2023）第 032402 号

组稿编辑：杨　雪
责任编辑：杨　雪
助理编辑：王　慧　王　蕾　付姝怡
责任印制：黄章平
责任校对：王淑卿　蔡晓臻

出版发行：经济管理出版社
　　　　　（北京市海淀区北蜂窝 8 号中雅大厦 A 座 11 层　100038）
网　　址：www.E-mp.com.cn
电　　话：（010）51915602
印　　刷：唐山昊达印刷有限公司
经　　销：新华书店
开　　本：720mm×1000mm/16
印　　张：82.25
字　　数：1557 千字
版　　次：2023 年 2 月第 1 版　　2023 年 2 月第 1 次印刷
书　　号：ISBN 978-7-5096-8950-9
定　　价：168.00 元（全 3 册）

目　录

（上册）

循着发展的逻辑——一个经济学人的时事观察（2016—2020）

2016 推进结构性改革的攻坚之年

2016　推进结构性改革的攻坚之年

2017　一个需要理论而且能够产生理论的时代

循着发展的逻辑
——一个经济学人的时事观察（2016—2020）

2017　一个需要理论而且能够产生理论的时代

2017 一个需要理论而且能够产生理论的时代

循着发展的逻辑
——一个经济学人的时事观察
（2016—2020）

2017 一个需要理论而且能够产生理论的时代

（中册）

2018 逢山开路　遇水架桥

2018 逢山开路　遇水架桥

2018　逢山开路　遇水架桥

2018 逢山开路 遇水架桥

(下册)

2019 不管风吹浪打 努力奔跑追梦

循着发展的逻辑
——一个经济学人的时事观察（2016-2020）

2019　不管风吹浪打　努力奔跑追梦

2019 不管风吹浪打　努力奔跑追梦

循着发展的逻辑——一个经济学人的时事观察（2016—2020）

2020　艰难方显勇毅　磨砺始得玉成

循着发展的逻辑——一个经济学人的时事观察（2016—2020）

2020　艰难方显勇毅　磨砺始得玉成

2020 艰难方显勇毅 磨砺始得玉成

循着发展的逻辑

逢山开路
遇水架桥

2018

逢山开路　遇水架桥

　　2018 年是极不安宁的一年，美国总统特朗普上任不过一年就开启了一系列贸易保护措施，强烈的逆经济全球化倾向给全球经济带来很大不确定性。其中，他"发难"的结果集中表现为中美贸易摩擦升级。

　　从 2018 年 3 月 22 日开始，两国关税战便不断升级。特朗普在白宫签署了总统备忘录，基于对中国发起的 301 贸易调查，对从中国进口的价值约 600 亿美元商品加征关税，中国随即宣布拟对价值约 30 亿美元的自美国进口商品加征关税。2018 年 6 月 15 日至 8 月 3 日，中美贸易摩擦不断升级。2018 年 8 月 2 日，美国白宫宣布将对中国 2000 亿美元商品加征的关税从 10% 提高到 25%。2018 年 8 月 3 日，中国国务院关税税则委员会决定对原产于美国的 5207 个税目约 600 亿美元商品，征收 25%、20%、10%、5% 不等的关税。2018 年 12 月 1 日，中美两国元首在布宜诺斯艾利斯 G20 峰会期间达成共识，推动中美贸易摩擦重回对话协商解决问题的轨道。2018 年 12 月 14 日，美国贸易代表办公室在联邦公报上正式将针对中国价值 2000 亿美元产品加征关税从 10% 提高至 25% 的时间改为 2019 年 3 月 2 日午夜 12 时 01 分……历史镜头记录下这一个场景。

　　贸易摩擦无论怎样尖锐和残酷，中国政府始终保持着理性的态度。我们深刻认识到，当今世界经济已经深度融合，彼此注重、平等相待、合作共赢才是硬道理。为此，我方一方面对美方给予针锋相对的强有力回击；另一方面秉持"不愿打、不怕打、必要时不得不打"的原则冷静应对，寻求积极磋商谈判的可能。与此同时，我们继续坚持不懈加快对外开放步伐，用实际行动展示"中国开放的大门会越开越大"：2018 年 4 月 13 日，在庆祝海南建省办经济特区 30 周年大会上中国政府郑重宣布决定支持海南全岛建设自由贸易试验区。2018 年 11 月 5 日至 10 日，世界上首个以进口为主题的大型国家级展会——首届中国国际进口博览会在上海举行，一下吸引了 58 个"一带一路"沿线国家（地区）的超过 1000 多家企业参展。

　　2018 年也是我国改革开放 40 周年。改革开放是当代中国发展进步的必由之路，是实现中国梦的必由之路。在这一历史性时刻，中国政府以自己的勇气和智慧，表明继续逢山开路，遇水架桥，将改革进行到底的坚强意志和决心。

　　这一年，我国经济增长 6.6%，保持稳中向好态势，经济结构调整继续深化，全年 GDP 总量超过了 90 万亿元，全国居民人均可支配收入实际增长保持与经济增长基本同步。习近平总书记在新年贺词中指出，"我们伟大的发展成就由人民创造，应该由人民共享。""各级党委、政府和干部要把老百姓的安危冷暖时刻放在心上，以造福人民为最大政绩，想群众之所想，急群众之所急，让人民生活更加幸福美满。"

新年贺词解读:
人民为大[*]

在跨越 2017,来到 2018 的重要时刻,习近平主席发表一年一度的新年贺词。短短的贺词以"人民""幸福""奋斗"三个关键词贯穿始终,热情洋溢的祝福、铿锵有力的话语,催生起亿万中国人民创造新时代幸福生活的豪情。

作为一个大党、大国的领导人,习近平主席最牵挂的是人民。"广大人民群众坚持爱国奉献,无怨无悔,让我感到千千万万普通人最伟大,同时让我感到幸福都是奋斗出来的",一句沉甸甸的话语,再次彰显了中国共产党人的初心和使命。人民为大、人民为本、人民伟大。90 多年来,中国共产党一路走来,秉承为中国人民谋幸福、为中华民族谋复兴、为人类进步作贡献的初心与使命,艰苦卓绝,砥砺前行,这一初心和使命始终成为激励中国共产党人不断前进的根本动力。也正是中国共产党始终与人民同呼吸、共命运、心连心,亿万人民才能坚持爱国奉献,无怨无悔,坚决跟党走,用巨大的首创精神和无尽的智慧力量,成就了中华人民共和国的诞生,成就了改革开放的伟业,成就了进入新时代的历史性辉煌。

最伟大的力量源于人民,伟大的成就由人民创造,历史的荣光就应当归于人民,发展进步的成果就应当为人民共享。从中华人民共和国缔造者喊出"人民万岁"到新时代的领袖发出"普通人最伟大"的心声,无不表明,人民才是创造历史的真正动力。

进入新年,人们相互祝福、期许美好明天,展望幸福未来。作为新时代的领路人,习近平主席的新年贺词也是这样充满家国情怀和人民立场。日月如梭,时光流水。在我们为过去一年的努力收获而欣慰的同时,我们也有各种缺憾和失落。习近平主席在新年贺词中如是说,"大家有许多收获,也有不少操心事、烦心事。我们的民生工作还有不少不如人意的地方,这就要求我们增强使命感和责任感,把为人民造福的事情真正办好办实"。普通人民群众操心哪里?烦心何处?

---

[*]　本文原载中青在线 2018 年 1 月 2 日。

老百姓的安危冷暖始终记挂在领路人的心头。

发展的最终目的是造福人民；造福人民，是执政党一切工作的出发点和落脚点。进入中国特色社会主义新时代，我们的社会主要矛盾已经转化为人民日益增长的美好生活需要和不平衡不充分的发展之间的矛盾，中华民族实现由站起来、富起来到强起来的伟大跨越，人民群众需要的获得感、幸福感、安全感是更加充实、更有保障、更加公平、更可持续。习近平主席始终强调，实现人民对美好生活的向往，是我们这个大党的奋斗目标。在新年贺词中，他再次告诫全党各级干部要增强使命感和责任感，把为人民造福的事情真正办好办实；要把老百姓的安危冷暖时刻放在心上，以造福人民为最大政绩；要想群众之所想，急群众之所急，让人民生活更加幸福美满。

"幸福都是奋斗出来的。""天道酬勤，日新月异。""九层之台，起于累土"。习近平主席指出，要把党的十九大描绘的我国今后30多年的美好蓝图变为现实，进而实现中华民族伟大复兴的中国梦，"必须不驰于空想、不骛于虚声，一步一个脚印，踏踏实实干好工作"。

时间是伟大的书写者，忠实地记录着奋斗者的足迹。回溯过去，近100年建党史、近70年共和国成长史、40年改革开放史、近5年新时代开创史，我们党始终不渝带领人民不断奋斗。2018年是贯彻党的十九大精神的开局之年，也是改革开放40周年，在习近平主席确立的时代坐标上，我们要承上启下，努力奋斗，开辟新时代新征程；面向未来，我们将继续决胜全面建成小康社会，再干30年全面建成现代化强国，实现第二个百年梦想，乃至于在未来为人类进步事业作出中国人民和中华民族的更大贡献，依然要展现我们党、我们国家和中华民族永不懈怠的精神状态和一往无前的奋斗姿态。

翻开新年新历新的一页，朝霞已映衬在脸上，阳光已唤醒了大地，我们迎来了2018新的一年。让我们承接习近平主席新年贺词的绵绵暖意，开启奋斗的一年，面向幸福美好生活，启航新时代！

新年贺词再传
坚定改革的信号*

新年前夕，习近平主席发表 2018 年新年贺词，在不长的贺词有 80 处强调改革，这在我国迎来改革开放 40 周年之际具有特别的意义。习近平主席指出，2018 年，我们将迎来改革开放 40 周年。改革开放是当代中国发展进步的必由之路，是实现中国梦的必由之路。

"两个必由之路"揭示了我们党对近 40 年改革开放伟大意义的充分认识和高度认可；"逢山开路，遇水架桥，将改革进行到底"，则昭示了我们党站在新时代继续深化全面改革的意志和决心。

40 年弹指一挥间。40 年间，改革开放成为中国发展最显著的特征，是决定当代中国命运的关键抉择，是大踏步赶上时代的重要法宝，更是当代中国发展进步的必由之路。

事非经过不知难。40 年前，在我国国民经济接近崩溃的边缘，社会经济诸多方面发展已严重偏离正常轨道之际，我们党力挽狂澜，拨乱反正，合乎时代潮流，顺应人民意愿，开启了改革开放的大门。经过近 40 年来的艰苦努力，我们解放思想，勇于创新，从农村改革起步，不断拓展到城市改革、企业改革、市场改革、政府改革、社会改革、文化改革、生态文明改革、党的改革等各个方面，坚决破除阻碍国家和民族发展的一道道思想和体制障碍，奋力攻克一个又一个看似不可攻克的难关，当代中国从高度集中的计划经济转向社会主义市场经济，由封闭经济走向了开放经济，由一个农业国转向了工业化、后工业化国家，经济社会发展取得全面进步，创造了为当今世人瞩目、可以彪炳史册的人间奇迹。尤其可贵的是，在党的领导下，我们找到了一条符合中国国情、顺应时代趋势的中国特色社会主义道路。全体人民实现了从站起来、富起来到强起来的历史性飞跃，中国经济也实现了由后进赶超转为全面走向现代化的新时代。

我们党已经深刻认识到这样一个颠扑不破的真理：只有改革开放才能发展中

---

* 本文原载光明网 2018 年 1 月 3 日。

国、发展社会主义、发展马克思主义。我们要以庆祝改革开放 40 周年为契机，逢山开路，遇水架桥，将改革进行到底。站在中国新的历史发展方位，我们要实现更高质量、更加平衡、更加开放、更为包容、更加公平、更可持续的发展，进一步解放和发展社会生产力，进一步激发全社会创造力和活力，改革的艰辛、困难、风险和挑战一点也没有减少。党的十八大以来，以习近平同志为核心的党中央，继续高举改革开放的伟大旗帜，把握当今世界正在发生的深刻复杂变化，牢牢把握我国发展仍处于可以大有作为的重要战略机遇期，初心不改、矢志不渝，坚定地走中国特色社会主义道路，改革全面发力、多点突破、纵深推进，着力增强改革系统性、整体性、协同性，压茬拓展改革的广度深度，全面深化改革取得重大突破，中国特色社会主义制度更加完善，国家治理体系和治理能力现代化明显提高。

中国特色社会主义进入新时代，我国经济发展进入了新时代，改革开放也进入了新时代。紧扣新时代社会主要矛盾，实现全体人民共同富裕、不断促进人的全面发展，我们还需要坚决破除一切不合时宜的思想观念和体制机制障碍、勇于突破各种利益固化的藩篱；我们需要敢于进行具有许多新的历史特点的伟大斗争，坚决抵御任何贪图享受、消极懈怠、回避矛盾，损害人民利益、破坏国家安全、否定党的领导和社会主义制度的一切思想和言行；我们还需要大胆吸收人类文明一切有益成果，善于借鉴符合人类社会发展规律的现代国家治理经验和成熟做法，从而切实构建起系统完备、科学规范、运行有效的制度体系，将社会主义制度的优越性和社会发展的规律性紧紧结合在一起。可想而知，实现新时代更高要求的改革任务，困难和挑战是艰巨而复杂的。

习近平主席在新年贺词中指出："中共十九大描绘了我国发展今后 30 多年的美好蓝图。九层之台，起于累土。要把这个蓝图变为现实，必须不驰于空想、不骛于虚声，一步一个脚印，踏踏实实干好工作。"

这不仅是针对全面建设现代化而说的，同样也是推进全面深化改革的现实要求。在新时代全面深化改革的路上，只要我们居安思危、勇于创新、永不僵化、永不懈怠，坚定"四个自信"，蹄疾步稳推进全面深化改革，我们一定能够走在时代的前列，也一定能为解决人类发展问题贡献中国的改革智慧和改革方案。

2017 年 CPI 上涨 1.6%，
物价走势呈现三大特点 *

2018 年 1 月 10 日上午，国家统计局公布了 2017 年 12 月 CPI 和 PPI 数据。2017 年全年，全国居民消费价格指数（CPI）比 2016 年上涨 1.6%，12 月同比上涨 1.8%，呈逐月微幅上涨态势；工业生产者出厂价格指数（PPI）全年上涨 6.3%，12 月同比上涨 4.9%，环比上涨 0.8%，呈年初高点后的平缓下降走势。从 2017 年全年总的物价走势看，物价水平表现平稳、温和，落在年初政府确定的全年物价调控目标之内。

纵观 2017 年全年物价表现（见图 1 和图 2），凸显了三大显著特点：

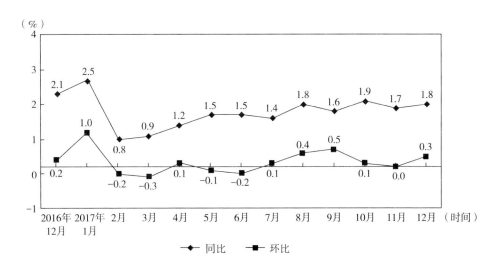

图 1 2016 年 12 月至 2017 年 12 月 CPI 涨跌幅

---

* 本文原载中新经纬 APP，2018 年 1 月 10 日。

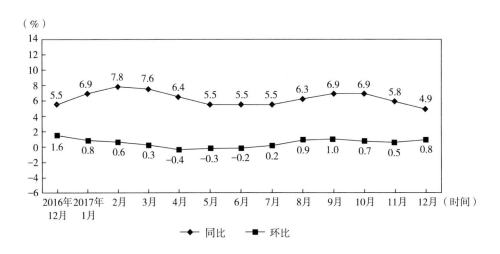

图2　2016年12月至2017年12月 PPI 涨跌幅

整体物价水平更加稳定，价格曲线趋于平滑

从走势图上看，CPI 增幅自 2016 年末 2%左右快速下降到 2017 年初 1%左右后，从 2017 年第二季度开始至年末，CPI 连续 9 个月处于"1 时代"，上下波动不到 1 个百分点。虽然 2017 年尤其是上半年农副产品价格出现明显下降，但服务价格的上涨抵消了农副产品的下降，保持了总体 CPI 的平稳。

PPI 涨幅自 2016 年快速上行至 2017 年第一季度最高值 7.8%后，就进入了一个区间震荡状态，到第四季度开始呈现逐月下滑走势，但整个波动幅度不超过 3%，总体来看也没有大起大落。

CPI 和 PPI 总体平稳的背后，结构性分化更加明显

从 CPI 来看，过去相当长的一段时间，食品价格在 CPI 构成中占据主导地位，成为价格上涨的主要动力，但 2017 年全年的一个明显特点是：非食品价格对 CPI 的影响进一步加大。在统计的七大类价格指数中，医疗保健、居住、教育文化和娱乐等服务价格一直保持逐月上涨态势，其明显上升的一个重要因素是劳动力等要素成本的上升。服务价格的上涨对 CPI 的贡献达到 40%以上，接近过去食品价格对 CPI 的影响，并在未来对 CPI 的影响很可能会超过食品价格。这反映了我国居民消费升级的总体态势，城镇居民食品消费比重逐步下降，居民服务性消费结构明显上升。

从 PPI 来看，自 2016 年开始，国家有力推进供给侧结构性改革，钢铁、煤

炭、火电等行业去产能取得明显成效，再加上国际经济形势的明显回暖，从 2016 年中开始，PPI 就结束了前期数月的负增长态势，由负转正后，在政策和市场的双重推动下，进入了加快上涨阶段，表现在 2017 年全年上游产业产品价格一直保持上行态势，某些原材料价格还出现了不断飙升，这也改变了这些行业的工业增加值和利润状况。2017 年，国家强调把提高供给体系质量作为主攻方向，着力优化存量资源配置，扩大优质质量供给，实现供需动态平衡，将去产能与企业兼并重组和加强环保督察紧密结合在一起，上游产业的价格上行态势得到明显遏制，在 PPI 上表现为增幅由高位逐步平缓回落，尤其是第四季度回落态势明显。

CPI 与 PPI 之间的"剪刀差"开始逐月收敛

从 2015 年以来，CPI 与 PPI 保持较大的"剪刀差"，CPI 一直运行在 PPI 之上，体现了工业生产较为不景气的特征。2016 年中，PPI 上穿 CPI 并随后保持较快升幅，反映了工业生产出现一定的复苏。根据价格传导规律，PPI 对 CPI 有较大影响。PPI 反映生产环节的价格水平，CPI 反映消费环节的价格水平。整体价格水平的波动一般先出现在生产领域，然后通过产业链向下游产业扩散，最后波及市场上流通的消费品。PPI 向 CPI 的传导途径为：原材料→生产资料→生活资料。由于传导存在时滞，再加上目前消费品市场尚处于过剩状态，因此，一年来 PPI 上行并没有在 CPI 上得到充分反映。2017 年下半年，随着 PPI 呈小幅回落态势，CPI 和 PPI 运行会有一段逐步弥合期。但未来 CPI 与 PPI 开口是否会再行反向扩大，我们尚需观察。

总体来说，2017 年我国物价运行态势表现得温和、平稳，有力支撑了整个国民经济平稳向好的态势，充分体现了供给侧结构性改革取得的成效。那么在新的一年，我国物价水平会呈现怎样的趋势？在全球经济较强复苏后，我国未来是否会面临通胀压力？

从供给端看，虽然国际大宗商品价格、生产资料等上游端价格的上涨会持续一段时间，但整个世界经济仍处于结构性恢复状况，贸易保护主义抬头或将影响我国进出口市场的进一步扩张，这或许会进而影响投资增长。随着投资需求趋势性回落，以及国内制造业投资仍然较为疲软，制约了 PPI 在新的一年不会重新提升，反而会像 2017 年第四季度一样可能有进一步下行的趋势。

在需求端，目前国内市场消费品比较充足，消费升级主要集中在中高收入群体，整体价格上行的牵引作用还不是很强。加大农业供给侧结构性改革、确保粮食安全、深化粮食收储制度改革、不断丰富菜篮子等举措，使得农产品价格只有季节性波动，不会形成趋势性上涨。另外，2018 年货币政策稳健中性，市场流动性比较宽裕，市场利率上行空间有限，也使得 CPI 上行幅度较小。还需要看到，随着技术革新步伐加快，特别是新经济形态迅猛增长，基于互联网的现代供应链的发展大大降低了生产环节成本和物流成本，这些都限制了 CPI 的上行节奏。

由以上因素综合分析，新一年的 CPI 走势应当不会明显高于上一年，基本预测会保持在 2.5%～3%水平。需要关注的是，由于劳动力成本近年来不断上升并助推服务类价格上升，是今后物价水平变化的主要结构性因素。政策层面需要不断创新价格调控思路，完善价格调控机制，使物价调控手段更加精准高效，确保城镇居民有一个稳定的市场预期。

自贸区"负面清单"
实现大幅"瘦身"*

　　自贸区扩大开放，在 2018 年初迈出了重要一步。2018 年 1 月 9 日，国务院正式印发《关于在自由贸易试验区暂时调整有关行政法规、国务院文件和经国务院批准的部门规章规定的决定》（以下简称《决定》）。自贸区将在外资银行、航空运输、轨道交通、飞机设计制造、娱乐演出、粮食收购批发等 16 个领域调整一系列政策文件，大幅降低投资准入门槛，扩大对外开放。分析认为，《决定》明确了进一步扩大市场准入方面的时间表和路线图，在多个关键行业放宽准入限制，体现了我国进一步扩大开放的决心。

　　2015 年，东莞在自贸区周边城市中率先出台对接政策，"莞版对接自贸区 28 条"出台，此次优惠政策，东莞也将成为受益者。

　　记者：《决定》的发布，放宽了自贸区外资准入，这释放了哪些信号？

　　胡敏：按照党的十九大精神，要在新时代推动形成全面开放新格局，在开放的深度上，就是要实行高水平的贸易和投资自由化便利化政策，全面实行准入前国民待遇加负面清单管理制度，大幅度放宽市场准入，扩大服务业对外开放，保护外商投资合法利益，赋予自贸区更大改革自主权。自贸区是我国对外开放的"新高地"。可以说，此次国务院调整相关规定，是贯彻落实党的十九大精神，推动形成全面开放新格局的必然结果，其所释放的政策信号，就是在新的一年，更要加快我国自贸区建设进程，在大幅度放宽市场准入、大幅度降低外商在服务业领域的准入门槛方面先行先试，有实实在在的举措。相关政策管理部门要进一步梳理、合并、精简有关规定，在自贸区将开放的大门真正打开。

　　记者：《决定》提出的 16 项政策调整中，服务业的对外开放占据了大多数。为何会有这样的考量？这表明了什么问题？

　　胡敏：中国的对外开放已经进入了更高水平、更宽领域、更加全面的发展阶段，服务业的对外开放目前还是开放领域的"一块短板"，要实现中国经济结构

　　＊　本文原载《东莞日报》2018 年 1 月 15 日。

的转型升级，支持传统制造业优化升级，促进我国产业迈向全球产业链价值链中高端，推动经济高质量发展，就必须加快发展现代服务业，更大力度地推进服务业的对外开放。现代制造业其实就是现代生产性服务业，已经形成了生产制造、产品研发、品牌设计、现代供应链支撑、现代金融服务、人力资本服务相互融合的产业链条，是一个协同发展的产业体系。只有在这些生产型服务领域提升竞争能力和管理水平，才能厚植价值链、拓展价值链，在这些领域加快开放，吸收消化国际先进技术，瞄准国际标准，才能提升我国产业的竞争力和创新力。

记者：自贸区肩负中国开放先行先试重任，随着新一轮负面清单缩减，您认为自贸区建设在 2018 年会迎来怎样的发展局面？未来还可能在哪些方面进行改革？

胡敏：2018 年是形成全面开放新格局的第一年，也是改革开放的第 40 年。自贸区改革试验已经进行了几年，目前我国自贸区总数已达 11 个，自贸区新设外商投资企业占全国的 1/5 多，实际使用外资也超过了全国的 10%，取得了一些重要进展，但目前感到力度还不够大，运行过程中在思想上、体制上还有不少束缚。我们要以庆祝改革开放 40 周年为契机，进一步解放思想，切实按照高水平高质量的要求，推进贸易和投资的自由化便利化，进一步压缩"负面清单"，使清单更加具有可操作性，使管理措施更加开放和透明，在自贸区营造更加公平透明、法治化、可预期的营商环境。从现在开始，在未来几年，如果在自贸区的新设外资企业数能再涨一倍，实际投资额能超过全国的 1/5，投资领域覆盖产业面成为全链条，就可以说明自贸区发展上了一个新台阶。

高质量发展要有
高质量考评*

2017 年中央经济工作会议的一个核心关键词就是"高质量发展"。在会议上，习近平同志指出，中国特色社会主义进入了新时代，经济发展也进入了新时代，其基本特征就是我国经济已由高速增长阶段转为高质量发展阶段。我们不仅要牢牢把握高质量发展这个根本要求，还要谋划和设计科学的考评体系，以高质量的考评顺应高质量发展，切实增强各级干部推动实现经济高质量发展的驱动力和自觉性。

何为高质量发展

2017 年的中央经济工作会议明确：推动高质量发展，是保持经济持续健康发展的必然要求，是适应我国社会主要矛盾变化和全面建成小康社会、全面建设社会主义现代化国家的必然要求，是遵循经济规律发展的必然要求。

显然，高质量发展，是针对高速度增长而言的。改革开放近 40 年来，我国经济发展已经完成了以发达国家为标杆的速度赶超，我国社会主要矛盾也转化为人民日益增长的美好生活需要和不平衡不充分的发展之间的矛盾。

基于这样的基本经济特征，中央作出我国经济已由高速增长阶段转为高质量发展阶段的重大判断是实事求是的。作为世界第二大经济体，我们已经不需要过度关注经济增长的短期波动，在经济增长可以接受的基本稳定和平缓区间内，应将经济发展的注意力更多地放在提质增效上，必须抓住经济转型升级的"时间窗口"，加快经济结构调整，推动发展方式转变，实现新旧动能转换。当前不平衡不充分的发展实质是发展质量不高的问题，衡量经济发展就需要以高质量作为新的指挥棒。

高质量发展，表现在经济领域，就是要与建设现代化经济体系相匹配，体现为不断适应需求端消费升级趋势，提升供给端的产业素质、企业活力、产品与服

---

* 本文原载《中国经济时报》2018 年 1 月 18 日。

务的质量和水平；体现为三次产业结构的高端化、技术结构的升级化、资源能耗使用的递减性和劳动力结构的适应性；体现为区域经济发展的协同性、整体性、包容性和开放性；体现为形成实体经济、科技创新、现代金融、人力资源相互促进、协同发展的产业体系，形成市场机制有效、微观主体有活力、宏观调控的经济体制，构建起政府、市场、企业主体之间的善治关系。当然，由增长转向发展，高质量发展内涵也跳出了纯经济领域，外延拓宽至国家治理能力、社会治理水平、生态文明体系和民生权益保障，乃至于体现人民获得感、幸福感、安全感、价值感的诸多方面。

以什么样的评价体系来推动高质量发展

从新的历史起点和时代条件出发，为不断满足人民对美好生活日益增长的需要，我国发展必须向更高质量、更有效率、更加公平、更可持续的方向前进。为此，2017 年的中央经济工作会议提出，推动高质量发展是当前和今后一个时期确定发展思路、制定经济政策、实施宏观调控的根本要求。必须加快形成推动高质量发展的指标体系、政策体系、标准体系、统计体系、绩效评价、政绩考核，创建和完善制度环境，推动我国经济在实现高质量发展上不断取得新进展。

高质量发展既然有着如此丰富的内涵，而且在实践中还在不断拓展，设计比较科学的高质量发展指标体系、评价体系等，是我国经济理论界和实际工作部门一项挑战性、开创性工作。既要针对当前，又要着眼长远；既要立足国情，又要放眼世界。加快建立适应、反映、引领、推动高质量发展的考评体系，更加注重反映发展的质量、结构和效益，更加注重反映经济、政治、文化、社会、生态发展变化情况，更加注重反映人民群众多样化美好生活需求，全面展现质量变革、效率变革、动力变革，为创新和完善宏观调控，保持经济平稳健康发展，实现高质量发展提供有力的数据支撑，目的就是能以高质量考评引领和驱动高质量发展。

当前工作的着力点在于：一是能设计好适应经济发展新常态、顺应高质量发展要求的比较科学合理的指标体系、标准体系、统计体系；二是能适应现代化发展进程，在创新发展中对评价指标予以不断调整、不断修正；三是能在实际操作中通过绩效评价、政绩考核形成反馈机制和政策保障体系；四是广泛借鉴国内外比较成熟和广为接受的经济社会发展测评体系和最新研究成果。

从"十二五"规划到"十三五"规划，在设计经济社会发展主要指标时，我们就按照经济发展、创新驱动、民生福祉和资源环境 4 大类确立了 24 个或 25 个预期性和约束性指标，比较好地引导了经济社会发展方向。还有许多发达国家以及我国学者在内研究和评价国家现代化进程中创设的一系列指标体系、方法和逻辑等等，都是构建高质量发展评价体系重要的参照系，可以广为借鉴。

关键还是要转变观念和落实责任

当然，任何考评还都是面上的，指标体系再完善，关键还是要实实在在地落实。彻底从 GDP 挂帅转为高质量发展挂帅，不仅是改革创新，更是责任担当。

要将追求高质量发展成为充分调动各方面干事创业的积极性、有力有序做好经济工作的新的指挥棒和驱动力，关键还是要形成促进高质量发展的制度环境和体制机制，将建立健全高质量发展指标体系、标准体系、统计体系等与选任干部的绩效评价、政绩考核机制紧密联系起来。这也是此次中央经济工作会议提出的"创建和完善制度环境"的真实用意所在。

降低居民购房杠杆率
也是当务之急*

中国社会科学院发布的《中国住房发展报告（2017—2018）》显示，截至2016 年底，我国居民购房抵押率升至 50%，接近美国 2007 年的水平。如果按照居民债务占居民可支配收入比重这个口径看，该比重已从 2007 年的不足 35% 上涨至目前的 90%，呈爆发式增长，远远超出其他新兴经济体的水平。若考虑中国诸多民间融资渠道，居民杠杆率或更高。如果回溯日本和美国分别在 20 世纪 90年代初和 90 年代中后期经历房地产泡沫破裂时的居民债务占可支配收入比重分别为 120% 和 130% 的数据看，显然，当前中国的居民购房杠杆率已接近危险区间。

党的十九大确定的决胜全面建成小康社会三大攻坚战的第一场攻坚战，就是防范化解重大风险，这也是 2018 年首当其冲的一项重点工作。近年来，发生在经济金融领域的风险点主要表现为经济主体的杠杆率不断升高。我国居民家庭杠杆率日益加大，尤其表现在房价非理性上涨背景下的中国居民家庭购房抵押率上升较快，已给经济金融系统埋下巨大隐患。有效控制宏观杠杆率，切实降低居民购房杠杆率必然是题中之义，也是当务之急。

20 世纪 90 年代日本资产泡沫的破灭和 2008 年源自美国华尔街的世界性金融危机，就是无休止、无节制地对居民加杠杆助推房地产泡沫生成进而形成大规模次贷危机的结果。这个重大教训恍若眼前，可谓前车之鉴，后车之覆。

化解居民购房杠杆率过高问题，当然是一个复杂的系统工程，从西方国家化解次贷危机的经验中，我们可以从正面吸取一些有益的做法，既要综合利用货币金融政策工具调控好房地产抵押市场，还要形成房地产市场发展的长效机制，更好满足人民日益增长的高质量住房需要。

从美国的经验教训看，其实，早在 20 世纪 70 年代，美国已经形成了一个比较完备的多层次、全方位的住房金融体系。抵押贷款是美国传统的占主导地位的

---

* 本文原载《东莞日报》2018 年 1 月 22 日。

住房信贷形式。美国的抵押贷款中，住房抵押贷款占90%左右，成为世界上规模最大的住房金融市场。绝大多数美国人建房或购房都要借助住房抵押贷款，截至2001年，已有70%的美国家庭通过抵押贷款方式拥有了自己的住宅。庞大的住宅抵押贷款规模促成了贷款组合，并为抵押贷款证券发行提供了必要条件。之所以发生2008年的住房次贷危机，主要是当时华尔街大量金融衍生工具的泛滥，再加上政府放松监管，一些贷款机构向信用程度较差和收入不高的借款人不断提供贷款引致居民对房地产投资周期的错误预期。在住房市场开始由"高热"迅速持续降温的情况下，美联储又过快提高利率，结果推倒了金融市场的"多米诺骨牌"。其危机根源不是因为不该发展住房抵押市场，而是没有把握好宏观调控政策与经济周期的恰当匹配，再加上"资本的贪婪"共同导致了悲剧。

一个正面的案例则是德国。德国一向被认为是房地产市场有效治理的典范。许多年来，德国房价长期保持了缓慢、平稳的增长态势。其重要的宏观管理经验在于：首先，政府鼓励并规范房屋租赁市场并通过多元化途径增加居民房屋供给；其次，政府实施严格而稳定的金融房贷政策并形成了完善的住房法律体系；最后，政府严厉打击房地产炒作行为。德国政府一直把房地产定位于满足国民的居住需求，并且整个国民经济发展依赖于实体经济的繁荣，这样就给居民一个稳定预期，居民收入增长和需求提升，不是依靠住房资产的增益，住房尽管具有金融属性但绝不是财富的主要源泉。这和我们今天强调的"房住不炒"的新理念是契合的。

纵观这些年来我国居民住房抵押率的过快上升，剔除住房需求增长的因素，主要是居民不断增长的对住房投资收益的预期，结果，一个过去朴实的"高储蓄、低负债"的家庭消费观念在房地产市场非理性上涨态势下发生了"预期转折"和"观念畸变"。

所以，按照中央关于尽快形成房地产长效机制，实现居民高杠杆风险稳中有降的要求，我们必须把控好这样几点：一是监管层要加大规范购房融资行为，严控各种形式的个人消费贷款违规进入房地产市场；二是要切实把握好住房贷款利率的调控幅度，不搞"猛刹车"和"一刀切"，防止房地产市场"硬着陆"；三是探索发展住房金融银行，使得居民从无序加杠杆转为理性的金融信贷行为，并受到信用体系的监督；四是要加强资本适度管制，做好利率市场、资本流动和金融监管三者之间的平衡。

三个"一以贯之"：答好新时代的考卷*

习近平总书记在省部级领导干部学习贯彻党的十九大精神专题研讨班"1·5"开班式上发表的重要讲话（以下简称"'1·5'重要讲话"），着眼党和国家事业发展全局，深刻阐述了坚持三个"一以贯之"的极端重要性，充分体现了党中央将历史和现实相贯通、国际和国内相关联、理论和实际相结合的宽广视角，贯穿了崇高的理想信念、强烈的使命担当、鲜明的理论品格、深厚的为民情怀，具有极强的战略性、前瞻性、创造性、指导性。

牢固坚持三个"一以贯之"，是党的十九大精神的细化和延展，是对各级领导干部特别是党的高级领导干部进一步明确在中国特色社会主义进入新时代继续举什么旗、走什么路、实现什么样的奋斗目标、以什么样的精神状态、担负什么样的历史使命、掌握什么样的工作思维和工作方法等重大问题的新要求，有利于广大党员干部以时不我待、只争朝夕的精神投入不断开创新时代中国特色社会主义事业中，有利于推动全党全国各族人民把思想统一到党的十九大精神上来，把力量凝聚到实现党的十九大确定的目标任务上来，必须坚决贯彻落实。

新时代提出了厚重的历史考卷

每个时代有每个时代的问题、任务和发展目标，每个时代也有每个时代的历史考卷。习近平总书记形象地比喻："时代是出卷人。"

中国共产党人从成立之日起，就将为中国人民谋幸福、为中华民族谋复兴确立为自己的初心和使命，这个初心和使命成为激励一代代中国共产党人初心不改、矢志不渝、不断前进的根本动力。97 年来，党团结带领全国人民推翻压在中国人民头上的"三座大山"，建立中华人民共和国，完成社会主义革命，确立社会主义制度，推进社会主义建设；又顺应时代潮流、顺应人民意愿，进行改革开放新的伟大社会变革，开辟和发展了中国特色社会主义道路，极大地解放和发

---

* 本文原载《湖北日报》2018 年 1 月 23 日。

展了社会生产力，极大地激发了全社会发展活力和创造力，使中国大踏步赶上了时代。可以说，在革命、建设、改革的各个历史时期，我们党正是秉承着这份初心和使命，接续传承历史的"接力棒"，圆满地回答了各个时代的考卷，创造了一个个彪炳史册的人间奇迹。

党的十九大作出中国特色社会主义进入新时代的重大判断，这是我国发展新的历史方位。在这样一个新时代，世情、国情、党情、民情正在发生显著而深刻的历史性变化，我们既面临着进入新时代开启新征程的重大发展机遇，也面临着迈向更高目标实现更重任务的艰巨考验。中国特色社会主义进入新时代，要求我们党回答新的历史考卷。

这份新时代考卷，题目厚重，既立足国内、着眼当代，又面向世界、面向未来。我们党需要回答好坚持和发展什么样的中国特色社会主义与怎样坚持和发展中国特色社会主义的重大时代课题，以开辟新时代中国特色社会主义更加广阔的发展前景；需要回答好我国社会主要矛盾发生历史性变革后如何实现人民日益增长的美好生活需要和不平衡不充分的发展之间的矛盾，以实现全体人民共同富裕；需要回答好中国人民由富起来走向强起来的伟大进程中如何统筹推进经济、政治、文化、社会、生态等各方面平衡协调可持续发展，以实现建成富强民主文明和谐美丽的社会主义现代化强国；需要回答好日益走近世界舞台中央的中国怎样推动构建人类命运共同体，为人类文明进步不断贡献中国智慧和力量，与世界人民一道共同创造人类美好未来；需要回答好新时代的中国共产党如何永葆先进性和纯洁性，把党建设成为始终走在时代前列、人民衷心拥护、勇于自我变革、经得起各种风浪考验、朝气蓬勃的马克思主义执政党，继续焕发出科学社会主义在21世纪的强大生机活力。

新时代的这些重大命题，既要求有理论创新的勇气，更要求在实践中努力作答。

执政党要继续回答好新的考题

习近平总书记"1·5"重要讲话，提出坚持三个"一以贯之"正是回答新时代考题的基本思路和逻辑方法。

一以贯之坚持和发展中国特色社会主义，明确了我们在新时代必须坚定的道路和方向。中国特色社会主义不是从天上掉下来的，而是党和人民历经千辛万苦取得的宝贵成果。改革开放以来党的全部理论和实践的主题就是中国特色社会主义，新时代中国特色社会主义是我们党领导人民进行伟大社会革命的成果，也是我们党领导人民进行伟大社会革命的继续。这个成果取得极不容易，必须倍加珍惜。同时，认识中国特色社会主义的历史必然性和科学真理性，又要放在世界社会主义演进的历程中去把握。几百年来，社会主义虽充满曲折，但以中国特色社会主义的巨大成功向世界宣告，社会主义没有灭亡，也不会灭亡，而且焕发出蓬勃生机、活力。中国特色社会主义进入新时代，正成为 21 世纪科学社会主义发展的旗帜。旗帜决定方向，道路决定命运，我们党要实现新时代的历史使命，最根本的就是高举中国特色社会主义伟大旗帜。作为马克思主义执政党，必须继续保持革命精神和革命斗志，决不因胜利而骄傲，决不因成就而懈怠，决不为困难而退缩，要一以贯之坚持和发展中国特色社会主义，努力使中国特色社会主义展现更加强大、更有说服力的真理力量。

一以贯之推进党的建设新的伟大工程，明确了我们在新时代必须担负的历史使命和政治保证。办好中国的事情，关键在党。中国特色社会主义最本质的特征是中国共产党的领导，中国特色社会主义制度的最大优势是中国共产党的领导。97 年来，我们党之所以能够引领中国道路、带领人民进行伟大的社会革命，不断开创宏图伟业，正是因为我们党具有勇于自我革命、从严管党治党的最鲜明的政治品格。新时代决胜全面建成小康社会的艰巨任务、实现中华民族伟大复兴的历史使命，对我们党提出了前所未有的新挑战、新要求，影响党的先进性、弱化党的纯洁性的各种因素具有很强的危险性和破坏性。这就决定了我们要一以贯之地推进党的建设新的伟大工程，始终发挥彻底的自我革命精神。全党同志要深刻牢记习近平总书记提出的"功成名就时做到居安思危、保持创业初期那种励精图治的精神状态不容易，执掌政权后做到节俭内敛、敬终如始不容易，承平时期严以治吏、防腐戒奢不容易，重大变革关头顺乎潮流、顺应民心不容易"这"四个不容易"，遵循总书记提出的"信念过硬、政治过硬、责任过硬、能力过硬、作风过硬"的 5 点要求，敢于刀刃向内，敢于刮骨疗伤，敢于壮士断腕，以党的自我革命精神推动党领导人民进行新的伟大社会革命，始终成为时代先锋、民族脊梁，始终成为马克思主义执政党。

一以贯之增强忧患意识、防范风险挑战，明确了我们在新时代必须把握的底线思维和工作方法。增强忧患意识，做到居安思危，是我们党从历史兴替中得出的一条重要经验，也是治党治国必须始终坚持的一个重大原则。总书记在讲话中用"备豫不虞，为国常道"的古语，提醒全党要始终保持这种忧患意识。当前，我国正处于一个大有可为的历史机遇期，发展形势总体上是好的，但前进道路不可能一帆风顺。客观审视国内外发展大势，面对波谲云诡的国际形势、复杂敏感的周边环境、艰巨繁重的改革发展稳定任务，我们党面临具有许多新的历史特点的伟大斗争，必须准备战胜一切艰难险阻。为此，习近平总书记指出，"越是取得成绩的时候，越是要有如履薄冰的谨慎，越是要有居安思危的忧患，绝不能犯战略性、颠覆性错误"。他要求全党同志，"既要有防范风险的先手，也要有应对和化解风险挑战的高招；既要打好防范和抵御风险的有准备之战，也要打好化险为夷、转危为机的战略主动战"。只有一以贯之增强忧患意识，切实提高我们防范化解各种风险的意识和能力，我们才能从容应对挑战、赢得战略主动。

人民满意就是获得的最好评分

三个"一以贯之"强调的其实就是一种坚持、一种韧劲、一种精神、一种境界。当今中国之所以能够取得令世人羡慕的巨大历史性成就和历史性变革，中国人民和中华民族能够以崭新姿态屹立于世界的东方，就是因为我们党90多年来始终坚守为人民服务的宗旨，保持坚忍不拔、咬定青山不放松的韧劲，探寻并走出了一条顺应人民期待、合乎时代潮流的中国特色社会主义康庄大道，确保这个能够引领中国发展航向的执政党勇于自我革命、经得起各种风浪、始终走在时代的前列，确保党的各级干部始终能够保持忧患意识，既居安思危又能登高望远。

党的十九大报告指出，中华民族伟大复兴绝不是轻轻松松、敲锣打鼓就能实现的。党的十八大以来极不平凡的历程也表明，中国特色社会主义进入新时代，也不是轻轻松松、敲锣打鼓就能进入的。前进的道路不会一马平川，昨天的成功并不代表着今后能够永远成功，唯有做好付出更为艰巨、更为艰苦努力的充分准备，保持永不懈怠的精神状态和一往无前的奋斗姿态，我们才能不断跨越各种关口，回答好时代的考题，走好新时代的长征路。

早在中国革命即将取得全国性胜利的前夕，毛泽东同志就提出了"进京赶考"的命题。邓小平同志也曾指出，要以人民拥护不拥护、赞成不赞成、高兴不高兴、答应不答应作为全党想事情、做工作对不对好不好的基本尺度。党的十八大以来，习近平总书记始终强调要把人民放在心中最高位置，必须始终经受实现好、维护好、发展好最广大人民的根本利益的检验。

在"1·5"重要讲话中，习近平总书记指出："时代是出卷人，我们是答卷人，人民是阅卷人。"人民始终是中国共产党"赶考"的主考官，人民满意才是对时代考卷最好的评分。新时代的中国共产党人要努力回答好时代的考卷，自觉接受人民的检验。全党同志要继续奋力进行伟大斗争、建设伟大工程、推进伟大事业、实现伟大梦想，把我们党领导人民进行了97年的伟大社会革命持久推进下去，向人民交上满意的答卷。

构建人类命运共同体：
一个大国的思想贡献*

2017 年初，习近平主席分别在达沃斯世界经济论坛 2017 年年会和联合国日内瓦总部发表《共担时代责任、共促全球发展》和《共同构建人类命运共同体》两篇主旨演讲，全面系统地阐述了构建人类命运共同体的新理念新思想，引起了很大反响。此后，"构建人类命运共同体"理念一次次被写入国际重要决议之中。

在当前世界政治经济错综复杂，逆全球化思潮和贸易保护主义、民粹主义抬头，经济金融风险高发，地缘政治更加复杂多变，世界经济增长动能不足，贫富分化日益严重，恐怖主义、网络安全、重大传染性疾病、气候变化等非传统安全威胁持续蔓延的背景下，全球面临着"世界怎么了、我们怎么办"的普遍困惑。

在当今人类面临许多共同的挑战下，许多国家期待听到崛起的中国能够发出一个大国的声音，提供中国的思想智慧和中国的解决方案。

习近平主席审时度势、高屋建瓴地提出"构建人类命运共同体"的思想之光，照亮了人类发展前程，在全球形成强大的感召力。

构建人类命运共同体的核心要义在于：

世界多极化、经济全球化、社会信息化、文化多样化深入发展，全球治理体系和国际秩序变革加速推进，各国相互联系和依存日益加深，尽管世界正处于大发展、大变革、大调整时期，面临的不稳定性、不确定性十分突出，但和平与发展仍然是时代主题，国际力量对比更趋平衡，和平发展大势不可逆转。这是当今世界发展的主要趋势。

古往今来的人类发展轨迹表明：世界命运始终握在各国人民手中，人类前途系于各国人民的抉择。必须尊重世界文明多样性，以文明交流超越文明隔阂，以文明互鉴超越文明冲突，以文明共存超越文明优越，这是各国人民共同创造美好未来的根本夙愿。

---

* 本文原载中国网 2018 年 1 月 30 日，原题为《【理上网来·辉煌十九大】构建人类命运共同体：一个大国的思想贡献》。

　　当今人类已生活在一个共同的地球村，沐浴在同一片阳光下，只有齐心协力，牢固树立和共同推进构建人类命运共同体、人类利益共同体、人类责任共同体意识和理念，坚持对话协商、共建共享、合作共赢、交流互鉴、绿色低碳，我们就能建设一个持久和平、普遍安全、共同繁荣、开放包容、清洁美丽的世界。

　　中国人民在中国共产党领导下，近百年来，不仅秉承为中国人民谋幸福、为中华民族谋复兴的初心矢志不渝，也始终把为人类作出新的更大的贡献作为自己的使命。中华人民共和国成立以来，特别是改革开放40年来，我们艰苦卓绝，玉汝于成，实现了中华民族从站起来、富起来再到强起来的飞跃。我们统筹国内、国际两个大局，在着力把自己的事情办好的同时，为世界和平发展做出艰苦的努力。中国共产党人以自己的实践创新和理论创新，开辟了中国特色社会主义道路，也同时开辟了中国特色社会主义和平外交的光明大道。

　　近年来，中国高举和平、发展、合作、共赢的旗帜，坚定不移恪守维护世界和平、促进共同发展的外交政策宗旨，积极发展全球伙伴关系，扩大同各国的利益交汇点，推进大国协调和合作；按照亲诚惠容理念和与邻为善、以邻为伴周边外交方针深化同周边国家关系；秉持正确义利观和真实亲诚理念加强同发展中国家团结合作，推动建设相互尊重、公平正义、合作共赢的新型国际关系。

　　中国坚定不移坚持对外开放的基本国策，打开国门搞建设，积极促进"一带一路"国际合作，努力实现政策沟通、设施联通、贸易畅通、资金融通、民心相通，打造国际合作新平台，增添共同发展新动力。

　　中国坚定不移推进经济全球化，引导好经济全球化走向，打造富有活力的增长模式、开放共赢的合作模式、公正合理的治理模式、平衡普惠的发展模式，与世界爱好和平的国家和人民一道，共同担当，同舟共济，共促全球发展。自全球金融危机爆发以来，在全球经济复苏乏力的情况下，中国经济保持平稳健康发展，为世界经济增长贡献率超过30%，成为世界经济走向复苏的新动力和稳定器，并在融合中华优秀传统文化和世界先进文化的基础上，为世界提供了中国的思想智慧。

　　构建人类命运共同体的思想，已经引领着中国成为世界和平的建设者、全球发展的贡献者、国际秩序的维护者、人类进步的推动者，也越来越团结起各国有志之士团结在"构建人类命运共同体"的思想旗帜下。

　　人类命运共同体，浓缩着新时代中国领导人对世界的深邃思考，体现了中国这个大国、中国共产党这个大党的天下情怀和风范，蕴藏着人类从何处来、向何处去的历史密码。"构建人类命运共同体"是人类和平发展的美好目标，还需要一代代人接力续跑，不能因现实复杂而放弃梦想，不能因理想遥远而放弃追求。中国人民始终愿同各国人民一道，推动人类命运共同体建设，共同创造人类的美好未来。

特色小镇建设
警惕"假小镇、真地产"*

近年来，随着我国城镇化进程的加速，特色小镇的建设掀起了一波热潮。不过，也要注意到，少数地区在特色小镇推进过程中，出现了概念不清、定位不准、急于求成、盲目发展以及市场化不足等问题，有些地区甚至存在小镇房地产化等苗头。

2017 年 12 月，国家发展改革委、国土资源部、环境保护部、住房和城乡建设部四部委针对特色小镇发展现状联合发布的《关于规范推进特色小镇和特色小城镇建设的若干意见》中指出，各地区要准确理解特色小镇内涵特质，立足产业"特而强"、功能"聚而合"、形态"小而美"、机制"新而活"，推动创新型供给与个性化需求有效对接，打造创新创业发展平台和新型城镇化有效载体。

特色小镇应该如何创建？要规避哪些误区？记者邀请中共中央党校（国家行政学院）研究员胡敏、商务部研究院国际市场研究所副所长白明、知名经济学家宋清辉等对此发表看法。

创建特色小镇要因地制宜

记者：作为人口及产业的核心载体，小城镇早已成为发达国家城乡均衡发展的重要经济活力点，如美国高科技小镇集聚的硅谷。在您看来，特色小镇的创建应该包含哪些主要内容？各地应如何因地制宜地打造独具特色的小镇？

胡敏：创建特色小镇其核心就在于一个"特"字，就是要因地制宜、立足地情、打造特色、彰显价值。因此，创建特色小镇，一是必须作出全面系统规划，与地方经济发展规划、与新型城镇化、与振兴乡村发展战略紧密衔接；二是要与地方经济社会可持续发展紧密结合，重在产业支撑和服务体系建设；三是要尊重地方历史文化风俗和农民意愿，必须发挥地方居民的积极性和创造性；四是能够给村镇农民带来实惠，拓展就业创业和增收渠道。这四个方面的内容也是我们强调的因地制宜所在，不能千镇一面，搞政策"一刀切"、方法"一刀切"、

---

* 本文原载《东莞日报》2018 年 1 月 30 日，记者：肖剑雄。

部署"一刀切"。为此，就需要在科学布局、顶层设计，在充分调研、民主决策的基础上设计规划，分步设施，不能急功近利。

宋清辉：特色小镇并不是简单的工业园区或服务业集聚区，而是包含"小城镇、产业、人群、文化、机制"五大核心内容的产业聚集区，并按照创新、协调、绿色、开放、共享五大发展理念，持续集聚特色产业的创新创业发展平台。具体而言，特色小镇的形成主要有三种：第一种是自然形成的特色小镇，通常会以旅游业为主，如凤凰古城、江西婺源；第二种是通过媒介宣传形成的特色小镇，如因娱乐节目《爸爸去哪儿》而出名的雪乡；第三种则是由政府应上级要求、为了经济发展，打造的具有政策性的特色小镇，如常州的石墨烯小镇、徐州的沙集电商小镇等。

白明：要因地制宜突出特点，靠山吃山，靠水吃水，建设特色小镇，就应该根据当地人口结构、周边产业、交通物流条件、政策环境等方面进行规划建设。在这样的情况下，我们建设出的这种特色小镇，就能够更加接地气，就能够更加为人所接受，那就更有特点。

特色小镇必须有产业支撑

记者：有专家表示，在特色小镇的创建中，要防止房地产开发过多、过滥，形成"假小镇、真地产"，改变特色小镇的本质与特征，扰乱特色小镇的建设方向。对此，您是怎么看的？

胡敏：这个提法和这种担忧是很有道理的。从目前一些地方已经推进的过程看，就明显存在新的"圈地运动"，不少地方或企业把发展特色小镇看成新一轮开发房地产的历史机遇，又按照20世纪90年代搞开发区的思维和路径来开发特色小镇。其实，按照我国现阶段经济社会发展特征看，单一"圈地思维"已经失去了发展空间，没有产业支撑的小城镇开发建设必然误入歧途，重蹈历史覆辙。不仅地方财政没有可能支持，社会资本投资也难以跟进，"画图经济"搞特色小镇是没有前途的。事实上，发展特色小镇，首先要做的基础性工作非常多，比如，农村结余土地和基础道路的整治、公共服务体系的构建、乡风民情的重塑、基本治理框架的构建、地方文化脉络的梳理，等等。不从这些基础做起，马上就搞大的规划，马上就搞招商引资，"巢"还没有筑好哪能引来"凤凰"栖息呢？

宋清辉：我国特色小镇在历史沉淀、挖掘和产业创新等方面还不充分，在产业技术方面也不够成熟，这方面还需要不断提升。不同形式的特色小镇具有不同的优劣势。例如，全国到处都在发展农家乐，让大家追走地鸡、住民宿，那么特色便荡然无存。而且这类活动场所多了，各地也没有什么差异，去往这些地方的游客也会越来越少，所以这类特色小镇的发展需要限量。

白明： 现在，我们看到一些地方，就是这个拿特色小镇作为概念发展房地产。我们的特色小镇并不是说就不用包装了，实际上，特色小镇不能只发展房地产。当然，特色小镇如果说没有房地产这样的产业也是不现实的，毕竟这也需要一些基础设施，如居住设施的建设等。但是，特色小镇建设还必须有产业来支撑，这一点至关重要；另外，也要与房地产相协调，特色小镇发展建设要与房地产良性互动。

"特色" 才是创建小镇的核心元素

记者： 四部委出台进一步规范特色小镇的有关文件，特色小镇建设是否会降温？未来，特色小镇之路该怎么走？

胡敏： 立足产业"特而强"、功能"聚而合"、形态"小而美"、机制"新而活"这12个字讲得好，讲出了建设特色小镇的内涵和精髓，但落实起来并不容易。这里要解决的主要问题就是要"跳出特色小镇看特色小镇"。从目前我国乡村小镇来看，仅仅靠自身建设难度相当大。党的十九大报告提出要建立健全城乡融合发展体制机制和政策体系，这才是发展特色小镇的关键所在，没有城乡融合发展，在城乡"融合"上做足文章，就会一哄而起，到头来也必然是"昙花一现"。那么如何融合，就是前面讲到的，必须从更高层面，从一个省一个县，甚至是一个区域的高度加强规划和顶层设计，必须从建设产业链条和城镇发展链条考量，就比如现在我们发展地方旅游，为什么强调要搞全域旅游，就是这个思路，要站得高，才能落得实，必须有大思维、整体思维、全局思维，否则还是在搞"小农经济"，搞得太多，不仅会劳民伤财，还会与农村现代化建设背道而驰。

宋清辉： 当前，特色小镇大热，但同质化严重，例如，互相重叠、一窝蜂、交叉、重复等，特色小镇亟须降温。与此同时，还要防止特色小镇房地产化。特色小镇不是有些地方政府所理解的那样简单盖房子，一旦其房地产化就会背离初衷，甚至会拉升土地成本，给特色小镇带来库存。作为中国特色城镇化进程中的重要组成部分，创建特色小镇重在科学规划和系统安排，即需要对核心产业、特色文化定位、长远生态保护等进行科学规划、系统安排。与此同时，还要做到市场主体不缺位、政府引导不越位，真正实现科学规划，坚决摒弃政府传统的大包大揽的思维。更重要的是，还要建立完善特色小镇考核和退出机制，对设计规划和选址不适合的小镇，要制订退出名单。总而言之，"特色"是创建小镇的核心元素，没有"特色"的特色小镇不是真正的特色小镇。

白明： 特色小镇实际上发展的时间并不是很长，出了一些问题我觉得也是很正常的，那么在这种情况下，如果方向走偏了，我们要及时纠正；如果带来生态环境的破坏，就要坚决制止；如果带来耕地资源浪费，也要坚决制止。

2017 中国经济：更显新常态特征更具新时代韧性[*]

近日，国家统计局公布了 2017 年全年国民经济运行成绩，亮眼的经济引发国内外的广泛好评。国内生产总值再上一个新台阶，超过 82 万亿元人民币，经济增长超出 2017 年初 6.5% 的预期目标，高出 0.4 个百分点，超过 2016 年 0.2 个百分点，实现近 7 年来经济增长的首次上行。

不仅是经济总量数据让人振奋，一系列经济结构指标也表现可喜，对 2017 年国民经济运行的表现用"稳中有进、稳中向好、稳中向优"的描述恰如其分。根据国家统计局公开的数据可以概括为：中国经济，更显新常态特征，更具新时代韧性。

我们说，中国经济"更显新常态特征"，在于——

党的十八大以来，党中央综合分析国内外经济形势，立足大局、把握规律，作出我国经济进入新常态的重大判断，就是我国经济增速进入换挡期、经济结构进入优化期、增长动力进入转换期，产业结构、需求结构、要素结构都开始出现历史性变革。经过几年的努力，中国经济下行态势基本得到遏制，市场供求关系得到修复，经济增长潜能开始释放。

首先，从经济增速来看，与过去一些年份的两位数增长相比，尽管近些年增速有所下行，但从 2016 年、2017 年经济运行来看，显然进入了缓中趋稳的增长区间。中国经济总量在世界经济版图中已经是一个"大块头"。2017 年，我国经济总量相当于 12 万亿美元，过去一年的经济增量超过 8 万亿元人民币，相当于 2016 年排在全球第 14 位国家的经济总量。中国经济成为世界经济增长的稳定器和压舱石，近几年对世界经济增长的贡献率都在 30% 以上。更重要的是，在新发展理念的引领下，中国经济不需要再追求数量的增长，在确保稳增长的前提下，实现的是经济增长内在素质的提质增效。中国经济由规模数量型增长转入质量效益型增长是我们多年来追求的目标，现在基本进入了"平速提质"新阶段。

---

*　本文原载光明网 2018 年 2 月 7 日。

其次，从经济结构来看，随着这两年深入推进供给侧结构性改革，着力破解发展难题，厚植发展优势，基本实现了供需动态平衡。从需求端看，最终消费支出对经济增长的贡献率达到58.8%，经济增长已经从主要依靠投资拉动转为投资和消费共同拉动；民间投资开始出现恢复性增长；随着国际经济回暖和我国进出口贸易转型发展，2017年进出口增长也超过了两位数，经济发展从过去主要由出口拉动转为出口、进口共同拉动。从供给端看，三次产业比例更加协调，2017年服务业增加值占GDP比重为51.6%，对经济增长贡献率为58.8%，服务业已经成为经济增长的主要拉动力；2017年我国规模以上工业企业增加值、利润增长都实现了大幅提升，生产要素资源进一步向优势领域集中。此外，经济增长吸纳的就业量、单位GDP能耗、国际收支平衡都取得了不菲的成效。

最后，从动力转换看，新旧动能接续转换成效日渐明显。不仅表现在战略性新兴产业、高技术产业、装备制造业增加值增长都在10%以上，也表现在新经济、新业态、新模式、新产品层出不穷，网络经济、分享经济、数字经济、平台经济等已成为我国经济发展的新引擎，成为展示我国经济发展后劲的"最大亮点"。

我们说，中国经济"更具新时代韧性"，在于——

党的十九大作出的一个重大判断是，我国经济已由高速增长阶段转向高质量发展阶段，这从2017年经济运行结果来说，也是实事求是的。最直接的表现就是中国经济的韧性和活力得到了充分体现。

尽管当前国内国际形势依旧复杂，尤其是针对国际层面上，在全球宏观政策拐点出现，贸易保护主义抬头、地缘政治冲突加剧、"逆全球化"思潮泛滥、经济金融风险不断的态势下，我们能够始终坚持以人民为中心的发展思想，坚持问题导向部署经济发展新战略，坚持正确的工作策略和方法，坚持稳中求进的工作总基调，保持战略定力和底线思维，着力于把自己的事情办好。

过去一年，在宏观调控上，我们综合运用各种政策工具，实施相机调控、区间调控、定向调控，政策工具施放有度，更加娴熟；面对国内经济发展中的主要矛盾，我们适应和引领经济新常态，深入推进供给侧结构性改革，突出抓重点、补短板、强弱项，市场空间更加开阔。比如，在去产能和去库存上，我们的目标是从化解一些行业过剩产能入手、从调控区域间房地产供求不平衡入手，着力优化存量资源配置，扩大优质增量供给；在去杠杆和降成本上，我们按照市场化、法治化手段，综合运用经济手段，降低企业主体税费负担、打通各个环节梗阻，有效化解经济风险；在补短板上，我们加快基础设施建设和增强公共服务能力，为微观主体提供更便利化、更有效的营商环境，区域经济互补互动协作发展也有了更大空间。

正是依靠一系列改革创新，经济潜力得到充分释放，创新创业活力得到显著增强，开放性经济得到更大提升，体制机制的改革动力得以激发。总体来看，实现经济发展的质量变革、效率变革和动力变革，正成为当下中国经济发展进入新时代的基本取向和基本特征，充分彰显了新时代中国经济发展的韧性和活力。

当然，在看到 2017 年取得的来之不易的成绩的同时，我们也要清醒看到，进入 2018 年，依然是转变发展方式、优化经济结构、转换增长动力的攻关期，我们还必须跨越防范化解重大风险、推进精准扶贫、防止污染的各个关口。我们还要时刻警惕伴生其间可能会随时出现的"黑天鹅""灰犀牛"的冲击。因此，转变经济发展的长期性一点不轻松，优化经济结构的艰巨性一点不容易，转换增长动力的复杂性一点不简单，我们必须保持坚定跨越关口的紧迫感和责任感，着力改革、推动创新、守住底线，牢牢抓住高质量发展这个根本要求，向着建设现代化经济体系这个战略目标稳扎稳打，坚持不懈。

高质量发展：布局着力点
探寻新动能*

近日，全国 31 个省份陆续公布了 2017 年的经济数据，"高质量发展"成为地方发展目标的热词和近期各省两会上的高频词。站在总结 2017 年的时间点上，如何看 2018 年的高质量发展？支持经济高质量发展的新动能会出现在哪些方面？防风险该抓哪些"牛鼻子"？在基础性关键领域有哪些改革值得期待？

嘉　宾：
白彦锋　中央财经大学财政税务学院院长
夏　锋　中国（海南）改革发展研究院副院长
胡　敏　国家行政学院研究员

转向高质量发展将更加紧扣我国社会主要矛盾变化

中国经济时报： 站在总结 2017 年的时间点上，不由得便会展望 2018 年。在中国经济增速反弹的情况下，怎么看 2018 年的高质量发展？

白彦锋： 新时代我国转向高质量发展是量变到质变客观规律的体现。

首先，新时代高质量发展将防范化解重大风险放在第一位。现代化经济体系关联性、系统性都很强，牵一发而动全身，重大风险的"飓风"往往起于青萍之末。我们作为发展中国家，必须发挥好后发优势，居安思危，深刻汲取西方发达经济体经济危机、金融危机的惨痛教训。为此，新时代的高质量发展就不能"为了增长而增长"，更不能"为了增长加杠杆也在所不顾""为了增长累积重大风险也在所不惜"。一句话，高质量发展就是要跳出过去的"唯增长论"。其次，新时代高质量发展更加强调精准扶贫和污染防治。这既是为了全面实现小康、不断提高人民群众的生活质量，又是为了满足人民群众不断增长的对美好生活的需要，与党的十八大提出的"物质建设、精神建设、文化建设、社会建设、生态文

---

* 本文原载《中国经济时报》2018 年 2 月 7 日，记者：赵姗。

明建设"的"五位一体"发展理念是一以贯之、高度契合的。

　　具体来看，第一，这种转变是我国经济发展由量变向质变的必然要求和客观规律。高质量发展的突出表现就是，在我国 2017 年 GDP 规模已经突破 80 万亿元人民币的基础上，我国社会经济发展的重点任务已经由"做大蛋糕"转向了更加追求经济增长的质量和效益，由规模扩张转向了内涵发展。也就是说，我国当前经济高质量发展是以雄厚 GDP 存量为基础和前提的。第二，受我国环境总量的约束，单纯的规模扩张必然带来生态瓶颈和环境问题。因此，我国经济高质量发展的重要标志就是，我国追求的 GDP 更多转向了绿色协调发展。2018 年我国开征环境保护税就是我国高质量发展和绿色协调发展的重要信号。

　　夏锋：转向高质量发展将更加紧扣我国社会主要矛盾变化。党的十九大对社会主要矛盾变化作出的新判断是我国转向高质量发展的基本导向。例如，随着城乡居民收入水平的提升、消费结构的升级，生存型消费比重不断降低，我国城乡居民恩格尔系数 1978 年分别是 57.5% 和 67.7%，到 2016 年分别下降到 29.3% 和 32.2%；2017 年，全国居民恩格尔系数整体降低到 29.3%，达到联合国粮农组织划定的富足标准。随之而来的是，广大社会成员对教育、医疗、健康、养老、文化等公共需求全面快速增长，成为人民日益增长的美好生活需要。但基本公共产品供给不足、服务水平低的矛盾日益突出，这不仅是新阶段经济矛盾的重要表现，也是新阶段社会矛盾的聚焦点。2018 年，转向高质量发展将更加注重提高保障和改善民生水平，针对人民群众关心的问题精准施策，继续解决好"看病难、看病贵"等问题，鼓励社会资金进入养老、医疗等领域，通过多元化供给方式解决广大社会成员基本公共服务需求，使城乡居民从高质量发展中得到更多实实在在的好处。

　　胡敏：2017 年国际经济实现复苏，有迹象表明世界经济可望进入新一轮增长周期；国内经济在下行通道中开始触底反弹，经济增长质量和效益实现明显好转，这都为我们推进高质量发展创造了客观条件、物质基础和改革环境，有利于我们集中精力打赢"三大攻坚战"，跨越转变发展方式、优化经济结构、转换增长动力的攻关期。但我们必须保持头脑清醒，实现高质量发展是一项复杂的系统工程，不会一蹴而就，要有久久为功的韧劲。

　　我认为，当前推进高质量发展必须要跳出传统经济发展的"路径依赖"，防止出现新的思维误区。

　　一是防止把"高质量发展"只挂在口头，把"高质量发展"作为一个新筐，什么都往里装。目前不同地区、不同行业发展基础尚有不同，还有不少需要破解的改革发展难题，要为实现高质量发展做好基础性工作，只有基础打扎实了，才能推进更高水平、更高质量的经济发展。

　　二是防止失去目标牵引，经济工作没有了施力方向和工作着力点。尽管我们不再追求以 GDP 挂帅，要形成围绕高质量发展新的指标体系和政绩考核体系，但这也需要一个过程。所以，各个地区各个行业要因地制宜、把握重点、平衡施策，要确保经济发展速度、质量和效益的统一，要统筹推进改革发展，稳定各个环节，关键是要加快创建和完善推进高质量发展的制度环境。

三是防止搞"一刀切"。当前经济工作的着力点还是坚定推进供给侧结构性改革，各地区要把适应引领经济新常态、推动高质量发展和建设现代化经济体系有机统一起来，这三个方面是一脉相承、环环相扣的，不是顾此失彼的关系，政府层面要夯实简政放权取得的既有成果，进一步为激发微观主体活力创造良好市场环境，做到既有紧迫感和责任感，又能蹄疾步稳，一步一个脚印地向前推进。

新动能加快涌现并不断增强，潜在动能蓄势待发

中国经济时报：新动能正在成为保持经济中高速增长、迈向中高端水平的重要支撑。2018 年支持经济高质量发展的新动能会出现在哪些方面？

胡敏：这几年我国经济发展保持稳健前行，一个重要因素是新动能对经济支撑的作用明显增强，一大批新技术、新产品、新产业、新业态蓬勃发展，极大地激活了全社会的活力和创造力，这也是实现经济高质量发展的重要动力。在 2018 年国内外环境改善的条件下，可以预计，以新经济为代表的经济新动能还会成为我国经济结构优化、发展方式转变和新旧动能接续转换的持续亮点。就目前来看，新动能可能会在三个方面演进：一是以移动互联技术为代表的数字经济将在更大范围、更高层次、更宽领域加快发展，一批新产品、新技术、新业态发展会如火如荼，生产要素会加快向新经济领域集中。二是互联网、大数据、人工智能等会与传统制造、传统流通领域深度融合，装备制造业、生产型服务业、交通运输业等产业转型升级力度会进一步加快，生产服务效率会大为提升。三是与人民群众生活需要紧密相连的生活服务领域，如教育、医疗、健康、出行、购物、娱乐、餐饮配送、物业管理等会有更多的新方式推出，不仅将改变日常生活方式和生活理念，也会不断提升生活质量和效率。

夏锋：我国正处在第四次工业革命与产业变革的历史交汇期，也是新旧动能转换的关键时期。支撑我国高质量发展的新动能正在加快涌现并不断增强，潜在动能正蓄势待发。2018 年，增强新动能、释放潜在动能，关键在于加快推动经济发展质量变革、效率变革、动力变革。我认为，支持我国经济高质量发展的新动能至少有三个领域。

一是消费尤其是新消费对经济发展的基础性作用将进一步增强。2017 年，最终消费支出对国内生产总值增长的贡献率为 58.8%，高于资本形成总额 26.7 个百分点。更为重要的是，健康消费、信息消费、绿色消费、体验消费、共享消

费等新消费需求和消费模式不断涌现，为高质量发展提供了重要动力。以信息消费为例，根据工信部数据，2017 年我国信息消费规模达到 4.5 万亿元，占最终消费支出的比重达 10%。未来随着互联网等移动信息技术的升级，信息消费将呈爆发式增长趋势，由此进一步增强消费对经济增长的主动力作用。

二是乡村振兴、城乡融合将释放农村最大潜力和后劲。城乡发展的不平衡、农业农村发展不充分是我国社会主要矛盾的突出表现。党的十九大和中央农村工作会议把实施乡村振兴战略提到前所未有的高度。2018 年，推动农业高质量发展，将为农业农村现代化进程注入强大动能，为农业投资提供广阔空间。根据《全国农业现代化规划（2016—2020 年）》，全国每年公共财政用于农林水事务的支出就将达到 1.73 万亿元以上，"十三五"时期将累计超过 8.65 万亿元。

三是数字经济将成为推动高质量发展的最大亮点。近 5 年来，全球数字经济呈爆发式增长，世界主要国家把大力发展数字经济作为实现创新发展的重要动能。从我国情况看，依托我国巨大消费市场、应用市场和迅速崛起的研发力量，数字经济正加快融入生产、生活中，我国网络购物、移动支付、共享经济等数字经济新业态、新模式蓬勃发展，走在了世界前列。2016 年，我国数字经济规模总量达 22.58 万亿元，跃居全球第二位。2018 年，我国将与主要发达国家处在一条起跑线上开展数字经济的竞争。随着人工智能、5G 商用、云计算等信息服务的加快发展，数字经济将为我国经济转型升级与经济增长带来巨大动力。

实现高质量发展要破除财政体制当中的"老问题"

中国经济时报：中央经济工作会议把防控金融风险作为防范化解重大风险的重点，防风险该抓哪些"牛鼻子"？

白彦锋：实现高质量发展要求我们破除财政体制中的"老问题"。

中央经济工作会议确定了风险防控战、脱贫攻坚战和蓝天保卫战"三大攻坚战"，首要的就是风险防控战。就财政工作来看，则包括规范 PPP 和管控地方债，而地方债问题既要控制好增量又要化解好存量。在财政投融资问题上，地方财政与政府之间有着高度契合性。一些地方债"怪相"都反映出我国财政体制，特别是地方财政体制当中面临的深层次问题，地方政府在经济发展当中承担无限责任，继而将这种无限责任向上级政府、中央政府链条式转移，使得地方债务风险系统化、放大化。

当然，在地方债管理问题上也不能搞"一刀切"。我国经济发展基础较好的一些地区，特别是中东部经济发达地区，地方债几年之内就可以化解，对于这些问题既不能笼而统之，也不能大而统之。但是必须看到，我国系统性重大风险的根源是滋生风险的体制和机制。

首先，就是要像打破微观经济主体关于地方债券、理财产品“只盈不亏”“刚性兑付”的幻觉一样，打破政府财政对企业的“预算软约束”，打破中央财政对地方财政的“预算软约束”。只有居民、企业、地方政府等各个市场主体都切实承担起自身应当承担的风险，系统性风险的根源才能彻底破除。如果我们破解了这种风险滋生的体制机制，就能打赢这场风险防控战。

其次，在这场风险防控战当中，地方政府部门必须将自己“摆进去”，当系统性风险爆发的时候，政府部门与其他社会部门之间不存在一堵攻不破的防火墙。政府部门不是高高在上的风险监控者，本身就是息息相关的利益相关者。我们说“政府与社会资本合作”，两者之间是平等的“公私合作伙伴关系”（partner ship）。国际交往当中，合作伙伴强调级别对等。政府与社会资本合作、政府购买公共服务也是一样。政府部门有着天然的优势，必须摆正自己的位置，既不能居高临下，也不能被社会资本牵着鼻子走。摆正了自己的位置，就能防止政府部门“越位”，不做“越位”的事情才能有更多的时间和精力做补足“缺位”的事情。在与社会资本合作的过程中，政府部门洁身自好，防范系统性债务风险的篱笆墙才能真正筑成“防火墙”，才能真正实现我国社会经济的高质量发展。

夏锋：重要的是继续防范金融“脱实向虚”的风险。金融与实体经济失衡成为制约我国实体经济发展和转型升级的重要因素，也是金融高风险的重要原因。例如，中小企业已经成为我国经济发展和带动就业的主力军，但中小企业融资难、融资贵的问题仍十分突出。《2017 中小企业融资发展白皮书》显示，98%的中小企业主要问题仍然是融资难、融资贵，缺少创新型的供应链金融服务的支持。党的十九大报告提出“现代金融”的概念，并强调着力加快建设实体经济、科技创新、现代金融、人力资源协同发展的产业体系。2018 年，防范风险尤其是金融风险的“牛鼻子”，就是要把服务实体经济作为根本目的，把深化金融改革作为根本动力，使金融回归服务实体经济发展的“初心”，切实降低实体经济融资成本，实现金融服务与实体经济的深度融合。

胡敏：党的十九大把防范化解重大风险作为决胜全面建成小康社会“三大攻坚战”的首要战役。金融风险是当前最突出的重大风险之一，是输不起的战役。当前的着力点在于：一是要竭尽全力降低企业杠杆率，加大对“僵尸企业”的处置力度，还要有效防控银行不良资产，增加银行的拨备水平和偿付能力；要切实摸清地方债务特别是隐性债务底数，加大地方政府领导的责任担当，不能让地方债务进一步增加；要建立完善房地产长效机制，切实降低居民抵押贷款杠杆率，制定应对养老金潜在缺口的预案。二是要坚决打击各种形式的违法违规金融活动。当前，在互联网金融、商业保险、企业融资领域还存在一些变着花样的非法集资、股权融资和变相吸储的行为，已经给群众生活带来了侵害，必须加大力度进行清理。三是监管部门要真正担负起责任，实现所有金融活动和类金融活动的监管全覆盖和无例外。监管部门、行业主管部门和地方政府要协力消除各类风险隐患和空白点，本着对党和人民负责的精神，创新工作思路，开正门、堵邪道，坚决铲除各种产生金融风险的土壤。

基础性关键领域的改革值得期待

中国经济时报：2018 年，在基础性关键领域有哪些改革值得期待？

夏锋：我认为，基础性关键领域的改革至少有三项。

第一，农村改革将动真格。2018 年中央一号文件继续锁定农村。其中的农业农村改革创新是核心。例如，在完善农村承包地"三权分置"的基础上，提出了探索宅基地所有权、资格权、使用权的"三权分置"；适度放活宅基地和农民房屋使用权，农民将由此获得更多的财产权利和财产性收入。

第二，产权制度改革将动真格。严格的产权保护是振兴实体经济的最大激励。2018 年，深化产权制度改革，重要的是实现不同所有制经济产权平等保护，支持各种所有制经济依法、公平地参与市场竞争，同等受到法律保护，稳定企业家预期，激发社会资本的活力，释放企业家创新、创业的激情。

第三，以混合所有制为重点、以国有资本做强做优做大为目标的国资国企改革将动真格。党的十九大要求"深化国有企业改革，发展混合所有制经济，培育具有全球竞争力的世界一流企业"。混合所有制改革是新阶段国有企业改革的重头戏。2018 年，要下决心放开、放活大量处于竞争领域的国有企业和垄断行业的竞争性业务，持续向社会资本推出一批重大项目，引导和鼓励扩大社会资本参与，在发展混合所有制结构中给民间投资提供市场空间。

胡敏：2018 年是改革开放 40 周年，我们要以此为契机，进一步解放思想，以更大的力度和勇气将改革进行到底。经济体制改革的核心问题依然是处理好政府与市场的关系，市场和政府的作用都要更好发挥，不能顾此失彼。我们期待的新一轮全面深化改革，一是要利用政府换届的契机，坚决转变政府职能，推进"放管服"改革，推进简政减税减费，切实降低制度性交易成本，为微观主体有活力创造更加友好的营商环境。二是要加快科技体制改革包括自然科学、社会科学领域的改革力度，坚决破除制约人才智慧发挥和合理流动的体制机制障碍，真正释放知识分子的创造力。三是要加大力度推进社会公共服务领域的改革，目前在满足群众社会公共服务需要的方面还有诸多短板，尤其是城乡社区管理还有很大的欠账，矛盾问题也很多，许多问题流于形式得不到解决方案。四是要有更大勇气加大干部制度改革，既要激发广大干部干事创业的能动性和积极性，又要健全容错纠错机制，让出于公心、踏实肯干的干部得到鼓励、得到任用、得到舞台、得到公正评价。

1月物价水平低位徘徊
CPI "1时代"还将多久？*

　　2018年2月9日，国家统计局例行发布主要物价指数，1月份全国居民消费价格指数（CPI）和工业生产者出厂价格指数（PPI）均延续2017年末回落态势。数据显示，2018年1月份CPI环比上涨0.6%，同比上涨1.5%，但比2017年12月份增幅回落0.3个百分点；PPI环比上涨0.3%，同比上涨4.3%，比2017年12月份回落0.5个百分点。两个主要物价观测数据并没有超出业界预期。

支撑物价涨落的主要因素尚未改变

　　从国家统计局给出的结构性数据可以看出，2018年1月份CPI、PPI增幅均有所回落，体现出跨年的明显季节性特征，支撑物价走势的经济基本面保持稳定，结构性因素大的运行态势并没有改变。

　　从CPI同比来看，因为2017年初物价基数较高，并扣除2017年价格变动的翘尾影响，在2018年1月份1.5%的CPI同比涨幅中，新涨价影响只占60%。其中，受2017年同期对比基数较高的影响，鲜菜和猪肉价格分别下降5.8%和10.6%，合计影响CPI下降约0.46个百分点。但从环比看，2018年CPI能够保持小幅上涨，也因跨年处于寒冷的冬季，食品价格上涨了2.2%，影响CPI上涨约0.42个百分点。特别是受大范围雨雪天气影响，2018年全国鲜菜价格上涨9.5%，影响CPI上涨约0.23个百分点；鲜果、水产品和猪肉价格分别上涨5.7%、2.8%和0.7%，合计影响CPI上涨约0.17个百分点。但相较2017年冬季，食品价格的涨幅还是有所回落。

　　而影响CPI的非食品价格上涨因素依然是医疗保健、居住类价格。从统计类可观察的其他七大类价格指标看，同比均继续保持上涨态势。其中，医疗保健、居住类价格分别在2018年上涨6.2%、2.7%；七大类价格的环比涨势为六涨一降。衣着类价格呈小幅下降。这与2017年整个一年的单月价格结构性指标走势

---

　　* 本文原载中新经纬APP2018年2月9日。

基本保持一致。

这一方面说明，目前影响 CPI 指标涨落的依然是肉类、蔬菜等食品价格。在农业种植和丰产情况基本保持稳定的情况下，只要核心 CPI 涨势基本稳定，整个 CPI 走势不会有大的起落，说明经济基本面是稳定的。另一方面说明，生活服务类价格逐步上涨是基本趋势，但这一上涨态势基本可控，不会很快助推 CPI 快速上行。

从 PPI 看，2017 年初上游段生产资料类价格上涨加快，因此，2018 年 1 月份 4.3% 的 PPI 同比涨幅中，2017 年价格变动的翘尾影响约为 4.0 个百分点，新涨价影响只有约 0.3 个百分点。由于主要受 2017 年同期对比基数较高影响，从同比看，2018 年 1 月份的 PPI 涨幅比上月回落了 0.6 个百分点。由于供给侧结构性改革逐渐见效，上游段去产能与企业重组步伐加快，经过 2017 年近一年的结构调整，上游段生产资料价格快速上涨的态势基本过去，从 2017 年三四季度开始，涨势也基本趋于稳定。从 2018 年 1 月份来看，影响 PPI 上行的主要行业如黑色金属冶炼和压延加工业、石油和天然气开采业、化学原料和化学制品制造业等四大行业虽然有惯性上涨，但涨势均明显回落，反映到 PPI 同比涨幅即呈现继续回落，这四大行业的环比小幅上行也与总体走势一致。

总体来看，2018 年的 PPI 继续上涨态势基本遏制，将处于低位徘徊，不会再出现前一两年较快上涨的情况。

物价走势基本平稳　告别"1 时代"尚需努力

从单月看新一年全年的物价演变，目前当然还需要后续观察。不过，从 2017 年末召开的中央经济工作会议确定的 2017 年工作主基调强调稳中求进的原则来看，2017 年物价目标依然不会出现大的改变。我们已经连续几年在两会政府工作报告中确立的物价指标是 3% 左右，而这两年实际上都在 2% 以下，物价还处于"1 时代"，属于比较明显的通缩状态。

根据 2017 年的中央经济工作会议精神，2018 年的主要经济工作重点是继续深化供给侧结构性改革，着力打好"三大攻坚战"。这说明，2018 年依然是经济结构调整和发展方式转变的关键一年，经济需要保持平稳运行，反映到价格运行上不期望有大起大落，可以预见 2018 年全年物价总体上应当保持在 1%~2% 的水平，不会有大的出入。但影响我国未来物价走势的一些不确定性因素则需要认真关注。

一是来自国际因素。2017 年世界经济逐步回暖，尤其是美国加息、缩表、减税等因素，会助推美国经济进入微幅通胀时代，大宗商品价格、石油价格等将会有较大的波动。美联储加息政策会影响物价走势，也进而会传导到我国，影响我国的利率政策，利率的变化多少会对物价上行产生正激励。

二是国内供给侧结构性改革的因素。2016~2018年，我国加大过剩产能的压缩力度、清理污染性行业过剩产能，产生了不小成效，也引致上游段生产资料价格上涨，带来PPI上行，但PPI向CPI传导需要一个过程，在去产能周期过后，PPI不会出现上升态势，这使得未来CPI上行虽存在客观空间，但影响幅度将大为缓减。另外，在我国总体产能尚处于供过于求状态下，2018年CPI应当不会大幅上涨。更主要的是，目前居民收入增长虽然快于GDP增长，但在收入分配制度、社会保障制度还没有根本改变的情况下，消费市场活跃度必然受到牵制，这将基本制约CPI快速上涨。

现在还不好预期2018年农业生产情况，我们可以判断农产品价格存在季节性波动，在关键时点CPI或许有小的起伏，但总趋势依然会比较平稳。另外，虽然城镇居民服务类价格保持缓步上升态势，但其权重对CPI上行并不构成主要因素。

所以，2018年的物价总体水平保持平稳是可以基本预期的。保持物价稳定对深化经济结构调整是难得的时间机遇，宏观政策部门应当好好把握，集中精力着力于推进经济实现高质量发展。

辩证看待人口 出生率问题[*]

党的十九大报告指出，要加强人口发展战略研究，促进生育政策和相关经济社会政策配套衔接。这就为未来一个时期我国调整人口再生产类型提供了基本思路，其中包含人口政策调整、社会福利制度改革、养老金保障体系改革、就业政策和职业培训计划改革等。

国家统计局公布的数据显示，2017 年，我国全年出生人口 1723 万人，出生人口同比减少 63 万人；人口出生率约为 12‰，同比回落 0.52‰，出现了出生人口和人口出生率的"双降"，而这是我国实行"全面二孩"政策的第二年。坊间对这一问题发表了诸多文章表示担忧。官方人士给出的说明是：根据全国人口变动抽样调查数据推算，2017 年我国出生人口虽比 2016 年小幅减少，但明显高于"十二五"时期年均出生 1644 万人的水平，与上个五年相比，年均净增了约 100 万人，这是 2000 年以来历史的第二高值，显现了"全面二孩"政策的效果。

这"两降一增"的背后，究竟说明了什么问题？我国人口出生率的变化对未来经济社会将会带来怎样的影响？

客观看待当前我国人口出生的"增降"

人口问题是一个十分复杂的经济社会问题，直接关系到经济的可持续发展和社会的文明进步，党和政府一向高度重视。多年来，根据我国社会生产力发展水平、阶段性特征和资源承载力等匹配状况调整着人口再生产类型和国家的人口政策。总体来说，目前我国人口进入了一个平稳增长阶段。

从人口总量来看，以世界上在某一时刻的人口总和定义世界人口总数，根据联合国 2017 年的最新估计，世界人口已达 75 亿，而中国的人口数将近 14 亿，占世界总人口约 19%，世界每五个人中几乎就有一个中国人，中国还是一个人口大国。

---

[*] 本文原载《中国经济时报》2018 年 2 月 9 日。

从人口增长阶段来看，中华人民共和国成立以来，我国曾在20世纪50年代中叶、20世纪60年代和20世纪80年代出现过三次人口生育高峰，最高峰时的全国人口出生率曾达到36‰，是由当时总的人口基数较低和特定历史时期的政策波动带来的"婴儿潮"所致。由于当时人口过快增长与社会生产力发展不相适应，给人民生活水平带来了负面影响，政府及时调整人口政策，人口由无计划、自发的高增长进入了有计划、可控制的增长时期。特别是改革开放后，国家把实行计划生育、控制人口增长提高到战略高度，计划生育被确定为一项基本国策，控制人口增长取得成效。20世纪80年代到90年代初，我国人口出生率基本稳定在20‰左右，但每个时期的人口净增数仍是十分可观的。20世纪90年代至今，我国人口出生率开始较快回落，近年人口出生率已跌至12‰上下并基本保持平稳。

根据发达国家人口变迁的规律，人口再生产类型是与社会生产力发展的一定阶段相适应的人口出生率、死亡率和自然增长率三者相结合而形成的人口再生产的特征。随着社会经济的不断发展，人口的发展一般都要经历一个由高出生、高死亡、低自然增长的传统型人口再生产类型，发展到高出生、低死亡、高自然增长的过渡型，然后再向低出生、低死亡、低自然增长的现代型转化的过程。中华人民共和国成立后事实上也经历了这样一个过程。

但进入21世纪后，我国人口出生率呈下降态势，特别是与其伴生而来的人口结构性变化给我们敲响了警钟。从2017年的统计数据看，16~59周岁的劳动年龄人口占总人口比重约为65%，60周岁及以上人口占总人口比重为17%，其中65岁及以上占总人口比重为10.8%。联合国将"65岁以上老年人的比例超过7%"定义为"老龄化社会"，将"比例超过14%"定义为"老龄社会"。从老龄化社会过渡到老龄社会，法国用了126年，瑞典85年，英国46年，德国40年，日本24年，而我国不到20年。而从育龄妇女一生平均生育2.1个孩子的标准看，我国已经下降到1.6个左右。其中，2017年15~49岁育龄妇女人数比2016年减少400万，其中20~29岁生育旺盛期育龄妇女人数减少近600万，我国育龄妇女人数正呈逐年减少趋势，同时妇女初婚和初育年龄也在不断推迟。再从性别结构看，总人口性别比为104.81（以女性为100），男女比例失衡会成为未来中国社会的一个难题。

按照2015年公布的《中国统计年鉴（2016年）》预测，我国20~64岁劳动力与65岁及以上老人之比将从2015年的6.5下降到2030年的3.3、2050年的1.7、2100年的1.1。联合国人口计划署发布《2015年世界人口展望》则预计21世纪末中国人口数为6.13亿。中国人口占世界比例已由1900年的25.6%分别下降到1950年、1980年、2015年的21.8%、22.1%、18.7%。中国人口逐渐下降的这一趋势，势必给中国这样一个大国未来经济社会可持续发展带来深刻影响。

应认真评估人口变化的经济社会影响

从发达国家走过的路看，随着社会生产力发展、医疗卫生技术进步和社会福利保障措施的不断完善，人口出生率、人口死亡率和人口自然增长率几个重要人口经济观察指标都呈总体下降态势，但与此同时，一系列社会问题也显著暴露出来，成为许多国家非常棘手的公共政策难题。像现在的欧盟国家、俄罗斯、日本和一些东南亚国家都面临着人口出生率减少和严重的社会老龄化问题，已经严重制约了这些国家经济增长、国民收入的增加和社会的向前发展。

首先，养老保障跟进出现瓶颈。现在包括我国在内，大部分国家养老保障都是采用代际偿付的"现收现付制"，这是以同一个时期正在工作的一代人的缴费来支付已经退休的一代人的养老金支付模式。由于人口出生率下降和社会老龄化的趋势，在职人口与退休人口的比例将会失衡，由于资金积累能力差，从而导致抚养系数增大，"现收现付制"的收支失衡难以避免。人口老龄化导致的入不敷出的养老保险负担，不仅会导致劳动力成本上升，影响经济效率，还会使政府的财政不堪重负，结果将影响整个财税体系的正常运行，影响就业市场、房地产市场和社会基础设施的投资建设。

其次，社会人口迁徙可能伴生出一系列社会冲突。对单个社会来说，伴随人口出生率降低的态势，更多的人口会趋向大城市集中，带来城市拥挤和公共资源的短缺，给社会公共服务能力形成很大压力。上升到国别之间，移民问题就成为发达国家面临的挑战。目前，美国、欧盟等出现的"移民冲突"不仅给这些国家造成就业竞争、社会福利竞争，也造成民族矛盾和文明的冲突。

最后，人口结构的恶化产生社会困境。一方面，年轻人比重下降，老龄人比重上升，社会生产力、消费力、创造力和全社会活力大幅下滑，直接影响经济增长和消费投资的循环，社会也会趋于保守；另一方面，性别比例的失衡，既造成受过教育的育龄妇女更多地离开家庭投入工作，结婚和生育意愿不断下降，又会带来家庭观念变革、同性恋比重增加，进而根本颠覆传统社会伦理规则，这将会给国家经济增长带来诸多的负外部性。

这三个方面的问题目前在一些人口出生率和人口自然增长率持续降低的国家表现得十分明显，我国不得不未雨绸缪。

加强人口战略规划　扎实推进政策落实

应该说，2015年党的十八届五中全会决定全面实施一对夫妇可生育两个孩子政策后，近两年我国出生人口明显增加。全国人口变动抽样调查结果显示，

2016 年和 2017 年，我国出生人口分别为 1786 万人和 1723 万人，比"全面二孩"政策实施前的"十二五"时期年均出生人数分别多出 142 万人和 79 万人；出生率分别为 12.95‰和 12.43‰，与"十二五"时期相比，分别提高了 0.84 个和 0.32 个千分点。总的来看，"全面二孩"政策的实施，二孩出生人数的明显增加在很大程度上可以缓解一孩出生数量减少的影响，有利于改善人口年龄结构，促进人口均衡发展。

党的十九大报告指出，要加强人口发展战略研究，促进生育政策和相关经济社会政策配套衔接。这就为未来一个时期我国调整人口再生产类型提供了基本思路，其中包含着人口政策调整、社会福利制度改革、养老金保障体系改革、就业政策和职业培训计划改革等。比如，要加大统筹力度、加快步伐推进养老保险制度改革，平衡好代际支付关系；在财力许可的条件下，实施家庭生育鼓励政策，为育龄妇女延长产假福利、强化卫生保健和鼓励兼职，给两孩子女提供特殊补贴和相关服务免税等。

当下还有一个尤其要注意的问题，就是要通过灵活的财税金融手段，切实降低城市生活成本负担，在教育、医疗、住房、就业等方面增强社会公共服务均等化水平，让那些有意愿生二孩的家庭"想生生得起，也养得起"。

乡村振兴战略：高处着眼
细处着力[*]

2018 年 2 月 4 日，中共中央、国务院发布了《关于实施乡村振兴战略的意见》，这是 21 世纪以来党中央连续发出的第 15 个指导"三农"工作的"一号文件"。这 15 个中央"一号文件"都是聚焦"三农"工作的，足以证明党中央坚持把解决好"三农"问题作为全党工作的重中之重。

农业农村农民问题是关系国计民生的根本性问题。正是党中央多年持续加大强农惠农富农政策力度，我国农业农村发展取得了历史性成就、发生了历史性变革，广大农民获得了实实在在的收益，农民收入增幅连续几年高于城镇居民收入增幅，这为党和国家事业全面开创农村工作新局面提供了重要支撑。

2018 年"一号文件"聚焦实施乡村振兴战略，是我们党"三农"工作一系列方针政策的继承和发展，我们既需要从高处着眼，从进入新时代的高度充分认识实施乡村振兴战略的重大意义，也更需要从细节入手，着重解决好当前束缚农村生产力发展的各种障碍，加快补齐"三农"短板，夯实"三农"基础，让乡村尽快跟上国家发展步伐。

从高处着眼，就是要切实把握实施乡村振兴战略的现实意义

实施乡村振兴战略，不是仅仅对抓"三农"工作换了一个新说法。这是党的十九大作出的把农业农村优先发展作为现代化建设的一个重大决策部署和作出的顶层设计，是中国特色社会主义进入新时代做好"三农"工作的新旗帜和总抓手。它既与过去一些年我们推进农业现代化和社会主义新农村建设，全面深化农村改革，推进新型城镇化和特色小城镇建设，加快城乡一体化发展相衔接，也更是放在整个国家现代化发展大棋局中定位未来的中国农村发展。

党的十九大报告指出，我国社会主要矛盾已经转化为人民日益增长的美好生活需要和不平衡不充分的发展之间的矛盾，而解决好发展不平衡不充分问题，重

---

*　本文原载中青在线 2018 年 2 月 9 日。

点还是在农村。目前，我国农业现代化程度与发达国家相比还有不小差距，农村基础设施建设和农村社会公共服务水平还有不少短板，农民总体富裕程度还不够高，城乡差距、地域差距还比较大，依然有三千多万贫困人口需要脱贫。可以说，没有农业农村的现代化，就没有国家的现代化；没有乡村的振兴，就没有中华民族伟大复兴。

所以，党的十九大提出实施乡村振兴战略，作为推进国家现代化的七大战略之一，把抓好"三农"工作的重点放在振兴乡村，把农业农村优先发展作为现代化建设的一个重大原则，是顺应了广大农民对美好生活的向往，是解决好当前我国社会主要矛盾的必然要求，是实现全体人民共同富裕的必然要求。

从细处着力，就是要重点解决束缚农业生产力发展的各种障碍

2018 年的"一号文件"按照发展新理念，立足国情农情，协调推进农村经济、政治、文化、社会、生态文明建设和党的建设，从 12 个方面对实施乡村振兴战略的目标任务、基本原则、实施路径进行了全面部署，提出要以产业兴旺为重点，以生态宜居为关键，以乡风文明为保障，以治理有效为基础，以生活富裕为根本，以摆脱贫困为前提，明确了当前和今后一个时期实施乡村振兴战略的工作着力点。

实施好乡村振兴战略，重点要解决的还是"地、钱、人"的问题，这也是束缚农业生产力解放和发展的主要障碍。"一号文件"阐释得比较清晰，就是要把制度建设贯穿其中，一是以完善产权制度和要素市场化配置为重点，推进体制机制创新，进一步深化农村土地经营制度改革，强化乡村振兴的土地供给和制度性供给。二是解决钱从哪里来的问题，通过设计一系列政策，加快形成财政优先保障、金融重点倾斜、社会积极参与的多元投入格局，强化乡村振兴投入保障。三是加大力度破解农村人才瓶颈制约，把农村人力资本开发放在首要位置，汇聚全社会力量，营造现代农民是一个值得骄傲的职业，强化乡村振兴人才支撑。

乡村振兴的号角已经吹响，这既是一场攻坚战，更是一场持久战，我们需要认真贯彻落实习近平总书记"三农"思想，埋头苦干，久久为功，书写好新时代"三农"新篇章。

面对全球股市震荡：
信心会比黄金重要*

　　2018 年 2 月 4 日，中国进入农历立春节气，大地开始回暖，但节气在股市上常常预示着变盘。这一次变盘首先影响的是美国股市。2018 年 2 月 5 日，美国三大股指疯狂下跌千余点，2018 年 2 月 6 日进一步下倾。美国股指暴跌引发全球主要资本市场"崩盘式"回落。中国股市自然难以独善其身，连续 3 日也跟进式下跌。

　　世界股市到底遭遇到什么样的意外冲击？为何不期而遇飞出了新年世界经济的第一只"黑天鹅"呢？事发时，包括美国在内的西方政要或经济学者及时表态：各国经济基本面总体向好，2017 年世界经济普遍回暖，为 2018 年世界经济继续好转构成了支撑。美国非农数据、就业状况和主要经济指标维持良好增长态势也说明了这一点。

　　当然，也有许多分析认为，美国政府实施加息缩表减税、弱势美元政策，以及采取贸易保护和"逆全球化"，有可能加大这一年美国财政赤字，可预计的连续加息措施也将助推美国通胀，这是摆在新任美联储主席面前的难题，更是在考验特朗普政府的经济治理能力和政策决断力。不过这都要由未来经济走势来验证。无论是从眼下综合各方面因素的分析，还是 2018 年初中国一位知名金融专家分析得出的结论：美国股指涨得太高了，涨高了就该歇歇脚。从 2008 年金融危机爆发后至 2018 年，道琼斯工业指数从 6000 多点涨到了前期的 26000 多点，其他指数也是如此。一直没有回头的上行股指本身已经超出了经济面的基本估值，所有结构性指标不能给出继续上涨的理由，要么就是过度投机，要么就是股市泡沫被无端放大，就是股神巴菲特也难逃大势的逆转。

　　这样看，按照股市的基本逻辑，基本面决定股指的客观估值，此次源发于美国股市的暴跌，并不是什么"黑天鹅"现象，倒是遭遇了说来就来的"灰犀牛"冲击。

---

　　* 本文原载中新经纬 APP2018 年 2 月 12 日。

那么中国股市呢？三大股指在 2018 年 2 月 5 日、2018 年 2 月 6 日连续两日大幅下跌，因为"环球同此凉热"。在 2018 年 2 月 6 日西方政要连续表态之后，西方资本市场迎来一个强劲的反弹，可 2018 年 2 月 7 日并没有引来期许的反弹，当日中国三大股指除了创业板小幅反弹外，继续放量进入新一轮暴跌。

要说中国股市现在该不该跌？当然跌有着足够的理由。因为自 2017 年 5 月上证指数创下 3016 点年内新低后，就是一路碎步盘桓上行，到进入 2018 年 1 月末创下 3587 点的隔年新高，不到一年时间涨幅也在 500 多点，的确需要在一个时间节点上进行回调。此次美国股指暴跌就是这样一个恰当的时点，只不过回调力度之大之甚还是超出了预想。

而此次大幅回调给身在其中的广大中小投资者带来的是更大的创伤。在经历了 2015~2016 年中国股市的大起大落后，股市又进入了漫长的修复过程。这一两年上证指数基本沿着 3000 点下轨小幅上行，整个 2017 年是所谓的"50 指数"行情，仅有像贵州茅台、格力、美的、万科等少数大蓝筹大消费股一路上涨，像茅台股价一度冲击最高接近 800 元一股，市值翻了几番，成为众方评点的"茅台现象"，到底茅台值不值这个天价在此不议，这些股有业绩支撑倒是符合股市运行的基本规律。期间，由于供给侧结构性改革落地，去产能、去库存见效，煤炭、钢铁、有色等周期性股也有间歇性的上行表现，还有人工智能、数字经济等新经济股票或有资金的炒作，但纵观目前 3000 多家上市公司，大部分股价还是一再缩水，全年没有几次像样的涨幅。

我国开启股市正式交易所交易将近 30 年，其中经历了 1996 年、2007 年、2015 年 3 次大牛市，但紧随其后的就是 3 次大震荡。"牛短熊长"是中国股市显著的特征。应该说，经过近 30 年的艰苦探索，我国资本市场建设与发展已经取得不凡的成绩，为我国市场经济发展、推进资源优化配置、提升企业竞争力创造力发挥了不可替代的巨大作用。目前，包括主板、中小板、创业板、新三板以及区域性股权交易市场在内的我国多层次资本市场已经建成，规模、质量和效益不断提升。截至 2017 年末，我国沪深交易所上市公司接近 3500 家，总市值超过 56 万亿元，A 股市场已经成为全球第二大股票市场；全国中小企业股份转让系统挂牌公司约 1.2 万家；全年发行非金融类企业债券规模达 1.6 万亿元左右；大宗商品期货成交量多年位居世界前列。随着沪港通、深港通的开设，中国部分成份指数计入 MSCI，中国资本市场已开始成为世界资本市场发展中的重要一员。

完全有理由认为，资本市场作为现代市场经济的一项重要发明、实现经济金融资源有效配置的重要平台，在价格发现、风险分担、激励创新、服务实体经济等诸方面具有独特优势和重要价值。但必须清醒地看到，我国资本市场还有着大量的缺陷和短板。其中，上市公司信息披露机制尚不健全，对资本市场的监管、

IPO 询价机制、优秀上市公司的吸纳机制、劣质上市公司的退出机制等还有大量功课需要做。在严厉抨击一些上市公司欺诈违规行为的同时，证券监管部门也需要有更多的"扪心自问"，否则，投资者在信息严重不对称的情况下，不仅会连连踩上业绩"地雷"，市场也将会失去基本的融资功能和丧失资源有效配置的作用。投资者遭遇的不再是不期而遇的"黑天鹅"，而是难以避免的"灰犀牛"。

2018 年 2 月，监管部门启动"穿透式监管"，严查各种加杠杆、股权质押、嵌套式融资行为，对不少上市公司会产生釜底抽薪式的影响，在 2018 年国家把防范化解金融风险作为头等攻坚战要着力打赢的背景下，2018 年中国股市要有一个像样的走势可能并不现实。

不过，我们经过了立春，春天既然来了，我们期许经过大的结构性调整，中国股市的春天终会到来。还是那句话，信心会比黄金更可贵。

循着发展的逻辑——一个经济学人的时事观察（2016–2020）

春节生产淡季致 PMI 回落，
经济平稳增长态势并未改变*

　　2018 年 2 月 28 日，春节后的第一份经济运行数据亮相。国家统计局发布了由中国物流与采购联合会、国家统计局服务业调查中心联合制作的 2018 年 2 月份中国制造业采购经理指数 PMI 和非制造业商务活动指数，两个指数数据分别为 50.7% 和 54.4%，比 2018 年 1 月分别下降了 2.8 个和 0.9 个百分点。同时也发布了综合 PMI 产出指数为 52.9%，比 2018 年 1 月回落 1.7 个百分点，综合 PMI 产出指数是 2018 年的第二次发布（见图 1）。

　　从数据走势看，3 个指标虽比 1 月有小幅回落，也低于 2017 年同期，但仍运行在荣枯线的上方，表明 3 个指数继续运行在景气区间，预示着 2018 年开局，中国经济平稳增长的态势并未改变。

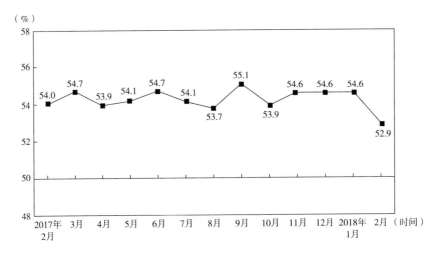

图 1　综合 PMI 产出指数（经季节调整）

资料来源：国家统计局。

---

　　* 本文原载中新经纬 APP2018 年 3 月 1 日。

PMI 变化的春节因素明显

PMI 一向有宏观经济变化的"晴雨表"之称。从 2018 年开始，国家统计局编制发布了综合 PMI 产出指数这一新指标。该指标采用国际上通行的编制方法，将制造业生产指数与非制造业商务活动指数进行加权求和，权重通过制造业和非制造业占 GDP 的比重计算得到。一方面，适应了我国经济结构正由工业主导向服务业主导加快转变，传统意义上的制造业和服务业之间的边界越来越模糊、相互融合发展日渐深入的基本态势；另一方面，综合 PMI 产出指数因为是与 GDP 增长同步指标关联性更强，可以更简单地监测当期国家或地区总体经济发展景气状况和周期变化的综合产出指标，能够明了地观测经济运行的大势。

2018 年 1 月份的综合 PMI 产出指数为 54.6%，2 月份的综合 PMI 产出指数为 52.9%，比 1 月回落 1.7 个百分点，但仍然高于 50% 的分界点，表明经济总体处于扩张状态。

2018 年 2 月份中国制造业采购经理指数 PMI 和非制造业商务活动指数 PMI 分别小幅回落并带动综合 PMI 产出指数回落，主要是因为 2018 年 2 月份迎来我国的传统新春佳节。春节休假因素直接影响了指数的回落。

制造业 PMI 指数依托新订单指数、生产指数、从业人员指数、供应商配送时间指数和原材料库存指数这 5 个扩散指数（或称分类指数）加权计算而成。5 个分类指数充分体现了 2018 年 2 月份制造业运行的变化情况。比如，2018 年 2 月份的生产指数为 50.7%，比 2018 年 1 月回落 2.8 个百分点，表明受春节假期因素影响，制造业生产增速有所放慢；而 2018 年 2 月份的制造业市场需求扩张放缓，致使新订单指数比上月回落 1.6 个百分点。而这两个分类指数均高于临界点，表明制造业景气指数仍延续 2017 年第四季度态势处于扩张区间，体现出当前我国企业生产经营活动总体继续保持平稳较快发展态势。

根据国家统计局数据，2018 年 2 月份的供应商配送时间指数为 48.4%，比 1 月下降 0.8 个百分点，位于临界点以下，这是受春节因素影响带来物流放缓，使得制造业原材料供应商交货时间放慢。不过值得注意的是，原材料库存指数为 49.3%，比 1 月回升了 0.5 个百分点，表明制造业主要原材料库存量降幅继续收窄。这反映了从 2017 年第四季度开始，制造业企业由于原材料价格上涨带来的成本压力趋于缓解，表明企业库存调整逐步趋稳，体现了 2017 年以来去产能库存的供给侧结构性改革取得了成效。这从原材料购进价格指数和企业出厂价格指数两项指标数据回落同时予以验证。数据显示：2018 年 2 月的原材料购进价格指数为 53.4%，较上月下降 6.3 个百分点，降至 2017 年下半年以来的最低点；企业出厂价格指数也相应回落，为 2017 年下半年以来的最低值，同原材料购进价格指数的差距已明显缩小至 4.2 个百分点。而 2017 年至 2018 年 2 月份，从业人员指数一直低于 50%，2018 年 2 月为 48.1%，比 1 月下降 0.2 个百分点，低于临界点，表明制造业企业用工量一直在减少，这里既有技术进步的原因，也有人工成本不断上升致使制造业吸纳人力冗余度下降的原因。

与制造业 PMI 相比，非制造业商务活动指数则表现得更为乐观。2018 年 1 月份非制造业商务活动指数高于制造业生产指数 1.8 个百分点，2 月份非制造业商务活动指数高于制造业生产指数 3.7 个百分点，表明非制造业业务总量的增长快于制造业生产，体现出非制造业总体仍保持较高的景气水平。这里既有春节假期的因素影响，比如，与春节假日消费相关的零售业、餐饮业、铁路运输业、航空运输业、电信广播电视和卫星传输服务、互联网软件信息技术服务、生态保护和环境治理等行业商务活动指数位于 56.0% 以上的较高景气区间，业务总量明显增长，体现了新经济因素已在国民经济运行中发挥越来越重要的支撑作用，体现了经济发展方式的加快转变和新动能的接续转换力度不断增强。

同样，受春节假期因素影响，资本市场服务、保险业、房地产业、居民服务及修理业等行业商务活动指数均位于临界点以下，业务总量有所回落。其中的建筑业和以大宗商品批发业为主的生产性服务业进入季节性淡季，相关商务活动指数出现了较为明显的回调。但指数水平仍保持在 54% 以上，且较 2017 年同期有小幅回升，表明在我国经济延续稳中有进发展格局的大背景下，非制造业持续较快发展的稳定性在增强。

后期 PMI 是否会再度活跃？

从分项 PMI 指数和综合 PMI 产出指数看，2018 年 2 月的走势回落受季节性因素波动影响，2018 年开局的经济运行稳中有进的态势并没有出现明显变化。未来的走势会如何？后期 PMI 是否会再度活跃，或者是否会出现不可预料的下行呢？

从乐观的因素看，马上就要召开的两会将按照党的十九大和中央经济会议精神，部署 2018 年全年经济工作任务。2018 年经济工作的着力点是要以深化供给侧结构性改革为主线，推进高质量发展，加快转变经济发展方式，推进新旧动能转换进一步落地，财政货币政策也会进一步向实体经济倾斜，作为实体经济主要载体的制造业发展会得到更有力度的夯实。可以预期，在过剩产能出清和库存周期进入良性转换的背景下，我国制造业尤其是高端制造业发展有望迈开新的步伐，随着目前企业家信心指数的逐步提升，未来一个时期的中国制造业采购经理指数应当继续保持在景气区间。与此同时，两会后必将有一系列重点工程陆续开工，市场活跃度和企业订单数会有较好预期。

非制造业商务活动指数近年来一直保持在高位运行，随着我国经济的进一步开放和营商环境的不断改进，直接面向消费需求升级的服务业商务活动也会更为活跃。

出于谨慎的原因，未来影响我国制造业景气度的因素可能源自国际市场的不确定性干扰，特别是西方贸易保护主义的抬头可能会在外部市场订单上对我产生一定的牵掣。不过，中国市场十分广阔，特别是中央经济工作会议强调，2018年要大力实施乡村振兴战略，进一步推进区域协调发展，这将为我国制造业和服务业发展创造更为广阔的市场空间，一方面，我们要加快外贸方式转型升级，在开放的广度和深度上做好文章；另一方面，我们仍要眼睛向内，集中精力开拓好国内市场，突出抓重点、补短板、强弱项、练内功，这才是我国制造业、非制造业发展最大的活力所在。

开辟国家治理现代化的
新境界 *

党的十九届三中全会在 2018 年两会前胜利召开。全会审议通过了《中共中央关于深化党和国家机构改革的决定》和《深化党和国家机构改革方案》。与过去单纯的政府机构改革不同，这次机构改革涉及党的机构、政府机构、群团社会组织、基层组织和人民武装力量多个方面，具有超乎寻常的全方位、广覆盖和多层次，为各方面广泛关注。

深化党和国家机构改革是以习近平同志为核心的党中央站在党和国家事业发展全局的战略高度，适应新时代中国特色社会主义发展要求、贯彻落实党的十九大精神作出的一项重大决策部署，更是结合中国国情和发展未来，着力于加快推进国家治理体系和治理能力现代化的一次重大制度安排，必将在党和国家事业发展进程中产生划时代的重大影响，也必将开辟新时代中国国家治理现代化的新境界。

改革开放以来，特别是党的十八大以来，随着中国综合实力的显著增强，国家治理现代化越来越成为中国迈向国家全面现代化的重要任务。通过改革创新，已经形成了统筹推进"五位一体"总体布局，协调推进"四个全面"战略布局。为适应新形势新任务，党的十八届三中全会确立了坚持和完善中国特色社会主义制度，不断推进国家治理体系和治理能力现代化的全面深化改革的总目标。40年的改革开放让我们在一些重要领域和关键环节取得重大进展，经济社会发展取得历史性成就、发生历史性变革为进一步深化党和国家机构全面改革提供了扎实的物质基础、民心基础和现实时机。在进入中国特色社会主义新时代的今天，已经有能力、有信心、有条件就必须切实构建起系统完备、科学规范、运行高效的党和国家机构职能体系，下大力气破除党和国家机构职能体系中还存在的种种障碍和弊端，坚决解决好党和国家机构设置、职能配置同统筹推进"五位一体"总体布局、协调推进"四个全面"战略布局的要求还不完全适应，同实现国家

治理体系和治理能力现代化的要求还不完全适应的问题，为决胜全面建成小康社会、开启全面建设社会主义现代化国家新征程、实现中华民族伟大复兴的中国梦提供更加有力的制度保障。

会议公报全面阐述了这次深化党和国家机构改革的指导思想、目标原则、首要任务、重要任务、改革布局和法律保障。通读公报全文，可以深刻感知党中央对这次党和国家机构改革的深谋远虑、顶层设计和战略布局。这次改革明确坚持党的全面领导、坚持以人民为中心、坚持优化协同高效、坚持全面依法治国的"四个坚持"改革原则，适应新时代中国特色社会主义发展的新任务新要求，以国家治理体系和治理能力现代化为导向，以推进党和国家机构职能优化协同高效为着力点，通过改革党和国家机构设置，优化职能配置，深化转职能、转方式、转作风，切实提高党、政府和社会团体的治理效率效能，具有鲜明的问题针对性。这次党和国家机构改革涉及党的机构、政府机构、武装力量和社会团体，是一次全覆盖、全方位、分类别、纵横交错的机构改革。公报提出在横向面构筑"四大体系"，即形成总揽全局、协调各方的党的领导体系，职责明确、依法行政的政府治理体系，中国特色、世界一流的武装力量体系，联系广泛、服务群众的群团工作体系；在纵向面要理顺中央和地方职责关系，构建从中央到地方运行顺畅、充满活力、令行禁止的工作体系和构建简约高效的基层管理体制。公报还又针对每一类机构改革都确立了分类改革目标，从近期、远期现代化发展任务要求确立了"两步走"的改革方向。

公报更强调了这次改革的统筹性，要求党和国家机构设置和职能配置要同统筹推进"五位一体"总体布局、协调推进"四个全面"战略布局的要求要相适应，统筹推进党政军群机构改革，既要加强党的集中统一领导，抓总管总，防止头痛医头、脚痛医脚，又要加强党政军群各方面机构改革配合，使各项改革相互促进、相得益彰，实现机构职能优化协同高效。改革的最终成效将由是不是增强了党的领导力，是不是提高了政府的执行力，是不是激发起群团组织和社会组织的活力，是不是增强了人民军队战斗力来衡量和评价。

深化党和国家机构改革是推进国家治理体系和治理能力现代化的一场深刻变革，是我们党的一场自我革命。我们必须把思想和行动统一到党中央关于深化党和国家机构改革的决策部署上来，坚决维护习近平总书记党中央的核心、全党的核心地位，坚决维护党中央权威和集中统一领导，增强"四个意识"，坚定"四个自信"，在中国特色社会主义新时代，发扬我们党勇于自我革命的优秀品质，发扬逢山开路、遇水架桥的改革精神，全心全力开辟中国特色国家治理现代化的新境界。

循着发展的逻辑
——一个经济学人的时事观察（2016–2020）

金融严监管格局有望
全面形成*

2018 年刚过去两个月，"一行三会"动作频频，无论是中国人民银行，还是银监会、证监会、保监会，都接连开出罚单，对金融业延续 2017 年的严监管态势。2018 年 3 月 2 日上午，全国政协委员、中央财经领导小组办公室副主任杨伟民在回答记者提问时表示，金融监管体制改革，两会以后会有结果。这意味着金融监管体制改革已提上日程。

从宏观的金融监管体制改革，到"一行三会"2018 年持续的严监管态势，再到资管新规的落地实施，2018 年的金融业将会发生哪些重大变化？金融业市场是否会迎来行业格局的重塑？国家行政学院研究员胡敏、中国不良资产行业联盟金融与法律研究院研究员莫开伟、著名经济学家宋清辉，对此发表看法。

对金融科技监管或成 2018 年重点

记者：2018 年 1 月，银监会平均每天挂出罚单 16 张，月罚没金额累计逾 8.98 亿元。2018 年以来，仅在 2 月份春节前后，央行便已开出 5 张罚单。和 2017 年相比，2018 年金融监管发生了哪些重大变化？

胡敏：可以说，2017 年是名副其实的金融监管年，"严监管"是一个主题词。2017 年，金融业监管令接连不断，证监会、银监会、保监会相继开出"史上最大罚单"。"一行三会"集体出手，积极开展专项整治，重拳打击扰乱市场的行为，特别是对各类金融机构的资管业务进行全面统一监管，应当说取得了明显成效，对市场产生了威慑作用。2018 年，按照党的十九大和中央经济工作会议精神，防范化解重大风险是今后 3 年中国经济的"三大攻坚战"之首，其重点就是防控金融风险。因此，打击违法金融活动的主基调仍会持续，按照有关领导的说法，金融监管要以更加尖利的"牙齿"啃"硬骨头"，集中处置处于监管空白地带的金融业务风险点。所以，2018 年金融市场监管任务依然不会轻松，严

---

* 本文原载《东莞日报》2018 年 3 月 5 日，记者：张华桥。

监管格局还会全面形成。

宋清辉：预计2018年银监会将会通过两种方式进行监管：一是继续推出各种各样的监管政策，堵住银行等金融机构可能出现的种种漏洞；二是继续通过审计、核查、走访等方式对各级金融机构进行监管，对于违背政策的机构和个人进行严厉处罚。未来的监管，不能治标不治本，需要深入银行等金融机构当中，对银行从业人员的选拔、资质、诚信等方面进行调查、监督，确保从业人员对金融风险的把控、对金融工作的专业化。

莫开伟：从监管角度看，2018年将继续沿袭严监管态势，使金融机构不能违规、不敢违规俨然成为一种"时尚"，可能会根治金融市场的乱象，金融市场的现状也随之将会发生巨大变化。资金脱虚向实更多地注入实体经济的气候将会形成，整个金融市场有望步入良性循环轨道。

记者：金融监管的重点有哪些方面？

莫开伟：目前，金融监管的重点依然集中在金融机构风险内控机制建设上，这是金融监管的根本要求和目的所在。从金融监管业务来看，下一步金融监管的重点依然会放在金融机构同业业务、理财业务和信贷经营、金融配资等方面是否合规上，以此消除监管套利，防范影子银行，挤掉金融业泡沫，降低全社会金融杠杆，从根本上防范化解我国金融风险。

宋清辉：在2017年原有领域强监管的基础上，对金融科技领域的监管将成为2018年的工作重点。这是因为金融科技在给人们带来便利的同时，由于其进入门槛低、去中心化等特征，给该领域带来了特定的风险。例如，互联网金融行业多头借贷，就是其中一个较为突出的问题。一些平台打着创新的幌子，却没有真正回归金融本质，反而危及行业健康发展。

胡敏：按照2018年金融业继续把主动防范化解系统性风险放在首位的要求，监管将更加严格、标准更高，对违法违规行为的处罚力度也将会加大。在原有领域强监管的基础上，对金融科技领域的监管将成为2018年的工作重点。一是重点整治互联网金融行业领域，防止历史上出现过的传统金融乱象以金融科技的名义卷土重来，如非法集资、高利贷、庞氏骗局等，还要进一步打击"校园贷""现金贷"，以及虚拟货币投机行为等互金业务违法违规行为。二是继续清理国内金融业目前存在的监管套利、空转套利和关联套利等野蛮生长的资管业务。比如，银行表外理财、银信合作、银证合作、银基合作中投向非标准化债权类资产的产品，保险机构"名股实债"类投资等具有影子银行特征的业务领域。三是按照2017年11月17日央行联合"三会一局"发布《关于规范金融机构资产管理业务的指导意见》要求，着力打破刚性兑付、严控期限错配、消除多层嵌套和通道、严控杠杆等问题。

"资管新规"将搅动金融行业变局

记者：据传，《关于规范金融机构资产管理业务的指导意见》将于近期落地。作为我国资管业务首份顶层设计的纲领性文件，这是否意味着行业格局将面临重塑？各金融机构资管业务竞争是否会更加激烈？

宋清辉：一旦"资管新规"落地实施，在一定程度上意味着行业格局将面临重塑，今后各金融机构资管业务竞争将会更加激烈。首先，打破刚性兑付有助于投资者打破惯性思维，让投资能力和风险承受能力不匹配的投资者主动退出相应的市场。从长远来看，有利于中国资本市场的长期健康发展。其次，规范资金池业务有助于"正本清源"——金融机构资产管理业务回归资产管理行业资产配置、风险管理以及价值挖掘的本源，并主动提升管理能力，摆脱监管套利。

莫开伟：从当前现实看，这份行业监管政策如果落地，将成为规范金融业资管业务的首部根本法规。毫不夸张地说，它对金融机构和投资者两者都将起到良好的"引导作用"和"警示作用"，在很大程度上会消除买卖双方的盲目冲动行为，由过去盲目追求数量向追求质量转变，由无序扩张向有章可循转变，最终将资管业务引向规范、健康、良性发展轨道。一句话，将推动金融机构资管业务发展版图和发展动机发生质的变化。

胡敏：按照《关于规范金融机构资产管理业务的指导意见》（简称《指导意见》），将来金融业资管业务统一监管制度出台并实施，一定会搅动金融行业变局，也将使金融业在资管业务的竞争行为日趋规范。《指导意见》要求金融机构不得开展表内资产管理业务、不得承诺保本保收益，打破"刚性兑付"，将导致资管行业增速放缓和结构变化，对金融业经营利润造成不利影响。监管新规特别关注的去通道、去刚兑、限制非标、禁止嵌套等思路对于当前资管行业的发展进行更深刻的清理和理顺，将会消灭大量的通道业务和嵌套业务模式，整个资管行业增速会有显著放缓，资管产品差异程度下降，业务结构会更为优化。因此，各金融机构资管业务竞争将更加激烈，金融机构需要真正注重核心竞争力的提升，市场竞争结构趋向集中化，部分弱势中小机构可能越来越边缘化。整个金融业资管行业将进入一个由量变到质变的过程，促使金融业资管业务上升到一个新的发展水平。

近年来，随着我国债券市场不断发展，部分逐利动机较强、内控薄弱的市场参与者，在场内、场外以各种形式直接或变相加杠杆博取高收益。同时，还有市场参与者采用"代持"等违规交易安排，规避内部风控机制和资本占用等监管要求、放大交易杠杆，引发交易纠纷，这些不审慎的交易行为客观上使得债券市场脆弱性提高，潜藏较大风险隐患。为贯彻落实党的十九大和中央经济工作会议提出的"守住不发生系统性金融风险底线"的明确要求，针对债券市场存在的一些不规范交易行为，中国人民银行、银监会、证监会、保监会共同研究制定了相关规则，旨在督促各类市场参与者加强内部控制与风险管理，健全债券交易相关的各项内控制度，规范债券交易行为，并将自身杠杆操作控制在合理水平。

"一行三会"是否合并存在较大争议

记者： 杨伟民在回答记者提问时表示，金融监管体制改革，两会以后会有结果，我们不会简单效仿某一个国家的模式。金融监管体制改革已提上日程，请解读一下，"一行三会"是否会有比较大的变动？对市场的影响是怎样的？

胡敏： 正在开的本届两会会对我国金融监管体制改革作出重大调整，结果在两会闭幕时大家会看到。按照党的十九大精神和三中全会精神，宏观管理机构职能和配置将更加优化有效。2017年，国务院金融稳定发展委员会成立，货币政策和宏观审慎政策"双支柱"调控框架也正式写入党的十九大报告中。今后，金融监管改革的总的原则是完善微观审慎和宏观审慎的监管框架，将从事类金融业务的市场主体纳入功能监管框架，进一步明确业务规范和监管要求，实现与机构监管的有效衔接，充分发挥市场约束的积极作用，加强前瞻性监管，防范尾部风险积聚，维护金融稳定。可以说，金融监管体制改革在两会后一定会获得实质性进展。

宋清辉： 从整体上来看，想让"一行三会"合并基本上是不可能的事情，因为那样会让新型的监管机构层级更为复杂，机构内需要协调、处理的事项将更为繁杂，整体的金融监管效率不一定会提升。越是在局势复杂的情况下，越需要加强"三会"的独立性和"一行"的整体性，加大对传统金融机构违规的查处力度。

莫开伟： 中国金融业近十年来已进入了事实上混业经营的历史阶段。因此，应根据金融混业经营运行状况的一般规律及其可能存在的问题，推进金融监管体制的改革或更新。我国目前采取的银行、保险、证券分业金融监管体制已然存在很多不相适应的地方。因而，目前的分业金融监管体制确实需要改革，也将成两会讨论的重要内容。

高质量发展要有
高质量政府工作*

    2018 年 3 月 5 日召开的十三届全国人大一次会议开幕式上，李克强总理作了 2018 年《政府工作报告》。报告回顾了过去五年我国经济社会发展所取得的成绩和政府做的主要工作，指明了 2018 年经济社会发展目标和政策取向，对新一届政府工作提出了建议。报告内容翔实，特别是李克强总理在报告中体现出的真抓实干的务实精神和始终以人民为中心的人民情怀。

    2018 年是面向中国特色社会主义进入新时代，全面贯彻落实党的十九大精神的开局之年，要求新一届政府贯彻落实十九大精神、着力推进高质量发展的工作谋划，是重要时间节点上的一份重要报告。通读李克强总理的报告，让笔者印象深刻的是总理在报告最后一部分建议新一届政府加强自身能力建设的段落中指出的，"进入新时代，政府工作在新的一年要有新气象新作为"。

    新时代我国经济社会发展的鲜明特征就是高质量发展。推进高质量发展不仅写进了党的十九大报告和 2017 年末召开的中央经济工作会议中，而且是 2018 年政府工作的主题。牢牢把握高质量发展这个总要求，不仅要体现在明确发展思路、制定经济政策、实施宏观调控几个方面，更需要落实到政府工作的各个环节中。因此，在 2018 年强调推进高质量发展，就必须要有高质量的政府工作。

    对比前几年李克强总理所做的《政府工作报告》，在强调加强政府自身建设时都突出了一个"干"字。2018 年的报告也一如既往，在这一段不长的篇幅中就出现了近十处"干"的字眼。李克强总理指出，中国改革发展的一切成就，都是干出来的。人民政府的所有工作都要体现人民意愿，干得好不好要看实际效果、最终由人民来评判；政府工作人员要廉洁修身，勤勉尽责，干干净净为人民做事，决不辜负人民公仆的称号；对各级政府及其工作人员来说，为人民干事是天职、不干是失职。广大干部要求真务实，干字当头，干出实打实的新业绩，干出群众的好口碑，干出千帆竞发、百舸争流的生动局面……

---

  * 本文原载中国网 2018 年 3 月 6 日。

这一系列"干"字归结起来就是"实干",既体现了政府真抓实干、务实工作的精神风貌,也昭示出正是通过各级政府的实干,我国经济社会发展才取得了全方位、开创性成就,发生了深层次、根本性变革。李克强总理在报告的第一部分用了大约97个数据充分展示了这五年我国经济社会发展的巨大变化和取得的巨大成就,这正是全党全国人民在以习近平同志为核心的党中央坚强领导下,经过艰苦努力"苦干实干"出来的。那么在中国特色社会主义进入新时代,我国经济发展进入新时代,政府工作的这个"干"字实质上就是要体现在高质量的工作成效上。

在2018年的《政府工作报告》中,李克强总理提出了政府工作的8个方面重要内容,核心就是贯彻落实党的十九大精神,在习近平新时代中国特色社会主义思想领航下,扎实推进我国经济社会实现高质量发展。那么对政府工作来说,就是要以高质量的工作推进高质量发展。

那么,如何高质量地做好新一届政府工作呢?李克强总理代表上一届政府对换届后的新一届政府提出了几个方面的切实举措和真诚期望,这也是推动未来政府高质量工作的几个着力点。

一要坚持正确的政治方向,高质量工作必须确保方向正确。这就是要增强"四个意识",坚定"四个自信",坚决维护习近平总书记党中央的核心、全党的核心地位,坚决维护党中央权威和集中统一领导,落实全面从严治党要求,加强政府自身建设,深入推进政府职能转变,为人民提供优质高效服务。

二要全面推进依宪施政、依法行政。高质量工作要行为有据实力有度。这就要求各级政府严格遵守宪法法律,把政府活动全面纳入法治轨道。坚持严格规范公正文明执法,有权不可任性,用权必受监督。还要全面加强党风廉政建设。力戒形式主义、官僚主义,自觉把权力关进制度的笼子。政府工作人员要廉洁修身,勤勉尽责,干干净净为人民做事。

三要全面提高政府效能。高质量工作必然是有效率效能。要优化政府机构设置和职能配置,深化机构改革,增强政府公信力和执行力;决不能表态多调门高、行动少落实差,决不允许占着位子不干事。

四要自觉接受人民监督。高质量工作的评价依据来自人民。要全面推进政务公开,坚持科学、民主、依法决策,凡涉及公众利益的重大事项,都要深入听取各方意见包括批评意见。李克强总理强调,人民政府的所有工作都要体现人民意愿,干得好不好要看实际效果、最终由人民来评判。只有求真务实,干字当头,干出实打实的新业绩,才能干出群众的好口碑。

两会后新一届政府即将履职,要充分体现新一届政府站在新时代的重要起点上展示新气象彰显新风貌体现新作为,就必须处处表现在职能优化、机构规范、行为高效、人员精干的高质量要求上面。只有高质量的机构设置、高质量的行政效率、高质量的服务保障、高质量的人员配备，才能确保各级政府把党的意志和人民的期望转化为现实成果，确保推进我国经济社会进入高质量发展阶段，为决胜全面建成小康社会、开启社会主义现代化国家新征程打下扎实的制度基础。

为高质量发展提供
坚实的体制保障*

2018 年是贯彻落实党的十九大精神的第一年、是决胜全面建成小康社会的关键一年，也是改革开放 40 周年，是着力建设现代化经济体系的重要一年，全面深化改革面临更加艰巨的任务和挑战。

按照党的十九大精神和中央经济工作会议的要求，推进高质量发展是总的要求，也是明确经济发展思路、制定经济政策、实施宏观调控必须牢牢把握的根本要求。显然实现经济高质量发展，必须推进高质量改革。

党的十九大报告提出建设现代化经济体系要落实"两个着力"，其中的一个重要方面就是要继续坚持社会主义市场经济改革方向，着力构建市场机制有效、微观主体有活力、宏观调控有度的经济体制。这是 2018 年深化经济体制改革的基本遵循，更是为高质量发展必须提供的体制机制保障。其着力点表现在三个方面：

一是加大力度激发各类经济主体活力。一方面，要深化国有企业改革，在更宽领域更高层次发展混合所有制经济，进一步鼓励国有资本、外国资本和其他社会资本相互融合；另一方面，要切实营造良好的营商环境，激发民营资本的投资活力，切实稳定民营经济发展信心、形成健全的产权激励机制和稳定的市场预期。

二是加快转变政府职能、深化简政放权和"放管服"改革。进一步推进商事制度改革，加快要素价格市场化改革步伐，让市场要素充分流动起来，并放宽市场特别是服务业准入限制，清理和废除一切妨碍统一市场和公平竞争的各种规定和做法。

三是继续创新和完善有序有度有力的宏观调控。一方面，要充分发挥货币政策和宏观审慎政策双支柱调控框架的有效性、传导性，利用好国务院金融稳定发

---

* 本文原载《中国经济时报》"两会特别专题·百名学者前瞻 2018 年中国经济形势" 2018 年 3 月 9 日，原题为《经济发展的体制机制保障应夯实》。

展委员会的引领作用，守住货币闸门，健全金融监管体系，坚决守住不发生系统性金融风险的底线；另一方面，要进一步深化投融资体制改革，用好 PPP 机制，加快完善债券市场和地方税体系，深入研究和适时出台房产税相关政策，着力形成房地产市场健康发展的长效机制。另外，还要紧紧围绕供给侧结构性改革这条主线，采取更加有力的措施，增强金融特别是资本市场服务实体经济的能力，促进多层次资本市场健康发展，并以此降低企业杠杆率和各类企业税费负担，让具有活力的资本市场发挥资源配置的有效作用。

当然，实现经济高质量发展，内容丰富，涵盖广阔，最关键的是还要让各级政府切实转变观念，确立正确的政绩观和考核观。要彻底从 GDP 挂帅转为高质量发展挂帅，让追求高质量发展成为各级政府新的"经济指挥棒"和内在驱动力，充分调动各方面干事创业的积极性，更好地落实经济"三大攻坚战"任务工作。同时，要加快形成促进高质量发展的制度环境和体制机制，将建立健全高质量发展指标体系、标准体系、统计体系等必须与选人干部的绩效评价、政绩考核机制紧密联系起来，严格落实发展责任，严格形成科学的绩效考评，最终以人民满意不满意、获得感强不强、生活富裕不富裕作为推动经济高质量发展永恒的试金石。

面对全球经济复苏的新态势，2018 年总体上机遇大于挑战，我国经济增长继续保持稳中有进，有许多积极因素。我们要主动抓住机遇，乘势而上，为经济质量显著提升打下扎实基础。

2月CPI"错月"性上涨
PPI仍保持低位回落[*]

2018年3月9日，国家统计局发布2018年2月份全国居民消费价格指数（CPI）和工业生产者出厂价格指数（PPI）。数据显示，CPI环比上涨1.2%，同比上涨2.9%，与2018年1月份相比出现跳跃性上涨，超出预期；PPI同比上涨3.7%，环比下降0.1%，继续呈现低位下行态势，符合预期态势。

对CPI"陡增"可以保持平常心

2018年2月份CPI上涨2.9%，相比2018年1月份的1.5%，增长接近两倍，呈现"陡增"态势，主要受三方面因素助推。

一是2018年2月份正处于新春佳节，城镇居民对基本食品消费旺盛，蔬菜瓜果等购销两旺，这类食品价格上涨幅度较大。其中，蛋类价格上涨22.5%，影响居民消费价格总水平上涨约0.12个百分点；鲜菜价格上涨17.7%，影响居民消费价格总水平上涨约0.47个百分；水产品和鲜果价格均上涨8.7%。占上涨权重最大的食品烟酒价格同比上涨3.6%，影响居民消费价格总水平上涨约1.09个百分点，这明显体现了春节期间居民消费的特点。2017年以来，各类高档酒均出现了较大涨幅，像53度茅台酒的市场价已经超过1800元/瓶。五粮液、汾酒、古井贡酒、洋河等一类酒价格均有不同程度的上涨，居民平时并不舍得消费高档烟酒，但作为节日礼品或团聚饮用，属于情理之中。可以关注的是畜肉类价格却下降了3.1%，其中猪肉价格下降7.3%，这一方面表明我国居民食品结构中肉类消费比重比较稳定甚至减少，膳食结构更加健康；另一方面，2017年以来除了牛羊肉价格涨幅较快外，猪肉价格一直在低位徘徊，猪的存栏数也比较稳定，供给比较充足。

二是春节期间的居家外出旅游也十分火爆，推动交通旅游价格上涨，飞机票和长途汽车票价格分别上涨19.7%和5.8%，旅行社收费和宾馆住宿价格分别上

---

[*]　本文原载中新经纬APP2018年3月9日。

涨 12.2% 和 2.9%。例如，据媒体报道，2018 年海南旅游异常火爆，返程出现机票一度上万元的现象。另外，由于我国城市春节独有的"迁徙现象"，大城市出现"空城"，居家服务价格出现季节性上行。2018 年 2 月份，由于春节期间城市务工人员集中返乡，人工费上涨，车辆修理与保养、理发和家庭服务价格分别上涨 9.9%、5.5% 和 3.5%，对 CPI 上涨贡献了 6%。

三是所谓的"错月"现象。2017 年春节在 1 月份，2018 年春节在 2 月份，从统计测算上，2018 年 2 月份对比的是 2017 年 2 月份物价的基数，2017 年 2 月份在春节之后已有回落，表现到 2018 年 2 月份的测算，自然也就比差较大，体现为"陡增"现象。

2018 年 2 月份 PPI 同比上涨 3.7%、环比下降 0.1%，没有超出预期。春节期间各方面生产和订单都处于淡季。主要行业的大类工业原材料价格继续延续 2017 年的态势呈缓慢下降状况。2018 年 2 月份，生产资料价格下降 0.1%；主要行业中的黑色金属冶炼和压延加工业、有色金属冶炼和压延加工业、非金属矿物制品业的价格都有小幅回落。这里需要关注的是，2018 年 2 月份的石油、煤炭及其他燃料加工业，小幅上涨 0.2%，对应的是目前市场油价、煤炭价格仍然处于阶段性高位，其中 2018 年 2 月份煤炭开采和洗选业涨幅还有所扩大。不过，随着冬季采暖季在 3 月中下旬结束，上行的空间也不会很大。

2018 年 CPI 涨势会不会逆转？

2018 年的《政府工作报告》中确定全年居民消费价格预期值仍设定为 3%，已经连续几年保持这一物价预期值。总体上看，价格稳是这些年经济运行和宏观调控的典型特征，也体现了政府有信心保持物价水平在居民可接受的涨幅空间。

从目前看，我国总供给与总需求保持弹性平衡，大部分消费品供给十分充足，农业生产特别是粮食生产都处于丰盈状态，助推生活品价格上行的条件并不具备。最主要影响未来物价上行的因素还是服务类价格和人工成本。这几年城镇居民收入都快于经济增长速度，或者说是基本同步，这为平缓价格上行提供了结构性空间，CPI 短期内不会大起大落。

从工业生产看，按照 2018 年《政府工作报告》的要求，要继续深化供给侧结构性改革，要进一步去产能、去库存、降成本，在 2017 年许多大类工业原材料和生产价格已经经过了一轮上涨之后，从周期性因素看，2018 年继续上行的空间都在缩小。另外，随着住房领域的宏观调控和新的住房制度改革，2018 年以来各大中城市房价均有回落，对未来一个时期主要城市房价上涨的预期都有所调整，就此看，房地产开发引致的建筑材料、装饰材料以及其他相关产品的价格上行也将受到约制。

　　现在一个不确定性的因素就是资金价格的波动。在国际经济形势特别是美国加息因素的影响下，国内利率下行的空间基本被封住。未来国际国内利率的变化通过重重传导，会影响人们对通胀的预期。按照过去的经验看，世界经济复苏后都可能产生结构性通胀。从国内经济周期看，这几年我国一直处于通缩状态，但资产价格其实一直处于上行态势，最终也必将影响现实的物价指数和工业产品价格。所以，2018 年仍然是价格的"窗口观察期"。

严禁房地产开发切中了
升级国家级开发区的脉*

2018 年，国务院连续发布 12 道批复，同意将 12 个地市高新技术产业园区升级为国家级开发区。这 12 个高新技术产业园区除了位于广东湛江、茂名两市外，都分布在中西部地区。总体上看，这些地市具有一定的区位优势和产业基础，但经济发展水平和地方财力尚属一般，具有比较强烈的经济赶超愿望和动力。

设立国家级开发区可以说伴随着我国改革开放的整个进程。20 世纪 80 年代中期到 90 年代初主要是开发区的创建和探索期，20 世纪整个 90 年代进入了高速增长期，进入 21 世纪以来的近 20 年我国开发区进入了结构调整和稳定发展期。作为改革开放的重要窗口，吸收内外资金资本、国外先进科技资源和先进管理经验的有效平台，推进产业发展的递进、转移、转型、升级的主要载体，不论是国家级的经济技术开发区，还是地方政府以发展高新技术为目的而设置的各种形式的科技工业园区和高新技术产业园区，都发挥了重要的区域经济发展引擎和经济技术辐射作用。开发区建设在我国改革开放的成功实践，对促进体制改革、改善投资环境、引导产业集聚、发展开放型经济发挥了不可替代的作用，开发区已成为推动我国工业化、城镇化快速发展和对外开放的重要支撑。

但也要看到，在整个探索、发展、提升进程中，也反复暴露出一些共性问题，就是开发区数量的盲目扩张、盲目占地、盲目出优惠政策，功能定位混淆或者不准确，一些开发区不搞产业集聚却开发房地产，既破坏了国家土地利用总体规划，也影响了区域协调发展战略的实施，更背离了开发区突出产业集聚和科技创新功能的本义。目前，国家级高新技术产业园区包括这次升级的 12 个在内已达到 168 个，许多开发区定位为高新技术开发，但这么多年来，取得原始创新成果和有竞争力的创新产业还是不多。

在解决开发区量和质、集约使用土地的问题上，国务院曾多次出台清理整顿各类开发区、加强建设用地管理的政策规定，但中央和地方在政策落实方面事实

---

* 本文原载中新经纬 APP2018 年 3 月 13 日。

上存在种种博弈，全国开发区发展效果这么多年也出现了明显分化态势。尤其是近十年，随着城市化进程加速和城乡融合发展，土地资源的稀缺越来越严重，导致土地成本上升和土地价值暴增，如何解决好地方产业经济发展、增加地方财政收入、实施土地利用总体规划和集约节约利用土地资源之间的关系就需要有一个利益权衡，矛盾的焦点就在于开发区土地功能的定位和土地利用管理的体制机制，背后的实质问题还是中央和地方财权和事权如何保持责权利的统一。

为了继续发挥好地方经济技术开放区的积极作用，尤其是充分发挥地方高新区在促进科技成果转化、孵化创新企业、营造创新创业环境、吸纳科技人才方面的独特作用，扶持中西部经济发展，增强经济创造力和竞争力，这次国务院批复了12个地方高新技术产业园区升级为国家级开发区，重心主要放在了中西部。为避免这些升级开发区"新瓶装旧酒"，不至于走老的套路，国务院在这次批复中十分明确地强调，升级后的高新技术产业开发区要按照布局集中、产业集聚、用地集约、特色鲜明、规模适度、配套完善的要求，牢固树立新发展理念，全面实施创新驱动发展战略，努力打造成为创业创新要素集聚的载体和区域经济发展的引擎。特别强调了这些开发区必须依法供地，以产业用地为主，严禁房地产开发，合理、集约、高效利用土地资源。可以说，这是切中了升级后的国家级开发区发展方向的脉，也为这些高新技术产业园区转型升级上档次提供了标准。

只有适应新时代高质量发展的要求，着力完善管理体制和运行机制，合理、集约、高效利用土地资源，大力集聚科技创新资源，大力提升自主创新能力，这些国家级开发区才能摆脱"路径依赖"。对这些地方的开发区来说，打造高质量的国家级开发区是实现地方经济高质量发展的应有之义，努力使其成为促进地方技术进步和增强自主创新能力的重要载体，成为带动区域经济结构调整和经济发展方式转变的强大引擎，成为抢占世界高新技术产业制高点的前沿阵地，中西部地区才能在新的历史起点上实现弯道超车，才有广阔的发展未来。

在完善开发区空间布局和数量规模上，2017年初国务院办公厅出台的《关于促进开发区改革和创新发展的若干意见》（以下简称《意见》）已经很明确地指出，要形成布局合理、错位发展、功能协调的全国开发区发展格局，切实提高经济发展质量和效益；要坚持集聚集约原则，促进产业集聚、资源集约、绿色发展，切实发挥开发区规模经济效应。

聚焦到开发区土地使用问题上，《意见》在开发区土地利用政策上也留出了空间。《意见》指出，对发展较好、用地集约的开发区，在安排年度新增建设用地指标时可以给予适度倾斜，对适应开发区转型升级需要，加强开发区公共配套服务、基础设施建设等用地保障，提高生产性服务业用地比例，适当增加生活性服务业用地供给。《意见》也允许工业用地使用权人按照有关规定经批准后对土地进行再开发，等等。因此，对这 12 个后进的国家级开发区，只要严格实施土地利用总体规划和城市总体规划，在坚持依法供地，以产业用地为主，严禁房地产开发的要求下，可以更加合理、集约、高效地利用开发区土地资源。

打造
"高质量"政府*

进入新时代，政府工作在新的一年要有新气象、新作为。

"新时代我国经济社会发展的鲜明特征就是高质量发展。牢牢把握高质量发展这个总要求，不仅要体现在明确发展思路、制定经济政策、实施宏观调控等方面，更需要落实到政府工作的各个环节。因此，强调推进高质量发展，就必须要有高质量的政府工作。"国家行政学院研究员胡敏表示，《政府工作报告》中关于新一届政府加强自身能力建设的段落，令他印象深刻。

"我感受到了真抓实干、求真务实的奋斗氛围。"中共中央党校教授辛鸣说，"政府工作做得怎么样，不是说出来的，而是干出来的。我们能取得一系列的成就，是大家众志成城、齐心协力奋斗出来的。"

党的十九大报告要求，转变政府职能，深化简政放权，创新监管方式，增强政府公信力和执行力，建设人民满意的服务型政府。

2018年的《政府工作报告》指出，中国改革发展的一切成就，都是干出来的；政府工作人员要廉洁修身，勤勉尽责……干干净净为人民做事，决不辜负人民公仆的称号；对各级政府及其工作人员来说，为人民干事是天职、不干是失职；广大干部要提高政治素质和工作本领，求真务实，干字当头，干出实打实的新业绩，干出群众的好口碑，干出千帆竞发、百舸争流的生动局面……

人民政府的所有工作都要体现人民意愿，干得好不好要看实际效果、最终由人民来评判。辛鸣指出，打造"高质量"政府，政府工作报告给大家确立的是，干部要干事，为人民干事是天职。干部不可以乱作为，但也坚决不能不作为。

中国特色社会主义进入新时代，如何高质量地干好新一届政府工作呢？

"首先是要坚持正确的政治方向，'高质量'政府工作必须确保方向正确。"胡敏认为，这就是政府工作报告所指出的，要增强"四个意识"，坚定"四个自信"，坚决维护习近平总书记党中央的核心、全党的核心地位，坚决维护党中央

权威和集中统一领导，落实全面从严治党要求，加强政府自身建设，深入推进政府职能转变，为人民提供优质高效服务。

胡敏认为，新一届政府站在新时代的重要起点上，展示新气象、彰显新风貌、体现新作为，就需要在职能优化、机构规范、行为高效等方面做出高质量工作，才能确保各级政府把党的意志和人民的期望转化为现实成果，确保推进我国经济社会进入高质量发展阶段，为决胜全面建成小康社会、开启社会主义现代化国家新征程打下扎实的制度基础。

依宪施政　依法行政

法者，天下之公器也。

法治是国家治理体系和治理能力的重要依托。党的十九大报告强调，坚持依法治国、依法执政、依法行政共同推进，坚持法治国家、法治政府、法治社会一体建设。到 2035 年，法治国家、法治政府、法治社会基本建成。

2018 年《政府工作报告》指出，全面推进依宪施政、依法行政；把政府活动全面纳入法治轨道；政府要信守承诺，决不能"新官不理旧账"；全面推进政务公开；决不允许执法者"吃拿卡要"……

为政者须率先奉法。

习近平总书记指出，领导干部要牢记法律红线不可逾越、法律底线不可触碰，带头遵守法律、执行法律，带头营造办事依法、遇事找法、解决问题用法、化解矛盾靠法的法治环境。此外，他还针对各级领导干部指出，不管什么人，不管涉及谁，只要违反法律就要依法追究责任，绝不允许出现执法和司法的"空挡"。

可以说，在全面推进依法治国的今天，只有政府带头有法必依、严格执法，国家才能在法治的轨道上有序发展。

建设法治政府，就要依宪施政。宪法是国家根本法，是治国理政的总章程，也是国家制定各种制度和法律法规的总依据。

全国政协委员、中国行政法学研究会副会长、郑州大学法学院常务副院长沈开举教授认为，"依宪施政"是《政府工作报告》最大的法治亮点。

2018 年 2 月 24 日，习近平总书记在中共中央政治局第四次集体学习时指出，必须更加注重发挥宪法的重要作用；把实施宪法提高到新的水平。

国家各级行政机关负有严格贯彻实施宪法和法律的重要职责，提高宪法实施水平，国家行政机关责无旁贷。

在沈开举看来，提出"依宪施政"，体现了政府对于宪法的尊重，指明了法治政府建设的关键。

建设法治政府，需依法行政。对行政机关的执法来说，基本要求是严格执法，使行政执法能够做到统一、高效和权威，把法律的规定变成法治实践和法治结果。

"法治政府意味着职能科学、权责法定、执法严明、公开公正、廉洁高效、守法诚信。"辛鸣认为，列出权力清单，把政府权力装进法律制度的笼子里依法行政；列出责任清单，对政府必须做的事情时时问责，是法治政府的最基本要求。

在法治政府背景下，政府不能想干什么就干什么，发生"错位"；也不能该干的不去干，出现"缺位"；更不能因为政府部门利益和政府官员利益驱使而"越位"。

国家行政学院法学教研部教授杨小军认为，依法行政对行政机关的工作提出了更高要求。要推进机构、职能、权限、程序、责任法定化；推行政府权力清单制度，坚决消除权力设租寻租空间。

建立行政机关内部重大决策合法性审查机制，积极推行政府法律顾问制度；建立重大决策终身责任追究制度及责任倒查机制。推进综合执法，理顺城管执法体制。完善执法程序，建立执法全过程记录制度，严格执行重大执法决定法制审核制度，全面落实行政执法责任制。

此外，杨小军还认为要加强对政府内部权力的制约，对财政资金分配使用、国有资产监管、政府投资、政府采购、公共资源转让、公共工程建设等权力集中的部门和岗位实行分事行权、分岗设权、分级授权，定期轮岗，强化内部流程控制，防止权力滥用。

依法行政，离不开全面推进政务公开。坚持科学、民主、依法决策，凡涉及公众利益的重大事项，都要深入听取各方意见包括批评意见。

全国人大代表、海南省生态环境保护厅厅长邓小刚认为，政府要科学、民主、依法决策。要做好新旧政策的衔接，这不仅有助于减少制度性的交易成本，还能使政府在依法行政过程中信守承诺，使经济发展更加顺畅。

全面提高政府效能

社会的发展离不开政府的积极有为。有一个有作为、为人民、人民满意的政府，我们的经济社会发展就能取得很好的效果。

政府如何始终做到为人民服务，为人民提供更好的公共服务？关键就在提高政府效能。"一个政府如果看起来很庞大，但事实上效率低下，人浮于事，大家挂名不干活，这样的政府人民群众是不欢迎也不高兴的。"辛鸣说。

"'高质量'工作必然是有效率的效能。"胡敏说，决不能表态多调门高、行动少落实差，决不允许占着位子不干事。

　　政府能否真正给人民群众多干好事，离不开科学的机构体制保障。2018年《政府工作报告》对如何提高政府效能作出了明确部署，强调优化政府机构设置和职能配置，深化机构改革，形成职责明确、依法行政的政府体系。

　　例如，在全国推开"证照分离"改革，进一步压缩企业开办时间；深入推进"互联网+政务服务"，使更多事项在网上办理，必须到现场办的也要力争做到"只进一扇门""最多跑一次"；加快政府信息系统互联互通，打通信息孤岛；清理群众和企业办事的各类证明，没有法律法规依据的一律取消……

　　中共中央党校教授赖先进认为，深化机构改革是由新时代党和国家事业发展需要决定的。现有机构设置和职能配置不仅同统筹推进"五位一体"总体布局、协调推进"四个全面"战略布局的要求还不完全适应，也同实现国家治理体系和治理能力现代化的要求还不完全适应。因此，以问题为导向来深化机构改革，有利于提高政府效能，推进国家治理体系和治理能力的现代化。

　　党的十八大以来，随着各级政府深化"放管服"改革，拥抱互联网，简化服务流程，百姓"办事难"得到有效缓解——买车上牌当天办结、网上一键申领证照、快速审结快递送件、取消系列"奇葩证明"……

　　各级政府有针对性地分类施策，运用新思维、新理念、新方法，逐步提高服务水平。上海经过多年的努力，已初步形成了"全网通办、全市通办、全域共享"的"互联网+政务服务"工作格局。目前，上海全市220家社区事务受理服务中心已全部实现网上预约办事，161项涉及民生服务事项实现全市通办，企业和群众获得感不断增强。

　　全国人大代表、上海市市长应勇表示，上海将加快建设整体协同、高效运行、精准服务、科学管理的智慧政府，让政府管理更智能、政务服务更便捷。"智慧政府的载体是建成'上海政务一网通办'的总门户，对面向社会市场主体和公民的服务事项，逐步实现一网受理、全网协同、全市通办，逐步做到集成服务、只跑一次、一次办成。"

　　应勇介绍，2018年上海要逐步在全面实现涉及民生服务事务网上全市通办的同时，推动90%以上的涉企审批事项实现全程网上审批，为人民群众增便利，为市场主体添活力。

　　在河南三门峡市，一场深度"效能革命"正在推行。全国人大代表、河南三门峡市市长安伟介绍，三门峡通过强化干部担当、加速行政审批、转变服务作风、搭建智慧平台、加强监督问责、推行容错纠错等方面的措施来提高效能。

　　"下一步，我们将以习近平新时代中国特色社会主义思想为指导，深入贯彻落实党的十九大精神，始终坚持以人民为中心的发展思想，以转变工作作风、改进服务质量、提高办事效率为重点，以打造中西部地区审批环节最优、办事效率最高城市为目标，继续以'效能革命'为抓手，持续转变政府职能，持续深化简政放权，持续创新监管方式，不断增强政府公信力和执行力，加快建设人民满意的服务型政府。"安伟说。

"政府改革说到底是要为实现国家治理体系和治理能力现代化做基础性准备，它的目标是要通过机构改革，实现治理水平和治理能力的现代化。如何系统完备、科学高效，还有很多工作需要改善，而且这种改革必将让人民群众得到更多的实惠。"辛鸣说。

党风廉政建设至关重要

新时代，党和政府的新气象新作为首先从全面从严治党、党风廉政建设开始。

2018 年的《政府工作报告》回顾过去五年工作时指出，一些干部服务意识和法治意识不强、工作作风不实、担当精神不够，"形式主义""官僚主义"不同程度存在……一些领域不正之风和腐败问题仍然多发。

打造"高质量"政府，党风廉政建设至关重要，全面从严治党永远在路上。

党的十八大以来的历次全国两会，习近平总书记都下团组，与代表委员们共商国是。其中，"全面从严治党"是他一直以来都非常重视的话题。

2018 年 3 月 8 日，在参加山东代表团审议时，习近平总书记说，"功成不必在我"，不是消极、怠政、不作为，而是要牢固树立正确的政绩观，既要做让人民群众看得见、摸得着、得实惠的实事，也要做为后人做铺垫、打基础、利长远的好事，既要做显绩，也要做潜绩。不计较个人功名，追求人民群众的好口碑、经过历史沉淀后真正的评价。

党的十九大报告指出，只有以反腐败永远在路上的坚韧和执着，深化标本兼治，保证干部清正、政府清廉、政治清明，才能跳出历史周期率，确保党和国家长治久安。

辛鸣认为，党的十八大以来，以习近平同志为核心的党中央全面从严治党，从八项规定转作风到雷霆万钧反腐败，从扎紧制度的笼子到高扬理想信念，从严格党内政治生活到加强党内监督，从洗澡出汗、壮士断腕到刮骨疗毒、凤凰涅槃，中国共产党切实解决了党在作风、思想、组织、纪律等方面存在的问题，实现了政党面貌的大革新、政党形象的大提升、政党制度的大完善、政党能力的大提高。"进入新时代，我们党和政府会遇到前所未有的新要求。要想不被挑战打倒，要想永葆生机活力，一定要勇于进行彻底的自我革命。"

"高质量的政府工作就要行为有据、施力有度。"胡敏认为，这就要求各级政府有权不可任性，用权必受监督。全面加强党风廉政建设，力戒"形式主义"

"官僚主义"，自觉把权力关进制度的笼子里。政府工作人员要廉洁修身，勤勉尽责，干干净净为人民做事。

杨小军认为，党和政府的各级组织、广大党员干部不仅要模范遵守国家法律，而且要按照党规党纪以更高标准严格要求自己，坚定理想信念，践行党的宗旨，坚决同违法乱纪行为作斗争。对违反党规党纪的行为必须严肃处理，对苗头性倾向性问题必须抓早抓小，防止小错酿成大错、违纪走向违法。

在 2018 年两会上，多地省（市）委书记在开放团组会议时都讲到全面从严治党和正风反腐相关话题。

全国人大代表、山东省委书记刘家义介绍，山东省初步形成了风清气正的政治生态，政治上的绿水青山正在形成，党员干部的示范作用正在发挥。"全省上下干部的精神状态非常好，心齐、气顺、劲足，这就为我们'走在前列'提供了坚强保证。"

在谈到如何进一步改进干部作风时，刘家义说，一是牢固树立"四个意识"，把习近平新时代中国特色社会主义思想贯穿工作始终；二是加强干部队伍建设，要求山东干部在作风上必须非常过硬；三是加强基层党组织的建设。

全国人大代表、辽宁省委书记陈求发表示，辽宁省要坚持全面从严治党，坚决纠正各种隐形变异的"四风"问题，保持反腐败高压态势，推动干部队伍作风转变，为经济社会发展提供坚强组织保障。辽宁提拔选任干部靠工作、靠实力、靠人品成为共识，人民群众切实感受到全省党员干部政治素质强了、整体形象好了、干事创业的作风强了，风清气正的政治生态正在形成。

全国人大代表、黑龙江省委书记张庆伟表示，实现全面振兴发展，优化东北地区营商环境，发展民营经济，必须要突出抓好干部的作风建设。据介绍，2018年春节后的第 1 个工作日，黑龙江省就召开全省整顿作风优化营商环境大会。张庆伟表示，干部作风问题要持续抓，久久为功，盯住不放，"必须用钢牙来啃这些硬骨头"。黑龙江将聚焦解决一批重点问题，"用猛药来治疴"。

完满的答卷
务实的开局*

　　在 2018 年 3 月 5 日召开的十三届全国人大一次会议开幕式上，李克强总理作《政府工作报告》，向大会报告过去五年政府工作，全面总结了过去五年我国经济社会发展取得的巨大成就和政府所做的重点工作。这份报告也在中国特色社会主义进入新时代，在全面贯彻落实党的十九大精神的开局之年，着力于推进高质量发展，对新一届政府工作提出了务实建议。整个报告内容丰富，最突出的印象可以概括为"完满的答卷、务实的开局"。

　　完满的答卷——沉甸甸的数据充分验证了过去五年中国经济社会取得历史性变化

　　数据是无声的语言，李克强总理在 2018 年《政府工作报告》的第一部分回顾过去五年我国经济社会发展所取得的成绩中所引用的数据，涵盖宏观经济运行、经济结构调整、科技创新发展、生态环境改善和人民生活保障等各个方面，生动地刻画了过去五年来我国经济社会发展所取得的巨大成果，是用最写实的成绩再一次展示了党的十八大以来，特别是党的十九大以来我国改革开放取得的全方位、开创性成就，发生的深层次、根本性变革。数据是简单简洁的，但也是沉甸甸的，数据背后是过去五年我国经济社会发展面对着诸多矛盾交织叠加、各种风险挑战接踵而至，国内外错综复杂形势作出的努力，取得的成绩。

　　正如李克强总理在报告中指出的，"这些年，世界经济复苏乏力，国际金融市场跌宕起伏，保护主义明显抬头"。而且，随着中国经济实力的不断提高和国际经济地位的大为增强，我们不仅面对着西方势力逆全球化、贸易保护主义、民粹主义等思潮的艰巨挑战，还面对着新一轮技术革命迅猛到来对世界政治经济结构重新调整带来的各种复杂影响。与此同时，在国内，"我国经济发展中结构性问题和深层次矛盾凸显，经济下行压力持续加大，遇到不少两难多难抉择"。在

---

　　*　本文原载光明网 2018 年 3 月 14 日。

这一时期，我国经济发展也正由高速增长进入高质量发展新阶段，社会主要矛盾也由人民日益增长的物质文化需要同落后的社会生产之间的矛盾转化为人民日益增长的美好生活需要和不平衡不充分的发展之间的矛盾。

面对这种错综复杂的国内外形势和局面，各级党委和政府在以习近平同志为核心的党中央坚强领导下，认真贯彻党中央决策部署，始终保持战略定力，适应把握引领经济发展新常态，坚持新发展理念，采取既利当前更惠长远的举措，统筹稳增长、促改革、调结构、惠民生、防风险，着力做好九个方面的政府工作，即坚持稳中求进工作总基调，着力创新和完善宏观调控；坚持以供给侧结构性改革为主线，着力培育壮大新动能；坚持创新引领发展，着力激发社会创造力；坚持全面深化改革，着力破除体制机制弊端；坚持对外开放的基本国策，着力实现合作共赢；坚持实施区域协调发展和新型城镇化战略，着力推动平衡发展；坚持以人民为中心的发展思想，着力保障和改善民生；坚持人与自然和谐发展，着力治理环境污染；坚持依法全面履行政府职能，着力加强和创新社会治理。这"九个坚持"让我们顶住了压力，保持了经济中高速增长，促进了结构优化，经济长期向好的基本面不断巩固和发展。刚刚过去的 2017 年再展捷报：经济社会发展主要目标任务全面完成并好于预期，经济发展呈现出增长与质量、结构、效益相得益彰的"高颜值好气质"经济局面。

这个成绩的取得，既是五年来一系列重大政策效应累积，各方面不懈努力、久久为功的结果，更是以习近平同志为核心的党中央坚强领导的结果，是习近平新时代中国特色社会主义思想科学指引的结果，是全党全军全国各族人民团结奋斗的结果，是上一届政府给人民交出的完满答卷。

务实的开局——新的工作目标开启了新时代新征程政府工作的新气象新作为

李克强总理在 2018 年 3 月 5 日所作的《政府工作报告》第二、第三部分指出了 2018 年经济社会发展总体要求和政策取向，并对 2018 年政府工作提出建议。通读这两个部分，要旨十分清晰明确，建议十分自信务实。概括起来，有四方面特点：

一是方向明确。2018 年是全面贯彻党的十九大精神的开局之年，是改革开放 40 周年，是决胜全面建成小康社会、实施"十三五"规划承上启下的关键一年。做好 2018 年的经济社会发展工作十分重要。这是一个重要时间节点，工作着眼点就是要以习近平新时代中国特色社会主义思想为指导，将党的十九大和十九届二中、三中全会精神贯穿到全部工作之中，坚决贯彻党的基本理论、基本路线、基本方略，坚持和加强党的全面领导，努力开创新时代经济社会发展和政府工作的新局面。

二是步伐稳健。报告强调，要认真贯彻习近平新时代中国特色社会主义经济思想，坚持稳中求进工作总基调，把稳和进作为一个整体来把握。要通过大力推动高质量发展，解决好发展不平衡不充分的一些突出问题，确保经济运行在合理区间，实现经济平稳增长和质量效益提高互促共进；通过加大改革开放力度，在新的历史起点上，思想要再解放，改革要再深化，开放要再扩大，把改革开放不断向前推进；通过抓好决胜全面建成小康社会"三大攻坚战"，把群众最关切最烦心的事一件一件解决好，使人民生活随着国家发展一年比一年更好。

三是工作务实。报告对2018年政府工作提出了九项建议，在深入推进供给侧结构性改革、加快建设创新型国家、深化基础性关键领域改革、坚决打好"三大攻坚战"、大力实施乡村振兴战略、扎实推进区域协调发展战略、积极扩大消费和促进有效投资、推动形成全面开放新格局、提高保障和改善民生水平等方面都确定了细致的举措和谋划部署，每一条都细致入微，务实可行，充分体现了以人民为中心的发展思想。

四是为民担当。报告充分彰显人民政府为人民的人民情怀，指出"进入新时代，政府工作在新的一年要有新气象新作为"。要加强政府自身建设，深入推进政府职能转变，为人民提供优质高效服务；全面推进依宪施政、依法行政，人民政府的所有工作都要体现人民意愿，干得好不好要看实际效果、最终由人民来评判；全面加强党风廉政建设，政府工作人员要廉洁修身，勤勉尽责，干干净净为人民做事，决不辜负人民公仆的称号；全面提高政府效能，对各级政府及其工作人员来说，为人民干事是天职、不干是失职。"广大干部要提高政治素质和工作本领，求真务实，干字当头，干出实打实的新业绩，干出群众的好口碑，干出千帆竞发、百舸争流的生动局面。"报告中一系列朴实而生动的表述，是对各级政府的莫大期望，也鲜明地彰显了"中国改革发展的一切成就，都是干出来的"这一颠扑不破的真理。

随着两会后2018年政府工作的务实开局，可以预期新一届政府将以新的崭新风貌开创新局面开启新征程。

推进伟大事业的
坚强宪法保证*

《中华人民共和国宪法修正案》已由中华人民共和国第十三届全国人民代表大会第一次会议于 2018 年 3 月 11 日通过。这是 2900 多名现场代表的由衷表达，是亿万人民的共同心声，是一件利国利民的大事，彰显了全国各族人民对党的领导、人民当家作主、依法治国有机统一的无比自信。

宪法是治国安邦的总章程，是党和人民意志的集中体现，在我们党治国理政活动中具有十分重要的地位和作用。从 1954 年我国第一部宪法诞生至今，我国宪法一直处在探索实践和不断完善过程中。1982 年《宪法》公布施行后，最高立法机关根据我国政治经济社会发展的需要，对国家根本法分别进行了 5 次修改。在保持宪法连续性、稳定性、权威性的基础上，推动宪法与时俱进、完善发展，这是我国法治实践的一条基本规律。同时，过去的实践也证明，及时把党和人民创造的伟大成就和宝贵经验上升为国家宪法规定，实现党的主张、国家意志、人民意愿的有机统一，是我们党治国理政的一条成功经验。

庄严宪法，字字千钧。这次对既有宪法进行了 21 处修改，每一条每一个字都反映了全党全国各族人民的共同愿望，其中的最大成果，就是把习近平新时代中国特色社会主义思想等写入宪法，确认了党和人民在中国特色社会主义实践中取得的重大理论创新、实践创新、制度创新成果，体现了党和国家事业发展的新要求，体现了中国特色社会主义进入新时代的新要求，可以确保我国宪法随着党领导人民建设中国特色社会主义实践的发展而不断完善发展，可以更好发挥宪法在新时代坚持和发展中国特色社会主义中的规范、引领、推动、保障作用，为实现"两个一百年"奋斗目标和中华民族伟大复兴的中国梦提供有力的宪法保障。

这一次修宪，从党中央提出建议，到十二届全国人大常委会决定将宪法修正案草案提请大会审议，再到大会期间多次审议、补充完善、投票表决。这段法治进程，始终贯穿科学立法、民主立法、依法立法精神和原则，是我们党领导立

---

* 本文原载《中国青年报》2018 年 3 月 14 日，原题为《推进伟大事业的坚强宪法保证》，《浙江日报》同题转载。

法、保证执法、支持司法、带头守法的生动实践，体现出党的主张和人民意志的高度统一，展现出中国特色社会主义民主政治的巨大优势。

修改宪法是为了更好地实施宪法，更好发挥宪法的国家根本法作用。习近平总书记在党的十九届二中全会上指出，全面贯彻实施宪法，是建设社会主义法治国家的首要任务和基础性工作。全党全国各族人民要以这次宪法修改为契机，把实施宪法摆在新时代全面依法治国的突出位置，更加自觉地维护宪法权威和尊严，更加有力地加强宪法实施和监督工作，为保证新修订的宪法实施提供强有力的政治和制度保障，把依法治国、依宪治国提高到一个新水平，在宪法的护航下，推进伟大事业走向新的辉煌。

循着发展的逻辑——一个经济学人的时事观察（2016-2020）

从"减、增、合、调"
看国务院机构改革*

  备受关注的国务院机构改革方案现已提交十三届全国人大一次会议予以审议。这次国务院机构改革是党的十九届三中全会审议通过的《深化党和国家机构改革方案》（以下简称《方案》）的重要组成部分，也是贯彻党的十九大、十九届三中全会精神的重要部署和具体体现。从整个方案和相应的说明来看，这次国务院机构改革力度之大，影响面之广，是改革开放以来少有的，彰显了以习近平同志为核心的党中央将改革进行到底的坚定信心。这次国务院机构改革具有系统性、整体性、结构性、革命性的特点，必将为构建起适应新时代要求的职责明确、依法行政的政府治理体系，切实提高政府执行力和政府效能提供有力的组织保证。

  概括起来，整个方案涉及的国务院组成机构的调整可以用"减、增、合、调"四个字来表述。

  "减"是指数量上减少。《方案》对国务院组成部门和其他机构进行了较大幅度的调整，减少了8个正部级机构和7个副部级机构，除国务院办公厅外，国务院设置组成部门只有26个。这是改革开放以来的第8轮机构改革，此前7轮机构改革分别发生在1982年、1988年、1993年、1998年、2003年、2008年、2013年。这次机构调整虽然数量上与2013年比较接近，但在部委数量保持均衡的基础上对结构进行了优化，更加符合政府工作实际需要。

  "增"是指增加了新的部委和机构。比如，国务院组成部门里新组建了自然资源部、退役军人事务部、应急管理部等新的部委，国务院直属机构里新组建了国家国际发展合作署、国家医疗保障局和国家移民管理局。这些新组建的部委或机构体现了我国经济社会发展的新要求，既反映中国特色，也与世界发展潮流相适应。

  "合"是指在原有机构组成的基础上按照优化机构设置和职能配置、理顺职

---

 * 本文原载中青在线 2018 年 3 月 15 日。

责关系的要求，进行重新整合。比如，在环保部的基础上，整合相关部委相应职能，组建了生态环境部。在农业部的基础上，整合相关部委有关农业投资项目管理职责，组建了农业农村部，更好地体现了党的十九大提出的加快农业农村现代化的新要求。为推动文化事业、文化产业和旅游业融合发展，方案提出，将文化部、国家旅游局的职责整合，组建了新的文化和旅游部。组建国家市场监督管理总局，不再保留国家工商行政管理总局、国家质量监督检验检疫总局、国家食品药品监督管理总局。将中国银行业监督管理委员会和中国保险监督管理委员会的职责整合，组建中国银行保险监督管理委员会，等等。

"调"是指将已有的一些机构职能调并到相关既有部委或机构。比如，将国务院三峡工程建设委员会及其办公室、国务院南水北调工程建设委员会及其办公室调并入水利部。将国务院国有资产监督管理委员会的国有企业领导干部经济责任审计和国有重点大型企业监事会的职责划入审计署。

这次国务院机构改革，充分遵循了党的十九届三中全会确定的深化党和国家机构改革的基本原则，作为推进党和国家事业发展的重要的工作枢纽，国务院机构改革率先垂范，具有自我革命的勇气。

一是有效贯穿了坚持和加强党的全面领导这一改革的政治主题，坚持在党的领导下协调行动，增强合力，统筹推进党和国家机构改革，全面提高国家治理体系和治理能力现代化。

二是坚决破除制约使市场在资源配置中起决定性作用、更好发挥政府作用的体制机制弊端。比如，组建国家市场监督管理总局，是建立统一开放竞争有序的现代市场体系的关键环节，有利于改革市场监管体系，实行统一的市场监管，推动实施质量强国战略，营造诚实守信、公平竞争的市场环境。

三是围绕推动高质量发展，建设现代化经济体系的要求，着力推进重点领域和关键环节的机构职能优化和调整，构建起职责明确、依法行政的政府治理体系，更有利于加强和完善政府经济调节、市场监管、社会管理、公共服务、生态环境保护职能，使得国务院机构设置更加科学合理、职能定位更加优化，权责更加协同，行政更有效率。

四是将坚持以人民为中心作为改革的根本价值取向。这次国务院机构改革强化了政府公共服务、社会管理职能，非常明显地在教育文化、卫生健康、医疗保障、退役军人服务、移民管理服务、生态环保、应急管理等人民群众普遍关心的领域加大了机构调整和优化力度，体现了人民政府为人民的本质，这也是这次机构改革的最终目标。

渐进式金融监管协同
迈出第一步*

日前，国务院机构改革方案提请十三届全国人大一次会议审议。方案显示，中国银行业监督管理委员会和中国保险监督管理委员会合并，组建中国银行保险监督管理委员会。

2018 年 3 月 17 日，该方案通过审议，中国金融监管体制将变成"一委一行两会"，即：国务院金融稳定发展委员会、中国人民银行、中国证监会、中国银保监会。

为何合并银监会、保监会而不包括证监会？方案通过，银监会、保监会合并之后，"一行两会"的功能会否发生重大变化？国家行政学院研究员胡敏、中国地方金融研究院研究员莫开伟、知名经济学家宋清辉发表看法。

渐进式重组符合市场预期

记者：为何合并银监会、保监会，而不包括证监会？这种渐进式重组是否符合市场预期？

胡敏：与之前一些专家设想的"一行一委"即"双头监管"模式，或者成立"一行三局"方案，即将"一行三会"合并成立超级金融监管机构，在央行下设立银监、证监和保监局等思路看，这次改革属于一种比较温和的金融监管体制改革。如果一步到位采取"双峰监管模式"需要将原有监管框架彻底拆散、颠覆与重构，不论是对政府部门还是对市场机构来说都意味着巨大的成本，面临巨大的不确定性。

此次整合银监会和保监会的改革举措，将目前的"一行三会"调整为"一行两会"，体现了我国金融监管体制一种"渐进式"改革的思路，也体现了稳中求进的工作总基调，既适应了金融监管改革"功能监管"这个趋势和要求，也可以减少银行业与保险业之间的监管空白和监管套利问题，尤其是我国金融业中

---

* 本文原载《东莞日报》2018 年 3 月 19 日，记者：张华桥。

比较突出的影子银行问题，有助于抑制涉及银行和保险业的通道业务，消除监管盲点，防止监管套利，避免风险的交叉感染，有效降低中国金融系统性风险水平。

证监会业务相对独特、独立，证监会面对证券市场，包括债券、期权、期货、股票，这个功能相对独立于金融机构和大的银行保险公司，加上金融稳定发展委员会的领导，所以这一轮暂时没有合并。

莫开伟： 目前先将银监会与保监会合并，主要是因为保险监管体制改革比证监会更急迫，因为目前地市和县级保险行业基本处于监管真空，保险市场乱象较多，损害民众利益的案件也较多，必须将银监会与保监会合并，借助基层银行监管部门力量，将保险业全面监管起来；而证券行业在市、县两级机构少，监管没有这么迫切。"三会合并"条件尚未成熟。由此，金融监管改革可能会分两步走，等运行一段时间，积累一定经验之后，到下一个五年有可能实现"三会合并"。

宋清辉： 近年来，随着经济的快速发展，金融机构业务之间的交叉越来越多，造成一些监管的真空出现。原有的分业监管模式已不适应当前中国金融业发展的现实，而合并银监会、保监会利于强化综合监管，提高统筹协调的效果。银行与保险在监管理念、规则等方面具有高度的相似性，对监管资源和监管专业能力也有高度相近的要求。更重要的是，这种渐进式重组符合市场预期，亦是大势所趋。

权力下放是大势所趋

记者： "一委一行两会"中国新金融监管框架逐步形成，这4个机构的职能划分是怎样的？和之前相比，会有哪些重大变化？

宋清辉： 此次改革之后，中国人民银行的主要职责是未来宏观审慎指标的制定、监管指标的执行以及法律法规制定，再加上央行原有的货币政策和宏观金融稳定的职责，等于说央行的职责进一步扩大了，统筹协调角色更重要了。

在这一版改革方案中，中国证监会相关职能是否变动并未提及细节。但通过观察可以看出，证监会权力下放交易所是大势所趋，因为这样不仅有利于更好地发挥交易所的监管职能，而且能够将证监会从繁杂的事务中解脱出来，专心市场规则的制定等。以A股退市为例，目前A股有3000多家上市公司，若靠证监会对其进行日常全覆盖监管显然是不可能完成的任务。由于交易所是直接与上市公司打交道的"管理者"，无疑是最合适不过的。例如，最近两年，沪深交易所对上市公司的信息披露内容进行质询已成常态化工作。

未来，中国银行保险监督管理委员会预计将是一个大监管机构，主要职责是依法统一监督管理银行业和保险业，维护金融稳定。预计在现有的部门和人员配置上不会发生大的变化，但将来要想发挥出协同效应，还需要扩充金融监管专业人才。

莫开伟：国务院金融稳定发展委员会只是一个负责宏观层面协调功能的组织机构，重在强化中国人民银行宏观审慎管理和系统性风险防范职责。央行主要负责货币政策制定及宏观审慎监管、拟订金融监管法律法规草案及制定审慎监管基本制度，与之前相比，中国人民银行将全部金融监管集于一身。银行保险监督管理委员会主要负责对银行、保险业经营业务合法合规性的监管，确保银行保险经营市场稳定，消除市场乱象。证监会就目前来看，基本保持稳定，跟改革之前履行对证券业的监管功能一样。

胡敏：最大的变化是监管力度会更强。新建立的委员会将整合原银监会与保监会的职责，依照法律法规统一监督管理银行业和保险业，维护银行业和保险业合法、稳健运行，防范和化解金融风险，保护金融消费者合法权益，维护金融稳定。随着银监会、保监会职责整合，其积极的意义可以推动金融改革不断深化，缩短金融企业推出合理的、符合市场需求的产品时间，提高产品效率和金融监管能力，更好地化解风险。

监管将转向以市场监管为主

记者：新金融监管框架下，将对金融市场带来哪些影响？

宋清辉：存在 15 年之久的"一行三会"格局被正式打破，中国金融监管自此进入新时代。这次整合是推进金融业监管协同的第一步，方向上转向以市场监管为主，能够有效避免监管漏洞和监管重叠。把银监会、保监会的职责整合有利于加强监管协调，弥补监管漏洞，构建现代金融监管框架，实现金融风险监管全覆盖。

莫开伟：就目前而言，尽管离社会对金融监管"三会合并"的期待有一定距离，但这也是比较切合中国金融监管实际的金融监管框架。它将整合银行保险原有监管机构的力量，实现保险银行监管信息资源共享，将进一步加大对银行保险业的监管力度，对遏制银行保险业市场乱象起到重要作用。同时，银监会、保监会合并是新时期我国金融监管改革的一次有效尝试，也是金融监管由分业监管向混业监管转变的标志性事件，可为未来更大范围、更深层次上的金融监管体制改革提供经验、蓄积动能。

胡敏：银保监会的职责整合后，机构监管向管市场和管产品的转变会更加清晰，也能够弥补监管上的空白，比如，过去管机构存在模糊地带，对资产管理、同业业务、对标业务的监管出现漏洞。调整后，监管机构可以全方位地去管理金融市场。对银行来讲，由于统一制定监管规则，会让其未来业务经营更加规范。

国税地税合并：择时而变
重在效能 *

实施了 24 年之久的我国国税地税分置的税收征管体制，在 2018 年举行的十三届全国人大一次会议上予以终结。在提请人大的这次国务院机构改革方案中指出，将改革国税地税征管体制，将省级和省级以下国税地税机构合并，具体承担所辖区域内各项税收、非税收入征管等职责；国税地税机构合并后，实行以国家税务总局为主与省（区、市）人民政府双重领导体制。

此次国税地税合并，是适应于社会经济的最新趋势变化的一次机构优化调整，能够降低协调成本，有效提高征管效能。如果说，现行的税收征管体制在 24 年前的 1994 年我们是根据分税制改革要求而设立，适应了当时需要增强中央财力的必要之举，那么今天再次合并，也是择时而变、顺势而为之举，根本在于提高税收征管效能，提升国家财政运行效率。从比较研究来看，我们可以从一些发达市场经济国家税收征管体制和创新经验中汲取养分。

国税地税征管体制的核心是中央与地方政府之间税收立法权、税收征管权划分以及征管机构设置三个问题，从中我们可以总结出几个制度设计的普遍原则：

一是按照法定的三级政府架构划分税权、确定国地税征管体制。无论联邦制还是单一制国家，多采用三级政府架构，如联邦政府、州政府、地方政府，设计适度的三级政府架构是大国实施国家有效治理的基础，税收立法权、税收征管权以及理顺国地税征管体制都要与三级政府权力划分相对应。

二是税收立法集权与适度分权是分税制和国地税征管体制建立的保障。各国将税种的开征、停征、税率调整等权限如何在各层级政府间划分需要在宪法中予以明确，贯彻税收法定原则。例如，除美国联邦、州和地方都具有相对独立的税收立法权外，各国的税收立法均需由国会或联邦议会决定，税收立法权相对集中，但保留地方政府拥一定的税收自主权，即一定的自主决定开征或废止适宜地方的税种或收费权力，以及调整有关税种税率的权限等。

---

* 本文原载《东莞日报》2018 年 3 月 19 日。

三是各国均与法律明确划分的各级政府事权和支出责任相匹配建立三级政府分税制，并按税种属性划分各级政府的税收收入，通过建立比较完备的税法体系明确规定各级政府的征管职责和征管范围等具体内容。

一般来说，通过国家立法将税基流动性大、筹集资金功能强等的大宗税种，比如，个人所得税、企业所得税、增值税等划归中央（联邦）政府，使其占据财力优势，其税收占全部税收的比重，联邦制国家均在50%以上，单一制国家均在60%以上。各国普遍重视完善国税（联邦）税务组织机构，提高税务行政效能，为中央（联邦）政府筹集财政资金提供保障。经过二三十年的组织机构演变，目前大部分国家的国税机构都从针对每个税种成立一个独立多功能部门的"税收类型"组织机构模式转变为按职能类别、跨越多个税种的"功能型"为主的组织机构模式，或者按不同纳税人具有不同特点和遵从行为的"纳税人类型"为主的组织机构模式，这两者都能克服税收征管职责上的交叉和重复以及税政上的低效率等问题。

四是国地税加强征管合作成为普遍的趋势。近十多年来，由于信息技术快速进步和发展，许多国家开始通过优化办公网络整合、缩减税务部门和机构，实现降低征纳成本、提高税务行政质效的目标。中央与地方税务机构合并为一。目前，法国只有一套中央税务机构负责全部税收征管，没有设置地税机构，地方分支机构不断缩减。英国皇家税务与海关总署于2005年由英国税务局和海关合并成立，负责全国税收征管和福利发放等工作。德国较大的慕尼黑市，以前设置7个基层税务局，现已整合为1个税务局。澳大利亚联邦税务局从2014年10月31日起关闭了10个地区性的分支机构。精简征税机构、压缩层级、推进扁平化管理成为国际税改趋势。

无论分设国税、地税机构还是只设一套税务机构，各国税务当局在具体执行税法过程中，都需要在纳税服务、税务审计稽查、国际税收、税收信息化以及人力资源管理等主要征管环节不断改进方式或方法，为税收现代化提供强大的人力资源保障。

进入21世纪以来，世界各国税收征管改革的步伐显著加快，各国都致力于创新税收征管制度和措施，在税收征管重点环节上不断提升创新能力，不断提高税务人员专业水平和技能。当前我国与世界经济发展日益融合，必然要求推动国税、地税征管体制的改革。将实施24年的国税地税体制合并，有利于转变征收管理方式、优化税务组织体系、构建税收共治格局，推进财政治理体系和治理能力的现代化。我们既要立足中国国情，又要积极借鉴国际经验，加快推动中国走向大国税务的创新性改革。

当代中国经济发展实践的
理论结晶*

——习近平新时代中国特色社会主义
经济思想评述

2017 年末召开的中央经济工作会议贯彻落实党的十九大精神，在全面总结党的十八大以来的 5 年我国经济发展取得历史性成就的基础上，鲜明地提出了以新发展理念为主要内容的习近平新时代中国特色社会主义经济思想，并将这一经济思想高度凝练为"七个坚持"的思想要义。习近平新时代中国特色社会主义经济思想是党的十九大形成的习近平新时代中国特色社会主义思想在经济建设方面的系统化思想表述和实践引领，是运用马克思主义的理论和方法并结合中国经济实践得出的科学理论体系，是引领新时代中国特色社会主义经济发展的指导思想，开创了中国特色社会主义政治经济学的新境界。

三个维度把握新经济思想的精髓要义

全面理解和深刻领会习近平新时代中国特色社会主义经济思想，需要我们从实践的维度、理论的维度和价值的维度加以认识。

习近平新时代中国特色社会主义经济思想源于新时代经济发展变革的伟大实践，具有鲜明的实践特色。党的十八大以来，以习近平同志为核心的党中央对国内外经济形势审时度势，对中国经济的发展方位作出科学判断，对经济发展思路作出适时调整并做出正确决策，提出一系列新理念新思想新战略，出台一系列重大方针政策，推出一系列重大举措，推进一系列重大工作，解决了许多长期想解决而没有解决的难题，办成了许多过去想办而没有办成的大事，推动党和国家事业发生历史性变革。经过长期努力，中国特色社会主义进入了新时代。习近平中

---

* 本文原载《经济》2018 年第 3 期，2018 年 3 月 20 出刊。原题为《当代中国经济发展实践的理论结晶——习近平新时代中国特色社会主义经济思想评述》。

国特色社会主义经济思想正是产生于这一伟大的变革时代，深深铭刻着中国经济社会转型变革的时代烙印，是伟大的实践产生了伟大的理论，伟大的理论又指导了极不平凡的发展历程，引领我们党在复杂形势下成功驾驭了经济发展大局，推进我国经济发展取得历史性成就、发生历史性变革。这一经济思想充分体现了以推进经济发展活动为基础的实践逻辑。

习近平新时代中国特色社会主义经济思想实现了我们党在经济建设指导思想的最新发展，彰显厚实的理论底色。习近平新时代中国特色社会主义经济思想表述出的"七个坚持"，从政治保障、发展目的、发展理念、主要矛盾、工作路径、发展战略和策略方法，形成了一整套逻辑紧密、相互支撑的理论体系。这一思想理论运用马克思主义辩证唯物主义和历史唯物主义的立场、观点和方法，从当代中国经济的基本现状出发，准确定位经济发展新常态下中国经济"怎么看、怎么办、怎么干"的基本问题，又顺应当代世界经济大变革大调整大发展的新趋势；既充分吸收和继承新中国成立以来尤其改革开放以来形成的中国特色社会主义经济思想精华，又辩证吸收当代资本主义经济发展的经验教训和西方经济学理论中的合理成分，探索形成了立足中国经济实际、符合经济发展规律的理论逻辑。

习近平新时代中国特色社会主义经济思想始终坚持发展以人民为中心的基本立场，具有明确的价值导向。党的十八大以来，以习近平同志为核心的党中央坚持把人民放在最高位置，把实现好、维护好、发展好最广大人民根本利益作为衡量一切工作得失的根本标准，以人民为中心是这一经济思想的内在价值核心。在这一思想引领下，树立新发展理念，统筹推进"五位一体"总体布局和协调推进"四个全面"战略布局，促使经济发展成果惠及更多百姓，人民获得感、幸福感、安全感显著增强。党的十九大更鲜明地强调为中国人民谋幸福、为中华民族谋复兴的中国共产党人的初心和使命，继续贯彻落实以人民为中心的发展思想，推动经济工作适应新时代、紧扣新矛盾、聚焦新目标、落实新部署，确保新时代中国经济在实现高质量发展中不断取得新进展，更加凸显了以实现经济发展取向为要旨的价值逻辑。

实践、理论、价值三个维度在内在逻辑上构成一个辩证有机的整体，显示了习近平新时代中国特色社会主义经济思想旺盛的生命力。

以辩证的态度运用新思想指导新实践

新时代产生新思想，新思想指导新实践。中国特色社会主义进入新时代，我国经济发展也进入了新时代，其基本特征就是我国经济已由高速增长阶段转向高质量发展阶段。用习近平新时代中国特色社会主义经济思想指导新时期的经济工作，就是要按照"七个坚持"的核心要义，以唯物辩证的哲学思维推动中国经济实现高质量发展。

一是把党对经济工作的全面领导与坚持以人民为中心的发展紧密结合起来。这是方向和准绳。党性和人民性在经济工作中是内在统一的。党的领导是中国特色社会主义最本质的特征，坚持加强党对经济工作的集中统一领导，可以保证我国经济沿着正确方向发展。以人民为中心是党的宗旨，是坚持和发展中国特色社会主义的落脚点，必须贯穿到统筹推进"五位一体"总体布局和协调推进"四个全面"战略布局之中。

二是把准确认识经济发展阶段与紧扣社会主要矛盾变化紧密结合起来。这是方位和重点。要积极适应和主动引领经济新常态，顺应时势，立足大局，把握规律，紧扣我国社会主要矛盾变化，着力解决发展不平衡不充分的问题，把推进供给侧结构性改革作为经济工作的主线攻克发展方式转变、经济结构调整、新旧动能转化的体制堡垒，坚决打赢"三大攻坚战"，推动经济发展质量变革、效率变革、动力变革。

三是把市场"看不见的手"和政府"看得见的手"紧密结合起来。这是手段和工具。正确处理好政府和市场关系是推进经济体制改革的关键所在，既要使市场在资源配置中起决定性作用，也要更好地发挥政府作用，思想要更加开放，改革要更加深入，开放要更加扩大，坚决破除一切不合时宜的思想障碍和突破利益固化的藩篱，以将改革进行到底的勇气激发全社会的活力和创造力。

四是把确立发展战略目标与采取正确的方法策略紧密结合起来。这是方法和策略。要坚持以问题为导向部署经济发展新战略，决胜全面建成小康社会和开启社会主义现代化新征程，一个阶段有一个阶段的历史使命，既要尽力而为，又要量力而行，保持战略定力、坚持底线思维，一步一个脚印，久久为功，必成大业。稳中求进工作总基调既是治国理政的重要原则，也是做好经济工作的方法论。要把稳与进作为一个整体来把握，在工作中把握好节奏和力度，统筹各项政策，加强政策协同，务求各项政策扎实有效落地落实。

习近平新时代中国特色社会主义经济思想是推动我国经济发展实践的理论结晶，是党和国家十分宝贵的精神财富，同时又是一个开放包容的理论体系，必将随着经济社会的发展，展示出更加强大、更有说服力的真理力量。

点赞四种"伟大民族精神"*

"新时代属于每一个人""人民是历史的创造者，人民是真正的英雄""东西南北中、党政军民学，党是领导一切的""永远做中国人民和中华民族的主心骨"……2018年3月21日上午，十三届全国人大一次会议在圆满完成各项议程，产生新一届国家机构组成人员后，在人民大会堂闭幕，国家主席习近平发表了重要讲话。

中国共产党新闻网采访多位学者，国家行政学院研究员胡敏指出，习近平主席的讲话再次凸显了他以实现"人民梦想"为己任的博大情怀，坚守"始终与人民心心相印、与人民同甘共苦、与人民团结奋斗"的赤子初心，致力于人民对美好生活的向往就是我们奋斗目标的实现，更彰显了我们党永远不变的性质、宗旨和奋斗目标。

"点赞"中国人民：伟大民族精神构成"人民观"

中国人民是具有"伟大创造精神""伟大奋斗精神""伟大团结精神""伟大梦想精神"的人民。习近平主席在讲话中，多次用"伟大"一词"点赞"中国人民，并深情地谈道："有这样伟大的人民，有这样伟大的民族，有这样伟大的民族精神，是我们的骄傲，是我们坚定中国特色社会主义道路自信、理论自信、制度自信、文化自信的底气，也是我们风雨无阻、高歌行进的根本力量！"

"习近平主席的重要讲话将人民作为整个讲话的高频词，贯穿于讲话始终，充分彰显了人民领袖爱人民这一博大的人民情怀。"国家行政学院研究员胡敏指出，近百年来，党的光辉历程铸就了中国人民伟大的创造精神、奋斗精神、团结精神和梦想精神，这也成为习近平主席作为人民领袖最坚定的人民信仰，这是人民领袖的"人民观"，也要成为全体中国共产党人坚定秉承的核心价值、精神归宿、行动指南。

一枝一叶总关情，习近平总书记始终把人民放在心中最高的位置。在讲话

---

* 本文原载中国共产党新闻网2018年3月21日。

中，他提出了一切国家机关工作人员应遵循的"三个始终"——始终要把人民放在心中最高的位置，始终全心全意为人民服务，始终为人民利益和幸福而努力工作，天津大学教授孙兰英表示。

开启一场"新的长征"：力度更大 措施更实

如何把蓝图变为现实，开启一场新的长征？习近平主席在讲话中，五次强调力度"更大"，措施"更实"：我们要以更大的力度、更实的措施"全面深化改革、扩大对外开放""发展社会主义民主""加快建设社会主义文化强国""保障和改善民生""推进生态文明建设"。北京交通大学经济管理学院教授冯华表示，更大的力度，更实的措施，解决好民生问题，这是习近平总书记"人民观""执政观"的具体体现。习近平总书记的讲话让我们深切感受到领导人的执政理念：一切以人民为中心，着力解决好人民最关心、最直接、最现实的利益问题。

"路虽然还很长，但时间不等人，容不得有半点懈怠。"习近平总书记在讲话中强调，我们决不能安于现状、贪图安逸、乐而忘忧，必须不忘初心、牢记使命、奋发有为。胡敏表示，在决胜全面建成小康社会，开启现代化强国新征程中，我们还面临诸多困难和挑战。"要拿出更大的决心和勇气攻坚克难，用改革的勇气解决改革的难题，要不驰于空想、不骛于虚声，一步一个脚印扎扎实实做好改革发展的任务，切实让人民增加获得感幸福感安全感。"

习近平总书记在讲话中强调，中国共产党"永远做中国人民和中华民族的主心骨"。胡敏表示，实践证明，只有中国共产党的坚强领导，才有科学社会主义在21世纪的中国焕发出巨大的生命力，才有了中国特色社会主义道路自信、理论自信、制度自信和文化自信，才能团结全体人民开辟创造更加美好生活的未来。"要不折不扣坚持和加强党的全面领导，这是我们的制度本质，也是最大政治优势。"

把新思想写在
春天的大地上 *

2018 年两会期间，习近平总书记分别参加十三届全国人大一次会议内蒙古、广东、山东、重庆、解放军和武警部队代表团审议，看望参加全国政协十三届一次会议的民盟、致公党、无党派人士、侨联界委员并参加联组会，同代表委员们共商国是、谋划未来，发表了一系列重要讲话，涵盖政治建设、经济建设、文化建设、社会建设、生态文明建设、军队建设和党的建设各个方面，生动地展示了习近平新时代中国特色社会主义思想的丰富内涵。

下大气力推进高质量发展

中国特色社会主义进入新时代，开启全面建设社会主义现代化国家新征程。习近平总书记所到之处谈得最多的是推进高质量发展。在参加内蒙古代表团审议时他强调，推动经济高质量发展要把重点放在推动产业结构转型升级上，要把实体经济做实做强做优，大力培育新产业、新动能、新增长极。在参加广东代表团审议时他强调发展是第一要务、人才是第一资源、创新是第一动力三个"第一"。习近平总书记语重心长地指出，中国如果不走创新驱动发展道路，新旧动能不能顺利转换，就不能真正强大起来。为此必须通盘考虑、着眼长远，突出重点、抓住关键，构建起推动经济高质量发展的体制机制。没有农村农业的现代化，就没有全面建成小康社会。习近平总书记在参加山东代表团审议时强调，农业强不强、农村美不美、农民富不富，决定着全面小康社会的成色和社会主义现代化的质量，要深刻认识实施乡村振兴战略的重要性和必要性，扎扎实实把乡村振兴战略实施好。在几个代表团，习近平总书记都进一步强调要坚决打赢扶贫脱困攻坚战，扎实推进生态文明建设。

---

* 本文原载《中国青年报》2018 年 3 月 26 日。

筑牢执政为民的根本宗旨

共产党就是为人民谋幸福的，人民群众什么方面感觉不幸福、不快乐、不满意，我们就在哪方面下功夫，千方百计为群众排忧解难。习近平总书记参加在广东代表团审议时的讲话充满着这样的人民情怀。在山东代表团，他要求党员干部，功成不必在我，要牢固树立正确政绩观，要做让老百姓看得见、摸得着、得实惠的实事，既要做显功，也要做潜功，不计较个人功名，多积尺寸之功，追求人民群众的好口碑、历史沉淀之后真正的评价。在重庆代表团，习近平总书记教诲各级党员干部时强调，政德是整个社会道德建设的风向标。要立政德，明大德、守公德、严私德，从而筑牢理想信念，锤炼坚强党性，强化宗旨意识，恪守为民理念，自觉做到严以修身，正心明道，防微杜渐，时刻保持人民公仆本色，形成"头雁效应"，必须不忘初心，永远不可迷失了方向和道路。

夯实团结奋进的政治基础

决胜全面建成小康社会、开启全面建设现代化强国新征程是全党全国各族人民的共同事业，需要各族人民、社会各界的团结奋斗。习近平总书记在参加内蒙古代表团审议时指出，要铸牢中华民族共同体意识，促进各民族像石榴籽一样紧紧抱在一起，共同创造美好生活。在参加民盟致公党无党派人士侨联联组会讨论时，习近平总书记强调，中国共产党领导的多党合作和政治协商制度作为我国一项基本政治制度，是中国共产党、中国人民和各民主党派、无党派人士的伟大政治创造，是从中国土壤中生长出来的新型政党制度。各级政协要真诚协商、务实协商，道实情、建良言，形成更广泛、更有效的民主。建设一支听党指挥、能打胜仗、作风优良的人民军队，是实现"两个一百年"奋斗目标、实现中华民族伟大复兴的战略支撑。习近平总书记在参加解放军和武警部队代表团全体会议上发表重要讲话时指出，人民军队要与时俱进，时刻准备着，枕戈待旦，弘扬我军的优良传统，加快国防和军队现代化建设，要让军人成为全社会尊崇的职业、最可爱的人。

春光明媚，大地回春。谆谆教诲，字字千金。代表委员将铭刻习近平总书记的话语，在习近平新时代中国特色社会主义思想指引下，谱写新时代中国发展的春的美好诗篇。

打造适应新时代的优质
高效服务政府*

循着发展的逻辑——一个经济学人的时事观察（2016—2020）

要破障碍、去烦苛、筑坦途，就必须优化政府机构设置和职能配置，切实提高政府效能，增强政府的公信力和执行力。

进入新时代，政府工作在新的一年要有新气象新作为。2018 年《政府工作报告》用三个"全面"对加强政府自身建设提出了明确要求，即全面推进依宪施政、依法行政，全面加强党风廉政建设，全面提高政府效能。

这三个"全面"言简意赅，内涵丰富。聚焦新时代，顺应高质量发展，概括起来，就是用更加严格、更加全面的制度规范确保政府及其工作人员行而有据、为而有范，在新的历史起点上，努力打造适应新时代的优质高效服务政府。

依法是政府工作的基本准绳，政府工作要全面推进依宪施政、依法行政。严格遵守宪法法律被摆在了政府工作的突出位置，彰显了宪法法律的神圣和权威。

党的十八大以来，以习近平同志为核心的党中央把全面依法治国纳入"四个全面"战略布局，坚持依法治国、依法执政、依法行政共同推进，坚持法治国家、法治政府、法治社会一体建设，对完善和发展中国特色社会主义制度、推进国家治理体系和治理能力现代化发挥了重要作用。党的十九大将全面推进依法治国总目标和坚持全面依法治国写入习近平新时代中国特色社会主义思想的"八个明确"和"十四个坚持"的基本方略。

宪法在整个法律体系中具有最高的法律地位、法律权威、法律效力，也是全面依法治国的根本依据。中国共产党第十九届中央委员会第二次全体会议指出，我们党高度重视宪法在治国理政中的重要地位和作用，明确坚持依法治国首先要坚持依宪治国，坚持依法执政首先要坚持依宪执政，把实施宪法摆在全面依法治国的突出位置。

新时代中国特色社会主义的发展，对党和政府依宪治国、依宪执政提出了新

---

* 本文原载新华社《瞭望新闻周刊》2018 年第 13 期，2018 年 3 月 26 日出刊。

的更高要求。各级政府机构作为依法施政的直接承担者，理所应当地要以宪法为根本活动准则，自觉维护宪法尊严，保证宪法严格实施。

全面推进依宪施政、依法行政是贯彻落实习近平新时代中国特色社会主义思想的具体体现，也是政府全部工作的基本准绳，目标就是加快建设中国特色社会主义的法治政府。

首先，政府工作必须坚持党的领导。我国宪法确认了中国共产党的执政地位，确认了党在国家政权结构中总揽全局、协调各方的核心地位。这是中国特色社会主义最本质的特征，是中国特色社会主义制度的最大优势，也是社会主义法治最根本的保证。党政军民学、东西南北中，党是领导一切的。走进新时代，我们必须始终坚持党的领导，正确把握党政关系，才能把依宪施政和依法行政有机结合起来，把强化党的领导力和提升政府的执行力有机结合起来，从而将我们的制度优势充分发挥出来。

其次，政府的全部活动必须纳入法治轨道。党的十八届四中全会用"职能科学、权责法定、执法严明、公开公正、廉洁高效、守法诚信"24个字赋予了法治政府基本内涵。这是我国建设法治政府的总的要求和目标，明确了政府的所有活动包括职责界定、权属关系、权力规范、运行程序、施政过程、执法方式等都要严格遵守宪法法律。政府机构工作人员要全面提高运用法治思维和法治方式的能力和水平，对宪法法律始终保持敬畏之心，带头在宪法法律范围内活动，严格依照法定权限、规则、程序行使权力、履行职责，做到心中高悬法纪明镜、手中紧握法纪戒尺，知晓为官做事尺度。

最后，强化政府行政权力运行的公开和透明，辅以有效的制约和监督。将"把权力关进制度的笼子里"与"让权力在阳光下运行"有机结合，有权不可任性，用权必受监督。全面推进政务公开，坚持科学、民主、依法决策，凡涉及公众利益的重大事项，都要深入听取各方意见包括批评意见。坚持严格规范公正文明执法，各级政府要依法接受同级人大及其常委会的监督，自觉接受人民政协的民主监督，主动接受社会和舆论监督。政府的公信力彰显了党和政府的形象和权威，各级政府一届承接一届，"铁打的营盘流水的兵"，但要始终信守承诺，保持政策的连续性，决不能"新官不理旧账"。

廉政是人民政府的内在要求，政府工作要全面加强党风廉政建设。我们的政府是党领导下的人民政府，人民政府所做的一切工作都是为了人民。党风廉政建设是我们政府执政为民的突出优势，也是人民政府更好施政的内在要求和制度保障。

党的十八大以来，在以习近平同志为核心的党中央坚强领导下，政府改革和自身建设取得了长足进展，在加快政府职能转变，深入推进"放管服"改革，深入推进反腐倡廉建设、提高各级政府执行力和公信力等方面取得显著成效，为进入新时代、开启新征程、实现新目标、落实新任务奠定了较好的政府治理基础和良好的执政条件。

2018年《政府工作报告》告诫要"安不忘危，兴不忘忧"，强调在政府自身建设方面，政府职能转变还不到位；政府工作存在不足，有些改革举措和政策落实不力，一些干部服务意识和法治意识不强、工作作风不实、担当精神不够，形式主义、官僚主义不同程度存在；群众和企业对办事难、乱收费意见较多；一些领域不正之风和腐败问题仍然多发；等等。

因此，全面加强党风廉政建设，要将党风廉政建设贯穿到政府一切工作中。持之以恒正风肃纪、推动全面从严治党向纵深发展，以营造风清气正的党风，带动形成勤勉务实的政风；清除积弊，革除慵懒，引导政府工作人员自重自省自警自励，确保人民政府不负人民重托，确保改革发展目标顺利实现，确保人民政府的工作人员廉洁修身，勤勉尽责，干干净净为人民做事，决不辜负人民公仆的称号。这也是进入新时代的新一届政府应有的新气象、新作为。

对政府机构中的党员干部来说，要强化宗旨意识，筑牢理想信念。继续推进"两学一做"学习教育常态化制度化，认真开展"不忘初心、牢记使命"主题教育，强调党性高于一切，全心全意为人民服务，恪守立党为公、执政为民理念，自觉践行人民对美好生活的向往就是我们的奋斗目标的承诺。要将纪律挺在前面，党纪严于国法。要严格遵守党的政治纪律和政治规矩，牢固树立"四个意识"，坚决维护党中央权威和集中统一领导，不折不扣贯彻落实党的路线方针政策和党中央决策部署，坚决贯彻落实党中央八项规定及实施细则精神，驰而不息整治"四风"，特别是力戒形式主义、官僚主义。要加强行政监察和审计监督，坚决查处和纠正违法违规行为，坚决惩治各类腐败行为，巩固发展反腐败斗争压倒性态势。

对政府机构中的非党员干部来说，要时刻保持人民公仆本色。只要是人民政府中的工作人员，都要慎独慎初慎微慎欲，培养和强化自我约束、自我控制的意识和能力，戒贪止欲、克己奉公，切实把人民赋予的权力用来造福于人民。

2018年3月20日，十三届全国人大一次会议表决通过了《中华人民共和国监察法》，确立了国家监察委员会，建立起集中统一、权威高效的国家监察体系，将真正实现监察全覆盖，监督无死角。

效能是科学治理的根本体现，政府效能是政府治理体系和治理能力现代化的终极体现，也是推进高质量发展的题中之义。只有全面提高政府效能，才能打造优质高效服务政府。

党的十九届三中全会作出了深化党和国家机构改革的决定。这是适应中国特色社会主义发展要求，是推进国家治理体系和治理能力现代化的一场深刻变革。面对新时代新任务新要求，党和国家机构设置和职能配置同统筹推进"五位一体"总体布局、协调推进"四个全面"战略布局的要求还不完全适应，同实现国家治理体系和治理能力现代化的要求还不完全适应。本轮改革的目标是建设系统完备、科学规范、运行高效的党和国家职能体系。其中，优化政府机构设置和职能配置，形成职责明确、依法行政的政府治理体系是其中的重要改革内容。2018 年《政府工作报告》具体落实了深化政府机构改革的精神。

改革开放以来，我国政府机构改革随着社会主义现代化进程和市场经济的建立、完善和发展，已进行了 7 次改革，向着建设法治政府、廉洁政府、创新政府、服务政府的目标不断迈进。但需要看到，转变政府职能，推进依法行政，打造优质高效服务是一个艰苦的探索过程。

要破障碍、去烦苛、筑坦途，就必须优化政府机构设置和职能配置，切实提高政府效能，增强政府的公信力和执行力。党的十九届三中全会明确指出，转变政府职能，优化政府机构设置和职能配置，是深化党和国家机构改革的重要任务。对调整优化政府机构职能作出了总体规划，根本就在于要坚决破除制约使市场在资源配置中起决定性作用、更好发挥政府作用的体制机制弊端。

中国改革发展的一切成就，都是干出来的。打造一个适应新时代、优质高效的服务政府，落脚点还在于一个"干"字。对各级政府及其工作人员来说，为人民干事是天职、不干是失职。我们一定要以对国家和人民高度负责的精神，以不畏艰难的勇气、坚忍不拔的意志，尽心竭力做好工作，求真务实，干字当头，干出实打实的新业绩，干出群众的好口碑，干出千帆竞发、百舸争流的生动局面，使人民生活随着国家发展一年比一年更好。

6.5%：一个有支撑线的经济增长*

智库观点：

实现有质量的增长才能推进高质量发展，掌握这条支撑线的根本，就在于要正确把握稳与进的整体关系，把发展作为解决中国一切问题的基础和关键。

在 2018 年的《政府工作报告》中，李克强总理提出了 2018 年经济发展主要预期指标，其中最引人关注的是 2018 年国内生产总值预期增长确定为 6.5% 左右。该如何看待这个 GDP 增长率，在已经作出我国经济发展由高速增长转向高质量发展这个重大判断的时代背景下，各方面有不同判断。

一种意见认为，在我国经济总量和综合经济实力稳居世界第二位的情况下，可以淡化经济增长速度，应将更多的精力和资源集中到转方式、调结构、提质量、增效益上来，着力于推进高质量发展，可以对速度增减有一定的容忍度。也有一种意见认为，要实现到 2020 年全面建成小康社会两个既定的硬经济指标，这几年经济增长速度不能破 6.5% 这个下线，何况稳增长目的在于稳就业，在近年我国经济增长尚处于下行态势下，还是要求国民经济有一个稳健的增长，避免经济出现"硬着陆"。更多的意见则认为，经济发展的速度、质量、结构、效益是有机统一的，高质量发展需要保持有质量的增长和取得有增长的效益。

6.5%：既要有容忍度又要有支撑线

翻看进入"十三五"时期的这几年《政府工作报告》，在确定年度经济增长目标时，语言都比较谨慎。比如，2016 年的《政府工作报告》确定当年的国内生产总值增长预期目标为 6.5%~7%，这考虑了与全面建成小康社会目标相衔接和推进结构性改革的需要，也能稳定和引导市场预期。结果 2016 年实现了 6.7% 的经济增长，全年 GDP 总量是 74.7 万亿元。2017 年的《政府工作报告》提出

---

* 本文原载《中国经济时报》2018 年 3 月 28 日。

国内生产总值增长 6.5% 左右，在实际工作中争取达到更好结果的目标。2017 年实现了 6.9% 的经济增长，全年 GDP 总量达到 82.7 万亿元，大大超过预期值，经济发展呈现出增长与质量、结构、效益相得益彰的良好局面。这两年每年城镇新增就业也都在 1300 万人以上，这样的经济增长实现了比较充分的就业。

基于这样的发展态势，2018 年的《政府工作报告》确定全年国内生产总值增长 6.5% 左右。报告指出，这一增长速度也是考虑了决胜全面建成小康社会需要，符合我国经济已由高速增长阶段转向高质量发展阶段的实际。2018 年还第一次引入了城镇调查失业率这一指标并作为预期目标，这体现了我们有信心、有能力实现更广泛更充分的就业。

从这几年《政府工作报告》确定经济增长速度的演变看，随着我国经济增量的扩张、经济基本面的不断好转和经济增长对就业吸纳能力的不断增强，我们对增长速度的认识更加辩证、更加理性、更加包容、更加务实。

如果仅从到 2020 年实现全面建成小康社会完成既定的"两个翻一番"的硬指标看，由于这两年我国经济增长均超出预期，未来几年实际上每年经济增长实现 6.3% 左右，我们就可以完成目标任务。因此，2018 年确定 6.5% 左右的增长还是留出了一定的回旋余地，按照高质量发展的要求，对经济增长速度快一点还是慢一点，可以有一定的容忍度。但审视当前的国内外形势，又切不可掉以轻心。一方面，当前国际经济形势依然扑朔迷离，主要经济体政策调整及其外溢效应有很多变数，不确定、不稳定因素还很多。2017 年，我国外贸形势随着国际经济复苏实现好转，但随着国际市场环境的变化，我国进出口形势也存在逆转的可能，这会制约我国的经济增长。另一方面，我国经济正处于转变发展方式、优化经济结构、转换增长动力的攻关期，今后几年要坚决打赢三大攻坚战，推动质量变革、效率变革、动力变革，任务十分繁重和艰巨，有很多坡要爬、坎要过，还要时刻应对各种"黑天鹅""灰犀牛"出现的可能。

所以，这几年《政府工作报告》在提出经济社会发展总体要求中，都始终强调经济工作要坚持稳中求进的工作总基调，要统筹推进稳增长、促改革、调结构、惠民生、防风险各项任务，并把"稳增长"放在各项工作的第一位。这说明我们对保持经济适度增长还是有这样一条支撑线的。我们既要保持一定的经济增长来吸纳不断增加的涵盖农民工在内的城镇新增就业，又要以扎扎实实的经济增长来引导和稳定好各方面预期，更要以经济增长来支撑深化供给侧结构性改革，应对各种难以预料的风险挑战，为推进高质量发展创造有利经济环境。掌握这条支撑线的根本，就在于要正确把握稳与进的整体关系，把发展作为解决中国一切问题的基础和关键。只有实现有质量的增长才能解决发展不平衡不充分的社会主要矛盾，只有实现有质量的增长才能推进高质量发展。

实现 6.5%：关键在于激发新动能　促进强改革

必须看到，在我们已经实现 82 万多亿元经济总量，一年经济增量快与美国一年经济增量持平的情况下，再实现 6.5% 的经济增长并不是一件容易的事情。2017 年我国经济增长高于世界经济增长平均水平一倍多，在国际环境转暖的态势下，有"水涨船高"的可能，但最主要的是要解决好国内经济持续增长的动力问题。通读李克强总理 2018 年的《政府工作报告》，在对 2018 年政府工作的建议中，不惜笔墨的地方就是在发展壮大新动能、深化基础性关键性改革等方面作出了详尽部署和具体的行动方案。

创新和改革始终是我国经济持续增长的两大动力。李克强总理在报告中指出，要把握世界新一轮科技革命和产业变革大势；着力培育壮大新动能，经济结构加快优化升级。过去的两年，我们适应和引领经济新常态，坚持以供给侧结构性改革为主线，大力发展新兴产业，加快新旧发展动能接续转换，努力改造提升传统产业，提高了供给体系质量和效率；坚持创新引领发展，着力激发社会创造力，整体创新能力和效率显著提高。2018 年和今后一个时期，我们依然要深入实施创新驱动发展战略，通过加强国家创新体系建设，落实和完善创新激励政策，促进大众创业、万众创新上水平，打造"双创"升级版，不断增强经济创新力和竞争力，要集众智汇众力，跑出中国创新的"加速度"。

2018 年是改革开放 40 周年，这是一个重要契机。过去的经验已经证明：改革开放是决定当代中国命运的关键一招，也是实现"两个一百年"奋斗目标的关键一招。李克强总理告诫：在新的历史起点上，思想要再解放，改革要再深化，开放要再扩大。从报告中我们可以感知：2018 年，除了继续深化供给侧结构性改革，以破除经济发展中的短板和症结；继续增强消费对经济发展的基础性作用，发挥投资对优化供给结构的关键性作用，积极扩大消费和促进有效投资，形成升级消费与有效投资的"双轮驱动"体制机制，形成供给侧结构优化和总需求适度扩大的良性循环之外，还要深化基础性关键领域改革，在推进国资国企改革、支持民营企业发展、完善产权制度和要素市场化配置机制，以及深化财税体制改革、加快金融体制改革、推进社会体制改革、健全生态文明体制方面都要取得新突破。在着力打好"三大攻坚战"、实施乡村振兴战略和区域发展战略，形成全面开放新格局等方面主要的问题其实也是体制机制的改革。随着十九届三中全会提出的深化党和国家机构改革方案在未来的全面实施，可以预期，2018 年将是开启我国进入新时代，全面深化改革、全面推进国家治理现代化的划时代的重要一年，这也为实现 6.5% 左右的增长提供了体制保障。

改革是要让市场活力和社会创造力竞相迸发，不断解放和发展社会生产力，充分释放社会各领域的巨大发展潜力，但对党和国家机构和职能布局来说是一场自我革命，这既是压力，更是动力。要能自觉把利益调整的压力转化为实现高质量发展的动力，其力量源泉就来自于以习近平新时代中国特色社会主义思想为科学指引，始终坚持以人民为中心的发展思想，充分发挥人民的首创精神。

我们的执政党是人民的政党，我们的政府是为人民提供优质高效服务的政府。李克强总理在报告中指出，人民政府的所有工作都要体现人民意愿，干得好不好要看实际效果、最终由人民来评判。中国改革发展的一切成就，都是干出来的，对各级政府及其工作人员来说，为人民干事是天职、不干是失职，一定要以对国家和人民高度负责的精神，以不畏艰难的勇气、坚忍不拔的意志，尽心竭力做好工作，不负人民重托。

努力实现6.5%的经济增长，其目的是为了人民、动力来自于人民。当然，经济发展要符合经济规律，推进高质量发展不会一蹴而就，我们还是要坚持稳中求进的工作总基调和这个治国理政的方法论，从我国基本国情出发，尽力而为，量力而行，一步一个脚印。

"使人民生活随着国家发展一年比一年更好"，这应当是6.5%经济增长速度背后最实在的内涵，也是做好2018年各项经济工作的最大动力和根本源泉所在。

从"领导小组"到"委员会"：
全面深化改革进入新阶段*

2018 年 3 月 28 日下午，中央全面深化改革委员会举行第一次会议，中共中央总书记中央全面深化改革委员会主任习近平发表重要讲话。

"设立上海金融法院""改革国有企业工资决定机制""加强人民调解员队伍建设"……此次会议就多个领域推出改革举措。国家行政学院研究员胡敏在接受中国共产党新闻网记者专访时谈到，新一轮改革进入了"啃硬骨头"的攻坚期，要紧密结合深化党和国家机构改革推动全面深化改革工作。

全面深化改革进入了新阶段：加强和改善党对全面深化改革统筹领导

"深化党和国家机构改革全面启动，标志着全面深化改革进入了一个新阶段。"习近平总书记在此次会议上强调，改革将进一步触及深层次利益格局的调整和制度体系的变革，改革的复杂性、敏感性、艰巨性更加突出，要加强和改善党对全面深化改革统筹领导，紧密结合深化机构改革推动改革工作。

对于这个"新阶段"的理解，国家行政学院研究员胡敏认为其含义可以表现在三个方面：

一是如果把党的十八大以来的各方面的改革进行划段的话，改革的"上篇"基本完成，党的十八届三中全会提出的多项改革基本完成，但这些改革任务还是基础性的。党的十九大后启动的改革可以说是"下篇"，在过去改革取得良好成绩的基础上聚焦新时代新任务开启新一轮改革，这一轮改革的核心是深入推进国家治理现代化。

二是这一轮改革进入了"啃硬骨头"的攻坚期，改革目标更加聚焦上层建筑。用习近平总书记的话说，就是将进一步触及深层次利益格局的调整和制度体系的变革，改革的复杂性、敏感性、艰巨性更加突出。

---

* 本文原载中国共产党新闻网 2018 年 3 月 29 日。

三是这一轮改革强调规划性、整体性和统筹性，强调改革的着眼点是加强和改善党对全面深化改革统筹领导，要紧密结合深化党和国家机构改革推动全面深化改革工作，机构改革要与其他改革协调同步、相互支撑，并注重眼前和长远、中央和地方、措施和落实、积极性和创造性紧密结合。

从"领导小组"到"委员会"：最大限度吸纳各方面的改革力量

"把中央全面深化改革领导小组改为委员会，是健全党对重大工作领导体制机制的一项重要举措。"会议指出，要完善科学领导和决策、有效管理和执行的体制机制，加强战略研究、统筹规划、综合协调、整体推进，加强对地方和部门工作的指导。各级党委要加强对改革工作的领导，强化组织协调能力，确保党中央改革决策部署落到实处。会议审议通过了《中央全面深化改革委员会工作规则》《中央全面深化改革委员会专项小组工作规则》《中央全面深化改革委员会办公室工作细则》。

如何理解全面深化改革从"领导小组"到"委员会"这一变化？胡敏表示，中央全面深化改革领导小组已经上升为中央全面深化改革委员会，从管理组织建制上说，领导小组一般是议事协调机构，属于一种"阶段性工作机制"，非严格意义上的实体性组织。委员会则一般是成建制的固定机构，是为完成一定的任务而设立的专门组织，职能更加全面、机构更加规范、运行更加稳定、组织更加健全。胡敏谈到，此次将中央全面深化改革领导小组上升为中央全面深化改革委员会是健全党对重大工作领导体制机制的一项重要举措，体现了党中央致力于全面深化改革的决心和力度，更加便于从顶层设计的体制机制上推进全面深化改革，确保改革决策和规划的战略性、科学性、整体性、协调性和有效性，切实推进各项改革措施和决策部署落细落实，也能最大限度地吸纳各个方面的改革力量参与改革的决策、执行和监督。

春分时节寄《读村》*

　　正值春分时节，应主编好友诚约为《读村》说点祝愿的话。看着这窗外的桃花已然开放，喜春的小鸟尽情欢唱，春的气息正扑面而来。一年之计在于春，正是一年春好处，工作生活又将展开新的画卷，笔者想，《读村》杂志也自当用最有生气的文字滋润千万农家读者的心田吧。

　　所谓春分，是春季九十天的中分点，这个时节昼夜均而寒暑平，天道人体讲究个平衡，人生处世也当讲究个行正不偏。以此联想到如今如火如荼的建设美丽乡村运动，其本质其实就在于打造一个个协调均衡美丽的新村。

　　没有农业农村的现代化，就没有国家的现代化，没有城乡协调均衡发展，就没有全面小康社会。党的十九大提出了实施乡村振兴战略，并将其作为决胜全面建成小康社会、开启社会主义现代化强国建设新征程的七大战略之一。这是以习近平同志为核心的党中央贯彻新发展理念、面向现代化建设作出的重大战略部署，是新时代做好"三农"工作的总抓手。十九大明确，必须坚持农业农村优先发展，按照产业兴旺、生态宜居、乡风文明、治理有效、生活富裕的总要求，建立健全城乡融合发展体制机制和政策体系，加快推进农业农村现代化。2018 年中央一号文件也把聚焦点放在乡村振兴战略上，这 20 个字对新时代村庄建设作出了生动的描画，也是实现城乡协调发展的着力点所在。

　　习近平总书记在 2018 年两会参加山东代表团审议时强调，农业强不强、农村美不美、农民富不富，决定着全面小康社会的成色和社会主义现代化的质量。要深刻认识实施乡村振兴战略的重要性和必要性，把实施乡村振兴战略作为一篇大文章来统筹谋划，科学推进。可以说，党中央的重大决策为广大的农村展现了一幅美好画卷，为广大农民朋友和一切热爱农村生产生活的乡土人提供了施展才华的广阔舞台。《读村》杂志应时代而生，顺时代发展，理当为农业农村现代化发展鼓劲和加油，为广大农民实现日益增长的对美好生活的向往提供致富思路和

***

　　* 本文为成都《读村》杂志撰写的卷首语 2018 年 3 月 30 日。

发展路径，为改善农民精神风貌、提高乡村社会文明程度、焕发乡村文明新气象提供精神动力，用尺寸纸方、用浓墨重彩书写新时代乡村的美好愿景，让愿意留在乡村、建设家乡的人留得安心，让愿意上山下乡、回报乡村的人更有信心，激发各类人才在农村广阔天地大施所能、大展才华、大显身手。

这应当成为《读村》杂志办刊的职责和使命，也是《读村》杂志收获丰硕成果的不竭源泉。

风雷送暖季中春，桃柳着妆日焕新。在这春暖花开的美好季节，寄望《读村》乘时节之美好，揽时代之东风，为建设美好乡村增添厚实的成色。

3 月份 CPI、PPI 双双回落不出所料
后续紧盯市场预期变化*

　　2018 年 4 月 11 日，国家统计局发布 2018 年 3 月份全国居民消费价格指数（CPI）和工业生产者出厂价格指数（PPI），数据显示：CPI 同比上涨 2.1%，比 2 月份季节性涨幅高点下滑 0.8 个百分点，环比下降 1.1%；PPI 同比上涨 3.1%，月度涨幅继续呈回落态势，环比下降 0.2%。这两个主要物价观测指标均没有超出预期值（见图 1、图 2）。物价指数表明：2018 年第一季度生产资料市场和消费品市场运行保持平稳，物价形势基本健康。

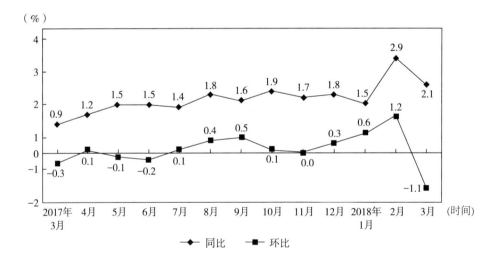

图 1　2017 年 3 月至 2018 年 3 月 CPI 涨跌幅

---

* 本文原载中新经纬 APP2018 年 4 月 12 日。

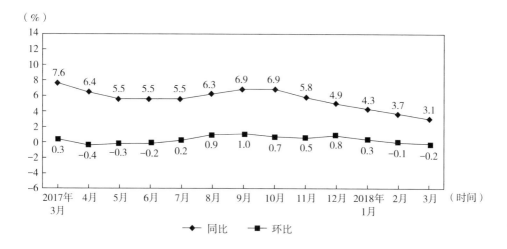

图 2　2017 年 3 月至 2018 年 3 月 PPI 涨跌幅

CPI、PPI 增幅同环比双降态势正常

先看 CPI：2018 年 2 月份 CPI 跳跃式上涨达 2.9%，主要是"节日因素"和"错月影响"。2018 年 3 月份随着"节日因素"消退，CPI 数值同环比下降比较自然。

按照国家统计局的测算，2018 年 3 月份从环比看，食品价格节后回落较多和节后集中出行减少因素致使交通旅游价格大幅下降，这两项指标影响 CPI 回落在 1.67 个百分点。其中，鲜菜、鲜果、猪肉、水产品和鸡蛋五类生鲜食品价格合计影响 CPI 下降约 0.81 个百分点。与此同时，受国内成品油调价影响，汽油、柴油价格均分别下降也拉低了环比增幅。但需要注意的是，从同比看，虽然 CPI 涨幅比 2 月份回落 0.8 个百分点，鸡蛋、鲜菜和鲜果价格分别上涨 21.1%、8.8% 和 7.4%，价格上涨态势还是较快，合计影响 CPI 上涨约 0.43 个百分点。如果到超市和鲜菜水果店看看，估计感受比较明显，鲜菜、水果价格压重了"菜篮子"，其涨幅远高于肉类价格。2018 年 3 月份，畜肉类价格下降 6.1%，影响 CPI 下降约 0.29 个百分点，其中，猪肉价格下降 12.0%，影响 CPI 下降约 0.32 个百分点。

近两年城市生鲜店开得十分红火，一方面大大方便了社区居民生活；另一方面也说明鲜菜、水果有"厚利"存在，其根源在于城镇居民食品消费结构升级增加了这方面消费需求，也拉动了鲜菜、水果价格不断上扬。要降低其价格涨幅，需要提高物流效率、扩大季节性鲜菜和水果品种种植面积，保证市场供给的平衡。

影响 CPI 变化的非食品价格在 2018 年 3 月份同比依然保持温和上行，扣除节日消费比较旺的烟酒价格同比回落较多外，医疗保健、居住、教育文化和娱乐价格依然温和上涨，分别上涨 5.7%、2.2% 和 2.2%。此外，2018 年 3 月份进入春季，处于服装换季、新品上市，价格上涨 0.7%，还有节后租房需求增加，带动居住价格上涨 0.2%。

再看 PPI：2018 年 3 月份 PPI 环比降幅略有扩大，同比涨幅有所回落。其中，生产资料价格同比上涨 4.1%，涨幅比 1 月回落 0.7 个百分点；生活资料价格同比上涨 0.2%，回落 0.1 个百分点。在主要行业中，涨幅回落的有非金属矿物制品业、黑色金属冶炼和压延加工业、石油煤炭及其他燃料加工业、石油和天然气开采业、有色金属冶炼和压延加工业、化学原料和化学制品制造业，合计影响 PPI 同比涨幅回落约 0.43 个百分点。涨幅扩大的有造纸和纸制品业，上涨 9.2%，扩大 1.4 个百分点；煤炭开采和洗选业上涨 5.8%，扩大 0.9 个百分点。

自 2017 年 10 月以来，PPI 同比涨幅一直处于下行态势，涨幅不断收窄，主要原因是大宗生产资料价格边际增幅一直在下降，一方面，供给侧结构性改革的不断推进，去产能、去库存周期接近完成，主要生产资料价格已经达到近两年来的高点，尽管市场会有波动，但继续上行的空间已经不大，绝对值在上涨但相对增幅越来越小，体现到 PPI 上就是小幅下行态势。另一方面，从工业品供给角度看，无论是一般工业消费品，还是耐用消费品，我国已经形成较为充足的供给能力，压制了原材料价格上行的空间。但要预测 PPI 何时探底或者说出现新的上行拐点，决定因素要看产业政策导向和国际经贸形势的变化，估计在进入第二季度后期，随着一批重点产业项目的推进，可能局部拉动一些上游产业中间产品和部分制成品价格的波动，进而不排除 PPI 出现止跌企稳甚至小幅上行。从过往的经验看，PPI 周期在 24~36 个月，2018 年年中是这一轮周期的结束，也就是说，PPI 同比涨幅止跌点在 2018 年 6~7 月。

后续物价走势主要应跟踪市场预期

从宏观环境看，2018 年党中央、国务院依然坚持稳中求进的工作总基调，深入推进供给侧结构性改革，需要保持市场供需基本平衡和物价运行总体稳定，通过加快经济结构调整为实现经济高质量发展创造稳定的市场环境和市场预期。所以，2018 年《政府工作报告》将全年物价涨幅限定在 3% 左右，从这几年来看，实现这个目标问题不大。而且我国农产品生产供给稳定和供给侧结构性改革取得显著成效，规模以上工业生产利润持续增长有力支持着整个投资消费市场的稳定。

我国已经连续3~4年物价处于低位平稳期，从经济周期因素看，未来我国从通缩走向温和通胀的趋势将最终形成。主要观测方向：一是市场利率的变化。2018年实际上已经进入了资金的紧阶段，市场利率在利率走廊中已经形成上行态势，资金成本的增加最终会反映到物价指数上。二是国际经济因素的不确定影响。近年来，中美贸易摩擦的不断升级，不仅会影响两国进出口形势，更主要的是会对国际市场大宗商品价格产生大幅波动，这也将助推生产资料价格上行，加上国际炒家会"兴风作浪"，在未来一定时期会产生输入性通胀。三是国内外减税风潮正起。这给企业生产者和消费者带来"减税红利"而增加收入、扩大消费，不仅会增加未来消费者对物价上涨的容忍度，而且整个市场消费品价格也会上扬。

雄安新区：做中国经济 升级版的示范区[*]

2018 年 4 月，承载着"千年大计、国家大事"荣光使命的雄安新区迎来建区"周岁"。一年来，在习近平总书记亲自谋划和党中央部署推进下，各项起步建设紧锣密鼓展开，正呈现出一派生机勃勃的新气象。

规划建设雄安新区，是以习近平同志为核心的党中央对深化京津冀协同发展作出的一项重大决策部署，也是面向新时代中国迈向现代化国家建设新征程的壮丽篇章。习近平总书记强调，雄安新区将是我们留给子孙后代的历史遗产，必须坚持"世界眼光、国际标准、中国特色、高点定位"的理念，努力打造贯彻新发展理念的创新发展示范区。雄安新区也必将成为中国经济升级版的示范区，成为培育推动高质量发展和建设现代化经济体系的新引擎。

回溯一年来，党中央多次召开新区规划和统筹推进的协调会，以只争朝夕的奋斗姿态开启新区建设从规划到落实，各方面基础设施和交通管网建设已渐次展开。京津冀各地以"一盘棋"的思想紧密配合，集中施力。一大批央企、金融单位和一批新经济"领头羊"布局新区，捕捉未来中国最具成长力的历史机遇。诸多海内外高端人才也把目光聚焦到 21 世纪中国这片最有活力的新的热土。

雄安新区之"新"要新在整个城市的创新规划。这个新城不仅要承担承接北京非首都功能疏解、调整优化京津冀空间结构的历史重任，而且一开始就要按照高起点、高站位规划面向未来的城市规划，既要有生产要素的集聚能力，又要形成城市建成后的辐射放大效应。要新在整个城市的创新生态环境。代表着新一轮技术革命和产业革命的创新技术、创新业态在这里将蓬勃兴起、茁壮成长，各种知识、信息、技术等新生产力在这里能够形成、培育、运营，成为巨大的创新平台。要新在整个城市的现代治理。从生态环境建设、户籍制度改革、住房配置制度、人才流动政策、社会治理方式等，都要能跳出以往的发展思维和管理窠臼，开创社会治理的新境界，让生产力获得极大解放，让人和自然充分和谐。新

---

* 本文原载中青在线 2018 年 4 月 12 日。

还要新在未来的雄安人始终具有新时代的改革创新锐气和坚韧不拔的奋斗精神，形成与现代化国家相适应的公民素质和人文形态。

雄安新区要成为未来中国城市建设的一个标杆，成为中国经济实现高质量发展的升级版示范。一周年的雄安，我们欣喜地看到已经有了一个雏形，已有了一个良好开端。习近平总书记指出，建设雄安新区是千年大计、国家大事，要有"功成不必在我"的精神境界。实现美好蓝图，将一张蓝图绘到底，关键在于保持历史耐心，合理把握开发节奏，稳扎稳打，一茬接着一茬干。只要有这种"锲而不舍、驰而不息"的韧劲，在我们五年、十年乃至百年后再回溯这段开创人类奇迹的城市建设史的时候，我们必将有无比的豪迈，自豪我们成为历史的见证者、时代的逐梦人，雄安新区也会展现时代的辉煌屹立于世界的东方。

党和国家机构改革的
逻辑和方向[*]

深入领会和把握深化党和国家机构改革的逻辑和方向，对于加快构建系统完备、科学规范、运行有效的党和国家机构职能体系，在中国特色社会主义新时代全面提升国家治理现代化水平具有重大现实意义。

深化党和国家机构改革，是以习近平同志为核心的党中央站在党和国家事业发展全局，适应新时代中国特色社会主义发展要求作出的重大决策部署和重大制度安排，也是贯彻落实党的十九大精神的重要内容，是坚持和加强党的领导、坚持和完善中国特色社会主义制度、推进国家治理体系和治理能力现代化的重要任务。

坚持和加强党的全面领导是贯穿改革全过程的政治主题

坚持和加强党的全面领导，是深化党和国家机构改革的内在要求，也是深化党和国家机构改革的重要保证，成为贯穿这次党和国家机构改革全过程的政治主题。党的十九届三中全会将"坚持党的全面领导"作为深化党和国家机构改革必须遵循的首要政治原则，要求以加强党的全面领导为统领，把坚持和加强党对一切工作的领导贯穿改革各方面和全过程，充分体现了中国共产党执政进程的历史逻辑、现实逻辑和实践逻辑。

从历史的逻辑来看，领导权问题一直是马克思主义政党学说和革命实践的首要问题。整个共产主义运动史以及作为马克思主义执政党的中国共产党，无论是在取得政权之前的艰苦革命历程，还是取得政权之后的社会主义建设和改革进程，都强调要牢牢把握领导权。中华人民共和国成立后，在中国共产党领导下，我国确立了社会主义基本制度，成为工人阶级领导的、以工农联盟为基础的人民民主专政的社会主义国家，逐步建立起具有我国特点的党和国家机构职能体系，它代表人民依据宪法行使相应职权。中国共产党根据党的纲领和章程，按照民主

---

* 本文原载《中国青年报》2018 年 4 月 16 日。

集中制组织形成党和国家领导体系，党成为领导我们各项事业的核心。牢固确立党在国家中的领导地位和执政地位，确保了党和国家机构设置的系统性、整体性。在社会主义建设和改革开放进程中，我们党顺应经济社会发展变化，积极推进党和国家机构改革，各方面机构职能不断优化、逐步规范，领导力、战斗力、凝聚力不断增强。我们党的光辉历程以及经验教训充分说明：只有始终加强党的领导，坚决夯实党的领导地位，无论是顺境还是逆境，我们党就能带领人民冲破种种艰难困苦，开辟党和国家事业的光辉前景。

从现实的逻辑来看，构建系统完备、科学规范、运行高效的党和国家机构职能体系是中国特色社会主义制度的重要组成部分，是中国共产党治国理政的重要保障。我国改革是不断完善和发展中国特色社会主义制度、不断推进国家治理体系和治理能力现代化的过程，也是把社会主义现代化建设实践中已见成效的体制机制和做法及时上升为党和国家制度的过程。党的十八大以来，以习近平同志为核心的党中央紧紧围绕完善和发展中国特色社会主义制度、推进国家治理体系和治理能力现代化这个总目标全面深化改革，党总揽全局、协调各方的领导核心地位在国家运行机制和各项制度中得到了充分体现。经过长期艰苦努力，坚持党对国家政权机关的领导，坚持党对多党合作和政治协商制度的领导，坚持党对统一战线的领导，坚持党对经济、政治、文化、社会、生态文明建设的领导，坚持党对人民军队的绝对领导，坚持党对外交工作的领导，等等，已经形成一套坚持党的领导的制度规范和工作机制，并转化为国家治理有序、事业发展高效、社会和谐稳定的制度优势，使中国特色社会主义制度显示出蓬勃生机和活力。

从实践的逻辑来看，中国共产党领导是中国特色社会主义最本质的特征，是中国特色社会主义制度的最大优势。"党政军民学，东西南北中，党是领导一切的"，坚持党对一切工作的领导就是要坚持党的全面领导，突出党的核心领导地位，就是要把坚持和加强党对一切工作的领导贯穿改革各方面和全过程，完善保证党的全面领导的制度安排，改进党的领导方式和执政方式，提高党把方向、谋大局、定政策、促改革的能力和定力。当前，中国特色社会主义进入了新时代，我们党既面临着具有许多新的历史特点的伟大斗争和社会变革，又面临着不断夯实党的执政地位、全面提高党的执政能力和执政水平的自我革命。深化党和国家机构改革就是一场深刻的社会革命，是作为一个长期执政的政党的自我革命。在深化党和国家机构改革进程中，必须以加强党的全面领导为统领，才能始终坚持和发展中国特色社会主义的正确方向，才能有效应对深化党和国家机构改革这场社会革命中可能出现的挑战和风险，排除改革中可能遇到的阻力，及时解决重大矛盾，才能为深化党和国家机构改革提供正确方向指引和根本政治保证。

全面把握深化党和国家机构改革的重要特点

深化党和国家机构改革是改革开放以来党和国家治理结构和机构布局的一次全方位、全体系的深刻变革。党的十九届三中全会全面阐述了新时代深化党和国家机构改革的指导思想、目标原则、首要任务、重要任务、改革布局和法律保障。总的来说，这次党和国家机构改革具有五个鲜明特点。

一是改革的针对性。此次改革适应新时代中国特色社会主义发展的新任务、新要求，以国家治理体系和治理能力现代化为导向，以推进党和国家机构职能优化协同高效为着力点，着力解决好党和国家机构设置和职能配置同统筹推进"五位一体"总体布局、协调推进"四个全面"战略布局的要求还不完全适应，同实现国家治理体系和治理能力现代化的要求还不完全适应的问题，通过改革党和国家机构设置，优化职能配置，深化转职能、转方式、转作风，切实提高党、政府和社会团体的治理效率效能，为决胜全面建成小康社会、开启全面建设社会主义现代化国家新征程、实现中华民族伟大复兴的中国梦提供有力的制度保障。

二是改革的全方位性。此次党和国家机构改革涉及党的机构、政府机构、武装力量和社会团体，是一次全覆盖、全方位、分类别、纵横交错的机构改革。提出要构筑"四大体系"，即形成总揽全局、协调各方的党的领导体系；职责明确、依法行政的政府治理体系；中国特色、世界一流的武装力量体系；联系广泛、服务群众的群团工作体系，这是横向面。纵向面就是理顺中央和地方职责关系，构建从中央到地方运行顺畅、充满活力、令行禁止的工作体系和构建简约高效的基层管理体制。针对每一类机构改革，确立了明确的改革方向和目标，还确立了近期目标和远期目标，既要立足实现第一个百年奋斗目标，针对突出矛盾，抓重点、补短板、强弱项、防风险，从党和国家机构职能上为决胜全面建成小康社会提供保障，又要着眼于实现第二个百年奋斗目标，注重解决事关长远的体制机制问题，打基础、立支柱、定架构，为形成更加完善的中国特色社会主义制度创造有利条件。

三是改革的统筹性。党和国家机构设置与职能配置要同统筹推进"五位一体"总体布局、协调推进"四个全面"战略布局的要求相适应，统筹推进党政军群机构改革，既要加强党的集中统一领导，抓总管总，防止头痛医头、脚痛医脚，又要加强党政军群各方面机构改革配合，使各项改革相互促进、相得益彰，实现机构职能优化协同高效，从而使平行和纵向关系中的各类机构有机衔接、相互协调，增强各项改革的系统性、整体性、协同性。

四是改革的成效性。通过这次党和国家机构的改革，要能够广泛调动各方面积极性、主动性、创造性，切实增强党的领导力，提高政府的执行力，激发群团组织和社会组织的活力，着力增强人民军队战斗力，切实构建起系统完备、科学规范、运行高效的党和国家机构职能体系，并推动人大、政府、政协、监察机关、审判机关、检察机关、人民团体、企事业单位、社会组织等在党的统一领导下协调行动、增强合力，全面提高国家治理能力和治理水平。

五是改革的革命性。习近平总书记指出，新时代中国特色社会主义是我们党领导人民进行伟大社会革命的成果，也是我们党领导人民进行伟大社会革命的继续；要把新时代坚持和发展中国特色社会主义这场伟大社会革命进行好，我们党必须勇于进行自我革命，把党建设得更加坚强有力。党和国家机构改革就是一场自我革命，也是一个系统工程，必然涉及各方面利益的重大调整。因此，这次改革强调，深化党和国家机构改革是推进国家治理体系和治理能力现代化的一场深刻变革。下决心解决党和国家机构职能体系中存在的障碍和弊端，实现全面深化改革的总目标，必须发扬自我革命的精神，敢于"啃硬骨头"，敢于动既得利益。

以党的全面领导为统领深化推进党和国家机构改革

深化党和国家机构改革，必须以党的全面领导为统领，充分发挥我们党在长期实践中形成的强大政治优势、思想优势、组织优势、群众优势以及其他各方面优势，充分运用好党的政治领导力、思想引领力、群众组织力、社会号召力，在政治上、思想上、组织上以及各方面工作中确保党和国家机构改革的各项任务贯彻落实。

在政治上，要保证全党服从中央，坚持党中央权威和集中统一领导，保证党和国家机构改革的正确方向和发展道路，使之向着完善和发展中国特色社会主义制度、不断推进国家治理体系和治理能力现代化方向发展，更好发挥我国社会主义制度优越性。

在思想上，要广泛动员各级党委和政府把思想和行动统一到党中央关于深化党和国家机构改革的决策部署上来，坚决维护习近平总书记党中央的核心、全党的核心地位，坚决维护党中央权威和集中统一领导，增强"四个意识"，坚定"四个自信"，增强贯彻落实党中央决策部署的自觉性。

在组织上，要增强改革的系统性、整体性、协同性，加强党政军群各方面机构改革配合，使各项改革相互促进、相得益彰，形成总体效应。与此同时，各级党委和政府要强化责任担当，精心组织，狠抓落实，履行对深化党和国家机构改革的领导责任，坚决落实党中央确定的深化党和国家机构改革任务。促使党委和政府切实履行主体责任，确保机构职能等按要求及时调整到位、履职到位，确保中央和地方机构改革在工作部署、组织实施上有机衔接、有序推进，确保各项工作平稳有序进行。

自动驾驶汽车上路
规范最重要 *

　　2018 年 4 月 3 日，工业和信息化部、公安部、交通运输部联合制定的《智能网联汽车道路测试管理规范（试行）》正式印发。我们注意到"管理规范"添加了"试行"二字。这说明：一方面，自动驾驶汽车有望在更多实际道路测试，在不久的将来，智能网联汽车真的要进入人们日常的交通生活；另一方面，在测试期间，形成严格的管理规范，确保测试过程中积累扎实的数据和经验，能够发现各种可能存在的问题，这是自动驾驶汽车进入现实生活最关键的一步，直接决定着这个行业未来的健康发展。

　　从交通技术和现代交通基础设施建设的潮流来看，发展智能网联汽车已经成为解决汽车社会面临交通安全、道路拥堵、能源消耗、污染排放等问题的重要手段，也是构建智慧出行服务新型产业生态的核心要素。目前，包括美国、欧洲、日本等在内的汽车发达国家和地区都将智能网联汽车作为汽车产业未来发展的重要方向，纷纷加快产业布局、制定发展规划，通过技术研发、示范运行、标准法规、政策支持等综合措施，加快推动产业化进程。许多跨国车企已经实现部分自动驾驶汽车的批量生产，一些新经济力量正在积极开展全自动驾驶技术的研发和测试。

　　按照这一汽车产业变革的大势，我国政府出台的《中国制造 2025》已将智能网联汽车列入十大重点发展领域之一，《汽车产业中长期发展规划》明确智能网联汽车是汽车产业转型升级的关键突破口，有关方面还专门成立了由 20 个部门组成的车联网产业发展专项委员会，各成员单位先后安排专项资金支持智能网联汽车关键技术研发和应用示范，发布国家智能网联汽车标准体系建设指南，我国主流乘用车企业也在加快研发自动驾驶技术，广泛开展封闭、半封闭区域测试验证等。这一系列举措将为实现新时代我国汽车产业转型升级、推进交通强国、数字中国、智慧社会建设和占领全球汽车产业技术变革战略制高点打下坚实

---

　　* 本文原载《东莞日报》2018 年 4 月 16 日。

基础。

据了解，2018年以来，北京、上海两市分别出台了自动驾驶相关路测管理办法，因地制宜地制定实施细则，组织开展智能网联汽车的道路测试工作。例如，重庆、河北、浙江以及吉林长春、湖北武汉、江苏无锡等地正在建设智能网联汽车测试示范区。

从国外的经验和我们正在开展的智能网联汽车道路测试实践，地方政府在推出道路管理规范实施细则时必须将科学规范、严格资质、强化监测放在第一位，并着力在四个方面积累管理经验，提出严格的"准入清单"，为更多的地方提供借鉴。

一是要建立多方参与的道路测试推进管理机构。例如，上海就建立了由市经信委、市公安局、市交通委共同成立的上海市智能网联汽车道路测试推进工作小组，组织成立了智能网联汽车道路测试评审专家组，定期召开专家组评审会议，并委托上海市智能网联汽车制造业创新中心作为第三方机构，组织开展道路测试检查以及测试车辆和道路的相关评估工作。二是建立严格的"牌照"制度。按照国家新出台的《智能网联汽车道路测试管理规范（试行）》要求，必须对测试主体、测试驾驶人、测试车辆等提出"门槛"要求，由省、市级政府相关主管部门自主选择测试路段、受理申请和发放测试号牌。有关方面要严格审核测试主体提出的道路测试申请，颁发智能网联汽车道路测试通知书和试车临时行驶车号牌。三是制定明确的道路测试申请条件和审核流程。比如，测试主体应建立测试车辆远程监控数据平台；对测试车辆要有强制性项目检验，并应在第三方机构指定的封闭测试区内进行实车试验；对测试驾驶人在单位性质、业务范畴、事故赔偿能力、测试评价能力等方面要提出严格要求，在申请实际道路测试车辆号牌前，测试车辆必须在封闭场地充分测试并取得资格，还要具有足够小时数量以上（一般要超过50小时）自动驾驶系统操作经验。从严格意义上讲，目前只有达到最高级别完全自动驾驶汽车方能实现无人。四是要明确测试主体的法律行为能力。按照规定，实际道路测试车辆发生的交通违法行为和交通事故按现行道路交通安全法律法规处理，由测试驾驶人及其所属测试主体分别承担相应的行政、民事、刑事责任，所以相应地必须为申请测试车辆购买相当数量的交通事故责任保险或者出具相同金额的赔偿保函，等等。

严格测试是走向现实运用的关键，在智能网联汽车进入我们生活之前，务必规范规范再规范。

在历史前进的逻辑中前进
在时代发展的潮流中发展[*]

日前，习近平主席在博鳌亚洲论坛上发表重要讲话全面阐述改革开放 40 年的成功经验，表达我国将对外开放再扩大、深化改革再出发的决心和信心，是时机恰当，也意味深长。

深邃宽广的历史视角

习近平主席在讲演中以海南 30 年快速发展见证当代中国 40 年改革开放的历史轨迹。1988 年确立建制海南省正是潮起改革开放，孕育发展于改革开放，是"因改革开放而生，因改革开放而兴"。海南省高速发展的 30 年可以说见证了我国改革开放的演变轨迹，是一路走来的改革开放的历史缩影。

30 年来，海南省取得巨大的成就，发生历史性变革，充分表现出四种精神。一是改革的精神。海南建省本身就是行政区划改革的结果。这么多年来，海南发展依托于改革，在行政规划、自由贸易区建设、生态保护等多方面大胆探索，改革成为海南快速发展的动力源。二是开放的精神。一首"请到天涯海角来"的歌曲唱红全国，体现了海南博大的开放包容精神。海南已经成为全中国人的海南，几十年来海南吸引了各方投资积聚，各方人才汇聚，各方资源积淀，开放成为海南展示魅力的"吸铁石"。三是创新的精神。海南国际旅游岛建设，生态环境建设，现代农业健康医疗等服务产业发展等，始终体现创新驱动创新引领，创新成为海南持续发展的主引擎。四是奋斗的精神。海南 30 年发生翻天覆地的变化，离不开岛内、岛外人的共同奋斗，一部海南改革开放史就是一部奋斗史，当今天的海南人满面春风笑迎四方来客时，可以充分感知奋斗者创造出如今幸福美好生活的欣慰和喜悦，奋斗谱写了海南发展变迁的历史篇章。

以海南改革开放 30 年再来观瞻全国改革开放 40 年，改革、开放、创新、奋斗四个精神，正是 40 年来中国改革开放的内在品格和时代底色。习近平主席指

---

* 本文原载《中国青年报》2018 年 4 月 16 日，原题为《观天下：再次重申改革开放的坚定决心》。

出，一滴水可以反映出太阳的光辉，一个地方可以体现一个国家的风貌。海南发展是中国 40 年改革开放的一个重要历史见证。从 1978 年中国开启了改革开放历史征程，中国人民众志成城、砥砺奋进，用双手书写了国家和民族发展的壮丽史诗，改革开放极大解放和发展了中国社会生产力，开辟了中国特色社会主义道路，充分显示了中国力量，为世界积极作出了中国贡献。习近平主席指出，改革开放这场中国的第二次革命，不仅深刻改变了中国，也深刻影响了世界。改革开放已经成为中国和世界共同发展进步的伟大历程。

改革开放的坚定决心和信心

习近平主席演讲中高屋建瓴地指出，中国 40 年改革开放给人们提供了许多弥足珍贵的启示，其中最重要的一条就是，一个国家、一个民族要振兴，就必须在历史前进的逻辑中前进、在时代发展的潮流中发展。这一历史逻辑和发展潮流，就是顺应中国人民要发展、要创新、要美好生活的历史要求，契合世界各国人民要发展、要合作、要和平生活的时代潮流。

面对复杂变化的世界，面对当今世界正在经历新一轮大发展、大变革、大调整和新一轮科技和产业革命给人类社会发展带来的新机遇和新挑战，中国将坚定不移全面深化改革，将改革进行到底。

中国开放的大门不会关闭，只会越开越大。习近平主席在讲演中提出中国将尽快落实大幅度放宽市场准入、创造更有吸引力的投资环境、加强知识产权保护、主动扩大进口四项重大举措，不仅回应了国际关切，也必将促成在更加开放条件下实现未来中国经济高质量发展，开启中国对外开放一个全新的局面。

打造人类命运共同体的博大胸怀

习近平主席指出，当今世界已经成为你中有我、我中有你的地球村，各国经济社会发展日益相互联系、相互影响，推进互联互通、加快融合发展成为促进共同繁荣发展的必然选择。中国改革开放历程已鲜明地证明：只有坚持和平发展、携手合作，才能真正实现共赢、多赢。

努力构建人类命运共同体，共创和平、安宁、繁荣、开放、美丽的亚洲和世界是从顺应历史潮流、增进人类福祉出发的伟大倡议，也是为解决人类共同发展展示出的中国方案、中国担当和中国智慧。"一带一路"建设以全新的面貌为打造人类共同体作出实践的注脚，就是要把"一带一路"打造成为顺应经济全球化潮流的最广泛国际合作平台，让共建"一带一路"更好造福各国人民。

习近平主席表示，无论中国发展到什么程度，我们都不会威胁谁，都不会颠覆现行国际体系，都不会谋求建立势力范围。中国始终是世界和平的建设者、全球发展的贡献者、国际秩序的维护者。中国将坚持开放共赢，勇于变革创新，向着构建人类命运共同体的目标不断迈进，共创亚洲和世界的美好未来。

建设网络强国的
行动指南 *

习近平总书记在 2018 年 4 月 20 日至 21 日召开的全国网络安全和信息化工作会议上发表的重要讲话，是继"4·19"全国网络安全和信息化座谈会后全面阐述我国网络强国战略思想的一次重要讲话。

这篇讲话，高度概括了网络强国战略思想"五个明确"的丰富内涵，即明确网信工作在党和国家事业全局中的重要地位、明确网络强国建设的战略目标、明确网络强国建设的原则要求、明确互联网发展治理的国际主张、明确做好网信工作的基本方法。这一思想顺应当今世界信息化发展大势，揭示信息化变革给我国经济社会带来的历史机遇和挑战，深刻回答了当前和今后一个时期我国网信事业发展的一系列方向性、全局性、根本性、战略性问题，成为建设网络强国、数字中国、智慧社会的行动指南。

习近平总书记关于我国网信事业发展的"4·19"讲话回答了我国互联网事业"为了谁发展""实现什么发展目的""怎么发展""如何发展好"这几个关键问题。按照习近平总书记的要求，我国网信事业的广大从业者和管理者贯彻以人民为中心的发展思想，本着让互联网更好造福人民的宗旨，以高度的使命感和责任感，正确处理开放和自主的关系、安全与发展的关系、运用和管理的关系，调动一切积极因素，促进我国网信事业取得长足进展。

时代是思想之母，实践是理论之源。通过近年来我国互联网事业的广泛实践，及时分析解决互联网发展中遇到的各种矛盾和问题，以实践创新推动理论创新，以理论抽象再指导实践需要。如果习近平总书记的"4·19"讲话已经高屋建瓴地提出了我国网信事业发展的总体框架，那么这次习近平总书记的讲话则是站在人类历史发展以及党和国家全局高度，更系统、更全面地阐释了在互联网已经成为影响世界重要力量的时代背景下，当代中国如何敏锐抓住信息化发展的历史机遇，发展怎样的网络、怎样发展网络等事关网信事业发展的一系列重大理论和

---

* 本文原载中青在线 2018 年 4 月 22 日。

实践问题，形成了既立足中国国情又面向发展未来的具有科学指导意义的网络强国战略思想，既是指导新时代网络安全和信息化发展的顶层设计和纲领性文献，也成为我们党不断推进信息化理论创新和实践创新的科学成果，进而构成习近平新时代中国特色社会主义思想的重要组成部分，具有重大而深远的意义，必须长期坚持贯彻，不断丰富发展。

深入领会和自觉遵循习近平总书记网络强国战略思想，就是要切实提高网络综合治理能力，形成党委领导、政府管理、企业履责、社会监督、网民自律等多主体参与，经济、法律、技术等多种手段相结合的综合治网格局；就是要旗帜鲜明坚持正确政治方向、舆论导向、价值取向，加强网上正面宣传，不断推进网上宣传理念、内容、形式、方法、手段等创新；就是要牢固树立正确的网络安全观；就是要下定决心、保持恒心、找准重心，加速推动信息领域核心技术突破；就是要紧紧围绕建设现代化经济体系、实现高质量发展来加快我国信息化发展，让人民群众在信息化发展中有更多获得感、幸福感、安全感；就是要着力把网信军民融合作为军民融合的重点领域和前沿领域，推动形成全要素、多领域、高效益的军民深度融合发展新格局；就是要积极推进全球互联网治理体系变革；就是要加强党中央对网信工作的集中统一领导，确保网信事业始终沿着正确方向前进。

面对不断增长的人民美好生活期待，全国网信战线要切实把思想和行动统一到习近平总书记重要讲话精神上来，坚决贯彻网络强国战略思想，就能应对互联网技术发展的各种挑战，推动网络安全和信息化工作再上新台阶，开创新时代网信事业发展的新局面。

立足总基调
把握新动向 *

助推经济运行稳中向好的三大动力继续呈现发展强势，充分体现了适应和引领经济新常态的内在逻辑。对于一些有可能影响未来经济运行乃至于产生经济波动和市场稳定的方面应当见微知著、审慎分析，及时把握演变态势。

近日，国家统计局、国家发改委、国务院国资委等宏观政策部门纷纷亮出我国 2018 年第一季度经济运行、供给侧结构性改革和工业企业生产等诸多综合经济数据。总体来看，各地区各部门坚持新发展理念，坚持稳中求进工作总基调，狠抓政策落实，国民经济继续保持平稳增长，经济结构继续转型升级，稳中有进、稳中向好的基本格局进一步稳固，实现了贯彻落实党的十九大精神的良好开局。与此同时，随着国际国内市场的一系列复杂变化，经济运行也出现了一些值得关注的新动向。

三大动力　继续夯实经济运行稳中向好的总格局

从 2018 年第一季度主要宏观经济指标的综合情况看，我国经济运行呈现增长平稳、就业扩大、物价稳定、国际收支基本平衡的良好运行格局，实现了 6.8% 的经济增长。其中，最主要的亮点是助推经济运行稳中向好的"三大动力"继续呈现发展强势，充分体现了适应和引领经济新常态的内在逻辑。

一是拉动经济增长的"三驾马车"的消费成为主角。在三大需求对经济增长的贡献中，内需的贡献率达到 109.1%，比 2017 年同期提高 10.5 个百分点。其中，最终消费支出对经济增长的贡献率为 77.8%，高于资本形成总额的贡献率 46.5 个百分点，消费的基础性作用在需求结构中日益发挥主导作用，商品消费向品质消费提升、物质消费向服务消费转变的新态势日渐形成。2018 年第一季度，第三产业增加值对国内生产总值增长的贡献率为 61.6%，服务业在产业经济

---

* 本文原载《中国经济时报》2018 年 4 月 24 日。

中的比重达到了 56.6%，比 2017 年同期提高 0.3 个百分点，比第二产业高 25.5 个百分点，经济的支撑作用继续增强，体现了我国经济结构的持续优化。

二是新经济、新业态、新模式继续保持旺盛的发展势头。新发展动能仍是经济运行的亮点。2018 年第一季度，我国新登记企业达到 132 万户，日均新登记企业 1.47 万户。与互联网等信息技术密切联系的行业增长加快。战略性新兴产业增加值增长 9.6%，增长幅度明显高于规模以上工业平均增速，其中，高技术产业和装备制造业增加值同比分别增长 11.9% 和 8.8%，分别高于规模以上工业 5.1 个和 2.0 个百分点。新业态、新商业模式，数字经济、平台经济、共享经济快速发展，其中，信息传输、软件和信息技术服务业增加值继续保持高位增长，2018 年第一季度增速达到 29.2%，远远高于国内生产总值增速，数字经济表现十分抢眼，以其为代表的新经济为我国经济发展注入新的活力。但与此同时，金融业和房地产业增加值增长有所放缓。

三是规模以上工业企业综合经营绩效保持向好态势。继 2017 年以来，实体经济发展由弱转强，成为经济增长的新的力量。2018 年第一季度，作为实体经济重要部分的工业增加值比 2017 年同期增长 6.5%，对经济增长的贡献率为 32.7%。全国规模以上工业增加值同比实际增长 6.8%，企业利润保持较快增长。尤其是中央企业第一季度累计实现利润总额同比增长 20.9%。与实体经济发展紧密相关的其他主要观测指标表现都比较好。比如，2018 年第一季度制造业采购经理指数（PMI）以及非制造业商务活动指数持续位于景气区间；实体经济贷款总体需求指数为 70.9%，比上季度提高 5.2 个百分点；全社会用电量同比增长 9.8%，增速同比提高 2.9 个百分点；全社会完成货运量同比增长 6.3%，增速与 2017 年第四季度持平；企业家信心指数为 74.3%，比上季度提高 2.5 个百分点，为 2011 年第三季度以来最高水平。这些均体现了对实体经济预期的增强。

三个异动　需要审慎把握跟踪经济运行的新苗头

从 2018 年第一季度的经济运行数据变化看，也有几个新的动向值得特别关注。对其中比较积极的一面需要持续跟踪，对于一些有可能影响未来经济运行乃至产生经济波动和市场稳定的方面应当见微知著、审慎分析，及时把握演变态势。重点表现在以下三个异动：

一是民间投资增速快于全国固定资产投资增速并呈转暖态势。2018 年第一季度，民间投资增长了 8.9%，比 1~2 月份加快 0.8 个百分点，比 2017 年同期加快 1.2 个百分点，而同期全国固定资产投资同比增长 7.5%，民间投资增速高于全国固定资产投资增速 1.4 个百分点。2017 年全年全国固定资产投资同比增长 7.2%，民间投资增长 6.0%。这是一个积极信号，说明经过两年的供给侧结构性改革和近年政府"放管服"改革的推进，民间投资的活力有所激发。如果结合 2018 年第一季度内资企业投资同比增长 8.4%，而港澳台商投资下降 8% 和外商投资下降 6.1% 的投资主体结构差异，我们更需要呵护民间投资增长，加快企业减负降费步伐，让更多企业轻装上阵。

二是大宗商品价格出现上涨有可能改变市场预期。尽管 2018 年第一季度 CPI 和 PPI 仍处于双回落态势，物价总水平总体平稳，但需要看到，国际大宗商品价格 2018 年以来已经改变前三年一直低迷的态势。近期受国际政治局势变化的影响，石油价格持续上涨。2018 年 4 月 19 日，美油上破 69 美元/桶大关，布油上破 74 美元/桶。与此同时，国际黄金、白银和铜镍铝等大宗商品均进入了一轮新的价格上涨周期，剔除政治局势的影响因素，内在的原因是主要经济体政策调整产生了积极效果，促进了西方国家经济的复苏，经济增长内生动力增强。这在未来一个时期极有可能传导到国内，改变国内 PPI 下行态势，进而影响 CPI 走势，持续几年的国内物价通缩筑底状况也可能发生改变，市场预期将发生变化。因此，要做好通缩转向通胀的心理和政策准备。

三是房地产投资出现上行态势需要认真予以评估。2018 年第一季度全国房地产开发投资同比增长 10.4%，比 2017 年同期加快 1.3 个百分点，其中住宅投资增长 13.3%。这表明当前房地产去库存任务初步完成，在一二线城市严格管控下，一些三四线城市正变为热点城市，开启了补库存窗口，由此不少房地产企业拿地热情不减并推动融资需求。同时，第一季度全国土地出让收入延续 2017 年高增长，仅国有土地使用权出让收入同比增长就达 41.8%。随着差别化调控进一步加深，一二线城市也需要积极补库存，部分三四线城市承接外溢需求热度上升并出现分化，拉升供求及土地出让金的上涨。为此，要保持"房住不炒"的总基调，实现好满足刚需和改善需求的有效供给之间的平衡，防止房价再度连锁式上涨。

三项政策　立足稳中有进实施更加灵活的新政策

当前，国内经济总体向好，为实现高质量发展营造出较好的市场基础；全球经济加快复苏，为集中精力深化改革开放营造了较好的外部环境。但必须看到，中美贸易摩擦正在搅动国内经济运行格局，我们面临着可以预料的"灰犀牛"的正面冲击和难以预料的"黑天鹅"事件的爆发，必须全面考量政策选择，在保持战略定力的同时，做好一切防范外部冲击和经济风险的准备。

一是在保持稳中求进工作总基调基础上采取更有弹性的财政货币政策。2018 年 4 月 17 日，中国人民银行宣布，从 2018 年 4 月 25 日起，下调存款准备金率 1 个百分点，以 2018 年第一季度末数据估算，操作当日偿还 MLF 约 9000 亿元，同时释放增量资金约 4000 亿元。这有助于缓解当前市场资金绷紧的压力。保持

2018年稳健中性、松紧适度的货币政策仍是主基调，在管好货币供给总闸门的同时，要维护流动性合理稳定，疏通好货币政策传导渠道。财政政策则要聚力增效，切实把有效资金引向创新驱动、扶贫脱困、"三农"和民生领域，着力为企业减税降费，盘活好存量资金。

二是在坚持创新驱动战略推动下集中优势扫清障碍，激活各项创新政策。必须坚决贯彻习近平总书记关于"发展是第一要务、人才是第一资源、创新是第一动力"的重要指示，全力加快国家创新体系建设，尤其是要加快改革科技管理体制，落实和完善创新激励政策，下决心砍掉有碍于创新活力和激发人才激励的陈规旧章，在应对西方国家围猎我国高科技发展创新的严峻形势下，在思想上务必警醒，在措施上果断发力。

三是在改革开放既定方针引领下宜早宜快深入推动更大力度改革开放。2018年是改革开放40周年，实施更大力度、更广范围的深度改革开放是对改革开放的最好纪念。习近平总书记在博鳌亚洲论坛宣布了扩大开放的四点重大措施，按照习近平总书记的要求，抓紧落实宜早不宜迟、宜快不宜慢。但在保持战略定力的同时，要始终保持战略清醒，尤其是在面对金融领域的深度开放，在还有许多基础性工作不完善、应对复杂环境没有做好充分准备的情况下，一定要有如履薄冰的谨慎，绝不能犯战略性、颠覆性错误，既要有防范风险的先手，也要有应对和化解风险挑战的政策性、技术性工具储备，既要打好防范和抵御风险的有准备之战，也要打好化险为夷、转危为机的战略主动战。

循着发展的逻辑——一个经济学人的时事观察（2016–2020）

长江经济带应成为
高质量发展经济带 *

习近平总书记近日在沿长江经济带调研考察时强调，长江经济带建设要加大保护、不搞大开发。习近平总书记还指出，不搞大开发不是不搞大的发展，要在坚持生态保护的前提下，发展适合的产业，实现科学发展、有序发展、高质量发展。这为新时代长江经济带经济社会发展指明了方向。

长江经济带具有独特资源优势和要素禀赋

长江经济带横跨我国东、中、西三大区域，覆盖上海、江苏、浙江、安徽、江西、湖北、湖南、重庆、四川、云南、贵州等 11 省（市），面积约 205 万平方千米，人口和生产总值均超过全国的 40%。改革开放以来，已发展成为我国综合实力最强、战略支撑作用最大的区域之一，具有非常独特的经济优势和巨大发展潜力，突出表现在四个方面：

一是区位优势重要。长江经济带横贯我国腹心地带，经济腹地广阔，连接东、中、西三大地带，具有密集的铁路、公路、水路干道，承东启西，接南济北，通江达海，目前已形成"一轴、两翼、三极、多点"的发展格局。"一轴"是指以长江黄金水道为依托，发挥上海、武汉、重庆的核心作用；"两翼"是指以上海、重庆为支撑形成南北两大运输通道；"三极"是指长江三角洲、长江中游和成渝三个城市群；"多点"是指三大城市群带起的多个地级市城市圈，拥有大小城市 216 个，占全国城市数量的 33.8%，城市密度为全国平均密度的 2.16倍，城市化水平超过 50%，比全国平均水平高 21 个百分点。

二是资源优势密集。长江经济带古往今来就是我国主要的粮食、农作物生产重地，沿江九省市的粮棉油产量占全国 40% 以上，集聚丰富的农业生物资源凸显这个区域的大农业基础地位。长江经济带还拥有储量大、种类多的矿产资源和极其丰沛的淡水湖泊资源、水生动植物资源。据不完全统计，长江流域有淡水鲸类

---

* 本文原载中国网 2018 年 4 月 27 日。

2 种、鱼类 424 种、浮游植物 1200 余种（属）、浮游动物 753 种（属）、底栖动物 1008 种（属）、水生高等植物 1000 余种。流域内分布有白鱀豚、中华鲟、达氏鲟、白鲟、长江江豚等国家重点保护野生动物，圆口铜鱼、岩原鲤、长薄鳅等稀有物种，以及"四大家鱼"等重要经济鱼类。目前，长江流域已建立水生生物、内陆湿地自然保护区 119 处，其中国家级自然保护区 19 处、国家级水产种质资源保护区 217 处。

三是产业优势集中。长江经济带历来就是我国最重要的工业走廊之一，我国钢铁、汽车、电子、石化、高端装备等现代工业的精华大部分汇集于此，集中了一大批先进制造业、一大批现代服务业、一大批国家重大基础建设工程和一大批高新技术产业园区，具有雄厚的产业创新能力、配套能力、物流供应体系和广阔的市场辐射空间。据不完全统计，仅长江中游城市群就有省级及以上工业开发区 150 多个，主要布局食品纺织、装备制造、冶金、化学和建材工业，且基本沿长江及其干支流分布。

四是人文优势厚实。长江流域是中华民族的文化摇篮之一，拥有闻名遐迩的众多文化旅游资源，沿江主要城市商贸发达，人才荟萃，著名高校和研究机构林立，传统文化与现代文明在这里交织，内河发展与对外开放在这里相互映衬，具有广泛的思想包容性、商贸交融性和开放吸纳性。

截至 2018 年初，长江经济带已成为具有全球影响力的内河经济带、东中西互动合作的协调发展带、沿海沿江沿边全面推进的对内对外开放带和生态文明建设的先行示范带。长江经济带战略更是成为支撑中国区域经济发展和实施深度开放开发战略的三大战略之一。

长江经济带日益严峻的发展难题不容回避

改革开放 40 年来，经过快速的工业化、城市化、市场化发展，长江经济带为国家的经济发展做出了重大贡献。但与此同时，长江经济带发展也面临着诸多亟待解决的困难和问题，主要是生态环境状况形势严峻、长江水道瓶颈制约、区域发展不平衡问题突出、产业转型升级任务艰巨、区域合作机制尚不健全等。

突出表现为三种矛盾：

一是工业化发展与生态保护的矛盾。这次习近平总书记考察调研聚焦"化工围江"问题就是一个集中反映。目前，长江沿岸分布着 40 余万家化工企业、五大钢铁基地、七大炼油厂以及上海、南京、仪征等大型石油化工基地。自 2007 年以来，长江流域废污水排放量突破 300 亿吨，相当于每年有一条黄河水量的污水被排入长江，长江经济带的环境承载力已接近上限。如果不坚决果断采取措施破解长江经济带日益严峻的"重化工围江"难题，势必影响长江经济带的可持续发展。因此习近平总书记强调，要把修复长江生态环境摆在压倒性位置，共抓大保护、不搞大开发。

二是市场化进程与产业同质的矛盾。由于历史和体制的原因，尽管长江经济带上中下游之间存在显著的产业梯度和要素禀赋差异，但以省级为单位的行政区划形成了市场格局，多年来各省市突出地方经济发展，产业发展具有较高的同质性和攀比性，地方保护主义突出，导致产业竞争过度，市场相互割据，影响了生产要素的自由流动，产业协同性和经济互补性表现得不明显，同一水道，各管一段，经济负外部性特征明显。

三是城市化扩围与资源耗散的矛盾。近年来，城市化发展促进地域城市群兴起，劳动力等生产要素向中心城市集聚，但由于社会公共服务目前还存在较大短板，造成沿江中心城市资源过度集中，城市承载力下降、发展负荷过重，而其他中小城市和农村地区形成发展"漏斗"和资源耗散，造成区域内和区域间发展不平衡，既不利于现代化经济体系的形成，也不利于发挥产业梯度转移的扩散机制。

推进高质量发展是长江经济带的历史责任

2016 年至 2018 年初，习近平总书记就长江经济带建设提出一系列重要思想，特别是强调推动长江经济带发展，理念要先进，坚持生态优先、绿色发展，把生态环境保护摆上优先地位，涉及长江的一切经济活动都要以不破坏生态环境为前提，共抓大保护、不搞大开发的核心思想，是对促进长江经济带实现科学发展、有序发展、高质量发展的战略考量和深谋远虑，充分体现了对自然规律的尊重，对经济规律和社会规律的尊重，也是保护好中华民族的母亲河的历史担当。

在发展战略上，必须把实施重大生态修复工程作为推动长江经济带发展项目的优先选项，一定要算大账、算长远账、算整体账、算综合账，要下大决心解决好长江流域开发与生态环境不协调的矛盾。在发展思路上，要增强系统思维，统筹各地改革发展、各项区际政策、各个领域建设、各种资源要素，变各自为政的孤立式发展为区域协同的联动式发展，促进沿线地区效率最大化和发展一体化，使区域经济更具均衡性和可持续性；在发展布局上，要优化长江经济带城市群布局，各有侧重，坚持大中小结合、东中西联动，促进城市群之间、城市群内部的分工协作，推动产城融合，引导人口集聚，形成集约高效、绿色低碳的新型城镇化发展格局。

谱写长江经济带
高质量发展新篇章*

日前，习近平总书记在武汉主持召开深入推动长江经济带发展座谈会，着眼中华民族长远利益，从国家发展全局出发，深入阐述了新形势下推动长江经济带发展必须正确把握的 5 个关系。这是继 2016 年初习近平总书记在重庆召开推动长江经济带发展座谈会和党中央审议通过《长江经济带发展规划纲要》之后，定位长江经济带在新时代实现高质量发展的又一次战略谋划，也为实施好长江经济带发展战略提供了坚实的认识论和重要的方法论。

绵延 6300 千米的长江，孕育着源远流长的中华文明。长江横跨东、中、西三大区域，连接 11 个省份，长江经济带资源密集，产业集中，人文厚实，区位优势明显。改革开放以来，在党中央坚强领导下，长江经济带已发展成为我国综合实力最强、战略支撑作用最大的区域之一，形成了具有全球影响力的内河经济带、东中西互动合作的协调发展带、沿海沿江沿边全面推进的对内对外开放带和生态文明建设的先行示范带，为国家的经济发展作出了重大贡献。

但随着快速的工业化、城镇化和市场化发展，今天的长江经济带也面临着诸多亟待解决的困难和问题，主要是生态环境保护形势严峻、长江水道存在瓶颈制约、区域发展不平衡问题突出、产业转型升级任务艰巨、区域合作机制尚不健全等。突出表现为工业化发展与生态保护的矛盾、市场化进程与产业同质的矛盾、城镇化发展与资源耗散的矛盾。为实现长江经济带永续发展、有序发展、科学发展和高质量发展，让长江经济带永葆生机活力，必须回答好新的时代发展课题。

习近平总书记提出的推动长江经济带发展必须正确把握的 5 个关系就是基本准绳和重要遵循，充分体现了对自然规律、经济规律和社会规律的尊重。深入领会和贯彻落实好 5 个关系，要把握好以下几个方面：

在指导思想上，要牢固树立新发展理念，必须坚持生态优先、绿色发展，把生态环境保护摆上优先地位，涉及长江的一切经济活动都要以不破坏生态环境为

---

* 本文原载中青在线 2018 年 4 月 28 日。

前提，共抓大保护、不搞大开发的核心思想。一定要算大账、算长远账、算整体账、算综合账，要在发展中保护、在保护中发展，下大决心解决好生态环境保护和经济发展的关系。

在战略规划上，要按照"一盘棋"思路做谋划。整体推进和重点突破相结合，自我发展和协同发展相结合，统筹沿江各地改革发展、各个领域建设、各种资源要素，努力把长江经济带建设成为生态更优美、交通更顺畅、经济更协调、市场更统一、机制更科学的黄金经济带，成为建设现代化经济体系，推进高质量发展的示范带。

在工作落实上，要坚守"功成不必在我"的精神。不求毕其功于一役，坚持稳扎稳打，分步推进，按照党中央既定的建设现代化经济体系的时间表、路线图，扎实推进供给侧结构性改革，加快推动长江经济带新旧动能转换，驰而不息、久久为功，走出一条生态优先、绿色发展的新路子，共同谱写好长江经济带发展的新篇章。

牢牢抓住培养社会主义
建设者和接班人这个根本*

习近平总书记在五四青年节和北京大学建校 120 周年校庆日来临之际到北京大学考察并发表重要讲话，深刻阐释了新时代中国大学应当培养什么样的人、怎样培养人这一关乎党和国家教育事业发展的核心问题，明确指出培养社会主义建设者和接班人，是我们党的教育方针，也是我国各级各类学校的共同使命。高校只有抓住培养社会主义建设者和接班人这个根本才能办好，才能办出中国特色世界一流大学。

习近平总书记的重要讲话，通篇贯穿着一个"德"字。在阐述坚持办学正确政治方向时，强调大学教育要以树人为核心，以立德为根本，把立德树人的成效作为检验学校一切工作的根本标准，把立德树人内化到大学建设和管理各领域、各方面、各环节；在阐述建设高素质教师队伍时，强调要加强师德师风建设，教育者"吐辞为经、举足为法"，必须做到以德立身、以德立学、以德施教，才能更好担当起学生健康成长指导者和引路人的责任；在阐述形成高水平人才培养体系时，强调人才培养体系必须立足于培养什么人、怎样培养人这个根本问题来建设，要把思想政治工作体系贯通于学科体系、教学体系、教材体系、管理体系，切实把我们的特色和优势有效转化为培养社会主义建设者和接班人的能力。

习近平总书记如此强调新时代中国大学要把立德树人放在人才培养的核心位置，要做到育人和育才的辩证统一，是从战略的高度、国家的希望和民族的未来回答了中国特色社会主义教育事业的本质所在，就是要培养广大青年成为实现中华民族伟大复兴的生力军，要培养德智体美全面发展的社会主义建设者和接班人。

习近平总书记指出，古今中外，每个国家都是按照自己的政治要求来培养人的，世界一流大学都是在服务自己国家发展中成长起来的。培养社会发展所需要

---

* 本文原载中青在线 2018 年 5 月 3 日。

的人，就是培养社会发展、知识积累、文化传承、国家存续、制度运行所要求的人。在实现中华民族伟大复兴、开创中国特色社会主义伟大事业的历史进程中，只有牢牢抓住培养社会主义建设者和接班人这个根本，中国特色社会主义才能坚持好、发展好，建设社会主义现代化强国才能有一代又一代人接续奋斗，中国特色社会主义教育必须坚持的正确办学方向才不会有丝毫动摇，广大青年才俊也才能以青春之我、奋斗之我融于国家发展大我之中，实现追梦到圆梦的自我净化，在实现中华民族伟大复兴的中国梦中放飞人生理想。

"大学之道，在明明德，在亲民，在止于至善。"新时代的中国大学生和广大青年生逢其时，更是重任在肩。习近平总书记对新时代中国青年提出了忠于祖国、忠于人民，立鸿鹄志、做奋斗者，求真学问、练真本领，知行合一、做实干家的谆谆期望，这也是当下青年一代健康成长必须遵循的路径、必须坚持的方向，爱国爱民才能立德立功，立志奋斗才能梦想成真，真学真练才能成长成才，实干苦干才能成就事业。

广大青年学子和广大教育工作者自觉践行社会主义建设者和接班人的使命担当，始终与人民为伍、与祖国同行，中华民族伟大复兴就一定会在一代代青年的接力奋斗中变为现实。

"休克"的中兴：希望能"活下来"，更能"醒过来"！*

美国商务部部长 Wilbur Ross 在 2018 年 4 月 16 日透露，因中国电信设备商中兴通讯未履行和解协定中的部分协议，美国商务部将禁止美国企业向中兴通讯销售元器件，时间有可能长达 7 年。

瞬时，在国人眼中一向"高大上"的"中兴通讯"就被"架到了舆论的火上"，不仅当日在资本市场上停牌，各种关于"中兴通讯"的"拷问"也连篇累牍地扩散开来。随着舆论的起伏，中兴通讯这段时间可谓"备受煎熬"，此后公司连续发出各种相关公告表明：中兴"休克"了。

中兴通讯公司的基频、射频芯片、存储等大部分关键零部件原来都来自于美国高通、微软和英特尔企业；中兴通讯的关键零部件可替代性弱，尤其是核心的高端芯片并无自主研发能力，严重依赖国外；中兴一旦被美国全面封杀，企业将会陷入无零件可买、也无技术可支援的绝境。

如果如此这般，一个偌大的国内通信业的"标杆企业"将很快"轰然倒塌"。

当然，根据坊间传出的"小道消息"：中兴此次被美方重启（激活）"拒绝令"还在于其遵守国际商业规则、坚守买卖诚信、严格企业内控机制，乃至于应当具有的管理原则，都被美方抓住了"短板"，有点"有苦叫不出"的尴尬境遇。

总之，中兴事件不仅成为当下"交锋甚烈"的中美贸易摩擦的一个重量级砝码，还着实刺痛了国人的神经。有媒体评价：美方对中兴核心件的出口禁运触碰到了中国通信产业缺乏核心技术的痛点，反映了中国通信电子产业的缺芯之痛，"缺芯少魂"的问题，再次严峻地摆在人们面前；中兴事件也揭示出：我们呼吁多年的自主创新不仅仅是口号，而是直接涉及国家安全，国计民生的要务。实在是一语双关的"无'芯'何以'中兴'"！

---

* 本文原载中国网 2018 年 5 月 15 日。

　　联想到习近平总书记在 2016 年 4 月 19 日主持召开的网络安全和信息化工作座谈会发表的重要讲话中指出的，核心技术是我们最大的"命门"，核心技术受制于人是我们最大的隐患。一个企业即便规模再大、市值再高，如果核心元器件严重依赖外国，供应链的"命门"掌握在别人手里，那就好比在别人的墙基上砌房子，再大再漂亮也可能经不起风雨，甚至会不堪一击。习近平总书记的告诫如此振聋发聩，如此具有现实意义。

　　我们必须警醒：核心技术是国之重器，必须要下定决心、保持恒心、找准重心，加速推动包括信息领域在内的各类产业在核心技术研发应用上有真的突破；在技术、产业、政策上群策群力共同发力。

　　2018 年 5 月 13 日，美国总统特朗普发出推特表示愿意与中方一同努力为中兴通讯提供一种快速恢复业务的途径，并已告知商务部要完成这项工作。这一短讯有可能给"休克中的中兴"重新"复活"带来契机。刘鹤副总理作为国家主席特使赴美访问，就两国经贸问题进行进一步磋商，也是对之前美国贸易代表团来华访问的回应。可以预料，其中会包括妥善处理中兴通讯的生产经营恢复问题。

　　中兴危局或现转机，中兴可能会以合适的方式"活下来"，但我们寄望中兴通讯能借此吸取教训，从这一事件中真的能"醒过味来"，即：

　　——走出国门的泱泱大国的国有企业必须下大力气夯实竞争能力，切实掌握核心技术，拿出市场竞技的真功夫。

　　——要打造走向世界一流的"中国号"企业，必须严格遵守国际通行贸易规则，充分彰显市场经济的基本契约精神，把住商业社会的诚信底线。

　　——走向海外的中国企业更应当具有大国企业的风范，体现中国文化的精髓，坚定维护国家利益和国家尊严，不为小利所动，不为苟利所诱。要以更加宽广的视野，坚定推进开放创新，在跟高手过招中知道差距，不能夜郎自大；同时，要更加发奋努力，树立雄心壮志，争口气尽快在核心技术上实现"弯道超车"。

撬动改革开放的
思想杠杆*

1978 年 5 月 11 日，《光明日报》发表特约评论员文章《实践是检验真理的唯一标准》。这篇具有划时代历史意义的文章，不仅打破了长期以来形成的思想禁锢，在党内和全国达成了"解放思想、实事求是"的思想共识，也直接成为撬动改革开放的思想杠杆。就此，改革开放成为决定当代中国命运的关键抉择，成为党和人民事业大踏步赶上时代的重要法宝。

这篇 6000 字的宏论，以马克思主义辩证唯物主义的基本立场重新阐释了"检验真理的标准只能是社会实践，理论与实践的统一是马克思主义的一个最基本的原则，任何理论都要不断接受实践的检验"的基本道理。其之所以在当时的中国社会能带来惊天动地的思想震动，就在于该文章在当时的历史语境中能够敢于破除禁锢人们思想的"禁区"，能够坚决颠覆束缚人们行动的蒙昧主义、唯心主义、文化专制主义，从而回归了马克思主义认识论的本源。

思想上的拨乱反正，引发了如何认识真理、检验真理、实践真理的大讨论，也拉开了中国改革开放的序幕，开启了 40 年来我们理论创新与实践检验良性互动的现代化国家建设新征程。"解放思想、实事求是"的基本原则成为 40 年来我们党带领人民推进改革开放一路走来始终不渝的精神支撑和实践动力。

以真理标准问题的讨论为起点，以党的十一届三中全会为标志，中国开启了改革开放的历史进程。从农村改革到企业改革再到城市综合改革，开放从特区试点到全面推广，改革视域从经济体制改革到全面深化改革。40 年众志成城，40 年砥砺奋进，40 年春风化雨，中国人民不仅用双手书写了国家和民族发展的壮丽史诗，也用勇于实践勇于创新的时代精神开辟了马克思主义中国化时代化的最新境界。正如习近平总书记在博鳌亚洲论坛 2018 年年会上发表重要演讲中强调的"没有思想的解放，就没有改革开放"。

改革开放之初，我们冲破"两个凡是"的禁锢，从而打破改革的僵局；20

---

* 本文原载《中国青年报》2018 年 5 月 21 日。

世纪 90 年代初，我们排除"姓社姓资"的干扰，跳出"计划还是市场"的理论窠臼。40 年来改革开放的历史进程彰示：在每个思想困惑的重要关口，都是一次观念突破和思想解放；正是一次次思想大解放，成功扫除了改革开放道路上的一道道思想障碍；正是坚持解放思想、实事求是，我国才能完成从高度集中的计划经济体制到充满活力的社会主义市场经济体制、从封闭半封闭状态到全方位开放、从传统社会到现代社会的伟大历史转变，我国经济社会各方面发展才能不断获得新的活力和动力，创造出由落后生产背景下赶超到新时期经济社会快速持续发展下的并跑领跑的全方位开创性成就和深层次根本性变革，开启了中国特色社会主义新时代的大好局面。正所谓"中国人民坚持解放思想、实事求是，实现解放思想和改革开放相互激荡、观念创新和实践探索相互促进，充分显示了思想引领的强大力量"。

实践发展永无止境，解放思想永无止境，改革开放永无止境。时代是思想之母，实践是理论之源。当代中国共产党人比历史上任何时候都更加懂得：马克思主义的真理性就在于其科学性、人民性、实践性和开放性。世界和中国每时每刻都在发生变化，我们必须在理论上跟上时代、不断认识规律，不断推进理论创新、实践创新、制度创新、文化创新以及其他各方面创新，善于聆听时代声音，勇于坚持真理、修正错误，让 21 世纪中国的马克思主义的旗帜高高飘扬，展现出更强大、更有说服力的真理力量。

站在真理标准讨论 40 年的历史节点再度回首，中国已经深度融入了世界文明发展进程，正以崭新姿态屹立于世界的东方。踏着滚滚向前的历史车轮，顺应浩浩荡荡的时代潮流，我们必须在历史前进的逻辑中前进、在时代发展的潮流中发展。在解放思想中统一思想，在观念革新中凝聚力量，进一步破除各种思想的藩篱和旧的体制机制障碍，坚定被实践检验过的道路自信、理论自信、制度自信、文化自信，让曾经开启改革的巨大思想力量，在习近平新时代中国特色社会主义思想指引下，促进改革开放再出发，创造中国新时代的新辉煌。

降低汽车进口关税，
哪些群体会受益？*

2018 年 5 月 22 日国务院关税税则委员会印发公告指出：经国务院批准，自 2018 年 7 月 1 日起，将税率分别为 25%、20% 的汽车整车关税降至 15%，降税幅度分别为 40%、25%；将税率分别为 8%、10%、15%、20%、25% 的汽车零部件关税降至 6%，平均降税幅度达 46%。

按照公告指出的，这一举措将相当幅度降低汽车进口关税，不仅有利于促进我国汽车产业结构调整和转型升级，也有利于丰富国内市场供给，满足人民群众多样化需求。应该说，这对我国汽车的消费者和生产者都带来的是"同向"利好。

受惠的当然是国内汽车消费者

这次汽车关税调整涉及我国汽车整车共 178 个税号，降税前最惠国算术平均税率为 21.5%，税率介于 3%~25%；涉及我国汽车零部件共 97 个税号，降税前最惠国算术平均税率为 10.2%，税率介于 6%~25%。这是一个科目非常详细的关税调整表，牵涉不同类别车型和零部件，要厘清内容就要对汽车产品构成有相当的了解。但对于消费者，看到的是最后整车的价格优惠和维修时对进口零部件的减让程度。

以在我国市场指导价约 90 万元的进口汽车为例，该车进口到岸价为 24 万元人民币，当关税税率为 25% 时，关税税额为 6 万元。关税税额占厂商在我国市场指导价的 7%。此次降税后，关税税率由 25% 降为 15%，这款进口车将征收关税 3.6 万元，相比降税前减少 2.4 万元。总的来看，降低关税可以有效降低进口车一部分价格，对于高档进口车，粗略估算整车降价在 10 万元以内。

由于进口车的税费主要由三部分组成，除了关税以外还有消费税和增值税。其中消费税是根据进口汽车的排气量而定的，排气量越大的汽车消费税越高。我国对于汽车关税的下调，一直以来都是稳步推行的。自 1986 年起，我国的进口车关税从原来的 220% 大幅下降，2006 年我国汽车进口关税下调至 25%。这次调整，幅度

---

* 本文原载中国网 2018 年 5 月 23 日。

还不算很大，所以，不同档次的进口车降价幅度也将不同，但受降低关税影响，汽车进口环节增值税和消费税今后也会相应降低。最主要的是，通过进口车关税调整，就汽车消费而言，可以满足国内消费者对汽车的消费需求多样化，国内汽车市场供给将进一步丰富，进而扩大内需，为中国经济发展带来更多动力和活力。

有利于国内汽车厂商提质增效

降低汽车进口关税，势必给国内汽车厂商带来竞争压力。目前，国内汽车市场分为进口车、合资品牌车和完全自主生产汽车三大类，汽车车型根据排量也是多层次的。关税调整对各类型生产厂家和分级市场影响也不一样。

有业内专家测算，关税下降会对国产 C 级车造成直接影响，当关税从 25% 降至 5% 时，进口车的售价将降低 16% 左右。假设国产车因此也发生了降价来对抗竞争，降价幅度约为 10%，那么 C 级车的整体价格将下降 13%，从而带动 B 级车降价 2.4%，而 B 级车的降价带动 A 级车降价 0.9%。在价格联动层面上，进口车关税下降对 B 级车的价格影响存在，但影响有限，对 A 级车影响可以忽略不计。

由于国产 B 级车的制造商多为合资品牌，因此若其他因素不变的情况下，合资品牌的利润率会受到稍许影响，而自主品牌受到的影响相对较小，而 C 级车的制造商的利润率受影响较大。可以说，大排量的高档 C 级车制造商的利润率受影响较大。

关税调整后，整车关税下降幅度仍然在可接受范围内，对国内汽车工业和国内汽车价格体系冲击有限。从零部件关税降低看，对零部件产业影响也比较小。比如，国内进口的零部件大多执行 10% 的关税，这次降低到 6%，对零部件产业影响较小。国产零部件与进口零部件基本属于互补关系，并非竞争关系。国内进口的零部件绝大部分是国内尚无法生产，或性能指标达不到要求的。另外，整车厂都会要求零部件厂靠近其生产基地建厂，以便控制供应链风险和及时反应，即使降低零部件关税，并不影响相关零部件的本地化生产。

当然，这次相当幅度降低汽车进口关税后，汽车产业需要有一个逐步适应的过程。汽车整车及零部件是否会继续降低进口关税，将主要根据汽车产业的竞争力和发展变化情况而定。

最重要的效应在于，尽管当前我国汽车产业逐步发展壮大，形成了种类齐全、配套完整的产业体系，具备一定竞争力，但我国汽车产业结构需要进一步优化升级，创新能力有待进一步加强。通过降低进口关税形成市场竞争压力，有利于我国汽车产业推进供给侧结构性改革和加快转型升级。

竞争格局的全面重塑，有利于我国汽车产业将更多的力量用于深化供给侧结构性改革，促进汽车产业提质增效，不断提升产业竞争力，推动汽车产业在更加开放的条件下实现高质量发展。

让大数据"数化"出世界人民福祉*

2018 年 5 月 26 日，习近平主席向正在贵州省贵阳市举行的 2018 中国国际大数据产业博览会致贺信。贺信紧扣博览会"数化万物·智在融合"的主题，明确表达了我们党和政府高度重视大数据发展的鲜明态度、发展理念、基本路径和方向目标，希望与世界各国一道抓住"数化万物"的大数据发展机遇，应对好由此带来的对经济社会的挑战，以积极的态度着力"智在融合"，促进大数据产业创新发展、健康发展，让大数据既造福世界各国人民，又助力中国经济从高速增长转向高质量发展。

"数化万物"是大数据时代的基本特征，是一场生活、工作与思维的大变革，是新一轮以互联网、大数据、人工智能为代表的新一代信息技术变革的基本轨迹。大数据是信息化发展的新阶段，随着信息技术和人类生产生活交汇融合，互联网快速普及，全球数据呈现爆发增长、海量集聚的特点，并以日益迅猛的发展态势深刻融入经济社会发展的方方面面。从概念到实践，从战略布局到项目规划，从食住行到游购娱，从工农生产到服务消费，大数据日益走进寻常百姓的生活。

"数化万物"这一特征，也正在开启一次重大的时代转型。世界各国越来越深刻地认识到，数据是 21 世纪最为宝贵的财产，"谁掌握了数据，谁就掌握了主动权"；谁能抓住大数据发展的时代机遇，谁就能掌握未来技术变革和产业发展的制高点。因此，各国政府纷纷把推进经济数字化作为实现创新发展的重要动能，在技术研发、数据共享、安全保护等方面进行前瞻性布局。党和政府一直高度重视大数据发展。党的十九大提出建设科技强国、网络强国、数字中国、智慧社会等发展目标，作出推动互联网、大数据、人工智能和实体经济深度融合等战略部署。2017 年末，中共中央政治局还专门就实施国家大数据战略进行集体学习，深入了解大数据发展现状和趋势及其对经济社会发展的影响，分析我国大数

---

* 本文原载中青在线 2018 年 5 月 27 日。

据发展取得的成绩和存在的问题，明确要推动实施国家大数据战略，加快建设数字中国。

大数据的快速发展在给人类生产生活带来重大时代机遇的同时，也给各国经济社会发展、国家管理、社会治理尤其是在如何妥善处理好数据安全、网络空间治理等方面带来巨大挑战。正因为大数据发展的"数化万物"特点，其带来的风险和挑战也必然是跨地域、跨层级、跨系统、跨产业、跨技术边界、跨学科领域乃至于跨越心理领域的，其间产生的技术风险有可能会穿透、冲击我们的许多传统社会认知和基本价值观念，比如，日益火爆的基于大数据的区块链技术将改变传统金融服务和社会信用体系的构建。

所以，与"数化万物"相伴随的"智在融合"就更加凸显了其重要的思想和行动价值，成为国际大数据产业博览会的并行主题。"智在融合"不仅要体现在大数据所蕴含的各种信息智慧要与传统产业和实体经济加快融合，也要体现在大数据运用必须与社会治理、国家管理方式现代化紧密融合，还要体现在大数据与服务民生、提高人民生活质量、增进人民获得感、幸福感和安全感相互融合，更要体现在需要各国在推进大数据运用和产业发展中加强交流互鉴、集思广益、深化合作的协同融合之中，以共同的创新和智慧联起手来推动大数据产业创新发展、有序发展、健康发展，既要让大数据能够切实提升世界各国人民福祉，又能够共同构筑起人类生活的安全边界。

为此，习近平主席在贺信中强调中国发展大数据是秉持创新、协调、绿色、开放、共享的新发展理念，对内是助力中国经济从高速增长转向高质量发展，对外则要共创智慧生活、造福世界各国人民、共同推动构建人类命运共同体，其意义就是十分深刻的，其境界也是十分高远的。

一鼓作气、一气呵成、一以贯之，把发展基点放在创新上*

2018 年 6 月，习近平总书记在山东考察时指出，切实把新发展理念落到实处，不断取得高质量发展新成就，不断增强经济社会发展创新力，更好满足人民日益增长的美好生活需要。在走访几家科技创新型企业时，习近平总书记强调了创新引领的重要作用，鼓励企业一鼓作气、一气呵成、一以贯之，把发展基点放在创新上，坚持走自主创新之路，以坚定信念和追求不断在关键核心技术研发上取得新突破。

2018 年以来，习近平总书记在不同场合多次强调创新发展对实现中国经济高质量发展的重要支撑作用。2018 年两会上，习近平总书记在参加广东代表团审议时强调，发展是第一要务、人才是第一资源、创新是第一动力。在 2018 年 4 月召开的全国网络安全和信息化工作会议上，习近平总书记指出，核心技术是国之重器，要下定决心、保持恒心、找准重心，加速推动信息领域核心技术的突破。在 2018 年 5 月 28 日召开的两院院士大会上，习近平总书记再次指出，实践反复告诉我们，关键核心技术是要不来、买不来、讨不来的；只有把关键核心技术掌握在自己手中，才能从根本上保障国家经济安全、国防安全和其他安全；敢于走前人没走过的路，努力实现关键核心技术自主可控，把创新主动权、发展主动权牢牢掌握在自己手中。可以说，以习近平同志为核心的党中央对创新发展是前所未有的高度重视，对我国面对的发展环境和条件具有前所未有的清醒认识。

实践发展证明，如果我们不掌握核心技术，在核心技术上受制于人，我们的"命门"就会掌握在别人手里。这好比在别人的墙基上砌房子，再大再漂亮也可能经不起风雨，甚至会不堪一击。例如，在上海顺利出坞的由中国自主设计并建造的 20000TEU（标准箱）集装箱船首制船性价比超高，再一次刷新了船体吨位纪录、打破日韩垄断，也正是得益于我们的自主研发和自主创新。这些经验教训说明的是一个道理——中国日益走近世界舞台的中央、在日益激烈的世界市场竞

---

* 本文原载中国网 2018 年 6 月 18 日。

争中，要善于与高手过招并取胜，最关键最核心的技术必须立足自主创新，自立才能自强。

习近平总书记在 2018 年两院院士大会上高瞻远瞩地指出，现在我们迎来了世界新一轮科技革命和产业变革同我国转变发展方式的历史性交汇期，既面临着千载难逢的历史机遇，又面临着差距拉大的严峻挑战。我们比历史上任何时期都更接近中华民族伟大复兴的目标，我们比历史上任何时期都更需要建设世界科技强国。形势逼人，挑战逼人，使命逼人。

我国广大企业家、广大科技人员和各方面有志之士必须把握大势、抢占先机，直面问题、迎难而上，树立雄心、勇担重任，瞄准世界科技前沿，发挥出我国社会主义制度集中力量办大事的制度优势，尽快在核心技术上取得新的重大突破，发扬"日日行，不怕千万里；常常做，不怕千万事"的精神，勇做实现新时代高质量发展，推动自主创新的"排头兵"。

企业是创新的主体，是推动创新创造的生力军。国有企业是中国特色社会主义的重要物质基础和政治基础，是我们党执政兴国的重要支柱和依靠力量。在推动自主创新上，国有企业要担起重任，尽快成为技术创新决策、研发投入、科研组织和成果转化的主体，尽快成长为一批核心技术能力突出、集成创新能力强的创新型领军企业，努力实现中国制造向中国创造转变、中国速度向中国质量转变、中国产品向中国品牌转变。

创新之道，唯在得人。当务之急是要进一步营造良好创新环境，加快形成有利于人才成长的培养机制、有利于人尽其才的使用机制、有利于竞相成长各展其能的激励机制、有利于各类人才脱颖而出的竞争机制。

党的政治建设
是一个永恒课题*
——纪念中国共产党
建党 97 周年

在中国共产党建党 97 年到来之际，中共中央政治局就加强党的政治建设举行集体学习。中共中央总书记习近平在主持学习时强调，党的政治建设是一个永恒课题。他要求全党同志把准政治方向，坚持党的政治领导，夯实政治根基，涵养政治生态，防范政治风险，永葆政治本色，提高政治能力，为我们党不断发展壮大、从胜利走向胜利提供坚强的政治保证。

在这个特殊的日子，作为世界第一大党的领袖，习近平总书记突出强调党的政治建设的极端重要性，清晰指明党的政治建设的时代内涵，这是向全党再次发出的"政治建党"新号令。

政治建设在新时代党的建设中的战略定位

党的十九大向世人宣告，中国特色社会主义进入了新时代。新时代我们党肩负着团结带领人民进行伟大斗争、推进伟大事业、建设伟大工程、实现伟大梦想新的历史使命，一定要有新气象新作为，必须毫不动摇坚持和完善党的领导，毫不动摇把党建设得更加坚强有力。

就此，习近平总书记在党的十九大报告中提出了 213 个字的新时代党的建设总要求。这个总要求高屋建瓴地指明了新时代党的建设的目的、指导方针、主线、总体布局和目标，进一步回答了"建设什么样的党、怎样建设党"这一历史性课题，对推进党的建设新的伟大工程作出了顶层设计和战略部署。新时代党的建设总要求不仅丰富和发展了马克思主义建党学说，创新了马克思主义党建理论，也标志着我们党对执政党建设规律的认识达到新的高度。在"七一"建党

---

* 本文原载《瞭望中国》2018 年第 14 期，2018 年 7 月 2 日出刊。

纪念日习近平总书记再次强调党的政治建设是党的根本性建设、是一个永恒课题，目的就是要全党同志深化对党的政治建设的认识，增强推进党的政治建设的自觉性和坚定性，确保这个大党继续前行在正确的政治轨道上。

政党本质上是特定阶级利益的集中代表者，是有着共同政治纲领、政治路线、政治目标的政治组织。政治属性始终是政党第一位的属性，政治建设是执政党为加强自身建设而在政治方面所进行的工作，是政党建设的内在要求。旗帜鲜明讲政治是中国共产党作为马克思主义政党的根本要求和本质特征。中国共产党在自身建设的持续探索历程中就一以贯之地高度重视加强政治建设。从毛泽东同志提出"革命的政治工作是革命军队的生命线""政治工作是一切经济工作的生命线"，到邓小平同志强调"到什么时候都得讲政治"，再到习近平总书记明确"政治问题，任何时候都是根本性的大问题。全面从严治党，必须注重政治上的要求""要把党的政治建设摆在首位"。这些重要论断都鲜明地表明，讲政治一直贯穿在中国共产党的建设长期实践中，并随着时代的发展日渐体现出我们党对政治建设在党的建设中的战略地位成熟而深刻的把握。

新时代党的政治建设的战略定位，就是"以党的政治建设为统领""把党的政治建设摆在首位"。党的政治建设涵盖政治方向、政治立场、政治原则、政治路线、政治道路、政治生态等丰富内容。确定这样的战略定位，就要求以党的政治建设统筹党的建设总体布局，以党的政治建设为统领确保党的政治方向对头、政治信仰纯正、政治原则坚定、政治路线正确，从而用党的纲领、路线、方针和政策统一全党的思想和行为，保证全党在政治上的先进性和纯洁性，实现全党在思想上、政治上的高度一致，使全党步调一致地沿着正确的政治方向前进。

在党的政治建设长期实践中，我们有着正反两面的经验和教训：过去党内存在的弊端和问题，原因都是党的政治建设没有抓紧、没有抓实、没有抓好，党的政治建设倘若弱化、淡化、虚化，党的先进性和纯洁性就无从谈起。党的十八大以来，在全面从严治党实践中，以习近平同志为核心的党中央把党的政治建设摆上突出位置，在坚定政治信仰、增强"四个意识"、维护党中央权威和集中统一领导、严明党的政治纪律和政治规矩、加强和规范新形势下党内政治生活、净化党内政治生态、正风肃纪、反腐惩恶等方面采取一系列空前有力的重大措施，取得了明显成效，党的面貌、党在人民群众中的形象发生历史性变化，将党的政治建设作为党的根本性建设来抓，再次统一了全党意志，使全党同志凝心聚力为实现党的纲领和目标而共同奋斗。

确立新时代党的政治建设的战略定位，就是把党的政治建设作为党的建设的核心，党的政治建设决定党的建设方向和效果。新时代党的建设总要求强调全面推进党的政治建设、思想建设、组织建设、作风建设、纪律建设，把制度建设贯穿其中，深入推进反腐败斗争。这清晰地阐明了党的政治建设是党的建设的"灵魂"和"根本"，政治建设抓好了，政治方向、政治立场、政治大局把握住了，党的政治能力提高了，党的建设就铸了魂、扎了根，对党的其他建设就可以"纲举目张"；而不抓党的政治建设或背离党的政治建设指引的方向，党的其他建设就难以取得预期成效，也就是说，党的其他建设最终的着眼点和落脚点也必须体现在政治建设上。

加强新时代党的政治建设必须紧扣民心这个最大政治

习近平总书记在这次中央政治局集体学习时强调，加强党的政治建设，要紧扣民心这个最大的政治，把赢得民心民意、汇集民智民力作为重要着力点。这既阐明了我们党作为马克思主义执政党的本质所在，也是我们党能够长期执政的根基所在。

中国共产党在新时代要有新气象新作为，就必须始终站稳人民立场，贯彻党的群众路线，同人民想在一起、干在一起，始终保持党性与人民性的高度统一，始终保持党同人民群众的血肉联系。

回首党的 97 年光辉历程，无论是弱小还是强大，无论是顺境还是逆境，中国共产党都始终秉承为中国人民谋幸福、为中华民族谋复兴这一初心和使命，并以此作为激励中国共产党人不断前进的根本动力，党紧紧依靠人民带领人民，历经千难万险，攻克了一个又一个看似不可攻克的难关，创造了一个又一个彪炳史册的人间奇迹，中华民族迎来了从站起来、富起来到强起来的伟大飞跃。

时间砥砺信仰，岁月见证初心。如今的中国特色社会主义进入新时代，新的历史方位赋予我们新的历史使命。党的十九大描绘了再过几年全面建成小康社会、到 21 世纪中叶全面建成社会主义现代化强国的宏伟蓝图。未来发展既无限美好，艰巨挑战也前所未有。今天的中国，正在向着历史的山巅行进。

习近平总书记在党的十九大上指出，伟大的事业必须有坚强的党来领导。只要我们党把自身建设好、建设强，确保党始终同人民想在一起、干在一起，就一定能够引领承载着中国人民伟大梦想的航船破浪前进，胜利驶向光辉的彼岸。在庆祝党的生日的时候，习近平总书记再次号召全党同志要"始终同人民想在一起、干在一起"。

始终同人民想在一起、干在一起，广大党员干部就要不忘初心、牢记使命，兑现我们党对人民的承诺，以造福人民为最大政绩。当前就是要着力解决人民日益增长的美好生活需要和不平衡不充分的发展之间的矛盾，把精力和心思用在稳增长、促改革、调结构、惠民生、防风险上，用在破难题、克难关，着力解决人民群众最关心最直接最现实的利益问题上，让人民更有获得感、幸福感和安全感；要以"功成不必在我"的精神境界和"功成必定有我"的历史担当，推动改革不停顿、开放不止步；要打铁必须自身硬，毫不动摇坚持和完善党的领导，毫不动摇深入推进党的建设新的伟大工程，始终保持爬坡过坎的压力感、奋勇向前的使命感、干事创业的责任感，以"钉钉子"精神做实做细做好各项工作，以永不懈怠的精神状态，干在实处、走在前列，一步一个脚印将伟大梦想转化为推动新时代中国特色社会主义伟大事业的生动实践。

8900多万党员唯有始终同人民想在一起、干在一起，勇担使命、奋发有为，才真正担负起执政党的政治责任，才真正体现出新时代党的政治建设的最大成效，也才能把这个世界第一大党建设成为始终走在时代前列、人民衷心拥护、勇于自我革命、经得起各种风浪考验、朝气蓬勃的马克思主义执政党。

各级领导干部要切实担负起党和人民赋予的政治责任

习近平总书记在党的十九大和这次集体学习中都强调，党的政治建设的首要任务是"保证全党服从中央，坚持党中央权威和集中统一领导"。推进新时代党的建设的伟大工程，必须牢牢把握坚持党中央权威和集中统一领导这一核心要求。

政治方向是党生存发展第一位的问题，正确的政治方向是政治指南针，事关党的前途命运和事业兴衰成败。我们党所要坚守的政治方向，就是共产主义远大理想和中国特色社会主义共同理想、"两个一百年"奋斗目标，就是党的基本理论、基本路线、基本方略，加强党的政治建设就是要发挥政治方向的指南针作用。政治方向确立以后，就要求把各级党组织建设成为坚守正确政治方向的坚强战斗堡垒，教育广大党员、干部坚定不移沿着正确政治方向前进。

首先，要坚持党的政治领导，坚持党中央的绝对权威和集中统一领导。中国特色社会主义最本质的特征是中国共产党领导，中国特色社会主义制度的最大优势是中国共产党领导，党是最高政治领导力量。要建立健全坚持和加强党的全面领导的组织体系、制度体系、工作机制，切实把党的领导落实到改革发展稳定、内政外交国防、治党治国治军等各领域各方面各环节。全党同志要强化党的意识，牢记自己的第一身份是共产党员，第一职责是为党工作，自觉增强"四个意识"，自觉锻炼党性，永远坚守对党忠诚的政治品质，任何时候都与党同心同德，在思想上政治上行动上同党中央保持高度一致。

其次，要把党的政治建设落实到干部队伍建设上，选人用人导向要突出政治标准。要不断提高各级领导干部特别是高级干部把握方向、把握大势、把握全局的能力，以及辨别政治是非、保持政治定力、驾驭政治局面、防范政治风险的能力，善于从政治上分析问题、解决问题。各级领导干部特别是高级干部要不断练就一双政治慧眼，增强政治敏锐性和政治鉴别力，不畏浮云遮望眼，做到眼睛亮、见事早、行动快，切实担负起党和人民赋予的政治责任。

最后，要大力营造良好的政治生态，将其作为党的政治建设的一项基础性、经常性、长期性工作。要贯彻落实新形势下党内政治生活的若干准则，让党员、干部在党内政治生活中经常接受政治体检，增强政治免疫力。要加强党内政治文化建设，让党所倡导的理想信念、价值理念、优良传统深入党员、干部思想和心灵。要弘扬社会主义核心价值观，弘扬和践行忠诚老实、公道正派、实事求是、清正廉洁等价值观，以良好政治文化涵养风清气正的政治生态。

只有浚其源、涵其林，养正气、固根本，方能锲而不舍，久久为功。

6 月 PMI 指标有涨有落
该如何看待中国经济走势？*

　　据国家统计局公布的 PMI 景气数据，2018 年 6 月中国制造业采购经理指数 PMI 为 51.5%，比 5 月回落 0.4 个百分点；6 月中国非制造业商务活动指数 PMI 为 55.0%，比 5 月微升 0.1 个百分点；综合 PMI 产出指数为 54.4%，低于 5 月 0.2 个百分点，三项景气指标各有涨落。

　　按照国家统计局官方的分析，这三项 PMI "两降一升"，但目前均高于 50% 临界值以上，还均高于上半年平均值，这无疑表明，无论是制造业还是非制造业，中国企业当期生产经营活动总体延续平稳较快的扩张态势。结合近期有关部门公布的规模以上工业企业销售收入、利润增长、国有企业提质增效的成果，以及上半年制造业投资有所回暖的态势，仍然可以判断：目前制造业基本面总体向好、生产和需求总体稳步增长；服务业继续保持较快增长态势，建筑业扩张还在加快。

　　在构成制造业 PMI 的 5 个分类指数中，生产指数、新订单指数和供应商配送时间指数高于临界点，原材料库存指数和从业人员指数低于临界点，这维持了 2018 年上半年各月分类指数的基本表现，说明制造业运行态势基本稳定。

　　2018 年 6 月制造业 PMI 指数还反映出中国新旧经济动能继续延续分化的态势。先进制造业等新经济 PMI 显著好于传统经济。在 21 个被调查的行业中，15 个行业 PMI 位于扩张区间，其中，专用设备制造业、计算机通信电子设备、仪器仪表制造业等高端制造业 PMI 均位于 54% 以上。高耗能行业则回落 0.4 个百分点至 50.1%。同时，制造业投资有望延续温和反弹，支撑起中国的经济韧性。

　　非制造业方面，2018 年 6 月非制造业商务活动指数为 55.0%，环比上升 0.1 个百分点，高于上半年均值 0.2 个百分点，保持 2018 年以来较快增长势头。服务业方面，PMI 指数 2018 年上半年一直维持温和上行态势，2018 年 6 月服务业 PMI 更是上行到 54.0%。从行业大类来看，铁路运输业、航空运输业、电信广播

---

　　*　本文原载中新经纬 APP，2018 年 7 月 4 日。

电视和卫星传输服务、货币金融服务等行业商务活动指数均位于 60.0% 以上的高位景气区间，业务总量实现快速增长，反映出当前消费转型升级始终是推动服务业增长的主要力量。同时，2018 年以来中国建筑业保持快速增长，3 月以来已连续 4 个月位于 60.0% 以上的高位景气区间，6 月建筑业商务活动指数达到 60.7%，与近期房地产投资增速保持高位吻合。总体来看，当前宏观经济综合景气程度依然较好。

不过，也有市场分析人士从边际变化和结构差异等视角分析称，2018 年 6 月制造业 PMI 较 5 月下降 0.4 个百分点，比 2017 年同期亦回落 0.2 个百分点。其走势与 2017 年 9 月 PMI 创出 52.4% 高点后转为跌势类似。

生产端方面，反映企业生产经营行为的主要指标中，2018 年 6 月采购量回落 0.2 个百分点至 52.8%；产成品库存回升、原材料库存回落，需求扩张速度降低；生产经营活动预期回落 0.8 个百分点至 57.9%，创出 2018 年 2 月以来新低。而从需求端来看，2018 年 6 月 PMI 新订单指数 53.2%，较 5 月回落 0.6 个百分点；2018 年 6 月新出口订单指数为 49.80%，较 5 月降低 0.4 个百分点，已低于第一季度均值。伴随美国贸易关税实施日期临近，以及近期美国、欧洲、日本等主要海外经济体景气度渐趋下行，需求端承压较重，预计出口订单或将持续受到不良影响。

中美贸易摩擦出现的"对峙"状态，也使 2018 年下半年经济走势存在较大的不确定性，因此，有分析提醒，2018 年全年中国经济增长中枢较 2017 年会有所回落，我们应对此保持足够的心理准备和政策工具储备。

抓好仿制与创新
促进我国医药健康发展 *

随着电影《我不是药神》热映，高药价、仿制药等问题再次走进大众视野。据新华社《经济参考报》报道，新一轮医药降费窗口期即将打开，创新和激励仿制两手齐抓。有关部委就加快已在境外上市新药审批、强化短缺药供应、落实抗癌药降价等方面打出一系列组合拳。未来还将有一揽子配套政策加快落地，包括加快境外新药上市进程、激励药品创新和仿制、完善医保准入机制等。

抗癌药品进口力争零税率，进口创新药进程加快，这些措施会对国内药企带来哪些挑战？既要医药降费以保证患者吃得起药，又要保护专利以推动药企创新，其间矛盾如何解决？探索提高抗癌等仿制药品的可及性，我们应该向其他国家学习什么？针对这些问题，《东莞日报》特邀北京大学国家发展研究院经济学教授、北京大学健康发展研究中心主任李玲，国家行政学院研究员胡敏，法智融媒创始人、法治文化传播师邵铭发表看法。

政府应注重药价谈判助推降费

记者：一方面，癌症等重大疾病患者，希望能获得平价"救命药"；但另一方面，抗癌等原研药需投入巨大的研发成本，必须通过保护专利来保证药企的预期收益。再者，如果将很多抗癌药等纳入医保目录，医保体系将不堪重负。这三者之间的矛盾如何解决？

李玲：原研药的成本高，所以其价格很贵。但是，我们的药品贵与药品集中谈判乏力是有很大关系的。以英国为例是由国家去进行药价谈判的，这可以有效地降低药品的成本，因此，英国的药非常便宜，比如同样的格列卫，英国的价格要比我们便宜得多。我们是人口大国，是发展中国家，人均收入还比较低。即使是世界卫生组织，也是允许我们"强仿"的。（编者注："强仿"是"强制仿制"的简称，即出于维护公共健康的需求，对还在有效期内的药品专利给予强制许

---

* 本文原载《东莞日报》2018 年 7 月 9 日，记者贾庆森。

可，依法授权第三方实施专利、仿制药品。）而且，我们有自己的体制优势，政府完全有能力推动产业政策，在药品方面更多造福社会。

对于患者使用原研药的费用，医保现在的确无力承担。即使降关税之后，进口抗癌药仍然很贵。很多低收入的普通患者，能用得起的药，可能是几百元的，而不是一两万元的。说到底，要解决问题，就要深化医疗、医药改革，包括医保制度改革，所有改革形成联动。

胡敏：高价药、研发成本和医保体制之间的矛盾，是我国医药管理体制改革滞后长期累积的问题。主要的症结在于三个层次：一是长期以来国家对原研药研发投入不够，原研药实际上具有公共产品属性，完全靠企业投入不能解决市场价格的平价问题；二是因为对国外有竞争力药企进入长期有实质性行政壁垒，致使国内医药企业长期处于封闭市场的竞争，创新产品动力不足；三是我国医保体系存在问题，医保的低水平覆盖，其欠账比同等层次的养老保障缺口大得多，解决的突破点还是在国家财政支出结构和力度上做文章。

邵铭：医药降费不能盲目乐观。药品加成政策至今已施行60多年。新医改施行后，医院对药品理论上是要求零加成，但那是针对基本药品而言的。自费药、进口药等，仍被允许加价15%。15%仅是指药价的末梢。与此同时，根据《药品注册管理办法》，任何进口药物都需重新进行长达数年的临床试验取得数据，才可在国内上市，由此产生的成本、采购谈判等大量中间环节都会推高药价。而且这些进口药品都享有自主定价权，政府并不对其施行指导价。因此，即使很多药品在国外销售多年，甚至临近专利保护期（20年），在国内采购仍然比国外要高得多。

同时，现有的医保体系，需要靠新的大病医保制度来减负与补充。基本医疗保险是"低水平、广覆盖"，它的保护网很脆弱。将更多的抗癌药纳入医保目录，就需要大病医疗保险制度来发挥作用。

进口药降关税将倒逼药企创新

记者：研发新药成本高，而仿制药成本较低，因而中国本土药企扎堆仿制药，原研药研发动力不足。当前，政府推动包括抗癌药进口关税力争降为零，鼓励创新药进口。这会不会对中国药企形成很大压力，并对本土原研药研发等形成倒逼？

李玲：我认为，现在这还不是一个问题。我们国内药企目前的整体水平与国外先进药企相比，还存在非常大的差距，双方不在一个水准上。如果拿芯片做类比，我们药企的创新能力可能还不如芯片行业。我们可以看到，全世界都在使用"中国制造"的其他产品，然而，我们的药品还在大量进口。要达到医药降费的目的，在抗癌药等降关税之外，更重要的是我们在产业政策方面下大气力，无论是原研药还是仿制药，都应该加快发展起来。

胡敏：当前推动包括抗癌药进口关税力争降为零，鼓励创新药进口，这是一个利好，虽然来得有些迟。其实沿海地区许多创新型医药企业呼吁了很多年，就是受制于过去的行政性利益格局。现在必须加大力度鼓励医药生产经营和市场的开放，当然这会对国内医药企业有冲击，过去许多靠仿制药来生存的企业会受到冲击，所谓不破不立，关键要看我们是否让人民群众受益，这个标准把握住了，我国本土医药企业才能"凤凰涅槃"。

提高患者对高品质药品的可及性

记者：政府在鼓励创新的同时，继续激励药品仿制。仿制药，为什么印度行，中国不行？如何提高患者对抗癌药等仿制药品的可及性？

李玲：关于药品专利问题，学术上一直存在很大争议。专利是为了保护创新，但是，药品是为了救命的。如果专利造成药价太高，普通患者吃不起，那药品专利就背离了应有的价值，这也是"强仿"出现的原因。未来，国家应该平衡原研和"强仿"的关系。对于跨国药企来说，原研药成本太高了。我们完全可以比他们低得多的成本做原研，原研药做出之后，国家可以把专利买下来，给参与原研的企业足够的回报，在保护创新的同时，保障老百姓获得实惠的药品。

邵铭：群众会"用脚投票"，到疗效更好的地方去，到医药费更低的地方去，到自己认为更信得过的地方去，这不是"病急乱投医"，而是一种理性的选择。

对国外药品专利的严格保护，源于 WTO 规则，但实际上有协商的巨大空间。比如，印度正因一直"死磕"原研药专利保护制度，印度仿制药才成为癌症患者的福音。而且，药片进口既然是市场行为，也意味着可以进行采购谈判。随着各种原研药进入中国，未来必须用好协商谈判、采购谈判这两大市场通行的砍价武器。

鼓励仿制药的使用，要提高知识产权保护力度。目前，全国各地法院已逐步实现知识产权纠纷的集中管辖，有必要尽快确立此类药品专利纠纷的统一裁判规则。

从"世界工厂"到"世界消费市场"：
跳跃还是爬坡？*

中国有着 14 亿人的庞大而广阔的消费市场，是足以傲视全球的经济优势，也是中国改革开放 40 年来经济能够实现快速增长的源泉所在。

党的十九大报告已经明确，当前和今后相当一个时期中国着力解决的社会主要矛盾是人民日益增长的美好生活需要和不平衡不充分的发展之间的矛盾，要满足人民不断提升的消费升级需要，还得把发展作为第一要务。就此，挖掘中国巨大的消费潜能，可以再支撑中国继续保持若干年比较快的增长速度。

这是一个十分美好、十分鼓舞人心的发展愿景，但实现这一愿景，却并不是一朝一夕的事。

未来十年中国有可能从"世界工厂"转变为"世界消费市场"

如果说，过去的 40 年，中国得益于改革开放深入融入全球化进程，成为了"世界工厂"，"中国制造"满天下。那么，到 21 世纪中叶要实现现代化强国的宏伟目标，中国具有这么大的内在消费动力，再过 30 多年，就完全可以成就一个"世界消费市场"。显然，从"世界工厂"转变到"世界消费市场"，符合中国的产业经济结构和消费结构升级的要求，也符合国家经济政策的取向。近几年，我国大力推进供给侧结构性改革，现在又致力于实现经济高质量发展，就是行进在这个转换的路途上。

国外很多经济学家确实是这么认为的，也是这么判断的。比如，英国《金融时报》（FT）首席经济评论员马丁·沃尔夫就曾撰文《中国将成为重要消费市场》，文章指出，随着中国从"世界工厂"向"世界重要消费市场"转变，中国会为全球企业提供一个规模巨大、增长迅速但具有挑战性的消费市场。

---

* 本文原载中国网 2018 年 7 月 2 日，原题为《中国从世界工厂到世界消费市场须跨越三个坎》，《中国经济时报》2018 年 7 月 13 日转发。

沃尔夫以中美两个经济大国消费升级的趋势作对比，表明过去的十年，中国家庭消费总额从仅为美国的 13% 升至 34%，如果继续保持目前稳健增长态势的话，再过不到十年，在 2026 年中国经济规模将与美国大致相等（以美元计算）之后，中国的消费总额或可达到美国的 74%。即使考虑到各种综合因素的影响和中国经济增长速度的可能下行，未来中国的消费总额仍会达到美国的 55%，这个数字比现在要上升 20% 左右。

沃尔夫的推算逻辑似乎并没有大错，特别是在文章中他还考虑到了中国城市化、新经济发展、技术变革对消费升级带来的积极影响，以及考虑到了人口老龄化的负担、中国能否比较顺利地跨越"中等收入陷阱"和能否比较好地化解当前最棘手的"债务陷阱"等负面因素。但无论是消费增长的态势自然形成，还是按照沃尔夫的推理逻辑，未来中国成为全球重要的"消费市场"，是有着足够证据的。

2017 年，中国国内生产总值实现 82.7 万亿元的骄人成绩，与美国经济总量的差距进一步缩小，按照自然增长率趋势，以消费总额/GDP 占比的中国上升空间上还比较广阔。在目前支撑经济增长的需求端，消费已经成为拉动中国经济增长的主要动力，2017 年最终消费支出对 GDP 增长的贡献率已达 58.8%。2018 年上半年消费需求依然保持平稳增长态势，并带动了进口额的快速增长，未来中国外贸进出口结构调整中，进口增长快于出口增长将进入一个常态化。尽管当前中美贸易摩擦处于对垒状态，但广阔的中国消费市场存在是助推世界经济在金融危机后恢复性上涨的一大动力，世界经济增长不可忽视。同时，高质量的农产品、新型技术、服务贸易进口，不仅有利于提升中国国内的消费品质和生活质量，也可以化解与部分经济体过大的贸易逆差。

另外，近几年中国数字经济的迅猛发展，新型城镇化、人民币国际化的过程加快和中国国内市场化的深度改革，都将成为未来中国消费市场有力增长的积极因素。在经过一个时期中国巨大的产能或库存出清之后，存量配置会更加合理，就此也将促进一批产业的转型升级，从而带动一批新兴消费市场的产生。这就为中国从"世界工厂"转变到"世界消费市场"提供了巨大机会和现实可能。

成就世界级消费市场应有充分的心理准备和政策考量

在未来十年，中国要想真的能够实现从"世界工厂"向"世界重要消费市场"的跳跃，受到挑战的因素还会很多。笔者认为，当前和今后一个时期，推进中国家庭居民消费升级还必须跨越三个"坎"，还要完成一段比较艰辛的爬坡过坎过程。

一是必须解决好消费结构问题。尽管近年来我国城乡居民收入增幅快于 GDP

增速，居民消费对经济增速阶段性回落时保持相对稳定发挥了关键作用。但城镇房价不断攀升，改变了居民家庭消费支出安排。这几年居民家庭房贷负担不断加重，居民加杠杆有增无减，而收入远远被家庭债务抛下。2006 年，负债收入比还只有 18.5%，2018 年已经高达 77.1%。住房消费支出产生了对消费明显的挤出效应。2018 年 5 月，全国社会消费品零售总额增速只有 8.5%，远远低于预期，创下自 2003 年 5 月以来的 15 年最低。住房问题本质上是经济结构的失衡，这透支了居民家庭社会购买力，未来几年还存在大宗商品和食品价格通胀的趋势。如果处理不好结构性平衡问题，消费市场或存在一定的"断层"。

二是必须解决好社会保障账户充实问题。中国目前已经进入人口老龄化阶段，这无疑提供了一个巨大的"银发市场"，养老市场的发育是绕不过去的话题。但养老体制改革还需要大力推进，最主要的是养老金"亏空"问题尚没有一个好的解决方案。最近有关专家提出随着退休人员的不断增多，"养老金支付或要递减"就引发了不小的震动。在有效劳动年龄人口不断减少的态势下，包括养老金、医疗费用支出在内的社会保障账户如何"填实"，将直接影响居民未来的消费预期稳定，进而压缩消费市场的成长空间。

三是必须解决好消费动力体系问题。现在比较看好的是随着经济新旧动能的转换，会孕育出一大批新的消费市场，特别是看好未来以新经济业态支撑的新型服务市场和城市化进程加快会勃兴一批区域经济市场，但其背后必须解决好社会资源的有效配置和社会公共服务均等化问题，否则，人口会不断向大城市集聚，将带来大量的城市社会治理问题。这一方面会造成消费市场结构性的畸轻畸重；另一方面也会形成"小众消费市场"对"大众消费市场"的压制，整体上会削弱全社会的消费动力。解决全社会消费动力问题，根源在于社会分配体制改革。

当然，中国社会向来具有极大的韧性和回旋空间，形成世界级的消费市场，我们的理想可以足够的"丰满"，但城镇居民现实生活的压力多少有些无奈的"骨感"，这决定着成就世界级消费市场，并不必然迎来一条坦途。为此，我们必须要有充分的心理准备和政策考量。比如，我们需要以更积极更系统的消费政策激发消费潜能，以更健全的社会保障制度稳定广大群众的消费预期，以更加开放的政策吸引高质量投资带动本土产业转型升级，以更大的力度推进政府管理体制改革切实降低实体经济的制度性运行成本，从而缩短经济结构调整的"磨底期"，迎接新一轮消费高潮的到来。

树起新时代共青团的好形象[*]

　　习近平总书记日前同共青团中央新一届领导班子成员集体谈话并发表重要讲话，对新时代共青团工作寄予厚望，并希望团中央新一届领导班子成员带头"学理论、强信念，讲政治、严自律，促改革、抓落实，改作风、守规矩"。这既是习近平总书记针对一个时期以来团中央工作现状对团中央领导班子提出的改革改进要求，更是党中央对全国广大共青团员和各级团组织切实振奋改革精神、履行工作职责、担纲时代重任的巨大勉励。

　　认真学习落实习近平总书记的这"24 字箴言"，各级团组织和广大青年团员就要把新时代共青团的好形象树立起来，就要推动共青团的精神风貌呈现新时代的新气象，就是要让共青团当好党的助手和后备军、做中国特色社会主义的建设者和接班人。

学理论、强信念：在思想上更上时代步伐

　　习近平总书记指出，青年一代有理想、有本领、有担当，国家就有前途、民族就有希望。有坚定的理想信念在青年成长道路上是第一位的，理想信念高于天，这是青年人走好人生之路、放飞青春梦想的思想基石。

　　习近平总书记到北京师范大学与师生座谈时，就谆谆教诲广大青年要"系好人生的第一粒扣子"，就是要广大青年树立远大理想。习近平总书记自己在青年时代，在陕北梁家河度过艰苦的七年青春年华，通过博览大量群书、与广大农民同吃同住同劳动，既培养了与广大人民群众深厚的感情，也坚实了自己要以一生致力于为人民群众谋幸福生活的淳朴理想。习近平总书记走过的人生岁月就是当代青年人最好的榜样。

　　今天的中国进入了中国特色社会主义新时代，改革开放和社会主义现代化建设为广大青年成长成才、施展才华提供了丰实的实践土壤，有着比前人难以比拟

---

　　*　本文原载《中国青年报》2018 年 7 月 16 日。

的大好环境，但能不能正确地走好人生之路，还在于是否能树立正确的理想信念。没有正确的理想信念、不能持之以恒地坚守正确的理想信念，人生照样会走弯路，也难以达到理想的彼岸。

正确的理想信念就是树立共产主义远大理想和中国特色社会主义共同理想，就是坚定地做社会主义建设者和接班人，就是忠诚地做好党的助手和后备军，就是自觉同人民一起奋斗，同人民一起前进，同人民一起梦想，用一生来践行跟党走的理想追求。

筑牢这样的理想信念，首要的是要学好理论。马克思主义理论是为近百年世界革命实践所佐证的科学真理，是揭示人类社会发展规律的先进理论。当代青年要自觉学好马克思主义理论，学会运用马克思主义立场、观点、方法观察分析问题。习近平新时代中国特色社会主义思想是当代的马克思主义，闪耀着 21 世纪科学社会主义的真理的光辉，当代青年要自觉学好习近平新时代中国特色社会主义思想，以其分析和解决当代中国发展、改革和现代化建设的现实问题。

只有用先进理论武装头脑，自觉用科学理论指导实践，才能彰显理论的力量，才能对正确的理想信念矢志不渝，才能在思想上更上时代的步伐。

讲政治、严自律：在组织上坚守党的旗帜

中国共产主义青年团一直吸纳着广大青年中的先进分子，始终是中国共产党的有力助手和有生气有活力的后备军。旗帜鲜明讲政治是我们党作为马克思主义政党的本质属性和根本要求，讲政治自然应是共青团组织义不容辞的政治责任和政治自觉。

党旗所指就是团旗所向。新时代共青团要坚持以党的旗帜为旗帜、以党的方向为方向、以党的意志为意志。各级共青团组织要将坚定地跟党走写在自己的旗帜上，始终不渝听党话、跟党走。

我们党始终对共青团予以高度信任和寄予厚望，始终关怀广大团员青年的健康成长，源源不断地从青年优秀分子中选拔为党工作的各类人才。习近平总书记站在时代发展和党的建设战略高度鲜明地指出，青年工作抓住的是当下，传承的是根脉，面向的是未来，攸关党和国家前途命运。共青团的所有工作，归结到一点，就是要当好党的助手和后备军。这是党中央赋予新时代青年工作的战略地位。

在同团中央新一届领导班子成员集体谈话中，习近平总书记又明确指出了新时代团的工作关键，就是抓住 3 个根本性问题：一是必须把培养社会主义建设者和接班人作为根本任务，二是把巩固和扩大党执政的青年群众基础作为政治责任，三是把围绕中心、服务大局作为工作主线。这"三个关键"则是对新时代

共青团建设的政治要求。

战略地位高准，政治要求严，就要求团中央领导班子和各级团组织成员能够高度自律、率先垂范，从严治团，以上率下，切实发挥共青团的先锋模范作用。严自律，首先是政治上要严，坚持以政治建设为统领，加强共青团系统党的建设，积极加强对广大青年的政治引领，增强"四个意识"，坚定"四个自信"，坚决维护党中央权威和集中统一领导。其次是团的干部队伍建设要严，政治上、思想上、能力上、担当上、作风上、自律上要强，做到对党忠诚，敢挑重担，脚踏实地。最后是团员队伍建设要严，在团员标准要求上严起来，从把好入团质量关入手，抓好入团以后的教育实践。

只有讲政治、严自律，党对团的工作才能放心，才能交付历史的重任。

促改革、抓落实：在行动上落实政治责任

深化群团组织改革是党的十九届三中全会部署深化党和国家机构改革的重要组成部分。共青团是党联系青年群众的桥梁和纽带，这是党中央对新时代共青团的职责定位。深化群团组织改革就要求紧紧围绕这个职责定位来谋划改革，促进改革、落实改革。

改革的目的是要把共青团组织建设得更加充满活力、更加坚强有力，但改革也是对过去既有格局的调整，涉及到原有机构设置、管理模式、运行机制和资源、人员的重新配置，尤其是要着力解决相当一个时期以来团组织的"机关化、行政化、贵族化、娱乐化"等问题，一定意义上也是刀刃向内的自我革命。

我们既要看到过去5年，共青团认真落实党中央关于共青团改革的部署，围绕保持和增强政治性、先进性、群众性，在组织引导青年、推动青年发展、维护青少年权益、深化共青团改革等方面做了大量工作，推动了团的精神风貌呈现出新的气象；也要不掩饰问题，不讳疾忌医，对症下药，刮骨疗伤，真正从思想上、工作上、制度上把过去积累的不少突出问题解决好。

团组织改革要以习近平新时代中国特色社会主义为指导，牢牢把握改革的正确方向，始终坚持党对群团组织的领导，自觉服从服务党和国家工作大局，找准工作结合点和着力点。要坚持眼睛向下、面向基层，树立大抓基层的鲜明导向，推动改革举措落到基层，使基层真正强起来。

改革的成效关键在落实。团中央和团组织要始终坚持以人民为中心的工作导向，以增强团组织的吸引力影响力为目标，以更好适应基层团员青年需要为落脚点，集广大团员青年的智慧出实招、出真招，切实把党中央对群团工作和群团改革的各项要求落到实处。

促改革，抓落实，这是在行动上落实团组织政治责任的具体表现。

改作风、守规矩：在风气上树立新的形象

新时代共青团要树立起新时代共青团的好形象，关键还在于各级团组织、各级团干部、广大团员青年能够主动适应新时代，切实改变工作作风。

团员青年是这个时代的佼佼者，最有生气最有活力，但也最容易受到各种思潮、各种生活方式的诱惑。团组织作为先进青年分子的集合，一定要旗帜鲜明地坚守政治规矩政治操守，自觉抵制各种歪风邪气和不健康的生活方式，始终保持团组织的思想纯正和清风正气。

各级共青团要积极引导广大青年坚定理想信念、练就过硬本领、勇于创新创造、矢志艰苦奋斗、锤炼高尚品格，在弘扬和践行社会主义核心价值观中勤学、修德、明辨、笃实，爱国、励志、求真、力行。

要把最大多数青年紧紧凝聚在党的周围，广泛组织动员广大青年建功新时代，在深化改革开放、促进经济社会发展中充分发挥生力军作用，切实将广大青年的报国之志转化为实际行动，努力成为担当民族复兴大任的时代新人。

要更好联系服务青年，扩大团的工作覆盖面，强化服务意识、提升服务能力，千方百计为青年排忧解难，做广大青年信得过、靠得住、离不开的贴心人，从而增强团的吸引力、向心力和凝聚力。

改作风、守规矩，共青团才能够代表广大青年、赢得广大青年、依靠广大青年，才能让广大青年在共青团的引领示范下敢于有梦、勇于追梦、勤于圆梦。

宏观调控全面宽松
言之无据 *

  2018 年 7 月 23 日国务院召开常务会议（以下简称"国常会"）进一步明确要更好发挥财政、金融两大宏观政策的协同作用，更加强调要支持扩大内需、推动有效投资支撑经济运行保持在合理区间。坊间对此有着种种解读，最突出的是认为宏调政策开始"全面宽松"了，货币"大放水"要到来了，也有人认为一个时期以来财政与金融部门在政策节奏上不够协调使得政策效果"打了折扣"，使得经济处于紧张运行状态，这次国常会"一锤定音"，各有纠偏，目的是确保宏调部门在政策上相向而行、协同施力。

在稳中求进工作总基调上把握政策的相机调控

  从各方面公布的 2018 年上半年各项经济运行指标来看，中国经济继续保持了稳中有进、稳中向好的基本态势，国内生产总值已经连续多月保持在 6.7% ~ 6.9% 的增长，就业保持稳定，物价平稳运行，结构调整步伐加快，新经济动能明显提升，规模以上工业企业经营绩效良好，供给侧结构性改革成效不断显现，经济韧性不断增强。

  但从 2018 年上半年内在经济增长动力看，也暴露出一些突出问题，主要是驱动经济增长的"三驾马车"动力不同程度有所衰减，社会消费者零售总额增长出现下滑，全国固定资产投资一路下滑，进出口受中美贸易紧张影响顺差有较大程度收窄，民间融资环境趋紧，股市、汇市、债市、楼市等受部分宏观政策调控和外部经济影响，其表现与经济基本面都有所背离。经济主体受惠于宏观政策的"获得感"和居民财富增长的"获得感"并不强烈。

  从 7·23 国常会的表述看，一定程度上是回应了各方面的诉求，更加强调政策的精准性、针对性、适度性和灵活性。

  首先，坚持稳中有进的工作总基调并没有变。强调宏观政策要继续保持稳

---

 * 本文原载中新经纬 APP，2018 年 7 月 28 日。

定，坚持不搞"大水漫灌"式强刺激，在实践中已经取得了经验和较好成效，主要经济指标运行良好支撑了这一点。但宏观政策并不是"铁板一块"，在保持经济运行在合理区间上，必须根据形势变化作出相机预调微调、定向调控，应对内外部环境不确定性，特别是应对好可以预料和难以预料的各种风险，提高政策的前瞻性和有效性，做到施力有向。

其次，财政政策和货币政策需要在保持既定政策取向的前提下讲求政策效果。2017 年末中央经济工作会议和 2018 年《政府工作报告》都明确提到，应对经济下行压力依旧存在的现状，财政政策要积极有效，货币政策要松紧适度。2018 年上半年，我们继续推进财税体制改革，加快政府"放管服"改革，减税降费力度进一步加大，制度性、交易性成本不断降低。在执行稳健的货币政策上，央行多次通过货币工具灵活释放流动性，在围绕结构性去杠杆，控制好宏观杠杆率上体现了货币政策的松紧有度和审时度势，确保了社会融资和流动性的合理充裕。此前央行表示，政策从"去杠杆"转向"稳杠杆"，市场风格转变虽已露端倪，但并非意味着全面宽松。因为非金融部门去杠杆意在防范长期发展风险，不能因为短期的经济面趋紧或解决经济短期增长的承压就乱了阵脚。

这次国常会强调财政金融政策要更加协同发力，旨在将政策效果发挥得更好，财政和货币政策向来不是孤立的，本质上是要保持政府的作用和市场的作用协同配合，相得益彰。国常会强调财政政策下半年要更加积极，货币政策要松紧适度，就是要为经济主体提供一个更为宽松的经济运营环境，两大政策相互配合，都在于要将财政资金和信贷资金更好地发挥效力、更多地落实到发展实体经济这个根本点上。

最后，国常会再次强调了持续扩大内需与调结构紧密配合，以激发社会活力推动有效投资稳定增长，显示了扩大消费需求和扩大有效投资，仍然是"稳增长"的两个支撑力。在目前外部环境充满不确定因素的情况下，稳定国内需求，激发经济内生增长动力，是夯实国内经济韧性的关键所在，也是保持经济可持续增长、推进经济高质量发展、满足人民对美好生活需要的立足点，对此经济政策必须主动作为，保持战略定力，绝不能三心二意。

总的来说，对这次国常会所有表述的正确解读应该是，政策总基调不变，政策调控并非逆转，"三大攻坚战"并未结束，但政策选择、政策力度和政策节奏是需要相机选择的，要在"稳增长"前提下的应时而动、因时制宜的，但绝不意味着要回到所谓"防水"、依赖信贷刺激的旧的经济增长驱动的老路上去。

保持战略定力、着力"三个稳定"夯实经济发展韧性

当前和今后一个时期中国经济面对的最大不确定性就是中美贸易紧张关系会

生出的种种变数,受到不期而遇的一系列外部经济风险的严峻挑战,政策层面必须做好各种政策工具储备和应对措施,中国的经济韧性也将经历最严酷的考验。

中国的经济韧性表现在产业的配套能力、市场的潜在活力、消费的巨大空间和制度的集聚能力。这些能力能充分激发出来,唯一的路径就是靠体制再改革再创新。

稳增长仍是第一抓手。经济增长不能失速,破解当前中国经济的一些困境依然要靠发展来解决问题,最主要的是通过深化供给侧结构性改革,扩大经济增量、盘活经济存量,经济结构调整的着力点必须放在实体经济的发展上。

稳政策需要五大政策相互协调。财政政策的更加积极有效在于以更大力度减税降费,稳健的货币政策要着力于脱虚向实,产业政策要有力有节,微观政策在于充分调动一切经济主体的活力,确保一切经济主体机会均等、规则公平,社会政策在于补足短板惠及民生。

稳预期在于引导市场信心。越是在形势复杂的时候,越要增强市场信心。而市场信心就来自于更加彻底的体制机制改革。过去40年改革开放产生的制度性改革边际效率已大幅缩减,而固化的部门利益格局已钳制着新的改革活力的生发,进而使得一系列经济政策达不到预期效果,必须以超乎寻常的力度突破思想的藩篱和体制机制的束缚,不破就不能立。

顺应大势　引领金砖国家合作再出发 *

2018 年 7 月 25 日至 27 日，金砖国家领导人第十次会晤在南非约翰内斯堡举行。这是金砖合作第二个"金色十年"的首次峰会。国家主席习近平在出席金砖国家工商论坛时发表题为《顺应时代潮流　实现共同发展》的重要讲话，提出了坚持合作共赢、创新引领、包容普惠、多边主义的"四点主张"。

习近平主席的重要讲话在当前世界经济格局正在错综演变，保护主义、单边主义日益抬头的复杂背景下，以构建人类命运共同体的理念，深刻把握世界大势，顺应历史潮流，强调金砖国家要携手合作，共同发展，并发出了坚持多边主义、共同建设开放型世界经济的响亮声音，这为进一步深化金砖国家合作，推动金砖合作在第二个"金色十年"里实现新的飞跃增进了信心、指明了方向。

近年来，在发达国家经济增长普遍乏力的背景下，金砖国家为全球经济增长提供了不可或缺的动力。金砖五国经济总量世界占比已从 10 年前的 12% 增加到 23%，对全球经济增长的贡献率也早已超过了 50%，成为世界经济增长的一个主要引擎。金砖国家正代表新兴市场国家和发展中国家发出更多合作共赢的声音，金砖机制的诞生和发展，是世界经济变迁和国际格局演变的产物。在第一个十年里，金砖合作乘势而起，亮点纷呈。五国秉持开放、包容、合作、共赢金砖精神，推动各领域务实合作不断深入，深化了团结互信，增进了五国人民福祉，拉紧了利益和情感纽带，为世界经济企稳复苏并重回增长之路作出了突出贡献。在 2017 年举行的金砖国家领导人厦门会晤中，习近平主席提出了"金砖+"模式，奠定了开放、包容、合作、共赢的金砖精神，为金砖国家未来合作规划了蓝图。

当前贸易保护主义、单边主义抬头，有的国家不顾其他国家的利益，挑起贸易战，对全球经济秩序产生了非常负面的影响。要合作还是要对立，要开放还是要封闭，要互利共赢还是要以邻为壑，国际社会再次来到何去何从的十字路口。习近平主席在这次重要讲话中审时度势，指出当今世界正面临百年未有之大变

---

* 本文原载中青在线 2018 年 7 月 28 日。

局。对广大新兴市场国家和发展中国家而言，这个世界既充满机遇，也存在挑战。我们要在国际格局演变的历史进程中运筹金砖合作，在世界发展和金砖国家共同发展的历史进程中谋求自身发展。习近平主席指出了"三个十年"的新判断，即未来 10 年，是世界经济新旧动能转换的关键 10 年。要抓住新一轮科技革命和产业变革的重大机遇，推动新兴市场国家和发展中国家实现跨越式发展；未来 10 年，是国际格局和力量对比加速演变的 10 年。新兴市场国家和发展中国家群体性崛起势不可当，将使全球发展的版图更加全面均衡，使世界和平的基础更为坚实稳固；未来 10 年，将是全球治理体系深刻重塑的 10 年。全球治理体系的走向，关乎各国特别是新兴市场国家和发展中国家发展空间，关乎全世界繁荣稳定。为此，金砖国家要顺应历史大势，把握发展机遇，合力克服挑战，在第二个"金色十年"里实现新的飞跃，为构建新型国际关系、构建人类命运共同体发挥建设性作用。

习近平主席提出的新的"四点主张"，强调要坚持合作共赢，建设开放经济；坚持创新引领，把握发展机遇；坚持包容普惠，造福各国人民；坚持多边主义，完善全球治理。这正是解决当前世界发展困境的好的主张，是向单边主义和保护主义发出的强烈回应，不仅再次让世界看到了中国的大国担当，展现了中国向全世界敞开开放大门的姿态和胸怀，也会进一步促进金砖国家与其他新兴市场国家和发展中国家在这一主张的思想引领下顺应历史大势，采取行动，共同维护多边主义和以世贸组织为核心的多边贸易体制，促进金砖国家实现更好的经济发展，为推动国际秩序向更加公正合理的方向发展作出新的贡献。

应对稳中有变
着力精准施策*

2018 年 7 月 31 日，中共中央政治局召开会议，分析研究当前经济形势，部署 2018 年下半年经济工作。从这个半年度最高层经济形势研判会议传出的信心看，一系列措辞表述十分精心，既表达了中央对当前经济形势的全面把握，又回应了近一段时期以来关于政策取向的种种争议，更对下半年工作重点有确切指引。落脚点在三个层面：一是要正确认识当前经济形势，保持信心、坚定决心，更广泛地凝聚共识；二是要在上半年经济保持总体平稳、稳中向好态势下充分把握经济运行稳中有变的新问题、新挑战；三是要抓住主要矛盾，加强政策统筹协调，形成合力，精准施策，保持经济运行在合理区间。概括起来，就是一个"稳"、一个"变"、一个"进"。

坚定稳中求进的工作总基调

从"7·31"中央政治局会议报道的表述看，"稳"还是一个突出字眼。

从一个时期以来宏观部门公布的 2018 年上半年各项经济运行指标来看，我国经济继续保持了稳中有进、稳中向好的基本态势，国内生产总值已经连续 15 个月保持在 6.7%~6.9%的增长区间，就业保持稳定，物价平稳运行，结构调整步伐加快，新经济动能明显提升，规模以上工业企业经营绩效良好，供给侧结构性改革成效不断显现，经济韧性不断增强。

主要宏观调控指标处在合理区间，为 2018 年下半年经济工作奠定了较好基础。但从 2018 年上半年内在经济增长动力看，也暴露出一些突出问题，主要是驱动经济增长的"三驾马车"动力不同程度有所衰减，社会消费品零售总额增长出现下滑，全国固定资产投资一路下滑，进出口受贸易影响顺差有较大程度收窄，民间融资环境趋紧，股市、汇市、债市、楼市等受部分宏观政策调控和外部经济影响，其表现又与经济基本面都有所背离。经济主体受惠于宏观政策的"获得感"和居民

---

* 本文原载《中国经济时报》2018 年 8 月 2 日。

财富增长的"获得感"似乎并不强烈。一个时期以来，坊间对财政与金融部门在政策节奏上不够协调使得政策效果"打了折扣"，对经济处于紧运行状态也有一些议论，期待前期政策有所转向，甚至有宏观政策"全面放松"的呼声。

因此，准确把握当前经济运行态势，正确认识当前我国经济形势，统一思想认识、统一政策基调、统一工作步骤十分关键。

中央政治局会议继续强调要坚持稳中求进工作总基调；要保持经济平稳健康发展，保持经济运行在合理区间；要坚持实施积极的财政政策和稳健的货币政策。尤其是坚持稳中有进的工作总基调是党的十八大以来我们施行宏观政策的一贯方针，既是经济工作原则，也是方法论，并在这几年实践中取得了经验和较好成效。越是在复杂形势面前，越是要保持战略定力，越是要加强政策协调，越是要把握好工作节奏和力度，不能自乱阵脚、扰乱预期。针对上半年经济面出现的矛盾和问题，这次的政治局会议将"稳"进一步细化为"做好稳就业、稳金融、稳外贸、稳外资、稳投资、稳预期"六项工作，是有针对性地把握住了当前经济运行的主要矛盾，也是宏观经济政策施力的主要方向。

稳增长主要就是稳就业，就业是民生之本，也是扩大内需的市场所在；稳金融就是要防范化解好金融风险，是解决当前中国经济症结的突破点；稳外贸、稳外资、稳投资是当前保持经济运行在合理区间的支撑点，确保经济增长不能失速；稳预期是要凝聚起人心，相信我们有坚强的领导能力，有改革开放40年发展积累的坚实基础、丰富经验，有广阔的国内市场、经济发展的韧性、潜力和回旋余地，能够战胜各种风险挑战，为经济社会发展营造良好环境。

把握稳中有变更好相机施策

中央政治局会议实事求是地指出了当前经济运行"稳中有变"，我们面临一些新问题、新挑战，尤其是外部环境发生明显变化。因此，宏观调控要精准施策，"以变应变"。

宏观政策并不是"铁板一块"，在保持经济运行在合理区间上，必须根据形势变化作出相机预调微调、定向调控，应对内外部环境不确定性，特别是应对好可以预料和难以预料的各种风险，提高政策的前瞻性和有效性，做到施力有向。作为主要政策工具的财政政策和货币政策需要在保持既定政策取向的前提下更加讲求政策效果。在政策总基调不变、政策调控并非逆转、"三大攻坚战"仍待攻坚的情况下，政策选择、政策力度和政策节奏必须相机选择、应时而动、因时制宜、预调微调。

2017年末中央经济工作会议和2018年《政府工作报告》都明确，应对经济下行压力依旧存在的现状，财政政策要积极有效，货币政策要松紧适度。2018

年上半年，我们继续推进财税体制改革，加快政府"放管服"改革，减税降费力度进一步加大，制度性交易性成本不断降低。在执行稳健的货币政策上，央行多次通过货币工具灵活释放流动性，在围绕结构性去杠杆、控制好宏观杠杆率上体现了货币政策的松紧有度和审时度势，确保了社会融资和流动性的合理充裕。但也要看到，财政和货币政策向来不是孤立的，本质上是要保持政府的作用和市场的作用协同配合，相得益彰。如果政策协同不够、配合不足，政策效果就会相互抵减。当前中国经济最主要的矛盾不是总量性的、周期性的而是结构性的，实体经济领域的供求失衡、实体经济与虚拟经济的发展失衡、实体经济与房地产的失衡仍是当前制约中国经济良性运转的三大症结。解决结构性问题必须依靠结构性政策，着力点必须放在发展实体经济这个根本点上。

这次政治局会议强调货币政策要"管住货币供给总闸门"，把握好总量平衡。在目前货币发行已经超量的情况下，不能再行"大水漫灌"的"防水"政策，稳健的基调不能丢，决不能回到依赖信贷刺激的旧的经济增长驱动的老路上去。要切实把防范化解金融风险和服务实体经济更好结合起来，在坚定做好去杠杆工作、把握好力度和节奏的同时，通过机制创新，提高金融服务实体经济的能力和意愿。

宏观政策重心可以更多地转向财政政策，要在扩大内需和结构调整上发挥更大作用。要把补短板作为当前财政政策的施力重点，也作为深化供给侧结构性改革的重点任务，加大基础设施领域补短板的力度，加大核心技术领域的投资力度，以增强产业创新力和发展新动能，加大实施好乡村振兴战略的投资力度。要增加各类专项债、专项资金、专项基金，引导财政资金和信贷资金更好地投向实体经济。

还有就是下决心解决好房地产市场问题，房地产问题成为近十年来中国的"民生之痛"，也成为造成中国社会收入分配差距的难点所在。当前要继续坚持因城施策，整治市场秩序，促进供求平衡，特别是加大市场供给力度，坚决遏制房价上涨，更长远的是要合理引导预期，加快土地制度改革，加快建立促进房地产市场平稳健康发展长效机制。

加快改革开放步伐推进发展

中央政治局会议在部署 2018 年下半年经济工作时强调要进一步推进改革开放，继续研究推出一批管用见效的重大改革举措；同时要落实扩大开放、大幅放宽市场准入的重大举措。中国的经济韧性在于产业的配套能力、市场的潜在活力、消费的巨大空间和制度的集聚能力。而这些能力要能再次激发出来，唯一的路径就是要依靠体制的再改革再创新。只有深化改革开放，才是解决中国经济所有问题的总钥匙，改革是最大的"进"。

需要看到，过去 40 年改革开放产生的制度性改革边际效率已大幅缩减，而一些固化的部门利益格局钳制着新的改革活力的生发，进而使得一系列经济政策达不到预期效果。我们要下更大决心、以超乎寻常的力度突破思想的藩篱和体制机制的束缚，不破就不能立。

必须加快政府改革，切实消除各级政府的软预算约束；加快国有企业改革，通过要素重组，释放和盘活国有经济存量资源，深化供给侧结构性改革，清除一批"僵尸企业"；以更大力度减税降费，再次充分调动一切经济主体活力尤其是民营经济的活力，确保一切经济主体机会均等、规则公平；加快科技创新体制改革，让知识、人才、技术的活力真正得以迸发。

用更大力度驱动好
投资与消费两个轮子*

从国家统计局公布的 2018 年 1~7 月宏观经济数据可以看到，数据在显示宏观经济总体上继续维持平稳走势的同时，也反映出当前经济下行压力依旧在加大，最突出的表现是国内投资和消费还在减速。

数据显示，1~7 月投资增速为 5.5%，增速比 2018 年上半年回落 0.5 个百分点，比 2017 年同期下降了近 3 个百分点；1~7 月，社会消费品零售总额同比增长 9.3%，增速比 2017 年上半年回落 0.1 个百分点，同比增速为 2004 年以来的最低值，消费增速也是连续 4 个月低于 10%。在目前中美贸易摩擦日益升级、外部需求面临巨大不确定性的态势下，要实现稳增长还得依靠国内投资和消费这两个驱动力。

从政策层面看，2018 年以来，高层不断强调积极扩大消费和促进有效投资，充分发挥投资对优化供给结构的关键性作用和增强消费对经济发展的基础性作用，这是应对经济下行压力的有力举措。从历史经验看，不论是 1998 年应对亚洲金融风暴，还是 2008 年应对国际金融危机，我们都充分发挥了投资和消费这两个驱动力，一方面抵御了金融风暴的冲击；另一方面避免了经济的"硬着陆"，换来了经济结构调整和转型升级。应该说，在非常之时，依靠有效政策继续驱动有效投资和有力消费，确保经济平稳增长，抵御住外部经济冲击，仍是重要的经济方略。

发挥投资的关键性作用既要着眼于稳增长又要重视长远效益

必须看到，今天我们强调的投资与 20 年前、10 年前中国经济面对的国内外经济环境已经发生了很大变化，着眼点也有很大不同。1998 年，我们还处于重化工业时期，产业链条正在培植，全国基础设施建设也还有许多空白；2008 年，我们正在大踏步融入经济全球化，产业布局从国内逐步延伸到国外，以高铁发展

---

* 本文原载中新经纬 APP，2018 年 8 月 17 日，《中国经济时报》2018 年 8 月 20 日转发。

带动的城市群经济也提供了大量基础设施投资机会。但在 2018 年，在中国工业化进程基本完成、产业链条基本齐全、投资的空间布局基本形成的情况下，我们面临的问题在于：一是亟待大规模推进的基础设施投资领域并不广阔；二是投资的边际效率正在逐步递减，投资回报率越来越低；三是依靠政府主导型投资的负担越来越重；四是在供给侧结构性改革背景下面临去杠杆、防风险和稳增长的"三难"困境；五是投资的外部成长空间受到调整战略后的美国的强势挤压。

因此，我们今天强调有效投资并发挥其支撑经济增长的关键性作用。首先，其关键性要体现在能托住经济增长，作为一项有效的稳增长短期政策，充分发挥基础设施投资的牵引作用，按照"十三五"规划加快既定重点建设项目的建设，尽快推进全社会固定资产投资的资金落地。

其次，以供给侧结构性改革为主攻方向，以扩大有效投资促进有效供给，切实把稳投资与调结构、补短板紧密结合起来，将短期政策和长远发展紧密结合起来。投资的有效性既要强调符合国家产业政策，即战略性、瓶颈性、新兴产业是扩大有效投资的重中之重；同时，也要符合区域经济社会发展所必需，不搞"大水漫灌""撒胡椒面儿"，避免无效投资、低效投资、盲目投资、重复投资，而是基于对投资方向、投资主体、投资时间的精准把握精准发力，对有限的资源、财力，根据轻重缓急和优先顺序来安排，有所为有所不为，着力在社会公共服务、生态环境保护、扶贫脱困等民生短板领域加快投资投放。

再次，要始终把握市场规律和消费需求的发展变化，创造适应消费需求升级的中高端优质增量供给，尤其是要加大高科技研发、知识储备、人力资源建设、新经济发育等领域投资力度，使投资对实现经济高质量可持续发展发挥关键作用。

最后，继续创新有效投资方式，深化投融资体制改革，拓宽投资渠道。要加快各类专项债券发行进度。各级财政部门应当会同专项债券对应项目主管部门，加大专项债券发行力度，项目准备成熟一批发行一批。在清理整顿 PPP 项目的同时，政府投融资主体要尽快转变为市场化投融资主体，还要加大吸引民间投资参与的积极性，尽快落实鼓励民间投资的政策举措，大幅度放宽市场准入，激发民间投资活力，鼓励民间资本采取混合所有制、设立基金、组建联合体等多种方式，参与投资项目尤其在铁路、民航、油气、电信等领域推出更有吸引力的项目，让民间资本能看得见回报，从而发挥民间投资在扩大有效投资方面的主力军作用。

另外，在"逆全球化"势力抬头，贸易摩擦严峻的新形势下，我们更要从战略高度推进"一带一路"建设，继续扩大国际产能合作，拓展开放合作的新空间，在促进贸易和投资自由化便利化上树立新的开放形象。

增强消费的基础性作用既要稳定消费预期又要着眼分配改革

近来关于消费抑制和消费降级的讨论，显然与化解"人民日益增长的美好生活需要和不平衡不充分的发展之间的矛盾"相悖。事实上，目前有效需求不足恰恰是我们发展不平衡不充分的现实写照。

例如，上海财经大学高等研究院的一份报告显示，截至 2017 年，中国家庭债务占 GDP 的比重为 48%，已经远远超过其他发展中国家。报告认为，家庭杠杆率每升高 1 个百分点，城镇家庭人均实际消费支出就会下降 0.11 个百分点。与此同时，由于互联网推动的小额信贷规模快速攀升，年轻一代透支消费已成习惯，这些都透支了年轻一代消费者的消费能力。

同时，房价快速上涨对消费形成了挤出效应。过去房价过高只是一线城市特殊现象，但过去两年，全国大部分城市房价都上涨了 50%~100%，二三四线城市的工资水平因产业结构而难以上涨，这就造成了居民买房按揭压力过大，从而对消费产生挤出效应。高房价既影响了住房销售，比如，商品房销售面积 2018 年上半年同比增长 3.3%，比 2017 年同期回落了 12.8 个百分点；又对家电、家具、装潢等行业构成冲击。房价大幅上涨还使得房租价格上涨，并逐步传递到城市服务业成本当中。在国家统计局公布的 CPI 数据构成中，服务价格上升始终是非食品价格上行的主要因素。由此，近几个月公布的全社会消费品零售总额增速回落就是一个必然结果。当前，服务业消费比重增速较快，根据统计数据，目前服务消费占居民消费支出的比重已经超过 40%，如果再加上价格不断上涨，必然会影响商品零售。

另外，受各种因素影响，2018 年上半年全国居民人均可支配收入实际增长 6.6%，同比回落 0.7 个百分点。居民收入增长放缓对一部分居民消费能力和消费预期提升形成了制约。加上中美贸易摩擦逐步加深，国内汇市、股市下行态势，也强化了国内消费者对经济增长和经济稳定存在较大的不确定性预期，进而对未来就业稳定和收入水平产生抑制性影响，制约了消费意愿。

因此，增强消费对经济增长的基础性作用，首先，要稳定消费者市场预期。宏观层面可以采取积极有效政策，稳定基础消费品包括服务品的市场价格，采取积极政策稳定股市、稳定汇市，密切关注市场的非理性波动。其次，要如 2018 年 7 月 30 日召开的中央政治局会议指出的，遏制住房价上涨，采取果断措施有序地将住房成本降下来。最后，要加快收入分配制度改革，以果敢的力度增强普通群众的个人所得，能够降低的税负尽可能降低，切实改变失衡的分配格局，让更多工薪阶层的腰包能够真正鼓起来，增强居民的长期稳定的消费能力。

用改革为民间投资
创造良好环境[*]

2018 年 8 月 16 日，国务院总理李克强主持召开国务院常务会议，部署以改革举措破除民间投资和民营经济发展障碍，激发经济活力和动力。

会议指出，2018 年以来我国经济总体稳中向好，面对当前新形势新变化，加大改革开放力度，进一步激发市场活力，针对苗头性倾向性问题精准施策、预调微调，确保经济运行在合理区间。

新形势下应对民营经济寄予更大期望

这是继 2018 年 7 月 23 日的国务院常务会议提出"调动民间投资积极性"之后，国务院再次对促进民间投资领域有关事项作出的重要部署。

"应该说，民营经济发展在我国整个社会主义市场经济发展进程中一直担负着重要的生力军作用。在当前经济运行环境稳中有进、稳中有变的新形势下，党中央对民营经济更有活力、更加健康地发展寄予了更大期望。2018 年 7 月 31 日，中央政治局研判半年度经济形势和部署下半年经济工作时提出了'六个稳'，都与能否更好地激发民营经济的活力和动力，进一步增强民间投资的巨大潜能息息相关。"中共中央党校（国家行政学院）研究员胡敏表示。

据了解，中共中央政治局在 2018 年 7 月 31 日的会议上要求要做好稳就业、稳金融、稳外贸、稳外资、稳投资、稳预期工作，保护在华外资企业合法权益。

胡敏表示，2018 年上半年，在一系列宏观经济政策的积极推动下，尽管整个社会固定资产投资增幅有所下降，但民间投资增幅近几个月却一直有着小幅提高，这既体现了民间资本对未来中国经济发展有着良好预期，也反映了民间投资的营商环境正在得到改善。特别是以民营经济为主导的新经济、新业态、新模式发展正成为新旧动能转换最重要的力量，不仅推动一大批新的消费升级市场的形成、发育、发展，创造了新的消费需求，也为大学生创业就业提供了广阔机会。

---

[*]　本文原载《中国经济时报》2018 年 8 月 20 日，记者：吕红星。

投资数据显示，2018 年前 7 个月民间投资同比增长 8.8%，增速比 2018 年上半年提高 0.4 个百分点，比 2017 年同期高 1.9 个百分点。民间投资中，农林牧渔业投资增长 15.1%，制造业投资增长 8.6%，服务业投资增长 9.7%。2018 年以来，各月民间投资增速均高于全部投资增速且领先优势逐月加大，2018 年第一季度、上半年和 1~7 月民间投资增速分别比全部投资增速高 1.4%、2.4% 和 3.3%。

近些年，国务院及有关部门陆续发布了《关于金融支持小微企业发展的实施意见》《关于进一步促进中小企业发展的若干意见》《促进中小企业发展规划（2016-2020 年）》和一系列支持民营经济发展的政策意见，其核心就是要坚决破除民间投资和民营经济的一系列发展障碍，最重要的就是在民间投资准入门槛、减税降费、拓宽融资渠道、保护民间资本产权、创造民营企业家公平竞争诚信经营的市场环境方面坚决撤除还依然存在的"弹簧门""旋转门""玻璃门"。稳住民营经济的发展信心，就要坚决改变这些体制机制障碍。这也应当是理解"稳中有变"的一个内涵。

当前，中美贸易摩擦大有进一步加剧的势头，同时世界经济形势也不容乐观，土耳其等国都面临国内货币进一步贬值的风险。

可以说，尽管外生变量发生了变化，但只要民间投资不出现大幅波动，民营经济能够稳住信心稳定发展，稳增长、稳经济我们就有底气。

应从两方面着手破解民间投资瓶颈

2018 年 8 月 16 日的国务院常务会议要求坚持基本经济制度和"两个毫不动摇"，一是下更大力气降低民间资本进入重点领域的门槛。聚焦补短板、扩内需、稳就业，在环保、交通能源、社会事业等方面，向民间资本集中推介一大批商业潜力大、投资回报机制明确的项目，积极支持民间资本控股。二是取消和减少阻碍民间投资进入养老、医疗等领域的附加条件，帮助解决土地、资金、人才等方面的难题，加强事中事后监管，营造公平竞争市场环境。三是进一步落实好减税降费措施，尤其是营改增等减税措施要抓紧到位。畅通金融服务实体经济传导机制，采取建立贷款风险补偿机制等方式，缓解小微企业和民营企业融资难、融资贵问题，多措并举降低企业成本。这进一步表达了党的十九大报告指出的打破行政性垄断、防止市场垄断、创造竞争公平有序的市场环境的要求。

当前，我国经济社会发展正在从高速度增长向高质量发展转变，经济在稳定增长的基础上更加需要调结构提升效率。从调结构来讲，需要政策引导，更加重要的是依靠市场主体，特别是民营企业进行创造创新，来形成新产品、新服务、新业态或者一些新的行业，实现经济结构的调整。

当前，民间资本投资相对谨慎，应如何破解？对此，笔者认为，应在以下两个方面着手来让民间资本放心投资：

第一，要在所有竞争性领域放开市场准入门槛，营造机会均等、规则均等的市场环境。特别是在重要的垄断行业改革，放开准入条件，降低行业门槛，让民营企业参股或控股垄断行业的某些竞争领域，形成领域内国有、民营公平竞争，共同发展的格局，这既是垄断行业改革的重要内容，也是国有企业混合所有制改革的应有之义。

第二，要进一步完善产权保护制度，推进产权保护法治化，着力健全依法保护民营企业家合法权益的法治环境，创造企业家公平竞争诚信经营的市场环境，营造尊重和激励企业家干事创业的社会氛围。

以新改革思想
促改革进行到底*

40 年弹指一挥间，40 年改革开放书写了一个东方大国崛起的壮丽篇章。

40 年来，一批批勇毅的改革先行者，深掘一块块改革的"试验田"，打开一扇扇开放的大门，在这块最古老又最有生气的东方热土上，描画出世界经济发展史上的"中国奇迹"。"改革开放是决定当代中国命运的关键一招，也是决定实现'两个一百年'奋斗目标、实现中华民族伟大复兴的关键一招"，在 2018 年纪念中国改革开放 40 年之际，中国共产党对中国的改革开放有着最深透的参悟和最果敢的实践。

中国特色社会主义进入新时代，中国的改革开放也进入了新时代。面对当今世界前所未有之大变局，面对中国由富起来走向强起来的历史新征程，面对亿万人民实现美好生活的新期待，前景无比广阔，挑战也更为复杂艰巨。

在新的赛道出现在新时代中国人面前时，我们唯一的选择，就是以更大的决心、睿智和勇气，将改革开放进行到底。

改革新时代面临更多更难啃的硬骨头

过往的 40 年，改革开放成为中国发展最鲜明的特征。

1978 年，以党的十一届三中全会为标志，中国开启了改革开放历史征程。

经过 40 年来艰辛探索、砥砺奋进，功在当代，玉汝于成。中国共产党带领全体中国人民解放思想，锐意创新，从农村改革起步，由点及面，层层推进，推动城市改革、企业改革、市场改革、政府改革等经济体制改革，进而拓展至社会改革、文化改革、生态文明改革、党的制度改革等全面深化改革各个方面。解放思想和改革开放相互激荡、观念创新和实践探索相互促进，坚决破除阻碍国家和民族发展的一道道思想和体制障碍，奋力攻克一个又一个看似不可攻克的难关，当代中国实现了从高度集中的计划经济向社会主义市场经济、由一个农业大国向

---

* 本文原载《瞭望中国》2018 年第 8 期。

新兴工业化国家、从封闭半封闭到全方位开放的伟大转折。

40 年来，在中国共产党领导下，中国人民艰苦奋斗、顽强拼搏，社会生产力得到极大解放和发展。今天的中国已经成为世界第二大经济体、第一大工业国、第一大货物贸易国、第一大外汇储备国，人民生活从短缺走向充裕、从贫困走向了小康；中国人民开放胸襟、放眼世界，打开国门搞建设，从引进来到走出去，在坚持对外开放基本国策中展现大国担当，连续多年对世界经济增长贡献率超过 30%，中国人民成为世界经济增长的主要稳定器和动力源，促进了人类和平与发展的崇高事业；中国人民革故鼎新、敢为人先，成功开辟了一条符合中国国情、顺应时代发展的中国特色社会主义道路，充分显示了制度保障的强大力量，充分显示了 14 多亿人民空前的创造性和作为真正英雄推动历史前进的强大力量。正如习近平主席指出的：中国人民完全可以自豪地说，改革开放这场中国的第二次革命，不仅深刻改变了中国，也深刻影响了世界！

党的十八大以来，以习近平同志为核心的党中央引领中国发展站到了新的历史起点上，中国特色社会主义进入了新时代，全面深化改革也到了一个新的重要关口。面对纷繁复杂的改革形势，习近平主席 2014 年 2 月 7 日在俄罗斯索契接受俄罗斯电视台专访时就形象地指出："容易的、皆大欢喜的改革已经完成了，好吃的肉都吃掉了，剩下的都是难啃的硬骨头。"

站在中国新的历史发展方位，我国社会主要矛盾发生历史性变化，改革的艰辛、困难、风险和挑战一点也没有减少：要实现全体人民共同富裕、不断满足对美好生活的需要，促进人的全面发展，我们必须进一步解放思想、进一步发展社会生产力、进一步激发全社会创造力，推进更高质量、更加平衡、更加开放、更为包容、更加公平、更可持续的发展。面对具有许多新的历史特点的伟大斗争，作为世界第一大执政党的中国共产党，不仅要坚决抵御精神懈怠、消极腐败、脱离群众、能力不足等"四大考验""四大风险"，再来一场自我革命，更要坚决破除一切不合时宜的思想观念和体制机制障碍、勇于突破各种利益固化的藩篱，推进一场社会革命。面对大国崛起形成的世界政治经济新格局，我们既要大胆吸收人类文明一切有益成果，以开放的胸襟充分借鉴符合人类社会发展规律的现代国家治理经验和成熟做法，切实构建起系统完备、科学规范、运行有效的制度体系；也要在新旧政治经济力量博弈中，主动适应、善于平衡，在中国与和世界共同发展进步中坚定地走中国特色的现代化道路。

这些就是改革新时代难啃的硬骨头，是前进道路上仍需要攻克的新的"娄山关""腊子口"。面临新形势新任务，人民群众对改革有新期待，习近平总书记指出："改革关头勇者胜，我们将以敢于啃硬骨头、敢于涉险滩的决心，义无反顾推进改革。"

在党的十八届中共中央全面深化改革领导小组第三十八次会议上，习近平总书记着眼党和国家事业发展战略全局，系统总结党的十八大以来全面深化改革取得的历史性成就和重要经验启示，站在更高起点谋划和推进改革，指出"改革是我们进行具有新的历史特点的伟大斗争的重要方面"。在 2018 年新年伊始的新年贺词中，习近平总书记再次强调，"改革开放是当代中国发展进步的必由之路，是实现中国梦的必由之路。我们要以庆祝改革开放 40 周年为契机，逢山开路，遇水架桥，将改革进行到底"。这就发出了中国共产党继续高举改革旗帜，坚定不移将改革进行到底的号令，昭示了党站在新时代继续深化全面改革的意志和决心，也为改革航船破浪前行、行稳致远注入了强大动力。

以习近平关于改革的重要论述推进改革攻坚克难

党的十八大以来，面对艰巨繁重的改革任务，以习近平同志为核心的党中央举旗定向、谋篇布局，以前所未有的决心和力度推进全面深化改革，以鲜明的问题导向聚焦破解改革发展难题，作出了一系列重大战略部署，改革涉及范围之广、出台方案之多、触及利益之深、推进力度之大前所未有。

从聚焦体制机制层面，统筹谋划改革任务，到坚持一分部署、九分落实，抓铁有痕、踏石留印，再到凝聚各方智慧、形成落实改革合力，改革呈现全面发力、多点突破、纵深推进的崭新局面，全面深化改革夯基垒台、积厚成势、攻坚克难、砥砺奋进、成果显著。

进一步地，我们党更从改革新经验中升华理性认识，萃取智慧结晶，揭示客观规律，把实践证明的好的经验做法固化为科学的制度机制，特别是把那些可复制可推广的经验做法转化为制度机制，进而融入党的创新理论之中，为进一步全面深化改革提供科学理论指导，就此形成了极为丰富的习近平关于改革的重要论述和改革方略。

习近平总书记亲历改革开放全过程，从领导一线改革实践和推动中央改革举措落地，开展重大改革探索，一直到参与中央改革决策，乃至成为新时代中国改革开放的总设计师，其改革勇气、改革远见、改革立场、改革韬略、改革方法、改革艺术、改革作风，在长期而又丰富的改革实践中不断锻造和历练而成。作为习近平新时代中国特色社会主义思想的重要组成部分，习近平总书记关于改革的重要论述直接来源于党的十八大以来全面深化改革的实践，同时也深深植根于 40 年改革开放的恢宏实践。这一系统的改革思想，涉及从准确把握改革的历史地位、坚持改革正确方向、全面深化改革的总目标、坚持"三个不能变"的改革原则、注重全面推进改革、抓住改革重点、坚持改革正确方法论、抓好改革落实等八个方面，改革思想博大精深，改革方略系统完整，是指导新时代改革的行动指南。

关于改革的历史地位和本质，习近平总书记从推进中国特色社会主义新发展、夺取新时代中国特色社会主义新胜利的高度，赋予改革以更加深邃的时代意义，指出：中国共产党的领导是中国特色社会主义最本质的特征。改革开放是党和人民大踏步赶上时代的重要法宝，是坚持和发展中国特色社会主义的必由之路。解决我国发展面临的突出矛盾和问题，实现中国特色社会主义新发展，要求全面深化改革；改革开放是长期的，贯穿中国特色社会主义全过程；实践发展永无止境，解放思想永无止境，改革开放只有进行时，没有完成时。

关于改革的正确方向，方向问题至关重要，坚持什么样的改革方向，决定着改革的性质和最终成败；中国近 40 年改革之所以能够顺利推进并取得历史性成就，根本原因在于始终坚持正确的改革方向和改革立场，既不走封闭僵化的老路，也不走改旗易帜的邪路；坚持改革的正确方向，最核心的是在改革中坚持和完善党的领导，坚持和发展中国特色社会主义；坚持社会主义市场经济改革方向，要使市场在资源配置中起决定性作用和更好发挥政府作用，这是党在理论上的又一个重大创新。

关于全面深化改革的目标，就是完善和发展中国特色社会主义制度，推进国家治理体系和治理能力现代化；关于坚持"三个不能变"的改革原则，就是"无论改什么、改到哪一步，坚持党对改革的集中统一领导不能变，完善和发展中国特色社会主义制度、推进国家治理体系和治理能力现代化的总目标不能变，坚持以人民为中心的改革价值取向不能变"。

在改革立场、改革方向、改革目标、改革原则确定后，怎样更好地推进全面深化改革，就需要把握方法、形成策略、推进落实。在实践中得以丰富并经过实践检验的改革方法论也是极为丰富、极富针对性、指导性和操作性。比如，改革必须以问题为导向，选准突破口，系统谋划、顶层设计、蹄疾步稳；要正确地处理好"胆子要大和步子要稳的关系"、处理好"顶层设计和摸着石头过河的关系"、处理好"整体推进和重点突破的关系"、处理好"改革发展稳定的关系"；要坚持把改革的力度、发展的速度和社会可承受的程度统一起来，注重改革的系统性、整体性、协同性，不断寻求改革共识的最大公约数，在社会稳定中推进改革发展。改革必须始终坚持人民主体地位，尊重人民首创精神，只有尊重群众，依靠群众，坚持以人民为中心的发展思想深入推进改革，让改革发展成果更多更公平惠及人民，才能形成广泛的改革共识，人民就会支持改革，踊跃投身改革。

新时代的改革征程上，不论还有多少险滩沟壑，有习近平总书记关于改革的重要论述为指引，就可以逢山开路、遇水架桥，攻坚克难，将改革进行到底。

新时代改革需要一大批改革的实干家

改革关头勇者胜，改革艰辛无所惧。

习近平总书记指出，社会主义是干出来的。中国特色社会主义是干出来的，中国特色社会主义改革大业也必须靠实干出来。为此，新时代改革就亟待涌现一大批勇于改革的实干家和改革的促进派。

中国共产党在党的十九大报告中对各级领导干部提出了新时代全面增强执政能力的八个本领，就是要培养一大批政治过硬本领高强的改革实干家和改革促进派，这是能够将改革进行到底的组织力量保证。

这样的改革实干家，首先要勇于解放思想，勇于变革创新。改革开放的过程是思想解放的过程。因循守旧没有出路，畏缩不前坐失良机。变革创新是推动人类社会向前发展的根本动力。谁排斥变革，谁拒绝创新，谁就会落后于时代，谁就会被历史淘汰。

这样的改革实干家，还在于敢于自我革命，富有担当精神。改革既要坚持正确方向，不走封闭僵化的老路，不走改旗易帜的邪路，不犯颠覆性错误；又要自强不息、自我革新，能向顽瘴痼疾开刀，能突破利益固化藩篱，以坚韧和毅力义无反顾推进改革。

这样的改革实干家，更在于能够脚踏实地，持之以恒。改革开放只有进行时、没有完成时。改革是循序渐进的工作，既要敢于突破，又要一步一个脚印、稳扎稳打向前走。改革开放又是一项长期的、艰巨的、繁重的事业，必须一代又一代人接力干下去。只有发扬钉钉子精神，坚定不移深化改革扩大开放，久久为功，中华民族伟大复兴就能够在改革开放的伟大进程中得以实现。

627

逢山开路 遇水架桥·2018

尊重规律·尊重市场·尊重群众[*]

波澜壮阔的改革开放 40 年，中国共产党人和中国人民以一往无前的进取精神和与时俱进的创新实践，谱写了中华民族自强不息、顽强奋进的新壮丽史诗，中国人民的面貌、社会主义中国的面貌、中国共产党的面貌发生了深刻的历史性变化。回溯 40 年改革开放，我们党始终解放思想、开拓创新，依靠人民，凝聚智慧，积累和创造了极为丰富和宝贵的改革开放经验，有着许多重要的历史启示。这些宝贵经验和启示概述起来就是尊重规律、尊重市场、尊重群众。

尊重规律：一切要从实际出发

解放思想、实事求是是我们党的思想路线，是马克思主义的活的灵魂。解放思想、实事求是就是一切都要从实际出发。无论是在革命、建设还是改革的各个不同时期，我们党都能以大无畏的自我革命的勇气，把马克思主义的基本原理与我国国情和时代特征相结合，不断探索和总结中国共产党的执政规律、社会主义建设规律和人类社会发展规律，坚定不移走出一条符合中国国情的社会主义道路。

40 年前的改革开放，以真理标准问题大讨论为起点，以 1978 年 12 月中国共产党召开具有重大历史意义的十一届三中全会为标志，重新确立了"解放思想、实事求是"的思想路线，整个国家从"以阶级斗争为纲"转变到"以经济建设为中心"上来，自此正式开启了改革开放新时期。

正是尊重规律、一切从实际出发，40 年来，我们才能解放思想，坚决破除"两个凡是"的思想禁锢和把马克思主义教条化的思维桎梏，坚持实践是检验真理的唯一标准，在思想上拨乱反正和正本清源，加深了对社会主义本质的科学认识；牢固树立"三个有利于"的判断标准，从中国社会主义初级阶段实际出发，集中精力搞经济建设，从而成功扫除改革开放道路上的一道道思想障碍，使我国经济社会发展不断获得新的活力和动力，创造我国长期经济社会快速持续发展的

[*] 本文原载《中国青年报》2018 年 8 月 27 日。

大好局面。

正是尊重规律、一切从实际出发，我们才能既坚持和巩固马克思主义指导地位，又根据当代中国实践和时代发展不断开创马克思主义中国化的新境界，形成了包括邓小平理论、"三个代表"重要思想、科学发展观、习近平新时代中国特色社会主义思想等在内的中国特色社会主义理论体系。中国特色社会主义理论体系是指导党和人民实现中华民族伟大复兴的正确理论，回答了一系列重大理论和实际问题，既为改革开放提供了体现时代性、把握规律性、富于创造性的理论指导，又为成功探索中国自己的发展道路、推进中国的改革开放和现代化建设提供了强大的思想引领和理论支撑。

正是尊重规律、一切从实际出发，才能理清改革的内在逻辑，形成先行先试、蹄疾步稳一整套改革的方法论，正确地处理好"胆子要大和步子要稳的关系"、处理好"顶层设计和摸着石头过河的关系"、处理好"整体推进和重点突破的关系"和处理好"改革发展稳定的关系"，坚持把改革的力度、发展的速度和社会可承受的程度统一起来，注重改革的系统性、整体性、协同性，不断寻求改革共识的最大公约数，从而在社会稳定中推进了改革发展。

尊重市场：合理配置生产要素

40年改革开放进程也是我们不断认识、探索、建立和完善社会主义市场经济的过程。我们从20世纪80年代提出有计划的商品经济，到20世纪90年代确立建立社会主义市场经济体制，再到不断完善社会主义市场经济体制，从改革开放前我们缺乏对"市场"的认识到对"市场"的认识逐步深化，"市场"已经成为国家治理和人民日常生活不可或缺的组成部分。

从改革开放早期的农村改革到城市改革，从先着力发展比较适应市场经济的非国有制经济再重点推进国有经济改革，从先发展商品市场再着重发展生产要素市场，从价格双轨制再向市场单轨制过渡，从经济特区、沿海城市改革开放先行一步再逐步向内地推开、实现全方位开放等，改革由点到面、由浅到深、由易到难、由微观到宏观的每一步进程，都是中国经济社会市场化不断深入的过程。

可以说，是市场的力量撬动和盘活了一直沉睡的要素资源，并不断释放出巨大的生产活力和蓬勃的社会动力，是市场的力量催动了各类经济主体的改革、生产要素的配置改革和政府改革，是市场的力量使得中国改革开放的大门越开越大，深入融入了经济全球化，不断吸收了人类文明有益成果，并为人类发展不断做出重要贡献。

建立和完善社会主义市场经济体制是改革开放40年的正确选择，通过在一切生产要素配置领域构建公平公正的价格机制、供求机制、竞争机制，极大地调动了一切生产要素的活力，解放和发展了社会生产力。40 年来的实践证明：是发展社会主义市场经济，推动了中国经济社会发生了由封闭走向开放、由计划走向市场、由人治走向法治、由传统走向现代的巨大嬗变；40 年来的实践也证明：只有充分尊重市场的力量，充分发挥价格在一切资源配置中的决定性作用，才能更好发挥政府作用，才能将社会主义的制度优势与市场经济的内在动力有机结合起来，构建起系统完备、科学规范、运行有效的制度体系，从而全面推进国家治理体系和治理能力的现代化。

中国特色社会主义进入新时代，改革开放也进入新时代，我们必须坚持社会主义市场经济的改革方向不动摇，在更高起点上发展社会主义市场经济、完善社会主义市场经济体制，坚决破除一切不合时宜的思想观念和体制机制弊端，突破利益固化的藩篱，将改革进行到底。

尊重群众：人民是历史创造者

人民是历史的创造者，是决定党和国家前途命运的根本力量。

回顾改革开放这 40 年，从真理标准问题的大讨论到冲破"两个凡是"的思想禁锢，从创造"大包干"的农民到敢闯敢试、敢为人先的企业家创业家，从奋斗在一线的普通职工到各行各业的科研人员、管理人员，人民群众始终是改革开放的弄潮儿、是改革开放的实践者、推动者、参与者。改革开放在认识和实践上的每一次突破和发展，改革开放中每一个新生事物的产生和发展，改革开放每一个方面经验的创造和积累，无不来自亿万人民的实践和智慧。正如习近平总书记指出，中国人民敢闯敢试、敢为人先，积极性、主动性、创造性空前高涨，充分显示了 13 亿多人民作为国家主人和真正英雄推动历史前进的强大力量。

改革开放是亿万人民自己的事业。40 年来，我们始终坚持人民主体地位，坚持在党的领导下推进改革创新，紧紧依靠人民推动改革开放，依靠人民创造历史伟业。党的十八大以来，在推进改革开放的实践中，我们党高度尊重人民首创精神，通过提出和贯彻正确的路线方针政策带领人民前进，压茬拓展改革广度和深度，全面深化改革取得重大突破，改革呈现全面发力、多点突破、纵深推进的局面，重要领域和关键环节改革取得突破性进展，主要领域改革主体框架基本确立，中国特色社会主义制度更加完善，国家治理体系和治理能力现代化水平明显提高，全社会发展活力和创新活力明显增强。

实践不断证明：只要尊重群众，坚持以人民为中心的发展思想深入推进改革，就能从人民群众普遍关注、反映强烈、反复出现的问题背后查找体制机制弊端，找准改革的重点和突破口；就能形成广泛共识，人民就会支持改革，踊跃投身改革。

　　尊重群众，必须始终不忘初心，坚持为人民谋幸福，把人民对美好生活的向往作为我们全部的奋斗目标，这是改革开放的逻辑起点和价值取向。只有让改革发展成果更多更公平惠及人民，为中国人民创造更多福祉，为人类作出更大贡献，改革开放这条正确之路、强国之路、富民之路才能越走越宽广，越走越自信。

如何看待全球智能手机出货量下滑？*

记者：IDC 最新统计数据显示，2018 年第二季度全球智能手机出货量总体同比下滑 1.8%，已是连续三个季度同比下滑。全球智能手机市场，包括中国智能手机市场，增速放缓的主要原因是什么？

胡敏：从公布的数据和市场运行的实际数据看，从 2017 年到 2018 年上半年，全球智能手机市场包括国内智能手机市场的出货量的确一直处于下滑态势，可以分析的主要原因是这一代智能手机用户基本饱和。我们可以看到，自从苹果智能手机出现以来，从 2G、3G 到现在的 4G 应用，均出现间歇性的市场高峰，但这一两年，智能手机的渗透率基本饱和，智能手机的生命周期也在延长。从世界市场上看，基本形成了韩国三星、美国苹果、中国华为三大智能手机市场格局，而在中国市场，除了华为手机，OPPO、vivo、小米手机等异军突起，既分割了各层次市场，也基本覆盖了用户多层次多价位需求，市场暂时进入了一个饱和期，叠加智能手机技术更迭进入一个平缓期和手机价格暂时进入一个用户稳定凝固期，三个原因叠加，达到了一个供需平衡。另外，用户对品牌认同度也进入了一个稳定时期，这也使得市场格局基本平衡。

记者：从更长的时段看，当前智能手机市场变化是否具有标志性意义，是属于阶段性的正常波动，还是趋势性变化？未来一段时间，智能手机市场走势会怎样？

胡敏：那么目前这一市场格局，我们感觉还要两三年时间，在目前智能手机功能基本完备，大的技术突破还没有来临之际，总的智能手机市场格局不会马上出现大的变化。按照智能手机技术变化周期看，技术的进一步突破需要伴随着用户体验需求的新变化而改变。未来用户对手机的需求需要融入新的界面变化、语音智能感知系统、3D、人工智能技术的迭代升级，现在这方面技术升级正在推进之中，还有就是 5G 技术的突破和广泛运用，这还需要一段时间，所以这几年

---

*　本文原载《东莞日报》2018 年 9 月 1 日。

应当还是智能手机发展的"静默期"，唯一的变化就是市场格局在高端用户和中低端用户、发达国家市场和发展中国家市场分布的变化，不是总需求量的变化，而是市场分布结构性的调整。

记者： 东莞是制造业之都，电子信息产业是制造业大头，而且近年来华为、OPPO、vivo 等"莞产"智能手机占全球市场份额大增。东莞智能手机行业如何应对市场增速放缓？

胡敏： 仅 2018 年，中国智能手机市场发展和竞争是可圈可点的，无论是质量、市场占有率，还是消费体验和品牌扩展度，都取得了长足进展，这为东莞新型信息制造业发展增添了新的亮点，打造了新的产业集群优势，但在智能手机技术未来新一轮升级进程中，东莞智能手机发展要未雨绸缪，可以在三个方面着力：一是面向未来人工智能的应用前景，加快新一代信息技术的"聚合"程度，在场景技术上力求突破；二是进一步培育客户黏性，不断提升用户的品牌忠诚度；三是要拓展全球视野和产业链视野，既要面向高端市场，增强这一类市场的渗透性，还要扩张智能手机的服务价值，未来用户对智能手机的需求更新不再只是一个手机"物"的载体要求，而需要的是服务增值和知识链条。这对东莞制造业之都来说，本身就是一个革命性的变化。

"一带一路"给世界带来了什么？*

　　一项倡议，在短短的五年时间，从理念、愿景转化为现实行动，获得全球积极响应和广泛参与，是需要有强大的现实感召力、广阔的时域发展力和茁壮成长的生命力的。2013 年的秋天，习近平主席提出共建丝绸之路经济带和 21 世纪海上丝绸之路，即"一带一路"倡议，根植于历史厚土，顺应世界大势，适应时代要求，承载共同愿望，正是这种感召力、发展力、生命力的现实写照。

　　当今世界，人类进入自"二战"之后形成的世界政治经济格局又一次大调整大变革大发展大冲突的新时期。在经济全球化深度改变世界各国资源配置方式，各国相互联系、相互依存空前加深的同时，国际政治经济格局以西方为主导、国际关系理念以西方价值观为主要取向的时代也发生了根本改变。一方面，资本的全球跨境无障碍流动重新配置全球生产要素、形成高度协同的全球产业分工新秩序，使世界通过生产协作融为一体；另一方面，受制于国家主权和政治壁垒的天然分野，产生了社会财富在国别、地域、阶层之间的新的分配和新的差距，和平赤字、发展赤字、治理赤字成为摆在这一代人面前不可回避的严峻挑战，过去的强势力量日益失落，新兴经济体则不断崛起。如果用过时的冷战思维、自我封闭的孤岛心理、零和博弈的战略导向，重启强权霸凌、煽动贸易保护主义、逆全球化而动，则违反了世界发展潮流。坚持和平发展、开放包容、同舟共济、携手合作，构建人类命运共同体，才是生存之道、发展之道、繁荣之道。

　　"一带一路"倡议是中国秉承推进开放、包容、普惠、平衡、共赢的经济全球化，深刻思考人类前途命运以及中国与世界发展大势，为促进全球共同繁荣、打造人类命运共同体所作出的重大战略决策，既开辟了我国参与和引领全球开放合作的新境界，也为破解当今人类发展困境贡献了中国智慧和中国方案，充分展现了中国将自身发展同世界发展相统一的全球视野、世界胸怀和大国担当。也正因为如此，"一带一路"倡议自提出以来，春风化雨、春华秋实，为包括中国在

＊　本文原载中国网 2018 年 9 月 3 日。

内的沿线各国带来了新的理念、带来了新的动力、带来了新的规则、带来了新的希望，成为推动构建人类命运共同体的重要实践平台，受众圈越来越广、朋友圈越来越大。

"一带一路"建设带来新的理念

"一带一路"倡议是构建人类命运共同体的伟大探索，是用发展、合作的办法，解决发展合作中的问题。中国推动共建"一带一路"，就是想通过加强各国间的互联互通，进一步改进和完善全球供应链、价值链、产业链，让那些处在不利位置上的国家，能够更好地参与到全球分工当中，更多地从全球价值链当中获益，从而为自身发展创造更大的动力，也为世界经济增长创造更大的动力。这同当前一些国家所奉行的单边主义、保护主义形成了鲜明的对比。"一带一路"相关国家积极支持我国推进经济全球化、构建开放型世界经济的主张，推动中国倡议成为国际共识、中国方案转化为国际行动。目前共建"一带一路"倡议和共商共建共享的核心理念已经写入联合国等重要国际机制成果文件，已有 103 个国家和国际组织同中国签署 118 份"一带一路"方面的合作协议。

"一带一路"建设带来新的动力

共建"一带一路"为世界经济发展，特别是沿线发展中国家注入了新的经济发展动能。据相关报道，"一带一路"倡议提出五年来，截至 2018 年 6 月，我国与沿线国家货物贸易累计超过 5 万亿美元，在沿线国家建设的境外经贸合作区总投资 289 亿美元，为当地创造 24.4 万个就业岗位和 20.1 亿美元的税收。截至 2018 年，共建"一带一路"不仅大幅提升了我国贸易投资自由化便利化水平，推动我国开放空间从沿海、沿江向内陆、沿边延伸，形成陆海内外联动、东西双向互济的开放新格局，我国对外投资也成为拉动全球对外直接投资增长的重要引擎。中国对沿线国家直接投资超过 700 亿美元，年均增长 7.2%。一大批沿线国家重要基础设施项目开始落地、见到成效。随着经济合作的深入，教育、科技、文化、体育、旅游、卫生、考古等领域交流也蓬勃开展，仅 2017 年，来自沿线国家的留学生达 30 多万人，赴沿线国家留学的人数 6 万多人。预计到 2020 年，与沿线国家双向旅游人数将超过 8500 万人次，旅游消费约 1100 亿美元。

"一带一路"建设带来新的规则

"一带一路"倡议秉持以和平合作、开放包容、互学互鉴、互利共赢为核心的丝路精神，强调共商共建共享，致力于与沿线国家和地区政策沟通、设施联通、贸易畅通、资金融通和民心相通，是中国为构建世界治理新秩序提供的新型国际公共产品。建设"一带一路",不是封闭的,而是开放包容的;不是中国一家的独奏,而是相关国家的合唱;不是要替代现有地区合作机制和倡议,而是要在已有基础上,实现发展战略对接、优势互补。"一带一路"倡议摒弃霸权主义和强权政治,摒弃意识形态偏见,摒弃零和博弈及冷战思维,所有国家不分大小、强弱、贫富,一律平等,拥有相同的参与权、话语权,共享建设成果,充分体现了我国倡导国际关系民主化、支持扩大发展中国家在国际事务中的代表性和发言权、推动全球治理体系改革和建设的全球治理观。与此同时,我国改革开放和社会主义现代化建设取得了历史性成就,拓展了发展中国家走向现代化的途径,通过加强与相关各国的沟通交流,为中国与世界各国分享发展经验、共享发展机遇搭建桥梁,为这些国家探索适合本国国情的发展道路提供有益借鉴。

"一带一路"建设带来新的希望

"一带一路"有效联通中国梦与世界梦。中国人民的梦想和各国人民的梦想息息相通,中国发展得益于国际社会,也愿意以自己的发展为国际发展作出贡献。我国作为世界第二消费大国,拥有巨大的市场潜力,预计未来五年,我国将进口超过 10 万亿美元的商品和服务,将为世界各国提供巨大的商机。在共建"一带一路"过程中,我国通过与相关各国加强经贸合作,在自身发展的同时,让相关国家搭乘中国发展的快车和便车,促进世界各国互利发展、共同繁荣,将为构建人类命运共同体奠定坚实基础。

可以说,过去的五年,"一带一路"建设已夯基垒台、立柱架梁,未来的建设更要落地生根、持久发展,在保持健康良性发展势头的基础上,推动共建"一带一路"向高质量发展转变。正如习近平主席指出的,共建"一带一路"完成了总体布局,已经绘就了一幅"大写意",今后还要共同绘制好精谨细腻的"工笔画",让"一带一路"建设的这个实践平台走深走实,成为推动构建人类命运共同体,携手建设更加美好世界的大舞台。

以"九个坚持"为根本遵循
做好宣传思想工作*

在 2018 年 8 月 21 日至 22 日召开的全国宣传思想工作会议上，习近平总书记发表了重要讲话。习近平总书记站在新时代党和国家事业发展全局的高度，深刻总结了党的十八大以来党的宣传思想工作的历史性成就和历史性变革，深刻阐述了新形势下党的宣传思想工作的历史方位和使命任务，深刻回答了一系列方向性、根本性、全局性、战略性重大问题，为做好新形势下党的宣传思想工作指明了方向。

深刻领会习近平总书记关于新形势下党的宣传思想工作这个纲领性文献的思想精髓，就是要把握好以下三个重要方面：立足新方位、找准新坐标、开拓新思路，打好主动战，切实把新形势下宣传思想工作做强起来。

以"九个坚持"为根本遵循做好宣传思想工作

党的十八大以来，以习近平同志为核心的党中央把宣传思想工作摆在全局工作的重要位置，作出一系列重大决策，实施一系列重大举措，宣传思想工作取得了开创性成绩。五年多的实践，习近平总书记针对新闻舆论战线、文艺文化工作、网信事业发展、哲学社会科学繁荣和做好党校工作等均发表了重要讲话，不断深化了宣传思想工作的规律性认识，提出了一系列适应中国特色社会主义新时代的宣传思想工作新思想新观点新论断。在这次全国宣传思想工作会议上，习近平总书记将这些思想成果概括为"九个坚持"。

这"九个坚持"既是对过去五年来宣传思想工作宝贵经验的深刻总结，又是将对宣传思想工作规律性的认识提升到了一个新高度，是宣传思想战线做好新形势下宣传思想工作的根本遵循，宣传思想战线必须长期坚持、不断发展。

"九个坚持"内涵十分丰富，视野十分宏大，包括做好宣传思想工作的领导权、思想工作的根本任务，以及思想武装、核心价值、文化自信、舆论传播、创

---

*　本文原载湖北省武汉市《长江日报》2018 年 9 月 7 日。

作导向、网络建设、对外宣传等内容，既阐明了新时代宣传思想工作的地位作用、目标任务、职责使命、实践要求，又回答了当前做好宣传思想工作的方向性、根本性、全局性、战略性重大问题，体现了历史和现实的统一、价值和工具的统一、认识论和方法论的统一、国内和国际的统一，是马克思主义立场、观点和方法在宣传思想领域的集中体现，也是习近平新时代中国特色社会主义思想的重要组成部分，在我们党宣传思想工作中具有里程碑意义。

"九个坚持"的核心要义就在于其体现时代性、把握规律性、富于创造性。体现时代性就是要深刻认识当前国内国际发展新态势、意识形态领域新形势、信息化发展新趋势。当前我们正处于实现中华民族伟大复兴的关键期，面对世界"百年未有之大变局"，思想文化形态多元多样多变，舆论传播格局也发生根本变化，我们党要带领人民继续开辟中国特色社会主义伟大事业新局面，实现中国人民从站起来、富起来到强起来的伟大飞跃，就必须顺应时代发展大势，紧扣社会主要矛盾变化，不仅要在物质基础上加快现代化经济体系建设，增强人民群众的获得感和幸福感，更要在思想基础上营造凝心聚力积极向上的强大舆论氛围。宣传思想战线在新时代应当积极作为。历史与现实都证明：越是在形势错综复杂的大变革大调整时期，越是要始终保持政治定力，越是要坚持党对意识形态工作的领导权，越是要不断巩固马克思主义在意识形态领域的指导地位、不断巩固全党全国人民团结奋斗的共同思想基础。这是做好新形势下宣传思想工作的前提和基础。

把握规律性就是既要善于总结经验，又能做到正本清源，牢牢掌握强大的宣传思想武器。自觉用当代马克思主义理论创新的最新成果即习近平新时代中国特色社会主义思想武装全党、教育人民，在全社会弘扬、培育和践行社会主义核心价值观，筑牢中国特色社会主义文化这一更基础、更广泛、更深厚的自信，激发中国特色社会主义文化这一更基本、更深沉、更持久的力量。这是做好新形势下宣传思想工作的精神源泉和思想动力。

富于创造性就是要立足新时代、找准新坐标，用守正创新巩固和壮大主流思想舆论阵地。要顺应舆论传播格局新变化，不断提高新闻舆论的传播力、引导力、影响力、公信力；文艺创作也要坚持以人民为中心的创作导向，贴近时代、深入生活、扎根人民；要科学认识网络传播规律，不断营造风清气正的网络空间，净化网络空间生态，提高用网治网水平，使互联网这个最大变量变成事业发展的最大增量；要努力讲好中国故事、传播好中国声音，推展好中国精神。这是做好新形势下宣传思想工作的方式方法和关键所在。

自觉承担新形势下党的宣传思想工作"五大使命"

历史从哪里开始，思想进程就应当从哪里开始。中国特色社会主义进入新时代，伟大的时代需要伟大的精神，宣传思想工作必须领航伟大时代书写伟大精神。

这次全国宣传思想工作会议明确要求把统一思想、凝聚力量作为新形势下宣传思想工作的中心环节，明确提出宣传思想战线要自觉承担起"举旗帜、聚民心、育新人、兴文化、展形象"五大使命任务。这是站在新的历史起点上党中央赋予宣传思想战线的光荣职责和使命，是开创新形势下宣传思想工作新局面的根本要求和新的坐标。

旗帜就是方向，旗帜就是力量。宣传思想工作要始终高举马克思主义、中国特色社会主义伟大旗帜，把建设具有强大凝聚力和引领力的社会主义意识形态作为全党特别是宣传思想战线必须担负起的一个战略任务，坚持不懈用习近平新时代中国特色社会主义思想武装全党、教育人民，勇于坚持真理，自觉抵制谬误，让党的旗帜在宣传思想阵地高高飘扬，让党的创新理论深入人心、落地生根。

民心齐、泰山移。宣传思想工作要牢牢把握正确舆论导向，不断做大做强主流思想舆论，唱响主旋律，壮大正能量，激发新士气，鼓励新作为，切实把全党全体人民在理想信念、价值理念、道德观念上紧紧团结在一起，同心同德、团结奋斗，朝着党中央确定的宏伟目标一致向前进。

坚持培育新人、立德树人、以文化人。培养担当民族复兴大任的时代新人是宣传思想工作的重要职责，必须以坚定的理想信念筑牢精神之基，坚定"四个自信"，大力建设社会主义精神文明、培育和践行社会主义核心价值观，不断提升人民思想觉悟、道德水准、文明素养和全社会文明程度。

文化文艺工作者要自觉坚持中国特色社会主义文化发展道路。要树立正确的历史观、民族观、国家观、文化观，推动中华优秀传统文化创造性转化、创新性发展，继承革命文化，发展社会主义先进文化，以高质量文化供给增强人们的文化获得感、幸福感，激发全民族文化创新创造活力，建设社会主义文化强国。

宣传思想战线还要以开放的心态大力推进国际传播能力建设，主动宣介习近平新时代中国特色社会主义思想，主动讲好中国共产党治国理政的故事、中国人民奋斗圆梦的故事、中国坚持和平发展合作共赢的故事，向世界展示中华优秀传统文化的思想精髓，向世界展现一个真实、立体、全面的中国，努力提高国家文化软实力和中华文化影响力。

这"五大使命"任务生动揭示了做好新形势下宣传思想工作的思想基础、群众基础、物质基础和实践基础。这五个方面是一个相辅相成、相互促进的有机整体，宣传思想战线必须贯通起来把握，结合起来推进，协同起来践行。

切实增强"四力"打造过硬宣传思想工作队伍

时代出题目，干部写文章。宣传思想工作一向是我们党的重要工作，新时代宣传思想工作对广大宣传思想战线又提出了更紧迫更高的要求。综合分析党的历史特别是党的十八大以来宣传思想工作取得的不凡成绩，一个重要结论就是做好新形势下宣传思想工作，关键在党，关键在人。

在这次宣传思想工作会议上习近平总书记在这两方面都提出了明确要求。一方面，要加强党对宣传思想工作的全面领导，旗帜鲜明坚持党管宣传、党管意识形态。要以党的政治建设为统领，牢固树立"四个意识"，坚决维护党中央权威和集中统一领导，牢牢把握正确政治方向。另一方面，宣传思想干部要切实增强"四力"即增强脚力、眼力、脑力、笔力，不断掌握新知识、熟悉新领域、开拓新视野，增强本领能力，加强调查研究，努力打造一支政治过硬、本领高强、求实创新、能打胜仗的宣传思想工作队伍。

这是习近平总书记对整个宣传思想战线提出的殷切希望，也为新时代宣传思想战线的同志们成为"政治过硬、本领高强"的宣传思想干部指明了努力方向。宣传思想战线上的广大干部必须以共同的理想信念作支撑，让党的旗帜在宣传思想战线高高飘扬，扎扎实实深练"四力"内功，在持之以恒中进行知识更新，在深入群众中练就宣传本领，以坚定者、奋进者、创新者的姿态，把新时代宣传思想工作真正做强起来，为党和国家事业发展提供坚强思想保证和强大精神力量。

深刻把握
新时代的时代意义 *

党的十九大报告指出，经过长期努力，中国特色社会主义进入了新时代，这是我国发展新的历史方位。报告深刻阐释了新时代的丰富内涵和历史定位。我们要理解新时代、立足新时代、引领新时代，就要深刻把握新时代的时代意义。

深刻把握新时代，必须具有宽广的历史眼光

历史总是承前启后、继往开来的。中华民族有着 5000 多年的文明历史，创造了灿烂的中华文明，为人类作出了卓越贡献。近现代以来的近 100 年，中国共产党人肩负起中华民族伟大复兴的使命和担当，承载真理的力量，顺应时代潮流，顺乎人民意愿，玉汝于成，不懈奋斗，完成了中华民族有史以来最为广泛而深刻的社会变革。改革开放 40 年，我们开辟了符合中国国情的中国特色社会主义道路，使得中国大踏步赶上时代，比历史上任何时期都更接近、更有信心和能力实现中华民族伟大复兴的目标。

5000 年、100 年、40 年，时光荏苒，这些时间在人类历史的长河中可能都是一瞬间，但中华民族的"根"和"魂"都没有变，伟大民族的秉性和特质都没有变。今天的中华民族能够迎来从站起来、富起来到强起来的质的飞跃，正是因为有深厚的中华文明智慧铸就的历史底蕴一脉相承，正是因为有以人民利益为己任的人民政党坚守的使命担当薪火相传，正是因为有勠力同心的全体中华儿女聚合的磅礴之力不断激发。一切历史都是当代史。回溯历史，知道我们从哪里来，就是为了更好地理解现在。过往的历史必须立足当代，才有时代意义，方能定义时代价值。

深刻把握新时代，必须以清醒的头脑把握当下

行百里者半九十。中华民族伟大复兴，绝不是轻轻松松、敲锣打鼓就能实现

---

* 本文原载光明网 2018 年 9 月 11 日。

的。新时代的中国特色社会主义，我国社会主要矛盾已经转化为人民日益增长的美好生活需要和不平衡不充分的发展之间的矛盾。我们要更好满足人民在经济、政治、文化、社会、生态等方面日益增长的需要，更好推动人的全面发展、社会全面进步；要广泛吸收人类文明有益成果，构建系统完备、科学规范、运行有效的制度体系，充分发挥制度优越性，实现全面建成现代化国家新目标；要善于聆听时代声音，让科学社会主义在 21 世纪的中国展现出更强大、更有说服力的真理力量，焕发出强大的生机活力；要让日益走近世界舞台中央的大国能够为世界上那些既希望快速发展又希望保持民族独立性的国家和民族提供全新选择，为人类问题贡献中国智慧和中国方案，这一切是新时代提出的全新课题。

全党全国人民必须时刻保持头脑清醒，我们面对的艰难困苦一点也没有减少，执政党面对的一场新的伟大社会革命和伟大自我革命的长期性、复杂性和艰巨性一点也没有减弱，没有历史功劳簿可以躺，没有沾沾自喜可以陶醉，全党全国人民必须准备付出更为艰巨、更为艰苦的努力。这个时代是最好的时代，也是最复杂的时代。紧紧把握当下、直面当下、立足当下，才能顺应时代，创造时代价值。

深刻把握新时代，必须不忘初心奋力前行

不忘初心，方得始终。为中国人民谋幸福、为中华民族谋复兴，始终激励着中国共产党人登高望远、居安思危、变革创新、勇往直前。初心永葆斗志，使命呼唤担当。要确保执政党在世界形势深刻变革的历史进程中始终走在时代前列，在应对国内外各种风险和考验的历史进程中始终成为全国人民的主心骨，在坚持和发展中国特色社会主义的历史进程中始终成为坚强领导核心，就要牢固坚定"四个自信"，既不走封闭僵化的老路，也不走改旗易帜的邪路，保持政治定力，坚持实干兴邦。

中华民族的伟大复兴，中华儿女的幸福未来，世界人民的大同理想，是靠一点一滴、脚踏实地奋斗得来的。历史只会眷顾坚定者、奋进者、搏击者，而不会等待犹豫者、懈怠者、畏难者。党心要永远与民心在一起，人民是历史的创造者，是决定党和国家前途命运的根本力量，只有始终坚持以人民为中心，把人民对美好生活的向往作为奋斗目标，依靠人民创造历史伟业。瞻仰未来，憧憬未来，知道我们要到哪里去，就是关照现在，掌握时代，彰显时代价值。

循着发展的逻辑

——一个经济学人的时事观察（2016~2020）

防范成本推动型通胀
当未雨绸缪*

从经济的基本面看，2018年全年物价尚难以突破3%的目标值，短期不用担心通胀来临；从预期心理看，防范成本推动型通胀当未雨绸缪，谨防通胀预期转为滞胀现实。

在一片"涨声"中，2018年8月物价指数"出笼"。从统计数据看，居民消费价格指数CPI环比与同比仅小幅抬升，但是创了半年来涨幅新高，物价涨势值得关注。而在现实生活中，居民食品、生活用品以及建材、房租和居民服务价格等均有不小涨幅，不仅加大了普通城镇居民的生活压力，也提升了人们未来的通胀预期。在当前国内经济运行态势仍不太乐观的情形下，学界更有对未来一个时期国内是否会进入"滞胀"的诸多讨论。这究竟是一个什么样的传导关系，通胀预期会否成为现实？

从经济的基本面看，全年物价尚难以突破3%的目标值，短期不用担心通胀来临

宏观经济基本面中的物价，正式报告中只用居民消费价格指数CPI。但在国家统计局发布的数据中，同时发布CPI和工业生产者出厂价格PPI，这是从消费端和生产端综合评价物价结果的形成，而且CPI与PPI紧密相关，可以更好地判断综合物价走势。

先看消费端也是结果端的物价数据，以2018年8月数据为例，8月全国居民消费价格同比上涨了2.3%，比7月同比增速扩大了0.2个百分点，环比扩大了0.7个百分点。其中，同比是看年度走势，环比是看月度变化。

2018年8月消费端物价小幅上涨的主要原因，从公布的四大类可观测结构性影响因素看，食品价格上涨1.7%，非食品价格上涨2.5%；消费品价格上涨2.1%，服务价格上涨2.6%。2018年1~8月全国居民平均消费价格比2017年同

---

* 本文原载《中国经济时报》2018年9月13日。

期上涨 2.0%。而看月度环比数据，2018 年 8 月，全国居民消费价格环比上涨 0.7%。其中，食品价格上涨 2.4%、非食品价格上涨 0.2%、消费品价格上涨 0.8%、服务价格上涨 0.3%。一个最突出的特点就是这四大类观测价格在 2018 年 8 月的同比与环比均呈现同步上涨。

可解释的原因主要是目前可感知的四类消费品和服务价格在 2018 年夏季有明显变化：一是猪肉价格从 2018 年 5 月开始进入明显的上升通道，再加上 7 月部分地区发生猪瘟疫情，猪肉价格有攀升空间。二是受夏季全国大范围高温炎热和大雨天气，影响农产品的生产和储运，导致鲜菜、鲜果、蛋类、肉类、奶类食品价格环比均有明显上涨。数据显示，2018 年 8 月，鸡蛋、鲜菜和鲜果价格分别上涨 10.3%、4.3% 和 5.5%，三项合计影响 CPI 上涨约 0.25 个百分点，成为推升食品项上涨的主要原因。三是非食品价格中的医疗保健服务价格 2018 年以来一直走在上行通道，这既是居民消费价格升级的体现，也是近年人工成本不断上升的表现。此外，一线城市房租价格的上涨，间接抬升了各类服务品价格。四是近期按照油品价格形成机制油价总体向上，交通运输价格也在上涨。

如果再看生产端的工业生产者出厂价格，这主要是分析 PPI 向 CPI 可能传导的力量。数据显示，2018 年 8 月，全国工业生产者出厂价格 PPI 同比上涨 4.1%，环比上涨 0.4%。其中，环比价格涨幅扩大的行业有石油、煤炭及其他燃料加工业，出厂价格环比上涨 1.7%，扩大 0.8 个百分点；化学原料和化学制品制造业价格由降转升，环比上涨 0.6%。同比来看，石油和天然气开采业价格同比涨幅也在 39.6%，石油、煤炭及其他燃料加工业，同比上涨 22.7%，化学纤维制造业同比涨幅为 6.9%，黑色金属冶炼及压延加工业同比上升 9.5%。可以看出，目前出厂价格上升主要集中在煤炭、石油开采、钢铁等行业，上游产品涨价势头较猛。

值得注意的是：一方面，2018 年以来 PPI 中的生活资料价格增速已经进入上涨区间，尤其最近不少消费品价格逐步上涨，表明 PPI 增速上涨开始向 CPI 传导，这种迹象从 2018 年 6 月、7 月已显现化，不少企业有向消费端转嫁成本负担的客观要求；另一方面，目前在深化供给侧结构性改革力度并未减弱的情况下，市场层面还是要解决产能过剩问题，实际情况是大部分终端消费品受需求端约束价格难以涨价，比如电力、纺织服装、汽车等价格涨幅目前还都微乎其微甚至是负增长。2018 年 8 月的 PPI 同比涨幅低于 7 月的 4.6% 和 6 月的 4.7%，整体涨幅也在放慢。另外，近 3 个月 CPI 与 PPI 的剪刀差逐步缩小，也说明 PPI 助推 CPI 上行的传导力度并不强。

就宏观经济基本面来说，2018 年前两个季度国民经济继续保持稳中有进态势，结构调整的红利正在释放，国有企业经营状况正在好转，支撑着政策层面把握全局的信心。仅从物价走势看，综合各方面因素，尽管当前物价指数上行的助推变量有所体现，但还属于局部的、区域性的、结构性的，因此2018年第四季度物价指数上升空间并不会很大，可以有信心地预判，全年CPI同比增长2.3%~2.5%，短期不存在明显的通胀压力，更不会突破2018年《政府工作报告》中设定的CPI增速3%的目标。

从预期心理看，防范成本推动型通胀当未雨绸缪，谨防通胀预期转为滞胀现实

不过在当下的现实生活中，城镇居民的确存在普遍的物价上涨感受和心理预期。最近，家庭主妇们感到"菜篮子"越拎越沉了，生活在一二线城市的年轻人为不断上涨的房租倍感焦虑，作为消费品的建材、药材、家具价格等以及城市物流、餐饮、保健、人力等服务价格都明显攀升。现实物价感受与统计部门的数据差异较大。

宏观经济学里，一般将通胀类型划分为需求拉动型、成本推动型、外部输入型和货币刺激型。这四类情况在过去一些年份在我国都有阶段性表现。在经济复苏期，适度低水平的通胀有利于扩大有效需求和有效投资，搞活市场和繁荣经济；在经济过度扩张期，通胀则会损害经济，破坏市场机制，严重影响人民生活。防范通胀是经济扩张期政府宏观调控的主要任务。

审视当下，我国经济运行仍面临下行压力，在总供给尚大于总需求的情况下，物价表现事实上体现为通缩状态，解决有效需求不足的问题是目前经济生活的主要矛盾，需求拉动型通胀尚不会出现。近年来，我国货币政策一直采取平衡稳健策略，尽管过往货币发行量上升较快，一定层面助推了近些年"资产价格上行"，但在结构性改革背景下，政府并没有实行"大水漫灌"政策，尤其是2018年以来大力推进结构性去杠杆，货币政策把握有度，市场流动性很充分，货币供给和社会融资甚至还在收缩。因此，也不会出现货币刺激性通胀。

现在需要关注的是成本推动型和外部输入型通胀的可能。外部输入型通胀最主要的是国际能源价格和大宗商品价格过快增长，传导到国内引发通胀。近两年石油价格和部分大宗商品价格其实已经上行到金融危机以来的高位，在目前中美贸易摩擦和美欧贸易纷争以及地缘格局变化下，国际上寻求降低关税、扩大出口，增加贸易自由度仍是大方向。因此，大宗商品边际价格上行有限，加上我国政府力推扩大开放，主动扩大进口，外部输入型通胀在未来不是大概率事件。那么目前最主要防备的就是成本推动型通胀。

成本推动型通胀发生最主要因素是在国内。近五年来，我国物价指数一直处于低位，在人口红利稀释、制度性交易成本增加、阶层收入分化加大、税改

力度不足、产业升级步伐加快等原因驱使下，各种生产要素价格都有提升的客观要求。否则，大部分经营主体利润会越来越稀薄，开放市场需求的动力也会不断递减。2017 年全国物价指数 CPI 仅 1.6%，2018 年 1~8 月全国 CPI 则达到 2%，物价指数整体上有了小幅抬升，这事实上就是主要生产要素成本上升推动的体现。

从稳定经济运行合理区间来看，适度涨价是必要的，有利于扩大需求，但又必须谨防形成通胀预期。这一预期，说来就是防止一旦人们预计通膨要来，为做好准备避免通胀给自己造成损害而形成消费者与投资者强烈的预期"共振"。一旦形成，不仅会造成普遍的资产价格上升，还会形成通胀预期的叠加。如果在经济运行处于收缩阶段则会引致经济增长停滞，这就是所谓的"经济滞胀"。经济滞胀是宏观经济运行最坏的表现，不仅严重损害国民经济，导致宏观政策失灵，还会带来大量失业、企业倒闭和进一步的恶性通胀。

"731"政治局会议分析研究了当前经济形势，提出当下要保持经济运行合理区间，并提出"六稳"要求，近期政府采取一系列旨在降低税费、激发市场活力、积极扩大消费、加大力度扩大开放等政策，从防止通胀预期来看，这些都是积极有效的政策，务必要落实好、执行好，谨防通胀预期转为滞胀现实。

培育壮大新动能
打造"双创"升级版*

近期部署打造的"双创"升级版，既是已有政策的延续、落实和制度化，也是进一步筑牢在发展新经济、培育新动能上取得的成果，更是希望在更大范围、更高层次和更深程度上促进创新创业。从主攻方向来看，"双创"升级版需要在继续扩大就业、促进创新的基础上继续深化、升级，还要在培育新兴产业、扩大有效投资、改善营商环境、改进激励机制、加速创新集聚等方面发挥更大作用。

嘉　宾：

杨春立　中国电子信息产业发展研究院信息化研究中心主任

胡　敏　中央党校（国家行政学院）研究员

熊鸿儒　国务院发展研究中心创新发展研究部副研究员

"双创"升级版的核心和关键点

中国经济时报： 您认为"双创"升级版的核心和关键点是什么？

胡敏： 这个问题如果我们用李克强总理对"大众创业、万众创新"的刻画就能比较清晰地把握。2015 年 10 月 19 日，李克强总理出席首届"全国大众创业、万众创新活动周"时就指出，"'大众创业、万众创新'首要在'创'，核心在'众'"。经过近几年来我国"双创"活动在全国的蓬勃发展，目前已经形成全社会的创新创业浪潮，成为经济运行中的一大亮点。在 2018 年的《政府工作报告》中，李克强总理又明确提出了要"打造'双创'升级版"，落脚点就是集众智、汇众力，跑出中国创新的"加速度"。就此看，无论是说"双创"还是其升级版，关键点在于一个"众"字和一个"创"字，是要让全社会都能参与，汇聚众智、汇集众力，推进全社会各领域、各层次的创新创业，核心则在于充分调动一切人才资源。

---

* 本文原载《中国经济时报》2018 年 9 月 19 日，记者：赵珊。

通过在全社会搭建创新创业平台、形成有利于创新的政策体系、实现创新资源的共建共享、加快推进创新的制度变迁，激发所有人的创造力，从而实现发展方式的转变、经济结构的调整和新旧动能的转换，实现经济的高质量发展。人才是创新创业的源泉，是创新创业的动力，一切人才资源也只有在创新创业中才能迸发出活力，实现更新更高的价值。

熊鸿儒： 推动"大众创业、万众创新"，从根本上说是希望充分利用市场机制撬动最广大人民群众的创新创造活力，促进新旧动能转化和经济转型升级。近期部署打造"双创"升级版，既是已有政策的延续、落实和制度化，也是进一步筑牢在发展新经济、培育新动能上取得的成果，更是希望在更大范围、更高层次和更深程度上促进创新创业。

从主攻方向来看，"双创"升级版需要在继续扩大就业、促进创新的基础上继续深化、升级，还要在培育新兴产业、扩大有效投资、改善营商环境、改进激励机制、加速创新集聚等方面发挥更大作用。第一，以高质量创业带动高水平就业——这是当前稳就业的关键，特别要解决好技术进步和动能转换过程中的结构性就业矛盾。第二，进一步促进创新驱动发展就是要努力提高创新创业活动的质量和效率，创造新供给、挖掘新需求，新技术、新模式要深度融入实体经济，加快构建现代产业体系，增强主导产业的活力和竞争力。第三，要依靠新动能的培育壮大激发有效投资，特别是民间投资的活力，不断优化财税金融政策，降低融资成本、实体经营成本以及创新成本，扩大创业投资的广度和深度。第四，从根本上改善创新创业所必需的制度环境、激励机制和社会生态，特别是公平竞争的市场体系和包容审慎的监管体系、产权与知识产权保护制度以及对多层次、多领域人才的有效激励。第五，要鼓励不拘一格，结合各地禀赋，处理好高质量创新创业资源的有序整合与自由流动的关系，促进集聚效应与辐射作用联动，推动一批引领型、平台化、区域性的创新创业高地加速形成。

我国"双创"正处在蓬勃发展阶段，上升空间很大

中国经济时报： 2018 年以来，国家出台了一系列扶持创新创业的政策举措，着力培育壮大新兴产业，加快发展数字经济，新旧动能转换明显加快。当前各地实施创新驱动发展战略的总体情况如何？

熊鸿儒： 自 2014 年以来，国家鼓励创新创业已形成了一系列政策组合拳，特别是 2017 年国发 37 号文的出台将新时期深入推进"双创"工作提升到了实施创新驱动发展战略中更加突出的位置。各地依托创新创业基础好、特色显著、具有示范带动能力的区域、高校及科研院所、大型企业等，布局建设"双创"示

范基地，开展重要改革举措的探索创新、先行先试，取得了非常好的效果，全国已基本呈现出创新创业"百花齐放、不拘一格"的良好局面。

从各地进展来看，东部地区（特别是一些沿海发达城市）的创新创业活力更强，多数中、西部地区追赶势头迅速，东北地区及少数西部地区相对落后。根据国家统计局 2017 年完成的全国企业创新调查结果，规模以上企业开展创新活动的比重按照东、中、西、东北地区依次递减，东部地区约有 42.3% 的企业有创新活动（其中江苏、浙江等地达到 50% 左右），中西部地区为 35% 左右，东北地区为 23.9%。同时，规模以下企业的创新活动比重普遍低于规模以上企业，中西部、东北地区普遍不足 20%。这与不同地区的资源禀赋及资源配置效率、吸引高质量创新要素（人才、风险投资等）的水平、创新生态系统以及经济发展水平、地方政府"放管服"改革成效等多种因素相关。与此同时，必须高度重视区域创新中的不充分、不平衡问题。一方面，已有的区域创新高地在要素集聚与驱动增长上的潜力还远未释放，其影响力、竞争力和控制力还相对有限，特别是在新一轮科技革命和产业变革加速到来的背景下亟须提升在全球创新网络中的位势。另一方面，在创新要素加速向创新环境好的地区流动、带动整体要素配置效率改善的同时，创新发达地区对周边地区（特别是欠发达地区）的辐射带动作用仍须提升，应努力促进区域协同、共享发展。

打造制造业"双创"升级版还需破解哪些难题

中国经济时报：制造业是国民经济的主体，是技术创新最活跃的领域，也是"双创"的主战场。打造制造业"双创"升级版还需破解哪些难题？

杨春立："双创"是实现我国经济高质量发展的基本依托，是提高供给体系质量、加快推动新旧动能接续转换、完善产业创新体系的关键举措。经过近几年的发展，我国制造业"双创"快速发展。截至 2018 年上半年，制造业重点行业骨干企业"双创"平台普及率达 71.5%，中央企业建成各类互联网"双创"平台 121 个，为超过 200 万的中小微企业提供创新创业服务。"双创"平台正成为技术联合攻关和人才培养的高地、资源协同与供需对接的核心载体。

但是，总体上看，制造业"双创"仍处于试点起步阶段，亟须破解以下三大难题：

一是平台开放程度较低。制造企业建设的"双创"平台大部分基于原有信息系统改造升级而成，主要面向企业或集团内部提供制造资源、生产能力的集成整合、在线分享和优化配置，入口、用户、数据、制造能力等资源社会化开放程度普遍不高。大中小企业间很难实现从设备到平台到用户的数据链和全生态体系间的深层次融合融通。

二是"双创"服务水平不高。当前多数"双创"平台以提供资源整合、供需对接等基础性服务为主，面向特定行业提供工业设计模型、数字化模具、产品和装备维护知识库等专业服务能力欠缺，能够提供的开发工具数量少、易用性差，制约了开发者的汇聚和工业 App 开发。面向中小微企业的"双创"平台大多以提供政策咨询、网络服务等信息服务为主，中小微企业急需的投融资、技术支撑、创业培训、品牌推广等高端创业孵化服务较少。

三是"双创"对业务支撑能力薄弱。从系统集成能力看，我国制造企业整体面临跨越"综合集成"困境，多数制造企业内部系统集成化、资源池化、业务协同化尚未实现，企业间供应链管理、产品全生命周期管理、客户关系管理等系统的横向集成面临更大瓶颈，导致"双创"平台既不能充分整合控制系统、生产装备、专业软件、平台建设等各类资源，又不能提供涵盖业务流程咨询、软件部署实施、人才管理培训、系统运行维护的整体解决方案。

制造业"双创"升级版的核心是要进一步激发企业创新活力、发展潜力和转型动力，加快构建高效协同、开放共享、创新活跃、保障有力的"双创"新生态，充分汇聚企业的创新力量和资源，集众智、汇众力，提升"双创"的深度、广度、高度和普及度，促使实体经济、科技创新、现代金融、人力资源协同发展，推动经济发展质量变革、效率变革、动力变革，提高全要素生产率，切实增强我国经济创新力和竞争力。

制造业"双创"升级版的关键点是针对上述问题，亟须尽快明确制造业"双创"升级的路径和方向。

第一，要以升级"双创"平台为核心，提高"双创"的应用深度。

一是同步推进工业互联网平台建设和"双创"发展。以工业互联网平台支撑"双创"资源汇聚和能力升级，以"双创"机制促进工业互联网平台生态发展，促使制造业"双创"从以大企业为主体、模式创新为主导、互联网平台为支撑的 1.0 时代向以大中小微企业融通发展为核心、机制创新和生态完善为主导、工业互联网平台为支撑的 2.0 时代演进。

二是加快提升信息化应用水平。加快推进企业管理系统集成，推进以设备、产品、质量、生产、供应链、财务、人力资源等环节为重点的企业管理信息化。以提升产业链协同能力为重点，推动面向产业链协同的集成应用。深入推进中小企业信息化推进工程，全面提升工业云平台对中小微企业的在线研发设计、优化控制、设备管理、质量监控与分析等软件应用服务能力持续开展区域两化融合发展水平评估，加强分级分类引导和推进，指导各地和企业科学推进两化深度融合。

三是强化基础和支撑服务体系建设。加快构建以工业云与智能服务平台为核心的应用基础设施，提高核心工业软硬件供给能力，形成低时延、高可靠、广覆盖的工业互联网基础体系。加快宽带网络优化升级，加强云计算数据中心、内容分发网络、物联网感知设施等新型应用基础设施发展，改善制造业"双创"基础条件。

第二，要以完善"双创"公共服务体系为重点，提高"双创"的应用广度。

一是进一步深化"放管服"改革，简政放权、减税降费，使创业创新能够轻松上阵、强劲开展。认真落实促进"双创"的各项政策措施，支持大企业、科研院所向社会开放设施设备、技术等各类资源，支持大型企业开放供应链资源和市场渠道，带动产业链上下游协同发展，推动内部外部、线上线下、大中小企业融通发展。对制造业"双创"新业态新模式，要实施包容审慎的监管政策，采取弹性规范的行业准入监管方式，破除阻碍新技术、新产品、新业态发展的制度障碍。

二是建立大企业"双创"公共服务体系。整合工信、科技、教育、产业等优质资源，依托制造企业"双创"发展联盟，鼓励政产学研用金协同创新，促进制造业"双创"领域技术研发、标准制定、应用推广、人才培养、交流合作，为促进政策制定、项目开展、宣传推广提供服务和支撑。

三是支持制造业"双创"技术转移中心建设，加强共性关键技术和跨行业融合性技术攻关、成果转移和产业转化，促进制造业"双创"技术成果持续再生、开放流动和有效扩散。

第三，要通过机制创新，提高"双创"的发展高度。

当前，不少企业认为"双创"是科技研发和技术创新，是信息化改造，发展"双创"就是搭建互联网平台，导致建设的"双创"平台停留在技术支撑层面，未能将"双创"提升到推动生产组织管理模式创新、打造新型生产方式和重塑产业形态的高度上来。要推动企业加快建立适应"双创"特点的新机制、新组织，激发和保护企业家精神，鼓励更多社会主体投身创新创业。亟须研究制定制造业"双创"发展指南，明确建设方向和建设重点，为各行业"双创"发展提供指导和参考。2018 年 7 月，中国电子信息产业发展研究院在工信部的指导下，制定了《制造企业基于互联网创业创新实施指南》，强调建立以人为本的新型劳务关系、薪酬制度和组织架构，使人在"双创"平台上得到充分激励和发展，使人的积极性、主动性和创造性得到充分释放。同时考虑到企业的不同层次和能力，一方面，突出大企业资源富集优势，引导大企业更多进行内部"双创"，基于"双创"平台建设推动制造资源和能力的共享开放以及制造模式创新；另一方面，突出中小微企业创新活跃特点，引导中小微企业更多利用大企业"双创"契机，积极参与平台建设、提升业务能力、开拓新市场。

胡敏：制造业是我国产业升级和提质增效的基础所在，也是加快形成以创新为核心的新竞争优势的关键所在，推动中国由制造大国走向制造强国，就是要促进制造业实现高质量发展，制造业自然是实施"双创"升级版的主战场。目前最主要的难题和困境，我认为主要是以下几个方面：一是过去支撑我国制造业快速发展的要素红利正在明显减弱，低成本优势已经为高成本劣势所取代，旧的发展动力日渐稀薄，新的竞争优势尚未形成。二是制造业产业之间多年形成割据和分化态势，产业协同和集聚效应还是垂直型的，不同产业之间、区域之间协作和创新资源横向型共享还严重不足，产业组织系统中协作也不够充分，大中小企业还没有协同创新能力。三是制造业领军企业、领军企业家、领军型技术创新家还不够多。这一切都制约着我国制造业在关键核心技术领域的联合攻关、制约着我国制造业在国际市场竞争中协同融入全球产业的价值链中高端、制约着创新型人才的充分流动。四是目前我国制造业作为实体经济的根本与现代金融资本还没有形成有效的互动促进机制，金融资本不能很好地服务于现代制造业的转型升级和良性发展。

要打造我国制造业"双创"的升级版，最根本的就是要创新制度体系、创新人才体系、创新融资体系和创新开放体系，尽快在制造业领域形成实体经济、科技创新、现代金融、人力资源"四位一体"协同发展的现代产业体系，让制造业跑出改革的"加速度"，促进我国制造业早日迈向全球价值链的中高端。

熊鸿儒：我国拥有全球规模第一（增加值占比约 25%）、产业门类齐全的制造业体系，但"大而不强"的问题仍然突出，特别是在全球技术保护主义抬头的背景下显得更加紧迫。新形势下我国制造业的爬坡过坎，关键是要解决原始创新能力不足、提质增效动力不足、协同创新和开放创新活力有限的三大难题。应对这些挑战，促进实体经济转型升级，"双创"升级版的作用将更加凸显。

首先，"双创"升级版应更大力度地推动自下而上、需求驱动的创新创业，增强源头科技成果供给的范围和效率，破解原始创新能力不足的难题。例如，鼓励企业加大需求导向的基础研究，支持高校和科研机构与产业界联合建设众创空间，鼓励社会资本面向社会创新的难点，凝练技术创新需求，开办各类创新挑战赛，以汇众智、凝众创的新形式改进源头技术供给的效率和水平。

其次，"双创"升级版应加快促进数字经济、平台经济、智能经济、服务经济与传统制造业的深度融合，推动新技术扩散与生产方式变革，从根本上促进制造业提质增效。重点鼓励以工业互联网、智能制造为主攻方向的"双创"平台和基地建设，打通数字经济领域创新创业与实体经济结合的渠道，以"互联网+""智能+"等新模式促进制造业服务化，以产业组织转型"倒逼"质量提升、结构优化。

最后，"双创"升级版还应依托若干制造业创新中心的建设，整合分散化的创新创业资源，围绕关键共性技术和重大需求构筑生态化的创新网络，破除人才和要素跨部门、跨地域流动的限制。除了建立有效的利益分享机制激发大型国有企业的"双创"动力，还必须尽快加大对民营企业在创新创业资源上的倾斜，着力发挥民企在新形势下构建自主可控、开放合作的产业创新体系中不可替代的关键作用。

中国经济时报：2018 年 7 月初，联合国世界知识产权组织等机构联合发布了2018 年全球创新指数排行榜，中国内地的排名较 2017 年提升了 5 位，排名第 17位。对于持续推进"双创"、打造"升级版"您有哪些建议？

胡敏：为了支撑新时期"双创"升级版的打造，各级政府部门应从多个方面推出切实管用的政策举措，应对日趋复杂的内外部环境变化。

一是持续优化营商环境，要看到创新创业诉求的新变化，真正解决中小企业和初创企业的关键痛点（如融资、税负及人才等难题）。

二是进一步提高政策供给的质量和效率，特别是在社会呼声高、企业需求迫切的领域加大普惠性力度和精准扶持，同时要利用督查、评估等方式切实强化政策落实的"最后一公里"问题。

三是继续推动科技与创新制度改革，特别是在激发科研人员、企业家创新活力方面，下决心破除涉及考核评价、投融资、产研协作、产权保护等方面的长期性、隐性化障碍。

四是健全创新创业的专业服务体系，增强社会化服务能力，包括融资渠道、法律咨询、成果转化、人才服务、信用体系等。

五是针对不断壮大的平台经济、共享经济等新业态，主动加强研究与沟通，更大力度地创新政府监管方式，同步提升经济规制和社会规制的水平，为新经济的健康发展营造包容审慎的环境。

六是消除对不同规模、不同所有制企业的差别性政策，公平对待各类有创新创业积极性的企业。及时、公开地制定监管标准，在外部性强的领域促进新技术扩散，并加强执法、统一执法标准。同时，完善企业破产机制，利用市场化方式确保"僵尸企业"及时退出。

遥寄情思托明月*

"明月几时有？把酒问青天。不知天上宫阙，今夕是何年。"宋代大诗人苏轼的《水调歌头·明月几时有》已经吟诵传唱了近千年，也成为每到中秋佳节思亲念乡的保留节目。

年年月月花相似，月月年年寄月明。中秋是我国四大传统节日之一，作为文化基因的纽带，家国情怀的相承，中秋承载着深厚的思亲情、故乡情、家国情，更展示出中华优秀传统文化浓厚的历史底蕴。

中秋是团圆节。露从今夜白，月是故乡明。中秋佳节承载着人伦孝悌的血脉亲情。皓月当空，远方的亲人们总会不辞劳苦地返回家乡，哪怕路途遥远，哪怕长途跋涉，只为团团圆圆。八月十五夜，全家聚饮同吃团圆饭，这叫"圆月"。"民间以月饼相邀，取团圆之义。"如有亲属未归，席上必置杯筷，象征阖家团圆，其乐融融。

中秋是感恩节。中国文化里向来有感恩自然、感恩父母亲人的基因。春朝日，秋夕月。不论游子远走他乡，再苦再累，总有一份感念遥寄明月，其"根"其"魂"与父母情牵在一起。"红叶黄花秋意晚，自古逢秋悲寂寥"，别离的伤感散发的是思念的情愫。"枕上十年事，江南二老犹，都到心头"，父母之恩如泰山，感恩之心见明月。

中秋是丰收节。人们把这段最丰盈也最喜悦的时光与亲人分享。金风送爽，瓜果收获，对于农耕时代的古人来说，这是一年中最美好的时光。西瓜象征团圆，石榴象征子孙满堂，柿子象征吉祥如意，枣子象征早生贵子，栗子象征儿辈早成家早立业。

中秋更是文化节。中华传统节日体现着世代相传的价值观念，承载着民族历史记忆，民族团结和国家一统融合的愿望。在美好佳节寄思怀情，其实凝结的又是对增强民族文化自信、提升民族凝聚力、弘扬中华民族传统美德的美好情怀。

---

* 本文原载中青在线 2018 年 9 月 22 日。

　　今天的中华民族进入了发展的新时代，人民对美好生活的向往也赋予传统节日以新时代的内涵。董卿主持的《中华诗词大会》将中国古诗词的精华和意蕴通过创造性转化、创新性发展华丽地呈现给普通大众，掀起了重温古诗词、体验诗文化的文化高潮；撒贝宁主持的《经典咏流传》让古诗古韵的风采再次彰显、典诵四方。民族的就是现代的，大众的就是普世的，精粹的就是永恒的。比如一曲"海上生明月，天涯共此时"，传颂的不仅是中华优秀传统文化在实现中华民族伟大复兴进程中的本心激荡，更是将构建"人类命运共同体"的博大胸怀演绎出新的奋进力量。

　　当然，时光岁至中秋，笔者亦人到中年，工作事业已经安顿，生活节奏渐行渐慢。在高速发展的社会，我们需要静下心来，涤荡一切浮华烟云，留一份亲情给家人，留一份朴素给生活，留一份情思寄明月。中秋佳节，月朗星稀，还生活与本真，还感念与人情，让哲思开启与诗意齐飞，古人能在浪漫的节日里留下无数美好的诗篇，今人则需要放空自己以古月照今，以对酒当歌，需要的是无尽的想象力和旺盛的生命力，生活会更加美好，明月会更加璀璨。

把握好自然灾害
"防"与"治"的辩证法*

　　2018 年 10 月 10 日，中央财经委员会举行第三次会议，就提高我国自然灾害防治能力进行深入研究，作出工作部署。习近平总书记在会议讲话中对加强我国自然灾害防治的重大意义、指导思想、成效和能力评估、建设格局和重点任务进行了全面系统阐述，明确提出了提高我国自然灾害防治能力的"九个坚持"原则和针对关键领域和薄弱环节必须推动建设的"九大重点工程"。

　　这"九个坚持"和"九大重点工程"深刻揭示了应对自然灾害"防"与"治"的辩证关系，充分体现了以习近平同志为核心的党中央以人民为中心的发展思想，是对习近平新时代中国特色社会主义思想的进一步丰富，是今后一个时期切实提升我国自然灾害防治能力的重要遵循。

　　我国地域辽阔，地理和气候条件多样，在给人民提供天然丰富物产和多样化生存环境的同时，也成为世界上自然灾害影响最严重的国家之一。各种突发性自然灾害在我国就包括洪涝、台风、冰雹、霜冻、雪灾等气象灾害，滑坡、泥石流等地质地貌灾害，地质板块迁移形成的多发性地震灾害，病虫害等生物灾害等，也包括随着经济社会快速发展而环境治理跟不上带来的水土流失、沙化、盐渍化、草场退化、森林毁坏等造成的人为环境灾害，具有自然灾害种类多、分布广、频度高、差异大的明显特点。

　　自然灾害对国民经济造成的损失是巨大的。有关资料显示，近年来，我国每年仅因环境污染造成的经济损失就达 540 亿美元，环境生态恶化导致的自然灾害和治理成本约占国民经济产值的 5%。2008 年，四川汶川大地震造成的直接经济损失就高达 8451 亿元。前不久肆虐我国粤港澳大湾区的台风"山竹"给中国境内带来的经济损失，经有关专家预估就超过 1000 亿元。

　　人类生存的这个星球，对于造化形成的地理和气候环境我们改变不了，自然灾害的发生我们避免不了，但借助科学技术发展和构筑合理的生产生活方式，通

---

　　* 本文原载中国网 2018 年 10 月 15 日。

过建立人与自然和谐共生的友好关系，人类可以适应大自然、保护大自然，让大自然服务于人们对美好生活的向往；通过提高全社会自然灾害防治能力，人类可以应对好各种不期而遇的自然灾害；更可以通过建立高效科学的自然灾害防治体系，寓"防"于"治"，以"治"设"防"，减少人为自然灾害，切实保护好人民群众生命财产安全乃至于国家安全。许多国家在工业化初期牺牲环境追求发展的教训和工业化后期敬畏自然自觉保护环境的经验，对提高我们自然灾害防治意识和能力都产生了积极作用。

党的十八大以来，以习近平同志为核心的党中央牢固树立社会主义生态文明观，形成了包括防治自然灾害在内的一整套生态文明建设新思想新理念新战略，推动构筑人与自然生命共同体建设达到新的境界。这次中央财经委员会第三次会议提出的提高自然灾害防治能力的"九个坚持""九大重点工程"是将"防"与"治"的辩证关系在应对自然灾害领域进行了淋漓尽致的剖析，这是对丰富现代生态文明观理解的新升华，更是其十分鲜明的实践路径。

"九个坚持"紧扣以人民为中心，以生态优先、建立人与自然和谐相处的关系为基石，始终把握人与自然两个维度，着眼于预防为主，寓"防"于"治"、"防""治"结合。在各种常态和非常态自然灾害发生时，强调各方面力量要统筹、综合、合作、协同，落脚点则是能够推进自然灾害防治体系和防治能力现代化，同时还要充分发挥我国社会主义制度能够集中力量办大事和我们党能够集中统一领导的两大政治优势。"九个坚持"既相互融合，又辩证统一。

"九大重点工程"则是落实"防""治"结合的现实实践路径和基础物质保障。会议对各种可能发生的自然灾害领域从排查、修复、保护、提升、预警、监测、应急、专业化队伍建设等关键领域和薄弱环节进行了一揽子、系统化的全面设计和工作部署。如果这些重大工程能保质保量、切实落实到位，就可以建立健全一个高效科学的自然灾害防治体系，就可以把自然灾害风险和损失降至最低，就可以为保护人民群众生命财产安全和国家安全提供有力保障。

就此说，把握好"防"与"治"的辩证关系，切实提升防治自然灾害能力，关系国计民生，考验党的执政能力，关乎国家治理现代化，此事善莫大焉。

服务消费领域将迎
全新局面*

　　2018 年 9 月 24 日，国务院办公厅印发《完善促进消费体制机制实施方案（2018-2020 年）》（以下简称《方案》），部署加快破解制约居民消费最直接、最突出、最迫切的体制机制障碍，进一步激发居民消费潜力。

　　《方案》要求，顺应居民消费提质转型升级新趋势，聚焦引导形成合理消费预期、切实增强消费对经济发展的基础性作用这一目标任务，强调要依靠改革创新破除体制机制障碍，积极培育重点消费领域细分市场，全面营造良好消费环境，不断提升居民消费能力。2018 年 9 月，《中共中央　国务院关于完善促进消费体制机制进一步激发居民消费潜力的若干意见》印发。

　　国家接连出台促进消费政策有何背景？将对消费市场起到怎样的促进作用？消费者将得到怎样的实惠？国家行政学院研究员胡敏、著名经济学家宋清辉、中国社会科学院经济研究所研究员剧锦文发表看法。

消费者将得到更多实惠

　　记者：《方案》以两年为期，涉及消费领域的方方面面，落地实施后，消费领域将迎来一波大的增长。请分析一下，《方案》出台的背景，以及接下来消费领域将呈现怎样的态势？消费者将得到怎样的实惠？

　　胡敏：出台《方案》至少有三个背景：一是随着我国经济发展和综合国力的提高，人民生活已经到了消费转型升级的重要阶段，必须紧扣社会主要矛盾的转化，着力解决消费领域发展不平衡不充分问题，要通过推进消费升级实现经济可持续协调发展。二是我国居民消费亟待从规模和数量的扩张转向品质提升和结构优化。要实现这一转变，目前还存在许多制约消费升级的体制机制障碍，需要尽快破解。三是当前经济在国内外综合因素影响下，下行压力依然巨大，需要下大气力挖掘居民消费潜力，激发经济增长的内生动力。

---

　　*　本文原载《东莞日报》2018 年 10 月 17 日。

这次《方案》从破解制约居民消费最直接、最突出、最迫切的体制机制障碍入手，强调服务业更加开放、制定消费品质量标准、健全信用体系、优化配套保障措施等，将有利于弥补消费领域的短板。可以预见，未来一个时期，我国消费领域将出现基础消费不断满足、传统消费提质升级、新兴消费蓬勃兴起、潜在消费竞相迸发的大消费格局。

宋清辉：2017 年，我国国内生产总值增长 6.9%，居民收入增长 7.3%，比 GDP 增速快了 0.4 个百分点。这在一定程度上意味着老百姓将会更舍得消费，向外传递出居民生活质量得到相当改善的信号。在此背景下，国务院办公厅发布的《方案》恰逢其时，预计接下来我国将掀起消费新热潮，消费者将得到更多的实惠。

未来，消费将成为中国经济增长的重要动力。广大居民在旅游、健身、文化消费、健康消费等日常生活方面更愿意也更舍得大笔消费，这在一定程度上也说明广大居民的安全感和获得感得到进一步提升。据清晖智库统计，中国经济增长的动力中 2/3 来自消费。在中国劳动力市场持续改善、居民收入不断增长和消费信心高涨的背景下，预计 2018~2019 年中国居民消费仍将保持快速增长。

剧锦文：从大的宏观背景来看，这是为促进经济发展在消费领域的一个重要举措。通过消费的拉动，不但可以为经济发展提供动能，而且从长期考量来看，还可以促进供给侧结构性改革的深入推进。

新兴消费有巨大想象空间

记者：《方案》提出了六项重点任务。其中，相对于实物消费的政策措施，促进服务消费被摆在了更为重要的位置，包括旅游、文化、体育、健康、养老、家政、教育培训等和人们生活息息相关的方方面面。比如，在旅游领域提出"落实带薪休假制度，鼓励错峰休假和弹性作息"，在养老领域提出"取消养老机构设立许可"等。请根据《方案》，分析一下，服务消费领域有何利好？

宋清辉：在进一步放宽服务消费领域市场准入大背景下，预计服务消费领域将迎来一个全新的局面。比如，在养老领域提出"取消养老机构设立许可"影响深远，或将引发一些有实力的大企业争相布局养老产业。养老产业未来 10~15 年将进入黄金时代。养老产业将不仅仅是以地产业态为主导，而是多业融合，比如养生、护理和治疗，甚至是与旅游、消费等相结合的模式。同时，市场也将趋于细分化，针对不同老人的需要，设计出个性化的服务消费模式。事实上，早在 2010 年前后，就有许多大型房地产企业嗅到了"银发经济"所带来的商机，纷纷掘金养老服务消费的"新金矿"。许多企业更是"八仙过海、各显神通"，纷纷亮出自己的绝活，打造出自己的养老服务消费新模式。

胡敏：我国城乡居民在基础消费总体得到满足后，现在最大的缺口或者说薄弱环节就是服务领域的消费。像旅游、文化、体育、健康、养老、家政、教育培训等这些服务性消费不仅与人们消费升级紧密相关，而且也是这几年消费新业态新模式最活跃的领域，给新兴消费领域的市场开拓和创业创新带来了巨大的想象空间。

例如，养老、家政未来几年都有上万亿元的市场开发空间，也必将成为今后一个时期我国经济增长的重要拉动力。随着互联网经济的进一步发展和社会公共服务的进一步市场化、便捷化、社会化、国际化，各类新型服务消费将成为我国经济生活发展具有革命性变化的最大亮点，各类市场经济主体在服务消费领域的竞争也会更加激烈，我国各类服务贸易进出口额也将大幅提升，就此也将促进我国供给结构和需求结构的新的平衡，实现国民经济在高质量发展进程中的良性循环。

剧锦文：在物质消费得到基本满足的情况下，服务型消费成为消费升级的一个重点。通过放宽准入门槛，刺激服务型消费的发展，成为消费升级的一个重要举措。以养老领域为例，随着我国老年人口的逐步增加，政策的出台顺应了市场的需要。在市场和政策的双向驱动之下，养老领域有望成为投资风口，爆发出巨大的能量。

助推住房租赁市场健康发展

记者：《方案》在促进实物消费结构升级方面，把住房租赁市场、汽车消费优化升级、传统商贸创新发展等作为主要内容。这些比较大宗的实物消费，带来广阔的发展空间。以住房租赁市场为例，《方案》要求"加快建设政府主导的住房租赁管理服务平台"的背景下，请分析一下，未来住房租赁市场会发生怎样的变化？

胡敏：住房问题是眼下中国经济发展中的一大痛点，也是制约城乡消费升级的一大因素。按照党的十九大提出的"加快建立多主体供给、多渠道保障、租购并举的住房制度，让全体人民住有所居"的精神，大力培育住房租赁市场是必然趋势。当然，要形成和培育一个健康的住房租赁市场，既需要解决好"多主体供给、多渠道保障"问题，也需要构建一个公开透明有序的交易市场。另外，在现阶段，住房经济具有准公共产品经济的性质，要求充分发挥政府的作用。因此，《方案》提出加快政府主导的住房租赁管理服务平台建设，一在引导，二在服务，三在监管，具有现实意义。可以预见，未来住房租赁市场将成为我国住房市场发展的"主旋律"，将深刻改变我国的住房制度，也能满足各种收入水平住房消费者的所需，从而形成房地产市场健康平稳发展的长效机制。

宋清辉：目前，我国住房租赁市场刚起步，存在大量的困难和乱象。例如，在顶层设计和政策法规方面尚不够完善、缺乏对租房者权益的全方位保护体系。与发达国家相比，我国房屋租赁市场处于初级发展阶段。一段时间以来，资本对租赁市场产生的影响是立竿见影的，但也扰乱了住房租赁市场。特别是有些社会资本大规模介入住房租赁市场之后，在市场上不计成本"收"房子，租金势必被逐渐推高，紧接着就会将其成本转嫁给承租人，承租人也可能会被驱赶。在《方案》中要求"加快建设政府主导的住房租赁管理服务平台"的背景下，未来住房租赁市场将会发生很大变化，行业的发展也将更加有序。随着我国经济的发展和居民消费水平的提高，住房租赁市场的规模也将扩大，预计今后具有创新形式的租赁住房会越来越多。

剧锦文： 目前，我国住房租赁市场还处于探索发展的阶段。在推进住房租赁市场发展的背景下，要求"加快建设政府主导的住房租赁管理服务平台"，将从顶层设计、标准制定、行业准入等方面，形成一套规范化、系统化、标准化的自上而下的政策体系。

《平"语"近人》关键在
一个"近"字[*]

2018 年 10 月,由中共中央宣传部、中央广播电视总台联合创作的《百家讲坛》特别节目《平"语"近人——习近平总书记用典》(以下简称《平"语"近人》)在央视综合频道黄金时段播出,引起广大观众热烈反响和广泛好评。节目以习近平总书记一系列重要讲话、文章、谈话中所引用的古代典籍和经典名句为切入点,以恢宏大气的电视表现形式和通俗简洁的语言风格,诵读习近平总书记用典,解读中华优秀传统文化精髓,充分彰显了习近平总书记许党许国的爱民情怀和夙夜在公的理政智慧。无论是节目编创的内容与形式,还是文化传播的手法与方式,都令人耳目一新,很好地推动了习近平新时代中国特色社会主义思想的生动阐释和有效传播。

《平"语"近人》每一集节目大约 40 分钟,用习近平总书记在讲话或文章中使用过的某一经典名句为主题,通过央视主持人串场、文化学者的经典释义、理论大家的思想解读、曾经直接感受总书记人文情怀的当事人情景述说,以及与在场大学生观众互动交流,将习近平总书记的人格魅力、中华文化的深厚底蕴同百姓的真情实感融入一言一语一个场景之中,深深触动了观众内心最柔软的那份情丝。可以说,节目创作很强的感染力、引导力、传播力,得益于从内容到形式的多方面创新,但关键的一条在于把握了一个"近"字:节目所涉的典故、思想、事件、论理都亲近中华历史文化、都贴近现实人们生活、都切近内在思想心灵。

亲近中华历史文化。每一集解说词可谓洋洋洒洒,经典诵读,精彩纷呈。大部分经典佳句,源自千古名篇,至今还广为流传,反映了中华优秀传统文化的博大精深,凝结着中华民族的深邃智慧。习近平总书记以其惯于用典、善于用典、精于用典的博学信手拈来,以古人之智慧,开今日之生面,将这些典故与社会主义核心价值观相契合,与社会主义先进文化相融合,既有助于传承中华优秀传统

---

[*] 本文原载《学习时报·学习评论》2018 年 10 月 22 日。

文化和筑牢文化自信，也有助于人民群众对习近平新时代中国特色社会主义思想的广泛认同。因为亲近本土文化历史才有了新思想的亲和力。

贴近现实人们生活。所有的文化经典都是一个时代的思想观念、价值理念、道德准则、行为规范，而所有这些又在人们日常生活交往和社会活动中体现出来。治国者要有"一枝一叶总关情"的为民情怀，齐家者要有"亲师友，习礼仪"的言传身教，修身者要有"己所不欲勿施于人"的克己美德，等等。习近平总书记作为国家领导人日理万机、夙夜在公，作为普通人敬老爱幼，身体力行，彰显大孝大义大爱，堪为楷模。因为贴近现实人们生活才有了新思想的生命力。

切近内在思想心灵。节目精选的习近平总书记用典，既是平实晓畅、脍炙人口的语言，更是党的领导核心与普通百姓的贴心话、连心语；既阐释了"以百姓之心为心"的发展理念，也表达了"治国有常利民为本"的执政理念，是引领我们创造美好生活的谆谆教导和悉心嘱托。因为切近内在思想心灵才有了新思想的感召力。

习近平新时代中国特色社会主义思想根植于中华优秀传统文化沃土，紧扣时代脉搏、凝聚时代精神，是我们党的最新理论创新成果，学习好宣传好贯彻好习近平新时代中国特色社会主义思想是当前和今后一个时期全党工作的一项重大战略任务。2018 年 8 月 21 日召开的全国宣传思想工作会议明确提出，宣传思想战线要自觉承担起举旗帜、聚民心、育新人、兴文化、展形象的使命任务，推动宣传思想工作不断强起来。这就要求大力推动中华优秀传统文化创造性转化创新性发展，大力推动党的创新理论"飞入寻常百姓家"。

习近平总书记用典正是习近平新时代中国特色社会主义思想与中华优秀传统文化的对接与交融，是中国智慧、中国力量、中国风范的当代体现。《平"语"近人》电视节目则在新思想传播手段和话语方式创新上作出了一个很好的尝试。期待有更多的好作品好创作，走近历史、走近生活、走近心灵，让广大干部群众在喜闻乐见中走近平"语"。

毫不动摇支持民营经济发展[*]

近期，中央领导同志就"毫不动摇支持民营经济发展"作出一系列重要指示，国家宏观经济部门落实中央精神又连续推出扶持和鼓励民营经济发展的一系列有力举措，广大民营企业家为此深受鼓舞，更加坚定了搞好民营经济的决心和信心。

民营经济的历史贡献不可磨灭　民营经济的地位作用毋庸置疑

如何看待和对待民营企业，改革开放 40 年来，我们的确经历了一个曲折的认识和实践过程，对民营企业在国民经济中的地位和作用也经历了一个不断理解和深化的过程。改革开放之初，我们还视一些城镇的小商小贩为"投机倒把"，但伴随着改革开放的深入，我们党不断出台政策措施，从鼓励个体工商户勤劳致富，到支持一大批民营企业投身于社会主义改革和建设，再到民营经济自身艰苦创业、千锤百炼、蓬勃发展，在新时代的今天，民营企业已经能够担起国民经济发展的一根"大梁"，一大批民营企业家率风气之先成为中国改革开放的先锋和标杆。40 年来，民营经济从小到大、由弱变强，在稳定增长、促进创新、增加就业、改善民生等方面发挥了重要作用，成为推动经济社会发展的重要力量。

广大民营企业和民营企业家们，心系国家、顺应大势、克勤克俭、创新苦干，为中国的改革开放书写了光彩的历史。人们常以"五六七八九"来形容民营经济的重要作用：即民营企业为国民经济贡献了 50% 以上的税收、60% 以上的GDP、70% 以上的技术创新、80% 以上的城镇劳动就业、90% 以上的新增就业和企业数量。这一串串沉甸甸的数字，正是中国民营经济对国家贡献的真实写照。从一定意义上说，一部 40 年中国改革开放的荣光史也是一部民营经济砥砺前行的成长壮大史、一部民营经济锐意进取开拓创新的奋斗史、一部夯实社会主义制度创新社会主义制度的思想解放史。民营经济的历史贡献不可磨灭，民营经济的

＊　本文原载《中国经济时报》2018 年 10 月 31 日。

地位作用毋庸置疑。

但也要看到，中国的社会主义市场经济改革是前无古人的探索性开创性事业。其中，民营经济的健康发展，既要广泛吸取发达国家市场化进程中企业发展的成功经验，要自觉尊重市场经济的内在规律，也要充分结合中国的基本国情，充分体现中国社会主义制度的本质特征。

当前，我国经济发展正处在转方式调结构的紧要关口和爬坡过坎的攻坚期，我们国家进入了全面深化改革、全面依法治国、全面从严治党的关键期。面对错综复杂的国际国内形势，面对加快经济结构调整、发展方式转变、推进高质量发展的繁重任务，市场经济主体尤其是民营经济出现了一些不适应。比如，一些民营企业对经济结构的变革准备不充分，对"三期叠加"的困难预计不足。同时，我们的一些政策制定不到位、监管执行不到位、体制改革不到位，比如，金融领域还没有建立起相应的信用评估体系和风险防范体系，创新能力欠缺，对民营经济重风险而轻扶持等。

"两个毫不动摇"是夯实社会主义基本经济制度的基石

党的若干中央文件非常明确地指出，要毫不动摇坚持社会主义基本经济制度。"坚持公有制为主体、多种所有制经济共同发展"已经写入我国宪法。"两个毫不动摇"是夯实社会主义基本经济制度的基石。习近平总书记也多次强调"三个没有变"，即"非公有制经济在我国经济社会发展中的地位和作用没有变，我们毫不动摇鼓励、支持、引导非公有制经济发展的方针政策没有变，我们致力于为非公有制经济发展营造良好环境和提供更多机会的方针政策没有变"。

习近平总书记在给"万企帮万村"行动中受表彰的民营企业家回信中指出，支持民营企业发展，是党中央的一贯方针，这一点丝毫不会动摇。任何否定、弱化民营经济的言论和做法都是错误的。他希望广大民营企业家把握时代大势，坚定发展信心，心无旁骛创新创造，踏踏实实办好企业。习近平总书记的致信，是给广大民营企业和民营企业家们最大的"定心丸"。

实践的成果和理论的发展，均充分证明：没有民营企业的发展，就没有整个经济的稳定发展；没有高质量的民营企业体系，就没有现代产业体系，支持民营企业发展就是支持整个国民经济的发展。

当前要切实把工作重点放到为企业发展创造良好环境上来

贯彻落实习近平总书记指示精神和党中央一以贯之支持民营企业发展的路线方针，关键在于行动和落实。各方面都要牢固坚持基本经济制度，对国有和民营经济要一视同仁，对大中小企业要平等对待，当前要切实把工作重点放到为企业发展创造良好环境上来，切实把支持、鼓励、引导、呵护民营企业特别是民营中小企业健康发展的政策落实、落细、落地，切实把广大民营企业家投身中国特色社会主义伟大事业的主动性、积极性、创造性充分调动起来。

首先，要进一步解放思想。"两个毫不动摇"的基本经济制度要放在坚持和完善中国特色社会主义制度，不断推进国家治理体系和治理能力现代化的高度深化认识，正确对待民营经济在国民经济和社会发展中的性质、地位和作用。

其次，要进一步完善制度。要坚决落实保障各种所有制经济依法平等使用生产要素、公平参与市场竞争、同等受到法律保护的政策措施，以完善产权激励制度和要素市场化配置为重点，形成产权有效激励、要素自由流动、价格反应灵活、竞争公平有序的营商环境，清理清除妨碍统一市场和公平竞争的各种规定和做法，支持民营企业发展，激发各类市场主体的活力。

最后，要进一步深化改革。公有制经济与非公经济是推进高质量发展、建设现代化经济体系的"两个轮子"。国有经济和民营经济在转变发展方式、加快结构调整、促进新旧动能转换进程中都要深化改革、协同发展，在产业链拓展中要各留空间、取长补短，财政、货币、产业、区域等经济政策要把握好"竞争中性"原则，促进各类所有制融合发展。其中，民营企业更要顺应大势，主动积极作为，坚守法制原则、竞争原则和诚信原则，抓住转型升级机遇，与国有企业一道同向而行、共同进步，合力开创各类所有制经济发展更加美好的明天，为实现中华民族伟大复兴的中国梦作出新的更大贡献。

推动
思想再解放*

在改革开放 40 周年之际，习近平总书记再次来到我国改革开放的最前沿广东调研，就全面深化改革、全面扩大开放提出一系列新论断新要求，向世界宣示中国改革不停顿、开放不止步，向世人传递出高举新时代改革开放旗帜，以更坚定的信心、更有力的措施把改革开放不断推向深入的决心。深刻领会和学习贯彻习近平总书记广东考察重要讲话精神，就是要推动思想再解放、改革再深入、工作再落实，在更高起点、更高层次、更高目标上推进新时代改革开放。

思想是行动的先导。实践证明：改革开放历史上的每一次发展提升，都是思想解放的最终结果。可以说，没有思想的解放，就没有改革开放。

40 年前，一篇具有划时代历史意义的理论文章《实践是检验真理的唯一标准》引发认识真理、检验真理、实践真理的大讨论，不仅打破了长期以来形成的对马克思主义教条化的思想束缚，回归了马克思主义认识论的本源，在全党和全国重新达成了"解放思想、实事求是"的思想共识，也直接成为撬动改革开放的思想杠杆，拉开了中国改革开放的序幕，开始谱写中华民族发展史上的壮丽篇章。

40 年来，解放思想始终成为我们党推进改革开放一路走来始终不渝的精神支撑和实践动力。从改革开放之初，冲破"两个凡是"思想禁锢、打破理论的僵局，到 20 世纪 90 年代初，排除"姓社姓资"的干扰、跳出"计划还是市场"的思维窠臼，再到后来澄清所有制改革"姓公姓私"的争论，等等。我们在每个思想困惑的重要关口，都是依靠一次次观念突破和思想解放，成功扫除了改革开放道路上的一道道思想障碍。

正是得益于解放思想，我国才能实现从高度集中的计划经济体制到充满活力的社会主义市场经济体制、从封闭半封闭状态到全方位开放、从传统社会到现代社会的伟大转变。正是得益于解放思想，我们党才能团结带领人民开辟中国道

路、释放中国活力、凝聚中国力量，实现从赶上时代到引领时代的伟大跨越。正是得益于解放思想，改革开放才成为决定当代中国命运的关键抉择，成为党和人民事业大踏步赶上时代的重要法宝，成为决定实现"两个一百年"奋斗目标、实现中华民族伟大复兴的关键一招。正如习近平总书记在博鳌亚洲论坛 2018 年年会开幕式发表主旨演讲时指出的，40 年来"中国人民坚持解放思想、实事求是，实现解放思想和改革开放相互激荡、观念创新和实践探索相互促进，充分显示了思想引领的强大力量"。

当前，世界面临"百年未有之大变局"，中国面临"发展起来之后"的烦恼，改革开放进入到新的历史关口，改革的复杂程度、敏感程度、艰巨程度不亚于 40 年前，新时代改革开放是又一场深刻的社会变革。在新的改革开放进程中，如何处理好公平与效率，如何摆正政府与市场关系，如何平衡好局部利益和社会整体利益，如何把握好发展阶段性特征与人民对美好生活向往之间的统一，等等，都关乎各方面利益格局调整。这期间，出现这样那样的困惑和疑虑、矛盾和弊端、困难和障碍，都是自然的、不可避免的，都是改革发展中的问题。解决好这些问题，既需要理论创新，更需要实践探索；既要以改革开放的眼光看待改革开放，更要以解放思想的精神推进思想解放。

世界和中国每时每刻都在发生变化。时代是思想之母，实践是理论之源。实践发展永无止境，解放思想永无止境，改革开放永无止境。只要我们始终坚持以人民为中心的发展理念，善于聆听时代声音，勇于坚持真理、修正错误，推进思想再解放，新时代改革开放的旗帜就能举得更高更稳，中国就一定能创造让世界刮目相看的新的更大奇迹。

用制度保障
为非公经济发展赋能*

在近一个月时间里，习近平总书记上行东北、下行广东、给民营企业家回信、在中央政治局经济形势分析会议上点题，再到民营企业座谈会上发表重要讲话，直接为我国民营企业发展撑腰壮胆增强信心，充分强调了民营经济在我国基本经济制度、国民经济发展中的地位和作用，再一次鲜明、集中地彰示党中央积极支持、鼓励、引导非公有制经济发展的路线、方针、政策，不仅彻底消除了一个时期以来笼罩在民营企业家头上的思想阴霾，也有力回应了某些舆论对民营企业发展的种种猜忌和非议，给所有民营企业和民营企业家赋予了发展的正能量。

在理论上澄清　在思想上解放　坚定发展民企信心不动摇

对于我国民营企业发展的形态、定位和作用，必须放在历史的进程、现实的需要、发展的趋势中加以认识和把握，这既是一个实践认识过程，也是一个理论创新过程。

从历史的进程看，我国以民营企业为代表的非公有制经济，是改革开放以来在党的方针政策指引下发展起来的。正如习近平总书记在讲话中所说："党的十一届三中全会以后，我们党破除所有制问题上的传统观念束缚，为非公有制经济发展打开了大门。"随后，一大批民营企业蓬勃兴起，从小到大、从弱到强、不断发展壮大，在20世纪80年代增量改革，20世纪90年代所有制改革，21世纪头十年走出国门，到如今依法进入更多领域，始终与国有企业一道同向而行，已经成为推动我国发展不可或缺的力量。广大民营企业也是通过艰苦奋斗、锲而不舍、不断创新，为国民经济作出巨大贡献，夯实了自己的地位，赢得了党和政府的大力支持。可以说，中国发展能够创造今天的奇迹，民营经济功不可没。

从现实的需要看，建立和完善社会主义市场经济体制是我国改革的方向。民营经济是社会主义市场经济发展的重要成果，也是推动社会主义市场经济发展的

＊　本文原载《经济参考报·理论周刊》2018年11月7日。

重要力量。民营经济孕育于从高度集中的计划经济向社会主义市场经济转型的过程，是我国经济制度的内在要素。民营经济最贴近市场、最贴近消费者、最贴近就业者，始终释放着巨大的市场经济活力和创造力。这已为40年改革开放实践所证明，在推进供给侧结构性改革、推动高质量发展、建设现代化经济体系的今天，民营经济依然是重要主体，依然具有更加广阔的发展空间。

从发展的趋势看，中国社会主义制度是基于中国国情的必然选择，通过社会主义制度的不断完善，未来我们还要实现人类美好社会理想。仅从所有制发展形态来说，尽管马克思主义经典作家设想未来社会所有制形态时，认为未来社会将是以公有制经济为特征的社会，从根本的长远的意义上指出了公有制取代私有制的必然性，但同时明确指出，"无论哪一个社会形态，在它们所能容纳的全部生产力发挥出来以前，是决不会灭亡的；而新的更高的生产关系，在它的存在物质条件在旧社会的胎胞里成熟以前，是绝不会出现的"。也就是说，公有制取代私有制是一个漫长的历史进程，一切生产资料归全社会所有必须有一个前提，就是生产力必须是高度发达的、充分发展的，其发展取决于生产力发展水平，取决于生产的社会化程度。就此观之，今天无论是国有经济形态，还是民营经济形态，在所有制关系、企业管理方式、劳动分配状况和权属法律形态上，还都是契合当前社会生产力发展水平的，具有社会主义初级阶段特征，都是现阶段生产力和生产关系结合的表现，都需要不断完善和发展。公有制经济与非公有制经济两种形态，必须相辅相成、相得益彰、共同发展。所有制结构和实现形式，一定是以未来社会主义生产力发展和共产主义社会人们的实践活动结果为依据的。

从党的十五大把"公有制为主体、多种所有制经济共同发展"确立为我国的基本经济制度，到后来党的十六大提出"两个毫不动摇"直至党的十九大把"两个毫不动摇"写入新时代坚持和发展中国特色社会主义的基本方略，作为党和国家一项大政方针进一步确定下来，世势变化已经为我们从更宽的视角来审视社会主义基本经济制度和党的执政基础打开了新的思想空间。最近，有学者提出"明确多种所有制不是某个阶段上的权宜之计，而是社会主义市场经济的所有制基础，与社会主义社会共始终"是一个很好的提示。

在制度上保障　在政策上落细　坚决消除机制困扰不懈怠

2018年以来，不少民营企业在经营发展中遇到了困难和问题，习近平总书记在座谈会讲话中借用一些民营企业家的说法将这些集中概括为"市场的冰山、融资的高山、转型的火山"这"三座大山"，并从辩证唯物主义的视角从四个方面进行了恰如其分的分析，有我国经济运行面临稳中有变的新态势，有国内经济结构进入转型攻关期的新挑战，也有政策落实不到位、企业自身不适应等原因，但深入剖析这些问题的产生，归结起来还是体制机制的困扰。解决这些问题的关键仍然要毫不懈怠地消除体制机制的弊端，在制度上保障民营企业家权益，在政策执行上春风化雨落实落细。

第一，处理好政府与市场的关系。政府与市场的边界如何确立，一直是市场经济的一个主题。在民营企业发展过程中，这个问题表现得更加突出。近年来，政府大力推进"放管服"改革，推进行政审批制度和商事改革，民营企业的市场环境已经有了很大改善。世界银行在《2019年营商环境报告》中指出，中国在过去一年为中小企业改善营商环境实施的改革数量创纪录，全球排名从上期的第78位跃升至第46位，这是好的证明。

第二，处理好国有经济与民营经济的关系。近些年来，按照党的十八届三中全会的《决定》部署，积极发展混合所有制经济，总体来看，国有经济和民营经济都有腾展的空间。在经济上行期，两者能够取长补短、相互促进、共同发展，经济处于下行态势时，越是经济困难，国有经济和民营经济越要相互扶持、相互补充。

第三，处理好政策制定与统筹协调的关系。2018年以来，为应对经济运行稳中有变的新态势，促进深化供给侧结构性改革，宏观部门出台了一系列财税金融政策，政策取向是好的，但从2018年前三个季度看，有些政策制定预见性不够、统筹协调性不够，既有政策效应同向叠加施力递减，也有政策缺乏差异性效力相互抵消，还有政策政出多门、搞"一刀切"、不一个标准、不一视同仁，让不少民营企业茫然失措，缺乏获得感。因此，要增强宏观政策协同性、整体性和预见性，不能头疼医头、简单从事。

第四，处理好政府监管与工作落实的关系。加大市场执法监管、推进构建新型政商关系、推动必要的巡视督查、开展好民营企业党建工作、规范民营企业治理结构激发正能量是十分必要的，但也要实事求是、因企制宜，既要对民营企业规范有序发展提供良好的制度供给，也要为民营企业发展提供适度宽松的发展环境，严格遵规守纪，提高履职能力，不以督察代替企业自治管理，不以推进工作干扰企业正常经营。

在规范中发展　在创新中突破　坚守民企发展初心不改变

当前一些民营经济遇到的困难的确是现实的，甚至相当严峻，有前文所述的各种外在原因，但"打铁还需自身硬"，外因最终是由内因起作用的。

习近平总书记在讲话中认真分析了当前我国民营经济遇到发展困难的自身原因。比如，在经济高速增长时期，一部分民营企业经营比较粗放，热衷于铺摊子、上规模，负债过高，在环保、社保、质量、安全、信用等方面存在不规范、不稳健甚至不合规合法的问题，在加强监管执法的背景下必然会面临很大压力。

在讲话中，习近平总书记用了两个"三个没有变"清晰昭示了当前我国民营经济发展的有利环境。一个是大的经济环境与我有利，即"我国经济发展健康稳定的基本面没有改变，支撑高质量发展的生产要素条件没有改变，长期稳中向好的总体势头没有改变"，民营企业应当对我国经济发展前景保持充分信心；一个是发展民营经济的大政方针一以贯之，即"非公有制经济在我国经济社会发展中的地位和作用没有变，我们毫不动摇鼓励、支持、引导非公有制经济发展的方针政策没有变，我们致力于为非公有制经济发展营造良好环境和提供更多机会的方针政策没有变"。民营企业应当保持发展初心，在规范中发展在创新中突破。

吃下定心丸、安心谋发展。对广大民营企业和民营企业家来说，就是要牢记习近平总书记的谆谆教诲。一是大力弘扬企业家精神。民营企业家要珍视自身的社会形象，热爱祖国、热爱人民、热爱中国共产党，践行社会主义核心价值观，讲正气、走正道，做爱国敬业、守法经营、创业创新、回报社会的典范。二是要继续艰苦奋斗、开拓创新。要适应新时代，不断加强自我学习、自我教育、自我提升，聚精会神办企业，心无旁骛干事业，在合法合规中提高企业竞争能力。三是要抢抓机遇、乘势而上。民营企业要顺应大势，主动作为，坚守法治原则、竞争原则和诚信原则，抓住转型升级机遇，与国有企业一道同向而行、共同进步，合力开创各类所有制经济发展更加美好的明天。

循着发展的逻辑
——一个经济学人的时事观察（2016—2020）

进一步扩大开放的
行动昭示*

　　全球目光聚焦上海，全球目光聚焦中国。由中国国家主席习近平亲自提议、亲自指导的 2018 中国国际进口博览会 11 月 5 日在中国上海隆重开幕。正值庆祝改革开放 40 周年前夕，中国举办首届国际进口博览会，不仅开创了现代国际贸易的先河，也是中国站在新的历史起点上以全新的姿态主动开放市场的行动昭示，为当前仍复苏乏力的世界贸易释放了信心、增添了亮色、激发了动力。

　　习近平主席出席首届中国国际进口博览会开幕式并发表热情洋溢的主旨演讲，向世界再次表明了中国积极主动扩大进口、全面扩大开放的鲜明态度、坚定决心和务实举措。

　　当今世界，开放融通的潮流滚滚向前。人类社会发展的历史告诉我们，开放带来进步，封闭必然落后。40 年前中国拉开改革开放的序幕，改革起步于农村，开放启动于沿海，自那时起，中国的对外开放大门越开越大。开放轨迹从沿海到内陆，从经济发达地区辐射到全国各地，从"三来一补"到全产业链条，从积极吸引外资"引进来"到主动境外投资"走出去"，从加入世界贸易组织到共建"一带一路"。几十年来，中国顺应时代大势，坚持对外开放的基本国策，坚持打开国门搞建设，深度融入经济全球化进程，当今中国正在形成陆海内外联动、东西双向互济的全面开放新格局。

　　开放改变了当代中国，实现了从封闭半封闭到全方位开放的伟大历史转折，使中国走向了世界，日益走近世界舞台的中央。开放还深刻影响了当今世界，让世界认识了一个真实立体全面的中国，使中国能够为世界经济增长作出巨大贡献，为解决人类问题提供中国智慧和中国方案。

　　当前，世界经济增长仍面临诸多不稳定不确定因素，贸易保护主义、单边主义、逆全球化思潮泛滥，严重阻碍着经济全球化、贸易自由化进程。中国对外开放并取得巨大成就的实践证明：对一个国家而言，开放如同破茧成蝶，虽会经历

---

　　* 本文原载《学习时报·学习评论》2018 年 11 月 7 日。

一时阵痛，但将换来新生；对整个世界来说，全球开放的大势不可逆转，把自己囿于自我封闭的孤岛没有前途，也没有出路。

新时代的中国对外开放，将坚持全方位多层次高水平开放战略。我们不断拓展和创新对外贸易方式，加快推动贸易和投资自由化便利化，持续放宽市场准入，加快建设自由贸易试验区，打造对外开放新高点，营造国际一流营商环境。举办国际进口博览会，就是为相关领域改革开放积累新经验，探索新路径。

新时代的中国对外开放，将坚定维护世界贸易平衡、发展开放型世界经济和多边贸易体制。我们主动开放市场，积极扩大进口的行动充分表明，中国不以追求贸易顺差为目标，而是致力于在促进经常项目收支平衡的同时，更好地适应国内消费升级、更好地提升国内产业水平、更好地满足人民对美好生活的需要，推动我国经济高质量发展。

新时代的中国对外开放，将继续走开放包容、合作共赢之路。中国全面扩大开放，不是一家唱独角戏，而是欢迎各方共同参与；不是谋求势力范围，而是支持各国共同发展；不是营造自己的后花园，而是建设各国共享的百花园。中国始终将自身发展机遇同世界各国分享，热忱欢迎各国搭乘中国发展的"顺风车""便车"，让世界共享中国经济发展新机遇。此次国际进口博览会，万商云集就是生动的写照。由此可以说，中国国际进口博览会绝不是一般性的会展。对中国来说，这是中国推进新一轮高水平对外开放的重大决策，是中国主动向世界开放市场的重大举措；对世界来说，这是搭建起激发全球贸易新活力、共创开放共赢新格局的大舞台，是构筑了世界各国展示国家形象、开展国际贸易的开放型合作平台。中国国际进口博览会必将成为推进经济全球化、成就人类命运共同体的公共产品。

中国成功举办国际进口博览会已经以实际行动向世界昭示：中国开放的大门不会关闭，只会越开越大！

两大成交额，揭示中国经济运行新轨迹*

2018 年 11 月有两个数字刷爆互联网：一个是首届中国国际进口博览会交易采购取得丰硕成果，按一年计，累计意向成交超过 578 亿美元；另一个是 2018 年天猫"双 11"全球狂欢节一天的成交额最终定格在 2135 亿元。前者显示了中国进口市场的广阔空间，后者体现了中国电商市场的巨大潜能。这两个数字又共同指向了，中国消费的转型升级和中国经济的结构嬗变。

两大成交额数据从表面上看，反映了我国巨大的消费市场潜力和经济增长强劲的内生动力。近年来，在国内国际经济格局发生深刻变化的背景下，党中央着力完善消费的体制机制，增强消费对经济发展的基础性作用。通过深化供给侧结构性改革，推动在中高端消费、创新引领、绿色低碳、共享经济、现代供应链、人力资本服务等领域培育一批新增长点，形成了我国经济发展的新动能。国家统计局最新发布的数据显示，2018 年前三季度，我国社会消费品零售总额同比增长 9.3%，消费对经济增长的贡献达到 78%，比 2017 年同期提高了 14 个百分点，高于资本形成总额 46.2 个百分点。消费已经实实在在成为驱动中国经济增长的第一动力。而在消费数据的背后，实质上呈现出两条日渐明显的中国经济增长新的运行轨迹。

一条轨迹是中国正在由世界工厂向世界市场转变，这要求我们以更宽广的视野更务实的举措应对急剧变化的世界经济。

这次我国成功举办首届国际进口博览会，不只是要彰显"中国对外开放的大门不会关上，中国推动更高水平开放的脚步不会停滞"这样一个政治内涵，更重要的是，经过改革开放 40 年中国经济的高速发展，我国在国际贸易中需要由最大的出口市场转向营造最大的进口市场。这既是我们积极适应经济发展新常态，由过去以加工贸易为主、依靠低成本生产要素的比较优势较快融入经济全球化进程，转向更多地依靠瞄准国际标准提高水平，深度参与国际分工，促进我国产业

---

* 本文原载中国经济网 2018 年 11 月 15 日。

迈向全球价值链中高端而形成新的竞争优势所必须；也是我们主动顺应世界大势，促进中国发展模式从单一的中国需要世界市场，转向中国市场与世界市场深度融合，既有利于解决当今全球贸易失衡和结构失衡问题，也有利于让世界各国共享中国经济红利发展机遇，共同打造人类命运共同体之必然。新时代的中国有信心、有能力、有责任推动建设创新包容的开放型世界经济。

另一条轨迹是中国经济已由规模上量的扩张向能级上质的提升转变，这要求我们以不断满足人民对美好生活的需要推动经济高质量发展。

2018 年"双 11"，电商交易再次呈现火爆景象，中国社会井喷的消费潜力，又一次让人们惊叹。从 10 年前一家电商的促销活动发展成为 10 年后今天全社会共同参与的消费节日，为人们打开了观察中国消费升级和经济发展的一扇窗口。源自市场内生动力的电商模式创新，不断彰显了新经济新业态的革命性力量，释放的是中国社会巨大的活力和创造力。从传统消费转向新兴消费，从商品消费转向服务消费，消费需求逐步由排浪式、模仿型、同质化、单一化向差异化、个性化、多元化升级。消费结构升级，不仅呼应着人们的美好生活需要，而且改变了传统的消费方式和生产方式，更为中国产业转型升级和新旧动能转换提供了新路径，为中国经济转向高质量发展提供了动力支撑。

当前，我国经济已由高速增长阶段转向高质量发展阶段，正处在转变发展方式、优化经济结构、转换增长动力的攻关期，必须以供给侧结构性改革为主线，推动经济发展实现质量变革、效率变革、动力变革。在国际市场上，我们由出口侧转向进口侧；在国内市场上，我们由满足一般消费到推动消费升级，不仅为中国在应对外部冲击时赢得战略回旋余地，为世界经济增长提供稳定动力源，更是为中国经济增长蓄积后劲，不断增强我国经济可持续发展能力。

习近平主席指出，"中国经济是一片大海，而不是一个小池塘"。大海具有抵御各种风浪的广博胸怀。中国经济韧性强、潜力大、市场活力和创造力无限，只要我们坚定信心、保持定力，深刻把握经济运行新的轨迹，努力激发经济发展新的动能，中国经济就一定能加快转入高质量发展轨道，迎来更加光明的发展前景。

专家详解 G20 峰会看点
中国方案备受关注*

【编者按】2018 年 11 月 30 日，二十国集团（G20）峰会在阿根廷首都布宜诺斯艾利斯正式开幕。G20 作为全球经济治理最重要的平台，此前已经召开过 12 次首脑峰会。2018 年适逢 G20 领导人峰会机制启动 10 周年。在当前形势下，此次召开的布宜诺斯艾利斯峰会将为全球经济和贸易增长注入哪些新动力？中国国家主席习近平将会为世界带来什么样的中国方案？中美两国有可能达成共识解决双边贸易摩擦问题吗？国家行政学院研究员胡敏，就相关热点问题为我们进行解答。

中国网：此次 G20 峰会前夕，南非外交部区域组织司司长大卫·马尔康森表示，十分期待中国在此次峰会上为世界带来中国方案。您认为什么样的中国方案是最佳方案？

胡敏：此次布宜诺斯艾利斯峰会是在全球化、多边主义、自由贸易体制等遭遇阻力之际召开的，又适逢 G20 峰会机制启动 10 周年，既定的国际经济治理秩序面临争议和重构，因此备受瞩目。过去 10 年里，中国一贯重视并积极参与 G20 合作。中国领导人出席了历次 G20 峰会，为完善全球经济治理贡献了中国智慧和中国方案，展现了一个负责任大国的胸怀和担当，在 G20 舞台留下了浓墨重彩的中国印记。因此，在这样错综复杂的国际形势下，世界期待中国智慧和中国方案。

正如国家主席习近平一贯倡导的，也是习近平主席在此次峰会讲话的主基调就是更加开放、更广阔合作、更有力改革、更快速创新、更加包容。中国一贯主张：G20 要坚持建设开放型世界经济大方向，为世界经济增长发掘新动力，使世界经济增长更加包容，完善全球经济治理，推动联动增长，促进共同繁荣，向着构建人类命运共同体的目标迈进。事实上，近年来中国做出了不懈的努力，加快

---

* 本文原载中国网 2018 年 11 月 30 日。

深化改革，扩大开放步伐，全力支持多边主义和自由贸易体系，积极推进"一带一路"建设，2018 年 11 月成功举办了世界上首届以进口为主题的国家级展会。

中国一直用实际行动促进构建开放型世界经济，推动经济全球化惠及更多国家和人民。作为世界第二大经济体，中国对世界经济的贡献有目共睹。在世界遭受国际金融危机冲击时，中国每年的经济增量相当于贡献了一个中等发达国家的经济规模，是世界经济增长的"稳定器"。仅 2013~2017 年，中国对世界经济增长贡献率就超过 30%。如今，世界逐渐走出国际金融危机的阴霾，持续健康发展的中国经济依然是全球经济增长的"定海神针"。未来 15 年，中国预计将进口 24 万亿美元的商品，吸收 2 万亿美元境外直接投资。

面对当今世界经济发展困惑，中国力主 G20 有责任发挥领导作用，展现战略视野，为世界经济指明方向，开拓路径，引领全球经济平稳运行在以开放、公平和规则为基础的国际贸易体系中。习近平主席指出，我们要坚持走开放发展、互利共赢之路，共同做大世界经济的蛋糕。作为世界主要经济体，我们应该也能够发挥领导作用，支持多边贸易体制，按照共同制定的规则办事，通过协商为应对共同挑战找到共赢的解决方案。

中国网：关于习近平主席和特朗普总统将在 G20 领导人峰会期间会晤，能否达成具体贸易协定？中美两国有可能取消在 2019 年初不对两国的商品加新的关税吗？

胡敏：从目前国际舆论和中美双方会前传出的信息看，两国领导人在峰会期间达成实质性贸易协定的可能性并不乐观。有可能两国都做好了迎接 2019 年新一轮增加关税的准备。

此前，中国政府已经表示愿意购买更多的美国农产品，并继续提高特定行业的外国投资上限，但拒绝美方不尊重中国的基本国情而进行的无端指责，双方在一些重要领域，比如对国有企业补贴、技术转让环节和知识产权运用领域等还存在明显分歧，双方认识的鸿沟至今仍然很大。

对中国来说，中国经济在总体保持中高速增长态势的同时，最近经济下行压力再次显著加大，加强关键领域改革力度，消除经济成长体制性障碍的紧迫性进一步上升。从中国自身长期发展要求看，短期有必要通过与美方有理、有利、有节过招以管控贸易摩擦加剧与失控风险，中长期则需要统筹"两个大局"，以我为主实施新一轮国内改革。面对 2018 年以来中美关系的风云变幻，中国坚定回击单边制裁、重申坚持改革开放方针、积极拓展国际合作的合理务实组合政策，取得了积极成效，赢得国际社会广泛认可赞同。因此，中国处理中美关系一直坚持不冲突、不对抗方针，应该也会谋求在平等磋商基础上达成某种释放合作意向的积极成果。

2018 年 11 月 1 日，习近平主席与特朗普总统通电话，双方都同意两国经济团队要加强接触，就双方关切的问题开展磋商，推动中美经贸问题达成一个双方都能接受的方案。比如，中方估计会承诺继续扩大开放，在坚持推进产业技术升级基础上改进完善某些产业政策具体内容，并以中国现代化根本利益为本位并基于渐进可控原则考虑新一轮国内改革议程。2018 年 11 月 9 日，第二轮中美外交安全对话在美国华盛顿举行，从不同方面深入沟通磋商，为两国元首阿根廷成功会晤维护中美关系稳定发展做必要准备。

当然，从目前情况看，通过一次峰会达成"一揽子"协议并彻底化解前嫌，或许是一个难以企及的良好愿望。然而通过一个双方都能接受的框架性文件，阶段性缓冲美国政策转变带来的过于紧绷的双边关系，通过阐述与增强现实与潜在合作因素，减缓调整中美关系震荡冲击，并对 G20 维护全球经济稳定增长目标产生利好影响，则是世界普遍期盼的可能成果。

中国网：2018 年是 G20 领导人峰会开启十周年。在当前形势下，布宜诺斯艾利斯峰会将为全球经济和贸易增长注入哪些新动力？

胡敏：2018 年的 G20 领导人布宜诺斯艾利斯峰会围绕"为公平与可持续发展凝聚共识"的主题，希望通过共话合作、共谋发展，引领新形势下的国际经济合作冲破迷雾。在当前世界经济呈现向好发展态势，同时也面临很多挑战和不确定因素，特别是单边主义和保护主义抬头给世界经济和贸易正常发展投下巨大阴影的背景下，参与各方都期待 G20 能为世界经济发展注入新动力。

此前，国际货币基金组织（IMF）已经将 2018 年、2019 年两年世界经济增速预期下调至 3.7%，并警告贸易紧张局势加剧是世界经济面临的主要威胁。如果当前的贸易政策威胁变为现实，将严重打击商业信心，到 2020 年，全球产出可能比当前预测低 0.5%。经合组织指出，针锋相对的贸易限制可能把世界经济的"软着陆"变成"硬着陆"，2021 年全球贸易将下降 2%。

世界各国只有同舟共济、合作共赢，树立共创发展机遇、共享发展成果的坚定信念，坚持走开放融通、互利共赢之路，进一步加强在贸易投资、互联互通等领域合作，把合作"蛋糕"做大做实，才能为促进全球经济强劲、可持续、平衡和包容性增长开辟新空间，注入新动力。

坚持改革开放不动摇[*]

在庆祝改革开放 40 周年前夕，中央全面深化改革委员会举行第五次会议，要求各地区各部门要扎实做好庆祝改革开放 40 周年工作。习近平总书记在会上指出，要从历史、全局、战略的高度深刻总结改革开放光辉历程和宝贵经验，坚定全社会改革信心，继续高举改革开放伟大旗帜，不断把新时代改革开放继续推向前进。2018 年以来，习近平总书记围绕新时代改革开放发表过一系列重要讲话，这次会议又作出了一系列新的表述，为隆重庆祝改革开放 40 周年大会作了很好的思想铺垫。

从改革开放的历史经验中充分汲取养分

国家博物馆举办的《伟大的变革——庆祝改革开放 40 周年大型展览》，以习近平新时代中国特色社会主义思想为指导，以改革开放 40 年光辉历程为主线，紧扣"坚持和发展中国特色社会主义"这个主题，多角度、全景式集中生动展示了改革开放 40 年的光辉历程、伟大成就和宝贵经验，深刻揭示了改革开放 40 年来，在中国共产党坚强领导下，中国人民艰苦奋斗、顽强拼搏，用双手书写了国家和民族发展的壮丽史诗，中华大地发生了惊天动地的伟大变革。

40 年来，中国人民始终艰苦奋斗、顽强拼搏，极大解放和发展了中国社会生产力；始终上下求索、锐意进取，开辟了中国特色社会主义道路；始终与时俱进、一往无前，充分显示了中国力量；始终敞开胸襟、拥抱世界，积极作出了中国贡献。40 年实践证明：改革开放是决定当代中国命运的关键一招，也是决定实现"两个一百年"奋斗目标、实现中华民族伟大复兴的关键一招。

习近平总书记在这次中央全面深化改革委员会举行的第五次会议上强调指出，要注意从历史、全局、战略的高度总结 40 年改革开放的成就和经验，突出时代性、思想性、实践性。

所谓历史的总结，就是要认识到中国的改革开放是符合历史前进的逻辑、是

＊　本文原载《中国青年报》2018 年 12 月 3 日。

顺应时代发展潮流的必由之路。40 年前，以党的十一届三中全会为标志，以解放思想、实事求是的思想共识撬动了改革开放的思想杠杆，开启了中国改革开放的历史征程。40 年来，从农村到城市，从试点到推广，从经济体制改革到全面深化改革，这一波澜壮阔的宏伟历程中每一阶段的改革突破，既是改革历史的自然演绎过程，也是时代发展的必然要求和结果。

所谓全局的总结，就是要认识到中国的改革开放能够取得巨大成就，是理论创新和实践创新紧密结合、是人类文明发展成果和我国制度优势紧密结合、是紧扣中国国情和把握世界趋势紧密结合、是党的领导和人民创造紧密结合的必然结果，再次验证了马克思主义科学的本质和真理的力量，其思想精髓只有在中国实践的沃土上才能焕发出新的思想光芒并将继续引领中国前行的方向。

所谓战略的总结，就是要认识到中国的改革开放是一代代中国共产党人始终保持战略定力，把握战略方向，既不走僵化封闭的老路，也不走改旗易帜的邪路，不断研究新情况、解决新问题、总结新经验，成功开辟出了符合中国国情、顺应人民期待的中国特色社会主义道路。充分显示了思想引领的强大力量，充分显示了制度保障的强大力量，充分显示了 13 亿多人民作为国家主人和真正英雄推动历史前进的强大力量。

切实以问题为导向　在改革落实上下功夫

总结和反思历史经验，是为了更好地解决现实问题，以利于更好地前进。习近平总书记在这次会议上提出了"四个结合"，即把回顾总结 40 年改革开放同新时代推动全面深化改革结合起来，把吸取改革开放历史经验同解决现实矛盾问题结合起来，把充分展示改革开放伟大成就同提升人民群众获得感结合起来，把深化改革开放同推动实现"两个一百年"奋斗目标、实现中华民族伟大复兴的中国梦结合起来，从而以更大决心、更大勇气、更大力度把改革开放推向深入。

问题是时代的声音。时代是出卷人。40 年来，我们党面对改革开放进程各个阶段的焦点、难点问题，勇于探索，大胆实践，开拓创新，改革由点到面、由浅到深、由易到难、由微观到宏观，量力而行、循序渐进、整体推进，在实践中已经积累了不少改革的经验，理清了改革的内在逻辑，形成了一整套相对成熟的改革方法论。比如，正确处理"胆子要大和步子要稳的关系"、正确处理"顶层设计和摸着石头过河的关系"、正确处理"整体推进和重点突破的关系"、正确处理"改革发展稳定的关系"等。尤其是党的十八大以来，我们站在新的历史起点上部署推动全面深化改革，既取得了很多重大历史性成就，也创造和积累了很多改革的新鲜经验，伴随着一系列重大改革开放举措陆续出台，解决了许多长期想解决而没有解决的难题，办成了许多过去想办而没有办成的大事，推动中国特色社会主义进入新时代。

新时代面临新形势新任务，人民群众有新期待。发展起来以后的问题不比不发展时少，发展水平越高新老问题和矛盾就越是交织叠加，就越呼唤改革开放往纵深发展。为此就需要从改革的历史经验中汲取智慧和力量，从全局高度把握党中央的战略意图，从人民群众的关切中找准改革的突破口，抓住问题、抓准问题、解决问题，拿出实实在在的行动，在抓改革落实上下更大气力，既要关注整体面上改革推进落实情况，也要善于从小处切口、点上发力，确保问题发现一个就能解决一个，做实改革举措，提高改革效能，切忌形式主义、官僚主义，从而让人民群众真正从新时代的改革开放中不断增强获得感。

营造好改革开放社会氛围　坚定改革信心

中国的改革开放是前无古人的探索性开创性事业，既要吸收人类文明有益成果、自觉尊重社会发展的内在规律，又要充分结合中国的基本国情，充分体现中国特色社会主义制度的本质特征。新时代的改革开放是又一场深刻的社会变革。

在改革开放40周年之际，社会上存在这样那样的困惑和疑虑、矛盾和障碍。比如，如何处理好公平与效率、如何摆正政府与市场关系、如何协调国有经济和民营经济关系问题、如何解决好执政党领导和坚持人民主体地位、如何平衡好局部利益和社会整体利益、如何把握好发展阶段性特征与人民对美好生活向往目标之间的统一等，这些问题关乎各方面利益格局调整，既需要理论创新，又需要实践探索。在当前错综复杂的国内国际形势下，出现这样一些思想困惑都是自然的、不可避免的。但我们不能因为在特定的历史发展阶段出现的发展中的问题、改革中的问题、制度完善中的问题，就简单片面地将其归咎于改革开放、指责改革开放，甚至否定改革开放。这不是马克思主义所要求的实事求是的态度，也不符合马克思主义的认识论、实践论和方法论。

这次会议指出：40年实践证明，越是环境复杂，越要保持战略定力，把得住大局，看得清方向，站得稳脚跟，担得起风险。要加强战略研判，营造好改革开放社会氛围，加强正面宣传和舆论引导，及时回答干部群众关心的重大思想认识问题，坚定全社会改革信心。

为此，要以改革开放的眼光看待改革开放，正确看待改革开放进程中出现的这样那样的矛盾和问题，坚定改革开放信心不动摇。要以改革开放的精神推进改革开放，充分认识新形势下改革开放的时代性、体系性、全局性问题，在时代发展中把握改革开放规律，在制度体系完善中破解改革开放难题，在全局考量中统筹推进改革开放。要以改革开放的品格深化改革开放，实现更高起点、更高层次、更高目标的改革开放。

循著发展的逻辑
——一个经济学人的时事观察（2016—2020）

在改革开放新的历史起点上，中国人民将继续自强不息、自我革新，逢山开路，遇水架桥，坚定不移全面深化改革，不断提升改革开放的质量和水平。只要始终不忘改革开放初心，始终坚持以人民为中心推进改革开放，新时代改革开放就能继续激发亿万人民的巨大创造力，创造出让世界刮目相看的新的更大奇迹。

努力实现最优政策组合和最大整体效果[*]

评判政策得失有效最终在于市场主体活力能不能激发、国内市场空间能不能打开，而不在于经济增长速度高一点或低一点。

2018 年 12 月 13 日召开的中央政治局会议分析了当前的经济形势，对 2019 年全年经济工作进行了总体部署，提出要"努力实现最优政策组合和最大整体效果"。这是第一次这样表述，也是一个很高的要求，对宏观政策部门提出了新考验。

什么样的政策组合能够最优？如何实现整体效果最大？

"政策的最优组合"只是一种理论上的假定，是在经济政策模型上结合了所有可以考量的约束条件后的一种最优极值寻解过程，而"实施效果的最佳或最大"也只能在政策实践取得结果后，以事后的评估和研判来确定，所以其不确定因素比较大。但之所以能将这样的表述上升为中央层面的决策目标，却是形势使然，是我们在总结近年来宏观政策实施的一些经验和教训的基础上，也是中央决策层给宏观政策部门提出的一个更带有方向性的目标要求。

首先，因为近年来我国经济运行面对极为复杂的国内外形势，既有多年国内累积性体制性矛盾的爆发，也有经济结构性、产业周期性因素的相互交织，更有开放经济条件下国际政治经济格局变迁的多重因素干扰。因此，解决经济运行中的矛盾和问题，尤其是抵御经济下行态势下的困难，努力确保经济运行在合理区间，必须依靠更加强有力的政策实施和有效组合，单一政策不可能应对这样复杂的系统问题。

其次，因为这几年在政策选择、政策组合、政策施力过程中的确遇到了这样那样的不协调，有的背离了初衷，有的形成了割裂，有的还造成了相互负向牵掣，政策的出发点往往都是好的，但实施效果却不太理想，政策实施结果甚至与

---

[*]　本文原载《中国经济时报》2018 年 12 月 20 日。

预期目标出现了较大偏离。其背后当然有诸多原因值得分析探讨，如何正确理解宏观政策的内涵、把握经济政策的实质，是一个值得反思的重要问题。

一般来讲，目前我们讲的宏观政策有狭义和广义两种理解。狭义的宏观经济政策主要是货币信贷政策和财政税收政策，近年来，中央在强调宏观政策取向时也主要是讲财政、货币这两大政策，并确定了相应的两大政策调控指标，比如，赤字率和广义货币增速等。广义的宏观经济政策则包括财政、货币、产业、区域等政策，以此还可以进一步细分为税率政策、利率政策、汇率政策、消费政策、投资政策、房地产政策等。当然还有更泛化的可理解为各种政策体系。比如，2015 年中央经济工作会议首次提出"宏观政策要稳、产业政策要准、微观政策要活、改革政策要实、社会政策要托底"的五大政策组合，2016 年中央经济工作会议又提出供给侧结构性改革这条经济工作主线，这既是当前经济工作的着力点，当然也是一个政策的组合。所以，我们讲的宏观经济政策既有为人普遍接受、国际通行的基准性的财政货币政策，也有延展性的更广泛意义上的政策集合。

当然，因为每个时期经济着力点或者矛盾焦点的不同，决策层会重点强调某一方面的政策重点或者更多强调某一方面政策，但这并不意味着其他经济政策就可以忽视了，政策之间本身就具有关联性、传导性、递延性，而在实际操作或执行中却会出现认识上的偏差，其间既有执行进程中的信息衰减，也有公共政策存在利益部门化、利益截留化的倾向，因此可预期政策也并不必然产生逻辑上的政策效果。

2018 年 12 月 13 日，中央经济形势分析会上讲出的四句话，实际上是对实现"最优政策组合"的内涵提出了界定：一是各层面的经济政策一定能够协调配合；二是政策一定聚焦在主要矛盾，即政策的施力点一定能够相向而行；三是一定要把握好节奏和力度，不能顾此失彼，也不能畸轻畸重；四是要能够服务于创新和完善宏观调控这个大前提。要努力实现"最优政策组合"，必须恰如其分把握好这四点，并始终围绕主要目标，紧扣主要矛盾，不断相机预调微调，才有望实现整体效果最大。

从 2018 年经济政策成效得失看 2019 年政策选择空间

即将过去的 2018 年，是极为不平凡的一年，我国经济运行环境稳中生变，用"国际形势异常复杂严峻，国内改革发展任务艰巨繁重"可以很好地概括这一年。

2017 年中央经济工作会议指出，2018 年"要坚持以供给侧结构性改革为主线，统筹推进稳增长、促改革、调结构、惠民生、防风险各项工作，着力在打好防范化解重大风险、精准脱贫、污染防治攻坚战方面取得扎实进展，推进经济高质量发展"。2018 年 4 月 23 日,中央政治局会议分析第一季度经济形势时指出,我国经济周期性态势好转,但制约经济持续向好的结构性、深层次问题仍然突出,世界经济政治形势更加错综复杂。要增强忧患意识、坚持问题导向,着力解决突出矛盾和问题。把加快调整结构与持续扩大内需结合起来,推动信贷、股市、债市、汇市、楼市健康发展。2018 年 7 月 31 日,中央政治局会议分析第二季度经济形势时指出,当前经济运行稳中有变,面临一些新问题新挑战,外部环境发生明显变化。要抓住主要矛盾……做好稳就业、稳金融、稳外贸、稳外资、稳投资、稳预期工作。2018 年 10 月 31 日,中央政治局分析第三季度经济形势时指出,当前经济运行稳中有变,经济下行压力有所加大,部分企业经营困难较多,长期积累的风险隐患有所暴露。对此要高度重视,增强预见性,及时采取对策,确保经济平稳运行。2018 年 12 月 13 日,中央政治局会议对第四季度经济形势分析指出,要辩证看待国际环境和国内条件的变化,增强忧患意识,继续抓住并用好我国发展的重要战略机遇期,坚定信心,把握主动,坚定不移办好自己的事。

党中央始终审时度势,在坚持稳中求进的工作总基调和保持经济运行在合理区间的基础上,围绕高质量发展要求,密切关注国内外经济态势的新变化,适时适度调整工作重点;在保持宏观政策连续性稳定性的前提下,根据市场主体需要及时完善政策,把握了政策实施力度和节奏,精准预调微调,总体上稳定了国内市场预期。

随着 2018 年中美贸易摩擦的不断升级,我国自加入 WTO 以来的近 20 年里,相对宽松的国际环境或发生根本改变。外部市场的巨大变化传导到国内,一定程度上阻遏了中国经济的回暖势头,对尚未完成结构转型升级的中国经济形成新的压力。学界普遍认为,2018 年国内经济存在"不可能三角"——国际贸易平衡—国内经济增长—防控金融风险的矛盾,三者平衡起来有较大难度。从一年的国内经济运行成效看,在深化供给侧结构性改革取得进展的同时,矛盾和冲突不断。比如,去产能成效显著,助推上游原材料行业价格上行,不少国字号企业的利润和营收双丰收,但也增加了下游行业的经营压力,挤出了不少中小微企业;去库存抑制了一二线城市房价但外溢出三线城市房价的上涨,间接制约了中低收入居民的消费支出;去杠杆在有效防控化解经济金融风险的同时,其"行政化""一刀切"的倾向也稀释了货币政策效应,影响了一大批企业的流动性需求,还产生了财政货币政策部门之间去杠杆还是稳杠杆的方向之争、政策协同之争;降成本在营改增等递进式减税降费利好作用下,规模以上企业总成本负担有所降低但空间依然很大;补短板只能说是循序渐进。另外,2018 年的资产价格泡沫化、汇率贬值预期、股市一蹶不振、新经济发展受挫、民企投资退出等,多少给投资者、消费者心理预期埋下阴影。

这些因素的负面影响还将传递到 2019 年，国内环境有可能出现"外部市场的收缩期，政策效应的递减期，就业增长的拐点期"一个新的"三期叠加"。如果不能很好应对，不能采取更加行之有效的措施，未来的一年我们将面对更为复杂的、更为窘迫的经济运行环境。对此，必须作出全面、客观、充分的形势估计，把困难想得更多一些，把准备工作做得更扎实一些，对宏观政策的把握就更要精准施策、措施得当，着力政策协调。

政策的作用根本在于引导市场形成稳定预期，因此评判政策得失有效最终在于市场主体活力能不能激发、国内市场空间能不能打开，而不在于经济增长速度高一点或低一点。宏观政策的出台和施行必须把握时机、力度和节奏，政策实施坚决不搞"一刀切"，要因地制宜创造性开展工作，突出精准预调微调，既要有连续性稳定性协同性，也要有前瞻性灵活性有效性。

2019 年经济政策的取向可能在于货币政策谨慎积极，既要保持货币流动性合理充裕，又要适度适效地平衡好去杠杆工作，切实把防范化解金融风险和服务实体经济更好结合起来；财政政策在于更加宽松积极，使其在扩大内需和结构调整上发挥更大作用，把实施更大限度的减税降费与释放更强的市场主体增长潜能结合起来。与此同时，宏观政策也要与产业政策、区域政策、社会政策、改革政策基本协同，从而实现"最优政策组合"，力求实现最大整体效果。

指引新时代改革开放的
行动指南*

在庆祝改革开放 40 周年大会上，习近平总书记发表重要讲话，从历史、全局、战略的高度深刻总结了 40 年改革开放的光辉历程和宝贵经验，高度赞扬了中国人民为改革开放事业作出的杰出贡献，以辩证唯物主义和历史唯物主义的视角对改革开放的历史贡献作出了科学的评价，再次向世界郑重宣示了改革开放只有进行时没有完成时、改革开放永远在路上的信心和决心。习近平总书记的重要讲话是一篇闪耀着马克思主义思想光辉的纲领性文献，也是指引新时代我国改革开放的行动指南。深入学习领会习近平总书记重要讲话精神，就是要以时不我待的精神，不断把新时代改革开放继续推向前进。

正如习近平总书记在重要讲话中指出的，改革开放 40 年来，从开启新时期到跨入新世纪，从站上新起点到进入新时代，40 年风雨同舟，40 年披荆斩棘，40 年砥砺奋进，我们党引领人民绘就了一幅波澜壮阔、气势恢宏的历史画卷，谱写了一曲感天动地、气壮山河的奋斗赞歌。改革开放成为当代中国最显著的特征、最壮丽的气象。

40 年的实践充分证明：改革开放是党和人民大踏步赶上时代的重要法宝，是坚持和发展中国特色社会主义的必由之路，是决定当代中国命运的关键一招。党的十八大以来，以习近平同志为核心的党中央，带领亿万人民以更大勇气和智慧推进全面深化改革、形成全面开放新格局，创造和积累了很多改革的新鲜经验，把历史性的变革和成就写在广袤的大地上，推动中国特色社会主义进入新时代，让中华民族迎来了从站起来、富起来到强起来的伟大飞跃，迎来了实现中华民族伟大复兴的光明前景。这再次证明，改革开放是决定实现"两个一百年"奋斗目标、实现中华民族伟大复兴的关键一招，改革开放是实现中国梦的必由之路。

一个国家、一个民族要振兴，必须在历史前进的逻辑中前进、在时代发展的

---

* 本文原载《学习时报·学习评论》2018 年 12 月 20 日。

潮流中发展。习近平总书记在重要讲话中以"九个必须坚持"高度概括了 40 年改革开放我们取得的宝贵经验，这些宝贵经验蕴含在 40 年我国经济社会快速发展的历史前进逻辑中，是党和人民弥足珍贵的精神财富，必须倍加珍惜、长期坚持；也在合乎时代发展潮流中得以检验和继承，并将继续在实践中不断丰富和发展。

40 年物换星移，改革开放已走过千山万水。今天的历史已翻开全新的一页。当改变中国历史和亿万人民命运的改革开放走到新的关键节点，以习近平同志为核心的党中央高举新时代改革开放旗帜，再启催人奋进、勇往直前的壮阔征程。党的十九大对我国发展提出了更高的奋斗目标，形成了从全面建成小康社会到基本实现现代化、再到全面建成社会主义现代化强国的战略安排，发出了实现中华民族伟大复兴中国梦的最强音，摆在全党全国各族人民面前的使命更光荣、任务更艰巨、挑战更严峻、工作更伟大，改革开放仍需跋山涉水。

历史的契机，正等待坚定者、奋进者、搏击者。我们要铭记习近平总书记在讲话中的谆谆教诲：伟大梦想不是等得来、喊得来的，而是拼出来、干出来的。在这个千帆竞发、百舸争流的时代，我们绝不能有半点骄傲自满、故步自封，也绝不能有丝毫犹豫不决、徘徊彷徨，必须勇立潮头、奋勇搏击。只要能够忠于对马克思主义的信仰，树立对中国特色社会主义的信念，坚定对实现中华民族伟大复兴中国梦的信心，并始终不忘改革开放初心，始终坚持以人民为中心推进改革开放，亿万人民开创新时代改革开放伟业的巨大创造力就一定能够再次激发，在中国特色社会主义新时代，也一定能够创造出让世界刮目相看的新的更大奇迹。

变压力为动力
加快推动经济高质量发展*

　　2018 年 12 月 19 日至 21 日召开的中央经济工作会议认真总结 2018 年经济工作，深刻分析当前经济形势，对 2019 年经济工作作出全面部署。会议在充分肯定成绩的同时，也指出了当前我国经济运行中遇到的矛盾和问题，号召全党全国人民既要增强忧患意识，又要坚定发展信心，继续紧紧抓住我国发展的重要战略机遇期，变压力为加快推动经济高质量发展的动力，为全面建成小康社会收官打下决定性基础。

　　2018 年以来，在以习近平同志为核心的党中央坚强领导下，全党全国落实党的十九大作出的战略部署，坚持稳中求进工作总基调，按照高质量发展要求，有效应对外部环境深刻变化，迎难而上、扎实工作，保持了经济持续健康发展和社会大局稳定，朝着实现全面建成小康社会的目标迈出了新的步伐。成绩来之不易。但也要看到，这一年来，世界政治经济格局发生深刻变化，不确定性因素明显增多；国内经济运行稳中有变、变中有忧，周期性、结构性、体制性因素交织叠加，经济下行压力加大，地区走势分化，社会预期谨慎。为此，我们对 2019 年经济工作的困难要有充分估计，对做好 2019 年经济工作要有充分准备。

　　做好经济工作，必须准确研判大势，科学把握大势，应时抓主动，顺势善布局，谋定而后动。尽管当今世界面临"百年未有之大变局"，我国发展的外部环境复杂严峻，国内经济运行面对诸多发展变化中的问题，但变局中总是危和机同生并存、挑战与机遇相伴同在。中央经济工作会议作出重要判断：当前我国发展仍处于并将长期处于重要战略机遇期；我国发展拥有足够的韧性、巨大的潜力，经济长期向好的态势没有改变也不会改变。这表明，我国发展的机遇仍然大于挑战，时和势仍在我们这一边。这是我们保持战略定力、坚定发展信心的现实基础。

----

　　*　本文原载《学习时报·学习评论》2018 年 12 月 24 日。

对这一重要战略机遇期我们要有全面正确认识，并紧扣重要战略机遇的新内涵，从长期大势看待和认识当前形势，从问题的本质把握当前形势，准确认清我国长期向好的发展前景，充分抓住并切实用好加快经济结构优化升级、提升科技创新能力、深化改革开放、加快绿色发展、参与全球经济治理体系变革等五大机遇；要牢固树立战略思维、辩证思维、创新思维、法治思维和底线思维，始终坚持把发展作为党执政兴国的第一要务，切实提高党领导经济工作能力和水平，善于化危为机、转危为安；要深化对做好新形势下经济工作的规律性认识，努力掌握主动，抓住主要矛盾，加强政策协同，稳定市场预期，有针对性地解决现实问题，从而变压力为加快推动经济高质量发展的动力，形成全局工作的强大合力。

2019 年是全面建成小康社会关键之年，做好经济工作至关重要。中央经济工作会议已作出总体部署、明确重点工作任务，我们要深刻领会并在实践中创造性地贯彻落实，紧密团结在以习近平同志为核心的党中央周围，上下同心，迎难而上，埋头苦干，以经济社会发展的优异成绩迎接中华人民共和国成立 70 周年。

用深远的历史眼光
审视改革开放*

习近平总书记在庆祝改革开放 40 周年大会上发表的重要讲话，在国内外引起强烈反响。整个讲话气势磅礴，荡气回肠，振奋人心，习近平总书记对中国共产党带领中国人民艰难困苦、玉汝于成，用 40 年时间绘就一幅波澜壮阔、气势恢宏的历史画卷，谱写了一曲感天动地、气壮山河的奋斗赞歌，进行了高度评价。

在习近平总书记讲话开篇阐述 40 年改革开放这一伟大而不平凡的历程时，笔者印象十分深刻的，就是出现了对改革开放的历史地位和作用的高度概括和意义升华的结论性表述，比如用了"三大历史性事件""三大里程碑""三个伟大飞跃""三个实践充分证明"等。这不只是体现一种语言的力量，更重要的是彰显了习近平总书记看待和评价 40 年改革开放的深邃的历史眼光、辩证唯物主义的历史态度和由远及近、由表入里、以现实推及未来的历史智慧。

习近平总书记回溯了 40 年前召开的划时代的党的十一届三中全会，它"是在党和国家面临何去何从的重大历史关头召开的"，这次会议是"实现了新中国成立以来党的历史上具有深远意义的伟大转折"，因此会议召开的这一重要日子就必将载入"中华民族历史、中国共产党历史、中华人民共和国历史"的史册。

这一历史性事件之所以重大，是因为它有着宏大的历史背景。回溯过去 100年、70 年、40 年，正对应着中国共产党的建立、人民当家作主的中华人民共和国的成立和改革开放与中国特色社会主义事业的开创。习近平总书记将这三个时间段列为五四运动以来我国发生的三大历史性事件，也是近代以来实现中华民族伟大复兴的三大里程碑。这是跨越百年的宏大叙事，揭示的是中国人民前赴后继，为图中华民族复兴、为中国人民从站起来到富起来进行的伟大救亡到重新崛起的时代斗争，是中国共产党带领中国人民顺应历史发展规律，把握住历史发展大势，抓住历史变革时机，奋发有为，锐意进取谱写的历史篇章。

---

* 本文原载《中国青年报》2018 年 12 月 24 日。

改革开放是我们党的一次伟大觉醒，正是这个伟大觉醒孕育了党从理论到实践的伟大创造。改革开放作为中国人民和中华民族发展史上一次新的伟大革命，推动了中国特色社会主义道路的开辟并成就了这一伟大事业的历史性飞跃。

40年来，中华民族从站起来、富起来到强起来，中国特色社会主义从创立、发展到完善，中国人民从温饱不足到小康富裕，足见这一历史性巨变改变了中国的面貌、中华民族的面貌、中国人民的面貌、中国共产党的面貌，也展现出当年作出改革开放这一历史性决策的勇气和智慧的伟大。改革开放铸就的伟大改革开放精神，极大丰富了民族精神内涵，成为当代中国人民最鲜明的精神标识。

改革开放深刻的历史价值，还因为它始终体现的时代性、体系性、全局性和发展性，必将延及中华民族伟大复兴的未来。习近平总书记用了"三个实践充分证明"作出了历史性评判：40年的改革开放实践充分证明，党的十一届三中全会以来我们党团结带领全国各族人民开辟的中国特色社会主义道路、理论、制度、文化是完全正确的；中国的发展为广大发展中国家走向现代化提供了成功经验、展现了光明前景；改革开放成为党和人民大踏步赶上时代的重要法宝，是决定当代中国命运的关键一招，是实现中华民族伟大复兴的必由之路。

正因为习近平总书记拥有"以数千年大历史观之"这样深邃的历史视野和通透的历史眼光，我们在深刻总结40年改革开放走过的伟大历程、取得的宝贵经验并引领新时代改革开放新征程时，就更有信仰、信念和信心将改革开放进行到底，不断实现人民对美好生活的向往；中华民族必将以改革开放的姿态继续走向未来，在新时代创造让世界刮目相看的新的更大奇迹。

以务实政策支持民营企业发展*

　　一系列政策路线为 2019 年的民营企业发展创造更加宽松、更加良好的经济环境。好政策要不走样，关键还是要切实转变政府职能，大幅减少政府对资源的直接配置，强化事中事后监管。

　　2018 年 12 月 21 日闭幕的中央经济工作会议认真总结了 2018 年经济工作，深刻分析当前经济形势，对 2019 年经济工作进行全面部署。会议在部署 2019 年重点工作任务时，多处强调了支持民营企业发展，从公开透露的信息看，部署的各项经济政策也更加具体、更加务实，引人关注。

　　在确立 2019 年经济工作总的方针时，会议强调要"着力激发微观主体活力"，其中自然包括已占半壁江山的广大民营企业；在明确 2019 年货币政策取向时，指出要"提高直接融资比重，解决好民营企业和小微企业融资难融资贵问题"。在结构性政策中，指出要"强化竞争政策的基础性地位，创造公平竞争的制度环境，鼓励中小企业加快成长"，要"建立公平开放透明的市场规则和法治化营商环境，促进正向激励和优胜劣汰，发挥企业和企业家主观能动性，发展更多优质企业"。

　　在部署 2019 年重点工作任务的经济体制改革项下，也突出强调了要"支持民营企业发展，营造法治化制度环境，保护民营企业家人身安全和财产安全"，等等。当然，中央经济工作会议围绕宏观政策协同，深化供给侧结构性改革、着力打好"三大攻坚战"等，确立一系列政策路线，也都会为 2019 年的民营企业发展创造更加宽松、更加良好的经济环境。

　　习近平总书记在 2018 年 11 月 1 日民营企业座谈会讲话中，充分肯定了我国民营企业的重要地位和作用，鲜明强调了"民营经济是社会主义市场经济发展的重要成果，是推动社会主义市场经济发展的重要力量，是推进供给侧结构性改

---

*　本文原载中国网 2018 年 12 月 26 日。

革、推动高质量发展、建设现代化经济体系的重要主体，也是我们党长期执政、团结带领全国人民实现'两个一百年'奋斗目标和中华民族伟大复兴中国梦的重要力量"。继续重申了"三个没有变"，也深刻分析了当前我国民营企业在经营发展中遇到的困难和问题，明确要求各有关部门要切实抓好六个方面政策举措落实，不断为民营经济营造更好发展环境，帮助民营经济解决发展中的困难，支持民营企业改革发展，变压力为动力，让民营经济创新源泉充分涌流，让民营经济创造活力充分迸发。

可以说，这次中央经济工作会议部署 2019 年的经济工作，在支持民营企业发展领域就是充分贯彻落实习近平总书记在民营企业座谈会提出的要求，把六个方面的政策进一步落实落细到了 2019 年的经济工作中了。

中央经济工作会议提出 2019 年要"着力增强微观主体活力，发挥企业和企业家主观能动性"。一定意义上说，就是我们现在的市场主体活力还不够，企业和企业家的主观能动性也还不足。那么主要原因在哪里，还必须破除哪些障碍，才能更大激发市场主体特别是广大民营企业的发展信心呢？

从即将过去的 2018 年来看，广大民营企业遇到了发展的困境，民营企业投资增长下滑、资金离境势头较猛、关闭企业较多，不仅是因为外部经济环境发生明显变化，一些民营出口企业受到拖累；市场的波动、经济的起伏、结构的调整和制度的变革，也客观上给不少民营企业带来了转型的压力。还有，2018 年以来，在环保、社保、质量、安全、信用等方面政府加强规范和监管，对不少民营企业经营也形成很大压力。民营企业家形容的所谓"三座大山"即市场的冰山、融资的高山、转型的火山，在 2018 年出现了"三碰头"。

修复广大民营企业的发展信心，更大激发民营企业参与高质量发展的积极性和创造性，除了从思想观念上统一认识，从法治保障上维护基本经济制度外，关键还是要清理一切现存的违反公平、开放、透明市场规则的政策文件，切实消除一切束缚民营企业参与公平竞争的旧的体制机制，真正营造公平竞争的市场环境，给民营企业发展创造充足的市场空间。

我们从这次中央经济工作会议公报中就可以看到，公报两次提到了"竞争公平原则"和"要建立公平开放透明的市场规则和法治化营商环境"，要形成正向激励，坚决破除民营企业发展障碍，切实保护民营企业家人身安全和财产安全。

从中央经济工作会议确定的 2019 年政策取向看，无论是宏观政策、结构性政策、社会政策，还是强调进一步深化供给侧结构性改革，在"巩固、增强、提升、畅通"八个字上下功夫，再有加快经济体制改革，推动由商品和要素流动型开放向规则等制度型开放转变，等等。各方面政策是一揽子协同配套的，政策的针对性、全面性、操作性都很强很具体很务实，落实好这一切，都将有利于降低全社会各类营商成本，增强微观主体活力，发挥企业和企业家主观能动性，加快形成统一开放、竞争有序的现代市场体系，增强包括民营企业在内的发展内生动力。

好政策要不走样，关键还是要切实转变政府职能，大幅减少政府对资源的直接配置，强化事中事后监管。正如中央经济工作会议指出的，凡是市场能自主调节的就让市场来调节，凡是企业能干的就让企业干。

以进一步改革开放
纪念改革开放 *

　　同志们好，今天我来讲一个关于改革开放四十周年的话题，主题是"以进一步改革开放来纪念改革开放"。

　　2018 年是中国实行改革开放政策 40 周年。1978 年 5 月 11 日，《光明日报》头版以特约评论员的名义发表了《实践是检验真理的唯一标准》一文。文章虽然篇幅不长，却产生了石破天惊般的影响。文章指出，检验真理的标准只能是社会实践，理论与实践的统一是马克思主义的一个最基本的原则，任何理论都要不断接受实践的检验。这篇文章发表后，一石激起千层浪，很快引发了一场全国范围的真理标准问题大讨论，对中国社会发展产生了深远影响。这篇文章所具有的划时代历史意义就在于拉开了中国思想解放的序幕，为中国选择改革开放的道路奠定了思想理论基础，直接成为撬动改革开放的思想杠杆。就此，改革开放成为决定当代中国命运的关键抉择，让中国实现了从高度集中的计划经济体制到充满活力的社会主义市场经济体制，从封闭半封闭状态到全方位开放状态的伟大历史转变，党和人民事业大踏步赶上了时代。

砥砺前行开拓创新的 40 年

　　40 年弹指一挥间。回顾这 40 年波澜壮阔的改革开放进程，综合各方面学术观点，结合过往重要历史事件和重要时间节点，可以将这一历程划分为五个阶段。

　　第一阶段：改革开放起步探索阶段。

　　这一时期是改革开放的思想准备和试点探索阶段，时间段主要在 20 世纪 80 年代，以真理标准问题大讨论为起点，以 1978 年 12 月中国共产党召开具有重大历史意义的十一届三中全会为标志。中国改革开放此后所取得的一切成就，都源

　　* 本文系在北京市委宣传部主办宣讲家网的讲稿，2018 年 12 月 27 日。全文入选北京宣讲家网报告选，部分内容同年分别在人民网、光明网、中国网等重要网站刊发。

于这次转折了中国命运的党的十一届三中全会。这次全会重新确立了"解放思想、实事求是"的思想路线，作出"把全党工作着重点和全国人民的注意力转移到社会主义现代化建设上来"的战略决策。自此，整个国家从"以阶级斗争为纲"转变到"以经济建设为中心"上来，改革开放新时期正式开启。

改革首先从农村实施家庭联产承包责任制开始，起源于安徽省凤阳县小岗村农民自发实行的"包产到户"，农民的创造力与农村生产制度的变革极大解放了农村生产力，为确立改革开放国策作出重要的实践铺垫。1984年10月，党的十二届三中全会通过《中共中央关于经济体制改革的决定》，改革的重点开始由农村转移到城市。城市改革从扩大企业自主权实行企业承包制入手，进行两权分离、利润留成、利改税、转变企业经营机制等专项改革试点，后来进一步在国有企业探索开展资产经营责任制、股份制等企业所有制改革，企业改革渐次展开。与此同时，有着"改革试管"美誉的深圳蛇口树起"时间就是金钱，效率就是生命"的广告牌，拉响了"沿海改革开放第一声炮响"，对外开放便从深圳、珠海等经济特区起步。随后，"三来一补"等合资合作企业在珠三角、长三角地区快速发展。到了20世纪80年代中后期，改革的重点又从微观经济领域扩展到市场领域、宏观管理领域、科技教育领域以及更广泛的社会政治生活领域，改革探索的深度、广度和覆盖面都较前一时期显著扩展。

第二阶段：改革开放加快展开阶段。

这一时期是改革开放的理论创新、扩大试点和由点及面阶段，时间段主要在20世纪90年代。在20世纪80年代探索试点改革的基础上，这一时期的改革集中到社会主义市场经济体制的建立和进一步扩大开放领域。

经过20世纪80年代末和90年代初短暂的经济环境治理、经济秩序整顿的过渡期，以邓小平南方谈话发表为标志，澄清了一个时期思想理论界关于"姓社姓资"问题的争论，确立了"发展是硬道理""资本主义也有计划，社会主义也有市场""改革开放胆子要大一些，看准了的，就大胆地试，大胆地闯"的基本经济改革思路。中国的改革事业得以更健康、更稳妥、更顺利地向前推进。1992年召开的党的十四大明确指出，中国经济体制改革的目标是建立社会主义市场经济体制，党的十四届三中全会通过《中共中央关于建立社会主义市场经济体制若干问题的决定》，又为社会主义市场经济体制构建起基本框架，这表明中国改革开放进入了以建立社会主义市场经济体制为核心内容的综合改革阶段。这个时期的改革集中在要素市场和宏观管理体制领域，我国资本市场开始建立，财政分税制改革、中央银行和商业银行分立改革、住房制度改革等陆续展开，国有经济股份制改革逐步提速，非公有制经济加快发展。开放也由沿海地区向沿江、沿边内陆地区广泛推进、渐次开花。特别是启动上海浦东的开发开放，成为中国改革开放新的牵引力。

第三阶段：改革开放纵深推进阶段。

这一时期的改革开放顺应经济全球化和科技进步加快的国际环境，适应全面建成小康社会的新形势，紧紧抓住重要战略机遇期，推动科学发展、促进社会和谐，完善社会主义市场经济体制，时间段主要在进入 21 世纪的头十年。进入 21 世纪，中国也进入了全面建成小康社会，加快现代化建设的新阶段。

这一时期，以中国加入世界贸易组织（WTO）为标志，以 2003 年 10 月召开的党的十六届三中全会通过《中共中央关于完善社会主义市场经济体制若干问题的决定》为牵引，全面树立和落实科学发展观，着力建成完善的社会主义市场经济体制和更具活力、更加开放的经济体系。这个时期的改革按照统筹城乡发展、统筹区域发展、统筹经济社会发展、统筹人与自然和谐发展、统筹国内发展和对外开放的要求，更大程度地发挥市场在资源配置中的基础性作用，加快完善以公有制为主体、多种所有制经济共同发展的基本经济制度，建立有利于逐步改变城乡二元经济结构的体制，形成促进区域经济协调发展的机制，建设统一开放竞争有序的现代市场体系，完善宏观调控体系、行政管理体制和经济法律制度，健全就业、收入分配和社会保障制度，建立促进经济社会可持续发展的机制，为全面建成小康社会提供了强有力的体制保障，在全面建成小康社会实践中坚定不移地把改革开放伟大事业继续推向前进。

第四阶段：改革开放全面深化阶段。

这一时期的改革开放在吸取 30 多年来改革经验的基础上，从改革理论到改革实践又进行了全面创新，着力点是"全面""深化""于法有据"和"制度创新"，掀起了一场打造改革开放升级版的历史性变革，时间段是党的十八大以来的五年。

面对 2008 年全球金融危机爆发后世界经济复苏乏力、局部冲突和动荡频发、全球性问题加剧的外部环境，面对我国经济发展进入新常态等一系列深刻变化，面对艰巨复杂的改革任务，党的十八大以来的五年，以习近平同志为核心的党中央举旗定向、谋篇布局，以前所未有的决心和力度推进全面深化改革，作出一系列重大战略部署。改革坚持从体制机制层面入手，以问题为导向，蹄疾步稳推进全面深化改革。

党的十八届三中全会作出了《中共中央关于全面深化改革若干重大问题的决定》，明确要使市场在资源配置中起决定性作用和更好发挥政府作用，全面深化改革，统筹谋划、顶层设计，全面发力、多点突破，纵深推进、狠抓落实，着力增强改革系统性、整体性、协同性，拓展改革广度和深度。党的十八大以来的五年，推出了 1500 多项改革举措，改革涉及范围之广、出台方案之多、触及利益之深、推进力度之大前所未有。深化供给侧结构性改革、加快国企国资改革、推进财税金融体制改革、拓展农村"三权"分置改革、推动政府行政审批制度及"放管服"改革等重要领域和关键环节改革取得突破性进展。全面深化改革，以经济体制改革为牵引带动政治、文化、社会、生态文明、国防军队和党的建设各领域改革，基本确立了改革主体框架，搭起了全面深化改革的"四梁八柱"。同时，开放则以深度融入经济全球化为目标、以"一带一路"建设为重点，坚持引进来和走出去并重，拓展对外贸易，创新对外投资方式，建立自由贸易试验区，实行高水平的贸易和投资自由化便利化政策，扩大市场准入，加快实行准入前国民待遇加负面清单管理制度，开放型经济新体制逐步健全。中国特色社会主义制度也更加完善，国家治理体系和治理能力现代化水平明显提高，全社会发展活力和创新活力明显增强，取得了改革开放和社会主义现代化建设的历史性成就。

第五阶段：改革开放进入新时代。

以党的十九大作出的"中国特色社会主义进入新时代"这一重大政治判断为标志，我国改革开放站在新的历史起点上。

2018 年是中国改革开放的第 40 个年头。我们党隆重庆祝改革开放 40 周年，同时也向世界传递出中国将进一步深化改革、扩大开放的强烈信号：新时代的中国改革领域将更广、举措将更多、力度将更强；中国开放的大门不会关闭，只会越开越大。随着新一轮改革开放号角的吹响，深化党和国家机构改革，深入推进京津冀一体化和雄安新区建设、长江经济带建设、珠三角大湾区建设、全国自贸区建设和推广，特别是海南省自贸区从试验区到自贸港的推进，新一轮全面改革开放已迈开新的步伐。可以预想，实现中华民族伟大复兴的中国梦必将在新时代改革开放的历史进程中得以实现，中华民族将以更加昂扬的姿态屹立于世界民族之林。

改革开放 40 年的历史性成就与历史性变革

伴随着 40 年的改革开放，中国共产党人和中国人民以一往无前的进取精神和波澜壮阔的创新实践，谱写了中华民族自强不息、顽强奋进的新的壮丽史诗，中国人民的面貌、社会主义中国的面貌、中国共产党的面貌发生了深刻的历史性变化。归纳起来，可以具体表现在以下五个方面：

第一，经济实力和综合国力发生了前所未有的变化。

经过 40 年的努力，我国国内生产总值（GDP）由 1978 年的 3679 亿元增长到 2017 年末的 82.7 万亿元人民币（以现价美元计接近 13 万亿美元），年均增长9.5%，是同期世界经济年均增长率的 3 倍多，中国已经成为世界第二大经济体；

占世界 GDP 总量的比重也由改革开放之初的 2.2% 上升到了 14.8%，对当前世界经济增长贡献率超过 30%；人均 GDP 在 2017 年已超过 8800 美元，从 40 年前排在世界 120 多位提升到了 60 多位。

中国已从改革开放之初视进口商品为奇货可居，发展到如今的中国对外贸易、对外投资、外汇储备稳居世界前茅。以美元计算，中国对外贸易额年均增长 14.5%。2017 年，外贸进出口总额超过 4 万亿美元，位居世界第一；外汇储备达到 3.1 万亿美元，位居世界第一；吸引外商直接投资达 1310 亿美元，回升至世界第二位；对外直接投资额达 1246 亿美元，居世界第三位。一大批中国企业"走出去"，在国际市场中的资源配置能力、行业引领力、产业话语权与影响力大为增强。

党的十九大报告指出，改革开放之初，我们党发出了走自己的路、建设中国特色社会主义的伟大号召。从那时起，我们党团结带领全国各族人民不懈奋斗，推动我国经济实力、科技实力、国防实力、综合国力进入世界前列。所以，我们今天完全可以自豪地说，中国特色社会主义进入了新时代，这是我国发展的一个新的历史方位。

40 年来，中国从一个落后的农业大国转型为世界上最大的工业品制造国。"中国制造"如今已遍布世界，在世界 500 种主要工业品中，中国的钢铁、煤炭、水泥、电解铝、精炼铜等 220 种产品产量都位居全球第一。中国的高技术产业增加值、出口额等指标目前也都超过美国，正在向高技术制造第一大国迈进。在世界 500 强企业排行榜上，中国企业已占 20%。随着天宫、蛟龙、天眼、悟空、墨子、大飞机等具有世界先进水平的重大科技创新成果不断涌现，中国的高新技术产业蓬勃发展、成果丰硕，中国科技创新发展水平已实现了由追跑转向并跑和领跑。标志着新一轮技术革命浪潮的数字经济在中国更是方兴未艾，高铁、网购、移动互联、共享经济"新四大发明"可以说是全球领先。

第二，人民的生活水平已经从温饱走向了全面小康。

改革开放 40 年来，中国人民生活从短缺走向充裕、从贫困走向小康，人民生活不断改善，衣食住行发生了巨大变化，群众家庭财产普遍增多，城乡面貌焕然一新。改革开放前长期困扰中国的短缺经济状况已经从根本上得到改变，广大城镇居民基本完成了由温饱到总体小康再到全面小康的历史进程，人民的获得感、幸福感、安全感显著增强。比如，反映生活水准的城镇居民家庭恩格尔系数从 1978 年的 57.5% 下降到 2017 年的 30% 以下，城镇居民家庭基本普及了家用电器，拥有私人汽车已成为平常事，移动电话拥有量超过了 9 亿人，2020 年互联网普及率预计将超过 70%。我国农业现代化稳步推进，粮食生产能力达到 1.2 万亿斤以上，中国人的"饭碗"已牢牢掌握在自己手中。我国贫困人口数量目前已降至 3000 万人左右，贫困发生率下降至 4% 以内，按照现行联合国标准，已有 7 亿多贫困人口成功脱贫，占同期全球减贫人口总数的 70% 以上，为解决世界人口脱贫问题作出了历史性贡献。

我国已经由改革开放之初的以农业耕作为主体的传统社会转为一个以城市生活工作为主体的现代社会。随着大量农业转移人口成为城镇居民，2017 年末，我国常住人口城镇化率为 58.52%，年均上升 1 个百分点。高铁、公路、桥梁、港口、机场等基础设施建设 40 年来得到快速发展，全国的水陆空交通四通八达。近年来，城乡居民收入增速已超过经济增速，农民收入增速高于城镇居民收入增速，社会中等收入群体持续扩大。我国居民储蓄率高居世界各国前列，居民消费正在成为拉动经济增长的主要动力，仅 2017 年中国公民出境旅游人数就超过 1.3 亿人次，总消费超过了 1.5 万亿元人民币。

改革开放 40 年来，我国教育事业全面发展，人口素质普遍提高。目前大学毕业生已占同龄人口的 40% 以上，每个孩子基本都能享有公平而有质量的教育。伴随着教育规模的发展，越来越多的中华儿女在世界高精尖人才中占据着日益重要的位置。城镇就业状况持续改善，党的十八大以来，城镇新增就业目前年均 1300 万人以上，城镇登记失业率低于 5‰。覆盖城乡居民的社会保障体系基本建立，人民健康和医疗卫生水平大幅提高，城镇居民人均住宅建筑面积和农村居民人均住房面积成倍增加，保障性住房建设稳步推进。社会公共服务和治理体系也更加完善，社会大局多年来基本保持稳定。

第三，经济活力充分彰显，市场经济发展已日渐成熟。

从改革开放之初的高度集中的计划经济体制到实行有计划的商品经济，再到建立和完善社会主义市场经济体制，40 年来，我国市场经济体系完成了从孕育、培育、发展、规范到繁荣的过程，微观主体有活力、市场机制有效、宏观调控有度的社会主义市场经济体制框架基本形成。

40 年前，我们视"小商小贩"为"投机倒把"，要"割资本主义尾巴"，现如今我国已经形成多样化、多层次的品种琳琅满目的商品市场。各种生产要素市场日趋发达，比如，中国资本市场从无到有、从小到大发展到今天已成为世界第二大规模的资本市场，债券市场从几乎为零发展为全球第三大债券市场，我国多层次资本市场日渐形成并发挥其对资源优化配置的基本功能。随着金融改革的不断推进，我国汇率利率市场化、人民币国际化步伐取得重要突破，人民币已加入 SDR 货币篮子，日益发挥主权货币的结算功能，彰显国家经济的强大。

市场经济主体活力持续迸发。国有经济的实现形式日益丰富，国有经济不断做强做优做大，充分发挥着社会主义基本经济制度的物质基础和政治基础作用。多种所有制经济成分 40 年来得到充分快速发展，非公有制经济 GDP 所占的比重超过 60%，税收贡献超过 50%，就业贡献率超过 80%。近年来，随着国家推进"大众创业、万众创新"，以新经济新业态新模式为主导的创业创新型民营企业发展如火如荼，极大地激发了市场经济潜能，一大批"独角兽"公司成长迅猛，成为中国经济未来的成长之星。

第四，中国社会更加开放，中国的国际地位显著增强。

改革开放 40 年来，伴随着中国国力的明显增强，中国与国际交往的日渐频繁，中国社会得到了全面开放，中国的国际地位显著提高，极大地激发了中国人民的文化自信心和民族自豪感。

40 年来，我们大力推进社会主义精神文明建设，大力发展社会主义先进文化，大力深化文化体制改革，文化事业生机盎然，文化产业空前繁荣，社会主义核心价值观和中华优秀传统文化得到广泛弘扬，中国特色社会主义文化深入人心，人民日益增长的精神文化需求不断得到满足，人民精神世界日益丰富，全民族文明素质明显提高。与此同时，中国与世界各国从政府到民间进行了广泛且多层次的经济、教育、文化、体育、科技等交流。仅从教育往来看，从改革开放之初每年出国留学人数只有几百人到目前每年出国留学人数就达几十万人，大量海外留学生也到中国大学学习深造；中国的新闻出版影视业广泛与世界各国开展交流，中国文化传播广度和深度与 40 年前不可同日而语。在多样化、开放化、国际化交流中，中国人民的国家意识、民族意识、文化意识得以彰显，国家文化软实力和中华文化影响力与日俱增。

40 年来，我们坚持对外开放的基本国策，坚持独立自主的和平外交政策，坚定不移在和平共处五项原则基础上发展同各国的友好合作。近年来，面对错综复杂的国际形势，更是高举和平、发展、合作、共赢的旗帜，全面推进中国特色大国外交，推动建设相互尊重、公平正义、合作共赢的新型国际关系；倡导构建人类命运共同体，积极打造促进"一带一路"国际合作新平台；秉持共商共建共享的全球治理观，促进全球治理体系变革，形成了全方位、多层次、立体化的外交布局。这既为我国发展营造了良好外部条件，也大大提高了我国国际影响力、感召力、塑造力，中国的"朋友圈"越来越大、越来越广泛。

40 年来，我们全面贯彻"一国两制"方针，成功收回了香港和澳门，牢牢掌握了宪法和基本法赋予的中央对香港、澳门全面管治权，保持了香港、澳门繁荣稳定。我们坚持一个中国原则和"九二共识"，秉持"两岸一家亲"理念，通过扩大两岸经济文化交流合作，实现互利互惠，增进台湾同胞福祉；通过推动两岸同胞共同弘扬中华文化，促进心灵契合。就此，包括港澳台同胞在内的全体中华儿女在国际舞台上共同彰显着中国精神、中国价值、中国力量，中华民族的凝聚力和向心力大为增强。

第五，走出了一条符合国情、顺应时代的现代化道路。

中国特色社会主义是改革开放以来我们党的全部理论和实践的主题，是党和人民历尽千辛万苦、付出巨大代价取得的根本成就。可以说，40 年来中国改革开放伟大事业取得的重要理论和实践创新成果，就是创立和发展了中国特色社会主义理论体系，开辟了中国特色社会主义道路，符合中国国情、合乎时代潮流、顺应人民意愿。

中国特色社会主义理论体系，让党和人民事业始终充满奋勇前进的强大动力，成为改革开放和社会主义现代化建设的必然选择。

自 1978 年 12 月党的十一届三中全会伊始，中国共产党坚持和发展马克思列宁主义、毛泽东思想，凝结几代中国共产党人带领全国各族人民不懈探索实践的智慧和心血，开启了马克思主义中国化的新征程，先后形成了邓小平理论、"三个代表"重要思想、科学发展观和习近平新时代中国特色社会主义思想，这一系列理论创新成果不断开辟了马克思主义中国化的新境界，共同构成中国特色社会主义理论体系，实现了马克思主义与当代中国实际相结合的两次新的历史性飞跃。

一是从改革开放至党的十八大，我们党把马克思主义基本原理同中国改革开放的具体实际结合起来，团结带领人民进行建设中国特色社会主义新的伟大实践，使中国大踏步赶上了时代，实现了中华民族从站起来到富起来的伟大飞跃，这一伟大飞跃以铁一般的事实证明，只有中国特色社会主义才能发展中国。

二是党的十八大以来，中国特色社会主义进入新时代，以习近平同志为核心的党中央把马克思主义基本原理同新时代中国具体实际结合起来，团结带领人民进行伟大斗争、建设伟大工程、推进伟大事业、实现伟大梦想，推动党和国家事业取得全方位、开创性历史成就，发生深层次、根本性历史变革，中华民族迎来了从富起来到强起来的伟大飞跃，这一伟大飞跃以铁一般的事实证明，只有坚持和发展中国特色社会主义才能实现中华民族伟大复兴。中国特色社会主义理论体系是改革开放和社会主义现代化建设历史进程中取得的理论成就，是我们党最为宝贵的政治和精神财富，是全国各族人民团结奋斗的共同思想基础，是中国共产党领导全国各族人民建设中国特色社会主义、实现中华民族伟大复兴的指导思想，已经在实践中经受了检验并将继续指导新的伟大实践。

中国特色社会主义道路是持续推动改革开放、实现社会主义现代化、创造人民美好生活的必由之路。

中国特色社会主义道路，是在中国共产党领导下，立足基本国情，以经济建设为中心，坚持四项基本原则，坚持改革开放，解放和发展社会生产力，巩固和完善社会主义制度，建设社会主义市场经济、社会主义民主政治、社会主义先进文化、社会主义和谐社会、社会主义生态文明，建设富强民主文明和谐美丽的社会主义现代化国家。中国特色社会主义道路既坚持了科学社会主义的基本原则，让科学社会主义在 21 世纪的中国焕发出强大生机活力，又根据中国实际和时代特征赋予其鲜明的中国特色，还拓展了发展中国家走向现代化的途径，给世界上那些既希望加快发展又希望保持自身独立性的国家和民族提供了全新选择，为解决人类问题贡献了中国智慧和中国方案。这条道路的核心就是坚持中国共产党在社会主义初级阶段的基本理论、基本路线和基本方略。40 年改革开放的实践证明：在当代中国，坚持中国特色社会主义道路，就是真正坚持社会主义。这条道路既是中国共产党带领全国各族人民在改革开放和现代化建设中取得的伟大成就，也为中国今后的进一步发展提供了基本经验，指明了前进的方向。

改革开放 40 年的宝贵经验和重要启示

改革开放 40 年来，中国共产党与时俱进、开拓创新、依靠人民、凝聚智慧，积累和创造了极为丰富的改革开放经验，有着许多重要启示。这些经验和启示应当都蕴含在这 40 年我国经济社会快速发展的历史前进的逻辑中，并在合乎时代发展的潮流中不断得以检验、继承和弘扬。归纳起来，可以集中体现在以下五个方面：

第一，解放思想、实事求是，始终把握改革开放的基本准绳。解放思想、实事求是，是我们党的思想路线。没有解放思想、实事求是，就不会有改革的突破、开放的襟怀，就难以把改革开放事业不断推向前进。

40 年来，依靠不断地解放思想，我们破除了"两个凡是"的思想禁锢和把马克思主义教条化的思维桎梏，坚持实践是检验真理的唯一标准，从思想上的拨乱反正，加深了对科学社会主义本质和特征的科学认识，从现实国情出发，继承和发展马克思主义；破除了抽象谈论姓"社"姓"资"的思维定式，坚持"三个有利于"的判断标准，一切从社会主义初级阶段的国情和实际出发，集中精力搞经济建设；破除了超越阶段的"左"的错误和动辄"全盘西化"的"右"的倾向，坚持高举科学社会主义的伟大旗帜，始终把科学社会主义的基本原则同我国国情和时代特征相结合，坚定不移走中国特色社会主义道路。正是一次次思想大解放，成功扫除了改革开放道路上的一道道思想障碍，使我国经济社会发展不断获得新的活力和动力，给中国人民带来空前的福祉，创造了我国经济社会长期快速持续发展的大好局面。

40 年来，中国人民坚持解放思想、实事求是，实现解放思想和改革开放相互激荡、观念创新和实践探索相互促进，充分显示了思想引领的强大力量。解放思想和实事求是又是辩证统一的。解放思想必须立足实际，求真务实、科学地研究新情况新问题，灵活地解决新矛盾新挑战，既不驰于空想不骛于虚声，坚持实干兴邦，坚持一分部署、九分落实，抓铁有痕、踏石留印，又不能超越发展阶段，头脑发热、蛮干硬干。

第二，理论先导、坚定方向，始终把握改革开放的思想动力。中国经济社会每前进一步，都与党的理论先导和理论创新分不开。

中国的改革开放之所以能够取得伟大成功，关键在于我们党既坚持和巩固马克思主义指导地位，又根据当代中国实践和时代发展不断推进马克思主义中国化，形成了包括邓小平理论、"三个代表"重要思想、科学发展观、习近平新时代中国特色社会主义思想等在内的中国特色社会主义理论体系。这一理论体系以实践基础上的理论创新回答了一系列重大理论和实际问题，既为改革开放提供了体现时代性、把握规律性、富于创造性的理论指导，不断开辟马克思主义新境界，又为成功探索中国自己的发展道路、推进中国的改革开放和现代化建设提供了强大的理论支撑。

40 年改革开放的实践充分证明：中国特色社会主义理论体系是指导党和人民实现中华民族伟大复兴的正确理论，是党带领全国人民推进改革开放和社会主义现代化建设的行动指南。

40 年改革开放的实践还证明：改革开放是我们党领导的一场新的伟大革命，是中国特色社会主义制度的自我完善和发展，必须始终坚持正确的方向。既要坚持社会主义制度又要坚持社会主义市场经济改革方向，要高举改革旗帜，坚定改革定力，增强改革勇气；既不走封闭僵化的老路也不走改旗易帜的邪路，要保持政治定力，坚决排除各种错误思潮、错误倾向的干扰，确保改革开放始终沿着正确的方向前进。

第三，先行先试、蹄疾步稳，始终把握改革开放的正确路径。改革开放是前无古人的崭新事业，需要鼓励大胆探索、敢闯敢干，但又必须坚持正确的方法论。

回顾 40 年改革开放进程，我们的改革没有像苏联和东欧国家那样搞所谓"激进的休克疗法"，而是根据国情，充分考虑人民群众可承受程度和社会经济发展程度，选择了渐进式改革的方式。渐进式改革的重要特点，就是"先行先试""摸着石头过河"，在条件具备的地方或部门通过试点摸清规律，通过积累经验再加以推广，由局部扩大到整体，由增量扩及到存量。

从改革开放早期的农村改革到城市改革；从先着力发展比较适应市场经济的非国有经济再重点推进国有经济改革；从先发展商品市场再着重发展生产要素市场；从价格双轨制再向市场单轨制过渡；从经济特区、沿海城市改革开放先行一步再逐步向内地推开、实现全方位开放；等等。这一系列改革都体现了渐进式改革的思路，改革由点到面、由浅到深、由易到难、由微观到宏观，量力而行、循序渐进，逐步走向相互协调、相互配套的整体推进。

随着改革开放的不断深入和社会主义市场经济的建立与完善，我们已经积累了不少改革的经验，理清了改革的内在逻辑，形成了一整套改革的方法论。在改革开放全面铺开、纵深推进特别是进入当今全面深化改革阶段，在改革中要处理好几个方面的关系：

一是处理好胆子要大和步子要稳的关系。邓小平同志指出，"改革开放胆子要大一些，敢于试验，不能像小脚女人一样。看准了的，就大胆地试，大胆地闯……没有一点闯的精神，没有一点'冒'的精神……就干不出新的事业"。"胆子要大"，就是坚定不移地执行改革开放的总方针总政策，敢于试验，敢冒风险。习近平同志指出，敢于啃硬骨头，敢于涉险滩，既勇于冲破思想观念的障碍，又勇于突破利益固化的藩篱。"步子要稳"，就是在改革开放的具体步骤上要循序渐进，谨慎从事，注意选择恰当的方式、时机和力度，及时总结经验，对的就坚持，不对的赶快改，新问题出来抓紧解决，避免犯大的错误。

二是处理好顶层设计和"摸着石头过河"的关系、处理好整体推进和重点突破的关系。改革开放既要"摸着石头过河"又要加强顶层设计，既要重视局部的、阶段性的改革开放探索经验，更要加强宏观思考、统筹谋划、顶层设计，注重改革的系统性、整体性、协同性；既要在改革的重点领域和关键环节取得突破，又要考虑各方面利益协调，寻求改革认知的最大公约数，实现改革的整体协调推进。

三是处理好改革发展稳定的关系。改革是发展的动力，是实现长期稳定的基础；发展是改革的目的，是稳定最可靠的保证；稳定则是改革、发展的前提条件，也是发展的重要要求。处理改革发展稳定的关系，就是要坚持把改革的力度、发展的速度和社会可承受的程度统一起来，在社会稳定中推进改革发展。

第四，尊重人民、尊重实践，始终把握改革开放的力量源泉。人民是历史的创造者，是决定党和国家前途命运的根本力量。

回顾改革开放 40 年，人民群众始终是改革开放的弄潮儿、是改革开放的实践者推动者参与者。我国改革开放在认识和实践上的每一次突破、每一新生事物的出现、每一经验的积累，无不来自亿万普通劳动者的实践和智慧，是人民群众释放了改革开放的最大动能。正如习近平总书记指出，中国人民敢闯敢试、敢为人先，积极性、主动性、创造性空前高涨，充分显示了 13 亿多人民作为国家主人和真正英雄推动历史前进的强大力量。

40年来，我们坚持人民主体地位，始终尊重人民的首创精神，紧紧依靠人民推动改革开放，依靠人民创造历史伟业。40年来，我们党提出的各项重大任务，没有一项不是依靠广大人民的艰苦努力来完成的。只有坚持以人民为中心的发展思想深入推进改革，才能从人民群众普遍关注、反映强烈、反复出现的问题背后查找体制机制弊端，找准改革的重点和突破口；才能形成广泛共识，人民就会支持改革，踊跃投身改革。

为人民谋幸福，把人民对美好生活的向往作为奋斗目标，这是改革开放的逻辑起点和价值取向。必须让改革发展成果更多更公平地惠及人民，为中国人民创造更多福祉，为人类作出更大贡献，改革开放这条正确之路、强国之路、富民之路才能越走越宽广，越走越自信。

第五，加强党的领导、强化制度保障，始终把握改革开放的根本原则。办好中国的事情，关键在党。中国特色社会主义最本质的特征是中国共产党领导，中国特色社会主义制度的最大优势是中国共产党领导。

改革开放是党在新的时代条件下带领人民进行的新的伟大革命，是中国社会主义制度的自我完善和发展。坚持中国共产党的绝对领导是中国特色社会主义的核心内容、本质特征，自觉维护党中央权威和集中统一领导，自觉在思想上政治上行动上同党中央保持高度一致，不断完善坚持党的领导的体制机制，是我国改革开放取得巨大成功的政治前提。

40年改革开放实践一再证明：坚持和加强党对全面深化改革的集中统一领导，提升党中央对全面深化改革的领导力和权威性，有利于提高党把方向、谋大局、定政策、促改革的能力和定力，确保党始终总揽全局、协调各方，为全面深化改革提供根本政治保证；有利于全党全国在改革上统一思想、坚定信心，蹄疾步稳推进各项改革；有利于改革涉险滩、闯难关、啃硬骨头，在遭遇挫折时可以迅速纠错，扭转时局，化险为夷，确保改革沿着正确方向前进，确保党中央改革决策部署落到实处。

中国特色社会主义制度是当代中国发展进步的根本制度保障，是具有鲜明中国特色、明显制度优势、强大自我完善能力的先进制度。伴随着40年来改革开放，中国特色社会主义制度不断自我革命、自我革新、自我完善，生动体现了社会主义的巨大动能，充分显示了制度保障的强大力量。这也是中国之所以能够保持近40年经济快速增长，取得历史性成就、发生历史性变革的关键所在。

40年来的艰苦努力，我们解放思想、实事求是、与时俱进、勇于创新，坚决破除阻碍国家和民族发展的一道道思想和体制障碍，奋力攻克一个又一个看似不可攻克的难关，经济社会发展取得巨大进步，创造了为当今世人瞩目、可以彪炳史册的人间奇迹。尤其可贵的是，在党的领导下，我们找到了一条符合中国国情、顺应时代趋势的中国特色社会主义道路，形成了习近平新时代中国特色社会主义思想，全体人民实现了从站起来、富起来到向强起来迈进的历史性飞跃。

40年来的砥砺前行，党和人民已经深刻认识到这样一个颠扑不破的真理：只有改革开放才能发展中国、发展社会主义、发展马克思主义。

以改革开放精神开启改革开放新时代

2018年新年来临之际，习近平主席发表新年贺词时就指出："2018年，我们将迎来改革开放40周年。改革开放是当代中国发展进步的必由之路，是实现中国梦的必由之路。我们要以庆祝改革开放40周年为契机，逢山开路，遇水架桥，将改革进行到底。"

2018年4月10日，在海南博鳌亚洲论坛2018年年会开幕式上，习近平主席发表《开放共创繁荣 创新引领未来》的主旨演讲，在总结改革开放的历史贡献、宝贵经验和重要启示时指出，40年众志成城，40年砥砺奋进，40年春风化雨，中国人民用双手书写了国家和民族发展的壮丽史诗。今天，中国人民完全可以自豪地说，改革开放这场中国的第二次革命，不仅深刻改变了中国，也深刻影响了世界！

40年来的物换星移。今天，中国特色社会主义进入新时代，改革开放也进入了新时代。新时代面临新形势新任务，人民群众有新期待，从当前国内外纷繁复杂的发展形势来看，前进道路上还有许多"娄山关""腊子口"需要攻克。正如邓小平同志深刻指出的"发展起来以后的问题不比不发展时少"。在当代中国的问题清单上，有粗放型发展方式的积弊，有区域、城乡发展的鸿沟，有资源环境面临的重压，有几千万人摆脱贫困的渴望，有公平正义的呼唤，有世界大变局中的风险挑战……发展水平越高新老问题和矛盾就越是交织叠加，就越呼唤改革开放往纵深发展。所以，我们要始终保持改革开放的定力，总结历史经验，要不断推进理论的创新，不断推进制度创新，使新时代的改革开放开辟新的境界。

站在新的历史起点上，继续解放思想、推进改革开放的一系列坚定行动，是对历史的最好纪念。实践发展永无止境，解放思想永无止境，改革开放永无止境。作为贯穿现代化进程的"历史单元"，改革开放是一次永不停歇的远征，从更高起点系统性谋划和推进改革开放，新征程的画卷会比以往更蔚为壮观。站在新的发展方位的新时代中国改革开放，将继续顺应着中国人民要发展、要创新、要美好生活的历史要求，契合着世界各国人民要发展、要合作、要和平生活的时代潮流。习近平总书记在广东考察时强调，进入新时代，国际国内形势发生广泛而深刻的变化，改革发展面临着新形势新任务新挑战，我们要抓住机遇、迎接挑战，关键在于高举新时代改革开放旗帜，继续全面深化改革、全面扩大开放。越是环境复杂，我们越是要以更坚定的信心、更有力的措施把改革开放不断推向深入。习近平总书记指出，改革开放是党和人民大踏步赶上时代的重要法宝，是坚持和发展中国特色社会主义的必由之路，是决定当代中国命运的关键一招，也是决定实现"两个一百年"奋斗目标、实现中华民族伟大复兴的关键一招。总结好改革开放经验和启示，不仅是对 40 年艰辛探索和实践的最好庆祝，而且能为新时代推进中国特色社会主义伟大事业提供强大动力。要掌握辩证唯物主义和历史唯物主义的方法论，以改革开放的眼光看待改革开放，充分认识新形势下改革开放的时代性、体系性、全局性问题，在更高起点、更高层次、更高目标上推进改革开放。

正如习近平总书记在 2018 年新年贺词中指出："中共十九大描绘了我国发展今后 30 多年的美好蓝图。九层之台，起于累土。要把这个蓝图变为现实，必须不驰于空想、不骛于虚声，一步一个脚印，踏踏实实干好工作。"这是新时代全面深化改革开放的动员令。东方风来天地阔，策马扬鞭再奋蹄。改革开放 40 周年之际，一个锐意进取、包容开放、勇于担当的中国正奏响新时代的奋进强音。新时代的中国改革开放必然成功，也一定能够成功！

特别关注：人民网理论频道 2018 年度"十大好声音"*

【编者按】 在历史前进的逻辑中前进，在时代发展的潮流中发展。2017～2018 年，时间见证不变的坚守——在共产党人的时间里，人民是念兹在兹的不变初心，更是接续奋斗的永恒坐标。2018 年，是贯彻党的十九大精神的开局之年，是改革开放 40 周年，是决胜全面建成小康社会、实施"十三五"规划承上启下的关键一年。

纵观 2018 年，围绕深入学习贯彻习近平新时代中国特色社会主义思想和党的十九大精神，理论专家们针对 2018 年全国两会、马克思诞辰 200 周年、全国网络安全和信息化工作会议、博鳌论坛等重大活动深入解读，也就习近平新时代中国特色社会主义思想的理论体系、全面从严治党、改革开放等热点话题进行深入探讨，他们的观点在广大网友中产生了热烈反响。就此，理论频道盘点推出 2018 年度"十大好声音"，以飨读者。

声音： 以生态文明理念引领"一带一路"建设，为全球生态环境治理提供中国方案

人物：潘岳 中央社会主义学院党组书记、第一副院长

观点： 针对一些西方老牌帝国主义以国强必霸的逻辑预设中国，认为中国在资源上必然会与各国发生争抢冲突，必然实现新帝国扩张等说法，我们可以从历史上找到驳斥的事实，那就是中国从来没有搞过殖民主义和霸权扩张、从来没有建立过基于血腥征服的军事帝国、从来没有进行强加于人的文化输出，因此新时代中国特色社会主义的绿色发展也绝不会是"新殖民主义"，必定依靠"自力更生"实现自身发展，以生态文明理念引领"一带一路"建设，为全球生态环境治理提供中国方案，因构建"人类命运共同体"而凝聚国际共识。

声音： 政治安全是国家安全的命根子，国家安全是安邦定国的重要基石

---

* 本文原载人民网 2019 年 1 月 6 日。

人物：陈理　中共中央党史和文献研究院院务委员、编审

观点：党的十八大以来，在习近平新时代中国特色社会主义思想指引下，特别是在总体国家安全观的指引下，我们国家的国家安全工作、社会安定工作取得非常重要的进展。习近平总书记 2018 年 4 月 17 日主持召开十九届中央国家安全委员会第一次会议，对中央国家安全委员会成立以来的工作做了很好的回顾和总结，给予了很高的评价。中央国家安全委员会成立四年来，坚持党的全面领导，按照总体国家安全观的要求，初步构建了国家安全体系的主体框架，形成了国家安全理论体系，完善了国家安全战略体系，建立了国家安全工作协调机制，解决了很多年想解决没有解决的难题，办成了过去很长时间想办而没有办成的大事，国家安全工作得到全面加强，维护国家安全的全局性主动权被牢牢掌握。

声音：习近平新时代中国特色社会主义思想充满着人民至上的情怀

人物：周文彰　国家行政学院原副院长

观点：一个崭新的问题摆在我们党的面前，那就是新时代坚持和发展什么样的中国特色社会主义，以及怎样坚持和发展中国特色社会主义。围绕这样一个重大问题，我们党以全新的视野，深化对共产党执政规律的理解、对社会主义建设规律的理解、对人类社会发展规律的理解，并进行了艰辛的理论探索、取得了重大的理论成果，形成了习近平新时代中国特色社会主义思想。所以，习近平新时代中国特色社会主义思想，是我们党回答时代重大问题的思想结晶。

声音：历史性成就与历史性变革是中国特色社会主义进入新时代的显著标识

人物：颜晓峰　天津大学马克思主义学院院长、全国党建研究会特邀研究员

观点：新时代中国特色社会主义是伟大社会革命的成果，是指新时代中国特色社会主义是在以往伟大社会革命的基础上实现的。正是在党的领导下经过长期努力，近代以来久经磨难的中华民族迎来了从站起来、富起来到强起来的伟大飞跃，科学社会主义在 21 世纪的中国焕发出强大生机活力，中国特色社会主义道路、理论、制度、文化不断发展。可以说，没有党领导人民进行伟大社会革命 97 年的实践，没有中华人民共和国成立近 70 年的持续探索，没有改革开放 40 年的伟大实践，就不会有新时代中国特色社会主义。

声音：人类命运共同体的建设，既是目标也是路径，既是未来时也是现在进行时

人物：王义桅　中国人民大学国际关系学院教授、欧盟研究中心主任

观点：当前，国际局势复杂多变，保护主义思潮迭起，热点问题此起彼伏，安全威胁依然严峻，世界越来越分化，最终必须要"合"。怎么样实现"合"，那就需要通过构建人类命运共同体，聚焦于"人"，民心相通，这是最大的"合"，这在"上合组织"里得到了充分的体现。

声音：不明确责任，不落实责任，不追究责任，从严治党是做不到的

人物：**刘炳香** 中央党校党建部教授、博士生导师

观点：治国必先治党，治党务必从严。抓住从严治党，就抓住了党的建设的核心，抓住了治国理政的关键。习近平总书记在 2013 年全国组织工作会议上说："如果管党不力、治党不严，人民群众反映强烈的党内突出问题得不到解决，那我们党迟早会失去执政资格，不可避免被历史淘汰。"这绝不是危言耸听。2014年 12 月，习近平总书记在江苏考察调研时提出："要全面贯彻党的十八大和十八届三中、四中全会精神，落实中央经济工作会议精神，主动把握和积极适应经济发展新常态，协调推进全面建成小康社会、全面深化改革、全面推进依法治国、全面从严治党，推动改革开放和社会主义现代化建设迈上新台阶。"

声音：坚持和加强党的全面领导，是党和国家的根本所在、命脉所在

人物：**韩振峰** 北京交通大学马克思主义学院院长，中国马克思主义与文化发展研究院常务副院长、教授

观点：党政军民学，东西南北中，党是领导一切的。中国特色社会主义最本质的特征是中国共产党领导，中国特色社会主义制度的最大优势是中国共产党领导，这是习近平总书记深刻总结党的领导和党的建设历史经验得出的重要结论。这一重要论述体现了我们党对中国特色社会主义本质规定的认识达到了一个新高度，对共产党执政规律和社会主义建设规律的认识达到了一个新境界。

声音：全球开放的大势不可逆转，把自己囚于自我封闭的孤岛没有前途、没有出路

人物：**胡敏** 中央党校（国家行政学院）研究员

观点：由此说，中国国际进口博览会绝不是一般性的会展。对中国来说，这是中国推进新一轮高水平对外开放的重大决策，是中国主动向世界开放市场的重大举措；对世界来说，这是搭建起激发全球贸易新活力、共创开放共赢新格局的大舞台，是构筑了世界各国展示国家形象、开展国际贸易的开放型合作平台。中国国际进口博览会必将成为推进经济全球化、构建人类命运共同体的公共产品。

声音：中国敞开国门搞建设，继续成为世界经济稳定复苏的重要引擎

人物：**罗来军** 中国人民大学国家发展与战略研究院研究员、长江经济带研究院院长

观点：中国不断地扩大开放的范围，提高开放的层次，历经 40 年，已从沿海向内地发展，形成了经济特区—沿海开放城市—沿海经济开放区—内陆开放高地—全面开放，这样一个全方位、多层次、宽领域、高水平的对外开放格局。习近平总书记在这次博鳌亚洲论坛上又宣布了中国扩大开放的四项重大举措：大幅度放宽市场准入、创造更有吸引力的投资环境、加强知识产权保护、主动扩大进

口，并强调将尽快使之落地，努力让开放成果及早惠及中国企业和人民，及早惠及世界各国企业和人民。中国对开放持之以恒的努力，一定会在新的历史起点上打开一个全新的局面。

声音：切不可像推崇西方自然科学理论一样去盲目迷信所谓的西方社会科学理论

人物：**冯峰**　对外经济贸易大学国际关系学院副教授

观点：一言以蔽之，我们不该也不能乱用、滥用各种"陷阱"理论，更不能主动对号入座，把某些西方概念与理论当成中国的现实，成为"自我实现的预言"，从而落入西方学者为我们设定的理论陷阱和话语陷阱之中。我们必须具备基本的、必要的战略自信与学术自信，一切涉及中国现状和发展趋势的判断，不能生搬硬套源于西方历史的理论概念和逻辑框架，而必须植根于对中国历史深刻理解的基础之上。当然，对于西方的社会科学理论，我们也不能一概加以排斥，而应该批判式地接受。

紧扣社会主要矛盾
践行新发展理念[*]

党的十九大报告作出我国进入中国特色社会主义新时代、我国社会主要矛盾已经转化为人民日益增长的美好生活需要和不平衡不充分的发展之间的矛盾两个重大科学判断。深刻认识新时代我国社会主要矛盾已经转化这一关系全局的历史性变化意义重大，党和国家工作的着力点必须放在解决好发展的不平衡不充分问题上，大力提升发展质量和效益，更好满足人民在经济、政治、文化、社会、生态等方面日益增长的需要，建设富强民主文明和谐美丽的社会主义现代化强国。改革开放40年的成功经验充分证明，发展是解决我国一切问题的基础，也是解决不平衡不充分矛盾的关键。我们必须适应新时代新要求，紧扣社会主要矛盾，始终坚持以人民为中心的发展思想，推动科学发展，创新发展理念，破解发展难题，厚植发展优势，在踏上新时代建设中国特色社会主义现代化强国的新征程上，坚定不移地贯彻创新、协调、绿色、开放、共享的新发展理念，建设现代化经济体系，解放和发展社会生产力，激发全社会创造力和发展活力，努力实现更高质量、更有效率、更加公平、更可持续的发展。

党的十九大报告指出，中国特色社会主义进入了新时代，我国社会主要矛盾已经转化为人民日益增长的美好生活需要和不平衡不充分的发展之间的矛盾。这是两个重大判断，关系到我国发展全局和现代化国家进程。在新时代，党和国家工作的着力点就是要为满足人民日益增长的美好生活需要，更加努力地解决不平衡不充分的发展问题。

党的十八大以来的五年，是党和国家发展进程中极不平凡的五年。以习近平同志为核心的党中央坚持以人民为中心的发展思想，应对发展进程中新的矛盾新的挑战，提出一系列新理念新思想新战略，推动党和国家事业发生了历史性变革。创新、协调、绿色、开放、共享的新发展理念，就是治国理政新理念新思想

---

* 本文系国家行政学院 2018 年度重点社科项目新发展理念课题研究的部分章节，2018 年 12 月。

新战略的重要组成部分。提出新发展理念是党始终坚持以人民为中心的发展思想的体现，是党对发展理论的重大创新，开辟了马克思主义关于发展的最新境界。党的十九大将新发展理念写入了报告，并成为习近平新时代中国特色社会主义思想的重要内涵和基本方略。

学习贯彻党的十九大精神，充分领会习近平新时代中国特色社会主义思想，就必须坚定不移贯彻创新、协调、绿色、开放、共享的发展理念，建设现代化经济体系，有力推动我国发展不断朝着更高质量、更有效率、更加公平、更可持续的方向迈进。

充分认识我国社会主要矛盾发生了历史性变化

马克思主义哲学告诉我们，社会运动在不同阶段有不同的矛盾，社会运动的矛盾是普遍存在的。社会矛盾不断地变化，是社会发展的动力所在。认识和把握社会主要矛盾，有助于更好地解决矛盾，促进社会的发展。正确认识和把握我国在不同发展阶段的社会主要矛盾，也是确定党和国家中心任务、推动社会发展进步的重要前提。

（一）我们党对我国社会主要矛盾认识的历史性变迁

按照马克思主义唯物辩证法的基本观点：人类社会同自然界的运动发展一样，是由众多矛盾构成的，矛盾无时不在、无处不在。在任何事物中存在多种矛盾，但各个矛盾的地位是不一样的，其中处于支配地位、对事物发展起决定作用的矛盾是主要矛盾，其他处于从属地位、对事物的发展不起决定作用的矛盾是次要矛盾。社会主要矛盾是社会运动中的客观存在，由矛盾运动的特殊性所决定，关系着社会的发展方向。

社会主要矛盾表现形态的基本形式包括：同时并存相互影响的若干矛盾，主要矛盾中一对最尖锐的矛盾，解决主要矛盾的要求与主客观条件之间的矛盾。由于矛盾方面发展的不平衡，又会引起社会主要矛盾的不断发展变化。社会主要矛盾的变化趋势有两种：一个是主要矛盾不变，随条件变化出现新的表现形态，旧的表现形态转化为新的表现形态；另一个是原有主要矛盾退居次要矛盾而出现新的主要矛盾的表现形态。

正确把握社会主要矛盾及其表现形态的变化，是认识实践论和唯物辩证法的客观要求，有助于及时处理和解决矛盾，更好促进社会运动向前发展。这既是实事求是的现实立足点，也是始终引领社会前进的出发点。

在马克思和恩格斯经典著作中并没有直接提到社会主要矛盾的概念，但有过关于事物矛盾问题的重点论及蕴含于其中的矛盾发展不平衡性思想。列宁在此基础上提出了帝国主义矛盾发展的不平衡理论。矛盾发展的不平衡思想事实上具有主要矛盾的含义。

毛泽东同志以马克思主义哲学家的智慧和勇气，坚持以马克思主义基本原理为指导，运用具体问题具体分析的方法，早在我国革命战争时期，就深刻分析了我国社会矛盾运动发展的状态和趋势，首先完整提出了主要矛盾和社会主要矛盾的概念，全面系统地论述了中国近代以来的社会主要矛盾问题。毛泽东同志在其撰写的光辉著作《矛盾论》中指出："在复杂的事物的发展过程中，有许多的矛盾存在，其中必有一种是主要的矛盾，由于它的存在和发展规定或影响着其他矛盾的存在和发展。""任何过程如果有多数矛盾存在的话，其中必定有一种是主要的，起着领导的、决定的作用，其他则处于次要和服从的地位。"① 他认为，事物的主要矛盾不是一成不变的，主要矛盾和次要矛盾在一定条件下可以相互转化。当次要矛盾逐步发展，量的积累达到临界点之后，就会形成质变，次要矛盾转化为主要矛盾。这是认识社会主要矛盾的重要思想。

中华人民共和国成立以后，我们党的报告对社会主要矛盾一直进行着表述。回顾中华人民共和国成立后的历史，党对中国社会主要矛盾的认识总体上是不断转变、不断深化的。1956 年，党的八大报告指出："我们国内的主要矛盾，已经是人民对于建立先进的工业国的要求同落后的农业国的现实之间的矛盾，已经是人民对于经济文化迅速发展的需要同当前经济文化不能满足人民需要的状况之间的矛盾。"这个主要矛盾是基于生产资料私有制的社会主义改造基本完成以后的判断，基本符合当时的中国国情。但 1962 年，党的八届十中全会提出 "无产阶级同资产阶级的矛盾为整个社会主义历史阶段的主要矛盾"。对这个主要矛盾判断出现了重大偏差，结果干扰了国家正常的发展建设，给党和国家事业带来了巨大的损失。

以党的十一届三中全会为标志，中国进入了改革开放新时期。邓小平同志在对国际社会主义运动和中国社会主义实践的反思中，对社会主义社会基本矛盾理论进行了创新和发展，正确认识和把握了改革开放新时期中国社会的主要矛盾，丰富和发展了马克思主义矛盾学说。1979 年，中央召开的理论务虚会明确指出，"我们的生产力发展水平很低，远远不能满足人民和国家的需要，这就是我们目前时期的主要矛盾"。1981 年，党的十一届六中全会通过的《关于建国以来党的若干历史问题的决议》对我国社会主要矛盾作了规范性的表述："在社会主义改造基本完成以后，我国所要解决的主要矛盾，是人民日益增长的物质文化需要同落后的社会生产力之间的矛盾。"这个主要矛盾反映了中国共产党以博大的胸怀和巨大的勇气坚持真理、修正谬误，在社会主要矛盾问题上正本清源的立场。1987 年，党的十三大报告指出 "我国正处在社会主义初级阶段"，重新明确 "我

① 《毛泽东选集》（第 1 卷），人民出版社 1975 年版，第 320、322 页。

们在现阶段所面临的主要矛盾，是人民日益增长的物质文化需要同落后的社会生产力之间的矛盾"。在社会主义初级阶段对社会主要矛盾仍作这样的表述，一是在这个阶段，剥削阶级已经消灭，阶级斗争虽然还在一定范围内存在，但社会的主要矛盾已经不是阶级斗争；二是社会主义初级阶段的生产力发展水平还很低，还落后于发达国家，远远不能满足人民的需要，社会主义具体制度还不完善，仍然要把经济建设作为党和国家全部工作的中心。在此之后，"我国社会主义初级阶段的主要矛盾"这样的描述一直沿袭到党的十八大报告，为中国经济发展步入改革开放新时代提供了巨大的理论支撑。

1997 年，党的十五大报告再次强调，我国社会主义社会仍处在初级阶段。社会主义初级阶段，社会的主要矛盾是人民日益增长的物质文化需要同落后的社会生产力之间的矛盾，这个主要矛盾贯穿于我国社会主义初级阶段的整个过程和社会生活的各个方面。

2002 年，党的十六大报告指出，我国正处于并将长期处于社会主义初级阶段，现在达到的小康还是低水平的、不全面的、发展很不平衡的小康，人民日益增长的物质文化需要同落后的社会生产力之间的矛盾仍然是我国社会的主要矛盾。

2007 年，党的十七大报告重申，我国仍处于并将长期处于社会主义初级阶段的基本国情没有变，人民日益增长的物质文化需要同落后的社会生产力之间的这一社会主要矛盾没有变。

2010 年，党的"十二五"规划提出，建立和谐社会主义，并且提出在今后相当长一段时间内，要努力平衡人民过快增长的物质文化需求与社会生产力之间的关系。

2012 年，党的十八大报告提出"三个没有变"，即我国仍处于并将长期处于社会主义初级阶段的基本国情没有变，人民日益增长的物质文化需要同落后的社会生产力之间的矛盾这一社会主要矛盾没有变，我国是世界最大发展中国家的国际地位没有变。

党的十八大以来的五年，中国经济社会发生了全方位、开创性的历史性巨变。以习近平同志为核心的党中央带领全国人民高瞻远瞩、把握大势，开拓进取、奋力拼搏，推动我国经济实力、科技实力、国防实力、综合国力进入世界前列，推动我国国际地位实现前所未有的提升，党的面貌、国家的面貌、人民的面貌、军队的面貌、中华民族的面貌发生了前所未有的变化，中华民族正以崭新姿态屹立于世界的东方。站在这个我国发展新的历史方位上，习近平同志在党的十九大上提出，"中国特色社会主义进入新时代，我国社会主要矛盾已经转化为人民日益增长的美好生活需要和不平衡不充分的发展之间的矛盾"，我国社会主要矛盾的变化是关系全局的历史性变化。

提出新时代我国社会主要矛盾及其历史性变化，是自 1981 年党的十一届六中全会以来，我国社会主要矛盾的最新论断，是党的理论创新的重大成果，是科学社会主义理论的重大发展，其意义重大，影响深远，将对今后党和国家工作提出全局性、历史性的新要求。

（二）全面理解新时代社会主要矛盾变化的基本内涵

全面理解新时代我国社会主要矛盾即"人民日益增长的美好生活需要和不平衡不充分的发展之间的矛盾"的科学内涵十分重要，可以从需求和供给两个方面的变化来分析。

一是从需求上认识人民日益增长的美好生活需要。党的十九大报告指出，我国稳定解决了十几亿人的温饱问题，总体上实现小康，不久将全面建成小康社会，人民美好生活需要日益广泛，不仅对物质文化生活提出了更高要求，而且在民主、法治、公平、正义、安全、环境等方面的要求日益增长。从人民对"美好生活需要"与"物质文化需要"的对比看，美好生活需要包括物质文化需要，但不全是物质文化需要；物质文化需要是美好生活需要中基础性、主体性的需要，但在较高发展阶段，仅有物质文化需要不一定完全满足美好生活需要。美好生活需要不仅包括物质文化生活需要，还包括更多层面的需要，主要是：人民群众期盼有更好的教育、更稳定的工作、更满意的收入、更可靠的社会保障、更高水平的医疗卫生服务、更舒适的居住条件、更优美的环境、更丰富的精神文化生活。

二是从供给上认识不平衡不充分的发展。"发展的不平衡"指出了供给的结构性问题，表现为我国经济、政治、文化、社会和生态文明等"五位一体"建设上还存在突出的发展不平衡问题，具体表现在产品、产业、区域、城乡、收入、分配等方面的不平衡。如区域之间、区域内部之间发展的不平衡，还包括发展中的先富、后富及贫困问题等。"发展的不充分"指出了供给水平不够高的问题，具体表现为无供给、低端供给、无效供给、短缺供给及错配供给等还在不同区域、不同层面、不同形式的存在。另外，经济发展质量和效益还不高，创新能力不够强；生态环境保护欠账较多；民生领域还有不少短板；社会文明水平尚需提高；全面依法治国任务依然繁重，国家治理体系和治理能力有待加强，等等，也都体现了发展的不充分。

三是人民对美好生活的需要是日益增长的，发展必须与时俱进不断进步。新时代中国社会主要矛盾的发展变化，本质上是社会主义初级阶段内部的矛盾转化，是更高发展水平上的矛盾关系，需求的内涵会不断拓展、外延会不断提升。目前，我们正处在建成全面小康社会决胜阶段，已然不同于过去 30 年的需求状况，是更高水平的需求，反映出新时代中国消费需求换挡和升级。在中国特色社会主义新时代，人民对美好生活的需要和向往在未来还要不断充实、不断丰富，人民将从过去单一性、数量型物质文化需求扩展到多样化、高质量、内容丰富的美好生活需要，从全面小康走向共同富裕；对经济、政治、文化、社会、生态方面"五位一体"的需要，对民主、法治、公平、正义、安全、环境等各方面的发展诉求会不断增加，这是更加全面、更高水平的需要。我们必须要用发展的、动态的、扩展的眼光去看待人民不断提升的需求，通过不断加快有质量、有效益、有创新的发展加以满足。这既是未来社会生产力发展的方向，也是中国经济社会转型发展的重要内生动力。落实到国家战略上就是先要实现全面建成小康社会，再实现第一阶段"基本现代化"和第二阶段"富强民主文明和谐美丽的社会主义现代化强国"的目标。

四是正确把握"一个变化"和"两个没有变"的关系。党的十九大指出，我国社会主要矛盾的变化，没有改变我们对我国社会主义所处历史阶段的判断，我国仍处于并将长期处于社会主义初级阶段的基本国情没有变，我国是世界最大发展中国家的国际地位没有变。全党要牢牢把握社会主义初级阶段这个基本国情，牢牢立足社会主义初级阶段这个最大实际，牢牢坚持党的基本路线这个党和国家的生命线、人民的幸福线。这就要求我们必须正确认识"一个变化"和"两个没有变"的关系。首先，我们说社会主要矛盾发生变化，是在社会主义初级阶段这个历史阶段中发生的变化，不意味着社会主义初级阶段这个基本国情本身发生了变化。中国社会主要矛盾的变化没有改变对社会主义初级阶段基本国情的判断，不要把社会主要矛盾变化同社会主义初级阶段的关系对立。其次，我们所说的社会主义初级阶段是指社会主义的不发达阶段，在这个阶段，经济发展非常重要。同时也要认识到，经济发展水平并不是决定初级阶段的唯一条件，还应该同社会总体发展水平相联系。最后，社会主义初级阶段是一个很长的历史阶段，在这一长的历史进程中，我国社会主要矛盾必然随着社会的发展而变化。我们一定要准确地把握这种不断变化的特点，并根据这个变化来不断解决发展过程中遇到的矛盾和问题，必须继续坚持社会主义初级阶段理论，坚持以经济建设为中心不动摇，同时要更好地实现各项事业的全面发展。

（三）深刻把握新时代社会主要矛盾变化的重大意义

党的十九大报告作出新时代我国社会主要矛盾的重大判断，是我们党坚持辩证唯物主义和历史唯物主义的方法论，从历史和现实、理论和实践、国内和国际等方面的结合上进行思考，从我国社会发展的历史方位上进行思考，从党和国家事业发展大局出发进行思考得出的正确结论，具有重要的理论价值、深远的历史意义、客观的现实基础和重大的实践意义，必须深刻领会。

一是从理论价值上说，提出新时代社会主要矛盾是马克思主义基本原理的实践运用。唯物史观指出，物质资料的生产是人类生存和发展的基础，物质需求是人的第一需求，人们只有在物质需求基本满足之后，才能向精神文化、社会尊重等高层次需求发展。正如恩格斯所指出："马克思发现了人类历史的发展规律，即历来为繁芜丛杂的意识形态所掩盖着的一个简单事实：人们首先必须吃、喝、住、穿，然后才能从事政治、科学、艺术、宗教等等。"毛泽东同志完整提出主要矛盾、社会主要矛盾概念，全面系统地论述中国近代以来的社会主要矛盾问题。邓小平同志准确认识到改革开放以来中国社会主要矛盾是人民日益增长的物质文化需要同落后的社会生产力之间的矛盾，都是把马克思主义基本原理与中国实际紧密结合。当今中国，党和国家事业发生了历史性变革，中国特色社会主义进入新时代，习近平同志坚持以马克思主义基本原理为指导，运用具体问题具体分析的方法，深刻分析我国社会主要矛盾运动发展的状态和趋势，准确把握人民日益增长的对美好生活的需要不断丰富的发展趋势，作出了我国社会主要矛盾转化的科学结论。这是我们党实事求是、与时俱进，善于聆听时代声音，创新21世纪马克思主义真理力量的重要体现。

二是从历史意义上说，提出新时代社会主要矛盾是深刻总结历史经验教训、顺应中国社会发展大势的重大决策。实践表明，能否正确地认识和把握社会主义社会的主要矛盾，并以此来确定工作重心和根本任务，事关社会主义的前途和命运。重大理论判断往往是开启发展新阶段的思想基础，是关乎全局的重大问题。"文化大革命"期间，党对中国社会主要矛盾的认识出现误判，党和国家工作的重心就出现了偏差，给党和人民事业带来重大损失，教训十分深刻。改革开放以后，党正确认识了发展阶段我国社会主要矛盾，作出以经济建设为中心、坚持改革开放的重大决策，中国面貌就发生了巨大变化。进入中国特色社会主义新时代，我国生产力发展水平和人民生活水平大幅提高，中国特色社会主义事业取得巨大发展，对社会主要矛盾的准确把握成为执政党必须面对的重大时代课题。党的十九大正确分析当今我国基本国情，作出新时代我国社会主要矛盾的科学判断，反映了以习近平同志为核心的党中央，始终坚持以人民为中心的发展思想，总结历史经验，顺应社会发展潮流，立足新时代新矛盾，开启新历史新征程的深厚的为民情怀和强烈的使命担当。紧扣社会主要矛盾变化，推进国家现代化进程，必将得到人民认可，经得起历史检验。

三是从现实基础来说，提出新时代社会主要矛盾是我国社会发展阶段性特征的客观呈现。改革开放近40年来，党始终坚持以经济建设为中心，把大力发展社会生产力作为解决我国社会主要矛盾的根本途径，我国社会生产力水平总体上显著提高，生产能力极大增强，在很多方面进入世界前列，基本摆脱了原来落后的社会生产状况，中华民族迎来了从站起来、富起来到强起来的伟大飞跃。我们稳定解决了十几亿人的温饱问题，总体上实现小康，正在走向全面建成小康社会。在物质文化需要得到基本满足之后，人民的美好生活需要日益广泛，不仅对物质文化生活提出了更高要求，而且在民主、法治、公平、正义、安全、环境等方面的要求日益增长。在落后的社会生产基本解决之后，我国发展起来以后更突出的是发展不平衡不充分问题，发展质量和效益还不高，创新能力不够强，城乡区域发展和收入分配差距依然较大，民生领域还有不少短板，群众在就业、教育、医疗、居住、养老等方面面临不少难题，这已经成为满足人民日益增长的美好生活需要的主要制约因素。这些客观存在的新问题，决定了我国社会主要矛盾已经从人民日益增长的物质文化需要同落后的社会生产力之间的矛盾，转化为人民日益增长的美好生活需要和不平衡不充分的发展之间的矛盾。

四是从实践意义上来说，提出新时代社会主要矛盾为制定新时代中国特色社会主义的新思路、新战略、新举措提供了基本依据。社会主要矛盾的变化，对社会发展起着根本性、全局性的影响。对社会主要矛盾的认识是党和国家制定正确路线方针政策的基础，是中国共产党确立发展理念、制定发展战略的关键。对"人民日益增长的美好生活需要"的判断，有助于党和国家更加全面分析和把握多方面、多样化、个性化、多变性、多层次的人民需要，更好地坚持以人民为中心的发展思想，不断满足人民群众追求美好生活的各项需求，与时俱进地研究分析人民群众需要的时代特点和演变发展规律，制定具体的路线、方针、政策和战略；对"不平衡不充分的发展"的判断，实事求是地反映了新时代中国特色社会主义的主要问题，要求我们党和国家的大政方针据此作出重大创新发展。我国社会主要矛盾的变化是关系全局的历史性变化，对党和国家的工作提出了许多新要求。在继续推动发展的基础上，我们要更加注重发展与人民美好生活需要相适应，更加注重发展提供更高水平更高质量的供给，更加注重发展的均衡性更好推动人的全面发展和社会全面进步。

坚持以人民为中心发展思想催生新的发展理念

人民是历史的创造者，是决定党和国家前途命运的根本力量。习近平同志在党的十九大报告中指出，中国共产党人的初心和使命，就是为中国人民谋幸福，为中华民族谋复兴。我们党自成立之日起，就把坚持人民利益高于一切鲜明地写在自己的旗帜上，把全心全意为人民服务作为根本宗旨，把实现好维护好发展好最广大人民根本利益作为一切工作的出发点和落脚点，把实现人民对美好生活的向往作为我们党的奋斗目标。始终坚持以人民为中心的发展思想贯穿在我们党治国理政的全部实践中，我们党也始终依靠人民创造了历史的辉煌。

（一）始终以人民为中心的发展思想是我们党的基本价值观

中国共产党成立 96 年来，之所以能够从小到大、从弱到强，关键就在于始终坚持以人民为中心，做到权为民所用、情为民所系、利为民所谋。始终以人民为中心，深刻诠释了党的根本政治立场，彰显了党执政为民的责任担当，体现了党在新时代中国特色社会主义发展的价值遵循。

1. 以人民为中心的发展诠释党的根本政治立场和价值取向

中国共产党作为马克思主义政党，根基在人民、力量在人民，坚持以人民为中心是马克思主义唯物史观的内在要求。中国共产党是中国工人阶级的先锋队，同时也是中国人民和中华民族的先锋队，这是历史的选择和人民的选择，党的性质和根本宗旨决定了我们党必须始终坚持以人民为中心，任何时候都必须把人民利益放在第一位，把人民对美好生活的向往作为奋斗目标，把全心全意为人民服务作为党一切行动的根本出发点和最终目标。党的历史进程和宝贵经验也说明，密切联系群众是我们党最大的政治优势，始终坚持以人民为中心，始终保持党同人民群众的血肉联系，自觉从人民群众的伟大实践中汲取智慧和力量，真正为群众办实事、解难事、做好事，才能巩固党的执政地位，把党和人民的事业不断推向前进。习近平同志指出："始终坚持全心全意为人民服务的根本宗旨，是我们党得到人民拥护和爱戴的根本原因，对于充分发挥党密切联系群众的优势至关重要。"这深刻阐明了始终坚持以人民为中心，一切为了人民、一切依靠人民，坚持人民利益高于一切，是永葆党的创造力、凝聚力、战斗力的关键所在，是推进中国特色社会主义伟大事业的动力所在。

2. 以人民为中心的发展推动中国特色社会主义进入新时代

习近平同志指出，经过长期努力，中国特色社会主义进入了新时代。中国特色社会主义进入新时代，是基于改革开放特别是党的十八大以来党和国家事业发生历史性变革作出的重大判断。党和国家事业之所以能发生历史性变革，中国特色社会主义之所以能进入新时代，关键就在于我们党把坚持以人民为中心作为治国理政的价值引领。我们党深刻认识和把握我国社会发展的阶段性特征，不断深化对共产党执政规律、社会主义建设规律、人类社会发展规律的认识，提出统筹推进"五位一体"总体布局和协调推进"四个全面"战略布局，提出创新、协调、绿色、开放、共享的新发展理念并坚定不移地贯彻落实，都是时刻聚焦解决人民群众最关注的热点难点焦点问题，都是紧扣社会主要矛盾的变化，在已有经济社会发展的基础上，不断解决人民日益增长的对美好生活需要和不平衡不充分的发展之间的矛盾，不断实现好维护好发展好最广大人民的根本利益，不断推进人的全面发展和社会全面进步，中国改革开放和社会主义现代化建设才有了新局面，中国特色社会主义道路才越走越宽广。

3. 以人民为中心的发展必须贯彻在治国理政全部活动之中

民心是最大的政治。习近平同志在十九大报告中强调："全党必须牢记，为什么人的问题，是检验一个政党、一个政权性质的试金石。"我们党的执政水平和执政成效都不是由自己说了算，必须而且只能由人民来评判。人民是我们党的工作的最高裁决者和最终评判者。以人民为中心的发展思想，不是一个抽象的、玄奥的概念，不能只停留在口头上、止步于思想环节，而要体现在经济社会发展各个环节；党的一切工作必须以最广大人民根本利益为最高标准，要坚持把人民群众的小事当作自己的大事，从人民群众关心的事情做起，从让人民群众满意的事情做起。这就要求在中国特色社会主义进入新时代，我们党必须把以人民为中心的发展思想贯彻到治国理政全部活动之中，落实在扎扎实实的各项工作之中，更好满足人民在经济、政治、文化、社会、生态等方面日益增长的需要，让改革发展成果更多更公平惠及全体人民，更多体现为全体人民不断提升的获得感、幸福感和安全感，能够朝着实现全体人民共同富裕不断迈进，从而进一步赢得人民群众的认可和支持，汇聚起进行伟大斗争、建设伟大工程、推进伟大事业、实现伟大梦想的磅礴伟力。

（二）坚持以人民为中心的发展推动了发展理念的不断创新

以人民为中心的发展思想最终落脚点是在发展上。中国共产党作为马克思主义政党，坚持立党为公、执政为民。随着时代的发展，为满足人民日益增长的对美好生活的新需要新期待，与时俱进，不断创新发展理念，不断开拓马克思主义关于发展的新境界。

发展是人类社会的永恒主题，是人类社会生生不息、繁衍进化的内在趋势，也是人类推进社会生产和社会生活的历史活动及其成果，对于人类社会历史具有基础的地位和本质的意义。发展理念是人们在发展实践的具体认识成果的基础上，概括出的具有普遍性、规律性、价值性的关于发展的认识，解决的是实现什么样的发展、怎样发展的思想观念和思想理论问题。发展理念依赖于发展实践，同时又有力地引导着发展实践。不同时代、不同国家有不同的发展理念，现代发展理念在承接前人实践探索的基础上不断创新、相互融合、相互借鉴，推动着人类社会进步和历史发展。

1. 马克思主义经典作家关于发展的基本理念

发展问题是马克思主义理论宝库中的一个十分重要的问题，马克思主义经典作家在其卷帙浩繁的著作中，从不同侧面论述或揭示了发展的内涵、意义、特点和规律等。马克思主义把人类社会的发展看作是自然史的过程，从而创立了真正科学的发展观。其中，发展理念也是马克思主义思想宝藏中的重要组成部分，贯穿于马克思主义关于发展的整个思考和理论体系之中。其思想主要体现在：

矛盾的辩证统一推动了事物的发展。马克思主义经典作家认为，一切事物都包含着矛盾，矛盾是普遍存在的。事物发展的源泉和动力就是矛盾的运动。矛盾的辩证运动，是认识和把握事物发展规律的关键点。人类生产实践，表现为生产力和生产关系之间、经济基础和上层建筑之间的矛盾，二者形成一切社会的基本矛盾。生产力和生产关系的矛盾运动和经济基础和上层建筑的矛盾运动，决定着社会历史的一般进程和推动着一切社会的发展。就此，在《资本论》中，马克思通过对资本主义社会产生、发展的过程的考察，科学地论证了社会形态的发展是一种自然史的过程，人类社会历史的发展必须遵循一定的客观规律性。

科学技术是推动历史发展的重要力量。马克思主义认为，生产力是社会发展的最终决定力量。劳动生产力是随着科学和技术的不断进步而不断发展的。科学技术推动生产力的发展，又促使生产关系的变革以适应自身发展的性质与要求。劳动生产率，归根到底是使新社会制度取得胜利的最重要最主要的东西，最终促进新旧制度的更替。

社会公正是人类发展的价值追求。马克思主义理论阐述的社会公正思想，建立在对生产资料私有制基础上的社会关系的批判上，最终以消灭阶级为根本要求。马克思主义指出，社会公正是共产主义的本质属性。共产主义的目标，就是要消灭社会的不平等和不公正，使全体人民在政治、经济、文化、社会诸多方面享有平等的权利。社会主义制度就是给所有人提供"健康而有益的工作""充裕的物质生活和闲暇时间""真正的自由"①，这体现了马克思主义的社会公正价值理念，最终只有消灭一切阶级，才能真正实现社会公正。

人与自然的关系是人类存在和发展的最基本关系。马克思主义认为，自然界是人类赖以进行劳动活动的对象和前提，是人类的"身体"，人靠自然界生活，人是自然界的一部分，直接地是自然存在物。但自然界又不是与人完全分离的自然界，在人的对象化活动中，自然界日益成为人的历史，而人的历史则日益成为自然史。② 这就揭示了人与自然的本质统一关系。但在资本主义条件下，人与自然的关系主要是效用关系，自然对于人的效用性就是自然完全服从于人的需要、服从资本剥削，生产的结果必然造成同自然的异化。所以，马克思主义认为，人与自然关系的异化，源于人与人关系的对立，源于私有制的存在，源于劳动的异化，必须实现社会制度的完全变革即实现共产主义制度，使人类的一切活动按照人的本性和自然界的规律合理地来加以调节，从而实现人与自然的和解。因此，要正确处理社会系统与自然系统的关系，促进人与自然的和谐发展。

---

① 《马克思恩格斯全集》（第 21 卷），人民出版社 1965 年版。
② 《马克思恩格斯全集》（第 1 卷），人民出版社 2001 年版。

　　每个人的全面自由发展是人类社会发展的理想境界。马克思、恩格斯深切地关注人的发展、全人类的前途和命运，把人的全面、自由发展、全人类的解放，作为自己毕生研究的主题和为之奋斗的最高目标，作为衡量社会发展的最高价值标准。《共产党宣言》向全世界宣告了人的解放和自由发展的必然性，指出，"代替那存在着阶级和阶级对立的资产阶级旧社会的，将是这样一个联合体，在那里，每个人的自由发展是一切人的自由发展的条件"。马克思、恩格斯阐释的人的全面发展，既是人的需要的全面发展，也是人的能力的全面发展。人类社会发展的历史趋势，必然是人类本身向着全面自由发展。而实现每个人的全面而自由的发展，是一个渐进的历史过程，需要高度发展社会生产力、变革社会关系、改造和消灭旧式分工，形成自由人联合体，解放全人类进而解放每个人自己，人类社会也就由必然王国走向自由王国。

　　马克思主义全部的发展观，是建立在辩证唯物主义和历史唯物主义之上的，其发展理念充分体现了人与自然、人与社会、人与人之间辩证运动的和谐统一与哲学统一。尽管时代在不断进步，但其发展思想和发展理念，作为科学理论，一直为人类社会发展指明着前进的道路和正确方向。

　　2. 我们党在革命、建设、改革时期对发展理念的重要探索

　　适应中国发展需要诞生的中国共产党，肩负着领导中国人民通过社会主义道路实现中华民族伟大复兴的历史使命。我们党在领导革命、建设和改革过程中，经过近百年的不懈探索，开辟了符合中国国情的社会主义道路。中国共产党历代领导核心始终把马克思主义的基本原理和中国实际相结合，创造性地运用马克思主义的立场、观点和方法，科学判断国际国内形势，深刻认识我国发展环境的基本特征，准确把握全国人民的要求和期待，确立适合中国国情的发展理念和发展道路，逐步形成了一系列关于中国发展的思想，也形成了一系列推动中国发展进步的先进发展理念，完善了马克思主义发展观。这些宝贵的发展思想和发展理念既一脉相承，又在继承中发展，在发展中创新。

　　以毛泽东同志为主要代表的中国共产党人在中国革命初期，始终结合中国国情和中国实际，将争取社会主义的前途作为实现中华民族伟大复兴的唯一正确选择，开创了农村包围城市、武装夺取政权的道路，领导中国人民经过艰苦卓绝的斗争，赢得了新民主主义革命的胜利，奠定了中华民族伟大复兴的根本政治前提和制度基础。中华人民共和国成立后，中国进入社会主义建设时期，毛泽东同志提出了许多适合中国国情的社会主义建设和发展思想。这一时期关于发展的思想主要体现在毛泽东同志的《论十大关系》《正确处理人民内部矛盾》光辉文献中，两部文献全面阐述了在社会主义改造基本完成后，带领人民转入以经济建设为主要任务的大规模社会主义全面建设的思想。比如，调动一切积极因素建设社

会主义的思想，社会主义社会基本矛盾的思想，以农业为基础、以工业为主导、以农轻重为序协调发展的思想，利用价值规律适度发展商品经济的思想，在科学文化工作中实行百花齐放百家争鸣的思想，一切国家一切民族的长处都要学，自力更生为主、争取外援为辅的思想，等等。这些思想及其所指导的实践有力地推动了中国社会主义道路的历史进程，不仅建立起比较独立的比较完整的工业体系和国民经济体系，为社会主义现代化建设奠定了重要物质技术基础，而且积累了在中国这样的生产力水平十分落后的东方大国进行社会主义建设的重要经验。

以党的十一届三中全会为标志，社会主义中国进入了改革开放和现代化建设的新时期。以邓小平同志为主要代表的中国共产党人，总结中华人民共和国以来正反两方面的经验，科学分析当代中国国情，解放思想，实事求是，作出了我国仍处在社会主义初级阶段的重要判断，确立了以经济建设为中心，坚持四项基本原则，坚持改革开放的基本路线，形成了分"三步走"基本实现社会主义现代化的战略目标。这一时期关于发展的主要思想表现在：解放和发展生产力是中国特色社会主义的根本任务，必须坚持发展是硬道理的战略思想，研究任何问题都要牢牢把握社会主义初级阶段这个最大国情，推进任何方面的改革发展都要牢牢立足社会主义初级阶段这个最大实际的思想。邓小平同志指出，"贫穷不是社会主义"，"中国解决所有问题的关键是要靠自己的发展"[1]，必须始终扭住经济建设这个中心不放；革命是解放生产力，改革也是解放生产力，改革是中国的第二次革命，改革是解放和发展生产力的必由之路。作为一场新的革命，改革不是对原有经济体制的细枝末节的修补，而是经济体制的根本性变革。判断改革得失成败的标准，应该主要看是否有利于发展社会主义社会的生产力，是否有利于增强社会主义国家的综合国力，是否有利于提高人民生活水平。要处理好事关改革全局的重大关系，正确处理改革发展稳定的关系，在维护政治和社会稳定中推进改革和发展，在推进改革和发展中实现政治和社会长期稳定；要"两手抓、两手都要硬"，一手抓物质文明，一手抓精神文明，两个文明都搞好，才是中国特色的社会主义；邓小平同志还作出了实行对外开放的重大决策。他指出："现在的世界是开放的世界"，"中国的发展离不开世界"，"对外开放具有重要意义，任何一个国家要发展，孤立起来，闭关自守是不可能的，不加强国际交往，不引进发达国家的先进经验、先进科学技术和资金，是不可能的"。兴办经济特区，作为改革的"试验田"和对外开放的"窗口"，在此基础上逐步扩大对外开放，是邓小平同志倡导和支持的崭新事业，拉开了我国全方位对外开放的序幕。现代化建设需要和平的国际环境，邓小平同志就此指出，和平与发展是当今时代主题。他

---

① 《邓小平文选》（第 2、3 卷），人民出版社 1994 年、2003 年版。

一再强调，中国特色社会主义是"主张和平的社会主义"，要"在争取和平的前提下，一心一意搞现代化建设，发展自己的国家"。推进改革开放伟大事业不断取得新突破、新成就，必须加强和改善党的领导。邓小平同志 1987 年就指出："我们说的社会主义是具有中国特色的社会主义，而要建设社会主义，没有共产党的领导是不可能的。我们的历史已经证明了这一点"，"为了坚持党的领导，必须努力改善党的领导"。

在推进中国特色社会主义迈向现代化国家的历史征程中，面向 21 世纪的世纪之交，以江泽民同志为主要代表的中国共产党人，在党的十三届四中全会以来，伴随着建设中国特色社会主义的实践，加深了对什么是社会主义、怎样建设社会主义和建设什么样的党、怎样建设党的认识，始终强调，发展是党执政兴国的第一要务，进一步积累了丰富的治党治国新的发展经验。

在全面走向 21 世纪的历史进程中，以胡锦涛同志为主要代表的中国共产党人，在党的十六大以来，根据 21 世纪的国内外环境和新的发展要求，面向全面建成小康社会的目标，深刻认识和回答了新形势下实现什么样的发展、怎样发展等重大问题，强调聚精会神搞建设，一心一意谋发展，形成了以人为本、全面协调可持续发展的科学发展观，这又将中国特色社会主义现代化事业推进到新的阶段。

这一时期关于发展的思想十分丰富。从 21 世纪之初到党的十六大，江泽民同志多次提出："创新是一个民族进步的灵魂，是一个国家兴旺发达的不竭动力，也是一个政党永葆生机的源泉。"① 他强调："实践基础上的理论创新是社会发展和变革的先导。通过理论创新推动制度创新、科技创新、文化创新以及其他各方面的创新，不断在实践中探索前进，永不自满，永不懈怠，这是我们要长期坚持的治党治国之道。"党的十六大以后，胡锦涛同志强调："要始终把改革创新精神贯彻到治国理政各个环节"②。他提出："科学技术迅猛发展深刻改变着经济发展方式，创新成为解决人类面临的能源资源、生态环境、自然灾害、人口健康等全球性问题的重要途径，成为经济社会发展的主要驱动力"，并把"提高自主创新能力，建设创新型国家"视为"国家发展战略的核心"和"提高综合国力的关键"。为有效激发全社会创新意识和全民创新活力，胡锦涛同志还提出了"人才强国"战略，强调要牢固树立人才资源是"第一资源"的观念，大力倡导敢于创新、勇于竞争和宽容失败的精神，坚持在创新实践中发现人才、在创新活动中培育人才、在创新事业中凝聚人才。

1997 年 9 月，江泽民同志在党的十五大报告中提出了协调发展的理念。他指

① 《江泽民文选》（第 2、3 卷），人民出版社 2006 年版。
② 《胡锦涛文选》（第 1、2、3 卷），人民出版社 2016 年。

出，要"在优化经济结构、发展科学技术和提高对外开放水平等方面取得重大进展，真正走出一条速度较快、效益较好、整体素质不断提高的经济协调发展的路子"。胡锦涛同志在党的十七大报告和党的十八大报告中进一步指出，"全面协调可持续"是科学发展观的基本要求，"要按照中国特色社会主义事业总体布局，全面推进经济建设、政治建设、文化建设、社会建设，促进现代化建设各个环节、各个方面相协调，促进生产关系与生产力、上层建筑与经济基础相协调"。

2004~2010 年，胡锦涛同志在有关讲话中先后提出绿色发展的理念：要"研究绿色国民经济核算方法，探索将发展过程中的资源消耗、环境损失、环境效益纳入经济发展水平的评价体系"；要提倡绿色生产方式、生活方式、消费方式；要发展循环经济，建设资源节约型、环境友好型社会。他还强调："绿色发展，就是要发展环境友好型产业，降低能耗和物耗，保护和修复生态环境，发展循环经济和低碳技术，使经济社会发展与自然相协调。"

21 世纪之初，为适应经济全球化趋势的发展和我国加入世界贸易组织的新形势，江泽民同志指出，要实施"引进来"和"走出去"相结合的对外开放战略，以更加积极的姿态走向世界，"引进来"和"走出去"是我们对外开放方针两个紧密联系、相互促进的方面，是"对外开放的两个轮子，必须同时转动起来"。胡锦涛同志在党的十八大报告中强调，要"实行更加积极主动的开放战略，完善互利共赢、多元平衡、安全高效的开放型经济体系"，要"统筹双边、多边、区域次区域开放合作，加快实施自由贸易区战略，推动同周边国家互联互通"。这对我国进一步开放发展提出了新的思路。

在党的十五大报告中，江泽民同志在阐述"建设有中国特色社会主义的经济"的内涵和要求时提出，要保证国民经济持续快速健康发展，人民共享经济繁荣成果。党的十六大以后，胡锦涛同志进一步指出，构建社会主义和谐社会，要坚持共同建设、共同享有的原则，形成社会和谐人人有责、和谐社会人人共享的局面。他在阐述科学发展观核心立场时强调：要"始终把实现好、维护好、发展好最广大人民根本利益作为党和国家一切工作的出发点和落脚点，尊重人民首创精神，保障人民各项权益，不断在实现发展成果由人民共享、促进人的全面发展上取得新成效"。

这一系列发展思想和发展理念，都是与时俱进的实践成果，丰富了马克思主义的发展思想，极大地推进了中国特色社会主义建设继续向前迈进。

3. 新时代发展理念的重要继承和重大创新

党的十八大以来，在中华人民共和国成立，特别是改革开放以来我国发展取得的重大成就基础上，党和国家事业发生历史性变革，我国发展站到了新的历史起点上，中国特色社会主义进入了新的发展阶段。[①] 就此，我国生产力与生产关系、经济基础与上层建筑、国内经济与国际经济等关系在新的历史时期也都在发生着深刻调整和变革。

从国际来看，2008 年源自美国的一场百年不遇的国际金融危机深刻影响和改变了世界政治经济格局，其深层次的影响在相当长时期逐步蔓延，全球经济贸易增长乏力，保护主义抬头，地缘政治关系复杂变化，传统安全威胁和非传统安全威胁交织，外部环境不稳定不确定因素增多。世界多极化、经济全球化、文化多样化、社会信息化深入发展，世界经济在深度调整中曲折复苏。新一轮科技革命和产业变革蓄势待发，科技创新孕育新的突破。全球治理体系深刻变革，发展中国家群体力量继续增强，国际力量对比发生深刻调整并逐步趋向平衡。

从国内来看，中国经济社会发展不平衡、不协调、不可持续的问题逐渐显现，中国经济进入了需要跨越"中等收入陷阱"、克服"塔西佗陷阱"和抵御"修昔底德陷阱"的艰难爬坡过坎期，经济增长动力不足，产能过剩严重，债务率攀升，城乡差距、行业差距、地区差异、收入分配差距拉大，社会公共服务供给不均衡，生态环境遭到破坏等一系列矛盾表现突出，经济结构调整和经济发展方式转变任务繁重。

党的十八大以来，以习近平同志为核心的党中央审时度势，从研判世界大势和分析国内问题出发，深入思考和准确判断中国经济社会发展的历史方位。习近平总书记的足迹遍布大江南北，纵横捭阖于国际政治经济舞台，深刻体察了民情、国情、党情、世情，全面把握现阶段我国社会发展的基本特征，有针对性地提出了一系列适应当代中国新形势的发展新思路、新判断、新思想。

比如，针对改革创新问题，2012 年 12 月，习近平总书记在广东考察工作时明确指出，国家的强盛，归根结底必须依靠人才。我国要走创新发展之路，必须高度重视创新人才的聚集，择天下之英才而育之。2013 年 12 月，习近平总书记在中央政治局会议上提出，要"把改革贯穿于经济社会发展各个领域各个环节，以改革促创新发展"。针对社会经济协调问题，2014 年 12 月，习近平总书记在中央经济工作会议上指出：要"完善区域政策，促进各地区协调发展、协同发展、共同发展"。2015 年 4 月，习近平总书记在中央政治局第二十二次集体学习时的讲话中强调，要继续推进新农村建设，使之与新型城镇化协调发展、互惠一体，形成双轮驱动。针对环境保护问题，2013 年 4 月，习近平总书记同出席博鳌

[①] 新华社北京 7 月 27 日电，习近平在省部级主要领导干部"学习习近平总书记重要讲话精神，迎接党的十九大"专题研讨班开班式上发表重要讲话，强调"高举中国特色社会主义伟大旗帜　为决胜全面小康社会实现中国梦而奋斗"。

亚洲论坛 2013 年年会的中外企业家代表座谈时指出："要牢固树立尊重自然、顺应自然、保护自然的意识，坚持走绿色、低碳、循环、可持续发展之路。"2013年 12 月，习近平总书记又在中央城镇化工作会议上的讲话中强调，要坚持生态文明，着力推进绿色发展、循环发展、低碳发展，尽可能减少对自然的干扰和损害，节约集约利用土地、水、能源等资源。针对对外开放问题，2013 年 10 月，习近平总书记在亚太经合组织领导人会议上的讲话中提出：要"推动形成亚太地区政策协调、增长联动、利益融合的开放发展格局"。2014 年 11 月，习近平总书记在中央财经领导小组第八次会议上强调："经过 30 多年的改革开放，我国经济正在实行从引进来到引进来和走出去并重的重大转变，已经出现了市场、资源能源、投资'三头'对外深度融合的新局面。只有坚持对外开放，深度融入世界经济，才能实现可持续发展。"针对共享发展问题，2013 年 3 月，习近平总书记在阐述中国梦内涵时提出："中国梦归根到底是人民的梦"，"生活在我们伟大祖国和伟大时代的中国人民，共同享有人生出彩的机会，共同享有梦想成真的机会，共同享有同祖国和时代一起成长与进步的机会"。2014 年 9 月，习近平总书记在印度世界事务委员会的演讲中指出，"中国视周边为安身立命之所、发展繁荣之基"。提出了亲、诚、惠、容的周边外交理念，就是要诚心诚意同邻居相处，一心一意共谋发展，携手把合作的蛋糕做大，共享发展成果。2015 年 4 月，习近平总书记在巴基斯坦议会的演讲中强调，"中国提出建设丝绸之路经济带和 21 世纪海上丝绸之路倡议，是在新形势下扩大全方位开放的重要举措，也是要致力于使更多国家共享发展机遇和成果"，等等。

经过一系列深入的思考和实践基础上的总结，形成了新一届党中央对国家发展前景的重大战略判断和治国理政新思想新理念新战略，其中，针对新形势的新的发展理念呼之欲出。

据此，以习近平同志为核心的党中央对国内外形势作出这样的重大判断：

对国际环境分析，世界经济在大调整大变革之中正在出现一系列新的变化趋势，原有增长模式难以为继，尽管我们面临诸多矛盾叠加、风险隐患增多的严峻挑战，但当前和平与发展的时代主题没有变，世界政治经济形势总体上有利于维护世界和平发展大局，我国发展具有相对稳定的外部环境，我国发展仍处于可以大有作为的重要战略机遇期。在这一更高的发展起点上，发展机遇前所未有，风险挑战前所未有。我们面临的机遇，不再是简单纳入全球分工体系、扩大出口、加快投资的传统机遇，而是倒逼我们扩大内需、提高创新能力、促进经济发展方式转变的新机遇。我国发展的重要战略机遇期，也在由原来加快发展速度的机遇转变为加快经济发展方式转变的机遇、由原来规模快速扩张的机遇转变为提高发展质量和效益的机遇。只有深刻把握战略机遇期的内涵和条件的深刻变化，全面把握机遇，更加有效地应对各种风险和挑战，集中力量把自己的事情办好，着力在优化结构、增强动力、化解矛盾、补齐短板上取得突破性进展，才能赢得主动，赢得优势，赢得未来，不断开拓中国发展的新境界。

对国内环境分析，我国经济社会发展进入了新常态。在新常态下，我国发展的环境、条件、任务、要求等都发生了新的变化，表现出速度变化、结构优化、动力转换三大显著特点。中国经济发展再坚持过去粗放发展模式、简单地追求增长速度，已经行不通了。增长速度必须要从高速转向中高速，发展方式必须要从规模速度型转向质量效率型；经济结构调整必须要从增量扩能为主转向调整存量、做优增量并举；发展动力必须要从主要依靠资源和低成本劳动力等要素投入转向创新驱动。这些变化是不以人的意志为转移的，主动适应新常态、积极引领新常态，是我国经济发展阶段性特征的必然要求。与此同时，改革开放以来，我国物质基础雄厚、人力资本丰富、市场空间广阔、发展潜力巨大，随着经济发展方式加快转变，新的增长动力正在孕育形成，经济长期向好的基本面不会改变，良好的发展态势可以继续保持，如期全面建成小康社会具有充分的条件。

党中央认为，只有准确认清新的历史起点上国内外发展的大局与大势，继续坚持发展是第一要务，不断增强机遇意识和忧患意识，我们才能在近 70 年中国社会主义建设、近 40 年改革开放以来打下的坚实物质基础上，坚定发展信心、保持战略定力，锐意进取、奋发有为。

"理者，物之固然，事之所以然也。"经济社会环境发生变化，发展理念必然要发生变化。新形势催生新理念，新问题提出新任务，新任务彰显新要求。历史经验表明，一定的发展实践都是由一定的发展理念来引领，而发展理念又是发展行动的先导，是管全局、管根本、管方向、管长远的东西。发展理念是否对头，从根本上决定着发展的成效乃至成败，及时转变发展理念，将有利于引领发展思路、发展方向、发展方式的转变。

习近平总书记在党的十八届五中全会上的讲话中指出，"实践告诉我们，发展是一个不断变化的过程，发展环境不会一成不变，发展条件不会一成不变，发展理念自然也不会一成不变"。[①] 在党的十八大以来扎实的实践和深入的思考基础上，习近平总书记在党的十八届五中全会上的《中共中央关于制定国民经济和社会发展第十三个五年规划的建议》（以下简称《建议》）说明中，集大成地鲜明提出创新发展、协调发展、绿色发展、开放发展、共享发展的新理念。习近平总书记指出："要把应该树立什么样的发展理念搞清楚，发展理念是战略性、纲领性、引领性的东西，是发展思路、发展方向、发展着力点的集中体现。发展理

---

① 中共中央宣传部：《习近平总书记系列重要讲话读本》，学习出版社、人民出版社 2016 年版。

念搞对了，目标任务就好定了，政策举措跟着也就好定了。""《建议》提出要坚持创新、协调、绿色、开放、共享的新发展理念。这五大发展理念不是凭空得来的，是我们在深刻总结国内外发展经验教训的基础上形成的，也是在深刻分析国内外发展大势的基础上形成的，集中反映了我们党对经济社会发展规律认识的深化，也是针对我国发展中的突出矛盾和问题提出来的。"[1] 新发展理念也成为贯穿《建议》全篇的一条思想红线，写进了《中华人民共和国国民经济和社会发展第十三个五年规划纲要》（以下简称《纲要》）中，成为"十三五"时期乃至现代化国家建设征程中我国经济社会发展的基本理念。

可以说，新发展理念是在全面建成小康社会决胜阶段，为解决我国发展中的突出矛盾和问题应运而生的，与引领我国经济发展新常态的要求相适应，与实现"十三五"时期全面建成小康社会的目标相契合，与人民群众热切期盼在发展中有更多获得感的期待相呼应，是对我国发展理论的又一次重大创新。

第一，新发展理念深刻体现了我国经济社会发展的规律性。新发展理念进一步完善了对我国发展规律的认识。其中，创新发展揭示了如何激发新的发展动力问题，协调发展揭示了如何解决发展不平衡问题，绿色发展揭示了如何解决人与自然和谐问题，开放发展揭示了如何解决内外联动问题，共享发展揭示了如何解决社会公平正义问题。创新发展、协调发展、绿色发展、开放发展、共享发展五大发展理念，都是对共产党执政规律、社会主义建设规律、人类社会发展规律的深刻认识和自觉把握的体现，有利于为"十三五"时期我国经济社会持续健康发展指好道、领好航。

第二，新发展理念鲜明体现了对经济发展新常态的引领性。"十三五"规划是我国经济发展进入新常态后的第一个五年规划。要实现新常态下，我国从过去较多利用世界经济较快增长加快自身发展，转变为更多依靠内生动力实现发展；从过去较多利用国际市场扩张增加出口，转变为更多依靠扩大内需带动经济增长；从过去较多利用经济全球化深入发展和原有比较优势的条件推动发展，转变为加快从要素驱动转向创新驱动；从过去较多利用原有规则招商引资、促进发展，转变为积极参与全球经济治理、保护和扩大我国发展利益；从我国集中力量发展经济的国际环境发生深刻变化的实际出发，统筹国际国内事务，统筹政治、经济、外交等各方面工作的战略转变，就必须以新理念、新思路、新举措，加快形成引领经济发展新常态的体制机制和发展方式，着力把经济发展新常态变为经济发展新强态的必然选择，走出一条质量更高、效益更好、结构更优、优势充分

---

[1] 中共中央文献研究室：《习近平关于社会主义经济建设论述摘编》，中央文献出版社 2017 年版，第 21 页。

释放的发展新路。

第三，新发展理念突出体现了应对新矛盾新挑战的现实针对性。新发展理念是针对当前和"十三五"时期我国发展面临的突出问题和挑战提出来的。当前我国经济发展的平衡性、协调性、可持续性还有许多短板，要解决好社会事业发展、生态环境保护、民生保障、脱贫攻坚以及一系列社会矛盾等痛点难点，需要变革发展体制机制，形成促进创新的体制架构和有利于创新发展的市场环境。只有全党同志普遍增强忧患意识、责任意识，用新发展理念引领发展行动，破解发展难题、增强发展动力、厚植发展优势，提高统一贯彻新发展理念的能力和水平、正确处理发展中的重大关系、提升发展整体效能，增强风险防控意识和能力，才能更加有效地应对、化解各种风险和挑战，推进国家治理体系和治理能力现代化。

（三）新发展理念的内涵、内在逻辑、重要地位和贯彻落实

《建议》和《纲要》都全面阐述了创新、协调、绿色、开放、共享的新发展理念的科学内涵、着力点和主要任务，鲜明地指出，实现发展目标，破解发展难题，厚植发展优势，必须牢固树立和贯彻落实创新、协调、绿色、开放、共享的新发展理念。习近平总书记也多次就新发展理念的内涵、要义、要求和相互关系进行了深刻阐述。

1. 新发展理念的科学内涵

（1）创新发展。

创新是引领发展的第一动力。必须把创新摆在国家发展全局的核心位置，不断推进理论创新、制度创新、科技创新、文化创新等各方面创新，让创新贯穿党和国家一切工作，让创新在全社会蔚然成风。[①]

历史经验表明，崇尚创新，国家才有光明前景，社会才有蓬勃活力。20 世纪 30 年代，美国经济学家约瑟夫·熊彼特在《经济发展理论》一书中最早提出了"创新理论"。他指出，技术不断创新，产业不断变迁，出现所谓的"创造性破坏"，这是现代经济增长的最重要本质。对一些后发经济国家，在现代化进程中，一旦"后发优势""比较优势"等红利渐趋用尽，一旦进入到更加成熟的发展阶段，创新能力不强就会成为制约经济增长的"阿喀琉斯之踵"。

当前，我国已经成为全球经济大国和贸易大国，但经济规模大而不强、经济增长快而不优，关键领域核心技术受制于人的格局没有根本改变。在国际发展竞争日趋激烈和我国发展动力转换的形势下，没有创新发展，我们就难以摆脱过多依靠要素投入推动经济增长的路径依赖，难以实现经济持续健康发展，难以成为

---

① 《中华人民共和国国民经济和社会发展第十三个五年规划纲要》辅导读本，人民出版社 2016 年版。

经济强国和创新大国。当前我国经济发展进入新常态，比以往任何时候都需要强化创新这个引领发展的第一动力。

一是要把创新摆在国家发展全局的核心位置。创新发展是提高社会生产力和综合国力的战略支撑，是适应和引领经济发展新常态的关键之举，也是适应时代发展大势和把握发展主动权的根本之策。在"十三五"时期，要切实把发展基点放在创新上，重点解决发展动力问题，深入实施创新驱动发展战略，塑造更多依靠创新驱动、更多发挥"先发优势"的引领型发展。要全面把握创新的丰富内涵，不断推进理论创新、制度创新、科技创新、文化创新等各方面创新。理论创新是社会发展和变革的先导，是各类创新活动的思想灵魂和方法来源；制度创新是持续创新的保障，是激发各类创新主体活力的关键；科技创新是国家竞争力的核心，是全面创新的主要引领；文化创新是一个民族永葆生命力和富有凝聚力的基础，各类创新活动不竭的精神动力。四个创新相互贯通，可以释放巨大的发展潜能。

二是要大力实施创新驱动发展战略。要紧紧抓住科技创新这个"牛鼻子"，发挥科技创新在全面创新中的引领作用。坚持战略和前沿导向，加强基础研究，强化原始创新、集成创新和引进消化吸收再创新，重视颠覆性技术创新，加快突破新一代信息通信、新能源、新材料、航空航天、生物医药、智能制造等领域核心技术；加快建设制造强国，实施《中国制造2025》，支持战略性新兴产业、高新技术产业发展，构建新型制造体系，建设现代产业新体系，全面发展现代服务业；推动基础设施、网络经济、蓝色经济等领域创新发展，释放新需求，创造新供给，拓展发展新空间，增强经济发展新动能。

要重点破除体制机制障碍，最大限度解放和激发科技作为第一生产力所蕴藏的巨大潜能。要深化科技等相关领域改革，加快形成有利于创新发展的市场环境、产权制度、投融资体制、分配制度、人才培养引进使用机制，强化企业创新主体地位和主导作用，形成一批有国际竞争力的创新型领军企业；坚持和完善基本经济制度，毫不动摇巩固和发展公有制经济，毫不动摇鼓励、支持、引导非公有制经济发展；持续推进简政放权、放管结合、优化服务，激发市场活力和社会创造力；还要创新和完善宏观调控方式，按照总量调节和定向施策并举、短期和中长期结合、国内和国际统筹、改革和发展协调的要求，创新调控思路和政策工具。

三是要努力形成全社会创新的浓厚氛围。要进一步推动大众创业、万众创新，优化劳动力、资本、土地、技术、管理等要素配置，加快实现发展动力转换，激发创新创业活力，推动新技术、新产业、新业态蓬勃发展。要把人才作为支撑创新发展的第一资源，在创新实践中发现人才，在创新活动中培养人才，在创新事业中凝聚人才，在全社会大兴识才、爱才、敬才、用才之风，开创人人皆可成才、人人尽展其才的生动局面。

（2）协调创新。

协调是持续健康发展的内在要求。必须牢牢把握中国特色社会主义事业总体布局，正确处理发展中的重大关系，重点促进城乡区域协调发展，促进经济社会协调发展，促进新型工业化、信息化、城镇化、农业现代化同步发展，在增强国家硬实力的同时注重提升国家软实力，不断增强发展整体性。

当前我国区域发展不平衡、城乡发展不协调、产业结构不合理、经济和社会发展"一条腿长、一条腿短"等矛盾仍然存在。这制约了中国经济长期可持续发展，也是当前经济下行压力加大的重要原因，只有按照中国特色社会主义事业的总体布局，按照经济社会持续健康发展的内在要求，正确处理好经济发展中的这些重大关系，切实把调整比例、补齐短板、优化结构作为"十三五"时期乃至更长一个时期的重大而紧迫的任务，在协调发展中拓宽发展空间，在加强薄弱领域中增强发展后劲，不断增强发展的整体性和协调性，我国经济发展才能行稳致远。

一要促进区域协调发展。要统筹东中西、协调南北方，继续实施西部开发、东北振兴、中部崛起、东部率先的区域发展总体战略。重点实施"一带一路"建设、京津冀协同发展、长江经济带建设三大战略，加快构建要素有序自由流动、主体功能约束有效、基本公共服务均等、资源环境可承载的区域协调发展新格局。

二要促进城乡协调发展。要坚持工业反哺农业、城市支持农村，健全城乡发展一体化体制机制，推进城乡要素平等交换、合理配置和基本公共服务均等化，促进农业发展、农民增收，提高社会主义新农村建设水平。推进以人为核心的新型城镇化，深化户籍制度改革，着力提高户籍人口城镇化率，努力实现基本公共服务常住人口全覆盖。

三要促进新型工业化、信息化、城镇化、农业现代化同步发展。要以信息化牵引产业结构升级，通过信息技术和产业深度融合，推动技术创新、产品创新、商业模式创新和管理创新。以新型工业化、城镇化带动农业现代化，以农业现代化保障国家粮食安全，夯实工业化、城镇化基础。

四要促进物质文明和精神文明协调发展。要坚持"两手抓、两手都要硬"，弘扬社会主义核心价值观，坚持社会主义先进文化前进方向，加快文化改革发展，加强社会主义精神文明建设，在增强国家硬实力的同时注重提升国家软实力，建设社会主义文化强国。

五要促进经济建设和国防建设融合发展。要坚持军民结合、寓军于民，加快形成全要素、多领域、高效益的军民深度融合发展格局，增强先进技术、产业产品、基础设施等军民共用的协调性等。

（3）绿色发展

绿色是永续发展的必要条件和人民对美好生活追求的重要体现。必须坚持节约资源和保护环境的基本国策，坚持可持续发展，坚定走生产发展、生活富裕、生态良好的文明发展道路，加快建设资源节约型、环境友好型社会，形成人与自然和谐发展现代化建设新格局，推进美丽中国建设，为全球生态安全作出新贡献。

走向生态文明新时代，建设美丽中国，是实现中华民族伟大复兴中国梦的重要内容。我国资源约束趋紧，环境污染严重，生态系统退化，发展与人口资源环境之间的矛盾日益突出，已成为经济社会可持续发展的重大瓶颈制约。习近平总书记指出，生态环境没有替代品，用之不觉，失之难存。党的十八大以来，我们党将生态文明建设融入经济建设、政治建设、文化建设、社会建设各方面和全过程，坚持"绿水青山就是金山银山"的理念，坚持走生产发展、生活富裕、生态良好的文明发展道路，开创了社会主义生态文明新时代。

绿色是永续发展的必要条件和人民对美好生活追求的重要体现。纵观世界和中国发展实践，绿色发展符合自然规律和经济社会发展规律，是我国发展转型升级的战略选择，反映我国对生态环境认识的最新理念，是解决人与自然和谐发展的一把钥匙。"生态兴则文明兴，生态衰则文明衰。"面对当前我国生态环境破坏加剧的严峻形势，在"十三五"时期，我们必须正确处理经济发展与生态环境保护的关系，树立尊重自然、顺应自然、保护自然的绿色发展理念，推动形成绿色发展方式和生活方式，协同推进人民富裕、国家富强、中国美丽。

一要加快转变改造自然和利用自然的方式。要有度有序利用自然，促进人与自然和谐共生。按照人口资源环境相均衡、经济社会生态效益相统一的原则，控制开发强度，调整优化空间结构，构建科学合理的城市化格局、农业发展格局、生态安全格局和自然岸线格局，推动各地区依据主体功能定位发展。

二要构建生态利用和保护的产业和制度体系。要全面节约和高效利用资源，推动低碳循环发展。强化约束性指标管理，对能源和水资源消耗、建设用地等实行总量和强度双控，加强高能耗行业能耗管控，实施全民节能行动，促进节能、节水、节地、节材、节矿，全面提高资源利用效率。推进能源革命，加快能源技术创新，建设清洁低碳、安全高效的现代能源体系。按照"减量化、再利用、资源化、减量化优先"的原则，推进生产、流通、消费各环节的循环经济发展。

要健全生态文明制度体系，用制度保护生态环境。健全法律法规，完善标准体系，建立自然资源资产产权制度和用途管制制度，推行生态保护补偿机制，严格生态环境监管制度和政绩考核制度，加快建立系统完整的生态文明制度体系，引导、规范和约束各类开发、利用、保护自然资源的行为。

三要加大生态环境治理力度实现生态环境质量总体改善。要推进多污染物综合防治和环境治理，实行联防联控和流域共治，打好大气、水、土壤污染防治"三大战役"。坚持城乡环境治理并重，工业污染源必须全面达标排放，加大农业面源污染防治力度，千方百计确保食品安全，加快解决人民群众反映强烈的环境问题。要加强生态保护和修复，筑牢生态安全屏障。坚持保护优先、自然恢复为主，实施山水林田湖生态保护和修复工程，构建生态廊道和生物多样性保护网络。对重要生态区、脆弱区，要合理退出人口和产业，降低经济活动强度。开展大规模国土绿化行动，完善天然林保护制度，扩大退耕还林还草，系统整治江河流域，推进荒漠化、石漠化、水土流失综合治理。

四要大力培育公民和社会保护生态环境意识。要牢固树立"绿水青山就是金山银山"的理念，在全社会形成浓厚的环境保护氛围，切实提高全社会保护生态环境的自觉性和积极性，让环境文明深入到每个群众的生活之中，让环境文明成为普通老百姓的基本价值观。

（4）开放发展

开放是国家繁荣发展的必由之路。必须顺应我国经济深度融入世界经济的趋势，奉行互利共赢的开放战略，坚持内外需协调、进出口平衡、引进来和走出去并重、引资和引技引智并举，发展更高层次的开放型经济，积极参与全球经济治理和公共产品供给，提高我国在全球经济治理中的制度性话语权，构建广泛的利益共同体。

改革开放以来，我国坚持对外开放的基本国策，形成了全方位、多层次、宽领域的对外开放格局，建立了中国特色开放型经济体系。当前，我国已经发展成为世界第二大经济体、第一大货物贸易国、第一大吸引外资国和第三大对外投资国、第一大外汇储备国，是名副其实的经济大国。中国发展奇迹得益于对外开放，引领新常态仍然要靠进一步扩大对外开放。开放是国家繁荣发展的必由之路。习近平总书记指出，坚持立足国内和全球视野相统筹，既以新理念新思路新举措主动适应和积极引领经济发展新常态，又从全球经济联系中进行谋划，重视提高在全球范围配置资源的能力。新常态下，开放发展是提高发展质量和解决发展内外联动问题的必然选择。

面对经济全球化深入发展，世界经济深度调整，我国经济与世界经济的相互联系相互影响明显加深的新形势，我们必须顺应我国经济深度融入世界经济的趋势，坚定不移奉行互利共赢的开放战略，统筹国内国际两个大局，更好利用两个市场两种资源，努力形成深度融合的互利合作格局，把我国开放型经济提升到新水平。

一要完善对外开放新布局。创新开放模式，加快培育国际经济合作竞争新优势。促进沿海内陆沿边开放优势互补，形成各有侧重的对外开放基地。坚持进出口平衡，推动外贸向优质优价、优进优出转变。发展服务贸易，建设贸易强国。坚持引进来和走出去并重、引资和引技引智并举，放宽外商投资准入限制，支持企业走出去，推进国际产能合作，深度融入全球产业链、价值链、物流链。

二要形成对外开放新体制。要进一步完善法治化、国际化、便利化的营商环境。保持外资政策稳定、透明、可预期，健全有利于合作共赢并同国际贸易投资规则相适应的体制机制。全面实行准入前国民待遇加负面清单管理制度，促进内外资企业一视同仁、公平竞争。提高自由贸易试验区建设质量，在更大范围推广复制。

三要统筹推进"一带一路"建设。"一带一路"建设是扩大对外开放的重大战略举措，要坚持共商共建共享原则，秉持亲诚惠容，以"五通"（即政策沟通、设施联通、贸易畅通、资金融通、民心相通）为主要内容，以企业为主体，实行市场化运作，推进同有关国家和地区多领域互利共赢的务实合作，打造陆海内外联动、东西双向开放的全面开放新格局。与此同时，还要深化我国内地与香港特别行政区、澳门特别行政区和中国台湾地区的合作，促进共同繁荣发展。提升港澳在国家经济发展和对外开放中的地位和功能，深化两岸农业、文化、教育、科技、社会等领域交流合作。

四要积极参与全球经济治理和公共产品供给。要推动国际经济治理体系改革完善，积极承担国际责任和义务，促进国际经济秩序朝着平等公正、合作共赢的方向发展。加快实施自由贸易区战略，致力于形成面向全球的高标准自由贸易区网络。坚持共同但有区别的责任原则、公平原则、各自能力原则，积极参与应对全球气候变化谈判，落实减排承诺，为发展中国家的发展和世界的共同繁荣创造更好的国际环境。

（5）共享发展

共享是中国特色社会主义的本质要求。必须坚持发展为了人民、发展依靠人民、发展成果由人民共享，作出更有效的制度安排，使全体人民在共建共享发展中有更多获得感，增强发展动力，增进人民团结，朝着共同富裕方向稳步前进。

坚定不移走共同富裕道路，是社会主义的本质要求，是社会主义制度优越性的集中体现。改革开放以来，我国人民生活水平、居民收入水平、社会保障水平持续提高，但仍存在收入差距较大、社会矛盾较多、部分群众生活比较困难等问题，全面建成小康社会还有不少"短板"要补。

习近平总书记指出："中国梦归根到底是人民的梦，必须紧紧依靠人民来实现，必须不断为人民造福。"习近平总书记在中央政治局会议上指出："人民是推动发展的根本力量，必须坚持以人民为中心的发展思想，把增进人民福祉、促进人的全面发展作为发展的出发点和落脚点，发展人民民主，维护社会公平正义，保障人民平等参与、平等发展权利，充分调动人民积极性、主动性、创造性。"坚持共享发展就是落实以人民为中心的发展思想，坚持发展为了人民、发展依靠人民、发展成果由人民共享，使全体人民在共建共享中有更多获得感。

一要增加公共服务供给，提高公共服务共建能力和共享水平。坚持普惠性、保基本、均等化、可持续方向，从解决人民最关心最直接最现实的利益问题入手，完善基本公共服务体系，努力实现基本公共服务全覆盖。加快社会事业改革发展，坚持教育优先发展，促进起点公平和机会公平。增加财政转移支付，重点向中西部、农村和贫困地区倾斜。完善社会保障制度，兜住兜牢人民群众生活底线。坚持计划生育的基本国策，全面实施一对夫妇可生育两个孩子政策，促进人口均衡发展，积极应对人口老龄化。

二要实施精准扶贫、精准脱贫，坚决打赢脱贫攻坚战。全面建成小康社会，最艰巨的任务是农村贫困人口脱贫。要根据各地区的不同情况，因人因地施策，提高扶贫实效。扩大贫困地区基础设施覆盖面，因地制宜解决通路、通水、通电、通网络等问题。实行低保政策和扶贫政策衔接，对贫困人口应保尽保。

三要持续增加城乡居民收入，形成合理的收入分配格局。坚持居民收入增长和经济增长同步、劳动报酬提高和劳动生产率提高同步，完善市场评价要素贡献并按贡献分配的机制。实施更加积极的就业政策，鼓励以创业带就业，推动实现更加充分、更高质量的就业。健全再分配调节机制，实行有利于缩小收入差距的政策，明显增加低收入劳动者收入，扩大中等收入者比重，形成两头小、中间大的橄榄形收入分配结构。

2. 新发展理念的内在逻辑和辩证关系

新发展理念（五大发展理论）是一个相互影响、相互贯通、相互促进的有机整体，有着深刻的内在联系，体现着辩证思维和统筹兼顾的科学方法论。

创新发展，体现了发展的本质，是新发展理念的灵魂，居于发展的核心位置，是发展的内在动力。创新发展的要义，是以创新驱动代替要素驱动，其根本任务是让科技、制度、管理、文化等系列创新，贯穿打造发展新引擎、培育发展新动力的全过程，驱动全局实现更高质量、更高效益的发展。坚持创新发展，可以为其他发展提供持续的驱动力，通过自身发展强力驱动协调、绿色、开放和共享发展，促使一个行业、一个地区的发展更加均衡、更加环保、更加优化、更加包容地整体发展。创新发展对其他四个发展具有驱动作用，也受到其他四个发展的反向驱动，构成了其自身的辩证法和方法论。

协调发展，体现了发展的方式，新发展理念的骨干，是推动发展变革的根本手段，也是提升发展的根本标志。协调发展的要义，是以"协调"保证发展的均衡和全面，强调的是注重补短板，杜绝片面性、破坏性和畸形的发展，表明了其在发展全局中具有统筹地位。协调发展，抓住了辩证发展认识论和方法论的要领，形成以创新发展带动绿色、开放和共享发展的局面，用这四个发展的充分发展来体现协调发展。但协调发展又深受这四个发展的制约，任何一个发展的不好或不够好，就不是真正的协调发展。协调发展其自身统筹的特性，凸显了重点论与两点论的辩证法。

绿色发展，体现了发展的性质，是新发展理念的血脉，也是其他发展的哲学基础。坚持绿色发展，注重的是更加环保、更加和谐，深刻影响着一个地区的发展模式和幸福指数，将显著提高人们的生活质量，使共享发展成为有质量的发展。实现绿色发展，需要不断的技术创新和理念创新，客观要求以创新为前提，以协调为手段，以群众的满意为目标，实现经济与环保发展的和谐、人与自然发展的和谐。绿色发展既是对其他发展的内在要求，又是衡量其他发展的标准，能很好地表达其他发展的发展质量，体现了人与自然的矛盾对立统一规律和矛盾转化方法的运用，彰显了其包含的辩证法和方法论。

开放发展，体现了发展的姿态，是新发展理念的翅翼，是拓展发展空间，繁荣发展的必由之路。坚持开放发展，强调的是以开放带动战略，显现发展的开放性和竞争性，推动更加优化的发展，更加融入世界的发展，实现各国之间、各地区之间互利共赢、共同发展。开放发展，对创新发展要求特别迫切，对协调、绿色和共享发展有特殊的要求。同时，开放发展又能为创新、协调、绿色和共享发展带来借鉴、带来生机和活力。同时，这四个发展又进一步刺激了开放发展。开放发展以其联动性和带动性，显示了创造矛盾转换条件和推进因果变化的辩证方法。

共享发展，体现了发展的目的，是新发展理念的生命，也是其他发展的根本出发点和最终落脚点。坚持共享发展，强调的是一切的发展都是为了人的发展，突出的是以更加公平、更加正义确保人民享有发展成果，这将为其他四种发展提供伦理支持和治理动力。同时，共享发展，又能调动人民群众支持和参与发展的积极性，挖掘群众中蕴藏的无穷无尽的创新能量，促进创新、协调、绿色、开放的发展，推动更新发展理念和根本变革发展的坚定性，从而形成了发展目标和发展手段的辩证统一。

总的来说，新发展理念，既各有侧重又相互支撑，共同构成了一个开辟未来发展前景的顶层设计，形成了一个系统化的逻辑体系。习近平总书记指出："新发展理念是不可分割的整体，相互联系、相互贯通、相互促进，要一体坚持、一体贯彻，不能顾此失彼，也不能相互替代。"① 深刻把握五大发展理念的内在逻辑和辩证关系，树立全面系统的思维，掌握科学统筹的方法，我们才能统一思想、统一贯彻，切实以发展新理念推动发展全局的变革，推进我国经济社会迈向一个新的发展阶段。

3. 在习近平新时代中国特色社会主义思想中的重要地位

党的十九大形成了习近平新时代中国特色社会主义思想，并写入了新修订的《中国共产党章程》。习近平新时代中国特色社会主义思想是同马克思列宁主义、毛泽东思想、邓小平理论、"三个代表"重要思想、科学发展观一起成为发展中国特色社会主义必须长期坚持的指导思想。新发展理念是习近平新时代中国特色社会主义思想的重要内涵，坚持新发展理念是坚持和发展中国特色社会主义的一个基本方略，不仅要贯穿于"十三五"时期经济社会发展的全过程和各领域，也是决胜全面建成小康社会，开启全面建设社会主义现代化国家新征程，实现两个阶段现代化新目标的理念引领。

党的十九大报告明确指出，发展是解决我国一切问题的基础和关键，发展必须是科学发展，必须坚定不移贯彻创新、协调、绿色、开放、共享的新发展理念。

新发展理念开拓了马克思主义发展理论的新境界，构筑起了新时代治国理政思想理念的逻辑支撑，形成了"十三五"时期乃至建设现代化国家征程中事关发展全局的行动纲领。

——新发展理念开辟了马克思主义发展观的最新境界。

创新、协调、绿色、开放、共享五大发展理念富有博大精深的哲学内涵，既涵盖了马克思主义哲学的基本原理和辩证唯物主义的基本内核，又贯穿着运用马克思主义唯物辩证法和历史方法论破解当前中国发展难题的灵活运用，体现了以习近平同志为核心的党中央保持和发扬马克思主义政党与时俱进的理论品格和勇于推进实践基础上的理论创新的思想锐气，是马克思主义发展理论在当代中国的具体体现和高度凝练，写下马克思主义哲学史上灿烂的一页。

习近平同志指出："新发展理念的提出，是对辩证法的运用；新发展理念的实施，离不开辩证法的指导。要坚持系统的观点，依照新发展理念的整体性和关联性进行系统设计，做到相互促进、齐头并进，不能单打独斗、顾此失彼，不能偏执一方、畸轻畸重。要坚持'两点论'和'重点论'的统一，善于厘清主要矛盾和次要矛盾、矛盾的主要方面和次要方面，区分轻重缓急，在兼顾一般的同时紧紧抓住主要矛盾和矛盾的主要方面，以重点突破带动整体推进，在整体推进

---

① 中共中央文献研究室：《习近平关于社会主义经济建设论述摘编》，中央文献出版社 2017 年版，第 33 页。

中实现重点突破。要遵循对立统一规律、质量互变规律、否定之否定规律，善于把握发展的普遍性和特殊性、渐进性和飞跃性、前进性和曲折性，坚持继承和创新相统一，既求真务实、稳扎稳打，又与时俱进、敢闯敢拼。要坚持具体问题具体分析，'入山问樵、入水问渔'，一切以时间、地点、条件为转移，善于进行交换比较反复，善于把握工作的时效度。"①

新发展理念体现了世界观与方法论的辩证统一。新发展理念相互作用、辩证统一，构成一个有机联系的整体，它既是一种世界观，又是一种方法论。作为世界观，它阐明了客观世界的运动变化性、和谐性、生态完整性、开放性、共生共存性等内在本质与规律，给我们提供了观察世界、认识世界的根本观点；作为方法论，它阐明了创新方法、协调方法、绿色方法、开放方法、共享方法以及综合集成、普遍联系、系统思维、矛盾分析等辩证思维与方法，给我们提供了把握世界、变革世界的科学思维武器与行动指南，可增强我们树立崇尚创新、注重协调、倡导绿色、厚植开放、推进共享的方法论自觉与行动自觉。

发展新理念体现了唯物论与辩证法的辩证统一。新发展理念蕴含着尊重规律、按规律办事的实践唯物主义原则，体现了经济社会发展的新内涵、新要求，强调要善于把握我国进入经济发展新常态阶段的大逻辑，因势而谋、因势而进地推动社会发展，发展必须是遵循经济规律的科学发展，必须是遵循自然规律的可持续发展，必须是遵循社会规律的包容性发展，必须是遵循人类文明演进规律的开放性发展。同时，践行新发展理念又必须通过全面深化改革、着力构建创新、协调、绿色、开放、共享的完善体制与机制来解决现实难题、化解现实矛盾，而改革要靠充分发挥人的主观能动性来实现，这就蕴含着丰富的社会辩证法。改革要善于"五指弹钢琴"，确保改革与新发展理念相互促进、相辅相成、深度交融。做到全面深化改革与践行五大发展理念的辩证统一，就深刻体现了唯物论与辩证法的有机统一。

新发展理念体现了历史观与价值观的辩证统一。新发展理念在科学把握时代脉搏与历史潮流的基础上，提出了崭新的唯物主义历史观，它把社会历史发展看作是一个创新、协调、绿色、开放、共享发展的自然历史过程，有着不以人的意志为转移的内在逻辑与历史必然性，要求我们更加深刻地认识和准确把握历史发展的趋势与潮流，充分尊重并自觉顺应历史规律。新发展理念又集中反映了时代的声音、人民的意愿和文明进步的方向，体现了以人民为中心的价值归宿，彰显出发展的人民性、公正性、和谐性，是以人民为中心的马克思主义发展思想的落

① 中共中央文献研究室：《习近平关于社会主义经济建设论述摘编》，中央文献出版社 2017 年版，第 44 页。

地生根，折射出鲜明的马克思主义人民主体论价值观。二者的有机统一，就可以解决实现什么样的发展、为什么发展、怎样发展、发展依靠谁、为了谁发展等重大理论问题，从而极大地丰富了马克思主义的历史观和价值观。

——新发展理念支撑了治国理政思想大厦的逻辑体系。

党的十八大以来到党的十九大，党和国家事业发展一个具有里程碑意义的开拓创新，就是形成了以习近平同志为核心的党中央治国理政新理念新思想新战略，体现了开时代先河的创新、创造、创举。而树立新发展理念贯穿于整个治国理政思想大厦的逻辑体系，发挥着支撑思想大厦的"钢梁"作用。

树立新发展理念是实现"两个一百年"奋斗目标、实现中华民族伟大复兴的中国梦的内在要求。实现"两个一百年"奋斗目标、实现中华民族伟大复兴的中国梦，是当代中国最鲜明的时代主题。解决中国发展所有的问题靠发展，实现中国人民和中华民族的两个百年梦想，依然靠的是发展。党的十八大以来，以习近平同志为核心的党中央高瞻远瞩，审时度势，在新的历史起点上确立了中国面向未来的发展目标、战略布局、基本框架和发展路径，创新发展、协调发展、绿色发展、开放发展、共享发展就成为贯穿其间的思想红线，共同确定了中国新发展的大格局、大趋势、大前景，为实现近期全面建成小康社会、远期实现中华民族伟大复兴的现代化梦想提供了有力的思想武器。

树立新发展理念是继续开创中国特色社会主义道路新局面的必然选择。经过几代中国共产党人的努力，我们走出了一条符合中国国情、顺应人类发展进步规律的中国特色社会主义道路。中国特色社会主义，承载着几代中国共产党人的理想和求索，寄托着无数仁人志士的夙愿和期盼，凝聚着亿万人民的奋斗和牺牲，它是党和人民90多年奋斗、创造、积累的根本成就，是改革开放近40年实践的宏大主题。中国特色社会主义的发展道路要充分体现以人民为中心的发展思想，充分尊重人民群众的首创精神、以实现人的全面发展为目标，从人民群众的根本利益出发谋发展、促发展，不断满足人民群众日益增长的物质文化需要，切实保障人民群众的经济、政治、文化和生态权益，实现社会的公平正义，最终让发展的成果惠及全体人民。新发展理念正是顺应这一要求，既反映了中国特色社会主义的发展价值，又反映了时代发展的新特征新要求，回应了当代中国社会发展问题的这个解答。

树立新发展理念是统筹"五位一体"总体布局和协调推进"四个全面"战略布局的迫切需要。统筹推进中国特色社会主义经济、政治、文化、社会和生态建设"五位一体"总布局，展现了中国特色社会主义实践的不断丰富和日趋完善过程；协调推进"四个全面"是总布局之下的一个"战略布局"，回答了"什么是社会主义，怎样建设社会主义""建设一个什么样的党，怎样建设党""实现什么样的发展，怎样发展""新时代坚持和发展什么样的中国特色社会主义、怎样坚持和发展中国特色社会主义"的现实问题，这都标志着我们党在中国特色社会主义建设中对发展规律的把握，也正是推进新发展理念的时代背景。只有将创新发展、协调发展、开放发展、绿色发展、共享发展放在"五位一体"和"四个全面"的框架中才能得到最大程度发挥。反之，新发展理念也只有融入经济、政治、文化、社会、生态"五位一体"建设中，自觉为推进"四个全面"提供思想观念和价值资源，才能使新发展理念共同指向科学发展之路。

——新发展理念形成了事关改革发展全局的行动纲领。

新发展理念贯穿于"十三五"时期经济社会发展的全过程和各领域，统领"十三五"时期我国改革发展全局，是夺取全面建成小康社会决胜阶段的伟大胜利的行动纲领。习近平总书记指出："新发展理念要落地生根、变成普遍实践，关键在各级领导干部的认识和行动。"① "贯彻落实新发展理念，涉及发展观念转变和知识能力提升，也涉及利益关系调整和体制机制创新。要把新发展理念贯穿领导活动全过程，落实到决策、执行、检查各项工作中，努力提高统筹贯彻新发展理念能力和水平，不断开拓发展新境界。"② 因此，我们只有牢固树立新发展理念、坚定不移贯彻新发展理念，扎扎实实付诸经济社会发展的具体工作中，就能有力推动我国发展不断朝着更高质量、更有效率、更加公平、更可持续的方向前进。

4. 切实增强科学发展本领促进新发展理念落地生根

理念是行动的先导。新发展理念管全局、管根本、管方向、管长远。习近平总书记指出，新发展理念要落地生根、变成自觉实践，关键在于各级领导干部的认识和行动。

党的十九大报告在"坚定不移全面从严治党，不断提高党的执政能力和领导水平"一节中就"全面增强执政本领"对全党干部提出了要增强"八个本领"。其中，增强科学发展本领，就是善于贯彻新发展理念，不断开创发展新局面。要求党员干部必须坚定不移地贯彻创新、协调、绿色、开放、共享的新发展理念。全党干部牢固树立和自觉践行新发展理念，就是思想上要纯正，认识上要深刻，行动上要到位，切实把新发展理念作为引领发展的指挥棒和红绿灯，把新发展理念贯穿领导活动全过程，扎扎实实付诸经济社会发展的具体工作中，不断提高贯

---

① 中共中央文献研究室：《习近平关于社会主义经济建设论述摘编》，中央文献出版社 2017 年版，第 42 页。

② 中共中央文献研究室：《习近平关于社会主义经济建设论述摘编》，中央文献出版社 2017 年版，第 43 页。

彻新发展理念的能力和水平。

要深学笃用、辩证思维。"知之愈明，则行之愈笃。"确立新发展理念，需要不断学、深入学、持久学，领会好、领会透；需要结合历史学、多维比较学、联系实际学，在时间与空间的审视中，在历史与现实的观照中，认识新发展理念的真理力量，从灵魂深处确立对新发展理念的自觉和自信，使之变成改造客观世界的物质力量。还要用好辩证法，对贯彻落实新发展理念进行科学设计和施工。既要把握新发展理念的指导意义，也要有专业思维、专业素养、专业方法；既要坚持系统的观点，做到相互促进、齐头并进，也要坚持"两点论"和"重点论"的统一，区分轻重缓急、抓住主要矛盾。要增强大局意识、战略意识，善于算大账、总账、长远账，不能单打独斗、顾此失彼，不能偏执一方、畸轻畸重。对不适应、不适合甚至违背新发展理念的认识要立即调整，对不适应、不适合甚至违背新发展理念的行为要坚决纠正，对不适应、不适合甚至违背新发展理念的做法要彻底摒弃。

要创新手段、勇于实践。"非知之难，行之惟难。"贯彻落实新发展理念，涉及发展观念转变和知识能力提升，也涉及利益关系调整和体制机制创新。要善于通过改革和法治推动贯彻落实新发展理念。在贯彻落实中，对中央改革方案中的原则性要求，可以结合实际，创新手段，落实主体责任，进一步具体化。既要发挥改革的推动作用，遇到改革方案的空白点，遇到思想阻力和工作阻力，要积极探索、大胆试验，又要发挥法治的保障作用，注重运用法治思维和法治方式；既要积极主动、未雨绸缪，下好先手棋、打好主动仗，不能松懈斗志、半途而废，又要见微知著、防微杜渐，做好应对任何矛盾风险挑战的准备。在深化改革中贯彻落实，在推进法治中稳步向前，在防范风险中不断完善，才能顺利实现这场关系发展全局的深刻变革。

要奋发有为、敢于担当。"良好的精神状态，是做好一切工作的重要前提。"落实新理念、引领新常态，迫切需要干部队伍拿出奋发有为的状态、敢闯敢试的斗志、开拓进取的精神，迫切需要发挥干部队伍主观能动性和创造精神推动发展。要把严格管理干部和热情关心干部结合起来，推动广大干部心情舒畅、充满信心，层层负责、人人担当。要把先行先试的失误和明知故犯的违纪违法行为区分开来，把探索性试验中的失误同我行我素的违纪违法行为区分开来，把推动发展的无意过失同谋取私利的违纪违法行为区分开来，从而保护那些作风正派又敢作敢为、锐意进取的干部，最大限度调动广大干部的积极性、主动性、创造性，用新状态贯彻落实新理念，以新理念开拓发展新境界，真正做到崇尚创新、注重协调、倡导绿色、厚植开放、推进共享。

贯彻落实新发展理念建设现代化经济体系

党的十九大报告明确指出，实现"两个一百年"奋斗目标、实现中华民族伟大复兴的中国梦，不断提高人民生活水平，必须坚定不移把发展作为党执政兴国的第一要务，坚持解放和发展社会生产力，坚持社会主义市场经济改革方向，推动经济持续健康发展。发展是解决我国一切问题的基础和关键，发展必须是科学发展，必须坚定不移贯彻创新、协调、绿色、开放、共享的新发展理念。

按照党的十九大作出的新的部署，坚定不移地贯彻新发展理念，就是要建设现代化经济体系①。

（一）建设现代化经济体系是跨越关口的迫切需要和我国发展的战略目标

党的十九大报告首次提出了"现代化经济体系"这一概念。过去我们党的报告提出过许多现代化概念，宏观的概念就是"现代化"，其内涵十分广泛；对部门的现代化的提法有诸如工业现代化、农业现代化、科技现代化、国防现代化等概念。党的十八大和"十三五"规划提出了"优化现代产业体系"的概念，这也是基于产业层面的。这次党的十九大明确提出"建设现代化经济体系"，并指出建设现代化经济体系是跨越关口的迫切要求和我国发展的战略目标，这是我们党根据新时代的发展历史方位、社会主要矛盾和发展战略目标，对经济发展作出的总体部署和扎实安排，意义是十分重要的，至少可以从以下三个层面理解：

1. 建设现代化经济体系是建设现代化国家的经济支撑

党的十九大报告提出，从全面建成小康社会到基本实现现代化，再到全面建成社会主义现代化强国，是新时代中国特色社会主义发展的战略安排。建设现代化经济体系，是与建设现代化强国的阶段性目标相适应的，构成了现代化国家的经济支撑。一个现代化经济体系应当具有高质量的经济发展、高效益的经济水平、有创新力的发展动力、有竞争力的产业体系、更平衡的区域发展格局、更完善的市场经济体制，更全面的对外开放，等等。现代化经济体系就是现代化国家在经济领域的体现。党的十九大报告对建设现代化经济体系的目标、原则、内涵阐述得十分明确，就是"必须坚持质量第一、效益优先，以供给侧结构性改革为主线，推动经济发展质量变革、效率变革、动力变革，提高全要素生产率，着力加快建设实体经济、科技创新、现代金融、人力资源协同发展的产业体系，着力构建市场机制有效、微观主体有活力、宏观调控有度的经济体制，不断增强我国经济创新力和竞争力"。这既是针对现阶段我们决胜全面建成小康社会所必须进

---

① 习近平：《决胜全面建成小康社会　夺取新时代中国特色社会主义伟大胜利——在中国共产党第十九次全国代表大会上的报告》，《人民日报》2017年10月28日。

行的努力，也是面向基本实现现代化到全面建成现代化强国必须完成的任务。只有加快建设现代化经济体系，推动我国经济发展实现质量变革、效率变革、动力变革，形成适应现代化要求的经济发展动力体系、产业体系、经济体制，我国经济才能由高速增长阶段成功转向高质量发展阶段，产业由制造业中低端成功迈向全球价值链中高端，经济体制也更加健全、完善和开放，从而为实现"基本实现现代化"的目标、为实现"把我国建成富强民主文明和谐美丽的社会主义现代化强国"的目标，奠定更为牢靠的基础。

2. 建设现代化经济体系是贯彻新发展理念的根本要求

经过改革开放近40年的快速发展，特别是党的十八大以来的五年，我国改革开放和社会主义现代化建设取得了全方位、开创性的历史性成就，我们已经从解决温饱到总体上实现了小康、不久将全面建成小康社会，但随着人民美好生活需要日益广泛，发展的不平衡不充分问题已成为满足人民日益增长的美好生活需要的主要制约因素。当前，我国发展不平衡不充分的一些突出问题尚未解决，发展质量和效益还不高，创新能力不够强，实体经济水平有待提高，生态环境保护任重道远；民生领域还有不少短板，脱贫攻坚任务艰巨，城乡区域发展和收入分配差距依然较大，群众在就业、教育、医疗、居住、养老等方面还面临不少难题。这些都是我国发展的短板、问题和矛盾，新发展理念就是以问题为导向，针对破解发展难题、厚植发展优势而提出的，与建设现代化经济体系的基本内涵相契合。贯彻新发展理念可以更好引领现代化经济体系建设，建设现代化经济体系也是将新发展理念更好践行到经济工作中去。因此，贯彻新发展理念，建设现代化经济体系，可以大力提升发展质量和效益，充分解决好发展不平衡不充分问题，进一步解放和发展社会生产力，进一步激发全社会创造力和发展活力，推动经济持续健康发展。

3. 建设现代化经济体系是跨越转型关口的迫切需要

党的十八大以来，以习近平同志为核心的党中央作出一个重要判断就是我国经济发展进入了新常态。新常态的显著特征是我国经济发展的增长速度开始从高速转向中高速，发展方式从规模速度型转向质量效率型，经济结构调整从增量扩能为主转向调整存量、做优增量并举，发展动力从主要依靠资源和低成本劳动力等要素投入转向创新驱动。与此同时，我国的消费需求、投资需求、出口和国际收支、生产能力和产业组织方式、生产要素相对优势、市场竞争特点、资源环境约束、经济风险积累和化解、资源配置模式和宏观调控方式等也都发生了趋势性变化。比如"消费需求"由过去"模仿型排浪式特征"转为"个性化、多样化消费渐成主流"，比如"生产要素相对优势"由过去"劳动力成本低是最大优势"，转为"必须让创新成为驱动发展新引擎"；等等。经济发展新常态下的速度变化、结构转换、动力转化及其各方面的趋势性变化说明，我国经济必须向形态更高级、分工更优化、结构更合理的方向迈进。当前我国经济已由高速增长阶段转向高质量发展阶段，但还正处在转变发展方式、优化经济结构、转换增长动力的攻关期、关键期，建设现代化经济体系，就是要以供给侧结构性改革为主线，不断推动经济发展质量变革、效率变革、动力变革，切实提高全要素生产率，从而形成经济持续发展的新动能、产业优化升级的新体系、经济协调运行的新机制，不断增强我国经济创造力和竞争力，尽快地跨越经济发展方式转变和经济结构调整的时间窗口和过渡关口，为下一阶段基本实现社会主义现代化迈出坚实的步伐。

（二）建设现代化经济体系应贯彻新发展理念突出抓好六个方面关键环节

按照党的十九大精神，贯彻新发展理念必须贯穿到建设现代化经济体系中。党的十九大报告对建设现代化经济体系指明了清晰的方向，提出了"深化供给侧结构性改革""加快建设创新型国家""实施乡村振兴战略""实施区域协调发展战略""加快完善社会主义市场经济体制""推动形成全面开放新格局"等具体部署①。这六个方面的战略部署，充分体现了新发展理念。从当前经济工作的重点出发，建设现代化经济体系应当着力从六个方面发力：

1. 将创新作为建设现代化经济体系的战略支撑，加快建设创新型国家

创新发展是放在新发展理念的首位，创新是引领发展的第一动力。在构筑建设现代化经济体系上，创新发展也发挥着战略支撑作用。一是研究技术上有突破。要瞄准世界科技前沿，强化基础研究，实现前瞻性基础研究、引领性原创成果重大突破，突出关键共性技术、前沿引领技术、现代工程技术、颠覆性技术创新，实现科技对国民经济发展各重要领域的全方位战略支撑。二是创新体系上要强化。国家创新体系建设必须依靠战略科技力量，"十三五"规划就提出布局一批高水平国家实验室、组建综合性国家科学中心和建设一批国家技术创新中心，支持企业技术中心建设。与此同时，立足于促进科技成果转化，深化科技体制改革，建立以企业为主体、市场为导向、产学研深度融合的技术创新体系，加强对中小企业创新的支持。三是创新文化上要弘扬。要倡导创新文化，强化知识产权创造、保护、运用。近年来，我国创新能力还不够，经常遭遇国际机构诟病，重要的一个原因在于知识产权保护不够，只有知识产权保护得好，包括在创造和运用环节，创新才能具有强大的社会基础和强大的研发动力。四是人才培养上要解放。人才是实现民族振兴、赢得国际竞争主动的战略资源，要让各类人才的创造

---

① 习近平：《决胜全面建成小康社会 夺取新时代中国特色社会主义伟大胜利——在中国共产党第十九次全国代表大会上的报告》，《人民日报》2017 年 10 月 28 日。

活力竞相迸发、聪明才智充分涌现。对科技创新人才更是如此。党的十九大报告指出，培养造就一大批具有国际水平的战略科技人才、科技领军人才、青年科技人才和高水平创新团队，这是建设科技强国的落脚点。

2. 将发展的着力点放在实体经济上，继续深化供给侧结构性改革

没有实体经济的发展，现代化经济体系就成了空中楼阁，发展也就失去了着力点。党的十九大报告提出，建设现代化经济体系，必须坚持质量第一、效益优先，必须把着力点放在实体经济上，把提高供给体系质量作为主攻方向，显著增强我国经济质量优势。深化供给侧结构性改革的根本就是要提高经济发展质量。

一是加快培育新增长点、形成发展的新动能。通过加快建设制造强国，加快发展先进制造业，推动互联网、大数据、人工智能和实体经济深度融合，培育若干世界级先进制造业集群，着力加快实体经济、科技创新、现代金融、人力资源协同发展的产业体系，这样可以全面提升我国产业水平，加快形成新的现代产业优势，实现我国产业在某些领域从国际上跟跑、并跑到领跑。通过在中高端消费、创新引领、绿色低碳、共享经济、现代供应链、人力资本服务等领域培育新增长点，发展新业态，成就新经济，形成新动能。近年来，所谓的"中国新四大发明"可傲视世界就足以说明。

二是支持传统产业优化升级，加快新经济与传统产业的融合步伐。加快发展现代服务业，瞄准国际标准提高水平，既可以提升我国制造业发展的内涵和质量，也是加快促进我国产业迈向全球价值链中高端的基础。全球产业链中高端包含制造、加工、创新和服务等全部环节，是实体经济发展的大趋势也是题中之义。

三是加强水利、铁路、公路、水运、航空、管道、电网、信息、物流等基础设施网络建设。"十三五"规划就提出了要构筑现代基础设施网络和拓展网络经济空间，通过破解物流瓶颈、降低生产原料成本等，带来更高的生产效率和更快的经济增长。这一个"看得见"和"一个看不见"的巨大基础设施网络将传统和现代紧密联系在一起，是现代化经济体系的运行基础，对提升经济质量和人民生活水平发挥着支撑引领作用。

四是坚持"三去一降一补"，切实化解经济结构中的矛盾和问题。我国经济受总量性、结构性、周期性因素的影响，经济出现下行压力，主要是因为重大结构性失衡，抓好"三去一降一补"五大任务，就是优化存量资源配置，扩大优质增量供给，减少和消除低效无效供给，实现供需动态平衡，从而推动结构调整，加快经济结构转型升级，实现新旧动能接续转换。

五是激发和保护企业家精神，弘扬劳模精神和工匠精神。建设知识型、技能型、创新型劳动者大军，鼓励更多社会主体投身创新创业，营造劳动光荣的社会

风尚和精益求精的敬业风气，为提高经济质量、激发经济活力提供人力资本支撑。

3. 抓住"三农"这一关系国计民生的根本问题，实施好乡村振兴战略

党的十九大报告提出实施乡村振兴战略，加快推进农业农村现代化。在过去提出农业现代化基础上，又提出了农村现代化。这是建设现代化经济体系的重要内容，也是践行协调发展、绿色发展、共享发展的客观要求。改革开放以来我国农业发展、农村进步、农民富裕取得了很大进展，但目前不平衡不充分发展的问题主要还是集中在农村农民，脱贫攻坚的重任也主要在农村。因此，实施乡村振兴战略，是新时代解决好"三农"问题的切实之举。

一是从政策和制度完善上，推进农村农业"两个现代化"。要坚持农业农村优先发展，按照产业兴旺、生态宜居、乡风文明、治理有效、生活富裕的总要求，建立健全城乡融合发展体制机制和政策体系，加快推进农业农村现代化；要巩固和完善农村基本经营制度，深化农村土地制度改革，深化农村集体产权制度改革和加强农村基层基础工作，健全自治、法治、德治相结合的乡村治理体系。二是从农业产业发展上，要构建现代农业产业体系、生产体系、经营体系，完善农业支持保护制度，促进农村一二三产业融合发展，培育新型农业经营主体，健全农业社会化服务体系。三是从保护农民权益上，要完善承包地"三权"分置制度，保持土地承包关系稳定并长久不变，第二轮土地承包到期后再延长30年；要保障农民财产权益，壮大集体经济；要确保国家粮食安全；要实现小农户和现代农业发展有机衔接，支持和鼓励农民就业创业，拓宽增收渠道；要培养造就一支懂农业、爱农村、爱农民的"三农"工作队伍。

4. 建立更加有效的区域协调发展新机制，推动区域更好更协调发展

建设现代化经济体系需要一个更加平衡、更加协调、更加相互促进、合作开放的区域经济发展格局，也是落实协调发展、绿色发展的基本要义。不平衡不充分在区域发展上非常突出，也是我国结构性矛盾较集中的问题。

要按照建立更加有效的区域协调发展新机制的要求，从老少边穷地区，到西部、东北、中部、东部，抓住主要矛盾各有重点地发展，对老少边穷地区强调"加大力度支持"、对西部地区强调"强化举措"，对东北地区强调"深化改革"，对中部地区强调"发挥优势"，对东部地区强调"创新引领"。另外，要以城市群为主体构建大中小城市和小城镇协调发展的城镇格局，积极推进京津冀协同发展、长江经济带建设、资源型地区经济转型三大区域发展。要加快边疆发展，确保边疆巩固、边境安全。要坚持陆海统筹，加快建设海洋强国。

5. 加快完善社会主义市场经济体制，突破思想、体制、机制障碍

党的十九大报告强调，坚持社会主义市场经济改革方向。在建设现代化经济

体系上强调要"着力构建市场机制有效、微观主体有活力、宏观调控有度的经济体制"。市场机制、微观主体和宏观调控三个层次，这与作为新时代坚持和发展中国特色社会主义一个基本方略的"坚持新发展理念"再次强调的坚持和完善我国社会主义基本经济制度、坚持两个"毫不动摇"、"使市场在资源配置中起决定性作用，更好发挥政府作用"相互衔接、内在一致。可以说，贯彻新发展理念就是要加快完善社会主义市场经济体制；建设现代化经济体系，就是要以完善的社会主义市场经济体制为体制基础。

按照党的十九大精神，经济体制改革必须以完善产权制度和要素市场化配置为重点，实现产权有效激励、要素自由流动、价格反应灵活、竞争公平有序、企业优胜劣汰。这既是经济体制改革的总要求，也是坚持社会主义市场经济的改革方向。一是针对"微观主体有活力"，要深化国有企业改革，发展混合所有制经济，培育具有全球竞争力的世界一流企业。同时要完善各类国有资产管理体制推动国有资本做强做优做大。要支持民营企业发展，全面实施市场准入负面清单制度，清理废除妨碍统一市场和公平竞争的各种规定和做法，激发各类市场主体活力。二是针对"市场机制有效"，要深化商事制度改革，打破行政性垄断，防止市场垄断，加快要素价格市场化改革，放宽服务业准入限制，完善市场监管体制。三是针对"宏观调控有度"，要创新和完善宏观调控，发挥国家发展规划的战略导向作用，健全财政、货币、产业、区域等经济政策协调机制。要完善促进消费的体制机制，深化投融资体制改革，加快建立现代财政制度，深化税收制度改革，深化金融体制改革，健全货币政策和宏观审慎政策双支柱调控框架，深化利率和汇率市场化改革，健全金融监管体系，等等。

完善经济体制离不开改革，这也是推动经济发展的动力变革，因此要坚决破除一切不合时宜的思想观念和体制机制弊端，突破利益固化的藩篱。

6. 实行更加积极主动的开放战略，推动形成全面开放新格局

现代化经济体系是一个开放包容的体系。按照党的十九大精神，要推动形成全面开放新格局，加快培育国际经济合作和竞争新优势。一是从广度上，要以"一带一路"建设为重点，坚持引进来和走出去并重，遵循共商共建共享原则，加强创新能力开放合作，形成陆海内外联动、东西双向互济的开放格局。二是从深度上，要拓展对外贸易，培育贸易新业态新模式，推进贸易强国建设。实行高水平的贸易和投资自由化便利化政策，全面实行准入前国民待遇加负面清单管理制度，大幅度放宽市场准入，扩大服务业对外开放，保护外商投资合法权益。凡是在我国境内注册的企业，都要一视同仁、平等对待。三是从布局上，要优化区域开放布局，加大西部开放力度。赋予自由贸易试验区更大改革自主权，探索建设自由贸易港。四是从方式上，要创新对外投资方式，促进国际产能合作，形成

面向全球的贸易、投融资、生产、服务网络等。

　　贯彻新发展理念、建设现代化经济体系在党的十九大报告中阐述是全面的、深刻的，但贯彻新发展理念要贯穿于"五位一体"总体布局和"四个全面"战略布局，这客观要求政治、文化、社会、生态文明建设的同步现代化必须为建设现代化经济体系提供有力支撑。比如，国家治理体系和治理能力的现代化，是现代化经济体系的制度保障；文化的现代化为现代化经济体系建设提供精神引领；教育的现代化为现代化经济体系建设提供丰厚的人力资本；人与自然和谐共生的现代化为现代化经济体系建设提供宁静、和谐、美丽的环境；等等。正是需要这所有方面的现代化统筹建设、相互结合、相互促进，才能共同成就我们的社会主义现代化强国，实现人民对美好生活的向往。

FOLLOW THE LOGIC OF
DEVELOPMENT

循着
发展的
逻辑

一个经济学人的时事观察
2016—2020

胡敏 著

经济管理出版社
ECONOMY & MANAGEMENT PUBLISHING HOUSE

图书在版编目（CIP）数据

循着发展的逻辑：一个经济学人的时事观察：2016—2020/胡敏著.—北京：经济管理出版社，2023.2

ISBN 978-7-5096-8950-9

Ⅰ.①循…　Ⅱ.①胡…　Ⅲ.①社会科学—文集　Ⅳ.①C53

中国国家版本馆 CIP 数据核字（2023）第 032402 号

组稿编辑：杨　雪
责任编辑：杨　雪
助理编辑：王　慧　王　蕾　付姝怡
责任印制：黄章平
责任校对：王淑卿　蔡晓臻

出版发行：经济管理出版社
　　　　　（北京市海淀区北蜂窝 8 号中雅大厦 A 座 11 层　100038）
网　　　址：www.E-mp.com.cn
电　　　话：（010）51915602
印　　　刷：唐山昊达印刷有限公司
经　　　销：新华书店
开　　　本：720mm×1000mm/16
印　　　张：82.25
字　　　数：1557 千字
版　　　次：2023 年 2 月第 1 版　　2023 年 2 月第 1 次印刷
书　　　号：ISBN 978-7-5096-8950-9
定　　　价：168.00 元（全 3 册）

目　录

（上册）

循着发展的逻辑
——一个经济学人的时事观察（2016-2020）

2016　推进结构性改革的攻坚之年

2016　推进结构性改革的攻坚之年

2017　一个需要理论而且能够产生理论的时代

循着发展的逻辑——一个经济学人的时事观察（2016—2020）

2017 一个需要理论而且能够产生理论的时代

2017 *一个需要理论而且能够产生理论的时代*

循着发展的逻辑——一个经济学人的时事观察 (2016—2020)

2017 一个需要理论而且能够产生理论的时代

（中册）

2018 逢山开路　遇水架桥

2018 逢山开路　遇水架桥

循着发展的逻辑——一个经济学人的时事观察（2016—2020）

2018　逢山开路　遇水架桥

2018 逢山开路　遇水架桥

（下册）

2019 不管风吹浪打　努力奔跑追梦

循着发展的逻辑——一个经济学人的时事观察（2016-2020）

2019　不管风吹浪打　努力奔跑追梦

2019 不管风吹浪打 努力奔跑追梦

2019　不管风吹浪打　努力奔跑追梦

2020　艰难方显勇毅　磨砺始得玉成

2020　艰难方显勇毅　磨砺始得玉成

循着发展的逻辑
——一个经济学人的时事观察（2016—2020）

2020　艰难方显勇毅　磨砺始得玉成

2020 艰难方显勇毅　磨砺始得玉成

稻着发展的逻辑

FOLLOW THE LOGIC OF
DEVELOPMENT

不管风吹浪打
努力奔跑追梦

2019

不管风吹浪打　努力奔跑追梦

　　2019 年我们迎来中华人民共和国 70 周年华诞。天安门广场举行隆重阅兵式，军队方阵威武雄壮，群众游行激情飞扬，大江南北披上红色盛装，《我和我的祖国》在大街小巷传唱，爱国主义精神再一次构筑起民族的脊梁。

　　70 年披荆斩棘，70 年风雨兼程。一路走来，中国人民在中国共产党领导下自力更生、奋发图强，创造了举世瞩目的中国奇迹。在接续奋斗中，每个普通的中国人都在这片土地上书写历史，以坚如磐石的信心、只争朝夕的劲头、坚韧不拔的毅力，一步一个脚印把前无古人的伟大事业向前推进。

　　这一年，一批重大项目不断取得新成果：5G 商用牌照正式发放；嫦娥四号探测器实现人类探测器首次月背软着陆；长征五号运载火箭成功发射实践二十号卫星；北京大兴国际机场正式投运，我国第一艘国产航空母舰山东舰交付海军。中国铁路营运里程达到 13.9 万千米以上，其中高铁 3.5 万千米，居世界第一。

　　这一年，我们用汗水浇灌收获，以实干笃定前行。我国国内生产总值超过 100 万亿元人民币、人均迈上 1 万美元的新台阶。京津冀协同发展、长江经济带发展、粤港澳大湾区建设、长三角一体化发展按下快进键，黄河流域生态保护和高质量发展成为国家战略……这些成就凝结着新时代奋斗者的心血和汗水，彰显了不同凡响的中国风采、中国力量。

　　放眼全球，世界正面临"百年未有之大变局"，国际风云波谲云诡、异常变幻。受一些国家贸易壁垒上升、贸易和地缘政治不确定性增加等因素影响，全球发达经济体和发展中经济体的经济增速同步放缓，全球经济增速降至 2008 年国际金融危机以来最低水平。英国"脱欧"一拖再拖尽显英国社会严重撕裂、政治决策程序复杂低效，西式民主陷入体制困境和治理危机。在美国，由民主党人掌控的美国国会众议院表决通过两项针对总统特朗普的弹劾条款，正式指控其滥用职权和妨碍国会。特朗普成为美国历史上第三位、二十多年来首位遭众议院弹劾的总统，显示美国党争激化和政治极化乱象。

　　2019 年有几个网络热词上榜，一个是"不忘初心"（不忘记最初的心愿），一个是"道路千万条，安全第一条"（源于电影《流浪地球》），还有一个"上班 996，生病 ICU"（反映了广大劳动者对美好生活的正当诉求）。这多少反映了急变社会的一种生存状态，但无论生活难不难，许多人心里仍揣着美好的梦想，他们依然要坚守岗位，依然要守护平安，依然要辛勤劳作。不管风吹浪打，大家都在努力奔跑追梦。

以奋斗者的姿态书写
新时代改革开放新篇章*

2019 年，是中华人民共和国发展历程上极为重要的一年，我们迎来新中国成立 70 周年，我们迈进决胜全面建成小康社会最后冲刺、打下决定性基础的关键之年。70 年风雨兼程，70 年披荆斩棘，70 年砥砺奋进，70 年一路凯歌，中华民族以昂扬姿态屹立于世界的东方。新年到来之际，国家主席习近平通过中央广播电视总台和互联网，发表了 2019 年新年贺词，向为中国的改革开放和社会主义现代化建设贡献了智慧和力量的奋斗者们致以新年的祝贺。

刚刚过去的一年，"我们过得很充实、走得很坚定"。2018 年，面对错综复杂的国际环境和艰巨繁重的国内改革发展稳定任务，以习近平同志为核心的党中央，统筹推进"五位一体"总体布局、协调推进"四个全面"战略布局，坚持稳中求进工作总基调，贯彻新发展理念，落实高质量发展要求，深入推进供给侧结构性改革，全面深化改革开放，有效应对外部环境深刻变化，保持了经济社会健康发展和社会大局稳定，党和国家各项事业迈出新的步伐。

在收获喜悦的同时，我们也不能忘记这一年的付出，也要认识到我们的困难和挑战。发展中危和机同生并存，挑战与机遇同在。正如习近平主席在新年贺词中说的那样，"2019 年，有机遇也有挑战，大家还要一起拼搏、一起奋斗"。

新的一年，我们要用习近平新时代中国特色社会主义思想武装头脑，紧密结合新时代新实践新要求，切实把这一科学理论落实到实际工作中去，增强"四个意识"，坚定"四个自信"，做到"两个维护"，自觉在思想上、政治上、行动上同以习近平同志为核心的党中央保持高度一致。

新的一年，我们要按照中央经济工作会议的决策部署，不断深化对做好新形势下经济工作的规律性认识，把握好"五个必须"，坚持以供给侧结构性改革为主线不动摇，贯彻巩固、增强、提升、畅通的八字方针，着力抓好七项重点工作任务，进一步稳就业、稳金融、稳外贸、稳外资、稳投资、稳预期，切实增强人

---

* 本文原载《学习时报·学习评论》2019 年 1 月 2 日。

民获得感、幸福感、安全感。

新的一年，我们要继续锐意进取，积极应变，主动求变。既敢为天下先、敢闯敢试，又积极稳妥、蹄疾步稳，把改革发展稳定统一起来；拿出抓铁有痕、踏石留印的韧劲，以钉钉子精神确保各项重大改革举措落到实处；坚持方向不变、道路不偏、力度不减，推动新时代改革开放行稳致远。

新的一年，我们要继续坚持以人民为中心，不断实现人民对美好生活的向往。人民是中华人民共和国的坚实根基，人民是我们执政的最大底气。70年一路走来，中国人民自力更生、艰苦奋斗，创造了举世瞩目的中国奇迹。新征程上，我们还要紧紧依靠人民，以坚如磐石的信心、只争朝夕的劲头、坚韧不拔的毅力，一步一个脚印把前无古人的伟大事业推向前进。

习近平主席说，"世界看到了改革开放的中国加速度，看到了将改革开放进行到底的中国决心。我们改革的脚步不会停滞，开放的大门只会越开越大"。在新的一年，我们必须咬定青山不放松、风雨无阻更向前，始终坚守对马克思主义的信仰，对中国特色社会主义的信念，对实现中华民族伟大复兴中国梦的信心，再次汇聚起愈挫愈奋、愈战愈勇的那样一股势不可当的磅礴力量，勇立潮头、奋勇搏击。

一元复始，万象更新。我们谨记习近平总书记的教诲："幸福都是奋斗出来的"，"奋斗本身就是一种幸福"，"新时代是奋斗者的时代"。为了实现中华民族伟大复兴的中国梦，我们还要努力奔跑，我们始终是追梦人。让我们更加紧密地团结在以习近平同志为核心的党中央周围，上下同心，迎难而上，以永不懈怠的精神状态和一往无前的奋斗姿态，书写新时代改革开放新篇章，用经济社会发展的新成绩迎接中华人民共和国成立70周年。

走好改革开放这条正确之路、
强国之路、富民之路*

改革开放绝非历史的"偶然"，而是我们党的一次伟大觉醒，是党带领人民摆脱贫困、走向富裕的主动变革。

我们只有充分认识人的价值，只有充分尊重人民的首创精神，只有充分讴歌人民创造历史的奋进风采，只有充分激发人民这一生产力中最积极的因素，才能继续汇聚起改革开放的磅礴力量，不断创造中华民族发展史上的新辉煌。

中国特色社会主义进入新时代新的历史方位，正是一个愈进愈难、愈进愈险而又不进则退、非进不可的重要关口，更是一个千帆竞发、百舸争流的时代。

以历史眼光理解改革开放这个"关键一招"

记者：习近平总书记在庆祝改革开放 40 周年大会上指出："改革开放是党和人民大踏步赶上时代的重要法宝，是坚持和发展中国特色社会主义的必由之路，是决定当代中国命运的关键一招，也是决定实现'两个一百年'奋斗目标、实现中华民族伟大复兴的关键一招。"怎么理解改革开放这个"关键一招"？

胡敏：从改革开放的历史背景看。习近平总书记在讲话开篇就指出，党的十一届三中全会是在党和国家面临何去何从的重大历史关头召开的。习近平总书记引用了邓小平同志当时的重要论述，"如果现在再不实行改革，我们的现代化事业和社会主义事业就会被葬送"。正是基于对党和国家前途命运的深刻把握，基于对社会主义革命和建设实践的深刻总结，基于对时代潮流的深刻洞察，基于对人民群众期盼和需要的深刻体悟，我们党作出了实行改革开放的历史性决策，从此拉开了我国改革开放的大幕。改革开放绝非历史的"偶然"，而是我们党的一次伟大觉醒，是党带领人民摆脱贫困、走向富裕的主动变革。

从改革开放的发展历程看。40 年我们党带领人民风雨同舟、披荆斩棘、砥

＊　本文原载《湖北日报》2019 年 1 月 2 日。

砺奋进，从传统的计划经济体制到社会主义市场经济体制，从以经济体制改革为主到全面深化经济、政治、文化、社会、生态文明体制和党的建设制度改革等一系列重大改革，绘就了一幅波澜壮阔、气势恢宏的历史画卷，谱写了一曲感天动地、气壮山河的奋斗赞歌，使改革开放成为当代中国最显著的特征、最壮丽的气象。改革开放铸就的伟大精神极大丰富了民族精神内涵，成为当代中国人民最鲜明的精神标识。正是改革开放改变了中国的面貌、中华民族的面貌、中国人民的面貌、中国共产党的面貌，中华民族迎来了从站起来、富起来到强起来的伟大飞跃，中国特色社会主义迎来了从创立、发展到完善的伟大飞跃，中国人民迎来了从温饱不足到小康富裕的伟大飞跃。所以说，改革开放决定了当代中国命运，成为中国人民和中华民族发展史上一次伟大革命。

从改革开放的未来前景看，历史发展有其规律，不以人的意志为转移。习近平总书记在讲话中指出，只要把握住历史发展大势，抓住历史变革时机，奋发有为，锐意进取，人类社会就能更好前进。中国 40 年改革开放给人们提供了许多弥足珍贵的启示，其中最重要的一条就是，一个国家、一个民族要振兴，就必须在历史前进的逻辑中前进、在时代发展的潮流中发展。改革开放就是顺应了历史潮流，在前进道路上积极应变，主动求变，与时代同行。因此，改革开放 40 年积累的宝贵经验是党和人民弥足珍贵的精神财富，对新时代坚持和发展中国特色社会主义有着极为重要的指导意义，并将在中国特色社会主义现代化道路上不断丰富和发展。

党的领导和人民的积极性、主动性、创造性是统一的

记者：习近平总书记指出："历史发展有其规律，但人在其中不是完全消极被动的。"在改革开放 40 年发展历程中，人的主观能动性表现在哪些方面？党的坚强领导和人民积极投身改革实践是怎样的关系？

胡敏：回顾改革开放 40 年，从真理标准问题大讨论到不断冲破思想禁锢，从创造"大包干"的农民到敢闯敢试，再到敢为人先的企业家、创业家，从奋斗在一线的普通职工到各行各业的科研人员、管理人员，人民群众始终是改革开放的弄潮儿，是改革开放的参与者、实践者、推动者。这 40 年，我国改革开放在认识和实践上的每一次突破、每一个新生事物的出现、每一项经验的积累，无不来自于亿万普通劳动者的实践和智慧。我们党提出的各项重大任务，没有一项不是依靠广大人民的艰苦努力才完成的。

与此同时，改革开放 40 年的实践也昭示：中国共产党领导是中国特色社会主义最本质的特征，是中国特色社会主义制度的最大优势。40 年来，正是因为始终坚持党的集中统一领导，始终依靠党把方向、谋大局、定政策、促改革的能力和定力，我们才能实现伟大历史转折、开启改革开放新时期和中华民族伟大复

兴新征程，才能成功应对一系列重大风险挑战、克服无数艰难险阻，确保改革开放这艘航船沿着正确航向破浪前行。

改革开放40年伟大历程再一次表明：始终坚持党对一切工作的领导和始终坚持以人民为中心二者是高度统一的。我们党来自人民、扎根人民、造福人民，为中国人民谋幸福，为中华民族谋复兴，把人民对美好生活的向往作为奋斗目标，是中国共产党人的初心和使命，也是改革开放的初心和使命。全心全意为人民服务是党的根本宗旨，谋求最广大人民根本利益是我们党一切工作的根本出发点和落脚点。

当然，在新的征程中，我们还必须不断加强和改善党的领导，让党的领导更加适应实践、时代、人民的要求，还必须继续贯彻党的群众路线，尊重人民主体地位，尊重人民群众在实践活动中所表达的意愿、所创造的经验、所拥有的权利、所发挥的作用，充分激发蕴藏在人民群众中的创造伟力，让人民共享经济、政治、文化、社会、生态等各方面的发展成果，有更多、更直接、更实在的获得感、幸福感、安全感，从而让改革开放这条正确之路、强国之路、富民之路越走越宽广、越走越自信。

伟大时代呼唤伟大精神，崇高事业需要先锋引领

记者： 在庆祝改革开放40周年大会上，每个受表彰人员都给了单独的镜头。颁奖过程中，党和国家领导人集体起身、转身向受表彰人员鼓掌祝贺，这些细节有何深意？

胡敏： 在党中央、国务院对100名改革开放杰出贡献人员作出表彰的决定中这样写道："人民是改革开放伟大奇迹的创造者，是推动改革开放的力量源泉。改革开放在认识和实践上的每一次突破和深化、改革开放中每一个新生事物的产生和发展、每一个经验的取得和积累，都来自亿万人民的实践和创造。"

这100名各行各业的优秀代表，是40年波澜壮阔的改革开放伟大进程的见证者、实践者和贡献者，他们以勇立时代潮头、锐意改革创新、敢于实践探索的先锋模范业绩，以敢闯敢试、敢为人先的改革开放精神，抒写了奋斗赞歌。党和国家授予他们最高荣誉，实质是对全体中国人民创造历史伟业的致敬，是对改革开放这一伟大觉醒的致敬，是对中国人民和中华民族发展史上这一伟大革命的致敬，是对中华民族伟大梦想精神、伟大变革精神和开放精神的致敬，集中起来说，就是对这个伟大时代的伟大人民的国家礼赞。

这个隆重的仪式也表明：伟大时代呼唤伟大精神，崇高事业需要先锋引领。我们只有充分认识人的价值，只有充分尊重人民的首创精神，只有充分讴歌人民创造历史的奋进风采，只有充分激发人民这一生产力中最积极的因素，我们才能

继续汇聚起改革开放的磅礴力量，不断创造中华民族发展史上的新辉煌。

习近平总书记在 2019 年新年贺词中又点了一些闪亮的名字，这里面有科学家，有全军英模，也有贫困户等普通人，这再一次说明"新征程上，不管乱云飞渡、风吹浪打，我们都要紧紧依靠人民，坚持自力更生、艰苦奋斗，以坚如磐石的信心、只争朝夕的劲头、坚韧不拔的毅力，一步一个脚印把前无古人的伟大事业推向前进"。

"船到中流浪更急"，尤需勇往直前用力撑

记者："我们现在所处的，是一个船到中流浪更急、人到半山路更陡的时候，是一个愈进愈难、愈进愈险而又不进则退、非进不可的时候。"习近平总书记对当前和未来形势的判断有何现实指向？我们该如何应对风险挑战，将改革开放进行到底？

胡敏：当今世界正在经历新一轮大发展、大变革、大调整，人类面临的不稳定不确定因素依然很多。中国所处的重要战略机遇期内涵已经发生重要变化，继续紧紧抓住并充分用好重要战略机遇期的改革发展稳定任务更加艰巨，发展起来的困难和矛盾一点也没有减少，前进道路上还有更多的"硬骨头"要啃，还有更多的"深水区"要蹚，习近平总书记对此形象地比喻：改革开放已走过千山万水，但仍需跋山涉水。

党的十九大对我国发展提出了更高的奋斗目标，形成了从全面建成小康社会到基本实现社会主义现代化、再到全面建成社会主义现代化强国的战略安排，发出了实现中华民族伟大复兴中国梦的最强音。因此，摆在全党全国各族人民面前的使命更光荣、任务更艰巨、挑战更严峻、工作更伟大。中国特色社会主义进入新时代新的历史方位，正是一个愈进愈难、愈进愈险而又不进则退、非进不可的重要关口，更是一个千帆竞发、百舸争流的时代。我们必须以咬定青山不放松的精神状态，统揽伟大斗争、伟大工程、伟大事业、伟大梦想，敢于勇立潮头、奋勇搏击。"船到中流浪更急"，尤需勇往直前用力撑。改革开放没有完成时，改革开放永远在路上，无论过去、现在还是将来，我们都必须始终抱以对马克思主义的信仰，抱以对中国特色社会主义的信念，抱以对实现中华民族伟大复兴中国梦的信心，再次激发中国人民势不可当的磅礴力量，将改革开放进行到底。

把握大势　稳中应变
发力重点[*]

2019 年是中华人民共和国发展历程上极为重要的一年。在这一年，我们迎来新中国成立 70 周年，我们正迈进决胜全面建成小康社会最后冲刺、打下决定性基础的关键之年。2018 年末召开的中央经济工作会议认真总结过去一年经济工作，深刻分析当前经济形势，对 2019 年的经济工作作出全面部署。深刻领会中央经济工作会议精神，对做好 2019 年全年经济工作至为重要。

把握大势：坚定不移抓住用好重要战略机遇期

中央经济工作会议明确指出，我国发展仍处于并将长期处于重要战略机遇期。这是党中央全面分析形势和任务，审时度势，把握大势得出的重要结论。

2018 年是进入 21 世纪以来极为不平凡的一年。这一年来，世界政治经济格局发生深刻变化，不确定性因素明显增多，单边主义、贸易保护主义、逆全球化思潮泛滥，扰乱了既有的世界经济秩序。2018 年也是全球爆发经济金融危机十年后极为震荡的一年，世界经济处于一个新的十字路口。受外部环境复杂多变的影响，国内经济运行稳中有变、变中有忧，周期性、结构性、体制性因素继续交织叠加，经济下行压力加大，地区走势分化，经济主体苦乐不均，社会预期颇为谨慎。

准确研判大势，科学把握大势，应时抓主动，顺势善布局，谋定而后动，这是历年中央经济工作会议的首要议题和治国理政的基本方略。

当今世界虽面临"百年未有之大变局"，充满着风险与挑战，但必须看到，和平与发展仍然是当今时代主题，中国在解决各种世界性难题中的作用不可替代，经济全球化的历史大势不可逆转，中国在主要科技领域和方向上有着重要一席之地，各国对中国市场等方面的依赖全面上升，中国发展拥有足够的韧性、巨大的潜力，经济长期向好的态势没有改变也不会改变。因此，中国发展"仍处于

---

[*]　本文原载中新经纬 APP，2019 年 1 月 3 日。

并将长期处于重要战略机遇期"的基本判断依然成立，时与势仍在我们一边。

但我们也必须看到，这一重要战略机遇的内涵正在发生变化，我们对重要战略机遇期的认识要全面正确。党的十九大报告指出，我国经济已由高速增长阶段转向高质量发展阶段，正处在转变发展方式、优化经济结构、转换增长动力的攻关期。必须推动经济发展质量变革、效率变革、动力变革，这事实上给中华民族伟大复兴带来的是重大机遇，而机遇就蕴藏在加快经济结构优化升级、提升科技创新能力、深化改革开放、加快绿色发展、参与全球经济治理体系变革之中。我们必须紧扣重要战略机遇内涵的变化，充分抓住机遇，在变局中善于化危为机、转危为安；在变局中积极应变、主动求变，变外在压力为发展动力，中国经济就可以打开新的发展空间。

中央经济工作会议指出，一年来，我们在实践中深化了对做好新形势下经济工作的规律性认识：必须坚持党中央集中统一领导，发挥掌舵领航作用；必须从长期大势认识当前形势，认清我国长期向好发展前景；必须精准把握宏观调控的度，主动预调微调、强化政策协同；必须及时回应社会关切，有针对性主动引导市场预期；必须充分调动各方面积极性，形成全局工作强大合力。这"五个必须"为我们提供了抓住机遇的指导思想，我们切实坚持好，就可以克服前进道路上暂时的困难，牢牢掌握工作的主动权。

稳中应变：变压力为动力推动经济高质量发展

党的十八大以来，党中央一直坚持稳中求进的工作总基调，将"稳中求进"作为治国理政的重要原则和做好经济工作的方法论，强调"稳是主基调，稳是大局"，要求"在稳的前提下要在关键领域有所进取，在把握好度的前提下奋发有为"。应该说，面对错综复杂的外部环境和艰巨繁重的国内改革发展稳定任务，我们抵御住了各种压力和困难，近年来经济总体保持在合理区间，实现了经济持续健康发展和社会大局稳定的成绩来之不易。

2019 年，中央经济工作会议在对形势分析的基础上仍把"坚持稳中求进工作总基调"放在经济工作指导思想中的突出位置。"稳"和"进"是一对辩证关系，必须以"稳"保"进"，以"进"促"稳"。

2018 年，受外部环境复杂多变的影响尤其中美经贸摩擦加剧，党中央密切关注经济态势的新变化，适时适度调整工作重点；在保持宏观政策连续性稳定性的前提下，根据市场主体需要及时完善政策，把握力度和节奏，精准预调微调，引导市场形成稳定预期，统筹推进稳增长、促改革、调结构、惠民生、防风险各项工作，深入推进供给侧结构性改革，着力在打好防范化解重大风险、精准脱贫、污染防治的"三大攻坚战"上下功夫。2018 年中的中央经济形势分析会根据形势变化明确提出，"当前经济运行稳中有变，面临一些新问题新挑战"，强调"要抓住主要矛盾，采取针对性强的措施加以解决""要做好稳就业、稳金融、稳外贸、稳外资、稳投资、稳预期工作"。这次中央经济工作会议进一步指出"要看到经济运行稳中有变、变中有忧，外部环境复杂严峻，经济面临下行压力"的突出问题，仍然强调做好"六个稳"，"要增强忧患意识，抓住主要矛盾，有针对性地加以解决"。

那么，2019 年如何做到"稳中有进"呢？按照中央经济工作会议的部署，首先是要稳政策，但又要主动应变，适时预调微调。2015 年中央经济工作会议首提"宏观政策要稳、产业政策要准、微观政策要活、改革政策要实、社会政策要托底"的五大政策组合，2018 年末中央经济形势分析会提出要"努力实现最优政策组合和最大整体效果"，这就意味着各项经济政策一定能够协调配合、一定聚焦在主要矛盾，不能顾此失彼，也不能畸轻畸重。针对当前经济运行中的主要矛盾，2019 年突出强调宏观政策"要强化逆周期调节，继续实施积极的财政政策和稳健的货币政策"，着力点则在"积极的财政政策要加力提效，实施更大规模的减税降费""稳健的货币政策要松紧适度，保持流动性合理充裕，改善货币政策传导机制"；结构性政策要"强化体制机制建设，强化竞争政策的基础性地位"；社会政策要"强化兜底保障功能，实施就业优先政策，确保群众基本生活底线"，这样才能最优政策组合，稳定市场总需求，激发市场主体活力，稳定市场预期，提振市场信心，从而产生最大整体效果。

其次是稳改革，以改革促发展。当前中国经济运行主要矛盾仍然是供给侧结构性的。中央经济工作会议提出必须坚持以供给侧结构性改革为主线不动摇，在"巩固、增强、提升、畅通"八个字上下功夫，要巩固"三去一降一补"成果，增强微观主体活力，提升产业链水平，畅通国民经济循环。做到这"八个字"就是要更多采取改革的办法，更多运用市场化、法治化手段。

最后是稳信心，鼓励创造性贯彻落实。要切实加强党对经济工作的集中统一领导，提高党领导经济工作的能力和水平，激励干部担当作为、锐意进取，既敢为天下先、敢闯敢试，又要积极稳妥、蹄疾步稳，把改革发展稳定统一起来；拿出抓铁有痕、踏石留印的韧劲，以钉钉子精神确保各项重大改革举措落到实处。

发力重点：创造性贯彻落实七项重点工作任务

中央经济工作对做好 2019 年经济工作强调了抓好七项重点任务。可以说，每一项任务都聚焦主要矛盾，既是中国经济发展的短板，也是未来发展的空间。

比如，第一项强调推动制造业高质量发展。制造业是实体经济之基，也是大国重器集中地带，更是中美经贸竞争中被"卡脖子"的关键所在。在新形势新挑战面前，我们更要坚定不移建设制造强国，推动先进制造业和现代服务业深度融合，加快推进企业优胜劣汰，尽快提升中国实体经济核心竞争力。第三项任务扎实推进乡村振兴战略和第四项任务促进区域协调发展，既是发展短板也是市场空间。中央经济工作会议提出了非常具体的政策部署，每一条有序扎实推进，都可以形成高质量发展的重要助推力。第五项任务加快经济体制改革和第六项任务推动全方位对外开放，核心在于完善体制机制和制度建设，增强微观主体活力、完善金融基础设施，打造一个公开、公平、有序的市场环境，推动由商品和要素流动型开放向规则等制度型开放转变等，重要的就是处理好政府、市场与企业的关系，凡是市场能自主调节的就让市场来调节，凡是企业能干的就让企业干。所有经济工作的落脚点是增强人民群众获得感、幸福感、安全感。第七项工作强调要加强保障和改善民生，精心做好各项民生工作，把群众最关切最烦心的事一件一件解决好。

以不断自我革命
推动党领导的社会革命*

　　"在进行社会革命的同时不断进行自我革命，是我们党区别于其他政党最显著的标志，也是我们党不断从胜利走向新的胜利的关键所在。"

　　习近平总书记在党的十九届中央纪委三次全会上发表的重要讲话，站在新时代党和国家事业发展全局的高度，充分肯定党的十九大以来全面从严治党取得新的重大成果，深刻总结改革开放40年来党进行自我革命、永葆先进性和纯洁性的宝贵经验，为我们站在新时代扎实推进全面从严治党，巩固发展反腐败斗争压倒性胜利、继往开来推动党领导的新的社会革命提供了重要遵循。习近平总书记在讲话中特别强调，必须不断进行自我革命，勇于同一切影响党的先进性、弱化党的纯洁性的问题作坚决斗争。这充分彰显了我们党自我净化、自我完善、自我革新、自我提高的高度自觉，具有鲜明深刻的政治性、思想性、理论性和指导性。

　　勇于自我革命，是我们党最鲜明的品格，是我们党最大的优势。我们党因革命而生，在革命中经受锻造和锤炼，在改革开放新的伟大社会变革中继续磨砺和丰富这一革命精神。党的十八大以来，习近平总书记强调"更加自觉地坚定党性原则，发扬彻底的自我革命精神，不断增强党自我净化、自我完善、自我革新、自我提高的能力"，我们党以刀刃向内的勇气向党内顽瘴痼疾开刀，以雷霆万钧之势推进全面从严治党，以钉钉子精神把管党治党要求落实落细，推动党和国家事业取得历史性成就、发生历史性变革。党的十九大以来，我们贯彻落实新时代党的建设总要求，继续勇于直面自身存在的问题，夺取反腐败斗争压倒性胜利，着力惩治群众身边的腐败问题，完善党和国家监督体系，又取得新的重大成果，为实现党和国家事业新发展提供了坚强的政治保障，党在新时代新征程中焕发出更加强大的生命力、凝聚力和战斗力。

　　可以说，我们党成立90多年、执政70年，改革开放40年，一路走来，风

---

　　* 本文原载《学习时报·学习评论》2019年1月16日。

雨兼程、砥砺奋进，勇于自我革命精神已经熔铸在中国共产党人的血脉里，成为中国共产党能够永葆先进性和纯洁性、能够保持长盛不衰始终走在时代前列、能够为中国人民和中华民族担当主心骨的关键所在。

习近平总书记指出："中国共产党的伟大不在于不犯错误，而在于从不讳疾忌医，敢于直面问题，勇于自我革命，具有极强的自我修复能力""一个马克思主义政党，要保持先进性和纯洁性，实现崇高使命，必须'以补过为新，以求过为急，以能改其过为善，以得闻其过为明'，一刻不放松地解决自身存在的问题，始终跟上时代、实践、人民的要求"。这就生动诠释了我们党始终禀赋革命性的内在特质、政治品格和博大胸怀。

中国特色社会主义进入新时代，世情国情党情发生深刻变化，我们党面临的挑战和风险更加复杂，面临的"四大考验""四种危险"更加严峻，统筹推进伟大斗争、伟大工程、伟大事业、伟大梦想的历史使命更加光荣而艰巨。

梦想在起航，时代在召唤，人民在期盼。全党同志要把不忘初心、牢记使命聚焦到开新局于伟大社会革命、强体魄于伟大自我革命上来，以更加强烈的自我革命精神贯穿于全面从严治党永不停步的发展进程中，贯彻落实习近平总书记所要求的坚持"五个必须"、实现"四个自我"，继续在革故鼎新、守正创新中实现自身跨越，继续在强身健体、固本培元中强化自身锻造，以党的自我革命推动党领导人民进行的伟大社会革命，把我们这样一个大党建设得更加坚强有力，为党和人民事业开创更高境界注入新的生机活力。

建设雄安新区
千年大计必作于细*

　　2019 年新年伊始，习近平总书记再次来到河北雄安调研考察和亲临指导，这时隔上次他到雄安调研和指导工作不到两年。习近平总书记亲自谋划、亲自决策、亲自推动雄安新区规划建设，倾注了大量心血，多次主持会议研究部署，并作出重要指示。如果说 2017 年初习近平总书记亲临雄安是打响了这一"千年大计、国家大事"的宏伟计划开始实施的"发令枪"，那么这次调研就是擂响了全面推进宏伟计划有序展开的"战鼓"。

　　2019 年 1 月，《河北雄安新区总体规划（2018—2035 年）》（以下简称《总体规划》）获得批复。这部规划历时一年多时间编制完成，描绘了雄安新区的发展图景，充分体现了新发展理念，凸显了打造全国高质量发展新样板的决心，为创造"雄安质量"、实现高质量发展奠定了坚实基础。有媒体报道说，一座承载着千年大计的"未来之城"呼之欲出。

　　设立河北雄安新区，是以习近平同志为核心的党中央作出的一项重大历史性战略选择。党的十九大报告中明确指出，以疏解北京非首都功能为"牛鼻子"推动京津冀协同发展，高起点规划、高标准建设雄安新区。2018 年 4 月 14 日，中共中央、国务院批复《河北雄安新区规划纲要》（以下简称《规划纲要》）。根据中央批复精神和《规划纲要》，有关部门借鉴国际成功经验，汇聚全球顶尖人才，集思广益、深入论证，精心编制了《总体规划》。这份《总体规划》是在《规划纲要》基础上作了进一步补充完善，力求深化细化规划内容，充分体现了"千年大计必作于细"的思想理念。

　　《总体规划》共分为 14 章、58 节，包括总体要求、承接北京非首都功能疏解、加强国土空间优化与管控、打造优美自然生态环境、推进城乡融合发展、塑造新区风貌、提供优质公共服务、构建快捷高效交通体系、建设绿色低碳之城、发展高端高新产业、打造创新发展之城、创建数字智能之城、构筑现代化城市安

---

　　* 本文原载中国网 2019 年 1 月 23 日。

全体系、保障规划实施等内容。

这份《总体规划》集中体现在一个"细"字，"细"也将贯穿于规划实施落地见效的始终。

这个"细"体现在规划的顶层设计。按照习近平总书记的指示精神，雄安新区是我们留给子孙后代的历史遗产，必须坚持"世界眼光、国际标准、中国特色、高点定位"理念，努力打造贯彻新发展理念的创新发展示范区，要坚持用最先进的理念和国际一流水准规划设计建设，经得起历史检验。

为了精心推进、不留历史遗憾，多部门、多专业协同完成了这份《总体规划》的编制任务，强调统筹兼顾、多规合一，融合京津冀三地和整个区域经济社会发展、资源环境保护、城乡开发建设等方方面面。在《总体规划》编制的同时，同步推进专项规划编制，着力各专项规划编制之间的横向协调、不同层次规划之间的相互衔接，既突出新区的经济价值，更重视新区未来的生态效益、社会效益、文化价值等，充分体现新区经济社会发展的高质量的时代内涵。

这个"细"体现在布局的各个环节。《总体规划》充分体现新发展理念，起步阶段就着眼于从交通政策制定、出行行为引导、基础设施保障、生态环境整理和建设布局等各个方面统筹设计，紧紧围绕"人"做文章，未来的新区要能吸引人、留住人、留住心，就必须设身处地、必作于细，从人的幸福感到空间体验出发营造工作生活的高品质空间，未来的新区生产生活方式和城市建设运营模式都要是绿色低碳的，又要适度超前布局智能基础设施，实现新区的数字化、网络化、可视化和智能化，建成全球领先的数字智能城市，更要能体现中华风范、淀泊风光、创新风尚，充分展现新时代的新理念、新技术、新文化、新精神和新追求。一定意义上，这就必须跳出既往城市建设的思路框框，一切面向未来打造生产生活空间。

这个"细"体现在推进的远近结合。这份《总体规划》期限至 2035 年，近期至 2022 年，在初步建设阶段有着详细的时间表和路线图。近期雄安新区要能够承接北京非首都功能疏解，解决"大城市病"等问题，中期要构筑起雄安新区城乡融合、功能完善的组团式城乡空间结构，形成"一主、五辅、多节点"的城乡空间布局，合理构建生态安全格局和形成"一淀、三带、九片、多廊"开放空间系统。未来雄安新区要建成各项经济社会发展指标达到国际领先水平，建成科技创新体系，提升创新能力，深化创新创业机制，优化创新创业生态的国际一流创新型城市，成为名副其实的未来之城、绿色之城和创新之城。

雄安新区这块热土环辖美丽的白洋淀，史上就有"水乡花县今新邑，北地江南古渥城"的美誉，是具有数千年悠久历史和当代光荣革命传统的大地，那么面向未来的雄安新区必然要建设质量成为标杆、生态更加美好、山水务必秀丽、人和自然共生共存的祥福之城，必将成为中国新时代国家现代化建设和改革开放的新支点，展示中国人民和中华民族无限创造精神的新图示。

蓝图已经绘就，千年大计只争朝夕。

切实做好防范化解
重大风险各项工作*

"备豫不虞，为国常道。"具有忧患意识，对当代中国共产党人来说，是一种使命要求，是一种政治智慧，是一种责任自觉。增强忧患意识，做到居安思危，更是我们党治国理政的一个重大原则。

2019 年 1 月 21 日，省部级主要领导干部坚持底线思维着力防范化解重大风险专题研讨班在中央党校开班。习近平总书记站在新时代党和国家事业发展的战略和全局高度，高瞻远瞩、审时度势，科学分析当前和今后一个时期我国面临的安全形势，阐明了需要着力防范化解的重大风险，对各级党委、政府和领导干部负起防范化解重大风险的政治责任提出明确要求，为切实做好防范化解重大风险各项工作指明了前进方向、提供了重要遵循，具有很强的思想性、针对性、指导性。

习近平总书记的重要讲话全面梳理和深刻分析了当前防范化解政治、意识形态、经济、科技、社会、外部环境、党的建设等领域存在的重大风险，就切实做好防范化解重大风险各项工作提出了明确的应对措施，要求全党各级领导干部必须始终保持高度警惕，既要高度警惕"黑天鹅"事件，也要防范"灰犀牛"事件；既要有防范风险的先手，也要有应对和化解风险挑战的高招；既要打好防范和抵御风险的有准备之战，也要打好化险为夷、转危为机的战略主动战。我们必须深刻领会，紧密联系外部环境深刻变化和国内改革发展稳定面临的新情况新问题新挑战，坚定信心、敢于担当、负起责任，一以贯之和不折不扣地防范应对各种风险，做实做细做好防范化解重大风险各项工作。

必须以习近平新时代中国特色社会主义思想武装全党，坚持总体国家安全观。要充分认识和全面把握当前政治、意识形态、经济、科技、社会、外部环境、党的建设等领域存在的重大风险的表现形式、突出特点、变化规律、应对措施和工作着力点，提高政治站位，强化政治意识，坚持国家利益至上，以人民安

* 本文原载《学习时报·学习评论》2019 年 1 月 23 日。

全为宗旨，统筹发展和安全，完善国家安全制度体系，加强国家安全能力建设。

必须坚持底线思维，增强忧患意识，保持战略定力。要提高战略思维、历史思维、辩证思维、创新思维、法治思维、底线思维能力，善于从纷繁复杂的矛盾中把握规律，善于透过复杂现象把握本质，防止犯战略性、颠覆性错误；要强化风险意识，常观大势、常思大局，科学预见形势发展走势和隐藏其中的风险挑战，做到未雨绸缪；要坚持守土有责、守土尽责，果断决策，整合力量，协调配合，狠抓落实，切实提高风险化解能力。

必须永葆斗争精神，加强斗争历练，增强斗争本领。在中国特色社会主义新时代不断推进党领导的伟大社会革命和伟大自我革命的深刻性和艰巨性，决定了"两个伟大革命"从来都不是在风平浪静、敲锣打鼓中进行的，而是在应对和化解风险挑战中艰难前行的，推进"两个伟大革命"本身就是对风险挑战的积极应对和化解。在这一过程中，领导干部要有"踏平坎坷成大道，斗罢艰险又出发"的顽强意志，保持充沛顽强的斗争精神，敢于担当、敢于斗争，既在斗争中磨砺意志、增长才干，力争不出现重大风险或在出现重大风险时扛得住、过得去，又能不断积累防范风险的经验和方法，应对好每一场重大风险挑战，保持经济持续健康发展和社会大局稳定。

改革开放实现中国伟大飞跃[*]

习近平总书记在庆祝改革开放 40 周年大会上指出，中华民族迎来了从站起来、富起来到强起来的伟大飞跃！中国特色社会主义迎来了从创立、发展到完善的伟大飞跃！中国人民迎来了从温饱不足到小康富裕的伟大飞跃！回顾总结这"三个伟大飞跃"，对于新时代把改革开放推向前进有何重要启示意义？我们就此议题采访了中共中央党校（国家行政学院）研究员胡敏。

用历史的眼光回望走过的路

长江日报："三个伟大飞跃"的重大论断有何深刻含义？

胡敏：我们可以看到，"三个伟大飞跃"对应的主体分别是中华民族、中国特色社会主义和中国人民，这里面既有中国共产党自成立以来所代表的利益主体，也有为实现利益主体的根本利益所探寻的路径。中华民族要走向哪里？中国人民要追寻什么样的目标？中国道路该如何选择？40 年来的改革开放，中国共产党带领中国人民进行了不懈的探索。

用历史的眼光回望我们走过的路，有着五千多年历史的中华民族，创造了灿烂的文明，为人类作出了卓越贡献。但鸦片战争后，中国陷入内忧外患的黑暗境地，中国人民经历了战乱频繁、山河破碎、民不聊生的深重苦难。实现中华民族伟大复兴就成为近代以来中华民族最伟大的梦想。

为了民族复兴，无数仁人志士不屈不挠、前赴后继，进行了可歌可泣的斗争，但终究未能改变旧中国的社会性质和中国人民的悲惨命运，中华民族一直在黑暗中摸索。在 20 世纪初叶，历史选择了中国共产党。中国共产党一经成立，就义无反顾肩负起实现中华民族伟大复兴的历史使命，中国人民谋求民族独立、人民解放和国家富强、人民幸福的斗争就有了主心骨。中国共产党人的初心和使

---

* 本文原载《长江日报》2019 年 1 月 28 日。

命，就是为中国人民谋幸福、为中华民族谋复兴。这个初心和使命是激励中国共产党人不断前进的根本动力。

"三个伟大飞跃"源于改革开放的历史抉择

长江日报： "三个伟大飞跃"如何诠释改革开放的历史逻辑？

胡敏： 1924～1949 年，中国共产党带领人民浴血奋战，完成了新民主主义革命，成立了中华人民共和国，又经过 28 年，完成了社会主义革命，确立社会主义基本制度，推进社会主义建设，为当代中国一切发展进步奠定了根本政治前提和制度基础。

40 年前，我们党基于对党和国家前途命运的深刻把握，基于对社会主义革命和建设实践的深刻总结，基于对时代潮流的深刻洞察，基于对人民群众期盼和需要的深刻体悟，作出实行改革开放的历史性决策，这是我们党的一次伟大觉醒，正是这个伟大觉醒孕育了我们党从理论到实践的伟大创造，团结带领人民进行改革开放这一新的伟大革命，勇于破除阻碍国家和民族发展的一切思想和体制障碍，开辟了中国特色社会主义道路，使中国大踏步赶上了时代。

今天的中华民族要立于世界民族之林，要以崭新姿态屹立于世界的东方，不仅要站立起来实现民族独立，要富起来满足人民对美好生活的期待，更要强起来不断为人类作出更大贡献。正是改革开放，中华民族才实现了从站起来、富起来到强起来的这一伟大历史进程。40 年来，我们砥砺奋进，开拓创新，不断解放和发展社会生产力，国内生产总值由 1978 年的 3679 亿元增长到 2017 年的 82.7 万亿元，占世界生产总值的比重由改革开放之初的 1.8% 上升到 15.2%，多年来对世界经济增长贡献率超过 30%。中国人民在富起来、强起来的征程上迈出了决定性的步伐。对这个民族来说，这是一次伟大的飞跃。

"三个伟大飞跃"诠释改革开放伟大奇迹

长江日报： "三个伟大飞跃"如何揭示中华民族、中国特色社会主义、中国人民 40 年改革开放历程中的伟大转变和提升？

胡敏： 改革开放 40 年来，我们党全部理论和实践的主题是坚持和发展中国特色社会主义。开辟中国特色社会主义道路，是我们党解放思想、实事求是、与时俱进、求真务实的产物，合乎中国国情，顺应时代潮流，符合人民意愿，是马克思主义中国化的新境界，彰显了科学社会主义的鲜活生命力。40 年发展进程中，我们坚持科学社会主义基本原则不动摇，勇敢推进理论、实践、制度、文化等各方面创新，不断赋予中国特色社会主义鲜明的实践特色、理论特色、民族特色、时代特色。中国特色社会主义从创立、发展到完善，对党和国家事业来说，也是一次伟大的飞跃。

正是 40 年来实现的"三个伟大飞跃"，更加坚定了我们对马克思主义的信仰，对中国特色社会主义的信念，对实现中华民族伟大复兴中国梦的信心，进而内化为指引和支撑中国人民站起来、富起来、强起来的强大精神力量，引领中华民族以改革开放的姿态继续走向未来，将改革开放进行到底，不断实现人民对美好生活的向往，在新时代创造中华民族新的更大奇迹。

人民对美好生活的向往就是中国共产党的奋斗目标，这不仅是中国共产党人的初心和使命，也是改革开放的初心和使命。改革开放之初，中国陷入短缺经济，人民生活还处于温饱边缘，"贫穷不是社会主义""我们要赶上时代，这是改革要达到的目的"。我们党来自人民、扎根人民、造福人民，以最广大人民根本利益为一切工作的根本出发点和落脚点，也是一切发展的出发点和落脚点。40年来，我们始终坚持在发展中保障和改善民生，不断改善人民生活、增进人民福祉，解决了世界 1/5 人口的吃饭问题，贫困人口累计减少 7.4 亿人，贫困发生率下降 94.4 个百分点，谱写了人类反贫困史上的奇迹。我国社会大局保持长期稳定，成为世界上最有安全感的国家之一。粮票、布票、肉票、鱼票、油票、豆腐票、副食本、工业券等告别了历史，忍饥挨饿、缺吃少穿、生活困顿这些几千年来困扰我国人民的问题总体上一去不复返了，今天我们正在为决胜全面建成小康社会作最后冲刺。中国人民迎来从温饱不足到小康富裕，更是一次伟大飞跃。

上下同心
谱写伟大奋斗新篇章[*]

阳春三月，万物生辉。伴随着春天的脚步，我们又迎来了一年一度的"两会时间"。肩负着庄严的使命和人民的嘱托，5000 多名全国人大代表和全国政协委员齐聚北京，出席十三届全国人大二次会议和全国政协十三届二次会议，为新时代推进国家高质量发展共商大计，为开启改革开放新征程共谋良策。我们向两会的召开表示热烈祝贺！

全国两会是我国政治生活中的大事，与国家发展息息相关，与民生福祉紧密相连。人民代表大会制度是保证我国人民当家作主的根本政治制度，具有强大生命力和显著优越性，确保着党的领导、人民当家作主、依法治国三者的有机统一。中国共产党领导的多党合作和政治协商制度是我国的一项基本政治制度，是从中国土壤中生长出来的新型政党制度，在推进中国特色社会主义的政治协商、民主监督、参政议政上发挥着重要作用。2018 年两会，全国人大和人民政协实现了新老交替。一年来，新一届全国人大和全国政协以习近平新时代中国特色社会主义思想为引领，增强"四个意识"，坚定"四个自信"，做到"两个维护"，全面担负起宪法法律赋予的各项职责，用恪尽职守诠释担当，以奋发有为彰显价值，各方面工作与时俱进；全国人大代表和全国政协委员以对国家对人民高度负责的精神，履职尽责，共同为国家发展献净言、谋良策、出实招，凝聚起全体人民团结奋斗的磅礴伟力，在新时代新征程上，为国家的经济社会发展取得新的更大成绩贡献了智慧力量。

时光荏苒。在 2018 年隆重庆祝改革开放 40 周年之后，2019 年我们又迎来新中国成立 70 周年，2019 年也是我们为实现全面建成小康社会收官打下决定性基础的关键之年。当今世界面临百年未有之大变局，外部环境复杂严峻，各种矛盾相互交织，不确定性增多；当前国内经济运行稳中有变、变中有忧，经济面临下行压力，爬坡过坎的困难和挑战不容小觑。因此，2019 年继续保持经济持续健

＊　本文原载《学习时报·学习评论》2019 年 3 月 1 日。

康发展和社会大局稳定至关重要，继续凝聚全体人民团结奋斗共克时艰的信心决心尤为关键。两会是充分发挥我国政治优势的重要平台，人大代表、政协委员承载着人民嘱托、万众期盼，面对我国经济社会发展面临的新形势新机遇新挑战，代表、委员肩上的担子更加艰巨，党和人民寄予着厚望。

坚定信心上下同心迎难而上。越是接近梦想，前进的道路就越艰辛；越是临近登顶的冲刺，就越需要坚定信心砥砺前行。信仰信念信心任何时候都至关重要。只要始终坚守对马克思主义的信仰、对中国特色社会主义的信念、对实现中华民族伟大复兴中国梦的信心；始终紧紧依靠人民，倾听人民呼声、回应人民期待、凝聚人民力量，群策群力，画好最大同心圆，就没有战胜不了的艰难险阻，就没有成就不了的宏图大业。

顺应大势因势而变富于创造。过去 40 年，改革风雷激荡、玉汝于成；未来 30 年，改革风帆高悬、大有可为。要紧紧抓住我国发展仍处于并将长期处于重要战略机遇期，紧扣重要战略机遇新内涵，主动顺应大势，应时而谋，因势而变，既要打好防范和抵御各种风险的有准备之战，也要打好化险为夷、转危为机的战略主动战，变压力为动力，以革命性重塑的改革气魄，逢山开路，遇水架桥，富于创新创造，继续开拓中国特色社会主义伟大事业的光明未来。

努力奋斗勇于担当敢于胜利。在这个千帆竞发、百舸争流的时代，绝不能有半点骄傲自满、故步自封，也绝不能有丝毫犹豫不决、徘徊彷徨，必须统揽伟大斗争、伟大工程、伟大事业、伟大梦想，勇立潮头、敢于担当、奋勇搏击。在实现中华民族伟大复兴的新征程上不忘初心、牢记使命，继续奔跑，以"踏平坎坷成大道，斗罢艰险又出发"的顽强意志，永葆斗争精神，增强斗争本领，应对好每一场重大风险挑战，以奋斗的姿态扬帆远航，继续谱写伟大奋斗的历史新篇章。

预祝 2019 年的两会圆满成功！

稳中应变
推动经济高质量发展[*]

【编者按】2019 年是新中国成立 70 周年，是全面建成小康社会关键之年。国内外经济形势复杂、严峻。为了准确研判和把握 2019 年中国经济形势，《中国经济时报》30 多位记者围绕 2019 年中国宏观经济发展趋势、面临的风险与挑战以及对于"稳就业、稳金融、稳外贸、稳外资、稳投资、稳预期"的建议等问题，采访了目前活跃在一线、有影响力的百余名经济学者，本篇是 9 位学者的分析文章。

国引民进　混序共生

何万篷，上海前滩新兴产业研究院院长、首席研究员。

2018 年，出现了某种"阶段性双趋弱"迹象——外资外企投资扩张意愿弱化、民资民企投资扩张能力弱化。换言之，"增量改革"暂时横盘。这就迫切需要全面激活存量改革。最大的存量，乃是我们的国资国企，必须进行再审视、再谋划、再提升，果敢而凌厉地启动新一轮大改革大开放。

国资国企改革开放，涉及面广、影响面大，是中国特色政治、经济、社会关系的总和，是典型的复杂巨系统，至少受 4 大因素的影响——市场经济基本规律、改革开放渐进逻辑、国际博弈斗争形势和国内政情社情。

深化国资国企改革开放，要坚持"两预两共"原则——科学的预见、务实的预案、广泛的共识、共同的行动。预见先于预案，共识牵引共同行动。尤其要确立这样的共识：在新时代背景、高质量要求下，国资国企超越所有制的藩篱，引领和协同社会资本。首先，要打破"挤出效应"，国资国企过于强势，将抑制、挤压社会资本的生存和发展空间；其次，要发挥"瀑布效应"，起到策源、破局、踢开"第一脚"的作用；最后，要规避"合成谬误"，国资国企和社会资本基于各自视角的利益诉求，就其本身而言都是合理的，但是简单加总拼合后，

---

* 本文原载 2019 年 3 月 1 日《中国经济时报》"两会特别策划·百名经济学家预测经济走势"。

不一定能代表整体利益的最优化。

"国引民进、混序共生"的效果如何，归根到底取决于政府职能的理性转换、主动转换和有效转换。为了构筑新一轮跨越发展战略优势，需要开闸放水、开源赋能，释放资源、释放红利，让国资国企焕发新动能，让社会资本享受最便利的营商环境，开掘最丰富的投资机会，自主创业、自由竞争，一起成为奔腾创新、川流不息的"中国力量"。

成绩和差距是继续改革开放的出发点

贺力平，北京师范大学经济与工商管理学院教授。

1978~2018 年是中国改革开放的 40 年，也是中国经济取得快速增长的 40 年。相比世界各国，成绩巨大，但也存在相当的发展差距。

过去，在人均收入水平较低的时候，中国经济增长在很大程度上依靠了外部市场需求和国内固定资产投资（包括基础设施建设投资）的不断扩大。但这两个方面近年来都发生了重要变化。即使没有中美贸易摩擦，外部需求也是相对减速的。加上中美贸易摩擦，外部需求甚至可能在一段时间内的绝对量上出现减少。

国内固定资产投资回报率在多个领域内显著下降。即使像高铁和高速公路这样的基础设施项目，人口稠密区的布局已大体形成，新增建设项目主要在人口较不稠密的区域，其边际效益难免递减。

中国经济当下面临的下行压力不仅是常规周期问题，其中也有长周期和结构性因素。2008 年后国际社会许多成员都实行了超常规的量化宽松政策，包括财政政策和货币政策的"双松"。但与我国不同的是，那些国家在那时都出现了企业破产浪潮和失业人数剧增等严重问题。只要认为我国经济目前和近期未来尚未出现或不太会出现这种问题，何来大幅度调整宏观经济之必要？

对比世界上许多发达经济体，我国的经济制度尚有许多不成熟和十分扭曲的地方。新的改革开放应在这些领域中多多发力。一些领域中的重要改革过去由于种种原因被推迟或者变形了。为了推动中国经济转向高质量发展，应以新的决心来推进改革开放，把成绩和差距当作继续改革开放的出发点。

坚持高增长向高质量转变

洪涛，北京工商大学商业经济研究所所长、教授。

中国经济改革开放 40 年来，以高于 9% 的增长速度向中高速换挡转型，增幅减缓，成为当前经济转型升级的主要标志。2018 年，中国经济季度增长分别为 6.8%、6.7%、6.5%、6.4%，全年达到了 6.6% 增长，增幅减缓。但从全球范围内看，与 3% 左右的增幅相比仍然是较高的增长速度。

经济高速增长会掩盖许多经济发展中的问题，但是，当大海退潮后，许多经济指标减缓后，我们看到了中国经济发展中存在的许多问题，并使许多问题暴露无遗，这反过来有利于中国经济社会深层次问题的解决。同时，定制经济的出现，导致许多企业没有订单就不生产，从而引致相对就业下降。

当中国经济由消耗大量能源、靠投资拉动经济快速发展的时候，我们吃了我们子孙后代的饭，打破了我国子孙后代的饭碗，不利于中国经济可持续发展，甚至当我们消耗我们的能源换来经济增长的时候，许多发达国家用中国廉价进口的稀土作为其国家可持续发展的重要储备资源，甚至有的国家将从中国廉价进口的煤炭倒入海中形成新的"煤炭矿产资源"。

所以，我不希望中国经济按照传统经济发展模式、发展结构、发展方式重新"高增长"。同时，在新经济条件下，中国经济按照传统经济发展模式、发展结构、发展方式"高增长"也不可能了，或者没有任何意义了。时代变化了，必须与时俱进，而不可"刻舟求剑"了，"高增长"不等于"好"，相对较高或者"较低增长"也不等于"坏"。当高增长转变为高质量后，人民真正得福利时，人民称赞"好"，是最重要的事情。

实现稳增长要抓三个重点

胡必亮，北京师范大学新兴市场研究院院长、教授。

2019 年，中国经济发展战略与政策的基点应该是在"稳中有进"的基本思路下努力保"稳"。在目前十分严峻的形势下，要做到"稳增长"，重点应该抓住以下三项工作：

一是处理好与美国的贸易摩擦问题。这件事不仅仅只是"稳外贸"的问题，还涉及其他五个方面的"稳"，尤其与"稳预期"密切相关，这一点在目前形势不好的情况下，又具有特殊的重要意义。

二是为民企和小微企业创造良好的发展环境，促进这些企业加快发展。目前，这类企业面临的主要问题并不在贷款难、税费高上，而是相当多的企业主对未来的预期不好，担心政策多变，更担心未来政策变化对他们发展更为不利。尽管习近平总书记的重要讲话给他们吃了"定心丸"，但他们投资、经营行为的积极转化可能还需要一段时间。因此我们的好政策要尽快到位，并落到实处，更重要的是要构建长期的法律与制度保障体系。

三是充分利用"一带一路"国际合作平台，务实推进"一带一路"建设工作。在中美贸易摩擦发生并持续、英国脱欧形势复杂、2019 年欧洲多国举行大选等国际形势下，我们必须把"一带一路"工作做得更好，以对冲国际形势变化对我国经济发展造成大的不利影响。

深化供给侧改革实现高质量发展

胡迟，国务院国资委研究中心研究员、教授。

展望 2019 年，经济走势会表现出以下四个方面的主要特征：第一，供给侧结构性改革进一步深化。供给侧结构性改革与高质量发展一脉相承，企业只有以供给侧结构性改革为主线，才能培育发展新产业、新产品、新技术、新业态，引导生产要素从效率低的地方流向效率高的地方，提高全要素生产率，向全球价值链高端迈进。第二，创新驱动更好转换发展动力。从微观层面看，未来的创新驱动将更好地与企业经营、技术、管理及行业发展阶段、特点相结合，表现出以下特点：一是管理创新与"双创"紧密结合；二是经营创新与智能化信息技术紧密结合；三是营销创新与服务制造业紧密结合；四是管理创新与科技创新和商业模式创新紧密结合，协同推进。第三，营商环境不断得到改善提升。2019 年的营商环境将从以下方面得到进一步改善。一是更大规模的减税降费。二是"放管服"改革继续深化。三是政府信息服务能力建设进一步加强，实现各级政府、各部门之间数据整合共享和集中管理。第四，兼并收购活动依然活跃。从政策层面看，2018 年 8 月，国家发展改革委等五部门联合印发《2018 年降低企业杠杆率工作要点》，随着供给侧改革的进一步深入、国内产业升级及"一带一路"倡议的指引，为顺应企业战略发展的需求，并购市场依然会存在许多机会。2019 年中国并购市场活跃度有望相对回升。

稳中应变　推动经济高质量发展

胡敏，中共中央党校（国家行政学院）研究员。

2018 年底的中央经济工作会议仍把"坚持稳中求进工作总基调"放在经济工作指导思想中的突出位置。"稳"和"进"是一对辩证关系，必须以"稳"保"进"，以"进"促"稳"。

2019 年如何做到"稳中有进"呢？首先是要稳政策，但又要主动应变，适时微调预调。2019 年突出强调宏观政策"要强化逆周期调节，继续实施积极的财政政策和稳健的货币政策"，着力点则在"积极的财政政策要加力提效，实施更大规模的减税降费""稳健的货币政策要松紧适度，保持流动性合理充裕，改善货币政策传导机制"；结构性政策要"强化体制机制建设，强化竞争政策的基础性地位"；社会政策要"强化兜底保障功能，实施就业优先政策，确保群众基本生活底线"。

其次是稳改革，以改革促发展。中央经济工作会议提出 2019 年必须坚持以供给侧结构性改革为主线不动摇，在"巩固、增强、提升、畅通"八个字上下功夫，在打好三大重点战役上加大工作和投入力度。要巩固"三去一降一补"成果，增强微观主体活力，提升产业链水平，畅通国民经济循环，做到这"八个字"就是要更多采取改革的办法，更多运用市场化、法治化手段。

最后是稳信心，鼓励创造性贯彻落实。要切实加强党对经济工作的集中统一领导，提高党领导经济工作能力和水平，激励干部担当作为、锐意进取，既敢为天下先、敢闯敢试，又积极稳妥、蹄疾步稳，把改革发展稳定统一起来；拿出抓铁有痕、踏石留印的韧劲，以钉钉子精神确保各项重大政策举措落到实处。

直面内外部环境新变化 开启改革开放新征程

黄剑辉，中国民生银行研究院院长、教授。

2019年，中国经济仍然面临错综复杂的内外部环境。一方面，国内经济仍然处于"三期叠加"的转折阶段，"阵痛"仍在持续。一是中央政府对地方政府城投平台融资实施严格管控，缩小了地方政府加大基建投资的空间。二是结构性去杠杆导致信贷收缩，在一定程度上加剧了实体企业"融资难"问题。三是人口红利的逐渐缩小和城镇化进程的放缓，房地产对经济的拉动作用有所降低。另一方面，外部环境不容乐观，影响中国经济前景。目前美国与中国的贸易摩擦虽然暂时有所缓和，但中美贸易摩擦在未来仍有可能出现反复甚至恶化。

但我们应对中国经济的发展韧性保持乐观态度。首先，宏观政策齐发力将有助于实现"六稳"。中央经济工作会议对2019年财政政策的定调是"积极而且要加力提效"，对货币政策的定调是"稳健的货币政策要松紧适度"。可以预见未来积极的财政政策配合稳健的货币政策，有望成为保持中国经济增长的强心针，特别对"稳预期"也有着积极作用。其次，中国经济增长的新动能逐步形成。高技术制造业和装备制造业发展势头强劲，增加值分别同比增长11.7%和8.1%。最后，人民生活水平不断提高使消费的"稳定器"作用日益凸显。2018年最终消费对经济增长的贡献率为76.2%，较上年提高18.6个百分点。同时，据测算2017年中等收入群体已超过4亿人，涉及1.4亿个家庭，消费能力十分可观。

稳增长的三个重要举措

霍建国，中国世贸组织研究会副会长、研究员。

在当前形势下，努力按中央要求全力做好"六稳"工作已是当务之急，我认为，做好以下工作对"稳增长"至关重要。

首先，努力稳定消费环境，积极促进消费升级，努力处理好个税减免和社保缴费的关系，在目前阶段一定要让消费者得到实惠，甚至可以考虑适当放宽企事业单位的工资总额上限，允许部分效益好的企业率先给员工提高工资，继续保持对离退休人员适当提高退休待遇的做法。

其次，全力以赴确保出口的稳定增长。要高度关注进出口的平衡工作，积极扩大进口是一项主动的工作，但如果出口上不去，进口长期高于出口增长虽然对缓解贸易顺差起到积极作用，但对经济增长将起到负面影响，因为净出口的减少将导致对经济增长贡献率的下降，不利于促进经济增长，所以必须兼顾好进出口的平衡关系。

最后，适度扩大相关领域的投资，特别是补短板方面的投资应保持一定的力度，可适当加大对城市公共设施的建设和社区生活配套设施的建设投入，继续加大对中西部地区、东北地区和贫困地区基础设施建设的投入，总之要保持一定的投资力度是十分必要的。

"六稳"当中最关键的是稳就业和稳外贸

贾珅，国务院发展研究中心发展战略和区域经济研究部副研究员。

当前，全球主要经济体经济增速下行是导致 2018 年我国出口增速下降的主要原因。经合组织国家整体 GDP 季度同比增速于 2016 年第三季度达到近期低点 1.6%，此后逐季上升，至 2017 年第三季度达到近期高点 2.9%，随后开始不断下降，2018 年第三季度降至 2.2%。2018 年底，制造业新出口订单指数目前已降至三年来的最低点。

展望 2019 年，最大的不确定性来自美国，因为美国是主要经济体当中经济增速还未显著下行的唯一一个。美国经济衰退到来后，我国外需环境将面临更大压力。但由于我们在过去两年坚定不移地推进供给侧结构性改革，为宏观稳定政策打出了空间。新的外部冲击出现后，我们有条件进行一定对冲，这是对未来经济可以坚定信心的原因。

"六稳"当中，最关键的是"稳就业"和"稳外贸"。外贸稳了，预期就会稳，投资、外资、金融都会稳。要稳定外贸，一方面，要进一步完善对外开放的体制机制；另一方面，要继续通过共建"一带一路"，支持其他国家特别是发展中国家经济增长，进而拉动我国的出口需求。

对于就业问题，不仅要关注经济下行带来的压力，更要重视产业技术转型带来的长期就业压力。随着我国资本深化和人工智能、自动化等产业技术变革，资本技术越来越多地替代一般劳动力，这将对稳定就业构成长期挑战。随着新技术的发展，目前服务行业的资本、技术密集度也日益提高，通过服务业来解决一般劳动力就业的空间不断缩减。

让协商民主凝聚起
更广泛智慧和力量*

伴随春天的脚步，全国政协十三届二次会议与春天相约，即将如期召开。

回溯 2018 年，全国政协围绕解决深度贫困地区脱贫、污染防治、健全系统性金融风险防范体系、发展实体经济提高供给体系质量等问题召开 2 次议政性常委会和 2 次专题协商会；围绕人工智能发展、未成年人网络保护、解决中小学课外负担重、促进新能源汽车产业发展、强化基础研究促进重大原始创新、促进共享经济健康发展等问题召开 19 次双周协商座谈会，还举办 2 次网络议政远程协商活动和 1 次远程协商讨论活动……这是全国政协在咨政建言方面所做大量工作的一部分。

2018 年，仅从会议数量来看，人民政协可谓马不停蹄，月月有专题会议；从会议主题来看，人民政协更是聚焦党和国家中心任务，大到治国理政重大议题，小到百姓生活最基本关切；从会议质量来看，人民政协是参政不行政、建言不决策、监督不强制，集中了各方面智慧和力量，提出了许多符合客观事物发展规律的真知灼见。这一切都充分体现了新一届全国政协时刻牢记为中国人民谋幸福的初心和使命，自觉以人民为中心，按照宪法法律赋予的职责履职尽责，在新时代新征程上迈出了新的步伐。

中国共产党领导的多党合作和政治协商制度是我国的一项基本政治制度，是中国共产党、中国人民和各民主党派、无党派人士的伟大政治创造，是从中国土壤中生长出来的新型政党制度。多年来，人民政协充分发扬社会主义协商民主，认真履行政治协商、民主监督、参政议政职能，凝聚起了全社会广泛共识，在推进改革开放和中国特色社会主义伟大事业进程中发挥了独特作用，充分彰显了中国特色社会主义民主政治的生机活力。

中国特色社会主义进入了新时代，现在我们比历史上任何时期都更接近、更有信心和能力实现中华民族伟大复兴的目标。人民政协也站在新的起点上，新时

---

* 本文原载光明网 2019 年 3 月 3 日。

代要有新气象新作为。习近平总书记高屋建瓴地指出，人民政协要把实现好、维护好、发展好最广大人民根本利益作为工作的出发点和落脚点，把促进民生改善作为重要的着力点，抓住民生领域重要问题咨政建言，协助党和政府破解民生难题，增进人民福祉，做到人民政协为人民。2018 年的两会，人民政协顺利实现了委员的换届工作。新履职的全国政协主席汪洋同志在全国政协十三届一次会议闭幕会上的讲话中对新当选的 2158 名委员提出，"中国人民政治协商会议这个庄严的名称，清楚地界定了它的性质和作用。在十三届全国政协即将履职之际，我们必须从一开始就准确地把握这个名称、也是这项制度赋予我们的使命"。2018年，人民政协禀赋使命与职责，始终把习近平新时代中国特色社会主义思想作为统揽人民政协各项工作的总纲，坚持中国共产党的领导、坚持人民政协性质定位、坚持大团结大联合、坚持发扬社会主义民主，携手新时代、落实新部署，发扬优良传统、忠实履职尽责，交上了让人民满意的新时代人民政协事业发展的新答卷。

在 2018 年隆重庆祝改革开放 40 周年之后，2019 年我们又迎来新中国成立70 周年，2019 年也是我们为实现全面建成小康社会收官打下决定性基础的关键之年。我们要清醒地看到，当今世界正面临"百年未有之大变局"，外部环境复杂严峻，各种矛盾相互交织，不确定性日益增多；当前国内经济运行稳中有变、变中有忧，经济面临下行压力，爬坡过坎的困难和挑战也不可小觑。因此，继续保持 2019 年的经济持续健康发展和社会大局稳定至关重要，继续凝聚全体人民团结奋斗共克时艰的信心决心尤为关键。这就需要充分发挥人民政协人才荟萃、智力密集、联系广泛的优势，紧紧围绕团结和民主两大主题，聚焦党和国家中心任务，把协商民主贯穿履行职能全过程，多建睿智之言、多进坦诚之谏、多聚发展之力；这就更需要全国政协委员们不断提高参政议政的思想水平、建言质量和行动自觉，以共同目标寻求最大公约数，以大团结大联合画出最大同心圆，以协商民主凝聚强大正能量，以改革创新激发工作新活力，努力把不同党派、不同民族、不同阶层、不同信仰的海内外中华儿女凝聚起来，为共克时艰、共筑中国梦继续贡献智慧和力量。

春回大地，万物皆新。预祝全国政协十三届二次会议在春光里开成生机勃勃、民主团结、求实奋进的大会！

学好"开学第一课"
担起新时代之大任[*]

在 2019 年春季学期中央党校（国家行政学院）中青年干部培训班开班式上，习近平总书记着眼党和国家前途命运这一战略大局，着眼培养选拔优秀年轻干部这一百年大计，亲自为培训班学员讲授了"开学第一课"，对广大干部特别是年轻干部明确提出了加强理论学习、提高理论修养等"五点要求"。习近平总书记的重要讲话，贯通发展历史和现实需要，纵横理想信念和初心使命，深研个人修为与为政之道，辨析学与用和知与行的辩证关系，系统回答了为什么要加强理论学习、学习什么样的理论、怎样加强理论学习和用好学习成果这样一个鲜明命题，贯穿着马克思主义的方法论和实践论，思想极为丰富，既是中青年干部提升理论素养极为宝贵的学习教材，更是各级干部适应新时代党和国家事业发展要求不断提升理论水平和执政本领的学习纲领。

广大干部特别是中青年干部应当深入领会习近平总书记"开学第一课"的思想精髓，努力践行习近平总书记关于加强理论学习、提高理论修养等"五点要求"，保持对党的忠诚心、对人民的感恩心、对事业的进取心、对法纪的敬畏心，做到信念坚、政治强、本领高、作风硬，切实担负起新时代实现伟大斗争、伟大工程、伟大事业、伟大梦想的历史大任。

中国共产党是马克思主义政党，中国共产党人的理想信念建立在对马克思主义的深刻理解和对历史规律的深刻把握之上。建党以来，我们党始终以马克思主义为理论武装，掌握和运用马克思主义立场、观点、方法，深入认识共产党执政规律、社会主义建设规律、人类社会发展规律，虽经受一次次挫折但又一次次奋起，中华民族迎来了从站起来、富起来到强起来的伟大飞跃。中国特色社会主义进入新时代，中青年干部继往开来，要自觉把习近平新时代中国特色社会主义思想作为理论学习的重中之重，全面系统学、及时跟进学、深入思考学、联系实际学，切实把握其科学体系、精神实质、实践要求，学出对党忠诚、坚定信念、自

---

* 本文原载《学习时报·学习评论》2019 年 3 月 4 日。

觉自信、责任担当、能力水平，增强"四个意识"、坚定"四个自信"、做到"两个维护"，在思想上政治上行动上同以习近平同志为核心的党中央保持高度一致。

学贵有恒，学须崇实，学以致用。广大干部特别是中青年干部要牢记习近平总书记的要求，坚持不懈、如饥似渴地学习党的创新理论，在常学常新中加强理论修养，做到往深里走、往实里走、往心里走，学思用贯通，知信行统一；在真学真信中坚定理想信念，要以学促信，以信拓学，坚守理想信念要发自内心，在学习中不断掸去思想上的灰尘；在学思践悟中牢记初心使命，要信奉群众是真正的英雄，自觉拜人民为师、向人民学习；在细照笃行中不断修炼自我，要提升党性修养和道德水平，永葆中国共产党人的政治品格、价值追求、精神境界和作风操守；在知行合一中主动担当作为，要牢记空谈误国、实干兴邦，做起而行之的行动者，不做坐而论道的清谈客，在摸爬滚打中增长才干，在层层历练中积累经验。

非学无以广才，非志无以成学。广大中青年干部要担起新时代之大任，就当牢记习近平总书记的教诲，自觉向习近平总书记看齐，把理论学习作为一种生活方式，把厚实理论素养作为一种人生境界，把提高理论水平作为一种政治责任。

胡敏说两会：全国两会首日看点
政协七方面工作可圈可点*

【编者按】2019 年全国两会期间，人民网理论频道特邀中共中央党校（国家行政学院）研究员胡敏担当评论员，首次打造一档通俗理论脱口秀节目——"胡敏说两会"。节目聚焦 2019 年全国两会每日重点活动、重大议题，以轻松的语言、生动的点评、理性的阐析，让您获悉当日最应知晓的两会动态，得到最为及时的政策解读。

一年一度与春天相约的盛会，播撒下新一年的希望；"两会时刻"辉映着新时代的精彩。2019 年 3 月 3 日，全国政协十三届二次会议如期召开，拉开了 2019 年两会的序幕。

这一天最值得关注的两会看点是全国政协主席汪洋同志代表政协第十三届全国委员会常务委员会所作的工作报告。报告凝神聚气、言简意赅、催人奋进。

从汪洋同志对 2018 年工作的回顾中，可以清晰地看出，过去的一年是全面贯彻中共十九大精神开局之年，也是十三届全国政协工作的起步之年。十三届全国政协坚持中国共产党对人民政协工作的全面领导，把牢性质和定位，围绕团结和民主两大主题，聚焦党和国家中心任务，发挥专门协商机构作用，着重在建言资政和凝聚共识上双向发力。具体到 2018 年全国政协所开展的七个方面工作可圈可点，成绩满满，珠落玉盘，归纳起来就是抓学习、抓制度、抓资政、抓团结，有力讲出了新一届全国政协建言资政和凝聚共识的新故事。

仅从一个方面来看，十三届全国政协围绕解决深度贫困地区脱贫、污染防治、健全系统性金融风险防范体系、发展实体经济提高供给体系质量等问题，就召开 2 次议政性常委和 2 次专题协商会；围绕人工智能发展、未成年人网络保护、解决中小学生课外负担重、促进新能源汽车产业发展、强化基础研究促进重

---

* 本文原载人民网-理论频道两会特别策划·通俗理论脱口秀节目第 1 期，原题为《讲出建言资政的新故事　绘好决胜之年的同心圆》2019 年 3 月 4 日。

大原始创新、促进共享经济健康发展等问题召开 19 次双周协商座谈会，还举办 2 次网络议政远程协商活动和 1 次远程协商讨论活动等。

看会议数量，人民政协一年来可谓马不停蹄，月月有专题会议；看会议主题，人民政协紧紧聚焦党和国家中心任务，大到治国理政重大议题，小到百姓生活最基本关切；看会议质量，人民政协是参政不行政、建言不决策、监督不强制，把质量导向鲜明树立起来，集中各方面智慧和力量，推动政协工作从注重"做了什么""做了多少"向"做出了什么效果"转变，提出了许多符合客观事物发展规律的真知灼见。这还只是全国政协在建言资政方面所做大量工作的一部分，但已充分体现了新一届全国政协时刻牢记为中国人民谋幸福的初心和使命，自觉以人民为中心，按照宪法法律赋予的职责履职尽责，在新时代新征程上开创了人民政协事业的新局面，展示了新时代人民政协的新气象新面貌。

2019 年是人民政协光辉历程中不平凡的一年，是新中国成立 70 周年，是人民政协成立 70 周年，决胜全面建成小康社会也进入了关键性一年。汪洋主席在部署新一年六项工作任务中也是信心满满，特别强调，人民政协要按照习近平总书记对政协的嘱托，讲政治、顾大局，适应"时""势"的变化，增强"难""忧"意识，大力倡导崇尚学习、加强学习；崇尚创新、勇于创新；崇尚团结、增进团结，调动一切积极因素，同心同德、共创复兴大业。

服务决胜全面建成小康社会，是时代、也是人民政协制度赋予各级政协组织和广大政协委员的历史责任和神圣使命。汪洋同志在报告中掷地有声。2019 年，人民政协要锚定使命任务，发挥大团结大联合组织的作用，求同存异、聚同化异，围绕决胜全面建成小康社会大局广泛凝聚正能量，画出共建共享全面小康社会的最大同心圆；广大政协委员们要把政治担当、历史担当、责任担当，具体地、现实地落实到服务全面建成小康社会的伟大实践中，当好伟大事业的参与者、实践者、推动者。

决战始于脚下，担当在于行动。汪洋同志的报告为人民政协新的一年继续担起新时代重任发出了动员令和集结号。

春光无限，使命在肩。站在新的历史方位，人民政协当大有可为。

胡敏说两会："三为""三有"！
总书记给"培根铸魂"者提要求*

每年两会的一个重要看点就是习近平总书记来到代表委员中间，听取代表委员意见和建议，与大家共商国是。习近平总书记在参与讨论中总会有许多精彩的"金句"，在代表委员中、在全社会引起强烈反响。

"一个国家、一个民族不能没有灵魂。文化文艺工作、哲学社会科学工作就属于培根铸魂的工作。"2019年3月4日下午，习近平总书记来到全国政协十三届二次会议的文化艺术界、社会科学界委员的联组会上，与思想文化战线上的委员们共话当前文化文艺工作和哲学社会科学工作的发展大计。习近平总书记站在党和国家事业发展全局的高度，在充分肯定文化文艺工作、哲学社会科学工作的重要地位、作用和近几年来取得的显著成绩的同时，对做好新形势下文化文艺工作、哲学社会科学工作提出了"坚持与时代同步伐""坚持以人民为中心""坚持以精品奉献人民""坚持用明德引领风尚"这"四个坚持"的明确要求，这个讲话与习近平总书记在2014年文艺工作座谈会和2016年哲学社会科学工作座谈会上的两个重要讲话精神是一脉相承的，在新形势下再次吹响了以文化自信为底蕴、以伟大灵魂和作品为动力，为党和人民继续前进提供强大精神激励的进军号角。

学习这个讲话，笔者最突出的一个印象，就是习近平总书记提出的"三为"和"三有"。

"三为"，就是习近平总书记要求广大文化文艺工作者和哲学社会科学工作者能够坚持与时代同步伐，"为时代画像、为时代立传、为时代明德"，关键词是"时代"。当今中国经济社会发展波澜壮阔，当今中国人民发愤图强、意气风发，中国特色社会主义进入新时代，为广大文化文艺工作者和哲学社会科学工作者提供了最丰富的思想源泉和最广袤的实践土壤。文化文艺工作者和哲学社会科

* 本文原载人民网-理论频道两会特别策划·通俗理论脱口秀节目第2期，原题为《以人民为中心书写新时代精神图谱》2019年3月5日。

学工作者是当今时代社会的"灵魂的铸造者"和"精神的奉献者"，要为新时代"培根铸魂"，就要既担负起记录新时代、书写新时代、讴歌新时代的历史使命，深刻反映我们这个时代的历史巨变成果，展示出当代中国发展进步和当代中国人的生活精彩；又能承载起把握时代脉搏、聆听时代声音、勇于回答时代课题的历史责任，描绘出我们这个时代的精神图谱。

"时代"的核心是人民。优秀的文化文艺作品，一定是植根人民，植根大地的；一定是时刻观照人民生活、表达人民心声的；一定是用心用情用功抒写人民、描绘人民、歌唱人民的；一定是能够汇集和激发亿万人民群众磅礴力量的。有生命力的哲学社会科学学术研究成果也只有充分立足中国特色社会主义伟大实践，回应现实需要、回答群众关切，为人民释疑解惑，才能产生真知灼见，才能把学问写进群众的心坎里。

"三有"，就是习近平总书记要求广大文化文艺工作者和哲学社会科学工作者能够坚持用明德引领风尚，要"有信仰、有情怀、有担当"。俗话说，"文以载道"。艺术家和学问家本身就是以高远的理想追求、深沉的家国情怀、高尚的道德情操等美好品德为社会做着表率，在社会发展进程中发挥着精神引领，古今中外，大艺术家、大学问家莫不如此。在新时代文化文艺工作者和哲学社会科学工作者更是肩负着启迪思想、陶冶情操、温润心灵的重要职责，承担着以文化人、以文育人、以文培元的使命。为此，习近平总书记对广大文化文艺工作者和哲学社会科学工作者强调用明德引领风尚，就是要以德立身，泽己及人，就是要明大德、立大德、坚守高尚职业道德，以讲品位、讲格调、讲责任，坚决抵制各种形式的庸俗媚俗低俗。

总的来说，"三为"是强调了创作方向和使命问题，"三有"是提出了创作者的修德和担当问题。二者相互依托，互相促进。

拥抱时代，胸有人民、德领风尚，我们的文艺创作就会既有高原又有高峰；我们的学术研究就能揭示出中国道路、中国精神的内在逻辑，焕发出源于中国大地的中国理论力量。

胡敏说两会：从"含金量"数据看《政府工作报告》的温度、锐度、力度*

2019年3月5日，十三届全国人大二次会议如期召开，开幕式上最受关注的一项议程就是听取李克强总理代表国务院所作的《政府工作报告》。政府工作报告年年有，但报告的亮点和重点又不同。

李克强总理在2019年的《政府工作报告》中全面回顾了过去一年国务院所做的工作，对新一年政府主要任务作出新的部署。从会场上不时爆发的一阵阵掌声，可以看出两会代表委员对过去一年政府工作予以充分肯定，对过去一年政府圆满兑现了对人民的各项承诺，向党和人民交上的答卷表示了满意。

大家都知道，2018年是我国经济社会发展极不平凡的一年。按照李克强总理的话，我国发展面临多年少有的国内外复杂严峻形势，经济出现新的下行压力，应该说，经济结构转型升级和改革发展稳定任务十分繁重。就是在这样复杂严峻形势下，在以习近平同志为核心的党中央坚强领导下，我国国内生产总值增长6.6%，总量突破90万亿元大关，其他经济社会发展任务也都顺利完成，成绩的确来之不易。这也为新一年我们紧抓重要战略机遇期、保持战胜各种困难挑战的坚定意志和能力，为全面建成小康社会收官奠定了扎实的物质基础和行动基础。

在李克强总理的报告中，透过字里行间，透过一个个具有"含金量"的数据，最突出的感受就是充分体味到党和政府关注民生问题增强群众获得感的炽热温度，针对政府工作还存在这样那样的问题，勇于自我剖解的深刻锐度，坚定信心迎难而上继续推进改革创新发展的强大力度。

说温度。不论是总结2018年政府工作，还是部署2019年重点任务，《政府工作报告》在保障和改善民生上予以重墨。仅举几个数据：2018年居民人均可支配收入实际增长6.5%，全年为企业和个人减税降费约1.3万亿元；近1400万

---

* 本文原载人民网-理论频道两会特别策划·通俗理论脱口秀节目第3期，原题为《李克强总理政府工作报告的温度、锐度、力度》2019年3月6日。

循着发展的逻辑——一个经济学人的时事观察（2016-2020）

农业转移人口在城镇落户，农村贫困人口减少 1386 万，资助各类学校家庭困难学生近 1 亿人次等。新一年，在财政收支平衡压力加大的情况下，适度提高赤字率，加大财政支出力度，切实保障基本民生，确保基本民生投入只增不减，推动解决重点民生问题，促进社会公平正义。可谓情系民生，温情满满。

说锐度。历年《政府工作报告》都不回避问题，始终强调"安不忘危""思危方能居安"，能直面人民期盼和勇于解剖自我。2019 年的报告再次指出，在教育、医疗、养老、住房、食品药品安全、收入分配等方面，群众还有不少不满意的地方；深度贫困地区脱贫攻坚困难较多；生态保护和污染防治任务仍然繁重；等等。尤其在政府工作中，李克强总理指出，一些改革发展举措落实不到位，形式主义、官僚主义仍然突出，督查检查考核过多过频、重留痕轻实绩，加重基层负担，少数干部懒政怠政……可谓切中要害，切中时弊。

说力度。面对 2019 年我国发展面临的环境更复杂更严峻，可以预料和难以预料的风险挑战更多更大的形势，报告要求各级政府要做好打硬仗的充分准备，要突出重点、把握关键，扎实做好各项工作。在李克强总理部署的新一年工作中，无论是创新和完善宏观调控、激发市场主体活力、坚持创新引领发展、促进形成强大国内市场，还是对标全面建成小康社会任务、促进区域协调发展，深入加大改革开放等，每一项工作都更加具体、更加实在、更为有力。尤其是报告单列一块，对新一年政府工作提出新的更高要求，要求各级政府增强"四个意识"，坚定"四个自信"，做到"两个维护"，坚持依法全面履职，深入推进党风廉政建设，切实强化责任担当。

报告强调，"为政以公，行胜于言"，政府工作人员当求真务实、力戒浮华，事不避难、义不逃责，埋头苦干，以推动改革发展的成果说话，以干事创业的实绩交卷。

民之所望，政之所向。只要政府所做的一切工作，都是为了人民，把群众最关切最烦心的事一件一件解决好，使人民生活随着国家发展一年比一年更好，亿万人民具有的无限智慧和创造潜能就会充分释放出来，中国的发展就一定会有更为广阔空间。

胡敏说两会：脱贫攻坚"最吃劲"时，总书记强调"靶心不散""响鼓重锤"*

2019 年 3 月 7 日下午，习近平总书记参加十三届全国人大二次会议甘肃代表团的审议。这是继 2019 年 3 月 5 日下午习近平总书记参加十三届全国人大二次会议内蒙古代表团审议后，参加的又一次人大地方团审议活动。甘肃省与内蒙古自治区虽相邻，都位居我国西北地区，但面对的经济社会发展中心任务又有不同。习近平总书记在参加内蒙古代表团审议时强调的主题是"保持加强生态文明建设的战略定力"，在甘肃代表团审议时强调的主题则是"如期全面打赢脱贫攻坚战"，其关注点、聚焦点和针对性都十分鲜明，是当前决胜全面建成小康社会必须攻坚的重大战役。

脱贫攻坚是一场必须打赢打好的硬仗，是全面建成小康社会的底线任务。改革开放 40 多年来，在中国共产党的坚强领导下，通过全体中国人民的艰苦努力，我国贫困人口累计减少 7.4 亿人，贫困发生率下降 94.4 个百分点，谱写了人类反贫困史上的辉煌篇章，这也在我们党引领人民绘就的这一幅波澜壮阔、气势恢宏的历史画卷上留下了极为精彩的一笔。

党的十八大以来，党中央把扶贫开发工作摆在治国理政的突出位置，将精准扶贫、脱贫攻坚作为全面建成小康社会的重中之重。习近平总书记亲自谋划、亲自部署，指挥若定，按照既定目标，脱贫攻坚任务又取得长足进展，连续 6 年超额完成千万减贫任务，我国现行标准下的农村贫困人口从 2012 年底的 9899 万人减少到 2018 年底的 1660 万人，累计减少 8239 万人。这是非常了不起的成绩，赢得了国际社会的广泛赞誉。党的十九大之后，党中央又将"精准脱贫"作为必须坚决打赢的"三大攻坚战"之一，脱贫攻坚力度之大、规模之广、影响之深前所未有，取得了决定性进展。

就在 2019 年农历新年刚过，党中央发出聚焦"三农"主题的"一号文件"，

---

* 本文原载人民网—理论频道两会特别策划·通俗理论脱口秀节目第 4 期，原题为《必须做足脱贫攻坚的成色》2019 年 3 月 8 日。

将"聚力精准施策，决战决胜脱贫攻坚"作为头号硬任务，进一步聚焦聚力当前脱贫攻坚工作中的重点难点问题，着眼于"聚力""精准""决战""决胜"四个关键词，明确指出了脱贫攻坚冲刺阶段的目标任务、主攻方向、突出问题和需要巩固的成果。

在参加甘肃代表团审议时，习近平总书记再次告诫，现在距离 2020 年完成脱贫攻坚目标任务只有两年时间，正是最吃劲的时候。"吃劲"在哪里？习近平总书记说，今后两年脱贫攻坚任务仍然艰巨繁重，剩下的都是贫中之贫、困中之困，都是难啃的"硬骨头"。

越是接近目标的时候，前进的道路愈加艰辛；越到紧要关头，越要坚定必胜的信心；越临近登顶前的冲刺，就越需要一鼓作气、尽锐出战、迎难而上，真抓实干、精准施策。"要坚定信心不动摇""要咬定目标不放松""必须坚持不懈做好工作，不获全胜，决不收兵"，习近平总书记在甘肃代表团上发出了闯关冲刺的最后号令。

行百里者半九十。对于当前脱贫攻坚中尚存在的一些突出问题，习近平总书记更是明镜在心，看得十分透亮。

对于脱贫攻坚的标准问题，习近平总书记强调，要稳定实现贫困人口"两不愁三保障"；在脱贫标准上，既不能脱离实际、拔高标准、吊高胃口，也不能虚假脱贫、降低标准、影响成色；必须把握好脱贫攻坚正确方向，确保目标不变、靶心不散，聚力解决绝对贫困问题。

对于脱贫攻坚工作中存在的形式主义、官僚主义现象，对群众反映的"虚假式"脱贫、"算账式"脱贫、"指标式"脱贫、"游走式"脱贫等问题，要高度重视并坚决克服，绝不要搞那些急功近利、虚假政绩的东西；现在就要敲打，要响鼓重槌，防患未然，防微杜渐。

对各级党委和政府的责任，习近平总书记通过甘肃代表团明示了"三不"：要整治问题不手软、要落实责任不松劲、要转变作风不懈怠。

脱贫攻坚是一场必须打赢打好的硬仗。面对如期完成脱贫攻坚任务的艰巨性、重要性、紧迫性，只有上下同心，压实责任，靶向施策，精准发力，才能够续写减贫的"中国奇迹"，实现全面建成小康社会的宏伟目标。

胡敏说两会：聆听农民的"八个梦想"， 抓好乡村振兴战略这个"总抓手"*

2019年3月8日下午，习近平总书记来到十三届全国人大二次会议河南代表团参加审议。当晚电视报道中有一个十分生动的场景，让人看了十分感动。

全国人大代表、河南濮阳县庆祖镇西辛庄村党支部书记李连成与习近平总书记面对面，他操着一口浓烈的河南口音，向总书记述说了"农民的八个梦想"：温饱梦、孩子就近上学梦、农民就地城镇化梦、农村环境梦等。李连成一条条说得真切，总书记一条条听得认真。

说完后，习近平总书记对这个基层党支部书记的发言充分肯定，说道："你今天讲的这些恰恰是广大农民同志下一步新的发展要求，对幸福生活的新追求。一些我们已经在做了，做成了；一些还在做的过程中；一些是下一步准备做的。"习近平总书记接着指出："为人民服务是我们党的宗旨"，"围绕着人民群众对幸福美好生活的追求来实践。我们的实践过程，是一步一个脚印、一棒接着一棒往前走。既要看到我们取得的辉煌成就，更要看到前面的路还很长，我们要继续努力地走下去！"习近平总书记的回应务实而坚定。

李连成的农民梦想，也正是亿万农民的心声。

小康不小康，关键看老乡。决胜全面建成小康社会，最艰巨的任务在农村，最突出的短板也在农村。我国是农业大国，重农固本是安民之基、治国之要。党的十八大以来，以习近平同志为核心的党中央高度重视"三农"工作，努力推动"三农"工作各方面创新，农业农村发展取得了历史性成就，赢得了"三农"发展的持续好形势，对做好经济社会发展全局工作起到了压舱石作用。党的十九大又作出实施乡村振兴战略的重大决策部署，推进乡村全面振兴成为新时代"三农"工作的中心任务。

习近平总书记指出："农业强不强、农村美不美、农民富不富，决定着全面

---

* 本文原载人民网-理论频道两会特别策划·通俗理论脱口秀节目第5期，原题为《基层农民的梦想就是乡村振兴的目标》2019年3月11日。

小康社会的成色和社会主义现代化的质量。"2019 年是全面建成小康社会、实现第一个百年奋斗目标的关键之年，尤其是在当前经济下行压力加大、外部环境发生深刻变化的复杂形势下，做好"三农"工作具有特殊重要性。在参加河南代表团审议时，习近平总书记进一步明确了实施乡村振兴战略的总目标、总方针、总要求和制度保障，为做好新时代"三农"工作、实施好乡村振兴战略指明了方向。只有以实施乡村振兴战略为总抓手，对标全面建成小康社会"三农"工作必须完成的硬任务，才能从根本上解决好"三农"问题，才能实现乡村全面振兴。

李连成述说的"农民的八个梦想"，恰恰是当前农业农村工作中的一些短板，也是必须解决的现实矛盾和发展空间所在。全面实施乡村振兴战略，就是要着力"抓重点、补短板、强基础"。习近平总书记参加河南代表团审议时的重要讲话，也为新时代实施乡村振兴战略提出了方法论，就是要扛稳粮食安全这个重任，推进农业供给侧结构性改革、树牢绿色发展理念、补齐农村基础设施这个短板，夯实乡村治理这个根基，用好深化改革这个法宝。做到了这一切，乡村振兴战略这个"总抓手"就能紧紧抓住抓好，实现乡村振兴的目标就与实现农民的梦想紧紧连在了一起。

当然也要看到，乡村振兴是包括产业振兴、人才振兴、文化振兴、生态振兴、组织振兴的全面振兴。在我们这样一个农业大国，实现这"五个振兴"是前无古人的伟大创举，不可能一蹴而就。

眼下，我们许多中西部农村地区还没有完全实现脱贫，还要同心协力打赢脱贫攻坚战，按时按质完成脱贫攻坚任务，这就需要把脱贫攻坚、实施乡村振兴战略、做好"三农"工作放在经济社会发展全局中来统筹谋划和推进，也就是说，要稳打稳扎，精准发力，"一步一个脚印、一棒接着一棒往前走"；必须更加注重遵循农村经济发展规律和乡村建设规律，坚持科学规划、注重质量、有序推进，切忌贪大求快、急于求成。

做"三农"工作的同志要有"功成不必在我"的精神境界和"功成必定有我"的历史担当，做好打"攻坚战""持久战"的准备，久久为功、坚持不懈，早日让广大农民的梦想在新时代的农村大地上绽放。

胡敏说两会：读透这三份报告，了解国家经济社会运行基本图谱[*]

　　按照十三届人大二次会议议程，会议期间代表们的一个重要任务是审议《政府工作报告》；审查国务院关于 2018 年国民经济和社会发展计划执行情况与 2019 年国民经济和社会发展计划草案报告，即我们所说的《计划报告》；审查国务院关于 2018 年中央和地方预算执行情况与 2019 年中央和地方预算草案的报告，即我们所说的《预算报告》。在人大会议闭幕的当天代表们将对这三份报告进行最后表决。

　　这三份报告十分重要。如果说《政府工作报告》是一年经济社会发展的"总纲"，那么《计划报告》就是经济政策和工作落实的具体"路线图"，《预算报告》就是一年财政收支的"国家账本"。这三份报告紧密相连，相互支撑，是了解国家经济社会运行的基本图谱。

　　对施政者和执行者来说，这三份报告理当了然于胸；对专业经济工作者来说，必须全面把握；对关注国家经济发展的人来说，这也是很好的"宏观经济教辅书"。

　　读懂这三份报告并不难。现在的报告内容含金量大，层次分明、逻辑清晰，十分通俗易懂；《计划报告》和《预算报告》更是配上了大量图表和名词解释，读起来一目了然。不过，读透这三份报告也不易，必须静下心来，像代表们一样用审议的眼光，带着问题、带着思考、带着责任细细琢磨，从篇章结构、从逻辑关系、从字里行间、从每个数据之间的联系上来细细琢磨。

　　读懂读好这三份报告，笔者有三个心得体会，愿与大家分享，就是做到"三个结合"。

　　第一个结合，就是把这三份报告"串起来"、结合在一起读。《政府工作报告》一般先要回顾上一年工作任务完成情况，然后提出新一年经济社会发展总体要求和政策取向，再对新一年政府工作作出部署。这里最需要关注的就是年度经济社会发展主要预期目标和宏观政策取向。比如，李克强总理在 2019 年的《政

---

　　[*]　本文原载人民网-理论频道两会特别策划・通俗理论脱口秀节目第 6 期，原题为《读好国家经济社会的运行图谱》2019 年 3 月 12 日。

府工作报告》中说到，2018 年国内生产总值增长 6.6%，他特别加上了"经济增速与用电、货运等实物量指标相匹配"一句话，为什么？因为用电和货运数据 2018 年保持了很好的增速，这个数据是健康的，这足以表明：2018 年的经济增速是不含水分、实实在在的。而 2019 年国内生产总值增长预期目标确定为 6%～6.5%，为什么又这么考虑呢？这在《计划报告》里，就给出了四个更为充足的理由，很有可信度。再比如，李克强总理提到，2019 年赤字率拟按 2.8% 安排，比 2018 年预算高 0.2%。为什么要适度提高赤字率？在《计划报告》和《预算报告》里从政策取向和财政收支状况就作了非常详尽的数据说明，也很有说服力。这就给我们增加了实现 2019 年宏观经济目标的底气。

第二个结合，就是把这三份报告的主要内容与两会期间人大会议安排的主要宏观管理部门负责人记者会上的记者答问结合起来。在 2019 年两会上，国家发改委、商务部、国资委、央行等负责人在记者会上回答了记者关注的经济运行和政策执行中的一系列热点焦点问题，实质上这也是对这三份报告的一种辅导性解读。比如，国家发改委主任何立峰用数据对 2019 年国民经济有望继续保持平稳、健康、可持续发展给出了充分的说明；财政部部长刘昆用做好"加减乘除"四则运算的比喻，很好地解答了 2019 年积极的财政政策如何加力提效，也用数据详解了即使在财政收支紧张运行的情况下我们推进更大规模的减税降费、确保养老金按时足额发放、支持脱贫攻坚、污染防治等仍有充足的财力空间。其实，这些数据在《计划报告》《预算报告》中都有着更为详尽的阐释。胸中有数，心之安然。

第三个结合，就是把场内代表的各种提案和场外的舆论关切结合起来。如今的全国两会已成为与国家发展息息相关，与民生福祉紧密相连的政治生活中的大事。民之所望，政之所向。李克强总理在《政府工作报告》中对 2019 年部署的重点工作任务，正是两会代表委员的热点关注，也直系社会各界和人民群众利益之关切，事关经济社会可持续发展之大计。《计划报告》对应地将这些工作任务作了更为具体细致的分解，《预算报告》则从财政收支的角度为主要任务的可执行性作出了科学的测算和安排。

因此，读好这三份报告、理解这三份报告，我们就能更清楚国家的家底，掌握经济社会发展的路线图，进而为我们有效应对各种风险挑战赢得主动，为做好全局工作增强定力、增厚底气、增添干劲。

胡敏说两会：为振兴实体经济再鼓劲，最大限度释放创新创业创造动能*

2019 年 3 月 10 日下午，习近平总书记参加十三届全国人大二次会议福建代表团审议，在听取一位代表讲述坚守实业的发言后指出，做企业、做事业，不是仅仅赚几个钱的问题。做实体经济，要实实在在、心无旁骛地做一个主业，这是本分。习近平总书记这番话，充分体现了对实体经济的高度重视，为振兴实体经济再次鼓了劲。

实体经济是国民经济的基础，对提供就业岗位、改善人民生活、实现经济持续发展和社会稳定都具有重要意义。党的十八大以来，习近平总书记在多个重要场合反复强调，"不论经济发展到什么时候，实体经济都是我国经济发展、在国际经济竞争中赢得主动的根基""必须高度重视实体经济健康发展，增强实体经济盈利能力"。实践也早已证明，一个国家的实体经济发展水平越高，经济实力就会越强。然而，近些年来，一些做实体经济的企业，为了赚快钱、图暴富，将更多的精力和资源转向发展虚拟经济，使得实体经济与虚拟经济发展脱节，"脱实向虚"现象比较严重，不仅偏离了主业，企业的竞争力和可持续发展能力也不能得到提升。没有实体经济作支撑，虚拟经济终究是"空中楼阁"，"虚火"过旺，"虚胖"的经济体制是难以支撑国民经济持续发展的。

必须看到，我国虽是制造大国，但仍大而不强、大而不优，很多产品的质量尚不能满足人民群众日益增长的美好生活需要，在国际经济大舞台上我们叫得响的知名品牌还不多，尤其是很多关键核心技术仍受制于人。比如，我国每年进口芯片的金额多的时候达到 2300 亿美元，进口芯片花费已经超过了石油。在机器人减速器、高档数控机床、高性能传感器等方面还没有核心技术，即便是在国产化率很高的高铁行业，轮轴技术和一部分控制器技术也没有完全掌握在自己手中。党的十九大报告指出，建设现代化经济体系是跨越关口的迫切要求和我国发

---

* 本文原载人民网-理论频道两会特别策划·通俗理论脱口秀节目第 7 期，原题为《心无旁骛振兴实体经济》2019 年 3 月 14 日。

展的战略目标，必须把发展经济的着力点放在实体经济上，把提高供给体系质量作为主攻方向，显著增强我国经济质量优势。面对当前经济下行的压力，我们必须深刻认识振兴实体经济的重要性、紧迫性、艰巨性，只有坚持不懈发展实体经济、振兴实体经济，才能不断夯实经济发展的基础，有效抵御来自各方面的风险冲击。

振兴实体经济，对企业来说，就是要坚守做实业这个"本分"。自主创新是实体经济不断发展壮大的法宝。目前在技术创新方面，我们还有许多短板需要补足；加快建设制造强国，还有很长的路要走。核心技术是买不来的，广大企业要有"板凳须坐十年冷"的劲头，坚持创新引领发展，突破和掌握一批核心关键技术，切实提升科技支撑能力，增强内生发展动力。还要大力弘扬企业家精神和工匠精神，厚植企业家文化和工匠文化，崇尚开拓创新和精益求精，尽快地实现中国制造向中国创造、中国品牌、中国质量转变。

当然，坚守做实业这个"本分"，也离不开良好的环境和有效的政策支持。习近平总书记指出，要向改革开放要动力，着力解决影响创新创业创造的突出体制机制问题，最大限度释放全社会创新创业创造动能，不断增强我国在世界大变局中的影响力、竞争力。2019年的《政府工作报告》也强调，政府部门做好服务是本分，服务不好是失职。深化"放管服"改革，着力优化营商环境，在增值税改革上将制造业等行业现行16%的税率降至13%，全年减轻企业税费负担近2万亿元，等等，这些"政策大礼包"让企业家们看到了希望、增强了信心。随着各项利好政策措施的落实到位，就一定能为实体经济健康发展提供强劲动力。

当前，结构调整大浪淘沙，技术变革风起云涌。振兴中国实体经济，必须心无旁骛，抵得住各种诱惑，不畏惧任何困难，在变革的喧嚣中始终坚守住"本分"，推动高质量发展的步伐就能坚实稳健，我们的实体经济就能走向广阔的未来。

胡敏说两会：从两会报道看新闻人的 "脚力眼力脑力笔力"*

2019 年 3 月 13 日和 15 日，全国政协十三届二次会议和十三届全国人大二次会议圆满完成各项议程，踩着春天的节拍，胜利闭幕。

2019 年的两会依然是日程满满、亮点纷呈。代表委员认真审议讨论政府工作报告、计划报告、预算报告，听取政协报告、人大报告、两院报告，表决通过《中华人民共和国外商投资法（草案）》。记者会上各主要部门负责人和代表委员们真切回答中外记者关注的热点问题，开设的 "部长通道" "代表通道" "委员通道" 通达民意、道出民心，各团组开放日大气包容、笑迎四方。李克强总理记者会、外长记者会纵览全局、全面阐释中国的大政方针。

会议开得好，除了代表委员不负人民重托，认真履职尽责，更是少不了广大新闻工作者第一时间、第一现场多角度、全方位、多层次、高效率地将大会精神、代表委员参与国是、资政建言的风采立体地传播开来，弘扬了主旋律，凝聚了正能量，让两会声音深入寻常百姓家。通过记者编辑们全局的把握、独特的眼光、勤勉的耕耘和快捷的步调，充分展示了新时代新闻人的 "脚力眼力脑力笔力"，充分展现了新时代媒体人的综合素质、能力水平、精神风貌，党和人民感谢这样一支政治过硬、本领高强、求实创新、能打硬仗的 "无冕之王" 们。

中央主要新闻单位抓住会议主题，精心策划报道角度、用心采写报道内容。比如，《人民日报》的《两会现场观察》栏目以现场侧记的手法，描绘出习近平总书记与代表委员面对面的生动画面，"共和国是红的" "到农村，我总有一句话" 等以习近平总书记的亲切话语为标题，用微观视角展现了大主题，感染力十分强。人民日报海外版微信公众号 "侠客岛" 第一时间刊发了《【解局】首次下团组，总书记为何选择了文艺和社科》，解读了习近平总书记关于 "一个国家、一个民族不能没有灵魂；文化文艺工作、哲学社会科学工作就属于培根铸魂的工

---

* 本文原载人民网-理论频道两会特别策划·通俗理论脱口秀节目第 8 期，原题为《看看两会上新闻人的眼力、脑力、笔力和脚力》2019 年 3 月 15 日。

循着发展的逻辑——一个经济学人的时事观察（2016—2020）

作"的远见卓识。人民网推出大型直播节目《两会进行时》邀请一线编辑记者做客访谈室，就发布会、记者会热点问题及时解读。央视新闻频道《两会1+1》精准提炼"一个目标、两个增长、三个增加、四个减少"关键词，深入浅出地细解了《政府工作报告》的主题。

2019年的地方媒体报道也是个性突出，精彩纷呈。比如，重庆广播电视台联袂沿江多省电视台，精心制作一档"共话长江大保护"的节目，细述长江经济带的发展愿景。广西日报社整合区市县"1+14+111"主流媒体联盟传播，形成强力效应。江西广播电视台以人大代表视角，回顾4年前习近平总书记对江西代表团的嘱托，用虚拟视频展示江西好山好水好风光，立体呈现"美丽中国江西样板"的新时代画卷。

2019年的海外传播也是别具特色。《人民日报》采用中、英、俄、西4种语言，推出《中国为外商投资立法按下"快车键"》等30多篇文章。中国外文局中国网"第三只眼看中国"，从外国人视角为对象解读中国的《政府工作报告》，还发布于脸书、优兔等社交媒体平台，向外界传递了中国经济前景的光明论，讲出了中国信心，讲好了中国故事。

2019年两会报道还有一个重要看点，就是坚持报、网、端、微、屏协同发力，充分运用丰富的融媒产品表现手段，全程跟进、多点连线、多维延展，多元呈现了两会的生动场景。比如，新华社客户端和微信推出MAGIC新闻《一杯茶的工夫读完6年政府工作报告，AI看出了啥奥妙》，央视网微视频《人民代表习近平履职记》有画有声有动漫，突出融合表达、强化立体传播，形成排浪式传播效果。人民网推出的科技创意短视频《全息3D强影看两会》，则采用多重"黑科技"，直击《政府工作报告》中的干货，让读者直观感受到"民生大礼包"。

两会宣传报道的精彩，再次彰显了主流媒体的传播力、引导力、影响力、公信力，再次表明党的新闻工作者是新时代宣传工作战线上值得信赖的、最可爱的人。

这里我衷心感谢人民网开设《胡敏说两会》节目携手春天的盛会，也感谢人民网的读者朋友们批评建议，期望来年再相约。

绿树已经发芽，花儿也已绽放。一年之计在于春，让我们共同行动起来，不负春光。

助力全效传播　人民网与今日头条深度合作报道两会*

2019 年 3 月 15 日，全国两会正式落下帷幕。2019 年是新中国成立 70 周年，是全面建成小康社会、实现第一个百年奋斗目标的关键之年。全国两会在此大背景下召开，受到海内外广泛关注。

2019 年，人民网再次携手今日头条深度合作，聚力两会传播。今日头条依托其庞大的用户体量和内容分发能力，从图文专题、视频访谈、微头条话题、大数据结果等诸多方面，全方位、立体化助力两会声音深度传播。两会期间，在今日头条平台参与人民网两会报道讨论的网友数量相比 2018 年翻了一番。

两会调查掀起关注热潮

2019 年 2 月 12 日，人民网 2019 年"两会调查"正式上线，这已经是人民网连续第 18 年推出此项调查。今日头条再次作为人民网"两会调查"移动端独家推广平台，发挥了积极的传播作用。从 2019 年 2 月 12 日到 3 月 1 日，2019 年的两会调查共吸引逾 460 万人次参与，网友参与度再创新高。

2019 年两会调查共设置了 18 个候选热词，紧紧围绕群众关切，涵盖正风反腐、脱贫攻坚、乡村振兴等热点。调查结果显示，正风反腐再次蝉联榜首，与全面依法治国、社会保障共同居前三位，教育改革、健康中国、互联网政务服务、收入分配、脱贫攻坚、住房制度、生态环保分列四到十位。

除线上调查外，人民网还联合今日头条，推出线下街采调查，并把线上线下调查结果通过今日头条大数据进行梳理汇总，推出 Flash 动画形式的调查结果盘点，收到了良好效果。

微头条话题点燃网友热情

随着两会调查的上线，今日头条在#2019 全国两会#话题中专门开设#人民网带你看两会#话题页面，并邀请今日头条旗下共计 37 个频道的官方大 V 号参与话题互动，自 2019 年 2 月 12 日起，至两会结束，话题页总阅读量突破 2 亿。

两会晚新闻梳理每日热点

此外，人民网还与今日头条联合推出"两会晚新闻"栏目。每日晚间时分，人民网小编将当日会议亮点、次日会议看点进行全面盘点梳理，由今日头条以弹窗的形式推送给全国网友，内容具有新颖性、独创性、资料性和实用性，是各级领导干部和广大党员、群众学习和

＊　本文原载人民网 2019 年 3 月 18 日。

循着发展的逻辑——一个经济学人的时事观察（2016-2020）

了解两会新闻的好帮手。自 2019 年 3 月 2 日第一条两会要闻弹窗上线，至 2019 年 3 月 15 日两会结束，弹窗直接覆盖用户点击量接近 1 亿次。

《高谈客论》《胡敏说两会》积聚两会热度

与此同时，今日头条还与人民网独家合作，推出了多档全媒体特色栏目，其中，基于"强国论坛"的高端访谈栏目《高谈客论》，邀请"重量级"嘉宾做客访谈，面对面解答来自人民网和今日头条网友的问题，"航天英雄"杨利伟、上海交大校长林忠钦、民进中央主席蔡达峰等"大咖"受到广大网友的热烈欢迎，节目累计点击量达到 1000 万次，《高谈客论》专题页面关注量超过 700 万；人民网特邀中共中央党校（国家行政学院）研究员胡敏担当评论员，推出的文字、音频脱口秀节目《胡敏说两会》，一经上线，就受到了网友的广泛点赞，系列节目的点击量突破 1600 万次，其中单期点击量最高达到 420 万次。

人民网与今日头条的合作，是人民网专业、权威以及创新创意的融媒内容优势与今日头条的平台优势的有效结合，接下来，双方还将充分利用人工智能技术、大数据技术等应用创新的传播方式，共同传播新时代最强音。

从推出新产品到拥抱新技术，在优质内容上深耕细作

如何创新表达方式，把主流声音传播得更远、更广，体现着媒体融合发展的成色。人民网在 2019 年两会期间推出了《刘兰芳两会评书》和《胡敏说两会》两个栏目，这两个栏目能够从众多两会报道中脱颖而出，究其根源在于充分发挥了"融"的效力。这也是对"扩大地域覆盖面、扩大人群覆盖面、扩大内容覆盖面"理念的成功实践。针对网友阅读习惯呈碎片化趋势，人民网推出音频栏目《刘兰芳两会评书》，著名评书表演艺术家刘兰芳先生每天用评书形式为网友播报两会要点，获业界人士和网友众多好评。复旦大学新闻学院副院长孟建评价："像两会这样时政性极强的报道，如何入耳入心入脑，可是大学问。人民网'两会评书'的上线，可不只是支了个新招，更是匠心独运的'碰心'之举。"人民网理论频道特邀中共中央党校（国家行政学院）研究员胡敏担当评论员，打造一档"音频+文字"的通俗理论脱口秀节目——《胡敏说两会》。节目聚焦 2019 年全国两会每日重点活动、重大议题，5~10 分钟的节目长度，以轻松的语言、生动的点评、深刻的阐释分析，让网友获悉当日最应知晓的动态，得到最为深刻的政策解读。

唐维红、王韬、邹菁：《导向为魂　内容为王　创新为要》《新闻与写作》2019 年第 8 期。

把学问写进
群众的心坎里 *

作为一名社会科学研究者，笔者感触最深的，就是习近平总书记在 2019 年两会下团组时用了这样一句朴实而形象的话，要"把学问写进群众心坎里"。这其实是社会科学学术研究价值的本质所在，也是新时代社会科学工作者必须努力的方向。

学问学问　在学在问

学问之道，贵问、贵勤、贵用。《易·乾》中说："君子学以聚之，问以辩之。"孔子曰："学而时习之。"清代大学问者顾炎武在《日知录·求其放心》中言："夫仁与礼未有不学问而能明者也。"清代学者刘献廷在《广阳杂记》中则说："然真实学问之人，必不奔走风尘以求名誉。"英国哲学家培根也有言："把学问过于用作装饰是虚假；完全依学问上的规则而断事是书生的怪癖。"清代学者王国维更是阐释了做好学问的"三个境界。"古往今来，哲人智者对做好学问的目的、意义、态度和路径都有很多精辟的阐释，也做到了身体力行，方成大家。还是恩格斯说得好："社会一旦有技术上的需要，则这种需要就会比十所大学更能把科学推向前进。"这虽然指的是自然科学，但是社会科学莫不如此。

学问之道理、学术之价值，源头在社会实践，根本在社会需要，学问既不是花拳绣腿、自说自话，更不是用来孤芳自赏、装点门面，真的学问、有价值的学问，必须服务于社会经济发展，必须服务于人民大众，必须推动人类文明进步。

反映现实　观照现实

习近平总书记在今年两会参加政协联组会上站在党和国家事业发展的高度，更加深刻和鲜明地指出了中国特色社会主义新时代的广大文化文艺工作者要创作出精品力作、哲学社会科学工作者要做好学术研究，必须自觉"坚定文化自信、

---

* 本文原载《中国青年报》2019 年 3 月 12 日。

把握时代脉搏、聆听时代声音，坚持与时代同步伐、以人民为中心、以精品奉献人民、用明德引领风尚"，"更好用中国理论解读中国实践，为党和人民继续前进提供强大精神激励"。

习近平总书记指出，一切有价值、有意义的文艺创作和学术研究，都应该反映现实、观照现实，都应该有利于解决现实问题、回答现实课题。哲学社会科学研究只有立足中国特色社会主义伟大实践，提出具有自主性、独创性的理论观点，才能深刻反映 70 年来党和人民的奋斗实践，深刻解读新中国 70 年历史性变革中所蕴藏的内在逻辑，讲清楚历史性成就背后的中国特色社会主义道路、理论、制度、文化优势；只有用中国的理论阐释中国的实践，才能把当代中国发展进步和当代中国人精彩生活表现好展示好，把中国精神、中国价值、中国力量阐释好；哲学社会科学工作者只有多到实地调查研究，了解百姓生活状况、把握群众思想脉搏，着眼群众需要解疑释惑、阐明道理，把学问写进群众心坎里，才能满足人民群众不断增长的对高质量的学术成果和理论武装的需要。这就需要广大社会科学工作者有对科学理论的执着信仰、有对国家命运的家国情怀、有对时代和人民的责任担当。

胸有人民　为民立言

把学问写进群众心坎里，哲学社会科学工作者必须为人民立言。人民始终是历史的创造者，人民实践也是学术研究取之不尽、用之不竭的智慧源泉。哲学社会科学工作者要扎根人民、扎根实践，要走出三尺书房，扑下身子，到群众中去，到火热的实践中去，才能真切知道群众的所疑所惑所盼，学术研究才能为人民鼓与呼，才能把人民群众的需要融于学术研究，更好地为党和政府咨政建言，转化为为人民服务的正确政策。

把学问写进群众心坎里，哲学社会科学工作者必须为人民立说。人民始终是推动人类文明进步的力量。学术研究的价值在于关照时代、观照现实，既不是"象牙塔"，也不是"空中楼阁"，必须解决现实问题、回答现实课题，为时代立传。要实现"两个一百年"奋斗目标、实现中华民族伟大复兴的中国梦，我们前进道路上还有更多艰难险阻，以科学的思想理论引导伟大实践，需要不断地进行理论创新、知识创新和学术创新，学术研究才能不辜负时代、不辜负人民。

把学问写进群众心坎里，哲学社会科学工作者必须为人民立行。"文以载道"。古往今来，大学问家本身都是以高远的理想追求、深沉的家国情怀、高尚的道德情操等美好品德为社会做着表率，在社会发展进程中发挥着精神引领。新时代的哲学社会科学工作者肩负着启迪思想、陶冶情操、温润心灵的重要职责，承担着以文化人、以文育人、以文培元的使命。习近平总书记强调用明德引领风尚，身为"思想的奉献者""理论的先行者"，就要以德立身，泽己及人，坚守高尚的学术职业道德，以人品示人，学术才能为人民所信，学者才能与群众架起心灵的桥梁。

胸有人民、拥抱时代、德领风尚，我们的学术研究就有了植根中国大地的中国理论力量。

读懂两会三大看点，
踏上追梦新的征程*

春光和煦，春色满园。在春天里，十三届全国政协二次会议和十三届全国人大二次会议完成各项议程圆满闭幕。2019 年的两会是决胜全面建成小康社会关键阶段和迎来新中国成立 70 周年重要时间节点上召开的一次重要会议，是站在新时代深入推进高质量发展、开启改革开放新征程的一次重要会议。5000 多名代表委员将带着春天的信息回到各自岗位，在追梦的路上开始新的奔跑，在事业的实干中放飞梦想。2019 年的两会把握时代的脉搏，充分体现以人民为中心的发展思想，亮点纷呈，收获丰硕。

看点一：总书记六到团组发表重要讲话，聚焦三大攻坚战，不获全胜决不收兵

党的十八大以来的每年两会，习近平总书记总是以一名普通人大代表的身份深入人大、政协代表委员团组，到 2019 年两会共计 42 次。习近平总书记与来自各条战线的代表委员面对面，亲切攀谈，深入交流，共商国是、共谋国家发展大计。

在 2019 年两会上，习近平总书记六到团组，讲话聚焦攻克和打赢三大攻坚战，再次为决胜全面小康社会必须跨过的坎鼓劲。

在内蒙古代表团，习近平总书记提出"四个一"的重要思想，强调在三大攻坚战中污染防治是其中一大攻坚战。他指出，要保持加强生态文明建设的战略定力，要探索以生态优先、绿色发展为导向的高质量发展新路子，要加大生态系统保护力度，要打好污染防治攻坚战，充分体现了我们党对生态文明建设规律的把握，体现了生态文明建设在新时代党和国家事业发展中的地位，体现了党对建设生态文明的部署和要求。

在甘肃代表团，习近平总书记强调，现在距离 2020 年完成脱贫攻坚目标任

---

* 本文原载中国网 2019 年 3 月 17 日。

务只有两年时间，任务仍然艰巨繁重，剩下的都是贫中之贫、困中之困，都是难啃的硬骨头，正是最吃劲的时候，必须坚持不懈做好工作，不获全胜决不收兵。习近平总书记告诫，当前脱贫攻坚工作中存在的形式主义、官僚主义现象，影响脱贫攻坚有效推进。要高度重视并坚决克服群众反映的"虚假式"脱贫、"算账式"脱贫、"指标式"脱贫、"游走式"脱贫等问题，提高脱贫质量，做到脱真贫、真脱贫。

在河南代表团，习近平总书记指出，乡村振兴是包括产业振兴、人才振兴、文化振兴、生态振兴、组织振兴的全面振兴，强调要把实施乡村振兴战略、做好"三农"工作放在经济社会发展全局中统筹谋划和推进。要扛稳粮食安全这个重任，要推进农业供给侧结构性改革、树牢绿色发展理念、补齐农村基础设施这个短板，夯实乡村治理这个根基，用好深化改革这个法宝，再次明确了实施乡村振兴战略的总目标、总方针、总要求和制度保障。

在福建代表团，习近平总书记要求，要营造有利于创新创业创造的良好发展环境。要向改革开放要动力，最大限度释放全社会创新创业创造动能，不断增强我国在世界大变局中的影响力、竞争力等。

为此，2019年的《政府工作报告》对继续打好三大攻坚战作出全面部署，防范化解重大风险要强化底线思维，坚持结构性去杠杆，防范金融市场异常波动，稳妥处理地方政府债务风险，防控输入性风险。精准脱贫要坚持现行标准，聚焦深度贫困地区和特殊贫困群体，加大攻坚力度，提高脱贫质量。污染防治要聚焦打赢蓝天保卫战等重点任务，统筹兼顾、标本兼治，使生态环境质量持续改善。

习近平总书记两会上的重要讲话，紧紧围绕全面建成小康社会主线，在全社会引起广泛反响。讲话鼓舞了士气，凝聚了人心，为在决胜之年打赢打好三大攻坚战指引着方向。

看点二：审议通过《中华人民共和国外商投资法》，彰显中国进一步扩大对外开放的决心和意志

2019年两会另一大看点就是，2019年3月15日，全国人大表决通过了《中华人民共和国外商投资法》（以下简称《外商投资法》）。这是一部我国外商投资领域的基础性法律，将自2020年1月1日起施行。

这部法律分为总则、投资促进、投资保护、投资管理、法律责任和附则六章。在总则中写道："为了进一步扩大对外开放，积极促进外商投资，保护外商投资合法权益，规范外商投资管理，推动形成全面开放新格局，促进社会主义市场经济健康发展，根据宪法，制定本法。"短短的一句话，就清晰地表明了这部法律的立法依据、根本指向、基本要义，突出了适应新形势下我国外商投资法律制度的完善和创新，强调了新形势下的中国对外商投资要更加着力于"促进""保护""规范"，要在全方位对外开放的体制机制上做好文章、下好功夫，也充分彰显了新时代我国进一步扩大对外开放、积极促进外商投资的决心和信心。

该法律明确了国家对外商投资实行准入前国民待遇加负面清单管理制度，提高了政策透明度和执行一致性，使我国外商投资管理模式与国际接轨。新的法律条款，为我国有效利用外资提供更加统一、有力的法律保障，有助于优化中国的营商环境，极大增强外资对我国市场的信任度，吸引外资持续投资中国市场，扩大外商投资主体多元化、投资领域多样化和投资产业结构合理化，为中国的开放营造稳定、透明、可预期和公平竞争的市场环境，为促进我国市场经济健康有序发展奠定坚实基础。

李克强总理在闭幕式后的记者见面会上谈到外商投资法时也指出，这个法律也可以说是规范政府行为的，要求政府依法行政，政府要根据这个法律的精神出台一系列法规、文件，保护外商权益。

越是走向高水平开放，越需要法治的保障。《外商投资法》的通过和实施，进一步表明：不断以开放促改革，以法治为开放护航，以稳定、透明、可预期和公平竞争的市场环境，向全球投资者敞开怀抱，为世界经济注入更多确定性；中国开放的大门不仅没有关闭，反而开放水平更高、成色更足、分量更重。可以预期，中国对外开放一定会打开一个全新的局面，为人民的美好生活需要提供更丰富的选择，也必将为世界繁荣发展贡献中国智慧、中国力量。

看点三：向创新要活力，以法治为保障，为新时代改革开放再出发提供坚强护航

在 2019 年 3 月 15 日的两会闭幕式上，十三届全国人大二次会议表决批准了最高人民法院工作报告和最高人民检察院工作报告。

党的十九大以来，在以习近平同志为核心的党中央坚强领导下，从司法体制综合配套改革到智慧法院建设，从扫黑除恶专项斗争到以审判为中心的刑事诉讼制度改革，法治领域改革不断推进，法治建设又取得新硕果。

"两高"报告亮点很多。比如，"基本解决执行难"阶段性目标如期实现，成为具有标志性意义的重大成果。比如，最高人民法院加强巡回法院建设、设立上海金融法院，最高人民检察院强力推进刑事、民事、行政、公益诉讼四大检察法律监督总体布局，成为"两高"深化司法体制配套改革，增强司法改革系统性整体性协同性，构建新型司法权力运行机制的创新举措。再比如，在紧扣服务党和国家中心任务，围绕三大攻坚战、供给侧结构性改革等。在重点领域、重要

方面，"两高"充分彰显法治的护航和支撑力量。这也表明，一年来，人民法院、人民检察院秉持司法为民理念，在履行检察、审判职能工作中，回应广大人民关切，保护广大人民权利。无论是在打击刑事犯罪、保护国家政治安全，还是在维护社会经济秩序、针对老百姓非常关心的"菜篮子""米袋子"等人民群众生命健康安全问题、加大对违法犯罪行为的打击力度上，都发挥了重要作用。

努力让人民群众在每一个司法案件中感受到公平正义，切实增强人民群众获得感，成为评价公正司法的一把标尺。司法有为有力有情，就能为新时代改革开放带来一片洁净的蓝天，让广大群众在公平正义的路上筑梦、追梦、圆梦。两会落幕，实干起航。在春天里，全国人民行动起来，为书写新时代新篇章，不负春光。

中国敞开全方位
对外开放大门*

2019 年博鳌亚洲论坛即将召开，距离中国国家主席习近平在 2018 年博鳌亚洲论坛年会上的演讲已过去近一年时间。"中国开放的大门不会关闭，只会越开越大"，正如习近平主席此前所承诺的那样，这一年里，中国敞开了全方位对外开放的大门。

2018 年的博鳌亚洲论坛上，习近平主席宣布了包括大幅度放宽市场准入等在内的对外开放四项重大举措。国家行政学院研究员胡敏指出，这一演讲开启了中国对外开放的新局面。此后，中国对外开放的平台不断增多，例如：上海自贸试验区新增片区；外资准入负面清单大幅压缩，金融、汽车等行业扩大开放；基础性的法制保障得以确立，2019 年的全国两会上，外商投资基础性法律《中华人民共和国外商投资法》（以下简称《外商投资法》）通过。中国正在以罕见的速度推开一扇扇开放之门。

国家发改委对外经济研究所综合室副主任杨长湧在接受中新社记者采访时指出，这一年来，中国在许多对外开放的重大领域取得突破性进展，中外瞩目。

从市场准入来看，2018 年以来，中国在扩大外资准入方面大踏步前进。相比 2017 年版的外资准入负面清单，2018 年版的禁止和限制类项目大幅减少。重要领域实现大幅开放，如：对汽车制造领域，取消了新能源车和专用车的外资股比限制；金融领域，中国人民银行 2018 年提出扩大金融开放的 11 条措施，并且陆续落实；高技术行业和现代服务业的开放也迈出了坚实步伐。

在外贸方面，以扩大进口为战略方向，2018 年国务院大幅降低了多种商品的进口关税，包括汽车零部件、抗癌药以及多种日用品等，关税总水平已经从 2018 年的 9.8% 降至 7.5%。

2019 年，《外商投资法》更是以法律形式确立了外商投资准入、促进、保护、管理等方面的基本制度框架和规则，让对外商投资的管理走上了更法治化的

---

*　本文原载央广网 2019 年 3 月 26 日。

轨道。

在特殊经济区域的开放方面，官方宣布提速海南自贸试验区和中国特色自由贸易港建设，同意未来三年在北京市继续开展和全面推进服务业扩大开放综合试点，营造国际一流营商环境。在知识产权保护方面，《外商投资法》中明确规定，不得利用行政手段强制转让技术。开放的政策在各个领域落地。

除了全方位的开放，这一年来，中国新一轮的对外开放还是更高水平的开放。中国国际经济交流中心副理事长黄奇帆指出，2018 年末，中央明确提出要推动中国由商品和要素流动型开放向规则等制度型开放转变，这具有里程碑意义。《外商投资法》从法制上确立了中国的投资环境和营商环境，这些内容与国际接轨，又从法律上实现了中国制度性和规则性的开放。

中央财经委员会办公室副主任韩文秀指出，下一步，中国的对外开放将更加互利共赢，市场准入负面清单将继续缩减，外资将能够进入更大市场空间、更多产业领域，享有充分的国民待遇。中国还将加快修改完善国内法律法规，以法定、规范的方式将对外开放举措固定下来，包括加强知识产权保护、加大对侵权行为的处罚等。中国开放的大门将会越开越大。

循着发展的逻辑——一个经济学人的时事观察（2016—2020）

推动消费稳定增长要在
三个方面发力*

《人民日报》最近刊发一则短文《从一床薄被看消费潜力》，讲的是一家民宿，装修不算华丽，价格不算便宜，却宾客盈门。原因是店家用心为客人着想，冬天有厚被，夏天有薄被，仅枕头就为客人提供了三种选择，靠这份用心和贴心的服务，赢得了顾客光顾，挖掘出了消费潜力。这件事看起来平常，却值得深思。

拥有近 14 亿人口的中国消费市场潜力巨大，这是不争的事实。要看到，我国已经是消费大国，2018 年社会消费品零售总额达 38.1 万亿元人民币，一年的增量就达 3.2 万亿元人民币，相当于 1998 年全年的社零总额。2018 年消费对国民经济增长贡献率为 76.2%，继续成为经济增长的第一拉动力。还要看到，目前我国消费率只有 53.6%，与发达国家 70% 以上的水平相比存在较大差距。虽然我国人均收入还不高，但增长速度较快；城乡居民收入不均衡，但差距趋于缩小，这就是增长的潜力。随着生活水平的提高，人们对产品和服务质量的要求在不断上升。近年来，我国居民消费加快从物质领域向更广范围拓展，尤其是向服务行业转型的态势非常明显，消费结构不断优化，服务消费增长快于商品消费，农村消费增长快于城市消费，消费质量进一步提高，个性化、多元化、定制化消费正成为新的趋势，这就是巨大的消费空间。虽然由于经济下行压力加大和结构性调整原因导致近年来居民实物消费增速有一定程度下滑，但这丝毫没有改变国内消费市场的发展走向。

2019 年的《政府工作报告》将促进形成强大国内市场，持续释放内需潜力，推动消费稳定增长作为一项重点任务，正是立足现实着眼长远的政策安排。增强消费对经济发展的基础性作用，促进形成强大国内市场，既是满足人民对美好生活新期待，也是推动我国企业增强创新能力、加强技术研发，以消费升级带动产业升级，进而为实现经济高质量发展提供坚实基础。综合研判国内消费发展态

---

* 本文原载《学习时报·学习评论》2019 年 3 月 29 日。

势，贯彻落实《政府工作报告》精神，当前需要集中力量在三个方面发力：

一是着力让消费的体制机制更加"活"起来。2018 年国务院办公厅印发了《完善促进消费体制机制实施方案（2018—2020 年）》。2019 年初国家发改委等十部委又联合印发《进一步优化供给推动消费平稳增长　促进形成强大国内市场的实施方案（2019 年）》，提出 6 个方面 24 项具体措施等。这些都旨在加快破解当前制约居民消费最直接、最突出、最迫切的体制机制障碍。把制度性堵点消除了，市场活力就能激发出来。

二是着力让消费的社会环境更加"优"起来。就是要顺应消费需求的新变化，紧扣当前教育、育幼、养老、家政、医疗、文旅、信息等新的消费增长点，多渠道增加优质产品和服务供给。加强消费者权益保护，严厉打击假冒伪劣，净化市场消费环境，让群众放心消费、便利消费、舒适消费。

三是着力让群众的腰包口袋更加"鼓"起来。就是要多措并举促进城乡居民增收，将减税降费措施落实到位并循序渐进推动收入分配制度改革，稳定群众对未来的预期，进一步增强居民消费能力。

这三方面"力道"到了，就是给群众办好了贴心事，做对了市场的明白人，国内消费热点则会更热、亮点则会更亮。

把党的政治建设责任
牢牢扛在肩上[*]

2019 年 2 月，中共中央印发《中共中央关于加强党的政治建设的意见》。2019 年 3 月，中共中央又印发《关于加强和改进中央和国家机关党的建设的意见》。这两个重要文件都是着力推进新时代党的建设新的伟大工程、有力推动新时代中央和国家机关党的建设高质量发展的指导性文件，意义十分重大而深远。

旗帜鲜明讲政治，是我们党作为马克思主义政党的根本要求，是我们党不断发展壮大、从胜利走向胜利的重要保证。中国特色社会主义进入新时代，我们党要以新气象新作为统揽推进伟大斗争、伟大工程、伟大事业、伟大梦想，就必须加强党的政治建设。

《关于加强党的政治建设的意见》从全面从严治党向纵深发展的内在需要和加强党的全面领导的必然要求出发，突出政治性、系统性、统领性和针对性，对党的十九大确定的加强党的政治建设这一首要任务作出全面部署。《关于加强和改进中央和国家机关党的建设的意见》则从中央和国家机关在党和国家治理体系中所处的特殊重要位置和担负的特殊职责任务出发，在加强党的建设方面走在前、作表率，指出了更加清晰的方向、目标、基本路径和制度保证。两个重要文件紧密衔接、相互结合。各级党组织和广大党员干部尤其是中央国家机关必须将两个文件结合在一起认真学习领会，切实把新时代党的政治建设责任牢牢扛在肩上，把党中央治国理政、管党治党的决策部署坚决贯彻下去。

把党的政治建设责任牢牢扛在肩上，就要坚定政治信仰，深化理论武装。加强党的政治建设必须坚定政治信仰。要有坚定的政治信仰就必须深刻理解马克思主义特别是用习近平新时代中国特色社会主义思想武装头脑。要在学懂弄通做实上下功夫，学出信念、学出情怀、学出担当、学出干劲，牢固树立"四个意识"，坚定"四个自信"，坚决做到"两个维护"，在同以习近平同志为核心的党中央保持高度一致上作出表率，在坚决贯彻落实党中央各项决策部署上做好

---

* 本文原载《学习时报·学习评论》2019 年 4 月 5 日。

表率。

把党的政治建设责任牢牢扛在肩上，就要强化领导责任，抓好制度落实。管党治党责任是领导责任，更是政治责任。一个单位如果政治方面出问题，首要责任在"一把手"。要牢固树立"抓好党建是最大政绩"的强烈意识，担当作为，当好主角，切实担负起党建主体责任。同时，要把党的建设各项规章制度和规范确实立起来，抓纲带目，层层压实，责任到位，抓细抓实抓出成效。

把党的政治建设责任牢牢扛在肩上，就要加强队伍建设，激发创新活力。要充分发挥基层党务工作者的骨干和中坚作用，把政治上强、综合素质高的优秀干部放到党务岗位培养锻炼，工作业绩突出的注重提拔使用，使党务工作岗位成为培养锻炼优秀年轻干部的重要平台，成为干部成长过程中加强党性教育、接受党性锻炼的重要渠道，让更多的年轻党务干部在新时代党的政治建设舞台上施展才华、大有作为。

多措并举助力中小企业发展
中央的心意收到了吗？*

近日，中共中央办公厅、国务院办公厅印发了《关于促进中小企业健康发展的指导意见》（以下简称《指导意见》），从习近平总书记 2018 年 11 月 1 日民营企业座谈会重要讲话，到 2019 年两会《政府工作报告》，再到此次《指导意见》出台，不仅体现了中央对这项工作的关心，也表明了中央抓落实、抓成效的决心和力度。文件的出台是近年来综合一系列促进中小企业健康发展举措的"升级版"和"总汇版"。除了第一部分指导思想外，其他 6 个部分共 23 条举措，都是以问题为导向，实实在在地解决当前中小企业发展之困、促进中小企业健康发展的"干货"。只要这 23 条能够落实，目前制约我国中小企业发展的瓶颈障碍将得到有效纾解，中小企业发展的春天将会到来。

《指导意见》有 4 个鲜明亮点：

对中小企业的地位和目前遇到的问题认识十分清晰

《指导意见》用"国民经济和社会发展的生力军"、是"扩大就业、改善民生、促进创业创新的重要力量""在稳增长、促改革、调结构、惠民生、防风险中发挥着重要作用"来强调中小企业的地位和作用，这是习近平新时代中国特色社会主义思想和党的十九大精神的具体体现，是坚持和完善我国社会主义基本经济制度，坚持"两个毫不动摇"的必然要求。对此，我们对发展中小企业不能再有任何模糊认识。

与此同时，必须深刻认识到，随着国际国内市场环境变化，当前我国中小企业面临着生产成本上升、融资难融资贵、创新发展能力不足等问题仍比较突出，我们必须下更大功夫，做出更大努力，着力于以问题为导向，在财税金融、营商环境、公共服务等方面出台一系列创新性的政策措施，切实解决中小企业发展道路上的"拦路虎"和"青纱帐"。正是基于此，《指导意见》在吸取过去一系列

---

* 本文原载中国网 2019 年 4 月 9 日。

促进中小企业发展的经验办法的基础上，适应新的形势要求，推出了 23 条具体办法，每一条都有针对性，又有现实操作性。

突出强调竞争中性原则有助于廓清政府与企业关系

过去一个时期，我们不断强调竞争中性原则，在今天我们已经处于充分开放的市场环境下，对待各类市场经济主体更需要强调竞争中性，尽可能减少所有制色彩和观念的束缚，对待改革开放以来客观形成并作出重大贡献的中小企业群体更是如此。所以，《指导意见》突出强调了要"按照竞争中性原则"，通过打造公平便捷的营商环境，才能进一步激发中小企业活力和发展动力，才能纾解中小企业面临的主要困难，才能稳定和增强企业信心及预期，从而有助于广大中小企业加大创新支持力度，提升中小企业专业化发展能力和大中小企业融通发展水平，促进中小企业健康发展。为此，在处理政府与中小企业关系上，就是要设定好政府应该为中小企业做什么、不该做什么。

《指导意见》的第二部分"营造良好发展环境"，强调了进一步放宽市场准入、主动服务中小企业和实行公平统一的市场监管制度。在第五部分"提升创新发展能力"，强调要完善创新创业环境、切实保护知识产权和引导中小企业专精特新发展。其中条分缕析的大量内容，核心所在就是体现对所有中小企业推进"非禁即入"，尤其是创新型中小企业提供最公开、最透明、最便利的营商环境，让广大中小企业能够在更加公平的市场竞争环境中心无旁骛地创新创业，不再为各种制度性交易成本增加负担，不再为各种应有的权益保护受到侵蚀而担惊受怕。

金融财政政策更加具体可操作并有实质性的创新

《指导意见》的第三部分、第四部分是从金融政策和财政政策的具体政策施向上，着力解决当前中小企业融资难、融资贵问题和长期发展的后劲支持问题。这些政策"含金量"很高，又有很多的创新点。

在金融支持中小企业发展方面，强调进一步完善中小企业融资政策，进一步落实普惠金融定向降准政策。这虽是短期政策，但却着力于长远。在积极拓宽中小企业融资渠道方面，可以说拿出了目前可以采取的各种市场化融资工具支持中小企业广泛融资，这是一个很大的突破。比如，允许中小企业采取出售信用风险缓释凭证、提供信用增进服务等多种方式，支持经营正常、面临暂时流动性紧张的民营企业合理债券融资需求；可以探索实施民营企业股权融资支持工具，鼓励设立市场化运作的专项基金开展民营企业兼并收购或财务投资；还可以大力发展高收益债券、私募债、双创专项债务融资工具、创业投资基金类债券、创新创业企业专项债券等产品。支持利用资本市场直接融资、减轻企业融资负担方面的政策工具使用，也是近年来少有的改进和创新。

在财政支持中小企业发展方面，《指导意见》提出，要落实对小微企业融资担保降费奖补政策，进一步降低创业担保贷款贴息的政策门槛，完善政府采购支持中小企业的政策和充分发挥各类基金的引导带动作用等。在减轻中小企业税费负担方面，强调要清理规范涉企收费，推进增值税等实质性减税，对小微企业、科技型初创企业实施普惠性税收减免等。可以说，财政可以"敞口"的尽力打开，可以降费的尽力挖掘。

以改进服务保障为根本以强化督导评估落实为依托

好的政策在于落实、在于减少形式的"软约束""软落实"。《指导意见》在第六、第七部分强调了服务保障、组织保障和制度保障。

比如，完善促进中小企业发展的公共服务体系、推动信用信息共享和加强工作督导评估是行之有效的办法，既能防止政府缺位，又能减少政府放权后的权力失位和中介机构的"寻租补空"问题。可以看出，"指导意见"吸取了过去的一些教训，强调要加强中小企业公共服务示范平台建设和培育，通过搭建跨部门的中小企业政策信息互联网发布平台，及时汇集涉及中小企业的法律法规、创新创业、财税金融、权益保护等各类政策和政府服务信息，实现中小企业政策信息一站式服务。还要依托全国公共信用信息共享平台，建设全国中小企业融资综合信用服务平台，开发"信易贷"，与商业银行共享注册登记、行政许可、行政处罚、"黑名单"以及纳税、社保、水电煤气、仓储物流等信息，改善银企信息不对称，提高信用状况良好中小企业的信用评分和贷款可得性。这既是政府监管方式的创新，也是政府服务能力的提效，可谓一举两得。

"一带一路"共同绘制
精谨细腻"工笔画"*

　　"春秋多佳日，登高赋新诗。"习近平主席在第二届"一带一路"国际合作高峰论坛开幕式主旨演讲中用这样美妙的诗句作为开场白，描摹了如火如荼的"一带一路"建设的蓬勃生机、无限活力和面向未来推进"一带一路"高质量发展的深远意境。

　　时隔两年，第二届"一带一路"国际合作高峰论坛如约而至，高朋满座，全球瞩目。

　　由习近平主席亲自谋划、亲自部署、亲自推动的"一带一路"倡议提出5年多来，与时俱进地提出了一系列新理念新论述新要求。伴随着共建"一带一路"倡议的深入民心、一系列重大合作项目和运行机制的深入推进和落地生根，创造历史的合作发展故事在沿线国家乃至全球各地精彩纷呈。正如国际社会广泛评价的，"一带一路"倡议源于中国，机会和成果属于世界，不仅成为中国扩大开放的重大举措，为完善全球经济治理提出了中国方案，也成为开放包容的国际合作实践平台和广受欢迎的全球公共产品，是引导世界走向全球化、走向和平安宁、走向稳定繁荣发展的大通道。

　　习近平主席精要回顾总结了共建"一带一路"倡议提出以来取得的积极进展和丰硕成果，概括为"四个新"，即共建"一带一路"为世界经济增长开辟了新空间、为国际贸易和投资搭建了新平台、为完善全球经济治理拓展了新实践、为增进各国民生福祉作出了新贡献。

　　可以说，"一带一路"建设已经给世界带来深刻改变。要面向未来，要顺应经济全球化的历史潮流、顺应全球治理体系变革的时代要求、顺应各国人民过上更好日子的强烈愿望，各国更加关注"一带一路"建设下一步怎么走？习近平主席鲜明提出要聚焦重点、深耕细作，要从总体布局的"大写意"转向共同绘制精谨细腻的"工笔画"，推动共建"一带一路"沿着高质量发展方向不断前

---

　　* 本文原载《学习时报·学习评论》2019年4月29日。

进。而如何绘制好这幅"工笔画"？在哪些方面精谨细腻画、谁来画、怎么画？习近平主席作出了高屋建瓴的阐述，视野博大，创新务实，令人振奋。

如何精谨细腻地画？

关键是互联互通，要聚焦互联互通，深化务实合作。为此在基础设施、要素流动、资金融通、创新驱动、绿色发展、人文互鉴等方面都提出了更加具体、更富操作性、更有助于可持续发展的一系列行动方案、机制架构和惠民举措。由谁来精谨细腻地画？习近平主席指出，大家的事大家商量着办，推动各方各施所长、各尽所能，通过双边合作、三方合作、多边合作等各种形式，把大家的优势和潜能充分发挥出来，聚沙成塔、积水成渊。怎么精谨细腻地画？习近平主席强调，要秉持共商共建共享原则，坚持开放、绿色、廉洁理念，努力实现高标准、惠民生、可持续目标，推动共建"一带一路"成果沿着高质量发展方向不断前进。为当地经济社会发展作出实实在在的贡献。

习近平主席进一步向世界宣示了中国扩大开放的坚强决心和意志，中国要在更广领域扩大外资市场准入，更大力度加强知识产权保护国际合作，更大规模增加商品和服务进口，更加有效实施国际宏观经济政策协调，更加重视对外开放政策贯彻落实。

这"五个更"不仅将为下一步共建"一带一路"带来更广阔更强大的市场，带来更强劲更有力的发展后劲，也必将随着中国更高水平的开放和更高质量的发展，让一个更加开放的中国同世界形成更加良性的互动，带来更加进步和繁荣的中国和世界。

东风万里绘宏图，无限精彩写未来。

破解三大问题，走好城乡融合发展关键一步[*]

2019 年 5 月，中共中央、国务院发布《关于建立健全城乡融合发展体制机制和政策体系的意见》（以下简称《意见》）。《意见》着眼当前城乡融合发展中诸如城乡要素流动不顺畅、公共资源配置不合理等突出矛盾和问题，着力破解影响城乡融合发展的体制机制障碍，明确提出了建立健全城乡融合发展体制机制和政策体系的"三步走"路线图。这是促进乡村振兴和农业农村现代化的政策利好，也是落实"两个一百年"奋斗目标战略部署的重要举措。

推进城乡融合发展，是破解新时代社会主要矛盾的关键抓手，是现代化的重要标志，也是拓展城乡发展空间的强大动力。改革开放特别是党的十八大以来，我国在统筹城乡发展、推进新型城镇化方面取得了显著进展。党的十九大又提出实施乡村振兴战略，将乡村振兴、新型城镇化、农业农村优先发展紧密衔接，统筹考量，推进城乡融合发展就成为实现乡村振兴和促进农业农村现代化的重要突破口。

但要看到，在现阶段城乡融合过程中，人才、土地、资本等要素自由流动和平等交换还存在种种壁垒；城乡基本公共服务的标准不统一、制度不并轨，公共资源配置尚不合理；乡村基础设施建设仍存在许多短板；特别是拓宽农民增收渠道、促进农民收入持续增长、缩小城乡居民生活水平差距的长效机制还没有形成；等等，这些矛盾和问题，制约着乡村振兴和农业农村现代化进程。要化解这些矛盾，就必须向改革要动力，必须从根本上消除影响城乡融合发展的体制机制障碍，必须重塑新型城乡关系。这次发布的《意见》紧紧围绕建立健全城乡融合发展的体制机制和政策体系，明确了改革的总方针、改革的抓手、改革的目标、改革的路径以及"三步走"的时间表，对需要建立健全的五大机制明晰了具体的改革对策和政策支持，这将为加快形成工农互促、城乡互补、全面融合、共同繁荣的新型工农城乡关系，加快推进农业农村现代化提供坚实的制度保障。

---

*　本文原载中国网 2019 年 5 月 8 日。

九层高台始于垒土，实现路线图中的第一阶段目标最为关键。《意见》指出，到 2022 年，城乡融合发展体制机制要初步建立，这包括城乡要素自由流动的制度性通道要基本打通，城乡统一的建设用地市场要基本建成，农村产权保护交易制度框架要基本形成，经济发达地区、都市圈和城市郊区在体制机制改革上要率先取得突破。理解把握其中的政策要领，着眼点还是要解决好"人、地、钱"的问题。

人的问题就是要切实解决好农业转移人口市民化和城市人才入乡激励的机制设计，促进人的双向流动。我们还有 2.8 亿农民，每年有近百万人口特别是新生代农民工要进城，重点是要有力有序有效深化户籍制度改革，加快实现城镇基本公共服务常住人口全覆盖，提高城市的包容度。同时，要制定更加可操作的财政、金融、社会保障等激励政策，吸引各类人才返乡入乡创业，让农村的广袤土地能吸引人才、留住人才。

地的问题是要进一步完善农村承包地"三权分置"制度，稳慎改革农村宅基地制度，探索建立集体经营性建设用地入市制度。最大程度激发农村土地的生产力，同时又要守住土地所有制性质不改变、耕地红线不突破、农民利益不受损底线，守住生态保护红线，守住乡村文化根脉，有效防范各类政治经济社会风险。

钱的问题就是要进一步健全财政投入保障机制，发挥财政资金四两拨千斤作用，撬动更多社会资金投入农业农村。同时要完善乡村金融服务体系和建立工商资本入乡促进机制，为城乡融合发展提供全方位的财政金融政策供给。

当然，城乡融合的最终目标是要缩小城乡发展差距和居民生活水平差距。要让农业成为有奔头的产业，让农民成为有吸引力的职业，让农村成为安居乐业的美丽家园，关键还是要围绕发展现代农业、培育新产业新业态，实现乡村经济多元化和农业全产业链发展，拓宽农民增收渠道，形成促进农民多元化收入增长的长效机制和发展环境，从而推动农业全面升级、农村全面进步、农民全面发展，不断提升农民获得感、幸福感、安全感。

亚洲文明，只有百花竞艳才是人间春色[*]

在姹紫嫣红、百花齐放的浓浓北京春色里，即将迎来以"亚洲文明交流互鉴与命运共同体"为主题的首届"亚洲文明对话大会"。璀璨的亚洲各国文明犹如春天盛开的多彩花朵，将装扮起生机盎然、美丽如画的亚洲文明百花园。由中国国家主席习近平 2015 年倡议召开的亚洲文明对话大会将架接起亚洲各国文明对话、交流、互鉴的友谊之桥，为推进人类文明进步和世界文明发展作出重要贡献。

各美其美：亚洲文明博大　多姿多彩智慧

早在 2015 年中国海南博鳌亚洲论坛年会上，习近平主席在发表主旨演讲时就表示，中方倡议召开亚洲文明对话大会，加强青少年、民间团体、地方、媒体、智库等各界交流，打造智库交流合作网络，让亚洲人民享受更富内涵的精神生活，让地区发展合作更加活力四射。这是一个富有远见的倡议，体现了中国对促进亚洲文明发展的深邃思考和责任担当，对于推动构建亚洲命运共同体、开创亚洲新未来，具有重大而深远的意义。

居于世界东方的亚洲文明以前在世界上一直处于领先地位，东方的造纸术、医学、火药等对人类社会科技发展和文明进步产生了深远影响。亚洲各国山水交融，在漫长历史长河中形成了各具特色、充满智慧的亚洲文明体系。比如黄河和长江流域、印度河和恒河流域、幼发拉底河和底格里斯河流域以及东南亚等地区都孕育了众多古老文明，彼此交相辉映相得益彰，构成了亚洲文明的共同财富，也为世界文明进步作出了重要贡献。

亚洲文明还通过古老的丝绸之路，向西方传递东方的文化和艺术，在塑造各自民族文化自信的同时，也对西方乃至整个世界造成巨大的影响。在经历了各种苦难磨折、战争沧桑和纷繁世变后，亚洲已越来越成为一个休戚与共的命运共

---

* 本文原载中国网 2019 年 5 月 16 日。

同体。

进入 21 世纪，世界正经历百年未有之大变局，世界经济重心正由北大西洋转向太平洋的趋势不可逆转。国务院发展研究中心课题组在 2018 年 12 月发表的《未来国际经济格局变化和中国战略选择》课题报告中就预测，到 2035 年发展中国家的 GDP 将超过发达经济体，在全球经济和投资中的比重接近 60%，全球经济增长的重心将从欧美转移到亚洲，并外溢到其他发展中国家和地区。仅 2017 年东盟加中日韩（10+3）经济总量达 21.9 万亿美元，占世界的 27%，超过了美国和欧盟，在世界经济中举足轻重。经济快速发展，不仅为亚洲人民带来巨大福祉，也必然不断推动亚洲文明的进步与繁荣。

在世界政治经济格局大变化、大调整、大转折时期，亚洲各国文明将各美其美、尽展其美，在传承同宗同脉的古老智慧基础上绽放时代的光华，今天的亚洲人民会更加珍视和平、更加珍爱亚洲人民之间的世代友谊，更加珍爱团结互助和谐。

举行亚洲文明对话大会不仅是通过文明对话交流，汇聚共识，促进对亚洲文明乃至世界文明发展的深邃思考，是巩固和发展人类文明的一个重大创举，也必将成为推动人类文明进步和世界和平发展的重要动力。

美美与共：文明交流互鉴　促进互利共赢

"阳光有七种颜色，世界也是多彩的。""如果世界上只有一种花朵，就算这种花朵再美，那也是单调的。"习近平主席对人类文明有着深刻生动的阐释。在世界文明的百花园里，各国文明既要各美其美，更要美美与共。

今天的世界面临重重危机。其中，对世界文明与世界走向有着种种差异认识。必须看到，世界历史就是一部多种文明并存和相互碰撞融合的历史，每一种类型的文明也都会从其他文明中吸取"养分"。要了解各种文明的真谛，必须秉持平等、谦虚的态度。如果居高临下对待一种文明，不仅不能参透这种文明的奥妙，而且会与之格格不入。历史和现实都表明，傲慢和偏见是文明交流互鉴的最大障碍。

"万物并育而不相害，道并行而不相悖。"文明对话在当今世界具有极其重要的意义，文明间的歧视、冲突，需要也必须尽快终止。我们需要新的文明观，需要新的大家一致认同遵循的共同道德伦理和文明秩序。作为生活在同一个星球上的人类需要和平与和谐，而"相互交流"是达成人类和平与和谐的第一步。

中国发起的亚洲文明对话大会就是遵循了在多样性中形成和融汇普遍性这一人类文明发展的基本规律，就是给大家"坐在一起对话"和"相互对话交流"的机会。只要秉持包容精神，就不存在什么"文明冲突"，就可以实现文明和谐。不同文明不同发展模式之间只有真诚地展开对话，在竞争比较中取长补短，在交流互鉴中共同发展，才能让文明交流互鉴成为增进各国人民友谊的桥梁、推动人类社会进步的动力、维护世界和平的纽带。

世界文明只有美美与共，通过文明交流、平等教育、普及科学，消除隔阂、偏见、仇视，播撒和平理念的种子，通过坚持不同文明兼容并蓄交流互鉴的理念深入人心，包括亚洲在内的世界各国就能够团结一致构筑起"人类命运共同体"，迈向合作共赢、天下大同的美丽新世界。

中国梦想：实现天下大同　尽显中国担当

中国自古就以"礼仪之邦"闻名世界。中国人早就懂得了"和而不同"的道理。中国儒家"和谐"理念尊重人类生存的价值观，追求社会的和谐发展；特别注重尊重和保障人们的生存能力，倡导像对待自己亲人一样对待他人。中华文明经历了5000多年的历史变迁，但始终一脉相承，积淀着中华民族最深层的精神追求，代表着中华民族独特的精神标识，为中华民族生生不息、发展壮大提供了丰厚滋养。中华文明是在中国大地上产生的文明，也是同其他文明不断交流互鉴而形成的文明。

近年来，习近平主席反复强调构建人类命运共同体，倡导"一带一路"伟大构想，强调各国要民心相通，核心就是倡导同舟共济、合作共赢的新理念，寻求多元文明交流互鉴的新局面，寻求人类共同利益和共同价值的新内涵，寻求各国合作应对多样化挑战和实现包容性发展的新道路。习近平主席站在人类文明进步的高度，强调要以文明交流超越文明隔阂、以文明互鉴超越文明冲突、以文明共存超越文明优越，人类文明的灯火就会更加明亮璀璨。

亚洲文明对话大会的会标也阐释着这样的理念。图形部分主体形态由牡丹花衍生而来，按照亚洲地理位置的六个分区将标志设计成六瓣互动的花瓣状图形，并将抽象的人的形态融入其中，形成了人与人之间手牵手连接沟通的视觉效果，象征亚洲不同文明之间的交流对话，亚洲人民携手共建命运共同体。红、橙、黄、绿、青、蓝、紫的七彩颜色体现了亚洲各国国旗的色彩，也象征亚洲文明的绚丽多彩。这就预示着：亚洲文明对话大会是汇聚亚洲文明、凝聚亚洲共识的宽广平台，是亚洲文化大交流、人民大联欢的人文盛事，是激发文化共鸣点、维护文明多样性的文明盛会。

首届亚洲文明对话大会一定会呈现亚洲不同国家、不同文明的优秀成果，展现世界文明的多元共生，为未来世界擘画出美美与共的文明互鉴新画卷。

循着发展的逻辑
——一个经济学人的时事观察（2016—2020）

推动中部地区崛起：
做好我们自己的事情最重要*

"推动中部地区崛起是党中央作出的重要决策""最重要的还是做好我们自己的事情，统筹研究部署，协同推进改革发展稳定各项工作，谋定而后动，厚积而薄发。" 2019 年 5 月 20 日至 22 日，中共中央总书记、国家主席、中央军委主席习近平在江西考察，主持召开推动中部地区崛起工作座谈会并发表重要讲话。

如何推动中部地区崛起再上新台阶？中共中央党校（国家行政学院）研究员胡敏表示，习近平总书记从党和国家事业发展全局出发，对做好中部地区崛起工作提出了明确要求。习近平总书记在座谈会讲话中提出的八点意见，极具针对性和操作性，是当前和今后一个时期做好中部地区崛起工作的基本遵循。

推动中部地区崛起工作，在八个方面下更大功夫

中部地区崛起势头正劲，中部地区发展大有可为。习近平总书记就做好中部地区崛起工作提出了八点意见：一是推动制造业高质量发展；二是提高关键领域自主创新能力；三是优化营商环境；四是积极承接新兴产业布局和转移；五是扩大高水平开放；六是坚持绿色发展；七是做好民生领域重点工作；八是完善政策措施和工作机制。

胡敏在接受采访时谈道：这八点意见一是鼓舞士气，催人奋进。习近平总书记深刻阐释了中部崛起对实现全面建成小康社会奋斗目标、开启社会主义现代化建设新征程的重要作用，充分肯定了当前中部地区砥砺前行的大好发展势头，要求中部地区再接再厉，乘势而上。二是深刻体现了五大发展新理念，聚焦高质量发展要求。紧扣创新、协调、绿色、开放、共享发展，紧密结合中部地区经济社会发展实际，对各项工作思路、路径和着力点都提出了明确要求，要求推进高质量发展、高水平开放，充分发挥好中部地区的产业优势、区位优势、发展优势。三是着重强调了革命精神的重要性。中部地区的革命老区传承红色基因，是新时

---

* 本文原载中国共产党新闻网 2019 年 5 月 26 日。

代开拓发展的宝贵思想财富和精神源泉。习近平总书记强调"伟大革命精神跨越时空、永不过时"。在今天，新时代的中部崛起不仅经济社会发展要再上新台阶，革命老区的革命精神和优秀传统也要发扬光大。

《人民日报》刊发评论员文章指出，这一重大部署，体现了贯彻新发展理念、推动高质量发展的要求。对于中部地区来说，只有在供给侧结构性改革上下更大功夫，在实施创新驱动发展战略、发展战略性新兴产业上下更大功夫，积极主动融入国家战略，才能不断增强中部地区综合实力和竞争力，更好促进区域协调发展，进一步开拓高质量发展的重要动力源。

应对各种困难局面，做好我们自己的事情"最重要"

"我国仍处于发展的重要战略机遇期，但面临的国际形势日趋错综复杂。"习近平总书记在讲话中对未来发展给出了最新研判，指出"最重要的还是做好我们自己的事情，统筹研究部署，协同推进改革发展稳定各项工作，谋定而后动，厚积而薄发"。

2018 年 11 月，中共中央、国务院印发《关于建立更加有效的区域协调发展新机制的意见》，有力指引了中部地区的发展。2018 年底召开的中央经济工作会议总结 2018 年经济工作，分析当前经济形势，部署 2019 年经济工作，指出"我国发展仍处于并将长期处于重要战略机遇期。世界面临百年未有之大变局，变局中危和机同生并存，这给中华民族伟大复兴带来重大机遇"这一重要判断。

"当前我们面对国际国内各种不利因素的长期性、复杂性要有清醒认识，一是妥善做好应对各种困难局面的准备，二是要切实做好我们自己的事情。"胡敏谈到，这充分体现了马克思主义唯物辩证法和历史辩证法的科学思维，事物的发展、矛盾的转化关键是内因决定外因，内因起决定性作用。

中国是世界第二大经济体、制造业第一大国、货物贸易第一大国，有能力、有条件妥善应对各种风险挑战。胡敏表示，只要我们扎扎实实做好自己的事情，同心协力充分挖掘国内市场的潜能和活力，做强做大国内市场需求，推动经济高质量发展，中国经济没有迈不过去的坎。

紧抓经济活跃增长极的
发展新机遇*

2019 年 5 月 20 日至 22 日，习近平总书记在江西考察并主持召开推动中部地区崛起工作座谈会时，对做好中部地区崛起工作提出明确要求，作出重大部署。与此同时，长三角地区三省一市主要负责人齐聚安徽召开座谈会，深入学习贯彻习近平总书记关于长三角一体化发展的系列重要讲话精神，全面分析长三角一体化发展上升为国家战略的新内涵和新要求，为打造长三角高质量发展的区域集群、构筑长三角强劲活跃增长极明确思路和行动方案。

2019 年 2 月，中共中央、国务院正式公布了《粤港澳大湾区发展规划纲要》，2019 年 5 月中旬中央政治局又召开会议审议《长江三角洲区域一体化发展规划纲要》，加上正在推进实施的《京津冀协同发展规划纲要》，几大规划均着眼我国经济最活跃的城市群经济带，在改革开放新起点上从全局高度对这些经济活跃增长极未来的战略定位、发展目标、空间布局等作出符合时代要求的顶层设计。

协调发展是我国经济社会持续健康发展的内在要求，是贯彻落实新发展理念的重要组成部分，实施区域协调发展战略是新时代国家重大战略之一。如果将"优化区域发展格局"看成一个"大棋局"的话，打造一批经济活跃增长极就是重要的"排兵布子"。无论是京津冀、长三角经济带、粤港澳大湾区，还是中部地区，都是改革开放以来我国经济发展最活跃的地带，经济实力强、城市经济发达、产业发展厚实、基础设施齐全、科技人才会聚、就业集聚度高，是我国经济的主要支撑。更加全面的深化改革、更高水平的对内对外开放、更高质量的现代化经济体系构建是这些经济活跃带的共同愿望，也是成就新形势下经济活跃增长极的最大机遇和潜能所在。

必须扎实践行新发展理念。创新、协调、绿色、开放、共享五大理念不是口号，关键在于落实到区域发展布局的行动方案中。各城市经济带尽管资源禀赋有

---

* 本文原载《学习时报·学习评论》2019 年 5 月 31 日。

差异、着力点有区分、发展有错位，但都要紧扣新发展理念，政策设计和规划布局要充分体现高质量发展要求。

必须牢固树立"一盘棋"思想。统筹和协同是其应有之义，这些地区要站在区域发展总体战略的"大棋局"下，提高站位，力戒本位主义，多算国家账、战略账、长远账，着力构建多主体、多领域、多层次的工作推进联动机制，形成发展规划、携手谋划、行动计划有机衔接的良好格局，从而共绘"一幅图"、共下"一盘棋"、共治"一江水"、共建"一张网"、共推"一卡通"等。

必须有序加快"一体化"步伐。近年来，基础设施建设和现代通信长足发展，各地联系越来越紧密，往来越来越便捷，同城效应越来越显现，一体化发展已经有了坚实的共同基础。这些地区应以一体化融合为目标，各扬所长，聚力推进空间布局一体化、科技创新一体化、产业发展一体化、市场开放一体化、生态环保一体化、基础设施和公共服务一体化，加快提升经济集聚度、区域连接性和政策协同效率，放大集聚效应，拓展辐射效应，力争为全国高质量发展作出先行示范，努力成为强劲的经济活跃增长极。

从人民币汇率机制改革看
中国经济信心 *

对于 2019 年 5 月受中美贸易摩擦升级影响人民币汇率出现快速贬值态势，银保监会主席、中国人民银行党委书记郭树清表示这是市场情绪所致的短期波动，长期看，我国经济基本面决定人民币不可能持续贬值，投机做空人民币必然遭受巨大损失。

郭树清的话至少传递出三条信息：一是坚定不移深化人民币汇率形成机制改革；二是如今人民币汇率价格形成的市场化程度已经提高，不是谁说"操纵"就能够"操纵"；三是中国经济的基本面决定人民币市场汇率将不断向购买力平价靠近，人民币不可能持续贬值，如果投机做空人民币势必"飞蛾扑火"。

笔者认为，郭树清的判断是有足够理由支撑的。

人民币汇率形成机制坚持市场化改革方向

理解人民币汇率的形成机制，首先要了解人民币走势的历史沿革。改革开放之后，人民币汇率经过了大致六个阶段：

一是改革开放初期的人民币汇率高估时期（1979~1980 年）。从 1973 年起，世界进入浮动汇率时代，西方国家货币汇率频繁而大幅度地变动。而在我国国内，商品价格逐渐上涨，人民币对内价值下降，但此时，人民币的对外价值不但没有下降，反而上升。这时候，人民币汇率水平属于高估的，并严重妨碍了我国商品的出口。

二是内部贸易结算价时期（1981~1984 年）。为鼓励出口、限制进口、加强外贸的经济核算和适应我国对外贸易体制的改革，从 1981 年起，我国实行两种汇率，一种是使用于非贸易外汇收支的对外公布的汇价，另一种是使用于贸易外汇收支的内部结算价。内部贸易结算价定为 1 美元合 2.8 元人民币，它是按 1978 年全国平均出口换汇成本 1 美元合 2.53 元人民币加上 10% 的利润计算来的，直

---

* 本文原载中国网 2019 年 5 月 31 日。

至 1984 年底停止使用。

三是人民币汇率不断贬值时期（1985～1994 年）。1985 年以后，我国外贸体制加快改革，人民币汇价改变以往只随外币浮动而变动的情况，根据我国对外经济发展需要进行调整，逐步起到调节对外经济的作用。这时候长期以来人民币汇率的高估以及内部贸易结算价的取消使得出口变得日趋艰难，为了支持出口，有利于其他对外经济发展的需要，人民币汇价依据全国出口平均换汇成本变化不断调低。其间，1986 年 7 月 5 日，将 1 美元合 3.20 元人民币调至 3.70 元人民币；又于 1989 年 11 月调为 4.72 元人民币；1990 年 12 月调至 5.21 元人民币。1985～1994 年，人民币汇率总体不断下跌，直到 1994 年 1 月 1 日汇率并轨前人民币与美元间汇价在 1 美元兑 5.05 元人民币左右。

四是人民币汇率小幅升值时期（1995～2005 年）。1994 年 1 月 1 日，我国实施人民币汇率并轨改革，将双轨并行的 5 元人民币兑 1 美元的官方汇率与调剂中心 10～12 元的调剂汇率并轨到 8.7 元，事实上这是采取盯住美元的汇率安排。人民币官方汇率与外汇调剂价格正式并轨，我国开始实行以市场供求为基础的、单一的、有管理的浮动汇率制。企业和个人按规定向银行买卖外汇，银行进入银行间外汇市场进行交易，形成市场汇率。中央银行设定一定的汇率浮动范围，并通过调控市场保持人民币汇率稳定。此次汇改对稳定和发展当时的国内经济和战胜亚洲金融危机功不可没。汇率并轨后，我国外汇市场上的人民币汇率保持基本稳定，人民币兑美元的汇率基本稳定在 1 美元兑换 8.28 元左右。这一期间，我国对外贸易和利用外资呈平稳发展状态，国际收支连续 10 年出现双顺差局面。汇率稳中有升，基本平衡在达到 1 美元兑换 8.07 元附近。

五是人民币汇率走向浮动汇率制（2006～2015 年）。考虑到浮动汇率安排在应对外部冲击等多个方面优于固定汇率，能够避免固定汇率可能导致金融危机的国际传染和汇率制度的崩溃，我国宣布汇改并正式走向浮动汇率安排。2005 年 7 月 21 日，我国对完善人民币汇率形成机制进行改革，人民币汇率不再盯住单一美元，而是选择若干种主要货币组成一个货币篮子，同时参考一篮子货币计算人民币多边汇率指数的变化，实行以市场供求为基础、参考一篮子货币进行调节、有管理的浮动汇率制度。应该说，这是严格意义上的人民币汇率形成机制的市场化改革，是以市场供求为基础。汇改后，人民币汇率从 2005 年开始基本呈现持续升值的趋势，最高在 2014 年初曾升至 6.0406。2005～2015 年，中国人民银行数次调高汇率的日内波幅至中间价基础上的±2%，以期提升汇率的弹性，但中间价的形成未真正实现浮动。

六是人民币汇率走向更加弹性的浮动汇率制（2015 年至今）。这就是 2015 年的"811 汇改"。2015 年 8 月 11 日，中国人民银行宣布调整人民币对美元汇率中间价报价机制，做市商参考上日银行间外汇市场收盘汇率，向中国外汇交易中心提供中间报价。这一调整使得人民币兑美元汇率中间价机制进一步市场化，在中间价的形成中引入市场供求因素，真正提升汇率的波动性，更加真实地反映了当期外汇市场的供求关系。自此后，即期汇率从汇改初期的 6.2097 贬值到 2017年初的 6.9557，再回升到目前的 6.67 左右。此次改革后，我们既增强了汇率弹性，又努力在提高汇率灵活性和保持汇率稳定性之间求得平衡，保持了人民币汇率在合理均衡水平上的基本稳定。

人民币国际地位不断提高体现中国经济实力

近年来，人民币篮子汇率在全球货币中一直表现稳健，得到了国际社会广泛认可；市场主体和社会公众越来越适应人民币汇率的"能贬能升"，对于汇率波动的耐受度和接受度逐步上升和习惯了。

经过这么多年的汇改，我国政府为了提升人民币汇率决定的市场化程度，最终实现国际通行的浮动汇率制度，实现"清洁"浮动，这既有利于我国经济结构的转型升级，也有利于进一步融入经济全球化进程，增强国际国内对人民币币值的信心。但这个过程仍在推进还没有完成，所以郭树清说还要"深化人民币汇率形成机制改革"。

诺贝尔奖获得者蒙代尔关于汇率决定有著名的"不可能三角模型"。即一个经济体的货币自主权、汇率稳定和资本自由流动之间三者难以兼得。在人民币实现资本项目可兑换及国际资本自由流动的前提下，既要保证我国货币政策的有效性，促进国内金融市场稳定和促进结构改革，又要防范外部风险输入和跨境资本投机性流出入对汇率市场的冲击。

中国央行在货币政策目标的关切内容上已从传统的通货膨胀扩展到"通货膨胀+资产价格"两个维度，在政策应对上从一般意义上的货币政策扩展到"货币政策+宏观审慎政策"的双支柱政策框架，并着力推进中国债券市场的对外开放等，尤其是人民币与多个国家和国际组织建立了结算货币关系。例如，2016年10月人民币正式纳入国际货币基金组织的特别提款权（SDR）。

可以说，人民币的国际地位取得了长足进展。尽管为了循序渐进推进人民币汇率形成机制改革，特别是在稳币值、防风险和增弹性中，我们需要实施必要的、有节制的干预措施，以稳定对人民币波动的市场预期，但绝不是所谓的"汇率操纵"。事实上，在人民币日益国际化、市场化的进程中也"操纵不了"。至于能否敢赌"人民币持续贬值"而"做空人民币一把"以博取厚益，郭树清给出的明确信号就是"投机做空人民币必然遭受巨大损失"。

近期人民币汇率受中美贸易摩擦升级影响出现了短期波动是正常的。长期看，我国经济基本面决定人民币不可能持续贬值。理由就是中国仍是世界经济增长的最大引擎，具备极好的市场空间和增长潜力。随着经济发展质量的提升，人民币市场汇率将不断向购买力平价靠近。如果按照 2018 年中国 GDP 是 13 万亿美元，增速是 6.6%；美国 GDP 是 20 万亿美元，增速是 2.9%，中国的人民币汇率的购买力平价趋向区间将从目前人民币兑美元的 1∶6.6 向更有想象力的升值空间迈进。无疑，这是市场潜力的较量、经济韧性的较量和对人民币未来升值空间的预期。也就是说，短期博取小幅波动愿意投机风险可以，但从趋势上看，必然是"火中取栗得不偿失"的。

立足产业升级
加强技能培训*

2019 年 5 月 18 日，国务院办公厅印发《职业技能提升行动方案（2019—2021 年）》（以下简称《方案》），这是当前和今后一个时期大规模开展职业技能培训工作的指导性文件。

《方案》提出，应大力开展企业职工技能提升和转岗转业培训，对就业重点群体开展职业技能提升培训和创业培训，加大贫困劳动力和贫困家庭子女技能扶贫工作力度等。其中，《方案》明确企业在技能培训中的主体作用，提出制定激励政策，鼓励和引导规模以上企业建立职工培训中心、兴办技工教育。

东莞目前正在实施"十百千万百万"人才工程，打造"技能人才之都"。《方案》的出台为东莞的技能人才培育提供了方向。据此分析，企业应如何针对自身特点，开展技能培训？地方政府应如何响应，开展技能人才培训？上海理工大学工商管理系主任、人力资源管理研究所所长葛玉辉，中共中央党校（国家行政学院）研究员胡敏，华中师范大学社会福利研究中心主任梅志罡发表看法。

政策出台有利于解决结构性就业问题

记者：《方案》把职业技能培训作为保持就业稳定、缓解结构性就业矛盾的关键举措，作为经济转型升级和高质量发展的重要支撑。请分析一下，这个政策出台的背景和意义所在。

胡敏：《方案》的出台有着清晰的政策指引。在 2019 年 4 月 30 日举行的国务院常务会议就已提出，确定使用 1000 亿元失业保险基金结余实施职业技能提升行动的措施，提高劳动者素质和就业创业能力。《方案》的出台正是这一会议精神的体现。同时，这也是 2019 年的《政府工作报告》明确要加快发展现代职业教育的具体落实。

从一个具体的方面可以看出《方案》出台的现实意义。《方案》提出，推进

---

* 本文原载《东莞日报》2019 年 6 月 3 日，记者：张华桥。

产教融合、校企合作，实现学校培养与企业用人的有效衔接。2018 年，我国高校毕业生超过 800 万人，但他们的就业面临较大压力，最根本的不是毕业生供大于求了，而是企业亟须的技术人才存在结构性失衡，一方面增加了就业安置的压力；另一方面企业对技术人才的需求又供给不足。因此，此次《方案》的出台就是这样一个应时而需的重要指导性文件，必须加快落地。

梅志罡：《方案》的出台折射出我国供给侧结构性改革在人力资源领域的变化和产业升级的内在要求。

人是社会生产力中最活跃、最根本的因素，同时也是供给侧结构性改革、高质量发展的关键因素之一。原本以"普工"为主构成的劳动力市场已经无法满足经济发展的需要，劳动力技能的提升也就成为一个亟须解决的问题。因此，《方案》的出台既是解决这一问题的指导性文件，同时也是迈向高质量发展过程中人力资源方面又一个具有重要意义的政策。

葛玉辉：《方案》的出台主要是解决结构性就业问题，对于稳定就业形势，提升劳动力的整体素质具有重大意义。《方案》主要针对企业职工、就业重点群体、贫困劳动力和贫困家庭子女等人群开展技能培训工作。

我特别留意到，在就业重点群体中，《方案》提到面向农村转移就业劳动者特别是新生代农民工、城乡未继续升学初高中毕业生的"两后生"职业技能提升计划和返乡创业培训计划。这和我国先前出台的关于支持农民工等人员返乡创业的政策具有一脉相承的特点，体现出政策的延续性。

东莞可建立职业技能培训联合体

记者：高素质的产业工人是整个社会高质量发展的基础。当前，东莞正在推进"十百千万百万"人才工程。其中，包括推动 100 万人提升学历技能素质，把东莞打造成为"技能人才之都"，并取得了不错的成绩。在《方案》出台之后，东莞如何利用已有的产业发展优势，构建产业工人技能形成体系，创新产业工人发展制度，拓宽产业工人发展空间？

梅志罡：集中力量办大事。政府应加强引导，集中培训资金和力量，建立职业技能培训联合体或联合中心。具体而言，政府应根据产业发展的需要，统筹建立通用型的培训基地，把职业技能培训联合体放到大型企业，或龙头企业中，建立学习培训的平台，发挥它们的带动作用。这样一来，这一平台既能满足大企业产业升级的需求，也能满足中小企业对高技能人才的需求，实现有效的资金和资源的最大化利用。

此外，在建立职业技能培训联合体方面，可以借鉴 2018 年我国出台的《促进大中小企业融通发展三年行动计划》中提出的"鼓励大中小企业创新组织模式、重构创新模式、变革生产模式、优化商业模式，进一步推动大中小企业融通发展"的做法，从企业发展的阶段、产业升级的特点、行业特性、人才的架构等多个方面进行分类，出台人才培训的具体可行的方案，形成大中小企业在人力资源方面融通发展的模式。

胡敏：东莞已经形成了很好的产业基础和现代化企业运营体系，在人才培育尤其是产业工人技能培训上理当走在全国前列，在《方案》出台基础上应当具有更加超前、更加具体的现实举措，立足产业升级，持续提升人才素质，打造"技能人才之都"。

"他山之石，可以攻玉。"东莞可以学习新加坡等发达地区技能人才培训的一些好的做法。一是要建立健全企业职工全程技能培训计划，将职工技能培训贯穿于整个企业发展规划中，在企业内部设置技能培训教育大纲和培训体系，分阶段、全系列地开展动态培训。二是从年度经营绩效中拿出一定比例建立职工技能培训基金，或者在企业内部建立培训券模式，按照职工的业绩配发职工技能培训券，只有经过系统的技能培训才能上岗或晋级。三是在企业内部构筑职工创业创新孵化器，拓展技能职工的发展空间，既为职工发展提供新的舞台，同时也为企业开拓新的增长点积蓄新的力量，这样就将职工长远发展与企业发展绑定在一起。

葛玉辉：当前，我国正处在高质量发展的关键时期，东莞约有 500 万产业工人，具有雄厚的制造业基础，可以借助此次《方案》的出台，持续提升技能人才素质，以适应新时代发展的需要。

个人建议，东莞应持续在市场化导向、国际化标准、工厂化的教学等三个方面筹谋未来的职业技能培训。具体而言，东莞要强化关键的高技能人才的引进工作，以高技能人才的引领带动作用推动经济的高质量发展。"山不在高，有仙则名"，我们应该善加利用高技能人才对相关行业的人才吸引作用，最大化地利用高技能人才，形成某一个行业的人才的集聚效应。东莞还应持续练好内功，加大目前所拥有的产业工人的培训工作，形成可持续发展的机制体制。

强化"量身定做"实现精准培训

记者：企业是吸纳就业的主力军，也是经济发展重要的主角。《方案》明确企业在技能培训中的主体作用，提出制定激励政策，鼓励和引导规模以上企业建立职工培训中心、兴办技工教育。技能培训是手段，目的还是推动企业健康快速发展。请分析一下，企业在进行技能培训的过程中，应如何根据需求和变化"量身定制"技能培训项目，带动企业发展？

葛玉辉：近年来，我曾经给 300 多家企业做过人力资源方面的培训。以我之前的培训经验来看，最核心的部分是如何强化"量身定做"，实现精准培训。而且，我们必须看到，作为一个长期坚持和执行的政策，企业的培训计划必须纳入整个城市的发展规划之中，而且要结合员工个人的发展计划。

我们应该围绕产业升级的目的，以大、中、小三个层面厘定培训内容，展开培训计划。大的方面，是指东莞区域发展需求，东莞目前正从制造向"智造"转型升级，将发力五大新兴领域；中的方面，是企业对技能人才的需要，必须考虑行业特性，未来发展规划；小的方面，员工个人的职业发展方向。把城市、企业、个人三个方面对技能培训的需求有机结合到一起，才能最终实现职业技能培训的个性化备课、按需点餐的模式。

胡敏：企业可以利用现有的人力资源部，建立成熟的技能培训体系，引入现代管理培训中的结构化培训方式，根据企业特点、员工特点设置多层次的技能和管理培训课程，打造学习型企业、学习型岗位、学习型员工。有条件的还可以与高等职业学校进行联合培养。当然，还要充分利用现代在线教育手段，将技能学习移动互联网化，让职工可以随时随地随岗地不间断学习，在学习中融入企业发展之中，让企业成为职工的学习大课堂和终身学习的大学校。

梅志罡：以企业为技能培训的主体，可以打破原本企业需求和培训结果之间割裂的、脱离的不良现象，实现需要和培训之间的无缝对接。换言之，企业需要什么，就培训什么，培训什么，就上岗什么。而且，企业在生产过程中，会有比较专门的学习场所和专业设备，能够充分利用自有的资源，满足自己的需要。

企业要实现职业技能培训的突破性进展，必须要改变传统的用人观念。一是从被动接纳劳动力的形式，转化为主动培育劳动力的形式。如果企业没有这样的积极性，即便有政策支持，也无法真正落地实施。二是充分利用政策红利，把政策优势转化为企业人力资源增长的优势。建立在岗培训、脱产培训，开展岗位练兵、技能竞赛、在线学习等多元化的培训模式。通过深度的培训，从而应对产业结构调整。

落实 12 字总要求：
以精神洗礼促自我革命[*]

在全党集中开展主题教育，是不断加强党的建设和推进党的各项事业向前发展的宝贵经验和重要思想载体，体现着我们党对先进性和纯洁性的不懈追求。每一次全党主题教育都是全党政治生活的一件大事。

党的十八大以来，以习近平同志为核心的党中央连续开展了党的群众路线教育实践活动、"三严三实"专题教育和"两学一做"学习教育三次主题教育。尽管每次主题教育侧重点稍有不同，但都成为加强党的建设、推动全面从严治党的重大举措。可以说，每一次主题教育都是全党同志的一次精神上的洗礼，都是一次行动上的自我革命，在学习教育实践中，党的先进性纯洁性得到了提升。

2019 年是中华人民共和国成立 70 周年，也是我们党在全国执政第 70 个年头，在这个时刻开展主题教育，正当其时。在即将迎来中华人民共和国成立 70 周年这个重要时间节点，中央决定从 2019 年 6 月开始，在全党自上而下分两批开展"不忘初心、牢记使命"主题教育。开展这次主题教育，是用习近平新时代中国特色社会主义思想武装全党的迫切需要，是推进新时代党的建设的迫切需要，是保持党同人民群众血肉联系的迫切需要，是实现党的十九大确定的目标任务的迫切需要。

搞好这次主题教育，对我们党不断进行自我革命，团结带领人民在新时代把坚持和发展中国特色社会主义的伟大社会革命推向前进，对统筹推进"五位一体"总体布局、协调推进"四个全面"战略布局，实现"两个一百年"奋斗目标、实现中华民族伟大复兴的中国梦，都具有十分重大的意义。

在主题教育开展之前，中央又召开"不忘初心、牢记使命"主题教育工作会议，习近平总书记亲自发出动员令。习近平总书记提出的"守初心、担使命，找差距、抓落实"的"12 字"总要求，根据的是新时代党的建设任务、针对的是党内存在的突出问题、结合的是这次主题教育的特点，具有很强的现实针对性

---

[*] 本文原载光明网 2019 年 6 月 13 日。

和战略指导性。

我们要深刻领会和切实把握这一总要求，将其作为一个整体贯穿于学习教育、调查研究、检视问题、整改落实主题教育全过程，才能确保这次主题教育取得扎扎实实的成效，努力实现理论学习有收获、思想政治受洗礼、干事创业敢担当、为民服务解难题、清正廉洁作表率的具体目标。

落实好"12字"总要求，就需要做到：

——在牢记根本宗旨中坚守初心。全心全意为人民服务是我们党的根本宗旨，为中国人民谋幸福、为中华民族谋复兴是中国共产党人矢志不渝的初心和使命。这个初心和使命是激励中国共产党人不断前进的根本动力。中国共产党历经近百年历程，一路走来，无论是弱小还是强大，无论是顺境还是逆境，都初心不改，矢志不渝，团结带领人民历尽千难万险，付出巨大牺牲，创造了一个又一个彪炳史册的人间奇迹。今天，中华民族迎来从站起来、富起来到强起来的伟大飞跃。但无论我们走得多远，都不能忘记来时的路，都不能忘记我们为什么而出发。始终铭记：不忘初心，方得始终。

站在中华民族新的历史方位，新一代共产党人更要铭记：人民是历史的创造者，是决定党和国家前途命运的根本力量。全党必须以坚定的理想信念坚守初心。这里关键一个"守"字很重要，能坚守在于恒心、在于信念、在于坚持。开展主题教育，就是要进一步强化思想建党、理论强党，要用21世纪的马克思主义即习近平新时代中国特色社会主义思想武装头脑、筑牢信念之基、补足精神之钙、深铸思想之魂，把稳思想之舵；要以百姓之心为心，永远与人民同呼吸、共命运、心连心。永远把人民对美好生活的向往作为奋斗目标，把党的群众路线贯彻到治国理政之中，始终依靠人民创造历史伟业。

——要在攻坚克难进程中担起使命。这里一个关键词是"担"字。实现中华民族伟大复兴是我们党肩负的历史使命，今天我们比历史上任何时期都更接近、更有信心和能力实现中华民族伟大复兴中国梦的目标。但行百里者半九十，国家富强、民族振兴、人民幸福绝不可能敲锣打鼓就能轻松实现。现在我们所处的是一个船到中流浪更急、人到半山路更陡的时候，是一个虽愈进愈难、愈进愈险而又不进则退、非进不可的时候。

环顾世界，当前的国际形势仍不太平，"黑天鹅""灰犀牛"频现，不确定性不稳定性渐积；瞩目国内，仍有许多新的绊脚石横亘在改革路上，还有许多未知领域需要我们去探索。全党同志必须审时度势、认清历史方位、把握大势、善于运筹时势，敢于直面各种风险挑战，勇于担当历史责任，将人民放心上、把责任扛肩头，积极主动作为和开拓进取，以坚忍不拔的坚强意志和无私无畏的斗争精神勇立改革创新的时代潮头，才能凝聚人心、凝聚力量，战胜艰难险阻、成就宏图伟业，不断夺取伟大斗争的新胜利。

——要在坚持四个对照中找到差距。习近平总书记指出，这次主题教育要对照新时代中国特色社会主义思想和党中央决策部署，对照党章党规，对照人民群众新期待，对照先进典型、身边榜样，坚持高标准、严要求，有的放矢进行整改。这"四个对照"就是四个标尺，必须按照这四把尺子高标准严对照严要求。

要找到差距，就要全面系统学、深入思考学、联系实际学习习近平新时代中国特色社会主义思想，做到学思用贯通、知信行统一；要问需于民、问计于民、问策于民，了解人民群众最需要最期盼什么、我们能为人民群众做到做好的是什么，要真正拿出提高人民群众获得感、幸福感、安全感的实招硬招；要根据新时代党的建设任务，更加自觉地坚定党性原则，勇于直面问题，敢于刮骨疗毒，消除一切损害党的先进性和纯洁性的因素，清除一切侵蚀党的健康肌体的病毒，推进自我净化、自我完善、自我革新、自我提高，有的放矢着力整改，确保党永葆旺盛生命力和强大战斗力。

——要在崇尚实干氛围中狠抓落实。主题教育的质量和成效最好、最终的检验，就是要看习近平新时代中国特色社会主义思想是否切实转化为推进改革发展稳定和党的建设各项工作的实际行动，就是要看初心使命是否变成党员干部锐意进取、开拓创新的精气神和埋头苦干、真抓实干的自觉行动。

社会主义是干出来的，中国特色社会主义伟大事业依然要靠全党干部苦干实干。全党同志要切实转变作风，干在实处，走在前列，不驰于空想，不骛于虚声，要力戒一切形式主义、官僚主义，夯实新发展理念，树立正确政绩观，铸就政治新品格，将主题教育与手头的现实工作紧密结合，能多为人民群众办一份实事，能为党多分担一份忧、能为国家多作一份贡献，全力推动党的各项路线方针政策和改革发展稳定各项任务落地落细落实，就是最好最实际的主题教育成效。

着力夯实乡村振兴的
基层治理基础 *

2019 年 6 月，中共中央办公厅、国务院办公厅印发《关于加强和改进乡村治理的指导意见》（以下简称《指导意见》），要求各地区各部门结合实际认真贯彻落实。

党的十九大把实施乡村振兴战略写入了党的报告，并作为决胜全面建成小康社会、开启社会主义现代化新征程的重要战略步骤。2019 年全国两会，习近平总书记在参加河南代表团审议时强调，乡村振兴是包括产业振兴、人才振兴、文化振兴、生态振兴、组织振兴的全面振兴。其中，夯实乡村治理是乡村振兴的根基，实现乡村有效治理是乡村振兴的重要内容。

从现实来看，目前乡村治理的确是农村工作的短板和弱项，农村的许多矛盾和问题都源于匮乏的乡村治理。可以说，乡村治理这个根基不能打牢和夯实，实施乡村振兴战略、推进农业农村现代化就没有制度保障。

《指导意见》是按照党的十九大精神和《中共中央、国务院关于实施乡村振兴战略的意见》的要求，为推进乡村治理体系和治理能力现代化作出的重大政策部署，从指导思想、总体目标、主要任务和组织实施上具体而明晰地夯实乡村振兴的体系架构，需要深入学习领会把握实质。

通读这个指导意见，有三个方面需要着重理解和切实把握。

坚持和加强党对乡村治理的集中统一领导摆在了突出位置

《指导意见》在指导思想、总体目标、主要任务都突出强调了党的领导作用。党的领导是我国社会制度的最大优势，在新中国成立之初的土地改革运动到改革开放之初的农村改革，党领导广大农民解放和发展了农村生产力，极大激发了中国农民的创造力。在中国特色社会主义新时代的今天，适应农业农村现代化的新形势新要求，依然需要坚持党的领导。

---

* 本文原载中国网 2019 年 6 月 25 日。

一方面，我们需要调动农村各方面积极因素和乡村各级组织的智慧，参与农村社会治理，解决现实发展中仍然存在的矛盾和问题，不断满足广大农民对美好生活的需要；另一方面，我们更需要充分发挥党的领导作用，进一步加强以党组织为领导的农村基层组织建设，更好地发挥农村基层党组织的战斗堡垒作用，切实建立健全乡村治理体制机制。

这次的《指导意见》明确，坚持和加强党对乡村治理的集中统一领导，是夯实基层基础的固本之策，我们要构建的现代乡村社会治理体制是党委领导、政府负责、社会协同、公众参与、法治保障、科技支撑六个方面相辅相成的体制，党委领导是首位的。

《指导意见》也鲜明地指出了村党组织领导乡村治理的体制机制并界定了各自的定位，就是基层党组织是领导力量，村民自治组织和村务监督组织是基础，集体经济组织和农民合作组织是纽带，其他经济社会组织是补充。这样一个村级组织体系，既确保了村党组织能够全面领导村民委员会及村务监督委员会、村集体经济组织、农民合作组织和其他经济社会组织，同时也能为构建共建共治共享的社会治理格局，走出一条中国特色社会主义乡村善治之路，为建设充满活力、和谐有序的乡村社会奠定坚实基础。

有效的乡村治理体系要做到自治、法治、德治的相结合

治理不同于管理，"治"就在于农村各组织体系的共同参与、自我管理、民主议事，但同时还要尊重乡规民俗，更要遵循国家法治，这就既体现中国特色，又展现现代化治理精髓。结合中国乡村的历史和现实，就是要建立健全党组织领导的自治、法治、德治相结合的乡村治理体系。

这里的党组织领导，按照《指导意见》指出的，就是要落实县乡党委抓农村基层党组织建设和乡村治理的主体责任；村民委员会成员、村民代表中党员应当占一定比例；要实施村党组织带头人整体优化提升行动；要发挥党员在乡村治理中的先锋模范作用，密切党员与群众的联系，切实了解群众思想状况，帮助解决实际困难，引导农民群众自觉听党话、感党恩、跟党走。

自治就是增强村民自治组织能力，完善村民（代表）会议制度，推进民主选举、民主协商、民主决策、民主管理、民主监督实践，充分发挥村民委员会、群防群治力量在公共事务和公益事业办理、民间纠纷调解、治安维护协助、社情民意通达等方面的作用。还要健全村级议事协商制度和不断创新协商议事形式和活动载体，形成民事民议、民事民办、民事民管的多层次基层协商格局。

德治就是要坚持教育引导、实践养成、制度保障三管齐下，推动社会主义核心价值观落细落小落实，融入文明公约、村规民约、家规家训；大力实施乡风文

明培育行动。弘扬崇德向善、扶危济困、扶弱助残等传统美德，培育淳朴民风，注重运用舆论和道德力量促进村规民约有效实施；切实发挥道德模范引领作用，同时着力加强农村文化引领，加强基层文化产品供给、文化阵地建设、文化活动开展、文化人才培养和培育乡村特色文化产业，从而营造健康向上的乡村文化环境。

法治就是要着力推进法治乡村建设，加强平安乡村建设和利用现代社会治理理念、方法和手段，健全乡村矛盾纠纷调处化解机制。既要深入推进扫黑除恶专项斗争，健全防范打击长效机制，健全农村公共安全体系，推进农村社会治安防控体系建设，又要加大基层小微权力腐败惩治力度，严肃查处侵害农民利益的腐败行为，通过加强农村法律服务供给，促进现代法治观念和法治行动在乡村治理中的法律规范作用。

与社会主义现代化进程相适应，循序建立健全这样一个党组织领导的自治、法治、德治相结合的乡村治理体系，实现以自治增活力、以法治强保障、以德治扬正气，共建共治共享的我国现代农村社会治理格局就有望形成，广大农民的获得感、幸福感、安全感将日益增强，乡村治理体系和治理能力将基本实现现代化。

要把加强和改进乡村治理工作纳入乡村振兴的重要考核目标

此次《指导意见》为了落地落细落实，在组织实施上强调，要把乡村治理工作摆在重要位置，纳入经济社会发展总体规划和乡村振兴战略规划，将党组织领导的乡村治理工作作为每年市县乡党委书记抓基层党建述职评议考核的重要内容，推动层层落实责任。同时还要求建立协同推进机制，强化各项保障，加强分类指导，强调党委农村工作部门要发挥牵头抓总作用，对乡村治理工作情况开展督导，对乡村治理政策措施开展评估。各级党委和政府要结合本地实际，围绕加强和改进乡村治理的主要任务，加大工作力度，逐级压实责任，明确时间进度，尽快取得实效。

只有乡村治理这个根基夯实了，乡村振兴乃至于农业农村现代化才有了广阔前景。

提纲挈领·把握精髓·武装头脑[*]

近日，中共中央发出关于印发《习近平新时代中国特色社会主义思想学习纲要》（以下简称《纲要》）的通知中指出，《纲要》对习近平新时代中国特色社会主义思想作了全面系统阐述，有助于更好地理解把握这一思想的基本精神、基本内容、基本要求。在全党正在开展"不忘初心、牢记使命"主题教育之际，将这本《纲要》作为广大党员干部深入学习领会习近平新时代中国特色社会主义思想的重要辅助读物学好用好，下功夫学深悟透、融会贯通、学以致用，既具有很强的现实意义，也必将有利于主题教育的开展，有利于用马克思主义最新创新理论武装头脑、指导实践、推动工作。

提纲挈领　纲举目张

党的十九大在我们党的党代会历史上具有划时代意义的理论贡献，就是形成了习近平新时代中国特色社会主义思想。这一思想是党的十八大以来，以习近平同志为核心的党中央坚持解放思想、实事求是、与时俱进、求真务实，坚持辩证唯物主义和历史唯物主义，紧密结合新的时代条件和实践要求，以全新的视野深化对共产党执政规律、社会主义建设规律、人类社会发展规律的认识，进行艰辛理论探索，取得的重大理论创新成果，是把马克思主义与当代中国实际紧密结合的思想结晶，展现出 21 世纪马克思主义强大的真理力量。

党的十九大以来，全党深入学习领会习近平新时代中国特色社会主义思想，不断结合经济社会发展新形势新要求，深刻领会这一思想的时代意义、理论意义、实践意义、世界意义，深刻理解这一思想的核心要义、精神实质、丰富内涵、实践要求，取得了一批重大理论成果和实践成果。全党同志越学习，就越感知这一最新理论创新成果的博大精深；越实践，就越感到需要进一步加深理解和融会贯通这一思想的理论精髓和实践要义。在开展"不忘初心、牢记使命"主

---

* 本文原载《中国青年报》2019 年 6 月 25 日。

题教育启动之际，融汇一批马克思主义造诣深厚的理论工作者心血编撰而成的《纲要》的问世，又对前一阶段的深入学习成果进行了系统总结和高度凝练，对这一丰富思想再次进行了提纲挈领的系统梳理，正是应时之著，也是恰逢其时。

阅读这本《纲要》，读者会明显感到全书具有三个突出特点：

一是篇章结构缜密完整。《纲要》共21章、99目、200条，近15万字。全书以习近平新时代中国特色社会主义思想是党和国家必须长期坚持的指导思想这一主题开篇，重点阐释了这一思想产生的时代背景、理论基础、实践依据和指引方向；接着对这一思想组成部分和行动方略的"八个明确"和"十四个坚持"的核心内容和理论要点逐一深刻解剖；收尾篇对用习近平新时代中国特色社会主义思想作为思想武装夺取新时代中国特色社会主义伟大胜利实现中华民族伟大复兴的历史使命提出了实践要求，体现出全书缜密的逻辑脉络。

二是原汁原味凸显主线。整个《纲要》紧扣中国特色社会主义理论和实践这条主线。党的十九大报告指出，中国特色社会主义是改革开放以来党的全部理论和实践的主题，是党和人民历尽千辛万苦、付出巨大代价取得的根本成就。党的十八大以来，习近平总书记提出一系列新思想新理念新战略，并贯穿于治国理政的宏大实践中，最终形成了我们党面向新时代必须长期坚持并不断发展的指导思想。《纲要》既体现了这一思想的全部理论精髓，又生动展示了这一思想不断丰富发展的实践过程，既忠实于原著原文，又充分反映党的十九大精神，系统回答了新时代坚持和发展什么样的中国特色社会主义、怎样坚持和发展中国特色社会主义这一重大时代课题这根主线。

三是文风清新掷地有声。《纲要》虽然是理论读物和学习辅导材料，但全书文字清新、文风细腻，语言流畅，结构严密，入情入理，读来并不枯燥，在层层逻辑推演中就可以让学习者把握其思想脉络，在提纲挈领的梳理中就可以掌握其思想要义，可以一气呵成、畅快淋漓地读完，的确做到了"举一纲而万目张，解一卷而众篇明"。

把握精髓 领会实质

习近平新时代中国特色社会主义思想是对马克思列宁主义、毛泽东思想、邓小平理论、"三个代表"重要思想、科学发展观的继承和发展；是马克思主义中国化最新成果；是党和人民实践经验和集体智慧的结晶；是中国特色社会主义理论体系的重要组成部分；是全党全国人民为实现中华民族伟大复兴而奋斗的行动指南。《纲要》在谋篇布局中系统阐释了这一伟大思想的理论精髓和精神实质。

学好用好《纲要》，正如全书的篇章结构所展示的思维脉络，需要把握好"四个统一"，才有利于我们深刻领会习近平新时代中国特色社会主义思想的精神实质、丰富内涵和基本方略。

一是要把握历史性与时代性的统一。《纲要》的第一、第二、第四、第五篇阐释中国特色社会主义新时代、当代中国发展的根本方向和实现中华民族伟大复兴的中国梦、开启全面建设社会主义现代化国家新征程，实质上就体现了一个时空观，让读者领会这个"新时代"是从哪里来，我们党和国家正行进在怎样的历史方位，我们党团结带领全国人民肩负着怎样的历史使命继续向哪里去，新思想呈现着历史的继承性和时代的创新性，展现着我们党坚定不移的初心和使命，凸显着这个新时代的"时代性"，只有把握当下，才能开拓更久远的未来。

二是要把握理论性和实践性的统一。我们党是马克思主义政党，马克思主义是我们党的理论之本，习近平新时代中国特色社会主义思想是马克思主义理论的继承，但又紧密结合时代进行了与时俱进的创新，具有大量原创性的理论创新成果。《纲要》每一篇章的理论命题既是对马克思主义理论本质的现实阐释，又是对马克思主义理论命题的新发展。新时代坚持和发展中国特色社会主义的总目标、总任务、总体布局、战略布局和发展方向、发展方式、发展动力、战略步骤和政治保证等基本问题，反映在"八个明确"和"十四个坚持"的基本方略中，既着眼于中国特色社会主义的实践，又不断让理论跟上时代，不断推进我们党的理论创新、实践创新、制度创新、文化创新和其他各方面创新，《纲要》的章、目、条充分彰显了各方面的创新成果，做到了理论与实践的紧密结合。

三是要把握党性和人民性的统一。习近平新时代中国特色社会主义思想最鲜明的思想特色就是坚持党对一切工作的领导和坚持以人民为中心。党性和人民性的高度统一是马克思政党区别于其他政党的突出品格，也是始终彰显强大生命力的关键所在。《纲要》的第三篇、第六篇就用新时代中国特色社会主义的根本立场和中国特色社会主义最本质的特征对这两个核心命题进行了系统阐释，能够让读者更加心悦诚服地、更加自觉地增强"四个意识"、坚定"四个自信"，做到"两个维护"。

四是要把握思想方法与工作方法的统一。学习习近平新时代中国特色社会主义思想，应注意学习其灵活运用马克思主义的立场、观点和方法，《纲要》的第十九章就单独用一篇强调了要掌握马克思主义思想方法和工作方法，这是党员干部的看家本领，是我们党的能力建设。其中，实事求是、科学思维能力、问题导向、重视调研等内容是习近平总书记时刻强调的，也充分体现在习近平总书记治国理政的执政风格和率先垂范中。

以上这"四个统一"其实就是读好这本《纲要》的思维导图，用好了这一思维导图，我们就能更好地理解"纲要"之"纲"、就能更好地掌握"纲要"之"要"。

思想武装 学以致用

一个伟大思想的生命力关键要体现在实践运用之中。党中央要求全党同志要坚持不懈用习近平新时代中国特色社会主义思想武装头脑、指导实践、推动工作。要组织全体党员认真读原著、学原文、悟原理，并紧密结合"不忘初心、牢记使命"主题教育，把《纲要》纳入学习计划，作出周密安排，开展多形式、分层次、全覆盖的学习培训，就是要在多思多想、学深悟透上下功夫，在系统全面、融会贯通上下功夫，必须要知其然又知其所以然。

当下，全党抓住开展"不忘初心、牢记使命"主题教育这一重要契机，再次系统学习习近平新时代中国特色社会主义思想。将《纲要》作为重要的理论学习辅助读物，就必须在常学常新中加强理论修养，在真学真信中坚定理想信念，在学思践悟中牢记初心使命，在细照笃行中不断修炼自我，在知行合一中主动担当作为，保持对党的忠诚心、对人民的感恩心、对事业的进取心、对法纪的敬畏心，从而不断提高马克思主义理论水平，大力弘扬理论联系实际的优良学风，更加自觉用这一思想指导解决实际问题，切实把学习成效转化为做好本职工作、推动事业发展的生动实践。

这样我们对《纲要》的学习就会有实效，我们的主题教育就会有收获。

在扎实学习中体悟思想理论的魅力与价值 *

理论学习有收获，是这次开展"不忘初心、牢记使命"主题教育的五个具体目标的第一个目标。

在全党集中开展主题教育活动，是不断加强党的建设和推进党的各项事业向前发展的宝贵经验和重要思想载体，体现着我们党对先进性和纯洁性的不懈追求。这次主题教育是全党同志的一次精神上的洗礼、一次思想上的深化，首先就要强化理论武装，把坚持思想建党、理论强党放在前列，通过主题教育，达到进一步提升党的先进性和纯洁性的目的。

要实现理论学习有收获，必须对当下为什么要加强理论学习、怎样开展好理论学习、最终有什么样的理论学习收获有新的、更深刻的认识。

充分认识马克思主义政党的性质

在"不忘初心、牢记使命"主题教育工作会议上，习近平总书记强调，开展这次主题教育，是用习近平新时代中国特色社会主义思想武装全党的迫切需要，开展这次主题教育，就是要坚持思想建党、理论强党，坚持学思用贯通、知信行统一，推动广大党员干部全面系统学、深入思考学、联系实际学，不断增强"四个意识"、坚定"四个自信"、做到"两个维护"，筑牢信仰之基、补足精神之钙、把稳思想之舵。

坚持思想建党、理论强党是马克思主义政党建设的原则和要求。早在世界上第一个无产阶级政党组织——共产主义者同盟创建之初，马克思、恩格斯就高度重视用科学社会主义理论来提高盟员的思想水平。我们知道，马克思主义主要由马克思主义哲学、马克思主义政治经济学、科学社会主义三大部分构成。这三大部分分别来源于德国古典哲学、英国古典政治经济学、法国空想社会主义，然而，最终升华为马克思主义的根本原因，是马克思对所处时代和世界的深入考

---

* 本文原载《湖北日报》2019 年 6 月 26 日。

察，是马克思主义经典作家对前人理论的深入学习和思辨性把握，然后站在整个人类发展的历史长河中，透视出了历史运动的本质和时代发展的方向，探究出了人类社会发展规律，进而诞生了马克思主义。马克思的思想理论源于那个时代，又超越了那个时代，既是那个时代精神的精华，又是整个人类精神的精华。这一理论犹如壮丽的日出，引领了整个世界科学社会主义运动和共产主义运动，也照亮了人类探索历史规律和寻求自身解放的道路。

坚持思想建党、理论强党是中国共产党的宝贵经验和优良传统。我们党是马克思主义政党，马克思主义政党的性质，决定了中国共产党天生具有坚持思想建党、理论强党的内在要求，同时也为思想建党、理论强党提供了不竭动力。中国共产党从诞生之日起，就把马克思主义确立为自己的指导思想。党一贯重视从思想上建党，一贯重视用马克思主义理论武装全党，这是我们党保持和发展先进性的一条基本经验。坚持思想建党、理论强党也始终贯穿于党的建设全过程。从井冈山时期加强无产阶级思想领导、古田会议确立思想建党原则，到延安时期开展整风运动，再到改革开放以来的"三讲"教育、"三严三实"专题教育、"两学一做"等；从毛泽东思想到邓小平理论、"三个代表"重要思想、科学发展观，再到习近平新时代中国特色社会主义思想，我们党都以思想教育、理论学习打头，始终将思想建党牢牢抓在手上，体现了先进科学理论的强大引领作用，让思想建党、理论强党成为我们党的显著特点和巨大优势。中国共产党之所以能够历经艰难困苦而不断发展壮大，正是我们党在各个时期能够坚持以正确的理论武装全党，善于运用马克思主义的立场观点方法，认识和把握规律，按规律办事，科学分析解决前进过程中遇到的重大理论和实践问题，才确保了中国的革命、建设、改革始终走在正确的道路上，才开辟出了中国特色社会主义道路，并越走越宽广。

坚持思想建党、理论强党是应对复杂形势、统一思想意志的必然要求。党的十八大以来，习近平总书记一再强调党员干部加强理论学习的重要性，强调加强思想教育和理论武装，是党内政治生活的首要任务，是保证全党步调一致的前提，把理论思维、理论修养、理论水平摆在更加突出的位置。当前我们正处于世界百年未有之大变局，面临复杂的国内外环境，肩负着更加艰巨繁重的执政使命，党内仍有一些党员干部存在思想上的彷徨、精神上的懈怠和信念上的动摇，这就更需要坚持理论上的坚定，保持政治上的坚定，确保党性上的坚定，战胜各种风险挑战。

开展这次"不忘初心、牢记使命"主题教育，强化理论武装，就是要聚焦解决思想根子问题，进一步巩固和夯实全党全国人民团结奋斗的共同思想基础。

把握党的最新创新理论的精髓

习近平总书记指出："理论学习有收获，重点是教育引导广大党员干部在原有学习的基础上取得新进步，加深对新时代中国特色社会主义思想和党中央大政方针的理解，学深悟透、融会贯通，增强贯彻落实的自觉性和坚定性，提高运用党的创新理论指导实践、推动工作的能力。"这为推动党员干部全面系统学、深入思考学、联系实际学，明确了努力方向，提供了重要遵循，是主题教育达到"理论学习有收获"具体目标的根本方法。

要原原本本学习马克思主义，坚持用马克思主义科学理论武装全党。习近平总书记在纪念马克思诞辰200周年的重要讲话中指出，马克思主义是科学的理论，创造性地揭示了人类社会发展规律；马克思主义是人民的理论，第一次创立了人民实现自身解放的思想体系；马克思主义是实践的理论，指引着人民改造世界的行动；马克思主义是不断发展的开放的理论，始终站在时代前沿。马克思主义极大推进了人类文明进程，至今依然是具有重大国际影响的思想体系和话语体系。在21世纪的当代中国，我们党仍然要毫不动摇地坚持马克思主义指导地位，在常学常新中加强理论修养，在真学真信中坚定理想信念。

要真真切切学好21世纪的马克思主义，坚持用党的创新理论引领方向。习近平新时代中国特色社会主义思想，是当代中国马克思主义、21世纪马克思主义，是党和国家必须长期坚持的指导思想。作为马克思主义中国化最新成果，习近平新时代中国特色社会主义思想，是全党全国人民为实现中华民族伟大复兴而奋斗的行动指南，是党的十八大以来党和国家事业取得历史性成就、发生历史性变革的根本理论指引。只有在习近平新时代中国特色社会主义思想指引下，才能开创中华民族伟大复兴更加光明的前景。

扎实开展主题教育，就要进一步深刻把握习近平新时代中国特色社会主义思想的精髓，不断加深对这一党的创新理论重大意义、科学体系、丰富内涵的理解，不断增强贯彻落实的自觉性、坚定性，提高运用党的创新理论指导实践、推动工作的能力。

感悟思想之光理论之美

思想理论的魅力与价值，唯有扎实学习才能深刻体悟。

一是要全面系统地学。要把习近平新时代中国特色社会主义思想同马克思列宁主义、毛泽东思想、邓小平理论、"三个代表"重要思想、科学发展观贯通起来，与党史、国史、社会主义发展史融会起来。坚持带着信念学、带着感情学、带着使命学，进一步增强"四个意识"，坚定"四个自信"，做到"两个维护"，切实把思想和行动统一到习近平新时代中国特色社会主义思想上来，从而筑牢信仰之基、补足精神之钙、把稳思想之舵。

二是要深入思考地学。理论学习没有捷径可走，最忌浮皮潦草、心态浮躁，搞形式主义。目前，一些党员干部在理论学习上同党中央要求相比还存在不小差距，对理论学习缺乏"静气"，热衷于喊口号、唱高调，"学得浅""学得散"，不能真正掌握创新理论背后的认识论、方法论，不能深入体会创新理论背后的辩证思维、战略思维、历史思维、创新思维、法治思维、系统思维和底线思维等一系列治国理政的科学思维。习近平新时代中国特色社会主义思想博大精深、内涵丰富，必须坚持读原著、学原文、悟原理，真正做到往深里走、往实里走、往心里走，只有经过一番深刻的学思践悟，才能见思想之光、理论之美；才能在原有学习的基础上取得新进步、达到新高度；才能学深悟透、融会贯通、真信笃行。

三是要联系实际地学。习近平总书记指出，开展这次主题教育，"要把新时代中国特色社会主义思想转化为推进改革发展稳定和党的建设各项工作的实际行动，把初心使命变成党员干部锐意进取、开拓创新的精气神和埋头苦干、真抓实干的自觉行动"，要做到"把开展主题教育同完成改革发展稳定各项任务结合起来，同做好稳增长、促改革、调结构、惠民生、防风险、保稳定各项工作结合起来，同党中央部署正在做的事结合起来"。党的创新理论学习，贵在联系实际、解决问题。要通过主题教育，自觉以党的创新理论对表对标、校准偏差，并紧密联系时代问题，填补"新办法不会用，老办法不管用，硬办法不敢用，软办法不顶用"的本领赤字，实现在干中学、学中干，真正实现理论学习有收获。

循着发展的逻辑——一个经济学人的时事观察（2016—2020）

永守初心
勇担使命*

——热烈庆祝中国共产党成立
九十八周年

日历再次翻到 7 月 1 日，这是一个伟大的日子。今天，我们迎来中国共产党 98 岁诞辰。此时此际，全党在开展"不忘初心、牢记使命"主题教育中接受思想洗礼，广大党员干部带领群众奋战在决胜全面建成小康社会的第一线，更多的新党员在鲜艳的党旗下庄严宣誓。一个即将走过百年的马克思主义政党历久弥坚，正焕发着新时代的蓬勃生机和青春活力。

98 年峥嵘岁月，98 年玉汝于成。漫漫征程一路走来，中国共产党从上海的石库门和嘉兴的红船出发，催生开天辟地之大事变，深刻改变了中国人民和中华民族的前途和命运；从南昌出发，中国共产党有了一支为中国人民求解放的人民军队；从延安出发，中国共产党孕育成全心全意为人民服务和自力更生艰苦奋斗的永久品格；从西柏坡出发，中国共产党永葆政治本色，以勇于变革、勇于创新、永不僵化、永不停滞的革命者姿态，经受社会主义革命、建设和改革的历史性考验……中华民族迎来了从站起来、富起来到强起来的伟大飞跃。

明镜照形，古事知今。一部中国共产党的历史，就是一部中国共产党人赤诚奉献的革命史，就是一部永远把人民对美好生活的向往作为奋斗目标的奋斗史。无论时代如何变迁，无论时空怎样变幻，一个始终不变的、颠扑不破的真理就是这个大党始终坚持马克思主义的指导地位并与时俱进地进行党的理论创新，始终坚定共产主义远大理想和中国特色社会主义共同理想并不断把为崇高理想奋斗的伟大实践推向前进，始终坚持道路自信、理论自信、制度自信、文化自信并带领人民、依靠人民、服务人民不断投身新的伟大社会变革，始终保持党的先进性纯洁性并不断进行自我革命。为中国人民谋幸福、为中华民族谋复兴的初心不改，

---

* 本文原载《学习时报·学习评论》2019 年 7 月 1 日。

实现中华民族伟大复兴的使命在肩，革命理想高于天的信念在心，坚持党的领导、坚持党要管党全面从严治党的纪律在行，党永远与人民同呼吸、共命运、心连心的血肉纽带日益坚固，这正是回答好中国共产党为什么能的坚实注解。

中国特色社会主义进入新时代，新时代赋予我们党新的历史重任，发展形势、发展环境、发展条件和发展要求虽然在变，但共产党人的初心没有变，理想没有变，奋斗目标没有变，无私奉献的本色没有变。

"其作始也简，其将毕也必巨。"现在我们比历史上任何时期都更接近、更有信心和能力实现中华民族伟大复兴。我们千万不能在一片喝彩声、赞扬声中丧失革命精神和斗志，逐渐陷入安于现状、不思进取、贪图享乐的状态，而是要牢记船到中流浪更急、人到半山路更陡，把不忘初心、牢记使命作为加强党的建设的永恒课题，作为全体党员干部的终身课题。每一个党员干部特别是领导干部必须常怀忧党之心、为党之责、强党之志；必须坚定对马克思主义的信仰，对中国特色社会主义的信念，对实现中华民族伟大复兴中国梦的信心；必须把党和人民利益放在最高位置，继续发扬无私无我的奉献精神、激发昂扬向上的拼搏劲头、保持重若泰山的责任坚守，对标党中央的重托、对标人民的期盼、对标共产党人的初心使命，迎难而上、攻坚克难，矢志为党和人民的事业不断奋斗。

2019 年是中华人民共和国成立 70 周年；再过两年时间，我们将迎来建党一百周年。让我们永守共产党人的初心，勇担民族复兴的使命，面对新的历史性大考，努力向历史和人民交出更加优异的答卷。

全力打赢全面深化改革的
战略性战役*

时隔一年半，党中央在京召开深化党和国家机构改革总结会议，全面总结2018年2月末召开的党的十九届三中全会审议通过的《中共中央关于深化党和国家机构改革的决定》和《深化党和国家机构改革方案》的落实成效。习近平总书记发表重要讲话，充分肯定了一年多来深化党和国家机构改革取得的重大成效和宝贵经验，并对巩固机构改革成果、进一步推进全面深化改革、继续完善党和国家机构职能体系、推进国家治理体系和治理能力现代化提出了新的要求，作出了新的部署。深入学习和领会习近平总书记讲话精神，需要从三个方面加深理解，以进一步统一思想和行动，为推进国家治理体系和治理能力现代化提供更加强有力的思想基础和组织保障。

更加深刻理解深化党和国家机构改革是一场深刻变革

深化党和国家机构改革，是贯彻落实党的十九大决策部署的一个重要举措，是全面深化改革的一个重大动作，是推进国家治理体系和治理能力现代化的一次集中行动。

党的十九届三中全会明确指出，党和国家机构职能体系是中国特色社会主义制度的重要组成部分，是党治国理政的重要保障。党的十八大以来，以习近平同志为核心的党中央紧紧围绕完善和发展中国特色社会主义制度、推进国家治理体系和治理能力现代化这个总目标全面深化改革，加强党的领导，坚持问题导向，突出重点领域，深化党和国家机构改革，在一些重要领域和关键环节取得重大进展，为党和国家事业取得历史性成就、发生历史性变革提供了有力保障。这是我们在新形势下深化党和国家机构的心理底气和良好政治氛围。

实践在发展，理论在创新，制度体系也必须要与时俱进、创新发展。党的十九大作出中国特色社会主义进入新时代，我国社会主要矛盾发生历史性变革两大

---

* 本文原载中国网 2019 年 7 月 7 日。

政治判断。这是当今中国社会经济发展新的历史方位。十九届三中全会指出，面对新时代新任务提出的新要求，党和国家机构设置和职能配置同统筹推进"五位一体"总体布局、协调推进"四个全面"战略布局的要求还不完全适应，同实现国家治理体系和治理能力现代化的要求还不完全适应。要积极适应新时代，抓住新机遇，我们党就必须针对这"两个不适应"，下决心解决党和国家机构职能体系中存在的障碍和弊端，在全面深化改革进程中加快推进国家治理体系和治理能力现代化，更好发挥中国社会主义制度优越性，确保党和国家沿着中国特色社会主义正确方向继续前进。

正如习近平总书记在党的十九届三中全会上所指出的，"深化党和国家机构改革是对党和国家组织结构和管理体制的一次系统性、整体性重构"。改革力度之大，影响面之广，触及的利益关系之复杂，都是少有的。过去的机构改革更多的是政府层面的，而这一次涉及党和国家机构组成的方方面面，包括党的领导体系、政府治理体系、武装力量体系、群团工作体系这"四大体系"，体现出改革的全方位、改革的整体性、改革的系统性和改革的突破性，其中的矛盾、困难和复杂性是可想而知的。这次改革既是面向新的伟大社会变革着力于刀刃向内的自我革命，也是着眼于构建系统完备、科学规范、运行高效的党和国家机构职能体系、推进国家治理体系和治理能力现代化的一场深刻变革。

一年多来，在习近平总书记高度重视，自始至终关心指导和亲力亲为下，在各地区各部门坚决贯彻党中央决策部署，加大统的力度、明确改的章法、做好人的工作、执行严的纪律下，可以说，十九届三中全会部署的改革任务总体完成，并取得一系列重要理论成果、制度成果、实践成果。最直接的表现就是习近平总书记在这次总结会上概括的，"系统性增强党的领导力、政府执行力、武装力量战斗力、群团组织活力，适应新时代要求的党和国家机构职能体系主体框架初步建立，为完善和发展中国特色社会主义制度、推进国家治理体系和治理能力现代化提供了有力组织保障"。

深刻认识党的全面领导是推进党和国家机构取得成效并进一步得以巩固的有力制度保障

深化党和国家机构改革取得的重大成效，也积累了宝贵经验。深化党和国家机构改革总结会将这些经验概括为"六个坚持"，即坚持党对机构改革的全面领导，坚持不立不破、先立后破，坚持推动机构职能优化协同高效，坚持中央和地方一盘棋，坚持改革和法治相统一相协调，坚持把思想政治工作贯穿改革全过程。"六个坚持"正确把握了改革发展稳定的关系，充分体现了党的十八大以来我们党形成的治国理政的新思想新理念新战略。

其中最为重要的就是坚持党对机构改革的全面领导，加强党的全面领导，不仅是顺利推进深化党和国家机构改革的基本原则和组织保证，也是继续完善党和国家机构职能体系、推进国家治理体系和治理能力现代化的最有力保障。

作为指引新时代中国特色社会主义发展的习近平新时代中国特色社会主义思想的精神内核，就是强调党的领导是中国特色社会主义最本质的特征，是中国特色社会主义制度的最大优势。

党的十九届三中全会就是贯彻习近平新时代中国特色社会主义思想和党的十九大精神，明确坚持党的全面领导的改革原则，作出完善坚持党的全面领导的制度的重大部署，为的就是通过深化党和国家机构改革，努力从机构职能上解决党对一切工作领导的体制机制问题，解决党长期执政条件下我国国家治理体系中党政军群的机构职能关系问题，为有效发挥中国共产党领导这一最大制度优势提供完善有力的体制机制保障、坚实的组织基础和有效的工作体系，确保党对国家和社会实施领导的制度得到加强和完善，更好担负起进行伟大斗争、建设伟大工程、推进伟大事业、实现伟大梦想的重大职责。

这次深化党和国家机构改革之所以取得重大成效并探索和积累了宝贵经验，正是坚持了党的全面领导，发挥了党的政治统领作用，彰显了我们党是最高政治领导力量，彰显了党的集中统一领导和中国社会主义制度的政治优势，彰显了党是中国特色社会主义事业的坚强领导核心。通过这次改革，党和国家机构也更加深化了"办好中国的事情，关键在党"这一政治信念。

随着加强党的全面领导得到有效落实，维护党的集中统一领导的机构职能体系更加健全，党和国家机构履职更加顺畅高效，各类机构设置和职能配置更加适应统筹推进"五位一体"总体布局和协调推进"四个全面"战略布局需要，构建起从中央到地方运行顺畅、充满活力的工作体系，党对军队武警公安的绝对领导更加坚强有力，改革整体效应得以进一步增强。

充分用好机构改革创造的有利条件推动开创全面深化改革新局面

深化党和国家机构改革是一项"牵一发而动全身"的系统性、整体性改革，是适应新时代纷繁复杂的世情、党情、国情在上层建筑领域的一场自我调整、自我革命，改革需要蹄疾步稳，也不会一蹴而就。

习近平总书记在总结会上也清醒地指出，这次深化党和国家机构改革，完成了组织架构重建、实现机构职能调整，但只是解决了"面"上的问题，真正要发生"化学反应"，还有大量工作要做。

要进一步巩固改革成果，就是要在思想上切实增强"四个意识"、坚定"四个自信"、做到"两个维护"，紧密结合正在开展的"不忘初心、牢记使命"主题教育，筑牢思想根基。

要进一步巩固改革成果，就是要以坚持和加强党的全面领导为统领，继续健全党对重大工作的领导体制，提高党把方向、谋大局、定政策、促改革的能力和定力，以推进党和国家机构职能优化协同高效为着力点，把机构职责调整优化同健全完善制度机制有机统一起来、把加强党的长期执政能力建设同提高国家治理水平有机统一起来。

要进一步巩固改革成果，就是要将深化党和国家机构改革是放在全面深化改革大盘子里谋划推进，充分用好机构改革创造的有利条件，推动全面深化改革向纵深发展，自觉在大局下思考、在大局下行动，集中力量突破重要领域和关键环节改革，推动党中央既定的各项改革落实落细落地，推动开创全面深化改革新局面。

深化党和国家机构改革是全面深化改革的一场必须打赢的战略性战役。形势在变、任务在变、工作要求也在变。我们必须按照习近平总书记的要求，准确识变、科学应变、主动求变，把解决实际问题作为制订改革方案的出发点，把关系经济社会发展全局的改革、涉及重大制度创新的改革、有利于提升群众获得感的改革放在突出位置，确保改革方案的成色和实施成效，确保改革的成效经得起人民群众、经得起历史的考验。

从物价 "半年报"
看中国经济走势*

2019 年 7 月 10 日，国家统计局发布 6 月全国居民物价指数，拉开了 2019 年上半年经济运行的 "半年报"。物价指数很重要，关乎到老百姓的 "菜篮子"，关乎生产经营者的投资预期，也关乎各方面对下一阶段经济走势的判断。

2019 年上半年，国内国际形势纷繁、复杂、多变。从国家统计局发布的物价数据和走势图来看，与 2018 年同期相比，虽然总体上保持了平稳态势，但也出现了一系列新变化、新特征，需要认真思考和把握，在宏观调控和政策举措上及早做好应对复杂形势的充分准备。

上半年物价水平小幅上行

从官方数据看，2019 年 1~6 月，全国居民消费价格比 2018 年同期上涨 2.2%，比 2018 年全年物价指数的 2.1% 稍微有所上行，离 2019 年确定的 3% 物价涨幅预期目标还很远。这是判断物价总体运行态势平稳的基本依据。但从 2019 年上半年月度物价走势来看，2019 年 2 月出现自 2018 年以来同比增长 1.5% 的低点后，此后的 4 个月度同比增长呈现盘桓上行态势，3~6 月分别为 2.3%、2.5%、2.7%、2.7% 的增长，逐步逼近 3% 的预期目标。

出现这一走势的基本原因大体有这样几个原因：

一是所谓 "猪周期" 的影响。2019 年 6 月全国居民消费价格同比上涨 2.7%，食品价格上涨 8.3%。其中，畜肉类价格上涨 14.4%，影响 CPI 上涨约 0.59 个百分点，尤其是猪肉价格上涨 21.1%，影响 CPI 上涨约 0.45 个百分点（见图 1）。2019 年春节之后，受非洲猪瘟疫情和 "猪周期" 上行影响，猪肉价格上涨不断加快，肉价提升成为 CPI 涨幅扩大的一个重要推手。

二是鲜果价格上涨超出预期。2019 年上半年各类鲜果价格涨幅较大，很多水果达到十几二十元一斤，居民的 "果盘子" 变得沉甸甸的。从 2019 年 5 月中旬鲜

---

* 本文原载中新经纬 2019 年 7 月 12 日，原题为《胡敏：从物价 "半年报" 看中国经济走势》。

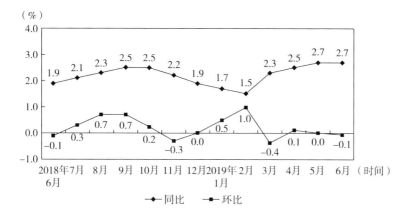

图 1　全国居民消费价格涨跌幅

果上市旺季的全国水果市场批发平均价格看，梨、苹果、橙子、草莓、菠萝等比
2018 年同期分别上涨 89%、65%、50%、28%、20%，2019 年 5 月的鲜果价格平
均上涨 26.7%，2019 年 6 月的鲜果价格指数上涨 5.1%，影响 CPI 上涨约 0.11 个
百分点。

　　三是服务类价格继续保持上行态势。服务、医疗保健、教育文化、娱乐价
格、居住等价格指数连续多月保持在 1.8%~2.7%。

　　其他影响居民日常生活的食品、非食品类消费品，鲜菜、鸡蛋、水产品等受
节庆影响价格会有波动，但总体涨幅平稳；烟酒、衣着服装、生活用品呈现结构
性价格分化，高档烟酒 2019 年上半年涨势比较迅猛。奢侈品消费在城市白领阶
层中逐渐占据主导，对相应分层分级类产品和服务价格均有拉动作用。

　　另外，受国际因素，特别是美联储加息停滞、美元指数回落影响，坊间戏说
"中国大妈"前期高价购金多年后终于"解套"。黄金饰品虽非生活必需品，但
国内商场金饰价格已经突破 340 元/克，在目前居民投资产品和获利渠道仍然十
分狭窄的情况下，金价上行也助推物价上行的预期。

　　与居民消费价格相对应的工业生产者出厂价格 2019 年上半年的表现却十分
低迷（见图 2）。2019 年 6 月，全国工业生产者出厂价格同比持平，环比下降
0.3%；工业生产者购进价格同比下降 0.3%，环比下降 0.1%。上半年，工业生
产者出厂价格比 2018 年同期上涨 0.3%，工业生产者购进价格上涨 0.1%。一方
面，受国际因素影响，上半年国内经济下行压力依旧比较大，市场的不确定性带
来投资的不景气；另一方面，供给侧结构性改革尚处于深化阶段，新的增长动能
还没有完全形成，国内市场消费也没有充分激活，生产经营的景气度不够。

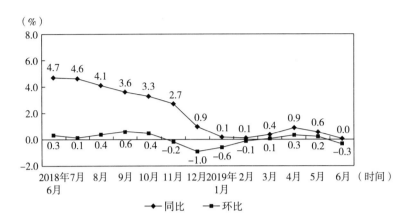

图 2　工业生产者出厂价格涨跌幅

其中，从价格因素看也有值得关注的方面。上半年部分原材料价格受国际大宗商品价格传导、库存减少等影响和国内部分投资机构炒作因素共同作用，价格上行较快，从 2019 年 6 月的主要生产资料行业出厂价格指数看，黑色金属矿采选业同比上涨 18.5%，非金属矿采选业上涨 5.9%，煤炭开采和洗选业上涨 3.4%。作为钢材的主要生产原料，铁矿石是全球交易量最大的大宗商品之一，能够影响应用于从汽车到摩天大楼等材料的价格。标普全球普氏的数据显示，2019 年 7 月上旬铁矿石价格已触及 126.35 美元/吨，高于 2019 年初的近 73 美元/吨，是自 2014 年 1 月以来的最高价格水平。国内铁矿石价格 2019 年以来已累计飙升逾 68%，这给以铁矿石为原料的钢铁厂带来严峻挑战。虽然因国内压减产能和结构调整约束，上游产品价格尚不能有效传导到下游，但直接压制了企业利润空间。如果在稳增长、稳投资政策驱动和基建项目扩容拉动下，成本推动型物价上涨在未来一个时期也可能转变为现实。

物价会不会持续上涨

对生产者和消费者来说，目前最关心的是，2019 年下半年乃至今后一个时期物价会不会持续涨下去，甚至演化为通货膨胀态势？

如果从助涨物价上行的总量性因素和结构性因素分析，目前尚不能作出这样的结论。

首先，从总量性因素看，经过三年多深化供给侧结构性改革，总供求达到一个动态平衡，但总体上还属于供过于求。尤其在中国经济由中高速增长向高质量发展转变的关键阶段，宏观政策强调稳中求进，货币政策稳健，财政政策有效，形成了结构优化、动能增强、效益提升的良好经济运行态势，限制了物价普遍上行的空间。

其次，从结构性因素看，中国粮食生产和供给稳定，这是一块"定心石"。目前，夏粮首战告捷，为全年粮食丰收奠定基础，利于保供给、稳物价、惠民生、增信心。工业生产总体平稳，规模以上工业企业增加值和利润均保持良好增幅。随着对企业的减税降费力度加大，重要领域价格形成机制理顺。在2019年增值税税率下调后，汽车、手机、汽柴油等众多消费品价格都出现了下降。减税有效降低整个社会的生产和物流成本，成为支撑物价稳定的有利因素，市场供求将保持基本平衡。

尽管如此，研判未来更长时期中国物价发展趋势，必须时刻关注国际国内经济结构的变化，也需要从新的结构变化中把握物价演变的新特征。

第一，从物价上涨的引致原因中关注结构性因素可能向总量性因素转化。比如，2019年上半年物价上行主要受到猪肉价格、鲜果价格助推。虽然肉价涨幅较大有非洲猪瘟的原因，但主要还是国内多年绕不过去的"猪周期"影响。市场普遍认为，这一轮周期主要还是前期中国生猪存栏与能繁母猪存栏同比降幅加大，积蓄了上涨能量，叠加非洲猪瘟影响，其价格反弹幅度和时间维持长度都会比以往周期强的概率更高。由于这是居民必需食品，替代率小，"餐桌上的涨价"会直接带来餐饮业和各类食品价格的连锁反应，食品的结构性涨价会最终在各类商品和行业中得到体现，引致普通居民的生活成本增加，特别是城镇劳动力成本明显上行，最终出现总量性价格上涨。像城市住房、服务性价格上行都有这样的特点。

第二，从上下游价格传导动力中关注成本性上升可能向消费终端的转化。尽管价格从生产端到消费端要经过很长的链条，随着科技进步和物流、通信等成本的降低，会消化中间链条的成本，但如果产业衔接和利益分配不能协调和平衡好，尤其是中国目前各中间环节存在比较刚性的制度性交易成本，生产企业均具有涨价性冲动。如若长期内价格不能有效传导，一方面，资源不能有效配置，其负外部性最终增强社会交易成本；另一方面，生产企业利润日渐稀薄也会减少最终产品的市场供给，最后还是要让终端消费者承受结构性产品或服务的价格转嫁，助推驱动全社会物价上涨。

第三，从国际大宗商品价格的共振效应中关注潜在预期向现实预期转化。当前国际政治经济格局还处于深度调整期，2008年国际金融危机爆发以来的十年，以美国为代表的复苏经济已经走到高点，其股指、美元指数、大宗商品价格都达到高点，现在许多分析人士开始担心或者预测世界经济会进入新一轮下滑周期。从前期经济周期下行期的表现来看，低迷世界带来的通胀期要多于通缩期，这一市场心理预期已经表现在黄金价格的快速上行中。

以上三个转化不一定同时出现，但却具有叠加效应和共振效应，需要宏观层面未雨绸缪，相机施策，做好更多的政策储备。对当下的中国经济来说，着力点还是要以深化供给侧结构性改革，努力形成国内强大市场，充分降低制度性门槛，着力疏通生产资料市场、要素市场、消费品市场的国民经济循环；加快城镇公共服务基础设施建设，形成服务消费与商品消费的双轮驱动；抓住高水平开放的新机遇，破解国内市场与国际市场的制度壁垒；最重要的还是要尽快推进收入分配制度改革，不断提高居民可支配收入水平，让老百姓对未来有一个稳定的心理预期和市场预期。

70 年：以历史辉煌见证伟大飞跃*

在新时代，我们要继续高举中国特色社会主义伟大旗帜，为实现中华民族伟大复兴的中国梦接力奋斗，创造让世界刮目相看的新的更大奇迹。

2019 年是中华人民共和国成立 70 周年。国家统计局官方网站发布了新中国成立 70 周年经济社会发展成就系列报告，以大量的数据对比描述了中华人民共和国成立 70 年来，在中国共产党的坚强领导下，全国各族人民团结一心、迎难而上、开拓进取、奋力前行、从封闭落后迈向开放进步，从温饱不足迈向全面小康，从积贫积弱迈向繁荣富强，创造的一个又一个彪炳史册的伟大奇迹，见证了中华民族迎来从站起来、富起来到强起来的伟大飞跃的光辉历程。

70 年峥嵘岁月，70 年玉汝于成。70 年在人类历史长河中只是一瞬间，但对中国人民和中华民族来说，却写下了极为灿烂、极为辉煌的历史诗篇。认真回溯这段璀璨历史，全面认识这段光辉历程，对于我们站在新的历史方位，坚定中华民族伟大复兴的执着信念，坚定爱党、爱国、爱人民的赤胆忠诚，奋力谱写社会主义现代化新征程的壮丽篇章具有重大意义。

70 年社会主义革命、建设、改革的光辉历程书写了中国共产党为中国人民谋幸福的奋斗史

1949 年 10 月 1 日，中华人民共和国的缔造者毛泽东主席代表新中国向全世界庄严宣布：中华人民共和国成立了，中国人民从此站起来了。一个深受三座大山压迫、一个积贫积弱的半封建半殖民地的东方大国从此扬眉吐气，开启了民族独立、人民解放、国家富强的社会主义革命和建设的新时代。

从 1949 年中华人民共和国成立到 1978 年党的十一届三中全会的 29 年，是中国共产党在马克思列宁主义、毛泽东思想指引下，领导中国人民在取得新民主

---

* 本文原载《中国青年报》2019 年 7 月 15 日。

主义革命胜利的基础上，进行社会主义革命和建设的历史时期。纵观这 29 年历史，中国共产党人在探索中前进、党和人民事业在曲折中前行，取得了具有决定性意义的社会主义革命和建设的巨大成就。仅从经济发展的视角看，新中国成立后到 1956 年底，在中国共产党领导下，国家基本上完成了对农业、手工业和资本主义工商业的社会主义改造即"三大改造"，实现了把生产资料私有制转变为社会主义公有制、以全民所有制和劳动群众集体所有制为主要形式的所有制成为我国唯一的经济基础，社会各阶级都成为社会主义的劳动者。由此，党领导人民创造性地实现从新民主主义到社会主义的转变，全面确立了社会主义基本制度，使占世界人口 1/4 的东方大国进入社会主义社会，从此也进入了社会主义初级阶段。

经过几个五年计划的建设，到 1978 年，我国国民生产总值和国家财政收入分别比新中国成立初期有了几倍、几十倍的增长，农业生产得到很大改善；原有工业部门大大加强，许多新的工业部门从无到有、从小到大迅速发展起来，几乎所有工业产品都比旧中国最高年产量有了成倍、几十倍甚至上百倍的增长，在一穷二白的基础上建立了独立的比较完整的工业体系和国民经济体系，基于我国经济发展状况而实行的按劳分配制度和社会福利制度，在保障人民基本生活需要方面发挥了重要作用。这些成就从根本上改变了中国人民的前途命运，为当代中国一切发展进步奠定了根本政治前提和坚实的制度基础。但也需要看到，由于国际局势复杂多变，由于国内建设任务艰巨繁重，由于缺乏领导社会主义建设的现成经验，在这 29 年中，先后发生了阶级斗争扩大化、经济建设上的急躁冒进和"文化大革命"这样全局性、长时间的严重错误，给党和国家事业造成巨大损失。这说明，在一个经济文化落后和地区发展极不平衡、又遭受近百年内忧外侮的旧中国基础上建设社会主义，是十分艰巨复杂的任务和前无古人的开创性事业，对社会主义建设规律的认识和把握需要经过艰辛的探索，不可能一帆风顺。

1978 年 12 月，我们党召开十一届三中全会，实现新中国成立以来党的历史上具有深远意义的伟大转折。党的十一届三中全会是在党和国家面临何去何从的重大历史关头召开的。在邓小平同志领导下和老一辈革命家支持下，我们党基于对党和国家前途命运的深刻把握，基于对社会主义革命和建设实践的深刻总结，基于对时代潮流的深刻洞察，基于对人民群众期盼和需要的深刻体悟，冲破长期"左"的错误的严重束缚，以真理标准问题的大讨论撬动了思想解放的杠杆，重新确立马克思主义的思想路线、政治路线、组织路线，使党和国家从严重挫折中重新奋起，作出实行改革开放的历史性决策，在新的历史条件下开启了改革开放和社会主义现代化的新的征程。

伴随着 40 年的改革开放，中国共产党人和中国人民以一往无前的进取精神和波澜壮阔的创新实践，又一次谱写了中华民族自强不息、顽强奋进的新的壮丽史诗，中国人民的面貌、社会主义中国的面貌、中国共产党的面貌发生了深刻的历史性变化。

国家统计局发布的新中国成立 70 周年经济社会发展成就报告，从综合国力实现历史性跨越，产业结构持续优化升级，基础产业和基础设施实现重大飞跃，科学、教育、社会事业欣欣向荣，人民生活发生翻天覆地变化五个方面，以大量翔实数据全面刻画了这 70 年新中国发生的翻天覆地的变化，归结到一点，这 70 年是中国共产党不忘初心、牢记使命，为中国人民谋幸福、为中华民族谋复兴的光辉奋斗史。

以历史的视野和科学的眼光认识 70 年社会主义革命、建设和改革的宝贵经验和现实启示

纵观新中国成立的 70 年，我们党团结带领全国人民进行了社会主义革命、建设和改革的艰辛探索，攻克了一个又一个看似不可攻克的难关，创造了一个又一个人间奇迹。而从发展时段看，客观上有改革开放前和改革开放后两个历史时期。这是两个相互联系又有重大区别的两个历史时期。必须看到，改革开放前的社会主义实践探索为改革开放后的社会主义实践探索积累了条件，是为当代中国一切发展进步奠定了根本政治前提和坚实的制度基础；改革开放后的社会主义实践探索是前一个时期的坚持、改革、发展，是把社会主义事业推向前进，但两个时期本质上都是我们党领导人民进行社会主义建设的实践探索。

哲人说：一切历史都是当代史。我们必须用全面、联系、辩证的唯物史观正确看待历史，既不能割断历史，也不能搞历史虚无主义。正确认识这 70 年我国社会主义革命、建设、改革的光辉历程，就是要正确处理改革开放前后两个历史时期的关系，不能用改革开放后的历史时期否定改革开放前的历史时期，也不能用改革开放前的历史时期否定改革开放后的历史时期；就是要善于总结历史经验，从认识历史进程中把握社会主义发展规律，从历史变迁中必然出现的矛盾和问题的解决办法中汲取前人智慧，这样才能确保我们的国家、民族和人民在历史前进的逻辑中前进，在时代发展的潮流中发展，确保我们这艘巨大的航船破浪前行、行稳致远。

一是要始终坚持以人民为中心，不断解放和发展生产力。

贫穷不是社会主义，社会主义的根本任务就是解放和发展生产力，就是不断满足人民群众日益增长的对美好生活的需要，为中国人民谋幸福、为中华民族谋复兴，这既是社会主义的本质所在，也是中国共产党作为马克思主义政党的初心和使命，是始终赢得广大人民拥护和支持的根本保证。这是总结我国社会主义建设和改革经验教训得出的重要结论。党和国家的事业，必须始终坚持以人民为中心的发展思想，从人民实践创造和发展要求中获得前进动力，让人民共享社会经

济发展成果，不断实现人民对美好生活的向往。

二是要始终坚持从国情出发，不断推进理论创新和实践创新。

正确判断和把握我国社会所处的历史阶段，一切从国情出发，一切从实际出发，有步骤分阶段实现社会主义现代化的发展目标，努力探索马克思主义与当代中国实际相结合，特别是适合自己国情的理论、制度和道路至关重要。解放思想、实事求是、与时俱进是马克思主义活的灵魂。70年来，我们党一系列理论创新成果，就是坚持了马克思主义理论品格，充分认识了我国社会主义建设的长期性、复杂性和艰巨性，充分根据生产力发展水平和要求，及时回答了时代之问、人民之问，创造出与生产力发展相适应的生产关系具体适应形式。我们既要反对消极懈怠，也要反对急躁冒进，要在深刻把握国情和时代之变的基础上，不断推进理论创新和实践创新。

三是要始终坚持世界眼光和开放胸襟，不断促进改革开放。

历史一再证明：中国的发展离不开世界，世界的发展也离不开中国，关起门来搞建设是不能成功的。我国社会主义现代化建设，需要继承和发扬中华民族优秀传统文化，也需要学习借鉴吸收人类一切优秀文明成果，不断回答时代和实践给我们提出的新的重大课题。要有深邃的历史眼光、宽广的国际视野、博大的开放胸襟。改革带来繁荣，开放带来进步，封闭必然落后。改革开放是我们党的一次伟大觉醒，正是这个伟大觉醒孕育了我们党从理论到实践的伟大创造。改革开放是中国人民和中华民族发展史上一次伟大革命，正是这个伟大革命推动了中国特色社会主义事业的伟大飞跃。

四是要始终坚持党的全面领导，不断加强党的先进性和纯洁性。

办好中国的事情，关键在党，关键在坚持党要管党、全面从严治党，关键在于加强坚持党对一切工作的领导。中国共产党是中国工人阶级的先锋队，同时是中国人民和中华民族的先锋队。中国共产党的领导地位不是自封的，是由党的性质决定的，是由新中国成立后全民通过的宪法明文规定的。要确保党在世界形势深刻变化的历史进程中始终走在时代前列，在应对国内外各种风险和考验的历史进程中始终成为全国人民的主心骨，在推进社会主义革命、建设、改革各项事业特别是坚持和发展中国特色社会主义的历史进程中始终成为坚强领导核心，就必须在进行社会革命的同时，坚定不移推进党的伟大自我革命，确保党的先进性和纯洁性，确保党始终保持同人民群众的血肉联系。

党的十九大报告鲜明指出，经过长期努力，中国特色社会主义进入了新时代，这是我国发展新的历史方位。新时代中国特色社会主义，已经比历史上任何时期都更接近、更有信心和能力实现中华民族伟大复兴的目标。但行百里者半九十。中华民族伟大复兴，绝不是轻轻松松、敲锣打鼓就能实现的。

正如习近平总书记指出的，伟大梦想不是等得来、喊得来的，而是拼出来、干出来的。我们现在所处的，是一个船到中流浪更急、人到半山路更陡的时候，是一个愈进愈难、愈进愈险而又不进则退、非进不可的时候。摆在全党全国各族人民面前的使命更光荣、任务更艰巨、挑战更严峻、工作更伟大。在这个千帆竞发、百舸争流的时代，我们绝不能有半点骄傲自满、故步自封，也绝不能有丝毫犹豫不决、徘徊彷徨。建成中国特色社会主义现代化强国，实现中华民族伟大复兴，是一场接力跑。在新时代，我们要继续高举中国特色社会主义伟大旗帜，为实现中华民族伟大复兴的中国梦接力奋斗，创造让世界刮目相看的新的更大奇迹。

中国经济正按照自己的
节奏行稳致远*

2019年7月15日，检视中国经济运行业绩的经济半年报由中国国家统计局发布。

数据显示，2019年上半年，中国经济实现6.3%的增长，国内生产总值超过45万亿元。与世界其他主要经济体相比，这是领先的，偌大一个经济体实现了高于全球经济增速两倍以上的增长。

在当前国内外经济形势依然复杂严峻，全球经济增长有所放缓，外部不稳定不确定性因素增多，国内发展不平衡不充分问题仍较突出，经济面临压力的背景下，经济增长落定在年初预期的合理运行区间。

2019年上半年全国城镇新增就业737万人，完成全年目标任务的67%。2019年6月，全国城镇调查失业率维持在5%左右的较低水平；上半年CPI同比上涨2.2%，物价延续温和上涨态势；2019年6月末，外汇储备规模31192亿美元，较5月末上升182亿美元等反映就业、物价、国际收支的经济基本面指标，显示出了中国经济运行平稳发展的态势。从近年来中国经济增长走势图看，6.3%的经济增长的确处于缓慢态势。世界主要市场对此反应总体平和，国际舆论评价称，中国经济数据与市场预期相符。但也有评论称中国第二季度的增长是27年来最慢的。

其实，中国经济已由高速增长阶段转向高质量发展阶段。中国经济总量已稳居世界第二大经济体，我们的发展理念和发展方式已不再是唯经济增长速度，而是要牢固树立新发展理念，坚持稳中求进的工作总基调。在转变经济发展方式、优化经济结构、转换增长动力的关键期，就是要坚持质量第一、效益优先，以供给侧结构性改革为主线，推动经济发展质量变革、效率变革、动力变革，以切实解决好人民日益增长的美好生活需要和不平衡不充分的发展之间的矛盾。这是当下和今后一个长时期中国经济发展的主旋律。这几年来，中国宏观经济政策和经

---

* 本文原载中新经纬APP2019年7月17日。

济结构调整都是按照这一逻辑、这一节奏、这一目标且行且进、稳健运行。看不清这一点，就不能真正理解中国经济，就不能准确把握中国经济发展的自在逻辑和运行节奏。

2019 年上半年经济运行数据透露出的全部经济信号，充分体现了中国经济稳中有进、笃定前行的运行节奏。"稳中有进"是当下中国经济的基本底色。

四大宏观经济指标揭示出的是中国经济的"平稳"态势，结构性指标彰显的是"进"的动力。比如，从产业结构看，2019 年上半年第三产业增加值占国内生产总值的比重为 54.9%，比第二产业高 15 个百分点，服务业生产指数增长 7.3%；规模以上工业中，战略性新兴产业和高技术产业保持快速增长，中国经济结构正在加速优化升级。再从需求结构看，随着促进形成强大国内市场系列政策的落地实施，消费保持平稳增长，上半年社会消费品零售总额增长 8.4%，最终消费支出对经济增长的贡献率为 60.1%；投资补短板力度加大，固定资产投资增长 5.8%，其中，生态保护和环境治理业、教育等短板领域投资增长 48% 和 18.9%，中国巨大的市场潜力正在勃发。从要素结构看，科技进步、劳动者素质提高、管理创新等贡献在增大，创新创业创造向纵深拓展，上半年日均新登记企业达到 1.94 万户，中国经济的韧性和活力更加巩固、更加凸显。

尽管 2019 年以来，世界经济增长呈放缓态势，贸易保护主义逆风颇劲，中国经济内在还面临周期性、体制性、结构性三重因素作用下形成的压力，但中国政府以高度负责任的态度不采取强刺激政策获得更高的经济增长率，不搞"大水漫灌"，加强和改善宏观调控，坚持实施积极的财政政策和稳健的货币政策，坚持以供给侧结构性改革为主线，及时采取更大力度的减税降费、合理控制货币闸门，有的放矢地实施逆周期调控措施，使稳增长、稳就业、稳金融、稳外贸、稳外资、稳投资、稳预期的"六稳"工作卓有成效，特别是 2019 年以来一系列全面深化改革、促进高水平开放的政策和措施陆续落地，中国的营商环境大为改善。2019 年上半年，中国的消费和投资结构性改善，吸引外资规模和力度依然强劲，市场主体活力充分释放，财政收支进一步向民生领域倾斜。

2019 年上半年，中国经济的这份"成绩单"，体现了中国经济的活力和韧性以及中国经济长期向好的基本面和大趋势。中国经济的"稳中向好"就是世界经济的"压舱石"和"助推器"，中国经济保持平稳增长、稳中有进对世界经济是好事；中国上半年经济数据，缓解了市场对全球经济增长放缓的担忧。

我们可以看到，当前转型升级的中国正处在一个船到中流浪更急、人到半山路更陡的时候，是一个越进越难、越进越险而又不进则退、非进不可的时候，这就要求我们绝不能有半点骄傲自满、故步自封，也绝不能有丝毫犹豫不决、徘徊彷徨，必须保持足够的战略定力和持久的耐力，按照既定的大政方针、平稳的节奏推进实现高质量发展。

　　无论外部世界风云如何变幻，只要我们不畏浮云遮望眼，不为纷纭乱局所困扰，踏踏实实、凝神聚力做好自己的事情，中国经济这艘巨轮必将行稳致远，展现在世人面前的终将是一个"两岸猿声啼不住、轻舟已过万重山"的美好中国经济画卷（中新经纬 APP）。

从初心使命出发
落实改革的"三个自觉"*

习近平总书记主持召开中央全面深化改革委员会第九次会议并发表重要讲话时强调,要紧密结合"不忘初心、牢记使命"主题教育,提高改革的思想自觉、政治自觉、行动自觉。他指出,全面深化改革是我们党守初心、担使命的重要体现。改革越到深处,越要担当作为、蹄疾步稳、奋勇前进。要围绕人民对美好生活新期待,推出一些更有针对性、开创性的改革举措。

习近平总书记的重要讲话进一步阐明了新时代深化改革的出发点和落脚点,有利于我们从初心使命出发更加深入地理解全面深化改革的必要性、紧迫性和责任性,全力打好新时代全面深化改革的主动战。

改革开放40多年来特别是党的十八大以来,以习近平同志为核心的党中央以巨大的政治勇气和强烈的责任担当,坚决破除一切不合时宜的思想观念和体制机制弊端,出台一系列重大改革举措,解决了长期想解决而没有解决的难题,办成了许多过去想办而没有办成的大事,搭建起改革的"四梁八柱",推动党和国家事业发生了深层次的、根本性的变革,人民的获得感、幸福感、安全感不断增强。

改革开放已走过千山万水,但仍需跋山涉水。我们现在所处的是一个船到中游浪更急、人到半山路更陡的时候。比较容易的改革都已经改完了,现在是要蹚改革的深水区,啃改革的"硬骨头",是一个愈进愈难、愈进愈险而又不进则退、非进不可的时候,不能有任何停一停、歇一歇的懈怠。

全面深化改革就是一次全面的、深度的利益调整,涉及当前国家、企业和个人的利益分配,涉及现时期的中央、部门和地方的利益关系重构,这里最主要的就是要正确处理好政府与市场的关系、政府与市场主体的关系、政府与社会公众的关系。

长期以来,政府部门因为掌握着资源配置权、舆论话语权、市场管控权

---

* 本文原载中国网2019年7月26日。

等，客观上存在利益分配的主动权、倾斜权、自留权，多多少少形成了权力的部门化、部门的利益化、利益的自我化，加上一些旧的体制机制弊端，产生了不少利益寻租、权钱交易等行为，引起了人民群众的不满，也阻碍了市场主体活力的激发。说到底，就是我们还没有完全摆正部门利益、国家利益和人民利益的关系，没有厘清我们的权力和利益来之于谁、我们是谁、我们为了谁的问题。

习近平总书记这次在深改委会议上的讲话，紧密结合"不忘初心、牢记使命"主题教育，强调了改革的初心就是为人民谋利益，改革的使命是实现中华民族伟大复兴，这个初心和使命就是新时代全面深化改革的总要求、总原则和总目标，只有把人民群众利益放在最高位置，我们的改革就有了坚实的立足点；只有始终坚持以人民为中心的发展思想，我们深化各领域的改革就有了明确的方向和目标。

比如，这一轮深化党和国家机构改革，是对党和国家组织结构和管理体制的一次系统性、整体性重构，改革力度之大，影响面之广，触及的利益关系之复杂，都是少有的。但我们就是从人民利益至上的角度推进改革，坚决破除了利益固化的藩篱、破除了妨碍发展的体制机制弊端，确保了这次改革的有条不紊、工作的平稳衔接、上下的同心合力，改革取得了阶段性的预期成效。再比如，更大力度地减税降费，解决了许多部门的"小九九"，做到惠及于民，放水养鱼，让市场主体和人民群众有了真正的获得感，做到了政府机关过"紧日子"，人民群众才有了"好日子"。

因此，从初心使命出发，把人民群众利益放在更加突出的位置，全面深化改革的思想自觉才能更加坚定。我们要把每一项改革的出台、改革的过程和改革的成效，与人民的获得感、幸福感和安全感紧密联系，围绕人民对美好生活新期待推进全面深化改革。人民答应不答应、支持不支持、满意不满意是我们衡量改革成效的根本。

从初心和使命出发，要更加增强"四个意识"、坚定"四个自信"、做到"两个维护"，全面深化改革的政治自觉才能更加稳固。必须站稳政治立场，坚定政治信仰、遵守政治规矩和政治纪律，形成全面深化改革的思想和步调一致，着力补短板、强弱项、激活力、抓落实，以钉钉子精神抓好攻坚难度大、影响面广、同老百姓关系密切的改革任务，确保每一项改革落实落细，蹄疾步稳，久久为功，务求必胜。

从初心使命出发，更加要坚持眼睛向下、脚步向下，从人民群众首创精神中汲取智慧和力量，全面深化改革的行动自觉才能更加坚实。人民是历史的创造者，要坚持人民在改革中的主体地位，依靠人民、服务人民，把党的群众路线贯穿到全面深化改革的各个环节，坚决克服改革中的形式主义、官僚主义突出问题。特别是要鼓励引导支持基层探索更多原创性、差异化改革，及时总结和推广基层探索创新的好经验好做法，最大限度调动干部群众的积极性、主动性、创造性。

抓住主要矛盾
善于化危为机*

"上半年经济运行延续了总体平稳、稳中有进的发展态势，主要宏观经济指标保持在合理区间……推动高质量发展的积极因素增多"，但"当前我国经济发展面临新的风险挑战，国内经济下行压力加大，必须增强忧患意识"。这是 2019 年 7 月 30 日中共中央政治局召开会议对当前经济形势所作的判断。

可以看出，积极的一面是中国经济运行在合理区间，积极因素正在增多；谨慎的一面是我们面临着新的风险挑战，要有忧患意识。

必须关注重要数据和重要会议

2019 年 6 月 15 日之后，国家统计局、国家发改委、商务部、工信部、国资委、海关总署、交通运输部、农业农村部等宏观经济部门先后发布一系列半年度中国经济数据，从各个层面反映这半年以来中国经济运行状况。

从经济增长来看，上半年 GDP 增长 6.3%，第一、第二季度分别增长 6.4%、6.2%。国家统计局国民经济综合统计司司长、新闻发言人毛盛勇表示，6.3% 是一个比较平稳的速度、是一个不低的速度、是一个含金量比较高的速度、是一个来之不易的速度、是一个有后劲支撑的速度。总的来看，上半年国民经济运行在合理区间，延续了总体平稳、稳中有进发展态势。

在当前国际经济错综复杂，全球贸易量下滑尤其是地缘政治争端扑朔迷离的态势下，作为防范全球经济前景趋弱和贸易紧张升温的保险措施，美联储准备实施降息的举措，给世界经济前景增添了阴影。世界银行、国际货币基金组织纷纷调低了世界经济增长预期值。

在这样的背景下，各方面都十分关注中国的最高层如何判断这半年的经济运行走势，下半年经济政策的取向会不会改变。比如，中国的货币政策会不会更加宽松，同步采取降息措施？财政政策在已经大力度减税降费的措施下还有没有更

---

* 本文原载中新经纬 APP　2019 年 7 月 31 日。

大的释放空间？中国的就业形势如何？

2019 年 7 月 15 日，经济形势专家和企业家座谈会分析了当前经济运行情况，就做好下一步经济工作听取意见建议。会议提出，要以改善民生为导向培育新的消费热点和投资增长点，强调要增加养老、托幼、教育、健康等领域优质供给，拓展"互联网+生活服务"；聚焦短板扩大有效投资。

2019 年 7 月 19 日，国务院金融稳定发展委员会召开第六次会议。会议认为，当前和今后一个时期，国际、国内形势错综复杂，影响国内经济金融稳定运行的风险和挑战较多，对此要客观认识、理性看待，坚定信心、保持定力，做好充分准备，认真办好自己的事，采取短期和长期相结合、微观与宏观相结合的针对性措施，推动形成有效的最终需求和新的增长点。

2019 年 7 月 29 日，中共中央在中南海召开党外人士座谈会，就当前经济形势和下半年经济工作听取各民主党派中央、全国工商联负责人和无党派人士代表的意见和建议。会议提出，要正确认识经济形势，增强信心、坚定决心。

2019 年 7 月 30 日，中共中央政治局召开会议，在政策取向上，强调坚持稳中求进工作总基调，坚持以供给侧结构性改革为主线，坚持新发展理念、推动高质量发展，坚持推进改革开放，坚持宏观政策要稳、微观政策要活、社会政策要托底的总体思路。对财政货币政策提出，要实施好积极的财政政策和稳健的货币政策。财政政策要加力提效，继续落实落细减税降费政策；货币政策要松紧适度，保持流动性合理充裕。这表明，两大政策取向没有改变，但重在适时适度，保持逆周期调控。

对下半年经济政策和工作重点的考量，充分体现了党中央对经济运行判断的清晰态度和问题意识，既不盲目乐观，要聚焦主要矛盾，解决突出问题；又着眼长期大势，保持战略定力，着力做好自己的事情。

化解主要矛盾的过程就是化危为机的过程

中央政治局会议对 2019 年下半年经济工作作出的部署，既体现了坚持统筹国内国际两个大局，又体现了妥善处理稳增长和防风险的关系，落脚点在于坚定不移深化供给侧结构性改革，以改善民生为导向培育新的消费热点和投资增长点，扎扎实实推进培育新的经济增长点，增添经济发展活力和动力，扎扎实实推动经济高质量发展。

从 2019 年上半年一系列经济数据看，消费在年中虽然有所回暖，但消费潜能释放依然不够，加上市场物价水平上涨态势明显，老百姓市场预期有所不稳。除了在地方债发行驱动下地方基础设施投资有所增长外，制造业投资、民间投资增长仍然乏力。进出口形势好于预期，但鉴于世界贸易下行压力，向好前景还有待观察。金融市场仍起伏跌宕，资本市场缺乏大量资金的注入，虽有科创板的顺利开板，但走势还不稳健。房地产市场方面，主要城市房价还在小幅上涨，不少地方政府利用房地产发展带动地方经济增长的思维还没有根本消除。这一系列问题都是当前经济运行中的突出矛盾，暴露出中国经济的症结依然在于结构性矛盾和体制性弊端。若不稳打稳扎、持之以恒，势必影响"六稳"工作，束缚经济转向高质量发展，最终影响人民群众的获得感和幸福感。

为此，中共中央政治局会议继续强调了深化供给侧结构性改革"巩固、增强、提升、畅通"的八字方针。目前，我们的产业基础能力还不强，产业链水平总体上仍处于世界产业链的低端，这也是实现发展方式转变、优化经济结构、转换增长动力的关口所在、关键所在。所以中央强调要坚定不移深化供给侧结构性改革。为此，应当巩固"三去一降一补"成果，增强微观主体活力，提升产业链水平，畅通国民经济循环，核心是提升产业基础能力和产业链水平。

进一步就是从消费和投资需求层面，激发经济增长活力和动力。比如，从消费层面看，2019年上半年最终消费支出对经济增长的贡献率达到60.1%，社会消费品零售总额同比增长8.4%，内需已经成为稳增长的重要支撑，更是下半年政策的主要发力点。因此，会议强调，要深挖国内需求潜力，拓展扩大最终需求，有效启动农村市场，多用改革办法扩大消费。同时，要通过实施城镇老旧小区改造、城市停车场、城乡冷链物流设施建设等补短板工程，加快推进信息网络等新型基础设施建设。

2019年下半年，还要进一步深化体制机制改革，尤其是要推进金融供给侧结构性改革，重心在于采取具体措施支持民营企业发展，加快"僵尸企业"出清。开放也是改革。7月20日，国务院金融稳定发展委员会办公室宣布了11条金融业进一步对外开放的政策措施。加大金融领域的对外开放，既是为了有效应对经贸摩擦，更在于推进加紧落实一系列重大开放举措，破解金融资源流动不畅问题，以充分促进要素的自由流动和市场竞争的公平有序。

总体上看，当前中国经济形势总体向好态势并没有变，但经济发展面临的国际环境和国内条件在发生深刻而复杂的变化，这需要我们全面客观看待变化的形势，必须准确识变、科学应变、主动求变，正确对待发展道路上的困难挑战，把解决经济运行中的主要矛盾作为经济工作的着力点，着力打好防范和抵御风险的有准备之战，打好化险为夷、转危为机的战略主动战。

用精彩故事"自塑" 真实的中国 *

"没有中华文化的发展繁荣、没有中华文化影响力的提升，就不会有中华民族的伟大复兴，中华民族也就不可能真正屹立于世界民族之林。"在第六届全国对外传播理论研讨会上，中国外文局局长杜占元认为，提升中华文化影响力，是实现中华民族伟大复兴的内在要求。

"构建新时代对外传播新格局"，在这一主题下，研讨会使广大新闻工作者进一步加深了对于习近平总书记对外宣传工作的一系列重要论述的思想认识，进一步巩固了在当前形势下讲好中国故事、传播好中国声音、展示好中国形象的理论自信，进一步提升了守正创新、主动作为，不断提升中华文化国际影响力的行动自觉。

近年来，我国对外传播单位和广大宣传战线工作者守初心、担使命，深入贯彻习近平总书记关于新形势下做好对外宣传工作的一系列重要思想、重要论断，逐步构建起了新时代对外传播新的格局，在提升中华文化国际影响力，做好国际舆论引导工作，增进外部世界对中国价值观念、发展道路和内外政策的了解和认识诸方面发挥了重要作用。

传播力决定影响力，话语权决定主动权。随着我国综合国力和国际地位不断提升，国际社会对我国的关注前所未有。但与此同时，随着中国大国地位的确立，与我们在意识形态和文化发展方面截然不同的西方国家对我们也正在采取各种形式的文化绞杀，国际舞台上的意识形态和舆论传播博弈也更加激烈，在思想传播领域我们面临许多具有新的历史特点的斗争。

正如杜占元所说，中华文化的国际影响力还不够强，与世界第二大经济体的国际地位还并不相称。当今中国在世界上的形象很大程度上仍是"他塑"而非"自塑"，我们在国际上有时还处于有理说不出、说了传不开的境地，存在信息流进流出的"逆差"、中国真实形象和西方主观印象的"反差"、软实力和硬实

＊　本文原载中国网 2019 年 8 月 16 日。

力的"落差"。

讲好新时代的中国故事，不断增强中国的国际话语权，传扬好中华文化的永久魅力，是广大对外传播工作者应有的初心和必须担负的历史使命。讲什么？如何讲？怎么讲？也是广大对外传播工作者亟待认真思考、深入研究并转化为正确方略和有效行动的现实课题。习近平总书记在党的新闻舆论工作座谈会上非常明确和生动地指出，就是要向国际社会讲好中国特色社会主义的故事，讲好中国梦的故事，讲好中国人的故事，讲好中华优秀文化的故事，讲好中国和平发展的故事。要讲事实、讲形象、讲情感、讲道理。要用好中华传统节日载体，用好海外文化阵地，用好多种文化形式，让中国声音赢得国际社会理解和认同。习近平总书记的谆谆教诲正是做好对外传播工作的思想引领和应有遵循。

这次理论研讨会成果丰硕，广大对外传播工作者达成了思想一致、理念一致，进一步认识到要讲好博大精深的中华文化的故事，把中华优秀传统文化中具有当代价值、世界意义的精髓提炼好、展示好，推动反映传统文化精髓和现代文化的创新成果走向世界；要打造文化"走出去"的精品品牌，着力打造一批享誉世界的中华文化精品力作，共同宣介好中华文化的悠久历史、丰富内涵和当代价值；要构建多元立体传播大格局，不断拓展传播主体和渠道，集聚各方之力、发挥各方之长，形成强大合力；要加强中华文化走出去战略性研究，汇聚全国学界专家和业界同仁智慧，探讨对外传播实践的紧迫性、战略性问题，为新时代对外传播工作提供智力支撑。

思想引领行动，行动始于足下。

经学治用　崇尚实学

在"实学思想家故里行"
昆山主题报告会上的致辞*

尊敬的各位领导，各位专家学者，朋友们，大家上午好：

很高兴与新老朋友相聚在实学思想家顾炎武的家乡江苏昆山，共同参加由中国实学研究会、中共中央党校（国家行政学院）报刊社、中共昆山市委、市政府联合举办的"实学思想家故里行"昆山站活动暨"汲取历史文化资源服务当代治国理政——顾炎武思想及其当代启示"主题报告会。首先，我谨代表主办方对此次活动和报告会的顺利举行表示衷心祝贺，向出席本次活动的专家学者和朋友们表示热烈欢迎，向为筹办此次活动付出辛勤努力的有关单位和同志们表示衷心感谢！

在昆山举行"实学思想家故里行"活动可以说是恰如其分，名副其实，意义深远。为什么这样说？

一是昆山的历史悠久，古往今来人文荟萃、人杰地灵。自古昆山便水道交错，是典型的江南小镇，特别是周庄，被誉为"江南第一水乡"，昆山人受着阳澄湖的哺育，灵巧聪慧，或有着文人的遗世独立，铮铮傲骨，著名的昆山三杰便是代表，"百戏之祖"昆曲就发源在这里。深厚的历史文化滋养、饱含江南水乡的禀赋是传扬中华优秀文化、彰显中华文化自信的一方热土、一块宝地。

二是伟大的爱国思想家、我国实学倡导者、践行者顾炎武先生的家乡就在昆山。顾炎武是伟大的启蒙思想家，一代学术宗师，中华民族的道德楷模，中华优秀传统文化的卓越代表。顾炎武先生以"博学于文，行己有耻"为治行宗旨；倡导经世致用，反对空谈；以"行万里路，读万卷书"为治学方式；提出"天下兴亡，匹夫有责"的光辉思想。其所思所行也树起了中华文化自信和中华民族伟大复兴的一面历史旗帜。

三是顾炎武先生经世致用思想及其民族忧患意识、社会责任意识、使命担当

---

*　本文系 2020 年 8 月 24 日在江苏昆山主题报告会上的致辞。

意识更是激励了一代代昆山人敢于做前人没做过的事，敢于走前人没走过的路，始终保持着不断创新和永不满足的性格。如今的昆山连续 14 年居全国百强县首位，摘得全国中小城市综合实力、绿色发展、投资潜力、科技创新、新型城镇化质量百强县市"五个第一"，蝉联福布斯中国"最佳县级城市 30 强"第一等荣誉。这些经济社会发展成就正是实学精粹在当代的最生动写照，体现的是中华民族伟大复兴志存高远、脚踏实地的最实实在在的精神力量。

因此，中国实学会等主办单位聚焦昆山，探访顾炎武故里，研讨其实学思想的当代意义，就极有现实性、针对性、指向性，必将成为一次实学思想探寻之旅，一次实学精神传播之行。

党的十八大、十九大以来，习近平总书记多次强调，要学习中华优秀传统文化的精髓，学习党史国史知识；强调要"知行合一""学以致用"，习近平总书记始终要求党员干部既要加强理论学习，走在前列；又要结合实践，干在实处。在 2019 年 3 月 1 日中央党校（国家行政学院）中青年干部培训班开班式上发表重要讲话时，再次强调中青年干部要在常学常新中加强理论修养，在知行合一中主动担当作为。可以说，习近平新时代中国特色社会主义思想就是"知行合一、以知促行、以行求知"的思想典范，就是当代经世济用、治国理政的最大学问。

中国特色社会主义已进入新时代，我们这一代人肩负着新的历史使命，面对新的伟大社会变革，需要进行具有许多新的历史特点的伟大斗争，必须把"知"与"行"有机结合起来，进一步从实学思想乃至一切中华优秀哲学思想中汲取智慧和养分，更要自觉用习近平新时代中国特色社会主义思想武装头脑、指导实践、推动工作，牢记空谈误国、实干兴邦的道理，坚持知行合一、真抓实干，做起而行之的行动者，奋力谱写新时代中国特色社会主义崭新篇章。

各位专家学者，各位朋友：

中国实学研究会刚才王杰教授已经作了介绍。作为这次活动另一个主办单位——中共中央党校（国家行政学院）报刊社是中共中央党校（国家行政学院）直属正局级事业单位，由校（院）委直接领导。新组建的报刊社以宣传马克思主义、毛泽东思想、中国特色社会主义理论体系特别是习近平新时代中国特色社会主义思想和宣传党中央重大决策部署、方针政策为宗旨，是推进党的思想理论阵地建设、引领社会思想和理论热点的重要理论宣传和研究阵地。目前已经形成以《学习时报》为引领，报纸、理论刊物和网站、新媒体集聚的复合思想宣传板块。

中共中央党校（国家行政学院）报刊社一直以来也以传播党的创新理论、弘扬中华传统优秀文化为己任。中共中央党校（国家行政学院）报刊社将一如既往推动理论研究与实践的良性互动、相伴而行，为各位专家学者的学理研究提供更多更好的思想交流平台和服务。也希望参加这次活动的各位领导、专家学者畅所欲言、相互启发、互学互鉴,传递先贤情怀,弘扬实学精神。提出更多真知灼见和思想成果,中共中央党校(国家行政学院)报刊社愿意把大家的宝贵思想传播出去。

预祝此次活动取得圆满成功,谢谢大家!

创建社会主义现代化强国的城市范例*

深圳经济特区作为我国改革开放的重要窗口，各项事业取得显著成绩，已成为一座充满活力、创新力的国际化创新型城市。而今天，在建设中国特色社会主义先行示范区的路上，深圳将成为高质量发展高地、法治城市示范、城市文明典范、民生幸福标杆、可持续发展先锋，为新时代加快实现社会主义现代化强国进程注入强大动力。

2019年8月18日，《中共中央 国务院关于支持深圳建设中国特色社会主义先行示范区的意见》（以下简称《意见》）甫一发布，在国内外就引起强烈关注。

《意见》聚焦社会主义现代化强国建设，为新时代的深圳打开了广阔的发展空间。新时代的深圳，将率先探索全面建设社会主义现代化强国新路径，努力创建社会主义现代化强国的城市范例，将打造成为具有卓越竞争力、创新力、影响力的全球标杆城市。其时代意义和深远影响不亚于当年我们建设深圳经济特区。时值中华人民共和国成立70周年，深圳建市40周年，从当初的"先行先试"，到如今的"先行示范"，改革开放桥头堡的深圳被赋予了新的定位和使命。

深圳先行示范什么？

《意见》就支持深圳高举新时代改革开放旗帜、建设中国特色社会主义先行示范区，明确了指导思想、5个方面的战略定位和未来3个阶段的发展目标，以及建设体现高质量发展要求的现代化经济体系、率先营造彰显公平正义的民主法治环境、率先塑造展现社会主义文化繁荣兴盛的现代城市文明、率先形成共建共治共享共同富裕的民生发展格局、率先打造人与自然和谐共生的美丽中国典范作出的5项具体部署，为新时代深圳发展提供了行动指引，更为加快实现社会主义现代化强国进程注入了强大动力。

---

* 本文原载《中国青年报》2019年8月26日。

就"先行示范"而言，不仅是像当年深圳特区勇当"探路者"、开辟"试验田"，更在于系统谋划、顶层设计，要在先行先试的基础上，将有关经验、发展政策和做法模式化、制度化、法治化，使其具有普遍的价值，适合全国学习、推广，这才做到了既先行又示范。

按照《意见》的要求，深圳建设中国特色社会主义先行示范区，不仅要在经济发展领域起先行示范作用，而且要体现"五位一体"的全面发展要求和在践行五大发展理念上作出表率，在全面贯彻落实习近平新时代中国特色社会主义思想和习近平总书记关于深圳工作的重要讲话和指示批示精神上做好表率。

这也就是《意见》明确的深圳的"5个战略定位"即高质量发展高地、法治城市示范、城市文明典范、民生幸福标杆、可持续发展先锋。相对应的措施就是未来的深圳要集中力量做到"5个率先"，率先建设体现高质量发展要求的现代化经济体系，率先营造彰显公平正义的民主法治环境，率先塑造展现社会主义文化繁荣兴盛的现代城市文明，率先形成共建共治共享共同富裕的民生发展格局，率先打造人与自然和谐共生的美丽中国典范，这就需要立足中国特色社会主义新时代，把握粤港澳大湾区建设的重要机遇，全面推进深圳现代化建设，实现产业现代化、文化现代化、生态现代化、生活现代化、城市治理现代化等，进而按照3个阶段的目标梯次渐进：到2025年，深圳经济实力、发展质量跻身全球城市前列，建成现代化国际化创新型城市；到2035年，深圳高质量发展成为全国典范，城市综合经济竞争力世界领先，建成具有全球影响力的创新创业创意之都，成为我国建设社会主义现代化强国的城市范例；到本世纪中叶，深圳以更加昂扬的姿态屹立于世界先进城市之林，成为竞争力、创新力、影响力卓著的全球标杆城市。

站在新时点上的深圳，再经过30年的锐意创新，一个高举新时代改革开放旗帜、一个践行中国特色社会主义道路的先行示范区，必将在更高起点、更高层次、更高目标上推进改革开放，形成全面深化改革、全面扩大开放新格局；必将更好实施粤港澳大湾区战略，丰富"一国两制"事业发展的新实践；必将率先探索出全面建设社会主义现代化强国新路径，为实现中华民族伟大复兴的中国梦提供有力支撑。

标杆城市还有多远？

"改革开放已走过千山万水，但仍需跋山涉水，摆在全党全国各族人民面前的使命更光荣、任务更艰巨、挑战更严峻、工作更伟大。在这个千帆竞发、百舸争流的时代，我们绝不能有半点骄傲自满、故步自封，也绝不能有丝毫犹豫不决、徘徊彷徨。"这是习近平总书记在庆祝改革开放40周年大会上讲话中对全党全国人民的告诫，这对已经取得改革开放巨大成就的今日深圳依然如此。

"事者，生于虑，成于务，失于傲。"尽管今天的深圳用无数成绩证明了自己是建设中国特色社会主义先行示范区的最优选择，深圳有着许多有利、优越的条件，但依然面临挑战。比如，深圳高等教育发展不足、水平偏低，基础研究能力不足，吸引国际人才和高端要素配置能力上还有不少短板，与创新之城定位很不协调；比如，在构筑全国乃至全球创新型金融中心方面，现代金融服务供给能力和保障能力还不到位；再比如，在基础教育、文化娱乐、青年住房保障和普遍公共服务创新上，尤其是在要素市场化配置、营商环境优化、城市空间统筹利用和现代城市治理上，与国际一流城市或者标杆城市水平相比还有较大差距；等等。

谱写"深圳建设中国特色社会主义先行示范区"这篇新时代的宏伟篇章，仍需要深圳广大干部群众特别是新一代深圳创业者继续发扬老一辈创业者"拓荒牛"精神，继续激发当年"杀出一条血路"的勇气和"敢为天下先"的改革精神，继续解放思想、大胆闯，大胆突破，真抓实干，在更高起点更高层次更高目标上奋勇搏击，勇立时代潮头。祝愿深圳重拾行装再出发，在新征程上勇当尖兵。

伟大社会变革的七十年[*]

2019 年是中华人民共和国成立 70 周年。70 年来，中国人民写就了极为灿烂、辉煌的历史诗篇。70 年峥嵘岁月，70 年玉汝于成，中国共产党团结带领全中国人民艰苦卓绝，历尽千辛万苦，完成了社会主义革命，确立了社会主义制度，成功推进社会主义建设和改革开放的伟大社会变革，开辟了中国特色社会主义道路，实现了中华民族有史以来最为广泛而深刻的社会变革，实现了中华民族由近代不断衰落到根本扭转命运、持续走向繁荣富裕的历史性变迁。

社会主义革命和建设为当代中国一切发展进步奠定根本政治前提和制度基础

从 1949 年新中国成立到 1978 年党的十一届三中全会，中国共产党人在探索中前进、党和人民事业在曲折中前行，取得了具有决定性意义的社会主义革命和建设的巨大成就，从根本上改变了中国人民的前途命运，为当代中国一切发展进步奠定了根本政治前提和坚实的制度基础。这些巨大成就主要表现为以下几点：

（一）政治上实现了人民当家作主和祖国大陆的统一，建立了新的国家政权

中华人民共和国的成立，彻底结束了旧中国半殖民地半封建社会的历史，彻底结束了旧中国一盘散沙的局面。这种建立在人民民主基础上的统一局面在中国历史上从未有过。

中国共产党开始执政，建立了工人阶级领导的、以工农联盟为基础的人民民主专政的社会主义国家政权。人民代表大会制度、中国共产党领导的多党合作和政治协商制度、民族区域自治制度以及基层群众自治制度，共同构成了中国政治制度的核心内容和基本框架，成为社会主义民主政治的集中体现。中国人民当家作主，通过各种途径参与管理国家事务，管理经济、文化和社会事务，真正成为掌握国家、社会和自己命运的当家作主的主人。

---

* 本文原载光明网 2019 年 8 月 26 日。

（二）制度上确立了社会主义制度，实现了中国历史上最广泛最深刻的社会变革

新中国成立后到 1956 年底，在中国共产党领导下，国家基本上完成了对农业、手工业和资本主义工商业的社会主义改造即"三大改造"。"三大改造"之前，生产资料私有制大量存在，我国存在着民族资本家剥削工人等多种剥削关系；社会主义"三大改造"的完成，实现了把生产资料私有制转变为社会主义公有制，以全民所有制和劳动群众集体所有制为主要形式的所有制成为我国唯一的经济基础，社会各阶级都成为社会主义的劳动者；在劳动分配制度上，基本实现了按劳分配原则；在阶级关系上，消灭了剥削阶级。由此，党领导人民创造性地实现从新民主主义到社会主义的转变，全面确立了社会主义基本制度，从此也进入了社会主义初级阶段。

（三）经济上初步建立起独立的比较完整的国民经济体系，改变了旧中国"一穷二白"的落后面貌

经过几个五年计划的建设，到 1978 年，我国国民生产总值和国家财政收入分别比新中国成立初期有了几倍、几十倍的增长，农业生产得到很大改善；原有工业部门大大加强，许多新的工业部门从无到有、从小到大迅速发展起来，几乎所有工业产品都比旧中国最高年产量有了成倍、几十倍甚至上百倍的增长，在"一穷二白"的基础上建立了独立的比较完整的工业体系和国民经济体系。同时，在这一过程中也积累了进行社会主义建设的重要经验。

（四）文化上发展社会主义文化，人民群众思想道德素质和科学文化素质得到显著提高

党坚持马克思主义指导地位，用爱国主义、集体主义和社会主义教育人民，不断发展社会主义文化。新中国结束了旧中国文盲半文盲占人口大多数、中国人被称为"东亚病夫"的历史，教育、科学、文化、卫生、体育等各项事业得到很大发展，人均预期寿命显著延长。通过独立自主、自力更生，一批尖端科技已接近或达到世界先进水平，有力保障了国家安全，促进了综合国力的提升。

（五）国防和外交上自主独立并不断强大，为民族尊严、国家安全和世界和平进步事业作出重要贡献

新中国成立后，逐步建立了陆海空和其他技术兵种的强大国防力量，人民武装力量体系逐步形成和发展，有了一支听党指挥、全心全意为人民服务的坚强人民军队，在巩固国防、抵御侵略、保卫祖国领土完整和人民生产生活安全，参加社会主义建设和抢险救灾中发挥重要作用。新中国始终不渝奉行独立自主的外交政策，倡导和坚持和平共处五项原则，与许多国家和地区建立了稳固的外交关系，有力捍卫了国家主权、安全和民族尊严，坚决支持和援助被压迫民族的解放

事业和各国人民的正义斗争，坚决反对帝国主义、霸权主义、殖民主义和种族主义，维护了世界和平，赢得了国际社会特别是广大发展中国家和人民的尊重和赞誉。

（六）党的领导上不断加强自身建设，党的组织日益发展壮大

新中国成立后，党在新的历史条件下不断加强党的政治建设、思想建设、组织建设和作风建设，时刻教育党员干部艰苦奋斗，谦虚谨慎，戒骄戒躁，密切联系群众。党不断总结经验，勇于坚持真理，勇于自我革命，敢于正视党员干部队伍中存在的弊端和问题，正确处理人民内部矛盾，不断纠正"左"倾或右倾错误，确保了党沿着正确的方向前行，努力把工作着重点转移到提高人民生活水平和社会主义现代化建设上来。

任何成就的取得和成功道路的开辟，都不可能一帆风顺。需要看到，在一个经济文化落后和地区发展极不平衡、又遭受近百年内忧外侮、生灵涂炭的旧中国的基础上建设社会主义，是十分艰巨复杂的任务。由于国际局势复杂多变，由于国内建设任务艰巨繁重，由于缺乏领导社会主义建设的现成经验，在这 29 年中先后发生了阶级斗争扩大化、经济建设上的急躁冒进和"文化大革命"这样全局性、长时间的严重错误，给党和国家事业造成巨大损失。但我们党能够善于总结历史经验教训，深刻地而不是肤浅地、全面地而不是片面地纠正以往所犯错误甚至是严重错误，仍然在不到 30 年时间取得了旧中国几百年、几千年所没有取得过的社会进步，社会主义革命和建设大大缩短了同发达资本主义国家在经济发展方面的差距，使古老的中国以崭新的姿态屹立在世界的东方。对于新中国成立后 29 年所取得的历史性进步，中国共产党和中国人民倍加珍惜。

新时期改革开放让中国人民和中华民族大踏步赶上时代

1978 年 12 月，我们党召开十一届三中全会，基于对党和国家前途命运的深刻把握，基于对社会主义革命和建设实践的深刻总结，基于对时代潮流的深刻洞察，基于对人民群众期盼和需要的深刻体悟，作出实行改革开放的历史性决策，重新确立马克思主义的思想路线、政治路线、组织路线，使党和国家从严重挫折中重新奋起，在新的历史条件下开启了改革开放和社会主义现代化的伟大征程。

随着 40 年的改革开放，中国共产党人和中国人民以一往无前的进取精神和波澜壮阔的创新实践，又一次谱写了中华民族自强不息、顽强奋进新的壮丽史诗。

（一）经济实力和综合国力发生前所未有的变化

改革开放 40 年，我们党牢牢抓住以经济建设为中心，不断解放和发展社会生产力。经过 40 年的努力，我国国内生产总值（GDP）由 1978 年的 3679 亿元

增长到 2018 年突破 90 万亿元，年均实际增长 9.5%，远高于同期世界经济 2.9% 左右的年均增速。我国国内生产总值占世界生产总值的比重由改革开放之初的 1.8% 上升到 15.2%，多年来对世界经济增长贡献率超过 30%。我国主要农产品产量跃居世界前列，建立了全世界最完整的现代工业体系。我国已成为世界第二大经济体、制造业第一大国、货物贸易第一大国、商品消费第二大国、外资流入第二大国，我国外汇储备连续多年位居世界第一。我国基础设施建设成就显著，科技创新和重大工程捷报频传。中国人民在富起来、强起来的征程上迈出了决定性的步伐。

（二）人民生活水平从温饱不足走向了全面小康

改革开放 40 多年，中国人民生活从短缺走向充裕、从贫困走向小康，衣食住行发生了巨大变化。粮票、布票、肉票、鱼票、油票、豆腐票、副食本、工业券等百姓生活曾经离不开的票证已进入历史博物馆，我国农业粮食生产能力达到 1.2 万亿斤以上，中国人的"饭碗"已牢牢掌握在自己手中。我国贫困人口累计减少近 8 亿人，贫困发生率下降至 3% 以内，谱写了人类反贫困史上的辉煌篇章。随着人民群众家庭财产普遍增多，中等收入群体持续扩大，居民储蓄率高居世界各国前列，广大城镇居民基本完成了由温饱到总体小康再到全面小康的历史进程，我国已由改革开放之初的以农业耕作为主体的传统社会转变为一个以城市生活工作为主体的现代社会，城乡面貌焕然一新。中国社会大局保持长期稳定，成为世界上最有安全感的国家之一。

（三）社会生产力和社会活力充分激发，市场经济发展日渐成熟

从改革开放之初的高度集中的计划经济体制到实行有计划的商品经济，再到建立和完善社会主义市场经济体制，40 多年来，我国社会主义市场经济体系完成了从孕育、培育、发展、规范到繁荣的过程，社会主义市场经济体制框架基本形成。社会主义基本经济制度不断巩固，市场经济主体活力持续迸发。国有经济实现形式日益丰富并不断做强做优做大，充分发挥着中国特色社会主义的重要物质基础和政治基础作用；多种所有制经济成分充分快速发展，一大批以新经济新业态新模式为主导的创业创新型社会主体发展如火如荼，不断增强我国经济创新力和竞争力。多样化、多层次的品种琳琅满目的商品市场和各种生产要素市场日趋发达。宏观调控体系日臻完善和创新。

（四）中国社会更加开放，中国的国际地位和国际话语权大大增强

伴随着改革开放 40 多年来中国国力的提升，中国社会得到全面开放，中国与国际交往日渐频繁，中国的国际地位显著提高，国际话语权大为增强。我们大力弘扬社会主义核心价值观和中华优秀传统文化，中国特色社会主义文化深入人心，人民日益增长的精神文化需求不断得到满足，人民精神世界日益丰富，全民

族文明素质明显提高。与此同时，在多样化、开放化、国际化交流中，中国人民的国家意识、民族意识、文化意识得以彰显，国家文化软实力和中华文化影响力与日俱增。我们坚持对外开放的基本国策，坚定不移在独立自主的和平外交政策、和平共处五项原则基础上发展高举和平、发展、合作、共赢的旗帜，全面推进中国特色大国外交，推动建设相互尊重、公平正义、合作共赢的新型国际关系，倡导构建人类命运共同体，积极打造促进"一带一路"国际合作新平台，中国的"朋友圈"越来越大、越来越广泛。包括港澳台同胞在内的全体中华儿女在国际舞台上共同彰显着中国精神、中国价值、中国力量，极大地激发了中国人民的文化自信心、民族凝聚力和民族自豪感。

（五）中国特色社会主义道路得以开创和巩固，使当代中国大踏步赶上时代

中国特色社会主义是改革开放以来我们党全部理论和实践的主题，是党和人民历尽千辛万苦、付出巨大代价取得的根本成就。40多年来中国改革开放伟大事业取得的重要理论和实践创新成果，就是开辟了中国特色社会主义道路，形成了中国特色社会主义理论体系，确立了中国特色社会主义制度，发展了中国特色社会主义文化。这条道路符合中国国情、合乎时代潮流、顺应人民意愿，是持续推动改革开放、实现社会主义现代化、创造人民美好生活的必由之路。这条道路，既坚持以经济建设为中心，又全面推进经济、政治、文化、社会、生态文明建设以及其他方面建设；既坚持四项基本原则，又坚持改革开放；既不断解放和发展生产力，又逐步实现全体人民共同富裕、促进人的全面发展。中国特色社会主义让当代中国大踏步赶上时代。

改革开放是我们党的一次伟大觉醒，正是这个伟大觉醒孕育了我们党从理论到实践的伟大创造。改革开放是中国人民和中华民族发展史上一次伟大革命，正是这个伟大革命推动了中国特色社会主义事业的伟大飞跃。

开出专题民主生活会的
高质量和新气象*

　　近日，中央纪委机关、中组部、中央"不忘初心、牢记使命"主题教育领导小组印发《关于第一批主题教育单位开好"不忘初心、牢记使命"专题民主生活会的通知》，要求各地区各部门各单位开好"不忘初心、牢记使命"专题民主生活会，强调"要把开好专题民主生活会，作为领导班子和党员领导干部守初心、担使命，找差距、抓落实的一次政治体检，作为检验主题教育成效的一项重要内容"。

　　开好民主生活会十分重要，这不仅是党内政治生活的重要内容，也是发扬党内民主、加强党内监督、依靠领导班子自身力量解决矛盾和问题的重要方式，对促进领导班子廉洁从政、团结协作，认真贯彻好党的路线方针，落实好工作思路，完成好各项工作任务具有重要意义。这次民主生活会是一次专题民主生活会，就是要聚焦"不忘初心、牢记使命"这个主题，紧扣学习贯彻习近平新时代中国特色社会主义思想这条主线，按照认真开展批评和自我批评的明确要求，开出高质量、开出新气象，推动全党进一步把思想和行动统一到习近平总书记重要指示批示精神和主题教育的部署要求上来，推动党员领导干部进一步增强"四个意识"、坚定"四个自信"、做到"两个维护"，推动各级领导班子履职尽责、团结奋进，牢记初心使命，重整行装再出发。

　　打牢思想基础是开出高质量和新气象专题民主生活会的重要前提。领导班子和党员领导干部要认真学习领会习近平总书记在"不忘初心、牢记使命"主题教育工作会议、中央政治局第十五次集体学习等一系列相关重要讲话，认真学习党章党规，尤其要把学习贯彻习近平新时代中国特色社会主义思想往深里走、往心里走、往实里走，理论学习获得新进步，思想认识达到新高度，标准要求提到新境界。

　　严肃开展批评和自我批评是开出高质量新气象专题民主生活会的基本内容。

---

　　* 本文原载《学习时报·学习评论》2019 年 8 月 28 日。

领导班子和党员领导干部要对在学习研讨中查摆的问题、对照党章党规找出的差距、调研发现的症结、群众反映的意见等进行系统梳理和汇总的基础上，盘点收获，检视问题，深刻解剖，按照"照镜子、正衣冠、洗洗澡、治治病"的要求，以强烈的自我革命精神和对党、对事业、对同志、对自己高度负责的态度，开展积极健康的思想斗争，打扫思想上和政治上的灰尘。做到自我批评要勇于解剖自己、揭短亮丑，见人见事见思想；相互批评要真点问题、点真问题，达到"红脸出汗、排毒治病"的效果。要坚持真理、修正错误，有闻过则喜、知过不讳的胸襟，听得进不同意见，容得下尖锐批评。

明细整改措施是开出高质量和新气象专题民主生活会的关键所在。开专题民主生活会主要是为了解决问题，要把抓好会后的问题整改作为巩固提高主题教育成效的重要措施。对专题民主生活会上查摆出来的问题以及相互批评的意见，要细化完善整改措施，明确整改时限，落实整改责任，力戒走过场，搞形式主义，切实防止说归说、做归做，只出题、不答题。

让我们扎实开好这次专题民主生活会，自觉接受政治体检，净化政治灵魂，以党风政风新的气象把新时代党的自我革命推向深入。

循着发展的逻辑——一个经济学人的时事观察（2016—2020）

如何应对当前
各种斗争？*

——习近平在中青年干部
"开学第一课"上这样说

"斗争是一门艺术，要善于斗争。"2019 年秋季学期中央党校（国家行政学院）中青年干部培训班 3 日上午在中央党校开班。中共中央总书记、国家主席、中央军委主席习近平在开班式上发表重要讲话，为中青年干部讲授了"开学第一课"。

当前形势下我们为什么要强调"斗争精神"？如何把握"斗争艺术"？在讲话中，习近平总书记共 56 次提到了"斗争"一词。人民网·中国共产党新闻网采访中共中央党校（国家行政学院）研究员胡敏，中共中央党校（国家行政学院）教授、博导洪向华等多位学者，谈体会、话"斗争"。

专家表示，习近平总书记的讲话对广大干部特别是年轻干部提出了"发扬斗争精神，增强斗争本领"的新要求，充分体现了马克思主义辩证唯物观和历史唯物观，系统回答了当前形势下我们要遵循什么样的斗争方向、立场和原则这一问题。

如何理解共产党人的斗争——五种"风险挑战"面前"乱云飞渡仍从容"

"共产党人的斗争是有方向、有立场、有原则的"。习近平总书记在讲话中提出了五种"风险挑战"——"凡是危害中国共产党领导和我国社会主义制度的各种风险挑战""凡是危害我国主权、安全、发展利益的各种风险挑战""凡是危害我国核心利益和重大原则的各种风险挑战""凡是危害我国人民根本利益的各种风险挑战""凡是危害我国实现'两个一百年'奋斗目标、实现中华民族

---

* 本文原载人民网 2019 年 9 月 3 日，记者：任一林。

伟大复兴的各种风险挑战"，这些风险挑战"只要来了，我们就必须进行坚决斗争，而且必须取得斗争胜利"。

"习近平总书记提出的五种风险挑战就是我们的基本方向、基本立场、基本原则。"胡敏对记者谈到，中国共产党成立近百年来，历经风雨坎坷，在斗争中诞生、在斗争中发展、在斗争中壮大，经过千锤百炼，玉汝于成，已经成为一个无坚不摧、充满生机活力的坚强大党，已经锻造成为极富斗争精神、极具斗争本领的大党，在中华民族伟大复兴日益走近的今天，我们不会为各种风险挑战所吓倒，要在原则问题上寸步不让。

草摇叶响知鹿过、松风一起知虎来、一叶易色而知天下秋。习近平总书记在讲话中要求领导干部要有见微知著的能力，要"对潜在的风险有科学预判，知道风险在哪里，表现形式是什么，发展趋势会怎样"。洪向华在接受采访时表示，要对形势保持高度的警觉，构建风险防控体系和防控机制，从体制机制上提升防范和化解风险的能力。干部要增强斗争本领必须到斗争的一线去挑大梁，把火热的斗争实践作为最好的课堂，经风雨、见世面、壮筋骨、长才干，才能做到在重大斗争考验面前"不畏浮云遮望眼""乱云飞渡仍从容"。

如何做到"善于斗争"——坚持三个"相统一"，讲求斗争的艺术

在强调善于斗争时，习近平总书记指出"要坚持增强忧患意识和保持战略定力相统一、坚持战略判断和战术决断相统一、坚持斗争过程和斗争实效相统一"，三个"相统一"。

"我们不是为斗争而斗争，而是当严峻形势和斗争任务摆在面前时，骨头要硬，敢于出击，敢战能胜，尤其是领导干部要做敢于斗争、善于斗争的战士。"胡敏表示，这三个"相统一"事实上是进一步强调了善于斗争、斗则必胜的基本原则和方法论基础。首先，要能够把握大势、把握趋势和方向，始终保持战略定力，才能集中精力办好自己的事。其次，要能顺势而谋，顺势而变，这就需要头脑要特别清醒、立场要特别坚定，要牢牢把握正确斗争方向，该决断时就敢于决断，该斗争时就要敢于斗争。最后，要能把控斗争节奏，既要敢于出击又要敢战能胜、斗则必胜。

如何发扬斗争精神提高斗争本领——主动投身到各种斗争中去"既当指挥员、又当战斗员"

"广大干部特别是年轻干部要继承革命传统，继续发扬斗争精神，在新时代不断增强斗争本领。习近平总书记在开班式上的重要讲话，鲜明地指出了领导干部发扬斗争精神、提高斗争本领的要求，归结起来就是要经受严格的思想淬炼、

政治历练、实践锻炼。"胡敏对记者说，在思想上，要学懂弄通做实党的创新理论，掌握马克思主义立场观点方法，夯实敢于斗争、善于斗争的思想根基；在政治上，要增强"四个意识"，坚定"四个自信"，做到"两个维护"，锤炼忠诚干净担当的政治品格，头脑要特别清醒、立场要特别坚定；在实践上，要勇于担当、攻坚克难，主动投身到各种斗争中去，既当指挥员、又当战斗员，坚持在重大斗争中磨砺，在大是大非面前敢于亮剑，在矛盾冲突面前敢于迎难而上，在危机困难面前敢于挺身而出，在歪风邪气面前敢于坚决斗争。这样才能练胆魄、磨意志、长才干，从而培养和保持顽强的斗争精神、坚韧的斗争意志、高超的斗争本领。

"要加大理论培训、从思想上淬炼年轻干部，加强党性锻炼，从政治上历练年轻干部，要强化在基层一线和困难艰苦的地方的锻炼，从实践上锻炼年轻干部。"洪向华表示，中国共产党领导中国人民进行革命、建设、改革的历史充分说明，只有充分认识和正确认识到中国革命、建设、改革不同时期的社会主要矛盾，发挥中国共产党人的斗争精神，我们的各项事业才能不断取得进步，我们才能一个胜利走向另一个新的胜利。要深刻理解和把握新时代斗争精神的内涵，要加强和规范党内政治生活、深入进行反腐败斗争，敢担当、勇作为，不断增强斗争本领。要有组织、有计划地把干部放到重大斗争一线去真枪真刀磨砺，强弱项、补短板，学真本领，练真功夫。

百年大党召唤
"伟大斗争"*

2019 年 9 月 3 日，习近平总书记在中央党校（国家行政学院）为中青年干部讲授"开学第一课"。在新闻稿中，"斗争"一词出现将近 60 次，立刻成为刷屏的关键词。作为创造了"地球上最大的政治奇迹"的百年大党，中国共产党为什么在此时强调"伟大斗争"？"伟大斗争"的对象是什么？如何来进行这样一项"伟大斗争"？在新中国成立 70 周年的历史节点上，习近平总书记号召"发扬斗争精神、增强斗争本领"，对全党的动员和召唤意义深远。

时不我待　伟大斗争是应对当代大势的主动作为

忧患意识从来都是共产党人对于国家、对于人民深沉责任感的体现。新中国成立前夕，毛泽东同志提出了著名的"进京赶考"说。70 年后的今天，我们比历史上任何时期都更接近、更有信心和能力实现中华民族伟大复兴的目标。但对于执政党所面临的形势，以习近平同志为核心的党中央有着清醒的判断。党的十九大报告指出，中华民族伟大复兴，绝不是轻轻松松、敲锣打鼓就能实现的。实现伟大梦想，必须进行伟大斗争。全党要充分认识这场伟大斗争的长期性、复杂性、艰巨性。

当下的国情，是中华民族正处在伟大复兴的关键时期，"两个一百年"奋斗目标的历史交汇，改革发展稳定任务艰巨繁重。我们现在所处的，是一个船到中流浪更急、人到半山路更陡的时候，是一个愈进愈难、愈进愈险而又不进则退、非进不可的时候。

当下的世情，是世界正处于百年未有之大变局，中国越走近世界舞台中央，就越处于国际矛盾的风口浪尖，甚至遭遇形形色色的封锁、遏制和打压。

当下的党情，是党面临的长期执政考验、改革开放考验、市场经济考验、外部环境考验具有长期性和复杂性，党面临的精神懈怠危险、能力不足危险、脱离

---

*　本文原载人民网 2019 年 9 月 6 日。

群众危险、消极腐败危险具有尖锐性和严峻性。

执政 70 年的中国共产党人，既要高度警惕"黑天鹅"事件，也要防范"灰犀牛"事件；既要有防范风险的先手，也要有应对和化解风险挑战的高招；既要打好防范和抵御风险的有准备之战，也要打好化险为夷、转危为机的战略主动战。发扬斗争精神，增强斗争本领，是应对当代大势的主动作为。

把准方向　伟大斗争是针对矛盾考验的决胜利器

一些别有用心的人士，总是习惯以狭隘的角度去理解中国共产党的主张和行动。比如，对十八大以来全面从严治党的成果视而不见，而是当成看人下菜碟的"势利店"，争权夺利的"纸牌屋"。对此，习近平总书记曾经进行过有力驳斥。他强调，我们大力查处腐败案件，坚持"老虎""苍蝇"一起打，就是要顺应人民要求。其中没有什么权力斗争，没有什么"纸牌屋"。

对于当前的斗争方向，习近平总书记同样开门见山："我们共产党人的斗争，从来都是奔着矛盾问题、风险挑战去的。"共产党人的斗争是有方向、有立场、有原则的：

——与各种错误思潮斗争，据理力争、涤浊扬清。"马克思主义发展史是一部与各种错误思想斗争的历史，充满了斗争的智慧与艺术。"西安交通大学教授李永胜表示，领导干部斗争的最佳方式就是学懂弄通悟透马克思主义，"补钙壮骨"，获得方法论指导。只要有可能危及党的领导和根本制度，就要以马克思主义为思想武器，理直气壮地坚决抵制。

——与各种不良风气斗争，从严治党、勇于担当。中国共产党始终具有"刀刃向内"的自我革命精神，全面从严治党成效显著，但并不意味着可以高枕无忧。党的十九大报告指出，"党内存在的思想不纯、组织不纯、作风不纯等突出问题尚未得到根本解决"。中共中央党校（国家行政学院）研究员胡敏认为，对于破坏党和人民群众血肉纽带的"四大危险"，领导干部特别是年轻干部，需要增强斗争意志，分清是非、辨明方向，"这些错误风气，需要通过加强斗争精神予以解决"。

——与各种危险倾向斗争，阐明立场、统揽全局。当前，全球动荡源和风险点增多，外部环境复杂严峻，危害我国主权、安全、发展利益和世界和平的事件时有发生。面对这一系列风险挑战，领导干部要统筹国内国际两个大局、发展安全两件大事，阐明立场、亮明态度，同时，既聚焦重点、又统揽全局，有效防范各类风险连锁联动，为我国改革发展稳定营造良好外部环境。

关键在人　伟大斗争是思想淬炼、政治历练和实践锻炼

如何做到在各种重大斗争考验面前"不畏浮云遮望眼",真正锻造成为烈火真金?习近平总书记在这堂课上给出了"答案":经受严格的思想淬炼、政治历练、实践锻炼,在复杂严峻的斗争中经风雨、见世面、壮筋骨。

思想淬炼需要理论上清醒、立场坚定。领导干部如何实现"草摇叶响知鹿过、松风一起知虎来、一叶易色而知天下秋"?要坚持理想信念,掌握马克思主义立场观点方法,把学习贯彻习近平新时代中国特色社会主义思想作为根本任务,不断增强"四个意识",坚定"四个自信",做到"两个维护",对于各种风险与挑战,"只要来了,我们就必须进行坚决斗争,而且必须取得斗争胜利"。

政治历练需要担当精神、敢于斗争。领导干部不能一遇到重大问题矛盾,就表现出软骨症、恐惧症和无能症,更不能遇到问题绕着走躲着走,甘于平庸甚至甘于沉沦。中共中央党校(国家行政学院)教授洪向华表示,在新时代,发扬斗争精神,就是要敢于担当,在风险挑战面前勇往直前。

实践锻炼需要善于斗争、从容面对。斗争不是目的,合作、共赢、发展才是目的。领导干部要讲求斗争艺术,注重策略方法。我们应"坚持在斗争中求团结、求合作,在斗争中争取共赢,促进发展"。胡敏谈到,针对最近一段时间中美经贸摩擦,我们既不能有"恐美崇美"心态,在矛盾冲突面前要敢于迎难而上,同时把握好斗争策略,力求达到新的、有利于我的平衡状态。

思想淬炼·政治历练·
实践锻炼*

在 2019 年秋季学期中共中央党校（国家行政学院）中青年干部培训班开班式上，习近平总书记勉励年轻干部要经受严格的思想淬炼、政治历练、实践锻炼，在复杂严峻的斗争中经风雨、见世面、壮筋骨，真正锻造成为烈火真金。习近平总书记从历史、现实和未来的维度着眼，告诫全党同志尤其是年轻干部，实现伟大梦想，必须进行伟大斗争。

广大干部特别是年轻干部要经受严格的思想淬炼、政治历练、实践锻炼，发扬斗争精神，增强斗争本领，为实现"两个一百年"奋斗目标、实现中华民族伟大复兴的中国梦而顽强奋斗。这是习近平总书记在 2019 年秋季学期中共中央党校（国家行政学院）中青年干部培训班开班式上发表重要讲话中，对新形势下的领导干部特别是中青年领导干部提出的紧迫要求。

站在党和国家事业发展的战略高度，站在当今世界正处于百年未有之大变局、我们党领导人民正在推进"四个伟大"的历史进程和改革发展稳定任务艰巨繁重的时代背景下，习近平总书记对广大干部特别是年轻干部提出要"发扬斗争精神，增强斗争本领"。这个重要讲话充分体现了马克思主义辩证唯物观和历史唯物观，系统回答了当今形势下我们为什么要强调斗争精神、应当遵循什么样的斗争方向、立场和原则、如何把握斗争艺术的问题，闪耀着马克思主义的时代光辉，是新时代指导广大干部特别是年轻干部发扬斗争精神，增强斗争本领的行动指南。

我们面临新的斗争形势

马克思主义唯物辩证法早就告诉我们，社会是在矛盾运动中前进的，有矛盾就有斗争。历史辩证法也揭示，社会是在螺旋式上升中前进的。斗争是人类社会

---

* 本文原载《中国青年报》2019 年 9 月 9 日，以文森名义发表，青年时讯出电子报专版刊发。

发展运动规律的一个基本现象。因此，马克思主义者向来就不讳言斗争。马克思主义的产生和发展、社会主义国家诞生和发展的历程就充满着斗争的艰辛。

中国共产党成立近百年来，历经风雨坎坷，在斗争中诞生、在斗争中发展、在斗争中壮大，经过千锤百炼，已经练就为一个无坚不摧、充满生机活力的坚强大党，已经锻造成一个极富斗争精神、极具斗争本领的大党。正是在丰富的斗争实践中，我们党缔造了中华人民共和国、实行了改革开放、开辟了中国特色社会主义道路，不断推进新时代中国特色社会主义事业。

当今世界正处于百年未有之大变局，我们党领导的伟大斗争、伟大工程、伟大事业、伟大梦想正在如火如荼进行，改革发展稳定任务艰巨繁重，我们面临着难得的历史机遇，也面临着一系列重大风险考验。我们党要继续带领人民有效应对重大挑战、抵御重大风险、克服重大阻力、解决重大矛盾，必须进行具有许多新的历史特点的伟大斗争。

党的十九大报告指出，今天，我们比历史上任何时期都更接近、更有信心和能力实现中华民族伟大复兴的目标。中华民族伟大复兴，绝不是轻轻松松、敲锣打鼓就能实现的。实现伟大梦想必须进行伟大斗争。全党要充分认识这场伟大斗争的长期性、复杂性、艰巨性。在这次中青年干部培训班开班式上，习近平总书记进一步强调，在前进道路上我们面临的风险考验只会越来越复杂，甚至会遇到难以想象的惊涛骇浪。我们面临的各种斗争不是短期的而是长期的，至少要伴随我们实现第二个百年奋斗目标全过程。胜利实现我们党确定的目标任务，必须发扬斗争精神，增强斗争本领。

牢牢把握正确斗争方向

习近平总书记在这次中青年干部培训班开班式上还强调，共产党人的斗争是有方向、有立场、有原则的。这一重要论述意义深刻，也十分清晰。

习近平总书记指出，要牢牢把握正确斗争方向。大方向就是坚持中国共产党领导和我国社会主义制度不动摇。凡是危害中国共产党领导和我国社会主义制度的各种风险挑战，凡是危害我国主权、安全、发展利益的各种风险挑战，凡是危害我国核心利益和重大原则的各种风险挑战，凡是危害我国人民根本利益的各种风险挑战，凡是危害我国实现"两个一百年"奋斗目标、实现中华民族伟大复兴的各种风险挑战，只要来了，我们就必须进行坚决斗争，而且必须取得斗争胜利。

当前和今后一个时期，我国发展进入各种风险挑战不断积累甚至集中显露的时期，面临的重大斗争不会少，经济、政治、文化、社会、生态文明建设和国防和军队建设、港澳台工作、外交工作、党的建设等方面都有，而且越来越复杂。这些斗争既贯穿于改革发展稳定、内政外交国防、治党治国治军各个领域，也蕴含于全面从严治党、坚持马克思主义在意识形态领域的指导地位、全面深化改革、推进供给侧结构性改革、推动高质量发展、消除金融领域隐患、保障和改善民生、打赢脱贫攻坚战、治理生态环境、应对重大自然灾害、全面依法治国、处理群体性事件、打击黑恶势力、维护国家安全等各个环节。

在复杂的斗争形势面前，习近平总书记要求，我们的头脑要特别清醒、立场要特别坚定；当严峻形势和斗争任务摆在面前时，骨头要硬，敢于出击，敢战能胜。

敢于善于斗争　斗则必胜

习近平总书记指出，斗争是一门艺术，要善于斗争。这对领导干部特别是年轻干部是一个很高的要求，也是一个艰巨的考验。他寄望领导干部要做敢于斗争、善于斗争的战士。

如何把握斗争艺术，习近平总书记强调了"三个统一"，即要坚持增强忧患意识和保持战略定力相统一、坚持战略判断和战术决断相统一、坚持斗争过程和斗争实效相统一。

这"三个统一"事实上是善于斗争、斗则必胜的基本原则和方法论基础。

首先，要能够把握大势，只有看清大势才能把握趋势和方向，才能"不畏浮云遮望眼""乱云飞渡仍从容"，始终保持战略定力，集中精力办好自己的事。

其次，要能顺势而谋，顺势而变，领导干部要有草摇叶响知鹿过、松风一起知虎来、一叶易色而知天下秋的见微知著能力，对潜在的风险有科学预判，知道风险在哪里，表现形式是什么，发展趋势会怎样，这样才能遇事不会犹豫不决、徘徊不定，该决断时就敢于决断，该斗争时就要斗争。

最后，要能把控斗争节奏，注重策略方法。在战略问题上，要学会抓主要矛盾、抓矛盾的主要方面；在原则问题上，要做到寸步不让；在策略问题上，要灵活机动，坚持有理有利有节，合理选择斗争方式、把握斗争火候，并根据形势需要，把握时、度、效，及时调整斗争策略；还要团结一切可以团结的力量，调动一切积极因素，在斗争中争取团结，在斗争中谋求合作，在斗争中争取共赢。

广大干部特别是年轻干部要做到习近平总书记期望的保持斗争精神、提高斗争本领的要求，归结起来就是要经受严格的思想淬炼、政治历练、实践锻炼。在思想上，要学懂弄通做实党的创新理论，掌握马克思主义立场观点方法，夯实敢于斗争、善于斗争的思想根基；在政治上，增强"四个意识"，坚定"四个自信"，做到"两个维护"，锤炼忠诚干净担当的政治品格；在实践上，要勇于担当、攻坚克难，主动投身到各种斗争中去，既当指挥员、又当战斗员，坚持在重大斗争中磨砺，在大是大非面前敢于亮剑，在矛盾冲突面前敢于迎难而上，在危机困难面前敢于挺身而出，在歪风邪气面前敢于坚决斗争。

只有在复杂严峻的斗争中经风雨、见世面、壮筋骨，年轻干部才能练胆魄、磨意志、长才干，真正锻造成为烈火真金，从而培养和保持顽强的斗争精神、坚韧的斗争意志、高超的斗争本领，我们也就能建设一支忠实贯彻习近平新时代中国特色社会主义思想，适应新使命新任务新要求，既政治过硬又本领高强，既不辱使命又不负重托的高素质年轻干部队伍。

克服机制性梗阻
加快培育现代产业体系*

日前，中央全面深化改革委员会（以下简称"深改委"）第十次会议审议通过了一系列事关经济社会发展的重要指导意见，事关促进现代产业体系培育和发展，又切中当前制约现代产业体系发展的体制机制障碍。

党的十九大报告指出，要着力加快建设实体经济、科技创新、现代金融、人力资源协同发展的产业体系。现代产业体系的培育构筑是实现我国经济迈向高质量发展的基础，必须实现实体经济、科技创新、现代金融、人力资源"四个轮子"的共同驱动和相互协同，促进技术、资本、劳动力和物质投入这些生产要素的重塑和有机整合，在高水平上协同发展，从而全面提高全要素生产率。

要构筑现代产业体系，除了技术变革、人力资本提升的自在动力外，生产组织方式、资本市场运用、人力资本红利的释放、产业价值链的延伸，都必须创新发展与此相适应的经济体制，切实破除束缚生产要素组合中的体制机制障碍，从而推动经济发展质量变革、效率变革、动力变革。

第十次深改委通过的《关于推动先进制造业和现代服务业深度融合发展的实施意见》《关于营造更好发展环境支持民营企业改革发展的意见》《关于促进劳动力和人才社会性流动体制机制改革的意见》《国有金融资本出资人职责暂行规定》等，都是促进培育现代产业体系的重要指导意见，也从改革的系统集成协同高效的方法论角度，强调了注重克服机制性的梗阻问题、打通理顺堵点难点问题。随着这些指导意见的落实见效，现代产业体系将会稳步开展起来。

比如，《关于推动先进制造业和现代服务业深度融合发展的实施意见》指出，推动先进制造业和现代服务业深度融合是增强制造业核心竞争力、培育现代产业体系、实现高质量发展的重要途径。制造业是实体经济的基石。建设现代化经济体系，必须把发展经济的着力点放在实体经济上，把提高供给体系质量作为主攻方向，才能显著增强我国经济质量优势。

---

* 本文原载中国网 2019 年 9 月 12 日。

　　而加快发展先进制造业，既需要顺应技术革命、产业变革、消费升级的趋势，推动互联网、大数据、人工智能等一批新技术、新业态和实体经济发展深度融合，也需要瞄准国际标准，提高水平加快发展现代服务业，促进传统制造业产业优化升级。目前，我国制造业发展规模很大，但大部分仍处于产业链的中低端，依靠加工获取微薄利润，而产业链的两端像技术研发环节、市场供应链环节总体尚比较弱小。要拉长"微笑曲线"的两端，促进传统制造业产业链迈向全球价值链中高端，就必须推动制造业和现代服务业深度融合。

　　一方面，要通过实施创新驱动战略，瞄准世界科技前沿，加强应用基础研究，拓展实施国家重大科技项目，突出关键共性技术、前沿引领技术、现代工程技术、颠覆性技术创新和产学研的深度融合的技术创新体系，促进传统制造业转型升级为先进制造业；另一方面，要通过深化业务关联、链条延伸、技术渗透，努力嫁接新业态、新模式、新路径，推动先进制造业和现代服务业相融相长、耦合共生。

　　这里既有观念障碍，也有体制束缚。过去我们制造业发展过于讲求一个企业、一个产业、一个地区的"大而全"，就制造业本身发展制造业，而没有从产业体系的角度来认识。现代产业体系的发展讲求放大产业链、发展供应链、增强创新链、增值价值链，这就是一个更高水平的产业体系重构，需要生产要素按照扁平化的分工体系进行重新组合，必须打破产业之间、行业之间、企业之间、区域之间的旧的生产关系和管理模式。目前的技术渗透、技术融合事实上已经使得生产与经营、供给和需求、加工与贸易、技术研发和成果转化等紧密成为一个平滑的整体，但囿于现存体制的梗阻，制造业与现代服务业之间还不能很好接轨，特别是行业之间、区域之间尚存在多重行政壁垒，税收结构也存在种种歧视和不匹配问题。所以，要实现先进制造业和现代服务业的"相融相长、耦合共生"，最主要的还是消除政策差异和体制障碍。

　　再比如，现代产业体系必须有多层次的资本市场作为基础，需要不断发育充满活力和有韧性的资本市场，现代金融必须服务好实体经济。虽然30年来我国资本市场得到了长足发展，金融体系也更加完善，支持创新发展的科创板也进入实施阶段。但针对传统制造业企业的资本融通和金融支持手段仍存在大量政策短缺，现有的资本市场基础性制度尚不健全完善，有效的生产要素还不能最大化地发挥创新和资源配置效率，金融宏观管理与微观基础之间还不能有效畅通。所以，这次深改会提出，金融基础设施是金融市场稳健高效运行的基础性保障，是实施宏观审慎管理和强化风险防控的重要抓手；要推动形成布局合理、治理有效、先进可靠、富有弹性的金融基础设施体系，也是抓住了一个关键问题。

　　另外，一些关键领域的进入壁垒和市场准入门槛也一直困扰着现代市场经济体系的完善。必须要破除妨碍劳动力、人才社会性流动的体制机制弊端，创造流动机会，畅通流动渠道，拓展流动空间；必须保证各种所有制经济依法平等使用生产要素、公开公平公正参与市场竞争、同等受到法律保护，坚持两个"毫不动摇"，营造市场化、法治化、制度化的长期稳定发展环境，推动民营企业改革创新、转型升级、健康发展。当前，民营企业在中高端消费、创新引领、绿色低碳、共享经济、现代供应链、人力资本服务等领域已经成就了一大批新增长点，形成一批新动能，这是构建我国现代产业体系最有发展前景的生力军。

实现实体经济、科技创新、现代金融、人力资源"四个轮子"一起转，才有利于现代产业体系的建立，而唯有解放思想，全面深化改革，切实解决体制性的深层次障碍，统筹制度改革和制度运行，处理好顶层设计和分层对接的关系，搞好上下左右、方方面面的配套，助力社会主义市场经济体制的现代产业体系才会成形成效。

为当代中国发展提供
根本制度保障*

新中国的诞生，为中国人民把这一伟大构想付诸实践奠定了基础、创造了条件。新中国成立后，我们党创造性地运用马克思主义国家学说，确立了在中国实行社会主义国家制度。

中共中央政治局 2019 年 9 月 24 日下午就"新中国国家制度和法律制度的形成和发展"举行第十七次集体学习。中共中央总书记习近平在主持学习时发表重要讲话，深刻阐释了新中国成立 70 年来，我们党领导人民不断探索实践，逐步形成中国特色社会主义国家制度和法律制度的重大历史意义和宝贵经验，明确指出了坚持好、实施好，不断完善和发展好中国特色社会主义国家制度和法律制度的当代意义和基本要求，为适应新时代发展构筑中国制度建设理论的学术体系、理论体系、话语体系，为坚定制度自信提供理论支撑指明了方向。

中国共产党自成立之日起，就以实现中国人民当家作主和中华民族伟大复兴为己任，心系中国人民和中华民族的前途和命运，为建立以人民当家作主的新中国和适合中国国情的新的国家制度，带领人民进行了艰苦卓绝的长期实践斗争，为未来国家制度的主张进行了深刻的理论思考。

新中国的诞生，为中国人民把这一伟大构想付诸实践奠定了基础、创造了条件。新中国成立后，我们党创造性地运用马克思主义国家学说，确立了在中国实行社会主义国家制度。这是历史的选择，也是人民的选择。1949 年 9 月，具有临时宪法地位的《中国人民政治协商会议共同纲领》庄严宣告，新中国实行人民代表大会制度。

历史已经证明：在中国实行人民代表大会制度，是中国人民在人类政治制度史上的伟大创造，是深刻总结近代以后中国政治生活惨痛教训得出的基本结论，是中国社会 100 多年激越变革、激荡发展的历史结果，是中国人民翻身作主、掌握自己命运的必然选择。

---

* 本文原载中国网 2019 年 9 月 27 日。

新中国成立 70 年来，中国共产党团结带领全国各族人民经过努力，不仅确立和巩固了适合中国国情的国家国体、政体、根本政治制度、基本政治制度、基本经济制度等各方面的重要制度，还随着时代的发展不断推进社会主义国家制度和法律制度的建设和完善，开辟了中国特色社会主义道路。特别是党的十八大以来，我们推进全面深化改革，中国特色社会主义制度日趋成熟定型，中国特色社会主义法治体系不断完善，为推动党和国家事业取得历史性成就、发生历史性变革发挥了重大作用。

中国特色社会主义国家制度和法律制度是在长期实践探索中形成的，是人类制度文明史上的伟大创造，是具有显著优越性和强大生命力的制度。因为这一新型的国家制度和法律制度，植根于中华民族 5000 多年文明史所积淀的深厚历史文化传统，吸收借鉴了人类制度文明有益成果；也因为这是我们党把马克思主义基本原理同中国具体实际结合起来的思想结晶，并经过了长期实践检验，切实保障了新中国成立 70 年来我们国家能够创造出经济快速发展、社会长期稳定的"中国奇迹"；还因为这一制度的伟大创举，为发展中国家走向现代化提供了全新选择，为人类探索建设更好社会制度贡献了中国智慧和中国方案。

习近平总书记在讲话中用坚持"四个优势"加以概括。充分发挥这"四个优势"正是确保中国特色社会主义国家制度和法律制度成为一套行得通、真管用、有效率的制度体系的基本经验和必要遵循。

坚持党的领导是这一制度体系行之有效的政治前提。实践证明：中国共产党领导是中国特色社会主义的本质特征和最大优势。新中国成立 70 年来，正是始终在中国共产党坚强领导下，国家才能统一有效组织各项事业、开展各项工作，才能集中力量办大事，创造了一个又一个彪炳史册的人间奇迹；才能成功应对一系列重大风险挑战，攻克一个又一个看起来不可能却最终克服的艰难险阻；才能确保中国特色社会主义始终沿着正确方向稳步前进。

保证人民当家作主是这一制度体系行之有效的价值基础。人民是历史的创造者，是决定党和国家前途命运的根本力量。这样一个新型国家制度既深深植根于人民之中，充分体现人民意志、保障人民权益，又能用制度体系保证人民当家作主，保障人民主体地位，把社会主义民主政治的优势和特点发挥出来，最大限度地激发人民创造力。

坚持全面依法治国是这一制度体系行之有效的法律保障。在推进中国特色社会主义制度体系建设中，我们党始终坚持依法治国，坚持法治国家、法治政府、法治社会一体建设。党的十八大以来，我们党更是将全面依法治国作为国家治理的一场深刻革命，不断推进科学立法、严格执法、公正司法、全民守法，实现中国特色社会主义制度的公平公正，从而为解放和增强社会活力、促进社会公平正义、维护社会和谐稳定、确保党和国家长治久安发挥了重要作用。

实行民主集中制是这一制度体系行之有效的组织基础。民主集中制是我们党的根本组织原则，在推进中国特色社会主义制度建设中也成为一个突出优势。在党的领导下，党和国家各个机关、各个组成机构能够成为一个统一整体，既合理分工又密切协作，既充分发扬民主又有效进行集中，从而能够将我们的执政党优势和制度优势有效转化为国家的治理优势。

也正因为如此，这"四个优势""四个经验"相互作用，叠加放大，中国特色社会主义国家制度和法律制度成为了一套行得通、真管用、有效率的制度体系，成为我们坚定道路自信、理论自信、制度自信、文化自信，继续沿着党和人民开辟的正确道路前进的一个基本依据和信心所在。

中国特色社会主义进入新时代，新时代需要与之相适应的更成熟、更定型、更高质量、更加公平、更有效率、更可持续的国家制度和法律体系，需要丰富和发展系统完备、科学规范、运行有效的制度体系，需要面向现代化、面向世界、面向未来实现国家治理体系和治理能力的现代化，以充分发挥我国社会主义制度的优越性，也能让科学社会主义在 21 世纪焕发出强大生命力，为当代中国发展进步提供根本保障，为人类制度文明进步再作贡献。

这就要做到这样几个方面：

一是要在坚持好、巩固好已经建立起来并经过实践检验的根本制度、基本制度、重要制度的前提下，坚持从我国国情出发，继续加强制度创新。要加快建立健全国家治理急需的制度、满足人民日益增长的美好生活需要必备的制度，及时总结实践中的好经验好做法，成熟的经验和做法可以上升为制度、转化为法律；要强化制度执行力，加强制度执行的监督，切实把我国制度优势转化为治理效能。

二是要加快推进国家治理体系和治理能力现代化。国家治理体系和治理能力是一个国家制度和制度执行能力的集中体现。国家治理体系是在党领导下管理国家的制度体系，包括经济、政治、文化、社会、生态文明和党的建设等各领域体制机制、法律法规安排，也就是一整套紧密相连、相互协调的国家制度；国家治理能力则是运用国家制度管理社会各方面事务的能力，包括改革发展稳定、内政外交国防、治党治国治军等各个方面。国家治理体系和治理能力是一个相辅相成的有机整体，有了好的国家治理体系才能真正提高治理能力，只有不断提高国家治理能力才能充分发挥国家治理体系的效能。

三是要努力加强对中国特色社会主义国家制度和法律制度的理论研究。要按照习近平总书记所要求的，广大理论工作者要深刻总结 70 年来我国制度建设的成功经验，努力构筑中国制度建设理论的学术体系、理论体系、话语体系，为坚定制度自信提供理论支撑。

循着发展的逻辑
——一个经济学人的时事观察（2016—2020）

致敬我的
伟大中国！*

"我和我的祖国一刻也不能分割，无论我走到哪里都流出一首赞歌。"

每当唱起这首优美动听的《我和我的祖国》，青山绿水、莺歌燕舞、姹紫嫣红，好一幅祖国大美河山的盛世画卷就流淌到眼前；激荡在每一个中国人心中对党对祖国对人民的无限热爱和衷心依恋就自然涌上心头。在大江南北以各种"快闪"的方式最生动形象地表达每个中国人和生他养他的祖国的血肉联系和亘古不变的炽热情感的此时此刻，我们迎来中华人民共和国70年华诞。

中华人民共和国成立70周年。70年峥嵘岁月，70年玉汝于成，在中国共产党坚强领导下全中国人民艰苦卓绝，历尽千辛万苦，实现了中华民族有史以来最为广泛而深刻的社会变革，实现了中华民族由近代不断衰落到根本扭转命运、持续走向繁荣富裕的历史性变迁，实现了中国人民和中华民族从站起来、富起来到强起来的伟大飞跃。

让我们满怀豪情歌唱新中国！礼赞新中国！致敬新中国！

致敬历史的中国。历史，往往需要经过岁月的风雨才能看得更清楚。70年，在人类发展史上只是弹指一挥间。但是，中国人民在这个时间段内，创造了波澜壮阔、惊天动地的历史，写就了极为灿烂、极为辉煌的历史诗篇。中华人民共和国的成立，不仅是中华民族发展史上的一个伟大事件，也是人类发展史上的一个伟大事件。中国由新民主主义走向社会主义，开创和拓展中国特色社会主义道路，使社会主义这一人类社会的美好理想在古老的中国大地上变成了具有强大生命力的成功道路和制度体系，为中华民族实现伟大复兴提供了重要制度保障，为人类社会走向美好未来提供了具有充分说服力的道路和制度选择。

致敬年轻的中国。无数仁人志士和革命先烈，为民族独立、国家富强、人民幸福作出不可磨灭的贡献，他们信仰的理想正在实现，他们开创的事业正在继续、书写的历史正要由我们这一代人继续书写下去。如今中华人民共和国的航船

正在破浪前进，我们比历史上任何时期都更接近中华民族伟大复兴的目标。青春的中国，风华正茂，意气风发。现在，中国人民和中华民族在历史进程中积累的强大能量已经充分爆发出来了，为实现中华民族伟大复兴提供了势不可当的磅礴力量。我们站在历史的新起点，当以青春之我、奋斗之我，在中华民族复兴的接力赛中跑出好成绩，为实现中华民族伟大复兴的中国梦贡献智慧和力量。

致敬奋进的中国。毛泽东同志说，"夺取全国胜利，这只是万里长征走完了第一步。如果这一步也值得骄傲，那是比较渺小的，更值得骄傲的还在后头"。习近平总书记指出，"摆在全党全国各族人民面前的使命更光荣、任务更艰巨、挑战更严峻、工作更伟大。在这个千帆竞发、百舸争流的时代，我们绝不能有半点骄傲自满、故步自封，也绝不能有丝毫犹豫不决、徘徊彷徨"。过去，中国人民有志气有能力战胜各种艰难险阻、铸就我们中华人民共和国的辉煌。今天，中国人民也一定能够战胜可以预见和难以预见的各种艰难险阻，铸就我们中华人民共和国更大的辉煌。

"你用你那母亲的脉搏和我诉说，我的祖国和我，像海和浪花一朵……永远给我碧浪清波，心中的歌。"岁月如歌，祖国同在。从昨天走到今天，让历史走向未来。让我们共同携手，汲取中华民族的精神财富和力量源泉，始终不忘初心、牢记使命，不断实现人民对美好生活的向往，在新时代创造中华民族新的更大奇迹！

政府改革：简政放权
激发市场活力*

"放管服"改革是我国市场经济改革不断深化的产物，也是我国经济发展到特殊阶段的内在要求。

嘉宾：
张俊伟： 国务院发展研究中心宏观经济研究部第三研究室主任、研究员
毛寿龙： 中国人民大学公共管理学院教授
胡　敏： 中共中央党校（国家行政学院）研究员

张俊伟　　　　　　　毛寿龙　　　　　　　胡敏

新中国成立 70 年来，尤其是改革开放以来，"放管服"在优化营商环境，激发市场主体活力，推进政府改革和简政放权，促进就业，保持我国经济平稳运行、促进经济社会健康发展作出了重要贡献，也取得了长足成效。

成效显著

中国经济时报："放管服"改革工作是民之所望，施政所向。"放管服"改革是全面深化改革的重要内容，也是加快政府职能转变，推动经济社会发展的强

---

*　本文原载《中国经济时报》2019 年 10 月 1 日。

大动力。近年来，我国"放管服"改革取得了哪些工作成效？

张俊伟："放管服"改革形象地概括了最近一轮政府职能转变的主要内涵。所谓放，就是"放权"，大幅削减行政审批事项，把部分审批权限下放给下级政府以提高审批效率；所谓"管"，就是"加强市场监管"，通过加强监管，维护公开、公平、公正的市场秩序，让市场选择，优胜劣汰，提高资源配置效率；所谓服，就是"加强政府服务"，通过完善对企业的公共服务，降低企业交易成本；通过完善对居民的公共服务，促进社会公平正义。

近年来，经过各方努力，我国"放管服"改革取得显著成绩，大体可归纳为四个方面：一是在自贸区积极探索"负面清单"管理模式。"非禁止即许可，非授权不可为"的理念已深入人心。"负面清单"管理模式逐步向全社会推广。二是大幅削减、下放审批事项，市场准入门槛明显降低，政府审批效率显著提高。三是推进最大力度的党政机构改革，优化政府机构职能设置和人员配备，为转变政府职能提供组织保障。四是"互联网+"政府、"电子政府"建设快速推进，政府服务水平和服务效率显著提高。

毛寿龙：近年来，我国"放管服"改革取得了一定成效，全社会有目共睹。具体体现在以下三个方面：第一，工作成效就是更加便民了，解决了老百姓许多迫在眉睫的问题。例如，身份证之类的证件现在都可以异地办理，而不用像以前一样必须回户籍所在地。第二，整体上，许多地方政府对重大投资项目、环境影响评价、企业监管等各项改革都有所创新。第三，在很多地方，许多政府部门尤其是负责招商引资的部门服务意识有很大提高，例如，房产贷款、税务等都可以一条龙搞定。

总之，近年来，"放管服"改革取得了实打实的成效，老百姓办事的地方热水、空调等都有，态度也都很好，群众整体上都比较满意，我们看到，政府也仍在努力，争取给群众更大的便捷。

胡敏：从几年来的放管服工作成效看，主要表现在以下几个方面：

一是"放"得有效。各级政府注重将优化机构设置和职能配置结合起来，重在职能转变。按照中央要求不断放宽市场准入，大幅削减行政审批事项，彻底终结非行政许可审批，许多地方探索推进"先照后证""多证合一""证照分离"改革，不少环节实现"一照一码走天下"，全面改革了商事制度，基本实行了全国统一的市场准入负面清单制度。

二是"管"得有方。全面实施"双随机、一公开"跨部门联合监管，加强公平公正监管，加强事中事后监管，优化了环保、消防、税务、市场监管等执法方式，深化了综合行政执法改革，加强了执法者依法执法和对监管者的监管。加强了信用体系建设，推行信用监管和"互联网+监管"改革，还逐步完善了失信联合惩戒制度等。

三是"服"得精准。"放管服"改革的落脚点在于优化政务服务、提升服务效率。不少地方加大政务公开力度，以"一网通办"前提下"最多跑一次"为目标、以政务服务平台和行政服务中心建设为抓手，推进了"互联网+政务服务"改革。近年来，国务院和地方各级政府还将"放管服"改革与大规模减税降费，特别是由点到面推开的"营改增"结合起来；与对中小企业实行普惠性优惠政策、清理涉企收费和降低融资、用能、上网、物流等成本结合起来；与实施创新驱动发展战略、广泛开展大众创业、万众创新结合起来，协同发力，更大激发了市场主体活力和社会创造力，大力提升了国内营商环境，进一步稳定和增强了对外资的吸引力。

存在的问题还很多

中国经济时报：目前，"放管服"改革成效与顶层设计目标，与广大群众日益增长的对"放管服"改革的需要，与经济社会高质量发展的要求相比，仍存在一定的差距。在您看来，当前我国"放管服"改革存在的问题具体体现在哪些方面？

毛寿龙：一方面，有些相关标准很模糊。例如，环评。在一些地方环评的标准就很不明晰。有些政府部门不把相关标准明白无误地告知相关企业，只是笼统地说环评不合格、企业需要整改，企业没有目标，下一次检查照样不合格。另一方面，我国当前虽然是世界第二大经济体，经济发展取得了举世瞩目的成绩，但我国仍然是一个发展中国家，各地经济发展很不平衡。当前，我国的"放管服"改革虽然取得了部分成效，但是，依然呈现出发达地区"放管服"改革整体上优于不发达地区、一线城市整体上优于二三四线城市、城市整体上优于农村的发展格局，这是客观存在的，因此，认识到这种差距，从各个方面加以弥补、更加全面深化改革是我们今后的努力方向。

胡敏：一是简政放权尚不到位。有些地方和部门保留的行政审批事项仍然偏多。证书种类多、证出多门、交叉认证、重复认证现象依然存在，审批要件多、环节多、耗时长的问题仍然存在；"先照后证"之后对"证"的要求仍然较多，也由于法律衔接跟不上，造成"先照后证"的政策效果打折；放权有效性也有待提高，比如，一些部门在放权过程中"选择性下放、放权步调不一致"的情况依然存在。另外，还存在放权不对路、放权接不住的现象。

二是监管仍存在"短板"问题。表现在监管机制尚不健全，多头审批和多头监管导致权责不匹配。"有权的看不到、无权的管不了。"清单管理落实不到位，缺乏标准化和权威性，权责清单推动较快，而监管清单推进相对迟缓。"双

循着发展的逻辑——一个经济学人的时事观察（2016—2020）

随机、一公开"机制不健全，抽查的范围、频次、方式不合理，抽查结果不够透明；依法依规监管能力不足，监管方式较为单一粗暴，弹性执法。另外，对新业态的审慎包容监管，一些部门和政府存在不愿管、不会管、不敢管的问题等。

三是优化服务效率仍须持续提升。表现在政务服务体系还不健全，特别是基层政务服务建设落后。行政服务中心事项清单不规范，审批服务便民化程度不高，存在线上线下不融合、便民设施不便民、服务中心知晓度低等问题。

张俊伟：第一，观念转变落后。"放管服"改革把官员"手中的权力"转变成了"肩上的责任"，是政府管理方式的革命。相应地，政府官员的社会角色认知也需要从社会管理者转为履行法定义务、提供公共服务的公务员。

第二，政府尚未实现工作重心转移。"放管服"改革的目标，是构建公开、透明、法治、高效的市场环境。要达到上述目标，需要政府把工作重心放到履行法定职责，严格执行相关法律法规上。事实上，各级领导和政府机关尚没有把主要精力放到"依法治国"上，相关法律、法规执行依然不彻底不严格；各种临时性任务甚至非业务性任务层出不穷，也耗费了大量时间和精力。这些都拖延了"监管"和"服务"领域的改革取得更大的进展。

第三，改革进展不平衡。首先，"放权"改革进展明显超过"监管"和"服务"改革，由此带来制度真空，拖累"放权"改革走向深入；其次，在"放权"方面，出现了不平衡、不衔接、不协调问题，具体如"上面下放权力，下面接不住""审批权力部分下放部分不下放，企业必须多方奔走才能完成审批""部门间业务衔接不畅，部分权力难以下放"等。

第四，制度转型带来大量矛盾和冲突需要解决。长期以来，由于政府工作重心在准入审批上，市场监管、公共服务功能弱化，导致"有法不依"现象普遍存在。

未来要大力推进改革

中国经济时报：深化"放管服"改革是一场牵一发而动全身的深刻变革，是构建现代政府治理体系的重要抓手。未来应该如何将"放管服"改革做深、做透、做到位？

胡敏：首先，要推动简政放权向纵深发展，把该放的权力彻底放出去，把该减的事项坚决减下来，把该清的障碍加快清除掉，持续为市场主体松绑、铺路。这就要求进一步放宽市场准入，大力压减行政许可和整治各类变相审批；着力打通企业开办经营和投资建设这两大重点领域的堵点；协同推进更大规模减税降费和"放管服"改革。

其次，要加强公正监管，切实管出公平。这就要求健全公开透明的监管规则和标准体系，进一步创新公平公正的监管方式，严格规范行政执法；在推进有效监管、公正公平监管的过程中加强社会信用体系建设；坚持对新兴产业实行包容审慎监管。各级政府和有关部门都要坚持"放"和"管"两手抓，哪一手都不能松。该"放"的还要放，放出市场活力；"管"也要不断完善，该管的要管到位，管出市场公平。

最后，要大力优化政府服务，强化各级政府责任担当，努力使服务更便利。这就要求切实增强政府服务意识；大力提升政务服务效率；通过进一步深化"放管服"改革有效增加公共服务供给。

张俊伟：第一，稳步提高执法标准，消除"普遍违法违规"现象。应以环保、安全生产、食品药品安全、金融、房地产市场为重点，考虑现实承受能力，制定切实可行的"'法律法规达标'路线图"，强力督导相关企业在规定的"过渡期"内"达标"。只有在"过渡期"满、企业普遍达到现行监管标准之后，政府才可以推出更加严格的监管标准。要避免出现各类超越现实承受力的各种"监管风暴"，以稳定市场预期和市场信心，为经济发展创造良好外部环境。

第二，收缩政府职能，加快政府工作重心转换。当前，我们的政府仍然是全能型政府、父爱型政府。政府职责庞杂，什么都想做的结果是什么都做不好。应进一步厘清政府与市场、社会的关系，市场能做好的要还给市场，社会能做好的应还给社会，政府集中力量做好自己该做的事。

应当明确，国家标准、政府强制标准，是企业生产经营必须遵守的基本行为规范；在此基础上，企业执行更高的生产经营标准，纯属企业自主的商业行为。政府只有在有效实施市场监管、提供公共服务的前提下，才可以把公共资源用到培育先进典型和示范项目上。今后一个时期，各级政府只有把工作重心放到履行法定义务、执行重大决策、提供公共服务上，才能扭转"放管服"改革中"管"和"服"进展严重滞后的局面。

毛寿龙：当前，个人办事总体上还是比较少的，但是对于企业来说，好多事情还是很难办的。对政府来讲，对企业有关诉求的态度有进一步的改善空间。例如，有些企业去政府部门办事，得考虑相应的级别。因为有的派去的人如果只是普通的员工，有的政府部门会认为企业领导不重视，从而进行各种刁难。因此，未来政府与企业这种不对等需要改进。

同时，我国发展非常迅速，各方面新事物层出不穷，政府对新事物要有学习和判断能力。对于有些新事物，政府不能一开始什么都不管，也不能一管就管死。未来，政府对新事物要有学习和判断能力，这样就能够很好地把握新事物，从而更好地为人民服务。

在接续奋斗中创造
 新的辉煌 *

2019 年 10 月 1 日，习近平总书记在庆祝中华人民共和国成立 70 周年大会上的讲话中指出，今天，社会主义中国巍然屹立在世界东方，没有任何力量能够撼动我们伟大祖国的地位，没有任何力量能够阻挡中国人民和中华民族的前进步伐。习近平总书记的讲话充分彰显了中华民族迎来从站起来、富起来到强起来的伟大飞跃的历史豪情和磅礴气势，发出了为实现中华民族伟大复兴的中国梦而继续奋斗的历史强音。

总结 70 年成就的原因，我们可以用"道路""团结""奋斗"几个关键词来揭示。

道路决定命运。中华人民共和国成立这一伟大事件，彻底改变了近代以来 100 多年中国积贫积弱、受人欺凌的悲惨命运，中华民族从此走上了实现伟大复兴的壮阔道路。这条道路是确立社会主义制度、开辟中国特色社会主义道路的不平凡历程。70 年物换星移，70 年沧海桑田，70 年栉风沐雨，70 年砥砺奋进，历史充分证明：只有社会主义才能救中国，只有中国特色社会主义才能发展中国。

团结就是力量。团结是铁，团结是钢。70 年来，中国共产党团结带领全国各族人民同心同德、万众一心、众志成城，战胜前进道路上一切风险挑战，依靠团结保持党同人民群众的血肉联系，激发起亿万中国人民创造美好生活的磅礴力量，不断从胜利走向新的胜利，推动中华民族伟大复兴的航船乘风破浪、扬帆远航。

奋斗成就伟业。新中国成立 70 年来，中国人民取得翻天覆地、惊天动地、撼天动地的历史伟业，就是靠一代又一代人的接续奋斗。幸福都是奋斗出来的，奋斗本身就是幸福的。在新时代，我们依然在奔跑，我们都是追梦人，我们依然需要一起拼搏。奋斗让平凡成为不平凡，奋斗让不可能成为可能。中国特色社会主义是干出来的，在我们比历史上任何时期都更接近实现中华民族伟大复兴的时

---

* 本文原载《中国青年报》2019 年 10 月 5 日。

刻，我们仍需要一步一个脚印脚踏实地地苦干实干。

有了正确道路，有了同心同德，有了奋斗激情，就没有任何力量能够撼动我们伟大祖国的地位，就没有任何力量能够阻挡中国人民和中华民族的前进步伐。

今天，在前进征程上，我们还必须有所坚持。坚持中国共产党领导，坚持人民主体地位，坚持中国特色社会主义道路，这是70年来我们取得巨大历史性成就、发生巨大历史性变革的宝贵经验，是中国共产党人70年来深刻探索和把握执政党建设规律、社会主义建设规律、人类社会发展规律的重要结论。只要始终坚持中国共产党领导，始终坚持人民主体地位，始终坚持中国特色社会主义道路，就能回答好中国共产党为什么"能"、马克思主义为什么"行"、中国特色社会主义为什么"好"。历史已经昭示：正是遵循了历史发展的内在规律，在把握历史前进的逻辑中前进、在顺应时代发展的潮流中发展，中国走向未来才有强大底气和必胜信心。

当然，实现祖国完全统一是千秋大业，我们要坚持"和平统一、一国两制"的方针，保持香港、澳门长期繁荣稳定，推动海峡两岸关系和平发展，团结全体中华儿女，继续为实现祖国完全统一而奋斗。

中国的崛起是对世界的贡献，中国的发展离不开世界，世界的发展也离不开中国。维护世界和平，促进世界共同发展，也是中国作为一个大国义不容辞的责任，是大国的责任、大国的担当、大国的使命。我们要坚持和平发展道路，奉行互利共赢的开放战略，继续同世界各国人民一道推动共建人类命运共同体。

前进也要有保障。中国人民解放军和人民武装警察部队要永葆人民军队性质、宗旨、本色，坚决维护国家主权、安全、发展利益，坚决维护世界和平。

习近平总书记指出，中国的昨天已经写在人类的史册上，中国的今天正在亿万人民手中创造，中国的明天必将更加美好。"昨天""今天""明天"三个词汇，为我们清晰地勾勒出时间坐标，将新中国成立70年以来的风雨兼程串联起来。当然，我们也要意识到，中华民族伟大复兴，绝不是轻轻松松、敲锣打鼓就能实现的，在前进道路上我们面临的风险考验只会越来越复杂，甚至会遇到难以想象的惊涛骇浪。为此，我们还要靠亿万人民不断地创造、创业、创新，在接续奋斗中，创造新的辉煌。

要确保各类主体都能享有
平等和公平的市场竞争[*]

国务院总理李克强 2019 年 10 月 8 日主持召开国务院常务会议，审议通过《优化营商环境条例（草案）》，为各类市场主体投资兴业提供制度保障立法。

针对当前我国营商环境的"短板"和"痛点"，此次通过的条例草案提出了不少针对性举措，如严控新设行政许可，严禁违反法定权限、程序对市场主体和经营者个人的财产实施查封、扣押等行政强制措施，建立健全知识产权侵权惩罚性赔偿制度等。

草案创新和亮点很多

"我认为这个草案最核心要义就在于通过'政府立法'和'制度保障'确保各类市场主体都能享有平等和公平的市场竞争，这十分重要。近年来，政府在优化营商环境方面进行了大量探索，也积累了许多经验，并取得了实实在在的成效。但市场主体更希望这些行之有效的做法能以法律规范的方式固定下来，充分消除不稳定预期，不受到政策变动的干扰，能够在一个符合国际化营商环境中心无旁骛地开展经营活动。"中共中央党校（国家行政学院）研究员胡敏表示。

在胡敏看来，经过半年多的努力，按照 2019 年立法计划，这份条例终于以成文法形式出台了，虽还是草案，但已经充分考虑到了市场主体对营商环境的各方面需求，有了这部营商环境的基本制度规范，各类市场主体在一个充分公开公平竞争的环境中就有了平等使用生产要素，公平参与市场竞争，同等受到法律保护的制度保障。过去我们只是说，但这一下我们就有了法律依据。

此次审议通过的《优化营商环境条例（草案）》有哪些创新点和亮点？

在胡敏看来，从国务院常务会议对审议通过的这个草案强调的五个方面的重点上看，都是强调了法规的严肃性和公开透明，比如，对于影响市场准入的行政许可，都要严格依规依法论证批准；要规范和创新监管执法；要依法保护市场主

---

* 本文原载《中国经济时报》2019 年 10 月 11 日，记者：吕红星。

体经营自主权和企业经营者人身财产安全，特别是建立健全知识产权侵权惩罚性赔偿制度和维权援助等机制；还有对政府及其工作人员相关违法违规和不作为乱作为行为、公用企事业单位乱收费、行业协会商会及中介服务机构违法评比认证和强制市场主体接受中介服务等都要依法追责，等等。这些问题都是长期困扰市场主体的痛点、难点，只有通过法治化手段才能予以解决。

营商环境取得重大改善

近年来，国家十分重视优化营商环境建设。2019 年 5 月初，对外公布的国务院 2019 年立法工作计划首次提出制定《优化营商环境条例》，并明确由国家发改委、商务部、财政部、市场监管总局四个部门共同起草。2019 年 6 月 5 日召开的国务院常务会议也明确："深化'放管服'改革，制定《优化营商环境条例》，降低创业创新成本。"

紧接着，2019 年 7 月 14 日，国家发改委网站就《优化营商环境条例（征求意见稿）》公开征求意见。

世界银行发布的《2019 年营商环境报告》显示，中国营商环境在全球的排名已从 2018 年的第 78 位跃升至 2019 年的第 46 位，提升 32 位，首次进入世界前50，为世界银行营商环境报告发布以来的中国最好名次。

在胡敏看来，我国政府始终强调优化营商环境，至少有三个方面的含义：第一，我国坚持社会主义市场经济的改革方向丝毫没有动摇。经济越是向前发展，就越要处理好政府与市场的关系，市场是主体，政府是服务。第二，我国开发的大门越开越大。我们所有的经济立法都是对标国际规范，无论是国资、民资，还是外资，都将一视同仁，在开放的竞争环境中开展公平竞争。第三，我国经济必须向高质量发展转型。优化营商环境，充分保护竞争，保护投资者利益，是现代化经济体系的题中之义，也是实现高质量发展的基本路径，我国政府为之一直做着不懈的努力。

究竟怎样看待
6%的增长速度*

智库观点：我们必须顺势而为，看淡一时的经济增速，看重经济发展的内生动力，加快结构性改革。对党中央提出的供给侧结构性改革需要有一个更加深入的认识，这是一个艰苦的过程，要久久为功。

国家统计局日前公布2019年前三季度国民经济运行主要指标，其中，2019年第三季度我国经济增长速度为6%。这一数字公布后引起不小的震动。6%是自2013年以来27个季度增长速度最慢的，也是在2016年季度增速达到6.9%后，连续第九个季度以每个季度下行0.2%至现在第三季度的6%，其间增速没有过上行。

不少分析文章指出，中国经济可能迈向经济增长的"5"时代，揭示当前国内经济运行下行压力的严峻形势。但按照国家统计局新闻发言人的表述，从增速本身来看，尽管有所放缓，但是这个速度在全球主要经济体里是名列前茅的；在全球经济总量一万亿美元以上的经济体中，这个速度是最快的，放在全球看，实际上仍是一个高增长。

那么面对2019年以来越发错综复杂的国内国际经济形势，我们究竟应当抱着怎样的态度看待这个6%的增长速度呢？

充分认识当前不断加大的经济下行压力

应当说，国家统计局对2019年第三季度6%的增长速度给出的分析是谨慎乐观的，指出经济增长速度仍是保持在合理区间。2019年的《政府工作报告》将全年的国内生产总值增长预期目标定在6%~6.5%，比2018年6.5%的目标下降了0.5%个百分点的位移区间，已经充分考虑到了2019年世界经济增速继续放缓的国际形势和国内经济发展面临的结构性调整可能产生的压力。对国内经济下行压力加大是有着心理准备和政策准备的。

2019年前三季度经济增长速度分别为6.4%、6.2%和6%，全年如果按增长

---

* 本文原载《中国经济时报》2019年10月22日。

预期目标的低限6%计算，第四季度经济增速在5.4%，从目前消费、投资、进出口增长态势来看，第四季度不会跌破5.8%，在"六稳"措施的有力助推下，第四季度增速大体可以看到6%，全年经济增速仍有望保持在6.1%左右，实现2018年增长目标应该是有底气的。如果考虑经济总量，2019年前三季度国内生产总值已经超过69万亿元，第四季度增速如果在6%左右，全年GDP将突破95万亿元。2018年经济总量比2017年增加近8万亿元，2019年经济总量比2018年有望增加5万亿元，从绝对值看，这个增量是高基数上的增加，总量巨大。这个成绩是付出了巨大努力的，实属不易也是值得欣慰的。

当然需要关注的是导致经济下行的增长动力因素的变化。这里有总量趋势变化也有结构性调整变化。以需求侧分析，从消费来看，前三季度最终消费支出对经济增长贡献率保持在60.5%以上，消费的基础性作用是在不断加强的。但按照前三季度社会消费品零售总额的实物消费，同比增长8.2%，乡村消费品零售额增速要高于城镇消费品零售额增速1个百分点，如果把服务业消费统计进去，增速应当还要高一些。前三季度服务业消费的增速超过10%，服务业"稳定器"的作用会不断巩固。

从投资来看，前三季度全国固定资产投资（不含农户）增长速度为5.4%，虽与2018年同期持平，但投资增速总体还是在明显放缓的。其中，基础设施投资（不含电力、热力、燃气及水生产和供应业）同比增长4.5%，这是在已经增加地方专项债规模并提前下拨了进度的情况下实现的；而制造业投资增速只有2.5%，民间投资增速只有4.7%，相对平缓但也是创了新低。虽然2019年以来，国务院连续出台相关政策支持实体经济特别是促进中小企业和民营企业发展，但从2019年4~9月制造业PMI一直处于荣枯线下方来看，投资乏力比较明显。

从进出口来看，尽管受中美贸易摩擦影响，但近年来我们主动作为，积极调整贸易结构，多方面开拓国际市场，进出口贸易目前并没有受到很大冲击，2019年前三季度贸易规模还在扩大，在三大需求贡献率中，货物和服务的净出口贡献率在19.6%。2019年前三季度，货物进出口总额同比增长2.8%，进出口相抵，顺差还同比扩大了44.2%。但目前中美贸易谈判还在进行之中，未来仍存在不小变数，需要考量如果中美贸易摩擦升级，对沿海进出口市场结构与产业梯度转移的影响。

从供给侧分析，2016年开始中央一直以供给侧结构性改革为主线，努力推进"三去一降一补"，取得了初步成效，但总体来看，依靠提高全要素生产率实现经济增长的动力转换尚不十分明显。目前国内经济虽处于稳的区间，但需求端和供给端的驱动经济增长的动力机制仍显偏弱，经济下行压力不会短期减缓。

必须以全新视角看待当前经济增长速度

党的十九大报告指出，我国经济已由高速增长阶段转向高质量发展阶段，正处于转变发展方式、优化产业结构、转换增长动力的攻关期，必须推动经济发展质量变革、效率变革、动力变革，深化供给侧结构性改革，提高全要素生产力，建设现代化经济体系，不断增强我国经济创新力和竞争力。

在这几年国内经济下行压力不断加大的态势下，对经济增长速度梯级型下降，应当有一个包容性态度，不需要为一两个百分点的增速变化过多地纠葛。

按照前期国务院发展研究中心的一项研究成果：过去 8 年间，中国经济从过去 10% 左右的高速增长平台转向今天的中速增长平台，就是增长阶段的转换。现在进入一个中速增长的平台，就是要保持经济增长率在一个新的平台上稳定下来，因此，各方面需要对中国经济增长预期有所降低，而这个中速增长平台的潜在经济增长率就在 4%～5%，这是符合经济增长规律的。

目前，我国经济增速保持在 6% 左右，不仅可以实现 2020 年全面建成小康社会的目标；2020 年以后，这个中速增长的平台速度在 4%～5%，就可以实现全面建成两个阶段的现代化目标。目前中国经济增量依然巨大。当我国经济总量在 40 万亿元时，经济增速为 10%，每年新增的 GDP 是 4 万亿元，现在我国经济总量已达 90 万亿元，即使是 6% 的增速，其绝对增加值也有 5.5 万亿元。这从全世界范围来看还是最大的。关键就是，在这个平台调整期，要着力加快经济结构调整，重新布局生产要素和实现资源的有效配置，能够较快地实现新的经济增长动力机制的生成和发育就是当前和今后一个时期的战略目标，为此必须保持耐力和定力。

有许多研究经济周期的学者也普遍认为，目前整个世界经济正处于康德拉季耶夫周期中的经济衰退期，这个时期恰在 2015～2025 年。从目前全球的技术变革、产业变迁、制度创新的现实来看，比较符合这一周期尾部的基本特征。无论这一预测客观依据是否充分，但我们必须顺势而为，看淡一时的经济增速，看重经济发展的内生动力，加快结构性改革。对党中央提出的供给侧结构性改革需要有一个更加深入的认识，这是一个艰苦的过程，要久久为功。

着眼当前顾及长远深度激发发展动力

为应对国内经济下行压力，2018 年末中央经济工作会议提出了"六稳"措施，2019 年的《政府工作报告》也明确了要统筹好国内与国际的关系、平衡好稳增长与防风险的关系、处理好政府与市场的关系三大原则。在当前经济形势下，依然要坚持好运用好。

一是宏观政策需要更加配套更加协调务求落实落细。2019 年以来，财政政策、货币政策和就业优先政策协调配合，为确保经济运行在合理区间提供了支撑，着重点还是要落实落细。目前，地方财政收入增速大幅放缓，但保民生、稳增长等多方面的支出压力并没有减弱。要有效缓解地方尤其是财政运行困难地区收入压力，增强地方应对减税降费的能力，又能推动区域财力均衡发展，既要确保减税降费政策稳步推进，更要加快理顺中央与地方财政分配关系。近期国务院印发《实施更大规模减税降费后调整中央与地方收入划分改革推进方案》，出台了关于调整中央与地方收入划分改革的三大举措，具有重要的现实意义。当前全球再一次进入大规模实施低利率或负利率时代，市场流动性极为宽松，货币政策效应大为衰减。但我国必须保持货币政策定力，把住货币供给总闸门，更多地用好多种货币政策工具，避免宽裕资金再向房地产领域集聚。

二是以民生需求为导向扩大有效投资和有效需求。2019年以来促进形成强大国内市场，持续释放内需潜力有一定成效，在多渠道增加优质产品和服务供给方面激发了不少有效需求，但目前的问题在于城乡居民消费能力尚不够强。减税降费在惠及企业的同时，需要更多地向居民倾斜，一方面要加大力度推进收入分配制度改革；另一方面要切实拓宽居民增收渠道，要采取更有力的措施"藏富于民"。扩大有效投资的着力点应放在补齐城乡公共基础服务的短板，在教育、医疗、养老和社会保障领域加大公共财政的投入力度。

三是加快改革激发市场主体活力和优化营商环境。这里最重要的就是加强整个社会的诚信建设，切实保证各类所有制企业同等参与市场公平竞争、同等享受生产要素和所有者权利得到合法保护。预期稳定了，内在动力才能增强，经济增长潜力才会最终释放。

将激发的精气神运用到做好改革发展稳定各项工作上 *

气势恢宏的受阅将士方阵、大度雍容的彩车情景式行进、纲维有序的庆典主题展示、礼乐交融的万众欢歌热舞……庆祝新中国成立 70 周年大会 10 月 1 日在天安门广场隆重举行。国庆大典，盛况空前。整场活动壮观、热烈、欢快、精彩，数万群众点赞共和国、讴歌新时代，充分展示了新中国成立 70 年来的辉煌成就，有力彰显了国威军威，极大振奋了民族精神，广泛激发了各方面力量。

近日，习近平总书记在 70 周年庆祝活动总结会议上指出，庆祝活动是人民群众爱国主义精神的集中展示，为我们留下了十分宝贵的精神财富，要加强对这些精神财富的发掘利用，使之转化为亿万人民群众奋进新时代的强大动力。我们深入学习贯彻习近平总书记重要讲话精神，就是要巩固和拓展庆祝活动成果，进一步挖掘利用好这笔精神财富，切实把广大干部群众激发出来的精气神运用到做好当前的改革发展稳定各项工作上。

厚重的国之大典抚今追昔，纵贯新中国成立 70 年来的恢宏历程，壮怀激烈、气势磅礴，70 年来，全国各族人民在中国共产党坚强领导下同心同德、艰苦奋斗所取得的令世界刮目相看的伟大成就激发出亿万人民这样一种精气神：这是一种"为有英雄多壮志，敢教日月换新天"的豪迈精神，是一种"雄关漫道真如铁，而今迈步从头越"的雄伟气魄，是一种"长风破浪会有时，直挂云帆济沧海"的高远意境。把这样的精气神凝聚好转化好发扬好，对于促进改革发展稳定，走好新时代的长征路，不断创造新的历史伟业尤为宝贵、尤为重要。

改革开放已走过千山万水，但仍需跋山涉水。当前的改革正处于一个船到中流浪更急、人到半山路更陡的时候，是一个愈进愈难、愈进愈险而又不进则退、非进不可的时候。我们需要继续保持攻坚克难、坚忍不拔的勇气和睿智，坚决破除一切不合时宜的思想观念和体制机制弊端，突破利益固化的藩篱，继续大胆地试，大胆地闯，不获全胜决不收兵。

---

* 本文原载《学习时报·学习评论》2019 年 10 月 30 日。

我国发展也正处于由大转强、由高速增长阶段转向高质量发展阶段。2019年以来，国民经济运行稳中有进，总体态势良好，但面对更加复杂严峻的世界环境，面对转变发展方式、优化经济结构、转换增长动力的跨越关口期的多重挑战和困难，面对当前经济下行压力持续加大的形势，我们既需要增强紧迫感和责任感，凝神聚力、团结一心，集中精力办好自己的事，更需要保持战略定力和耐力，坚持以习近平新时代中国特色社会主义思想为指导，以经济建设为中心，抓好发展这个第一要务，把稳增长、保持经济运行在合理区间放在更加突出的位置。

民安才能国稳，民富才能国强。带领人民创造美好生活是我们党始终不渝的奋斗目标。人民是历史的创造者，人民是我们执政的最大底气。一切工作必须以最广大人民根本利益为最高标准。促进就业稳定增长，保持物价基本稳定，扎实做好民生保障工作，就是从人民群众最关心的事情做起，从让人民群众满意的事情做起，让人民的获得感、幸福感、安全感更加充实、更有保障、更可持续。

多少事，从来急；一万年太久，只争朝夕。今天，社会主义中国巍然屹立在世界东方，已经聚合起来的近 14 亿中国人民的磅礴伟力必将无坚不摧。没有任何力量能够撼动我们伟大祖国的地位，没有任何力量能够阻挡中国人民和中华民族的前进步伐。

确保党和国家兴旺发达长治久安的制度保证*

党的十九届四中全会是在新中国成立 70 周年之际、在"两个一百年"奋斗目标历史交汇点上召开的一次具有开创性、里程碑意义的重要会议。全会作出的《中共中央关于坚持和完善中国特色社会主义制度、推进国家治理体系和治理能力现代化若干重大问题的决定》（以下简称《决定》），充分体现了以习近平同志为核心的党中央高瞻远瞩的战略眼光和强烈的历史担当，充分反映了新时代党和国家事业发展的新要求和人民群众的新期待，对于坚定"四个自信"，战胜各种风险挑战，确保党和国家兴旺发达、长治久安，具有重大现实意义和深远历史意义。

全面把握我国国家制度和治理体系的显著优势 坚定制度自信

《决定》从党和国家事业发展的全局和长远出发，准确把握我国国家制度和国家治理体系的演进方向和规律，全面总结了新中国成立以来确立社会主义制度、开辟中国特色社会主义制度和国家治理体系的成功经验和显著优势，深刻阐释了中国特色社会主义制度和国家治理体系的科学内涵，着眼于为确保党和国家兴旺发达长治久安提供坚强制度保证，深刻回答了新时代要"坚持和巩固什么、完善和发展什么"这个重大政治问题，明确了进一步坚持和完善中国特色社会主义制度和国家治理体系必须牢牢坚持的重大制度和原则，部署了推进制度建设的总体目标、重大任务和系统举措。

《决定》全面总结了我国国家制度和国家治理体系 13 个方面的显著优势，指出这些显著优势，是我们坚定"四个自信"的基本依据。全面把握这 13 个显著优势应当从这三个方面理解：

一是具有厚实的理论支撑和文化根脉。中国共产党人始终坚持以马克思主义为指导，始终同中国具体实际相结合，始终坚持党的科学理论，在建立和完善社

---

* 本文原载《中国青年报》2019 年 11 月 11 日。

会主义制度中不断形成和发展党的领导与经济、政治、文化、社会、生态文明、军事、外事等方面一整套的国家制度和国家治理体系，同时又植根中国大地，吸吮了五千多年的文化养分，具有深厚的中华文化根基和历史底蕴。

二是鲜明的实践特色和价值意蕴。显著优势是我们党团结带领人民在革命、建设和改革进程中不断探索实践、不断改革创新，并深刻总结国内外正反两方面经验的实践成果，是在长期实践探索中形成的并经过实践检验的科学制度体系。中国特色社会主义制度始终坚持人民当家作主，发展人民民主，密切联系群众，紧紧依靠人民，中国特色社会主义根本制度、基本制度、重要制度，是顺应人民期待，深得人民拥护的。

三是突出的未来指向和目标导向。中国特色社会主义制度和国家治理体系不仅为政治稳定、经济发展、文化繁荣、民族团结、人民幸福、社会安宁、国家统一提供了有力保障，还在于其彰显出的强大生命力和巨大优越性，推动人口大国继续进步和发展、确保中华民族实现"两个一百年"奋斗目标进而实现伟大复兴，为构建人类命运共同体、增进世界文明发展不断作出新的贡献。

坚持和完善中国特色社会主义制度和治理体系　实现总体目标

中国共产党人要继续统筹国内国际，着力抓好发展和安全两件大事，加强战略谋划，增强战略定力，统筹推进"五位一体"总体布局和协调推进"四个全面"战略布局，团结带领全党全国各族人民攻坚克难、砥砺前行。要继续坚持解放思想、实事求是，坚持改革创新，坚持和完善中国特色社会主义制度，为实现"两个一百年"奋斗目标、实现中华民族伟大复兴的中国梦提供有力保证。

党的十九届四中全会提出了我们党成立 100 年时，在各方面制度更加成熟更加定型上取得明显成效；到 2035 年，各方面制度更加完善，基本实现国家治理体系和治理能力现代化；到新中国成立 100 年时，全面实现国家治理体系和治理能力现代化，使中国特色社会主义制度更加巩固、优越性充分展现。

《决定》也明确地提出了"坚持和巩固、完善和发展"的国家制度和治理体系的路线图，涉及改革发展稳定、内政外交国防、治党治国治军的 13 个方面的一整套国家治理体系。这 13 个必须"坚持和完善"的制度是以中国特色社会主义制度为根本，又以中国特色社会主义政治制度、行政制度、基本经济制度、文化制度、民生保障制度、社会治理制度、生态文明制度、军事政策制度、"一国两制"制度、外交政策制度、党和国家权力监督制度渐次展开，从而形成了科学完备、更加定型更加成熟的制度体系。

这一整套需要"坚持和完善"的国家制度和治理体系，既充分彰显中国特色社会主义制度的"根"与"魂"，又全面展现中国特色社会主义国家治理体系的完整性和强劲张力；既突出了党的集中统一领导，要把党的领导落实到国家治理各领域各方面各环节，确保国家制度始终沿着社会主义方向前进的必然要求和政治优势，又充分体现了坚持人民主体地位，以健全为人民执政、靠人民执政各项制度来确保人民依法通过各种途径和形式管理国家事务的社会主义民主政治特色；既体现坚持依法治国、依法执政、依法行政共同推进，坚持法治国家、法治政府、法治社会一体建设的现代法治国家建设的内在要求，又体现坚持改革创新、与时俱进，善于自我完善、自我发展，使社会充满生机活力的国家治理现代化的建设目标。

推动全社会形成尊崇制度的强大氛围 将制度优势转化为治理效能

制度的生命力在于执行。《决定》强调，坚持和完善中国特色社会主义制度、推进国家治理体系和治理能力现代化，是全党的一项重大战略任务。国家治理体系和治理能力是中国特色社会主义制度及其执行能力的集中体现。贯彻落实四中全会精神的落脚点，就是要把这一科学制度体系的制度优势切实转化为中华民族实现"两个一百年"奋斗目标进而实现伟大复兴的治理效能。

《决定》从三个层次提出了明确的要求，一是各级党委和政府以及各级领导干部要切实强化制度意识，带头维护制度权威，做制度执行的表率，带动全党全社会自觉尊崇制度、严格执行制度、坚决维护制度。二是要加强制度理论研究和宣传教育，引导全党全社会充分认识中国特色社会主义制度的本质特征和优越性，坚定制度自信。三是推动广大干部严格按照制度履行职责、行使权力、开展工作，提高统筹推进"五位一体"总体布局和"四个全面"战略布局等各项工作能力和水平。

而如何把我国制度优势更好地转化为国家治理效能，首先，需要加强系统治理。要按照国家治理体系和治理能力现代化的顶层设计统筹谋划、推进，不断完善各个环节的制度体系。其次，要加强依法治理。要切实提高党依法治国、依法执政能力，不断健全保证宪法全面实施的体制机制，完善立法体制机制，健全社会公平正义法治保障制度，加强对法律实施的监督。再次，要加强综合治理。要坚持一切行政机关为人民服务、对人民负责、受人民监督，创新行政方式，提高行政效能，建设人民满意的服务型政府。最后，要加强源头治理。促进制度和治理体系更加系统完备、科学规范、运行有效，特别是要不断增强全社会的制度意识，在全社会形成尊崇制度维护制度的强大氛围，让尊崇制度成为每一位公民的内在素养和文明风尚。

全面理解基本经济制度
这一党和人民的伟大创造*

　　党的十九届四中全会站在历史的交汇点和我国经济社会向更高质量发展、我国社会制度趋向更加成熟更加定型的关键时期，特别是党的十九大鲜明提出我国社会主要矛盾发生了历史性变革，要把人民对美好生活的向往作为实现"两个一百年"奋斗目标。

　　党的十九届四中全会明确指出，要坚持和完善公有制为主体、多种所有制经济共同发展，按劳分配为主体、多种分配方式并存，社会主义市场经济体制等社会主义基本经济制度。这也是党的中央文件首次将分配方式、社会主义市场经济体制与所有制形式并列，共同表述为我国社会主义基本经济制度。《中共中央关于坚持和完善中国特色社会主义制度、推进国家治理体系和治理能力现代化若干重大问题的决定》（以下简称《决定》）的第六部分指出，这一基本经济制度是党和人民的伟大创造。《决定》对我国基本经济制度的这一新论断、新概括也是我们党的一次重大理论创新，对于全党全国人民更加坚定社会主义基本经济制度，推动经济实现高质量发展提供更加成熟、更加稳固的制度支撑。

　　按照马克思主义关于经济制度的学说，经济制度是生产关系的总和。生产关系是人们在生产过程中所形成的人与人之间的关系，由三个方面构成：生产资料归谁所有、人们在生产中的地位和相互关系、产品如何分配。其中，生产资料归谁所有是最基本的、决定性的方面，是生产关系的基础，也是由社会生产组织方式、社会生产的交换方式、社会生产成果的分配方式等内容来综合体现的动态过程。这实际上表明了经济制度不仅包括生产资料所有制形式，还包括社会生产成果的分配方式，以及如何体现经济社会发展不可回避的对公平与效率要求的合适的社会生产组织方式和交换方式等问题，也就是经济基础与上层建筑的关系问题。

＊　本文原载中国网 2019 年 11 月 12 日。

　　新中国成立后，我们党把马克思主义经济制度的原理与我国社会主义经济建设的具体现实相结合，一直努力探索着适合中国国情的基本经济制度，在理论层面也一直进行着思考。由于在一个经济基础极为孱弱的国家建设社会主义，我们既没有经验，也没有物质基础，因此在确立什么样的适合生产力发展水平的社会主义基本经济制度上曾经走过一段弯路。

　　改革开放后，我们党确立了以经济建设为中心的基本路线。党的十一届三中全会提出，要根据我国社会主义建设的具体实际，改革同生产力发展不相适应的生产关系和上层建筑，充分解放和发展生产力。此后，我们党对社会主义基本经济制度的认识不断予以深化。党的十四大明确我们要建立和完善社会主义市场经济体制。党的十四届三中全会进一步指出，必须坚持以公有制为主体、多种经济成分共同发展的方针。党的十五大第一次明确"公有制为主体、多种所有制经济共同发展，是我国社会主义初级阶段的一项基本经济制度"。这不仅保证了社会主义市场经济体制的建立和运转，而且推动了国民经济的持续快速健康发展。从党的十六大到十九大，我们一直强调要坚持和完善这一基本经济制度的表述。

　　党的十九届四中全会站在历史的交汇点和我国经济社会向更高质量发展、我国社会制度趋向更加成熟更加定型的关键时期，特别是党的十九大鲜明提出我国社会主要矛盾发生了历史性变革，要把人民对美好生活的向往作为实现"两个一百年"奋斗目标。我们党充分认识到我国仍处于并将长期处于社会主义初级阶段的基本国情没有变，我国是世界最大发展中国家的国际地位没有变的历史现实。

　　在这个时期，我们仍然要牢牢坚持党的基本路线这个党和国家的生命线、人民的幸福线，就是要以经济建设为中心，要坚持以人民为中心的发展思想，最大程度地调动社会生产力和社会活力。因此，在坚持毫不动摇巩固和发展公有制经济，毫不动摇鼓励、支持、引导非公有制经济发展，大力探索公有制多种实现形式的同时，把社会生产成果的分配方式上升到基本经济制度层面。

　　这就是要坚持按劳分配为主体、多种分配方式并存，坚持多劳多得，着重保护劳动所得，增加劳动者特别是一线劳动者劳动报酬，提高劳动报酬在初次分配中的比重，并健全劳动、资本、土地、知识、技术、管理、数据等传统生产要素和新生的生产要素由市场评价贡献、按贡献决定报酬的机制。

　　这既充分体现了社会主义的本质特征，体现社会公平正义，让改革发展的成果由人民共享，又能顺应现代社会经济的发展变革，通过更加合理更加科学的收入分配制度设计，可以最大程度地调动各种要素所有者的积极性和创造性，让一切创造社会财富的源泉充分涌流，让更多的社会主体积极主动投身到国家现代化的历史进程中。

　　而建设现代化经济体系，实现经济高质量发展进而建设现代化强国，在坚持社会主义市场经济正确方向的轨迹上，又必须加快完善社会主义市场经济体制。我们必须以更加明确的制度保障，厘清政府与市场的边界和关系，充分发挥市场在资源配置中的决定性作用和更好发挥政府作用。

因此，《决定》将社会主义市场经济体制上升为基本经济制度就鲜明地昭示，社会主义制度与市场经济不仅可以有效结合，更是为了坚实进一步解放和发展社会主义生产力和社会活力的最有效的社会生产组织方式和交换方式，让经济基础与上层建筑实现良性互动。

所以说，所有制形式、分配方式和市场经济体制作为社会主义基本经济制度，成为"三位一体"的有机结合，正是中国特色社会主义新时代我们党和人民的伟大创造，是我们党的又一次重大的理论创新，其必将推动社会主义基本经济制度的进一步巩固和完善，必将有力推动我国经济高质量发展，让中国特色社会主义这艘航船行稳致远。

十九届四中全会后第一次深改委会释放了什么信号？*

　　2019 年 11 月 26 日下午，习近平总书记主持召开中央全面深化改革委员会（以下简称"深改委会"）第十一次会议，这是党的十九届四中全会后召开的第一次中央深改委会议。总书记在会上强调，党的十九届四中全会和党的十八届三中全会历史逻辑一脉相承、理论逻辑相互支撑、实践逻辑环环相扣，目标指向一以贯之，重大部署接续递进。习近平总书记用"一脉相承""环环相扣""一以贯之""接续推进"四个词就非常形象地将党的十九届四中全会的主题和党的十八届三中全会的主题内在逻辑关系生动地呈现了出来。

　　为什么要将这两次会议联系起来阐述？笔者理解，这是因为党的十八届三中全会审议通过了《中共中央关于全面深化改革若干重大问题的决定》，这个决定是适应我国经济社会发展新阶段对全面深化改革作出的一揽子部署，首次提出全面深化改革的总目标是完善和发展中国特色社会主义制度，推进国家治理体系和治理能力现代化。党的十八届三中全会提出的全面深化改革涉及经济、政治、文化、社会、生态文明和党的建设的方方面面，明确了全面深化改革的整体路线图和时间表。

　　党的十九届四中全会审议通过了《中共中央关于坚持和完善中国特色社会主义制度、推进国家治理体系和治理能力现代化若干重大问题的决定》，对新时代我国各方面制度建设作出总体谋划，确立了面向现代化的制度建设路线图和时间表。可以看出，党的十八届三中全会确立的全面深化改革的总目标上升为十九届四中全会的主题，更加突出了制度建设这条主线。可见，这两次重要会议在主题主线上是一脉相承的。

　　党的十八届三中全会着力点是"改革"，围绕全面深化改革的总目标从顶层设计和制度安排上提出了 336 项重大改革任务，这些改革任务在整个经济社会发展全局中起着"四梁八柱"的重要作用，还明确提出了以问题推进改革的总体

---

　　*　本文原载中国网 2019 年 11 月 30 日。

思路，问题在哪里，改革就走向哪里。党的十九届四中全会则是系统集成了十八届三中全会以来全面深化改革的理论成果、制度成果、实践成果，对新时代全面深化改革勾勒出更加清晰的顶层设计，着力点是"制度"，是要坚持和巩固制度成果，完善和发展制度建设，紧紧围绕"坚持和完善中国特色社会主义制度、推进国家治理体系和治理能力现代化"这一主轴，增强以改革推进国家制度和国家治理体系建设的自觉性。

这样，这两次重要会议就把主题、主轴、主线相互贯通，目标一致、逻辑契合，制度建设是关键也是落脚点，改革是抓手更是行动方案。这就释放出一个重大信号：继续推进全面深化改革是我们党适应新时代发展必须坚定不移的大方向，必须将全面深化改革不折不扣地进行到底。

全面深化改革的路线图清楚明晰，制度建设的目标和任务实实在在，关键的就是要坚定改革的自觉，坚决突破改革进程中的各种思想桎梏和体制机制障碍，推动各项改革向制度更加成熟更加定型靠拢，接续推进制度建设按照时间表和路线图向着国家治理体系和治理能力现代化迈进。

为此，习近平总书记在中央全面深化改革委员会会议上强调，当前推进全面深化改革，既要排查梳理已经部署各项改革任务的完成情况，又要把四中全会部署的重要举措及时纳入工作日程，抓紧就党中央明确的国家治理急需的制度、满足人民对美好生活新期待必备的制度进行研究和部署，实现改革举措的有机衔接、融会贯通，确保取得扎实的成效。

如何做到这一点？习近平总书记将改革与制度建设的辩证关系和方法论阐释得十分清楚。

一是改革的进程要注重同中国特色社会主义根本制度、基本制度、重要制度对标对表。制度建设的过程也就是全面深化改革的过程，制度建设要厘清工作思路和工作抓手，结合四中全会部署的各项改革任务，一体推动、一体落实。要抓紧编制四中全会重要举措实施规划，明确时间表、路线图、成果形式，切实推动各项改革向制度更加成熟更加定型靠拢，让各项改革相得益彰、发生"化学反应"。

二是要区分轻重缓急，顶层设计和重点突破相结合。这里分成了三个方向：对于改革已建立制度框架的，要对照四中全会精神继续巩固完善，建立长效机制；对于正在探索的要狠抓攻坚克难，实现突破，做好总结提炼、形成制度安排；对于有待谋划推出的，要大胆改革创新，及时研究制订方案。

三是要在精准谋划、精准实施上下足功夫。改革也要强调精准和有的放矢。改革解决什么问题、什么时候推出、对制度建设有什么作用都要做到心中有数。要把握不同改革的特点性质，坚持出台方案、健全机制、推进落实一起抓。要确保改革到哪里，制度建设就落到哪里，要以深化改革推进制度建设，以制度建设推进改革不断深化。

　　四是要坚决防止改革举措上的形式主义，不搞上下"一般粗"，不搞"一刀切"。落实改革方案要因地制宜、有的放矢。要让改革真正落地落细落实，让改革增强人民群众的获得感，让制度建设增强人民群众的稳定预期。为此，各项改革措施要注重目标集成、政策集成、效果集成；要通过包括开展督察等方式在内的有效督促方式确保各项制度能够有效运转。

怎样打好
"三大攻坚战"？*

有这样一组事例和数据值得欣慰：

2018 年，在我国 338 个地级及以上城市中，有 121 个城市环境空气质量达标，占 35.8%，338 个城市平均优良天数比例 79.3%，重污染及以上天数比例仅为 2.2%。随着近年来党和政府深入实施大气污染、水污染、土壤污染防治三大行动计划，我国已成为世界上第一个大规模开展 PM2.5 治理的发展中国家，并成为全世界污水处理能力最大的国家之一。全国城镇的天更蓝了，水更清了，空气质量明显改善了。

中华人民共和国成立之初，国家一穷二白，人民生活处于极端贫困状态。经过 70 年的发展特别是改革开放让我国社会生产力得到极大解放，国家能够实施大规模扶贫开发，农村贫困人口已从 1978 年末的 7.7 亿人减少到 2018 年末的 1660 万人，农村贫困发生率下降到 2018 年末的 1.7%。2019 年有望再摘帽 300 个左右贫困县。中华民族千百年来的绝对贫困问题将得到历史性解决。

随着近年来党和政府把防范与化解重大金融风险放在首位，加强和改善宏观调控、严格金融监管，宏观杠杆率过快上升势头得到遏制，金融乱象得到初步治理，金融风险总体收敛可控；微观杠杆率逐步下降，截至 2019 年 7 月末，规模以上工业企业资产负债率为 56.8%。经济金融运行的稳定有力夯实了我们应对错综复杂的国际国内形势的战略定力和持续保持我国经济发展的韧性和底气。

党的十九大报告指出，从现在到 2020 年，是全面建成小康社会决胜期。要突出抓重点、补短板、强弱项。特别是要坚决打好防范化解重大风险、精准脱贫、污染防治的攻坚战。

这是我们迈向全面建成小康社会必须经过的"攻城掠寨"、必须打好打赢的"三大攻坚战"。在实现全面建成小康社会这个宏伟目标向终点冲刺的关键时刻，

---

* 本文原载中国网 2019 年 12 月 10 日，原题为《［70@ 中国道路 Q&A］为什么必须打赢"三大攻坚战"？》。

如果经济运行中风险隐患丛生，甚至出现重大社会经济风险，全面小康就没有应有的保障；如果仍有大量人口生活在贫困线之下，就是不全面、不均衡的小康；如果在发展过程中环境遭到破坏和污染，全面小康社会就失去了其本来的意义。我们必须从巩固党的执政基础和执政地位，维护国家政治安全和制度安全的高度，充分认识打好"三大攻坚战"的极端重要性。

打好"三大攻坚战"，攻下最难的堡垒、啃下最硬的骨头，全面建成小康社会才能得到人民认可、经得起历史检验。

坚决打好"三大攻坚战"，为决胜全面建成小康社会，为实现第一个百年奋斗目标收好官，全党必须拿出决胜的精神状态和切实行动。

打好防范化解重大风险攻坚战，让经济发展更稳健。要高度重视金融、地方债务、信息安全、社会稳定等领域存在的风险隐患，切实增强忧患意识，提高风险防范化解能力。当前和今后一个时期金融领域尚处在风险易发高发期，风险点多面广，呈现隐蔽性、复杂性、传染性等特点，结构失衡问题比较突出，防范化解金融风险是实现高质量发展必须跨越的重大关口。要牢牢守住金融安全底线，既要防止"黑天鹅"事件，也要防止"灰犀牛"风险；要坚持结构性去杠杆的基本思路，把握好力度与节奏，对不同部门采用差异化的办法；金融是实体经济的血脉，要切实加大金融服务实体经济的力度，为实体经济发展创造良好的金融环境；要着力围绕供给侧结构性改革这条主线，形成金融和实体经济、金融和房地产、金融体系内部的良性循环。

打好精准脱贫攻坚战，让经济发展更均衡更充分。目前，全国农村还有千万贫困人口，都是贫中之贫、困中之困。脱贫攻坚越到紧要关头，越要坚定必胜的信心，越要有一鼓作气的决心，尽锐出战、迎难而上、真抓实干、精准施策。要攻克深度贫困堡垒，继续加大"三区三州"等深度贫困地区的脱贫攻坚力度，补齐深度贫困地区在基础设施和基本公共服务方面的短板。要充分发挥奋战在脱贫一线的 278 万名驻村干部、45.9 万名第一书记作用，打通政策落地"最后一公里"。要继续实施"五个一批"工程，因村施策、因户施策，稳定实现贫困人口"两不愁三保障"，即不愁吃不愁穿，义务教育、基本医疗、住房安全有保障。同时在脱贫标准上，既不能脱离实际、拔高标准、吊高胃口，也不能虚假脱贫、降低标准、影响成色，力戒脱贫攻坚工作中存在的形式主义、官僚主义现象，确保扶真贫、真扶贫。

打好污染防治攻坚战，让经济发展更可持续。必须把生态文明建设摆在全局工作的突出地位，咬定目标不放松，坚决打赢蓝天保卫战、着力打好碧水保卫战、扎实推进净土保卫战。要坚持从源头做好防治工作，加快调整和优化经济结构，从根本上减轻污染排放压力。要强制度严法律，努力构建生态环保的长效机制，注意统筹协调经济发展与环境治理的关系，避免处置措施简单粗暴，杜绝污染防治中的官僚主义行为。各级地方政府要增强服务意识、提高服务水平，帮助企业制订环境治理解决方案，充分发挥企业在污染防治攻坚战中的主体作用。还要引导广大群众自觉树立绿色家庭、绿色学校、绿色社区、绿色出行、绿色消费的新理念，逐步形成简约适度、绿色低碳的生活方式。

新时代，总书记为啥强调奋斗精神？*

近年来，习近平总书记在新年贺词中总有一个关键词，就是"奋斗"。

在 2017 年新年贺词中，习近平总书记说："天上不会掉馅饼，努力奋斗才能梦想成真。"

在 2018 年新年贺词中，习近平总书记说："幸福都是奋斗出来的。"

在 2019 年新年贺词中，习近平总书记则说："我们都在努力奔跑，我们都是追梦人。""大家还要一起拼搏、一起奋斗。"

作为党和国家最高领导人，在跨年之际满怀深情回望奋斗，满怀热情致敬奋斗，满怀激情呼唤奋斗，正是要鼓舞和激励着亿万人民沿着一个又一个时间节点坚定脚步、奋发前行。习近平总书记也以自己夙夜在公、励精图治的家国情怀和"我将无我，不负人民"的使命担当，领航新时代，书写着大国领袖的奋斗者形象。

岁月不居，时节如流。时间见证着奋斗者永不停歇的脚步。

站在时间的节点上回望过去，没有奋斗，就没有我们今天所拥有的一切，今天的幸福生活也无不凝聚着奋斗的汗水。

正是依靠长期艰苦卓绝的奋斗，我们完成了新民主主义革命，建立了中华人民共和国，确立了社会主义基本制度，开辟了中国特色社会主义道路，成功实现了中国历史上最深刻最伟大的社会变革，推动中国特色社会主义进入新时代，迎来了中华民族从站起来、富起来到强起来的伟大飞跃。

正是依靠中国共产党带领中国人民在长期实践中凝聚成的坚定理想、百折不挠、积极进取的奋斗精神，在波澜壮阔的历史进程中，激励着亿万中国人民攻克了一个又一个难关，创造了一个又一个彪炳史册的人间奇迹，谱写了气吞山河的壮丽史诗。奋斗精神也深深融入中华民族的血脉和灵魂，成为推动中国革命、建设、改革事业不断前进的强大精神动力。

---

* 本文原载中国网 2019 年 12 月 10 日，原题为《［70@ 中国道路 Q&A］为什么强调要继续奋斗？》。

中国共产党成立的近百年发展史，新中国成立 70 年的建设史，改革开放 40 年的创新史，就是一部我们党团结带领人民秉承初心使命，为人民谋幸福、为民族谋复兴、为世界谋大同的奋斗史。党和人民事业的前行既成就每一个奋斗者的梦想，每个人的奋斗脚步也推动国家进步、民族团结、人民富强。

党的十八大以来，习近平总书记多次为普通的奋斗者点赞。他们中有人家喻户晓，有人隐姓埋名，许多人来自基层；有知识分子，也有劳动人民，还有青年人；每个奋斗者都是熠熠生辉的楷模，是前行路上的灯塔，是永不过时的标兵。习近平总书记也多次为不断奋斗的中国人民点赞。他充满深情地说，"中国人民是具有伟大奋斗精神的人民""中国人民自古就明白，世界上没有坐享其成的好事，要幸福就要奋斗"。

经过长期奋斗，中国特色社会主义进入了新时代。奋斗是新时代的鲜明特征，新时代是奋斗者的时代。

当今世界正处于百年未有之大变局，国内改革发展稳定任务十分繁重。党的十九大对我国发展提出了更高的奋斗目标，形成了从全面建成小康社会到基本实现现代化、再到全面建成社会主义现代化强国的战略安排，发出了实现中华民族伟大复兴中国梦的最强音。

行百里者半九十。距离实现中华民族伟大复兴的目标越近，我们越不能懈怠，越要加倍努力，越要动员广大党员为之奋斗。中华民族伟大复兴，绝不是轻轻松松、敲锣打鼓就能实现的，我们要进行伟大斗争，建设伟大工程，推进伟大事业，实现伟大梦想，全党必须准备付出更为艰巨、更为艰苦的努力，必须初心不改、矢志不渝，继续弘扬中国共产党人的奋斗精神。

新征程上再出发，我们没有时间喘口气、歇歇脚。奋斗是艰辛的，艰难困苦、玉汝于成；奋斗是长期的，伟大事业需要几代人、十几代人、几十代人持续奋斗；奋斗是曲折的，"为有牺牲多壮志，敢教日月换新天"。

只有保持永不懈怠的精神状态和一往无前的奋斗姿态，撸起袖子加油干，才能一步一个脚印把前无古人的伟大事业推向前进。让我们满怀信心、拥抱梦想，以坚如磐石的信心、只争朝夕的劲头、坚韧不拔的毅力，在接续奋斗中书写新时代的光荣历史，创造中华民族新的更大奇迹。

高质量发展要有
高标准市场体系*

党的十九届四中全会审议通过的《中共中央关于坚持和完善中国特色社会主义制度、推进国家治理体系和治理能力现代化若干重大问题的决定》（以下简称《决定》）指出，坚持和完善社会主义基本经济制度，必须加快完善社会主义市场经济体制。而建设高标准市场体系正是加快完善社会主义市场经济体制的方向和重点，是适应经济高质量发展新要求、推进经济治理体系和治理能力现代化的关键内容。

市场经济是由市场机制发挥资源配置功能的经济，而市场体系则是市场机制发挥作用的必要条件。在我国建立什么样的市场体系，一直伴随着我国建立和完善社会主义市场经济体制的全过程。经过多年探索，我们在理论层面上不断深化和丰富着对市场体系的认识，在实践层面上不断拓展和推进着市场体系的建设。

改革开放之初，我国还只有单一的消费品市场、单一的所有制形式，市场体系结构十分简单，后来我们认识到社会主义初级阶段需要大力发展商品经济，以更好满足提高人民生活水平的需要，开始建立商品市场。直至党的十四大确立我国社会主义市场经济体制改革的目标，我国社会主义市场经济体制得到快速发展和不断健全。党的十八届三中全会进一步明确要加快完善现代市场体系，使市场在资源配置中起决定性作用和更好发挥政府作用。如今，我们不仅建立了极为丰富的消费品市场和生产资料市场，像金融、劳动力、技术、信息、产权、土地等生产要素市场也得以发育并茁壮成长；现在我们既有现货交易市场，也有各种门类的期货交易市场；既有许多专业化的区域市场，也不断构筑和发展起统一、开放、竞争、有序的全国市场，并日益融入世界市场体系。一个立体化、多层次、多元化的相互联系、相互促进的市场体系的日益完善，不仅让供求机制、价格机制、竞争机制等市场机制充分发挥出资源优化配置的功能，更在于极大激发了各类市场主体参与市场竞争的活力和创新力，创造出经济快速发展的奇迹，也在于

---

* 本文原载《学习时报·学习评论》2019年12月11日。

促进政府加快职能转变，不断厘清政府与市场的边界，更好地发挥政府在宏观管理、市场监管、社会管理、公共服务和生态保护上的作用。

当前我国经济已由高速增长阶段转向高质量发展阶段，建设现代化经济体系、实现高质量发展是我国发展的战略目标。这就需要着力构建市场机制有效、微观主体有活力、宏观调控有度的经济体制，需要建设高标准市场体系，以彻底破除束缚市场主体活力、阻碍市场和价值规律充分发挥作用的弊端，为高质量发展构筑更加成熟、更加定型的市场制度支撑。

建设高标准市场体系，要完善产权制度。要按照《决定》要求，抓紧完善相关制度，健全以公平为原则的产权保护制度，依法平等保护各类产权，实现产权有效激励，夯实产权制度这个市场经济的基石。特别是要建立知识产权侵权惩罚性赔偿制度，进一步加强知识产权保护。刚刚颁发的《关于强化知识产权保护的意见》就在制度设计上将更加有效发挥知识产权制度激励创新的基本保障作用。

建设高标准市场体系，还要完善要素市场化配置。要素自由流动是市场体系的活力所在。当前要着力推进土地、金融、科技、数据等要素市场的规则健全和制度建设，通过深化市场化改革，实现要素价格市场决定、流动自主有序、配置高效公平，确保现代产业体系中的实体经济、科技创新、现代金融、人力资源"四个轮子"协同运转和良性互动。

建设高标准市场体系，再要完善公平竞争制度。市场体系的核心在于公平竞争。《决定》提出要强化竞争政策基础地位，以竞争政策为基础来协调相关政策。只有全面实施市场准入负面清单制度，清除妨碍统一市场和公平竞争的各种规定和做法，才能确保各类市场主体平等公平参与市场的机会，才有利于推动企业实现优胜劣汰。各级政府也要大力促进城乡间、产业间、区域间市场开放，促进各类要素合理流动和高效集聚，由过去偏重追求政策"洼地"转为更倾力打造公平营商环境的"高地"，让营商环境真正成为生产力和市场竞争力。

定调 2020，
经济工作这么抓！*

　　"我国经济稳中向好、长期向好的基本趋势没有改变""切实把党领导经济工作的制度优势转化为治理效能"，中央经济工作会议 2019 年 12 月 10 日至 12 日在北京举行。中共中央总书记、国家主席、中央军委主席习近平发表重要讲话，总结 2019 年经济工作，分析当前经济形势，部署 2020 年经济工作。

　　2020 年是全面建成小康社会和"十三五"规划收官之年，我们要实现第一个百年奋斗目标，为"十四五"发展和实现第二个百年奋斗目标打好基础，做好经济工作十分重要。中央经济工作会议提出了哪些具体抓手？部署了哪些重点工作？多位专家第一时间接受人民网·中国共产党新闻网采访表示，站在重要的历史交汇点上部署 2020 年全年经济工作，最主要的就是能够在顺应时势中把握大势，在鼓舞士气中坚定必胜信心，在总结过去中开创更加美好的未来。

"四个必须"：切实把准经济发展航向

　　"任尔风急浪高，我自安如磐石。"2019 年是新中国成立 70 周年，全面建成小康社会的关键之年。面对国内外风险挑战明显上升的复杂局面，在以习近平同志为核心的党中央坚强领导下，全面建成小康社会取得新的重大进展。中国经济无惧风雨稳步行、开路架桥势如虹，呈上了一份高质量的成绩单。

　　一年来，中国经济发展成绩来之不易。在工作中，我们形成了"四个必须"的重要认识："必须科学稳健把握宏观政策逆周期调节力度""必须从系统论出发优化经济治理方式""必须善于通过改革破除发展面临的体制机制障碍""必须强化风险意识"。

　　"这次中央经济工作会议强调的'四个必须'事实上是党的十八大以来我们应对经济进入新常态，对以习近平同志为核心的党中央领导经济工作的基本经验的一个新的概括，是复杂形势下治理经济必须把握的战略思维、辩证思维、系统

---

　　* 本文原载中国共产党新闻网 2019 年 12 月 13 日，记者：任一林、吴兆飞。

思维、底线思维的有机统一。"中共中央党校（国家行政学院）研究员胡敏表示，这"四个必须"表现在宏观政策选择的方向上，就是要科学稳健把握好逆周期调节力度，通过供给侧结构性改革最大限度地激发内生发展动力；表现在宏观政策选择的策略上，就是要注重统筹和全局观念，切实优化经济治理方式、提高经济治理能力；表现在经济改革上，强调要以问题倒逼改革，坚持问题导向、目标导向和结果导向，通过改革释放市场潜能和市场主体的创新力、竞争力。"四个必须"是一个统一整体，必须相互依存、相互促进。

中共中央党校（国家行政学院）经济学部教员、副教授周跃辉表示，第一个"必须"是战略思维在经济领域的应用，这要求我们在抓经济工作的同时善于从宏观和战略层面把握经济规律。第二个"必须"是系统思维或者辩证思维在经济工作领域的实践，这一思维要求我们发展地而不是静止地、全面地而不是片面地、系统地而不是零散地进行经济决策、处理经济工作。第三个"必须"要求在经济实践中要善于运用创新思维，勇于破除因循守旧和思想僵化的老路子，以勇于拓新的方法对经济工作进行变革，以此挖掘发展潜能。第四个"必须"实际上是要求我们在抓经济工作时，要树立底线思维，从最坏处着眼、向最好处努力，推动中国经济高质量发展。

"稳"字当头：为2020年经济社会发展定调把脉

"稳"始终是中国经济发展的关键字，中央经济工作会议指出，实现明年预期目标，要坚持稳字当头。中国经济是一片大海，而不是一个小池塘。经历了无数次狂风骤雨，大海依旧在那儿！2018年的中央经济工作会议提出要做好"六稳"工作，随着这一措施的出台，政策红利持续释放。2019年，中央经济工作会议继续将"全面做好'六稳'工作，统筹推进稳增长、促改革、调结构、惠民生、防风险、保稳定，保持经济运行在合理区间"作为2020年经济工作的重要要求，为2020年中国经济社会的发展定调把脉。

胡敏谈到，可以从三个方面来理解这个"稳"字当头。一是2020年是"十三五"规划实施和全面建成小康社会的收官之年，这个重要时间节点必须保持经济运行在"稳"的合理区间。二是这么多年来我们始终坚持稳中求进的工作总基调，稳是大局、稳是前提，只有保持"稳"才有利于平稳推进改革开放、实现经济迈向高质量发展，应对好各种风险挑战。三是只有把握好"稳"的经济治理节奏、"稳"的政策框架、"稳"的政策目标，才能保持战略定力，稳定市场预期、稳定人心、稳定经济发展的信心。

中国人民大学教授罗来军表示，在金融领域，应突出稳字，防范金融风险，守住不发生系统性金融风险的底线；在民生领域，要稳就业，促进社会平稳发展。

吉林大学中国国有经济研究中心主任李政表示，本次会议强调稳字当头，"稳"是主基调、是大局。把"稳"放在突出位置，关键是稳住经济运行，重点抓好稳就业、稳金融、稳外贸、稳外资、稳投资、稳预期，确保经济运行在合理区间，实现全年经济增长目标。

六项"重点任务"：勠力同心做好全党工作"重中之重"

大国经济，气象万千。作为世界第二大经济体，中国经济动向时刻牵动世界目光，但大江大河奔腾向前的势头谁也阻挡不了。站在重要的历史交汇点上部署2020年全年经济工作，最主要的就是能够在顺应时势中把握大势，在鼓舞士气中坚定必胜信心，在总结过去中开创更加美好的未来。在总结2019年成绩和确定2020年目标的同时，针对中国经济发展当前面临的热点问题，此次会议明确了六项"重点任务"。

会议确定，2020年要抓好以下重点工作："一是坚定不移贯彻新发展理念""二是坚决打好三大攻坚战""三是确保民生特别是困难群众基本生活得到有效保障和改善""四是继续实施积极的财政政策和稳健的货币政策""五是着力推动高质量发展""六是深化经济体制改革"。

《人民日报》今日刊发社论指出，做好经济工作，就要善于聚焦主要任务、抓好重点工作。实现全面建成小康社会和"十三五"规划目标任务是2020年全党工作的重中之重。各地区各部门要全面贯彻党的十九届四中全会精神，在推进国家治理体系和治理能力现代化上多下功夫，切实把党领导经济工作的制度优势转化为治理效能。

"这六项工作任务是2020年经济工作的抓手，也是2020年经济工作行稳致远、取得稳定健康发展的关键。这六项工作涵盖了2020年经济工作的主要内容，这一系列任务的贯彻落实将为改善营商环境、提升微观主体活力打下良好基础。"李政告诉记者。

胡敏表示，中央经济工作会议提出的六项"重点任务"，既强调发展理念又明确了经济工作思路；既把握宏观政策取向又指明经济改革的主要方向；既着力于经济发展短板又明确了经济工作着重点，体现了政策布局的前瞻性、针对性、有效性，突出了改革布局的问题导向、目标导向、结果导向，着力于发展布局中抓重点、补短板、强弱项。按照这一清晰的经济工作思路逐条推进、逐项落实，我们就能够把外部压力转化为深化改革、扩大开放的强大动力，能够更加凝神聚力、集中力量办好自己的事情。

2020 年经济工作怎么干
专家解读中央经济工作会议 *

坚定不移贯彻新发展理念

中央经济工作会议提出，新时代抓发展，必须更加突出发展理念，坚定不移贯彻创新、协调、绿色、开放、共享的新发展理念，推动高质量发展。

理念是行动的先导，坚定不移贯彻新发展理念对做好 2020 年经济工作十分重要。

"2020 年是全面建成小康社会和'十三五'规划收官之年，落实新发展理念将助力我们更好完成这一宏伟目标。"中国人民大学副校长刘元春说，应对经济下行压力，推动中国经济高质量发展，也都要求我们从新发展理念中寻找思路。

"目前，中国已是世界第二大经济体，但工业化、城镇化等进程尚未完成，人均 GDP 还有待提高。"国家信息中心经济预测部副主任牛犁表示，近年来，我国生产力水平显著提高，但仍处于并将长期处于社会主义初级阶段的基本国情没有变，"发展仍是解决我国所有问题的关键。做好 2020 年经济工作，就要坚定不移贯彻新发展理念，不断提高发展的质量和效益"。

如何"紧紧扭住新发展理念推动发展"？

牛犁认为，新一年，各地区各部门应当更加深刻地理解新发展理念的内涵和要求，克服"本领恐慌"，摆脱"路径依赖"，努力找到做好经济工作的抓手和关键，"比如'崇尚创新'，要求我们加大研发投入，通过创新驱动提高全要素生产率、推动产业迈向中高端；'厚植开放'，要求沿海地区、内陆地区都要以更开放的视野、更广阔的格局来筹划推动经济工作"。

"'注重协调'，就要在短板领域、关键环节持续发力，实现产业、区域、城乡等方面的协调发展。"刘元春阐释道。

中央经济工作会议提出，要树立全面、整体的观念，遵循经济社会发展规

---

* 本文原载《人民日报》2019 年 12 月 13 日，记者：林丽鹂等。

律。"创新、协调、绿色、开放、共享的新发展理念是一个有机整体，哪方面做得不到位，发展都会受影响。"牛犁认为，2020年，我们要保持经济运行在合理区间，同时不能为了增长而放松对生态环保的要求、让人民群众的获得感打折，不能为了追求速度而忽视质量，"只有科学落实、统筹推进，才能让新发展理念引领经济高质量发展"。

改善民生　兜住底线

中央经济工作会议提出，确保民生特别是困难群众基本生活得到有效保障和改善。

"这次会议强调的'要发挥政府作用保基本''要发挥市场供给灵活性优势'令人印象深刻。"中国社会保障学会会长郑功成认为，保障和改善民生，既要发挥政府保基本、兜底线的作用，也要通过政府引导，撬动市场资源和社会力量，发挥市场供给的灵活性优势，从而满足人民群众多层次、多样化的需求。

中国宏观经济研究院社会发展所研究员张本波认为，对于义务教育、基本医疗、养老保障等基本公共服务，政府要承担责任，注重普惠性、基础性、兜底性；而对于那些满足人们多元化、个性化需求的非基本公共服务，可通过深化民生服务领域改革来支持社会力量增加有效供给。

对于就业、医疗、住房等领域，中央经济工作会议同样提出了不少具体举措。

就业是民生之本。2019年前10个月，全国城镇新增就业1193万人，提前实现全年目标。郑功成认为，2020年要继续做好稳就业工作，着力健全有利于实现更高质量和更充分就业的体制机制，突出抓好重点群体就业工作。张本波表示，2019年社保降费、援企稳岗、加大劳动者技能培训等措施科学有效，2020年还要继续发力，对稳定就业总量、改善就业结构发挥更大作用。

"2019年我国在养老服务方面密集出台了许多政策措施。"中国老龄协会政策研究部主任李志宏说，未来既要完善政府保障基本养老服务的能力，也要通过放宽准入、改革公办机构、优化营商环境等措施来激活养老消费市场，"相信这些举措将带动养老服务产业提质增效"。

"中央经济工作会议再次强调'要坚持房子是用来住的、不是用来炒的定位'，意味着房地产调控政策将保持稳定性和连续性。"国务院发展研究中心市场所研究员邵挺表示，下一步要全面落实因城施策，加快完善长效管理调控机制，切实做到稳地价、稳房价、稳预期，"2020年，加大城市困难群众住房保障工作、改造城镇老旧小区等一系列举措将形成合力，更好满足百姓的居住需求"。

着力推动高质量发展

中央经济工作会议提出，要坚持巩固、增强、提升、畅通的方针，以创新驱动和改革开放为两个轮子，全面提高经济整体竞争力，加快现代化经济体系建设。

国家信息中心经济预测部副主任王远鸿认为，着力推动高质量发展是一项长期的重点任务，"当前经济下行压力加大，更需要依靠高质量发展转变发展方式、优化经济结构、转换增长动力，破解经济发展过程中存在的深层次结构性矛盾，推动经济持续健康发展"。中国宏观经济研究院产业所工业研究室主任付保宗也认为，着力推动高质量发展，既是顺应经济发展规律的客观要求，也是满足人民对美好生活向往的必然选择。

"近年来，我国实体经济中结构性矛盾、金融服务实体经济能力不强、要素成本快速上升、创新能力不足、资源环境约束增强等问题逐渐凸显。"在王远鸿看来，"全面提高经济整体竞争力，加快现代化经济体系建设"正是解决这些突出问题的关键举措。王远鸿表示，"经济体系结构合理、协同有力，经济的整体竞争力才能全面提高"。

推动高质量发展，必须依靠创新驱动。

"目前，我国科技体制不完善、财税机制不健全、营商环境待优化等问题制约着科技创新能力的提升。"付保宗说，下一步应通过深化科技体制改革解决这些问题，让创新引擎更加强劲。

"创新驱动，要求我们推动质量变革、效率变革、动力变革。"在王远鸿看来，"中央经济工作会议提出，'健全鼓励支持基础研究、原始创新的体制机制'，这将有助于不断提高科技创新对经济发展的贡献"。

推动高质量发展，也必须依靠改革开放。

王远鸿认为，改革开放要通过制度设计和政策创新，营造公平公正的市场环境和审慎包容的创新生态，"比如要深化'放管服'改革激发微观主体活力、加快国有企业改革、放宽市场准入限制、完善知识产权保护制度等，推动生产要素实现高效流动和合理配置"。

坚决打好三大攻坚战

坚决打好三大攻坚战，是2020年的重点经济工作之一。

中央经济工作会议提出，要确保脱贫攻坚任务如期全面完成。"打赢脱贫攻坚战，是全面建成小康社会的底线任务。"中国社科院农村发展研究所研究员李国祥说。预计到2019年底，全国90%以上的贫困县摘帽，95%左右贫困人口将脱贫，脱贫攻坚进入全面收官的关键阶段。

"2020 年，我们要确保目标不变、靶心不散，采取有效措施，巩固脱贫成果。"李国祥认为，"集中兵力打好深度贫困歼灭战"要求进一步聚焦"三区三州"等深度贫困地区，加大政策帮扶力度，着力改善基础设施条件，扎实推进产业扶贫、易地扶贫搬迁等措施，增强贫困人口脱贫内生动力，"此外，还要加强考核评估，严把贫困人口退出关，真脱贫、脱真贫，让脱贫成果经得起历史检验"。

中央经济工作会议提出，要打好污染防治攻坚战，坚持方向不变、力度不减。"2019 年以来，污染防治攻坚战深入推进，但也应认识到任务依然艰巨。"生态环境部环境与经济政策研究中心主任吴舜泽认为，接下来，各地区各部门要在巩固现有成果的基础上，加大工作和投入力度，打好蓝天、碧水、净土保卫战。

中央经济工作会议提出的"突出精准治污、科学治污、依法治污"如何落实？吴舜泽认为，这要求我们针对大气、水、土壤等污染成因和特点，紧盯突出问题和关键环节"对症下药"，"此外，还要协同推动经济高质量发展和生态环境高水平保护，更加注重源头预防和绿色发展，加快建立健全生态环境治理体系，提高治理的系统性和科学性"。

中央经济工作会议提出，要保持宏观杠杆率基本稳定，落实各方责任。中国社科院国家金融与发展实验室副主任曾刚认为，2020 年保持宏观杠杆率基本稳定要求我们注意把握风险处置节奏和力度，"各地各部门要在加快出清'僵尸企业'、处置银行不良贷款上下功夫，重点化解存量风险，提高金融体系运行效率，增强金融对实体经济的支持力度，推动经济高质量发展"。

宏观政策协同发力

中央经济工作会议要求继续实施积极的财政政策和稳健的货币政策，"积极的财政政策要大力提质增效""稳健的货币政策要灵活适度"。

如何理解"积极的财政政策要大力提质增效"？

"'提质增效'涉及的'质'和'效'两方面是相互协调、相互支撑的。'提质'要求积极的财政政策更加精准、发力点更加合理；'增效'指的是在发力点确定以后，有效配置资金，充分落实政策。"中国财政科学研究院副院长白景明认为，在"大力提质增效"的要求下，积极的财政政策应着眼于国家治理体系和治理能力现代化，确保减税降费政策落实到位，注重激发市场活力，推动经济高质量发展。

如何理解"稳健的货币政策要灵活适度"？

在民生银行首席研究员温彬看来，下一阶段，稳健货币政策的基调将延续下去，货币政策的前瞻性和灵活性将进一步增强，"应保持市场流动性合理充裕，引导金融机构继续优化信贷结构，确保资金流向制造业、民营小微企业等实体经济领域"。

交通银行首席经济学家连平认为，货币政策应更多从"增信用"的角度发力，提升金融机构信贷投放的能力和积极性，"此外，还要加强对预期的引导和把控，把握好货币政策目标和政策力度"。

中央经济工作会议还提出，财政政策、货币政策要同消费、投资、就业、产业、区域等政策形成合力。

宏观政策如何协同发力？中国社科院财经战略研究院院长何德旭认为，宏观政策应坚持促进经济高质量发展这一基本取向，为经济平稳运行营造良好的宏观环境。"2019年以来，面对复杂的国内外经济形势，我国强化逆周期调节，加强政策协调配合，为经济平稳运行注入了强大政策合力。"温彬说，2020年，加大对基础设施、环保、民生等薄弱领域和关键环节的投资和支持力度，将是宏观政策协同精准发力的重要着力点之一。

深化经济体制改革

未来一年，经济体制改革如何深化？中央经济工作会议提出了一项项具体措施。

要加快建设高标准市场体系。中共中央党校（国家行政学院）研究员胡敏认为，当前我国经济已转向高质量发展阶段，建设现代化经济体系、实现高质量发展，需要着力构建市场机制有效、微观主体有活力、宏观调控有度的经济体制，需要建设高标准市场体系，彻底破除束缚市场主体活力、阻碍市场和价值规律充分发挥作用的弊端，为高质量发展构筑更加成熟、更加定型的市场制度支撑。

要加快国资国企改革，推动国有资本布局优化调整。胡敏认为，这要求我们进一步增强国有经济竞争力、创新力、控制力、影响力和抗风险能力，做强做优做大国有资本。

要完善产权制度和要素市场化配置。"下一步，我们应健全以公平为原则的产权保护制度，依法平等保护各类产权，实现产权有效激励，夯实产权制度这个社会主义市场经济的基石；还应通过深化市场化改革，实现要素价格市场决定、流动自主有序、配置高效公平。"胡敏表示。

中央经济工作会议提出，对外开放要继续往更大范围、更宽领域、更深层次的方向走，加强外商投资促进和保护，继续缩减外商投资负面清单。

"这三个'更'，要求我们在空间布局、市场准入、营商环境等多方面发力，继续推动新一轮高水平对外开放。"中国社科院世界经济与政治研究所研究员高凌云说。

向更大范围走，就是要优化对外开放的空间布局。为此，要大力实施区域协调发展战略，协同推进沿海、内陆、沿边的对外开放，形成全方位对外开放新格局。

向更宽领域走，就是要继续放宽市场准入。要吸引高质量外商直接投资，将引资重点领域转向现代农业、先进制造业、现代服务业、战略性新兴产业和价值链高端环节，并发挥好自贸试验区改革开放试验田作用。

向更深层次走，就是要加快形成市场化、法治化、国际化的一流营商环境，主动参与全球经济治理变革。

学思用贯通　推动形成弘扬主旋律、传播正能量的舆论场[*]

不断增强脚力、眼力、脑力、笔力（以下简称"四力"），是习近平总书记对新形势下宣传思想战线队伍建设提出的总要求，为宣传思想战线提高站位、夯实基础、开创工作新局面指明了方向。

"四力"是一个相互联系、相互促进的有机整体，也是衡量宣传思想战线队伍综合素质高低的重要标准。其中，增强脑力是宣传思想工作职能所需，也是宣传思想队伍职责所在。广大宣传思想工作者应对变化中的复杂世界，必须不断增强思考和分析问题的能力与水平，自觉用先进的理论武装头脑、指导实践，并以之检验宣传思想工作的成效。

脑力是认识和把握事物发展内在规律的能力

脑力是一个人思维能力的综合反映，是认识和把握事物发展内在规律能力的集中体现。判断一个人脑力的强弱，要看其是否能够在充分掌握知识和科学运用思维方法的基础上，对纷繁复杂的世界和不断变化的事物，实现由浅入深、由表及里的认识，从现象深入到本质，做到去伪存真。

马克思被誉为"千年第一思想家"，他对所处的时代和世界进行了深入的考察，创造性地揭示了人类社会发展的一般规律，揭示了资本主义运行的特殊规律，不仅为人类指明了从必然王国向自由王国飞跃的途径，为人民指明了实现自由和解放的道路，在思维方法上也为人类作出了巨大贡献。延安时期，毛泽东同志综合运用马克思主义辩证唯物主义和历史唯物主义的科学思维方法，写出了《实践论》《矛盾论》两篇光辉的著作，成为指导中国革命、锤炼中国共产党人马克思主义思维品性的重要读本。习近平总书记指出，"我们党在中国这样一个有着13亿人口的大国执政，面对着十分复杂的国内外环境，肩负着繁重的执政使命，如果缺乏理论思维的有力支撑，是难以战胜各种风险和困难的，也是难以

---

[*] 本文原载《光明日报》2019 年 12 月 19 日。

不断前进的",强调全党要"掌握贯穿其中的辩证唯物主义的世界观和方法论,提高战略思维、历史思维、辩证思维、创新思维、法治思维、底线思维能力,善于从纷繁复杂的矛盾中把握规律,不断积累经验、增长才干"。

对于宣传思想工作者来说,系统增强并不断提高科学思维能力,有助于不断增强脑力,保持思想的敏锐性、开放性、思辨性,使主观认识更加符合客观实际,适应新时代的新要求,创作出反映时代特点、适合人民需求的精品力作,推动宣传思想工作更好体现规律性、增强时代性、富于创造性。

增强脑力是做好宣传思想工作的必然要求

我们党历来高度重视宣传思想工作。宣传思想工作从根本上说是做人的工作,肩负着在新形势下举旗帜、聚民心、育新人、兴文化、展形象的使命任务。宣传思想工作者应自觉增强脑力,不断提高科学思维能力,主动思考、勤于思考、善于思考、正确思考,创作出优秀的思想产品和宣传作品,引导广大人民群众统一思想、凝神聚力、树立信心,为党和国家各项事业发展作出应有贡献。

增强脑力是宣传思想工作者应对当今世界复杂多变形势的必然要求。习近平总书记指出:"当今世界正经历百年未有之大变局。新兴市场国家和发展中国家的崛起速度之快前所未有,新一轮科技革命和产业变革带来的新陈代谢和激烈竞争前所未有,全球治理体系与国际形势变化的不适应、不对称前所未有。"因此,必须准确识变、科学应变、主动求变,这就要求宣传思想工作者不断提高用辩证唯物主义与历史唯物主义来分析事物的能力,通过不断学习和锤炼科学思维能力,从纷繁复杂的变局中把握要领、厘清头绪,及时认清事物本质,掌握变化特征,知晓变化方向,在廓清迷雾、明辨是非中去伪存真。

增强脑力是宣传思想工作不断满足人民美好生活需要的必然要求。当前,我国社会主要矛盾发生了变化,广大人民群众的美好生活需要不仅表现为对物质文化生活的更高要求,在民主、法治、公平、正义、安全、环境等方面的要求也日益增长。在思想文化领域,人们的思想观念日益活跃和多元化,尤其是随着互联网的快速发展,网络空间信息技术的更新速度不断加快,各种崭新的媒介形式不断出现,这对宣传思想工作者增强脑力提出了新的更高要求。对此,宣传思想工作者要坚持解放思想、实事求是,以党和国家工作大局及人民的利益作为衡量工作的尺度,提高新闻舆论的传播力、引导力、影响力、公信力,形成弘扬主旋律、传播正能量的舆论场。

增强脑力是巩固意识形态指导地位、凝聚思想共识的必然要求。习近平总书记指出,"意识形态工作是党的一项极端重要的工作"。做好意识形态工作,事关党的前途命运，事关国家长治久安，事关民族凝聚力和向心力。因此，宣传思想工作者必须坚持马克思主义新闻观的基本立场、观点和方法，深入思考、明辨是非，牢牢把握正确舆论导向，唱响主旋律、传播正能量，有效引领社会思潮，巩固壮大主流思想舆论阵地，切实凝聚起全社会思想共识，激发出全党全社会团结奋进的强大力量。

自觉运用马克思主义理论武装头脑

在纪念马克思诞辰 200 周年大会上的讲话中，习近平总书记指出："两个世纪过去了，人类社会发生了巨大而深刻的变化，但马克思的名字依然在世界各地受到人们的尊敬，马克思的学说依然闪烁着耀眼的真理光芒！"作为马克思主义中国化的最新理论成果，习近平新时代中国特色社会主义思想充分体现了马克思主义的立场观点方法，提供了认识和把握当今世界发展的最新最系统的思维方式和工作方法。宣传思想工作者增强脑力，就要深入学习贯彻习近平新时代中国特色社会主义思想，深刻领会蕴含其中的真理力量、思想力量、实践力量，做到学思用贯通、知信行统一。要向深里学、联系实际地学，更加自觉地运用马克思主义基本原理和党的创新理论武装头脑、指导实践、推动工作。必须在全面系统深入学习中增强独立思考的能力，力求由表及里、融会贯通。思想功底厚实了，思想方法丰富了，脑力也就增强了，就能切实把学习成效转化为做好宣传思想工作、凝聚社会共识的生动实践。

增强脑力，应自觉坚守初心担起使命，始终站稳人民立场。习近平总书记强调："前进道路上，我们必须始终把人民对美好生活的向往作为我们的奋斗目标，践行党的根本宗旨，贯彻党的群众路线，尊重人民主体地位，尊重人民群众在实践活动中所表达的意愿、所创造的经验、所拥有的权利、所发挥的作用，充分激发蕴藏在人民群众中的创造伟力。"坚持党性和人民性的高度统一，是衡量宣传思想工作得失成败的重要标准，也是判断宣传思想工作者思考问题和分析问题能力与水平的一把尺子。宣传思想工作应让人民群众喜闻乐见，反映人民心声、回应社会关切，还应具备全局视野。同时，实践是增强脑力的重要途径之一，这就要坚持从实践中来、到实践中去，在向人民群众学习中丰富我们的大脑、增加我们的智慧，以实际行动不断丰富人民群众的精神世界、满足人民群众的精神需求。

预计 2020 年中国新增
就业人口仍将超千万[*]

2019 年 12 月 19 日，由中新经纬主办的"财经中国 2020V 峰会"在北京举行。会议以"创新的力量"为主题，邀请经济学者、企业代表和媒体高层等近 300 人与会，共同探讨经济创新发展的经验和路径。

中共中央党校（国家行政学院）研究员、中新经纬特约专家胡敏在会上接受中新经纬客户端专访时表示，在 2019 年新增就业人口目标提前两个月完成的情况下，预计 2020 年的新增就业人口将保持在 1000 万~1100 万。

2020 年不会出现明显的通胀形势

在即将过去的 2019 年，居民消费价格指数（CPI）涨幅出现了前低后高的走势，2019 年 11 月 CPI 同比上涨 4.5%，其中，因猪价同比涨 110.2%，推高 CPI 约 2.64 个百分点。

胡敏表示，2019 年初全国物价走势还非常平稳，受到"猪周期"的影响，CPI 涨幅在下半年有所抬头，但综合来看，完成全年 CPI 涨幅在 3% 左右的目标是没有问题的，基本符合预期。

胡敏称，2020 年的经济工作将坚持"稳字当头"，预计控制物价涨幅会是政府部门 2020 年重点关注的问题之一，各部门会通过调控措施，来扩大短缺商品的有效供给。虽然 2020 年上半年特别是第一季度的 CPI 涨幅会稍微高一些，但全年的物价水平不会出现大幅上涨，不会出现明显的通货膨胀形势。

"另一方面，工业生产者价格指数（PPI）还处于负增长，CPI 和 PPI 呈现出'倒剪刀差'的状态，从历史数据看，整个工业生产资料价格处于负增长的情况下，不会支撑消费品的大幅上涨。"他说，个别消费品价格上涨虽然不会引起整体的通胀，但会影响消费者的心理预期，造成其他消费品价格叠加性上涨，在 2020 年第一季度、第二季度，要严防物价快速上升。

---

[*] 本文原载中新经纬 APP2019 年 12 月 19 日，记者：薛宇飞。

对于 2020 年初的价格走势，国家发改委新闻发言人孟玮 12 月 17 日表示，考虑到 2019 年物价走势对明年翘尾因素的影响，加上春节效应，2020 年初 CPI 涨幅可能会较大。

针对居民比较关心的猪肉价格问题，胡敏分析称，根据此前多次"猪周期"的情况看，猪肉价格会呈现前高后低的走势，随着供给的增加，猪肉价格有可能较高点下跌 30%～40%，但由于货币购物力的下降，价格可能不会回到过去的水平。

新增就业人口预计仍超千万

近日举行的中央经济工作会议强调，要完善和强化"六稳"举措。"六稳"中，排在首位的就是"稳就业"。

根据人社部此前发布的数据，2019 年 1～10 月，全国城镇新增就业 1193 万人，提前实现全年城镇新增就业 1100 万人以上的目标。2019 年 10 月，全国城镇调查失业率为 5.1%，比 9 月下降 0.1 个百分点，低于 5.5% 的预期控制目标。

胡敏分析称，近几年，中国每年的新增就业人口都在 1000 万～1100 万，2019 年在经济下行压力较大的情况下仍能提前两个月完成年初目标，是政府部门做到了防患于未然，即把实施积极的就业政策上升到宏观经济层面，把就业政策与财政政策、货币政策放在同等重要的位置，对新增就业人口任务的顺利完成起到了助推作用。

"在实际操作层面，通过鼓励新经济产业发展，鼓励大众创业、万众创新，实施更加积极灵活的就业政策，开拓出一些结构性就业渠道，比如农民工返乡创业、大学生创新创业与自主择业等，吸纳了新增就业人口。"他还分析，中国经济增速虽然有所放缓，但绝对体量仍在增加，可以解决就业问题。

胡敏同时也指出，中国现阶段部分人群面临的就业压力依旧较大，例如农民工就业问题，在基建、房地产建设放缓的情况下，需要拓展新的发展空间，让农民工投入到新型城镇化、乡村振兴的建设中去。

2019 年的中央经济工作会议提出，要稳定就业总量，改善就业结构，提升就业质量，突出抓好重点群体就业工作，确保零就业家庭动态清零。

胡敏预计，2020 年中国新增就业人口将保持在 1000 万～1100 万。

高质量打赢脱贫攻坚战[*]

——深刻领会习近平总书记脱贫攻坚论述精神

党的十八大以来，习近平总书记站在全面建成小康社会、实现中华民族伟大复兴中国梦的战略高度，把脱贫攻坚摆到治国理政突出位置，针对新时期扶贫工作进行了多维度、多层次的阐释，提出了一系列新思想新观点新论断，并作出了一系列开创性的全新决策部署。深刻领会和贯彻落实习近平总书记关于扶贫工作的重要论述，我们需要从价值、方法、实践和时空四个维度来认真把握，确保在最后的关头坚决打赢脱贫攻坚战。

价值维度

从价值维度上看，习近平总书记关于扶贫工作的重要论述深刻揭示了以人民为中心的发展思想的核心要义，深刻体现了社会主义公平正义的本质特征，鲜明昭示了共享发展理念，新时代坚持以人民为中心就必须坚定不移走共同富裕的道路。

习近平同志在 2012 年 11 月党的十八大上当选中共中央总书记时就向全党全国人民庄严宣誓，"人民对美好生活的向往就是我们的奋斗目标"。他指出，我们的责任，就是要团结带领全党全国各族人民，继续解放思想，坚持改革开放，不断解放和发展社会生产力，努力解决群众的生产生活困难，坚定不移走共同富裕的道路。

人民性是马克思主义最鲜明的品格，是中国共产党人坚守马克思主义人民立场的重要体现，也是中国共产党人接续奋斗的宗旨和使命。党的十八大以来，以习近平同志为核心的党中央结合中国特色社会主义事业发展实际，面对社会主要

---

* 本文原载成都市委机关的《先锋》杂志 2019 年 12 月 22 日。

矛盾发生历史性变化，继承和创新马克思主义理论，进一步深化马克思主义人民立场的实践，鲜明地提出发展为了人民，提出共享发展理念，提出坚持以人民为中心的发展思想，把增进人民福祉、促进人的全面发展、朝着共同富裕方向稳步前进作为经济发展的出发点和落脚点。

习近平总书记进一步将以人民为中心的发展思想具体体现在全面建成小康社会进程中着力消灭贫困、切实解决扶贫脱困问题的生动实践中。早在 2012 年 12 月，习近平总书记到河北省阜平县看望慰问困难群众，考察扶贫开发工作时就强调，消除贫困、改善民生、实现共同富裕，是社会主义的本质要求。

在党的十八届二中全会上，习近平总书记进一步强调，贫穷不是社会主义。如果贫困地区长期贫困，面貌长期得不到改变，群众生活长期得不到明显提高，那就没有体现我国社会主义制度的优越性，那也不是社会主义。在 2015 年 11 月召开的中央扶贫工作会议上，习近平总书记指出，全面建成小康社会、实现第一个百年奋斗目标，农村贫困人口全部脱贫是一个标志性指标。全面建成小康社会，是我们党对全体人民的庄重承诺，必须实现，而且必须全面实现，没有任何讨价还价的余地。

党的十八届五中全会从实现全面建成小康社会奋斗目标出发，把扶贫攻坚改成了脱贫攻坚，明确到 2020 年我国现行标准下农村贫困人口实现脱贫，贫困县全部摘帽，解决区域性整体贫困。这是以习近平同志为核心的党中央动员全党全国全社会力量，向贫困发起的总攻，是确保到 2020 年所有贫困地区和贫困人口一道迈向全面小康社会的总动员令。

党的十九大报告又将精准脱贫作为全面建成小康社会必须打赢的三大攻坚战之一。如期打赢脱贫攻坚战，在中华民族几千年历史发展上首次整体消灭绝对贫困现象，书写好这项对中华民族、对整个人类具有里程碑意义的历史伟业。

方法维度

从方法维度上看，习近平总书记关于扶贫工作的重要论述从统筹规划和顶层设计入手，以问题为导向抓住贫困的本质着眼脱贫的关键，既有明确的路线图和时间表，又有精准的实施路径和扎实的工作机制保证。

中国特色扶贫开发道路，充分证明中国共产党领导和中国特色社会主义制度的巨大优越性，也为全面建成小康社会、实现第一个百年奋斗目标奠定了坚实基础。

但必须看到，经过多年努力，容易脱贫的地区和人口已经解决得差不多了，越往后脱贫攻坚的成本越高，难度越大、见效越慢。习近平总书记站在新的发展方位，把握大势、审时度势，告诫全党：当前脱贫攻坚既面临一些多年未解决的深层次矛盾和问题，也面临不少新情况新挑战。脱贫攻坚已经到了啃硬骨头、攻坚拔寨的冲刺阶段，所面对的都是贫中之贫、困中之困，采用常规思路和办法，按部就班推进难以完成任务，必须以更大的决心、更明确的思路、更精准的举措、超常规的力度，众志成城实现脱贫攻坚目标。

习近平总书记指出，找准方位才能把握航向，主动作为才能克难前行。党的十八大以来，习近平总书记亲临贫困地区一线访贫问苦、深入调研、脚步几乎走遍每一个深度贫困地区。从中央到地方，习近平总书记召开不同层次的脱贫攻坚经验交流会、问题分析会，亲自谋划、亲自动员、亲自部署，从宏观决策、顶层设计到战略安排、战术部署发表一系列重要讲话重要指示，为全面打赢脱贫攻坚战，攻克脱贫攻坚的最后堡垒提供了基本遵循和行动方案。

精准扶贫、精准脱贫是新时期扶贫工作的核心思想、基本方略和实施路径。扶贫开发贵在精准，重在精准，成败之举在于精准，必须牢牢把握"精准"这个核心。

一是在精准施策上出实招。习近平总书记要求各贫困地区，要深入分析致贫原因、禀赋条件，要访真贫、扶真贫、真扶贫，在充分调查研究的基础上，坚持因人因地施策，因贫困原因施策，因贫困类型施策。二是在精准推进上下实功。扶贫工作要扎扎实实，一步一个脚印地推进，不能空喊口号、好大喜功、盲目蛮干。习近平总书记形象地说，扶贫不能"手榴弹炸跳蚤"，"遍撒胡椒面"解决不了大问题。必须变"大水漫灌"为"精准滴灌"。三是在精准落地上见实效。要采取更加集中的支持、更加有力的举措、更加精细的工作、更加健全的机制，瞄准特定贫困群众精准帮扶，以求真务实的工作作风和完善的扶贫工作机制确保脱贫攻坚焦点不散、靶心不变、频道不换。

实践维度

从实践维度上看，习近平总书记关于扶贫工作的重要论述注重充分激发基层群众的实践创造和创新精神，注重以党建引领充分发挥基层党组织和扶贫工作队的战斗堡垒作用，在扶贫一线培养和考验干部。

中国的减贫事业不仅是增进人民福祉的伟大事业，也是在中国共产党领导下激发人民群众创造创业创新活力的伟大创举。在2014年10月召开的全国社会扶贫工作电视电话会议上，习近平总书记作出重要批示，将每年10月17日设立为"扶贫日"，并在扶贫日表彰社会扶贫先进集体和先进个人。习近平总书记指出，这对于弘扬中华民族扶贫济困的传统美德，培育和践行社会主义核心价值观，动员社会各方面力量共同向贫困宣战，具有重要意义。

习近平总书记强调，人心齐，泰山移。脱贫攻坚，各方参与是合力。要坚持人民群众的首创精神。要坚持社会动员，凝聚各方力量，充分发挥政府和社会两方面作用，构建转向扶贫、行业扶贫、社会扶贫互为补充的大扶贫格局，调动各方面积极性、引领市场、社会协同发力，形成全社会广泛参与脱贫攻坚格局。

从党的十八大到党的十九大以来，全国上下贯彻落实习近平总书记脱贫攻坚重要指示和全面部署，一场场波澜壮阔的全国行动生动细致地展开，积累了丰富经验，也结出了硕果：五级书记抓扶贫，把责任扛在肩上，一抓到底。从西海固到西南边陲，从乌蒙山区到秦巴腹地，一张张军令状直指最难啃的硬骨头，主攻深度贫困，聚焦"两不愁三保障"突出短板，火力更集中，政策更精准。一批批扶贫干部扎进贫困村，很快就成了乡亲们喜爱的老熟人，产业扶贫、电商扶贫、移民搬迁等一系列超常规举措落地，保障真脱贫、稳脱贫，让脱贫成效经得起实践和历史检验。

尤为重要的是，以党建引领开展脱贫攻坚，充分发挥了基层党组织和扶贫工作队的战斗堡垒作用，在扶贫一线培养和考验了一大批走在前列、敢打硬仗、勇于牺牲的党员干部，充分体现了党的全面领导、彰显了新时代党员干部与基层群众特别是困难地区群众的血肉联系，树立了新时代党员干部的新形象。据不完全统计，近年来，为了推动扶贫政策措施落地落实，中央累计向贫困村和软弱涣散村选派第一书记43.5万名，目前在岗的第一书记19.5万名。全国累计向贫困村选派驻村干部278万名，目前在岗的驻村干部77.5万名。第一书记和驻村干部出主意干实事，扶贫政策措施发挥最大作用。

时空维度

从时空维度上看，习近平总书记关于扶贫工作的重要论述注重将局部贫困和整体发展、现实脱贫与发展后劲、眼前目标与长期发展紧密结合，着力探索一条具有符合当前实际、管用有效又能经得起历史和人民检验的新时代中国特色的减贫道路。

越是到了脱贫攻坚的关键阶段，习近平总书记越是告诫全党要头脑清醒，彰显了人民领袖的战略定力和坚韧意志。

他多次指出，要清醒认识把握打赢脱贫攻坚战面临任务的艰巨性，清醒认识把握实践中存在的突出问题和解决这些问题的紧迫性，不放松、不停顿、不懈怠，提高脱贫质量，聚焦深贫地区，扎扎实实把脱贫攻坚战推向前进。在2019年两会上，习近平总书记在参加甘肃代表团审议时强调，"脱贫攻坚越到紧要关头，越要坚定必胜的信心，越要有一鼓作气的决心"，要"尽锐出战、迎难而上、真抓实干、精准施策，确保脱贫攻坚任务如期完成"。

2019年4月，习近平总书记在重庆考察并主持召开解决"两不愁三保障"

突出问题座谈会时强调，脱贫攻坚战进入决胜的关键阶段，各地区各部门务必高度重视，统一思想，抓好落实，一鼓作气，顽强作战，越战越勇，着力解决"两不愁三保障"突出问题，扎实做好今明两年脱贫攻坚工作，为如期全面打赢脱贫攻坚战、如期全面建成小康社会作出新的更大贡献。

在2019年10月17日第六个国家扶贫日到来之际，习近平总书记对脱贫攻坚工作再次作出重要指示强调，当前，脱贫攻坚已到了决战决胜、全面收官的关键阶段。各地区各部门务必咬定目标、一鼓作气，坚决攻克深度贫困堡垒，着力补齐贫困人口义务教育、基本医疗、住房和饮水安全短板，确保农村贫困人口全部脱贫，同全国人民一道迈入小康社会。

在脱贫攻坚的冲关当头，我们要不折不扣落实好习近平总书记指示精神，以更加昂扬的斗志、饱满的热情、旺盛的干劲，打赢这场必须打赢打好的硬仗。从目前总体情况看，"两不愁"基本解决，但"三保障"还存在薄弱环节，脱贫既要看数量，更要看质量。

一是坚持实事求是，严把贫困退出关，严格执行退出的标准和程序，对群众反映的"虚假式"脱贫、"账式"脱贫、"指标式"脱贫、"游走式"脱贫等问题，要高度重视并坚决克服，确保脱真贫、真脱贫。二是从实际出发，进一步探索建立稳定脱贫长效机制，让贫困群众有稳定的工作岗位。要稳扎稳打、善作善成，把防止返贫摆在重要位置，摘帽后"扶上马送一程"。三是毫不松懈，继续完成剩余贫困人口脱贫任务，实现已脱贫人口的稳定脱贫，适时组织对脱贫人口开展"回头看"，坚决防止出现撤摊子、甩包袱、歇歇脚等现象。四是坚持问题导向、结果评价，从最突出问题入手，逐一研究细化实化攻坚举措，进一步加大力度、攻城拔寨、攻坚克难，确保如期完成脱贫任务，让脱贫成效真正获得群众认可、经得起实践和历史检验，为谱写人类反贫困历史书写新的篇章。

谈谈坚持问题导向、
目标导向、结果导向*

2019 年 12 月 26 日，北京日报客户端理论君以《您能理清"问题导向""目标导向""结果导向"的区别与联系吗?》为题，在编者按中写道:

"问题导向""目标导向""结果导向"时常被提及，对于这三种说法，我们并不陌生。那么，"问题导向""目标导向""结果导向"三者之间有什么区别和联系呢?

近日，《学习时报》刊发《谈谈坚持问题导向目标导向结果导向》对此问题进行了深入分析。文章指出，问题、目标、结果是事物发展的"一体三面"，三者相互贯通、相互承接、相辅相成，问题是出发点，目标是根本点，结果是落脚点。坚持问题导向、目标导向、结果导向这"三个导向"，是辩证统一的有机整体，是推进高质量发展的思维导图和方法路径，也是做好经济工作乃至其他各方面工作的基本遵循。

坚持问题导向、目标导向、结果导向，是 2019 年经济工作会议上党中央提出的一个重要方针，也是这一次会议释放的一个重大信息。导向是行动的指引和方向。坚持问题导向，就是以解决问题为指引，集中全部力量和有效资源攻坚克难，全力化解工作中的突出矛盾和问题;坚持目标导向，就是以实现目标为方向，持之以恒、一步一步地朝着既定目标奋斗前行;坚持结果导向，就是以工作成效为标准，以实实在在业绩接受检验、评判工作。做好经济工作必须坚持这"三个导向"，做好其他各方面工作也必须坚持这"三个导向"。

坚持问题导向

坚持问题导向，实质上是一个及时发现问题、科学分析问题、着力解决问题的过程，这正是马克思主义最优良的方法论传统和最鲜明的方法论特征。

坚持问题导向，首先要学会发现问题。马克思曾深刻指出:"问题就是时代

---

* 本文原载《学习时报·学习评论》2019 年 12 月 25 日，以本报特约评论员名义刊发。

的口号，是它表现自己精神状态的最实际的呼声。"问题其实就是矛盾，而矛盾无时无处不在。哪里存在矛盾，哪里就有问题。发现了问题就等于抓住了事物的矛盾。

一个问题，只有当它被提出来时，意味着解决问题的条件已经具备了。坚持问题导向，就是要抓准主要矛盾和矛盾的主要方面，然后切中矛盾的要害，抓住化解矛盾的着力点，找到解决矛盾的突破口。党的十九大作出我国社会主要矛盾已经转化为人民日益增长的美好生活需要和不平衡不充分的发展之间的矛盾的重大判断。这就要求我们的经济工作关注发展不平衡不充分这一更加突出的矛盾，更加聚焦满足人民日益增长的美好生活需要。

坚持问题导向，还要准确分析问题。问题客观存在，不以人的意志为转移。但问题又不是简单直观地摆在事物表面，而是需要深入思考和潜心研究，需要准确研判形势、善于把握大势，才能找准问题发生的源头和规律。中央经济工作会议审时度势，清醒认识到我国正处在转变发展方式、优化经济结构、转换增长动力的攻关期，结构性、体制性、周期性问题相互交织，"三期叠加"影响持续深化，经济下行压力加大；从更大范围看，世界经济增长持续放缓，仍处在国际金融危机后的深度调整期，世界大变局加速演变的特征更趋明显，全球动荡源和风险点显著增多。当前改革发展稳定中许多矛盾和问题都源自于此。坚持问题导向，就要谋势而动，顺势而为，应势而变，切实做好工作预案。

坚持问题导向，关键是要着力解决问题。习近平总书记指出，我们中国共产党人干革命、搞建设、抓改革，从来都是为了解决中国的现实问题。他反复强调，要有强烈的问题意识，以重大问题为导向，抓住关键问题进一步研究思考，着力推动解决我国发展面临的一系列突出矛盾和问题。

党的十八大以来，以习近平同志为核心的党中央以巨大的政治勇气和强烈的责任担当，出台一系列重大方针政策，推出一系列重大举措，解决了许多长期想解决而没有解决的难题，办成了许多过去想办而没有办成的大事。特别是以顽强意志正风肃纪、反腐惩恶，消除了党和国家内部存在的严重隐患，推动党和国家事业发生历史性变革。

当前和今后一个时期，我国发展进入各种风险挑战不断积累甚至集中显露的时期，面临的重大问题依然不少，2020年又是全面建成小康社会和"十三五"规划收官之年，做好2020年工作十分重要。中央经济工作会议部署的六项重点工作任务，都是经济领域必须解决好的突出问题。

坚持问题导向，充分体现了我们党为中国人民谋幸福、为中华民族谋复兴的初心和使命，彰显了坚持以人民为中心的发展思想，是接续实现"两个一百年"奋斗目标的必然要求。坚持问题导向，要求领导干部自觉把发现问题、分析问题、解决问题作为做好一切工作的基本要求，切实增强工作的主动性和针对性。

要牢固树立问题意识。问题意识蕴含着一种洞鉴古今的能动的批判精神、忧患意识和超前眼光。人类社会文明得以进步，很大程度上源于问题意识。有强烈的问题意识，就会时刻关注现实又防患于未然。树立问题意识，要学习掌握马克思主义立场观点方法，学习掌握马克思主义辩证唯物史观，自觉用习近平新时代中国特色社会主义思想武装头脑，做到学思用贯通、知信行统一。要大兴调查研究之风。习近平总书记指出，"调查研究是谋事之基、成事之道"。要重视调查研究，善于调查研究，在调查研究基础上谋求解决突出矛盾和问题的思路和办法。唯有扎扎实实深入调查研究，把问题找准、把解决问题的办法研究透，才能把中央重大决策部署落到实处，使各项工作缜密而务实地推进。

要担当尽责直面问题。既要从思想上勇于正视矛盾、敢于面对问题，更要从行动上不怕触及矛盾、善于化解问题，以高度负责的态度和敢于斗争、善于斗争的精神，积极破解改革发展稳定中各种难题，还要在制度建设上下硬功夫，着力形成推进经济高质量发展的长效机制，推动国家治理体系和治理能力现代化。

坚持目标导向

坚持目标导向，就是要把党和人民事业发展愿景转化为具体行动，就是要用实现"两个一百年"奋斗目标为指引激发全社会创造创新创业的活力和动力。

坚持目标导向，必须深刻把握目标内涵。新中国成立70年来，我们党带领人民之所以能够创造世所罕见的经济快速发展奇迹和社会长期稳定奇迹，正是依靠深刻把握国情制定了一个个符合发展实际、顺应人民期待的经济社会发展阶段性目标，每个阶段性目标接续递进、梯次实现。我们的战略目标也随着社会生产力水平不断提高和国家制度、国家治理体系不断完善而日益丰富、拓展内涵。2020年我们将如期实现"十三五"规划和全面建成小康社会。在新的历史交汇点上，党的十九大擘画了"两个时期""两个阶段"现代化建设发展蓝图，在全面建成小康社会之后，我们将开启全面建设社会主义现代化国家新征程。确保2020年经济实现量的合理增长和质的稳步提升目标，就是为下一步实现更宏伟的目标打下坚实基础。

坚持目标导向，必须切实增强目标意识。目标导向不是虚的，既不是嘴头上空喊的口号，也不是挂在墙上的规划，而是必须贯彻落实到促进改革发展稳定各项具体工作中，以强烈的目标意识引领经济社会更好、更稳健、更有节奏、更可持续地发展。各部门各地区都要坚持系统观念和全国一盘棋思想，自觉把局部的经济社会发展目标与国家发展的总目标主动对接、主动对标对表，努力增强行业目标、部门目标、区域目标与国家发展总目标的匹配度和契合度，使各项工作紧扣全面建成小康社会目标任务来展开来推进。

坚持目标导向，必须科学制定实施举措。一分部署，九分落实。规划再好、目标再明确，没有强有力的措施和执行都是纸上谈兵。制定科学、合理、可行的实施措施，是促进各项目标实现的行动方案和成功保证。"十三五"时期，我们着力打好"三大攻坚战"，深化供给侧结构性改革，全面深化经济体制改革等，国民经济保持稳中有进、稳中向好态势，是采取各项有力有效政策措施的结果。2020年"十三五"规划要顺利收官，将着手编制"十四五"规划。要立足我国基本国情和发展阶段，把发展机遇研判准，把困难挑战分析透，突出保持经济运行在合理区间、推动高质量发展，突出以人民为中心的发展思想，突出以改革创新破解发展难题，围绕推动经济发展、增进人民福祉、防范化解风险等研究推出一批重大政策和重大举措，给社会良好预期，激励全国上下努力奋进。

坚持目标导向，是我们党带领人民始终沿着正确发展道路不动摇、正确改革方向不偏离，进而攻克一个又一个难关、从胜利走向胜利的重要经验，也是不断实现人民对美好生活向往、激发人民为实现中华民族伟大复兴中国梦不懈奋斗的必然要求。坚持目标导向，要求领导干部自觉以目标为指引，理顺工作思路，瞄准目标抓落实，切实增强工作的前瞻性和方向性。

要坚决贯彻新发展理念。创新、协调、绿色、开放、共享的新发展理念是新时代抓发展的目标导向，是建设现代化经济体系、推动高质量发展的行动指南。各级领导干部要适应我国发展进入新阶段、社会主要矛盾发生新变化的要求，把坚持贯彻新发展理念作为衡量工作成效的一个重要标尺，紧紧扭住新发展理念设定目标、制定政策、出台措施、推动发展，把注意力集中到解决各种不平衡不充分的问题上，把更多资源用到民生保障和改善上。

要脚踏实地坚持不懈。党和国家事业的发展总是在一个又一个目标实现中不断向前推进的。确定经济社会发展目标，要实事求是、遵循规律，着眼长远、统筹兼顾；落实每一项目标，更要脚踏实地、持之以恒，锚定目标不放松，着力抓重点、补短板、强弱项，一步一个脚印，步步为营，久久为功，不断推动党和人民事业实现新发展。

要继续发扬奋斗精神。奋斗是中华文明兴盛之源。崇尚奋斗是中华民族自强不息的精神基因。党的十八大以来，习近平总书记在多个场合强调"幸福都是奋斗出来的""奋斗本身就是一种幸福""新时代是奋斗者的时代"。全面建成小康社会，就是新时代中国人民书写的一段极为精彩的奋斗史。实践证明，过往一切目标的实现都是接续奋斗的结果，全面建设社会主义现代化强国的宏伟目标也必将在继续奋斗中实现。

坚持结果导向

坚持结果导向，就是要看我们改革发展的最终成果是不是更多更公平地惠及最广大人民群众，得到人民的认可，就是要看我们的各项政策举措是不是有利于党的兴旺发达和国家的长治久安，经得起历史的检验。坚持结果导向，做好 2020 年经济工作，就是要确保经济实现量的合理增长和质的稳步提升，确保全面建成小康社会。

坚持结果导向，要以发展实绩和成效为准绳。经过长期发展，我们在经济工作中逐步改变了"唯 GDP 论英雄"的思想观念，不只是重视经济量的增长，更注重经济质的提升；不只是重视经济发展，更注重经济社会协调平衡。我国经济已由高速增长阶段转向高质量发展阶段，必须坚持质量第一、效益优先，以供给侧结构性改革为主线，推动经济发展实现质量变革、效率变革、动力变革。要以高质量发展为新的指挥棒，不断增强我国经济创新力和竞争力。

坚持结果导向，要用人民获得感幸福感安全感来衡量。人民高兴不高兴、满意不满意、答应不答应始终是检验我们工作成效的一把尺子，金杯银杯换不来人民群众的口碑。习近平总书记指出，"共产党就是为人民谋幸福的，人民群众什么方面感觉不幸福、不快乐、不满意，我们就在哪方面下功夫"。这是人民的心声，也是评判我们工作的试金石。经济发展成果就是要体现在人民的获得感幸福感安全感上，通过经济社会发展不断提高人民福祉。

坚持结果导向，要让党和政府公信力执行力不断提升。党和政府公信力执行力直接影响其权威和形象。党和政府公信力高，就会在人民群众中树立起良好形象，赢得人民群众的信任和支持，各项政策措施就能落到实处；反之，就会削弱人民群众对党和政府的信任和支持，相关政策措施就难以贯彻实施。提高党和政府公信力执行力，政策制定就要通过各种渠道听取群众意见，拓宽人民群众参与决策的渠道，体现科学性和民主性；政策执行要坚持落地落细落实，一届接着一届干，保持连续性和稳定性；还要牢固树立以人民为中心的发展思想，坚决超越个人、部门和局部利益，让政策效能贯穿到为人民服务之中。

坚持结果导向，充分体现了习近平新时代中国特色社会主义思想的核心要义和理论精髓，是保证党和政府立信于民、取信于民、赢得人民的必然要求。坚持结果导向，要求领导干部把主要精力用到履职尽责、干事创业上来，切实增强工作的务实性和有效性。

要坚决反对各种形式主义和官僚主义。形式主义和官僚主义是危及我们党肌体健康的顽症，是危害人民群众根本利益的风险挑战，是各项改革发展政策和目标不能落实落地的主要障碍。形式主义根源于政绩观错位、责任心缺失，用轰轰烈烈的形式代替扎扎实实的落实，用光鲜亮丽的外表掩盖矛盾和问题。官僚主义根源于官本位思想严重、权力观扭曲，脱离群众，脱离实际。

中央经济工作会议提出，要树立全面、整体的观念，遵循经济社会发展规律，重大政策出台和调整要进行综合影响评估，切实抓好政策落实，坚决杜绝形形色色的形式主义、官僚主义。这就要求各级领导干部切实改进工作作风，不搞花拳绣腿，不搞繁文缛节，不做表面文章，真正把心思用在干事业上，把功夫下到察实情、出实招、办实事、求实效上。还要主动深入实际、深入基层、深入群众，虚心向群众学习，真心对群众负责，热心为群众服务，诚心接受群众监督，坚决整治消极应付、推诿扯皮、侵害群众利益的问题。

问题、目标、结果是事物发展的"一体三面"

三者相互贯通、相互承接、相辅相成，问题是出发点，目标是根本点，结果是落脚点。坚持问题导向、目标导向、结果导向这"三个导向"，是辩证统一的有机整体，是推进高质量发展的思维导图和方法路径，也是做好经济工作乃至其他各方面工作的基本遵循。

坚持问题导向是为了解决现实问题，坚持目标导向是为了实现美好理想。坚持问题导向和目标导向相统一，就是要在实现美好理想的方向、道路和任务中，不断解决前进中遇到的各种困难和问题，在不断克服困难、解决问题中向着既定目标迈进。

坚持问题导向也是为了回应时代关切和人民呼声，坚持结果导向是为了让人民满意让发展有效。坚持问题导向和结果导向相统一，就是要在取得实实在在的发展成果和工作业绩中，破解发展难题，赢得人民支持，在切实解决一个个矛盾和困难中，厚植发展优势，巩固发展成果。

坚持目标导向又是一个个结果导向的累积叠加，坚持结果导向可以更好地丰富和拓展目标导向。坚持目标导向和结果导向相统一，就是要在攻坚克难、不断创造新的业绩中让发展目标更加远大、理想更加高远，在每个阶段性目标实现中夯实发展基础，坚定必胜信心。

全面建成小康社会、实现第一个百年奋斗目标已进入倒计时，开启全面建设社会主义现代化国家新征程、进军第二个百年奋斗目标已然蓄势待发。让我们更加紧密地团结在以习近平同志为核心的党中央周围，坚决贯彻落实党的十九大和十九届二中、三中、四中全会精神，坚决贯彻落实中央经济工作会议精神，紧扣全面建成小康社会目标，把准社会主要矛盾变化，坚持和运用好问题导向、目标导向、结果导向相统一这一重要工作方法，在不断解决问题中向着既定目标砥砺奋进，在不断取得发展成效中凝聚人心汇聚力量，为实现"两个一百年"奋斗目标、不断实现人民对美好生活的向往不懈奋斗。

目及平凡才能
目光远大[*]

【编者按】为总结山西省太原市委宣传部"时代新人说"大型征文活动的实践经验、延伸活动成果，在更大范围推动更多的人特别是青少年加入争做时代新人的行列，由中国青年报社主办、语文报社协办的"思政大视野　时代新人说"新时代思政课研讨会 2019 年 12 月 20 日在北京举行。与会专家学者、一线教师、学生代表共话人生的真善美，探讨新时代思政课的育人真谛和有效性、针对性。

本期《思想者》特摘要刊登专家学者、师生代表发言，以飨读者。

目及平凡才能目光远大

我几乎一口气读完了"时代新人说"大型征文中的一组 10 篇获奖征文，文章大多出自"95 后""00 后"大中学生，记述的对象是身边一个个普通劳动者——既有身边的环卫工人、蔬菜摊主、餐厅保洁员，也有自己的外公外婆、爸爸妈妈、语文老师，等等。尽管有的文字还略显稚嫩，但朴实的叙述中透露出的真情实感，让人印象深刻，令人回味遐想。

自古英雄出少年。这一代大中学生赶上了国家繁荣昌盛的好时候，也正处在实现中华民族伟大复兴的关键时期。在这样一个伟大而富有挑战性的新时代，既面临着难得的建功立业的人生际遇，也面临着"天将降大任于斯人"的时代使命。大中学生要成为什么样的人，教育工作者要培养什么样的人，党和人民的事业要什么样的接棒者和接班人，是这个时代中人面对的共同考题。

青少年的价值取向决定了未来社会的价值取向。年轻人无不崇尚时代楷模，争做时代英雄，而谁又是值得效仿的时代榜样呢？虽然这个时代涌现出一大批在事业上做出骄人业绩的轰轰烈烈的科学家、企业家、文化文艺名家……但更多的还是那些几十年如一日埋头苦干，矢志不渝、百折不挠，坚守一心、无怨无悔，

---

*　本文原载《中国青年报》2019 年 12 月 27 日。

在平凡岗位上默默无闻却也用一生的努力谱写了感天动地事迹的普通劳动者，他们同样是这个时代的创造者、奉献者、奋斗者，也是这个时代的英雄和榜样。

在新中国成立 70 周年前夕举行的国家勋章和国家荣誉称号获得者颁授仪式上，习近平总书记指出，伟大出自平凡，平凡造就伟大。只要有坚定的理想信念、不懈的奋斗精神，脚踏实地把平凡的事做好，一切平凡的人都可以获得不平凡的人生，一切平凡的工作都可以创造不平凡的成就。

环顾我们身边，正是一个个平凡的人，在各自平凡的岗位上，用诚实的劳动、用无私的付出，托举起了美好的家园和民族的希望。他们奋斗着，他们奔跑着，他们攀登着，他们也幸福着。这个时代最壮丽的群英谱，是平凡者的集体画像；这个时代最动听的凯旋曲，是平凡者的劳动号子。

这次"时代新人说"大型征文活动以"发现平凡力量 唱响奋斗旋律"为主题，让青年目及平凡、关注平凡却发现了普通劳动者蕴藏的伟大力量，发掘出了平凡的深厚价值，展示出多姿多彩生活的本真、人生中的真善美。全国 31 个省市大中学生近 82 万篇征文记述的近百万普通劳动者一个个平凡人的奋斗故事、一个个传递社会正能量的爱的故事，正是揭示了我们这个新时代真实的精神风貌，书写出了这个新时代人们追求向上向善美好生活的精神图谱，也正是通过书写身边人身边事让青年明白应该做怎样的人，在追梦圆梦中该怎样笃定信仰坚守前行。

我很欣赏一位参赛同学征文中的诗句："所有的不平凡都是在平凡中酝酿而成的，所有的高鸣都是在低吟中升起的。"只有目及平凡才能目光远大。我体味，这就是征文活动的意义所在、不平凡所在，也是成功所在。"同人民一起奋斗，青春才能亮丽；同人民一起前进，青春才能昂扬；同人民一起梦想，青春才能无悔。"让我们把心中的 C 位留给这些不平凡的普通人。

抓好"四个突出"
推进基层减负 [*]

　　日前，中共中央政治局召开"不忘初心、牢记使命"专题民主生活会。会议审议了《关于解决形式主义突出问题为基层减负有关情况的报告》。习近平总书记就中央政治局贯彻执行中央八项规定精神、解决困扰基层的形式主义问题切实为基层减负提出了新要求。2019 年是党中央确定的"基层减负年"。一年来，各地党员干部坚持为实干者撑腰，为干事者鼓劲，重拳整治文山会海、督查考核过多过频，过度留痕等突出问题，有效遏制"一票否决""责任状"满天飞，让基层干部能够沉下心来促发展，心无旁骛抓落实。基层减负效果初显，广大干部担当作为、干事创业的劲头正在迸发。

　　但我们也清醒地看到，形式主义由来已久，成因复杂，反对起来绝非一朝一夕之功，不可能毕其功于一役，整治形式主义为基层减负既是攻坚战，更是持久战，必须深入贯彻党的十九届四中全会精神，大力纠治形形色色的形式主义、官僚主义，开展好"回头看"，切实巩固基层减负成效。

要突出政治导向，看思想根源是否根本扭转

　　思想是行动的先导。习近平总书记反复强调，我们要深刻认识形式主义、官僚主义不仅是作风问题，而且是政治问题，严重影响党中央决策部署的贯彻落实，损害党中央权威、破坏党的形象，长此以往还会动摇党的执政根基。形式主义是党的大敌、人民的大敌，在革命、建设、改革各个历史时期，中国共产党始终对形式主义、官僚主义保持高度警惕，但却屡禁不止、花样繁复。形式主义突出表现形式在基层单位，症结要害在上级机关。牵牛牵鼻子，打蛇找七寸，如果不从上级机关抓起、改起，为基层减负最终只能"竹篮打水一场空"。各级党员干部要把思想和行动统一到党中央决策部署上来，旗帜鲜明地反对形式主义、官僚主义，用习近平新时代中国特色社会主义思想武装头脑、指导实践、推动工

---

　　* 本文原载《经济日报·理论版》2019 年 12 月 28 日。

作，增强"四个意识"、坚定"四个自信"、做到"两个维护"。着力解决理论武装"淡化"、群众观念"弱化"、干事创业"浮化"、责任担当"虚化"的问题，从"根子"上清除形式主义等弊病的生存土壤，真正做到不作无补之功、不为无益之事、不搞花拳绣腿、不做表面文章。

要突出问题导向，看刚性约束是否落地落实

基础不牢地动山摇。习近平总书记深刻指出，党的根基在基层，命脉在基层，源泉在基层。基层是推动党中央决策部署贯彻落实的"神经末梢"和"执行终端"。《关于解决形式主义突出问题为基层减负的通知》围绕基层减负，聚焦"四个着力"，提出了务实管用的举措，表明了为基层减负的坚定决心，给基层干部注入了"强心剂"。各地为帮助基层干部减轻负担、扫清障碍、添足动力都交出了"特色答卷"。但仍然有地方"口号喊得震天响，行动起来轻飘飘"。首先，警惕"数字减负"。其次，要做好"加减法"。为基层减负既是减负更是加油，减掉的是给基层带来的"无用功"，绝不意味着降低工作标准。减负不减责，松绑不松懈，减负看似做了减法，实则是做了加法，是为了让基层干部卸下"包袱"、轻装上阵、"脱虚向实"，有更多的时间和精力放在谋改革、促发展、抓落实、解民忧上来。

要突出目标导向，看松绑减负是否基层有感

上面千条线，下面一根针。习近平总书记明确要求，"对广大基层干部要充分理解、充分信任，格外关心、格外爱护，多为他们办一些雪中送炭的事情"。当前，我国正处在全面建成小康社会的决胜期和打好"三大攻坚战"的关键阶段，基层干部不仅处在各项工作落实的"最后一公里"，而且承担着许多为民排忧解难的"一线硬任务"。越是担子重，越要爱护挑担人，必须更加重视基层、关心基层、支持基层，才能更好调动基层干部的积极性、主动性、创造性。基层工作中的形式主义有没有破除、减负没减负，基层干部群众最有发言权，让基层有感是基层减负的目标，也是检验减负成效的标尺。一要纠正"偏差"，既要避免出现"只闻楼梯响不见人下来""雷声大雨点小"，也不能生硬地"一刀切"、当起了"甩手掌柜"；二要防止"落差"，善于创造性落实中央部署而不是盲目追求"上下一般粗"，善于结合本地实际而不是盲目照搬发达地区经验，这样减负才能减到关键处，减到基层干部群众心坎里；三要消除"温差"，多倾听基层心声，畅通表达渠道，让基层干部"有话说得出"，把严管与厚爱结合起来，为敢于担当崇尚实干的干部撑腰打气，让基层干部体会到实实在在的获得感和荣誉感。

要突出结果导向，看长效机制是否建立健全

行百里者半九十。习近平总书记指出，纠正"四风"不能止步，作风建设永远在路上。要聚焦突出问题、紧盯关键节点，下大气力解决"四风"问题，不能虎头蛇尾，不能搞成"半拉子工程"，更不能搞形式走过场。多年来，有些地方已经开展了多轮整治文山会海等形式主义问题的行动，当时起效快，但反弹也快，有些问题一再反复，甚至愈演愈烈。种种形式主义新表现深刻说明，整治形式为基层减负依然任重道远。整治形式主义是一个循序渐进的过程，不能搞"大呼隆""一阵风"，要保持"恒温""恒劲"，以锲而不舍、驰而不息的决心和毅力"常常抓""反复抓"，既要克服一蹴而就的"急躁病"，又要防止对整治形式主义失去信心的"悲观论"。一方面，要始终保持刚性约束，把当前的减量保持住，坚决杜绝反弹回潮，同时更要在提质上下功夫，进一步改进文风会风、督查检查考核方式方法。改变传统路径依赖和惯性思维，以结果为导向，以实效为准绳，让基层减负成为作风建设的一部分，推动减负与业务工作两促进。另一方面，应在科学考核评价、规范问责制度、加大激励关怀、建立权责对等的基层治理体系等深层次问题上加快破题。树立重实绩重实干的鲜明导向，激励广大干部担当作为、不懈奋斗，让基层治理焕发更多正能量。

凡是过往，皆为序章。2020 年是大有可为的一年，新的长征路上我们还有许多"雪山""草地"要跨越，也有许多"娄山关""腊子口"要征服，我们唯有拿出"宜将剩勇追穷寇"的顽强意志，将反对形式主义进行到底，为基层减负，给干部赋能，才能激发干部新时代新担当新作为，投身于脱贫攻坚第一线、改革发展最前沿，为群众谋福利，为地方谋发展，为党和人民的事业贡献力量。

正本清源　固根守魂[*]

——纪念古田会议 90 周年暨第四届全国"红地标党校"理论研讨会上的致辞

同志们，朋友们：

在全国上下深入学习贯彻习近平新时代中国特色社会主义思想、贯彻党的十九大和十九届四中全会精神、全党开展"不忘初心、牢记使命"主题教育之际，在纪念古田会议 90 周年的重要日子里，我们齐聚在红色圣地古田，举行纪念古田会议 90 周年暨第四届全国"红地标党校"理论研讨会。中共中央党校（国家行政学院）报刊社能够作为主办方之一，我感到非常荣幸，在此，我谨代表主办方，对研讨会的召开表示热烈的祝贺！对各位领导和来宾的大力支持表示热烈的欢迎和衷心的感谢！

1929 年 12 月 28 日至 29 日，在闽西这块红土地上召开的红四军第九次党代表大会，即著名的古田会议，确立了"思想建党、政治建军"原则，是党和人民军队建设史上的重要里程碑。会上，陈毅传达了中央指示信精神，毛泽东和朱德分别在会上作了政治报告和军事报告，认真总结红军创建以来党在同各种错误思想、错误倾向作斗争的过程中积累起来的丰富经验，统一了思想认识，一致通过了《中国共产党红军第四军第九次代表大会决议案》，即"古田会议决议案"。它结合中国共产党和中国革命的具体情况，创造性地运用马克思列宁主义，解决了"如何用无产阶级思想进行军队和党的建设，把党建设成无产阶级先锋队，把军队建设成为一支无产阶级领导的新型军队"这一时代课题。中共中央在后来的全党整风运动中高度评价古田会议决议："这个文件是毛泽东同志写的中国共产党建军与建党的最早和最重要的文献之一。"

2014 年 10 月 31 日，全军政治工作会议在古田召开，习近平主席出席会议并指出："这里是我们党确立思想建党、政治建军原则的地方，是我军政治工作奠基的地方，是新型人民军队定型的地方。"两个月后，中共中央向全党全军转发

---

[*]　本文原载《闽西日报》2019 年 12 月 28 日。

《关于新形势下军队政治工作若干问题的决定》。这份由习近平主席亲自领导和主持起草形成的重要文件，回答和解决了在新的历史条件下党从思想上政治上建设军队的重大问题，汇聚了古田全军政治工作会议的重要成果，凝结着习近平主席建军治军的雄韬伟略，闪耀着马克思主义的真理光芒，对于弘扬我军政治工作的光荣传统和优良作风，在强军兴军征程中更好发挥政治工作生命线作用，具有重大而深远的指导意义。

当前，中国特色社会主义进入了新时代，我国正处于发展关键期、改革攻坚期、矛盾凸显期，因经济体制深刻变革、社会结构深刻变动、利益格局深刻调整、思想观念深刻变化带来了许多深层次矛盾和问题，面对国外的技术封锁、贸易保护、敌对势力分化等复杂形势，只有深入研究和弘扬包括古田会议精神在内的红色革命精神，科学总结和运用历史经验，充分开发和利用红色文化资源，才能增强驾驭复杂局面、处理复杂问题的各项本领，促进哲学社会科学的繁荣发展，为新时代坚持和发展中国特色社会主义服务。

古田也是我们党干部教育培训的源头。1929 年，毛泽东同志在上杭古田苏家坡"鸿玉堂"举办两期闽粤赣三省干部训练班，并亲自为学员们讲授马列主义课程，为当时革命培养了大量的干部。今天，恰逢纪念古田会议 90 周年，在古田举办第四届全国"红地标党校"理论研讨会意义非凡，这对于我们进一步认识和丰富古田会议精神的历史内涵和时代价值，进一步扩大古田会议精神的社会影响，必将起到有力的推动作用。

习近平总书记强调，"不忘历史才能开辟未来，善于继承才能善于创新"。习近平总书记高度重视红色革命精神的传承，要求"教育引导广大党员、干部在思想上正本清源、固根守魂"，对于我们党的宝贵精神财富，要永远铭记、世代传承。古田会议精神等红色革命精神，仍然具有穿越时空的恒久价值和旺盛生命力，能够跨越历史的沟壑，继续支撑我们实现中华民族伟大的复兴梦。9 个"红地标党校"所在地都是在中国革命历史上有着重要影响的红土地，都拥有强大的红色基因、深厚的红色底蕴，但又个性鲜明、各具特色。全国"红地标党校"要加强彼此间的交流，传承和弘扬好红色革命精神，不断挖掘和丰富红色革命精神的时代内涵，形成各具特色、互相促进、相得益彰的培训模式，切实履行好新时代培养造就忠诚干净担当的高素质专业化干部队伍的神圣使命。

希望以这次研讨会为契机，各地"红地标党校"进一步发挥优势，取长补短，强强联合，开展集体攻关，聚焦古田会议精神及其他各个时期中国革命精神研究，推动完善中国革命精神谱系，形成更多的精品力作。大力弘扬和传承红色基因，增强党校党性教育的实效性，切实将历史与现实、讲授与体验、感性与理性、教育与管理、课堂与社会之间更加紧密地联系在一起，为传承弘扬中国革命精神，凝聚推动党的先进性建设的强大合力，为新时代干部党性教育培训作出新的贡献。我坚信，通过我们大家携手努力，古田会议精神等红色革命精神一定能够薪火相传、历久弥新，在伟大的新时代焕发出更加闪耀的光芒！

最后，祝本次研讨会取得圆满成功，祝各位领导和来宾身体健康，工作顺利，在新时代的新长征中创造事业新辉煌。

谢谢大家！

稳字当头·创新改革·
实现圆满收官*

2020 年是我们即将完成"十三五"规划，着手编制"十四五"规划的关键一年，是实现全面建成小康社会顺利收官，开启全面建设社会主义现代化国家新征程的关键一年。在这一重要时点上召开的 2019 年中央经济工作会议，认真总结 2019 年经济工作，深入分析当前经济形势，全面部署 2020 年经济工作，在顺应时势中把握发展大势，在鼓舞士气中坚定必胜信心，在凝聚共识中开创美好未来，确保全面建成小康社会和"十三五"规划圆满收官，具有重大而深远的意义。

坚持"稳"字当头，把握好"四个必须"，扎实做好"六稳"工作

中央经济工作会议明确指出，实现 2020 年预期目标，要坚持稳字当头。这为 2020 年经济工作定下了总基调。如何深入理解和把握这个"稳"字，对做好 2020 年经济工作十分关键。笔者认为，可从这三个方面看：

强调"稳"字当头要从"时"上认识。2020 年是"十三五"规划实施的收官之年和全面建成小康社会的收官之年。在这个重要年份我们必须保持经济运行在"稳"的合理区间。2019 年经济下行压力明显加大，但经过各方面努力，我国经济增长依然保持在 6.0%～6.5%，这为 2020 年实现"两个翻一番"目标奠定了基础。2020 年经济增速依然要保持在 6% 左右，确保经济实现量的合理增长和质的稳步提升，才能实现全面建成小康社会的目标。

强调"稳"字当头也要从"势"上谋划。中央经济工作会议对当前国内国际形势作出清醒判断：国内正处在转变发展方式、优化经济结构、转换增长动力的攻关期，结构性、体制性、周期性问题相互交织，"三期叠加"影响持续深化，经济下行压力加大；世界经济增长持续放缓，仍处在国际金融危机后的深度调整期，世界大变局加速演变的特征更趋明显，全球动荡源和风险点显著增多。

---

* 本文原载《中国青年报》2019 年 12 月 30 日，光明网 2019 年 12 月 25 日刊发部分内容，原题为《坚持稳字当头，完善和强化"六稳"工作》。

尽管如此，我国经济稳中向好、长期向好的基本趋势并没有改变。只有确保经济稳中有进，才能应对和战胜错综复杂的国际国内形势带来的各种风险挑战，才能稳定市场预期、稳定人心、稳定经济发展的信心。

强调"稳"字当头更要从"治"上把握。党的十八大以来，党中央深刻认识到，中国经济发展已经进入新常态，向形态更高级、分工更复杂、结构更合理的阶段演化，这是做好经济工作的出发点。适应新常态、把握新常态、引领新常态，是这些年来我国经济发展的大逻辑，必须始终坚持稳中求进的工作总基调。这个工作总基调已经被作为治国理政的重要原则和做好经济工作的方法论。稳是大局，需要在战略上构建长效体制机制、重塑中长期经济增长动力，搞好顶层设计，把握好改革节奏和力度，久久为功；稳又要进，需要在战术上着眼化解突出矛盾，抓落实干实事，注重实效，步步为营。

这次中央经济工作会议又从认识论层面将"稳中求进"进一步提炼概括为经济治理的"四个必须"，就是在宏观政策选择的方向上，坚持宏观政策要稳、微观政策要活、社会政策要托底的政策框架，注重提高宏观调控的前瞻性、针对性、有效性，科学稳健地把握好逆周期调节力度；在宏观政策选择的策略上，要注重全局观念，在多重政策目标上把握动态平衡，防止产生政策效能的相互抵消，切实优化经济治理方式、提高经济治理能力；在政策施力的重点上，要激发和增强微观主体活力，以供给侧结构性改革最大限度地激发内生发展动力、释放市场潜能和市场主体的创新力竞争力；同时，所有的宏观政策和改革政策，都要坚守底线思维，牢牢守住不发生系统性风险的底线。

这"四个必须"，既是对近年来党中央领导经济工作基本经验的一个全新概括，充分体现了习近平经济思想的基本精髓，又是应对复杂形势治理好经济必须把握的战略思维、辩证思维、系统思维、底线思维的认识统一。

"稳中求进"落实到 2020 年的经济工作，就是要继续扎实做好"六稳"工作。稳就业、稳金融、稳外贸、稳外资、稳投资、稳预期"六稳"举措的落脚点是稳增长。2019 年以来，"六稳"工作有了成效，2020 年还要进一步完善和强化，重点在抓好十个方面工作。中央经济工作会议在"六稳"方面提出"十个要"都是聚焦当前经济运行中的突出矛盾和重点环节，做好这"十个要"就能确保全面建成小康社会。

着力创新改革，坚定不移贯彻新发展理念，稳步推进高质量发展

做好 2020 年经济工作，中央经济工作会议部署了六项重点任务：一是坚定不移贯彻新发展理念；二是坚决打好三大攻坚战；三是确保民生特别是困难群众基本生活得到有效保障和改善；四是继续实施积极的财政政策和稳健的货币政

策；五是着力推动高质量发展；六是深化经济体制改革。

这六项重点任务，紧扣全面建成小康社会目标任务，具体化为 45 项改革、发展、稳定任务，指明了 2020 年经济工作路线图，不仅阐明了发展理念，又明确了经济工作思路；既确定了宏观政策取向，又指明经济改革的主要方向，体现政策布局的前瞻性、针对性、有效性，突出改革布局的问题导向、目标导向、结果导向，着力发展布局的抓重点、补短板、强弱项。

完成好这六项重点任务，关键在理念、关键在创新和改革、关键在制度建设。

2019 年中央经济工作会议再一次重申党的十八大以来我们牢固树立的创新、协调、绿色、开放、共享的新发展理念。强调新时代抓发展，必须更加突出发展理念；必须紧紧扭住新发展理念推动发展，把注意力集中到解决各种不平衡不充分的问题上；要把坚持贯彻新发展理念作为检验各级领导干部的一个重要尺度，坚决杜绝形形色色的形式主义、官僚主义。理念是行动的先导，只有坚定不移以新发展理念为新的指挥棒，才能推动我国经济由高速增长阶段转向高质量发展阶段。

实现经济高质量发展，又必须以创新驱动和改革开放为两个轮子。这就要在深化供给侧结构性改革上持续用力，全面提高经济整体竞争力，加快现代化经济体系建设。2018 年中央经济工作会议提出深化供给侧结构性改革要坚持"巩固、增强、提升、畅通"的"八字方针"，2020 年还要围绕这"八个字"做文章，进一步巩固"三去一降一补"改革成果，切实增强经济发展韧性，着力开掘新经济新业态性产业带动的市场消费潜能；不断提升产业向高附加值产业链延伸的水平；加大力度畅通国民经济循环。与此同时，要深化经济体制改革，按照党的十九届四中全会提出的要求，坚持和完善社会主义基本经济制度，加快建设高标准市场体系，着力在完善产权制度、完善要素市场化配置和完善公平竞争制度方面发力，在构建更加统一、开放、竞争、有序的市场建设上用力，以创新驱动缔造新技术、新业态、新基建、新模式等新动力增长源，以改革开放形成微观主体有活力、市场机制有效、宏观调控有度的经济体制。

现代化经济体系建设还要求以经济治理体系和治理能力现代化为支撑。中央经济工作会议强调，各地区各部门要全面贯彻党的十九届四中全会精神，在推进国家治理体系和治理能力现代化上多下功夫，切实把党领导经济工作的制度优势转化为治理效能。2019 年以来，经济运行中许多的矛盾和症结，归根结底在于市场制度建设的不健全和经济治理能力的欠缺，必须不断优化经济治理方式，切实提升经济治理能力。

实现圆满收官，确保发展成效得到人民认可，经得起历史检验

实现全面建成小康社会和"十三五"规划目标任务是 2020 年全党工作的重

中之重。要实现全面建成小康社会圆满收官，兑现党对人民的庄重承诺，不只是在经济指标上实现"两个翻一番"的数量指标，最重要的是要让人民生活有实实在在的质的改善，让全面建成小康社会的成果体现在人民群众的获得感、幸福感和安全感提升上。

为此，中央经济工作会议提出，2020年要坚决打好三大攻坚战。"小康路上一个都不能少。"要确保脱贫攻坚任务如期全面完成，集中兵力打好深度贫困歼灭战，要建立机制及时做好返贫人口和新发生贫困人口的监测和帮扶；要坚持方向不变、力度不减，打好污染防治攻坚战，推动生态环境质量持续好转；要落实各方责任，保持宏观杠杆率基本稳定，确保不发生系统性经济金融风险。

中央经济工作会议提出，要确保全面建成小康社会和"十三五"规划圆满收官，得到人民认可、经得起历史检验。根本上就是要加快补齐民生短板，实质性地解决好广大群众普遍反映的在就业、教育、医疗、住房、社会保障等方面的困难；要发挥政府作用保基本，注重普惠性、基础性、兜底性，做好社会政策的托底，确保民生特别是困难群众基本生活得到有效保障和改善；要突出抓好重点群体就业工作，有效解决进城务工人员子女上学难问题，深化医疗养老等民生服务领域市场化改革和对内对外开放，加大城市困难群众住房保障工作，还要坚持房子是用来住的、不是用来炒的定位，通过全面落实因城施策，稳地价、稳房价、稳预期，让高房价的重负减下来。

2020年经济工作的大政方针已定，任务艰巨，责任重大，让我们更加紧密地团结在以习近平同志为核心的党中央周围，勠力同心，锐意进取，更加凝神聚力集中力量办好自己的事情，坚决夺取全面建成小康社会伟大胜利。

只争朝夕，
不负韶华*

——习近平主席 2020 年新年贺词致敬奋斗者

"历史长河奔腾不息，有风平浪静，也有波涛汹涌。我们不惧风雨，也不畏险阻。"2019 年 12 月 31 日晚，国家主席习近平发表 2020 年新年贺词，专家第一时间接受人民网·中国共产党新闻网记者采访，解读习近平主席饱含深情的话语。

吹响脱贫攻坚冲锋号：万众一心加油干，越是艰险越向前

习近平主席指出，"2020 年是具有里程碑意义的一年。我们将全面建成小康社会，实现第一个百年奋斗目标。2020 年也是脱贫攻坚决战决胜之年。冲锋号已经吹响"。中共中央党校（国家行政学院）督学组督学、教授洪向华表示，当我们宣布要全面建成小康社会时，我们已经攀登了一座高峰，树立了一个里程的界碑。这个里程碑为开启下一个百年目标吹响新的集结号，我们仍将笃定前行，奋力实现第二个百年奋斗目标。

"2020 年必将是中国人民和中华民族发展史上可以彪炳史册的一年。"中共中央党校（国家行政学院）研究员胡敏指出，这一年，坚强的中国共产党将团结带领全中国人民，为实现全面建成小康社会和"十三五"规划的宏伟目标而努力奋斗，兑现我们党对全体中国人民的庄重承诺。与此同时，困扰中华民族几千年的绝对贫困问题也将历史性地得到解决，在全球减贫事业中书写下极为灿烂的精彩篇章。改革开放以来，我们党带领人民砥砺前行，攻克一个又一个难关、迈出一个又一个坚实步伐，实现了从人民生活满足基本温饱到总体小康、再到全面小康，实现了从全面建设小康社会到全面建成小康社会，中华民族迎来了从站

---

* 本文原载人民网 2019 年 12 月 31 日，记者：吴兆飞、任一林。

起来、富起来到强起来的伟大飞跃。

胡敏谈到，2020 年新年贺词浓墨重彩地总结过去一年的成绩，的确值得骄傲和自豪，但这份骄傲和自豪更是我们开辟新事业的信心和底气所在，所以值得礼赞和喝彩，这会为我们增添发展的无穷力量。全面建成小康社会，全面打赢脱贫攻坚仗，实现第一个百年目标，这是实现中华民族伟大复兴的关键一步，为在新的历史交汇点上开启全面建设社会主义现代化新征程奠定坚实基础。

新时代的奋斗者：彰显不同凡响的中国风采和中国力量

2019 年，我们用汗水浇灌收获，以实干笃定前行。习近平主席说，"许许多多无怨无悔、倾情奉献的无名英雄，他们以普通人的平凡书写了不平凡的人生"。

洪向华表示，贺词的第一部分实际上从总体上讲了 2019 年我们发扬实干精神，辛勤工作取得的辉煌成就。贺词中多次提到了"一年来"，分别阐述了在不同重要领域取得的巨大成就。2019 年取得的这些成就是以习近平同志为核心的党中央带领全党、全国各族人民共同奋斗出来的。这些成就的背后凝结着新时代奋斗者的心血和汗水，彰显了不同凡响的中国风采和中国力量。

"在习近平主席的新年贺词中，最暖心的一点就是把成就的取得归功于新时代的奋斗者。"洪向华认为，过去一年涌现出无数默默无闻的劳动者，人民是创造历史的伟力，人们脸上洋溢着自豪的笑容，这是对所取得成就的最好评判。人民群众是我们党的执政基础，也是我们党做好各项工作的不竭动力源。走好新时代长征路必须始终把人民立场作为根本政治立场，把人民利益始终摆在至高无上的地位，不断把为人民造福的事业推向前进。新的一年，我们要继续崇尚奋斗、呼唤奋斗，向新时代的奋斗者致意。这就要求我们不断保障和改善民生，让改革发展成果更多更公平惠及全体人民，朝着实现全体人民共同富裕的目标稳步迈进。

胡敏认为，在全球经济增长放慢的情况下，中国经济"风景这边独好"，不仅为纪念新中国成立 70 年画上了极为精彩的点睛之笔，还为我们即将如期全面建成小康社会和"十三五"规划目标，继续开启现代化建设新征程打下扎实的基础。习近平主席在新中国成立 70 年前夕的国家勋章和国家荣誉称号颁授仪式上也曾指出，只要有坚定的理想信念、不懈的奋斗精神，脚踏实地把每件平凡的事做好，一切平凡的人都可以获得不平凡的人生，一切平凡的工作都可以创造不平凡的成就。习近平主席实际上是在号召全体劳动者，中国特色社会主义伟大事业是普通劳动者干出来的、奋斗出来的，普通劳动者最具有忠诚、执着、朴实的鲜明品格，普通劳动者最光荣、最伟大。

人民网理论频道 2019 年度 "十大好声音"*

【编者按】"我们都在努力奔跑，我们都是追梦人。" 2019 年是新中国成立 70 周年，是决胜全面建成小康社会第一个百年奋斗目标的关键之年。从"我将无我，不负人民"的人民情怀，到"为中国人民谋幸福、为中华民族谋复兴"的初心和使命，这一年，为了"人民对美好生活的向往"这一目标，我们不断追梦奋斗。

纵观 2019 年，围绕深入学习贯彻习近平新时代中国特色社会主义思想和党的十九大精神，理论界专家学者针对 2019 全国两会、"不忘初心、牢记使命"主题教育、庆祝新中国成立 70 周年、党的十九届四中全会等重大活动深入解读、不断"发声"，他们的观点在广大网友中产生了热烈反响。就此，理论频道盘点推出 2019 年度"十大好声音"，以飨读者。

声音：中国创造的发展奇迹充分证明了社会主义制度的优越性和国家治理体系治理能力的显著优势

人物：冯俊　原中央党史研究室副主任，中共中央党史和文献研究院院务委员会原委员，中国中共党史学会常务副会长

观点：经过 70 年的奋斗，在中国共产党的领导下，中国人民在社会主义现代化建设中创造出辉煌的成就。中华人民共和国 70 年，中国特色社会主义制度不断发展和完善，中国特色社会主义已经成为一种稳定的、科学的、规范的现代制度体系。中国特色社会主义伟大实践的创新，发展和完善了中国特色社会主义制度，为当代中国发展进步提供了根本制度保障。中华人民共和国 70 年，中国人走过了西方国家两三百年的现代化道路，创造了人类社会发展史上惊天动地的发展奇迹，这些就充分证明了社会主义制度的优越性。

---

*　本文原载人民网 2019 年 12 月 24 日，记者：任一林、万鹏。

声音："我将无我，不负人民"高度诠释了中国共产党人的初心使命

人物：孙兰英　天津大学教授、博士生导师

观点：习近平主席讲的"我将无我，不负人民"具有丰富的内涵。从政治哲学的角度来说，每一种政治文化理念都有自己的根脉，中国特色社会主义文化的根脉是中华民族在五千多年历史中所孕育的中华优秀传统文化。在中国传统政治文化中，个人无我无私是一种优良品德，个人品格的正直、公道与否和人格信用的高低，直接决定着人际交往的公正和社会的稳定程度。"我将无我，不负人民"高度诠释了中国共产党人的初心使命。为中国人民谋幸福、为中华民族谋复兴，是中国共产党人的初心和使命，中国共产党人"秉持人民立场、为人民大众谋利益、为全人类谋解放"并为之奋斗终身。"立党为公、执政为民"是我们党的立党之本、执政之基和力量之源，共产党人只有一心为公，立党才能立得稳；只有一心为民，执政根基才能打得牢。只有大公无私，才能汇聚起实现民族复兴大业的磅礴力量。

声音：发扬共产党人的斗争精神，才能从一个胜利走向另一个新的胜利

人物：洪向华　中共中央党校（国家行政学院）督学组督学、教授、博士生导师

观点：中国共产党领导中国人民进行革命、建设、改革的历史充分说明，只有充分认识和正确认识到中国革命、建设、改革不同时期的社会主要矛盾，发挥中国共产党人的斗争精神，我们的各项事业才能不断取得进步，我们才能一个胜利走向另一个新的胜利。要深刻理解和把握新时代斗争精神的内涵，要加强和规范党内政治生活、深入进行反腐败斗争，敢担当、勇作为，不断增强斗争本领。要有组织、有计划地把干部放到重大斗争一线去真枪真刀磨砺，强弱项、补短板，学真本领，练真功夫。

声音：十三个"显著优势"是经过实践检验的支撑中国之治的"好制度"

人物：樊鹏　中国社会科学院政治学研究所研究员

观点：十三个"显著优势"所对应的制度是中国在革命、建设、改革和发展实践中逐渐形成的，是党和国家各项事业之基，是行之有效的"好制度"。这次全会基于历史经验和发展全局的需要，对制度的主要构成及其优势进行了全面综合深刻的总结，有利于进一步完善中国特色社会主义制度体系；有利于更进一步使人民坚定制度自信和道路自信，努力维护好这些制度；有利于更好完善好、利用好这些制度，勇于争先、担当作为，始终把人民对美好生活的向往作为奋斗目标，为实现中华民族伟大复兴的中国梦不懈奋斗。

声音：脱贫攻坚"最吃劲"时，更要"靶心不散""响鼓重锤"

人物：胡敏　中共中央党校（国家行政学院）研究员，学习时报社副社长

观点：党的十九大之后，党中央将"精准脱贫"作为必须坚决打赢的"三大攻坚战"之一，脱贫攻坚力度之大、规模之广、影响之深前所未有，取得了决定性进展。这次在参加甘肃代表团审议时，习近平总书记再次告诫，现在距离2020年完成脱贫攻坚目标任务只有两年时间，正是最吃劲的时候。"吃劲"在哪里？习近平总书记说，今后两年脱贫攻坚任务仍然艰巨繁重，剩下的都是贫中之贫、困中之困，都是难啃的硬骨头。脱贫攻坚越到紧要关头，越要坚定必胜的信心，越要有一鼓作气的决心，尽锐出战、迎难而上，真抓实干、精准施策。必须坚持不懈做好工作，不获全胜、决不收兵，要坚定信心不动摇，要锚定目标不放松。

声音："两个构建"为中国特色大国外交提出总任务

人物：冯仲平　中国现代国际关系研究院副院长

观点：党的十八大以来，中国特色社会主义进入新时代，中国外交也步入了中国特色大国外交的时代，可以说，中国与外部世界的关系迎来了一个崭新的时期。70年一路走来，新中国外交波澜壮阔，展望未来，中国特色大国外交在服务中华民族伟大复兴、促进人类进步的大道上砥砺奋进。党的十九大报告明确中国特色大国外交要推动构建新型国际关系，推动构建人类命运共同体。这是对中国特色大国外交最清晰的阐述，这两个构建告诉我们，第一，中国特色大国外交要服务于民族复兴，要服务于中国梦的实现；第二，要促进人类进步。这既是为中国特色外交提出的总目标，也是为我们中国特色大国外交提出的总任务，同时也是中国特色大国外交所努力的总方向。

声音："八个相统一"如同催开思政课百花盛开的三月春风

人物：颜晓峰　天津大学马克思主义学院院长

观点：利用课堂主渠道立德树人、铸魂育人，根本在于推动思想政治理论课改革创新，不断增强思政课的思想性、理论性和亲和力、针对性。对于如何推动思想政治理论课改革创新，习近平总书记在讲话中作出了具体部署。"八个相统一"为新时代思想政治理论课高质量教学把准了脉、指明了道，是思想政治理论课改革创新的基本遵循，如同催开思想政治理论课百花盛开的三月春风。

声音：筑牢信仰之基，把思想建党、理论强党贯穿于主题教育全过程

人物：严书翰　中共中央党校（国家行政学院）教授、博士生导师，中央实施马克思主义理论研究和建设工程课题组首席专家

观点：党的十八大以来，以习近平同志为核心的党中央高度重视思想建党、理论强党。党的群众路线教育实践活动、"三严三实"专题教育、"两学一做"学习教育等主题教育活动陆续开展，当前开展的"不忘初心、牢记使命"主题教育，是思想建党、理论强党优良传统的延续，是对加强党的建设宝贵经验的丰

富发展。中国共产党是一个善于总结经验的马克思主义政党，习近平总书记在纪念马克思诞辰 200 周年大会上的讲话中用思想建党、理论强党来总结党的建设的宝贵经验，指出"中国共产党之所以能够历经艰难困苦而不断发展壮大，很重要的一个原因就是我们党始终重视思想建党、理论强党"，这一经验已被党的历史实践所证明。

声音：中国人民"以天下为己任"的家国情怀在五四运动中演绎得淋漓尽致

人物：李永胜　陕西省中国特色社会主义理论体系研究中心研究员、西安交通大学马克思主义学院教授

观点：习近平总书记在纪念五四运动 100 周年大会的重要讲话中多次用"伟大"一词点明五四运动的历史意义。对于中华民族 5000 多年文明史来说，五四运动唤醒了民众的国民意识，弘扬了伟大的爱国精神。五四运动是近代以来中国人民自发地进行组织、群众参与广泛的一次斗争，标志着民众国民意识的觉醒。中国人民"以天下为己任"的家国情怀在五四运动中演绎得淋漓尽致，"中国的人民可以杀戮而不可以低头"的口号展现了"我以我血荐轩辕"的血性和民族大义。对于中国人民近代以来 170 多年斗争史来说，五四运动是伟大的创造精神、奋斗精神、团结精神和梦想精神的集中展示。

声音：国家治理体系和治理能力现代化凸显"制度维度"和"制度自觉"

人物：罗来军　中国人民大学长江经济带研究院院长

观点：推进国家治理体系和治理能力现代化，具有重要的理论意义，体现了党在新时期对社会主义发展规律的新认识。推进国家治理体系和治理能力现代化，具有重要的实践意义，为新时期我国全面深化改革指明了总方向。将国家治理体系和治理能力相结合，体现了党对治理国家的深刻认识和高超的国家治理智慧。国家治理体系和治理能力现代化凸显了新时代中国特色社会主义的"制度维度"和"制度自觉"。国家治理体系和治理能力是一个国家的制度和制度执行能力的集中体现，两者相辅相成，构成统一的整体，只有将二者有机联系起来，转化为国家治理的效能，才能更好地发挥中国特色社会主义制度的优越性。

艰难方显勇毅
磨砺始得玉成

循着发展的逻辑

2020

艰难方显勇毅　磨砺始得玉成

　　2020 年注定是中国当代发展史上极不平凡的一年。一场突如其来的新冠肺炎疫情，对我们的正常生产、生活秩序带来前所未有的冲击，这场不期而遇的从一个地方暴发，波及全国，人们没有任何思想准备但必须勇敢面对。

　　党和政府是充满大爱的，以勇毅、担当为先，以实际的政策与行动秉承人民至上、生命至上的价值观，生动诠释了人间大爱，用众志成城、坚忍不拔书写了抗疫史诗。

　　一个个义无反顾的身影，一次次心手相连的接力，一幕幕感人至深的场景。在共克时艰的日子里，有逆行出征的豪迈，有顽强不屈的坚守，有患难与共的担当，有英勇无畏的牺牲，有守望相助的感动。从白衣天使到人民子弟兵，从科研人员到社区工作者，从志愿者到工程建设者，从古稀老人到"90 后""00 后"青年一代，无数人以生命赴使命、用挚爱护苍生，将涓滴之力汇聚成磅礴伟力，构筑起守护生命的铜墙铁壁，也由此铸就了中国人民的伟大抗疫精神。

　　为克服新冠肺炎疫情影响，中国政府统筹疫情防控和经济社会发展，推出一揽子政策助力企业战疫情、渡难关。中国人民银行于 2020 年 4 月对中小银行定向降准，并下调金融机构在央行超额存款准备金利率；同时，中国人民银行创设了两个直达实体经济的货币政策工具，分别是普惠小微企业贷款延期支持工具和普惠小微企业信用贷款支持计划。疫情防控期间，财政赤字规模增加 1 万亿元、抗疫特别国债发行 1 万亿元，两个"1 万亿元"直达基层，惠企利民。正是这样的艰苦努力，在 2020 年一季度 GDP 同比回落 6.8% 的情况下，二季度之后，随着中国做好常态化疫情防控，复工复产、复商复市，经济逐渐恢复增长，成为 2020 年全球唯一实现经济正增长的主要经济体。到 2020 年末，"十三五"圆满收官，"十四五"坚韧起步。党中央审时度势，明确提出"充分发挥我国超大规模市场优势和内需潜力，构建国内国际双循环相互促进的新发展格局"的战略转向。

　　艰难方显勇毅，磨砺始得玉成。就是在这样艰巨的挑战面前，我国国内生产总值迈上了百万亿元新台阶，粮食生产喜获"十七连丰"，"天问一号""嫦娥五号""奋斗者"号等科学探测实现重大突破，海南自由贸易港建设蓬勃展开。2012 ~ 2020 年，历经 8 年，现行标准下近 1 亿农村贫困人口全部脱贫，832 个贫困县全部摘帽，中国消除绝对贫困和区域性整体贫困取得了令世界刮目相看的重大胜利。尽管这一年美国不断挑起经贸摩擦，但是 2020 年全年我国进出口总额依然创历史同期新高，体现出中国市场的强大韧性和抗压力量。

　　党的十九届五中全会对第十四个五年规划和 2035 年远景目标作出了擘画，中国人民在全面建成小康社会之后将继续前进，向第二个百年奋斗目标进军。中国共产党也将在百年华诞之际继续宣誓：承载人民重托、民族希望，越过急流险滩，穿过惊涛骇浪，领航中国巍巍巨轮劈波斩浪、行稳致远。

以坚定信心和豪迈姿态
迎接收官之年[*]

2020 年是可以载入中华民族辉煌史册的一年。新的一年，坚强的中国共产党团结带领中国人民经过长期努力，如期实现了全面建成小康社会和"十三五"规划的宏伟目标；与此同时，困扰中华民族几千年的绝对贫困问题也历史性地得到了解决，在全球减贫事业中书写下极为灿烂、精彩的篇章。

确保全面建成小康社会和"十三五"规划顺利收官，践行党对人民的庄重承诺，做好新一年经济工作乃至改革发展稳定各方面工作至为关键。越是曙光在前，任务越是艰巨。全党同志和各级领导干部务必保持力拔山河的气概，务必保持改革创新的勇气，务必保持决胜必胜的信心，以求真务实、顽强奋斗的姿态，勠力同心，锐意进取，坚决夺取全面建成小康社会伟大胜利。

决胜攻坚收官之年，保持坚定的信心十分必要。中央经济工作会议审时度势，对当前和今后一个时期我国经济发展总的态势作出正确判断。当前我国正处在转变发展方式、优化经济结构、转换增长动力的攻关期，结构性、体制性、周期性问题相互交织，"三期叠加"影响持续深化，经济下行压力加大；世界经济增长仍在持续放缓，处在国际金融危机后的深度调整期，世界大变局加速演变的特征更趋明显，全球动荡源和风险点显著增多；但综合分析，我国经济稳中向好、长期向好的基本趋势依然没有改变。新中国成立 70 年来，尤其是改革开放 40 多年来，我国已形成党的坚强领导和中国特色社会主义制度的显著优势，改革开放以来积累了雄厚的物质和技术基础，已具备了超大规模的市场优势和内需潜力，还积蓄了庞大的人力资本和人才资源等。这是我们坚强信心之所在。

2019 年，面对错综复杂的国际国内形势，全党全国贯彻党中央决策部署，坚持稳中求进工作总基调，坚持以供给侧结构性改革为主线，推动高质量发展，扎实做好"六稳"工作，经济运行保持在合理区间，人民群众获得感、幸福感、安全感持续提升，全面建成小康社会取得了新的重大进展。这是我们厚实底气之所在。

---

[*]　本文原载《学习时报·学习评论》2020 年 1 月 1 日。

决胜攻坚收官之年，保持豪迈姿态至关重要。中央经济工作会议对收官之年的经济工作作出全面部署，提出六个方面的重点任务。坚决打好精准脱贫、污染防治、防范化解重大风险三大攻坚战，确保民生，特别是困难群众基本生活得到有效保障和改善，聚焦问题导向、目标导向、结果导向，在落实供给侧结构性改革"巩固、增强、提升、畅通"八字方针上持续用力，切实发挥好宏观政策合力和协同力，继续深化经济体制改革，完善和强化"六稳"举措等，以上每一项工作都紧扣全面建成小康社会的关键问题，目标是推动实现高质量发展，结果是确保经济实现量的合理增长和质的稳步提升；做好上述每一项工作都必须坚定不移贯彻新发展理念，必须求真务实地抓好政策落实。为此，要坚决杜绝形形色色的形式主义、官僚主义，自觉把坚持贯彻新发展理念作为检验各级领导干部的一个重要尺度。

打赢脱贫攻坚战是全面建成小康社会的重中之重，来不得半点虚假，需要一鼓作气、乘势而上，集中力量全面完成剩余脱贫任务，防止返贫并及时做好返贫人口和新发生贫困人口帮扶，做到不获全胜决不收兵。

任务当前，机遇催人，形势逼人。新的一年，广大党员干部要不忘初心、牢记使命，坚定信心、振奋精神，狠抓落实、善作善成。只要我们始终保持那么一股劲、那么一腔热情、那么一种精神，就没有战胜不了的风险，就没有克服不了的困难，就没有实现不了的目标。让我们更加紧密团结在以习近平同志为核心的党中央周围，顽强拼搏，奋楫争先，得到人民认可、经得起历史检验。

从新年贺词三个金句中
读出中国自信*

在辞旧迎新之际，习近平主席照例发表一年一度的新年贺词。2020 年新年贺词是习近平主席第七次发表新年贺词，其中有三个金句值得我们回味。

第一个金句：我们用汗水浇灌收获，以实干笃定前行

2019 年，我国经济社会科技发展取得的重大成就、改革开放取得的重大进展、人民军队建设迈出的坚毅步伐、主场外交开创的新的气势，无不令国人自豪和惊叹。这些了不起的成就，习近平主席用 4 个数据做了最写真的刻画：我国国内生产总值预计将接近 100 万亿元人民币、人均将迈上 1 万美元的台阶。中国在经济总量上已稳居世界第二大经济体，中国的人均国内生产总值已经迈上新的台阶，这意味着我国已经达到了全面小康的经济发展水平。全国将有 340 个左右贫困县摘帽、1000 多万人口实现脱贫，这意味着困扰中华民族几千年的绝对贫困问题历史性地得到了解决，在全球减贫事业中书写下了极为灿烂的精彩篇章。在数据的背后，习近平主席历数了许多有代表性的经济社会科技新发展和改革开放新举措，一件件、一桩桩大事、喜事深刻地改变着国家的面貌和人民的生活。

2019 年所取得的巨大成就也汇聚在新中国成立 70 周年的国庆大典上，这让全国人民骄傲自豪，也让习近平主席难忘。习近平主席指出，这些成就凝结着新时代奋斗者的心血和汗水，彰显了不同凡响的中国风采、中国力量。这些充分彰显新时代精神风貌的"中国风采""中国力量"，恰恰是近 14 亿中国人民爱国主义情感和精神的集中爆发，是 9000 万中国共产党人初心和使命的集中体现。这一切，汇聚成礼赞新中国、奋斗新时代的前进洪流，给我们增添了无穷力量。

过去的 2019 年，习近平主席始终牵挂着人民。一年来，习近平主席步履踏遍祖国大江南北，感受到祖国各地一派欣欣向荣的景象，走过的每个地方都让他

---

*　本文原载光明网 2020 年 1 月 1 日，2020 年 1 月 13 日以《品味习近平主席新年贺词有感》为题刊发于《中国青年报》，署名为文森，被国家网信办评为年度优秀网文一等奖。

思绪万千，最让他牵挂的还是每一个普通劳动者。习近平主席说过"我无论多忙，都要抽时间到乡亲们中走一走看一看。"坊间经常问，夙夜在公、日理万机的习近平主席"时间去哪儿了？"——他走访民间，心系群众，始终与人民心连心。在跨年之际，习近平主席想到的还是云南贡山独龙族群众、福建寿宁县下党乡的乡亲、"王杰班"全体战士、北京体育大学研究生冠军班同学、澳门的小朋友和义工老人，还有一辈子深藏功名、初心不改的张富清，把青春和生命献给脱贫事业的黄文秀，为救火而捐躯的四川木里31名勇士，用自己身体保护战友的杜富国，以十一连胜夺取世界杯冠军的中国女排……习近平主席指出，许许多多无怨无悔、倾情奉献的无名英雄，他们以普通人的平凡书写了不平凡的人生。

只要有坚定的理想信念、不懈的奋斗精神，脚踏实地把每件平凡的事做好，一切平凡的人都可以获得不平凡的人生，一切平凡的工作都可以创造不平凡的成就。习近平主席实际上是在号召全体劳动者，中国特色社会主义伟大事业是普通劳动者干出来的、奋斗出来的，普通劳动者最具有忠诚、执着、朴实的鲜明品格，普通劳动者最光荣、最伟大。

正是亿万普通劳动者默默无闻地在各自岗位上挥洒汗水，才铸就了共和国的辉煌，才书写出这个时代最壮丽的凯歌，才激励着人民一路笃定前行。人民是共和国的坚实根基，人民是我们党执政的最大底气，正是依靠人民、依靠亿万普通劳动者，我们党才干出来了社会主义，开创出了属于中国特色社会主义新时代的伟大事业。力量藏在人民，风采属于人民。

第二个金句：我们不惧风雨，也不畏险阻。越是艰险越向前

习近平主席在2020年新年贺词中指出，历史长河奔腾不息，有风平浪静，也有波涛汹涌。我们不惧风雨，也不畏险阻。

过去的2019年，国际社会发展面临前所未有的困难和压力，国际形势风云变幻，世界正处于百年未有之大变局，但我们始终保持战略定力和耐力；因为我们坚信，有中国共产党的坚强领导和中国特色社会主义制度的显著优势，有改革开放以来积累的雄厚物质技术基础，有超大规模的市场优势和内需潜力，有庞大的人力资本和人才资源，有全党全国坚定信心、同心同德；我们持之以恒、集中精力办好自己的事情，只要能够"不畏浮云遮望眼""乱云飞渡仍从容""风雨不动安如山"，就一定能战胜各种风险挑战，我国经济稳中向好、长期向好的基本趋势就不会改变，也不可能改变。

习近平主席在新年贺词中指出：2020年是具有里程碑意义的一年，是全面建成小康社会，实现第一个百年奋斗目标之年，也是脱贫攻坚决战决胜之年。

2020年必然是中国人民和中华民族发展史上可以彪炳史册的一年：这一年，

坚强的中国共产党团结带领全中国人民经过努力奋斗，如期实现了全面建成小康社会和"十三五"规划的宏伟目标，完成了我们党对全体中国人民的一个庄重承诺。改革开放以来，我们党带领人民砥砺前行，攻克了一个又一个难关，迈出了一个又一个坚实步伐，实现了从人民生活满足基本温饱到总体小康、再到全面小康，实现了从全面建设小康社会到全面建成小康社会，中华民族迎来了从站起来、富起来到强起来的伟大飞跃。

冲锋号已经吹响。我们要万众一心加油干，越是艰险越向前，把短板补得再扎实一些，把基础打得再牢靠一些，坚决打赢脱贫攻坚战，如期实现现行标准下农村贫困人口全部脱贫、贫困县全部摘帽。全面建成小康社会，全面打赢脱贫攻坚战，实现第一个百年奋斗目标，这是实现中华民族伟大复兴的关键一步。越是曙光在前，任务越是艰巨。全党同志和各级领导干部务必保持气拔山河的气概，务必保持改革创新的勇气，务必保持决胜必胜的信心，以求真务实、顽强奋斗的姿态，勠力同心，锐意进取，坚决夺取全面建成小康社会伟大胜利，为在新的历史交汇点上开启全面建设社会主义现代化新征程奠定坚实基础。

第三个金句：让我们只争朝夕，不负韶华。万众一心加油干

"只争朝夕，不负韶华"是 2020 年新年贺词的点睛之笔。我们注意到，在 2019 年，习近平主席至少三次提到了"不负韶华"：2019 年 3 月 17 日在给意大利罗马国立住读学校师生回信时说，"愿你们青春正好、不负韶华"。4 月 30 日在纪念五四运动 100 周年大会上说，希望广大青年"珍惜韶华、不负青春"。习近平主席这次在 2020 年新年贺词中说，"让我们只争朝夕，不负韶华，共同迎接 2020 年的到来"。

党的十八大以来，习近平主席多次强调，要以时不我待、只争朝夕的精神投入工作，开创新时代中国特色社会主义事业新局面。昨天的成功并不代表着今后能够永远成功，过去的辉煌并不意味着未来可以永远辉煌。在庆祝改革开放 40 周年大会上，习近平主席引用毛泽东同志的一段话勉励全党，指出：我们这么大一个国家，就应该有雄心壮志。毛泽东同志说："夺取全国胜利，这只是万里长征走完了第一步。如果这一步也值得骄傲，那是比较渺小的，更值得骄傲的还在后头。在过了几十年之后来看中国人民民主革命的胜利，就会使人们感觉那好像只是一出长剧的一个短小的序幕。剧是必须从序幕开始的，但序幕还不是高潮。"

党的十九大对我国发展提出了更高的奋斗目标，形成了从全面建成小康社会到基本实现社会主义现代化、再到全面建成社会主义现代化强国的战略安排，发出了实现中华民族伟大复兴中国梦的最强音。伟大梦想不是等得来、喊得来的，而是拼出来、干出来的。我们现在所处的是一个船到中流浪更急、人到半山路更

陡的时候，是一个愈进愈难、愈进愈险而又不进则退、非进不可的时候。改革开放已走过千山万水，但仍需跋山涉水，摆在全党全国各族人民面前的使命更光荣、任务更艰巨、挑战更严峻、工作更伟大。在这个千帆竞发、百舸争流的时代，我们绝不能有半点骄傲自满、故步自封，也绝不能有丝毫犹豫不决、徘徊彷徨，必须统揽伟大斗争、伟大工程、伟大事业、伟大梦想，勇立潮头、奋勇搏击。

中国的昨天已经写在人类的史册上，中国的今天正在亿万人民手中创造，中国的明天必将更加美好。推开时光之门，新年的钟声已经敲响，新年的第一天，朝阳又跃升在地平线上。"只争朝夕，不负韶华"就预示着：机遇催人，形势逼人。新的征程已经起步，我们要振奋精神，闻鸡起舞，始终保持那么一股劲、那么一腔热情、那么一种精神，向着美好的朝阳出发，向着中华民族伟大复兴的目标前进。

让总书记的思想在八闽大地落地生根[*]

——福建省学习《习近平在厦门》《习近平在宁德》采访纪实

南国春意早，八闽情正浓。

2020年新年伊始，反映习近平总书记成长历程的两部采访实录《习近平在厦门》《习近平在宁德》由中共中央党校出版社同时出版并在全国发行；与此同时，《学习时报》连续刊发了《习近平在福州》系列访谈。两本书的出版和纪实文章的刊发，在习近平总书记曾经工作过17年半的福建引起强烈反响和思想共鸣。福建广大党员干部认真组织学习了两本书和采访实录，紧密联系当前工作畅谈学习体会、谋划发展未来。整个八闽大地掀起了一轮学习的澎湃春潮。

正值福建省召开两会之际，《学习时报》采访组（以下简称本报采访组）一行深入实地采访，亲身感受到了福建广大党政干部学习两部书和系列采访实录的浓厚氛围，真切感知到了福建广大党员群众传承好、贯彻好、落实好习近平总书记在闽工作时创造的宝贵思想财富、精神财富和实践成果，不断开创新时代新福建建设新篇章、坚决做到"两个维护"的豪迈激情。

学习的热潮

采访实录客观再现了习近平总书记在福建工作时的创新理念和生动实践，为深入学习领会习近平新时代中国特色社会主义思想的理论逻辑和实践逻辑提供了鲜活教材，每一个故事、每一个情节都直击心灵，让我们深受感动、深受启迪、深受教育，越读越感受到厚重的真理味道、理论味道、实践味道。

2020年1月11日晚上，中共福建省委常委会会议室，灯光通明。会议室圆

---

[*] 本文原载《学习时报》2020年1月17日，《福建日报》1月18日头版全文转载，采访组成员：胡敏、戴菁、徐黎、陈思。

桌的每个座位上摆放着刚刚出版的《习近平在厦门》《习近平在宁德》两本书，还散发着清新的墨香。

参加完一整天的福建省十三届人大三次会议开幕式和分组讨论会之后，省"四大班子"领导及相关部门负责人无暇休息，利用晚上的时间召开中共福建省委理论学习中心组学习会。这是中共福建省委理论学习中心组就这两本书组织的第一场专题学习。《学习时报》采访组应邀列席。

福建省委书记于伟国在主持会议时指出："这两部采访实录，为深入学习领会习近平新时代中国特色社会主义思想的理论逻辑和实践逻辑提供了鲜活的教材，对引导党员干部增强'四个意识'、坚定'四个自信'、做到'两个维护'，更好地践行初心和使命具有重要教育示范意义。"

学习会上，中共福建省委领导于伟国、唐登杰、王宁、梁建勇等同志紧扣采访实录的学习，先后围绕践行初心使命、贯彻新发展理念、优化营商环境、建设生态文明、做好宣传思想文化工作等谈认识、谈体会、谈心得……

据了解，福建省委高度重视两部书的学习宣传工作，召开会议进行了专题研究部署。于伟国对组织学习《习近平在厦门》《习近平在宁德》两部采访实录提出明确要求，全省各级党组织要发挥好得天独厚的优势，认真组织开展学习，更好地用习近平新时代中国特色社会主义思想武装党员干部、教育人民群众、指导推动工作。2020 年 1 月 3 日，福建省委办公厅下发《关于认真组织学习〈习近平在厦门〉〈习近平在宁德〉两部采访实录的通知》，要求全省各级党组织和广大党员干部带着深厚感情学、全面深入系统学、联系工作实际学、领导干部带头学，切实领会习近平总书记在闽工作时创造的宝贵思想财富、精神财富和实践成果，推动新时代新福建建设取得新成效。

福建省委常委、宣传部部长梁建勇指出：学习宣传《习近平在宁德》《习近平在厦门》这两部书是全省宣传思想战线的重要政治任务。2020 年 1 月 9 日，中共福建省委宣传部已召开学习座谈会，邀请省直单位负责同志、干部群众、访谈对象、专家学者和读者代表，从不同角度畅谈学习体会。我们要以强烈的政治责任感、使命感，精心组织好两部采访实录的学习宣传和推广宣介，更好地用习近平新时代中国特色社会主义思想凝聚人心、滋润人心、照亮人心。具体实施方案如下：

一是在福建省委领导率先学习示范下，全省各级党委政府紧锣密鼓地行动起来。

福州、厦门、宁德等市委理论学习中心组发挥龙头带动作用，在前一阶段已经开展学习《学习时报》连载采访实录的基础上，又把对两本书的学习作为中心组学习的重要内容，列出专题，深入研讨交流。各级党组织运用党支部"三会一课"、主题党日、"悦享会"等方式,结合"不忘初心、牢记使命"主题教育,引导广大党员干部学深悟透,切实做到学思用贯通、知信行统一。

二是干部教育培训工作行动起来。

福建省委常委、组织部部长兼福建省委党校(行政学院)校(院)长杨贤金告诉记者,全省各级组织部门正在认真抓好党员干部的学习贯彻,推动党员学习全覆盖,特别是要求把两部采访实录作为党校(行政学院)学员学习习近平新时代中国特色社会主义思想和党性教育的必备教材,以适当形式将这两部书的内容作为案例融入讲稿、进入课堂,增强教学的生动性和感染力。

2020年1月10日下午,获知《学习时报》采访组一行来闽实地采访,省委党校(行政学院)常务副校(院)长胡忠昭组织党校精品课老师和学校"习近平新时代中国特色社会主义思想在福建的孕育"课题组成员与采访组进行了面对面座谈。老师们一致表示,采访实录的出版是"及时雨",书中大量丰富、生动的访谈内容,为干部教学提供了难得的鲜活案例,要结合对两本书的学习,进一步挖掘好总书记在闽工作时留下的宝贵精神财富。林红副校(院)长告诉记者,作为干部培训的主阵地,下一步中共福建省委党校将用好这两本书与贯彻落实"党校(行政学院)工作条例"紧密结合,不断丰富教学内容,创新教学方式,切实提高新时代党校(行政学院)教学科研水平。

三是新闻宣传舆论阵地行动起来。

连日来,福建省直主要新闻媒体都在重要版面、重要时段开设"深入学习《习近平在厦门》《习近平在宁德》"专题专栏,集中反映各地各单位学习情况。

《福建时报》总编辑王金福指出,《福建日报》专门开设了专版、专栏,采取热议、反响等多种形式对两本实录进行宣传报道,并连续刊发了学习体会文章。

福建省广播影视集团融媒体资讯中心施碧虹主任指出,东南卫视和手机新闻客户端(海博TV)第一时间同步转播了两本书出版的动态新闻。从2020年1月4日开始,主要电视新闻节目确保每天至少推出一条反响报道。电视和广播节目还围绕两本书的重要内容积极策划推出深度报道,重访故事发生地,发现发展新面貌,多角度展现福建各地党员干部牢记习近平总书记嘱托,接续奋斗,沿着总书记擘画的蓝图坚持高质量发展的生动事例和鲜活故事。该中心还集成各类融媒体传播形式,多层次报道、多平台"合唱",形成立体宣传大声势,在福建省干部群众中营造出浓厚的学习氛围。

《学习时报》采访组还来到福州鳌峰坊书城,两本采访实录放在显要位置。海峡出版发行集团党委书记、董事长蒋达德透露:"两本书出版后,在福建是一书难求。我们第一时间从北京空运第一批260套到达福州鳌峰坊书城,读者购书踊跃，反响热烈，便又从北京空运 2000 套，优先满足厦门和宁德两地干部群众的学习需要。"

《学习时报》采访组随机采访了几位基层干部群众。大家都难抑激动心情，表示读着两本采访实录，感到无比亲切和温暖，不由自主地回忆和交流起许多习近平总书记在闽工作时与基层干部群众心连心的感人情景，共同表示要把对总书记的深厚爱戴之情转化为"两个维护"的高度政治自觉，坚定不移听党话、跟党走，推动新时代新福建建设取得更加丰硕的成果。

光辉的典范

两部采访实录从不同角度回忆了习近平总书记在厦门、宁德等地的工作经历，生动展示了总书记坚定的信仰信念、真挚的为民情怀、强烈的政治担当、卓越的领导才能和独特的人格魅力，为广大党员干部，特别是领导干部树立了不忘初心、牢记使命的光辉典范。

在采访中，党员干部普遍表示，《习近平在厦门》《习近平在宁德》两本书中的很多人物、很多事例、很多场景都是福建广大党员和干部群众所熟悉的，充分展现了习近平总书记对党和人民事业的孜孜探索、对八闽大地的深厚感情、对福建人民的亲切关怀。

于伟国在学习时十分动情地说："两部采访实录以朴实的文风记述了总书记 1985~1990 年在厦门、在宁德工作期间走过的山山水水，到过的老区苏区、镇村、街道社区、学校企业等，与基层广大干部群众心连心的感人故事，每一个故事、每一个情节都非常客观真实、鲜活生动，直抵灵魂、叩击心灵。像这样动人的故事还有许许多多。"

于伟国说："学习采访实录，越学越能感受到厚重的真理味道、理论味道、实践味道，越能深深感受到总书记一以贯之地在践行理想信念、初心使命，总书记为我们树立了光辉典范。我们要深入学习总书记一以贯之的信念坚守，深学细悟笃行习近平新时代中国特色社会主义思想，始终把牢理想信念'总开关'；要深入学习总书记一以贯之的人民情怀，大力弘扬'四下基层''四个万家''马上就办、真抓实干'优良作风，真心实意解民忧、纾民怨、暖民心；要深入学习总书记一以贯之的胸怀大局，善于从政治和全局高度观察和分析问题，不断提升工作的科学性、预见性、主动性、创造性；要深入学习总书记一以贯之的战略定力，发扬'滴水穿石、弱鸟先飞'精神，把新福建宏伟蓝图变为美好现实；要深入学习总书记一以贯之的使命担当，敢字为先、干字当头，发扬斗争精神，集中精力办好自己的事。"

梁建勇说："阅读采访实录，我们要从中学习总书记坚定不移的信仰信念。

采访实录有一个记述，在厦门制定发展战略的时候，习近平同志就指出：'我们是搞经济特区，不是搞政治特区，我们是搞社会主义，发展战略一定要体现这个，严格把握制定战略发展方向，要坚持社会主义的方向，把厦门建成具有自由港特征的社会主义经济特区。'在宁德时，习近平同志把坚定的理想信念转化为推动闽东地区加快发展、早日摆脱贫困的坚强决心和顽强毅力。"

梁建勇说："可见，无论在厦门还是在宁德，习近平同志之所以能够带领干部攻克一个又一个的难关、取得一个又一个的显著成绩，就在于他对马克思主义的坚定信仰，对共产主义和社会主义的执著信念。"

党的十八大以来，习近平总书记多次强调，要以"功成不必在我"的精神境界和"功成必定有我"的工作担当，一张蓝图绘到底，一任接着一任干。省委副书记、省长唐登杰对记者说："阅读采访实录，可以深刻感知总书记这种敢于担当、功成不必在我的境界胸怀。"

"从书中可以看到，习近平同志不贪一时之功、不图一时之名，不搞形象工程，而是深入调查研究，根据闽东实际提出'弱鸟先飞'的系统思路，指出宁德发展不要有超过现实的思想，更不能心急，要有'滴水穿石'的精神，要拿出锲而不舍的干劲。"唐登杰说，"我们要深刻领会习近平总书记的大境界、大格局，坚持正确的政绩观、发展观，学习总书记正确处理大我和小我的关系，以及长远利益、根本利益和个人抱负、个人利益的关系，多做打基础、利长远的事，真正做到对历史和人民负责。"

中共福建省委副书记、中共福州市委书记王宁谈道："学习采访实录，要学习习近平总书记高超的战略眼光和坚定的战略定力，站位全局、着眼长远，尊重规律、善于谋划，不断提高战略思维能力，增强工作的原则性、系统性、预见性、创造性。"他说，"总书记当年抓改革谋发展，只要认准了，就会久久为功，一抓到底。比如采访实录中写到的，为推动厦门航空创建，他倾注了大量心血，解决了组建初期贷款、飞机引进等难题，并长期关心支持，有力推动了厦航改革发展结出硕果；比如在宁德，总书记倡导'滴水穿石'，持续发力，因此当年定下的许多目标，现在都成为现实，值得我们好好学习"。

采访实录记述习近平同志刚到宁德工作时，到任不到3个月就走遍闽东9个县，后来又跑了绝大部分乡镇，不知道"掀了多少次锅盖、掀了多少次桌盖、掀了多少次铺盖"，"三进下党""四下基层"这些凝聚为民情怀的感人故事至今仍广为传颂。

"习近平同志在宁德工作期间创造性地推进信访下基层，充分体现了总书记的人民情怀。"中共宁德市委政法委副书记黄孝清说。中共福鼎市委宣传部副部长钟进说："阅读采访实录，能深切感受到总书记对闽东这片土地以及闽东人民所倾注的深情厚爱。闽东地区是畲族的聚居地，总书记曾经说过：'我和畲族是有缘分的'。畲族人民之所以有今天的幸福生活，就是因为总书记一直以来的深切关注，始终与人民群众心连心。"

"书中记载的习近平总书记当年调研连家船民的事迹让我特别感动。那时候，他亲自到群众家中，一进门就主动与群众握手，到厨房掀开桌盖看看群众吃什么，吃得好不好，并详细询问他们上岸后的生产生活情况。"福安市下白石镇下歧村党支部书记郑月娥说，"这让我想到现在的精准扶贫政策，与当时的搬迁上岸是一脉相承的。总书记一心为民的领袖情怀，鞭策着我们奋发向上"。

采访实录的大量篇目还集中讲述了习近平同志无论是在厦门还是在宁德，都始终保持着真抓实干、敢管敢严的工作风格，读来让人印象十分深刻。

"学习采访实录，能够深切感受到总书记求真务实、从严治党、从严治吏的领导作风，"福建省委办公厅主任林钟乐说，"比如在厦门，他强调：'要发财就不要来当干部，要当干部就不要想发财'；比如在宁德，他针对群众反映强烈的干部违规私建住宅问题，一针见血地指出：'我们是将近三百万人该得罪，还是这两三千人该得罪？当然是宁肯得罪这两三千人！'清房工作迅速从严公正推开，赢得百姓一片叫好。"

中共福建省委党校（行政学院）副校（院）长刘大可告诉记者："从采访实录中可以看到，习近平同志在宁德工作时，严格限制公务接待标准，制定'公务接待12条'，后来又进一步出台补充规定，称为'宁德廉政17条'，持之以恒，正风肃纪，狠狠刹住了地方不正之风。这些重要实践，与党的十八大以来以习近平同志为核心的党中央坚持党要管党、全面从严治党是一脉相承的。从其前后相沿的历史渊源和一以贯之的做法中不难发现习近平治国理政思想中对福建工作期间实践的总结和提炼。"

奋进的力量

历史记录着八闽大地的沧桑巨变，记载着领袖开拓担当、执政为民的时代足迹。

福建是习近平总书记工作过17年半的地方，是习近平新时代中国特色社会主义思想的重要孕育地。习近平总书记在福建工作期间，亲自领导了福建的改革开放和现代化建设，进行了一系列开创性探索实践，提出了一系列前瞻性创新理念，为福建改革开放事业作出了重大贡献，为福建干部群众留下了宝贵思想财富；这些重要思想和创新理念，不仅体现在了采访实录的记述中，更实实在在地惠及了几千万福建人民，也在福建各级党委和政府的施政举措中得到了巩固、延伸和发展。

美丽的厦门规划展览馆见证着 30 多年来厦门开放发展的日新月异，相邻的海上花园英姿勃发、搏击向前。

冬季的厦门依然草木葱绿。迎着和煦的海风，《学习时报》采访组来到筼筜湖畔，踏上环湖步道，只见水清岸绿、白鹭齐飞，远处传来阵阵合唱的歌声。现如今，很难想象采访实录中描述的 30 年前这里还是湖水发黑发臭，蚊蝇滋生，行人掩鼻绕道而行的情景。

筼筜湖管理中心规划建设科副科长傅迅毅已经在治湖工作岗位上干了 20 多年，他阅读采访实录后深有感触地说："筼筜湖治理能取得这么大的效果，就是时任副市长的习近平同志确定的治理思路和打下的底子，后任领导接续治理，一任接着一任干，绿水青山才成了金山银山。"

党的十八大以来，福建省生产总值年均增长 9%，2018 年达 3.58 万亿元，居全国第 10 位；人均生产总值达 9.1 万元，居全国第 6 位；城乡居民人均可支配收入分别居全国第 7 位和第 5 位。2019 年，福建省生产总值跃上了 4 万亿元新台阶。此外，福建省水、大气、生态环境质量多年保持全优，森林覆盖率提升到 66.8%，常年保持全国第一，主要河流优良水质比例为 96.5%，主要城市空气优良天数比例为 98.6%、PM2.5 平均浓度 24 微克/立方米。福建既保持了"绿水青山"又收获了"金山银山"。

厦门市政建设开发有限公司环东海域新城项目负责人刘庆诚不无自豪地说，作为厦门的一名建设者，他很幸运能亲眼看到习近平总书记当年规划的美好蓝图成为现实；环东海域新城也已经有了一座城的模样，居民进来了，企业进来了，学校办起来了，人气起来了。环东海域新城就是厦门城市发展的一个缩影。

20 世纪 80~90 年代，从福州到宁德，坐车一路要颠簸六七个小时；现在从福州坐动车只需 32 分钟，曾是穷乡僻壤的宁德地区早已旧貌换新颜。

位于闽浙两省边界山区的宁德市寿宁县，曾经偏僻落后，条件恶劣，群众生产生活十分艰苦，是第一批国家级贫困县。习近平总书记在闽工作期间，曾"九赴寿宁、三进下党"现场办公、访贫问苦、指导发展。中共寿宁县委书记汤孔忠说："随着经济社会长足发展，城乡面貌日新月异，群众生活越过越好。截至 2020 年 1 月，全县建档立卡贫困对象全部实现脱贫，顺利实现脱贫摘帽。"

"宁德是习近平总书记魂牵梦绕的地方，当年任职时，他大力倡导'滴水穿石'精神、'弱鸟先飞'意识、'行动至上'作风和'四下基层'制度等，为闽东大地带来思想解放和观念更新，带领闽东人民摆脱'精神贫困'"，中共宁德市委书记郭锡文告诉《学习时报》采访组："我们完成了 70 多万人的减贫任务，全市建档立卡贫困户全部脱贫、贫困村全面退出，省级扶贫开发重点县也都达到'摘帽'标准。"

推动福建省实现经济跨越更要推进文化强省建设。"在福州工作期间，习近平同志对文物和文化遗产保护工作极为重视，为延续福建文化的'根'与'魂'奠定了坚实基础，让福建人民坚定了文化自信。"梁建勇说。

"学习采访实录，可以深悟习近平总书记关于推进文化遗产保护工作、弘扬优秀文化传统的文化遗产观。"福州市原市长尤猛军说，"福州市始终遵循总书记教诲，致力于延续城市文脉、保存城市风貌。特别是截至 2020 年通过建设冶山、新店 2 个古城遗址公园，提升'三山两塔'，修复 3 个历史风貌区，建设船政文化城，打造 15 个特色历史文化街区，整治 252 条传统老街巷，提升鼓岭（鼓山风景区）风貌，修缮重点文物，让福州这座历史文化名城的气质与底蕴得到彰显"。

王宁说："我们要深入学习贯彻习近平总书记关于文化遗产和自然遗产保护利用、生态文明建设、文明交流互鉴等方面的重要论述，坚持和完善繁荣发展社会主义先进文化的制度，坚持创造性转化、创新性发展，进一步增强干部群众文化遗产和自然遗产保护的意识和能力，以第 44 届世界遗产大会为契机，强化使命担当，着力保障人民文化权益，加快推进文化强省建设，更好地满足人民群众的精神文化需要。"

截至《学习时报》采访组发稿，中共福建省委召开了会议，要求全省各级党组织和广大党员干部进一步学好、用好采访实录，秉承弘扬和贯彻落实好习近平总书记在福建工作时创造的宝贵思想财富、精神财富，扎实推进习近平新时代中国特色社会主义思想学习、宣传和贯彻向纵深发展，践行好党的初心使命，打好三大攻坚战，全面建成小康社会。可以相信，随着学习成果的转化，福建广大干部群众一定能把对习近平总书记的深厚感情上升为增强"四个意识"、坚定"四个自信"、做到"两个维护"的政治自觉、思想自觉、行动自觉，转化为坚持高质量发展落实赶超、加快推进新时代新福建建设的巨大热情和强大动力。

在 2020 年新年之际，寿宁县下党乡的干部群众聚在村里的"百口食堂"，凝神屏气收看习近平总书记发表的新年贺词。当听到总书记提到"福建寿宁县下党乡的乡亲"时，乡亲们一下子沸腾了，掌声雷动，这是总书记送给闽东儿女的最大礼包。下党乡乡长项忠红激动地说："我们将牢记总书记的亲切关怀，继续发扬'滴水穿石'的精神，坚定信心、埋头苦干，持续巩固脱贫成果，积极建设美好家园，努力走出一条具有闽东特色的乡村振兴之路，不辜负总书记的莫大期望。"这是下党乡老乡们的心声，也是福建广大党员干部群众的心声。

让总书记的思想在八闽大地落地生根

坚定主心骨　汇聚正能量
振奋精气神 *

宣传工作是党的一项极端重要的工作，也是中国共产党领导人民不断夺取革命、建设、改革胜利的优良传统和政治优势。2020年是如期实现全面建成小康社会的决胜之年，因此要把决胜全面建成小康社会作为主基调，统筹做好各方面的宣传工作，进一步激发全党全国各族人民的昂扬斗志十分关键。2020年的全国宣传部长会议明确指出：紧扣决胜全面建成小康社会、决战脱贫攻坚，扎实做好各项宣传思想工作，更好坚定主心骨、汇聚正能量、振奋精气神。这是做好2020年宣传工作的基本方针，需要深入理解并坚决贯彻落实。

坚定主心骨，深入推动习近平新时代中国特色社会主义思想往深里走、往心里走、往实里走

思想是行动的指南和导向。共同的思想基础与共同的奋斗目标紧密结合在一起，是一个国家、一个社会团结一致向前进的根本保证。当今世界正经历百年未有之大变局，我国正处于实现中华民族伟大复兴的关键时期，形势变化之快前所未有，改革发展稳定、内政外交国防、治党治国治军任务之重前所未有，风险挑战之多前所未有，意识形态领域斗争的复杂性艰巨性也是前所未有。越是面对这样的形势，宣传思想工作越是要坚定主心骨、把准定盘星，确保政治方向上不动摇、指导思想上不偏向、团结鼓劲上不松懈。

马克思主义以科学的世界观和方法论揭示了人类社会的发展规律，是我们立党立国的根本指导思想；党领导的中国革命、建设、改革的全部成就，都是在马克思主义和马克思主义中国化成果的指引下取得的。党的十九届四中全会提出，坚持马克思主义在意识形态领域指导地位的根本制度，客观反映了马克思主义在中国现代化建设中的伟大历史作用，具有重大理论意义和实践意义；必须坚持党管宣传、党管意识形态、党管媒体不动摇，在马克思主义这个全党共同思想基础上凝聚起全

＊　本文原载《光明日报》2020年2月3日。

党全国人民团结统一的更加强大的思想力量。坚定主心骨，就要不断夯实马克思主义在意识形态领域的指导地位，这是我们做好宣传思想工作的基本准绳。

党的十八大以来，以习近平同志为核心的党中央着眼实现中华民族伟大复兴的中国梦，准确把握国际国内形势的演化态势，把宣传思想工作作为党的一项极端重要的工作摆在突出位置，举旗亮剑、强基固本、正本清源、守正创新。从党的新闻舆论工作座谈会，到网络安全和信息化工作座谈会；从哲学社会科学工作座谈会，到全国高校思想政治工作会议以及两次全国宣传思想工作会议等，习近平总书记发表了一系列重要讲话，科学阐释了事关党的宣传思想事业长远发展的方向性、根本性、战略性、全局性重大问题，成为习近平新时代中国特色社会主义思想的重要组成部分。在科学思想的引领下，在宣传思想战线，高举中国特色社会主义伟大旗帜，马克思主义在意识形态领域的指导地位更加巩固，全党全国人民团结奋斗的共同思想基础更加巩固，中国特色社会主义文化自信日益彰显，推动新时代宣传思想工作取得历史性成就、发生历史性变革，凝聚起奋进新时代的磅礴力量。坚定主心骨，就是要深入推动习近平新时代中国特色社会主义思想往深里走、往心里走、往实里走，这是我们做好 2020 年宣传思想工作的基本指针。

中共中央 2019 年 8 月印发的《中国共产党宣传工作条例》（以下简称《条例》），是党在宣传领域的主干性、基础性党内法规。《条例》以刚性的法规制度为全党开展宣传工作提供了有力指导和支撑；明确要求各级党委（党组）将《条例》执行情况纳入党建工作责任制，纳入意识形态工作责任制，纳入领导班子、领导干部目标管理，纳入监督执纪问责范围。《条例》的出台，标志着宣传工作科学化规范化制度化建设迈上新的台阶，在党的宣传事业发展史上具有重要的里程碑意义。坚定主心骨，就是要把宣传思想工作作为各级党委的一项战略任务，并不折不扣地落实好《条例》，这是我们做好 2020 年宣传思想工作的基本依据。

汇聚正能量，大力营造决胜全面建成小康社会、打赢脱贫攻坚战和干部干事创业的浓厚氛围

习近平总书记在 2020 年的新年贺词中指出，"2020 年是具有里程碑意义的一年。我们将全面建成小康社会，实现第一个百年奋斗目标。2020 年也是脱贫攻坚决战决胜之年。冲锋号已经吹响。我们要万众一心加油干，越是艰险越向前"。在爬坡过坎、冲刺目标的重要时期，在决胜全面建成小康社会、决战脱贫攻坚的关键时刻，宣传思想战线更要自觉担负起举旗帜、聚民心、育新人、兴文化、展形象的使命任务，唱响主旋律，汇聚正能量，鼓舞新斗志；在全社会营造决胜全面建成小康社会、打赢脱贫攻坚战，干部干事创业、人民不断奋斗的浓厚氛围，促进全体人民在党的集中统一领导下，保持思想上精神上行动上目标一

致、方向一致、步调一致。

讲好中国特色社会主义制度的显著优势。党的十九届四中全会全面总结了中国特色社会主义制度的 13 个显著优势，这些显著优势共同成为了新中国成立以来我们党领导人民创造世所罕见的经济快速发展奇迹和社会长期稳定奇迹的强大制度支撑。实践证明，中国特色社会主义制度和国家治理体系是以马克思主义为指导、植根中国大地、具有深厚中华文化根基、深得人民拥护的制度和治理体系，是具有强大生命力和巨大优越性的制度和治理体系，是能够持续推动拥有 14 亿多人口大国进步和发展、确保拥有 5000 多年文明史的中华民族实现"两个一百年"奋斗目标进而实现伟大复兴的制度和治理体系。生动、立体、全面地讲好这 13 个相互贯通、结为整体的制度优势，能够使我们更有信心和底气巩固好"中国之治"的制度基石，回答好"中国共产党为什么能""马克思主义为什么行""中国特色社会主义为什么好"的历史之问，为全体人民团结一心、排除万难、向着更高的目标迈进厚积起深层、持久的力量。

奏响爱国和改革的最强音。爱国主义是中国人民和中华民族维护民族独立和民族尊严的强大精神动力。爱国主义精神深深植根于中华民族心中，构筑起民族的脊梁，爱国主义的"硬核力量"激励着一代又一代中华儿女为祖国发展繁荣而自强不息、不懈奋斗。改革开放是党领导人民进行的一场伟大的社会革命，同时也是一场深刻的精神变革。改革开放伟大历史进程不仅带来了生产力的提升，还塑造了改革创新的时代精神。以爱国主义为核心的民族精神和以改革创新为核心的时代精神，是凝心聚力的兴国之魂、强国之魂。在变革创新的时代潮流中，在中华民族日益走近世界舞台中央的历史进程中，中国人民的爱国主义精神空前高涨、改革创造精神正在前所未有地迸发出来。宣传思想战线要弘扬爱国主义精神，激发人民爱国之情、砥砺强国之志、实践报国之行，以改革创新精神为引领，厚植发展优势、破解发展难题、化解新的风险、激发新的活力。

擂起启航新征程的奋进鼓点。奋斗是中华文明兴盛之源，崇尚奋斗是中华民族自强不息的精神基因。习近平总书记指出，中国人民自古就明白，世界上没有坐享其成的好事，要幸福就要奋斗。一切伟大成就都是接续奋斗的结果，一切伟大事业都需要在继往开来中推进。2020 年是全面建成小康社会、实现第一个百年奋斗目标的关键之年，在决战决胜的关键时刻，宣传思想战线更要把思想和行动统一到全国宣传部长会议的部署上来，进一步激发广大干部干事创业、真抓实干的豪情，进一步传扬广大群众埋头苦干、砥砺奋进的激情，擂起启航新征程的奋进鼓点，勃发奋斗力量，续写新的辉煌。

振奋精气神，创新完善体制机制，抓好建强干部人才队伍

伟大时代成就伟大精神，伟大精神推动伟大事业。14 亿中国人民迈向全面建成小康社会的冲锋号已经吹响，宣传思想战线应当振奋起精气神，在以习近平同志为核心的党中央的坚强领导下，以新的气象、新的作为，积极履职尽责、勇于担当作为、锐意改革创新，在民族复兴的征程上创造无愧于历史的崭新业绩。

把做好新一年宣传思想工作的精气神转化到创新完善体制机制上来。按照党的十九届四中全会提出的坚持和完善繁荣发展社会主义先进文化的制度，巩固全体人民团结奋斗的共同思想基础的要求，坚持马克思主义在意识形态领域指导地位的根本制度，以社会主义核心价值观引领文化建设的制度，健全人民文化权益保障的制度，完善坚持正确导向的舆论引导工作机制，建立健全把社会效益放在首位、社会效益和经济效益相统一的文化创作生产体制机制；特别是要顺应媒体融合发展这场深刻革命，建立起以内容建设为根本、先进技术为支撑、创新管理为保障的全媒体传播体系，构建起网上和网下一体、内宣和外宣联动的主流舆论格局，切实占领宣传工作制高点，不断壮大主流思想舆论。

把做好新一年宣传思想工作的精气神转化到提高"四力"上来。要适应新时代宣传工作的新要求，全面加强宣传思想战线党的领导和党的建设，严格落实意识形态工作责任制，抓好建强干部人才队伍。努力打造一支政治过硬、本领高强、求实创新、能打胜仗的宣传思想工作队伍，不断增强脚力、眼力、脑力、笔力，切实提高宣传思想工作队伍的综合素质、能力水平、精神风貌。坚持稳中求进、守正创新、融通贯通，在实践中不断总结工作经验，把握传播规律，下大力气改进创新正面报道，落实时度效要求，建立科学的评价激励机制，推动宣传思想工作真正实起来强起来。

向总书记学习
战"疫"思维[*]

思路决定出路，正确的思路决定工作的水平和成效。能不能正确判断形势、把握复杂局面，能不能有效化解矛盾、切中问题要害，能不能做出正确决策、顺利推进工作，关键是要秉持科学的思维方法。

这次新冠肺炎疫情，是新中国成立以来在我国发生的传播速度最快、感染范围最广、防控难度最大的一次重大突发公共卫生事件。对全党全国人民来说，这是一次危机，更是一次大考。疫情暴发后，习近平总书记统筹谋划，亲自部署，指挥若定，先后多次在中央层面会议、亲临防疫实地和科研单位调研，发表了一系列重要讲话，为坚决打赢疫情防控阻击战、统筹推进经济社会发展提供了基本遵循和行动指南。历经近两个月战"疫"的艰苦努力，疫情防控形势总体正在以积极向好的态势拓展。

实践证明，党中央对疫情形势的判断是准确的，各项工作部署是及时的，采取的举措是有力有效的。防控工作取得的成效，既充分彰显了中国共产党领导和中国特色社会主义制度的显著优势，也充分体现了习近平总书记作为大国领袖高超的全局把控能力和卓越的战略思维能力。深入学习总书记一系列重要讲话精神和党中央决策部署，对于领导干部来说，首要的是要身先士卒，勇于担当，把总书记重要指示和党中央各项决策部署抓实抓细抓落地；同时要在战"疫"中向总书记学习科学思维方法，切实提高战略思维、历史思维、辩证思维、创新思维、法治思维、底线思维能力，将战"疫"的过程转化为提高处置突发重大危机的能力和本领的过程，作为不断增强工作的科学性、预见性、主动性和创造性的一次重要契机。

向总书记学习战略思维能力。战略思维能力是指高瞻远瞩、统揽全局，善于把握事物发展总体趋势和方向的能力。总书记说，"打胜仗首先要有正确战略策略"。一个时期以来，党中央靠前指挥，及时制定一系列疫情防控战略策略，强

---

* 本文原载中央党校理论网 2020 年 2 月 3 日。

调做好疫情防控工作直接关系人民生命安全和身体健康，直接关系经济社会大局稳定，也事关我国对外开放，提出"坚定信心、同舟共济、科学防治、精准施策"的总要求，全面加强对疫情防控工作的统一领导、统一指挥、统一行动，按照集中患者、集中专家、集中资源、集中救治的救治要求，制订周密方案，内防扩散、外防输出，组织各方力量开展防控，打响了疫情防控的人民战争、总体战、阻击战。在严峻的疫情面前，我们需要冷静观察、周密部署，保持定力，从全局谋战略，从趋势定方向。

向总书记学习历史思维能力。历史思维能力是指善于运用历史眼光认识发展规律、从历史经验中吸取智慧用以指导现实工作的能力。总书记曾讲过，历史、现实、未来是贯通的。历史是过去的现实，现实是未来的历史，在这次"2·23"讲话中又指出，中华民族历史上经历过很多磨难，但从来没有被压垮过，而是愈挫愈勇，不断在磨难中成长、从磨难中奋起。新中国成立以来，我们党团结带领全国人民有效应对了包括抗击传染病疫情在内的各种重大灾难，经受了无数风雨的洗礼和考验。以史为鉴、知古鉴今，我们就能把握规律、坚定信心，没有任何力量能够撼动我们伟大祖国的地位，没有任何力量能够阻挡中国人民和中华民族前进的步伐。

向总书记学习辩证思维能力。辩证思维能力是指善于抓住关键、找准重点、洞察事物发展规律的能力。疫情防控阻击战涉及方方面面，需要科学统筹、突出重点，抓主要矛盾主要问题，首要的是集中精力抓好疫情防控重点地区，切实做到保医疗救助、保物资供给、保社会民生工作，同时又要处理好局部与全局的关系，在疫情防控的同时在全国其他地区统筹抓好改革发展稳定各项工作，特别是要2020年必须完成的如期实现全面建成小康社会、决战脱贫攻坚的重点任务，要做到"两手抓"实现"双胜利"。在2020年疫情形势向好的方面进展时，总书记及时告诫，在防控正处在最吃劲的关键阶段，必须高度警惕麻痹思想、厌战情绪、侥幸心理、松劲心态，不获全胜决不轻言成功。以上处处体现了唯物辩证的思想方法。

向总书记学习创新思维能力。创新思维能力是指敢于超越陈规，善于因时制宜、知难而进、开拓创新的能力。疫情防控阻击战实质上是一场科技硬仗，越是面对这种情况，越要坚持向科学要答案、要方法，这就要求我们必须提高创新思维能力，加快推进国家科技创新，提高科研攻关能力。总书记指出："人类同疾病较量最有力的武器就是科学技术，人类战胜大灾大疫离不开科学发展和技术创新。要把新冠肺炎疫情防控科研攻关作为一项重大而紧迫任务，综合多学科力量，统一领导、协同推进，在坚持科学性、确保安全性的基础上加快研发进度，尽快攻克疫情防控的重点难点问题，为打赢疫情防控人民战争、总体战、阻击战提供强大科技支撑。"当然，在整个疫情防控中，我们也需要善于和勇于创新，利用各种新理念、新技术、新方法打赢战"疫"，比如创新信息发布机制，及时发布权威信息，回应群众关切，加强心理疏导等，以增强及时性、针对性和专业性。

向总书记学习法治思维能力。法治思维能力是指增强尊法学法守法用法意识，善于运用法治思维和法治方式解决问题、推动工作的能力。疫情防控中，依法科学有序防控至关重要。总书记指出，"疫情防控越是到最吃劲的时候，越要坚持依法防控，在法治轨道上统筹推进各项防控工作，全面提高依法防控、依法治理能力，保障疫情防控工作顺利开展，维护社会大局稳定"。他要求各级党委和政府要全面依法履行职责，坚持运用法治思维和法治方式开展疫情防控工作，在处置重大突发事件中推进法治政府建设，提高依法执政、依法行政水平。党员干部必须适应全面依法治国的大势，实现思维方式的与时俱进，真正建立对法治的信仰和敬畏，带头学法、知法、用法、守法，严格履行法定职责，在法治的轨道上推动战"疫"稳增各项工作。

向总书记学习底线思维能力。底线思维能力是指立足最低点争取最大期望值的能力。在"2·23"讲话中，总书记再次强调要增强忧患意识。领导干部要时刻保持如履薄冰的谨慎、见叶知秋的敏锐，既要高度警惕和防范自己所负责领域内的重大风险，也要密切关注全局性重大风险。这次疫情防控中，我们始终未雨绸缪，处变不惊，从最坏处着眼、向最好处努力，坚持"宁可十防九空，不可失防万一"，把问题想得严重一些，把风险想得大一些，把措施定得更周密一些，制订出全面系统的防控方案，筑起疫情防控的严密防线；努力做好疫情监测、排查、预警等工作，把各项防控措施落细落实；做好市场监测，保障生活必需品的市场供给和价格稳定等，从而牢牢把握了疫情防控和确保经济平稳运行工作的主动权。

发挥"中国之治"优势，
打响疫情防控的人民战争*

"疫情防控工作直接关系到人民生命安全和身体健康，直接关系经济社会大局稳定，也事关我国对外开放。"中共中央政治局常务委员会于 2020 年 2 月 3 日召开会议，听取中央应对新冠肺炎疫情工作领导小组和有关部门关于疫情防控工作情况的汇报，研究下一步疫情防控工作。中共中央总书记习近平主持会议并发表重要讲话。

人民网·中国共产党新闻网记者第一时间采访中共中央党校（国家行政学院）研究员胡敏，中国人民大学公共管理学院副院长、教授杨宏山，中国社会科学院"重大风险与重大考验研究"创新工程项目组首席研究员樊鹏，中国社会科学院社会发展战略研究院、中国社会科学院国家治理研究智库助理研究员马峰等专家进行解读。

把落实工作抓实抓细——紧抓最关键问题，保证人民生命安全

"现在，最关键的问题就是把落实工作抓实抓细。"习近平总书记强调，做好疫情防控工作，直接关系人民生命安全和身体健康，直接关系经济社会大局稳定，也事关我国对外开放。做好疫情防控工作，重在一抓到底，难在一抓到底，胜在一抓到底。

"把工作抓实抓细，首先要将思想和行动统一到党中央决策上来。"马峰表示，制度的生命力在于执行，我们要迅速地、彻底地执行中央决策和部署，各级党政领导干部，特别是主要领导干部要坚守岗位、靠前指挥，在防控疫情斗争中经受考验，深入疫情防控一线，及时发声指导，及时掌握疫情情况，及时采取行动，做到守土有责、守土尽责，始终把人民群众的生命安全和身体健康放在第一位，坚决遏制疫情蔓延势头。

马峰同时表示，就具体工作而言，我国要加快建立社会防疫安全防控体系。

---

* 本文原载人民网—理论频道 2020 年 2 月 4 日。

从疫情风险向社会风险传导的过程中，要阻断导致社会风险出现的传导机制，重点是做到疫情及时救援、信息及时披露、谣言及时处理，降低社会紧张程度、缓解社会危机情绪，减少诱发社会风险的因素，阻断两个风险的交叉出现，化解矛盾。

樊鹏指出，疫情防控是一次空前的社会危机管理，对各级各类机构是一次重大的政治历练，疫情发展态势牵一发而动全身，疫情防控需要多维度、全方位配合；这就要求在开展疫情防控工作、落实疫情防控工作时，需要顶层完善部署、中层协商协调、基层细化执行，全力攻防。抗击疫情工作实际是对社会危机的全流程管理，涉及病毒研究、信息发布、疫情应对、抗疫物资供应、后勤保障、社会物品供应、社会稳定、国家团结、国际关系以及疫后发展等，都需要按照习近平总书记的要求，既要强化综合研究、系统谋划，更要细化执行标准，提高实施效能。

坚持全国一盘棋——坚决遏制疫情蔓延势头，打响疫情防控的总体战

习近平总书记强调，"各级党委和政府必须坚决服从党中央统一指挥、统一协调、统一调度，做到令行禁止。各地区各部门必须增强大局意识和全局观念，坚决服从中央应对疫情工作领导小组及国务院联防联控机制的指挥"。上下同欲者胜，同舟共济者赢。防控疫情是一项系统工程，只有坚持全国一盘棋，才能在疫情防控中抢占先机。

杨宏山在采访中谈到，疫情防控是一项系统工作，坚持全国一盘棋，关键在于既要调动多方力量，做好联防联控工作，也要做好物资保障、医护人员安全防护，市场供给、舆论引导。在疫情防控上坚持全国一盘棋，就是要进行举国动员，将疫情防控作为当前阶段的第一要务，调动中央与地方、军队等多方面的力量和资源，全面加强疫情防控工作；坚持全国一盘棋还要求各地区、各部门在开展工作中，既要考虑本地区、本领域的疫情防控需要，也要考虑对重点地区、对全国疫情防控的影响。历史的经验表明，举国体制对于重大传染病疫情应急管理、重大危机的综合应对是很有效的。

"全国上下坚决打赢疫情防控阻击战正有力有序开展，坚持全国一盘棋就是打响了疫情防控的总体战，在全国形成了全面动员、全面部署、全面加强疫情防控工作的局面。"胡敏表示，疫情防控工作既要坚持全国一盘棋，发挥集中力量集中资源办大事的制度优势，也要严格按照处置重大突发公共卫生事件的基本规律，及时果断启动国家级应急防控机制，着力做好重点地区疫情防控工作，坚决

把救治资源和防护资源集中到抗击疫情第一线；严格落实早发现、早报告、早隔离、早治疗措施；全力以赴救治患者，保障医疗防护物资供应，努力提高收治率和治愈率、降低感染率和病死率。

经受治理能力的大考——发挥"中国之治"优势，应对危机和挑战

这次新冠肺炎疫情是对我国治理体系和治理能力的一次大考，我们一定要总结经验、吸取教训。要针对疫情应对中暴露出来的短板和不足，健全国家应急管理体系，提高处理急难险重任务能力。要对公共卫生环境进行彻底排查整治，补齐公共卫生短板；要加强市场监管，坚决取缔和严厉打击非法野生动物市场和贸易，从源头上控制重大公共卫生风险；要加强法治建设，强化公共卫生法治保障；要系统梳理国家储备体系短板，提升储备效能，优化关键物资生产能力布局。

"新冠肺炎疫情暴发以来，面对疫情防控的严峻形势和社会管理的艰巨任务，亟须发挥国家治理体系的制度效能和制度威力应对危机和挑战。"樊鹏说。由于疫情防控不仅涉及多方面、全方位配合，需要调动党政军群、体制内外的广泛力量参与应对，而且新冠肺炎疫情影响范围大、领域广、程度深，需要处理的问题错综复杂，风险相互交织，极易引发系统性风险。此次新冠肺炎疫情暴发在党的十九届四中全会作出"坚持和完善中国特色社会主义制度、推进国家治理体系和治理能力现代化"的决定之后，是对我国国家治理体系和治理能力的一次集中考验，也是检验我国治理体系和制度优势能否转化为治理效能的关键事件。要看我国国家治理体系和治理能力的关键优势，就是要看危机面前党政军群各级各类机构能否坚持问题导向和目标导向，实现高效协同、合力应对；就是要看危机面前能否发挥集中统一领导和守土有责、因地制宜的制度优势，"上下一心，三军同力"；就是要看党和国家体制能否密切团结社会各方面力量，众志成城，共渡难关。

杨宏山指出，此次疫情防控阻击战恰恰是提升我国国家治理能力的一个有利契机。围绕如何应对这次疫情，在知识界和医疗卫生系统都引发了讨论，这些讨论涉及应急管理、信息公开、公共卫生服务、传染病防控、应急预警、野生动物非法交易监管等领域的治理体系和政策安排。经受治理体系和能力的考验，就是要在阻击疫情工作中发挥"中国之治"的优势，有针对性地补短板、防疏漏，通过扎扎实实的制度建设，推进相关治理体系走向完善。

用理性、科学、责任
决战疫情[*]

这是一场看不见硝烟的人民战争，这是一场检验国家危机反应能力、社会动员能力和国家治理能力的应急大考，这是一场透视社会人心人性、党员干部责任感和社会成熟度的历史检阅。

一场突如其来的新冠肺炎疫情，牵动着党中央和全国人民的心。在疫情暴发的关键时刻，习近平总书记 2020 年 1 月 25 日和 2 月 3 日两次主持召开中央政治局常委会会议并发表重要讲话，对加强疫情防控工作作出全面动员、全面部署、全面推进，强调做好疫情防控工作，直接关系人民生命安全和身体健康，直接关系经济社会大局稳定，也事关我国对外开放。现在，最关键的问题就是把落实工作抓实抓细。

生命重于泰山，疫情就是命令，防控就是责任。各级党委和政府坚决贯彻习近平总书记的重要指示和党中央的决策部署，增强"四个意识"，坚定"四个自信"，做到"两个维护"，把疫情防控工作作为当前最重要的工作来抓，按照坚定信心、同舟共济、科学防治、精准施策的要求，找差距、补短板，切实做好各项防控工作，同时间赛跑、与病魔较量，坚决遏制新冠肺炎疫情蔓延势头，坚决打赢疫情防控阻击战。在党中央的集中统一领导下，在各方面的共同努力下，疫情防控工作正有力开展。

但仍要看到，新型冠状病毒感染的肺炎是一种新型病毒引发的传染疾病，截至目前我们还没有完全掌握其发生机理和治愈方案，尚要假以时日找到科学的治疗办法。在疫情目前进入比较严峻复杂的时期，疫情防控正处于关键期，我们必须保持足够的清醒，以理性的思维审视疫情，以科学的防治应对疫情，以人民至上的责任担当决战疫情。

要用理性战胜新冠肺炎疫情。非常时期非常疫情，首先在心理上要战胜恐慌情绪。面对来势汹汹的疫情，有一些紧张情绪是正常的，因为恐惧源于未知，我

　＊　本文原载《学习时报·学习评论》2020 年 2 月 5 日。

们对新冠肺炎疫情的认知会有一个过程。越是疫情形势复杂，越需要冷静的头脑、科学的态度和理性的研判，既不能掉以轻心、在防控方面有丝毫松懈，也不能道听途说，自乱阵脚慌了心神。公众要多看权威媒体的正面报道，多听医疗机构的科学建议，多提升个人的科学素养和防护知识水平，坚决做到不信谣、不造谣、不传谣；也应以更多的包容心和爱心对待受感染人群，新冠肺炎疫情并不隔断真情，要让理性的阳光驱散恐惧的阴霾。

要用科学战胜新冠肺炎疫情。防控新冠肺炎疫情，最有力的武器是科学。危机管理是一门科学，科学防治是一项系统性工程。疫情防控要坚持全国一盘棋：各级党委和政府必须坚决服从党中央统一指挥、统一协调、统一调度，做到令行禁止；各地区各部门必须增强大局意识和全局观念，坚决服从中央应对疫情工作领导小组及国务院联防联控机制的指挥；各地区各部门采取举措既要考虑本地区本领域防控需要，也要考虑对重点地区、对全国防控的影响。我们要更多地运用现代科技力量，控制传染源、切断传播途径、保护易感人群，切实做好疫情监测、排查、预警等工作。只有科学化、系统化地实施疫情防控才能有力有效征服病毒，增强全社会携手抗击疫病的底气和勇气。

要用责任战胜新冠肺炎疫情。以人民为中心是我们党治国理政的重要思想理念，为人民执政是我们的制度根本属性所在。越是在艰难困苦和重大斗争面前，越能检验干部，特别是领导干部的政治素质、宗旨意识、全局观念、驾驭能力、担当精神。各级党组织和广大党员、干部要把打赢疫情防控阻击战作为当前重要政治任务，把投身防控疫情第一线作为践行初心使命、体现责任担当的试金石和磨刀石。领导干部要能挺身而出、英勇奋斗、扎实工作，经受住考验，做到守土有责、守土负责、守土尽责；广大党员要发扬不畏艰险、无私奉献的精神，做到哪里任务险重，哪里就有党组织坚强有力的工作、哪里就有党旗的高高飘扬。只有形成党员率先、干部带头、社会各界齐心协力共克时艰的强大合力，才能充分彰显中国特色社会主义制度的伟力，坚定全体人民战胜新冠肺炎疫情的信心。

当前疫情还在发展，形势依然严峻，与病毒的斗争仍要坚持不懈。春天已来。我们相信：疫情终会过去，静候春暖花开。武汉加油！中国加油！

坚定制度自信，
决战决胜疫情*

一次突如其来的新冠肺炎疫情暴发于武汉，牵动着党中央和全国人民的心。

继 2020 年 1 月 25 日中央政治局常务委员会召开会议全面动员、全面部署疫情防控工作之后，2 月 3 日再次举行会议研究下一步疫情防控工作。习近平总书记强调，做好疫情防控工作，直接关系人民生命安全和身体健康，直接关系经济社会大局稳定，也事关我国对外开放。现在，最关键的问题就是把落实工作抓实抓细。

一次突如其来的新冠肺炎疫情，牵动着党中央和全国人民的心。这是一场看不见硝烟的战争，是一场国家危机反应能力、社会动员能力和国家治理能力的应急大考，是一场社会人心人性、执政者责任感和社会成熟度的历史透视，也是对新中国成立 70 年来特别是改革开放以来我们形成的强大制度优势的一次重要检验。

生命重于泰山，疫情就是命令，防控就是责任。疫情发生以来，党中央高度重视，始终把人民群众生命安全和身体健康放在第一位，中央政治局常委会两次召开会议进行专题研究，习近平总书记发出了坚决打赢疫情防控阻击战的总号令。在党中央集中统一领导下，各党政军群机关和企事业单位等紧急行动、全力奋战，广大医务人员无私奉献、英勇奋战，广大人民群众众志成城、团结奋战，打响了疫情防控的人民战争，打响了疫情防控的总体战，全国形成了全面动员、全面部署、全面加强疫情防控工作的局面，全国上下坚决打赢疫情防控阻击战正有力有序开展。

中华民族有五千多年的文明史，几千年来历经艰难坎坷，历经风雨磨砺而生生不息、延绵不绝，具有无坚不摧、敢为人先的民族精神。中国共产党诞生于国家内忧外患、民族危难之时，一出生就铭刻着斗争烙印，一路走来在艰苦卓绝的顽强斗争中求得生存、获得发展、赢得胜利。中国特色社会主义制度确立于改革

---

* 本文原载中国网 2020 年 2 月 5 日。

开放的新征程，具有牢固的共同思想基础、集中力量办大事的显著优势和自我纠偏、自我完善、自我发展的旺盛生机活力。

尽管新冠肺炎疫情来势汹汹，但我们有伟大的民族精神、坚强政党的领导、坚如磐石的制度昌明和全体人民的万众一心、众志成城，泰山压顶不弯腰，艰难困苦压不倒，中国人民有着必胜信心，越是艰险越向前，一定能够，也必然能够打赢疫情防控阻击战。

我们有强大的社会动员能力决战决胜新冠肺炎疫情。新冠肺炎疫情暴发后，党中央一声令下，短短数日，全国各条战线、各个领域，都紧急动员起来，这样的组织动员能力、动员规模、动员效率，世所罕见、史所罕见。在习近平总书记亲自指挥、亲自部署下，中央应对疫情工作领导小组统一指挥全国的疫情防控工作，在全国范围内选调医务人员和应急物资支援湖北等疫情严重地区，全面加强防控一线工作。医疗卫生、交通运输、公安民警、市场监管、宣传舆论、教育科研、物资生产和供应等部门，以及基层社区和企事业单位，都坚决遵照党中央的统一部署有力有效地开展工作。31个省区市根据各自实际情况，依法启动重大突发公共卫生事件一级响应，各项防控措施在法治的保障下迅速有力地得到贯彻落实。"一方有难、八方支援"，一份捐款、一个口罩、一个点赞……涓涓爱心汇聚起打赢疫情防控阻击战的磅礴力量。在这场严峻的战斗中，广大党员干部身先士卒，把打赢疫情防控阻击战作为当前的重大政治任务和重要工作，把投身防控疫情第一线作为践行初心使命、体现责任担当的试金石和磨刀石，把党的政治优势、组织优势、密切联系群众优势转化为疫情防控的强大政治优势，让党旗在防控疫情斗争第一线高高飘扬。

我们有科学的危机处置能力决战决胜新冠肺炎疫情。疫情防控最有力的武器是科学。危机管理是一门科学，科学防治是一项系统性工程。疫情防控工作既要坚持全国一盘棋，发挥集中力量集中资源办大事的制度优势，各地区各部门在党中央统一指挥、统一协调、统一调度下，保持大局意识和全局观念，坚决服从中央应对疫情工作领导小组及国务院联防联控机制的指挥，采取有力举措既考虑本地区本领域防控需要，也考虑对重点地区、对全国防控的影响。同时又严格按照处置重大突发公共卫生事件基本规律，及时果断启动国家级应急防控机制，着力做好重点地区疫情防控工作，坚决把救治资源和防护资源集中到抗击疫情第一线；严格落实早发现、早报告、早隔离、早治疗措施，全力以赴救治患者，保障医疗防护物资供应，努力提高收治率和治愈率、降低感染率和病死率。也要更多地运用现代科技力量，控制传染源、切断传播途径、保护易感人群，切实做好疫情监测、排查、预警等工作，完善和强化防止新冠肺炎疫情扩散的措施，以努力跑赢疫情的传播速度，努力赢得疫情防控阻击战的主动权。

我们有坚强的制度修复能力决战决胜新冠肺炎疫情。这次新冠肺炎疫情是对我国治理体系和治理能力的一次大考。这次疫情的发生和应对客观暴露出我们在公共卫生事业建设、国家应急管理体系构建和社会治理效能等诸方面还存在不少短板，历史的教训是深刻的。疫情的发生发展，必然对当前经济运行带来较大冲击和影响，需要在集中一切力量做好疫情防控工作的同时做好以下工作：一是要切实维护正常经济社会秩序，努力保持生产生活平稳有序，妥善处理疫情防控中出现的各类矛盾和问题，依法严厉打击利用疫情哄抬物价等扰乱社会秩序的违法犯罪行为。二是要密切监测经济运行状况，围绕做好"六稳"工作，统筹抓好改革发展稳定各项工作，特别是要抓好涉及决胜全面建成小康社会、决战脱贫攻坚的重点任务，做好一切政策储备和应对措施来应对各种复杂困难局面。我们必须保持战略定力，将这次大考作为我们各项施政能力、社会管理能力和大国治理能力的一次重要检验和重要修复，要在彰显制度优势的同时将我们国家的治理体系和治理能力做一次全面提升。

立春时节，春汛已来。一切终将过去，期待春暖花开。

坚定信心科学防治
坚决打赢疫情防控阻击战 *

2020 年 1 月 25 日农历大年初一，中共中央政治局常务委员会召开会议，研究新冠肺炎疫情防控工作，并对疫情防控工作进行再研究、再部署、再动员。习近平总书记强调：疫情就是命令，防控就是责任。要把人民群众生命安全和身体健康放在第一位，坚定信心、同舟共济、科学防治、精准施策，坚决打赢疫情防控阻击战。

2020 年 1 月 27 日农历正月初三，受习近平总书记委托，中共中央政治局常委、国务院总理、中央应对新型冠状病毒感染肺炎疫情工作领导小组组长李克强来到武汉疫情防控工作第一线，考察指导疫情防控工作，看望慰问患者和奋战在一线的医护人员、方舱医院建设工地施工人员等。

党中央高度重视疫情防控工作，中央领导同志亲自指挥疫情防控工作，广大医务工作者不顾个人安危、发扬人道主义精神，奋勇战斗在疫情防控最前线，这给全国人民众志成城、万众一心坚决打赢疫情防控阻击战带来了极大的信心和勇气。

努力赢得疫情防控的主动权

2019 年 12 月初武汉地区发生新冠肺炎疫情，从疫情发生地收治患者，到初步认识疫情性状、加快疫情病源诊断、集中隔离患者阻断传染源，再到全社会动员起来采取各种应急措施控制疫情加剧蔓延势头……时间上持续了约一个半月之久。

像许多重大突发公共安全事件发生的运行节奏一样，这次新冠肺炎疫情也是一次不期而遇的重大突发公共卫生事件，又适逢新春佳节这样一个人口集中迁徙的时间节点。因此，防控疫情蔓延，及时收治患者，平抑公众情绪，稳定社会秩序，尽快提供人力、物力、财力保障等要比处理一般突发公共卫生事件面对的困

---

* 本文原载人民网 2020 年 2 月 10 日。

难复杂得多、艰巨得多，这必然严峻考验着我们这个国家的应急管理能力、社会动员能力和城市治理能力，也必然严峻考验着我们这个社会的人心人性、社会的协同力和社会的成熟度。

尽管新冠肺炎疫情发生后，在管控阻断疫情蔓延、收治患者、有效引导舆情、及时发布疫情、动员社会救治能力等方面暴露出了不少短板和软肋，但在党中央及时果断启动国家级应急防控机制、及时动员全社会力量实施联防联治措施、及时部署加强全方位防控疫情扩散的紧急应对工作下，社会总体上保持了安定有序，全党全国人民已经充分认识到做好疫情防控的重要性和紧迫性，以人命关天、人民至上、时不我待的思想自觉和行动自觉，凝神聚力、万众一心，坚决围绕在党中央周围按照党中央的统一部署，采取可以采取的一切有效措施，集中力量布防布控，努力跑赢疫情传播速度，努力获得打赢疫情防控阻击战的主动权。

一个上下联动、四方相助的强大防疫人民战线已构筑起来

新冠肺炎疫情是一种新型病毒引发的传染疾病，截至 2020 年 2 月我们还没有完全掌握其发生机理和治愈方案，尚需要假以时日找到科学的治疗办法，需要广大科学工作者和医务工作者保持定力和耐心加快研制抗疫药物，需要广大人民以高度的责任感自觉做好公共卫生防疫工作、自觉担负稳定社会大局的重任。然而，其作为我国面对的一次重大突发公共卫生事件，应对重大公共危机事件我们并不是第一次经历。新中国成立后，党和国家始终高度重视应急管理工作，我国应急管理体系经过不断调整和完善能力不断提高，成功应对了一次又一次的重大突发事件，有效化解了一个又一个的重大安全风险，创造了许多应急管理的奇迹，我国应急管理体制机制在实践中充分展现出了自己的特色和优势；应对重大突发公共危机事件是有规律可循的，我们也积累了不少成熟的历史经验。对于这次新冠肺炎疫情，全国人民在党中央坚强领导下同舟共济、共克时艰。对此全国人民应当保持对党和国家的坚强信心，相信我们最终是能够打赢这场疫情防控阻击战的。

防控疫情传播的应急举措也是有力有序的。截至 2020 年 2 月，从武汉封城到全国近 30 个省市启动重大突发公共卫生事件一级响应，实行最严格的防控措施；从中央到地方省市举行新闻发布会，每天动态发布疫情进展情况，各种媒体有效疏导民情正确引导社会舆论；从人民解放军、各地医疗机构派出医疗力量支援武汉，到交通部门、物资部门、卫生部门等积极支持湖北地区物资供应，还有广泛的社会力量作出无私的奉献，一个上下联动、四方相助的强大的防疫人民战线已经构筑起来了。

以时间换空间，坚决打赢疫情防控阻击战

想人民之所想、急人民之所急，是我们治国理政的重要思想理念和体现为人民执政的制度根本属性所在。在重大突发公共安全事件产生时，快速反应、迅速应急是首要的紧迫任务。中共中央政治局常务委员会在农历正月初一召开的会议充分体现了以习近平同志为核心的党中央对这次新冠肺炎疫情防控工作的高度重视。

习近平总书记指出，疫情就是命令，防控就是责任。这是面向全党全国人民发出的、坚决打赢疫情防控阻击战的行动号令，突出强调要"及时发声指导，及时掌握疫情，及时采取行动"，既是战略动员，又是切实部署，在重大疫情暴发的关键时刻，在面对新冠肺炎疫情加快蔓延的严重形势下，要求在最快时间里动员一切力量，稳定人心，有序疏导，形成秩序，有效防控。总书记指出，生命重于泰山。必须把人民群众的生命安全和身体健康放在第一位。

政治局会议还强调，"各级党委和政府必须按照党中央决策部署，全面动员，全面部署，全面加强工作"。这"三个全面"是应对当前新型冠状病毒感染的肺炎疫情加快蔓延的严重形势的重要工作方针，总书记强调的这"六个加强"正是落实这"三个全面"的具体要求，也是在新春佳节之际切实维护好社会大局稳定、平抑社会恐慌情绪的有效举措。加强联防联控工作是防疫工作的着力点；加强有关药品和物资供给保障工作是防疫工作的基础保障；加强市场供给保障工作和加强舆论引导工作是稳定人心和社会生活正常秩序的两大心理支撑；加强社会力量组织动员是筑牢防疫战胜疫情的强大人民防线的厚实力量。"六个加强"相互支撑、缺一不可，是"动员、部署、加强"一揽子行动方案的具体落实。

会议还强调当前做好疫情防治工作，"要分类指导各地做好疫情防控工作""要全力以赴救治感染患者""要依法科学有序防控""要及时准确、公开透明发布疫情，回应境内外关切"，这四个"要"是党中央应对当前新型冠状病毒感染的肺炎疫情加快蔓延的严重形势的具体部署，也是广大群众、医疗工作者和社会各界最关注、最突出、最现实的四方面问题，是打赢疫情防控阻击战最紧迫的关键问题所在。

从一定意义上说，此次疫情防控阻击战是我国经济社会发展现阶段遇到的一次重大应急管理事件，也是推进我国应急管理体系和能力现代化的一次重要实践和重要检验，我们要充分利用这次防疫事件，切实加强应急预案管理，健全应急预案体系建设，加强实施、精准治理；预警发布要精准，抢险救援要精准，恢复重建要精准，监管执法要精准，目的在于动员好社会力量形成全社会共治，充分发挥好制度的综合优势和防控部门的专业优势，根据职责分工承担各自责任，衔

接好"防""救"的责任链条，确保责任链条无缝对接，形成整体合力。

当然，当前疫情传播仍呈扩散态势，我们必须坚持"宁可十防九空，不可失防万一"，把问题想得严重一些，把风险想得大一些，把措施定得更周密一些，决不能掉以轻心和麻痹大意。每个群众自觉从自己做起、从现在做起，切实做好个人防护安全，切实自觉阻断疫情可能的传播路径，以时间换空间，最终跑赢疫情传播速度。

中华民族历来具有在艰难困苦中不屈不挠、团结奋战的光荣传统。没有任何力量能够阻挡中国人民和中华民族的前进步伐。面对疫情，只要全国人民团结一心，社会各界齐心协力，坚决把思想和行动统一到习近平总书记重要讲话、重要指示精神上来，统一到党中央决策部署上来，坚定信心、同舟共济、科学防治、精准施策，我们一定能够遏制疫情蔓延势头，一定能打赢疫情防控阻击战！

决胜战"疫"
重中之重*

——习近平总书记强调构筑
疫情防控的人民防线

　　中共中央总书记、国家主席、中央军委主席习近平 2020 年 2 月 10 日在北京调研指导新冠肺炎疫情防控工作。习近平总书记在中共中央政治局委员、时任中

---

　*　本文原载人民网—中国共产党新闻网 2020 年 2 月 11 日，记者：万鹏、任一林、吴兆飞。

共北京市委书记蔡奇和时任北京市市长陈吉宁陪同下，深入社区、医院、疾控中心，了解基层疫情防控工作情况，并视频连线湖北武汉抗疫前线，给全国奋战在疫情防控一线的医务工作者和广大干部职工送去党中央的关怀和慰问。

针对如何打赢疫情防控的人民战争、总体战、阻击战，人民网·中国共产党新闻网记者第一时间采访多位知名学者，循着调研的足迹，对习近平总书记掷地有声的话语进行解读。

"坚决打赢疫情防控的人民战争、总体战、阻击战"三个"更"击鼓助威　坚定必胜信心

当前疫情形势仍然十分严峻，习近平总书记强调，各级党委和政府要"以更坚定的信心、更顽强的意志、更果断的措施，紧紧依靠人民群众，坚决把疫情扩散蔓延势头遏制住，坚决打赢疫情防控的人民战争、总体战、阻击战"。

"三个'更'是针对 2020 年疫情防控形势作出的准确判断和正确应对策略。"中共中央党校（国家行政学院）督学组督学、教授洪向华在接受采访时谈道：湖北以外省份新增确诊比例人数连续下降，这个重要的指标反映出前期我们采取的疫情防控措施正逐步显现成效，进一步坚定了我们战胜疫情的信心；但我们还要看到，当前疫情形势仍然十分严峻，正处于胶着对垒状态。疫情防控工作关系着人民群众的生命健康安全，因此没有一件小事是可以怠慢的，要以更顽强的意志取得最终胜利；对在疫情防控中已见成效的措施要坚持下去，对新的问题研究出对策后要更加果断地实施，做到能够快速响应、快速见效。在疫情防控的紧要关头，我们只有以更坚定的信心、更顽强的意志、更果断的措施，才能打赢疫情防控的人民战争、总体战、阻击战。

中共中央党校（国家行政学院）研究员胡敏表示，习近平总书记强调的三个"更"可以理解为在当前疫情形势仍然十分严峻的情况下的"击鼓助威"。新冠肺炎疫情暴发以来，习近平总书记亲自部署、亲自指挥，作出了一系列重要指示，并为打赢疫情防控阻击战作出了周密部署。全国上下已经筑起联防联控的、严密的人民防线，总体防控态势良好，社会大局保持了稳定局面。在疫情防控胶着对垒的状态下，越是攻坚克难的关键时刻，越不能有丝毫麻痹和掉以轻心。这时候就要求奋战在抗疫一线的广大党员干部、医务工作者和参与疫情防控的各方面工作人员树立必胜信念、坚定打赢信心；要有更顽强的意志，发扬特别能吃苦、特别能战斗的精神，发挥火线上的中流砥柱作用；要充分认识到这是一场疫情防控的人民战争，是一场应对疫情的总体战、阻击战，必须采取一切可能的果断及时的措施，同时间赛跑、与病魔较量，完善诊疗方案，全力以赴救治患者，

争取分秒时间就是争取一分主动，就能够不断提高收治率和治愈率，降低感染率和病亡率；就能够遏制住疫情扩散蔓延的势头，切实保护好人民群众生命安全和身体健康。

"打赢疫情防控阻击战的信心来自何处？一是来自党中央的坚强领导，二是来自中国特色社会主义的制度优势，三是来自全国人民众志成城的磅礴力量。为遏制疫情扩散，各族人民坚持一方有难、八方支援，万众一心、共克时艰，在中国特色社会主义制度保障下，我们对战胜新冠肺炎疫情充满信心；充分发挥我国制度优势并转化为治理效能，坚持全国一盘棋，做到资源调配更高效，组织运转更有序，政策执行更有力，命运与共的心就会靠得更近，自然就有更大信心和力量战胜疫情。"重庆邮电大学马克思主义学院副院长郑洁说。

"构筑起疫情防控的人民防线"——守好疫情联防联控第一线检验拓展主题教育成果

习近平总书记来到北京市朝阳区安贞街道安华里社区，了解基层一线疫情联防联控情况。他强调，要以疫情防控工作成效来检验和拓展"不忘初心、牢记使命"主题教育成果，发挥基层党组织政治引领作用和党员先锋模范作用，把社区居民发动起来，构筑起疫情防控的人民防线。

"社区治理是社会治理的基础，也是国家治理最基本的构成单元。在国家联防联控与群防群控集合形成的全方位防控体系中，社区是重要的耦合点，因此要以社区为单位织密社会防疫安全防护体系。"中国社会科学院社会发展战略研究院、中国社会科学院国家治理研究智库助理研究员马峰说。社区一头连着国家的机制，一头连着千家万户，因此要以社区为载体，把社区居民发动起来，紧紧依靠人民群众，坚决把疫情扩散蔓延势头遏制住；把社区这道防线守住，能够有效切断疫情扩散蔓延的渠道；要实现入户排查、重点群体监控"两个全覆盖"，形成一个基本稳固的社区防护生态。全国都要充分发挥社区在疫情防控中的阻击作用，把防控力量向社区下沉，加强社区各项防控措施的落实，使所有社区成为疫情防控的坚强堡垒。

洪向华表示，社区是疫情联防联控的第一线，也是外防输入、内防扩散最有效的防线。把社区这道防线守住，就能有效切断疫情扩散蔓延的渠道。所以，在当前疫情的联防联控工作中，力量应该向社区下沉，全国都要充分发挥社区在疫情防控中的阻击作用。按照中央的统一部署和要求，全国各地社区、农村的疫情防控工作做得扎实有效；基层党组织要把人民群众都动员组织起来，因为在疫情防控工作中没有旁观者，每一个人都是战士，只有形成联防联控的良好局面，才能战"疫"必胜。

"使所有社区成为疫情防控的坚强堡垒，定位准确、切中问题核心。社区是疫情防控的一线力量，是风险点也是安全阀，是医院之外的另一个不见硝烟的主战场。"中国社会科学院"重大风险与重大考验研究"创新工程项目组首席研究员樊鹏指出，从疫情防控工作的大局来看，务必要坚持治疗和预防两手抓，需要高度重视基层社区作用，各地要推动防控力量向社区下沉，加强社区各项防控措施的落实，持续提高社区防控能力。构筑起疫情防控的人民防线既是对前期基层社区参与疫情防控工作的充分肯定，也是对继续开展好基层社区防控工作提出的殷切要求，各地要紧紧依靠人民群众的力量，紧密团结社会各方面力量，城市街道社区、农村乡镇村社积极行动，调动基层医务人员、社区工作者和广大志愿者的积极性，把好社区防控关。

西安交通大学马克思主义学院二级教授、陕西高校德育研究中心主任卢黎歌提出，在全国人民万众一心、同舟共济打赢新冠肺炎疫情阻击战的艰难和关键时期，习近平总书记在北京调研指导新冠肺炎疫情防控工作，看望慰问处在群防群控一线的社区居民和工作人员，这一信息给全国人民以巨大的心理安慰，增强了战胜疫情的信心。

"武汉胜则湖北胜，湖北胜则全国胜" 提出五点要求 决胜疫情防控重中之重

习近平总书记十分牵挂湖北，特别是武汉的疫情。在地坛医院远程诊疗中心，习近平总书记通过视频连线了武汉市收治新冠肺炎患者的金银潭医院、协和医院、火神山医院，向疫情防控一线的医务工作者、干部职工和人民解放军指战员了解情况、听取意见和建议；随后在远程诊疗中心主持召开了视频会议。

习近平总书记指出："武汉胜则湖北胜，湖北胜则全国胜。2020 年年初，湖北，特别是武汉疫情形势仍然十分严峻，要采取更大的力度、更果断的措施，坚决把疫情扩散蔓延势头遏制住。"同时提出了五点要求：一是要坚决做到应收尽收；二是要全力做好救治工作；三是要全面加强社会面管控；四是要加强舆论引导工作；五是要加强疫情防控工作的统一指挥。

胡敏表示，这五点要求，具有很强的针对性、操作性和实效性。湖北，特别是武汉作为这次疫情的主要来源地，遏制住新冠肺炎疫情扩散蔓延势头，最主要的就是守住武汉、守住湖北。一是首要的就是要对疫情感染者应收尽收，集中收治，这样才能防住疫情向外扩散的态势；二是要坚守人民利益高于一切的宗旨和本着生命高于一切的人道主义精神，全力做好患者的救治工作；三是必须采取果

断有效措施全面加强社会面管控，尽快控制传染源、切断传播途径、保护易感人群，切实做好疫情监测、排查、预警等工作；四是特别要加强舆论引导工作，及时发布权威信息，公开透明回应群众关切，增强舆情引导的针对性和有效性，也要加大对传染病防治法和防控知识的宣传教育，引导全社会依法防控，提高人民群众自我防护能力；五是加强疫情防控工作的统一指挥——重大疫情面前，必须要统一指挥、统一调度、统一行动，反应要果断迅速、运转要高效有序、执行要坚决有力。

"这五条要求是一个递进关系，反映了疫情防控的基本规律。湖北，特别是武汉是 2020 年年初新冠肺炎疫情防控的重中之重，是打赢疫情防控阻击战的决胜之地，必须坚决贯彻党中央关于疫情防控的各项决策部署，坚决贯彻坚定信心、同舟共济、科学防治、精准施策的总要求，把疫情蔓延势头遏制住。"洪向华认为，坚决做到应收尽收是最基本的一步；全力做好救治工作就是要采取各种措施进行救治；全面加强社会面管控就是要妥善处理疫情防控中各种问题，使社会生产、生活秩序稳定有序进行；加强舆论引导工作就是要把党中央关于疫情防控的措施讲深、讲透，避免公众恐慌，调动广大人民群众的积极性和主动性，自觉投身到疫情防控工作中来；加强疫情防控工作的统一指挥就是要坚决有力地执行党中央的指令，防控体系要高效有序地运转起来，按照符合科学规律的五条要求进行疫情防控工作。

"这场疫情对全国各级疾控中心的应急处置能力是一次大考"坚持疫情防控和经济社会发展"两手抓"

离开地坛医院，习近平总书记来到北京市朝阳区疾病预防控制中心调研，听取朝阳区疫情防控工作情况介绍。习近平总书记指出，这场疫情对全国各级疾控中心的应急处置能力是一次大考，这次抗击疫情斗争展示了公众的良好精神状态和我国的显著制度优势，但也暴露出了许多不足。要把全国疾控体系建设作为一项根本性建设来抓，加强各级防控人才、科研力量、立法等建设，推进疾控体系现代化。

洪向华认为，长期以来，我们构建的统一指挥、专常兼备、反应灵敏、上下联动的应急管理体制在疫情防控中发挥了作用；但是，这次疫情也暴露出疾控工作中的许多不足之处。习近平总书记在这次调研中对加强全国疾控体系建设提出了要求，要高度重视全国的疾控体系建设，把疾控体系建设当作我国治理体系和治理能力现代化建设的重要环节来抓，使疾控体系现代化成为我国治理体系和治理能力现代化重要组成部分。

"应对此次新冠肺炎疫情是对国家治理能力的一次大考，具体到全国各级疾控中心，这次新冠肺炎疫情也是对其应急处置能力的一次大考。就疫情防治来说，疾控中心要完成这次考试，需要进一步加强医疗救治、继续巩固成果，坚持中西医并重，组织优势医疗力量，在降低感染率和病亡率上拿出更多有效的治疗方案。"胡敏表示。站在全国角度来说，非常疫情、战时状态，此时第一位的任务是要坚决贯彻落实习近平总书记一系列重要指示精神和党中央一系列重大决策部署，集中力量做好疫情防控工作，从根本上尽快扭转疫情蔓延局面，全力以赴把各项防控措施落实落细。

胡敏同时谈到，要深入宣传党中央决策部署，营造万众一心阻击疫情的舆论氛围，凝聚起众志成城、共克时艰的强大正能量，形成坚决打赢疫情防控阻击战的坚定信心。在加强疫情防控的同时，要切实维护正常的经济社会秩序，努力保持生产、生活平稳有序。

更大力度多措并举
稳就业[*]

2020 年 2 月，习近平总书记在北京调研指导新冠肺炎疫情防控工作时指出，越是发生疫情，越是要注意做好保障和改善民生工作，特别是要高度关注就业问题，防止出现大规模裁员。

就业是民生之本，是国家发展的基石，也是社会稳定的基础。各级党委和政府在周密稳妥应对新冠肺炎疫情、确保疫情防控不断取得积极进展的同时，还要高度重视新冠肺炎疫情对就业形势的影响。随着企业复工复产期的到来，凸显了新冠肺炎疫情对就业的影响。新冠肺炎疫情对餐饮、旅游、娱乐、交通运输等第三产业就业的影响最大，并波及第一、第二产业，给消费、投资、进出口增长都带来了明显压力。统筹做好"六稳"工作，首先就是要稳就业。截至 2020 年 2 月，宏观管理部门和各地区已经陆续出台一系列促进企业复工复产和援企稳岗措施，为应对新冠肺炎疫情防控期间就业市场可能出现的复杂困难局面做准备。要加大力度，多措并举，做到精准有效；具体措施如下：

一是要密切监测就业市场的变化状况，为准确研判就业形势提供可靠的数据支撑。从经济结构看，截至 2020 年 2 月，在城镇就业中，仅私人企业与个体就业人数占比就超过 55%，第三产业中私营与个体就业人数接近该产业总就业人数的 90%；从就业群体看，外出务工人员、小微企业员工、弹性薪酬制员工、大学生等群体值得重点关注；从时间看，近期影响主要表现为减少就业存量，中长期影响表现在减少就业存量和岗位增量；从区域分布看，有效劳动力主要分布集聚在城市群地区。因此，监测的着力点是分类别、分行业、分地区进行跟踪观察，以及综合考量受新冠肺炎疫情影响带来的失业率和失业周期的变化、停工停产企业员工状态、中低收入人群收入状况、行业景气和就业环境变化等。只有准确客观评估就业演化态势，才能做到对症施策。

二是要落实落细各项已经出台的财政、金融、用工等一揽子逆周期调控政

---

* 本文原载《光明日报》2020 年 2 月 14 日。

策：在财政政策上，要优先允许重点行业的小微企业暂缓税收和社保缴纳，并视财力状况为这些企业提供财政补贴，社保返还或税费、社保减免，对受疫情影响大的企业还可以有时间段地适当降低工资税负，在疫情严重的地区减免一定的行政事业性收费和政府性基金。在金融政策上，要保持疫情防控特殊时期银行体系流动性的合理充裕，加大力度对小微企业、民营企业和制造业等重点领域增加信用贷款和中长期贷款，降低综合融资成本，结合专项债发行，采取更多便利措施支持金融机构疫情防控期间发行金融债券以及资产支持证券、短期融资券等。在就业政策上，要更多地鼓励灵活就业，多渠道创新就业服务方式。比如，一方面，鼓励用人单位采取线上职位发布、线上双选会、语音视频面试等线上模式开展招聘工作，利用公共就业服务平台及时发布企业招工、复工及劳动者就业动态等信息，促进劳动者与用工企业精准对接；另一方面，要大力开展职业培训，针对疫情稳定后可能产生的就业需求反弹，开展事先培训工作。这三大政策的核心点在于保企业，只要保住了企业正常生产经营，就保住了就业稳定。

三是在尊重市场机制的同时，更多、更好地发挥政府作用。市场受新冠肺炎疫情影响会出现一定失灵，这时候政府干预就要发挥更大的作用。一方面，要充分发挥社保体系的公共产品效用，及时足额发放失业补贴，为失业人员及家庭提供基本生活兜底；另一方面，要创新应对危机的经济治理方式。例如，为应对经济大萧条，美国罗斯福新政实施了公共资源保护队、全国青年行政部和公共事业振兴署的就业战略，不仅应对了大萧条时期的就业危机，为所有愿意工作，而且能工作的人提供了就业机会，使其获得收入，而且支持了人力资源的可持续发展。对此，我们可以借鉴。

四是要坚定信心、稳定预期，坚信我国的市场韧性和就业市场的可开拓空间。疫情当前，在传统产业受到挤压时，也可以看到，线上购物、线上办公、线上教育、跨境电商等行业创新方式得以深度拓展，数字经济表现出更大的发展机会，新的消费方式、生产生活业态在继续激发我们的消费潜力，也必将打开各类产业转型升级带来的新就业空间。

以更坚定的信心
打赢疫情防控阻击战[*]

　　截至 2020 年 2 月底，新冠肺炎疫情防控正处于胶着对垒状态。2020 年 2 月 10 日，习近平总书记在北京市调研指导新冠肺炎疫情防控工作时强调，"以更坚定的信心、更顽强的意志、更果断的措施，紧紧依靠人民群众，坚决把疫情扩散蔓延势头遏制住，坚决打赢疫情防控的人民战争、总体战、阻击战"。疫情防控，信心比黄金更可贵。我们要保持战略定力，发挥强大的社会动员能力、提升科学防治能力，坚定打赢这场疫情防控阻击战的信心。

　　保持战略定力。打赢疫情防控阻击战，需要把握战略方向、保持战略定力。习近平总书记指出："战略问题是一个政党、一个国家的根本性问题。"回望历史，保持坚定的战略定力，是我们党的鲜明特征和强大优势。我们要深刻认识到，新冠肺炎疫情的冲击只是短期的，不要被问题和困难吓倒。2020 年是全面建成小康社会和"十三五"规划收官之年。我们要始终保持定力、坚定必胜信心，统筹推进经济社会发展各项任务，在全力以赴抓好疫情防控同时，统筹做好"六稳"工作。保持战略定力，关键在于朝着既定目标笃定前行：既要同心协力、英勇奋斗、共克时艰，取得疫情防控斗争的全面胜利；也要加强经济运行调度，尽可能降低疫情对经济的影响，努力完成 2020 年经济社会发展各项目标任务。历史和实践一再证明，战略定力是我们党带领人民披荆斩棘、砥砺奋进的重要保证。因此，始终保持战略定力，也是我们坚决打赢疫情防控的人民战争、总体战、阻击战的有力支撑。

　　发挥强大社会动员能力。新冠肺炎疫情发生后，在党中央集中统一领导下，各党政军群机关和企事业单位等紧急行动、全力奋战，广大医务人员无私奉献、英勇奋战，广大人民群众众志成城、团结奋战，打响了疫情防控的人民战争，打响了疫情防控的总体战，全国形成了全面动员、全面部署、全面加强疫情防控工作的局面。在习近平总书记亲自指挥、亲自部署下，中央应对疫情工作领导小组

---

　　*　本文原载《人民日报》2020 年 2 月 20 日。

统一指挥全国疫情防控工作，在全国范围内选调医务人员和应急物资，支援湖北等疫情严重地区，全面加强疫情防控一线工作。医疗卫生、交通运输、公安武警、市场监管、宣传舆论、教育科研、物资生产和供应等部门，以及基层社区和企事业单位，坚决遵照党中央的统一部署，有力、有效地开展工作，各项防控措施迅速得到贯彻落实。同时，全国各地大力发扬"一方有难，八方支援"的优良传统，汇聚起打赢疫情防控阻击战的磅礴力量。经过各方面的艰苦努力，疫情形势已经出现积极变化，防控工作取得了积极成效。

提升科学防治能力。在习近平总书记提出的"坚定信心、同舟共济、科学防治、精准施策"的疫情防控工作总要求中，科学防治是重要内容。科学防治疫情是一项系统工程，包括用科学精神做好疫情防控工作，用科学思维落实各项决策举措，完善诊疗方案、开展科研攻关，运用科技手段为科学判断形势、精准把握疫情提供支撑等。疫情防控是一场全民行动，也是一场科学战役，要把"科学防治"的要求贯彻到疫情防治的各环节、各方面、各领域。具体来看，做好疫情防控要坚持全国一盘棋，各地区、各部门要增强大局意识和全局观念，坚决服从中央应对疫情工作领导小组的指挥，既考虑本地区、本领域的防控需要，也考虑对重点地区、对全国防控的影响；也要继续针对不同地区、不同场所、不同行业的具体情况，分类制定个人防护、家庭防护、工作场所防护、交通工具防护的科学方案，切实提高疫情防控的科学性、有效性。无论是个人、社区，还是政府部门，都应讲究科学方法、注重精准施策，让疫情防控各项举措更加有力、更加有效。

科技报国铭初心[*]

在 2020 年 2 月 3 日召开的中共中央政治局常委会上，习近平总书记指出"疫情防控要坚持全国一盘棋""疫情防控不只是医药卫生问题，而是全方位的工作，各项工作都要为打赢疫情防控阻击战提供支持"。会议同时强调，要加大科研攻关力度，战胜疫病离不开科技支撑。中央的决策部署在全党和全国上下得到了迅速落实。面对重大传染病疫情，国有企业作为中国特色社会主义的重要物质基础和政治基础，作为我们党执政兴国的重要支柱和依靠力量，充分发挥了抗击疫情的"排头兵"作用。

在抗击疫情第一线，中国联合网络通信集团有限公司（以下简称中国联通）彰显了央企的政治担当。面对疫情，中国联通党组以高度的政治自觉，第一时间贯彻落实习近平总书记重要讲话精神和中央决策部署要求，第一时间组织动员、成立工作机构、健全工作机制，做到既有统筹兼顾之谋，又有组织实施之能；牢记初心使命，以解决群众最急最忧最盼的问题为导向，按照"全国一盘棋"的观念，扎实做好疫情防控相关基础网络保障、应急通信保障和社会服务保障。

在抗击疫情一线，中国联通做到了党旗高高飘扬。中国联通各级基层党组织强化政治功能、提升组织力，发挥战斗堡垒作用，广大党员主动担当、充分发挥先锋模范作用，真正做到了"平常时候看得出来、关键时刻站得出来、危急关头豁得出来"。例如，在湖北武汉，武汉联通的基层党支部吹响"冲锋号"，党员突击队挺身而出，团队协同奋战，从火神山、雷神山医院网络覆盖，到数十所定点医院网络保障；从全市各医疗机构专线重保，到华大基因"核酸检测"网络扩容；在党和人民最需要的地方，中国联通都是让人心安的力量。

在抗击疫情一线，中国联通诠释了科学防控之智。习近平总书记在疫情防控过程中，多次指示要充分发挥信息通信技术作用，他指出"鼓励运用大数据、人工智能、云计算等数字技术，在疫情监测分析、病毒溯源、防控救治、资源调配等方面更好发挥支撑作用"。中国联通主动运用大数据、"5G+"热成像人体测

---

* 本文原载《光明日报》2020 年 2 月 21 日。

温、云视频会议等信息化应用，全面助力疫情防控，全力助推新经济消费，硬核出击，凭实力科技战"疫"。从中国联通各级党组织和党员身上，我们看到了央企以科技报国的志向与情怀，这是一种为党分忧、为民尽责的气度，这是一种迎难而上、从不缺席的态度，更是一种闻令而动、争分夺秒的速度。

"心中有信仰，脚下有力量"，疫情防控阻击战已到关键阶段，只要我们拥有铁一般的信仰、铁一般的信念、铁一般的纪律、铁一般的担当，让党旗在抗击疫情第一线高高飘扬，就能凝聚起众志成城、共克时艰的强大力量，最终全面打赢疫情防控阻击战。

要在"精准"上多出实招[*]

　　2020 年 2 月底，疫情防控工作到了最吃劲的关键阶段，因此做好疫情防控重点工作来不得半点松懈。新冠肺炎疫情发生以来，在党中央的集中统一领导下，各级党委和政府坚决贯彻习近平总书记重要指示精神和党中央的决策部署，群策群力，团结奋战。经过艰苦努力，疫情形势出现了积极变化，防控工作取得了积极成效。其中，重要的一条经验就在于精准施策。

　　比如，在疫情防控重点地区，围绕提高收治率和治愈率、降低感染率和病亡率，加快改造扩容定点医院、增加治疗床位和隔离点，做到应收尽收、应治尽治；集中优势医疗资源和技术力量救治患者；加强社区防控，实施城市社区全封闭管理，努力切断疾病传播途径。再比如，在非疫情防控重点地区实行分区、分级精准防控，统筹疫情防控与经济社会秩序恢复工作等。

　　战胜疫情，贵在精准。所谓精准，在此主要是指目标要精准，对策要精准，实施要精准。精准施策，既要注重"精"，集中资源、集中优势、集中力量，防止政策"撒胡椒面"——避免在多头多线防控中错失时机、乱了阵脚；又要确保"准"，抓住主要矛盾，突出重点环节，分类指导、分区施策，防止眉毛胡子一把抓。

　　按照党中央的决策部署，疫情防控要在"两条线"上开展好工作。一条线是切实把疫情防控各项工作抓实、抓细、抓落地；另一条线是努力把新冠肺炎疫情对社会的影响降到最低，保持经济平稳运行与社会和谐稳定，努力实现党中央确定的各项目标任务。稳住这"两条线"，要求各项措施精准有效、招招到位、项项对靶，既切实打好疫情防控歼灭战，又努力稳住保供大后方。

　　在疫情防控工作中，要千方百计地精准聚焦。具体地说，在疫情防控重点地区，要抓好疫情防控的重点环节，切实增强收治能力，严格落实"早发现、早报告、早隔离、早治疗"的措施，加大药物和疫苗科研攻关力度，努力提高收治率

---

　　*　本文原载《学习时报·学习评论》2020 年 2 月 21 日。

和治愈率、降低感染率和病亡率；在非疫情防控重点地区，对人口流入大省（市）要加强联防联控、群防群控，加强对返程人员的健康监测，做好交通工具场站消毒通风等工作，切实堵住工作漏洞。同时要强化医疗物资的供应保障，对紧缺物资进行统一调拨，优先保障重点地区需要；加快推动企业复工达产，鼓励有条件的企业扩大产能或转产，帮助解决缺员工、缺设备、缺原材料和资金紧张等问题。

在保持经济平稳运行上，要综合施策统筹做好"六稳"工作。具体来说，要更好发挥积极的财政政策作用，加大资金投入，保障好各地疫情防控资金需要；研究出台阶段性、有针对性的减税降费措施，缓解企业经营困难；要保持稳健的货币政策灵活适度，对防疫物资生产企业加大优惠利率和信贷支持力度，对受疫情影响较大的地区、行业和企业完善差异化优惠金融服务；要以更大力度实施好就业优先政策，完善支持中小微企业的财税、金融、社保等政策，多措并举稳就业；稳金融、稳外贸、稳外资、稳投资的相关政策要具有针对性、实效性；同时，要切实做好生活必需品生产供应工作，切实抓好主副食品生产、流通、供应组织，做好稳预期相关工作，确保市场物价稳定、确保群众预期稳定。2020年2月底正值春耕备耕关键时节，抓好春季农业生产一刻也不能放松。

非常时期，非常应对。大疫当前，大考在即，没有局外人，不做旁观者。各方面要把问题看得再周全一点，措施想得再精细一点，工作做得再扎实一点，集中各方面智慧和力量，坚决打赢疫情防控的人民战争、总体战、阻击战，努力实现2020年经济社会发展目标任务。

统筹推进疫情防控和经济社会发展
学者"云"对话聚焦四大议题[*]

2020年2月23日，统筹推进新冠肺炎疫情防控和经济社会发展工作部署会在北京召开，习近平总书记强调，"加大政策调节力度，把我国发展的巨大潜力和强大动能充分释放出来，努力实现今年经济社会发展目标任务"。

努力实现疫情防控和经济社会发展双胜利成为了各行各业重要的任务。值此战"疫"关键时刻，人民网理论频道邀请6位学者举办在线圆桌论坛，共同探讨"如何夺取疫情防控和实现经济社会发展目标双胜利""企业如何推进有序复工复产"等问题。专家们一致表示，我国经济韧性强、潜力足、回旋余地大，长期向好的趋势不会改变。

新冠肺炎疫情的冲击总体是可控的　经济长期向好趋势不会改变

2020年是全面建成小康社会和"十三五"规划收官之年。新冠肺炎疫情这只"黑天鹅"的出现，会给我们实现全年经济社会发展目标带来困难和挑战。习近平总书记在此次工作部署会上指出，"综合起来看，我国经济长期向好的基本面没有改变，新冠肺炎疫情的冲击总体上是可控的"。

中共中央党校（国家行政学院）研究员胡敏认为，我们必须树立坚定的信心面对疫情防控和经济发展趋势。同时，必须认识到，坚决打赢疫情防控阻击战就是为了保持经济平稳运行和社会和谐稳定，确保实现2020年经济社会发展目标任务。

中国人民大学长江经济带研究院院长罗来军表示，一方面，新冠肺炎疫情对经济发展确实造成了一定的影响；另一方面，党中央、国务院多次进行部署，出台了一系列促进经济复产和复工的有力措施。我国经济长期向好的大逻辑、大趋势没有变，由此释放出的新兴消费潜力和投资增长力量，不仅为当下坚决打赢疫情防控阻击战提供坚实的支撑，也必将创造更广博的就业机会。

---

*　本文原载人民网2020年2月24日，记者：万鹏、吴兆飞、任一林。

中央民族大学马克思主义学院院长、湖南省怀化市通道县委常委副县长（挂职）孙英指出，处理好疫情防控和经济社会发展的关系要做到三个"到位"：一是认识到位。两项工作都是当前极端重要的工作，哪项工作都不能放一放、缓一缓。二是措施到位。打好疫情防控总体战，要依据疫情的轻重分区、分类、分级抓好经济社会发展各项任务的落实。三是关怀到位。我们要把人文关怀送到每一个人心里，把人民群众的生命安全和身体健康放在第一位。

科学防控精准施策　有序推动复工复产

习近平总书记就有序复工复产提出了多项要求，其中特别强调"推动企业复工复产。要落实分区分级精准防控策略，打通人流、物流堵点，放开货运物流限制……推动产业链各环节协同复工复产"。这就要求建立良好的经济社会运行秩序，对企业而言，应科学精准地实现复工复产。在复工复产过程中，出现了要求企业填写审批表，并需要相关部门批准盖章等做法，专家学者针对这一现象提出了一些独到的见解。

吉林大学中国国有经济研究中心主任、教授李政指出，战"疫"之时，必须坚守务实作风，力戒形式主义。应该说，在复杂且依然严峻的疫情形势下，一些复工程序是必要的，但一定要依照"科学防控、精准施策"的原则进行审视，有序推动企业复工复产，防止复工后出现交叉感染，降低企业复工的风险。也就是说，任何审批手续，如果科学、有效、精准、高效就可以实施。复工也要防控，防控是为了更好复工，二者并不矛盾。

中国社会科学院"重大风险与重大考验研究"创新工程项目组首席研究员樊鹏表示，党中央制定出有关复工复产和疫情防控等政策建立在形势发展需要的基础上，事关党和国家各项事业的大局。在战"疫"的特殊时期，各部门严管和收紧复工审议程序虽然是不得已的举措，但也是落实政治责任、行政责任的体现。值得注意的是，政府部门还需要在管理上进行创新，优化审批流程，抓好关键点、关键环节，在特殊时期做到智慧监管、智慧守责。

中共中央党校（国家行政学院）经济学部教员、副教授周跃辉认为，对企业复工复产需要走审批程序这一行为应辩证来看待。具体应该在如何优化相关的流程或者程序上做文章。一是根据企业生产性质，整合优化企业复工复产的审批程序；二是可以借助电子化的审批手段，让信息多跑路，企业少跑路；三是要做好企业相关的管理人员的思想工作，政府部门宣传到位，有序地推动复工复产。

政府企业协同努力　落实生产主体责任

疫情防控关键期，发挥政府统筹协调作用至关重要。习近平总书记指出"打好、打赢这场疫情防控的人民战争、总体战、阻击战，必须加强党对统筹推进疫情防控和经济社会发展工作的领导"。企业也应尽快有序复工、实现正常生产运营，从而推动社会正常运转。

孙英认为，突如其来的新冠肺炎疫情给政府和企业都带来了挑战和困难。政府和企业应该协同努力，落实生产主体责任。对政府而言，一是领导，坚持党委统一领导、统一指挥、统一行动；二是服务，政府要做到主动服务、靠前服务，做好统筹、协调、调度、督办等工作；三是保障，人员、资金、原材料、防疫物资等要因地制宜采取有效措施保障到位。就企业而言，一是积极应对，服从政府的统筹安排，争取尽早、尽快复工复产、释放产能；二是疫情防控措施要到位，严格按照防疫期间要求安排生产活动；三是压实疫情防控和安全生产主体责任，不能降低标准，更不能调高标准使员工不能及时回到工作岗位。

罗来军表示，无论是对疫情的识别，还是复工的安全保障，需要精准到每个员工身上。这需要管理部门、社区、企业、个人共同建立一个四方参与的体系：政府做到统筹协调，社区作为把关环节，防止人员无序流动；企业配合政府把相关的人员管控好；个人要如实反映自己的情况。每个环节各司其职，协同共进，从而推动企业和社会的正常运转。

樊鹏指出，复工复产涉及政府和企业两大主体。第一，党政部门要勇于担当统筹协调，减少制度成本；第二，企业要配合复工复产，优化决策审批的流程和机制，有限范围内释放制度红利；第三，未雨绸缪，加大实时动态的风险评估；第四，落实落细各级机构的主体责任；第五，企业单位在落实主体责任的同时，还要具备科学管理的意识和手段。

多措并举优化服务　保障和改善就业等民生工作

就业是民生之本，是国家发展的基石，也是社会稳定的基础。习近平总书记在出席统筹推进新冠肺炎疫情防控和经济社会发展工作部署会议时强调，全面强化稳就业举措。要减负、稳岗、扩就业并举，针对部分企业缺工严重、稳岗压力大和重点群体就业难等突出矛盾，因地因企因人分类帮扶，提高政策精准性。支持多渠道灵活就业，做好高校毕业生就业工作。

李政围绕保障高校毕业生就业给出了多项建议。他认为，多措并举优化就业服务是保障和改善民生工作的关键：一是推进线上服务，打造"互联网+"就业指导、服务与招聘新模式。二是拓宽就业和分流渠道，加强教育引导。三是在发挥好市场作用的同时，进一步发挥好政府的作用；特别是对中小企业做出相应的支持，鼓励其吸纳大学生就业，以更好地应对经济发展需求。四是要发挥国有企业在经济社会发展中"压舱石""稳定器"的作用，国有企业可调整人力资源安排计划，适当将明年的用人计划挪到今年提前培养，消化吸收一部分毕业生。

胡敏表示，在疫情管控的同时也要做好保障和改善民生工作，特别是要高度关注就业问题。一是从政策上多措并举，把支持企业稳岗摆在首位。政策要注重从融资角度为企业"开源"，要聚焦住宿餐饮、文体娱乐、交通运输、旅游等行业企业面临的成本压力和资金紧张两大难点、痛点。二是大力拓展就业空间、优化就业服务、加大对待就业者的职业技能培训。要加大投资创造就业，更好发挥政府采购、购买服务对扩大就业的带动作用，促进劳动者多渠道就业，进一步鼓励创业带动就业。

周跃辉指出，抓好"六稳"工作，首要的就是稳就业，有效措施如下：第一，有力有序推动企业复产复工，同时落实好相关的产业支持政策；第二，建议教育部门适当延迟或者推迟派遣证的时效；第三，适当扩大 2020 年或者 2021 年的硕士、博士的招生规模；第四，政府部门公务员招聘和国有企业招聘适当增加规模；第五，积极落实好大学生的创新创业政策，鼓励大学生通过互联网等其他相关政策开展创新创业活动。

民营企业如何突围"三期叠加"*

　　怎样看待我国经济运行态势？有两个数据值得深思：一个是截至 2019 年三季度国家统计局公布的数据，2019 年三季度我国季度经济增长为 6.0%，这是从 2013 年以来我国季度经济增长最低的数值，表明经济增长下行已持续 27 个季度，这是多年来少有的现象。另一个是国家统计局公布的数据，2019 年我国国内生产总值（GDP）接近 100 万亿元，人均 GDP 预计首次超过 1 万美元，中国经济达到这一规模是人类历史上的重大进步，对全球经济有着积极影响。

　　看前一个数据，我们会悲观：中国经济下行压力在持续加大；看后一个数据，我们又信心倍增：中国经济如此大的体量必然会打开可观的市场空间，在当今世界经济增长持续放缓的背景下，成长的希望在中国，发展的未来在中国。

　　理解扑朔迷离的经济，真的是"横看成岭侧成峰，远近高低各不同"。包括广大民营企业在内的所有市场经济主体，只有把握经济发展大势，顺应经济运行规律，善谋大势，积极适应，变破为立，顺势而为，才能掌握主动，成就未来。

大小"三期叠加"带来的经济窘境

　　细究中国经济增长近年来持续下行背后的原因，早在 2013 年，党中央就高屋建瓴，审时度势，作出了重大判断：中国经济进入新常态。这个新常态的重要特征，就是我国经济进入 21 世纪的第二个十年，面临着一个所谓的"三期叠加"。

　　第一，增长速度换挡期。我国经济增长速度由过去动辄两位数的高速增长转为不断降低的一位数增长。道理很简单，随着中国经济体量越来越大，继续保持高速增长已经不可能，要素资源条件不再支撑，这是由经济发展的客观规律所决定的。

　　第二，结构调整阵痛期。依靠资本、劳动力、土地等要素投入驱动经济增长的模式开始衰竭。比如，劳动力、土地等要素成本在不断上升，意味着粗放式扩张的日子已经过去了，必须通过调整经济结构、加快经济发展方式转变实现经济可持续增长，这是一个绕不过去的坎。

---

　　*　本文原载中华全国工商业联合会主办的《中国民商》杂志 2020 年第 2 期。

第三，前期刺激政策消化期。在 2008 年爆发全球金融危机后，我国宏观政策加大刺激力度，推出 4 万亿元资金投入，短期稳定了经济，但也带来产能过剩、市场流动性过多等问题，必须实施调整刺激性经济政策的举措，化解多年来积累的深层次矛盾，这也是一个必经的阶段。

"三期叠加"的生成是我国经济在改革开放后一直保持快速增长，结构性、体制性、周期性矛盾相互交织，出现了"三碰头"现象。

2013 年以来，以习近平同志为核心的党中央充分认识到形势的变化，清醒研判大势，明确提出，认识新常态，适应新常态，引领新常态，是当前和今后一个时期中国经济发展的大逻辑，作出了坚持稳中求进的工作总基调，牢固树立新发展理念，深入推进供给侧结构性改革的重大经济决策。

决策实施以来，经济领域在结构调整中注重激发新的增长动能，在深化改革中注重破除旧的体制障碍，在扩大开放中注重开拓新的发展空间，较好抵御了经济下行压力下的各种风险隐患，经济运行总体保持稳中有进、稳中向好态势。党的十八大以来的 5 年，经济年均增长保持在 6.5% 以上，城乡居民收入增幅高于经济增速，新增年均就业在 1100 万以上，经济总量和民生事业都取得了新的成效。

但进入 2018 年以来，中国经济运行环境又稳中生变。用"国际形势异常复杂严峻，国内改革发展任务艰巨繁重"可以很好地概括这一年。美国"特朗普新政"的渐次实施，致使多边贸易规则面临巨大挑战，让刚刚回暖的世界经济重现较大下行压力。西方发达经济体顺势出现了新一轮"观望""站队"现象，国际政治经济格局分野在贸易权益、市场份额的相互博弈中变得更加扑朔迷离，尤其是中美贸易摩擦较大程度地改变了中国的外部市场环境，制约了中国经济增长对世界经济平衡的"稳定器"作用的发挥。

外部市场的变化从 2018 年开始传导到国内，一定程度上阻遏了中国经济的回暖势头，对尚未完成结构转型升级的中国经济形成新的压力。学界普遍认为，国内经济存在"国际贸易平衡—国内经济增长—防控金融风险""不可能三角"的矛盾，三者平衡起来有较大难度。从 2018 年的国内经济运行态势看，深化供给侧结构性改革在取得进展的同时，也存在许多的矛盾和冲突。

比如，去产能成效显著，助推上游原材料行业价格上行，不少"国字号"企业利润和营收双丰收，但也增加了下游行业的经营压力，挤出了不少中小微企业；去库存抑制了一二线城市房价，但外溢出三线城市房价的上涨，间接制约了中低收入居民的消费支出，出现所谓"消费升级"与"消费降级"之争；去杠杆在有效防控化解经济金融风险的同时，其"行政化""一刀切"的倾向也稀释了货币政策效应，影响了一大批企业的流动性需求，还产生了财政货币政策部门之间"去杠杆"还是"稳杠杆"的方向之争、政策协同之争；降成本在"营改增"等递进式减税降费利好作用下，规模以上企业总成本负担有所降低，但改进空间依然很大；补短板只能说是循序渐进。另外，资产价格泡沫化、汇率贬值预期、股市一蹶不振、新经济发展受挫、民营企业投资退出等，给投资者、消费者心理预期带来阴影。

进入 2019 年，这些外围不利因素又进一步交织、强化和放大，中国外部市场环境开始进入"政治格局的调整期，贸易权益的纠纷期，治理秩序的博弈期"这样一个"三期叠加"的环境，这是强国之间政治利益、经济利益、外交利益的集束式较量。自此，中国自加入 WTO 以来具有的近 20 年的相对宽松的国际环境发生了逆转。

随着这些外部因素的负面影响逐步呈现，国内经济运行也出现了"外部市场的收缩期，政策效应的递减期，就业增长的拐点期"这样一个"三期叠加"。

以上这两个小的"三期叠加"既是大的"三期叠加"在新形势下经济运行的态势演化，也是新旧体制碰撞、外部市场与国内市场交锋的累积性阵痛的爆发。

在这样的形势下，2018~2019 年，大部分经济主体特别是中小微民营企业感到钱太难挣了，日子过得"太难了"，投资意愿也大大下降了。

准确把握党中央应对"三期叠加"的政策举措

应该说，从 2018 年以来，党中央在坚持稳中求进的工作总基调和保持经济运行在合理区间的基础上，密切关注国内外经济态势的新变化，适时、适度调整宏观经济政策和经济工作重点，在保持积极适度的货币财政政策连续性、稳定性的前提下，根据市场主体的需要，实施逆周期经济调节，及时完善宏观政策，把握力度和节奏，精准预调微调，引导市场形成稳定预期，以有力的政策举措应对"三期叠加"。

党的十九大明确提出，我国经济已由高速增长阶段转向高质量发展阶段，正处在转变经济发展方式、优化经济结构、转换增长动力的攻关期……必须坚持质量第一、效率优先，以供给侧结构性改革为主线，推动经济发展质量变革、效率变革、动力变革，提高全要素生产率……不断增强我国经济创新力和竞争力。

2018~2020 年的中央经济工作会议始终坚持稳中求进的工作总基调、坚持以供给侧结构性改革为主线，统筹推进稳增长、促改革、调结构、惠民生、防风险各项工作，着力打好防范化解重大风险、精准脱贫、污染防治三大攻坚战，以推进经济高质量发展为主题。

为应对世界经济持续放缓、仍处在国际金融危机后的深度调整期，世界大变局加速演变的特征更加明显，全球动荡源和风险点显著增多的情况，党中央保持战略定力，注重增强经济工作的预见性和主动性。从具体的经济工作重点可以看出党中央稳定经济、厚植发展优势的坚定决心和信心。

一是着力以进促稳。强调保持经济运行平稳，不在于经济增长速度高一点或低一点，而是要保持在一个合理区间，能够兜住就业等民生保障的底，但也不是被动求稳，而是紧紧围绕保持经济社会大局稳定这个关键，以进促稳、以稳应变；以更加积极进取的姿态、更加精准细致的行动，在着力推动高质量发展的基础上，扎实做好稳就业、稳金融、稳外贸、稳外资、稳投资、稳预期"六稳"项工作。

二是着力调整结构。坚持以供给侧结构性改革为主线，重点聚焦支持制造业、服务业，尤其是小微企业、民营企业等实体经济，更大程度地释放活力、更大力度地推进新旧动能转换。进一步拓展国内市场需求，以促进消费供给升级适度扩大内需，更大释放消费潜力；进一步着力补短板、调结构、增后劲，通过扩大政府有效投资来带动扩大社会投资，提高政府资金使用效率，降低民间投资准入门槛；进一步深化政府"放管服"改革，打造便捷高效、稳定透明、公平竞争的营商环境，不断释放市场活力。

三是着力政策协调。政策的作用根本在于引导市场形成稳定预期，因此评判政策的效力主要看市场主体；政策的出台和施行也必须把握时机、力度和节奏，政策实施坚决不搞"一刀切"，突出精准预调微调，既强调连续性、稳定性、协同性，也强调前瞻性、灵活性、有效性。货币政策谨慎宽松，既保持货币流动性合理充裕，又坚定做好去杠杆工作，切实把防范化解金融风险和金融服务实体经济更好结合起来；财政政策更加积极有力，使其在扩大内需和结构调整上发挥更大作用，把实施更大力度减税降费与释放更强的市场主体增长潜能结合起来。同时，宏观政策注重与产业政策、区域政策、社会政策基本协同。

四是着力改革开放。40多年改革开放已雄辩地证明，改革开放是决定中国命运的关键一招。党的十八大以来我们取得历史性成就、发生历史性变革都来自改革开放释放的巨大活力。尽管国内外经济政治格局大调整大变革还会带来阵痛，但只要坚定不移深化改革扩大开放，心无旁骛地办好自己的事情，就能扫除体制机制障碍，增强发展动力和后劲，充分发挥中国市场经济规模大、回旋余地大、韧性强的优势，中国经济向高质量发展迈上新的台阶是完全可期的。

民营企业应鼓舞士气在挑战中练好内功

经济界有一句话，只要站在风口上，猪都能飞。经济处于下行通道，经济大周期也处于筑底阶段，这个时候是骡子是马就要真的拿出来遛遛了。这里考验的是市场主体内在的竞争力和创新力，特别对广大民营企业来说，这既是挑战但更是机遇。

应该看到，改革开放之初，广大民营企业在夹缝中孕育、顽强生长，正是靠一股敢闯敢拼的劲头、不屈不挠的斗志和顺应环境变化的敏锐，在那样一个市场环境极不成熟的情况下都能长成参天大树，实属了不起。

改革开放 40 多年来，我国民营经济从小到大、从弱到强，不断发展壮大。截至 2018 年底，我国民营企业数量超过 3000 万家，个体工商户超过 7000 万户，注册资本超过 200 万亿元。民营经济为国家贡献了 50% 以上的税收，60% 以上的国内生产总值，70% 以上的技术创新成果，80% 以上的城镇劳动就业，90% 以上的企业数量。在世界 500 强企业中，我国民营企业由 2010 年的 1 家增加到 2018 年的 28 家。

正如习近平总书记指出的"我国民营经济已经成为推动我国发展不可或缺的力量，成为创业就业的主要领域、技术创新的重要主体、国家税收的重要来源，为我国社会主义市场经济发展、政府职能转变、农村富余劳动力转移、国际市场开拓等发挥了重要作用。长期以来，广大民营企业家以敢为人先的创新意识、锲而不舍的奋斗精神，组织带领千百万劳动者奋发努力、艰苦创业、不断创新。我国经济发展能够创造中国奇迹，民营经济功不可没"。

那么在中国经济如今已经达到如此市场规模，市场经济体制总体上正在不断健全和完善的背景下，广大民营企业不能也不应该丧失发展信心。尽管由于依旧存在的种种旧的观念束缚和体制弊端，还有不少民营企业和民营企业家普遍遇到"市场的冰山、融资的高山、转型的火山"这"三座大山"；但必须看到，这些困难和问题成因是多方面的，是外部因素和内部因素、客观原因和主观原因等多重矛盾问题碰头的结果，一定意义上正是"三期叠加"矛盾的集中体现。

正视"三期叠加"，应对"三期叠加"，突围"三期叠加"是新时期新环境对新一代民营企业和民营企业家的新考验。

从政策层面看，习近平总书记已经非常明确地指出，民营经济是我国经济制度的内在要素，民营企业和民营企业家是我们自己人。在全面建成小康社会、进而全面建设社会主义现代化国家的新征程中，我国民营经济只能壮大，不能弱化，不仅不能"离场"，而且要走向更加广阔的舞台。这是对所有民营企业和民营企业家最大的定心丸。

现在最大的挑战就是民营企业和民营企业家要鼓足信心，切实在挑战中练好自己的内功，要越是艰险越向前，要能够愈挫愈勇，在经济下行的压力下能够胜出才是真正的胜利者，才能练就过硬的竞争力和创新力。

广大民营企业必须在练好企业内功上下足够的功夫，特别是要提高技术创新能力、市场开拓能力、企业核心竞争力和切实提高经营管理水平。新一代民营企业家也要继承和发扬老一辈人艰苦奋斗、敢闯敢干、聚焦实业、做精主业的精神，做到聚精会神办企业、遵纪守法搞经营，在合法合规中努力把企业做强做优做大，从而在实现中华民族伟大复兴的伟大进程中贡献更大的力量。

循着发展的逻辑——一个经济学人的时事观察（2016—2020）

四个"最"让总书记的指示
深入基层*

疫情形势依然严峻复杂，在防控正处在最吃劲的关键阶段，党中央于 2020 年 2 月 23 日下午在京召开统筹推进新冠肺炎疫情防控和经济社会发展工作部署会议，分析新冠肺炎疫情防控形势，部署下一步疫情防控工作和经济社会发展工作。习近平总书记出席会议并发表重要讲话。

这是非常时期召开的非常重要的会议，无论是会议召开的形式还是会议突出的主题内容，都极为特别，也让人印象极为深刻。

党历史上规模最大的一场电视电话会议

参加这次会议的有中共中央政治局常委、委员，中央书记处书记，国务委员，中央应对新冠肺炎疫情工作领导小组成员，中央赴湖北指导组有关同志，国务院应对新冠肺炎疫情联防联控机制各成员单位主要负责同志。

除了现场参会的中央有关方面领导同志外，各省、区、市、县的县级以上负责同志都安排在分会场。据有关方面介绍，这次参会人数达到 17 万人，是党的历史上规模最大的一场电视电话会议。会议改变了过去将中央会议精神从中央到省部级，再到县团级层层传达的文件传递机制，"一竿子插到底"，全国几十万县级干部在一起同时收听收看总书记的现场讲话和重要指示，可以在第一时间原汁原味地领会中央精神。

这足以说明在非常时期召开这次特殊会议的极端重要性和紧迫性，既充分体现了党中央坚决打赢疫情防控战和确保经济社会发展的时不我待和只争朝夕，也彰显出非常时期必须有的非常举措。

对防控疫情战略安排做最为全面的阐述

习近平总书记发表的重要讲话共包括 4 个部分。在第一部分"关于前一阶段

---

* 本文原载中国网 2020 年 2 月 25 日。

疫情防控工作"中，总书记从七个方面全面梳理了新冠肺炎疫情发生以来党中央迅速作出一系列应对举措和工作部署。可以说，这七个方面全面勾画、归纳、总结了新冠肺炎疫情发生以来党中央作出打赢疫情防控阻击战的决策过程、战略考量、工作思路，也是对疫情防控战略安排做的一次最为全面的系统阐述。从中我们可以清晰地看到，新冠肺炎疫情发生以来，党中央具体做了什么，怎么做的。

这一部分讲话中，最令人印象深刻的就是习近平总书记的大格局大担当，党中央的坚强、果断、有力，全国人民的上下同心、众志成城和战略布局的周全、细致、严密。

比如，从习近平总书记的讲话中我们可以清晰看到，从 2020 年 1 月 7 日主持召开中央政治局常委会会议对做好疫情防控工作提出要求开始，他亲自谋划、亲自部署、亲自指挥了这场艰巨的疫情防控阻击战。其间，他不仅到北京市调研指导疫情防控工作，视频连线湖北和武汉抗疫前线听取工作汇报；还分别主持召开了中央全面依法治国委员会、中央网络安全和信息化委员会、中央全面深化改革委员会、中央外事工作委员会等会议，从不同角度对做好疫情防控工作提出要求。总书记时刻关注着疫情防控工作，每天都作出口头指示和批示。可以说，在研究、部署疫情防控工作中，总书记是殚精竭虑、夙夜在公的，彰显了"我将无我，不负人民"的高尚境界和大国领袖的胸襟与担当。

我们可以看到，党中央所做的这一切都充分体现了战略思维、顶层设计和周密安排。也正是得益于总书记和党中央的战略谋划和系统推进，疫情防控形势开始逐渐向好的态势发展。

对落实"两手抓"作出极为详尽的工作部署

疫情防控工作虽然取得了积极进展，但是全国疫情形势依然严峻复杂，防控正处在最吃劲的关键阶段。在这个时候，各方面最容易松懈和放松警惕。

为此，习近平总书记在讲话的第二部分"关于当前加强疫情防控重点工作"中，明确告诫"必须高度警惕麻痹思想、厌战情绪、侥幸心理、松劲心态，否则将带来严重后果，甚至前功尽弃。各级党委和政府要坚定必胜信念，咬紧牙关，继续毫不放松抓紧抓实抓细各项防控工作，不获全胜决不轻言成功"。为此，他在前期疫情防控的一系列工作、举措、部署的基础上，针对最突出、最关键的要点、焦点、难点问题提出了 7 项明确要求。第一，坚决打好湖北保卫战、武汉保卫战。第二，全力做好北京的疫情防控工作。第三，科学调配医疗力量和重要物资。第四，加快科技研发攻关。第五，扩大国际和地区合作。第六，提高新闻舆论工作有效性。第七，切实维护社会稳定。

习近平总书记在讲话的第三部分"关于统筹推进疫情防控和经济社会发展工

作"中，对当前确保经济社会平稳发展的当务之急提出八点明确要求。第一，落实分区分级精准复工复产。第二，加大宏观政策调节力度。第三，全面强化稳就业举措。第四，坚决完成脱贫攻坚任务。第五，推动企业复工复产。第六，不失时机抓好春季农业生产。第七，切实保障基本民生。第八，稳住外贸外资基本盘。做好这八项经济工作充分体现了"两手抓两手都要硬"的辩证思维，具有很强的思想性、指导性、针对性。

统筹做好疫情防控和经济社会发展这 15 项工作立足实际、着眼长远，是一次极为详尽的工作部署，也是当前防控工作和经济社会发展工作的重要指针，各地区各部门要坚决把党中央各项决策部署抓实、抓细，迎难而上，奋力拼搏，这样才能够全面打赢疫情防控的人民战争、总体战、阻击战，实现全年经济社会发展各项任务，实现全面建成小康社会和完成"十三五"规划目标，向党和人民交出合格答卷。

大疫当前对党员干部提出最为严格的要求

习近平总书记在讲话的第四部分"关于加强党对统筹推进疫情防控和经济社会发展工作的领导"中着重强调了大疫当前，党的领导的重要作用，党的领导是我们的政治优势、制度优势，也是最终实现打赢目标的坚强保证。

他指出："能不能打好、打赢这场疫情防控的人民战争、总体战、阻击战，是对各级党组织和党员、干部的重大考验。"这也是在非常时期习近平总书记对广大党员干部提出的一次最为严格的要求。

他引用"疾风知劲草，板荡识诚臣"的诗句，强调要看干部政治上过不过得硬，就要看关键时刻靠不靠得住；强调只有能在关键时刻冲得上去、危难关头豁得出来，才是真正的共产党人。各级党组织要在斗争一线考察识别干部。各级干部特别是领导干部要增强必胜之心、责任之心、仁爱之心、谨慎之心。

总书记还从工作落实、忧患意识、提高本领三方面，对各级干部提出三个期望：要以"咬定青山不放松"的韧劲、"不破楼兰终不还"的拼劲，狠抓工作落实；增强忧患意识，要时刻保持如履薄冰的谨慎、见叶知秋的敏锐；要切实增强综合能力和驾驭能力，学习掌握自己分管领域的专业知识，使自己成为内行领导。这充分体现了习近平总书记对党员干部的一贯要求，是非常时期考察检验党员干部担当和能力的重要时机。

各级领导干部责任在肩、使命在肩。

挖掘政策空间
注重政策协同[*]

新冠肺炎疫情发生以来，在党中央的集中统一领导下，宏观管理部门快速行动，紧扣保障疫情防控资金需要、促进企业尽快复工复产"两条线"，密集出台了一系列宏观调控政策，采取各种宏观政策工具，统筹实施，相互促进，为对冲新冠肺炎疫情对经济的影响，确保经济平稳运行提供了有力的政策支撑。非常时期的政策选择，就是既要着眼当前急需，提高政策的针对性有效性，又要考量长远发展，确保政策的连续性稳定性。

宏观调控政策集中发力

中央提出统筹推进疫情防控和经济社会发展工作"两手抓、两不误"的要求，国家宏观管理部门截至 2020 年 2 月末已推出近百项政策措施，充分发挥财政、金融、就业、产业、投资、消费等经济政策手段和辅之以必要的行政手段，集中协同、精准发力，所有政策措施的着力点主要集中体现在财政政策和货币政策上，更加突出宏观政策逆周期调节特点。

从财政政策上看：一是"保"，即保资金供给。各级财政部门连续加大疫情防控经费投入和保障力度。截至 2020 年 2 月 24 日，各级财政累计下达 1008.7 亿元，其中，中央财政集中使用存量资金超过 255.2 亿元，保障重点支出。二是"减"，即减税降费。利用财政贴息、大规模降费、缓缴税款等普惠性政策，重点支持医疗救治工作等一些重点行业复工复产，特别是帮助受新冠肺炎疫情影响最大的中小微企业减轻经营负担，渡过难关。三是"转"，即加大转移支付力度。财政部按照一般性转移支付增幅明显高于中央本级支出增幅，重点加大对地方一般性转移支付的力度，缓解地方财政支出的压力。截至 2020 年 2 月，中央财政已预拨均衡性转移支付 700 亿元，预拨县级基本财力保障机制奖补资金 406 亿元。四是"扩"，即扩大专项债券发行规模。考虑到财政减收，减轻企业和社

---

　*　本文原载《中国经济时报》2020 年 3 月 5 日。

会负担和扩大财政支出，增加政府投资稳增长需要，财政部在已提前下达 2020 年新增地方政府债务限额 18480 亿元的基础上，又新增发行地方政府债务 8480 亿元，包括一般债务 5580 亿元、专项债务 2900 亿元。

从货币政策上看：一是扩总量、稳预期。一方面，为保持流动性合理充裕，中国人民银行 2020 年春节开市后开展短期逆回购操作投放资金，确保了银行体系市场流动性需要，维护了股市、汇市等金融市场平稳运行，提振了市场信心，避免了公众情绪波动；另一方面，公开市场操作逆回购和中期借贷便利（MLF）操作中标利率均先后下降 10 个基点，引导市场利率整体下行。二是创工具、抓结构。中国人民银行运用结构化的定向货币工具创新手段，2020 年 1 月末设立 3000 亿元专项再贷款，通过主要的全国性银行和湖北等重点省份的部分地方法人银行向重点医用物品和生活物资的生产、运输和销售的重点企业提供低成本再贷款资金。2020 年 2 月又增加再贷款再贴现额度 5000 亿元，单列信贷规模，提供专项信贷额度，分类引导各类银行对中小微企业复工复产发放优惠利率贷款，努力稳定实体经济发展。三是重展期、降风险。为解决企业复工复产面临的债务偿还、资金周转压力和扩大融资等迫切问题，调整企业还款付息安排，加大贷款展期、续贷力度，适当减免小微企业贷款利息，降低企业的融资成本，防止中小微企业资金链断裂。

就业优先政策在 2019 年全国两会上首次被置于宏观政策层面，2020 年受新冠肺炎疫情影响，就业压力非常大，因此中央强调要更大力度地实施就业优先政策。财政、货币政策在加大援企稳岗力度、开拓就业岗位、加大失业救助托底保障方面也予以财政资金和信贷投放的协同、扶持。

总体来看，2020 年 2 月的财政、货币政策以问题为导向，体现了前瞻性、针对性和时效性，政策的出台走在问题发生之前，注重总量调控与结构改革并重，政策目标突出了疫情防控支出的资金保障、复工复产企业的资金需要和中小微企业的还贷纾困，尽最大努力对冲新冠肺炎疫情对经济的当期影响。

充分挖掘宏观政策空间

2020 年 2 月的宏观调控政策着眼现实，在疫情防控、促进复工复产、稳定市场信心方面已经发挥有力作用。因新冠肺炎疫情冲击，2020 年一季度经济运行已受到重创。根据国家统计局数据，2020 年全国 2 月制造业 PMI 只有 35.7%，比上月下降 14.3 个百分点；综合 PMI 28.9%，比上月回落 24.1 个百分点，表明我国企业生产经营活动大幅放缓。

2020 年 2 月 23 日召开的统筹推进新冠肺炎疫情防控和经济社会发展工作部署会议指出，新冠肺炎疫情不可避免会对经济社会造成较大冲击。要变压力为动力、善于化危为机，有序恢复生产生活秩序，强化"六稳"举措，加大政策调节力度；宏观政策重在逆周期调节，节奏和力度要能够对冲新冠肺炎疫情影响，防止经济运行滑出合理区间；强调积极的财政政策要更加积极有为，稳健的货币政策要更加注重灵活适度。

首先，要心中有数，盘算支撑能力。据有关方面测算，按照已出台的税费减免政策，免征部分行业增值税3~6个月对应税费减免735亿~1470亿元；免征社保、医疗等费用估算总减免金额在5000亿元左右；中央财政按实际获得贷款利率的50%给予贴息支持，财政贴息总额在100亿元左右。此次新冠肺炎疫情对三次产业均带来不同程度的冲击，相对来说，第一产业受影响最小，第二产业其次，第三产业影响最大。

其次，要挖掘潜力释放政策空间。为应对经济增长压力下的大规模减税降费导致的税收减收和疫情防控带来的经费支出、缓解受损企业债务负担的财政贴息、保护受损企业重回正轨的税费减免等，使得2020年全年财政收支都将处于"紧平衡"状态。2020年在财政政策方面，财政赤字率上调到了3.6%以上。按照目前国际上财政赤字与GDP的比率的门槛线是3%，美国在5%以上，欧洲很多国家更是早已超越。在货币政策方面，我国的存款准备金率，大型银行仍高达12.5%，中小型银行为10.5%，大大高于其他国家。为防止新冠肺炎疫情影响经济运行滑出合理区间，这个时期政府要综合运用多种货币政策工具，以1年期和5年期贷款市场报价利率（LPR）引导利率下行，疏通好货币政策传导机制，必要时候适当降息也是可以考虑的货币政策选择。

促进短长期政策之间的协同

党的十九届四中全会提出，健全以国家发展规划为战略导向，以财政政策和货币政策为主要手段，就业、产业、投资、消费、区域等政策协同发力的宏观调控制度体系。这是推进政府治理体系现代化的重要内容。突发的这场公共卫生事件，既是对政府治理能力的考验，也是对构建和创新协同发力的宏观调控制度体系的一次促进。

财政政策和货币政策作为主要的宏观政策调节手段，既要发挥应时调控的有利作用，也要保持内在的稳定性、持续性。按照两大政策的运行机理，着眼点还是要放在促进充分就业和促进国民收入增长。所以从制度体系建设上，必须平衡好短期政策和长期政策，保持政府手段和市场手段并重，既要避免非常时期、非常政策手段的固化，也要注重政策实施的市场化、规范化和科学化。

新冠肺炎疫情作为一次外部冲击，并没有改变我国总供给与总需求的对应关系、生产要素配置状况。因此，一是要注重财政和货币政策之间的协同关系，提高政策传导作用。二是财政政策和货币政策未来的着力点在于激发市场主体活力，切实降低企业制度性运用成本。三是宏观经济政策要与深化供给侧结构性改革紧密配合，与进一步改革开放紧密结合，针对扬优势、补短板、强弱项的要求，最大限度地扩大有效需求，促进消费和投资双升级。四是保持底线思维，切实防范新冠肺炎疫情引发经济金融系统性风险。

化危为机，怎样释放
发展最大潜力和强大动能*

　　化危为机，体现着唯物辩证的思想方法。面对纷繁复杂的形势，我们需要客观地而不是主观地，发展地而不是静止地，全面地而不是片面地，系统地而不是孤立地观察事物、分析问题、解决问题，在矛盾双方对立统一的过程中把握事物的发展规律。善于化危为机，对领导干部来说，也是必备的一种本领。抗击新冠肺炎疫情，是国家治理能力的一次大考，也是干部能力的一次大考。越是这个时候，越要用全面、辩证、长远的眼光看待问题，越要开动脑筋，主动作为，而不是坐等、懈怠，为眼前的问题和困难所吓倒。

　　一手抓紧、抓实、抓细疫情防控工作，一手抓好经济社会发展各项任务，坚持"两手抓"，实现"双胜利"，就体现了这种辩证思维；有序推进复工复产，恢复生产生活秩序，强化"六稳"举措，加大政策调节力度等，就是化危为机、释放发展最大潜力和强大动能的重要举措。

　　应该看到，我国经济韧性强、潜力大、回旋余地大是客观实在的，我国已拥有雄厚的物质技术基础、超大规模的市场优势和内需潜能、庞大的人力资本和人才资源。这次新冠肺炎疫情的应对，充分展示出中国共产党领导和中国特色社会主义制度的显著优势。完全可以相信，疫情撼动不了中国经济，短期影响不会改变中国经济长期向好发展的大逻辑大趋势。我们要从中长期着眼，需要加大力度把我国的消费潜力、产业成长、投资空间、创新后劲、人力资本红利等更有力地释放出来。

　　要充分发挥扩大消费的基础作用。扩大消费是对冲新冠肺炎疫情影响的重要着力点之一，也是促进我国经济增长的第一拉动力。2019年我国居民人均可支配收入超过3万元，形成了全世界最大的中等收入群体，这为消费进一步成为经济增长新动能提供了保障。新冠肺炎疫情对一些传统行业冲击较大，而智能制造、无人配送、在线消费、医疗健康等新兴产业展现出了强大的成长潜力。要以

---

　　*　本文原载《学习时报·学习评论》2020年3月6日。

此为契机，改造提升传统产业，培育壮大新兴产业，加快促进新旧动能转化。

要积极发挥有效投资的关键作用。要聚焦新型基础设施建设等重点投资领域，加快推动建设一批重大项目，加大新投资项目开工力度，加快在建项目建设进度。优化地方政府专项债券投向，用好中央预算内投资，调动民间投资积极性，加大试剂、药品、疫苗研发支持力度，推动生物医药、医疗设备、5G 网络、工业互联网等实体经济加快发展。还要聚焦攻克脱贫攻坚战的最后堡垒，推进乡村振兴战略，释放广大农村地区的消费潜能。

要深化供给侧结构性改革在补短板、强弱项中释放发展潜力。此次新冠肺炎疫情暴露出我国在城市公共环境治理、国家公共卫生投资、传染病防治、重大物资储备等方面制度性供给还存在欠缺和不足。补足这方面短板，既是提高国家治理能力和水平之紧迫，也是增强人民获得感、幸福感、安全感之必须，更是推动中国实现高质量发展的重要引擎。

习近平总书记曾将中国经济比喻为一片大海，而不是一个小池塘。狂风骤雨可以掀翻小池塘，但不能掀翻大海；经历无数次狂风骤雨，大海依旧在那儿。经过抗击疫情的磨砺，中国经济韧性会越来越强，中国发展巨大潜力和强大动能会更加彰显。

赴武汉考察　习近平总书记这样
强信心、暖人心、聚民心*

早春三月，两江碧水润荆楚，春暖江城展新颜。在抗击新冠肺炎疫情的关键时刻，中共中央总书记、国家主席、中央军委主席习近平 2020 年 3 月 10 日专门赴湖北省武汉市考察疫情防控工作。进医院、赴社区、问民生、察民情……步履匆匆，牵挂浓浓。

"武汉胜则湖北胜，湖北胜则全国胜。"打赢疫情防控的人民战争、总体战、阻击战，湖北，尤其是武汉是重中之重，更是决胜之地。习近平此次考察进一步指明了疫情防控的方向。

点赞"新时代最可爱的人"：强信心、暖人心、聚民心

"沧海横流，方显英雄本色。你们真正做到了救死扶伤、大爱无疆。你们是光明的使者、希望的使者，是最美的天使，是真正的英雄！"对于奋战在防控救治工作一线的医务工作者，习近平总书记时刻牵挂于心。2020 年 3 月 10 日上午，落地武汉后，习近平总书记就直奔火神山医院考察。

中共中央党校（国家行政学院）研究员胡敏表示，习近平总书记在疫情防控的关键时刻，走进疫情防控中心的最前线，是对全国广大医务工作者的高度肯定和莫大鼓舞，也体现了党中央始终把人民群众生命安全和身体健康放在第一位，体现着以人民为中心始终是我们党治国理政的基本立场。总书记的慰问讲话起到了强信心、暖人心、聚民心的巨大作用。

在火神山医院，习近平总书记还同正在病区工作的医务人员代表视频连线，为这群"新时代最可爱的人"点赞鼓劲，并叮嘱他们加强自我防护、抓住机会休息，既要敢于斗争，又要善于斗争。在慰问中，他提到这样一个细节："一线的医务工作者最辛苦，承受着难以想象的身体和心理压力，许多同志脸上和手上被磨出了血，令人感动。"这种细节上的关心很贴心、暖心。他由衷地表示，广

＊　本文原载人民网 2020 年 3 月 11 日。

大医务工作者是最大的功臣，党和人民要给他们记头功。

"战'疫'不能有丝毫懈怠疫情防控以来，一线医护人员承担了最艰苦、风险最高的工作，他们坚韧不拔、顽强拼搏、无私奉献，展现了医者仁心的崇高精神，为疫情防控斗争作出了重大贡献。总书记亲赴一线慰问，既彰显了党中央对奋战在一线的医务工作者和与疫魔做斗争的患者的赞许和关切，同时代表了全国人民对他们的崇敬和牵挂。"中共中央党校（国家行政学院）党建部教授戴焰军表示。

对于这些战斗在一线的将士们，习近平总书记在深情关怀的同时对他们寄予了厚望，勉励他们"疫情防控斗争进入关键阶段，气可鼓不可泄。要一鼓作气，咬紧牙关，坚持到底，扛得住，守得住，不能前功尽弃"。

亲赴社区防控阵地：抓牢关键、重点部署

从 2020 年 1 月 23 日武汉市关闭离汉通道至 2020 年 3 月，英雄的武汉人民不畏艰险、顽强不屈，以巨大的勇气、奉献、牺牲与肆虐的病魔日夜鏖战，为疫情防控作出了重大贡献。

"正是因为有了武汉人民的牺牲和奉献，有了武汉人民的坚持和努力，才有了今天疫情防控的积极向好态势。武汉人民用自己的实际行动，展现了中国力量、中国精神，彰显了中华民族同舟共济、守望相助的家国情怀。"习近平总书记对此满含敬意，动情地说，"武汉不愧为英雄的城市，武汉人民不愧为英雄的人民，必将通过打赢这次抗击新冠肺炎疫情斗争再次被载入史册！"

"武汉人民具有光荣的历史，铸就了无私奉献、敢于斗争、勇于担当的城市品格，历史和精神是有着继承性的。"胡敏表示。在这次抗击疫情的斗争中，武汉人民发扬了英雄主义和高风亮节的精神品质，总书记予以了高度肯定和激励。在胡敏看来，疫情防控正处在关键阶段，武汉仍是抗击疫情的重中之重，武汉人民还要继续保持坚韧与忍耐，同全国人民一道，按照党中央统一部署，最终打赢疫情防控的人民战争、阻击战、总体战。

"抗击疫情有两个阵地，一个是医院的救死扶伤阵地，一个是社区的防控阵地。坚持不懈做好疫情防控工作，关键靠社区。"2020 年 3 月 10 日下午，习近平走进东湖新城社区考察。他在高度肯定基层工作者工作的同时，就进一步做好社区防控作出详细部署。

"打赢疫情防控人民战争要紧紧依靠人民。"习近平明确强调，要充分发挥社区在疫情防控中的重要作用，充分发挥基层党组织战斗堡垒作用和党员先锋模范作用，防控力量要向社区下沉，加强社区防控措施的落实，使所有社区成为疫情防控的坚强堡垒。要做好深入细致的群众工作，把群众发动起来，构筑起群防

群控的人民防线。

戴焰军指出，社区防控和患者救治是抗击疫情的两大关键，"防""救"同等重要。此时，做好社区防控应成为重中之重。总书记特地考察社区，有利于进一步加强对社区防控的重视，也有助于进一步解决人民群众的实际困难，显示了党中央与人民群众同舟共济、共克时艰的决心。

布局"双线战'疫'"：传递战"疫"新思路

结束完两个阵地的实地考察后，习近平在武汉主持召开了一场电视电话会议。湖北省13个市（州）和4个省直辖县级行政单位设置了分会场。这是继2020年2月23日的统筹推进新冠肺炎疫情防控和经济社会发展工作部署会议、2020年3月6日的决战决胜脱贫攻坚座谈会之后，湖北各地的领导干部再次以这种方式与总书记"面对面"。

习近平在电视电话会议中指出："经过艰苦努力，湖北和武汉疫情防控形势发生了积极向好变化，取得阶段性重要成果，但疫情防控任务依然艰巨繁重。"

"这是一个极好的信号。"胡敏表示。这不仅有利于巩固打赢疫情防控阻击战、总体战的必胜信心，也有利于全国尽快恢复正常的生产生活秩序，回到经济社会发展的正常轨道，为落实"两手抓"，实现"双胜利"提供了坚实基础。

习近平还强调："越是在这个时候，越是要保持头脑清醒，越是要慎终如始，越是要再接再厉、善作善成，不麻痹、不厌战、不松劲，毫不放松抓紧抓实抓细各项防控工作，坚决打赢湖北保卫战、武汉保卫战。"

"行百里者半九十"，戴焰军表示，经过一个多月的奋战，各方面都很疲劳，也容易出现松劲或者侥幸的心理。但考虑到新冠肺炎疫情的不确定性，一旦松懈可能会产生一系列新问题，所以疫情防控工作还是要紧紧按照党中央的统一部署，坚持"全国一盘棋"的思维，把工作做扎实，做细致，从严管理、从实防范。

谈到下一步的重点工作，习近平再次强调"要把医疗救治工作摆在第一位，在科学精准救治上下功夫""打赢疫情防控阻击战，重点在'防'。到了关键的时候，必须咬紧牙关坚持下去"。

"这次新冠肺炎疫情，短期内会给湖北经济社会发展带来阵痛，但不会影响经济稳中向好、长期向好的基本面。"习近平全局谋划，给出"实招"。他指出，要在加强疫情防控的前提下，采取差异化策略，适时启动分区分级、分类分时、有条件地复工复产。

"疫情防控和复工复产双线战'疫'体现了'两手抓、两手都要硬'的要求，疫情防控仍然不能丝毫放松，同时经济社会发展不能停摆。"商务部原副部长、中国国际经济交流中心副理事长魏建国表示，此次提出适时启动分区分级、分类分时政策，是正确把握全局和局部关系，从而实事求是、精准施策的体现。各级党委和政府不能有等一等、缓一缓的想法，必须防止"一刀切"和搞任何形式的官僚主义、形式主义，把党中央统筹推进疫情防控和经济社会发展各项工作的部署落实、落细、落到位。

述往思来，行稳致远，进而有为。习近平总书记强调，这次新冠肺炎疫情防控，是对国家治理体系和治理能力的一次大考，既有经验，也有教训。要放眼长远，总结经验教训，加快补齐治理体系的短板和弱项，为保障人民生命安全和身体健康筑牢制度防线；要着力完善城市治理体系和城乡基层治理体系，树立"全周期管理"意识，努力探索超大城市现代化治理新路子。

"针对超大城市现代化治理话题，总书记指出了一个全新的考题，需要在探索中创新、在创新中发展。"胡敏建议从三个方面着手：一是城市治理科学化。要认识、尊重、顺应城市的发展规律，切实发挥规划的引领作用，保持连续性、协调性和权威性。二是城市治理精细化。要将精细化管理的要求贯穿城市工作全链条，充分尊重民意，体现"人民城市人民建、人民城市人民管"，调动社会力量参与城市治理和完善城市综合管理体系。三是城市治理智能化。要善于运用现代科学技术和信息化手段开展城市治理，利用大数据实时反映城市人流、物流、资金流、信息流，构建起智能化管控调度体系，一旦出现问题能够第一时间启动反应机制。

春已至，曙光初露。谆谆嘱托，殷殷关切，饱含着总书记对武汉人民的牵挂关怀；点点滴滴、桩桩件件，见证着总书记始终与武汉人民心连心。嘱托声声入耳；使命铭刻于心。上下同欲者胜，同舟共济者赢，这场人民战争的伟大胜利必将属于人民。

人民观·大局观·信念观*

新冠肺炎疫情发生以来，习近平总书记高屋建瓴、统筹谋划，亲自部署、指挥若定，彰显了一个大国领袖的远见卓识、卓越才能和使命担当，也充分体现了其一以贯之的人民观、大局观和信念观。

在抗击新冠肺炎疫情的关键时刻，中共中央总书记、国家主席、中央军委主席习近平于 2020 年 3 月 10 日专门赴湖北省武汉市考察指导疫情防控工作，向奋战在抗击疫情第一线的广大医务工作者、人民解放军指战员、社区工作者、公安干警、基层干部、下沉干部、志愿者和正在同病魔作斗争的患者及其家属表示诚挚慰问，向在这场疫情中不幸罹难的同胞、牺牲的一线工作人员表示深切哀悼，向自觉服从疫情防控大局需要、主动投身疫情防控斗争，并作出重大贡献的武汉人民表示衷心的感谢。这让全国人民备受鼓舞，更加坚定了战胜疫情的必胜信心。

人民观：人民的利益高于一切

在打响疫情防控阻击战的开始，总书记就要求各级党委和政府及有关部门要把人民群众生命的安全和身体健康放在第一位，制订周密方案，组织各方力量开展防控，采取切实有效的措施，坚决遏制疫情蔓延势头。

总书记始终强调，要把提高收治率和治愈率、降低感染率和病死率作为疫情防控工作的突出任务，坚决把救治资源和防护资源集中到抗击疫情第一线，优先满足一线医护人员和救治病人需要，指出医务人员是战胜新冠肺炎疫情的中坚力量，务必高度重视对他们的保护、关心、爱护，从各个方面提供支持保障。他强调，要准确、公开、透明地发布疫情信息，加强舆论引导，加强有关政策措施宣传解读工作，及时回应社会和群众。这次武汉考察他特别指出，民生稳，人心就稳，社会就稳。武汉等疫情严重地方的群众自我隔离了这么长时间，自然会有些

---

* 本文原载《中国青年报》2020 年 3 月 16 日。

情绪宣泄，要理解、宽容、包容。

习近平总书记还要求各级党组织和广大党员干部必须牢记人民利益高于一切，把投身防控疫情第一线作为践行初心使命、体现责任担当的试金石和磨刀石。强调党员干部，特别是领导干部在疫情防控斗争中要挺身而出、英勇奋斗、扎实工作，经受住考验；基层党组织战斗堡垒作用和共产党员先锋模范作用要充分发挥，做到哪里任务险重，哪里就有党组织坚强有力的工作、哪里就有党员当先锋作表率，让党旗在疫情防控第一线高高飘扬；党员干部和各级党组织要当好群众的贴心人和主心骨，紧紧依靠人民群众，坚决打赢疫情防控阻击战，把党的政治优势、组织优势、密切联系群众优势转化为疫情防控的强大政治优势。

在疫情防控的同时，总书记心系群众生产生活，要求全力维护正常经济社会秩序，保持人民生产生活平稳有序，严格落实"米袋子"省长责任制和"菜篮子"市长负责制，确保主副食品生产、流通、供应，确保蔬菜、肉蛋奶、粮食等居民生活必需品供应；为尽快促进各类企业复工复产，总书记指示宏观政策部门出台更细致、更全面的财政金融就业政策，支持困难企业摆脱新冠肺炎疫情带来的困境，最大限度降低新冠肺炎疫情对国民经济和人民生产生活的影响。

人民立场是我们党的根本立场，以人民为中心是我们党治国理政的根本出发点和落脚点，总书记鲜明的人民观在这次疫情防控中得以全面呈现。

大局观：全局谋划的科学思维

历经近两个月战"疫"的艰苦努力，截至2020年3月，全国疫情防控形势发生了积极向好变化，取得了阶段性重要成果。回溯这一个阶段的战"疫"过程，习近平总书记胸有全局，充分运用科学思维方法指挥战"疫"，展现出高超的战略思维、辩证思维、创新思维、法治思维、底线思维。

总书记指出，"打胜仗首先要有正确战略策略"，强调做好疫情防控工作直接关系到人民生命安全和身体健康，直接关系到经济社会大局稳定，也事关我国对外开放，一个时期以来，党中央靠前指挥，及时制定一系列疫情防控战略策略，提出"坚定信心、同舟共济、科学防治、精准施策"的总要求，全面加强对疫情防控工作的统一领导、统一指挥、统一行动，按照集中患者、集中专家、集中资源、集中救治的原则，制订周密方案，内防扩散、外防输出，组织各方力量开展防控，打赢疫情防控的人民战争、总体战、阻击战。战略思维使我们在严峻的疫情面前能够保持战略定力，从全局谋战略，从趋势定方向。

疫情防控阻击战涉及方方面面，需要科学统筹、突出重点，抓主要矛盾主要问题，正确处理局部与全局的关系。总书记运用辩证思维方法，强调在疫情防控的同时要统筹抓好经济社会发展各项工作，做到"两手抓"实现"双胜利"。在疫情形势向好的方面进展时，总书记及时告诫，在防控正处在最吃劲的关键阶段，必须高度警惕麻痹思想、厌战情绪、侥幸心理、松劲心态，不获全胜决不轻言成功，处处体现了唯物辩证的思想方法。

疫情防控阻击战实质上是一场科技硬仗，越是面对这种情况，越要坚持向科学要答案、要方法，越要提高创新思维能力，加快推进国家科技创新和提高科研攻关能力。总书记在调研科研单位时指出，人类同疾病较量最有力的武器就是科学技术，人类战胜大灾大疫离不开科学发展和技术创新。要把新冠肺炎防控科研攻关作为一项重大而紧迫任务，尽快攻克疫情防控的重点难点问题，为打赢疫情防控人民战争、总体战、阻击战提供强大科技支撑。总书记强调科研攻关、强调科技创新，与其始终坚定的创新是经济社会发展第一动力的治国理政观一脉相承。

在这次抗"疫"战中，总书记还始终强调运用法治思维，指出，"疫情防控越是到最吃劲的时候，越要坚持依法防控，在法治轨道上统筹推进各项防控工作"，要求各级党委和政府要全面依法履行职责，坚持运用法治思维和法治方式开展疫情防控工作，在法治的轨道上推动战"疫"稳增长各项工作；强调加强底线思维，在"2·23"讲话中，总书记指出，要增强忧患意识，领导干部要时刻保持如履薄冰的谨慎、见叶知秋的敏锐，既要高度警惕和防范自己所负责领域内的重大风险，也要密切关注全局性重大风险。

信念观：风雨无阻的必胜信心

在大疫面前，信念信心比黄金更宝贵。在整个抗"疫"进程中，习近平总书记不论是在中央层面的会议上，还是亲临一线考察调研，都始终强调要坚定战胜新冠肺炎疫情的必胜信心，体现了大国大党领袖博大的胸怀和坚忍的意志。

总书记指出："中华民族历史上经历过很多磨难，但从来没有被压垮过，而是愈挫愈勇，不断在磨难中成长、从磨难中奋起。"艰难困苦，玉汝于成。中华民族有五千多年的文明史，几千年来历经艰难坎坷，历经风雨磨砺而生生不息、延绵不绝，具有无坚不摧、敢为人先的民族精神，成就为世界上最伟大的民族。中国共产党诞生于国家内忧外患、民族危难之时，一出生就铭刻着斗争烙印，一路走来在艰苦卓绝的顽强斗争中求得生存、获得发展、赢得胜利，成就世界上最有战斗力的大党。中国特色社会主义制度确立于改革开放新征程，具有牢固的共同思想基础、集中力量办大事的显著优势和自我纠偏、自我完善、自我发展的旺盛生机活力。

尽管新冠肺炎疫情来势汹汹，但我们有伟大的民族精神，有坚强的中国共产党的集中领导，有坚如磐石的制度昌明和全体人民的万众一心、众志成城，泰山压顶不弯腰，艰难困苦压不倒，新冠肺炎疫情改变不了中国经济社会发展长期向好的基本面。经受了无数风雨的洗礼和考验的中国人民只要坚定抗击疫情的信心，越是艰险越向前，我们一定能战胜新冠肺炎疫情，全面实现建成小康社会和经济社会发展各项任务。

检验各级领导干部的
一个重要尺度[*]

习近平总书记指出，必须深入贯彻落实统筹推进疫情防控和经济社会发展工作部署会议精神，加快建立同疫情防控相适应的经济社会运行秩序。推动全国经济社会发展早日全面步入正轨，必须坚定不移贯彻新发展理念。这一条十分重要，不仅因为理念是行动的先导，有什么样的理念，就会做出什么样的行动；而且因为新时代抓发展，必须更加突出发展理念，要解决当前我国经济发展中的各种矛盾和问题，根本上在于牢固树立新的发展理念。各级党委和政府必须紧紧抓住新发展理念推动发展，要把坚持贯彻新发展理念作为检验各级领导干部的一个重要尺度。

早在 2015 年 10 月，习近平总书记在《关于制定"十三五"规划的建议说明》中就指出，发展理念是发展行动的先导，是管全局、管根本、管方向、管长远的东西，是发展思路、发展方向、发展着力点的集中体现。此后，党的十八届五中全会首次鲜明地提出了创新、协调、绿色、开放、共享的新发展理念。在2016 年初的省部级主要领导干部专题研讨班上，习近平总书记对新发展理念的科学内涵和实践要求又作出了全面阐释。

几年来，各地区、各部门深入理解新发展理念、贯彻落实新发展理念，努力推动我国经济由高速增长阶段转向高质量发展阶段。在国际国内形势发生深刻变化、国内外风险挑战明显上升的复杂局面下，我国经济依然保持了稳中有进、稳中向好的总体态势；但也要看到，一些地方和一些部门在全面认识新发展理念上还存在某些偏差、不够深入，因此在践行新发展理念上存在"不跟进、不得劲"的现象。

牢固树立新发展理念是关乎我国发展全局的一场深刻变革。必须认识到，新发展理念是针对我国经济发展进入新常态、世界经济增长持续减缓、世界大变局加速演变的形势提出的治本之策，是针对我国经济社会发展面临的突出问题而提

　＊　本文原载《学习时报·学习评论》2020 年 3 月 18 日。

出的破解发展难题、增强发展动力、厚植发展优势的战略指引，是实现更高质量、更有效率、更加公平、更可持续发展的必由之路，集中反映了我们党对经济社会发展规律认识的深化。理念决定思路，思路决定出路。各级党委和政府必须适应我国发展进入新阶段、社会主要矛盾发生变化的客观事实，紧紧扭住新发展理念推动发展，把注意力集中到解决各种不平衡、不充分的问题上，坚定不移、坚持不懈地推进新发展理念入脑入心。

新发展理念不仅是我国发展理论的一次重大创新和经济治理思想的一次重大突破，而且是推动实现高质量发展、建设现代化经济体系的新的航标、新的指挥棒。因此，要让新发展理念真正落地生根，变成各级领导干部的自觉行动和普遍实践，关键还是要从制度安排入手，建立科学有效的干部政绩考评机制。中央经济工作会议明确要把坚持贯彻新发展理念作为检验各级领导干部的一个重要尺度，这就形成了一个科学的行为导向，构建起了新时代的政绩观；这将促进广大干部进一步解放思想、更新观念、敢作敢为，善作善成，坚决做到对不适应、不适合新发展理念的认识加快调整，对不适应、不适合新发展理念的行为及时纠正，对不适应、不适合甚至违背新发展理念的做法彻底摒弃；始终坚持在创新发展上求突破，在协调发展上下功夫，在绿色发展上用实招，在开放发展上抢机遇，在共享发展上见成效。

以智战"疫"——如何有序复工复产?*

——专家解读习近平总书记八点要求

统筹推进新冠肺炎疫情防控和经济社会发展工作部署会议于 2020 年 3 月 23 日在北京召开。中共中央总书记、国家主席、中央军委主席习近平出席会议并发表重要讲话。习近平总书记就有序复工复产提出八点要求。

如何有序复工复产? 8 位专家为您解读习近平总书记 8 点要求,以智战"疫",一起来看。

落实分区分级精准复工复产

中央民族大学马克思主义学院院长　孙英:

新冠肺炎疫情对我国的经济发展带来了一些影响,尤其是对中小企业、民营企业、服务业。我们对这些现实问题,还有新冠肺炎疫情后续的一些潜在的影响,要做到心中有数,并且要进行积极的应对。各级政府的主要任务就是要尽量将疫情影响降到最低,确保实现年度的经济社会发展的各项任务目标。要做到这一点,确确实实要处理好疫情防控和经济社会发展两者的关系。

第一,认识到位。这两项工作都是极端重要的工作,哪项工作都不能放一放、缓一缓,必须两手抓、两手硬、两促进,必须要取得双战双胜,要有信心、要有决心。第二,措施到位。打好总体仗,两项工作要统一指挥、统一协调、统一调度,要依据疫情的轻重,分区、分类、分级抓好经济社会发展的各项任务的落实,着力解决因为新冠肺炎疫情带来的各种困难,重点推进企业和项目的复工和开工,落实分区分级精准复工复产。第三,要关怀到位。新冠肺炎疫情出现以来,习近平总书记反复强调,要把人民群众生命安全和身体健康放在第一位,这是我们中国共产党全心全意为人民服务宗旨的体现,也是以人民为中心发展思想的一个具体的实践,更是政府要抓好这两项工作的根本要求。我们要在做好工作的同时,把人文关怀送到每一个人心中,平复大家内心的焦虑和情绪。只有这

---

* 本文原载人民网 2020 年 3 月 25 日。

样，才能把大家的决心和信心激发出来，更好地投入到工作当中去。

加大宏观政策调节力度

中共中央党校（国家行政学院）马克思主义学院院长、教授　张占斌：

针对新冠肺炎疫情带来的影响，研究制定相应政策措施，加大宏观政策调节力度，统筹做好疫情防控和经济社会发展工作，具有紧迫性。当下，加大宏观政策调节力度必须坚持问题导向、目标导向、结果导向：问题导向，就是针对新冠肺炎疫情带来的影响，加大宏观政策调节的力度，就是要在财政政策、货币政策、就业政策、社保政策等方面有新的举措，继续推出一批重要改革方案。目标导向，就是要确保全面建成小康社会和"十三五"规划任务圆满完成，要通过加大宏观政策调节的力度，统筹做好疫情防控和经济社会发展工作。坚持两手抓，两手都要硬。确保人民群众生命健康安全，确保经济平稳发展不滑坡。结果导向，就是要聚焦重点、紧盯实效，克服形式主义、官僚主义，一个领域一个领域地抓落实，通过加大宏观政策调节的力度，赢得这两场"战争"的胜利，把党领导经济工作的制度优势转变为治理效能。

全面强化稳就业举措

中共中央党校（国家行政学院）研究员　胡敏：

新冠肺炎疫情对当前和今后一个时期带来的重要影响，首当其冲的是就业问题。我们看到，人力资源和社会保障部还有许多地方围绕保就业、稳就业已经出台了一系列措施；要更大力度地实施好就业优先政策，多措并举保就业稳就业。

一是从政策上多措并举，把支持企业稳岗摆在首位。要聚焦受新冠肺炎疫情影响最严重的加工制造业，住宿餐饮、文体娱乐、交通运输、旅游等行业企业面临的成本压力和资金紧张两大难点、痛点，政策要注重从融资角度为企业"开源"。

二是大力拓展就业空间、优化就业服务、加大待就业者的职业技能培训。要加大投资创造就业，可以加快发行使用地方政府专项债券，优先用于基础设施领域补短板项目。要加快发展壮大战略性新兴产业，培育壮大新动能，推动产业转型升级与扩大就业协同联动，以更多创造新业态、发展新经济来拓展就业空间，扩大岗位供给。要更好发挥政府采购、购买服务对扩大就业的带动作用。未来的社区服务、医疗健康服务、养老服务、社会管理服务等有大量专业性的就业需要，要扩大这方面的技能培训，提升劳动者技术技能水平，充分开拓服务市场的就业潜能。还要促进劳动者多渠道就业，进一步鼓励创业带动就业。

坚决完成脱贫攻坚任务

山东大学马克思主义学院副院长、教授、博士生导师　郑敬斌：

沧海横流，方显英雄本色；关键时刻，更见中国制度优势。集中力量办大事是中国成就事业的重要法宝，也是中国特色社会主义制度的鲜明特征和显著优势的重要体现。从我国社会主义事业的艰苦探索到改革开放道路的开辟践行，再到新时代变革发展的持续推进，集中力量办大事凝结了全国人民齐心协力、艰苦奋斗的实践探索经验；也正是在集中力量办大事的制度效能的发挥下，才实现了中国从百废待兴到走向富强的跨越式发展，在防灾救灾、脱贫攻坚等关键时期展现出强大优势，是社会主义事业的天然优势和推动力量。

在这场与新冠肺炎疫情的严峻斗争中，发挥集中力量办大事这一优势是中国人民在历史实践中作出的坚定选择。我们要高度重视并发挥"集中力量办大事"这一制度优势，汇聚起"全国一盘棋"的磅礴伟力，形成战胜新冠肺炎疫情不可阻挡的必胜伟力。

推动企业复工复产

吉林大学中国国有经济研究中心主任、教授　李政：

企业一定要依照"科学防控、精准施策"的原则对复工程序进行审视。也就是说，任何审批手续，如果是科学、有效、精准、高效的就可以实施，有序推动企业复工复产；否则就要调整和取缔。政府部门一定要换位思考，如何在确保疫情防控效果的同时，提高复工效率、减少企业和个人负担。要充分利用互联网技术采取网络化、集约化审批。

各区域之间也要做好沟通协调，统一审批流程和相关手续，避免重复填表和申报，这样既能起到一定的疫情防控效果，又能提高企业复工效率和生产效率。

不失时机抓好春季农业生产

中国农业大学经济管理学院博士生导师、国家农业农村发展研究院研究员王玉斌：

"人误地一时，地误人一年。"2020年春耕春种在即，谋划好短期及全年农业生产极为迫切，十分重要。农业社会化服务组织亟须在做好疫情防控工作的同时，积极组织和服务相关企业复工复产，农业社会化服务组织应重点做好以下工作：

一是统筹安排工作任务，做到防控、保供不断档。非重点防控地区的农业社会化服务组织要由抗疫情为主转向抓生产、保供给、抗疫情并重。

二是适应发展新形势，探索创新勇担当。在应对此次新冠肺炎疫情的过程中，生产、保供、防疫工作也会根据情势变化和相关不确定性，产生一些新的商业形态与模式。

三是分类指导多助力，政策措施肩上扛。疫情防控措施可能对农业生产、经营、运销等造成一定的障碍，相关部门应当突出分类指导，积极服务复工复产。

切实保障基本民生

西北大学马克思主义学院院长、教授　王强：

"生命重于泰山"，人民健康是社会文明进步的基础，是民族昌盛和国家富强的重要标志。做好疫情防控工作，直接关系到人民身体健康，关系到人民生活水平和质量，因此要紧紧依靠人民群众坚决打赢疫情防控阻击战。

面对新冠肺炎疫情，各级政府和党委要牢记"人民利益高于一切"，把人民群众生命安全和身体健康放在第一位，将宗旨意识转化为战"疫"行动，切实增强人民群众的安全感；面对新冠肺炎疫情，各级政府和党委要凝聚人民力量，在发挥好战斗堡垒和先锋模范作用的同时，广泛动员群众，组织群众，凝聚群众，上下同心，众志成城，全面落实联防联控措施，构筑起联防联控的严密防线，汇聚起抗击新冠肺炎疫情的强大合力；面对新冠肺炎疫情，各级政府和党委要实现信息的公开和共享，积极引导群众科学理性地认识新冠肺炎疫情，提升人民群众的认知水平，守好流动关口，消除防控盲区，"不让魔鬼藏匿"，让疫情防控成为一堂生动的思想政治理论课。

稳住外贸外资基本盘

中共中央党校（国家行政学院）经济学部教员、副教授　周跃辉：

2020年一开局，大家普遍担心新冠肺炎疫情会对中国经济带来负面影响。我们认为，这次新冠肺炎疫情确实会对消费、投资等带来较大负面影响；但从长期来看，中国经济长期向好的趋势不会改变。具体来看2019年的经济数据，呈现四个显著特点：第一，中国经济继续保持中高速增长。第二，中国经济结构持续优化升级。第三，就业持续扩大和物价总体稳定。第四，外贸进出口与外资逆势增长。服务贸易逆差较2018年有所收窄。这也说明中国经济的韧性在加强。在环境复杂严峻的条件下，中国经济确实具有强大的韧性、潜力和回旋空间，也说明了中国经济稳中向好、长期向好的基本趋势没有改变。

当然，我们有党的坚强领导和中国特色社会主义制度的显著优势，有改革开放以来积累的雄厚物质技术基础，有超大规模的市场优势和内需潜力，有庞大的人力资本和人才资源，全党全国坚定信心、同心同德，一定能战胜各种风险挑战。下一阶段，我们还是要按照党中央、国务院的决策部署进一步做好"六稳"工作，打好疫情防控攻坚战，推动经济持续健康发展。

抗击疫情展现
"中国精神"新图谱*

"人无精神不立，国无精神不强"，在战"疫"的关键时期，人民网理论频道已连续举办三期"以智战'疫'"线上圆桌论坛。

围绕"抗击新冠肺炎疫情精神的总结与传承"这一主题理论频道召开了第四场"云"论坛，来自中共中央党校（国家行政学院）、北京大学、中国人民大学等高校的专家学者围绕战"疫"过程中展现的中国精神和担当开展了深入对话，助力以智战"疫"。

伟大精神丰富中华民族精神图谱

"疾风知劲草，板荡识诚臣。"疫情发生以来，包括广大医务工作者、人民解放军指战员在内的各战线群体努力奋战在疫情防控第一线。习近平总书记在统筹推进新冠肺炎疫情防控和经济社会发展工作部署会议上强调："中华民族历史上经历过很多磨难，但从来没有被压垮过，而是愈挫愈勇，不断在磨难中成长、从磨难中奋起。"

中共中央党校（国家行政学院）研究员胡敏指出，中华民族是历经磨难、不屈不挠的伟大民族，中国人民是勤劳勇敢、自强不息的伟大人民。从历史的长河来看，我们已经形成了一系列的中华民族伟大精神图谱。长征精神、西柏坡精神、改革开放精神等，历史已经铸就了厚实的中华民族精神底蕴。从现实来看，这次大考，不仅考验了我们国家治理体系、治理能力，也是对民族精神、制度认同感、文化认同感的一次现实的检验。本次抗击新冠肺炎疫情形成的抗疫精神就是对伟大的中华民族精神的进一步丰富、进一步充实和进一步深化。从发展的角度来看，我们要实现中华民族伟大复兴中国梦，在前行道路上，必然还会遇到各种各样的风险考验，这个路还很漫长。通过这次大考，进一步丰富了中华民族精神的图谱，增进了中华民族的凝聚力和向心力。

---

* 本文原载人民网 2020 年 3 月 27 日。

山东大学马克思主义学院副院长、教授郑敬斌表示，一个国家如果没有共同的精神根基，便无法凝心聚力，它的发展和强大也就无从谈起。毫无疑问，在抗击新冠肺炎疫情过程中凝聚的精神，为中国精神增添了新的时代内涵，也将为中国未来的发展提供重要的精神助力；也正是因为有了这样宝贵的精神品质，才形成了我们在此次抗击新冠肺炎疫情过程中为世界所瞩目的决策力、组织力、号召力、凝聚力和守护力，也才使中国人在这场没有硝烟的战争中打得有信心、有底气。

天津大学马克思主义学院院长、教授颜晓峰指出，疫情防控是对我们伟大民族精神的一次锤炼，也是进一步丰富民族精神内涵的一次契机。疫情防控是对国家治理体系和治理能力的一次大考，涉及各行各业，展现的是新时代中国精神、人民精神。从覆盖范围看，是有效应对重大突发公共卫生事件中包含全党全社会行为、影响经济政治文化社会生态的精神品质；从事件性质看，这一伟大精神是在有效应对新中国成立以来在我国发生的传播速度最快、感染范围最广、防控难度最大的一次重大突发公共卫生事件的大考中展现出来的精神品质；从民族精神的发展来看，这一精神是改革开放以来的九八抗洪精神、抗击"非典"精神、抗震救灾精神的延续，又因新冠肺炎疫情的严重性质和疫情防控的艰巨程度展现了新的中华民族精神内涵。

伟大精神汇聚民族复兴磅礴之力

习近平总书记强调，"精神是一个民族赖以长久生存的灵魂，唯有精神上达到一定的高度，这个民族才能在历史的洪流中屹立不倒、奋勇向前"。在此次新冠肺炎疫情当中，我们中华民族没有被压垮，而是迸发出了不畏艰险、攻坚克难的斗争精神，在中国共产党领导下，迅速携手行动，打了一场与时间赛跑、同病毒较量的阻击战。

郑敬斌表示，这场战"疫"传承发展了中国精神，凝聚了中国力量，汇聚出中华民族伟大复兴的磅礴之力。从社会层面来说，抗疫精神有利于展现我们良好风貌，培育和践行社会主义核心价值观。社会主义核心价值观是我们当代中国精神的集中体现，也凝结着我们全体中国人民共同的价值追求。此次抗击新冠肺炎疫情过程当中形成的精神品格和精神态度是实现伟大价值追求的精神凝结，与社会主义核心价值观具有一致性，是实现中华民族伟大复兴中国梦的价值源泉和精神指引。就个体层面而言，抗疫精神有利于丰富我们的精神世界，破解现代社会的精神难题。毫无疑问，在此次抗击新冠肺炎疫情过程当中形成的抗疫精神为我们提供了良好的精神给养，应该大力弘扬这一伟大精神，从而能够充实和丰富当代中国人的精神世界，破解社会的精神难题。

北京交通大学马克思主义学院院长、教授韩振峰指出，精神旗帜永远是激励人们开拓进取的巨大力量。这场新冠肺炎疫情使我们进一步明白了这样一个道理，当人们遇到困难或灾难时，更需要一种精神力量的支撑和激励；这次疫情防控斗争，磨炼了全国人民的意志，激发了全国人民的精神。我们要及时从这些抗疫斗争实践中探究精神内核，使之在激励和推进经济社会发展建设中，在实现中华民族伟大复兴中国梦的过程中，发挥巨大的支持和激励作用。

北京大学马克思主义学院副教授张会峰认为，通过这次战"疫"，我们不仅形成了可贵的中国精神；而且这次战"疫"的胜利，会让更多的中国人增加文化认同和制度自信，增强中华文化的凝聚力和向心力，也会使更多的人感受到人类命运共同体的观念更加深入人心。时间和实践证明，我们已经做出了较好的答卷。正是在这份抗疫精神的激励下，举全国、全民之力，让中国变成了世界的"安全岛"。受这一精神鼓舞，也会让我们对实现中华民族伟大复兴中国梦更加充满信心。

伟大抗疫精神在传承中铸就民族魂魄

习近平总书记强调，"实现中华民族伟大复兴的中国梦，物质财富要极大丰富，精神财富也要极大丰富"。伟大抗疫精神是战胜新冠肺炎疫情的强大支柱，越是面对复杂局面，越是要大力弘扬伟大精神，不断丰富人民精神世界、增强人民精神力量。

中国人民大学马克思主义学院教授张云飞指出，对于全国来说，通过总结和弘扬抗疫精神，有助于凝聚人心，丰富中国精神内涵。在精神文明建设中，在宣传教育中，这一精神都是很好的现实素材，值得深挖掘、深思考。从研究角度来看，各领域、各时期的精神要融会贯通，要把社会主义革命和建设时期的一系列精神统筹考虑；从实践角度看，个体要以自己的行动身体力行传承伟大精神，奏响时代强音。从而在抗疫精神的传承中促进中华民族的团结，在精神传承中铸就民族魂魄，把我国建设成为一个现代化社会主义国家，使中华民族能够真正屹立于世界的东方。

郑敬斌认为，从作为理论工作者的角度来说，弘扬和传承这些优秀精神品质，一是应当义不容辞地承担起研究、总结精神的理论重任。尤其是当疫情防控阻击战取得一个决定性胜利的时候，更加需要我们对过程当中的实践作出经验总结，并把它上升到一般规律的层面。二是应该在全国范围内宣传和推广抗疫精神，号召全国人民在实际行动中自觉践行和努力弘扬抗疫精神，将精神的力量变成物质的力量，为实现中华民族伟大复兴的中国梦添砖加瓦，凝聚力量。

胡敏指出，从发展的角度来说，要把抗击新冠肺炎疫情形成的伟大精神作为中华民族未来前行路上的新的精神动力，要把这种伟大的精神融入坚持和完善中国特色社会主义制度中，融入推进我们国家治理体系和治理能力现代化的进程中，特别是为文化治理体系和治理能力现代化提供精神指引，为全民族的进步和全社会的发展提供精神供给，使在抗击疫情过程中凝结成的伟大抗疫精神成为我们在磨难中成长、从磨难中奋起的强大支撑，成为推动实现中华民族伟大复兴的强大动力。

在疫情防控的紧要关头更要担起
脱贫攻坚的重任*

到 2020 年如期实现现行标准下的我国农村贫困人口全部脱贫，这是党中央向全国人民作出的郑重承诺，也是中华民族对人类作出的具有重大意义的历史伟业，必须坚决完成。虽然新冠肺炎疫情给我们完成脱贫攻坚目标任务增加了难度，带来了新的挑战，时间紧迫、任务紧迫；但是越到紧要关头，越要有一鼓作气的决心和勇气。各级党委和政府必须以高度的政治责任感和历史使命感，迎难而上、尽锐出战、攻坚克难，确保取得脱贫攻坚的最后胜利，向党和人民交出合格答卷。

在决战决胜脱贫攻坚座谈会上，习近平总书记全面分析了当前面临的形势和新冠肺炎疫情对脱贫攻坚造成的影响，就确保高质量完成目标任务提出了明确要求，为我们坚决夺取脱贫攻坚战全面胜利、确保全面建成小康社会指明了努力方向，提供了根本遵循，坚定了必胜信心。

应该看到，我们在脱贫攻坚领域已经取得了前所未有的成就，中国的减贫方案和减贫成果得到了国际社会普遍认可。经过长期努力，到 2020 年 2 月底，全国 832 个贫困县中已有 601 个宣布摘帽，179 个正在进行退出检查，未摘帽县还有 52 个，区域性整体贫困基本得到解决。脱贫攻坚目标任务接近完成，进度符合预期，这为我们取得最后的全面胜利奠定了坚实基础。

但是，必须认识到，这剩下来的未摘帽贫困县、贫困人口总量虽然不大，但都是贫中之贫、困中之困，是最难啃的硬骨头，要攻克脱贫攻坚的最后堡垒，任务还是十分艰巨的；再加上新冠肺炎疫情对减贫进程造成不小影响，巩固好脱贫成果难度也很大。比如，一些贫困劳动力外出务工受到影响，扶贫产品销售和产业扶贫困难，贫困地区农畜牧产品卖不出去，扶贫项目停工。在已脱贫的地区和人口中，有的产业仍比较薄弱，有的产业项目同质化严重，有的就业不够稳定，有的政策性收入占比高；还有随着越来越多贫困人口脱贫、贫困县摘帽，一些地

＊　本文原载中国网 2020 年 4 月 1 日。

方出现了工作重点转移、投入力度下降、干部精力分散等现象。要解决好这些问题，各地必须加大力度、采取有效措施，将新冠肺炎疫情的影响降到最低，确保脱贫攻坚的政策保障、资金支持和工作力量落实到位。各级干部更要绷紧弦、不松懈、加把劲，决不能有盲目乐观、疲惫厌战思想和过关心态，要不获全胜绝不收兵。

习近平总书记在决战决胜脱贫攻坚座谈会上，不仅对最后关头的脱贫攻坚任务作出了具体部署，还提出了"高质量完成"的更高要求，具有明确的指导性、针对性、操作性，我们必须按照习近平总书记的重要指示，深入领会精神，切实提高政治站位，增强责任感和紧迫感，按照确定的路线图不折不扣地去执行、去推进、去完成。

首先，要坚决完成既定任务。要按照《中共中央、国务院关于抓好"三农"领域重点工作确保如期实现全面小康的意见》中关于脱贫攻坚战最后一年的工作部署，把牢工作重点，集中兵力打好深度贫困歼灭战，重点是聚焦"三区三州"等深度贫困地区，落实脱贫攻坚方案，瞄准突出问题和薄弱环节狠抓政策落实。要不断巩固"两不愁三保障"成果，防止反弹。对没有劳动能力的特殊贫困人口要强化社会保障兜底，实现应保尽保。与此同时，要高度重视新冠肺炎疫情的影响，重点做好组织贫困劳动力外出务工、开展消费扶贫行动、加快扶贫项目开工等工作，努力把新冠肺炎疫情造成的损失补回来。

其次，要多措并举巩固脱贫成果。加大就业扶贫力度，加大产业扶贫力度，加大易地扶贫搬迁后续扶持力度。保持脱贫攻坚政策稳定，加快建立防止返贫监测和帮扶机制，对退出的贫困县、贫困村、贫困人口"扶上马送一程"，过渡期内严格做到摘帽不摘责任、摘帽不摘政策、摘帽不摘帮扶、摘帽不摘监管，确保脱贫攻坚质量高、成色足、可持续。

再次，要严格考核开展普查，严把退出关，坚决杜绝数字脱贫、虚假脱贫。中央提出要确保剩余建档立卡贫困人口如期脱贫，对截至 52 个未摘帽贫困县和 1113 个贫困村实施挂牌督战，国务院扶贫开发领导小组要较真碰硬"督"，各省区市要凝心聚力"战"。挂牌督战是为了"战"，如果仅是层层"督"而不是层层"战"，就会成为新的形式主义。如果在"督"的工作上再层层加码，势必成为影响"战"的突出问题。上一级要注意帮助下一级解决问题，而不仅仅是提出问题。因此，要发扬求真务实的优良作风，确保脱贫成效经得起历史和人民的检验。

又次，要接续推进全面脱贫与乡村振兴有效衔接。脱贫摘帽不是终点，而是新生活、新奋斗的起点。要针对主要矛盾的变化，理清工作思路，推动减贫战略和工作体系平稳转型，统筹纳入乡村振兴战略，建立长短结合、标本兼治的体制机制，激发欠发达地区和农村低收入人口发展的内生动力，实施精准帮扶，逐步实现共同富裕。

最后，还要加强党对打赢脱贫攻坚战的领导。脱贫攻坚任务能否高质量完成，关键在人，关键在干部队伍作风，关键在加强和完善党的领导。各级党委政府要不忘初心、牢记使命，切实加强扶贫领域作风建设，坚决反对形式主义、官僚主义，减轻基层负担，做好工作、生活、安全等各方面保障，让基层扶贫干部心无旁骛地投入到疫情防控和脱贫攻坚工作中去。

全球供应链危机 倒逼制造业
加快破解发展瓶颈*

海外新冠肺炎疫情蔓延导致的市场需求与全球供应链危机反向冲击中国制造业，从另一个角度折射出中国加快制造业升级、解决关键原材料技术问题的重要性。接受《中国经济时报》记者采访的专家表示，国际竞争局势叠加新冠肺炎疫情全球蔓延导致我国高端制造业受到严重冲击，须以创新为引领补短板、强基础，切实提升我国产业竞争力。

国际竞争局势叠加新冠肺炎疫情全球蔓延导致我国高端制造业受到严重冲击

中共中央党校（国家行政学院）研究员胡敏在接受《中国经济时报》记者采访时表示，中国制造业还处于国际分工的中低端环节，主要表现在我们的许多制造业还处于组装阶段或配套领域，一些核心零部件、关键基础材料、关键技术、高端设备等我们还没有完全掌握，尚需要从发达国家进口。比如，我国在集成电路及其制造装备、芯片、控制器、传感器、操作系统及软件、航空发动机、数控机床和重要医疗器械、生物医药制剂等方面仍与发达国家存在较大差距。如果这些领域进口受新冠肺炎疫情出现断档或者遭到贸易封杀，我们的产业链就会断裂，组合优势也就难以发挥，这些领域也最容易被"卡脖子"，也即当前亟须破解的瓶颈。

中国电子信息产业发展研究院规划研究所副所长赵芸芸在接受《中国经济时报》记者采访时表示，制造业国际竞争局势发生巨大变化，叠加新冠肺炎疫情全球蔓延，我国高端制造业受到严重冲击，主要表现在三个方面：一是从"点"上看，部分领域的高端设备、关键材料和核心技术面临"断供"风险。以电子信息行业为例，上游的集成电路、电子材料、元器件、电容电阻等企业主要分布

---

* 本文原载《中国经济时报》2020年4月2日，记者：赵姗。

在受新冠肺炎疫情影响比较严重的美国、荷兰、日本、韩国等地区。贸易摩擦叠加国外企业停工停产、国际航运暂停等因素影响，导致产业断供风险显著上升。二是从"链"上看，部分高端制造业面临产业链配套性不足、畅通性不强的问题。高端制造业具有产业链长、参与主体多的特征。例如，电子、汽车等行业往往包括"元件（材料）—器件（零件）—组件（零部件）—模组（零部件总成）—整机组装（整车）"极其复杂的供应链体系。由于企业信息不对称等因素影响，产业链各环节往往出现错配、失联或梗阻等问题，制约了产业链整体效能的提升。三是从"面"上看，高端制造业发展的生态环境尚不完善，人才、金融、制度等系统性支撑有待加强。高端制造业技术密集、过程复杂和模式新颖等特征决定了其需要匹配高素质的人才队伍、多品种的金融产品和宽容高效的政策环境。但从现实情况来看，人才缺口大、金融服务效率低、制度环境改革滞后等问题仍较突出，产业发展的外部桎梏亟待破解。

以创新为引领补短板、强基础　切实提升产业竞争力

针对中国企业在核心技术和关键制造领域的现状，赵芸芸建议，应从"点、线、面"三方面共同发力："点"上要进一步加强自主创新，通过补短板、强基础等工程，着力攻克受制于人的关键技术和产品，把发展主动权牢牢掌握在自己手中；"线"上要着力贯通产业链，搭建基于互联网的产业链大数据平台，促进各环节精准匹配、有效衔接；"面"上要全面营造适应高端制造业发展需求的产业生态体系，通过外部环境改善进一步激发产业发展活力。

胡敏认为，要实现在核心技术领域的突破，切实提升我国的产业竞争力，就必须以创新为引领，加快实施创新发展战略。一是要瞄准世界科技前沿，强化基础研究，实现前瞻性基础研究、引领性原创成果取得重大突破；二是要加快发展先进制造业、高端装备业，推动工业互联网、大数据、物联网、人工智能等关键共性应用技术和实体经济融合，尤其是推动现代工程技术实现颠覆式技术创新；三是加快创新体系建设，尽快建立一批国家实验室，建设一批产学研用相结合的技术创新平台，尽快推进科研成果的市场转化。

期待二十国集团会议主张
能够迅即落实*

2020年3月26日，习近平主席在北京出席二十国集团领导人应对新冠肺炎特别峰会（以下简称特别峰会）并发表题为"携手抗疫 共克时艰"的重要讲话。新冠肺炎疫情在全球蔓延，给各国公共卫生安全带来了巨大挑战。二十国集团领导人以视频方式举行了应对新冠肺炎特别峰会并发表了联合声明，承诺要建立统一战线，应对这一共同威胁。习近平主席出席会议并发表重要讲话，秉持人类命运共同体理念，结合中国抗疫实践经验，就加强疫情防控国际合作、稳定世界经济提出了一系列重要主张，表达了战胜新冠肺炎疫情的强大信心。

新冠肺炎疫情的全球大流行，危及着所有人的生命安全和身心健康，同时严重冲击了世界经济秩序。如何携手共同抗击疫情、稳定全球经济，是给全人类提出的重大现实课题。国际社会迫切期待全球层面的协调与合作，寄望二十国集团这样一个有影响力的全球治理机制能在这样一个关键时刻发挥关键作用。

截至2020年3月，新冠肺炎疫情对绝大多数G20国家都造成了巨大冲击。在这个非常时期，G20机制必须在全球抗疫中发挥引领作用，在提振国际社会战胜新冠肺炎疫情、稳定经济、恢复秩序的坚定信心上担当作为。经过各方努力，2020年3月26日的特别峰会通过了《二十国集团领导人应对新冠肺炎特别峰会声明》，在全球抗击新冠肺炎疫情大流行、维护世界经济稳定、应对新冠肺炎疫情对国际贸易造成的干扰、加强全球合作等方面达成了基本共识，向国际社会传递了积极信号。各参与方表示，要认真落实声明主张，拿出务实举措，达成一致行动，为早日遏制新冠肺炎疫情蔓延、恢复世界经济增长作出贡献。

一步行动胜过一打纲领。行动是最好的承诺。国际组织、各国政府、各利益相关方、私人部门和慈善团体等要广泛合作，形成联防联控战胜新冠肺炎疫情的统一战线；世界各国应致力于同世界卫生组织、国际货币基金组织、世界银行、联合国等国际组织一道，遵循有效、安全、公平、可及和可负担目标，在各自职

---

* 本文原载《光明日报》2020年4月3日。

责范围内采取一切必要行动，在实时数据共享、药物科研开发、资金分担机制、物资供给保障等方面增强协调能力，切实完善全球公共卫生体系。

加强政策协调至为关键。为应对新冠肺炎疫情大流行对经济的冲击，一些国家实施了最大力度的财政金融政策，导致国际资本市场、大宗商品市场、粮食期货市场产生了巨大波动。为此，必须充分考量和认真评估经济政策对未来世界经济产生的次生影响。各国政府需要在国际框架内加强政策沟通和协调，保持政策工具实施的针对性、适当性、透明性和临时性。一方面要应对当前，努力降低新冠肺炎疫情对生产消费的冲击，对金融市场稳定、全球贸易和供应链的干扰；另一方面要着眼长远，着力于保护人类生命，着力于保护弱势群体，着力于全球经济稳定、经济韧性和可持续增长。

面对人类共同的危机，各国需要弘扬同舟共济、守望相助的精神，超越隔阂、偏见、漠视和歧见，秉承人道主义的同情心、同理心；同时我们要对生活的世界充满希望，树立希望就是守护人类未来。在人类赖以生存的地球家园，没有哪个国家能够退回到自我封闭的孤岛；只有团结协作，才能彻底战胜新冠肺炎疫情，迎来人类发展更加美好的明天。

让合作的阳光
驱散疫情的阴霾[*]

　　新冠肺炎疫情在全球多点暴发，扩散很快，世界各国抗击疫情的形势尤为紧迫。习近平主席与多个国家领导人通电话，表达中方愿意与各国一道，推动各相关方加强在联合国、二十国集团等框架下协调合作，开展联防联控，完善全球卫生治理和加强能力建设，共同抵御新冠肺炎疫情给世界经济带来的冲击，让合作的阳光驱散疫情的阴霾。2020 年 3 月 26 日，习近平主席在北京出席二十国集团领导人应对新冠肺炎特别峰会并发表题为《携手抗疫　共克时艰》的重要讲话，充分体现出中国愿同各国合作抗击疫情、维护全球发展大局的坚定决心与信心。

　　进入 21 世纪第二个十年以来，世界正经历百年未有之大变局，不稳定性与不确定性非常突出，全球增长动力不足，贫富分化严重，贸易保护主义、民粹主义、恐怖主义盛行，环境和气候问题、网络安全问题、传染性疾病问题等威胁蔓延。全球面临的种种矛盾和冲突已成为当今人类面临的共同挑战。严酷的现实要求国际社会必须拿出勇气和智慧，找到拯救人类命运的新的"诺亚方舟"。

　　从 2013 年始，习近平总书记就顺应经济全球化的新态势，承载着中国对建设美好世界的理想追求，关切着人类社会发展的前途命运，提出了构建人类命运共同体的伟大构想。随后这一思想在实践中不断丰富和拓展，得到国际社会广泛认可，被正式写入联合国决议。构建人类命运共同体，建设持久和平、普遍安全、共同繁荣、开放包容、清洁美丽的世界，不仅为全球生态和谐、国际和平事业、完善全球治理体系、构建全球公平正义新秩序贡献了中国智慧和中国方案，也正在成为推动全球治理体系变革的共同价值规范。此次新冠疫情在全球大流行，再一次让国际社会深刻理解了构建人类命运共同体思想的时代价值，深刻感知到构建人类命运共同体就是解决当今人类困境的"诺亚方舟"。病毒没有国界，疫情不分种族。在应对这场全球公共卫生危机的过程中，构建人类命运共同体的迫切性和重要性更加凸显。在抗击疫情的最困难时刻，我们愈加认识到，世

---

　　*　本文原载《学习时报·学习评论》2020 年 4 月 3 日。

界各国不仅是利益共同体，更是命运共同体，国际社会唯有团结协作、携手应对，战胜疫情才是唯一正确选项，才能维护好人类共同的家园。

面对新冠肺炎疫情来势汹汹的严峻考验，中国各政党委和政府带领中国人民全力投身疫情防控的人民战争、总体战、阻击战，形成了抗击新冠肺炎疫情的强大合力，构筑起坚实有力的防线，为国际社会提供了宝贵经验。在整个抗击疫情的过程中，中国得到了国际社会的广泛理解、支援和帮助，中国政府和人民也在第一时间为其他国家及时发布信息、提供医疗物资援助、派出医疗队和贡献抗疫解决方案。共同抗击疫情，将中国命运和世界命运更加紧密连接在一起，患难与共、守望相助，书写着推动构建人类命运共同体的生动篇章。

严峻的挑战就在人类眼前。面对新冠肺炎疫情的蔓延，没有哪个国家能够独自应对，没有哪个国家可以退回到自我封闭的孤岛；无端指责于事无补，独善其身绝无可能，正确的选择就是促进合作、加强协调，在科研攻关上鼎力合作，在共同研究上提出对策，协力提升全球卫生治理水平，携手推进疫情防控国际合作，从根本上增强人类抵御病毒威胁的能力。

我们生活的世界充满希望，人类文明的脚步不会停歇。我们不能因现实复杂就放弃梦想，不要因理想受阻就放弃追求。阳光总在风雨后，全球大家庭合作的阳光终究会驱散新冠肺炎疫情的阴霾。

不失时机畅通"三个循环"*

经济社会是一个动态循环系统，不能长时间停摆。当前，国际新冠肺炎疫情持续蔓延，许多国家采取了严格的隔离、封城、封国等举措来进行疫情控制，直接导致各国生产停摆，生产链和供应链出现断裂，全球贸易受阻，世界经济下行风险日益加剧，不稳定、不确定因素显著增多。与此同时，我国防范疫情输入压力正不断加大，复工复产和经济社会发展面临新的困难和挑战。

面对严峻复杂的国际新冠肺炎疫情和世界经济形势，中央政治局常务委员会召开的会议强调指出，要增强紧迫感，因地制宜、因时制宜优化完善疫情防控举措，千方百计创造有利于复工复产的条件，不失时机地畅通产业循环、市场循环、经济社会循环。"千方百计""不失时机"正是落实常态化疫情防控举措、全面推进复工复产的迫切要求。我们若能够紧紧抓住我国疫情防控已经取得阶段性成效、复工复产已经取得积极进展的重要时机，加快恢复经济社会运行秩序，尽快畅通产业循环、市场循环、经济社会循环，不仅有利于为境内外疫情防控提供有力物质保证和切实保障民生，有利于如期实现 2020 年全年经济社会发展目标任务，也有利于加大我国对外开放步伐和促进世界经济稳定。

我们还应该看到，新冠肺炎疫情本质上是一种强劲的外生冲击，不同于以往周期性、内生性经济冲击产生的经济萧条或经济危机。如果全球新冠肺炎疫情可在较短时间内得以遏制，就不会根本改变世界经济趋势性增长的轨迹。中国作为世界第二大经济体、第一大制造业大国、第一大货物贸易国和第二大消费市场，我们一方面毫不松懈做好常态化疫情防控，另一方面让国内产业循环、市场循环、经济社会循环这三个循环尽快畅通起来，就是为打赢全球疫情防控阻击战、稳定全球供应链和价值链作出的巨大贡献，就是体现了中国秉承人类命运共同体理念的大国担当和责任，就是能够为尽快恢复世界经济秩序赢得时间、树起样板、稳定预期、树立信心。

---

* 本文原载《学习时报·学习评论》2020 年 4 月 20 日。

"三个循环"贯穿生产、流通、消费、分配四个环节，贯通经济社会发展各领域。产业循环是根本，市场循环是牵引，经济社会循环是保障，"三个循环"既相互嵌入、环环相扣，又相互衔接、相互促进。

畅通产业循环是保持生产连续性、维护宏观经济顺利运行的重要条件。要在继续落实好分类、分级精准防控举措的同时，用好、用足一揽子财政货币支持政策，切实疏导和打通各种人流、物流、资金流堵点，加快推动产业链上下游、产供销、大中小企业各环节整体配套、有机衔接；要在扩大对外开放中稳住外贸基本盘，积极开拓多元化国际市场，保障外贸产业链、供应链畅通运转，增强外商长期投资经营的信心。

畅通市场循环是恢复生产生活秩序、释放经济发展潜能的牵引力量。要着力扩大国内需求，加大力度对困难行业和中小微企业予以扶持，有序推动各类商场、市场复工复市，促进生活服务业正常经营；要积极扩大居民消费，尽快把被抑制、被冻结的消费潜力释放出来，把在疫情防控中催生的新型消费、升级消费培育壮大起来，使实物消费和服务消费得到回补，实现消费投资"双升级"，形成市场供需良性互动。

畅通经济社会循环是保障民生、实现经济社会发展目标的基本保证。要更大力度地开展援企、稳岗、扩就业工作，实施好就业优先政策；要强化对困难群体基本生活兜底保障，扩大失业保险覆盖范围，更好保障失业人员基本生活；还要针对此次新冠肺炎疫情应对中暴露出来的城市公共环境治理等方面的短板和不足，大力提高社会治理能力和水平，真正解决好经济社会发展"一条腿长、一条腿短"的历史欠账。

应将社区治理上升到国家战略高度[*]

新冠肺炎疫情发生以来，党中央始终强调统筹推进疫情防控和经济社会发展工作，一方面要毫不松懈精准施策疫情防控，另一方面要千方百计确保经济社会发展秩序。疫情防控期间的营商环境表现如何，有哪些新期待，社会治理存在哪些不足，应如何改进？针对这些问题，《中国经济时报》记者采访了中共中央党校（国家行政学院）研究员胡敏。

新冠肺炎疫情是对社会经济、营商环境的一次大考

中国经济时报：在新冠肺炎疫情防控期间，营商环境建设备受关注。您认为疫情防控期间的营商环境表现如何？

胡敏：应该看到，新冠肺炎疫情发生以来，各地积极响应党中央号召，在加强疫情防控的基础上，把新冠肺炎疫情对经济社会发展的影响降到最低，继续优化营商环境，在营商环境上下更大功夫，做好招商、安商、稳商工作，增强投资者经营发展的信心就是保持经济社会发展尽快回到正常轨道的重要举措。

2020 年 1 月 1 日始，《中华人民共和国外商投资法》《优化营商环境条例》两部法律法规的正式实施，已经为进一步优化营商环境提供了法治保障。虽然受新冠肺炎疫情影响，经济运行受到了严重冲击，但各地优化营商环境的努力并没有放松，不少地方通过优化营商环境来加快推动企业复工复产、进一步畅通市场循环、保护市场主体权益、提高政务服务效率等来增强长期投资经营的信心。

新冠肺炎疫情是对社会经济的大考，也是对各地优化营商环境的一次大考。没有市场主体的经营稳定、没有投资者长期投资信心，经济就不能有效循环。尽管新冠肺炎疫情使生产经营、贸易流通出现了暂时停摆；但能够主动化危为机、变被动为主动，更深刻地认识到优化营商环境的重要性，就反而能把握工作主动

---

[*]　本文原载《中国经济时报》2020 年 4 月 20 日，记者：吕红星。

权，所以各地要借大力促进企业复工复产复商复业之际，对市场主体，特别是广大中小微企业做好政务服务，通过构筑更加便利化的市场环境，纾解人流、物流、资金流等各类堵点，将中央各类政策举措落实、落细、落到位，尽快稳定市场主体预期。

中国经济时报：您对营商环境优化的新期待有哪些？

胡敏：从更长远的恢复和发展经济的角度，要切实建立起所有经济主体权利平等、机会平等、规则平等的体制机制，切实保护好投资者合法权益，政府必须加快职能转变，从干预经济主体活动转向高效率的政务服务，借助新冠肺炎疫情时期火爆起来的在线办公、在线政务服务的历史契机，大力推动一体化在线政务服务平台建设，坚持行政服务的联动响应和协作机制，切实降低制度性交易成本，构筑起政府与市场、政府与企业的新型关系，这方面很值得期待。

加快社区治理建设刻不容缓

中国经济时报：此次新冠肺炎疫情，我国的表现可圈可点，但这次疫情防控也反映出我们的社会治理还存在一些问题。在您看来，具体存在哪些不足？应如何改进？

胡敏：这次新冠肺炎疫情虽属于一次强劲外部冲击，但客观地看，也充分暴露出我国在应对突发公共危机事件上的不少欠缺和短板。2003 年"非典"疫情冲击已经揭示了我国在快速发展进程中"经济一条腿长一条腿短"的症结，虽然在社会治理和社会公共品建设上，2003~2020 年我们的确有不少进步，但根本问题还没有得到切实解决，整个社会应对突发危机事件体系、物资储备体系、公共卫生体系等"大"而不"强"、"虚"而不"实"、"有"而不"细"的问题十分明显，在社会治理、城市治理、社区治理领域的建设赶不上经济规模越来越大、城市化进程越来越快、社会要素流动越来越密的发展现实，尤其是特大城市建设和社区管理还没有提高到应有的关注高度。

2020 年 3 月末，习近平总书记到浙江考察调研，明确提出城市的"全周期管理"理念，这十分重要。应当将社区治理上升到国家战略高度，纳入"十四五"规划的主要战略任务，如今中国社会这样一个大系统运作是由无数个人口密集度非常高的社区运行系统集体完成的；但在这方面理念强调得过多，具体的法制保证和务实的体系建构存在不小差距，许多街道社区的居委会、物业公司以及其背后的社会治理体系基本不能发挥有效作用，需要有顶层设计、需要有完备的运营体系和法律法规来配合，其实，整个国家安全体系就建立在这无数个社区安防体系之上。

我们要充分利用好通过这次疫情防控积累的宝贵经验，加快城镇社区治理建设，完善包括公共卫生防护在内的一揽子社区建设规划，安居乐业本身就是营商环境的重要组成部分。

做好应对世纪性经济衰退的充分准备[*]

【编者按】《中国经济时报》推出大型"共克时艰 决胜小康"特别报道，专版开卷写道：突如其来的新冠肺炎疫情，严重扰乱了原有的生产生活节奏，对我国经济社会发展带来了前所未有的冲击，让全球经济陷入了一场始料未及的大衰退中。这既是"黑天鹅"，也是"灰犀牛"。

新冠肺炎疫情让我们精心策划的第八季"百名学者前瞻中国经济形势"姗姗来迟，终于在此季春时节面世。共克时艰、决胜小康，是我们共同的心声。108 位知名经济学者贡献了诸多真知灼见，播撒了春天希望的种子，让我们更加坚定了决胜全面小康、决战脱贫攻坚的信心。

2020 年的百名学者前瞻中国经济形势调查具有三个主要特点：一是紧扣疫情，直面挑战。以新冠肺炎疫情对经济的影响及如何应对为主线，客观分析形势变化、正面回应风险挑战，力求相对客观真实地反映学界对形势的分析研判。二是聚焦"六稳"，建言献策。围绕统筹推进疫情防控和经济社会发展工作、加大"六稳"工作力度请学者各抒己见、凝聚共识，提出建设性意见。三是决战决胜，贯穿始终。把应对新冠肺炎疫情和确保完成决战决胜脱贫攻坚目标任务、全面建成小康社会紧密衔接，强调立足长期看短期、透过现象看本质。

来势汹汹的新冠肺炎疫情搅乱了 21 世纪进入第三个十年的全球经济社会发展进程。联合国秘书长古特雷斯 2020 年 3 月下旬告诫世界各国，"世界正面临着联合国成立以来 75 年历史上前所未见的全球卫生危机，这场危机正在感染全球经济，并严重干扰人们的生活。可以肯定的是，全球经济会衰退，并可能达到创纪录的规模"。这的确是一场前所未有的健康危机，也是一场经济危机和人道危机。

危机来临了，不论它是以"黑天鹅"的形态突然降临，还是以"灰犀牛"

---

[*] 本文原载《中国经济时报》2020 年 4 月 22 日。

的面目莽撞闯来，我们应有的态度不是茫然、恐慌和坐以待毙，而是采取行动，坚定意志，要启动人类文明的智慧成果，要鼓足克难前行的勇气，要坚定创新发展的步伐。研究"黑天鹅"事件发生规律的学者塔勒布说："我们不能预测灾难，却可以预防灾难；必须最谨慎地分析最极端事件发生的破坏性并作充分的预防，这是决定生死成败的大事。"从这个意义上说，对于未来中国经济走势的判断，对 GDP 增长速度作出几个点降幅的预测或修正并不是最主要的，必须跳出柏拉图式的线性思维来面对历史的巨变和社会跳跃式发展。在攻坚克难的关键时刻，我们必须重整国力、人力和财力，重构面向未来 5 年（"十四五"时期）乃至 10 年、30 年等的发展规划目标，做好应对世纪性经济衰退的充分准备。

首先，是重塑战略。这次新冠肺炎疫情对整个世界政治经济格局的影响是深远的，必然会改变经济全球化进程。因此，我们必须重新审视这一新格局的演变，在纷乱无序中作出新的定位，良好的愿望和期待的图景并不是现实，我们需要从在政策准备上谋划和设计内循环的可能。我们需要重组产业链、供应链和资源配置的国内布局，利用 10～30 年时间畅通国内区域经济、产业经济循环，夯实我们已有的产业基础，健全国内市场体系，应对开放经济可能面临的阻断。

其次，是加快创新。这次全球大危机客观上形成了熊彼特的"颠覆式破坏"，这对许多国内企业，特别是中小微企业形成了致命的冲击，但也带来了"置之死地而后生"的成长契机。疫情和经济危机对创新发展和技术变革提出了最紧迫最现实的要求，我们需要立足新中国成立以来，特别是改革开放 40 年来形成的强大国力和制度优势，抓住新经济、新技术变革的机遇，最大限度地激发科技创新活力，最大限度地释放人才潜能，最大力度地形成一批国家重点实验室和产学研结合的基础创新、集成创新的平台，以此实现中国科技发展的"弯道超车"。

最后，是补足短板。新冠肺炎疫情的暴发充分暴露了我们在公共卫生、应急体系、物资储备等方面的诸多短板。客观上来看，社会公共品的短缺一直伴生着我们现代化发展的进程，尤其是纾解人民日益增长的美好生活需要和不平衡不充分的发展之间的矛盾的重要方面就是补足社会公共品短板和制度性短板，这些短板影响供给侧结构性改革的深化，影响经济主体的动力激发，也制约着社会公平正义的彰显、掣肘民心民力的凝聚。弥补这些短板，既是中国经济新的增长动力所在，也是推进国家治理体系和治理能力现代化的重要支持。

从抗击疫情看构建
人类命运共同体[*]

疫情发生后，中国举全国之力开展疫情防控工作，在短短两个多月时间内基本遏制了疫情在国内蔓延的势头，疫情防控形势向积极方向拓展，向国际社会充分展示了中国力量、中国速度、中国效率。目前，疫情正在全球"大流行"，国际防控形势异常紧要，正在改变全球政治经济发展前景。

越是在这个困难时刻，我们越要认识到，在应对疫情上，世界各国不仅是利益共同体，更是命运共同体，国际社会只有齐心协力抗疫才是唯一的正确选项，只有携手共同抗疫才能最终战胜疫情。就此，我们也更加深刻理解"构建人类命运共同体"是这个时代最重要的理念，这次人类联手战胜病毒，必将载入 21 世纪第三个十年构建人类命运共同体实践的史册。

抗击疫情让中国与世界的共同命运更加紧密

新冠肺炎疫情是对世界各国人民生命安全和身体健康的一个重大威胁，也是对全球公共卫生安全和危机应对能力的一次重大挑战。回溯 2020 年 4 月前新冠肺炎疫情态势，可以看到，各国政府和人民团结一致、共克时艰，国际社会加强交流、相互协作，充分揭示了世界各国人民是命运与共、休戚相关的，面对人类共同的灾难，没有任何一个国家可以独善其身，人类社会必须风雨同舟，共担风险，共同应对。

面对新冠肺炎疫情的严峻考验，在以习近平同志为核心的党中央的坚强领导下，全国人民积极投身疫情防控的人民战争、总体战、阻击战，形成了抗击疫情的强大合力，为全球携手抗击疫情构筑起了坚实有力的防线，也为国际社会抗击疫情提供了宝贵经验。

中国力量为世界抗疫提供了坚实防线。新冠肺炎疫情既是一次危机，也是对国家治理体系和治理能力的一次大考。面对新中国成立以来传播速度最快、感染

---

　　*　本文原载成都市委机关刊《先锋》杂志 2020 年 3 月第 249 期。

范围最广、防控难度最大的一次重大突发公共卫生事件，党和政府始终把保障人民群众生命安全和身体健康放在第一位，充分发挥中国共产党集中统一领导的政治优势和中国特色社会主义制度的显著优势，举全国之力，坚持全国一盘棋，统一部署、统一指挥、统一行动。广大医务工作者、解放军指战员、新闻工作者从四面八方奔向疫情防控第一线，广大党员干部、社区工作者、基层干警、志愿者坚守防控第一线，书写了大爱无疆的、可歌可泣的英雄篇章，书写了万众一心、众志成城抗击疫情的人民力量。中国能在较短时间内遏制住新冠肺炎疫情蔓延势头并取得阶段性成果，彰显出了中国力量、中国速度、中国效率，体现了党和政府强大的社会动员能力和资源组织能力。中国人民的艰苦努力和有为、有效的中国行动，也为世界抗疫提供了第一道防线，为各国防控新冠肺炎疫情争取了宝贵时间，作出了重要贡献，成为推动凝聚起全球防控新冠肺炎疫情的重要力量。无论是联合国对"中国作出了强大且令人印象深刻的反应"的肯定、国际舆论对中国"史无前例"的防控举措的称赞，还是世界卫生组织作出的"中国展现的领导力和政治意愿值得其他国家学习"的积极评价，都反映了"中国力量"的世界形象。

中国实践为世界防疫提供了重要经验。新冠肺炎疫情发生后，党和政府第一时间做出了快速反应，全国动员、全面部署，采取了最全面、最严格、最彻底的防控举措。在疫情重灾区果断采取隔离措施，内防扩散、外防输出，加强社区防控，减少停止大型公众活动和减少人员大规模流动和聚集；坚决切断疾病传播途径，降低感染率，切实做到早发现、早报告、早隔离、早治疗；对所有患者进行集中隔离救治，对所有密切接触人员采取居家医学管理，对进出疫情严重地区的人员实行严格管控，依法科学有序防控，及时做好疫情监测、排查、预警等工作，坚决防止疫情扩散；努力提高患者特别是重症患者救治水平，集中优势医疗资源和技术力量全力以赴救治患者，及时总结推广行之有效的诊疗方案，加大药物和疫苗科研攻关力度。与此同时，分类指导各地做好疫情防控工作，全力维护正常经济社会秩序。在新冠肺炎疫情有所缓解后，统筹推进疫情防控工作和经济社会发展工作，尽快推进非疫情地区企业复工复产，采取有力的财政金融就业扶持政策，最大限度降低新冠肺炎疫情对经济造成的负面影响，做到"两手抓"，实现"双胜利"，努力恢复经济社会发展回到正常轨道。这一系列做法，不仅坚定了中国人民战胜新冠肺炎疫情的信心，也为世界各国有效抗疫提供了宝贵的中国经验。

中国担当为世界抗疫提供了合作空间。中国从新冠肺炎疫情一开始，就采取公开、透明、负责的态度，与世界卫生组织及各国加强沟通、密切合作，及时通报信息，坦诚回应国际社会的关切，既全面宣介我国抗击疫情所作的巨大努力，展现中国未来发展的光明前景，用事实坚定信心，用沟通赢得信任；同时坚决回击歧视中国公民、制造恐慌情绪的错误行径和不实言论，努力为疫情防控营造良好的国际环境。中国邀请世卫组织等相关专家前往武汉实地考察，积极配合世界卫生组织专家考察组在北京、广东、四川等地考察。中国领导人还亲自与十余个国家领导人通话，充分反映中国抗疫举措，表达中国"战疫必胜"的强烈信心，全球 170 多个国家领导人和 40 多个国际和地区组织负责人也向中国领导人来函致电、发表声明，表示慰问支持，对我国抗疫举措及其积极成效予以高度肯定；更为可贵的是，新冠肺炎疫情防控期间，许多国家和国际组织向中国及时提供医疗物资和资金援助，许多国际医疗专家专程来华与中国专家积极开展信息交流和科研合作，为新冠肺炎疫情诊治和疫苗研发提供国际智力支撑。在新冠肺炎疫情在世界多国多点发生、令人担忧的重要时刻，习近平主席同联合国秘书长古特雷斯通电话表示，国际社会应当加紧行动起来，有效开展联防联控国际合作，凝聚起战胜新冠肺炎疫情的强大合力。中方愿同有关国家分享防控经验，开展药物和疫苗联合研发，并正在向出现疫情扩散的一些国家提供力所能及的援助。中方支持联合国、世界卫生组织动员国际社会加强政策协调，加大资源投入，特别是帮助公共卫生体系薄弱的发展中国家做好防范和应对准备。

截至 2020 年 4 月，中国政府已向巴基斯坦、老挝、泰国、伊朗、韩国、日本等国和非盟交付了医疗防护物资援助，向世界卫生组织提供了 2000 万美元捐款，已宣布对意大利、法国、西班牙、希腊、塞尔维亚、欧盟、柬埔寨、菲律宾、埃及、南非、伊拉克、埃塞俄比亚、哈萨克斯坦、白俄罗斯、古巴、智利等几十个国家提供了力所能及的抗疫物资援助，并支持友好国家在中国市场采购医疗物资。除中央政府层面，中国地方政府、企业、民间机构也已经行动起来，积极向有关国家提供捐赠。此外，中方还通过向伊朗、伊拉克、意大利等国派遣医疗专家组，同有关国家和国际组织举行视频会议等方式，对外分享中方的诊疗和防控经验。

在这场疫情防控和公共卫生应急管理跨越国界的挑战面前，在这场与时间赛跑、与病毒较量的人类抗疫战争面前，考验的不只是人类智慧，更是世界人民的团结精神与责任担当。大疫当前，中国人民的命运与世界人民的命运更加紧密联系在一起，展现了中国力量、中国实践、中国担当，为人类命运共同体理念作出了生动诠释。

世界必须携手共进，深化人类命运共同体建设

全球性的新冠肺炎疫情防控这样一次艰难的阻击战，成为推动构建人类命运共同体的一次生动实践。人们比以往任何时候都更加直接而深刻地认识到"同呼吸、共命运、心连心"的必要性和紧迫性。中国作为构建人类命运共同体的首倡者，在世界疫情防控工作中发挥了重要作用，推动了国际合作应对新冠肺炎疫情威胁，丰富和深化了人类命运共同体的内涵。

经过这次生死之际的洗礼，相信世界各国对人类命运共同体理念会有着深切领会。在共同应对包括重大传染病疫情在内的人类面临的各种生存和发展问题的严峻挑战下，有望采取更加有效的措施和更加积极的行动，推进人类命运共同体建设。具体措施如下：

一是要秉承互利共赢理念，进一步深化全球公共品领域的广泛合作。历史经验告诉我们，有效的国际合作，是战胜病毒的必要保障，也是维系人类生存与发展的关键；没有哪个国家能够独自应对人类面临的各种挑战，也没有哪个国家能够退回到自我封闭的孤岛。这次全球性的疫情防控再一次说明，当今世界在公共品领域还存在相当多短板，全球资源分布还极不平衡，各国政府必须携起手来，采取互利、合作、共赢的态度消除发展差距、弥补资源沟壑，守望相助，风雨同舟。

二是要秉承开放创新理念，进一步促进全球各国科技发展和持续繁荣。发展仍是化解人类困境的关键所在。人类文明发展到今天，取得了巨大进步；但在整个人类生存的历史长河中，我们还面临着太多的未知和无知，因此还是要以创新发展为第一动力，向科学要答案、向科技寻方法，要举全球智力资源、集中各国人民智慧推进科技创新，促进人类发展，在科技进步中实现世界的平衡发展、在开放包容中实现经济社会可持续繁荣。

三是要秉承文明互鉴理念，进一步推进世界各文明之间的文明对话和交流。作为人类命运共同体，世界各国应淡化国别意识，消弭文明隔阂、尊重制度差异，努力摆脱或克服利己主义的狭隘立场和孤芳自赏的历史偏见，要站在国际社会的整体利益和世界文明向前发展的战略视野来考量人类发展的归宿，只有文明交流、文明互鉴才能形成集体行动，才能创造包容互惠的美好明天。

四是要秉承公平正义理念，进一步变革全球治理体系和构建新的国际秩序。要更加奉行共商共建共享的全球治理观，以公平正义为核心、以人民至上为原则，倡导国际关系民主化，坚持国家不分大小、强弱、贫富，一律平等，在现有国际政治经济框架下推进国际治理秩序变革，更有效地发挥包括联合国在内的一切国际组织的作用，更好地发挥大国和大的经济体领导作用和责任担当，这也是国际社会迈向治理现代化的共同选择。

五是要秉承环境友好理念，进一步保护好人类赖以生存的地球家园。要充分认识到人与自然是生命共同体，人类必须尊重自然、顺应自然、保护自然。人类只有尊重自然规律才能有效防止在开发利用自然资源，包括关爱一切生物安全上少走弯路，人类对自然和生物多样性的破坏最终会伤及人类自身，这是无法抗拒的规律。构筑起尊崇自然、推动人与自然和谐发展的生态体系，是我们这一代人为子孙后代建立清洁美丽世界的历史使命。

构建人类命运共同体是人间正道。构建人类命运共同体关键在行动。

强化协同创新
在全球价值链重组中力争上游[*]

新冠肺炎疫情的全球暴发让全球价值链产生了连锁反应，全球疫情蔓延带来的需求下降对中国主导和参与的多条价值链造成了冲击。接受《中国经济时报》记者采访的专家表示，在此严峻的挑战面前，我国产业参与全球价值链发展的方向与趋势不会发生根本变化；须强化协同创新，进一步推动我国产业在全球价值链重组中向价值链上游发展。

我国更多产业迈向全球高端价值链的趋势会越来越明显

中共中央党校（国家行政学院）研究员胡敏在接受《中国经济时报》记者采访时表示，以美国、德国、中国为代表的美洲、欧洲、亚洲三大产业链板块已经形成，国际分工体系水乳交融，不可能因为一次疫情彻底隔断；而且如果出现人为因素的隔断，不仅交易成本巨大，对世界各国经济的影响都是"双输结局"，也不会成为有理性的政府所采取的政策举措。

"我国已经形成齐全的产业网络、充分的比较优势和巨大的市场回旋余地，外部环境的变化只可能倒逼我国产业链更快地从以中间品制造为主的产业链格局向高端产业链价值链延伸。可以说，未来我国更多的产业迈向全球高端价值链的趋势会越来越明显。"胡敏说。

"我国产业参与全球价值链发展的方向与趋势不会发生根本变化。"北京新世纪跨国公司研究所副所长丁继华对本报记者表示，第一，我国防疫相关产业正在积极为各国提供各类防疫物资，这推动了我国防疫类产业不断加大全球价值链参与力度。第二，西方发达国家因新冠肺炎疫情的冲击导致本土企业停工停产，其本土供应链遭到重创，我国可以抓住这些市场机会主动为西方国家的本土企业提供工业品，从而取得进一步参与全球价值链的机会。第三，各国将通过推动价值链的本地化和分散化来增加安全性和韧性，顺应这一调整趋势，我国产业会加

---

[*] 本文原载《中国经济时报》2020 年 4 月 29 日，记者：赵姗。

大"走出去"的步伐，通过对外直接投资方式进入当地市场，着力生产属地化布局，从而进一步深度参与全球价值链。

以创新引领加快各类产业协同迈向产业链中高端

为进一步推动我国产业参与全球价值链，力争向价值链上游发展，胡敏建议：一是要加大科技体制改革力度并推进科技创新；二是紧抓数字经济已经对我国经济产生的正面效应的机遇，促进新技术与传统产业深度融合，在"十四五"时期构筑起以战略性新兴产业为引领的国民经济体系；三是进一步加大改革开放力度。尤其要释放企业家创新活力，培育一大批龙头企业，在高端制造业和现代服务业上发挥牵引作用；以新的制度性比较优势稳住外国投资，稳住跨国公司对中国经济、中国市场的信心。

"与此同时，我们在产业低端也可以与新兴经济体展开多层次分工合作。这样我国产业链价值链不仅会更加巩固，韧性也会越来越强。"胡敏说。

丁继华提出了三点建议：一是以创新引领，提升产业科技创新能力；二是完善创新机制，市场配置创新资源；三是实施全球战略，在全球竞争中升级。推进制度型开放，构建与发达国家相衔接的国际经贸规则体系，在引进国际高端资本、技术与人才的同时，推动我国企业"走出去"，增强我国企业的国际竞争软实力。

从《习近平在厦门》《习近平在宁德》中读出了什么*

《习近平在厦门》《习近平在宁德》从 2020 年初出版 4 个月以来，发行超过 600 万册，在图书市场反响十分强烈，成为图书排行榜上的持续热销图书。

这两本采访实录，从不同角度回忆了习近平总书记早年在厦门、宁德的工作经历，生动展示了总书记坚定的信仰信念、真挚的为民情怀、强烈的担当、卓越的领导才干和独特的人格魅力，充分展现了总书记对党和人民事业的孜孜探索、对八闽儿女的深厚感情。许多福建读者表示，读了这两本采访实录，不由自主地回忆和交流起许多习近平总书记在福建工作时与基层干部群众心连心的感人情景，一下拉近了领袖与人民的距离。更多的党员干部认为，阅读两本采访实录为深入学习领会习近平新时代中国特色社会主义思想的理论逻辑和实践逻辑提供了鲜活教材，为广大党员干部学习总书记在福建工作时的科学理念、宝贵经验和优良作风提供了新的范本，对引导党员干部更好地践行初心使命具有重要意义。正如福建一位领导同志所说："越读越感受到厚重的真理味道、理论味道、实践味道。"

通过一个个原汁原味的动人故事、一段段真情真意的场景描写、一篇篇发自内心的真情口述，我们从中读出了许许多多珍贵的内涵，凝结起来就是四个大字。

第一个字是"情"。习近平总书记始终把人民放在心中最高位置，从"人民对美好生活的向往，就是我们的奋斗目标""我将无我，不负人民"的庄重承诺，到风雨兼程、访贫问苦，足迹遍及大江南北，听民生、察民情、思对策，总书记身上所展现的人民至上的价值理念是一以贯之的。

从这两本采访实录中可以看出，无论是在厦门还是在宁德，习近平总书记的为民情怀让身边的人都深有感触。采访实录中记载，"人民"二字是总书记提起次数最多、使用频率最高的词，群众在他内心具有最重的分量，基层是他去得最

---

*　本文原载《学习时报》2020 年 5 月 6 日，以学习时报特约评论员名义刊发。

多的地方。在厦门工作的 3 年里，他走遍了厦门农村、海岛，其中包括海拔 1000 多米的军营村。在厦门的五峰村，他拿起老百姓积满茶垢的茶杯就喝，与群众毫无距离感。在宁德，他始终倡导深入基层深入群众，强调"我们一切工作，都要落实到基层。我们一切工作，基层最重要。上面千条线，下面一根针，基层是第一线，也是前线，也是火线"。广大党员干部说，通过这两本采访实录，可以更深刻地体会习近平总书记以人民为中心的发展思想，不断用真挚的人民情怀滋养初心，更加自觉同人民群众想在一起、干在一起，努力创造无愧于历史、无愧于时代、无愧于人民的业绩。

第二个字是"识"。战略思维是我们党治国理政的科学思想方法，战略上判断准确、谋划科学，事业发展就大有希望。我们阅读这两本采访实录，可以清晰地看到习近平总书记当年在厦门、宁德工作期间，就充分体现出政治家那种高瞻远瞩的战略眼光，那种客观清醒、深谋远虑的战略思维。

在习近平总书记在福建工作的 5 年时间里，厦门这个中国改革开放的前沿城市、宁德这个曾经的沿海欠发达地区，为他提供了两个观察中国的绝佳视角。厦门和宁德各自的发展没有既定的模式可以照搬，这正是对领导者智慧和胆识的巨大考验，也正是读懂中国国情的魅力所在。在厦门，他领导制定的《1985～2000 年厦门经济社会发展战略》，成为全国经济特区中最早编制的一部经济社会发展规划，也是中国地方政府最早编制的一个纵跨 15 年的经济社会发展战略规划。在厦门，他提出的"提升本岛、跨岛发展"战略，对厦门发展产生了深远影响，直到今天仍然是厦门不断发展的基本遵循；在宁德，他在充分调查研究的基础上着眼长远，以大气魄、大胸怀规划全局，明确提出"沿海发展战略是全国经济发展战略的重要组成部分，应当考虑地处福州、温州两个经济活跃的开放城市夹缝地带的闽东处于什么位置"。针对当时的闽东实际，他提出"大农业""大工业"理念，提倡搞"经济大合唱"，强调把近期和短期的事先做好，同时谋划长远发展，提出开发三都澳、修建福温铁路、建设中心城市的设想，着力推动实现宁德的跨越发展。这些观点和思路，今天看起来也是十分恰当和深刻的，也为后来形成的习近平新时代中国特色社会主义思想提供了丰富的思想基础和实践源泉。对照这两本采访实录阅读，我们就能深入领会习近平总书记高超的战略眼光和战略智慧。我们要始终坚持向总书记学习，向总书记看齐，站位全局、着眼长远，尊重规律、因地制宜，不断提高科学思维能力，增强工作的原则性、系统性、预见性和创造性。

第三个字是"担"。敢于担当是中国共产党人的鲜明品格。党的十八大以来，习近平总书记多次强调，要以"功成不必在我"的精神境界和"功成必定有我"的历史担当，一张蓝图绘到底，一任接着一任干。

从这两本采访实录中可以看出，无论是在厦门还是在宁德，习近平总书记总是正确地处理大我和小我的关系、长远利益和当前利益的关系，注重做好那些打基础、利长远的事情，真正做到对历史和人民负责：在厦门工作期间，他高度重视自然生态问题，在筼筜湖治理上敢于拍板、敢于担当、敢于花大资金，积极推动筼筜湖综合治理，使曾经的"臭水沟"变为如今碧波荡漾、白鹭翔翔的"城市绿肺""城市会客厅"。在宁德工作期间，群众反映别的新官上任三把火，这个新书记来了却"不烧火"；但实际情况是，他不贪一时之功、不图一时之名，不搞形象工程，而是深入调查研究后根据闽东实际提出了"弱鸟先飞"的系统思路，指出宁德的发展不能超越现实，不能心急，要有"滴水穿石"的精神，要拿出锲而不舍的干劲。从这两本采访实录中我们看到，习近平总书记当年正是以这种"功成不必在我"的宏阔格局，诠释了一名党员干部强烈的使命担当。我们学习这两本采访实录，就要学习总书记这种大境界、大胸怀，牢固树立正确的政绩观、发展观，既要做让人民看得见、摸得着、得实惠的实事，又要作为后人当铺垫、打基础、利长远的好事，让我们的工作经得起历史的长期检验。

第四个字是"严"。从严治吏是全面从严治党的关键所在。无论是在厦门还是在宁德，习近平总书记都始终保持真抓实干、敢管敢严的工作风格。

在厦门，他强调"要发财就不要来当干部，要当干部就不要想发财"。在宁德，据相关干部回忆，习近平总书记身上无时无刻不体现着一种务实精神，为人朴实、待人诚实、讲话真实、工作踏实、领导务实，不论是扶贫、发展经济还是促进文化事业等，都是贴近老百姓生活去做。他从严要求干部，针对群众反映强烈的干部违规私建住宅问题指出："我们是三百万人该得罪，还是这两三千人该得罪？当然是宁可得罪这两三千人！"整顿违规住房迅速从严公正推开，赢得百姓一片拍手叫好；他严格限制公务接待标准，制定"公务接待12条"，狠狠刹住了不正之风。他不只是这样要求干部，更重要的是自己总是身体力行、严于律己、保持清正廉洁。这样的工作作风和从严治吏实践，同党的十八大以来以习近平同志为核心的党中央坚持党要管党、全面从严治党的要求和实践完全是一脉相承的。我们学习这两本采访实录，就是要像总书记那样坚持一切从实际出发，对一切不正之风敢于亮剑，充分发扬敢于斗争的精神，不断推动全面从严治党向纵深发展，永葆党的先进性和纯洁性。

"居高声自远，非是藉秋风。"人民领袖的成长历程、伟大思想的孕育轨迹、非凡人格的修炼养成、崇高信仰的坚如磐石，在春风化雨中、在润物无声中走进了广大读者的心里，凝聚了人心、滋润了人心、照亮了人心，会聚起了砥砺奋进新时代的不竭动力。这就是两本采访实录受到读者普遍欢迎，在短短4个月发行量就突破600万册的重要原因之所在。

彰显以人民为中心的根本立场[*]

"坚持以人民为中心的发展思想，不断保障和改善民生、增进人民福祉，走共同富裕道路"作为我国国家制度和国家治理体系的显著优势，将发展理念、实践要求、价值目标紧密结合在一起，体现了我国国家制度和国家治理体系的本质属性和价值导向，彰显了以人民为中心的根本立场。

以人民为中心的根本立场体现在用制度体系保证人民当家作主。我们党自成立之日起，就致力于建设人民当家作主的新社会，提出了关于未来国家制度的主张，并领导人民为之进行斗争；新中国成立后，我们党坚持立党为公、执政为民，践行全心全意为人民服务的根本宗旨，将人民立场作为构建国家制度的逻辑起点和根本政治立场，确立了人民民主专政的社会主义国家的国体和人民代表大会制度的政体，确立了社会主义基本制度；改革开放后，我们坚持党的领导、人民当家作主、依法治国有机统一，积极推进经济体制和各方面体制改革，以制度化、法治化的方式将人民至上的理念转化为国家制度，推动中国特色社会主义制度不断完善；党的十八大以来，以习近平同志为核心的党中央推进全面深化改革，把以人民为中心的发展思想充分体现在支撑中国特色社会主义制度的根本制度、基本制度、重要制度之中，不断促进社会公平正义，不断促进人的全面发展、全体人民共同富裕，中国特色社会主义制度日趋成熟定型。我国国家制度深深植根于人民之中，保障人民平等参与、平等发展权利，能够有效体现人民意志、保障人民权益、激发人民创造力。

以人民为中心的根本立场体现在政策制定坚持从人民利益出发。我们党始终把实现好、维护好、发展好最广大人民根本利益作为一切工作的出发点和落脚点，把人民拥护不拥护、赞成不赞成、高兴不高兴、答应不答应作为制定政策的依据，使民之所盼成为政之所向。制定政策前，广泛开展调查研究，问政于民、问需于民、问计于民；政策实施中，积极接受群众监督、回应群众关切，根据人

---

* 本文原载《人民日报》2020 年 5 月 8 日。

民群众利益诉求和需要对政策及时作出调整。强调检验一切工作的成效，最终都要看人民是否真正得到了实惠，人民生活是否真正得到了改善，人民权益是否真正得到了保障。

以人民为中心的根本立场体现在发展成果由人民共享，新中国成立以来，我们党带领人民创造了世所罕见的经济快速发展奇迹和社会长期稳定奇迹。以人民为中心的根本立场，体现为人民群众的获得感、幸福感、安全感显著增强，随着幼有所育、学有所教、劳有所得、病有所医、老有所养、住有所居、弱有所扶等方面国家基本公共服务制度体系逐步建立健全，我国人民生活水平大幅提高，全国居民人均可支配收入从1949年的不到50元增至2019年的30733元；人口素质全面提升，文盲率从新中国成立之初的80%下降到2019年的4%以下，教育总体发展水平已经跃居世界中上行列；覆盖城乡居民的社会保障体系基本建立，全民医保基本实现，人均预期寿命从新中国成立初期的35岁提高到2018年的77岁。在不断保障和改善民生、增进人民福祉的基础上，我们朝着实现全体人民共同富裕不断迈进，通过改革经济体制和调整收入分配格局，正确处理先富、后富和共富的关系，让实现全体人民共同富裕在广大人民现实生活中更加充分地展示出来。2020年，我国全面建成了小康社会，中华民族千百年来存在的绝对贫困问题历史性地得到了解决。这是向实现全体人民共同富裕迈出的重要一步。

党的十九届四中全会对坚持和完善中国特色社会主义制度、推进国家治理体系和治理能力现代化作出了全面部署。新中国成立70多年的发展实践充分证明，始终代表中国最广大人民根本利益，保证人民当家作主，体现人民共同意志，维护人民合法权益，是我国国家制度和国家治理体系的本质属性，也是我国国家制度和国家治理体系有效运行、充满活力的根本所在。随着各方面制度更加完善，我国国家治理体系和治理能力现代化将逐步实现，我国国家制度和国家治理体系的显著优势必将更加充分地发挥出来，我国人民将享有更加幸福安康的生活。

数字化生存能否引领我们
走向"诗和远方"*

《学习时报》从 2019 年四季度开始在"数字世界"版开设了"数字科技名家谈"栏目,截至 2020 年 5 月 8 日先后一共刊发 12 篇文章,文章的作者有工信部的领导同志,有长期致力于数字科技和数字经济研究的知名专家学者,也有直接从事数字科技产业研发的一线工作者。专家们全方位、多角度地探讨了数字科技和数字经济对当今社会经济发展的重大价值和深刻影响,读来颇受启发,许多网站和公众号对这些文章都做了转载。该专栏的开设是成功的。

2020 年以来,突如其来的新冠肺炎疫情对全球经济社会发展产生了严重冲击,我们在悲悯人类应对病毒传染灾难还有诸多脆弱性的时候也可以看到,数字科技和数字经济的蓬勃发展点亮了"黑暗隧道前的一抹曙光"。这些或是在新冠肺炎疫情前刊发,或是在新冠肺炎疫情防控期间进行深入探讨的文章,揭示出了一个共同的结论,就是人类要想能够应对突发性重大公共危机、更好地适应愈加不确定性的世界,更好地创造美好的未来,必须依靠科学的智慧、科技的力量,新科技革命一定能够让人类突破重围、涅槃重生。其中,数字科技和数字经济无疑是很值得期许的,这也是我们定义新生活、开启新时代的重要力量。在此,笔者结合对专家文章的学习,结合新冠肺炎疫情下数字经济的发展机遇和后疫情时代的发展未来,谈一点零散感想,作为该栏目的收尾。

1996 年,一本《数字化生存》打开了什么?

记得还是在 1996 年,笔者采访刚回国创业的张朝阳,那时候他刚创办爱特信科技公司,致力于在中国创办一家有影响力的互联网公司;访谈中他就笃定地认为互联网对中国崛起一定会起到很大的助推作用。张朝阳创办公司的部分风险投资来自他在留美期间的一位老师——麻省理工学院媒体实验室主任尼葛洛庞帝。尼葛洛庞帝是美国著名的《连线》杂志的创办人和专栏作家,被西方媒体

---

* 本文原载《学习时报》2020 年 5 月 8 日。

推崇为电脑和科技领域最具影响力的人物之一。

尼葛洛庞帝为国内读者熟悉得益于 1996 年末海南出版社翻译出版了他当时的新著《数字化生存》（*Being Digital*），张朝阳为其作了大力推介。该书英文版曾高居《纽约时报》畅销书排行榜，在国内翻译出版后也迅速掀起了畅销热潮，先后 3 次再版，发行近百万册。按照尼葛洛庞帝的解释，人类将生存在一个虚拟的、数字化的活动空间，在这个空间里人们应用数字技术（信息技术）从事信息传播、交流、学习、工作等活动，这便是数字化生存。作者当时就预言，数字化、网络化、信息化必将使人的生存方式发生革命性改变。书中描述：在数字化生存环境中，人们的生产方式、生活方式、交往方式、思维方式、行为方式都将呈现全新的面貌。如，生产力要素的数字化渗透，生产关系的数字化重构，经济活动走向全面数字化，社会的物质生产方式将被打上浓重的数字化烙印，人们通过数字政务、数字商务等活动成就着数字化政治和经济；通过网络学习、网聊、网络游戏、网络购物、网络就医等线上活动刻画出"异样"的学习、交往、生活状态。在这种数字化的另类空间中，人们深度体验虚拟生存状态，感受网络人际交流的魅力，体会虚拟社区的逼真，尝试新型的情感交流方式，领略网络语言的千姿百态……总之，数字化生存方式不仅是对现实生活的模拟，更是对现实生存的延伸与超越。

如果说，1996 年尼葛洛庞帝对数字化生存方式的种种描述，让我们感觉还是对未来世界的一种梦想式"漫游"，今天其所有的设想已经化为实实在在的生活现实。如果将尼葛洛庞帝的《数字化生存》看成是中国数字科技和数字经济发展的启蒙书，那么正是像张朝阳等一批互联网世界的科技创业家较早地将互联网引入国内，培植起中国互联网事业迅猛发展的土壤，这批科技新锐也成为了中国数字经济发展的拓荒者、书写者、实践者。20 多年过去了，经过 2000 年一轮互联网泡沫破灭的洗礼，更多的数字科技和数字经济的探路者风起云涌、承前启后、迭代创新，特别是 2014 年后移动互联网的崛起，阿里巴巴、腾讯、京东、美团等新经济公司的新经济业态以全新面貌成为行业翘楚，继续引领中国的数字科技和数字经济阔步向前。由此说，数字化生存，开启的不只是一种思维方式，更是打开了人类走向未来的通道。

疫情"大流行"，凸显数字化生存的新价值

尼葛洛庞帝是一位优秀的未来学家。在《数字化生存》中有一句经典的话"预测未来的最好办法就是把它创造出来"。在"未来已来"的今天，我们已经切身领悟到数字科技和数字经济这一延伸到未来的创新变革，是怎样改变了我们现实的生产生活方式乃至于我们的思考方式。该栏目的许多文章也都清晰地阐述

了这一"改变"。

比如，国家信息中心首席经济学家祝宝良在《用好数字科技　建设数字中国》中写到，从 20 世纪 90 年代中后期开始，互联网开始了大规模商用进程，国民经济进入到以互联网应用为主要特征的网络化阶段。经济通过互联网实现了高效连接，信息交互、业务协同的规模得到空前拓展，空间上的距离不再成为制约沟通和协作的障碍，中国经济社会开启了在信息空间中的数字化生存方式。数字科技通过对数据的深度挖掘与融合，帮助个人和企业两端采用新的视角和新的手段，全方位、多视角展现事物的演化历史和当前状态，归纳事物发展的内在规律，预测事物的未来状态，从而为决策提供最佳选项。

国务院参事姚景源在《数字科技推动中国经济向高质量发展》中说，以人工智能、区块链、云计算和大数据等为代表的数字科技核心技术已经活跃在我国产业赋能的各个领域。其中，人工智能意在通过语言和图像识别、神经网络等技术延展人类智能，帮助企业更好地识别用户身份、预测用户行为和替代真人参与。云计算可以帮助企业整合信息系统、消除数据孤岛、快速部署和上线开发需求，增强获客、运营与风控创新能力，推动实体经济与金融行业的供给侧结构性改革。

工信部陈肇雄副部长在《培育壮大数字经济新引擎》中指出，发展数字经济是实现跨越发展的时代机遇，是构筑竞争新优势的迫切需要，是培育高质量发展新动能的重要途径。数字经济与我国加快转变经济发展方式形成历史性交汇，要把握数字化、网络化、智能化发展机遇，探索新技术、新业态、新模式，探寻新的增长动能和发展路径，推动经济发展从要素驱动向创新驱动转变，是促进经济发展质量变革、效率变革、动力变革的新引擎。据统计，2012~2018 年，我国数字经济规模从 11.2 万亿元增长到 31.3 万亿元，总量居世界第二，占 GDP 比重从 20.8%扩大到 34.8%，已经成为经济高质量发展的关键支撑。

新冠肺炎疫情严重冲击了我们安宁的生活和经济社会发展秩序，但新冠肺炎疫情期间，以互联网为代表的数字经济形态呈现爆发式增长，引领工作方式、生活方式、消费方式变革，表现出了强大生命力，也成为对冲新冠肺炎疫情影响、促进经济稳定增长的重要力量。发展数字经济将为我国新一轮新型基础设施建设带来重大机遇。

中国国际经济交流中心王晓红研究员在《数字经济新业态推动国家治理体系和治理能力现代化》中记述：网络办公成为疫情防控期间主要工作模式，在线教育规模迅猛增长，在线问诊成为重要的诊治手段，网络视频会议成为新的办公时尚，网络购物态势强劲，数字学习和数字娱乐快速增长，社交媒体成为防治疫情的主要宣传媒介……

当然，疫情"大流行"如何改变人类的未来生活，"非接触经济"是否会成为未来的常态化经济运行模式，我们现在还无法回答，但现实是如此鲜明地凸显了数字化生存的新价值，这一生存方式已经深深嵌入到我们的社会经济生活中，无论你愿不愿意，已经到来的数字经济社会留给我们的选择就是必须面对、必须适应，最根本的是需要改变。

数字化变革能否引领我们走向"诗和远方"

音乐人高晓松有一句名言："这个世界不只有眼前的苟且，还有诗和远方。"不论其是怎样的心灵鸡汤，正在走向未来的年青一代希冀的是能够拥有一种平静而美好的未来生活。这并不是奢望，但理想与现实总是存在巨大落差。数字科技和数字经济的迅猛发展不一定创造的就是美好。

联合国秘书长古特雷斯指出，新冠病毒危机过后的世界将"大为不同"，我们会面对一个伴随着风险的数字化程度更高的世界。他提出，未来将比过去数字化程度高很多，这将极大地促进人工智能的发展，促进网络空间所有活动的发展，其中的一种风险，就是新冠肺炎疫情会催生社会控制机制，这种未来图景已经开始形成。因此，他呼吁国际社会要加快制定规则和监管机制，避免社会控制机制被滥用。

陈肇雄副部长在栏目撰文中指出，互联网立法要取得重大进展，信息安全立法要加快推进，要坚决打击违规收集个人信息、电信诈骗等违法犯罪活动，数字化治理能力要显著提升。国务院发展研究中心市场经济研究所所长王微在撰文中提出，要建立健全监管标准体系，加强互联网领域安全生产、网络安全、数据安全和公共安全等标准的制定和普及推广；要强化信用约束，科学合理界定平台主体责任，依法惩处网络欺诈、假冒伪劣、不正当竞争、泄露和滥用用户信息等行为。京东金融集团首席执行官陈生强在栏目文章中表示，数字科技的归宿是为人与产业创造价值，最终实现人与产业的共生长，让科技创造美好未来的愿景成为现实。数字化生存就是要"以科技为美，为价值而生"。

党的十九届四中全会通过的《中共中央关于坚持和完善中国特色社会主义制度、推进国家治理体系和治理能力现代化若干重大问题的决定》对数字科技与数字经济赋予了新的战略内涵，将数据并列为与劳动、资本、土地、知识、技术、管理等同的生产要素，这为中国数字科技发展与经济数字化转型提供了坚实的政策基础，也是数字经济时代推进国家治理体系和治理能力现代化的应有之义。

任何时代的技术革命都是一把"双刃剑"，我们不能因为可能产生的负面就束缚了手脚，正如英国学者马特·里德利在《理性乐观派》一书中写到的：对人类来说最危险最不可持续的事情，就是为恐惧而关掉创新的出水口。尽管会出现许多挫折，但人类这一种群会继续扩展并丰富自身的文化。21 世纪会是值得活一次的宏伟时代。

如果人类能够保持足够的理性和乐观，数字科技和数字经济就可以把我们引向"诗和远方"。

展现特殊时刻
两会的新风采 *

初夏时节，草长莺飞。全球新冠肺炎疫情和世界经济形势仍然严峻复杂，我国发展面临的挑战前所未有。在这个特殊时刻，2020 年的两会即将召开。这是我国人民政治生活中的大事。在 2020 年这个特殊时期，召开十三届全国人大三次会议和全国政协十三届三次会议，不仅为全国人民所期盼、为国际社会所瞩目，也表明当前我国疫情防控向好态势进一步巩固，彰显全党全国人民按照党中央统一部署统筹推进疫情防控和经济社会发展各项工作的坚定决心和坚强意志，将为我们战胜新冠肺炎疫情、全面实现脱贫攻坚任务和全面建成小康社会目标奠定更加坚实的思想基础和行动基础。

2020 年是一个极不寻常的年份。在这个具有里程碑意义的一年，我们将实现"十三五"规划收官和全面建成小康社会的奋斗目标和脱贫攻坚的决定性胜利。2020 年以来，面对突如其来的新冠肺炎疫情，在以习近平同志为核心的党中央坚强领导下，坚持把人民生命安全和身体健康放在第一位，统筹全局、沉着应对，果断采取一系列有力有效举措；全国人民上下一心、奋勇当先、众志成城。我们用短短几个月时间遏制了新冠肺炎疫情蔓延势头，我国疫情防控阻击战取得了重大战略成果，生产生活秩序加快恢复。这一来之不易的成绩，极大激发了民族自豪感、自信心、凝聚力，充分展现了中国社会主义制度的政治优势和中国负责任大国的形象。此时此刻，在这个前所未有的复杂形势下，我们召开两会，全国人民会带着别样的感情，会有着特别的关注，会寄予更多的期许。

期许人民代表在艰难之际更加认真履职尽责，充分发挥来自人民、植根人民的优势，凝聚起亿万人民实现伟大梦想的磅礴伟力。人民代表大会制度作为坚持党的领导、人民当家作主、依法治国有机统一的根本政治制度安排，具有强大的生命力和显著的优越性。酝酿多年的《中华人民共和国民法典（草案）》将提请这次人大三次会议审议，期盼人民代表继续通过人民代表大会制度牢牢把国家

---

* 本文原载《学习时报·学习评论》2020 年 5 月 20 日。

和民族前途命运掌握在人民手中，不断激发制度活力，发展更加广泛、更加充分、更加健全的人民民主，倾听人民呼声，回应人民期待，为推进全面依法治国、推进国家治理体系和治理能力现代化提供基础性的制度保障。

期许各界政协委员持之以恒同中国共产党肝胆相照、同舟共济，团结全体中华儿女共同开创中华民族的美好未来。在抗击疫情的非常时刻，各民主党派、工商联和无党派人士坚定不移同中国共产党想在一起、站在一起、干在一起，为做好疫情防控和经济社会发展工作贡献了智慧和力量。期盼政协委员发挥人才优势、智力优势、联系广泛优势，为应对各种风险挑战议政建言、提出真知灼见，营造良好舆论氛围，以大团结大联合画出最大"同心圆"。

期许政府工作适应新形势应对新挑战，将坚持以人民为中心落实落细到政府履职尽责和经济社会发展实践中，坚决守住不发生系统性风险的底线。紧扣全面建成小康社会目标任务，统筹推进疫情防控和经济社会发展工作"两手抓"，科学确定全年经济社会发展目标，有力有序部署政府各项工作。期盼各单位各部门在毫不放松常态化疫情防控的前提下，按照2020年5月15日中央政治局会议要求，落实好"五个坚持"，扎实做好以"六保"促"六稳"，全面强化"三大宏观政策"，坚定实施扩大内需战略，依靠改革激发市场主体活力，更大力度推进高水平对外开放，不断保障和改善民生，整治一切形式主义、官僚主义，加强自身建设，以真抓实干、埋头苦干的务实作风确保完成全年经济社会发展任务。

"踏平坎坷成大道，斗罢艰险又出发。"波澜壮阔的战"疫"实践再次证明，中国共产党和人民有战胜任何艰难险阻的勇气、智慧和力量，中国发展没有过不去的坎。我们有理由相信，特殊时刻的特殊两会，一定能绽放非同寻常的夺目风采，一定能开成一次团结民主、凝心聚力、催人奋进、继往开来的盛会。我们也完全有信心，有以习近平同志为核心的党中央的坚强领导，有习近平新时代中国特色社会主义思想的科学指引，全党全国人民会更加增强"四个意识"，坚定"四个自信"，做到"两个维护"，群策群力、攻坚克难、发奋图强，顺利完成全年经济社会发展各项任务，夺取脱贫攻坚和全面建成小康社会的伟大胜利，"中国号"巨轮必将势不可当、破浪前行。

追循领袖足迹
聆听时代声音 *

——论中央党校出版社四本采访
实录总发行突破 1800 万册

中共中央党校出版社于 2017 年 8 月出版《习近平的七年知青岁月》，2019 年 3 月出版《习近平在正定》，2020 年初又同时出版《习近平在厦门》《习近平在宁德》。这四本书的陆续出版，在全社会引起了广泛而热烈的反响，截至 2020 年 5 月发行总量已超过 1800 万册，成为国内出版界的畅销图书。这一出版现象令人惊叹，背后的深层次原因值得追寻。

我们了解到，四本书出版以后，书店柜台常常脱销。广大基层党组织和党员干部将其作为开展党性教育的重要读本、作为"不忘初心、牢记使命"主题教育的辅导材料，许多大中学校将其作为思想修养、思政教育的生动教材，还有不少家长购书送给孩子作为激励成长成才的励志读物。

总而言之，这四本书独有的内容和表达深度契合了社会各界各群体的阅读需要，满足了广大读者走近领袖、了解领袖、读懂领袖的渴望和期待。四本书折射出的领袖成长的心路历程、伟大思想孕育发展的进程、非凡人格铸就的精神伟力，更是深深打动了广大读者的心灵，深深感染了这一代人。

真实还原领袖成长的历史轨迹，让读者感悟到奋斗的价值

一个时代有一个时代的领袖。人民群众更需要自己的英明领袖。这四本书通过一个个朴实无华的故事、一幕幕亲切感人的场景，真实还原了一代人民领袖的成长历程，还原了在艰难的环境和曲折的经历中、在与人民群众水乳交融的长期实践中，领袖成长起来的足迹。习近平总书记从小沐浴红色家风，有对党对人民对国家的淳朴感情，有家国情怀的厚实底蕴；而成长为时代伟人、人民领袖，离

---

* 本文原载《学习时报》2020 年 5 月 20 日，以学习时报特约评论员名义刊发。

不开实践沃土的滋养，离不开持之以恒苦读修身的明心立志，离不开深刻体察民之苦乐、国之沧桑而玉汝于成。这一切，集中体现在他从青年时代就牢固树立起的为什么而奋斗、为谁而奋斗的人生理想中，集中体现在他始终坚守全心全意为人民服务的奋斗宗旨中。贯穿这四本书的主线，正是习近平总书记血脉中秉承的人民初心，也正是那"甘为人民孺子牛，使命责任担肩上"的奋斗真谛。

《习近平的七年知青岁月》记载了青年习近平在黄土高原的插队生活和确立世界观、人生观、价值观的过程。他从涉世未深的少年成长为成熟稳重、勇于担当的大队党支部书记，通过"过五关"的生活经历与陕北农民兄弟的同甘共苦，建立了与人民群众深厚的感情。习近平说："陕北高原是我的根，因为这里培养出了我不变的信念：要为人民做实事！"习近平后来回北京上大学然后到国家机关工作后又主动放弃优越条件，申请到河北正定做基层工作，人们问及其缘由，他的回答是，七年的插队生活使我忘不了农民的艰辛，内心深处始终牵挂着远方贫困的沟壑与山岭，渴望尽自己的微薄之力，"在生我、养我、哺育我的人民身边，和他们一起为理想、事业奋斗"。

《习近平在正定》记述了他从政起步的难忘岁月。习近平常说，"正定是我的第二故乡"，"唯有对家乡知之甚深，才能爱之愈切"，深厚的人民情怀让他把这份"知之深、爱之切"转化为带领这个冀中平原农业县焕发勃勃生机的实践。

《习近平在厦门》《习近平在宁德》记述了习近平走上更高一级领导岗位的经历。地位变了，但"为老百姓做事"的信念没有变，他时刻用"不要立志做大官，而要立志做大事"自勉。在厦门这片充满激情的开发开放热土，习近平与广大特区建设者并肩奋斗，取得丰硕成果。当年的宁德是经济总量排在全省最末的"老、少、边、岛、穷"地区，却是他"魂牵梦绕的地方"。习近平跑遍了闽东的山山水水，当地群众说："习书记到闽东后不知道掀了多少锅盖、掀了多少桌盖、掀了多少铺盖"，当地干部说："习书记好比一棵大树，一植根闽东，就成了我们的主心骨"……

"意莫高于爱民，行莫厚于乐民"，这是习近平总书记喜欢引用的典故。爱民、亲民、为民的情怀深深镌刻在领袖的奋斗历程中。他填写的《念奴娇·追思焦裕禄》中写道"为官一任，造福一方，遂了平生意。绿我涓滴，会它千顷澄碧"，这正是他自己人生奋斗的生动写照。在党的十八届一中全会后同中外记者见面时，他立下"人民对美好生活的向往，就是我们的奋斗目标"的豪迈誓言；在庆祝中华人民共和国成立70周年大会上，他饱含深情地喊出："伟大的中国人民万岁！"在抗击新冠肺炎疫情的斗争中，他要求全党始终把人民群众生命安全和身体健康放在第一位，坚决打赢疫情防控阻击战、坚决如期实现全面建成小康社会的宏伟目标。这一切，无不体现人民领袖对人民群众的大爱无疆，因而人民领袖赢得了人民群众对领袖的无限爱戴和衷心拥护。

客观再现伟大思想萌发孕育的发展过程，让读者感知到实践的价值

哲学家黑格尔说过，一个时代的伟大人物是这样一种人：他能用言辞把他的时代的意志表达出来，他告诉他的时代什么是那时代的意志，而且能去完成它。领袖的魅力，就在于能够用思想引领他所处的时代。

党的十八大以来，以习近平同志为核心的党中央坚持以党的基本理论为指导，紧密结合新的时代条件和实践要求，以全新的视野深化了对共产党执政规律、社会主义建设规律、人类社会发展规律的认识，进行了理论创新、实践创新、制度创新，取得了历史性创新成果，形成了习近平新时代中国特色社会主义思想。这一思想是党和人民实践经验和集体智慧的结晶，习近平总书记以马克思主义政治家、理论家、战略家的政治智慧和理论创造，对这一思想的创立发挥了决定性作用，作出了决定性贡献。

伟大思想不是从天上掉下来的，思想智慧的形成必然有其源头。习近平总书记几十年来在不同层级、不同区域、不同岗位上持续历练，在基层的实践中，在艰苦的磨砺中，萌发、产生了许许多多的重要思想。从习近平总书记的成长经历中，我们可以清晰地发现习近平新时代中国特色社会主义思想的"根""源"，找到这一伟大思想的历史原点和实践基点。

据《习近平的七年知青岁月》记载，黄土高坡的厚重底蕴、陕北老乡的淳朴勤劳，让青年习近平"懂得了什么叫实际，什么叫实事求是，什么叫群众"，"为群众做实事"的信念像种子一样在他心里生根发芽，最终长成"坚持以人民为中心"的参天大树。《习近平在正定》记述中，在那个酝酿着巨大变革的历史转折时期，正定成为他施展政治抱负、展现历史担当的最初"试验田"：他力排众议推进农民搞土地"大包干"试点，他以远见卓识探索"半城郊型"经济的发展，他敢为人先地编制"人才九条"向全国招纳贤士，坚定倡导"做改革的拥护者，做改革的实践者，做改革的清醒者，做改革的保护者"，为今天我们坚决破除不合时宜的思想观念、坚持全面深化改革的思想，释放出深厚的实践"地气"。《习近平在厦门》《习近平在宁德》记述了习近平同志早年在福建厦门、宁德工作时，把握新时期改革开放机遇，将八闽大地作为战略思维的"演兵场"，大手笔勾勒厦门"跨岛发展"的长远开放战略，运筹谋划宁德摆脱贫困之路，提出"产业扶贫""意识脱贫""扶贫先扶志"的思想。这一系列涉及经济、政治、文化、民生、生态、党建的新观点、新举措、新探索，都为今天构筑起的中

国特色社会主义事业"五位一体"总体布局、"四个全面"战略布局，以及新发展理念等思想大厦奠定了厚实的实践基石。

基层是思想的沃土，实践是理论的源泉。习近平总书记在地方的丰富实践、深邃思考和循序探索，事实上就是在不断回应人民的诉求、时刻聆听时代的声音。习近平新时代中国特色社会主义思想，回答的正是当代中国的重大时代课题。习近平总书记早年的思想积淀，与今天博大精深的思想体系是一脉相承、一以贯之的，在实践基础、思想逻辑、精神品质、语言风格等方面具有内在的继承性和一致性。这一切表明，思想总是随着实践的发展而发展的，只有呼应人民心声、紧跟时代步伐，理论才会展现出更强大、更有说服力的真理力量。

全景展示非凡磨砺铸就养成的坚强人格，让读者感怀到精神的价值

习近平总书记指出，人无精神不立，国无精神不强。精神是一个民族赖以长久生存的灵魂，唯有精神上达到一定高度，这个民族才能在历史的洪流中屹立不倒、奋勇向前。

习近平总书记成长历程的非凡磨砺、坚强人格的铸就养成，传递出一种伟大的精神力量。这些成长故事，可以说既反映了伟人的成长史、奋斗史，又反映出领袖爱党、爱国、爱民的大爱情怀，立身、立志、立行的至上境界，为人、为事、为官的超凡智慧；从中更可以看到人性的光辉、生活的真谛、人生的意义，使人经受一次思想的洗礼、精神的升华。

在《习近平的七年知青岁月》中，青年习近平积极面对人生际遇，在艰苦环境中自觉完成了人生嬗变，磨砺出坚韧不拔、自强不息、坚毅刚强的性格，立下了为群众办实事的凌云壮志，形成了"天下无难事""有志者事竟成"的奋斗精神。《习近平在正定》《习近平在厦门》《习近平在宁德》记述了习近平总书记在从政道路上将厚积的知识底蕴彰显为战略眼光、战略思维和解放思想、求真务实的精神风貌，反映了他善于顺势而为，敢于大胆开拓，勇于改革开放的豪迈气概。在正定，他注重工农协调发展、城乡协调发展，重视人才制度创新；在厦门，他推动沿海特区编制具有开创性、前瞻性的长期战略规划，重视文化遗产传承和保护；在宁德，他立足实际，倡导既要"弱鸟先飞"又要"滴水穿石"，强调通过调查研究，建立"四下基层"制度，以大抓作风建设作为党建的突破口、狠刹不正之风，等等。所有这些，不仅给地方留下了人民群众满意的、实实在在的政绩，还绘就出了为民情怀、改革思维、开放创新、务实作风和责任担当的精神谱系。习近平总书记作为敢想敢干的行动者、坚韧不拔的奋斗者、求真务实的

实干家，这一切所凝聚的思想伟力、精神价值，成就了他作为党的核心、人民领袖的个人魅力，成就了他非同凡响的领袖风范，成就了他博大精深的思想理论。

今天，我们比历史上任何时候都更接近、更有信心和能力实现中华民族伟大复兴的目标。但实现中华民族伟大复兴，绝不是轻轻松松、敲锣打鼓就能实现的。在前进道路上，我们面临的风险考验只会越来越复杂，甚至会遇到难以想象的惊涛骇浪。越是这个时候，越呼唤伟大精神，越需要伟大精神引领伟大时代，激励全体中华儿女不断奋进，凝聚起同心共筑中国梦的磅礴力量。

由此，我们也不难理解这四本书为何会受到读者如此青睐和认可。不可否认，这四本书能够受到青睐，口述体表达方式带来的愉悦阅读体验也是重要原因。上百位讲述者娓娓道来，回忆与总书记在一起的点点滴滴。近百万字的采访实录里，没有宏大叙事，只有一个个具体的场景、一件件生动的故事、一句句朴实的话语。一位基层干部坦言"近平同志与我是布衣之交"。一位县城同志嘀咕"一身旧军装，穿得很土"。骑着自行车来报到、蹲在地上就着开水吃午饭、好不容易洗个热水澡就特别满足、用老乡的"黑茶缸"喝水……一系列丰富的细节扑面而来，一位平民领袖的形象跃然纸上。

最生动、最直接、最平实地表达出来，还原了历史，再现了场景，让人如临其境、如闻人声、如沐春风。实践的历练、思想的成熟和人格的养成自然贯通，领袖的精神魅力春风化雨般滋润着读者的心田，激发出心灵的震撼。这也正是四本书的重要魅力所在。

采访实录不能算是全新的表达方式，但以平凡人物的平行视线为大国领袖立传，则是具有突破性的创新。真实自有一种直击人心的力量。在我们这个伟大时代、在中华民族迎来伟大复兴的关键时期，怎样讲好中国故事、讲什么样的中国故事，无疑也是一个时代之问。好故事必然有读者，好声音必然有共鸣。

追随伟人的足迹，我们期盼中共中央党校（国家行政学院）策划组织采访领袖更多这样的故事，满足广大读者的阅读渴望。

发挥优势凝心聚力，
共绘战"疫"同心圆*

2020 年 5 月 21 日，全国政协十三届三次会议召开。这是特殊时期召开的一次全国政协全体会议，2000 多名全国政协委员将不负重托，承载着习近平总书记 2020 年 5 月 8 日在中共中央召开党外人士座谈会上提出的三点希望：与中国共产党一道携手前进、共克时艰；继续为防疫情和促发展提出真知灼见、发挥积极作用；努力营造良好舆论氛围，密切关注社情民意，讲好中国抗疫故事，发出好声音，传播正能量。

人民政协是爱国统一战线组织，是多党合作和政治协商的机构，也是一项基本政治制度，人民政协是中国共产党把马克思列宁主义统一战线理论、政党理论、民主政治理论同中国实际相结合的伟大成果，是从中国土壤中生长出来的、适合中国国情的、具有鲜明中国特色的新型政党制度，是中国共产党领导各民主党派、无党派人士、人民团体和各族各界人士在政治制度上进行的伟大创造，也是我国人民民主的重要实现形式。

一是人民政协通过协商民主的方式，实现了中国共产党和各民主党派、无党派人士的亲密合作，将中国共产党同各民主党派"长期共存、互相监督、肝胆相照、荣辱与共"的基本方针贯穿政治协商、民主监督、参政议政三大职能之中，相得益彰地发挥了中国共产党的领导作用和各民主党派、无党派人士的参政议政作用；确保在人民政协中，各民主党派、无党派人士能够围绕党和政府中心工作进行协商议政，既能广开言路集思广益，又能集中意见科学决策并促进民主监督。

二是人民政协建立的协商议事活动，能够形成既畅所欲言、各抒己见，又理性有度、合法依章的协商氛围，集一致性、多样性于一体，体现了团结和民主的政治主题。

三是人民政协通过发挥统战功能，最大限度团结积极力量、争取中间力量、

---

* 本文原载中国网 2020 年 5 月 21 日。

转化消极力量，积极促进政党关系、民族关系、宗教关系、阶层关系、海内外同胞关系的和谐。

四是人民政协还可以发挥协商民主重要渠道和专门协商机构的作用，通过建立社会协商对话制度参与社会协同治理，以其人才荟萃、代表性强等优势，协助党和政府做好协调社会关系、理顺社会情绪、化解社会矛盾的工作，等等。

2020 年以来，一场突如其来的疫情严重冲击了我国经济社会发展，在抗击疫情的非常时刻，人民政协紧密团结各民主党派、工商联和无党派人士坚定不移同中国共产党想在一起、站在一起、干在一起，为做好疫情防控和经济社会发展工作与中国共产党携手前进、共克时艰，贡献了不可多得的智慧和力量。实践再一次证明，人民政协是中国共产党可以信赖、值得依靠的重要帮手，是具有顽强生命力和显著优势的新型政党制度安排。

当今世界正在经历百年未有之大变局，实现中华民族伟大复兴正处于关键时期。越是接近伟大目标，越是形势复杂，越是任务艰巨，越要发挥中国共产党领导的政治优势和中国特色社会主义的制度优势。期待在这个中华民族爬坡过坎的关键时刻，人民政协和全体政协委员能够担起历史重任，把海内外中华儿女的智慧和力量凝聚起来，寻求最大公约数，绘就最大同心圆，团结起一切可以团结的力量，形成海内外中华儿女心往一处想、劲往一处使的强大合力，为早日实现中华民族伟大复兴的中国梦、实现人民对美好生活的向往不懈奋斗！

胡敏说两会：两会首日看点
六方面部署人民政协工作
在双向发力上尽担当*

【编者按】2020 年全国两会期间，人民网理论频道特邀中共中央党校（国家行政学院）研究员胡敏担当评论员，聚焦 2020 年全国两会重点活动、重大议题，以轻松的语言、生动的点评、理性的阐析，让您获悉两会动态，了解政策解读。

　　2020 年的"两会"是在非常时期召开的一次会议。突如其来的新冠肺炎疫情，打乱了正常的经济社会节奏。为了集中精力坚决打赢疫情防控的人民战争、总体战、阻击战，本当 3 月初例行召开的两会延期举行，这充分体现了我们党坚持"人民至上""生命至上"的执政理念。经过全党全国人民艰苦卓绝的努力，全国疫情防控阻击战取得了重大战略成果、统筹推进疫情防控和经济社会发展工作取得积极成效。在这个重要时刻，我们召开两会，也表明我国疫情防控向好态势进一步巩固，彰显了全党全国人民按照党中央统一部署统筹推进疫情防控和经济社会发展各项工作的坚定决心和坚强意志，将为我们最终战胜新冠肺炎疫情、确保实现决战决胜脱贫攻坚、全面建成小康社会目标任务奠定更加坚实的思想基础和行动基础。因此，开好这次非常时期的两会，具有特殊重要的意义。

　　2020 年 5 月 21 日下午 3 时，中国人民政治协商会议第十三届全国委员会第三次会议在人民大会堂开幕。在会议的开始，党和国家领导人、两千多名全国政协委员们和列席会议的人员，向因新冠肺炎疫情牺牲的烈士和逝世同胞表示深切哀悼，凸显了全党全国人民对人民群众生命价值的无上尊重。

　　随后，汪洋主席代表中国人民政治协商会议第十三届全国委员会常务委员会，向大会报告工作。报告虽不长，但主题鲜明，求真务实，凝聚人心，紧扣人民政协团结和民主两大主题。报告全面总结过去一年来全国政协突出抓好的 4 项

---

　　* 本文原载人民网·两会特别策划 2020 年 5 月 23 日，同时在喜马拉雅公众号播出。

工作，从 6 个方面部署人民政协 2020 年工作，强调了今后一个时期人民政协需要抓实抓好的 4 个方面重点。报告的一个最鲜明特点，就是进一步强调了要"毫不动摇坚持中国共产党对人民政协工作的全面领导"，要在建言资政和凝聚共识双向发力上更加富有成效，把握这两点十分关键。

人民政协是统一战线的组织，是多党合作和政治协商的机构，是我国人民民主的重要实现形式。中国共产党领导的多党合作和政治协商制度是从中国土壤中生长出来、适合中国国情、具有鲜明中国特色的新型政党制度，是中国共产党、中国人民和各民主党派、无党派人士的伟大创造。党的十九届四中全会指出，要"坚持和完善中国共产党领导的多党合作和政治协商制度"，将这一基本政治制度作为坚持和完善中国特色社会主义制度、推进国家治理体系和治理能力现代化的重要组成部分。在新中国成立 70 多年来的漫漫岁月里，人民政协在中国共产党领导下，坚持团结和民主两大主题，紧紧围绕服务党和国家中心任务，在建立新中国和社会主义革命、建设、改革各个历史时期发挥了不可替代的重要作用。长期以来，人民政协在继承中发展、在发展中创新，形成了具有中国特色社会主义制度的显著特点和政治优势。

2019 年是中国人民政治协商会议成立 70 周年，习近平总书记发表重要讲话。讲话总结历史经验、站在新的战略高度，顺应时代发展新要求，对人民政协提出了更高期望，明确提出要加强党对人民政协工作的领导，准确把握人民政协性质定位，发挥好人民政协专门协商机构作用，坚持和完善我国新型政党制度，广泛凝聚人心和力量，聚焦党和国家中心任务履职尽责，坚持人民政协为人民，以改革创新精神推进履职能力建设。我们可以看到，正是在中国共产党坚强领导下，在这次抗击疫情的伟大斗争中，各民主党派、工商联和无党派人士坚定不移同中国共产党想在一起、站在一起、干在一起，肝胆相照、同舟共济、献言献策、共克时艰，人民政协为做好疫情防控和经济社会发展工作贡献了不可多得的智慧和力量。

当今世界正经历百年未有之大变局，我国正处于实现中华民族伟大复兴关键时期。在这样的时刻，人民政协更需要把党的领导具体落实到事业发展的全过程各环节，通过制度运行、民主程序和有效工作，努力把党的主张转化为社会各界广泛共识和自觉行动，使人民政协更好成为坚持和加强党对各项工作领导的重要阵地。

中国人民政治协商会议主席汪洋在报告中强调，人民政协"要树立正确履职观，深刻认识建言资政是履职成果、凝聚共识也是履职成果，甚至是更重要的成果"。这一表述意味深长，人民政协这一具有中国特色的制度安排，既集包容性、平等性和开放性于一体，又集一致性和多样性于一体。这就需要在爱国主义、社会主义旗帜下，把共同目标作为奋斗的动力源和方向标，求同存异、聚同化异，致力凝聚海内外中华儿女实现中华民族伟大复兴中国梦的最大政治共识。比如，在这次新冠肺炎疫情发生后，我们付出了巨大牺牲和努力，有效遏制了国内疫情蔓延；讲好中国战"疫"故事，传播中国正能量，十分迫切，人民政协就需要发挥统一战线的更强力量。所以，在大是大非面前，人民政协就要更好地成为在共同思想政治基础上化解矛盾和凝聚共识的重要渠道，为中国共产党领导人民有效治理国家厚植政治和社会基础。

前不久，中共中央召开党外人士座谈会，习近平总书记主持并发表重要讲话，提出了三点希望：一是坚定不移走中国特色社会主义道路，站稳政治立场，坚定"四个自信"，继续同中国共产党携手前进、共克时艰。二是继续为防疫情、促发展发挥积极作用，深入调查研究，加强前瞻性谋划和规律性思考，提出真知灼见，推动做好"六稳"工作、落实"六保"任务。三是协助营造良好舆论氛围，密切关注社情民意，及时开展解疑释惑工作，讲好中国抗疫故事，发出好声音、传播正能量。

在全国政协十三届三次会议上，汪洋主席对广大政协委员提出"强化委员责任担当"的期望，担当就十分重要。按照这样的要求，政协委员们认真贯彻、履职尽责，我们就有信心："有事好商量、众人的事情众人商量"的具有中国特色的新型政党制度的生动实践必然会更加精彩，人民政协事业就会固基强本，在夺取新时代中国特色社会主义伟大胜利的新征程上，开创出大有可为的发展新局面。

胡敏说两会：政府工作报告 "实"字当先：看淡增长指标 突出民生导向*

【编者按】2020 年全国两会期间，人民网理论频道特邀中共中央党校（国家行政学院）研究员胡敏担当评论员，聚焦 2020 年全国两会重点活动、重大议题，以轻松的语言、生动的点评、理性的阐析，让您获悉两会动态，了解政策解读。

2020 年 5 月 22 日上午，第十三届全国人民代表大会第三次会议在人民大会堂开幕。国务院总理李克强代表国务院向十三届全国人大三次会议作政府工作报告。2020 年的《政府工作报告》极不寻常，因为这是一份非常时期的政府工作报告。

受新冠肺炎疫情影响，本来在 3 月初例行召开的两会延期到 5 月下旬，政府工作报告 2020 年也延至 5 月 22 日，时间已接近年中。2019 年末，中央经济工作会议对 2020 年决胜全面建成小康社会和脱贫攻坚历史性任务、"十三五"规划收官之年已经做出全面部署。2020 年以来，新冠肺炎疫情对我国经济社会发展造成前所未有的冲击、带来前所未有的挑战，2020 年的《政府工作报告》综合研判当前和今后一个时期国内外新的形势，对新冠肺炎疫情前考虑的预期目标和工作安排做出了适时调整。

在极度复杂的形势面前，如何统筹推进疫情防控和经济社会发展工作，在半年多的时间里如何实现脱贫攻坚、全面实现小康社会目标，如何在常态化疫情防控下确定全年经济社会发展目标任务，怎样化危为机，应对更加不确定的世界经济格局，所有的关注便聚焦到 2020 年的政府工作报告上。

2020 年政府工作报告虽短，但内容依然是沉甸甸的，最鲜明的特点就是把握了一个"实"字，突出了一个"民"字，回应了各方关切，是一份突出民生

---

* 本文原载人民网·两会特别策划 2020 年 5 月 24 日，同时在喜马拉雅公众号播出。

导向的务实报告。

这份报告的亮点很多，最大看点就是没有提出 2020 年全年经济增速具体目标。李克强总理在报告中指出"没有提出全年经济增速具体目标，主要因为全球疫情和经贸形势不确定性很大，我国发展面临一些难以预料的影响因素。这样做，有利于引导各方面集中精力抓好'六稳''六保'"。这是实事求是的。

2020 年一季度，受新冠肺炎疫情影响，经济增速跌至-6.8%，其他主要经济指标都出现很大回落，随着国内疫情形势好转，复工复产复商复业加快推进，经济社会秩序逐步恢复到正常轨道。但与之前年份相比，如果确定一定的增长目标，既不切实际，也会给 2020 年下半年各方面的工作带来更大压力。当前最重要的，就是要做好"六稳"，落实"六保"，稳住经济基本盘是个关键。

事实上，不提出具体的经济增速指标，也有利于我们牢固树立新发展理念，不唯 GDP 数字论英雄，切实转变经济发展方式。眼下，我们必须集中精力在常态化疫情防控下抓好复工复产，畅通经济社会循环，以保促稳、稳中求进，守住"六保"底线，稳定经济运行。长远看，面对我国经济已由高速增长阶段转向高质量发展阶段，必须坚持质量第一、效率优先，以供给侧结构性改革为主线，推动经济发展质量变革、效率变革、动力变革。我们决不能回到简单以经济增速论英雄的老路上去，决不能再回到以破坏环境为代价搞所谓发展的老路上去，更不能再回到粗放式发展的模式上去。疫情对我们是一次大战也是一次大考，从经济工作的角度看，一方面，我们做好"六稳"落实"六保"，努力把疫情造成的损失降到最低；另一方面，我们要主动化危为机，变被动为主动，改变数字增长思维，全力提高发展质量。这也是应对疫情挑战产生的历史机遇。我们必须走出一条有效应对冲击、实现经济社会良性循环的新路子。

客观来说，经过改革开放以来的长期努力，我国经济实力已大幅跃升，人民生活显著改善，目前我们已基本实现全面小康社会目标，现在的问题就是要抓重点、补短板、强弱项。疫情也暴露出我们在基础设施和公共服务水平上还有诸多欠缺，必须紧紧扭住新发展理念推动发展，把注意力集中到解决各种不平衡不充分的问题上来，这才是全面建成小康社会的实质所在。所以，看淡一点增速，抓住发展质量，才是遵循了经济社会发展规律，才是做好经济工作的根本。

当然，不确定具体全年经济增长指标，并不意味着经济增长不重要。其实，宏观经济运行是一个系统，经济增长指标也是一个体系。在 2020 年的《政府工作报告》中，依然针对疫情形势对国民经济造成的影响，提出了全年新增就业、城镇调查失业率、城镇登记失业率、居民消费价格等具体指标，以及保持国际收支基本平衡，居民收入增长与经济增长基本同步；现行标准下农村贫困人口全部脱贫、贫困县全部摘帽；重大金融风险有效防控；单位国内生产总值能耗和主要污染物排放量继续下降等要求。落实这些指标和要求，保住就业、保住价格稳定和市场稳定，就保住了民生，突出的是民生导向；有良好的外贸形势，确保产业链供应链稳定和提质增效，着眼的是稳定经济运行，这些指标为疫情形势下确保实现全年经济社会发展任务提供了有力的经济支撑。

胡敏说两会：心怀"国之大者"：
把握大势　为中国发展
强信心解难题

　　党的十八大以来，每年的两会时间，习近平总书记总是"下团组"深入到代表委员中间与大家一起共商国是，结合国内外经济社会发展态势发表重要讲话，指引发展航向、传递发展信心。

　　2020 年 5 月 22 日下午，习近平总书记参加了十三届全国人大三次会议内蒙古代表团审议，在讲话中全面阐释了我们党坚持以人民为中心的根本立场，再次强调了我们党"必须坚持人民至上、紧紧依靠人民、不断造福人民、牢牢植根人民"的执政理念，充分表达了只要我们党永远保持同人民群众的血肉联系，始终同人民群众想在一起、干在一起、风雨同舟、同甘共苦，无论面临多大挑战和压力，都会凝聚起坚不可摧的强大力量，风雨无阻向前进的坚强信念和坚定决心。

　　受新冠肺炎疫情影响，我国遇到的最大挑战就是国内经济受到很大冲击，经济运行面临巨大压力。面对我国经济的新形势，究竟怎么看，应该怎么办，需要怎么干？

　　2020 年 5 月 23 日上午，习近平总书记在看望参加政协会议的经济界委员时强调，"要坚持用全面、辩证、长远的眼光分析当前经济形势，努力在危机中育新机、于变局中开新局""必须在一个更加不稳定不确定的世界中谋求我国发展"。习近平总书记的讲话高屋建瓴、顺应大势、直面问题，为中国经济把舵定向。可以说是一部适应危机形势的中国特色社会主义政治经济学经典读本，也是一部应对变革情势的发展经济学宝贵教材。

　　党的十八大以来，在习近平总书记治国理政实践中，胸怀大局、把握大势、着眼大事，做到因势而谋、应势而动、顺势而为，是思考战略全局的基本方略。适应我国经济进入新常态，树立新发展理念，坚持稳中求进工作总基调，推进深

---

　　*　本文原载人民网·两会特别策划 2020 年 5 月 24 日，同时在喜马拉雅公众号播出。

化供给侧结构性改革，坚持底线思维，防范化解重大风险等，都是这一战略思维的生动体现。

当下新冠肺炎疫情冲击深刻改变了全球政治经济格局，"危""机"并存，"变""新"交织，"时""势"相应，弱者会畏惧退缩，强者会顺时应势。

习近平总书记在政协经济界委员联组会上的讲话，科学分析形势、把握发展大势，坚持用全面、辩证、长远的眼光看待面对的困难、风险、挑战，清晰分析了新冠肺炎疫情冲击下世界经济、贸易投资、金融形势的变化和逆全球化态势，深刻剖析了我国经济转型阶段结构性、体制性、周期性问题和新冠肺炎疫情这一外生变量相互交织的内在症结，全面揭示了我国工业体系完备、人才储备充足、国内市场巨大、"四化"快速发展、基本经济制度充满活力等优势叠加形成的我国经济潜力足、韧性强、回旋空间大、政策工具多的大国经济的厚实优势和发展底气，也充分展现出面向未来我国完全能够以内需为驱动力，逐步形成以国内大循环为主体、国内国际双循环相互促进的新发展格局，培育出新形势下我国参与国际合作和竞争新优势的发展前景。

看清大势，可以增强信心；破解难题，要着眼当下。习近平总书记在讲话中再一次强调了当前经济工作着眼点着力点就是要扎实做好"六稳"工作、落实"六保"任务，要全面强化稳就业举措，强化困难群众基本生活保障，帮扶中小微企业渡过难关，做到粮食生产稳字当头、煤电油气安全稳定供应，保产业链供应链稳定，保障基层公共服务。同时，要在"稳""保"的基础上积极进取。

此外，习近平总书记在讲话中特别强调，"一分部署，九分落实。各地区各部门各方面对国之大者要心中有数，强化责任担当"。在2020年4月下旬，习近平总书记在陕西考察时就提出，"要自觉讲政治，对国之大者要心中有数，关注党中央在关心什么、强调什么，深刻领会什么是党和国家最重要的利益、什么是最需要坚定维护的立场"。攻坚克难要顺势更在人为，越是面对复杂形势，越要强化责任担当，越要不折不扣抓好党中央决策部署和政策措施落实，越要在务实功求实效上下功夫。国之大者在党和国家利益，国之大者在民心政治，国之大者在中华民族复兴未来。以国之大者之胸怀把握中国发展之大势，危机中就能生发新机、变局中就能开创新局。

胡敏说两会：战"疫"大考　浴火重生：人民守望相助无坚不摧*

中共中央总书记、国家主席、中央军委主席习近平于2020年5月24日下午参加十三届全国人大三次会议湖北代表团审议。来参加湖北代表团审议，是习近平总书记特意提出的。"我提出，湖北代表团一定得来一下。你们是湖北6000万人民的代表，我要看望一下大家。"

新冠肺炎疫情发生以来，习近平总书记时刻关心牵挂湖北，特别是武汉的疫情状况，时刻惦记着湖北和武汉人民安危。在新冠肺炎疫情发生之初，就作出重要指示、批示和强有力部署，及时派出中央指导组；在疫情防控最吃劲的时候，作出"湖北和武汉是这次新冠肺炎疫情防控斗争的重中之重和决胜之地"的战略决策，发出"武汉胜则湖北胜，湖北胜则全国胜"的进军号令，并多次要求全国各地在湖北最艰难的时候搭把手、拉一把，举全国之力支援湖北、支援武汉；在决战决胜的冲锋关口，习近平总书记专门赴湖北考察新冠肺炎疫情防控工作，带去了党中央对湖北人民的亲切关怀，给广大党员干部群众带去方向的指引、攻坚的力量和胜利的信心。

在党中央坚强领导下、在全国人民全力支持下，湖北、武汉度过了风暴激荡的最艰难时刻，湖北特别是武汉广大党员、干部、群众积极响应党中央号召，坚定信心、顾全大局、自觉行动、顽强斗争，做了大量艰苦工作，付出了巨大牺牲，为疫情防控工作作出重大贡献。武汉保卫战、湖北保卫战取得了决定性成果。

湖北、武汉成为抗击的疫情特殊时刻，世界认识中国的一扇窗口。英雄的城市、英雄的人民，见证着全国上下守望相助的力量，见证着亿万人民不怕任何困难的勇气，彰显了中华民族同舟共济、共克时艰的家国情怀。顶天立地的中国精神、坚不可摧的中国力量再次震撼了世界。习近平总书记表示，武汉不愧为英雄的城市，湖北人民和武汉人民不愧为英雄的人民。

---

* 本文原载人民网·两会特别策划2020年5月27日，同时在喜马拉雅公众号播出。

抗击疫情是大考，全力做好统筹疫情防控和经济社会发展工作，依然是大考，是摆在湖北面前的紧要任务。习近平总书记用"针尖大的窟窿能漏过斗大的风"这样一句形象的比喻，对湖北代表团语重心长地叮嘱，"要时刻绷紧疫情防控这根弦，慎终如始、再接再厉，持续抓好外防输入、内防反弹工作，决不能让来之不易的疫情防控成果前功尽弃"。

习近平总书记还要求湖北"不断巩固疫情防控成果""切实做好'六保'工作""千方百计把新冠肺炎疫情造成的损失降到最低""让各项政策措施在湖北早落地、早见效、早受益，把政策优势转化为发展优势"。功成不避问题，习近平总书记在湖北代表团指出，这次应对新冠肺炎疫情，我国公共卫生体系、医疗服务体系发挥了重要作用，但也暴露出来一些短板和不足：我们要正视存在的问题，加大改革力度，抓紧补短板、堵漏洞、强弱项。习近平总书记就此提出了"织牢织密公共卫生防护网"这一重大命题。他强调，防范化解重大疫情和突发公共卫生风险，事关国家安全和发展，事关社会政治大局稳定；要坚持整体谋划、系统重塑、全面提升，改革疾病预防控制体系，提升疫情监测预警和应急响应能力，健全重大疫情救治体系，完善公共卫生应急法律法规，深入开展爱国卫生运动，着力从体制机制层面理顺关系、强化责任。

加快建立、完善国家公共卫生体系亟须一系列行之有效、相互衔接、有法可依、得以贯彻的体制机制，这是经过这场战"疫"斗争的难得认识，也是进一步推进国家治理体系和治理能力现代化的必备内容。

"天下大事必作于细"，对每一个老百姓来说，要从新时代开展爱国卫生运动做起，预防是最经济最有效的健康策略。习近平总书记说，出门佩戴口罩、垃圾分类投放、保持社交距离、推广分餐公筷、看病网上预约等，正在悄然成为良好的社会风尚；这些健康文明的做法要推广开来、坚持下去。

沧海横流方显英雄本色。可以相信，经过这场抗疫斗争的人民战争的磨难和洗礼，湖北、武汉一定能够浴火重生，凤凰涅槃，创造新时代更加辉煌的业绩。中国也将会更加强大，更加无坚不摧。

胡敏说两会：传媒创新绽放
特殊两会的特别风采*

2020 年 5 月 27 日和 28 日，全国政协十三届三次会议和十三届全国人大三次会议完成各项议程顺利闭幕。我们与人民网网友一起在场外共同度过了 2020 年这个特殊时期特殊两会的美好时光。受新冠肺炎疫情影响，2020 年的两会不仅延期召开，会期也比往年大大压缩了。两会时间虽短，但会议的分量却是沉甸甸的；可以说，2020 年两会主题重大，效率很高，成果丰硕，开成了一次民主团结、凝神聚气、鼓舞人心、催人奋进的大会，展现了全党全国人民危机情势下依然葆有"乱云飞渡仍从容"的气概、"咬定青山不放松"的定力和"风雨无阻向前进"的志气。

当然，大会开得成功、开得精彩，除了场内代表委员们认真履职尽责、共襄民族振兴之外，也离不开广大新闻工作者付出的艰苦努力。2019 年我在"胡敏说两会"的最后一期，谈到"从两会报道看新闻人的'脚力、眼力、脑力、笔力'"。2020 年我们可以看到，广大新闻人的"四力"已更加坚实更加提升了。按照常态化疫情防控工作的要求，2020 年的两会媒体访谈报道需要更多地采用视频等"非接触"交流方式，各类传播新工具新方式得以大量运用，这对媒体人增强"四力"提出了更高要求，也进一步打开了传媒创新和融媒体发展的空间。

传媒报道创新成为 2020 年两会新闻宣传的一大看点和亮点，"科技赋能云上互动"绽放出 2020 年特殊两会的特别风采。

2020 年两会上，许多场新闻发布会、记者会、"代表通道"、"委员通道"、"部长通道"等采访活动采用了大屏幕视频方式进行。屏幕这头，记者先后提问；屏幕那头，部长们和代表委员认真回应。一屏一线，紧密连接会场内外，及时传递两会信息。这就是"云沟通"，它架起了云上采访的桥梁，拓宽了访谈对话的互动方式，又加强了传播新技术的运用，5G 网络、4K 技术、VR、AI 等新一代信息技术极大地推动了多种报道形式创新。不少代表委员还在社交平台上发布短视频与网民交流，密切了与人民群众的联系。"云沟通"取得了非常好的新

---

*　本文系 2020 年人民网"胡敏说两会"系列策划文章。

闻传播效果。

2020 年两会新闻传播方式，还亮相了一批可圈可点的"硬核技术"。比如，人民日报智慧媒体研究院推出全新 5G+AI 模式，用"智能"助力两会报道；新华社推出全球首位 3D 版 AI 合成主播正式亮相，其能随时变换发型，随时更改服装，穿梭于演播室的不同虚拟场景中；中央广播电视总台利用 5G 网络开展直播连线，全方位多角度报道两会新闻，其摄制的 8K 实时视频可以同步在新媒体平台和全国各大城市的 40 多万个超清大屏展示；封面新闻开启了"云"上播报全国两会；12 家省级主流新媒体在云端成立了全国首个区块链新闻编辑部……总之，新闻人为了精彩报道 2020 年全国两会，提前谋划、精心准备，做足了功课，竞相使出各种新招、亮招、绝招，最大程度地传播了两会"正能量""好声音"，彰显了广大新闻人的"四力"之功和努力提高新闻舆论工作有效性的责任担当。

在这次抗击疫情的伟大斗争中，有力的新闻舆论引导工作、广大新闻人的奋发努力功不可没。在新冠肺炎疫情发生之始，习近平总书记就强调，"宣传舆论工作要加大力度，统筹网上网下、国内国际、大事小事，更好强信心、暖人心、聚民心，更好维护社会大局稳定"。在统筹推进疫情防控和经济社会发展工作部署会议上，总书记指出要"提高新闻舆论工作有效性"。提高新闻舆论工作有效性，就要求广大新闻工作者既要深刻把握新闻宣传规律、舆论传播规律、互联网技术运用规律，又要做到将新闻舆论工作的主导和主题紧密结合、宣传报道的内容和方式紧密结合、内宣和外宣紧密结合，在提高和创新新闻舆论的引导力、传播力、影响力和公信力上下更大功夫。

我们欣慰地看到，在新冠肺炎疫情面前，新闻工作者贯彻落实总书记指示，不畏艰险、身先士卒、深入一线，以深情生动的文笔，丰富的内容表现形式，运用各种现代传播手段，大力宣传一线医务工作者、人民解放军指战员、公安干警、基层干部、志愿者无私大爱、奋勇抗疫的感人事迹，及时宣传各地统筹推进疫情防控的好经验好做法。主流舆论阵地及时发布疫情防控信息，多角度、多形式地传播和阐释党中央防控疫情决策部署和方针政策，向全社会传递了主旋律，弘扬了真善美，对统筹疫情防控和经济社会发展工作发挥了有力的新闻舆论支撑。

无论是抗击疫情的宣传成效，还是 2020 年特殊两会的报道成果，实践充分证明：我们的新闻工作队伍是一支可靠的、高素质的、能打硬仗的队伍；我们的广大新闻工作者是始终牢记使命、敢于担当、奋发有为，能够用智慧、汗水乃至生命为党的新闻事业作出无私奉献的宝贵力量。

传播技术日新月异，传媒形式不断变革，但变的毕竟还是形式，不变的则是新闻人的职业精神，不变的是蕴积于无限精彩的新时代中国的创新和自信。

这是两会传媒的精彩，更是中国新闻人的风采。

深化疫情时期的
供给侧结构性改革 *

两次中央政治局会议明确提出，在抓好常态化疫情防控的同时，要继续深化供给侧结构性改革。2020 年的《政府工作报告》依然将"坚持以供给侧结构性改革为主线"作为做好全年经济工作的重要方针。

理解供给侧结构性改革的实质

经过改革开放 40 多年的快速发展，经过全党全国人民的艰苦努力，我国经济总量在 2010 年跃居世界第二位，成功步入中等偏上收入国家行列，成为名副其实的经济大国。

但随着经济总量不断增大，过去支撑我国经济快速发展的劳动力资源、环境资源和资本投入的边际效益逐步递减，继续依靠劳动力、资本等生产要素粗放式投入来驱动经济增长的发展方式已难以为继。2008 年，一场百年不遇的国际金融危机导致了世界经济衰退，国际政治经济格局发生了深刻调整。受国内外共同因素的影响，我国经济增速从 2010 年开始出现逐级放缓的态势，进入"L"形下行通道；2020 年我国经济运行出现了明显的"三期叠加"，即经济增速从高速增长进入中高速增长的"换挡期"，我国经济结构面临着新技术革命催动下的新旧动能转化的"阵痛期"和应对国际金融危机后宏观政策强劲刺激的"消化期"。

党的十八大以来，党中央审时度势，作出了我国经济进入新常态的重大判断，认识新常态，适应新常态，引领新常态，是相当一个时期我国经济发展的大逻辑；随后，党中央提出，要破解发展矛盾，厚植发展优势，必须牢固树立创新、协调、绿色、开放、共享的新发展理念。党中央认为，我国经济运行面临的突出矛盾和问题，有周期性、总量性因素，但根源上是重大结构性失衡，主要表现为"三大失衡"，即实体经济结构供需失衡、金融和实体经济失衡、房地产和实体经济失衡。因此，工作着力点就要从供给侧结构入手，经济政策的重心要从

---

* 本文原载《中国青年报》2020 年 5 月 26 日，以祁石名义发表。

需求侧转向供给侧，要通过推进和深化供给侧结构性改革。

供给侧结构性改革的实质就是从提高供给质量出发，用改革的办法推进结构调整，矫正要素配置扭曲，扩大有效供给；确保在适度扩大总需求的同时，从生产领域加强优质供给，减少无效供给，扩大有效供给；提高供给结构适应性和灵活性，提高全要素生产率，使供给体系更好适应需求结构变化，更好地满足人民日益增长的对美好生活需要，促进经济社会实现高质量发展。

新冠肺炎疫情时期更要推进供给侧创新

2020 年以来，一场突如其来的新冠肺炎疫情，影响了正常的生产、生活节奏，产业链、供应链严重受阻，需求侧、供给侧均受破坏。

为最大程度降低新冠肺炎疫情对经济造成的影响，以习近平同志为核心的党中央果断应对，统筹推进疫情防控和经济社会发展工作，在实施常态化疫情防控的同时，抓紧复工、复产、复商，畅通经济社会循环。经过 2020 年第一季度的顽强奋战，疫情防控阻击战取得了重大战略成果，经济社会运行逐步回到正常轨道。

新冠肺炎疫情作为外生变量，并没有改变我国经济内在运行轨迹和长期向好的发展趋势，也没有改变我国经济结构长期存在的供需不匹配问题。相反，新冠肺炎疫情的发生还将我国经济结构中存在的短板和弱项更加充分地补齐和强化。比如，加强我国在重点卫生防疫物资上的储备，提升公共卫生供给能力，推进城市基础设施和公共服务设施建设等。

供给和需求是市场经济内在关系的两个基本方面。没有需求，供给就无从实现；没有供给，需求就无法满足。受新冠肺炎疫情影响，消费需求受到了短暂压抑；但随着积极扩大有效需求政策的实施，消费会得到较快回补和强力释放，最重要的还是要适应后疫情时代的市场环境变化，通过创造新的供给催生新的需求。我们看到，新冠肺炎疫情暴发以来，以互联网为基础的新业态、新模式、新经济呈爆发式增长，"非接触经济"异军突起，数字经济以更加迅猛的发展势头开始改变我们的生产生活方式。以 5G 网络、大数据为代表的"新基建"得到国家快速布局和大力投入。这一切恰恰顺应了供给侧结构性改革的内在要求，一场外部危机的颠覆式冲击，也成为我国促进供给侧创新的巨大动力。这是挑战，更是机遇。

把握新挑战下结构性改革重点

中央政治局会议和 2020 年《政府工作报告》高瞻远瞩、统筹谋划，强调要继续深化供给侧结构性改革。在遭遇前所未有的巨大危机冲击的国际国内新背景下，深化供给侧结构性改革也被赋予了新的意义和内涵。我们必须顺应时势，抓住机遇，主动为危为机，变被动为主动，在供给侧结构性改革上取得新的成效。

一是要适应常态化疫情防控新形势，从供给侧入手尽快补足供需缺口。要着力以"六保"促"六稳"，将保企业稳定生产放在第一位。继续围绕重点产业链、龙头企业、重大投资项目，打通堵点、连接断点，加强要素保障，促进上下游、产供销、大中小企业协同复工达产；加快推动各类商场、市场和生活服务业恢复到正常水平，畅通产业循环、市场循环、经济社会循环。

二是要在平衡好供需两端的基础上，更大力度地推进供给创新。要利用大力发展"新基建"的历史机遇，加快实施产业基础再造和产业链提升工程，巩固传统产业优势，强化优势产业领先地位，抓紧布局战略性新兴产业、未来产业，提升产业基础高级化、产业链现代化水平。要发挥新型举国体制优势，加强科技创新和技术攻关，强化关键环节、关键领域、关键产品保障能力。还要充分发挥我国超大规模市场优势和内需潜力，构建国内国际双循环相互促进的新发展格局。

三是要不失时机地加快全面深化改革，从体制机制上破除供给侧改革的制度障碍。要落实好《中共中央、国务院关于构建更加完善的要素市场化配置体制机制的意见》，推进要素市场制度建设，实现要素价格市场决定、流动自主有序、配置高效公平，进一步激发全社会创造力和市场活力，推动经济发展质量变革、效率变革、动力变革。要进一步优化营商环境，实现更高水平对外开放；还要加快补齐和强化公共卫生和社会环境治理等领域的短板和弱项，切实提高治理能力和水平。

"民法典时代" 为践行人民至上理念提供法治保障 *

    第十三届全国人民代表大会第三次会议在圆满完成各项议程后，于 2020 年 5 月 28 日下午在人民大会堂闭幕。大会批准政府工作报告、全国人大常委会工作报告等，通过《中华人民共和国民法典》，国家主席习近平签署第 45 号主席令公布这部法律。

    审议《中华人民共和国民法典（草案）》（以下简称《民法典》（草案））是 2020 年两会的一个非常重要的议题。民法是中国特色社会主义法律体系的重要组成部分，是民事领域的基础性、综合性法律，它规范各类民事主体的各种人身关系和财产关系，涉及社会和经济生活的方方面面。民法与国家其他领域法律规范一起，支撑着国家制度和国家治理体系，是保证国家制度和国家治理体系正常有效运行的基础性法律规范，被誉为"社会生活的百科全书""保障民事权利的宣言书"。

    《中华人民共和国民法典》的编纂体现"以人民为中心"。编纂一部真正属于中国人民的民法典，是新中国几代人的历史夙愿。《中华人民共和国民法典》是新中国历史上首个以"法典"命名的法律，承载着几代立法者、法律工作者乃至亿万人民的梦想，开创了我国法典编纂立法的先河，具有里程碑意义。改革开放以来，我国民事法律制度逐步得到完善和发展，公民的民事权利得到了越来越充分的保护；但随着中国特色社会主义进入新时代，社会主义市场经济体制不断完善，我国社会主要矛盾发生深刻变化，人民群众在民主、法治、公平、正义、安全、环境等方面的要求日益增长，人民对自己的人身权、财产权、人格权等权利的保护要求更加迫切；民事主体制度中的法人需要维护交易安全、维护市场秩序，各种所有制主体能够依法平等使用资源要素，公开、公平、公正参与竞争，同等受到法律保护等。这就需要形成一部适应新时代中国特色社会主义发展要求、符合我国国情和实际、体例科学、结构严谨、规范合理、内容完整并协调

＊ 本文原载人民网 2020 年 6 月 1 日。

一致的民法典，以更好地维护人民权益，不断增加人民群众获得感、幸福感和安全感，促进人的全面发展。

《中华人民共和国民法典》的公布宣告中国迈入"民法典时代"。中国特色社会主义法治建设的根本目的是保障人民权益。作为党的十八届四中全会确定的一项重大政治任务和立法任务，编纂《中华人民共和国民法典》是以习近平同志为核心的党中央作出的重大法治建设部署，适应了我国社会主义现代化事业不断发展和全面依法治国深入推进的新形势，顺应了人民群众和社会各方面对编纂和出台民法典的热切期盼。改革开放以来，我国全社会民事法治观念普遍增强，也为编纂民法典奠定了较好的制度基础、实践基础、理论基础和社会基础。在实现"两个一百年"奋斗目标的历史交汇点，能够出台这一部具有中国特色、体现时代特点、反映人民意愿的民法典正逢其时，充分彰显了中国特色社会主义法律制度成果和制度自信，将为新时代坚持和完善中国特色社会主义制度、实现"两个一百年"奋斗目标、实现中华民族伟大复兴中国梦提供完备的民事法治保障，也能为人类法治文明的发展进步贡献中国智慧和中国方案。

《中华人民共和国民法典》的出台深刻影响每个中国人的生活。《民法典（草案）》共7编1260条，各编依次为总则、物权、合同、人格权、婚姻家庭、继承、侵权责任，以及附则。几乎所有民事活动都能在民法典中找到依据，标志着我国民事权利保护进入法典时代。比如，《民法典（草案）》在用益物权部分规定"居住权"一章，规范了居住权人可以享有长期稳定的居住权，为人民群众住有所居提供了更有力的法律保障；《民法典（草案）》将人格权独立成编，规定了一系列人格权保护制度；新增了"禁止从建筑物中抛掷物品"的规定，细化了各方责任，确定了补偿人的追偿权，切实维护了人民群众"头顶上的安全"等。

民事活动事无巨细，人民利益至高无上。习近平总书记在参加十三届全国人大三次会议内蒙古代表团审议时强调"我们推动经济社会发展，归根到底是为了不断满足人民群众对美好生活的需要"。要始终把人民安居乐业、安危冷暖放在心上，用心、用情、用力解决群众关心的就业、教育、社保、医疗、住房、养老、食品安全、社会治安等实际问题，努力让群众看到变化、得到实惠。《中华人民共和国民法典》的诞生就充分体现了我们党坚持人民至上、不断造福人民的执政理念和中国特色社会主义制度的法治精神。

以保促稳·突出民生·实干为要[*]
——2020年《政府工作报告》解读

2020年的《政府工作报告》全面阐述了今后一个时期的政策取向和工作重点。整个报告最鲜明的特点，集中在一个"实"字，突出一个"民"字，强调一个"干"字，鼓舞人心士气，回应各方关切，是一份突出民生导向的务实报告。

2020年的《政府工作报告》极不寻常。这是一份非常时期的政府工作报告。2020年李克强总理作的报告篇幅比往年压缩一半，报告虽短，但内容依然是沉甸甸的。在新冠肺炎疫情对我国经济带来前所未有的冲击，经济运行面临前所未有的挑战的背景下，社会各界对下一阶段党和政府如何继续统筹推进疫情防控和经济社会发展工作，实现脱贫攻坚、全面实现小康社会的历史性任务，在更加不确定、不稳定的世界中如何谋求中国发展都极为关注。

在报告中，李克强总理用极为凝练的文字，认真总结了过去一年和2020年以来的政府工作，全面阐述了今后一个时期的政策取向和工作重点。整个报告最鲜明的特点，集中在一个"实"字，突出一个"民"字，强调一个"干"字，鼓舞人心士气，回应各方关切，是一份突出民生导向的务实报告。

把握一个"实"字　顺应发展时势，着力以保促稳

2020年《政府工作报告》的一个最大看点，就是没有提出2020年全年经济增速具体目标。李克强总理在报告中指出，我们没有提出全年经济增速具体目标，主要是因为全球新冠肺炎疫情和经贸形势不确定性很大，我国发展面临一些难以预料的影响因素。这样做有利于引导各方面集中精力抓好"六稳""六保"。这是实事求是的。

事实上，不提出具体的经济增速指标的情况，历史上也曾经有过。2020年

　　＊　本文原载《中国青年报》2020年6月1日。

在新冠肺炎疫情冲击下，我国经济下行压力尤其大，这个时候，政府工作重点必须放在常态化疫情防控下集中精力抓好复工复产复商复市，切实打通各类"堵点"畅通经济社会循环上，将2020年4月17日中央政治局常务委员会会议提出的做好"六稳"工作、落实"六保"任务放在经济工作第一位，以保促稳、稳中求进，守住"六保"底线，努力把新冠肺炎疫情造成的损失降到最低，切实稳定经济运行，稳住经济基本盘。

长远一点看，面对我国经济已由高速增长阶段转向高质量发展阶段，必须坚持质量第一、效率优先，以供给侧结构性改革为主线，推动经济发展质量变革、效率变革、动力变革。我们绝不能回到简单以经济增速论英雄的老路上去，绝不能再回到以破坏环境为代价搞所谓发展的老路上去，更不能再回到粗放式发展的模式上去。不确定经济增速具体指标，也有利于我们牢固树立新发展理念，不唯GDP数字论英雄，切实转变经济发展方式和提高经济发展质量。如果有一个数字摆在那里，就不利于我们主动化危为机，变被动为主动，走出一条有效应对冲击、实现经济社会良性循环的新路子。

当然，不确定具体全年经济增长指标，并不意味着经济增长不重要。其实，宏观经济运行是一个系统，经济增长指标也是一个体系。2020年的《政府工作报告》依然针对新冠肺炎疫情对国民经济造成的影响，提出了宏观经济运行的四大指标的定性定量要求。如果这些指标能够最大限度地完成，也必然能够保持国民经济符合实际的经济增长，夯实全面建成小康社会的经济基础。

突出一个"民"字　直面困难挑战，兜牢民生底线

梳理2020年《政府工作报告》中部署的下一阶段工作着力点，可以看到政府所有工作突出的都是民生导向。预期主要经济指标比如物价指标、就业指标、居民收入增长指标等，都体现了民生关切；主要宏观经济政策都是为了保市场主体、保就业。保住就业、保住价格稳定和市场稳定，确保产业链供应链稳定和提质增效，确保基层财政平稳运行，着眼点是稳定经济运行，落脚点却是保民生。

一是财政、货币、就业"三大宏观政策"均以民生为导向。在财政政策上，2020年的赤字率拟按3.6%以上安排，这比2019年的2.8%上调了0.8%，财政赤字规模比2019年增加1万亿元，同时发行1万亿元抗疫特别国债；这2万亿元资金要直达市县基层，直接惠企利民。要求基本民生支出只增不减，重点领域支出要切实保障；此外，2020年再新增减税降费约5000亿元，助力市场主体纾困发展，全年要为企业新增减负超过2.5万亿元，坚决把减税降费政策落到企业，以留得青山，赢得未来。在货币政策上，要综合运用降准降息、再贷款等手段，创新直达实体经济的货币政策工具，推动企业便利获得贷款，切实降低中小

微企业融资成本。就业优先政策要更加全面强化，各地要清理取消对就业的不合理限制，促就业举措应出尽出，拓岗位办法能用尽用。

二是在扩大消费促进有效投资政策上，《政府工作报告》提出，要继续深化供给侧结构性改革，使提振消费与扩大投资有效结合相互促进，努力提高居民消费意愿和能力。比如，加强新基建，拓展老基建，新开工改造城镇老旧小区 3.9 万个，支持加装电梯，发展用餐、保洁等多样社区服务等，都是为了以有效投资激发新需求；再比如，在重点投资上强调"两新一重"，既是调结构增后劲也是促消费惠民生。

社会政策更是聚焦民生导向。报告要求各级政府直面群众现实困难，基本民生的底线要坚决兜牢。补短板、强弱项，2020 年将居民医保人均财政补助标准再增加 30 元，上调退休人员基本养老金，提高城乡居民基础养老金最低标准，保障所有困难群众基本生活，助力更多失业人员再就业敢创业等，这些政策都是要让人民群众有真真切切的获得感。

贵在一个"干"字　敢于临难不避，重在担当尽责

当前和今后一个时期，我国发展面临的风险挑战前所未有。要按照党中央决策部署，夺取疫情防控和经济社会发展双胜利，努力完成全年目标任务，政府部门应如何履职尽责，广大干部应怎样担当作为？

《政府工作报告》提出，面对艰巨繁重任务，各级政府要自觉在思想上、政治上、行动上同以习近平同志为核心的党中央保持高度一致，践行以人民为中心的发展思想，落实全面从严治党要求，坚持依法行政，坚持政务公开，提高治理能力。李克强总理在报告中还特别强调，广大干部应临难不避、实干为要，凝心聚力抓发展、保民生。

我们有独特的政治和制度优势、雄厚的经济基础、巨大的市场潜力、亿万人民的勤劳智慧。只要各级政府始终与人民群众同甘共苦、奋力前行，紧紧依靠人民群众，尊重基层首创精神，更大力度推进改革开放，激发社会活力，当前的难关一定能闯过，中国人民追求美好生活的愿望一定能实现，中国的发展必将充满希望。

在线新经济推动"数字化+工业化"加速融合[*]

疫情防控期间,大量线下活动转至线上,涌现、发展了办公、医疗、教育、金融、物流配送等领域的新 AI 应用场景,孕育了在线新经济的新希望。接受《中国经济时报》记者采访的专家表示,在线新经济紧抓数据这一"新黄金、新石油",能够推动"数字化+工业化"加速融合,有良好的发展前景和机遇;但应以"未攻先防"的先机意识,推动产品性能优化迭代,提高有关隐私安全的技术水平,加强数据安全制度设计等,为在线新经济发展保驾护航。

在线新经济面临良好的发展前景和机遇

疫情防控期间,线上直播、线上订单、云上办公、远程教育、智慧门店、汽车超市、智能展厅、"共享员工"等代表性新业态、新模式加速发展。

中国电子信息产业发展研究院工经所财经政策研究室主任张淑翠在接受《中国经济时报》记者采访时表示,当前,数据成为重塑业态的关键新兴要素,是推动产业颠覆式变革的重要生产要素。在线新经济正是紧抓数据这一"新黄金、新石油",推动"数字化+工业化"加速融合。借助在线新经济,企业能够以数字化赋能,挖掘新动能,以较低成本实现规模化定制和敏捷制造,提高弹性供应能力;消费者也日益从消费单一角色转向"设计+消费",个性化需求得到了越来越精准的满足。在线新经济适应了数字经济时代"供需"发展,面临良好的发展前景和机遇。

中共中央党校(国家行政学院)研究员胡敏在接受《中国经济时报》记者采访时表示,"非接触经济"将极大推动数字经济发展,在线新经济模式会迎来无比广阔的发展前景。疫情防控期间,腾讯、阿里巴巴、美团等新型互联网经济不仅实现了逆势增长,创造了更大的财富和更多的就业岗位,还将进一步拓展商业形态和细分市场,触发视频经济、供应链经济、节点经济等多元化多层次

---

* 本文原载《中国经济时报》2020 年 6 月 12 日。

发展。

"一方面，新经济龙头企业将具有更大的虹吸效应，汲取一切可利用资源，企业竞争生态更加激烈；另一方面，'长尾效应'也会激情四起，一批名不见经传的创新型小微企业会异军突起，占据未来一定的市场份额，成为迭代创新的新生代。"胡敏说。

加强数据安全制度设计，快速跟进法律规制

在线新经济催生出大量新的市场机会，与此同时，大量启动地方经济、农村经济的"直播带货"消费模式应运而生，有力促进了线上购物、线下物流经济更迅猛地发展，进而促进了不少产业链、供应链的重构。

胡敏认为，在线新经济形态仍处于快速发展阶段，未知大于已知，在发展孕育期和上升期，市场竞争会出现一定的无序状态，甚至会出现恶性竞争、垄断竞争，既要包容审慎，又要加强跟踪监管、快速跟进法律规制。目前在市场监管和公共服务上还存在许多短板和法律空白，尤其是在线新经济都基于数据开发和运用，因此个人信息保护、信息权益维护、数据资产的权属问题将日益走到社会前台。《中华人民共和国民法典》在人格权保护部分，对防止个人信息被侵蚀和滥用、切实保护个人隐私权等作出了法律界定，在贯彻落实中，还需要配套相当多的细则，并与时俱进地完善。

"同时，还要处理好线上经济和线下经济的关系，即正确处理好传统产业与新兴产业的融合发展。两者不是替代关系，要共生共荣、协同发展。"胡敏说。

张淑翠认为，数据是个人身份信息标识，在线新经济发展不可避免地要面临用户隐私和数据安全问题，应以"未攻先防"的先机意识，推动产品性能优化迭代，提高有关隐私安全的技术水平，加强数据安全制度设计等，为在线新经济发展保驾护航；在线新经济也存在数据确权、数据采集与应用的合法合规等问题，可借助数据确权服务平台，解决数据"存、管、用"上的难题。

"在线新经济还需加快5G等新基建建设，提高'新基建+在线新经济'支持力度。"张淑翠说。

营商环境是城市竞争力
提升的关键*

近年来，党中央、国务院持续推进"放管服"改革，加快政府职能深刻转变，通过优化发展环境来激发市场活力。

2020年6月18日，万博新经济研究院联合中国战略文化促进会、中国连锁经营协会、中国经济传媒协会、第一财经研究院，在线发布《后疫情时代中国城市营商环境指数评价报告（2020）》，对中国经济实力最强的100个城市营商环境进行全景扫描及主客观分析评价。据记者了解，这是新冠肺炎疫情发生后首份全国性营商环境评价报告。

"优化城市营商环境是我国推进深层次改革、高水平开放、实现高质量发展的必由之路。这份报告在评级体系上紧扣国务院颁布的《优化营商环境条例》，并进行了全面优化升级，在市场环境、创新环境和生活环境等客观指标的基础上，加入了政务服务环境、监管执法与法治保障环境两大主观指标，将市场主体的满意度纳入城市营商环境的评价体系中，更加全面地评价了城市营商环境的改善程度和相关改革措施的落实效果。"中共中央党校（国家行政学院）研究员胡敏在接受《中国经济时报》记者采访时表示。

在胡敏看来，城市之间的营商环境客观上受市场环境、创新环境、生活环境、政务服务环境、监管执法与法治保障环境的叠加影响，但同时可以看到，一些新兴成长性城市之所以能在排名上后来居上，主要得益于创新环境和政府服务环境提升较快。

世界银行发布的《2019年营商环境报告》显示，我国营商环境总体评价在190个经济体中排名第46位，较2018年上升了32位，体现出我国营商环境改善的成绩。

"安徽芜湖是中部地区沿江的一个中型城市，原来并不起眼，但近年来却异军突起，在科技创新领域进步很快，诞生了像三只松鼠、三安光电等一批创新力

---

* 本文原载《中国经济时报》2020年6月23日。

进发的新锐上市企业，地方政府在营造创新氛围、优化科技创新创业环境方面做了大量工作，为中小创新企业提供便捷高效的政务服务上作出了成效。"胡敏表示。

根据 2020 中国城市营商环境评价结果，营商环境指数排名前十的城市分别为：上海、北京、深圳、广州、杭州、武汉、南京、天津、成都、苏州。省会城市中，广州排名第一；5 个计划单列市中，深圳的营商环境居首；报告选取的城市群中，珠江三角洲和长江三角洲城市群位列第一梯队。

在胡敏看来，优越的营商环境的形成需要不断优化和持续促进，这是一个动态的正向激励过程。

除此之外，胡敏认为，一个好的营商环境不是坐地生成的，不进则退、不优则退。这自然也就形成了每年城市营商环境排行榜上的名次的上下起伏，他们就按照报告中列出的 5 大项指标体系和若干细分指标体系来衡量城市营商环境优劣，每一项细分指标实际上都有权重，都影响位次结果的排序，这说明城市营商环境差距的形成体现在每一个细节的改善之中，每一个细节都不可以忽视，久久为功，现有每年的城市营商环境排行榜就是一个参照系。

"各城市决不要只把它看成一张排行榜，而要当作一个路线图，切实对标、系统集成、协同配套，做好环境改善文章，就能在新的历史机遇面前，筑巢引凤、孵出金蛋。"胡敏进一步强调。

着力提高新闻舆论
工作有效性*

　　做好新闻舆论工作，营造良好的舆论环境，是党的宣传思想工作的重要内容，也是治国理政、定国安邦的大事。这次抗击新冠肺炎疫情是对国家治理体系和治理能力的一次大考，也是对新闻舆论工作的一次大考。广大新闻工作者不畏艰险、深入一线，以深情隽永的文笔、丰富多彩的形式广泛宣传党中央决策部署和抗疫一线感人事迹，向全社会传递正能量，坚定抗疫信心，发挥了重要的舆论引导作用。在新时代要提高新闻舆论工作有效性，就是要在提高新闻舆论的引导力、传播力、影响力、公信力上下更大功夫。

　　牢牢把握正确的舆论导向，发挥新闻舆论的引导力。以正确的导向为引领，是提高新闻舆论工作有效性的保证。舆论导向正确，就能凝聚人心、汇聚力量，推动事业发展；舆论导向错误，就会动摇人心、瓦解斗志，危害党和人民事业。针对抗疫斗争开展舆论引导工作，党中央提出要"强信心、暖人心、聚民心"，落脚点就是要坚持正确的舆论导向，唱响主旋律、弘扬正能量，以此坚定全国人民战胜新冠肺炎疫情的必胜信心。因此，新闻工作者要充分总结这次抗疫斗争的成功经验，讲好党的集中统一领导的政治优势，讲好全国一盘棋、集中力量办大事的制度优势，讲好党中央决策部署并取得的重大成效，讲好万众一心、众志成城的人民力量展现的凝聚力，充分发挥新闻舆论的正确引导作用。

　　推进全媒体传播体系运用，提升新闻舆论传播力。新闻舆论的传播力需要立足新闻传播工具的辐射面和渗透力。在这次疫情防控中，通过舆论传播可以明显看到，主流媒体借助移动传播，运用大数据等技术手段，及时让党中央的声音进入寻常百姓家，在新的舆论场上占据了舆论引导的传播制高点，实现了主流新闻舆论的倍增效应。我们要认真总结经验，更好推动媒体融合向纵深发展，实现信息内容、技术应用、平台终端、管理手段共融互通，催化、融合质变，放大整体效能；同时，统筹处理好传统媒体和新兴媒体、中央媒体和地方媒体、大众化媒

---

* 本文原载《解放军报》2020年6月24日。

体和专业性媒体的关系，形成全媒体传播体系，不断扩大主流媒体影响力和社会覆盖面，让主流舆论传得更快、传得更广、传得更深入。

不断创新报道内容与形式，扩大新闻舆论影响力。新闻舆论要产生影响力，就在于能够通过主动回应群众关切，切实打开群众"心结"，积极反映群众诉求，从而抓住大多数群众心理，影响群众的主观判断和接受态度；能够通过暖人心、聚民心的生动报道和丰富多彩的表达形式，叩动群众心扉、温暖群众心灵，引起群众的认同和呼应。一个时期以来，主流媒体、主流网站和客户端聚焦疫情防控第一线和抗疫先进人物先进事迹，创新报道内容和形式，努力拓展舆论平台，推出了一大批点击率高、受众面广、感人肺腑的优秀新闻作品，扩大了主流新闻舆论的影响力。在今后的工作实践中，要有问题意识，针对疫情防控中群众遇到的各种难点、焦点问题，组织报道宣传，集中释疑解惑；要有前瞻眼光，认真研判疫情防控工作中尚未出现，但可能出现的问题，有针对性地进行选题策划和议题设置，使舆论引导走在问题发生之前；要走群众路线，深入研究新媒体传播规律，从群众智慧中汲取营养，及时反映群众关切。

坚持实事求是和权威准确，强化新闻舆论公信力。新闻舆论的公信力，是新闻舆论传播力、引导力、影响力的存在基础。新闻媒体是依靠实事求是、理性科学、展示真相来塑造公信力的。在疫情防控期间，国务院联防联控机制每天通过央视平台直播新闻发布会，请政府机构官员和卫生健康方面的专家、防疫一线工作者直接回答记者的问题，回应全社会的各种关切，在当前新闻舆论工作中赢得了公信力、取得了显著成果；同时，面对纷繁复杂的防疫舆情，还要旗帜鲜明、敢于善于开展舆论斗争，这也是塑造主流舆论公信力的重要方面。主流舆论要争抢先机、主动作为，以正面舆论力量有针对地抵制和消除各种杂音、噪音。

恒久不变的立党根本[*]

2020年7月1日是中国共产党99周岁生日。根据中共中央组织部党内统计数据，截至2019年底，中国共产党已经拥有党员9191.4万名，党的基层组织468.1万个。无论是从政党历史看，还是从党员数量看，中国共产党都可谓当今世界上最大、组织体系最完善、生命力最强的政党。

99年，在人类历史长河中可能只是一瞬间，但回溯中国共产党建党以来的漫漫征程，则是历史绵长又意蕴深刻。中国共产党成立之初，全国只有58名党员，正处于20世纪初风云激荡的世纪之变，一群怀抱理想、铭刻初心的先进青年从一扁红船出发，志行"开天辟地之大事业"；此后，一批批中国共产党人前仆后继，带领苦难深重的中国人民谋民族之独立、人民之解放，建立了人民当家作主的中华人民共和国，开创了社会主义国家建设事业，开辟了充满生机活力的中国特色社会主义道路，既谱写出气吞山河的壮丽史诗，又创造出惊天动地的发展奇迹。

99年后的今天，这个拥有9100多万党员的大党，已傲然屹立于世界东方，正继续带领14亿中国人民更有信心更有能力去实现中华民族伟大复兴的宏伟目标。

一切无常却常之有道。在波谲云诡、变幻莫测的当今世界，在中国共产党诞辰99周年纪念日之际，我们看到：这个大党以"大的样子"无所畏惧面对新的百年未有之大变局，以化危为机的胆识，最快速地应对前所未有的突发公共卫生事件之冲击，以坚韧不拔的意志和持之以恒的战略定力，决战决胜脱贫攻坚和全面建成小康社会……

中国共产党为什么始终能够于泰山压顶却处变不惊？为什么建党已近百年却恰是风华正茂？为什么历经千辛万苦仍能一如既往地一往无前，彰显出比历史上任何时期更强的凝聚力、号召力、影响力和战斗力？九九归一，正在于这个大党近百年来始终不渝、恒久不变的立党之本。

恒久不变的立党之本就在于这个党能够始终不忘初心、牢记使命

在党的十九大报告中，习近平总书记明确指出，不忘初心，方得始终。中国

---

* 本文原载光明网2020年7月2日。

共产党人的初心和使命，就是为中国人民谋幸福、为中华民族谋复兴。这个初心和使命是激励中国共产党人不断前进的根本动力。回溯过往，实现中华民族伟大复兴是近代以来中华民族最伟大的梦想。中国共产党一经成立，就把实现共产主义作为党的最高理想和最终目标，义无反顾地肩负起实现中华民族伟大复兴的历史使命。经过艰苦卓绝的奋斗，我们党始终秉承这个初心和使命，带领中国人民完成新民主主义革命，确立社会主义基本制度，推进社会主义建设，开辟中国特色社会主义道路，在理论和实践上铸就了三大里程碑，实现了三次伟大飞跃。站在中国特色社会主义新时代这一新的历史方位，这一初心使命又定格在实现人民对美好生活的向往、实现中华民族伟大复兴的中国梦。

在建党 99 周年之际，《求是》杂志发表了习近平总书记在"不忘初心、牢记使命"主题教育总结大会上的讲话全文。习近平总书记在这篇文章中进一步指出，一个人也好，一个政党也好，最难得的就是历经沧桑而初心不改、饱经风霜而本色依旧。党的初心和使命是党的性质宗旨、理想信念、奋斗目标的集中体现，激励着我们党永远坚守，砥砺着我们党坚毅前行。

人民始终鲜明地写在党的旗帜上。中国共产党为中国人民谋幸福、为中华民族谋复兴的初心和使命 99 年来一以贯之。我们党没有自己特殊的利益，在任何时候都把人民利益放在第一位，这是中国共产党作为马克思主义政党区别于其他政党的显著标志。从石库门到天安门，从兴业路到复兴路，我们党近百年来所付出的一切努力、进行的一切斗争、作出的一切牺牲，都是为了人民幸福和民族复兴。正是由于始终坚守初心和使命，我们党才能在极端困境中发展壮大，才能在濒临绝境中突出重围，才能在困顿逆境中毅然奋起。

我们党紧紧依靠人民，跨过了一道又一道沟坎，取得了一个又一个胜利，为中华民族建树了彪炳史册的丰功伟绩。99 年披荆斩棘、砥砺奋进的不平凡历程充分表明，为人民而生、因人民而兴，党战胜一切风险挑战、不断从胜利走向胜利的根基在人民、血脉在人民、力量在人民。只有不忘初心、牢记使命、永远奋斗，才能让党永远年轻。

习近平总书记强调，忘记初心和使命，我们党就会改变性质、改变颜色，就会失去人民、失去未来。一个忘记来路的民族必定是没有出路的民族，一个忘记初心的政党必定是没有未来的政党。因此，不忘初心、牢记使命，必须作为加强党的建设的永恒课题和全体党员、干部的终身课题常抓不懈。只有坚守"不忘初心、牢记使命"这一主题，我们这样一个大党才能始终立于不败之地，始终赢得人民的支持和拥护；在新时代中国特色社会主义的伟大实践中，才能不负人民重托，无愧历史选择，凝聚起亿万人民同心共筑中国梦的磅礴力量。

恒久不变的立党之本就在于这个党能够始终勇于变革不懈奋进

中国共产党是马克思主义政党，从成立之初就深深蕴含着马克思主义革命性理论品格和革命性实践特性。

作为指导无产阶级政党推进自我革命和社会革命的纲领性文件，《共产党宣言》以唯物史观的基本原理和科学社会主义的基本原则，深刻地指出共产主义运动是不可抗拒的历史潮流。无产阶级和无产阶级政党的历史使命，要求它内在地具有自我革命的精神品格。

唯物辩证法作为马克思主义的根本方法论，主张客观地而不是主观地、发展地而不是静止地、全面地而不是片面地、系统地而不是零散地、普遍联系地而不是孤立地观察事物、分析问题、解决问题，在矛盾双方对立统一的过程中把握事物发展的规律，这本身就蕴含着革命性的理论品格，为使用这一方法的共产党人提出了革命性的现实要求。这一革命性既体现在我们党近百年来不断把马克思主义基本原理与各个时期的中国实际紧密结合，不断在理论上推陈出新，不断开创马克思主义中国化的新境界；又能充分而具体地表现出中国共产党人在革命、建设、改革的各个时期各个环节始终能解放思想，勇于变革，善于直面问题，不断自我解剖、自我净化、自我创新、自我革命，并以这一革命性品格持续催生出永不懈怠的精神状态和一往无前的奋斗姿态。

回溯中国共产党发展壮大的历史进程，无论是弱小还是强大，无论是顺境还是逆境，我们党都始终敢于面对曲折、善于修正错误，敢于"刮骨疗毒"，消除一切损害党的先进性和纯洁性的因素，清除一切侵蚀党的健康肌体的病毒，坚决破除一切体制性、机制性的顽瘴痼疾，从而攻克了一个又一个看似不可攻克的难关，战胜了一切在政治、经济、文化、社会等领域和自然界出现的困难和挑战，确保这个世界最大的政党在国际、国内形势深刻变化的历史进程中始终走在时代前列，在应对各种风险和考验的历史进程中，无论是面对"四大考验"还是化解"四大风险"，都始终能保持先进性纯洁性，成为人民的主心骨，特别是在坚持和发展新时代中国特色社会主义的历史进程中始终成为亿万人民、9000 多万党员的坚强领导核心。

恒久不变的立党之本就在于这个党能够始终健全组织，任人唯贤

党的力量来自组织，组织建设是党的建设的重要基础。坚持新时代党的组织路线，才能把我们党建设好、建设强。正值党的 99 周岁生日之际，中共中央政治局就"深入学习领会和贯彻落实新时代党的组织路线"举行第二十一次集体学习，习近平总书记强调，我们要毫不动摇坚持和完善党的领导、继续推进党的

建设新的伟大工程，贯彻落实好新时代党的组织路线，不断把党建设得更加坚强有力。

组织路线对坚持党的领导、加强党的建设、做好党的组织工作具有十分重要的意义。习近平总书记强调，党的历史表明，什么时候坚持正确组织路线，党的组织就蓬勃发展，党的事业就顺利推进；什么时候组织路线发生偏差，党的组织就遭到破坏，党的事业就出现挫折。

严密的组织体系是马克思主义政党的优势所在、力量所在。党的十八大以来，以习近平同志为核心的党中央牢牢抓好党的组织体系建设，形成了"四位一体"、相互衔接、制度严密的党的组织体系，即中央委员会、中央政治局及其常委会在全党守纪律、讲规矩，履行管党治党政治责任等方面立标杆、作表率，中央和国家机关贯彻落实党中央决策部署的"最初一公里"，成为讲政治、守纪律、负责任、有效率的模范；地方党委作为贯彻落实党中央决策部署的"中间段"，成为坚决听从党中央指挥、管理严格、监督有力、班子团结、风气纯正的坚强组织；基层党组织作为贯彻落实党中央决策部署的"最后一公里"，成为实现党的领导的坚强战斗堡垒，广大党员在改革发展稳定中能够充分发挥先锋模范作用。从而确保了党对一切工作的领导，确保了各级党组织的政治领导力、思想引领力、群众组织力、社会号召力不断提升，实现了把广大人民群众紧紧团结在党的周围。

在总结历史经验，特别是党的十八大以来全面从严治党成功经验的基础上，我们党又明确提出了新时代党的组织路线，即全面贯彻习近平新时代中国特色社会主义思想，以组织体系建设为重点，着力培养忠诚干净担当的高素质干部，着力集聚爱国奉献的各方面优秀人才。

关山万千重，山高人为峰。作为一个拥有 9191.4 万名党员、468.1 万个基层党组织的百年大党，胸怀必然是博大的、包容的。在党的组织建设历程中，我们党始终坚持德才兼备、以德为先、任人唯贤，强调选干部、用人才既要重品德，也不能忽视才干，通过不断加强思想淬炼、政治历练、实践锻炼、专业训练，推动形成党内能者上、优者奖、庸者下、劣者汰的正确用人导向，突出抓好执政骨干队伍和人才队伍建设，不断实行更加积极、更加开放、更加有效的选人用人政策，使这样一个大党能够聚天下英才而用之，始终成为人才辈出、朝气蓬勃的马克思主义执政党，始终成为中华民族可以依托的先锋队。

使命在肩 不负人民[*]

——党的领导为脱贫攻坚"领航""定盘"

【编者按】到 2020 年，现行标准下的农村贫困人口全部脱贫，是党中央向全国人民作出的郑重承诺，必须如期实现。其作始也简，其将毕也必巨。中国战"贫"取得的成就举世瞩目，人民网·中国共产党新闻网围绕习近平总书记提出的六个方面宝贵经验，探寻脱贫攻坚决胜"密码"。

2020 年 4 月 21 日，中共中央总书记、国家主席、中央军委主席习近平来到陕西省安康市平利县老县镇，在茶园考察脱贫攻坚情况。

摆脱贫困、全面小康，中国共产党念兹在兹、须臾不忘。万水千山回望来路，在近百年的奋斗征程上，中国共产党带领人民创造出摆脱贫困的一个个奇迹，发挥了"定盘星"作用。

使命在肩头，人民在心头。2020 年，现行标准下的农村贫困人口全部脱贫，是党中央向全国人民作出的郑重承诺。万山磅礴看主峰，脱贫攻坚，加强党的领导是根本。

"初心"所在——使命在肩 不负人民 打破"前所未有"

2020 年春天，习近平总书记三次出京赴地方考察。

柞水木耳、大同黄花……这位"最强带货员"每到一处，总会关心过问当地的助农富农种植产业。脚下沾有多少泥土，心中就沉淀多少真情，这些带着"泥土"的土特产，展现出习近平总书记心系群众的为民初心。

党的十八大以来，以习近平同志为核心的党中央领导全国人民全面打响脱贫攻坚战，从黄土高坡到雪域高原，从西北边陲到云贵高原，脚步遍布各地、思路

---

[*] 本文原载人民网 2020 年 7 月 10 日，原题为《探寻脱贫攻坚决胜"密码"系列解读之一：使命在肩 不负人民——党的领导为脱贫攻坚"领航""定盘"》。

清晰可辨。

"40多年来，我先后在中国县、市、省、中央工作，扶贫始终是我工作的一个重要内容，我花的精力最多。我到过中国绝大部分最贫困的地区，包括陕西、甘肃、宁夏、贵州、云南、广西、西藏、新疆等地。群众生活每好一点，我都感到高兴"，习近平总书记如是说。

岁月不居，初心不改。中国共产党始终把为中国人民谋幸福、为中华民族谋复兴作为自己的初心和使命，谋民生之利、解民生之忧，带领人民以前所未有之决心、前所未有之力度、前所未有之规模、前所未有之投入推动脱贫攻坚取得了决定性成就。

截至2020年7月，贫困人口从2012年底的9899万人减少到2019年底的551万人，贫困发生率由2012年的10.2%降至2019年的0.6%，连续7年每年减贫1000万人以上；贫困群众收入水平大幅度提高、贫困地区基本生产生活条件明显改善、贫困地区经济社会发展明显加快、贫困治理能力明显提升、中国减贫方案和减贫成就得到国际社会普遍认可。

习近平总书记强调，我们在脱贫攻坚领域取得了前所未有的成就，彰显了中国共产党的领导和我国社会主义制度的政治优势。这些成绩的取得，凝聚了全党全国各族人民智慧和心血，是广大干部群众扎扎实实干出来的。

2020年是全面建成小康社会目标实现之年，也是全面打赢脱贫攻坚战收官之年。脱贫工作艰苦卓绝，收官之年遇新冠肺炎疫情影响，目标接近完成、成就前所未有、挑战前所未有。

中共中央党校（国家行政学院）研究员胡敏指出，我国在脱贫攻坚上取得前所未有的成就，主要表现为四个方面：一是在脱贫数量上、规模上、质量上均前所未有；二是脱贫攻坚方式前所未有，通过开发式扶贫，引导和支持所有有劳动能力的贫困人口依靠自己的双手创造美好明天；三是参与脱贫人口之多、力量之大、治理能力之强前所未有，我们推进抓党建促脱贫攻坚，贫困地区基层组织得到加强；四是中国精准脱贫方案和成果得到了国际社会的充分认可，为国际社会提供了中国经验。

制度"领航"——四梁八柱　把脉症结　风雨无阻向前进

万山磅礴，必有主峰。党的领导保证了正确方向，在脱贫攻坚的道路上风雨无阻向前进，不断进行科学实践，蹚出新路子、书写新篇章。

党政军民学，东西南北中，党是领导一切的。在党的十九大报告提出的"十四个坚持"中，"坚持党对一切工作的领导"是第一条，"坚持党的集中统一领导"也是十九届四中全会提出的"十三个方面显著优势"中的第一点。

开对了"药方子",才能拔掉"穷根子"。针对我国扶贫领域的问题,党中央不断"把脉症结"、精准施策,2015年以来,就打赢脱贫攻坚战,召开了7个专题会议:

2015年:在延安召开革命老区脱贫致富座谈会、在贵阳召开部分省区市扶贫攻坚与"十三五"时期经济社会发展座谈会;

2016年:在银川召开东西部扶贫协作座谈会;

2017年:在太原召开深度贫困地区脱贫攻坚座谈会;

2018年:在成都召开打好精准脱贫攻坚战座谈会;

2019年:在重庆召开解决"两不愁三保障"突出问题座谈会;

2020年:决战决胜脱贫攻坚座谈会。

会议每次围绕一个主题,提出工作要求,规划出"路线图",逐渐搭建起领航的"四梁八柱",形成了脱贫攻坚的方法论。

"精准""真实""分类""扶志""扶智"……经过实践检验,这些关键词已刻在我国减贫的历史之中。可以说,党的领导是打赢脱贫攻坚战的"定盘星"。

中南民族大学马克思主义学院教授张瑞敏在《中国共产党反贫困实践研究(1978~2018)》一书中谈到,为打赢这场史无前例的、最大规模的脱贫之战,中国共产党以卓越的组织领导力转动起执政体系上的各层"链条",高效率运作,层层抓落实;以超强的动员力、执行力,采取上下联动、雷厉风行的硬举措,凝聚力量,落实责任;更是以改革创新为动力,解决了"扶持谁""谁来扶""怎样扶"这些关键问题,推动扶贫开发由粗放扶贫向精准扶贫、精准脱贫的根本性转变。

怀一颗"初心",下好"一盘棋",集中力量办大事是我国的制度优势。不断健全系统完备、科学规范、运行有效的脱贫攻坚制度体系,是打赢脱贫攻坚战的重要制度保障。

2018年2月12日,在打好精准脱贫攻坚战座谈会上的讲话中,习近平总书记指出"我们建立了中国特色脱贫攻坚制度体系""这些制度成果,为全球减贫事业贡献了中国智慧和中国方案"。2019年底,党的十九届四中全会指出,要坚决打赢脱贫攻坚战,建立解决相对贫困的长效机制。

在中国方案的领航下,脱贫攻坚这"一盘大棋"必将实现,"全面小康一个都不能少"的承诺必将如期兑现。

"党的领导是中国特色社会主义的本质特征,党的领导也是脱贫攻坚的根本保障和根本优势。"西安交通大学马克思主义学院教授李永胜表示,党的领导对脱贫攻坚意义重大,主要表现为四个方面:首先,党是脱贫攻坚的组织者、领导者和推动者,只有加强党的领导,脱贫攻坚才有强有力的组织保障和政治保障;

其次，党的领导坚定了全党全社会坚决打赢脱贫攻坚战的信心和决心；再次，只有加强党的领导才能有力整合和充分调动全社会资源，聚焦脱贫攻坚主战场，打赢脱贫攻坚战；最后，人民群众是脱贫攻坚的根本依靠力量，只有加强党的领导才能凝聚民心，激发人民的创造力量。

基层"深耕"——层层组织抓落实　兑现铮铮"军令状"

2015 年 11 月，北京。被外界称为"史上最高规格"的中央扶贫开发工作会议举行，会上，22 个中西部省（区、市）主要负责人在脱贫攻坚责任书上郑重签下自己的名字，向党中央立下了"军令状"。

2020 年 4 月，陕西。习近平总书记来到陕西省考察当地脱贫攻坚等情况，一张"五级书记"同框照中在习近平总书记身旁的，是陕西省委书记、安康市委书记、平利县委书记、蒋家坪村党支部书记，"五级书记"同时出现在了产业扶贫第一线。

上下同欲者胜。脱贫攻坚是一项系统工程，必须保质保量完成，省里向中央立"军令状"，地级市向省、县向地级市也要立下"军令状"，落实脱贫攻坚一把手负责制"五级书记一起抓"；压力层层传导，责任层层压实，确保"蓝图"不走样、不跑偏，确保政策落实、落细、落地。

"要把脱贫攻坚和乡村振兴与基层组织建设紧密结合，更好发挥基层党组织的战斗堡垒作用和党员干部的先锋模范作用，推动'五级书记'抓扶贫与抓乡村振兴的有效衔接"，吉林省中国特色社会主义理论体系研究中心研究员李忠双说。

"农村富不富，关键在支部"，扶贫工作中，从责任层层落实，到"因村派人精准"选准第一书记，从夯实农村基层基础，到动员全社会力量形成大扶贫格局，基层党组织发挥了战斗堡垒作用。

在"不获全胜、决不收兵"的铮铮誓言中，基层党员干部和基层工作者以自己的切实行动践行着党的初心使命，在脱贫攻坚战中冲锋在前。

"脱贫攻坚取得成就离不开基层党员干部和基层工作者的奉献付出。"中国社会科学院社会发展战略研究院、中国社会科学院国家治理研究智库助理研究员马峰在谈到取得成就的原因时表示，基层党员干部在脱贫攻坚战中把自己"掰开了、揉碎了"，为脱贫攻坚打下了坚实的群众基础。

唯其艰难，方显勇毅。我们取得前所未有的成就，原因是什么呢？中共中央党校（国家行政学院）督学、教授洪向华认为，原因主要有三个：

一是中国共产党的领导。在党的坚强领导下，我们采取超常规举措，以前所未有的力度推进脱贫攻坚，才取得了这样前所未有的成就。

二是发挥了中国特色社会主义制度集中力量办大事、强大的社会动员力量的优势，凭借政治优势和制度优势，在全社会构筑了扶贫的强大合力，建立了中国特色的脱贫攻坚制度体系。

三是广大基层干部奋斗在脱贫攻坚的第一线，下沉到最基层，为脱贫攻坚作出了巨大的贡献。

习近平总书记在决战决胜脱贫攻坚座谈会上的讲话中强调，"脱贫摘帽不是终点，而是新生活、新奋斗的起点""脱贫攻坚越到最后越要加强和改善党的领导。各级党委（党组）一定要履职尽责、不辱使命"。

党的领导是"定盘星"，人民是力量之源。主干遒劲，方能枝繁叶茂。2020年，决战决胜脱贫攻坚，唯有怀着为民初心，沿着"中国方案"锚定的航向矢志前行，上下同心、步步"深耕"、坚持精准方略，提高脱贫实效，美好生活必将如期兑现。

危中有机唯创新者胜，总书记
对企业家提出这些要求 *

"大疫当前，百业艰难，但危中有机，唯创新者胜。"中共中央总书记、国家主席、中央军委主席习近平 2020 年 7 月 21 日下午在京主持召开企业家座谈会并发表重要讲话，强调要千方百计把市场主体保护好，激发市场主体活力，弘扬企业家精神，推动企业发挥更大作用，实现更大发展，为经济发展积蓄基本力量。

面向未来，如何弘扬习近平总书记提出的企业家精神，如何推动企业发挥更大作用实现更大发展？人民网·中国共产党新闻网记者第一时间采访了多位专家学者进行解读。

千方百计保护好市场主体四项要求，为经济发展积蓄基本力量

市场主体是我国经济活动的主要参与者、就业机会的主要提供者、技术进步的主要推动者，在国家发展中发挥着十分重要的作用。针对如何使广大市场主体不仅能够正常生存而且能够实现更大发展这一问题，习近平总书记提出了四项要求：第一，落实好纾困惠企政策；第二，打造市场化、法治化、国际化营商环境；第三，构建亲清政商关系；第四，高度重视支持个体工商户发展。

"留得青山在，不怕没柴烧。"全国政协委员、中共中央党校（国家行政学院）马克思主义学院院长张占斌表示，当前受新冠肺炎疫情冲击和国际国内复杂形势的影响，我国经济面临着巨大的压力；因此保护市场主体、保护企业家、保护个体创业者，对我们做好"六稳"工作、落实"六保"任务极其重要。市场主体在整个国家经济社会发展中发挥着不可替代的作用，保护市场主体就是保护就业、就是保护先进生产力、就是保护经济。落实好习近平总书记提出的四项要求就是我们工作的重中之重，只有把这个事情做好，才能稳定经济、稳定就业、稳定社会，才能决胜全面脱贫、决胜全面建成小康社会。

---

* 本文原载人民网 2020 年 7 月 22 日。

"这四个方面的要求，着眼于保护和激发市场主体活力，是对全社会，特别是对各级政府提出来的，兼顾当前，着眼长远，既针对当前新冠肺炎疫情下确保经济社会有序恢复和发展的实际，又面向未来夯实我国经济发展韧性、推动实现高质量发展的客观需要。当前最重要的就是落实好一系列已经出台的纾困惠企政策措施，其中尤其是要高度重视个体工商业发展，它们在保就业、保税收、保社会稳定等方面发挥着不可替代的作用。"中共中央党校（国家行政学院）研究员胡敏说。

中国社会科学院社会发展战略研究院、中国社会科学院国家治理研究智库助理研究员马峰表示，市场主体是市场经济的载体，更是畅通市场经济循环，进而带动经济、社会大循环的基础性推动力量。从微观的百姓日常生活物资的配送，到宏观的国家战略项目的实施，都有赖于市场主体的"腾挪"本领，有赖于实体经济的创造性活力。

"保市场主体是'六保'中最基础、最根本的任务之一，市场主体关系到广大企业的生存发展，市场主体有没有活力，对稳住经济基本盘意义重大。"中共中央党校（国家行政学院）督学、教授洪向华对记者说，打造市场化、法治化、国际化的营商环境是保护和激发市场主体活力的外部因素，市场主体的市场化、法治化、国际化程度越高，市场主体的活力就会越强；亲清政商关系是保护和激发市场主体活力的重要保障，只有政商关系处理好了，企业家才能心无旁骛谋发展；保护和激发市场主体活力工作重点是个体工商户，重点保护和激发个体工商户的活力，才能使市场主体充满活力、竞相迸发，让一切创造社会财富的源泉充分涌流。

五点希望寄语企业家努力成为推动高质量发展的生力军

习近平总书记指出，改革开放以来，一大批有胆识、勇创新的企业家茁壮成长，形成了具有鲜明时代特征、民族特色、世界水准的中国企业家队伍。企业家要带领企业战胜当前的困难，走向更辉煌的未来，就要在爱国、创新、诚信、社会责任和国际视野等方面不断提升自己，努力成为新时代构建新发展格局、建设现代化经济体系、推动高质量发展的生力军。

在讲话中，习近平总书记对企业家提出了五点希望：第一，希望大家增强爱国情怀；第二，希望大家勇于创新；第三，希望大家诚信守法；第四，希望大家承担社会责任；第五，希望大家拓展国际视野。

"爱国、创新、诚信、社会责任、国际视野，可以说是对新时代中国企业家精神核心要素的高度概括，具有鲜明的时代特征、民族特色，是现代企业家必备的基本素质，对中国正在成长中的企业家群体而言，还有一个重要要求就是要具有世界水准。"胡敏说。习近平总书记在讲话中从历史和现实结合的角度，对这五个要素的基本内涵和现实要求都进行了深入剖析，这也是对我国企业家队伍提出的殷切期望。爱国是当代中国企业家精神的基础内核，企业营销无国界，但企业家有祖国；创新、诚信、社会责任，是企业家精神的本质规定和内在禀赋，企业家正是依靠创新，在创造社会财富的同时，不断变革生产方式、要素组合方式，敢于打破程式、拓展未来；企业能够做强、做优、做大，就必须顺乎市场经济的基本运行规则，必须讲诚信、讲社会责任；在经济全球化时代，企业能走多远、企业家舞台能有多广阔，也在于企业家是不是具有国际视野和开阔眼界。所以，将这些要素集中起来看，五点希望准确地阐释了企业家精神，这也是中国企业家需要努力的方向。

洪向华谈到，在爱国方面，企业家爱国最主要的是办好一流企业，带领企业奋力拼搏、力争一流，实现质量更好、效益更高、竞争力更强、影响力更大的发展，使企业为促进经济持续健康发展和社会和谐稳定作出更大贡献；在创新方面，企业是创新的主体，企业自主创新能力的提高对提升我国自主创新能力、建设创新型国家具有重大战略意义，要勇于推动生产组织创新、技术创新、市场创新，重视技术研发和人力资本投入，把企业打造成强大的创新主体；在诚信方面，企业家要做诚信守法的表率，带动全社会道德素质和文明程度提升；在社会责任和国际视野方面，企业家要把企业自身的发展同国家的命运、社会的进步紧密联系在一起，立足中国、放眼世界，提高把握国际市场动向和需求特点的能力，提高把握国际规则的能力，提高国际市场开拓能力，提高防范国际市场风险的能力。

集中力量办好自己的事　新发展格局打造未来发展新优势

面对当前保护主义上升、世界经济低迷、全球市场萎缩的外部环境，习近平总书记强调"从长远看，经济全球化仍是历史潮流，各国分工合作、互利共赢是长期趋势。我们要站在历史正确的一边，坚持深化改革、扩大开放，加强科技领域开放合作，推动建设开放型世界经济，推动构建人类命运共同体"。

大疫当前，百业艰难，要在危机中育新机、于变局中开新局，就要集中力量办好自己的事，积极引导全社会，特别是各类市场主体增强信心，巩固我国经济稳中向好、长期向好的基本趋势。2020年全国两会，习近平总书记在看望参加全国政协十三届三次会议的经济界委员和参加联组会时指出：面向未来，要"逐步形成以国内大循环为主体、国内国际双循环相互促进的新发展格局，培育新形势下我国参与国际合作和竞争新优势"。

张占斌表示，新发展格局是关系我国国家安危和发展前途的重大谋划、战略棋局。首先，要紧盯国内循环发展的重点，精准深化供给侧结构性改革；其次，要提升国际循环的控制力和稳定性，争取区域循环的新突破；最后，要统筹国内国际双循环相互促进、融合发展，注重两个循环的内在关联和协调。要发挥举国体制的制度优势，增强国内循环与国际循环的韧性和柔性，从制度、技术、规则上打通国内循环与国际循环相互融合、相互促进的痛点和堵点。

"今日中国之变化，面临新的内外部环境大变迁。今日世界之变化，面临百年未有之大变局。"马峰说。要坚持全面扩大开放，以更高水平的开放主动引导、塑造中国发展的外部环境。让国内大循环成为国际循环的牵引动力，国际循环成为国内大循环的推动力，形成国内国际双循环的动力环；这要靠全面扩大开放对国内、国际市场主体的政策发力，让国内、国际市场主体成为双循环的载体和直接推动力。

胡敏谈到，当前集中力量办好自己的事情，就是要按照党中央部署，扎实做好"六稳"工作、落实好"六保"任务，将保就业、保企业、保民生放在突出位置，通过更大力度的改革开放，让各类市场主体在繁荣国内经济、畅通国内大循环、形成国内国际双循环相互促进的新发展格局中发挥牢固的支撑作用。

中共中央党校（国家行政学院）经济学部副教授周跃辉认为，面对严峻复杂的国际形势，我们要"集中力量办好自己的事"，不管外界环境如何变化，都要始终坚定不移地不断加强党的自身建设、大力推进科技创新、加快推进扩大内需战略、加快教育强国和人力资源强国建设，充分挖掘国内市场的消费潜力和投资潜力，打通大循环。

用改革的办法打造市场化、法治化、国际化营商环境[*]

习近平总书记在企业家座谈会上的讲话指出了市场主体的作用：市场主体是我国经济活动的主要参与者、就业机会的主要提供者、技术进步的主要推动者，在国家发展中发挥着十分重要的作用。因此，激发市场主体活力是激发整个国家活力、竞争力、创造力的"牛鼻子"，对国家现代化进程具有深远意义。

2020 年上半年，受新冠肺炎疫情影响，我国经济下行压力加大，但撇开新冠肺炎疫情这个外生变量的冲击影响，制约我国市场主体活力迸发的一个重要障碍就是我国的营商环境的市场化、法治化、国际化还不够充分，诸如不同所有制企业的市场准入、要素获得、公平竞争问题，税费负担过重、融资难融资贵、市场执法不够公开透明等问题，其根源都在于营商环境还不够清明，制度性交易成本过高。

在新冠肺炎疫情防控期间推动各地企业复工复产复商过程中，中央一些政策得不到很快落地、落实，也暴露出一些营商环境中的体制弊端和顽疾。

优化营商环境，既要针对当前，也要着眼长远，必须按照出台的一系列优化营商环境的条例法规，用改革的办法打造市场化、法治化、国际化营商环境，以更大的改革力度激发各类市场主体活力。

---

* 本文原载《中国经济时报》2020 年 7 月 27 日。

关注"完善宏观调控
跨周期设计和调节"的表述*

中共中央政治局 2020 年 7 月 30 日召开的会议指出，当前经济形势仍然复杂严峻，不稳定性和不确定性较大，我们遇到的很多问题是中长期的，必须从持久战的角度加以认识。各方广泛议论的"加快形成以国内大循环为主体、国内国际双循环相互促进的新发展格局"，就是针对当前实际、着眼长远发展的战略性选择。要从长期考量，确定政策选择和目标，思维方式和机制设计需要有新的调整。这次会议提出了"建立疫情防控和经济社会发展工作中长期协调机制""坚持结构调整的战略方向""完善宏观调控跨周期设计和调节""实现稳增长和防风险长期均衡"等新的政策思路，就体现了这一精神。其中，"完善宏观调控跨周期设计和调节"是从宏观政策层面提出的一项新要求，也是一个十分重要的政策提示，值得深入理解、细究其政策含义。

宏观调控的"跨周期设计"

宏观调控是市场经济条件下政府的一项重要职能。党的十八届三中全会明确提出"科学的宏观调控、有效的政府治理，是发挥社会主义市场经济体制优势的内在要求""宏观调控的主要任务是保持经济总量平衡，促进重大经济结构协调和生产力布局优化，减缓经济周期波动影响，防范区域性、系统性风险，稳定市场预期，实现经济持续健康发展"。这一段话将宏观调控的职责和任务讲得很明白：要保持社会总供给与总需求的均衡，要注重经济内生增长因素的结构性协调，要平滑经济波动，要遏制各类风险，促进经济增长的长远目标，这既符合宏观经济学的一般原理，也对中国转型经济时期经常出现的矛盾和问题作出了任务界定。

一般来说，实现经济总量平衡、平抑经济波动，主要是通过宏观经济政策对

---

* 本文原载中新经纬 2020 年 7 月 31 日，同时以《坚持结构调整和跨周期调节是重要政策提示》为题刊发于《中国经济时报》2020 年 8 月 10 日。

经济变量进行调节，实现经济增长、就业充分、物价稳定、国际收支平衡四大宏观目标。宏观政策的主要手段是财政政策和货币政策，但作为一个完整的宏观调控体系，又包括就业、产业、投资、消费、区域等政策。根据宏观经济学的 IS-LM、AD-AS 基本模型，政策的作用就是要根据各种市场信号做出应时反应，最终实现各个时点上的一般均衡。居民、厂商、政府的需求和供给，通过各自经济变量追求效用的极化，各类经济政策需要保持协调性，在约束条件下推进总供给与总需求的平衡，实现社会产出的最大化。这里的政策手段协调配合就尤为重要，既需要针对经济短期波动，发挥政策的协同作用；又要保持经济均衡增长，确保政策的长期效应，实现经济增长由低均衡向高均衡推进，从而满足经济运行主体对高的社会福祉或各自效用最大化的需要。为此，结合中国市场经济的发展探索，党的十八届三中全会就强调，要"推进宏观调控目标制定和政策手段运用机制化""增强宏观调控前瞻性、针对性、协同性"。党的十九届四中全会进一步指出，要"健全以国家发展规划为战略导向，以财政政策和货币政策为主要手段，就业、产业、投资、消费、区域等政策协同发力的宏观调控制度体系"。这里的制度体系，就强调了宏观政策运用要更加机制化，不仅要应对短期经济波动，更要着眼长期经济均衡。2020 年 5 月，中共中央、国务院出台的《关于新时代加快完善社会主义市场经济体制的意见》中强调"构建有效协调的宏观调控新机制"，这里的新机制就需要宏观调控目标体系、政策体系、决策协调体系、监督考评体系和保障体系相互支撑，顺应经济高质量发展的要求。

可以说，2020 年 7 月 30 日召开的中央政治局会议，面向"十四五"规划和2035 年远景目标提出的"完善宏观调控跨周期设计和调节"，不仅体现了上述重要文件的精神，而且特别强调了宏观调控的"跨周期设计"，就是充分考量了在外部经济格局充满不确定因素的背景下，如何通过宏观政策的制度化设计，既熨平当前的经济波动，又考量未来长波段的经济周期变化，做到政策的有机协同，提高政策施力的前瞻性，在政策调节过程中确保稳增长和防风险的长期均衡的政策匹配。放在"十四五"规划乃至 2035 年远景目标下更长久的经济可持续增长的立场，来思考宏观调整政策体系的设计，不仅是必要的，也是鲜明的政策导向。

宏观经济政策的重点是解决结构性、体制性问题

提出"完善宏观调控跨周期设计和调节"目标，关键在于如何设计、怎样调节。

所谓"跨周期"，就是考虑了短期经济波动，又要审视未来经济周期走向。

进入 21 世纪以来，特别是 2008 年国际经济金融危机爆发以来，世界经济周

期事实上进入了一轮长周期的下行期，中国经济也进入"三期叠加"的特定阶段，经济下行压力不断增大。其实质原因是中国传统生产要素的边际效用都在下降，传统生产组合方式进入瓶颈阶段，经济的转型升级，尤其是激发技术创新动力推进市场主体革新，成为经济增长的主要动力选择。经过十多年的经济转型，应该说一轮中经济周期已经完成筑底。2018 年以来，中国制造业转型升级，大量新产业新业态的蓬勃兴起以及生产力在空间的重新布局，正有利于催发新一轮中经济周期的到来。

2020 年以来，受新冠肺炎疫情影响，外部突发因素对总供给、总需求均造成了很大冲击，但外部变量并不会改变经济周期的运行轨迹。许多学者曾经判断，自 2008 年国际金融危机之后世界经济就进入了长期经济周期的衰退期，按照数据分析结果，其结束会延续至 2030 年左右。如果以此为据，中国中短经济周期是在大的经济周期下行期的轨迹上运行，这也决定了中国未来经济调节的主旋律就是推进经济结构调整和技术进步，是与我们现在强调的深化供给侧结构性改革、推进高质量发展是一致的。

因此，宏观经济政策必须考虑到经济周期因素，但重点是解决结构性、体制性问题。结构性问题很明确，就是适应不断升级的消费者需求，以创新供给激发潜在需求，通过产业升级、技术升级、产品质量升级等不断增加产品和服务的有效供给。对于政策部门来说，宏观政策导向就必须为市场主体提供最适度的税负环境，这需要财政政策宽松、积极、有效；这需要货币政策提供充足的市场流动性，降低综合融资成本，进而在未来的中短经济周期中，始终营造一个比较宽松的市场环境。体制性问题也很明确，就是要解决生产要素有效配置问题，通过政府创新，最大限度减少对经济的干预，让价格机制更透明，要素流动更通畅，市场主体能够优胜劣汰，出现一个干净的市场，或者说就是让市场在配置资源中发挥决定性作用。当然宏观政策并不能改变市场主体的机制设计问题，而是需要财政货币政策引导资源配置，在解决供求矛盾中促进企业竞争，以充分的市场竞争解决"僵尸企业""过度垄断"问题。

当前新冠肺炎疫情的冲击，会让中国经济结构性矛盾、体制性矛盾变得更加突出，但也恰恰是改革创新的动力所在。"十四五"时期是解决中国结构性、体制性矛盾的关键时期，不论国际环境如何变化，我们在充分开拓国内市场，切实形成以国内循环为主体的新发展格局下，宏观政策体系必须紧紧围绕国内需求升级、紧紧围绕激发国内各类市场主体活力综合设计经济政策，让宏观政策能够有效促进要素资源在国内大市场中得到充分流动。

2020 年 7 月 30 日召开的中央政治局会议指出，财政政策要更加积极有为、注重实效。要保障重大项目建设资金，注重质量和效益。货币政策要更加灵活适度、精准导向。要保持货币供应量和社会融资规模合理增长，推动综合融资成本明显下降。要确保新增融资重点流向制造业、中小微企业。宏观经济政策要加强协调配合，促进财政、货币政策同就业、产业、区域等政策形成集成效应。虽然这里强调的是应对疫情防控和经济社会发展工作"双协同"，但事实上着眼的是"实现稳增长和防风险的长期均衡"。结合 2020 年之前的几年中国财政部门和货币部门在政策选项中出现了一些不协调，以及 2020 年前不久关于财政赤字货币化的种种争论，归根结底，是在保持经济增长的同时，如何降低系统性风险的学术思辨。所以，保持宏观政策的协同，通过制度化、机制化的方法建设，降低政策的波动性和负面作用，也是十分关键的。

2020 年 7 月 30 日召开的中央政治局会议指出"加强前瞻性思考、全局性谋划、战略性布局、整体性推进，实现发展规模、速度、质量、结构、效益、安全相统一"。在过去我们只强调"速度、质量、效益"的"三统一"，这次增加了"规模""结构""安全"，扩展为"六统一"，这应当是"十四五"时期乃至更长时间内中国经济政策主要考虑的政策目标。"六统一"跨越了短周期，将经济增长的目标延及到未来，也成为了施行有效宏观政策的重要出发点。

保护市场主体就是
保护生产力[*]

在 2020 年 7 月召开的企业家座谈会上，习近平总书记科学分析形势、把握发展大势，深刻阐明"保市场主体就是保社会生产力"的重大论述，并就保护和激发市场主体活力作出了重大部署，提出了明确要求，为我国企业发展注入了强大信心和强劲动力，为后疫情时代推动我国企业发挥更大作用、实现更大发展提供了重要的思想引领。

深入认识市场主体的三大作用

市场主体是社会生产力的基本载体，是社会财富的创造者，是经济发展内生动力的源泉。这里的市场主体就是从事生产经营活动、以营利为目的的各类企业。

习近平总书记在企业家座谈会上指出，这些市场主体是我国经济活动的主要参与者、就业机会的主要提供者、技术进步的主要推动者，在国家发展中发挥着十分重要的作用。这就客观界定了作为市场主体的企业在国家发展中的三大作用，即企业需要成为社会福祉的贡献者，成为吸纳就业的容纳器，成为经济增长的发动机。

新中国成立以来，特别是改革开放以来，随着我国逐步建立和不断完善社会主义市场经济体制，市场体系不断发展，各类市场主体蓬勃成长。以公有制为主体、多种经济成分共同发展作为我国社会主义基本经济制度之一，不仅鲜明彰显了我国市场主体的社会主义制度属性和制度优势，还极大地推动了我国社会生产力的发展。截至 2019 年底，我国已有市场主体 1.23 亿户，其中企业 3858 万户，个体工商户 8261 万户，不论它们以怎样的所有制形态表现出来，不论它们各自的经济规模有多大差异，都在各自行业发挥了社会财富的创造者、稳就业的顶梁柱、经济增长的发动机的坚实作用。

可以说，没有这些市场主体作出的生产贡献，就没有如今我国已经积累的巨

---

* 本文原载《中国青年报》2020 年 8 月 3 日。

大社会财富；没有这些市场主体活跃的市场创造，就没有充满生机的社会主义市场经济；没有这些市场主体的锐意创新，就没有包括劳动力就业在内的各类生产要素的自由流动和优化配置。

坚决破解市场主体的发展障碍

改革开放以来，党中央始终坚持社会主义市场经济的改革方向，始终坚持和完善基本经济制度，按照市场经济原则，不断深化经济体制改革，不断激发市场主体活力，各种所有制经济都得到了快速发展：国有经济成为中国特色社会主义制度坚强的重要物质基础和政治基础，混合所有制经济成为社会主义市场经济活跃成分，推进国有经济布局优化和结构调整，不断增强国有经济创新力和竞争力，外资经济成为促进我国开放、助推我国产业融入经济全球化进程的重要力量，民营经济和广大个体工商业在稳定增长、支持税收、促进创新、创造就业、改善民生等方面发挥着不可替代的重要作用。

市场经济的发展、国家开放程度的加深、技术变革的加快，始终需要生产力和生产关系、经济基础和上层建筑的不断调整和适应；这就需要随着变化发展的形势，以经济体制改革为牵引，不断推进全面深化改革，努力冲破思想观念的障碍，突破利益固化的藩篱，破解发展面临的各种难题和各方面挑战。

经过多年努力，我国社会主义市场经济体制已经初步建立，但与顺应新时代社会主义市场经济发展、实现高水平高质量的现代化经济体系的要求相比仍存在不小差距，广大市场主体还面临着解决旧的体制机制束缚和矛盾。比如，市场秩序仍需更规范，以防不正当手段谋取利益的现象；继续发展生产要素市场，以满足大量有效需求；统一市场规则，摒弃部门保护主义和地方保护主义；鼓励良性市场竞争，实现优胜劣汰和结构调整等。总之，发挥市场在资源配置中的决定性作用和形成有效的政府治理，还要下很大的功夫。

近年来，我国经济面临增长速度减缓、结构调整升级、新旧动能转换的新常态格局，经济下行压力加大，周期性、结构性、体制性矛盾"三期叠加"，树立新发展理念，深化供给侧结构性改革、推进高质量发展成为经济爬坡过坎的重要抓手，必须把发展经济的着力点放在实体经济上，必须更大力度地推进体制机制改革，更有效地保护和激发市场主体的活力、竞争力和创造力。2020 年以来，突如其来的新冠肺炎疫情对我国经济和世界经济都产生了巨大冲击，我国很多市场主体面临前所未有的压力。面对风险挑战，党中央明确提出要扎实做好"六稳"工作、落实"六保"任务，千方百计保护好市场主体，因为保了市场主体，就是保了就业、保了民生；保护好市场主体，就留得了青山，为经济发展积蓄基本力量，才能赢得未来。

各地区、各部门已出台一系列保护支持市场主体的政策措施，从加大宏观政策调节力度，到全面强化稳就业举措；从全力支持和组织推动各类企业复工复产，到帮扶中小微企业渡过难关；有力推动我国经济发展呈现稳定转好态势。各类市场主体在各级党委和政府领导下，也积极投身应对新冠肺炎疫情的人民战争，团结协作、攻坚克难、奋力自救，既为疫情防控提供了有力物质支撑，也为保增长稳就业惠民生作出了重大贡献。

习近平总书记2020年以来多次科学分析形势，全面把握大势，深刻阐明危与机的辩证法，不断给广大企业鼓舞士气、增添信心。这次企业家座谈会上，总书记又从落实好纾困惠企政策、打造市场化法治化国际化营商环境、构建亲清政商关系、高度重视支持个体工商户发展四个方面提出了明确要求，目的就是化危为机、化被动为主动，进一步营造良好市场环境，进一步破除各种体制机制障碍，更好激发市场主体活力。

只有变局，才能突破、才有新生。我国1亿多市场主体都是在市场搏击中艰苦摔打出来的，在未来的惊涛骇浪中继续奋勇搏击，必然会在困境中实现凤凰涅槃、浴火重生，实现更强劲的发展。

大力激发新时代中国企业家精神

在企业家座谈会上，习近平总书记特别强调了企业家精神。总书记用"爱国、创新、诚信、社会责任、国际视野"，对新时代中国企业家精神核心要素作了高度概括；在讲话中从历史和现实结合的角度，对这五个要素的基本内涵和现实要求进行了深入剖析，最准确地揭示了中国企业家应当具备的基本精神。新时代中国企业家精神具有鲜明的时代特征、民族特色，也顺应了未来发展方向，是当代中国企业家必备的素质，也是新时代中国企业家需要努力的方向。在当前新冠肺炎疫情冲击下、在国内国际形势愈加纷繁复杂情势下，大力弘扬这种企业家精神，书写出新时代中国企业家精神尤为难能可贵。

习近平总书记指出，优秀企业家必须对国家、对民族怀有崇高使命感和强烈责任感，把企业发展同国家繁荣、民族兴盛、人民幸福紧密结合在一起，主动为国担当、为国分忧；落到实处就是要办好一流企业，带领企业奋力拼搏、力争一流，实现质量更好、效益更高、竞争力更强、影响力更大的发展。这是新时代中国企业家精神的底色。

当代中国企业家当立足国情，放眼世界，着实提高把握国际市场动向和需求特点的能力，提高把握国际规则的能力，提高开拓国际市场的能力，提高防范国际市场风险的能力，让国内企业在更高水平的对外开放中实现更好发展，促进国内国际双循环，努力构建新时代的新发展格局。

从严从实推动扶贫政策落细落地*

贫困之冰，非一日之寒；破冰之功，非一春之暖。

党的十八大以来，党中央从全面建成小康社会全局出发，把扶贫工作摆在治国理政的突出位置，全面打响脱贫攻坚战。为了兑现我们党向人民向历史作出的庄严承诺，通过制度领航、基层深耕，一步一个脚印，扎扎实实地向一个又一个堡垒发起进攻。

慎终如始、从严从实，脱贫过程要扎实、脱贫结果要真实，确保脱贫攻坚成效经得起实践和历史检验，"严""实"这一要领必须镌刻在每一个共产党员心间，在扶贫工作中时刻牢记并践行。

抓牢抓实落细落地，以"无我"精神久久为功

一分部署，九分落实。求真务实是共产党人的重要思想和工作方法。

"打赢脱贫攻坚战不是搞运动、一阵风，要真扶贫、扶真贫、真脱贫。要经得起历史检验。攻坚战就要用攻坚战的办法打，关键在准、实两个字。"2016年7月20日，习近平总书记在东西部扶贫协作座谈会上的讲话中指出。

要确保扎扎实实"真扶贫、扶真贫、真脱贫"。针对这一工作要领，习近平总书记强调：一是领导工作要实，做到谋划实、推进实、作风实；二是任务责任要实，做到分工实、责任实、追责实；三是资金保障要实，做到投入实、资金实、到位实；四是督查验收要实，做到制度实、规则实、监督实。

这一个个"实"字见证着中国共产党"抓铁有痕，踏石留印，久久为功"的工作作风和"让脱贫攻坚成效经得起实践和历史检验"的铮铮誓言。

制度领航，政策措施"实"——为了打好这场攻坚战，党中央不断"把脉症结"开出药方，在中国方案引领的航向下，逐渐搭建起"四梁八柱"。从中央到地方，将脱贫攻坚的责任落到实处，形成中央统筹，省（自治区、直辖市）

---

* 本文原载人民网 2020 年 8 月 9 日。

负总责，市（地）县抓落实的扶贫开发工作机制，做到分工明确、责任清晰、任务到人、考核到位，既各司其职、各尽其责，又协调运转、协同发力。

从扶持谁、谁来扶，到怎么扶、如何退，在脱贫攻坚决战决胜的全过程，中国共产党精准施策，谋划实、政策实，始终怀着为民初心，将这场硬仗的"路线图"严谨规划。

勠力同心，落细落地"实"——贯彻落实党中央决策部署上，中央和国家机关是"最初一公里"、地方党委是"中间段"、基层党组织是"最后一公里"，只有将每一环节层层抓实，把脱贫职责扛在肩上、把脱贫任务抓在手上，才能勠力同心，将政策落实、落细、落到位。

脚下沾有多少泥土，心中就沉淀多少真情。我国脱贫攻坚进度符合预期，取得的成就举世瞩目，这些脱贫成效与广大第一书记、驻村干部的真抓实干是分不开的。只有以"我将无我"的精神踏踏实实抓好战"贫"路上的每一公里，方能将工作真正落在实处。

2020年3月6日，在决战决胜脱贫攻坚座谈会上，习近平总书记提到了一组"暖心"数据——截至2022年3月，全国共派出了25.5万个驻村工作队，累计选派了290万多名县级以上党政机关和国有企事业单位干部到贫困村和软弱涣散村担任第一书记或驻村干部。

对扶贫工作，习近平总书记多次叮嘱："扶贫干部要真正沉下去，扑下身子到村里干，同群众一起干；不能蜻蜓点水，不能三天打鱼、两天晒网，不能神龙见首不见尾。"

对奋战在脱贫一线的扶贫干部，习近平总书记时常牵挂。"对驻村帮扶干部、第一书记、农村基层干部，包括大学生村官，要多关心他们，及时帮助他们解决实际困难。"

"脱贫攻坚成就的取得，离不开基层党员干部和基层工作者实实在在的奉献付出。"中国社会科学院社会发展战略研究院、中国社会科学院国家治理研究智库助理研究员马峰表示，基层党员干部在脱贫攻坚战中冲锋在前，以自己的切实行动践行着党的初心使命，类似于驻村"第一书记"这样的群体，他们把自己"掰开了""揉碎了"，为脱贫攻坚打下了坚实的群众基础。2020年是脱贫攻坚收官之年，时间紧、任务重，作为脱贫攻坚政策的具体执行者，基层人员仍不能有半点的麻痹大意，在脱贫攻坚的最后关头，要确保以实实在在的成绩打赢脱贫攻坚战。

从严从实狠抓作风　提高脱贫质量　防止"数字游戏"

脱贫不是一劳永逸，也不是数字游戏。要实事求是、求真务实抓好工作，坚持把全面从严治党要求贯穿脱贫攻坚工作全过程和各环节。

落地落细抓工作，从严从实抓作风。扶贫领域的"严"字，习近平总书记念念不忘、反复叮嘱。

不能急功近利——2019年3月7日，习近平总书记在参加十三届全国人大二次会议甘肃代表团的审议时指出，对群众反映的"虚假式"脱贫、"算账式"脱贫、"指标式"脱贫、"游走式"脱贫等问题，要高度重视并坚决克服，提高脱贫质量，做到脱真贫、真脱贫。脱贫攻坚越到最后时刻越要响鼓重锤，决不能搞急功近利、虚假政绩的东西。

脱贫绩效监督——2020年1月13日，在党的十九届中央纪委四次全会上，习近平总书记发表重要讲话指出，要集中解决好贫困地区群众反映强烈、损害群众利益的突出问题，精准施治脱贫攻坚中的形式主义、官僚主义等问题，加强对脱贫工作绩效特别是贫困县摘帽情况的监督。

加强作风建设——2020年3月6日，习近平总书记在决战决胜脱贫攻坚座谈会上再次叮嘱，脱贫攻坚任务能否高质量完成，关键在人，关键在干部队伍作风。要加强扶贫领域作风建设，坚决反对形式主义、官僚主义，减轻基层负担，做好工作、生活、安全等各方面保障。

国家行政学院研究员胡敏认为，行百里者半九十。冲刺阶段，提高脱贫质量刻不容缓，在作风上更要严格绷紧弦，要坚持以人民为中心，通过清晰的制度导向，形成求真务实、清正廉洁的新风正气。

党的十九大闭幕不久，十九届中央纪委就印发工作方案，决定2018～2020年持续开展扶贫领域腐败和作风问题专项治理。各级纪检监察机关结合当地实际，严肃查处扶贫领域腐败和作风问题，为脱贫攻坚取得新进展、新成效发挥了重要作用。

2019年12月25日，中央巡视组对中央脱贫攻坚专项巡视的26个地方和单位全部开展"回头看"，这是党的十九大后，中央巡视首次"回头看"。从对脱贫攻坚开展专项巡视，到开展"回头看"，巡视政治监督作用充分发挥，有力推动压实脱贫攻坚政治责任。

脱贫攻坚工作推进到哪里，监督执纪问责就跟进到哪里。据中央纪委国家监委网站消息，2019年，各级纪检监察机关以"三区三州"等深度贫困地区为重点，紧盯扶贫项目资金管理风险隐患，坚决查处相关腐败问题。全国共查处扶贫领域腐败和作风问题8.5万件，纪检监察机关剖析典型案例，推动举一反三、持续深化纠治。

措施严、工作严、作风严，面对如期完成脱贫攻坚任务的艰巨性、重要性、紧迫性，只有上下同心，压实责任，靶向施策，精准发力，才能够续写减贫的"中国奇迹"。

心怀国之大者 务实功、求实效使脱贫攻坚成效经得起实践和历史检验

其作始也简，其将毕也必巨。脱贫攻坚决战决胜进度已到了"最后一公里"，从决定性成就到全面胜利，脱贫摘帽扶贫结果的"严""实"不容忽视。

决战决胜之时，面对新冠肺炎疫情、汛情带来的"加试题"，返贫致贫风险加大，如何化危为机、于变局中开新局，对于完成全年经济社会发展目标和全面建成小康社会任务至关重要。

针对如何摘帽、如何防止返贫等关键问题，2015 年 11 月 27~28 日，习近平总书记在中央扶贫开发工作会议上指出：要设定时间表，实现有序退出，既要防止拖延病，又要防止急躁症。要留出缓冲期，在一定时间内实行摘帽不摘政策。要实行严格评估，按照摘帽标准验收。要实行逐户销号，做到脱贫到人，脱没脱贫要同群众一起算账，要群众认账。

解决好"如何退"这一环节要加快建立反映客观实际的贫困县、贫困户退出机制，贫困县摘帽要和全面建成小康社会进程对表，早建机制、早作规划，做到对脱贫摘帽过程和数量"心中有数"。

从"摘帽不摘责任、摘帽不摘政策、摘帽不摘帮扶、摘帽不摘监管"到"扶上马、送一程"，对于脱贫攻坚成果的检验映射着以人民为中心的思想内涵，真正严谨、严格地从实处为民着想，力争做出经得起实践、人民、历史检验的实绩。

动态监测、科学评估……种种考验面前，对脱贫结果的评估更要严格真实，确保一个都不掉队。只有踏实走好脱贫攻坚每一步，才能确保脱贫有实效、可持续。

相对贫困问题永远存在，帮扶困难群众的任务永无止境。党的十九届四中全会提出，要坚决打赢脱贫攻坚战，建立解决相对贫困的长效机制。

"脱贫攻坚的成绩来之不易，放到国际上进行比较更见含金量。"中国人民大学公共管理学院副院长、教授杨宏山说。2020 年底实现贫困县全部摘帽后，全国各地发展仍会有先进和落后之分。从这个意义上讲，贫困地区摘掉"穷帽子"，也只是我国推进现代化的一个阶段性胜利。在贫困县全部摘帽后，反贫困将从针对绝对贫困家庭转向相对贫困问题，在公共政策上需要更加注重提升落后地区的可持续发展能力，包括改善基础设施条件，创造更多的就业机会，支持社会力量组织起来，参与反贫困治理等。

脱贫摘帽不是终点，而是新生活、新奋斗的起点。新征程上，仍须以"无我"之精神接续奋斗，以尺寸之功积千秋之利，以群众动力为基础、以实干笃定前行，用双手创造更加美好的新生活。

"十四五"规划
以何关键词谋局*

"十四五"规划要来了。"十三五"时期供给侧结构性改革成为我国发展主线的"牛鼻子"，那么"十四五"的关键词会是什么？

"高质量发展"热度最高

习近平总书记对"十四五"规划编制工作作出重要指示，要求"把加强顶层设计和坚持问计于民统一起来"。为此，有关方面近期将通过多种形式征求干部群众、专家学者等对"十四五"规划的意见建议。

善治者谋局，五年规划涉及经济和社会发展方方面面，是国家发展战略、发展模式的主要表现形式，同人民群众的生产生活息息相关。因此，编制工作须思深忧远，对等于"十三五"时期供给侧结构性改革成为核心内涵，即将到来的"十四五"该以什么"关键词"谋局？接受《中国经济时报》记者采访的中共中央党校（国家行政学院）研究员胡敏表示，2020年10月召开的十九届五中全会将审议通过"十四五"规划。2020年以来，中央领导同志对高水平编制好"十四五"规划都提出了明确要求，从中可以感知编制"十四五"规划的指导思想和着力点。"如果一定要明确'十四五'规划的'核心'，我认为是'推进高质量发展'"。

胡敏解释道，尽管这个词内涵比较宽泛，涉及经济社会发展的方方面面，但可以作为规划的聚焦点和着力点。无论是落实党的十九大精神、适应我国社会主要矛盾变化、人民对美好生活有更多期盼的客观需要，还是应对当前和今后一个时期外部环境可能更加复杂、不确定性和挑战更多和需要加快我国转变发展方式、优化经济结构、转换增长动力的客观现实，都必须将推进高质量发展、建设现代化经济体系放在规划的核心位置。

不可否认，建设创新型国家是引领高质量发展的关键。时任国家发改委发展

---

* 本文原载《中国经济时报》2020年8月12日，记者：张丽敏。

规划司司长徐林撰文分析，相对"十三五"时期的供给侧结构性改革，"十四五"的核心内涵应转变为全方位创新，核心是体制机制创新和科技创新。

对此，胡敏认为，创新是落实"十四五"规划的基本动力，是实现高质量发展的基本支撑，也是"十四五"规划的基本内核。

胡敏说，面对更加复杂的国内外环境和更高水平更高质量的发展要求，推进经济社会发展的基本理念、基本方略和主要抓手就是创新。这个时期的创新的确需要全方位，这不仅是顺应第四次技术革命、产业革命蓄势待发的大趋势，促进产品变革、技术变革、产业变革，更是顺应市场格局变化，而加快推进要素组合变革、组织管理方式变革、体制机制变革，就是要以生产力的快速发展推进生产关系的适应性调整，也要以经济基础的结构性变化推进上层建筑的适应性变化。就是说，"十四五"规划既要按照结构调整的战略导向，突出生产力创新，也要按照构建高水平社会主义市场经济体制的要求，更加重视制度创新。

充分研判落实"关键词"

不可否认的是，当前的国际、国内环境不同以往，只有兼顾才能让"十四五"规划"关键词"更为符合发展规律，落实更加有的放矢。

2020年7月30日召开的中共中央政治局会议提出，"经济形势仍然复杂严峻，不稳定性不确定性较大，我们遇到的很多问题是中长期的，必须从持久战的角度加以认识"。

胡敏认为，好的规划编制要针对现实，解决当前的矛盾和问题，才能为后一个时期更好发展奠定基础，所以必须立足当前、着眼长远，要做好统筹兼顾。"编制好'十四五'规划，要充分把发展机遇研判准，把困难和挑战分析透，立足我国基本国情和当前发展阶段，坚持发展第一要务，突出保持经济运行在合理区间、推动高质量发展，突出以人民为中心的发展思想，突出以改革创新破解发展难题，实事求是、遵循规律，提出'十四五'时期发展目标、工作思路、重点任务，给社会良好预期，激励全国上下努力奋进。"

徐林认为，总的来看，"十四五"规划编制会难于以往，因为中国正面临改革开放以来前所未有的复杂国内外环境。尽管如此，中国完全有可能通过全方位创新，更好地激发国内微观主体的发展活力和增长能力，进一步改善资源的市场化配置效率，使经济增速保持更平缓并延续更长的增长平台期。

为此，胡敏强调，要认真谋划"十四五"时期经济社会发展的重要支撑。

围绕推动经济发展、增进人民福祉、防范化解风险等，研究推出一批重大政策。围绕增强发展内生动力、激发市场活力，研究推出一批重大改革开放举措，尤其要按照厘清政府和市场、政府和社会关系的要求，在深化"放管服"改革、打造市场化法治化国际化营商环境上取得更大进展。

围绕补短板、促升级、增后劲、惠民生，研究推出一批重大工程和项目，更加注重发挥社会力量作用，着力提升基础设施水平，增强产业创新力和竞争力，促进改善生态环境，提高人民群众生活水平。

勇于开顶风船、
善于转危为机*

中共中央总书记、国家主席、中央军委主席习近平 2020 年 8 月 24 日下午在中南海主持召开经济社会领域专家座谈会（以下简称"座谈会"）并发表重要讲话。习近平总书记强调，"十四五"时期是我国全面建成小康社会、实现第一个百年奋斗目标之后，乘势而上，开启全面建设社会主义现代化国家新征程、向第二个百年奋斗目标进军的第一个五年，我国将进入新发展阶段。

如何认识"新发展"，怎样理解中长期规划指导经济社会发展的重要性？人民网理论频道记者采访了多位专家学者进行解读。

一个关键词："新发展" 勇于开顶风船，善于转危为机

凡事预则立，不预则废。新发展、新优势、新机遇……习近平总书记在经济社会领域专家座谈会上的讲话始终围绕着"新"这个字，进入新发展阶段的中国，面对较多逆风逆水的外部环境，如何研究新情况、作出新规划，至关重要。

座谈会上，习近平总书记从党和国家事业发展的战略全局出发，深刻阐述了需要正确认识和把握中长期经济社会发展重大问题，强调要以辩证思维看待新发展阶段的新机遇、新挑战，以畅通国民经济循环为主构建新发展格局，以科技创新催生新发展动能，以深化改革激发新发展活力，以高水平对外开放打造国际合作和竞争新优势，以共建共治共享拓展社会发展新局面。

中共中央党校（国家行政学院）研究员胡敏表示，这一重要讲话用全面、辩证、长远的观点审视当今中国经济社会发展所处的历史方位，从六个方面解析了"究竟怎么看新发展阶段、适应这个阶段我们又怎么干"的问题。以辩证思维看待新发展阶段的新机遇新挑战，要鼓足发展信心，增强机遇意识、风险意识，做到准确识变、科学应变、主动求变，切实把握主动权，适应新的变局，就要及时主动作出重大战略抉择。"催生新发展动能、激发新发展活力、打造国际

---

* 本文原载人民网 2020 年 8 月 26 日，记者：万鹏、任一林。

合作和竞争新优势、拓展社会发展新局面"强调了创新、改革、开放、社会治理的重要作用，这四个方面正是构建新发展格局的战略重点，回答了我国经济发展正处在哪里，要向什么方向走，如何走稳、走好、走实每一步的问题，是实现新发展的基本路线图。

"这六个方面全面论述了当前中国发展之方位、世界发展之潮流、面向未来中国发展之路径。"中国社会科学院社会发展战略研究院助理研究员马峰谈到。六方面内容涵盖经济社会主要方面和领域，通篇贯穿了辩证唯物主义、历史唯物主义的理论光辉。一方面科学回答了怎么看待当前形势与未来发展之间的关系，另一方面用辩证唯物主义、历史唯物主义的观点，透过现象看本质分析问题、谋划长远。必须坚持党的全面领导，深入推进国家治理体系和治理能力现代化，全面深化改革，敢于刀刃向内自我革命，为更高层次、更高水平、更可持续的发展提供制度的保障，促进社会发展公平正义，彰显中国特色社会主义制度的独特优势；必须坚持全面对外开放，建设更高水平的对外开放格局；必须坚持新发展理念，以新发展理念统领经济社会发展，稳中求进，办好中国自己的事情。

"纲举则目张，这六点是理解当前和今后一段时期，特别是'十四五'时期我国经济发展的总纲。"吉林大学中国国有经济研究中心主任、教授李政谈到。"新发展阶段"是"十四五"时期开展一切工作的基础和条件，也是出发点和落脚点；其中既有新机遇，也有新挑战。我们要沉着应对，抢抓机遇，办好自己的事情，勇于开顶风船，善于转危为机；要以畅通国民经济循环为主构建新发展格局，把科技创新和体制机制创新作为催生新动能、激发新活力的"两个轮子"，把大力提升自主创新能力、发挥集中力量办大事的体制与制度优势作为畅通国民经济循环的保障与突破口，通过实际行动支持并践行多边主义，以开放、合作、共赢精神同世界各国共谋发展。

"十四五"规划：开门问策　着眼长远把握大势　研究新情况，作出新规划

"用中长期规划指导经济社会发展，是我们党治国理政的一种重要方式。"习近平总书记指出。从 1953 年开始，我国已经编制实施了 13 个五年规划（计划），其中改革开放以来编制实施 8 个，有力推动了经济社会发展、综合国力提升、人民生活改善，创造了世所罕见的经济快速发展奇迹和社会长期稳定奇迹。实践证明，中长期发展规划既能充分发挥市场在资源配置中的决定性作用，又能更好发挥政府作用。

五年规划编制既涉及经济和社会发展的方方面面，也同人民群众生产生活息

息相关。习近平总书记对"十四五"规划编制工作作出了重要指示强调，要开门问策、集思广益，把加强顶层设计和坚持问计于民统一起来，鼓励广大人民群众和社会各界以各种方式为"十四五"规划建言献策，切实把社会期盼、群众智慧、专家意见、基层经验充分吸收到"十四五"规划编制中来，齐心协力把"十四五"规划编制好。

人民，始终是我们党执政的最大底气。座谈会"开门问策、集思广益"，专家学者从各自专业领域出发，对"十四五"时期发展环境、思路、任务、举措提出了很有价值的意见和建议。胡敏指出，实践证明，新中国成立 70 多年来，我们之所以能够创造世所罕见的经济快速发展奇迹，其中一个重要优势就是用中长期规划引领经济社会发展。因为，这样既可以紧密结合阶段性要求，一步一个脚印循序渐进向前推进，又能满足社会主要矛盾的变化，不断实现更高的发展目标。"十四五"规划将一如既往地汲取过去的好经验，但更重要的是立足新发展格局和新的国内外环境，着力在更高质量上布局谋篇，以此引领我国社会主义现代化强国建设迈上新的征程。

中共中央党校（国家行政学院）经济学部教员、副教授周跃辉谈到，编制五年规划的过程，是发扬民主、集思广益、科学决策的过程，也是汇集众智、反映民意、凝聚共识的过程。五年规划是市场经济条件下正确处理政府和市场关系的重要制度创新，有利于发挥市场在资源配置中的决定性作用，使各微观主体在市场机制的作用下充分发挥活力，还可以更好发挥政府作用；因此，科学编制和实施五年规划已经成为我们党治国理政的一个重要方式，是中国特色社会主义发展模式的重要体现。"十四五"规划纲要的编制必将为我国实现"十四五"时期的高质量发展提供有力保障。

"十四五"时期，怎样看待中长期规划对我国经济发展的作用？西安交通大学马克思主义学院教授李永胜表示，做好中长期规划，既要统筹历史现实和未来，也要统筹国际和国内，还要统筹经济、政治、文化、社会、生态等各个方面。用中长期规划指导经济社会发展是我们党治国理政的优良传统和作风，历史实践证明，这种方式行之有效。"十四五"时期，我们要总结历史经验，继续用好中长期规划，在科学研究和准确把握客观规律的基础上，把中长期规划做得更加全面精准和完善，充分发挥好中长期规划对经济社会发展的引领规范指导和调节作用。

四点希望：寄语经济社会领域理论工作者　从中国实践中来，到中国实践中去

"新时代改革开放和社会主义现代化建设的丰富实践是理论和政策研究的

'富矿'，我国经济社会领域理论工作者大有可为。" 对经济社会领域理论工作者，习近平总书记提出了四点希望：一是从国情出发，从中国实践中来，到中国实践中去，把论文写在祖国大地上，使理论和政策创新符合中国实际、具有中国特色，不断发展中国特色社会主义政治经济学、社会学；二是深入调研，察实情、出实招，充分反映实际情况，使理论和政策创新有根有据、合情合理；三是把握规律，坚持马克思主义立场、观点、方法，透过现象看本质，从短期波动中探究长期趋势，使理论和政策创新充分体现先进性和科学性；四是树立国际视野，从中国和世界的联系互动中探讨人类面临的共同课题，为构建人类命运共同体贡献中国智慧、中国方案。

"这是理论工作者必须遵循的方法论，首先要有问题意识，理论一定要能够回答现实问题，必须深入实际、深入调研，切实掌握国情；其次要掌握正确的思考方法，运用好马克思主义立场、观点和方法这一理论工作者的基本思维武器，这样才能把握规律，发现真理，提出实招，理论和政策创新才能得到检验；最后要有历史使命感，理论工作者既要把论文写在中国大地上，又要为解决人类面临的共同课题，贡献中国智慧、中国方案。" 胡敏说。

"这四点希望从根本上要求广大经济社会领域理论工作者要坚持理论联系实际、实事求是的工作作风和研究精神；要及时总结中国经济社会发展新的生动实践，不断推进理论创新；同时要不断用这些创新性的理论，来指导和推动新的实践。" 周跃辉认为，要善于从新时代改革开放和社会主义现代化建设的丰富实践中，寻找理论和政策研究的"富矿"。只有这样，广大经济社会领域理论工作者才能无愧于时代、无愧于党和人民。

李政谈到，经济社会领域理论工作者首先要扎根中国大地，面向中国实际，做更加有价值、有意义的学术研究，提出更加具有中国气派和现实指导作用的理论与学说，不断开辟中国特色社会主义政治经济学、社会学新境界；其次要更加注重调查研究，深入了解社会现实，用正确的方法研究问题，提出更加科学合理、经得起检验的理论与政策建议；再次要坚持正确的立场、观点和方法，透过现象看本质，把握前沿与大势；最后要有更加宽广的格局和全球视野，要为世界发展、为人类命运共同体贡献中国智慧与中国方案。

时代课题是
理论创新的驱动力[*]

习近平总书记 2020 年 8 月 24 日主持召开了经济社会领域专家座谈会，就"十四五"时期我国经济社会发展规划开门问策，并对广大经济社会领域理论工作者做好理论和政策研究、推进理论创新提出了殷切期望。

以问题为导向，着眼解决中国经济社会发展现实问题

坚持问题导向是马克思主义的理论品格和根本要求。马克思提出，"问题就是时代的口号，是它表现自己精神状态的最实际的呼声"。纵观人类发展历史，一切发展进步无不是在破解时代问题中实现的。发现问题、研究问题、解决问题，始终是推动一个国家、一个民族向前发展的重要动力。

一个先进的政党，总是善于在众声喧哗中听清时代的声音，解决时代提出的问题；善于发现问题、研究问题、解决问题，也是中国共产党的基本品格。马克思主义中国化的历程，就是中国共产党人在革命、建设和改革各个时期，把马克思主义基本原理同中国具体实际相结合，通过回答和解决中国面临的时代问题，不断推进理论创新、指导实践突破的历程。

党的十八大以来，强化问题意识、坚持问题导向成为以习近平同志为核心的党中央治国理政的鲜明特色。习近平总书记始终强调："我们中国共产党人干革命、搞建设、抓改革，从来都是为了解决中国的现实问题。"正是以化解矛盾、解决问题为目标任务进行开拓性、创造性工作，坚持以问题为导向，扭住深层次矛盾和重点、难点问题持续发力、精准发力，我们才解决了许多长期想解决而没有解决的难题，办成了许多过去想办而没有办成的大事，使党和国家事业发生了历史性变革、中国特色社会主义取得了重大成就。

当前我们正处于中华民族伟大复兴战略全局和世界百年未有之大变局。从国际环境看，经济、科技、文化、安全、政治等格局都在发生深刻调整，世界进入

　本文原载《中国青年报》2020 年 8 月 31 日。

动荡变革期。今后一个时期，我们将面对更多逆风逆水的外部环境，因此必须做好应对一系列新的风险挑战的准备。

从国内环境看，我国已进入高质量发展阶段，社会主要矛盾已经转化为人民日益增长的美好生活需要和不平衡不充分的发展之间的矛盾，人民对美好生活的要求不断提高。在看到我国制度优势显著、治理效能提升、经济长期向好、物质基础雄厚、人力资源丰富、市场空间广阔、发展韧性强大、社会大局稳定，继续发展具有多方面优势条件的同时，我们必须着力解决好我国发展不平衡不充分问题仍然突出、创新能力不适应高质量发展要求、农业基础还不稳固、城乡区域发展和收入分配差距较大、生态环保任重道远、民生保障存在短板、社会治理还有弱项等矛盾和问题。这是中国经济社会进入新发展阶段必须集中力量攻坚克难面对的大问题、大事情，也是"十四五"时期需要研判的新形势、研究的新情况、解决的新问题。发展的需要、问题的破解，是我国广大经济社会领域理论工作者更崇高的历史使命，在开掘理论和政策研究的"富矿"中，我国经济社会领域理论工作者也必将大有可为。

掌握科学的思想方法，不断推进理论和政策研究创新

习近平总书记指出"时代课题是理论创新的驱动力。马克思、恩格斯、列宁等都是通过思考和回答时代课题来推进理论创新的"。马克思主义经典作家正是在认识和把握资本主义经济危机等时代问题的基础上，创造性地提出了剩余价值理论，揭示了资本主义发展的历史规律，为全世界无产阶级提供了认识世界和改造世界的科学思想武器。

习近平总书记引用恩格斯指出的无产阶级政党"全部理论来自对政治经济学的研究"这一重要论断，要求广大经济社会领域理论工作者自觉运用好马克思主义政治经济学的方法论，这是推进理论创新的思想前提。面对错综复杂的国内外经济形势，面对形形色色的经济现象，只有学习领会马克思主义政治经济学基本原理和方法论，切实掌握科学的经济分析方法，才能深化对我国经济发展规律的认识，提高领导我国经济发展的能力和水平，才能准确回答我国经济发展的理论和实践问题。

马克思主义是经过实践证明的科学真理。广大经济社会领域理论工作者要自觉坚持马克思主义立场、观点、方法，切实掌握其思考问题的方法论。改革开放以来，我们党及时总结新的生动实践，不断推进理论创新，在发展理念、所有制、分配体制、政府职能、市场机制、宏观调控、产业结构、企业治理结构、民生保障、社会治理等重大问题上提出了许多重要论断，开拓了马克思主义政治经济学新境界，也为构建中国特色社会主义政治经济学奠定了厚实基础。在"十四

五"时期，即我国进入新发展阶段的重要时刻，经济社会理论工作者依然要回答好社会主义本质、社会主义初级阶段基本经济制度、新发展理念、发展社会主义市场经济、构建"双循环"新发展格局、实现全体人民共同富裕等一系列重大理论和实践问题，继续开拓马克思主义政治经济学新境界。

要把论文写在祖国大地上。理论是灰色的，而实践之树常青。广大经济社会领域理论工作者必须深入调查研究、细察国情，从中国实践中来到中国实践中去，这样的理论和政策研究才能下接地气，充分反映实际情况，理论和政策创新才能有根有据、合情合理，也才能服务好大局、支真招、支实招，充分体现理论和政策创新的先进性和科学性。

我们要树立博大胸怀，富有使命担当。强大起来的中国可以也应当为世界作出更大的贡献，中国的问题就是世界的问题。

让企业家成为推动成渝地区双城经济圈高质量发展的生力军*

习近平总书记在 2020 年 7 月 21 日召开的企业家座谈会上发表重要讲话，从战略和全局高度充分肯定了改革开放以来我国企业家队伍的形成及其作出的重要贡献，全面分析了激发和保护市场主体活力的现实要求，深刻阐述了新时代企业家精神的时代内涵。高屋建瓴的讲话，不仅进一步丰富了习近平新时代中国特色社会主义思想，也为充分发挥当代中国企业家群体在应对复杂多变的新形势、加快构建国内国际双循环相互促进的新发展格局、努力推进我国高质量发展中的生力军作用提供了重要的思想遵循。

2020 年以来，成渝地区双城经济圈建设、践行新发展理念的公园城市示范区建设等相继上升为国家战略，为成都市发展带来了前所未有的历史机遇。2020 年 7 月 24 日，成都市也深入学习贯彻习近平总书记在企业家座谈会上的重要讲话精神，召开了企业家座谈会。当前，成都市要抓住国家战略机遇，深入学习领会习近平总书记重要讲话精神，大力弘扬企业家精神，乘势而上，切实担起历史责任，不断开阔视野和开拓创新，努力成为推动成渝地区双城经济圈高质量发展的生力军，在形成我国西部重要增长极的精彩实践中绽放新时代企业家的独特风采。

深入领会习近平总书记讲话关于保护和激发市场主体活力、弘扬企业家精神的思想精髓

习近平总书记在企业家座谈会上的讲话，从发挥市场主体的作用、激发和保护市场主体活力再谈到弘扬企业家精神，然后谈到面对复杂多变的国际国内形势，要集中力量办好自己的事，在形成以国内大循环为主体、国内国际双循环相

---

* 本文原载成都市委机关刊《先锋》杂志 2020 年 8 月第 254 期。

互促进的新发展格局中，广大企业家应当发挥更大作用。

习近平总书记指出，市场主体是经济的力量载体。改革开放以来，我国逐步建立和不断完善社会主义市场经济体制，市场体系不断发展，各类市场主体蓬勃成长。

企业家具有创新禀赋。作为创新者的企业家，通过变革要素组合方式，创造了新的市场、新的需求，推进了技术变革、组织变革、市场变革，源源不断地创造了就业机会，促进了经济的繁荣。在实现市场主体的三大作用中离不开企业家创新，市场主体的成长壮大也与企业家及其内在禀赋天然地紧密结合在一起。

习近平总书记在讲话中，将企业家创新的内在禀赋以更宽广的视角丰富和拓展为新时代中国企业家精神，其内涵就是爱国、创新、诚信、社会责任和国际视野。改革开放以来，一大批有胆识、勇创新的中国企业家茁壮成长，形成了一支具有鲜明时代特征、民族特色、世界水准的中国企业家队伍，并随着时代的发展不断实践和丰富着中国企业家的精神图谱；一批优秀企业家也成为我国经济建设、改革开放各个时期企业发展的历史见证与生动写照；他们顺应时代发展，勇于创新变革，在市场竞争中接续成长，为中国积累社会财富、创造就业岗位、促进经济社会发展、增强综合国力作出了重要贡献。

2020年以来，新冠肺炎疫情对我国经济和世界经济产生了巨大冲击，因此我国很多市场主体面临前所未有的压力。在大疫当前、百业艰难的关键时刻，保护市场主体就是保护生产力，要千方百计把市场主体保护好，为经济发展积蓄基本力量；要大力弘扬企业家精神，以企业家的爱国、创新、担当和责任带领企业战胜各种困难、抵御各种风险挑战。

新冠肺炎疫情发生以来，成都市科学研判形势、沉着冷静应对，统筹推进疫情防控和经济社会发展，帮助企业纾危解困，全力稳链、补链、强链；成为全国感染率最低，复工、复产、复市最快，秩序活力恢复最好的城市之一。这是成都市上下勠力同心、砥砺奋进的结果，凝聚着广大企业家开拓创新、不懈努力的辛勤汗水。可以相信，在后疫情时代，广大企业和企业家在构建新发展格局、建设现代化经济体系、推动高质量发展进程中一定能够有更大格局、发挥更大作用、实现更大发展。

"两个大局"背景下，成渝地区双城经济圈建设为企业家发展搭建了广阔舞台

企业兴则城市兴，企业强则城市强。面对成都市前所未有的历史机遇，广大企业家要深刻领会习近平总书记重要讲话精神和党中央的战略部署，将成渝地区

双城经济圈建设放在"两个大局"和我国经济结构转型升级的大背景下审视和考量，切实增强使命感和责任感。

从"两个大局"来看，我国发展正处于中华民族伟大复兴的战略全局和世界百年未有之大变局之中。面对实现中华民族伟大复兴，建设社会主义现代化强国的战略，必须坚持以人民为中心的发展思想，始终把满足人民不断增长的对美好生活的向往作为经济活动的基本出发点和落脚点。对广大企业和企业家来说，这既是可以持续开拓的国内巨大市场机会所在，也是需要不断创新观念、创新技术、创新产业组织、创新市场的动力所在，当代中国企业家更要富有历史使命感和时代责任感；面对世界百年未有之大变局，外部发展环境更加复杂严峻，各种风险和挑战更加艰巨。对企业和企业家来说，就意味着要不断锻造和增强企业生存力、发展力、竞争力、创新力、抗风险能力；而顺应时局，抗击风险，以变应变、化危为机、化被动为主动，本身就是企业家内在禀赋，空前的巨大变革正是进一步催生和激发企业家创新精神的重要机遇。

从发展进程来看，我国经济已由高速增长阶段转向高质量发展阶段，正处在转变发展方式、优化经济结构、转换增长动力的攻关期。对广大企业和企业家来说，必须坚持质量第一、效益优先，自觉推动质量变革、效率变革、动力变革，着力提高全要素生产率；尤其是要抓住世界新一轮科技革命和产业变革同我国转变发展方式的历史交汇期这一千载难逢的历史机遇，以创新为引领，着力补短板、挖潜力、增优势，促进资源要素优化配置，推动产业链再造和价值链提升，促进创新链和产业链精准对接和充分融合，满足有效需求和潜在需求，实现供需匹配和动态均衡发展，以不断增强的企业家信心提升实体经济发展的信心。

从现实环境来看，突如其来的新冠肺炎疫情对 2020 年来我国经济运行产生巨大冲击，很多市场主体面临前所未有的压力。面对新冠肺炎疫情冲击，党中央审时度势，精准施策，统筹推进疫情防控和经济社会发展工作，取得抗击疫情重大战略成果。党中央提出，要扎实做好"六稳"工作、落实"六保"任务，千方百计保护好市场主体，切实稳住经济基本盘，这就客观要求各类市场主体和广大企业家以变应变、化危为机、化被动为主动，努力把企业打造成为强大的创新主体。这是习近平总书记对广大企业家最大的信任，也是最殷切的期望。

成渝地区双城经济圈建设，前所未有地凸显了成都市在全国发展版图上的战略地位。成都市已成为国内国际双循环新发展格局、新时代推进西部大开发等一系列重大战略决策中的重要支点。面对国家战略和历史机遇搭建的广阔舞台，成都企业家更要把握大局，顺应变局，勇开新局，勇做打造西部高质量发展重要增长极的开拓者、奋进者和搏击者。

努力锻造新时代中国企业家精神，为实现成渝地区双城经济圈高质量发展作出更大贡献

推进成渝地区双城经济圈建设，践行新发展理念的公园城市示范区建设，既是国家战略，更是发展创新。每一条行动路线、每一步战略的实施、每一项工作的推进，都离不开各类市场主体活力的激发，离不开这里的企业家大力弘扬和践行企业家精神。

爱国是新时代中国企业家精神的基础内核。广大企业家要把爱国、爱家乡、爱养育自己的这方水土和这里的群众紧紧联系在一起，心无旁骛地做好企业，精益求精地做好产品和服务，创造造福家乡的社会财富，保护家乡的生态环境，开创越来越多的就业岗位，就是企业家家国情怀的最大体现，也是持之以恒、坚持不懈发展企业的动力源泉。企业好，家乡富，国家也就不断繁荣发展。

创新、诚信、社会责任，是新时代中国企业家精神的本质规定和独特气质。推进成渝地区双城经济圈建设，离不开空间布局和生产要素的优化配置，需要不断开拓创新。广大企业家要顺应时势，不断变革生产方式、要素组合方式，敢于打破程式、陈规，做强、做优、做大企业。比如，要主动与地方政府加强政企协作，抢抓中国西部科学城建设机遇，加快筹建天府实验室，共建科技创新中心，增强创新策源能力，推进科技成果转化，努力在若干领域形成比较竞争优势，不断提升企业在全球产业链、创新链、价值链上的位势能级，从而构建起高质量发展的增长极和动力源；还要顺乎社会主义市场经济的基本运行规则，不断提升法治意识、契约精神、守约观念和社会责任，积极营造亲清新型政商关系，做诚信守法的表率和净化营商环境的模范，带动全社会道德素质、市场观念和文明程度的提升。

在经济全球化时代，企业能走多远、企业家舞台能有多广阔，取决于企业家是否具有国际视野和开阔的眼界。成渝地区双城经济圈建设志在构建中国经济发展"第四极"，就意味着更高质量、更高水平的开放。成都地区的企业要立足较为完备的产业体系和综合配套基础，唱好"双城记"，融入"双循环"，放眼亚欧大市场，加强产业功能区和生态圈构建，推进产业圈协作和产业链合作，全力建设世界级产业集群，在更大范围配置资源和开拓市场，最大限度吸引全球高端要素资源集聚。广大企业家要善于在危机中育新机、变局中开新局，带动企业在更高水平的对外开放中实现更好发展，形成新的竞争优势。

在形成新发展格局中
率先突破[*]

面对当今世界正经历百年未有之大变局，面对当前我国发展内部条件和外部环境正发生深刻复杂变化的新挑战，加快形成以国内大循环为主体、国内国际双循环相互促进的新发展格局，是党中央顺应时势作出的重大战略抉择；而在战略上布好局，在关键处落好子，选准形成新发展格局的突破口又至为重要。

在 2020 年 8 月召开的扎实推进长三角一体化发展座谈会上，习近平总书记立足"两个大局"，举棋落子，重点聚焦长三角，强调要深刻认识长三角区域在国家经济社会发展中的地位和作用；要求长三角区域紧扣"一体化""高质量"两个关键词，率先形成新发展格局，勇当我国科技和产业创新的开路先锋，加快打造改革开放新高地，更好推动长三角一体化发展。习近平总书记高屋建瓴的讲话不仅为长三角区域顺应变局谋求更高质量发展、更高水平开放作出了最新定位，也赋予了长三角区域在促进形成"双循环"新发展格局中新的重大历史使命。

改革开放以来，长三角地区一直是我国经济发展最活跃、开放程度最高、创新能力最强的区域之一。早在 20 世纪 90 年代初，顺应当时的国际国内形势，具有资源、区位、人才、科技等禀赋优势的长三角地区主动融入"国际大循环"，迅速破解了二元结构困境，带动沿海地区改革开放，工业化、市场化、国际化进程大大提速，奠定了其在国家现代化建设大局和全方位开放格局中举足轻重的战略地位。党的十八大以来，长三角一体化发展迈出了新的步伐，经济社会发展走在全国前列，具备了更高起点上推动更高质量一体化发展的良好条件；同时，全球治理体系和国际秩序变革加速推进，世界新一轮科技革命和产业变革同我国经济优化升级交汇融合，为长三角一体化发展提供了良好的外部环境。特别是党中央、国务院 2019 年印发的《长江三角洲区域一体化发展规划纲要》，把长三角一体化发展放在国家区域发展总体战略全局中进行统筹谋划，这为长三角一体化发

---

* 本文原载《学习时报·学习评论》2020 年 9 月 1 日。

展注入了新动力。2020 年以来，受新冠肺炎疫情冲击，全球市场萎缩，世界经济增长不确定性、不稳定性加大，外部环境更加复杂多变，我们必须集中力量办好自己的事，发挥国内超大规模市场优势，加快形成以国内大循环为主体、国内国际双循环相互促进的新发展格局。长三角区域相比国内其他地区，具有人才富集、科技水平高、制造业发达、产业链供应链相对完备和市场潜力大等优势，有条件也有责任肩负起探索性、创新性、引领性的重任，在促进形成"双循环"的新发展格局中先行探路、率先突破。

"一体化""高质量"是促进长三角一体化发展的基本内核，二者紧密衔接。"一体化"是手段和路径，要以一体化的思路和举措打破行政壁垒、提高政策协同，让各要素在更大范围畅通流动，充分发挥各地区比较优势，实现更合理的分工，率先实现基础设施互联互通、科创产业深度融合、生态环境共保联治、公共服务普惠共享，进而推动区域一体化制度创新；"高质量"是内在要求和发展目标，要坚定不移贯彻新发展理念，提升科技创新和产业融合发展能力，提高产业链、供应链稳定性和竞争力，提高城乡区域协调发展水平，打造和谐共生绿色发展样板，形成协同开放发展新格局，开创普惠便利共享发展新局面，率先实现质量变革、效率变革、动力变革，在全国发展版图上构筑起坚实的高质量发展板块。

一着棋活，满盘生辉。深刻领会和贯彻落实习近平总书记重要讲话精神，长三角区域在形成新发展格局中发挥着"先手棋"作用，在促进一体化、畅通国民经济循环中率先突破、引领示范，必将"牵一发而动全身"，以我国发展强劲活跃增长极的能级和位势，促进完善我国改革开放空间布局，引领全国高质量发展。

新时代的精神伟力让
中华民族屹立时代潮头*

2020 年 9 月 8 日上午 10 时，全国抗击新冠肺炎疫情表彰大会隆重举行。中共中央总书记、国家主席、中央军委主席习近平向在伟大抗疫斗争中作出杰出贡献的功勋模范人物颁授共和国勋章和国家荣誉称号奖章，向积极投身抗击疫情并作出重大贡献的各方面先进个人和先进集体予以表彰，并深刻总结和阐释了经过这场同严重新冠肺炎疫情的殊死较量，中国人民和中华民族以敢于斗争、敢于胜利的大无畏气概，铸就出了"生命至上、举国同心、舍生忘死、尊重科学、命运与共"的"20 个字"的伟大抗疫精神。

正是伟大抗疫精神，让我们面对严峻的新冠肺炎疫情形势时，团结在以习近平同志为核心的党中央周围，众志成城、迎难而上，取得了抗击疫情的丰硕成果；正是伟大抗疫精神，让中华文明的深厚底蕴和中国负责任大国的自觉担当再次得到充分展示，极大增强了全党全国各族人民的自信心和自豪感、凝聚力和向心力；正是伟大抗疫精神，让上至 80 多岁的医学界翘楚、下至许多"90 后"的青年志愿者在抗疫斗争中成为新时代最耀眼的英雄，展现出新时代中华民族的巨大希望，也必将激励全中国人民在建设新时代中国特色社会主义现代化强国的征程上披荆斩棘、奋勇前进。

在 2019 年庆祝新中国成立 70 周年之际，习近平总书记在人民大会堂将国家最高荣誉授予为国家建设和发展建立了卓越功勋的杰出人士和为促进中外交流合作作出杰出贡献的国际友人。他在那次颁奖仪式上掷地有声地指出："崇尚英雄才会产生英雄，争做英雄才能英雄辈出。党和国家历来高度重视对英雄模范的表彰。今天我们以最高规格褒奖英雄模范，就是要弘扬他们身上展现的忠诚、执着、朴实的鲜明品格。"

在抗击新冠肺炎疫情表彰大会的重要讲话中，他再次强调"世上没有从天而降的英雄，只有挺身而出的凡人"。正是这些凡人，在国家遭遇重大危机时，挺

---

* 本文原载中国网 2020 年 9 月 8 日。

身而出，敢于斗争，勇毅出战，无私奉献，顽强拼搏；在国家安危与个人生命、在生与死的权衡中，他们选择了为国为民奉献、选择了为国家安危拼搏，谱写了"生命至上、举国同心、舍生忘死、尊重科学、命运与共"的精神凯歌，并汇聚成伟大抗疫精神，为中华民族精神谱系再填新的内涵。

天下艰难际，时势造英雄。作为平凡人，我们在人生梦想中总希望成为时代英雄，我们也常常认为英雄离我们很远。可就是在一场突如其来的新冠肺炎疫情侵袭面前，无数的平凡人逆向而行，走到抗疫第一线，用生命健康捍卫了人性尊严，用责任担当护卫了生命屏障，创造了"英雄出自平凡"的时代佳话。他们让我们真正意识到：英雄，就是与我们擦肩而过的芸芸众生，就是那些如此平常的普通人。的确，正是那些发生在我们身边感人至深的抗疫故事，让我们读懂了什么叫人间正气，什么叫国而忘家，什么叫互助友爱，什么叫平凡英雄。

这些平凡英雄的壮义之举，在新的时势中绽放光彩，又凝练成了今天的伟大抗疫精神：我们以生命至上的理念呵护每一个人的价值、人的尊严；我们以举国同心彰显"团结就是力量"；我们以舍生忘死的担当在困难面前豁得出、关键时刻冲得上，以生命赴使命；我们以尊重科学、崇尚科学的精神对新冠肺炎疫情攻坚克难；我们以命运与共的情怀体现大道不孤，大爱无疆。这一伟大抗疫精神，用习近平总书记的话来概括就是：集中体现了中国人民深厚的仁爱传统和中国共产党人以人民为中心的价值追求，集中体现了中国人民万众一心、同甘共苦的团结伟力，集中体现了中国人民敢于压倒一切困难而不被任何困难所压倒的顽强意志，集中体现了中国人民求真务实、开拓创新的实践品格，集中体现了中国人民和衷共济、爱好和平的道义担当。

当然，伟大抗疫精神，是恒久蕴藏于英雄血脉中的忠诚、执着、朴实的鲜明品格的时代表现，是同中华民族长期形成的特质禀赋和文化基因一脉相承的，是爱国主义、集体主义、社会主义精神在新时代的传承和发展，是当代中国精神的生动诠释。

习近平总书记指出，人无精神则不立，国无精神则不强。中华民族走到今天，一路历经千辛万苦，付出巨大牺牲，攻克了一个又一个看似不可攻克的难关，创造了一个又一个彪炳史册的人间奇迹。中华民族之所以伟大，根本就在于她具有在任何困难和风险面前都从来不放弃、不退缩、不止步，百折不挠，为自己的前途命运而奋斗的精神伟力；根本在于亿万万中国人民凝结在血脉中的英雄气质。只要时代和现实需要，就能瞬间焕发出无穷的精神力量，挺起自己的民族精神脊梁，无论遇到什么困难中国都将风雨无阻，无论遇到任何逆境中国都能履险如夷，让这个民族在一次次惊涛骇浪和滚滚向前的历史洪流中屹立不倒、挺立潮头。

一切伟大成就都是接续奋斗的结果，一切伟大事业都需要在继往开来中推进。当前，我们正处于世界百年未有之大变局和中华民族伟大复兴的关键时期，挑战与机遇并存，道路曲折，前途光明，站在"两个一百年"奋斗目标的历史交汇点上，我们要继续在全社会弘扬伟大的抗疫精神，全党全国各族人民要像英雄模范那样坚守，像英雄模范那样奋斗，并使之转化为建设社会主义现代化国家，实现中华民族伟大复兴的强大力量。

可以相信，经历这次抗击疫情的艰苦磨砺，从 5000 多年文明发展的苦难辉煌中走来的中国人民和中华民族，精神伟力将更加强劲，也必将在新时代的伟大征程上一路向前！

深化"放管服"改革是更好
发挥政府作用的关键点和着力点[*]

2020 年 9 月 11 日，国务院召开全国深化"放管服"改革优化营商环境电视电话会议。李克强总理在会议上发表重要讲话时强调，要持续推动"放管服"改革取得新进展，优化营商环境，激发市场主体活力和发展动力。

中共中央党校（国家行政学院）研究员胡敏在接受《中国经济时报》记者采访时表示，尽管近年来我们在深化"放管服"改革方面已经取得了长足进展，但还要看到，市场体系不完善、政府对经济生活干预过多、监管不到位等问题仍然存在或者变相存在，在充分发挥市场机制有效调节经济活动方面，还有诸多部门利益和地方保护主义的障碍。

胡敏表示，李克强总理的讲话全面阐释了当前形势下深化"放管服"改革的成效所在、目标所在、关键所在、着力点所在。李克强总理此次讲话有三点不同值得关注：

一是对深化"放管服"改革内涵的理解更加深刻。深化"放管服"改革就是要激发市场主体活力和发展动力，就是优化营商环境，而只有深化"放管服"改革，才能打造出营商环境的竞争力，这就是实现高水平开放的国际竞争力。

二是对深化"放管服"改革的举措更加全面、更加精准和富有针对性。比如，要用"放管服"改革的办法提高宏观政策实施的时效性和精准性，统筹政府改革与落实财政、金融、就业三大政策；再比如，要进一步降低准入门槛，深化"证照分离"改革，推动从"严进宽管"向"宽进严管"转变，变"人找政策"为"政策找人"，打造更优开放环境，等等。

三是要加大力度、持续推进和深化各项已为实践证明的行之有效的改革办法。正如李克强总理提出的，持续深化"放管服"改革，要放出活力、放出创造力；要管出公平、管出质量；要服出便利、服出实惠；从而取得更多企业和群众满意的改革成果，为经济社会发展增添动力。

---

[*] 本文原载《中国经济时报》2020 年 9 月 14 日。

一段时间以来，中央多次提到"放管服"改革、优化营商环境。中央为何如此重视"放管服"改革，通过"放管服"改革想要达到怎样的效果？

胡敏分析认为，深化"放管服"改革，切切实实是政府刀刃向内的一场深刻变革，是政府的"自我革命"，这不仅是将长期形成的计划经济思维全面转向社会主义市场经济所要求的政府管理理念和方式在形式上的变化，更在于它要触及部门的根本利益，要对过往的权力垄断进行挑战，所以，这不是一件一蹴而就、唾手可得的事情，必须小火慢炖、久久为功。

2020年上半年，中共中央、国务院出台的《关于新时代加快完善社会主义市场经济体制的意见》再次强调，与我国进入高质量发展阶段的新形势、新要求相比，我国市场体系还不健全、市场发育还不充分，政府和市场的关系还没有完全理顺，还存在市场激励不足、要素流动不畅、资源配置效率不高、微观经济活力不强等问题，因此推动高质量发展仍存在不少体制机制障碍。解决以上问题的其中一个重要原则，就是要坚持正确处理政府和市场关系，更加尊重市场经济的一般规律，最大限度地减少政府对市场资源的直接配置和对微观经济活动的直接干预，充分发挥市场在资源配置中的决定性作用，更好发挥政府作用，有效弥补市场失灵。

深化"放管服"改革，就是在新时代实现更高水平、更高质量的社会主义市场经济，更好发挥政府作用的关键点和着力点。概括地说，深化"放管服"改革是要通过政府主动地改革、自我地变革，形成适应新发展阶段所需的市场机制有效、微观主体有活力、宏观调控有度的，富有活力和韧性的社会主义市场经济体制。

以现代大流通畅通
国内大循环[*]

　　习近平总书记2020年9月9日主持召开中央财经委员会第八次会议并发表重要讲话。他强调，流通体系在国民经济中发挥着基础性作用，构建新发展格局，必须把建设现代流通体系作为一项重要战略任务来抓。建设现代流通体系是统筹考虑我国经济运行短期应对和中长期发展，在战略上布好局、在关键处落好子的重要而关键的一步，对加快完善国内统一大市场，加快形成以国内大循环为主体、国内国际双循环相互促进的新发展格局必将提供有力支撑。

　　流通是连接生产和消费的桥梁和纽带，是决定经济运行效率与效益的引导性力量，也是市场经济成熟度的反映。马克思主义经典作家早就指出，在"商品—货币—商品"的流通过程中，"商品—货币"阶段的变化是"商品的惊险的跳跃"，这个跳跃如果不成功，摔坏的不是商品，而是商品所有者。社会再生产过程决定了流通在资本生产中的能动作用，只有实现顺畅的商品流通、货币流通、资本流通，社会化大生产才能完成有效的闭合，才能成功实现这一"惊险的跳跃"。市场经济越发展，越需要顺畅的流通，高效的流通体系不仅可以提高国民经济总体运行效率，还可以在更大范围把生产和消费联系起来，扩大交易范围，推动分工深化，提高生产效率，促进财富创造。当前我们正在构筑以国内大循环为主体、国内国际双循环相互促进的新发展格局，建设现代流通体系就是题中应有之义。

　　党的十八大以来，我国流通体制改革卓有成效，流通体系建设加快发展，国家骨干流通网络逐步健全，国内统一大市场逐步形成，这都为建设现代流通体系打下了厚实基础；但也要看到，当前我国流通体系现代化程度仍然不高，流通产业还存在科技含量低、组织化程度不高、区域发展不平衡等问题，在流通资源配置和运行体制机制上尚有不少堵点亟待打通。我们必须按照党中央决策部署，加快建设与我国经济规模和结构相适应、与高质量发展要求相匹配的现代流通体

　　* 本文原载《学习时报·学习评论》2020年9月16日。

系，充分发挥高效流通在生产、流通、消费、分配整个国民经济循环体系中的重要牵引力作用，以构建现代大流通筑强国内大市场、畅通国内大循环、促进国内国际双循环。

发挥好市场与政府"两只手"作用，深化供给侧结构性改革。要紧扣新发展理念，围绕高质量发展，加快完善国内统一大市场，形成供需互促、产销并进的良性循环；要塑造市场化、法治化、国际化营商环境，尤其要强化竞争政策作用，形成相互配套衔接的流通政策体系，为建立和完善具有中国特色的统一开放、畅通可控、竞争有序、高效能低成本的现代流通体系提供足够的财政金融政策支持。

统筹推进现代流通体系硬软件建设，完善制度规范和标准。要抓住编制"十四五"规划的契机，科学规划全国统一大市场的空间布局。在硬件建设上，加快建设现代综合运输体系和交通运输市场，优化完善综合运输通道布局，加强高铁货运和国际航空货运能力建设，形成内外联通、安全高效的物流网络；支持关系居民日常生活的商贸流通设施改造升级、健康发展；强化支付结算等金融基础设施建设，提供更多直达各流通环节经营主体的金融产品，以及加快建立储备充足、反应迅速、抗冲击能力强的应急物流体系等。在软件建设上，要完善社会信用体系，加快建设重要产品追溯体系，建立健全以信用为基础的新型监管机制，加强标准化建设和绿色发展，促进商品和要素流通制度环境显著改善。

着力培育壮大一批具有国际竞争力、创新力的现代流通企业。围绕完善现代商贸流通体系，大力推动形成一批以连锁经营为代表、线上线下互动、国内国际联动、城乡相互促进的具有全球竞争力、全球视野的现代流通企业；加快推进传统流通企业的数字化、智能化改造和跨界融合，促进流通领域新技术新业态、新模式茁壮成长。

流则通，通则兴；货畅其流，市场才能兴旺，经济才能繁荣，新发展格局才能呈现新发展的局面。

传承红色基因 谋高质量发展
两个视角聚焦总书记湖南之行*

2020年9月16~18日，习近平总书记先后来到郴州、长沙等地，深入农村、企业、产业园、学校等，就统筹推进常态化疫情防控和经济社会发展工作、谋划"十四五"时期经济社会发展进行调研。

"作为一名中国共产党党员，我要不断接受教育、接受洗礼。"就此次总书记湖南之行，人民网·中国共产党新闻网采访多位专家进行解读。

半条被子 一颗初心——讲好红色故事 传承红色基因

"'半条被子'的故事充分体现了中国共产党的人民情怀和为民本质。"2020年9月16日下午，习近平首先来到郴州市汝城县文明瑶族乡沙洲瑶族村考察调研。习近平走进"半条被子的温暖"专题陈列馆，了解当地加强基层党的建设、开展红色旅游和红色教育情况。

1934年，红军长征路过沙洲村，留下了"半条被子"的感人故事。习近平对乡亲们说："'半条被子'的故事让人民群众认识了共产党，把党当成自己人。正因为有人民群众支持和拥护，我们党才能走过辉煌历程，取得伟大成就。"

万水千山，不忘来时路，走得再远，也不能忘记为什么出发。中国共产党的奋斗目标就是为了让人民翻身得解放、过上好生活，坚持为人民服务，不仅是一句口号。中共中央党校（国家行政学院）研究员胡敏谈到，"半条被子"的感人故事让人民群众认识了中国共产党是人民自己的党、是人民群众的主心骨、是可以依靠的先进力量。党把人民群众当作亲人，老百姓就把党当作自己人，党和人民就此建立了牢不可破的血肉联系，党赢得了人民群众的衷心爱戴和拥护。正因为我们党始终恪守这种人民情怀和为民本质，才能战胜各种艰难困苦、才能走过辉煌历程，取得伟大胜利。

今后如何在讲好红色故事、传承红色基因方面发挥作用？胡敏表示，在新时

---

* 本文原载人民网2020年9月20日，记者：万鹏、任一林。

代，我们党全心全意为人民服务的宗旨始终没有变；永远与人民同呼吸、共命运、心连心的革命传统没有变；始终为了人民、依靠人民、造福人民的红色基因必须永远传承下去。所以，在现代化建设新的长征路上，我们不能忘记初心和使命，不能丢掉革命传统，要大力"讲好红色故事、传承红色基因"：一是全体党员要时刻重温入党誓词，永远铭记对人民的承诺；二是要广泛开展红色传统教育，真正入脑、入心、入行；三是要大力宣扬老一辈无产阶级革命家的革命风范，树立新时代优秀共产党人的模范榜样。

"人民情怀是中国共产党鲜明的本色，新时代传承共产党人的人民情怀和为民本质，就要始终坚持践行'以人民为中心'的发展思想，把人民利益始终摆在至高无上的地位；将人民是否真正得到实惠、人民生活是否真正得到改善、人民权益是否真正得到保障作为检验发展成效的根本标准；着力解决好人民群众最关心、最直接、最现实的问题，使人民群众获得实实在在、真真切切的权益，增强人民群众的获得感、幸福感与安全感。"西安交通大学马克思主义学院副教授何志敏在采访中指出。红色故事承载着厚重的革命文化，凝结着不朽的革命精神，具有十分重要的教育价值和育人功能。更好地讲好红色故事、传承红色基因要讲细节、讲情节，以真情实感的讲授感染人；要讲道理、讲精神，揭示红色故事承载的科学理论和思想内涵；要讲理想、讲信念，阐释红色故事中体现的革命精神的历史意义和现实价值，将其内化为人生道路上的奋进力量。

"政之所兴，在顺民心。我们党自成立以来，始终把以人民为中心作为革命、建设和改革的根本遵循，并教导一代代共产党人将真挚的为民情怀传承下去，将人民至上的理念贯彻在工作各个方面，从而彰显了深厚的为民本质。正是由于中国共产党人拥有为了人民、依靠人民的初心，才能够在艰苦的长征路上与人民群众建立休戚与共、风雨同舟的鱼水深情，为世人留下'半条被子'等平凡而又感人的红色经典故事。"山东大学马克思主义学院副院长、教授郑敬斌说。我们应当致力讲好红色故事、传承红色基因，对红色革命事件的历史渊源、现实影响等进行深入探究，并利用微视频、动漫等多种形式进行宣讲，紧跟红色足迹、铭记红色历史，释放最大的红色正能量。

识变、应变、求变闯出高质量发展新路——坚持问题导向　激活发展动力活力

当前和今后一个时期，我国发展仍然处于重要战略机遇期，但机遇和挑战都有新的发展变化。习近平总书记强调，要准确识变、科学应变、主动求变，更加重视激活高质量发展的动力活力，更加重视催生高质量发展的新动能新优势；要有序推进产业结构优化升级，加快发展优势产业，着力筑牢产业基础，推动产业

链现代化；要注重扩大有效投资、繁荣居民消费。要围绕产业链部署创新链、围绕创新链布局产业链，强化企业技术创新主体地位，完善成果转化和激励机制，提升自主创新能力；要坚持目标引领和问题导向，拿出更大的勇气、更实的举措破除深层次体制机制障碍；要主动服务国家开放战略，深度融入共建"一带一路"，推动对外贸易创新发展。

2020 年以来，习近平总书记无论是在合肥主持召开扎实推进长三角一体化发展座谈会，还是在中南海主持召开经济社会领域专家座谈会，在北京主持召开科学家座谈会都多次提到"高质量发展"一词。目前我国已进入高质量发展阶段，更要勇于开顶风船，善于转危为机，以辩证思维看待新发展阶段的新机遇新挑战，鼓足发展信心，增强机遇意识、风险意识，奋力谱写新篇章。

"新发展阶段的实质是加快推进我国经济高质量发展，这是顺应当前国内外复杂形势的主动应变，更是着眼中长期发展的重大战略抉择。只有实现我国经济社会的高质量发展，才能破解发展难题，厚植发展优势，激发发展动能，夯实发展后劲，在危机中育新机、在变局中开新局。"胡敏说。

针对如何在推动高质量发展上闯出新路子、在构建新发展格局中展现新作为，胡敏谈道：推动高质量发展闯出新路子，首先要解放思想、勇于改革，改革开放是党和人民大踏步赶上时代的关键一招，也是实现中华民族伟大复兴的关键一招，必须勇于破除体制机制障碍，全面深化改革、推进高水平开放；其次要贯彻新发展理念，坚持问题导向、目标导向、结果导向统一，以供给侧结构性改革为主线，推动经济发展质量变革、效率变革、动力变革，建设现代化经济体系，加快完善社会主义市场经济体制；再次要加快建设创新型国家，切实将创新作为引领发展的第一动力、作为建设现代化经济体系的战略支撑，将产业链、创新链、价值链紧密结合在一起，围绕产业链部署创新链、围绕创新链布局产业链，稳定产业链，延伸价值链；最后坚持党管人才原则，聚天下英才而用之，加快建设人才强国，让各类人才的创造活力竞相迸发。

郑敬斌表示，2020 年我国在新冠肺炎疫情的特殊形势下，面临着如期完成决胜脱贫攻坚目标任务、全面建成小康社会的巨大压力，因而需要下大力气做好经济工作，在推动高质量发展方面走在前列，以进一步激发经济活力和发展潜能，切实维护好经济社会发展大局。要在推动高质量发展上闯出新路子，就应当结合当前经济发展面临的新形势新要求，加快转变经济发展方式，并始终紧扣高质量发展这一关键词，积极探索推动高质量发展的路径，以"钉钉子"精神为不断打开经济工作新局面作出应有贡献。

加强基础领域研究，实现"从 0 到 1"的突破*

习近平总书记在科学家座谈会上纵论推动创新、驱动发展、加快科技创新的重大战略意义，就加强基础研究总书记说了许多生动中肯、接地气的话，给了"长期坐冷板凳"的基础科技研究者巨大的鼓舞。

习近平总书记讲，加强基础研究要持之以恒、久久为功，不断坚持；要以探索世界奥秘的好奇心来驱动基础研究；要创造有利于基础研究的良好科研生态。在加强创新人才教育培养方面，总书记还特别强调，要加强数学、物理、化学、生物等基础学科建设和本科生培养，并在数学、物理、化学、生物等学科建设一批基地，吸引最优秀的学生投身基础研究等。总书记如此浓墨重彩地强调基础研究和基础学科建设的重要性，其实是抓住了我国加快科技创新的源头活水。

我们在过去常讲"学好数理化，走遍天下都不怕"。在改革开放之初，中学时代许多最拔尖的学生大抵报考的都是著名大学的数理化基础学科；曾经享誉一时的中国科学技术大学少年班的诸多"小天才们"学的也是数学、物理、化学、生物专业，在 20 世纪 80 年代陈景润"哥德巴赫猜想"的故事还曾激发了不少青少年的好奇心，放飞追逐科学的梦想……而进入 21 世纪以来，科技发展日新月异，科技创新大行其道，应用学科不仅直接体现现实生产力，科技创新转化成果也与科技工作者的个人价值、现实利益紧密相连。因此，甘坐十年冷板凳，为科技创新做基础学术支撑的人变得越来越少了，优秀学子选择报考专业和确定未来从业方向也大都是计算机专业、生物工程、金融科技等。此并无他，顺乎时势也，现实考量和价值导向也！

改革开放以来，我国科技事业取得了历史性成就。重大创新成果竞相涌现，在一些前沿领域开始进入并跑、领跑阶段，科技实力正在从量的积累迈向质的提升，从点的突破迈向系统能力的赶超；同时我们必须看到，我国基础研究同国际先进水平的差距还是十分明显的。有研究报告显示，我国在应用科技领域处于突

---

* 本文原载中国网 2020 年 9 月 24 日。

飞猛进阶段，每年的技术专利申报数和科技论文发表量在世界位列前茅，但在基础研究能力和基础学科取得的成果与美国科学家具有明显差距。作为一个古老的科技文明大国，我们在当代对世界科技的原创性贡献却屈指可数，这与目前我国经济大国和科技大国地位是不相称的。近些年来，习近平总书记面对一些国家对我国科技发展的种种打压、遏制和封锁时多次告诫我们：核心技术是买不来、换不来的，我们必须依靠自主创新，必须在前瞻性基础研究、引领性原创成果上掌握主动权。这就必须要求我们瞄准世界科技前沿，强化基础研究，加强应用基础研究。目前，我国面临的很多"卡脖子"技术问题，根子也是基础理论研究跟不上，源头和底层的东西没有搞清楚；这说明，我国基础研究存在的问题是制约我国科技创新发展的一块致命短板，需要广大科技工作者切实认识到紧迫感，担负起强化基础研究的使命和责任。

基础研究是科技创新的源头。发达国家的科技发展史说明：没有扎实的基础研究，科技创新就不会走远。不依靠独立的基础研究掌握原创性科学技术知识成果，就总会受制于人，也不可能产生一大批具有国际水准的战略领军人才。在激烈的国际竞争面前，在单边主义、保护主义上升的大背景下，总书记站在战略的高度，要求我们必须走出适合国情的创新路子，特别是要把原始创新能力的提升摆在更加突出的位置，努力实现更多"从0到1"的突破。

实现"从0到1"的突破，是从基础研究迈向科技创新、实现将科技成果转化为现实生产力的巨大飞跃。"从0到1"是一个质变，其中凝聚着无数科学家和科研工作者在图书馆和实验室里艰苦的知识探索。当然在今天，在党和政府高度重视科技创新的新时代，要让广大科学家和科技工作者心血不白费，投入有回报，就需要整个国家在基础研究上进行大量的资金投入和予以长期的政策支持；需要不断创造有利于基础研究的良好科研生态，建立健全科学评价体系和激励机制，鼓励广大科研人员解放思想、大胆创新，潜心搞研究；需要鼓励和激发大量有为青年和拔尖人才甘做基础研究的"孺子牛"；需要在全社会营造鼓励基础研究、崇尚科学、探索真理的浓厚社会氛围。总书记特别强调，要激发出人们探究自然奥秘的好奇心，这是科学研究，特别是基础研究的出发点；好奇心是人的天性，因此，全社会要把对科学兴趣的引导和培养从娃娃抓起，使孩子们更多了解科学知识，掌握科学方法，形成一大批具备科学家潜质的青少年群体，这样我国科学发展和科技创新未来就后继有人。

记得20世纪80年代初，我们迎来了"科学的春天"，全社会激发出"科学有险阻，只要肯登攀"的锐气。那么40年后，我们又迎来了"创新的时代"。今天我们也可以大声喊出：复兴在召唤，创新有未来。

深刻把握创新这个
重大时代命题*

科技创新是提高社会生产力和综合国力的战略支撑。抓创新就是抓发展，谋创新就是谋未来。

在我国"十三五"即将收官，"十四五"规划即将开启的重要时刻，习近平总书记召开科学家座谈会，聆听科学家和科技工作者对"十四五"时期以及更长一个时期推动我国创新驱动发展、加快科技创新步伐的意见和建议，并就我国即将进入新发展阶段加快科技创新的重大战略意义、创新方向、关键问题和精神支撑等发表了重要讲话。总书记的重要讲话在全社会，特别是科技战线引起了强烈反响，尤其是总书记就如何把握新时代科技创新方向、怎么破解当前制约科技创新发展的关键问题、怎样营造浓厚的崇尚创新的社会氛围鞭辟入里的深刻分析，为我们更好地把握创新这个当今时代的重大命题提供了思想引领。

明确方向：不断向科学技术的广度和深度进军

有方向、有目标，我国科技创新才能行之有力、施之有准、成之有效。

总书记在讲话中鲜明地提出了当今我国科技创新的"四个面向"：坚持面向世界科技前沿、面向经济主战场、面向国家重大需求、面向人民生命健康，只要坚持这"四个面向"，就能以坚实的科技创新成果满足推动高质量发展、实现人民高品质生活、构建新发展格局、顺利开启全面建设社会主义现代化国家新征程的需要，广大科技战线工作者就能更有方向、有信心、有意志、有能力，不断向科学技术广度和深度进军。

总书记援引恩格斯的话说："社会一旦有技术上的需要，这种需要就会比十所大学更能把科学推向前进。"社会发展需要，正是我国实施创新驱动战略、加快科技创新步伐的巨大动力。

科技创新要面向世界科技前沿，这是与当今我国经济大国的规模和地位相比

---

* 本文原载《中国青年报》2020 年 9 月 24 日。

称的。党的十八大以来，在党中央坚强领导下，我们始终坚持把创新作为引领发展的第一动力，通过全社会共同努力，我国科技事业取得了历史性成就、发生了历史性变革。重大创新成果竞相涌现，一些前沿领域开始进入并跑、领跑阶段，科技实力正在从量的积累迈向质的飞跃，从点的突破迈向系统能力提升。当今时代新一轮科技革命和产业变革加速演进，更加凸显了加快提高我国科技创新能力的紧迫性，需要我国从经济科技大国走向经济科技强国，加快建设创新型国家，占领科技领域的制高点，在世界科技前沿贡献中国智慧。

科技创新要面向经济主战场，这是我国实现经济高质量发展的必然要求。建设现代化经济体系是跨越经济转型升级关口的迫切要求和我国发展的战略目标，推动经济发展质量变革、效率变革、动力变革，提高全要素生产率，必须依靠科技创新，破解发展难题，厚植发展优势，实现从要素驱动、投资规模驱动发展为主，向以创新驱动发展为主的转变。

科技创新要面向国家重大需求，这是适应新发展阶段，开启现代化新征程的内在要求。在现代化新征程中，我国同国际先进水平的差距还是明显的，还面临很多"卡脖子"技术问题；必须推动科技与经济社会发展深度融合，自主科技创新必须作为新发展阶段的动力引擎，切实依靠科技创新掌握创新的主动权，打通从科技强到产业强、经济强、国家强的通道。

科技创新要面向人民生命健康，这是用科技满足人民不断增长的美好生活需要的本质要求。科技创新就是要为人服务、提高人民生活福祉，增加人民的获得感、幸福感和安全感。在这次抗击新冠肺炎疫情的过程中，我国广大科技工作者在治疗、疫苗研发、防控等多个重要领域开展科研攻关，取得了一批重大成果，有效遏制住了疫情扩散蔓延。科技创新在体现人民至上、生命至上的价值观上留下了精彩笔墨，为统筹推进疫情防控和经济社会发展提供了有力支撑、作出了重大贡献。今后科技领域还需要推出更多涉及民生的科技创新成果。

改善生态：让科技创新成果源源不断涌现

党的十八大以来，习近平总书记多次就我国科技创新中的难点、堵点、痛点问题作出精辟阐释和重要指示。这次科学家座谈会讲话，总书记又进一步条分缕析、细致透彻地分析了制约我国科技创新发展的一些关键环节和问题，让广大科技工作者备受鼓舞。

总书记深刻洞察世势并作出了前瞻性分析，指出当前我国经济社会发展、民生改善、国防建设尚面临许多需要解决的现实问题。解决这些问题既是国家急迫需要，又符合长远需求。当今世界正经历百年未有之大变局，我国发展面临的国内外环境发生深刻复杂变化，因此我们必须作出战略新部署，构筑以国内大循环为主体、国内国际双循环相互促进的新发展格局。这个过程贯穿"十四五"时期以及更长时期，经济社会发展和民生改善会比过去任何时候都更加需要科学技术解决方案，都更加需要增强创新这个第一动力，因为形势变化对加快科技创新提出了更为迫切的要求。

解决科技创新这一实际问题的关键在于改善科技创新生态，深化科技体制改革，激发创新创造活力，给广大科学家和科技工作者搭建施展才华的舞台，从而切实走出一条适合国情、顺应时代的创新路子，让我国科技创新成果源源不断地涌现出来，转化为现实生产力。

改善科技创新生态，首先是要解决科技创新的体系支撑问题。比如，狠抓国家创新体系建设，整合优化科技资源配置，发挥企业技术创新主体作用，推动重要领域关键核心技术攻关，形成我国实验室体系等。

改善科技创新生态，重点在于持之以恒地加强基础研究。要创造有利于基础研究的良好科研生态，使基础研究和应用研究相互促进，建立健全科学评价体系和激励机制。

改善科技创新生态，根本是加强创新人才教育培养。既要加强高校基础研究，布局建设前沿科学中心，发展新型研究型大学，培养造就一批具有国际水平的战略科技人才、科技领军人才、创新团队，以及面向世界会聚一流人才，吸引海外高端人才；也要加强国际科技合作，更加主动地融入全球创新网络，在开放合作中提升自身科技创新能力。

改善科技创新生态，关键是深化科技体制改革，加快科技管理职能转变。政府要把更多精力从分钱、分物、定项目转到定战略、定方针、定政策和创造环境、搞好服务上来。

总书记特别强调，要把原始创新能力的提升摆在更加突出的位置，努力实现更多"从0到1"的突破。为此，他要求要大力鼓励广大科研人员解放思想、大胆创新，潜心搞研究；要鼓励以探索世界奥秘的好奇心来驱动基础研究和理论研究，鼓励自由探索和充分的交流辩论；要尊重人才成长规律和科研活动自身规律；要给予创新领军人才更大技术路线决定权和经费使用权，坚决破除"唯论文、唯职称、唯学历、唯奖项"等。

只要认真践行总书记讲话精神，我国科研体制就能够清除种种积弊，我国科技创新生态就必然海晏河清。

铸就精神：树立起新时代科技创新的丰碑

近一个时期习近平总书记发表的系列重要讲话，都突出强调了精神的作用。其实，科学成就离不开精神支撑，科技工作者最讲精神。

在这次科学家座谈会上，总书记再次重申了新时代科学家精神：胸怀祖国、服务人民的爱国精神，勇攀高峰、敢为人先的创新精神，追求真理、严谨治学的求实精神，淡泊名利、潜心研究的奉献精神，集智攻关、团结协作的协同精神，甘为人梯、奖掖后学的育人精神。新时代中国科学家精神是我国一代代科技工作者在长期科学实践中积累的宝贵精神财富，也在祖国大地上树立起了一座座科技创新的丰碑。

像召开企业家座谈会一样，在科学家座谈会上，总书记也注重强调了爱国精神和创新精神。这两种精神虽然不唯我国科技界独有，但切实在新中国成立以来得到发扬光大，在新时代中国特色社会主义建设事业中继续弘扬和丰富，并绽放出新的光彩。

科学无国界，科学家有祖国；学术不迷信，创新贵有恒；科学有险阻，只要肯登攀。期望科技战线工作者深刻领会习近平总书记关于科技创新的这一讲话精神，肩负起历史赋予的科技创新重任，在新时代中国科技创新的新丰碑上留下清晰的痕迹。

循着发展的逻辑——一个经济学人的时事观察（2016—2020）

深圳特区 40 年
成功的密码[*]

——改革开放
永不停步

    在人类文明发展史上，城市发展史与社会文明史几乎一样久远。在中华民族5000 年文明发展中，城市始终见证着这个古老国度的历史沧桑。就在 40 年前，中国打开国门，开启改革开放新时期之际，南国之滨的一座新城应运而生了，这就是深圳。从诞生之日起，深圳就担负着不平凡的使命。

    40 年，对比 5000 年只如时光一瞬。然而，就在这一瞬间，深圳从一个不为人知的小渔村成为了一个繁华的大都市，从一个贫穷落后的边陲县城变成了璀璨夺目的创新之城。40 年来，深圳融入国家改革开放和现代化进程的历史洪流，创造了"深圳速度""深圳质量""深圳创新"；深圳也从中国改革开放的"探路者"发展为新时代的"示范区"，书写了世界城市发展史上罕有的奇迹。可以说，一部深圳城市发展史，折射了改革开放以来中国现代化发展史，彰显了中国领导者的远见卓识，展示了中国人民的奋斗精神，散发出了中国改革开放的巨大魅力。通过透视"深圳奇迹"，理解"深圳魅力"，我们才能更好理解"中国奇迹""中国之治"，在开启建设社会主义现代化强国新征程中更加珍视和汲取一往无前的前行力量。

历史选择了深圳　深圳未辜负历史

    历史的进步往往发生在时代大转折时期。改革开放之前，我们在社会主义建设艰苦探索中曾经走过一段弯路。40 年前的深圳还是个贫穷的边陲渔村，与富裕的香港隔河相望。1978 年的广东宝安县农民年收入才 134 元，而香港新界农民年收入达 1.3 万港元。当地流行着民谣，"宝安只有三件宝：苍蝇蚊子沙井蚝，

---

   *   本文原载《中国青年报》2020 年 10 月 12 日。

十室九空人离去，村里只剩老和小"。巨大的经济落差一度导致广东珠三角等地出现了"逃港潮"。人民希望摆脱贫穷，期盼新生活的到来。

复出不久的邓小平同志针对当时的现实，坚定地指出：贫穷不是社会主义，社会主义必须摆脱贫穷。1978 年底，党的十一届三中全会召开，作出了把党和国家工作重点转移到社会主义现代化建设上来的重大历史决策，从此迎来了改革开放伟大变革。1979 年一声炮响，深圳蛇口开启了工业区建设，成为了改革开放最早的试验地；同年 3 月 5 日，国务院正式批准宝安县改设为深圳市。1980 年 8 月 26 日，五届全国人大常委会第十五次会议批准深圳设立经济特区，深圳建市、建特区掀开了历史崭新一页。

40 年弹指一挥间，深圳经济特区没有辜负历史的选择，没有辜负党和人民的期望；深圳人民在党中央正确路线的指引下，以"杀出一条血路"的勇气、"敢为天下先"的锐气，突破了各种旧的思想观念和体制机制障碍，探索了无数个全国"第一"的改革举措，创造了惊天动地的"深圳奇迹"。

"深圳奇迹"是生产力解放和发展的奇迹。经过 40 年发展，深圳发展成为现代化、国际化特大城市：城市面积变大了 6 倍，人口增长了 45 倍，财富飙升 1.2 万倍，截至 2019 年底 GDP 总量位居全国大中城市第三，达到 2.69 万亿元，已经超过了香港；人均国民收入排名第一，约 20 万元；外贸出口总额连续 27 年蝉联全国第一，年度实际利用外资增长了 587 倍；2019 年在中国城市发展潜力排行榜中位居全国第一。这就是"深圳速度"。

"深圳奇迹"是激发人民首创精神的奇迹。40 年间，深圳累计创造了 1000 多项全国第一，通过先行先试、大胆创新，为全国提供了许多可复制的成功改革经验。这里生活的人，无论是本地人，还是大量移民客，来的都是建设者，开放、包容、创新文化孕育起浓厚的创新创业氛围，极大地激发了人民群众的首创精神，极大地吸引了各路英才会聚，进而涌现出一大批创新企业和企业家。如今深圳每平方千米就孕育着 8.51 家高新技术企业、吸引了约 2/3 的世界 500 强落户，在深圳走出了华为、腾讯、中兴、比亚迪、大疆等世界知名企业，涌现出了中国平安、招商、万科等领军企业，深圳成为了名副其实的"科技之都"。这就是"深圳创新"。

"深圳奇迹"是改革开放与时俱进的奇迹。从 20 世纪 80~90 年代敲下土地使用权公开拍卖第一槌，推进劳动用工制度改革，发行新中国第一张股票，到后来一系列领先的市场经济体制改革，深圳 40 年来始终站在改革开放的潮头，走在时代发展的前列。进入新时代，深圳改革开放不止步，继续坚持和完善市场取向的社会主义市场经济体制，不断探索适合自己的发展模式，在市场化、法治化、国际化道路上再创佳绩，为"改革开放是发展中国的关键一招"增添新的注解。这就是"深圳标杆"。

邓小平同志曾为深圳题词——深圳的发展和经验证明，我们建立经济特区的政策是正确的。2012年12月7日，习近平总书记在党的十八大后首次离京考察就选择了广东，他在深圳前海指出：就是要到在我国改革开放中得风气之先的地方，现场回顾中国改革开放的历史进程，坚定不移把改革开放继续推向前进。这是伟人们对深圳改革开放历程和成果的最好评价。

特区精神的积淀　制度优势的彰显

在纪念深圳经济特区成立40周年之际，抚今追昔，总结经验，探究创造"深圳奇迹"的内在原因，破译深圳经济特区成功的密码，我们可以得出一个共同结论：内敛于中国人民血脉中的顽强拼搏、创新奋斗精神，在深圳这块创新土地上有了时代再现，开出了新花，结出了硕果，绽放出具有地域特色的特区精神。能让特区精神接续传承、发扬光大的，又正是改革开放以来我们开辟、坚持和发展的中国特色社会主义提供的显著制度优势的支撑和保障。

邓小平同志在1992年南方谈话中指出：深圳的重要经验就是敢闯。没有一点闯的精神，没有一点"冒"的精神，没有一股气呀、劲呀，就走不出一条好路，走不出一条新路，就干不出新的事业。深圳经济特区自设立以来，解放思想、实事求是，敢于突破传统思想观念的束缚，敢于突破计划经济体制的桎梏，敢于走前人没有走过的路，从而杀出了一条血路，蹚出了一条适合自己的改革之路、发展之路、创新之路，并凝聚成为鲜活的"特区精神"：敢闯、敢冒、敢试、敢为天下先的改革精神，奋发有为、只争朝夕的创业精神，自立、自强、自信的拼搏精神，团结友爱、扶贫济困的互助精神，诚实守信、廉洁奉公的奉献精神，爱岗敬业、健康文明的人文精神，公正严明、规范有序的法治精神，崇尚知识、完善自我的学习精神，公开透明的民主精神，面向世界的开放精神。正是这种精神，成为引领特区人不断开拓进取、创造发展奇迹的驱动力量。

党的十八大以来，习近平总书记多次强调：社会主义是干出来的。今天的"深圳奇迹"不是从天上掉下来的，也不是喊口号喊出来的，恰恰是成千上万的深圳建设者在党的坚强领导下，既不走封闭僵化的老路，也不走改旗易帜的邪路；而是坚定不移走中国特色社会主义道路，始终坚持改革开放路线不动摇，始终坚持社会主义市场经济改革的正确方向不偏离，大胆地试、勇敢地闯、坚实地干出来的。深圳特区40年的实践表明：党中央高瞻远瞩设立深圳经济特区，为社会主义制度注入了新的生机和活力；党带领人民敢闯敢试、勇于担当、敢于作为、善于创新，将中国特色社会主义的制度优势充分发挥了出来，将人民群众的创造精神充分激发了出来。深圳改革开放成果也证明：社会主义不仅能够摆脱贫穷，还能够富起来、强起来；在中国特色社会主义丰厚的实践沃土上能够长出现代化、国际化的特大型新型城市；中国特色社会主义道路会越走越宽阔。

赓续不变的意志　书写新时代的辉煌

中国特色社会主义进入新时代，深圳发展也步入盛年。"不惑之年"的深圳更要担负起新时代高质量发展的历史使命。

2019 年 8 月，中共中央、国务院出台了《关于支持深圳建设中国特色社会主义先行示范区的意见》（以下简称《意见》）。《意见》立足两个大局、站在实现"两个一百年"奋斗目标历史的交汇点，为深圳进行了新的战略定位，要求深圳建设中国特色社会主义先行示范区，在更高起点、更高层次、更高目标上推进改革开放，努力为建设新时代中国特色社会主义继续担负起"探路先锋"的重任，成为高质量发展高地、法治城市示范、城市文明典范、民生幸福标杆、可持续发展先锋，并让深圳经验具有世界影响和国际意义。这是以习近平同志为核心的党中央对深圳寄予的厚望。

"其作始也简，其将毕也必巨。"今天的深圳，离建设成为综合实力一流、文化竞争力一流、产业创新力一流、国际影响力一流的全球标杆城市还有距离，我们还没有到"敲锣打鼓庆丰收"的时候。变化的是时代，不变的是意志。在纷繁复杂的国际国内大变革形势下，深圳更要高举新时代改革开放旗帜，在高质量改革中奋进，在高水平开放中搏击；始终坚持解放思想、敢闯敢试的创新精神不懈怠，深圳要继续拿出当年"杀出一条血路"的勇气，勇作新时代国家改革开放的引领者和排头兵；要在构筑世界主要科学中心和创新高地上成为"领头羊"，要在粤港澳大湾区建设中成为强大引擎，要在加快形成以国内大循环为主体、国内国际双循环相互促进的新发展格局中率先垂范，要在建设高标准市场经济体制、创造世界一流法治化营商环境上走在前列，要在实现人民群众共同富裕、完善党的全面领导制度、推进国家治理体系和治理能力现代化上取得突破。

一万年太久，只争朝夕。深圳的昨天已写在光荣的史册上，深圳的今天依然要靠创新创造，深圳的明天必将更加辉煌。

关键在于"闯""创""干"*

习近平总书记在深圳经济特区建立 40 周年庆祝大会上发表的重要讲话，站在新时代新的历史方位，对深圳经济特区进一步改革开放、进一步创新发展提出了六个方面的殷切期望，赋予了新的历史使命。这一新的历史使命，概括起来，就是这样三个字："闯""创""干"。

新时代的深圳要在建设中国特色社会主义先行示范区上"闯"出新路径。过去 40 年，深圳经济特区通过改革开放实践，积累了宝贵经验，深化了我们对中国特色社会主义经济特区建设规律的认识，必须倍加珍惜、长期坚持，在实践中不断丰富和发展。新时代的深圳在新发展阶段，面对更加复杂的形势，要继续敢闯敢试，坚持发展是第一要务、人才是第一资源、创新是第一动力，在坚定不移贯彻新发展理念、推动高质量发展、构建新发展格局上成为先行地，在更高起点上推进改革开放、建设更高水平的社会主义市场经济体制上当好"领头羊"，在让人民群众的获得感成色更足、幸福感更可持续、安全感更有保障，在改革开放最前沿加强党的全面领导和党的建设制度创新上当好排头兵。

新时代的深圳要在创建社会主义现代化强国的城市范例上"创"出新经验。深圳经济特区用 40 年时间走过了国外一些国际化大都市上百年走完的历程，创造了世界城市发展史上的一个奇迹。今天的深圳经济特区城市空间结构、生产方式、组织形态和运行机制虽已发生深刻变革，但还面临明显承压的城市治理、不足的城市发展空间、尚不充分的要素流动等挑战，面对新的发展环境和条件，需要深圳在城市管理手段、管理模式、管理理念加快创新，在科学化、精细化、智能化、法治化诸方面下足功夫，在促进粤港澳大湾区建设、丰富"一国两制"事业发展新实践，乃至在"坚持全国一盘棋"中更好发挥经济特区辐射带动和示范引领作用，努力走出一条符合超大型城市特点和规律的治理新路子，为建设世界一流标杆城市创造新经验。

新时代的深圳要在率先实现社会主义现代化进程上"干"出新业绩。深圳

---

* 本文原载光明网 2020 年 10 月 13 日。

经济特区四十载发展波澜壮阔，经济特区沧桑巨变正是一代又一代的特区建设者拼搏奋斗干出来的，奏响的是实干兴邦的时代最强音。这也雄辩地证明社会主义是干出来的，开创中国特色社会主义事业更为光明的前景依然要靠苦干、实干。新时代的深圳要继续弘扬以爱国主义为核心的民族精神和以改革创新为核心的时代精神，继续发扬敢闯敢试、敢为人先、埋头苦干的特区精神，勇当新时代的"拓荒牛"，以持之以恒的"干"的作风引领全国，创造出让世界刮目相看的新的更大奇迹。

披露名企转型故事！
《微观中国经济之变》出版发行*

由中新经纬策划采写的《微观中国经济之变》一书由中国人民大学出版社出版发行。该书邀请资深专家对银行、房地产、能源等行业转型进行了解析，并重点讲述了苏宁、京东数科、飞鹤等 31 家知名企业的转型发展历程。

据悉，全书共 30 多万字，包括三大部分，十一章。中国工程院院士倪光南、中国国际贸易促进会研究院国际贸易研究部主任赵萍、住房和城乡建设部住房政策专家委员会副主任顾云昌等专家分别就网信、饮食消费、房地产等领域行业转型撰写评析文章。同时，该书详细讲述了 31 家企业近年来转型发展的历程，它们有来自传统行业的支柱型企业，也有来自新兴领域的典型企业代表：包括已有近 30 年创业史的苏宁、伊利、碧桂园等行业巨头，还有近些年一跃成为领军企业的拼多多、美团等。

国务院参事室特约研究员、国家统计局原总经济师姚景源在该书序言中指出，在我国经济已经从高速度增长向高质量发展转变的背景下，企业应考虑的是如何认清、把握"转变"的机遇，更好地借助国家经济政策不断调整自身，以适应各行业发展新趋势，成功实现转型升级。

该书主编在后记中指出：这是一个不断求变的时代，只有变革才能让社会经济不断进步。作为企业，如果不积极拥抱变化，就会被逐渐边缘化，这是商业进化的必然结果。只有积极变革、顺应趋势，才能打破企业成长的天花板，重塑自身，并获得新的发展。因此，总结过去的转型与发展经验，对于企业走好前路颇有意义。

据中国人民大学出版社商业新知事业部主任郭咏雪介绍，该书集合了众多知名企业的发展案例，通过对众多传统企业，以及多家互联网后起之秀企业的深度访谈，让我们得以一窥中国经济发展历程下的微观之变；同时汇聚了各行各业知名专家的真知灼见，这样的内容含金量在以往出版的书籍当中并不多见。

---

* 本文原载中新经纬 2020 年 10 月 13 日。

全国社会保障基金理事会原副理事长王忠民、华夏新供给经济学研究院院长贾康、恒大研究院院长任泽平等 31 位专家学者对该书进行联合推荐。

国家信息中心首席经济师祝宝良表示，企业和企业家的创新是经济发展的不竭动力。《微观中国经济之变》一书通过讲述企业成长故事诠释中国经济的过去和未来，值得一读。

上海市人民政府参事、中欧国际工商学院教授盛松成认为，中国经济的稳步发展得益于市场体制机制的不断改革，也得益于众多企业不断地奋进与创新。回顾新中国成立 70 多年，企业经历的战略之变、品牌之变、模式之变、人才之变，有助于我们总结各行业发展经验，前瞻中国经济发展的图景。

银河证券前首席经济学家左小蕾在推荐语中说，该书记载了诞生在改革开放浪潮中的中国企业成长和发展的历程，是一部企业发展的经典见证，也是改革开放成就史无前例的经济发展的历史见证。该书的面市将进一步增强国人的信心，也将让我们对未来充满希望和期待。

中共中央党校（国家行政学院）研究员胡敏认为，《微观中国经济之变》充分展示了新中国成立 70 多年以来，不同行业的中国企业翘楚艰苦卓绝的奋斗历程。阅读其中每一家企业的成长故事，都可以深深感知，这些企业是用坚韧不拔的执著成就了精彩的中国企业发展史，也必将以改革创新的睿智来书写财富中国更壮观的未来。

作为中国新闻社旗下新兴财经媒体，中新经纬以手机 APP 等为主要传播平台，以"权威、前瞻、专业、亲和"为特色宗旨，传播财经资讯、解读经济政策、讲述商界故事，打造精英的财经资讯平台。

《微观中国经济之变》一书由中新经纬研究院策划编写。中新经纬研究院是中新经纬旗下智库平台，截至 2020 年 10 月已经与 400 多位专家达成长期合作，汇集了来自国务院发展研究中心、中国社会科学院、中国国际经济交流中心、北京大学、清华大学等机构的专家学者，以及中银国际控股有限公司等专业证券资本研究机构的研究人员，业务涵盖会议举办、智库支持、行业报告编写、专业图书出版等。

据了解，《微观中国经济之变》一书在全国各地新华书店将陆续上架，在当当、京东、天猫、有赞商城、微店等线上渠道均有销售；在亚马逊、微信读书、京东阅读、当当云阅读等阅读 APP 也有电子书供读者选择阅读。

循着发展的逻辑——一个经济学人的时事观察（2016－2020）

总书记这堂课给年轻干部点题
如何"想干事、能干事、干成事"*

2020 年秋季学期中共中央党校（国家行政学院）中青年干部培训班 10 月 10 日上午在中共中央党校开班。中共中央总书记、国家主席、中央军委主席习近平在开班式上发表重要讲话强调，面对复杂形势和艰巨任务，我们要在危机中育先机、于变局中开新局，干部特别是年轻干部要提高政治能力、调查研究能力、科学决策能力、改革攻坚能力、应急处突能力、群众工作能力、抓落实能力，勇于直面问题，想干事、能干事、干成事，不断解决问题、破解难题。

我们正处在大有可为的新时代，如何读懂习近平总书记给年轻干部上的"开班第一课"，人民网·中国共产党新闻网采访了多位学者进行解读。

想干事——以问题为导向　打开工作局面

习近平总书记强调，党的十八大以来，党和国家事业取得了历史性成就、发生了历史性变革，其中一条很重要的经验就是坚持问题导向，把解决实际问题作为打开工作局面的突破口；面向未来，我们要全面推进党和国家各项工作，尤其是贯彻新发展理念、推动高质量发展、构建新发展格局，继续走在时代前列，仍然要以全面深化改革添动力、求突破。

中共中央党校（国家行政学院）经济学部教员、副教授周跃辉表示，年轻干部成长要以提高解决实际问题的能力为必然要求，这就强调年轻干部在工作实践中，要坚持"以问题为导向"的马克思主义基本方法论，不断增强问题意识。问题意识归根结底是一种能力和素质，而扎实的知识储备和深厚的理论素养是前提，提高知识储备和理论素养也是培训班的初衷所在。只有坚持以问题为导向，不断从中国特色社会主义工作实践中归纳和提炼出问题、加以分析研究并最终解决，才能提高年轻干部自身的素质能力，为中国特色社会主义事业不断作出新的贡献。

---

* 本文原载人民网 2020 年 10 月 13 日。

"问题是时代的声音，每一个时代都有一个时代的问题。中国共产党从来都不惧怕问题，而是郑重对待问题、迎着问题而上，把解决实际问题作为改进作风、推进工作的契机和突破口。坚持问题导向，就是列出问题清单、一个一个地解决。"中共中央党校（国家行政学院）督学、教授洪向华说。党的十八大以来，以习近平同志为核心的党中央立足实际问题，解决了许多长期想解决而没有解决的难题，办成了许多过去想办而没有办成的大事。针对经济发展过程中的问题，提出了创新、协调、绿色、开放、共享的五大发展理念，推动经济高质量发展；针对各方面体制机制弊端，全面深化改革；针对民主法治建设存在的问题，全面推进依法治国，发展社会主义民主政治；针对党的建设存在的问题，全面加强党的领导、全面从严治党。通过解决这些问题，推动党和国家事业发生了历史性的变革，这些历史性的变革，对党和国家事业发展具有重大而深远的影响。所以说，坚持问题导向是党和国家取得历史性成就的重要经验。

中共中央党校（国家行政学院）研究员胡敏谈到，中国共产党是马克思主义政党，中国共产党始终用马克思主义的立场、观点、方法认识社会、指导实践和推进社会发展的。坚持问题导向符合马克思主义的认识论、矛盾论和实践论。在认识世界和改造世界的过程中，旧的问题解决了，新的问题又会产生，历史也就是在解决问题中前进的；中国共产党干革命、搞建设、抓改革，从来都是为了解决中国的现实问题。

胡敏说，找准了问题，工作就打开了局面；而后抓住问题的关键，就可以集中精力加以破解；问题解决好了，事业就有了推进和发展，我们的认识水平和工作能力也就有了提高。这是马克思主义哲学的方法论，符合事物发展的基本规律，也是我们党基本的工作方法。可以说，我们改革开放以来取得的一个个历史性进步就是在发现问题、认识问题、解决问题中实现的。

能干事——把握成长的必然要求　提高解决实际问题能力

习近平总书记始终十分重视年轻干部的成长、培养、选拔。2019年3月1日，他在春季学期中共中央党校（国家行政学院）中青年干部培训班开班式上，强调"培养选拔优秀年轻干部是一件大事，关乎党的命运、国家的命运、民族的命运、人民的福祉，是百年大计"。2019年9月3日，习近平总书记在秋季学期中央党校（国家行政学院）中青年干部培训班开班式上的讲话中要求大家发扬斗争精神，增强斗争本领。

本次开班式上，习近平总书记强调，我们党领导人民干革命、搞建设、抓改革，都是为了解决我国的实际问题。提高解决实际问题能力是应对当前复杂形势、完成艰巨任务的迫切需要，也是年轻干部成长的必然要求。

胡敏认为，年轻干部成长的轨迹其实就是一条不断解决实际问题的轨迹。能够解决实际问题，首先，要有正确的方法，需要学习各方面知识，尤其要融会贯通马克思主义立场、观点和方法，真正掌握马克思主义的理论武器，用马克思主义科学方法武装头脑。其次，要在解决实际问题中提高政治鉴别力、坚定人民立场、不断提高工作能力和水平，年轻干部必须要深入调查研究、提高科学决策能力。再次，年轻干部能不能改革攻坚、应急处变，就是对自身解决实际问题能力的检验和考评，只有经过大风大浪、逆水逆风的艰难考验，能力才能提升、意志才会坚强。最后，解决实际问题又与干部的工作作风紧密相连，因此年轻干部必须深入群众，切实贯彻群众路线，虚心向广大人民群众学习、抓落实求实效，才能促进干部想干事、能干事、干成事。所以，习近平总书记强调年轻干部要提高"七种能力"，集中表现在解决实际问题的能力。这"七种能力"切实提高了，我们的年轻干部也就成长起来了。

洪向华表示，党的十八大以来，习近平总书记多次强调"知行合一"，寄语广大干部，特别是年轻干部要"在知行合一中主动担当作为"。解决实际问题是"知行合一"在行动上的反映，中国共产党正是在解决实际问题中不断成长的，党员干部也正是在解决一个又一个实际问题中成长、成熟起来的。改革是由问题倒逼产生，又在不断解决问题中深化，只有通过解决具体实际问题才能促进各项工作深入推进。

2020年10月12日刊发的《人民日报》评论员文章指出：历史和现实充分表明，每个时代总有属于它自己的问题，只要科学地认识、准确地把握、正确地解决这些问题，就能够把我们的社会不断推向前进。年轻干部只有不断提高解决实际问题能力，在实践中锤炼本领，才能更好地为实现新时代党的历史使命不懈奋斗。

干成事——起而行之勇挑重担　真刀真枪锤炼能力

2021年是进入"十四五"时期的开端，开启全面建设社会主义现代化国家新征程。进入新发展阶段，贯彻新发展理念，构建新发展格局，需要解决的问题会越来越多样、越来越复杂。习近平总书记指出，年轻干部要起而行之、勇挑重担，积极投身新时代中国特色社会主义伟大实践，经风雨、见世面，真刀真枪锤炼能力，以过硬本领展现作为、不辱使命。

周跃辉谈到，我们之所以能够取得这些历史性成就、发生这些历史性变革，最重要、最关键的就在于以习近平同志为核心的党中央以巨大的政治勇气和强烈的责任担当，直面我国发展进程中的一系列突出矛盾和问题，砥砺奋进、攻坚克难，提出了一系列新理念、新思想、新战略，出台了一系列重大方针政策，推进了一系列开拓性、创造性工作，坚持问题导向，最终把问题解决好，从而取得了这些伟大的成就。年轻干部要起而行之、勇挑重担，就是要一切从实际出发、实事求是，这是马克思主义鲜明的理论品格，也是习近平新时代中国特色社会主义思想的基础和源泉，要求年轻干部要勇于直面问题，想干事、能干事、干成事，不断解决问题、破解难题，为新时代中国特色社会主义伟大实践作出新的贡献。

"年轻干部应该到基层一线解决实际问题，锻炼成才。要建立和推行年轻干部服务基层制度，采取扶贫、支教、建立联系点等方式，组织年轻干部深入实际，服务基层。选派年轻干部到西部地区、革命老区、老工业基地、重点工程、信访岗位任职或挂职。注重在完成重大任务、应对重大事件中锻炼年轻干部。"洪向华说。

四川师范大学马克思主义学院教授董朝霞谈到，年轻干部要真刀真枪锤炼能力，以过硬本领展现作为，需要"内强素质、外塑形象"。"内强素质"要求我们丝毫不能放松用习近平新时代中国特色社会主义思想武装自己头脑，淬炼身心，加强思想政治素质方面的"自我革命、自我革新"，在应对复杂多变的外部环境挑战中提高政治敏锐性和政治鉴别力；"外塑形象"要求我们善于把中国化的马克思主义立场、观点和方法运用于解决实际问题的实践中，始终牢记初心使命，始终牢记责任担当，始终保持中国共产党的政治本色、政治自觉和政治自信。

"9 项 38 条"
力挺民营企业大发展 *

经国务院同意，国家发展和改革委员会、科技部、工信部等六部门 2020 年 10 月联合印发了《关于支持民营企业加快改革发展与转型升级的实施意见》（以下简称《实施意见》）。《实施意见》长达 9 项 38 条，充分落实了 2019 年末中共中央、国务院《关于营造更好发展环境支持民营企业改革发展的意见》的有关要求，将党中央、国务院大力支持民营企业转型升级、促进民营企业改革发展的政策导向进一步明细化、具体化。内容上涵盖了解决融资难题和引导民营企业改革创新，进一步为民营企业发展创造公平竞争环境。

最大的"含金量"在于政策创新

"《实施意见》是应对新冠肺炎疫情暴发以来民营经济压力加大的客观现实，全面落实'两个毫不动摇'基本国策的重要举措，延续了民营经济'新 36 条''老 36 条'的基本精神，从降低企业经营成本、缓解融资难题、推动科技创新、转型升级、完善要素保障等多方面作出规定，具有很强的针对性。《实施意见》的发布，有助于缓解当前民营企业经营困难，加快民营企业转型升级的步伐，提高经济整体运行质量。"国务院发展研究中心宏观经济研究部研究员张俊伟在接受《中国经济时报》采访时表示。

"《实施意见》最大的'含金量'在于政策创新，其最突出的亮点在于推进'实施'。"在中共中央党校（国家行政学院）研究员胡敏看来，《实施意见》既着眼当前，化解民营企业因受新冠肺炎疫情影响所遇到的现实困难，又着力从产业链稳定增强民营企业的发展后劲；既从体制机制上破解民营企业发展中的各种长期困扰，又从政策设计上为民营企业开拓发展空间打开市场通道，形成了一揽子支持民营企业加快发展的"政策工具箱"。

---

* 本文原载《中国经济时报》2020 年 10 月 27 日。

"双循环"背景下的民营企业作用将更加重要

当前，我国经济正面临新的形势，"双循环"背景下既给民营企业带来了机遇，也带来了挑战。

"从当前和今后一个时期发展趋势看，'十四五'规划是我国全面迈向社会主义现代化新征程的第一个五年规划。中国经济要实现高起点的转型升级和改革发展，构筑起适应国内外经济格局变化的以国内大循环为主体、国内国际双循环相互促进的新发展格局。在这样的新发展格局中，民营经济在畅通国民经济循环、坚实国内强大市场、推动科技创新、激发有效投资、创造经济新业态、扩大就业机会等方面都具有不可替代的作用。"胡敏说。

在张俊伟看来，"双循环"提出的背景是世界经济大变局。关键设备、原材料供应受限、风险增加，导致对市场需求转向国内供给，给国内企业开展进口替代带来巨大的机遇，而替代进口的过程也是国内产业升级的过程。可以预计，一些行业门槛相对较低、技术差距较小的领域，很快将迎来产业水平的"上台阶"；另外，要保障能源、重要原材料、粮食的稳定供应，也需要民营企业发挥更大的作用。

"国际环境的变化也给民营企业带来了挑战。例如，部分跨国公司推行多元化战略，把部分生产能力转出中国，与此相配套的一些企业就不得不为上述转出的生产能力找到销售市场。"张俊伟进一步强调。

立足"双循环" 乘势站上
"十四五"发展新风口 *

"十四五"时期是我国全面建成小康社会、实现第一个百年奋斗目标之后，乘势而上开启全面建设社会主义现代化国家新征程、向第二个百年奋斗目标进军的第一个五年。谁能乘势而上，站上"十四五"大发展的新风口？

风起国内大循环

接受《中国经济时报》采访的专家均认为，"十四五"时期，政策、投资风口都是围绕国内大循环展开，这些领域集中在消费、信息技术和能源领域。

在消费领域，中国银行研究院资深经济学家兼中部地区研究中心主任周景彤表示，"十三五"时期，我国消费对 GDP 增长贡献率平均在 60%，成为拉动经济增长的最重要动力，且消费保持良好的升级态势。他预计，"十四五"时期，在加快构建"双循环"新发展格局背景下，政策将加大力度激发内需潜力，尤其是大力促进消费扩大、升级和新消费发展，相关升级类消费领域和新消费领域将迎来发展机遇。

中共中央党校（国家行政学院）研究员胡敏表示，随着外部环境发生深刻变化，"十四五"时期，我国将着力构建完整的内需体系，充分挖掘内在市场潜力，着眼发展不平衡、不充分的领域，比如养老、教育、医疗卫生、社区服务等，这些领域将成为投资的重要风口；新型基础设施建设和新型城镇化带来的区域经济发展格局的改变，以及大城市经济圈、城市经济带的发展，对公共基础设施的投资要求更加迫切，也是重要的投资风口。

在信息技术方面，胡敏认为，人工智能、大数据、区块链等信息技术的深入发展，在"十四五"时期还会加速改变产业发展格局，其中必然孕育起一大批新兴产业和伴生的产业延伸链条，每一个节点都可能成为未来投资的风口。

周景彤表示，"十三五"时期，随着创新驱动发展战略深入实施，我国科技

---

* 本文原载《中国经济时报》2020 年 10 月 28 日。

创新对经济增长的促进作用显著增强；"十四五"时期，在国内经济转型升级需要和国际环境发生大逆转的背景下，科技创新支持力度将明显加大，5G、云计算、无人机、新能源等相关新兴产业发展将进一步加快。

在能源方面，周景彤认为，绿色发展也是"十四五"时期的政策风口。在他看来，"十三五"时期，我国深入推进绿色发展，成绩斐然。"十四五"时期，政策将加大力度推动新能源产业发展，尤其是新能源汽车、光伏和风电产业将迎来重大发展机遇。

胡敏表示，新能源发展符合绿色发展的总体趋势，光伏技术、环保技术、新型蓄电技术也有非常大的发展潜力。"十四五"时期会是以人工智能、大数据、生物工程、航空航天、金融科技等为主要代表的新技术产业化的集中爆发期，不仅会改变产业发展形态，还会深刻地改变我国的资本市场结构，产业资本和金融资本将深度融合，形成一大批新型企业组织模式。

"新"字当头，政策红利多

信息技术的飞速发展催生了大量新业态、新产业、新模式的出现。新消费、新能源、新技术在"十三五"时期初现光芒，在"十四五"时期将迎来怎样的政策红利和发展？

在胡敏看来，制度红利和人力资本红利是"十四五"规划中这些热点领域迎来的最主要的政策红利。

"'十四五'时期，由于我们的立足点是构建适应新发展阶段的新发展格局，要最大力度地构筑起国民经济的内在循环，打通现有格局下的产业循环、资本循环、体制循环的各种堵点。"胡敏说。

胡敏表示，体制改革将释放新的红利，会加速调整政府、市场和企业主体的关系，市场主体将会有更多、更便捷的投资通道；同时，随着大量人才的回归和新一代高校年轻人才进入市场，新的人力资本红利将得以释放，新的就业形态也会产生大量新的产业、新的市场模式，发展前景将非常广阔。"新消费、新能源、新技术无疑在'十四五'期间会有长足进展。比如，新消费紧扣新生代人口释放的消费潜能，今天的'90后''00后'将成为我们国家的消费主体，个性化的消费、定制化的选择会衍生出大量新业态，以移动互联网为基础的技术业态还有更强劲的增长空间。"他说。

"十四五"时期，网速的进一步提高将增加网上消费的便捷性，VR场景也将使消费者获得更加立体、真实的线上购物体验；同时，冷链物流和农村物流布局也将进一步加快，这些因素都有助于促进新消费发展。

在新技术方面，周景彤预计，"十四五"时期，一方面，政策将加大对芯片、半导体等"卡脖子"产业的支持力度，加快推进相关高端制造的国产替代，确保我国经济安全和发展权益；另一方面，政策将重点支持 5G、云计算、大数据等我国在全球处于相对领先地位的行业，进一步提高这些行业的全球竞争力，并加快推动这些新兴科技赋能传统产业，促进我国经济的转型升级。

此外，在周景彤看来，"十四五"时期，在二氧化碳减排压力下，我国非化石能源等新能源占比将进一步提升。从开发潜力和成本的角度来看，光伏和风电将成为"十四五"时期弥补我国电力供需缺口的主要手段，光伏和风电行业将迎来大发展时期。

循着发展的逻辑——一个经济学人的时事观察（2016－2020）

为踏上新征程
开好局起好步[*]

党的十九届五中全会审议通过的《中共中央关于制定国民经济和社会发展第十四个五年规划和二〇三五年远景目标的建议》（以下简称《规划建议》），为中国未来经济社会发展擘画了宏伟蓝图。我们要认真把握规划《建议》提出的新发展阶段、新发展理念、新发展格局的核心要义，齐心协力把党的十九届五中全会确定的任务和部署落到实处。

《规划建议》充分体现了以习近平同志为核心的党中央谋划未来的远见卓识和继往开来的历史担当，深刻指明了今后一个时期我国发展的指导方针、目标任务、战略举措，对于动员和激励全党全国人民继续抓住、用好重要战略机遇期，推动全面建设社会主义现代化国家开好局、起好步，具有重大而深远的意义。

科学把握新发展阶段，继续紧紧抓住用好重要战略机遇期

"明者因时而变，知者随世而制。"我们党之所以能够领导中国革命、建设、改革事业从胜利走向胜利，一个重要原因就是能及时对党和人民事业所处的历史方位作出科学分析。我们党在作决策、作规划的时候，也历来高度重视对发展环境特别是机遇和挑战进行准确研判。

习近平总书记指出："'十四五'时期是我国全面建成小康社会、实现第一个百年奋斗目标之后，乘势而上开启全面建设社会主义现代化国家新征程、向第二个百年奋斗目标进军的第一个五年，我国将进入新发展阶段。"这是党中央对"十四五"时期我国所处历史方位作出的重大论断，为党和国家在新阶段谋划新发展提供了根本遵循。

进入新发展阶段，我们是不是还拥有重要战略机遇期？党的十九届五中全会在《规划建议》中作出了明断：当前和今后一个时期，我国发展仍然处于重要战略机遇期，但机遇和挑战都有新的发展变化。

---

* 本文原载《中国青年报》2020 年 11 月 2 日。

从国际看，当今世界百年未有之大变局进入加速演变期，经济全球化遭遇逆流，国际经济、科技、文化、安全、政治等格局深刻变化，国际力量对比深刻调整，特别是新冠肺炎疫情大流行带来广泛而深远的影响，中国发展的外部环境日趋错综复杂，不稳定性、不确定性明显增加；但和平与发展仍然是时代主题，中国倡导的人类命运共同体理念已深入人心。中国的稳定发展就是世界发展的"压舱石"。

从国内看，中华民族伟大复兴进入关键时期，一方面，我国经济已转向高质量发展，我国制度优势显著，治理效能提升，经济长期向好，物质基础雄厚，人力资源丰富，市场空间广阔，发展韧性强劲，社会大局稳定，继续发展具有多方面优势和条件；另一方面，我国发展不平衡不充分问题仍然突出，重点领域关键环节改革任务还很艰巨，亟待固根基、扬优势、补短板、强弱项、抗风险。

因此，我们既要善于顺势而为，会开顺风船；又要勇于逆势而上，会开顶风船，善于化危为机。新冠肺炎疫情给我国经济社会发展带来巨大冲击，在以习近平同志为核心的党中央坚强领导下，我们有力、有序、有效地统筹疫情防控和经济社会发展，率先控制新冠肺炎疫情、率先复工复产、率先实现经济正增长，为发展赢得了先机，占有了主动。这再次证明，危中有机，变被动为主动，克服了危就是机。

在这样一个重要战略机遇期，要紧跟科技创新的发展新趋势。新一轮科技革命和产业变革正深入发展，当前学科交叉融合加速，新兴学科不断涌现，前沿领域不断延伸，技术更新和成果转化更加快捷，产业更新换代不断加快。科技创新活动不断突破地域、组织、技术的界限，演化为创新体系和创新战略的竞争。科技创新就像撬动地球的杠杆，总能创造令人意想不到的奇迹。

在这场科技创新的大赛场上，哪个国家抢占了未来经济科技发展的先机，就占据了主动。经过多年努力，我国科技整体水平大幅提升，一些重要领域跻身世界先进行列，某些领域正由"跟跑者"向"并行者""领跑者"转变。我国进入了新型工业化、信息化、城镇化、农业现代化同步发展、并联发展、叠加发展的关键时期，给自主创新带来了广阔发展空间，提供了前所未有的强劲动力。

只要我们统筹中华民族伟大复兴战略全局和世界百年未有之大变局，深刻把握新的历史方位，在立足社会主义初级阶段基本国情中积极顺势、善于谋势、勇于塑势，在认识和把握发展规律中准确识变、科学应变、主动求变，我们就能在新的重要战略机遇期大有可为。

深入贯彻新发展理念要将其贯彻到发展各领域和全过程

理念是行动的向导。"十三五"时期的五年来，新发展理念在厚植发展优势、破解发展难题中发挥了重要指导作用。党的十九届五中全会明确了"十四五"时期经济社会发展的基本思路、主要目标以及2035年远景目标，突出了新发展理念的引领作用，提出了一批具有标志性的重大战略；实施了富有前瞻性、全局性、基础性、针对性的重大举措，就是按照新发展理念的内涵分领域阐述"十四五"时期经济社会发展和改革开放的重点任务的；继续将新发展理念贯彻到"十四五"时期发展的各领域和全过程，旨在在我国未来发展中真正形成崇尚创新、注重协调、倡导绿色、厚植开放、推进共享的浓厚社会氛围，不断增强发展动力，实现更持久、更健康的发展。

创新发展是要解决发展动力。《规划建议》提出，要坚持创新在我国现代化建设全局中的核心地位，把科技自立自强作为国家发展的战略支撑，做到"四个面向"。深入实施科教兴国战略、人才强国战略、创新驱动发展战略，加快建设科技强国，全面塑造发展新优势，有力支撑经济高质量发展、人民高品质生活。

协调发展是要解决发展不平衡。《规划建议》提出，走中国特色社会主义乡村振兴道路，全面实施乡村振兴战略，强化以工补农、以城带乡，推动形成工农互促、城乡互补、协调发展、共同繁荣的新型工农城乡关系。要优化国土空间布局，推进区域协调发展和以人为核心的新型城镇化；在物质文明丰裕后，要促进满足人民文化需求和增强人民精神力量相统一，推进社会主义文化强国建设。

绿色发展是要解决人与自然和谐共生。《规划建议》提出，深入实施可持续发展战略，完善生态文明领域统筹协调机制，构建生态文明体系，促进经济社会发展全面绿色转型，建设人与自然和谐共生的现代化。

开放发展是要解决发展内外联动问题。《规划建议》提出，坚持实施更大范围、更宽领域、更深层次对外开放，依托我国大市场优势，促进国际合作，实现互利共赢。建设更高水平开放型经济新体制，全面提高对外开放水平。

共享发展是要彰显社会公平正义。《规划建议》提出，改善人民生活品质，提高社会建设水平，扎实推动共同富裕，不断增强人民群众获得感、幸福感、安全感，促进人的全面发展和社会全面进步。

加快构建新发展格局 统筹发展和安全实现经济行稳致远

构建新发展格局是习近平总书记和党中央积极应对我国发展环境、发展阶段、发展条件的深刻变化，与时俱进提升我国经济发展水平、塑造国际经济合作和竞争新优势而作出的战略抉择，在党的十九届五中全会提出的《规划建议》中具有纲举目张的作用。

必须认识到，构建以国内大循环为主体、国内国际双循环相互促进的新发展格局，是我们党对经济发展客观规律的正确把握和实践运用；这是主动作为，不是被动应对，是长期战略，不是权宜之计。可以说，在《规划建议》提出的整个"十四五"时期，乃至更长时期关乎我国高质量发展的一系列战略性、创新性举措和部署的各项目标任务，都要以新发展格局为承载，要求在新发展格局中得以顺利实施。

构建新发展格局，最重要的是坚持扩大内需这个战略基点。要加快培育完整内需体系，把实施扩大内需战略同深化供给侧结构性改革有机结合起来，以创新驱动、高质量供给引领和创造新需求。要畅通国内大循环，在重点领域和关键环节改革上实现重大突破，着力打通从生产、分配到流通、消费等环节的堵点。要坚持把发展经济着力点放在实体经济上，推进产业基础高级化、产业链现代化，建设现代流通体系；要全面促进消费，拓展投资空间，充分发挥我国超大规模市场优势；要优化收入分配结构，扩大中等收入群体；同时要继续打造市场化、法治化、国际化营商环境，在更高水平上扩大对外开放，依托国内强大市场，使我国成为吸引全球优质要素资源的强大引力场，更好促进国内国际双循环。

构建新发展格局，还要统筹发展和安全，把安全发展贯穿国家发展各领域和全过程，防范和化解影响我国现代化进程的各种风险，确保国家经济安全，保障人民生命安全，维护社会稳定和安全，坚固地筑牢国家安全屏障。

深入领会党的十九届五中全会精神，科学把握新发展阶段，贯彻新发展理念，构建新发展格局，努力实现我国发展的质量、结构、规模、速度、效益、安全相统一，中国这艘前行的巨轮必将乘风破浪、行稳致远。

将"两个贯穿"切实落实到发展全过程和各领域[*]

党的十九届五中全会明确提出，要坚定不移贯彻创新、协调、绿色、开放、共享的新发展理念，把新发展理念贯穿发展全过程和各领域；同时首次强调，要统筹发展和安全，把安全发展贯穿国家发展各领域和全过程。这"两个贯穿"是我们党科学分析形势、准确研判未来走势，对"十四五"时期和今后更长一个阶段我国发展提出的重要思想引领，只有将"两个贯穿"切实落实到发展全过程和各领域，才能实现中国经济行稳致远、社会和谐稳定。

把新发展理念贯穿发展全过程和各领域

发展是我们党执政兴国的第一要务，是解决我国一切问题的基础和关键。党的十九届五中全会认为，当今世界正经历百年未有之大变局，国际环境日趋复杂，因此要积极应对外部环境变化带来的冲击挑战，防范化解各类风险隐患，关键还是要办好自己的事。这是根据我国发展阶段、发展环境、发展条件变化作出的科学判断，全会强调，"十四五"时期经济社会发展必须贯彻新发展理念，必须坚持高质量发展。

理念是行动的向导。发展理念具有战略性、纲领性、引领性。党的十八届五中全会在深刻总结国内外发展经验教训、深入分析国内外发展大势的基础上，提出了创新、协调、绿色、开放、共享的新发展理念，指出这是关系我国发展全局的一场深刻变革。从实践来看，"十三五"时期我国的发展思路、发展方向、发展着力点充分体现了新发展理念，有力促进了决胜全面建成小康社会取得决定性成就，中华民族伟大复兴向前迈出了新的一大步，社会主义中国以更加雄伟的身姿屹立于世界东方。实践证明，树立和贯彻新发展理念，能够使我国发展占据时代制高点，要维护和用好重要战略机遇期，在日趋激烈的国际竞争中赢得更大发展优势。

---

* 本文原载光明网 2020 年 11 月 13 日。

"十四五"时期是我国在全面建成小康社会、实现第一个百年奋斗目标之后，乘势而上，开启全面建设社会主义现代化国家新征程、向第二个百年奋斗目标进军的第一个五年。在"两个一百年"历史交汇点上，我国发展依然要靠正确的发展理念来引领。党的十九届五中全会明确提出，我国发展仍然处于重要战略机遇期，但发展环境面临深刻复杂变化。因此，明确"十四五"时期经济社会发展的基本思路、主要目标以及 2035 年远景目标，还是要突出新发展理念的引领作用，要按照新发展理念对"十四五"时期我国发展作出系统谋划和战略部署。党的十九届五中全会审议通过了《中共中央关于制定国民经济和社会发展第十四个五年规划和二〇三五年远景目标的建议》（以下简称《规划建议》）。《规划建议》阐述了"十四五"时期经济社会发展和改革开放的重点任务，明确了从科技创新、产业发展、国内市场、深化改革、乡村振兴、区域发展到文化建设、绿色发展、对外开放、社会建设、安全发展、国防建设等重点领域的思路和重点工作，并作出了工作部署。只要坚定不移贯彻新发展理念，扎实推进《规划建议》提出的一批具有标志性的重大战略和富有前瞻性、全局性、基础性、针对性的重大举措，统筹谋划好重要领域的接续改革，就能为实现第二个百年奋斗目标、实现中华民族伟大复兴的中国梦奠定坚实基础。

将新发展理念贯穿发展全过程和各领域，充分体现在《规划建议》对"十四五"时期各项工作的部署之中，也体现在紧扣社会主要矛盾变化、结合新发展阶段的新特征新要求，作出了系统表述。可以说，按照《规划建议》对"十四五"时期做出的规划部署，在经济、社会、文化、生态等各领域都彰显了新发展理念、顺应了我国转向高质量发展的新阶段，是将新发展理念贯穿发展全过程和各领域的集中体现。

把安全发展贯穿国家发展各领域和全过程

党的十九届五中全会提出，把安全发展贯穿国家发展各领域和全过程，防范和化解影响我国现代化进程的各种风险，筑牢国家安全屏障。这一提法将安全发展与把新发展理念贯穿国家发展各领域和全过程放在同等重要的地位，足以说明在我们即将进入新发展阶段，统筹发展和安全这两件大事的极端重要性。这是不断提高贯彻新发展理念、构建新发展格局能力和水平的必然要求，也是全面贯彻落实总体国家安全观的直接体现，坚持了系统观念和底线思维。

统筹发展和安全，增强忧患意识，做到居安思危，是我们党治国理政的一个重大原则。当今世界百年未有之大变局正进入加速演变期，经济全球化遭遇逆流，国际经济、科技、文化、安全、政治等格局都在深刻调整，我国发展的外部环境日趋错综复杂，不稳定性、不确定性明显增加，我国安全发展面临重大挑战；同时，中华民族伟大复兴正进入关键时期，我国已转向高质量发展阶段，虽然发展仍然具有多方面优势和条件，但发展不平衡、不充分问题仍然突出。当前我国国家安全内涵和外延比历史上任何时候都要丰富，时空领域比历史上任何时候都要宽广，内外因素比历史上任何时候都要复杂。

习近平总书记告诫我们，前进的道路不可能一帆风顺，越是前景光明，越是要增强忧患意识，做到居安思危，全面认识和有力应对一些重大风险挑战。我们必须从国家安全面临重大挑战和有效维护国家安全的战略高度，深刻认识我国社会主要矛盾发展变化带来的新特征和新要求，深刻认识错综复杂的国际环境带来的新矛盾和新挑战，增强机遇意识和风险意识，统筹好发展和安全两件大事；树立底线思维，把困难估计得更充分一些，把风险思考得更深入一些。我们既要善于运用发展成果夯实国家安全的实力基础，又要善于塑造有利于经济社会发展的安全环境，注重堵漏洞、强弱项，加快形成以国内大循环为主体、国内国际双循环相互促进的新发展格局；下好先手棋、打好主动仗，努力在危机中育新机、于变局中开新局，实现稳增长和防风险的长期均衡，有效防范化解各类风险挑战，确保社会主义现代化事业顺利推进。

把安全发展贯穿国家发展各领域和全过程，就是要牢固树立总体国家安全观，实施国家安全战略，维护和塑造国家安全，统筹传统安全和非传统安全，防范和化解影响我国现代化进程的各种风险，筑牢国家安全屏障；就是要按照《规划建议》，加强国家安全体系和能力建设，完善集中统一、高效权威的国家安全领导体制，健全国家安全法治体系、战略体系、政策体系、人才体系和运行机制，坚定维护国家政权安全、制度安全、意识形态安全，全面加强网络安全保障体系和能力建设。要确保国家经济安全，加强经济安全风险预警、防控机制和能力建设，实现重要产业、基础设施、战略资源、重大科技等关键领域安全可控；就是要坚持人民至上、生命至上，把保护人民生命安全摆在首位，全面提高公共安全保障能力，保障人民生命安全；就是要正确处理新形势下人民内部矛盾，构建源头防控、排查梳理、纠纷化解、应急处置的社会矛盾综合治理机制，健全社会心理服务体系和危机干预机制，以维护社会稳定和安全。

深入学习领会党的十九届五中全会精神，在"十四五"时期和更长一个发展阶段，将"两个贯穿"切实落实到我国发展全过程和各领域，努力做到发展的质量、结构、规模、速度、效益、安全相统一，实现更高质量、更有效率、更加公平、更可持续、更为安全的发展；中国这艘前行的巨轮必将乘风破浪，开创我国现代化进程的新辉煌。

构筑与新发展格局相适应的
体制机制*

在 2020 年 7 月 30 日召开的中共中央政治局会议上，习近平总书记全面分析了国内外经济形势，谋划布局"十四五"时期经济社会发展。他指出，当前我国经济形势仍然复杂严峻，不稳定性、不确定性较大，我们遇到的很多问题都是中长期的，必须从持久战的角度加以认识，加快形成以国内大循环为主体、国内国际双循环相互促进的新发展格局。

推动形成新发展格局是党中央根据我国的发展阶段、环境、条件变化提出来的，是重塑我国国际合作和竞争新优势的战略抉择，也是适应我国即将进入新发展阶段的重大战略部署。新发展格局既然是顺应新发展阶段、面向我国中长期经济发展、实现高质量发展高水平开放的战略布局，那么我们就必须从建立长效的体制机制入手，构筑起与新发展格局相适应更加完备、更富韧性、更有效率的体制机制；需要从动力机制、激励机制、保障机制等几个方面加以考量，为加快形成新发展格局提供有力的制度支撑。

动力机制

形成新发展格局，首先要有动力牵引，要以完善市场经济的供求机制、竞争机制、价格机制为基础，激发起经济主体推动形成新发展格局的内在驱动力。

20 世纪 80 年代中期至 90 年代初，我国在顺利完成农村经济改革和城市经济改革之后，沿海沿江地区大规模开放，社会经济活力充分调动起来，乡镇经济、民营经济、外资经济蓬勃兴起；但同时面临着大量富集起来的企业生产力需要释放经济产能，摆脱土地束缚的大量农村劳动力需要到城市找到就业机会，20 世纪 80 年代中后期，国家宏观经济政策调整也遭遇了平抑高通货膨胀的压力。党中央结合当时的社会经济环境，提出了"两头在外、大进大出"的以出口为主导的"国际大循环"战略。这一战略既很好契合了当时的开放形势，也及时纾

---

* 本文原载《中国经济时报》2020 年 11 月 16 日。

解了社会再生产过程中生产、分配、流通、消费各环节在国内市场的梗阻和瓶颈问题；最重要的是，这一战略让当时的市场经济主体、地方政府、区域经济的活力充分迸发出来，企业在外向型经济中找到了市场，企业经营者激发了创新精神，劳动、资本等要素得以快速流动起来，这一切都为 20 世纪 90 年代后我国深度融入经济全球化打下了基础。

从主动参与"国际大循环"到今天提出形成"以国内大循环为主体、国内国际双循环"，我国面临的发展阶段、内外环境、经济条件都发生了根本变化，当前我国发展既面临着我国社会主要矛盾发展变化带来的新特征、新要求，也面临着世界百年未有之大变局下，错综复杂的国际环境带来的新矛盾、新挑战；但重塑经济竞争体系、构筑新发展格局依然要靠激发各经济主体的内在驱动力，需要形成与这一格局相适应的动力机制具体措施如下：

一是要以市场牵引激发市场主体的供求适配机制。人民对美好生活的要求不断提高与我国不平衡不充分的发展之间的缺口，始终是我们完善市场体系、铸就强大国内市场的现实基础。截至 2019 年底，我国已有市场主体 1.23 亿户，其中企业 3835 万户，个体工商户 8261 万户，企业数量日均净增 1 万户以上，这些市场主体是我国经济活动的主要参与者、就业机会的主要提供者、技术创新的主要推动者。因此，要充分发挥国内超大规模市场优势进一步激活市场主体，坚持供给侧结构性改革这个战略方向，扭住扩大内需这个战略基点，使生产、分配、流通、消费更多地依托国内市场，提升供给体系对国内需求的适配性，形成需求牵引供给、供给创造需求的更高水平动态平衡，努力提升"双循环"格局下的我国产业链、供应链现代化水平。

二是要变压力为动力，打造公平公正的竞争机制。保护主义上升、世界经济低迷、全球市场萎缩的态势将成为今后相当长一个时期我国发展的外部环境，开拓国际市场面临前所未有的压力。但是，压力就是动力。我们要准确识变、科学应变、主动求变，通过建立更加充分的国内市场竞争机制，激活各市场主体的发展活力；要积极稳妥推进国有企业混合所有制改革，坚持有进有退、有所为有所不为，推进国有经济布局优化和结构调整，增强国有经济竞争力、创新力、控制力、影响力、抗风险能力，做强、做优、做大国有资本，稳步推进自然垄断行业改革，加快实现竞争性环节市场化，切实打破行政性垄断，防止市场垄断；要更大力度地支持民营经济发展，破除制约市场竞争的各类障碍和隐性壁垒，营造各种所有制主体依法平等使用资源要素、公开公平公正参与竞争、同等受到法律保护的市场环境，特别是对各类新经济新业态新模式既要促进充分竞争，也要适度审慎包容。

三是要推进要素市场化配置加快形成市场发现的价格机制。实现要素价格市场决定、流动自主有序、配置高效公平的要素市场化是建立更高水平更高质量的社会主义市场经济体制的基础，也是畅通国内经济体系在生产、分配、流通、消费各环节的堵点痛点难点，加快建设统一开放、竞争有序的市场体系的关键。因此，要建立健全劳动力、土地、资本、数据、技术等生产要素的统一开放的要素市场，健全主要由市场决定价格的机制，最大限度减少政府对价格形成的不当干预，创新要素市场化配置方式，推进完善商品市场运行和监管规则，构建优势互补、协作配套的现代服务市场体系，切实降低要素流动的制度性交易成本。

激励机制

党中央提出，形成新发展格局是事关全局的系统性深层次变革，这也意味着新发展格局的形成是一次深刻的经济制度演变。从制度演化经济学的角度看，在制度演化的过程中，正向激励、引导有度十分关键。

总结40多年我国改革开放取得的巨大成就和丰硕经验，20世纪80年代以来我们主动参与经济全球化，充分利用国际国内两个市场、两种资源，形成了面向开放的"国际大循环"的发展格局，既是我们准确抓住战略机遇，充分发挥后发经济优势、利用资源禀赋比较优势的结果，从而在"干中学"中实现了经济腾飞；也是政府主动作为、适时进行战略性调整，叠加诱致性制度变迁和强制性制度性变迁的复合成果。20世纪80~90年代，一方面，激发基层创新精神、激发市场主体内在驱动力，自上而下以边际增量改革推动存量改革，实现了帕累托最优；另一方面，发挥制度优势，主动谋划总体改革，善于发挥规划作用，不断利用政策激励，有效引导乡镇经济、民营经济、外资经济快速发展，推动国有企业战略性布局调整，推进从长三角、珠三角经济区域开放到全国性开放，赢得了人口红利、经济全球化红利和体制改革红利，创造了中国经济快速发展的奇迹。那么在今天我国正处于国内外形势发生深刻变革的条件下，我们更需要主动把握大势、顺应时势，注重规律，更好地利用积累的改革经验、蓄积的制度创新成果，坚持和完善中国特色社会主义基本经济制度，推进国家经济治理体系和治理能力现代化，将我们的宏观制度优势转化为治理效能，深入推进国家的制度性变迁，具体方法如下：

一是注重宏观政策激励。要健全以国家发展战略和规划为导向，以财政、货币、就业政策为主要手段的宏观调控体系，有效发挥政策的激励作用。"十四五"时期是我国全面建成小康社会、实现第一个百年奋斗目标之后，乘势而上开启全面建设社会主义现代化国家新征程、向第二个百年奋斗目标进军的第一个五年，标志着我国进入新发展阶段。在这一历史交汇点、承上启下的关键时期，需要进一步健全宏观调控目标制定和政策手段运用的机制化体系化制度化，加强财政政策、货币政策与产业、价格等政策协调配合，发挥政策组合的集成效应，提高政策相机抉择水平，增强宏观调控对国家战略规划引导促进的前瞻性、针对性、协同性；特别是要从中长期发展着眼，完善宏观调控跨周期设计和调节，实现稳增长和防风险长期均衡。

二是注重区域政策激励。要以新发展格局的视角谋划区域协调发展新思路，多方面健全区域发展新机制。要立足新发展阶段，构建新发展格局，将顶层设计与基层探索结合起来，充分发挥基层首创精神，继续充分发挥各地区比较优势，完善和落实主体功能区战略，进一步细化主体功能区划分和区域分工，坚决打破部门利益和地方保护主义的壁垒，有效促进产业和人口向优势区域集中，促进各类生产要素合理流动和高效集聚，着力形成以城市群城市圈为主要形态、能够带动全国高质量发展的新的增长动力源；既要增强中心城市和城市群等经济发展优势地区的经济和人口承载能力，发挥经济特区、自由贸易试验区（自由贸易港）的先行先试作用，也要增强其他地区在保障粮食安全、生态安全、边疆安全等方面的功能，形成优势互补、协调发展的区域经济布局。

三是注重补偿政策激励。经济越发展，要素越流通，客观上会造成地方经济差距，造成分配不公、结构失衡等，形成新的经济分化，这是经济客观规律；但经济发展的目的是要保障公平、保障民生。为此，在构筑新发展格局中更加需要全面建立区域性补偿平衡制度。要在2020年完成现行标准下脱贫攻坚任务后，有效衔接建立防止返贫长效机制和实施乡村振兴战略；要进一步完善财政转移支付制度，对重点生态功能区、农产品生产区、困难地区建立有效转移支付制度；要确保承担国家安全、生态等战略功能区域的基本公共服务均等化。

保障机制

在构建新发展格局中，人的作用是核心。形成新发展格局为干事创业者提供了广阔的舞台，也在观念理念、创业创新本领、工作责任心使命感方面提出了更高要求。2020年8月以来，习近平总书记发表了一系列重要讲话，强调了要弘扬企业家精神，要弘扬科学家精神；要求各级干部强化使命意识和政治担当，以履职尽责的实际行动带头增强改革发展的政治自觉和行动自觉。

无论是在企业还是政府部门，我们多年形成的人才机制、组织机制都是我们的制度优势，要继续充实和创新我们在人才发现、干部使用、人才成长方面的制度优势，搭建好、建设好、呵护好让各类人才的创造活力竞相迸发、聪明才智充分涌流的体制机制平台。

进入新发展阶段，适应新发展格局，广大企业家要大力弘扬企业家精神，在爱国、创新、诚信、社会责任和国际视野等方面不断提升自己，成为新时代构建新发展格局、推动高质量发展的主力军；广大科技工作者要大力弘扬科学家精神，做到爱国、创新、求实、奉献和育人，争做重大科研成果的创造者、建设科技强国的奉献者、崇高思想品格的践行者、良好社会风尚的引领者；各级党委政府要营造尊重劳动、尊重知识、尊重人才、尊重创造的浓厚氛围；与此同时，各级组织要切实强化敢于担当、攻坚克难的用人导向，健全正向激励体系和容错纠错机制，真心实意爱护、保护干部干事创业、敢于开拓、勇于担当的积极性创造性，为加快形成新发展格局提供坚强的人才制度保障。

在构建新发展格局中
育新机、开新局[*]

【编者按】中国作为世界第二大经济体，和其他的经济大国一样，国内供给和国内需求对经济循环必须起到主要的支撑作用。

构建新发展格局，是要使社会再生产过程中生产、分配、流通、消费更多地依托国内市场，形成国民经济良性循环。从这四个环节看，我国具有重要的基础条件和突出优势。

构建新发展格局，绝不意味着对外开放地位的下降，而是要更加深入地参与国际循环，这是构建新发展格局的题中应有之义。

访谈嘉宾：胡敏，中央党校（国家行政学院）报刊社副社长、研究员。

对经济发展客观规律的正确把握和实践运用

记者：习近平总书记指出，构建新发展格局，是与时俱进提升我国经济发展水平的战略抉择，也是塑造我国国际经济合作和竞争新优势的战略抉择。如何从历史和现实的维度理解这两个"战略抉择"？

胡敏：这两个"战略抉择"是我们党在进入新发展阶段后，观大势、谋全局、干实事的生动写照。

从历史维度来看，20世纪改革开放后的80年代中期至90年代初，党中央结合当时的经济社会环境，提出"两头在外、大进大出"的以出口为导向的"国际大循环"发展战略。这一战略既很好契合了当时国内经济形势，让我国传统经济要素的比较优势充分释放，市场主体、地方政府、区域经济活力充分迸发，企业在外向型经济中找到了市场，企业经营者激发了创新精神，劳动、资本、技术等要素得以快速流动。这为20世纪90年代后我国深度融入经济全球化打下了坚实基础。

---

* 本文原载《湖北日报》2020年12月2日，记者：程曼诗。

经过改革开放 40 多年的快速发展，我国对世界经济增长率贡献连续多年在 30% 左右，中国是名副其实的经济大国。从欧美发达经济体的发展路径来看，大国经济一个共同特征就是要立足国内经济可循环。中国作为世界第二大经济体，和其他的经济大国一样，国内供给和国内需求对经济循环必须起到主要的支撑作用。

2018 年中央经济工作会议在深化供给侧结构性改革的基础上提出"畅通国民经济循环""促进形成强大国内市场"。2019 年的《政府工作报告》明确提出要"畅通国民经济循环""持续释放内需潜力""促进形成强大国内市场"。可以说，党中央提出"以国内大循环为主体、国内国际双循环相互促进的新发展格局"，就是在十多年持续探索的基础上，对经济发展客观规律的正确把握和实践运用，是基于对我国发展阶段的深刻认识调整经济发展战略的必然之举。

从现实维度来看，随着全球政治经济环境变化，中国发展将面对长期的不确定、不稳定的外部环境。党的十八大以来，我们着重发挥消费的基础作用和投资的关键作用。国内需求对经济增长的贡献率大多保持在 90% 以上。国内大循环的动能明显增强，实施国内大循环为主体的战略基础逐步夯实。

再从大国经济的发展安全考量，改革开放以来，我们遭遇过很多外部风险冲击，最终都能化险为夷，靠的就是办好自己的事；只有把发展立足点放在国内，更多依靠国内市场实现经济发展，才能统筹发展和安全。面对新的国际国内发展环境，我们必须重塑新的竞争优势来夯实大国经济地位，推动形成宏大顺畅的国内经济循环，既能满足国内不断升级的更高层次的需求，又能提升我国产业技术发展水平，促进国内产业链、供应链向价值链高端延伸，促进我国产业迈向全球价值链中高端，只有这样才能不断增强我国经济创新力和竞争力，进一步做强做大做实国内市场；也只有这样，才能更好吸引全球资源要素，在新的国际经济合作中赢得主动，形成参与国际经济合作和竞争新优势，促进大国经济的可持续发展。

生产、分配、流通、消费环节的基础条件和突出优势

记者：构建新发展格局，重要的基础条件有哪些，突出优势在哪里？

胡敏：构建新发展格局，是要使社会再生产过程中生产、分配、流通、消费更多依托国内市场，形成国民经济良性循环。从这四个环节看，目前我国具有重要的基础条件和突出优势。

从生产端来看，我国已经形成世界制造中心，传统优势制造业是我国国民经济的主体和经济社会的大底盘，在改革开放 40 多年来参与国际合作分工的过程中，形成了规模最大、范围最广的工业门类，有机嵌入了全球产业链、供应链体

系，具有强大的生产能力、齐全的配套能力和灵活的适应能力。在新冠肺炎疫情防控斗争中，我国在短时间内能够及时生产和提供巨大的防疫物资，就是对我国生产制造能力、结构调整韧性和弹性能力很好的检验。国内产业这种强大的生产能力、完善的配套能力、规模效应、范围效应以及学习效应在产业体系中得以全面展现。

从流通端来看，经过这些年物流体系和城乡基础设施的持续投入和不断建设，我国供应链体系日渐完备，现代流通体系架构也逐渐成熟，特别是供应链数字化、网络化、智能化发展，产业上下游、城乡产供销、线上线下方式相结合的物流体系建设有了长足进展。

从分配端来看，截至2020年，我国中等收入群体人口已超过4亿人，随着收入分配制度的进一步改革完善，按劳分配为主、多种生产要素参与分配的体制机制更加健全，将有力支撑起日益扩大的中等收入群体。

从消费端来看，市场是稀缺资源，一个具有14亿多人口的大国不断增长的对美好生活的需要，就构成了一个不可替代的巨大消费市场；拥有1亿多市场主体和1.7亿多受过高等教育或拥有各类专业技能的人才都是形成未来超大规模内需市场的有力支撑。未来一个时期，随着我国大力推进强大国内市场建设，以及人民收入水平不断提高，内需潜力还会不断释放出来。

从制度层面来看，制度优势是我们构建新发展格局的最重要的基础条件和最突出的优势。随着一个更加统一公平、竞争有序的全国大市场在各类基础性改革、供给侧结构性改革和改善营商环境等举措的作用下逐步形成，国民经济在生产、分配、流通和消费等环节将基本实现畅通；相对稳定、相对独立、富有效率、良性互动的国内经济大循环也会夯实中国经济的基本盘，党的坚强领导和中国特色社会主义制度的显著优势，会为构建新发展格局提供最有力的制度保障。

让国内循环和国际循环相互促进、相得益彰

记者："新发展格局决不是封闭的国内循环，而是开放的国内国际双循环"，以国内大循环为主体、国内国际双循环相互促进，在现实推进过程中需要把握什么？

胡敏：在构建新发展格局进程中，当务之急是要畅通国民经济循环，打通诸多环节的难点、堵点。打通堵点必须靠深化供给侧结构性改革，在重点领域和关键环节改革上实现重大突破，尤其要促进各类生产要素的市场化配置；还要着力加强关键核心技术攻关，维护产业链、供应链的安全稳定。要着力优化收入分配结构，扩大中等收入群体；要加快建设完善现代流通体系，进一步优化消费环境，促进消费升级；要充分发挥区域经济发展优势，坚持全国一盘棋思想，国内

大循环不是一个个地区的自我循环，而是相互联通、有机协作、要素流动充分的全国大循环。

构建新发展格局，绝不意味着对外开放地位的下降，而是要更加深入地参与国际循环，这是构建新发展格局的题中应有之义。要在更高水平上扩大对外开放，扩大外资企业的市场准入，更好地利用国内国际两个市场、两种资源；要打造市场化、法治化、国际化营商环境，依托国内强大市场，使我国成为吸引全球优质要素资源的强大引力场，成为外商投资兴业的沃土，使国内循环和国际循环相互促进、相得益彰，促进同各国互利共赢、共同繁荣发展。这样就既能够拉动国内经济，又为世界各国创造更多市场机会。

形成需求牵引供给、供给创造需求的更高水平动态平衡

记者：构建新发展格局，扩大内需处于"战略基点"的重要位置。因时因势，扩大内需要从何处入手，抓住什么样的着力点和突破口？

胡敏：坚持扩大内需这个战略基点，就要加快培育完整内需体系，把实施扩大内需战略同深化供给侧结构性改革有机结合起来，以创新驱动、高质量供给引领和创造新需求。

在开拓消费需求层面，增强消费对经济发展的基础性作用，顺应消费升级趋势，提升传统消费，培育新型消费，适当增加公共消费。以质量品牌为重点，促进消费向绿色、健康、安全发展，鼓励消费新模式新业态发展。

在拓展投资需求层面，发挥投资对优化供给结构的关键作用，优化投资结构，保持投资合理增长，在"两新一重"方面取得新进展：比如，要加快补齐基础设施、市政工程、农业农村、公共安全、生态环保、公共卫生、物资储备、防灾减灾、民生保障等领域短板，推动企业设备更新和技术改造，扩大战略性新兴产业投资；要推进新型基础设施、新型城镇化、交通水利等重大工程建设，支持有利于城乡区域协调发展的重大项目建设；还要发挥政府投资撬动作用，激发民间投资活力，形成市场主导的投资内生增长机制。

在制度完善层面，要切实做到有效市场和有为政府相结合，健全市场体系基础制度，坚持平等准入、公正监管、开放有序、诚信守法，形成高效规范、公平竞争的国内统一市场，坚决破除妨碍生产要素市场化配置和商品服务流通的体制机制障碍，切实降低全社会交易成本。

开启新征程的
行动纲领[*]

编制和实施中长期规划是我们党治国理政、领导经济社会发展的一种重要方式。长期以来，我们每五年都要编制一份中长期规划，在形成规划之前党中央提出建议，确定大政方针，作为编制规划的主要依据，已经形成了传统和制度。在"两个一百年"奋斗目标历史交汇点上，党的十九届五中全会重点研究"十四五"规划问题，描绘了国家未来发展蓝图，明确了前进方向和奋斗目标，对于激励全党全国各族人民战胜前进道路上各种风险挑战，为全面建设社会主义现代化国家开好局、起好步，具有十分重要的意义。

接续奋斗的规划蓝图

"十四五"规划是在我国已经有序实施了 13 个五年规划（计划）基础上展开的，这一历史进程见证了新中国从一穷二白到成为世界第二大经济体的辉煌发展，记载了中国共产党带领中国人民独立自主、艰苦奋斗、开拓进取努力建设社会主义、开创中国特色社会主义道路的艰辛探索，书写了中国人民一步一个台阶地不断推进国家现代化，最终迎来了从站起来、富起来到强起来的伟大飞跃。

第一个阶段：从"一五"到"五五"五个五年计划。新中国成立之初，国家百废待兴、百业待举，在一穷二白的基础上怎样建设社会主义我们还没有成熟的经验，当时借鉴苏联模式，建立了计划经济体制。从 1953 年开始实施新中国第一个五年计划，在苏联专家帮助下，我们顺利完成了 156 个重大项目，在较短时间建立起了独立完整的工业体系与国民经济体系。此后，我们又编制和实施了四个五年计划。总体上看，这五个五年计划体现了传统计划经济的特点，我们党始终致力于对社会主义建设规律的艰苦探索，努力调整国民经济重要比例关系，不断推进社会主义工业化建设和实现工业、农业、国防和科技的现代化，为初步建成社会主义和此后的改革开放奠定了扎实的物质基础和制度前提。

---

* 本文原载《中国纪检监察报》理论周刊 2020 年 12 月 3 日。

第二个阶段：从"六五"到"十二五"七个五年规划（计划）。从"六五"计划到"十二五"规划实施了 35 年，这七个五年规划（计划）相互承接，循序渐进，贯穿中国改革开放事业和中国特色社会主义现代化道路的整个进程。在这个长跨度时期，我们完成了从计划经济体制下的单纯指令性计划发展国家经济向社会主义市场经济体制下规划经济社会发展目标、注重发挥政府规划指引和驱动市场主体内生动力相结合来实施国家发展战略的转变。总体上看，这七个五年规划（计划）实现了从解决人民温饱问题到总体实现小康社会，再迈向全面建设小康社会的巨大发展成就，提前实现了到 20 世纪末，国民生产总值比 1980 年"翻两番"的目标；与此同时，构建了适应市场经济体制的宏观调控体系，发展模式从注重经济增长转向注重经济发展。

第三个阶段：全面实施"十三五"规划。第十三个五年规划，是我国经济发展进入新常态、中国特色社会主义进入新时代的重要规划，承载着全面建成小康社会的历史使命。"十三五"以来，国际经济格局发生深刻调整、国内面临改革发展稳定艰巨任务，党中央团结带领人民沉着冷静应对外部挑战明显上升的复杂局面，统筹推进"五位一体"总体布局、协调推进"四个全面"战略布局，提出以创新、协调、绿色、开放、共享的新发展理念指导推动经济社会发展，加快促进发展方式由要素驱动向创新驱动转变和推动高质量发展，有力、有序化解发展不平衡不充分的矛盾问题；坚决果断抗击新冠肺炎疫情的严重冲击，坚定朝着既定目标任务前进。"十三五"规划实施顺利，重大战略任务和 165 项重大工程项目全面落地见效，改革开放纵深推进，规划确定的目标任务和决胜全面建成小康社会将如期实现，为开启全面建设社会主义现代化国家新征程提供了雄厚的物质基础、有力的政治保证和强大的奋进力量。

基于实践的远景前瞻

从实践来看，五年规划是党和国家始终基于国情，既结合国家生产力发展水平和战略任务要求，又前瞻性地描绘经济社会发展远景，对国家重大建设项目、生产力布局、国民经济重要比例关系和社会事业等作出符合实际的规划指引。在实施过程中，党中央带领全国各族人民依据五年规划确定的路线图和时间表，动员与配置全社会资源，实现科技创新、国力增强和人民生活水平的显著提升，展示出鲜明的时代特色、创新特色、制度特色。

时代特色：从"一五"到"五五"五个五年计划基于传统计划经济体制和单一公有制形式，政府实施计划带有浓厚的行政指令性色彩，但客观上能够集中有限的财力物力较快推进国家工业化进程，符合当时后进国家的发展特点；而从实施"六五"计划开始，我国经济体制由传统的计划经济逐步转向社会主义市场经济，市场经济的特点要求政府经济职能和权限尽可能收缩、重在弥补市场失灵，规划实施更多依赖市场主体的选择；特别是"十一五"规划后，政府更多地运用指导性和约束性指标调控和管理经济，更加尊重市场经济内在规律，充分释放市场主体活力，保持和促进国民经济持续高速增长。

创新特色：首先，是规划的理念创新。"一五"计划到"五五"计划以赶超发展实现工业化为目标、以优先发展重工业为战略重点，体现了传统社会主义发展理念；"六五"计划到"十二五"规划以发展社会生产力和实现经济可持续增长为目标；"十三五"规划提出创新、协调、绿色、开放、共享的新发展理念，体现新时代中国特色社会主义发展理念。其次，是规划的运行基础创新。"一五"计划到"五五"计划以政府指令性计划、单一公有制经济为基础，微观主体没有自主权。改革开放后的五年计划执行以经济体制变革为基础，深化改革开放、推进制度创新，成为五年规划的一条主线。从"十一五"时期开始，"五年计划"改为"五年规划"，五年规划着眼于完善社会主义基本经济制度，市场在资源配置中的作用日益增强，政府着重发挥政策协调、资源动员、宏观调控的功能，在规划实施中突出战略性、指导性、宏观性和约束性。由此也带来规划的内容创新。五年规划覆盖面越来越宽，逐步从只重经济发展规划转为经济社会发展规划，并进一步扩展为事关国家战略全局的多层次全面综合发展规划。

制度特色：我们国家70多年来能够基本保持连续编制和实施五年规划，这本身充分体现了我们党的政治魄力和战略定力，体现了我国制度的长期稳定和显著优势。五年规划与每五年一次的党代会召开时间有所错开，五年规划实施一般先于下一届党代会召开。可以看到，党代会确定经济社会发展目标总能很好衔接上一个五年规划确定的目标任务，并将规划内容上升为全党意志和全民行动，以及党代会之后的政府五年任期，都是对五年规划的具体落实。改革开放以来的五年规划（计划）不再是一个封闭的政策制定过程，尤其是从"九五"计划以来，五年规划（计划）制定过程日趋科学化、民主化和规范化：从组织前期重大问题研究到起草规划的基本思路，再到党中央审议通过规划建议，编制五年规划（计划）纲要草案，直到全国人大审议批准，在五年实施期完成后还要进行科学评估。五年规划的编制过程，形成了党中央顶层设计、专业研究力量充分研究、全社会广泛参与、群策群力的生动局面。就此，编制和实施五年规划已经成为提高政府科学决策能力和宏观调控能力、推进国家治理能力现代化的有效手段，彰显了中国特色社会主义的制度特色。

未来发展的科学引领

"十四五"时期是我国全面建成小康社会之后，乘势而上开启全面建设社会主义现代化国家新征程的第一个五年；也是为全面建设社会主义现代化国家开好局、起好步的第一个五年规划。贯彻落实好"十四五"规划，既要吸收过往13个五年规划（计划）实施中的成功经验，更要在新发展阶段，贯彻新发展理念，构建新发展格局。

一是深刻把握新的历史方位，在主动顺大势、谋全局中坚持不懈实施好"十四五"规划。要统筹中华民族伟大复兴战略全局和世界百年未有之大变局，主动适应我国发展的重要战略机遇期，在立足社会主义初级阶段的基本国情中积极顺势、善于谋势，在认识和把握发展规律中准确识变、科学应变、主动求变，统筹发展和安全，与时俱进地推进"十四五"规划的实施。

二是坚定不移将新发展理念贯穿实施"十四五"规划全过程。要始终坚持以人民为中心的发展思想，统筹推进经济建设、政治建设、文化建设、社会建设、生态文明建设的总体布局和协调推进全面建设社会主义现代化国家、全面深化改革、全面依法治国、全面从严治党的战略布局；厚植发展优势，破解发展难题，不断提高以新发展理念指导规划实施、引领经济社会发展的能力和水平。

三是坚持系统观念，加快形成"双循环"新发展格局。要以推动高质量发展为主题，以深化供给侧结构性改革为主线，以改革创新为根本动力，以满足人民日益增长的美好生活需要为根本目的，加快培育完整内需体系，畅通国内大循环，促进国内国际双循环，提高资源配置效率；实行更高水平对外开放，积极参与全球经济治理体系改革，开拓合作共赢新局面；构建更加完善、更加成熟的政府宏观调控制度体系和国家行政体系，促进"十四五"规划指引的各项国家发展战略落地见效。

四是以规划的科学实施进一步夯实制度优势，推进国家治理体系和治理能力现代化。要始终坚持党的全面领导，坚持和完善党领导经济社会发展的体制机制，坚持和完善中国特色社会主义制度，不断健全规划制定和落实机制，努力将规划实施的制度优势切实转化为固根基、扬优势、补短板、强弱项、抗风险的社会经济治理效能。

立足新发展阶段
确保"十四五"开好局*

　　一年一度的中央经济工作会议 12 月在北京召开，这是 2020 年终最重要的一次会议。

　　2020 年，面对严峻复杂的国际形势、艰巨繁重的国内改革发展稳定任务，特别是新冠肺炎疫情的严重冲击，以习近平同志为核心的党中央保持战略定力，准确判断形势，精心谋划部署，果断采取行动，付出艰苦努力，交出了一份人民满意、世界瞩目、可以载入史册的答卷。2021 年，我们要贯彻党的十九届五中全会精神，立足新发展阶段，贯彻新发展理念，构建新发展格局，推动高质量发展，确保"十四五"开好局，见到新气象，以优异成绩迎接建党 100 周年。因此，2020 年的中央经济工作会议如何研判当前经济形势，对 2021 年经济工作作出怎样的部署，确定什么样的重点工作，尤为值得关注，需要认真理解和把握。

强化机遇意识和风险意识

　　2020 年是新中国历史上极为不寻常的一年，每一个中国人都会铭刻下永难忘却的记忆。

　　事非经过不知难。在"十三五"规划即将收官之年，也是党中央兑现对全体人民的承诺，决战决胜脱贫攻坚、全面实现建成小康社会的关键之年，一场突如其来的新冠肺炎疫情打乱了正常的生产生活秩序。新冠肺炎疫情是百年来全球发生的最严重的传染病大流行，是新中国成立以来我国遭遇的传播速度最快、感染范围最广、防控难度最大的重大突发公共卫生事件。病毒突袭而至，疫情来势汹汹，人民生命安全和身体健康面临着严重威胁，经济发展面临着前所未有的冲击。

　　面对新冠肺炎疫情的冲击，以习近平同志为核心的党中央统揽全局、果断决策，坚持人民至上、生命至上，紧紧团结带领全国各族人民，以坚定果敢的勇气

---

　　*　本文原载《中国青年报》2020 年 12 月 21 日。

和坚忍不拔的决心，同时间赛跑、与病魔较量，进行了一场惊心动魄的疫情防控人民战争、总体战、阻击战，经受了一场艰苦卓绝的历史大考，经过 8 个多月顽强奋战，付出巨大努力，取得抗击新冠肺炎疫情斗争重大战略成果，铸就了伟大抗疫精神，创造了人类同疾病斗争史上又一个英勇壮举。

与此同时，党中央以非常之举应对非常之事，准确把握新冠肺炎疫情发展形势变化，立足全局、着眼大局，及时作出了统筹疫情防控和经济社会发展的重大决策，包括加大宏观政策应对力度，扎实做好"六稳"工作，全面落实"六保"任务，制定了一系列纾困惠企政策，出台了多项强化就业优先、促进投资消费、稳定外贸外资、稳定产业链供应链、激发发展新动能等措施，有序推动复工、复产、复商、复课，最大限度保障人民生产生活。国民经济在经过 2020 年一季度短暂快速下行后，在二季度就实现 V 形反转，2020 年前三季度国内生产总值同比增长 0.7%，成为新冠肺炎疫情发生以来第一个恢复正增长的主要经济体，在疫情防控和经济恢复上都走在世界前列，充分彰显了中国强大的修复能力、厚实的制度优势和旺盛的生机活力。

党中央以更大的决心、更强的力度推进脱贫攻坚，不断巩固拓展脱贫攻坚成果。2020 年 12 月 3 日中央政治局常委会召开的会议庄重宣布：经过 8 年的持续奋斗，我国现行标准下农村贫困人口全部脱贫，贫困县全部摘帽，消除了绝对贫困和区域性整体贫困，近 1 亿贫困人口实现脱贫，取得了令全世界刮目相看的重大胜利。2020 年中央经济工作会议充满底气地指出："十三五"规划主要目标任务即将完成。我国经济实力、科技实力、综合国力和人民生活水平又跃上了新的大台阶，全面建成小康社会胜利在望，中华民族伟大复兴向前迈出了新的一大步。

党的十九届五中全会通过了《中共中央关于制定国民经济和社会发展第十四个五年规划和二〇三五年远景目标的建议》，对我国发展阶段、发展环境、发展条件变化作出了科学判断，明确提出，当前和今后一个时期，我国发展仍然处于重要战略机遇期，但机遇和挑战都有新的发展变化。基于对形势的准确研判，党的十九届五中全会清晰描绘了 2035 年远景目标和"十四五"时期我国经济社会发展的指导方针、发展目标、重大战略和重要任务，为在全面建成小康社会之后，开启全面建设社会主义现代化强国新征程展现了一幅更加美好的画卷。

"明者因时而变。"党中央要求，全党要统筹中华民族伟大复兴战略全局和世界百年未有之大变局，深刻认识我国社会主要矛盾变化带来的新特征、新要求，深刻认识错综复杂的国际环境带来的新矛盾、新挑战，增强机遇意识和风险意识；要立足社会主义初级阶段基本国情，保持战略定力，善于在危机中育先机、于变局中开新局。战胜挑战就是抓住机遇，克服危机就是赢得转机，趋了利就是避了害。

为此，中央经济工作会议在肯定成绩的同时强调指出，当前新冠肺炎疫情变化和外部环境存在诸多不确定性，我国经济恢复基础尚不牢固；2021年世界经济形势仍然复杂严峻，复苏不稳定、不平衡，新冠肺炎疫情冲击导致的各类衍生风险不容忽视。因此，我们既要增强忧患意识，坚持底线思维，提高风险预见预判能力，严密防范各种风险挑战，又要坚定必胜信心，办好自己的事。只要准确识变、科学应变、主动求变，我们就一定能够在抗击大风险中创造出大机遇，推动经济持续恢复和高质量发展。

突出"三个新"稳步开好局

2021年是中国共产党成立100周年，也是实施"十四五"规划的开局之年。扎实做好2021年经济工作，既要以优异成绩向建党100周年献礼，又要为踏上建设社会主义现代化国家新征程奠定更为扎实的物质基础和信心基础。

2020年的中央经济工作会议突出强调了"立足新发展阶段、贯彻新发展理念、构建新发展格局"这"三个新"，这是党的十九届五中全会提出的规划建议的逻辑主线和核心要义，"三个新"是"一体三面"，也是做好2021年经济工作的思想主干。

在深刻总结了严峻挑战下做好经济工作的五个方面规律性认识的基础上，中央经济工作会议提出了2021年必须抓好的八个方面重点任务，其中亮点表现在：

一是强调"双侧改革"，将"供给侧改革""需求侧改革"并重提出。会议强调，要紧紧扭住供给侧结构性改革这条主线，注重需求侧改革。近几年，我们通过实施供给侧结构性改革，推进"三去一降一补"和落实"巩固、增强、提升、畅通"8字方针，有效改善了供求关系。当前外部环境发生了深刻变化，我们加快构建以国内大循环为主体、国内国际双循环相互促进的新发展格局，就要将着力点立足国内，形成强大国内市场；必须高度重视需求侧管理，坚持扩大内需这个战略基点，始终把实施扩大内需战略同深化供给侧结构性改革有机结合起来，在合理引导消费、储蓄、投资等方面进行有效制度安排，切实打通生产、分配、流通、消费四个环节的各种堵点，形成需求牵引供给、供给创造需求的更高水平动态平衡，提升国民经济体系整体效能。

二是强调统筹发展和安全，尤其是要突破技术"卡脖子"困境。产业链、供应链安全稳定是构建新发展格局的基础。中央经济工作会议强调，要强化国家战略科技力量，增强产业链、供应链自主可控能力。中美贸易摩擦的升级，也暴露出我国科技创新基础还不牢，自主创新能力，特别是原创力还有待提高，关键领域核心技术受制于人的格局亟须从根本上改变。只有把核心技术掌握在自己手中，才能真正掌握竞争和发展的主动权，从根本上保障国家经济安全、国防安全和其他安全。按照党的十九届五中全会精神，下一步国家要制定科技强国行动纲要，健全社会主义市场经济条件下新型举国体制，打好关键核心技术攻坚战，在核心零部件、关键基础材料、先进基础工艺、产业技术基础等核心关键产业方面取得新突破，形成具有更强创新力、更高附加值、更自主可控、安全可靠的国内产业链供应链。

三是强调宏观政策要保持连续性、稳定性、可持续性。2020 年为应对新冠肺炎疫情，我们顺势采取了强力度的财政货币政策，实施逆周期调节。2021 年随着经济运行逐步恢复常态，宏观经济政策可能会回归到正常水平。中央依然强调，要继续实施积极的财政政策和稳健的货币政策，保持对经济恢复的必要支持力度，政策操作上要更加精准有效，不急转弯，把握好政策时效度；与此同时，要着力抓好各种存量风险化解和增量风险防范，打击各种逃废债行为。针对平台经济发展中产生的一些新的问题，中央经济工作会议明确，要强化反垄断和防止资本无序扩张，强调要加强规制，提升监管能力，坚决反对不正当竞争行为，金融创新必须在审慎监管的前提下进行。会议继续坚持"房住不炒"政策，要解决好大城市住房突出问题，坚决遏制大城市房价过快上涨态势，促进房地产市场平稳健康发展。

从讲政治的高度开展经济工作

加强党对经济工作的全面领导，是我们做好经济工作的重要经验，也是我们显著的政治优势和制度优势。党的十九届五中全会突出强调，要坚持和完善党领导经济社会发展的体制机制；要提高各级领导班子和干部适应新时代新要求抓改革、促发展、保稳定水平和专业化能力，特别是要不断提高贯彻新发展理念、构建新发展格局的能力和水平；要打造政治过硬、具备领导现代化建设能力的干部队伍。

2020 年 10 月 10 日，习近平总书记在中共中央党校（国家行政学院）中青年干部培训班开班式上作的重要讲话中，将领导干部特别是年轻干部应对当前复杂形势、完成艰巨任务迫切需要的必须提高的能力，具体化为提高政治能力、调查研究能力、科学决策能力、改革攻坚能力、应急处突能力、群众工作能力、抓落实能力这"七个能力"。

习近平总书记强调，政治能力是第一位的。2020 年中央经济工作会议指出，要善于用政治眼光观察和分析经济社会问题，真抓实干把党中央决策部署贯彻到经济工作各方面。各级领导干部要提高专业化能力，努力成为领导构建新发展格局的行家里手。要增强补课充电的紧迫感，自觉赶上时代潮流。这前后表述的含义是一脉相承、意味深长的，也是做好 2021 年经济工作必须着重把握的。

在错综复杂的形势下，领导者只有确保具备过硬的政治能力，自觉做到在思想上、政治上、行动上同习近平同志为核心的党中央保持高度一致，在任何时候任何情况下才能把握正确政治方向，保持政治定力，才能透过现象看本质，"不畏浮云遮望眼，乱云飞渡仍从容"，按照党中央大政方针和决策部署勠力同心，砥砺前行。

以科技自立自强牢牢把握
国家发展主动权 *

【编者按】2020 年注定是载入人类史册的一年。虽然世界经历了百年不遇的新冠肺炎疫情全球大流行，但是中国人民团结一心，众志成城，取得了抗疫斗争重大战略成果。新冠肺炎疫情并没有阻止中国前进的脚步，反而让全世界看到了中国人民的坚韧。这种坚韧，是对"生命至上"的庄严承诺，也是对人类命运共同体理念的躬身践行。《坚韧生长》带您回顾中国在 2020 年所走过的不平凡历程，铭记英雄，展望前路。

党的十九届五中全会把创新置于我国未来发展极端重要的位置，强调"坚持创新在我国现代化建设全局中的核心地位，把科技自立自强作为国家发展的战略支撑"。这是我国进入全面建设社会主义现代化国家新阶段的重大战略部署，也是 2021~2025 年和更长时期我们坚持创新驱动发展、全面塑造发展新优势的行动指南。

现在，我们迎来了世界新一轮科技革命和产业变革同我国转变发展方式的历史性交汇点，既面临着千载难逢的历史机遇，又面临着差距拉大的严峻挑战。一方面，新一轮科技革命和产业变革加速演进，信息技术、新材料技术、新能源技术、生物技术等新技术加速突破应用，颠覆性技术层出不穷，正深刻改变着世界经济发展方式和国际产业分工格局；另一方面，我国经济已由高速增长阶段转向高质量发展阶段，正处在转变发展方式、优化经济结构、转换增长动力的攻关期，建设现代化经济体系是跨越关口的迫切要求和我国发展的战略目标。在历史交汇点上，科学技术从来没有像今天这样影响着国家前途命运，从来没有像今天这样影响着国家发展主权和国家安全，从来没有像今天这样深刻影响着人民生活福祉。

改革开放 40 多年来，特别是党的十八大以来，我国科技实力和创新能力显著提升，重大创新成果竞相涌现，一些前沿领域开始进入并跑、领跑阶段，科技

---

* 本文原载中国网 2020 年 12 月 21 日。

实力正从量的积累迈向质的飞跃、从点的突破迈向系统能力提升；但是我国科技领域仍然存在一些亟待解决的突出问题，我国基础科学研究短板依然突出，关键核心技术仍然受制于人，"从 0 到 1"的重大原创性成果缺乏；表明我国科技在视野格局、创新能力、资源配置、体制政策等方面还存在诸多不适应的地方，因此加快提升创新能力的需求极为迫切。

中国要夯实大国地位，要走向强盛复兴，必须把创新作为引领发展的第一动力，必须大力发展科学技术，努力成为世界主要科学中心和创新高地，加快建设科技强国。实践反复证明，关键核心技术是要不来、买不了、讨不来的，只有把关键技术掌握在自己手中，才能从根本上保障国家经济安全、国防安全和其他安全，努力实现关键核心技术自主可控，把创新主动权、发展主动权牢牢掌握在自己手中。

当前新冠肺炎疫情对全球经济的冲击仍在持续深化，经济全球化遭遇逆流，数字化智能化技术深入应用，全球产业链供应链格局遭受冲击、加速重构，我国产业链、供应链面临的风险挑战日益增多。在这样的情况下，我们必须强化国家战略科技力量，健全社会主义市场经济条件下新型举国体制，打好关键核心技术攻坚战，保持好全球最完整的产业体系，提升我国在全球供应链、产业链、价值链中的地位，着力强链、补链、固链，确保产业链、供应链在关键时刻决不掉链子；在关系国家安全的领域和节点加快构建自主可控、安全可靠的国内生产供应体系，确保在关键时刻可以做到自我循环、保持经济正常运转。这既是大国经济必须具备的重要特征，也是促进我国全产业链素质整体提升，应对好不稳定因素、不确定因素日益增多的世界变局的必然要求。

当然，我们强调把握创新主动权，着力推动自主创新，绝不是关起门来搞创新。科学技术是世界性的、时代性的，发展科学技术必须具有全球视野，自主创新必须是开放环境下的创新。正确把握自主科技创新和加强对外科技合作，在科技研发的广泛合作和对外交流中构筑我国科技竞争新优势，这也是构建以国内大循环为主体、促进国内国际双循环新发展格局的题中应有之义。两者绝不是相互取代、重内轻外的关系。

我们要坚持以全球视野、世界眼光谋划和推动科技创新，以更加开放的胸襟、更包容的态度，广聚四海之气，多借八方之力，齐聚各类人才。只有全方位加强国际科技创新合作，主动布局和积极利用国际创新资源，积极融入全球科技创新网络，才能切实提升我国在全球创新格局中的地位，提高我国在全球科技治理中的影响力和规制制定能力，才能在实现自身发展的同时惠及其他国家和人民，充分彰显构建人类命运共同体的价值理念，在新一轮科技竞争合作中体现出大国担当、赢得国际社会的敬仰和尊重。

中央经济工作会议为什么强调宏观政策"不急转弯"*

　　每年年末的中央经济工作会议对来年宏观经济政策的表述，一向是经济界人士关注的重点，党中央确定的宏观经济政策取向直接影响着来年市场主体的投资策略和对产业布局的考量。

　　面对严峻复杂的国际形势、艰巨繁重的国内改革发展稳定任务，特别是新冠肺炎疫情的严重冲击，2020年中央经济工作会议在关于2021年宏观政策取向时特别强调，"2021年宏观政策要保持连续性、稳定性、可持续性。要继续实施积极的财政政策和稳健的货币政策，保持对经济恢复的必要支持力度，政策操作上要更加精准有效，不急转弯，把握好政策时度效"。其中，保持宏观政策的"可持续性""不急转弯""把握好政策时度效"都是最引人关注的提法，引发了经济界人士的多方面解读。

疫情时期的宏观政策有力有效，保住了就业，保住了增长

　　2020年是新中国成立以来极不平凡的一年。一场突如其来的新冠肺炎疫情打乱了经济运行的正常节奏，中国经济发展受到了前所未有的冲击。

　　中央准确研判形势，及时果断施策，统筹疫情防控与经济社会发展工作，在有力、有序遏制新冠肺炎疫情蔓延的同时，在宏观政策方面以更大的力度、更有效的政策，用非常之举应对非常之事，通过深化供给侧结构性改革，加大宏观政策逆周期调节力度，扎实做好"六稳"工作、全面落实"六保"任务，努力推进复工、复产、复商、复业，多措并举激发市场主体活力，确保产业链、供应链稳定，最大限度地减少新冠肺炎疫情对经济的冲击，稳住了经济基本盘，最终取得了疫情防控重大战略成果，在全球率先实现了经济正增长，而且经济增长好于预期。

　　为应对新冠肺炎疫情对宏观经济冲击带来的种种不确定性，2020年两会在

---

　　* 本文原载光明网2020年12月25日，原题为《宏观政策：把握时度效　注重可持续》。

制定宏观政策时，在基于我们应对经济下行压力态势，已经连续几年采取的积极的财政政策和稳健的货币政策的基础上，政策力度更大、政策手段更密集、政策覆盖面更广。

在积极财政政策上，中央采取特殊时期的特殊举措。2020 年赤字率按 3.6% 以上安排，财政赤字规模比 2019 年增加 1 万亿元，达到 3.75 万亿元；同时发行 1 万亿元抗疫特别国债，这是改革开放以来第三次发行特别国债。中央还创新性地建立了特殊转移支付机制，要求 2 万亿元全部转给地方，资金直达市县基层、直接惠企利民。强化阶段性政策与制度性安排相结合，通过进一步下调增值税税率、减免中小微企业社保缴费率和延缓小微企业所得税缴纳等，加大减税降费力度，助力市场主体纾困发展，扩大消费和投资等。

在稳健货币政策上，中央着眼于货币工具的灵活适度，综合运用降准降息、再贷款等手段，引导广义货币供应量和社会融资规模增速明显增长，确定大型商业银行普惠型小微企业贷款增速要高于 40%，强化商业银行对稳企业的金融支持，鼓励银行合理让利，实现金融机构与贷款企业共生共荣，推动企业，特别是中小微企业便利获得贷款，同时鼓励支持企业扩大债券融资。总之，在保持流动性合理充裕的同时，积极推动利率持续下行，让企业综合融资成本明显下降。

继续把就业优先政策置于宏观政策层面，综合运用财政、货币和投资等政策聚力支持稳就业。

这些富有针对性的宏观经济政策都有力纾解了新冠肺炎疫情对经济的冲击，比较好地实现了保居民就业、保基本民生、保市场主体、保粮食能源安全、保产业链供应链稳定、保基层运转的任务；在密集的宏观政策实施中，还运用改革开放的办法，促进稳就业、保民生、促消费，扩市场、稳增长的有机结合，走出了一条有效应对冲击、实现良性循环的新路子。

在 2020 年一季度经济下行 6.8% 之后，二、三季度经济实现 V 形反转，分别实现 3.2%、4.9% 的正增长，全年经济也可望稳定实现正增长。前三季度新增就业也提前实现年度目标，规模以上工业增加值和实现利润增长都逐步恢复到新冠肺炎疫情前的水平。

后疫情时期的宏观政策如何转向，是一个问题也是一个挑战

在中国经济实现率先恢复正增长、继续稳中有进的良好态势下，许多经济界人士便提出，2021 年宏观经济政策需要逐步恢复到正常轨道，主要就是财政货币政策的力度应当有所减弱，刺激性政策需要有所缓解，更多的指向是赤字率需要保持在 3% 左右的水平，专项债发行规模也会适度收紧，等等。这是基于深化经济结构调整、转变经济发展方式的需要，也是防范经济金融风险的内在要求。

为此，2020 年中央经济工作会议在认真研判当前和今后一个时期国际国内形势基础上，明确提出"2021 年宏观政策要保持连续性、稳定性、可持续性""政策操作上要更加精准有效，不急转弯，把握好政策时度效"。这就为 2021 年宏观经济政策定了基调和方向，既体现了坚持稳中有进的工作总基调，又体现了统筹发展和安全的系统思维方法，其政策含义是十分丰富的。

首先，在强调宏观政策保持"连续性、稳定性"后面增加了"可持续性""不急转弯"，是着眼于对当前国内外形势变化的科学研判后作出的正确选择。当前，国际新冠肺炎疫情形势仍然扑朔迷离、十分复杂，外部环境存在诸多不确定性，新冠肺炎疫情的大流行对全球经济恢复还是一个极大的变数，新冠肺炎疫情冲击导致的各类衍生风险不容忽视；中国经济难以独善其身，因此，在国内宏观政策选择上必须继续做好对各种不确定因素、不稳定因素的应对；同时，中国经济恢复基础尚不牢固。从国家统计局公布的经济运行数据看，尽管 2020 年我们前 11 个月经济恢复态势良好，但从主要经济指标看，固定资产投资增长、全社会商品零售总额增长、居民可支配收入增长等，特别是中小微企业生产经营恢复态势，都还没有回到 2019 年经济运行的正常态势。所以，2020 年中央经济工作会议强调，"要继续实施积极的财政政策和稳健的货币政策，保持对经济恢复的必要支持力度"。也就是说，财政货币政策还是需要保持一定的刺激力度，"不急转弯"就意味着宏观政策要有一个弹性空间。

其次，2021 年是我们实施"十四五"规划的开局之年，要努力保持经济运行在合理区间，才能在我们全面建成小康社会目标实现之后胜利开启全面建设社会主义现代化国家开好局起好步奠定扎实的物质基础和信心基础，避免经济大起大落，因此就需要强调"把握好政策的时度效"。"时""度"就在于宏观政策的力度和节奏，政策的"进"，要"进"得果断及时，政策的"退"也要"退"得平滑和留有余地。政策的"效"则是政策实施的落脚点，内含着宏观政策实施的质量和效果。党中央始终强调宏观政策要注重前瞻性、协同性、有效性，要重视预期管理，提高宏观调控的科学性，着力于搞好跨周期政策设计，提高逆周期调节能力，促进经济总量平衡、结构优化、内外均衡，这就要求政策制定上必须系统考量，政策操作上要更加精准有效。因此，2020 年中央经济工作会议明确提出："要用好宝贵时间窗口，集中精力推进改革创新，以高质量发展为'十四五'开好局。"其中，积极的财政政策要提质增效、更可持续，保持适度支出强度，增强国家重大战略任务财力保障，在促进科技创新、加快经济结构调整、调节收入分配上主动作为；稳健的货币政策要灵活精准、合理适度，保持货币供应量和社会融资规模增速同名义经济增速基本匹配，保持宏观杠杆率基本稳定等。

再次，宏观政策实施必须坚持底线思维，在政策实施中要平衡好稳增长和防风险，2020 年中央经济工作会议也认真研判了大力度地实施刺激性政策可能引发的政策后果。近年来，中国经济运行处于下行态势，这一变化是中国经济进入新常态后，中国经济由高速增长阶段转向高质量发展阶段，正处于转变发展方式、优化经济结构、转化增长动力的攻关期的必然表现，周期性、总量性、结构性矛盾叠合又叠加新冠肺炎疫情这一外部因素的冲击，宏观经济政策必须在促进发展和防范风险之间寻找到最佳结合点。2020 年中央经济工作会议并没有回避过强经济刺激政策可能产生的后遗症，明确提出要处理好恢复经济和防范风险的关系，要抓实化解地方政府隐性债务风险工作，保持宏观杠杆率基本稳定；要健全金融机构治理，促进资本市场健康发展，严厉打击各种逃废债行为；结合市场监管政策，还要坚决反对垄断和不正当竞争行为，强化反垄断和防止资本无序扩张。

最后，宏观政策必须在新的形势下与时俱进地创新。党的十九届五中全会强调，要健全以国家发展规划为战略导向、以财政政策和货币政策为主要手段，就业、产业、投资、消费、区域等政策协同发力的宏观调控制度体系。"十四五"规划是我们进入新发展阶段，加快构建新发展格局的关键时期，宏观经济政策在构建新发展格局这个新命题中必须能够有所作为。2020 年中央经济工作会议在总结过往我们应对严峻挑战下做好经济工作的五个规律性认识中，将"科学决策和创造性应对"作为化危为机的一个根本方法，以及"准确识变、科学应变、主动求变，就一定能够在抗击大风险中创造出大机遇"的一条宝贵经验，实施宏观经济政策就是科学决策、平滑经济波动的重要内容，体现着现代宏观经济治理能力和水平。所以，后疫情时代的宏观政策必须既要适应当前，更要着眼长远，科学精准实施好宏观政策，做到相机选择、应时而变，发挥出政策的最大效应。

循着发展的逻辑——一个经济学人的时事观察（2016–2020）

新征程路上当代青年大有作为[*]

党的十九届五中全会是在我国即将进入新发展阶段、实现中华民族伟大复兴关键时期召开的一次具有全局性、历史性意义的重要会议，审议通过了《中共中央关于制定国民经济和社会发展第十四个五年规划和二〇三五年远景目标的建议》，为我们描绘了"十四五"时期和到 2035 年我国基本实现现代化远景目标的一幅宏伟蓝图，也为当代中国青年筑梦、圆梦，放飞人生理想打开了精彩的人生成长空间。

这是一个足以实现梦想的伟大新时代，也是一个充满机遇和挑战的新时代。

说机遇，当今的中国正处在中华民族伟大复兴的关键时刻，经过新中国成立 70 多年，特别是改革开放 40 多年的艰苦努力，我们党领导人民创造了世所罕见的经济快速发展奇迹和社会长期稳定奇迹；中华民族迎来了从站起来、富起来到强起来的伟大飞跃，我们也如期完成了新时代脱贫攻坚目标任务，取得了令全世界刮目相看的重大胜利，全面建成小康社会胜利在望；在全面建成小康社会之后，我们将开启全面建设社会主义现代化强国的新征程，这比历史上任何时期都更接近、更有信心和能力实现中华民族伟大复兴的目标。

说挑战，当今的世界正在经历百年未有之大变局，新一轮科技革命和产业变革蓄势待发，国际政治经济格局正在发生深刻变化，世界进入动荡变革期。中国发展的外部环境日趋错综复杂，我们要做好充足准备应对各种不稳定、不确定因素带来的风险和挑战。

2020 年，一场突如其来的新冠肺炎疫情对中华民族而言是一场史无前例的大考，全中国人民在中国共产党坚强领导下临危不惧、坚定笃行，显示了极强的战略定力，善于在危机中育先机、于变局中开新局，变挑战为机遇，克服了危就是机。伟大的抗疫斗争给我们提供了一本难得的战胜"风险社会"、应对时代变局的生动教材。

---

[*] 本文原载《中国青年报》2020 年 12 月 25 日。

身处"两个大局"时代背景下的当代中国青年一样要面对新时代错综复杂的人生方程式，如何求解自我成长的最佳答案，如何圆满交出一份合格的人生答卷，就在于如何看待这个时代，如何顺应这个时代，如何把握这个时代。面对人生的艰难险阻，是"躲进小楼成一统""隔江犹唱后庭花"，还是敢于搏击，"自信人生二百年，会当水击三千里"，不同的人生态度、不同的人生选择，不同的努力付出，不同的顺势求变，带来的将是不同的人生际遇，实现的将是完全不同的人生价值。

其实，答案是鲜明的。远的不用说，与我们同一时代的不少杰出青年，就以坚定的理想信念、果敢的责任担当，不负韶华，砥砺奋进，书写了属于这个时代青年应有的精彩篇章。黄文秀，年仅30岁的驻村第一书记，为了实现家乡早日脱贫的梦想，奋斗不已，牺牲在返乡途中，被追授为"时代楷模"；王兴，40岁的美团创始人，财富身家几百亿，他抓住新经济发展的历史机遇，让美团快递进入大街小巷，新冠肺炎疫情防控期间更是让"美团黄"穿梭于千家万户，解决了社区封闭期间人们的餐饮问题。更有大量"90后""00后"的一代青年医务工作者白衣为甲、逆行出征，勇敢奔赴抗疫第一线，他们有一句话感动了2020年的中国——"2003年'非典'的时候你们保护了我们，今天轮到我们来保护你们了。"这一大批青年护士和志愿者不怕苦、不畏难、不惧牺牲，用臂膀扛起了如山的责任，展现了青春激昂的风采，展现了中华民族的希望！他们得到了总书记的点赞。

习近平总书记指出，"世上没有从天而降的英雄，只有挺身而出的凡人"。英雄出自平凡，平凡造就伟大；而英雄的价值、青年的价值、人生的价值不是因为职业的不同，用实现有形财富的多少来衡量的。"十四五"规划为我们这一代青年人释放了无比精彩的圆梦空间：实现乡村振兴战略，促进城乡一体化发展，广阔天地大有作为；实施创新驱动战略，新经济革命带来产业升级、消费升级无限的市场机会；推进国家强国战略、构建双循环新发展格局给青年人创新、创业、创造搭建了展现才华的舞台。

青年的人生目标各异，职业选择也会有差异，但无论青年确立了怎样的人生坐标，选择了什么样的职业岗位，只有牢固树立起远大的理想，锤炼自觉的道德养成、增强过硬的知识本领，才能使自己的思维视野、思想观念、认识水平跟上越来越快的时代发展；只有学会在奋斗中摸爬滚打、在挫折中磨砺品性、在荣光中懂得感恩，才能找到人生真谛、生命价值和事业方向；只有把自己的小我融入祖国和人民需要的大我之中，与时代同步伐，与人民共命运，才能更好实现人生价值、升华人生境界。

"青年者，国之魂也。"青年兴则国家兴，青年强则国家强。当代青年有担当，国家民族就有希望。当代中国青年要勇做走在时代前列的奋进者、开拓者、奉献者，在全面建设社会主义现代化国家、实现中华民族伟大复兴的新征程中，用勤劳的双手和诚实的劳动创造美好生活，就必将绽放春华，也必将大有作为。

用政治眼光观察和分析经济
社会问题[*]

2020 年中央经济工作会议在部署 2021 年加强党的全面领导工作时指出，各级领导干部要"善于用政治眼光观察和分析经济社会问题"。2020 年 12 月 11 日召开的中央政治局会议在分析研究 2021 年经济工作时也指出"要增强政治意识，善于从讲政治的高度思考和推进经济社会发展工作"。12 月 24~25 日中央政治局召开的民主生活会上，习近平总书记再次强调，要善于从政治上观察和处理问题，使讲政治的要求从外部要求转化为内在主动。

这三次重要会议都强调"用政治眼光""讲政治的高度""讲政治的要求"，凸显了"讲政治"在立足新发展阶段、贯彻新发展理念、构建新发展格局的开局之年的极端重要性。各方面必须深入理解和贯彻落实，将其贯穿到包括加强党对经济工作全面领导在内的所有工作。

经济建设是党的中心工作，做好经济工作是我们党治国理政的重大任务。坚持加强党对经济工作的集中统一领导，是中国特色社会主义制度的一大优势，是做好经济工作的根本保证。在统筹中华民族伟大复兴战略全局和世界百年未有之大变局的大背景下，我们能不能驾驭好世界第二大经济体，能不能保持经济社会持续健康发展，从根本上讲取决于党在经济社会发展中的领导核心作用发挥得好不好。一定意义上说，做好经济工作就是做好政治工作，政治工作是一切经济工作的生命线；各级领导干部要善于用政治眼光观察和分析经济社会问题、善于从讲政治的高度思考和推进经济社会发展工作，就是要对国之大者心中有数，关注党中央在关心什么、强调什么，深刻领会什么是党和国家最重要的利益、什么是最需要坚定维护的立场。

比如，党中央一直强调要贯彻新发展理念，推进供给侧结构性改革，要求各地不简单以生产总值增长率论英雄，不被短期经济波动所左右；比如，党的十九届五中全会强调要加快构建双循环新发展格局，坚持扩大内需这个战略基点，打

---

* 本文原载《学习时报·学习评论》2020 年 12 月 30 日。

好关键核心技术攻坚战；再如，2020年中央经济工作会议强调，要优化收入分配结构，扎实推动共同富裕；要强化反垄断和防止资本无序扩张，解决好大城市住房突出问题，有效防范化解各类经济社会风险等。这些从表面上看，都是当前破解我国发展难题的一些最重要的经济工作，但本质上都是以解决新时代我国社会主要矛盾、满足人民日益增长的美好生活需要为根本目的，是关乎国家长治久安、巩固党执政地位的重大政治问题。习近平总书记指出，民心是最大的政治。党的一切工作都是为了实现好、维护好、发展好最广大人民根本利益。这是我们党矢志不移的初心和使命，是党和国家最重要的利益，是必须坚定的人民立场，也是必须牢固树立的政治眼光。

锤炼这样的政治眼光，首先，必须学深悟透习近平新时代中国特色社会主义思想，自觉用党的创新理论武装头脑，坚守初心使命，确保中国特色社会主义事业的前进方向。面对纷繁多变的经济形势，我们要善于从政治上看问题，始终以国家政治安全为大、以人民为重、以坚持和发展中国特色社会主义为本，做到在重大问题和关键环节上头脑特别清醒、眼睛特别明亮；要学会从一般经济事务中发现政治问题，从倾向性、苗头性经济问题中发现政治端倪，从错综复杂的经济关系中把握政治逻辑。其次，要坚定不移地同以习近平同志为核心的党中央保持高度一致，切实增强"四个意识"、坚定"四个自信"、做到"两个维护"，努力做到对"国之大者"了然于胸，不断提高战略性、系统性、前瞻性研究和谋划经济发展的能力。再次，要把坚持底线思维、坚持问题导向贯穿经济工作始终，做到见微知著、防患于未然。最后，要强化责任意识、坚定斗争意志，坚决克服形式主义和官僚主义，以"钉钉子"精神不折不扣贯彻落实好党中央作出的全年经济工作部署。

后　记

　　2016 年 6 月，国家行政学院出版社出版了我的《循着改革的逻辑——一个经济学人的时事观察（2009—2015）》一书，这是我从经济日报社理论部调到原国家行政学院研究室工作后几年里在公开报刊网刊发的一些文章的汇集，分为上、下两册，文字约 70 万字。当时的出版社编辑王美丽同志十分认真，对全书文稿进行了精心编辑，书装帧得也很漂亮，出版后反响很好。书的出版还得到了我参与的原国家行政学院社会文化教研部一个课题经费的支持，该教研部主任祁述裕教授（我多年一直尊敬的兄长）给予了我很多的鼓励。

　　时间过得很快。这些年我的工作岗位发生了许多变动：我从原国家行政学院研究室到办公厅，再到国家行政学院出版社，前后工作了 10 年；2018 年 4 月，中央党校与国家行政学院合并重组为中央党校（国家行政学院），我又调任新组建的中央党校（国家行政学院）报刊社副社长，参与《学习时报》的编撰工作，这一干又是近 5 年；2022 年末按照上级组织安排，我再一次调回到国家行政学院出版社（隶属于中央党校出版集团）工作。这些岗位工作重点不同，但主要都是与文字打交道。其间经历了许多的人和事的变化，写作却是我一直未变的生活方式。

　　因为长期从事文字工作，多年来我结交了许多媒体界的朋友，他们常常约我撰写一些时事观察和理论分析的文章，还进行了一些书面访谈。这促使我不断学习、观察、思考、写作。出于对这些朋友的厚爱，我每年能够在公开报刊网上发表数十篇文章，尽管文章主题有些碎片化，但在每一年年末总结工作时将这些文章前后串接、汇集起来，倒也成为我对当年国内外政治经济时事变迁的一个很好回眸。这些文章跟踪时局、视角较广，客观上形成了一个年度叙事，不仅真实记录了每一年党和国家事业发展的进程，也留下了我对这些年时事变迁的观察与思考的轨迹。

在《循着改革的逻辑——一个经济学人的时事观察（2009—2015）》一书出版后的这些年，我继续跟踪时事，笔耕不辍。2022年新冠肺炎疫情散发频发，正常的生活和工作节奏时时被打乱，有几个月不得不居家办公，这也恰恰给我留出了难得的空余时间。在不影响正常工作学习之余，我将2016年至2022年在公开报刊网上发表的文章加以整理，按照年度进行了归类，这样一汇总下来，文字也不少，有一百多万字，文章体裁也是多样。经过去粗存精，又形成了几大本文集。经友人推荐，2022年末，中国社会科学院所属的经济管理出版社同意出版我的这本新书《循着发展的逻辑——一个经济学人的时事观察（2016—2020）》，该书收录了我从2016年到2020年公开发表的约400篇文章（包括一些媒体采访实录）。后续还有一本《循着现代化的逻辑——一个经济学人的时事观察（2021—2022）》也正在编辑之中。

当然，出版文集本不是我这样一个极为普通的社会科学工作者够格的，我个人的学术修养也是难以承载的，在出版第一本文集的时候心里直打鼓，也有一些顾虑。这个时候，我的老领导著名——经济学家、国务院研究室原主任、原国家行政学院党委书记兼常务副院长魏礼群教授和著名哲学家、原国家行政学院副院长周文彰教授听了我的想法，给予我很大的心理支持并指点我：做学问和出作品是一个日积月累的艰苦过程，一个治学者需要也应当去时时观察社会、思考变化、勤于笔耕、注重积累。若能够将一个时期的学习研究成果汇集起来出版，这既是对自己人生努力方向的一项很好的检验，也有助于养成一个良好的工作生活习惯；做学问的目的当然不唯出书，但出书可以督促自己坚持不懈地加强学习、勤勤恳恳地认真写作，让自己的思想不断跟上时代发展的步伐，也可以增强一个理论研究工作者的思想敏锐度、形势观察力和时事判断力。两位师长都是勤于治学、学养深厚、造诣非凡、著作等身的大学问家，也是我敬仰的人生楷模，他们在此过程中给我莫大的关爱和鞭策。魏礼群老师欣然为我的书题写了序言，周文彰老师动用墨宝亲自为我的书题写了书名，这让我的书大增光彩，我倍感荣耀、深怀感念。

至于这三本文集的书名，我用了"改革""发展""现代化"这几个关键词，意在体现我们这个大变局时代国家发展变化的最鲜明特征，虽然各自的角度稍有不同，但我想这都是合乎时代主旋律的。我又用了"循着……的逻辑"作为这几本书的主线条，期盼通过这些文章串接起来的年度叙事，能够揭示出当代中国在快速发展过程中蕴含期间的一些内在机理，揭示出偶然性背后的必然性。当然，这些不一定能够全部做到，但值得我去努力、去追寻、去探究。

在这里，我还要真诚感谢许多媒体朋友和同道人，他们的约稿事实上给了我很多的学习机会；书中收录的一些访谈文章，既包含记者朋友的访谈整理，也包含一些专家学者对于问题回答的真知灼见，我不忍割舍就一并汲取了。感谢国家统计局和一些权威研究单位，大部分文章援引的数据都得益于他们的数据发布和报告。我特别要感谢经济管理出版社杨世伟社长给我提供这么好的出版平台，感谢该社杨雪编辑自始至终对该书出版辛勤付出，她一丝不苟、认真细致的编辑作风着实令人感动。

最后，当然还要感谢我的妻子齐平，她从事媒体工作十分繁忙和辛苦，多年来周末和节假日我们很少能一起出去走走看看。难得她有点空闲时我却又忙于文字而不能更多地陪伴她，为此我常常愧疚于心。

谨以此为记。

胡敏

2023 年元月于北京丰台